경제학원론

Principles of **Economics**

—제10판—

Principles of Economics

10th Edition

Roger A. Arnold

ISBN: 9780538470735

ISBN-13: 978-89-6454-279-8

Cengage Learning Korea Ltd.
Suite 1801 Seokyo Tower Building
353-1, 22 Seokyo-Dong, Mapo-Ku
Seoul 121-837, Korea
Tel: (82) 2 322 4926
Fax: (82) 2 322 4927

Cengage Learning is a leading provider of customized learning solutions with ofice l ocations around the globe, including Singapore, the United Kingdom, Australia, Mexico, Brazil, and Japan. Locate your local ofice a t: **www.cengage.com/global**

Cengage Learning products are represented in Canada by Nelson Education, Ltd.

For product information, visit **www.cengageasia.com**

Printed in Korea
1 2 3 4 15 14 13 12

경제학원론

Principles of **Economics**

—제10판—

Roger A. Arnold 지음 | 이병락 옮김

박영사

CENGAGE Learning®

Andover • Melbourne • Mexico City • Stamford, CT • Toronto • Hong Kong • New Delhi • Seoul • Singapore • Tokyo

♣ **역자 소개**

이병락　고려대학교 경상대학 교수

경제학원론 10판
Principles of Economics, 10th Edition

10판 인쇄 2012년 5월 25일
10판 발행 2012년 5월 30일

저자 Roger A. Arnold
역자 이 병 락
발행인 안 종 만
발행처 (주)박영사
서울특별시 종로구 평동 13-31번지 전화 (02)733-6771 FAX (02)736-4818
등록 1959. 3. 11. 제300-1959-1호(倫)
홈페이지 www.pybook.co.kr e-mail: pys@pybook.co.kr

정가 30,000원

ISBN 978-89-6454-279-8

옮긴이 머리말

이 책은 Roger A. Arnold 교수가 쓴 "*Principles of Economics, 10th edition*"을 번역한 책이다.

번역서는 크게 세 부분, 즉 제1부 들어가기, 제2부 미시경제, 제3부 거시경제로 나누어지며 총 30장으로 구성된다. 들어가기는 5장으로 구성되고 미시경제는 12장으로 구성되며 거시경제는 13장으로 구성된다. 번역서는 원서와 달리 경제적 사고, 자기진단 문제, 오피스 아우어 등을 생략하고 핵심개념을 가능한 명확하게 소개하려고 하였다.

강의 또는 학습은 미시경제, 거시경제 순으로 진행될 수도 있고, 거시경제, 미시경제 순으로 순서를 바꾸어 진행될 수도 있다. 하지만 들어가기 부분을 먼저 강의하거나 학습하고 나서 미시경제, 거시경제 순으로 진행하는 것이 바람직 할 것으로 본다.

이 책은 다음과 같은 특징을 갖고 있으므로 학습하는 데 참고하면 도움이 될 것이다.

첫째, 요약 및 정리에 제1장부터 제30장까지 일련번호를 부여하여 일목요연하게 정리할 수 있도록 하였다. 따라서 경제학 전반에 걸쳐 주요 이론 및 내용을 정리하려면 이 일련번호를 따라 제1장에서 제30장까지 학습하면 도움이 될 것으로 생각한다.

둘째, 도표 및 그래프에 대한 설명은 가능한 상세하고 알기 쉽게 정리하였기 때문에 본문을 보지 않고도 쉽게 이해하고 정리할 수 있도록 하였다.

셋째, 각 장 뒷 부분에 해당 장에서 다룬 주요 용어 및 개념을 정리하여 핵심을 놓치지 않도록 하였다. 따라서 소개된 개념에 유의하면서 학습을 진행하면 학습효과를 높일 수 있을 것으로 본다.

끝으로 이 책을 출간할 수 있도록 허락해 주신 박영사 안종만 회장님과 편집 및 교정을 담당해 주신 (주)우일미디어디지텍 직원 여러분께 감사드리는 바이다.

이 병 락

요약 및 정리 차례

제1부 들어가기

제1장 경제학의 논의사항

제2장 생산가능곡선의 구성

제3장 공급 및 수요: 이론

제4장 가격: 자유가격, 통제가격, 상대가격

제5장 공급, 수요, 가격: 응용사례

제2부 미시경제

제6장 탄력성

제7장 소비자 선택: 효용 극대화

제8장 생산 및 비용

제9장 완전경쟁

제10장 독점

제11장 독점적 경쟁, 과점, 게임이론

제12장 독점금지 및 규제

제13장 요소시장: 노동시장을 중심으로

제23장 재정정책과 정부예산

제24장 화폐, 은행, 금융제도

제25장 중앙은행 및 통화공급

제26장 화폐와 경제

제27장 금융정책

제28장 기대이론 및 경제

제29장 경제성장: 자원, 기술, 사고, 제도

제30장 정부의 역할 및 효과에 관한 거시경제학적인 논의

차 례

제2부 미시경제

제3부 거시경제

제 1 부

들어가기

제 1 장 경제학의 논의사항

1.1 경제학과 관련된 정의

여기서는 몇 가지 주요한 경제적 개념을 소개하고 이를 경제학과 관련된 정의 속에 포괄시키고자 한다.

1 좋은 것 및 나쁜 것

경제학자들은 좋은 것과 나쁜 것에 대해 논의를 한다. 좋은 것은 사람에게 **효용**(utility)또는 만족을 주는 것이다. 예를 들면 컴퓨터, 자동차, 시계, 텔레비전, 우정, 사랑 등을 들 수 있다. 이처럼 좋은 것은 유형재일 수도 있고 무형재일 수도 있다. 즉 컴퓨터는 유형재이고 우정은 무형재이다. 간단히 말해서(유형재이든 또는 무형재이든) 좋은 것이 되기 위해서는 효용 또는 만족을 줄 수 있어야 한다. **효용**

나쁜 것은 사람에게 **비효용**(disutility) 또는 불만족을 주는 것이다. 예를 들어 유행성 독감은 비효용 또는 불만족을 주기 때문에 나쁜 것이다. 달리 말해서 비효용 또는 불만족을 주는 경우 나쁜 것이라고 할 수 있다. **비효용**

사람들은 좋은 것을 원하고 나쁜 것은 원하지 않는다. 실제로 사람들은 좋은 것을 얻기 위해서 대가를 지불하며(예를 들면 컴퓨터를 구입하기 위해서 1,000달러를 지불한다) 나쁜 것을 없애기 위해 대가를 지불한다(예를 들면 유행성 독감으로 인해 고통받는 기간을 줄일 수 있는 약을 처방해 준다면 의사에게 대가를 지불하고자 한다).

어떤 것이 한 사람에게는 좋은 것이지만 다른 사람에게는 나쁜 것이 될 수 있는가? 흡연은 일부 사람에게 효용을 주지만 다른 사람에게는 비효용을 준다. 따라서 흡연은 일부 사람에게 좋은 것이지만 다른 사람에게는 나쁜 것이 된다. 이것이 부인들이 자신의 남편들에게 "흡연하려면 밖에서 하라"고 하는 이유이다. 다시 말해 "나쁜 것을 나로부터 멀리 치워달라"고 한다.

2 자원

우리가 손만 내밀면 상품을 얻을 수 있는 것은 아니다. 상품을 생산하려면 자원이 필요하다(자원은 때때로 생산요소라고도 한다).

일반적으로 경제학자들은 자원을 네 가지 범주, 즉 토지, 노동, 자본, 기업가 정신으로 분류한다.

토지

- **토지**(land)는 예를 들면 광물, 삼림, 물, 경작되지 않은 토지와 같은 천연자원을 말한다. 석유, 목재, 동물들이 이 범주에 속한다(경제학자들은 이따금 이 범주를 천연자원이라고도 부른다).

노동

- **노동**(labor)은 사람들이 생산과정에 투입하는 육체적 및 정신적 재능을 말한다. 예를 들어 주택을 건축하는 사람은 자신의 노동을 사용한다.

자본

- **자본**(capital)은 가공생산을 하는 데 생산요소로 사용될 수 있는 물품을 말한다. 공장, 기계, 도구, 컴퓨터, 건물 등은 자본의 예가 된다. 어떤 국가는 다른 요소보다 더 많은 자본을 보유할 수 있다. 즉 더 많은 공장, 기계, 도구 등을 보유할 수 있다.

기업가 정신

- **기업가 정신**(entrepreneurship)은 물품을 생산하고 새로운 사업기회를 포착하며 신규 생산 방법을 개발하기 위해서 토지, 노동, 자본과 같은 자원을 구성하는 능력을 말한다.

3 희소성

희소성

이제 우리는 경제학의 주요 개념인 희소성을 정의할 수 있게 되었다. **희소성**(scarcity)은 (물품에 대한) 욕구가 이런 욕구를 충족시키는 데 가용할 수 있는 제한된 자원(토지, 노동, 자본, 기업가 정신)보다 더 큰 상황을 말한다. 다시 말해 우리는 물품을 원하지만 원하는 물품을 모두 공급할 수 있을 정도의 충분한 자원을 갖고 있지 않다.

이를 달리 표현하면 다음과 같다. (물품에 대한) 욕구는 무한한데 반해 (물품을 생산하는 데 필요한) 자원은 유한하다. 희소성은 유한한 자원을 갖고 무한한 욕구를 충족시키는 데 따른 결과이다.

많은 경제학자들은 희소성이 없다면 경제학도 존재하지 않을 것이라고 한다. 다시 말해 욕구가 이를 충족시키는 데 가용할 수 있는 제한된 자원보다 더 크지 않다면 경제학이란 학문 분야가 존재하지 않을 수 있다. 이는 물질과 운동이 없다면 물리학이 존재하지 않으며 생명체가 없다면 생물학이 존재하지 않는다고 말하는 것과 같다. 이런 이유로 인해 본서에서는 **경제학**(economics)은 희소성의 과학이라고 할 것이다. 보다 자세히 정의하면 다음과 같다. 경제학은 욕구가 이를 충족시키는 데 가용할 수 있는 제한된 자원보다 더 큰 상황을 개인 및 사회가 어떻게 해결하는지를 보여주는 학문 분야이다.

경제학

희소성은 다음과 같은 영향을 미친다 : (1) 선택의 필요성, (2) 배분방식의 필요성, (3) 경쟁.

선택 희소성으로 인해 사람들은 선택을 해야 한다. 무한한 욕구는 제한된 자원보다 언제나 더 크기 때문에 일부 욕망은 충족되지 못한다. 따라서 어느 욕구를 충족시키고 어느 욕구를 충족시키지 못할지를 선택하여야 한다. 예를 들면 외국으로 어학연수를 떠날지 아니면 학자금 대출금을 조기 상환할지를 선택하여야 한다.

배분방식의 필요성 **배분방식**(rationing device)은 가용할 수 있는 자원 및 상품 중에서 누가 무엇을 얻게 되는지 결정하는 방법이다. 희소성이 존재할 경우 배분방식이 필요하다. 사람들은 상품에 대해 무한한 욕망을 갖고 있고 이를 생산하는 데 활용할 수 있는 자원은 제한되어 있는 경우 누가 상품을 갖게 될지를 결정하기 위해서 배분방식이 필요하다. 예를 들어 차량 100대가 있으며 모든 사람들이 신차를 원한다고 가상하자. 누가 신차를 가질지 어떻게 결정할 수 있는가? 이에 대해서 가격이라는 배분방식을 사용할 수 있다. 신차 가격을 지불한 사람이 이를 소유할 수 있다.

배분방식

희소성 및 경쟁 세상에는 경쟁이 존재하는가? 사람들은 일자리를 얻기 위해 경쟁하는가? 학생들은 좋은 학점을 받기 위해 경쟁하는가? 이 물음들에 대한 대답은 "그렇다"이다. 경제학자들은 이런 경쟁이 존재하는 이유와 경쟁의 형태에 대해 알고자 한다. 첫째, 경제학자들은 희소성으로 인해 경쟁이 존재한다고 본다. 무한한 욕망을 충족시킬 수 있을 정도로 충분한 자원이 있는 경우 제한된 자원을 얻기 위해 경쟁을 할 필요가 없다.

둘째, 경제학자들은 배분방식에서 더 많은 것을 얻기 위해 사람들이 경쟁을 한다고 본다. 가격이 배분방식인 경우 사람들은 돈을 벌기 위해서 경쟁을 한다. 여러분들의 경우를 생각해 보자. 여러분들은 졸업장을 받기 위해서 공부하고 있는 대학생들이다. 대학에 입학한 이유는(물론 유일한 이유는 아니겠지만) 졸업 후 더 높은 소득을 얻기 위해서이다. 하지만 더 높은 소득을 원하는 이유는 무엇 때문인가? 그 이유는 보다 많은 욕망을 충족시킬 수 있기 때문이다.

(들어 올리는 힘으로 측정한) 근력이 가격 대신에 배분방식으로 사용된다고 가상하자. 근력이 좋은 사람이 그렇지 못한 사람보다 더 많은 자원과 상품을 얻게 된다. 이 경우 사람들은 근력을 키우기 위해서 경쟁을 하게 된다(근력을 키우기 위해 체육관에서 더 많은 시간을 보내게 된다). 이를 통해 얻은 교훈은 간단하다. **배분방식이 무엇이든지 간에 사람들은 그것을 얻기 위해 경쟁을 한다.**

1.2 경제학과 관련된 주요개념

경제학에서 자주 사용되는 주요개념을 소개하면 다음과 같다.

1 기회비용

지금까지 희소성이 존재하기 때문에 사람들은 선택을 하여야 한다고 보았다. 다시 말해 자원은 제한되어 있는데 욕망은 무한하므로 일부 욕망은 충족될 수 없다. 따라서 어떤 욕망을 충족시키고 어떤 욕망은 충족시키지 않을지를 선택하여야 한다. 선택을 할 때 상

기회비용

실하게 될 가장 높은 가치의 기회 또는 대안을 **기회비용**(opportunity cost)이라고 한다. 예를 들어 이 장을 공부하기로 선택한 경우 그 밖의 다른 것을 함으로써 얻게 될 편익을 포기하여야 한다. 즉 텔레비전을 시청할 수도 있고 친구에게 편지를 쓸 수도 있으며 낮잠을 자거나 아니면 피자를 먹을 수도 있다. 또는 소설을 읽거나 새로운 컴퓨터를 구경할수도 있다. 어떤 선택을 하든지 이는 이 장을 공부하는 데 따른 기회비용이다. 예를 들어 이 장을 공부하는 대신에 텔레비전을 시청하는 경우 이것이 바로 다음의 최선의 대안이라면 이 장을 공부하는 데 따른 기회비용은 텔레비전을 시청하는 것이다.

공짜는 없다. 경제학자들은 공짜는 없다고 말하곤 한다. 이것은 선택을 하게 되면 언제나 기회비용이 발생한다는 의미이다. 이는 명백한 사실이지만 사람들이 얼마나 자주 공짜라고 가정하는지 생각해 보자. 예를 들어 일부 학부모들은 자녀들이 공립 초등학교에 입학할 경우 수험료를 납부하지 않기 때문에 무료라고 생각한다. 하지만 이는 오해이다. "무료"란 희생이 뒤따르지 않고 포기한 기회가 없다는 의미이다. 하지만 초등학교 교육을 제공하기 위해서는 다른 목적으로 사용될 수 있는 자원이 필요하다.

무료 의료보장, 무료 주택, 무료 통행, 무료 주차에 관해 말하는 사람들을 생각해 보자. 다시 말하지만 무료 의료보장, 무료 주택, 무료 통행, 무료 주차는 오해이다. 무료 의료보장, 무료 주택, 무료 통행, 무료 주차를 제공하기 위해 투입된 자원은 다른 방법으로 사용될 수 있다.

2 기회비용 및 행태

경제학자들은 기회비용이 변화할 경우 사람의 행태도 변화할 수 있다고 본다. 예를 들어 대학교 2학년 학생인 리얀(Ryan)은 매주 월요일부터 목요일까지 수업에 출석한다. 수업에 출석하기로 할 때마다 예를 들면 시간당 12달러를 벌 수 있는 일자리와 같은 그 밖의 어떤 것을 할 기회를 포기하게 된다.

수업에 출석하는 기회비용이 상승하였다고 하자. 화요일에 리얀이 경제학 수업에 출석하지 않을 경우 그에게 70달러를 제의하였다. 리얀은 자신이 경제학 수업에 참석할 경우 70달러를 포기하여야 한다는 사실을 알고 있다. 리얀은 어떤 결정을 내리게 될까? 경제학자들은 출석할 경우의 기회비용이 그에 따른 편익에 비해 증가하게 될 경우 리얀

그림 1

희소성 및 관련 개념

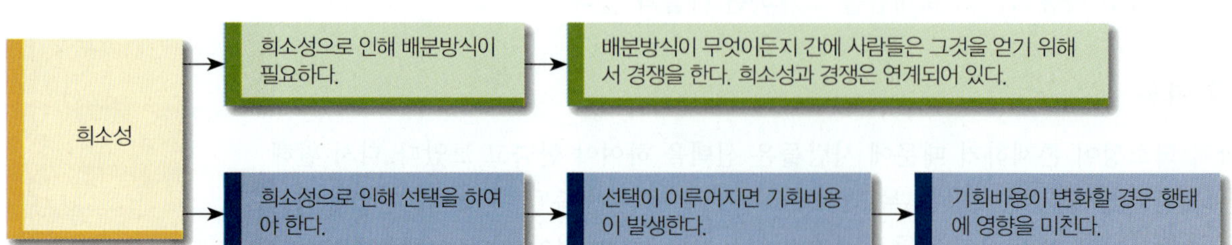

이 출석하지 않을 가능성이 커진다고 본다.

경제학자들이 행태에 관해 어떤 생각을 하는지 다음과 같이 요약할 수 있다. **어떤 것을 하는데 따른 기회비용이 높을수록 그것을 할 가능성은 낮아진다.** 이는 경제적인 사고를 구성하는 일부가 된다.

그림 1은 지금까지 살펴본 희소성, 선택, 기회비용을 요약적으로 설명하고 있다.

3 편익 및 비용

공기오염을 완전히 제거할 수 있다면 그렇게 하여야 하는가? 여러분들의 대답이 "그렇다"라면 아마도 여러분은 공기오염을 제거하는 데 따른 편익에 초점을 맞추었다고 볼 수 있다. 예를 들어 공기오염 제거에 따른 한 가지 편익으로 더 건강해진 개인을 들 수 있다. 물론 오염된 공기를 호흡하지 않는 사람들은 이를 들이마시는 사람들보다 더 적은 폐질환을 앓게 된다.

하지만 비용이 발생되지 않는 편익은 거의 없다. 오염제거에 따른 편익이 발생하지만 비용도 발생된다는 점을 기억하자. 예를 들어 자동차 운행에 따른 공기오염을 내일 당장 제거하는 방법은 자동차를 운전하다가 체포된 사람은 40년 형에 처한다는 법률을 제정하는 것이다. 이런 법률이 시행될 경우 극소수의 사람들만이 자동차를 운행하여 자동차 운행에 따른 모든 오염은 과거의 산물이 된다. 하지만 많은 사람들은 보다 깨끗한 공기를 얻는 데 따른 비용이 너무 높다고 생각한다. 일부 사람들은 다음과 같이 말할 수 있다. "깨끗한 공기를 원하지만 자동차 운행이 전면 금지된다는 것은 원하지 않는다. 직장까지 어떻게 갈 수 있는가?"

경제학자와 그렇지 않은 사람을 구별하는 기준은 경제학자는 비용 및 편익 두 가지 측면 모두에서 상황을 판단한다는 것이다. 경제학자가 아닌 사람들은 자주 두 가지 중 한 가지 측면만을 고려한다. 학습에 따른 편익이 있지만 비용도 발생한다. 수업에 출석하는 경우 편익이 있지만 비용도 발생한다. 매일 아침 일찍 일어나서 운동하는 데 따른 비용이 발생하지만 편익도 역시 있다는 사실을 잊지 말도록 하자.

4 한계에서의 결정

늦은 밤인데 여러분은 이미 내일 치룰 생물학 시험공부를 세 시간 하였다. 시계를 보면서 더 공부를 해야 되나 생각하고 있다. 이런 사고의 과정을 어떻게 요약할 수 있는가? 공부를 더 해야 되는지 여부를 결정하기 위해서 어떤 질문을 자신에게 하여야 되는가?

이를 알지 못한다면 공부를 더 하는 데 따른 비용과 편익 측면에서 생각해 보자. 공부를 한 시간 더 한다면 어떤 편익을 얻을 수 있지만(점수를 몇 점 더 받을 수 있을지도 모른다) 비용도 역시 발생한다(잠을 덜 자거나 또는 텔레비전 시청시간을 줄이거나 아니면 친구와 전화하는 시간을 줄여야 한다). 비용 및 편익 측면에서 단순히 생각하는 것은 비용 및 편익 측면에서 어떻게 생각해야 할지에 대해 알려주지 않는다. 예를 들어 무엇을 할 것인지 결정하려는 경우 하려는 행위에 따른 총비용 및 총편익을 고려하거나 아니면 총비용 및 총편익보다 작은 것을 생각해 보게 된다. 경제학자들이 보기에 대부분의 결정을 하는 데 **총비용 및 총편익**이 아니라 추가비용 및 추가편익 아니면 **한계비용** 및 **한계편익**을 고려한다.

예를들어 여러분은 점심으로 햄버거 한 개와 탄산음료를 지금 막 먹었다고 가상하자. 하지만 아직 약간의 시장기를 느껴서 햄버거를 한 개 더 주문할지 여부를 생각하고 있다. 경제학자들은 햄버거를 한 개 더 주문할지 여부를 결정하려는 경우 두 번째 햄버거의 추가편익과 추가비용을 비교한다고 본다. 경제학에서 한계라는 용어는 '추가적인'이란 단어와 동의어가 된다. 따라서 두 번째 햄버거의 **한계편익**(marginal benefits, MB)과 **한계비용**(marginal costs, MC)을 비교한다고 말한다. 한계편익이 한계비용보다 더 큰 경우 두 번째 햄버거의 주문으로부터 순편익을 얻을 수 있어서 햄버거를 주문한다. 하지만 한계편익이 한계비용보다 더 작은 경우 순비용이 발생하므로 햄버거를 추가적으로 주문하지 않는다.

한계편익

한계비용

상황	행태
두 번째 햄버거의 한계편익 > 두 번째 햄버거의 한계비용	두 번째 햄버거를 주문한다.
두 번째 햄버거의 한계편익 < 두 번째 햄버거의 한계비용	두 번째 햄버거를 주문하지 않는다.

이런 결정을 할 때 햄버거의 총편익과 총비용은 고려하지 않는다. 왜냐하면 (이미 먹은) 첫 번째 햄버거와 연계된 편익 및 비용은 현재의 결정을 내리는 데 더 이상 관련되지 않기 때문이다. 여러분은 두 개의 햄버거를 먹는 것과 햄버거를 전혀 먹지 않는 것 사이에서 결정을 하는 것이 아니다. 첫 번째 햄버거를 먹고나서 두 번째 햄버거를 먹을지 여부를 결정하는 것이다.

경제학자들에 따르면 사람들이 한계편익을 한계비용과 비교함으로써 결정을 내릴 경우 **한계에서의 결정**(decisions at the margin)을 내린다고 한다. 피고용인이 근로시간을 초과하여 두 시간 더 추가적으로 근무할지를 결정하려는 경우 한계에서 결정을 내리게 된다. 경제학 담당 교수가 기말고사에서 문제를 추가적으로 더 출제할지 여부를 결정하려는 경우 한계에서 결정을 내린다.

한계에서의 결정

5 효율성

시험공부를 하는 데 알맞은 시간은 무엇인가? 경제학에서는 어떤 것의 알맞은 크기를 한계편익과 한계비용이 동일해지는 크기, 즉 최적량 또는 효율적인 양이라고 한다. 이를 달리 표현하면 한계편익과 한계비용이 동일해 질 경우 **효율성**(efficiency)이 달성된다.

효율성

경제학 시험을 준비하고 있다고 가상하자. 시험공부를 했던 처음 한 시간 동안은 한계편익(MB)이 한계비용(MC)보다 더 크다.

시험준비를 했던 처음 한 시간 동안의 MB > 시험준비를 했던 처음 한 시간 동안의 MC

위와 같은 상황에서는 처음 한 시간 동안 시험공부를 하는 것이 가치가 있으므로 확실히 공부를 하게 된다. 추가적인 편익이 추가적인 비용보다 더 크므로 시험공부하는 데 순편익이 발생한다.

두 번째 시간 동안에도 역시 한계편익이 한계비용보다 더 크다.

두 번째 시간 동안의 MB > 두 번째 시간 동안의 MC

추가편익이 추가비용보다 더 크기 때문에 두 번째 시간에도 시험공부를 하게 된다. 다시 말해 두 번째 시간에 공부를 하는 것은 가치가 있다. 실제로 한계편익이 한계비용보다 더 큰 경우 계속 공부를 하게 된다. 그림 2는 이런 논의를 그래프를 통해 보여주고 있다.

공부하는 데 따른 한계편익(MB) 곡선의 기울기는 하향한다. 왜냐하면 첫 번째 시간 동안에 공부하는 데 따른 한계편익은 두 번째 시간의 한계편익보다 더 크고 이렇게 계속된다고 가정하기 때문이다. 공부하는 데 따른 한계비용(MC) 곡선의 기울기는 상향한다. 왜냐하면 두 번째 시간에 공부할 경우 첫 번째 시간보다 관계된 사람에게 (포기한 상품의 측면에서 본) 더 많은 비용을 발생시키고 세 번째 시간은 두 번째 시간보다 더 많은 비용이 소요되며 계속 이런 관계가 유지되기 때문이다(공부하는 데 따른 추가비용이 시간이 흐름에 따라 일정하다고 가정할 경우 MC곡선은 수평선이 된다).

그림에서 보면 시험공부하는 데 따른 한계편익은 세 시간 하는 경우 한계비용과 동일해진다. 따라서 세 시간 동안 시험공부하는 것이 **효율적**이다. 세 시간보다 더 적은 시간 동안 시험공부를 하는 경우 한계편익이 한계비용보다 더 크므로 순편익이 발생한다. 세 시간보다 더 많은 시간 동안 시험공부를 하는 경우 한계비용이 한계편익보다 더 많으므로 할 만하지 않다.

순편익의 극대화 그림 2를 다시 한 번 더 살펴보기로 하자. 처음 한 시간(또는 60분)을 공부하고 나서 더 이상 하지 않는다고 가상하자. 어떤 것을 잃게 되는가? 그렇다. 보다 오

그림 2

효율성

MB = 한계편익, MC = 한계비용을 의미한다. 그림에서 시험공부하는 데 따른 MB곡선의 기울기는 하향하며 MC곡선의 기울기는 상향한다. MB > MC인 경우 시험공부를 한다. MB = MC인 점에서 시험공부를 멈추게 되며 이 점에서 효율성이 달성된다.

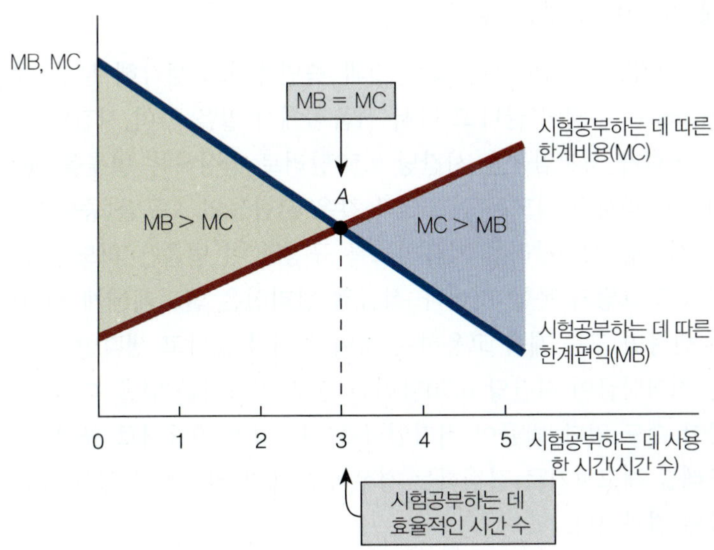

랫동안 시험공부하는 데 따른 순편익을 포기하게 된다. 처음 한 시간과 두 시간째 사이에는 한계편익(MB)곡선이 한계비용(MC)곡선 위에 위치한다는 사실에 주목하자. 즉 순편익이 발생한다. 하지만 두 번째 시간에 시험공부를 하지 않을 경우(처음 한 시간만 공부하는 경우) 순편익을 얻을 수 있는 기회를 잃게 된다. 세 번째 시간에 대해서도 동일한 분석이 가능하다. 그러므로 세 시간 공부할 경우 순편익을 극대화할 수 있다. 간단히 말해 MB = MC인 경우의 효율성은 또한 순편익을 극대화한다.

6 경제학 및 유인

유인

유인(incentive)은 사람으로 하여금 행위를 하도록 동기를 유발하는 것이다.

사람이 행동을 취하도록 동기를 유발하는 것은 보통 그런 행동을 함으로써 자신의 상황이 나아질 수 있다고 보는 믿음이다. 예를 들어 제인(Jane)이 다가올 시험을 준비할 유인이 있다고 말하는 경우 이는 준비를 하지 않을 경우보다 할 경우 시험에서 보다 좋은 점수를 얻게 되어 상황이 나아진다는 의미이다.

유인은 편익 및 비용과 밀접히 연계되어 있다. 사람들은 편익이 비용보다 더 큰 경우, 다시 말하면 순편익이 발생할 경우 행동을 하게 된다.

경제학자들은 무엇이 행동을 유발하는지에 관심이 있다. 상품 X의 가격이 하락할 경우 이를 더 많이 구입하는 이유는 무엇 때문인가? 소득세율이 인하될 경우 근로자들이 더 오랫동안 근로하는 이유는 무엇 때문인가? 어떤 상품의 가격이 다음 주에 인상될 것이라고 기대되는 경우 해당 상품을 오늘 더 많이 구입하는 이유는 무엇 때문인가? 이런 질문들에 대한 보편적인 대답은 유인이 있기 때문에 그렇게 한다는 것이다. 경제학자들은 유인이 무엇인지에 대해 알아보고 있다. 예를 들어 상품 X의 가격이 인하될 경우 이를 더 많이 구입한다면 이렇게 하는 유인은 무엇인가? 가격이 인하된 상품을 구입할 경우 상황이 어떻게 나아지는가? 더 많은 효용이나 만족을 얻게 되는가? 다음 주에 가격이 인상될 것으로 기대되는 상품을 구입할 경우 어떻게 상황이 나아지는가?

7 의도하지 않은 결과

경제학자들은 의도하지 않은 결과 측면에서도 생각해 본다. 예를 들어 16세인 안드레(Andres)는 수업이 끝나고 나서 식품점에서 일을 하며 시간당 6.50달러를 받는다.

의회가 최저임금을 시간당 9.50달러로 인상하는 법률을 제정하였다고 가상하자. 이 법을 통과시킨 의도는 안드레와 같은 사람들의 소득을 증대시키기 위해서이다.

시간당 9.50달러를 지불하도록 규정한 이 법률은 의도한 효과를 달성할 수 있는가? 아마도 그렇지 못할 것이다. 식품점 관리인은 안드레에게 시간당 9.50달러를 지불하여야 한다면 그를 계속 고용하는 것이 의미가 없다고 생각할 수도 있다. 다시 말해 안드레는 최저임금이 시간당 6.50달러인 경우 일지리를 얻을 수 있지만 9.50달러에서는 얻지 못할 수도 있다. 법률이 최저임금을 시간당 9.50달러로 규정하고 식품점의 관리인이 안드레를 해고하기로 결정하는 경우 안드레가 일자리를 잃는 것은 이 법률이 의도하지 않았던 결과이다.

의도하지 않은 결과가 발생하는지 여부를 알아보기 위해서 좌석안전벨트 착용을 규정하는 경우를 분석하여 보자. 좌석안전벨트 착용을 의무화하는 법률이 제정되었다. 이 법률이 의도하는 바는 사고 시 운전자를 보호하여 자동차 사망자의 수를 감소시키려는 것이다.

이 법률은 의도하지 않은 결과를 초래하는가? 일부 경제학자들은 그렇다고 생각한다. 다음과 같은 방정식의 측면에서 교통사고 사망자의 수를 살펴보도록 하자.

총 사망자 수 = 자동차 사고 건수 × 사건당 사망자

예를들어 200,000건의 사고가 있었고 사건당 0.10명의 사망자가 발생한 경우 총 사망자 수는 20,000명이다.

좌석안전벨트를 착용하는 법률안의 목적은 사건당 사망자 수를 낮추어 총 사망자 수를 감소시키는 것이다. 연구결과에 따르면 안전벨트 착용은 이 목적에 부합된다고 한다.

사고가 발생할 경우 안전벨트를 착용하고 있다면 사망하지 않을 확률이 증가된다. 좌석안전벨트를 착용하면 사건당 사망자 수가 0.10명에서 0.08명으로 낮아진다. 200,000건의 자동차 사고가 발생할 경우 총 사망자 수는 20,000명에서 16,000명으로 감소한다. 이처럼 사건당 사망자 수가 감소하고 사고 건수는 변화하지 않는다면 총 사망자 수는 감소한다.

사고 건수	사건당 사망자 수	총 사망자 수
200,000	0.10	20,000
200,000	0.08	16,000

하지만 일부 경제학자들은 자동차 사고 건수가 불변한다는 점에 의문을 제기한다. 나아가 좌석안전벨트 착용으로 인해 의도하지 않은 결과가 발생할 수 있다고 본다. 안전벨트를 착용함으로써 운전자들이 더 안전해졌다고 인식할 경우 자동차 사고 건수가 증가할 수 있다. 운전자들이 보다 안전해졌다고 생각할 경우 다음과 같이 할 수 있다. 예를 들면 과속을 하거나 보다 공격적으로 운전을 하든지 또는 음악이나 라디오를 들으면서 운전에 덜 집중할 수 있다. 예를 들어 사고 건수가 250,000건으로 증가할 경우 총 사망자 수는 20,000명이 된다.

사고 건수	사건당 사망자 수	총 사망자 수
200,000	0.10	20,000
250,000	0.08	20,000

다음과 같이 결론을 내릴 수 있다. 좌석안전벨트 착용을 의무화하는 법률로 인해 사건당 사망자 수는 감소하지만(의도한 결과), 사고 건수가 증가하는(의도하지 않은 결과) 경우 일반적인 기대와 달리 총 사망자 수가 감소하지 않을 수 있다. 실제로 일부 연구 결과는 이런 사실을 보여주고 있다.

이것이 의미하는 바는 무엇인가? 이런 의도하지 않은 결과가 존재한다는 사실을 인지하고 그에 따라 조절할 경우 여러분은 더 안전해질 수 있다. 명확히 말하면 좌석안전벨트를 착용할 경우가 안 착용할 경우보다 자동차 사고로 다칠 확률이 줄어든다. 하지만 이런 사실로 인해 안전벨트를 착용하지 않았을 경우보다 덜 주의를 기울여 운전한다면 안전벨트로 인해 향상된 안전을 의도하지 않았지만 상쇄할 수도 있다. 자동차 사고로 인해 다칠 확률을 낮출 수 있는 **최선의 방안은 좌석 안전벨트를 착용하고 안전벨트를 착용하지 않았을 때처럼 주의를 기울여 운전을 하는 것이다.** 좌석안전벨트 착용으로 인한 의도하지 않은 결과를 인지할 경우 더 안전해질 수 있다.

8 교환

교환/거래

교환(exchange) 또는 **거래**(trade)는 어떤 것을 얻기 위해서 다른 것을 포기하는 것이다. 경제학에서 논의되는 많은 사항이 교환과 관련되기 때문에 경제학을 "교환의 과학"이라고 한다.

다음과 같은 기본적인 질문으로부터 시작하여 보자. 사람들은 왜 교환을 하는가? 이에 대한 대답은 상황이 나아지도록 하기 위해서라고 할 수 있다. 어떤 사람이 양복과 100달러를 자발적으로 교환하려 할 경우 다음과 같이 말한다. "나는 100달러 대신에 양복을 더 선호한다." 또한 매도인이 100달러를 받고 양복을 자발적으로 판매하려는 경우 다음과 같이 말한다. "나는 양복 대신에 100달러를 더 선호한다." 간단히 말해 교환이나 거래를 통해 사람들이 자신이 가치를 더 두는 것을 얻기 위해 덜 두는 것을 포기한다.

효용 또는 만족의 측면에서 거래를 생각하여 보자. 효용 단위는 1에서부터 10까지이며 10이 달성할 수 있는 최고 수준의 효용이다. 현재 40달러를 갖고 있으며 효용 수준은 7이라고 가상하자. 몇 분 뒤에 상점에서 새로 출간된 CD를 발견하였다. 각 CD의 값은 10달러이며 40달러를 주고 CD 4장을 구입하였다.

CD 4장과 40달러를 교환하였다면 효용 수준은 그대로 7인가? 아마도 아닐 것이다. 거래 전과 동일한 수준의 효용을 갖게 된다면 CD 4장과 40달러를 교환하지 않았을 것이다. 거래를 하는 이유는 거래하기 전보다 거래하고 난 후에 상황이 더 나아질 것으로 기대하기 때문이다. 다시 말해 CD 4장과 40달러를 교환함으로써 효용수준이 7에서 8로 향상될 것이라 기대하게 된다.

1.3 "다른 사정은 동일하다"라는 가정 및 경제이론

여기서는 다음과 같은 중요한 논의를 할 것이다 : (1) "다른 사정은 동일하다"라는 가정 (2) 경제이론.

1 "다른 사정은 동일하다"라는 가정

윌슨(Wilson)은 수년 동안 보통 아이스크림을 먹고 있으며 몸무게는 170파운드가 된다. 어느 날 몸무게를 줄이기로 결정하였으며 이를 위해 식품점에서 새로운 지방이 없는 아이스크림을 구입하였다. 지방이 없는 아이스크림은 열량이 보통 아이스크림의 절반이다.

윌슨은 몇 달 동안 지방이 없는 아이스크림을 먹고 나서 몸무게를 재보니 2파운드 증가하였다. 그렇다면 지방이 없는 아이스크림은 몸무게를 증가시키는 데 보통 아이스크림은 몸무게를 증가시키지 않는가? 이에 대한 대답은 물론 "아니오"이다. 그렇다면 보통 아이스크림 대신에 지방이 없는 아이스크림을 먹었는 데 몸무게가 증가한 이유는 무엇 때문인가? 윌슨은 어쩌면 지방이 없는 아이스크림을 보통 아이스크림의 3배를 먹었을지 모른다. 또는 보통 아이스크림을 먹을 때는 운동을 하였지만 지방이 없는 아이스크림을 먹을 때는 운동을 하지 않았을 수도 있다. 다시 말해 예를 들면 아이스크림을 더 많이 먹었거나 운동을 더 적게 하는 것과 같은 많은 요인들로 인해 이런 요인들이 불변하다고 가정할 경우 기대할 수 있는 몸무게 감소를 상쇄했을 수도 있다.

다른 요인들이 불변한다면 윌슨이 보통 아이스크림 대신에 지방이 없는 아이스크림을 먹을 경우 몸무게가 감소하게 될 것이라는 점을 규명하고자 한다고 가상하자. 이에 대해 어떤 말을 할 수 있는가? 과학자는 다음과 같이 말할 수 있다. 윌슨이 보통 아이스크림을 먹고 몸무게가 계속해서 170파운드인 경우 다른 사정이 동일하다면 보통 아이스크림을 지방이 없는 아이스크림으로 대체할 경우 몸무게가 감소하게 될 것이다.

다른 사정은 동일하다

"**다른 사정은 동일하다**(ceteris paribus)"라는 용어는 '모든 다른 것은 일정하다' 또는 '그 밖의 어떤 것도 변화하지 않는다'라는 의미이다. 아이스크림 예에서 예를 들면 윌슨이 얼마나 많은 아이스크림을 먹었는지 그리고 얼마나 운동을 하는지 등과 같은 그 밖의 어떤 것도 변화하지 않는 경우 지방이 없는 아이스크림으로 바꾼다면 몸무게가 감소하게 된다. 이는 칼로리가 감소하면 몸무게가 감소하고 칼로리가 증가하면 몸무게가 증가한다는 이론에 기초하고 있다.

"다른 사정은 동일하다"라는 가정은 중요하다. 왜냐하면 우리가 믿고 있는 것이 두 변수 사이의 올바른 관계를 나타낸다는 사실을 분명히 보여줄 수 있기 때문이다. 아이스크림의 예에서 칼로리 섭취와 몸무게 증가 사이의 올바른 관계를 나타낼 수 있다.

경제학자들은 "다른 사정은 동일하다"라는 가정을 자주 사용한다. 경제학자들은 다음과 같이 말하곤 한다. 한 상품의 가격이 하락하면 다른 사정이 동일한 경우 소비량이 증가한다. 예를 들어 펩시콜라 가격이 감소한 경우 그 밖의 어떤 것도 변화하지 않는다면 사람들은 이를 더 많이 구입한다.

하지만 일부 사람들은 다음과 같이 질문할 수도 있다. 펩시콜라의 가격이 인하될 경우 경제학자들이 그 밖의 어떤 것도 변화하지 않는다고 가정하는 이유는 무엇 때문인가? 사실이 아닌 이런 가정을 하는 이유는 무엇 때문인가?

물론 경제학자들은 "다른 사정은 동일하다"라고 말을 명기하지는 않는다. 이를 다음과 같이 설명하여 보자. 집의 지붕에서 공을 떨어뜨릴 경우 어떤 사람이 이를 잡지 않는다면 바닥으로 떨어지게 된다. 이는 사실이며 모든 사람들이 이를 받아들일 것이다. 하지만 다음과 같이 표현할 수도 있다. 지붕에서 공을 떨어뜨릴 경우 다른 사정이 동일하다면 바닥으로 떨어지게 된다. 위의 두 문구는 동일한 의미를 갖는다. 왜냐하면 첫 번째 문구의 '어떤 사람이 이를 잡지 않는다면'은 두 번째 문구의 '다른 사정이 동일하다면'과 같기 때문이다. 한 문구를 받아들일 경우 다른 문구도 역시 받아들여야 한다.

2 이론은 무엇인가?

거의 모든 사람들이 일상적으로 이론 또는 모형을 정립하고 검정한다(이 책에서는 이론 및 모형을 같은 의미로 사용할 것이다). 과학자나 고등수학에 해박한 사람들만이 이론을 정립하고 검정한다고 생각할 수 있다. 하지만 이론 정립과 검정은 교육수준이 높고 수학에 해박한 사람들만이 하는 것은 아니다. 거의 모든 사람들이 이론을 정립하고 검정한다.

사람들은 질문에 대한 대답을 알지 못하는 경우 이론을 정립하게 된다. 어떤 사람은 다음과 같은 질문을 할 수 있다. 벨기에보다 미국에서 범죄율이 더 높은 이유는 무엇 때문인가? 아론(Aaron)의 여자친구가 아론과 헤어진 이유는 무엇 때문인가? 질문에 대답을 알지 못하는 경우 대답할 수 있도록 이론을 정립하게 된다.

이론
추상

그렇다면 이론이란 무엇인가? 경제학자에게 있어서 **이론**(theory)이란 세상을 추상적으로 제시하는 것이다. 여기서 **추상**(abstract)이란 어떤 것을 설명하거나 이해하려는 경우 일부 변수 또는 요인을 생략하는 것이다. 예를 들어 친구에게 그의 집에서부터 여러분의 집까지 오는 길을 알려주기 위해 지도를 그려준다고 가상하자. 지도를 그려 주겠는가? 아니면 주요 도로와 한두 개의 주요 건물을 알려주는 지도를 그려 주겠는가? 후자의 방법을 택할 경우 여러분은 실제 세계를 추상화한 것이며 일부 사실을 생략한 것이다.

다음과 같은 두 가지 이유로 인해 추상화하게 된다. 첫째, 친구 집으로부터 여러분의 집까지 도달하기 위해서 지도상의 모든 것을 포함시킬 필요가 없다. 주요 도로만 알려주어도 충분할 수 있다. 둘째, 지도에 모든 것을 포함시킬 경우 여러분의 친구는 혼돈할 수 있다. 너무 자세히 알려 주는 것은 너무 적게 알려 주는 것만큼 나쁠 수도 있다.

경제학자들이 이론이나 모형을 정립하려는 경우 지도를 그릴 때 하는 것과 동일한 작업을 하게 된다. 즉 현실 세계를 추상화하고 일부는 생략한다. 이해하고자 하는 현상을 설명하는 데 필요한 주요한 요인이나 변수에 촛점을 맞추게 된다.

범죄학자의 목표는 사람이 범죄를 유발하게 되는 이유를 설명하는 것이라고 하자. 이론을 실제로 정립하기 전에 일부 사람들이 범죄를 일으키는 이유를 설명할 수 있는 다음과 같은 많은 변수를 생각할 수 있다. (1) 총기 소지의 용이성, (2) 양육습관, (3) 성장 배경, (4) 어린시절에 학대를 당했는지 여부, (5) 가정교육, (6) 만나는 친구들의 유형, (7) 개인의 지능지수, (8) 기후, (9) 개인이 섭취하는 음식.

범죄학자들에 의하면 위의 변수들 중 일부는 범죄를 저지를 확률에 큰 영향을 미치며 일부는 작은 영향을 미치고 다른 요인들은 전혀 영향을 미치지 않는다고 한다. 예를 들어 사람이 섭취하는 음식은 범죄를 저지를 확률에 단지 0.0001퍼센트의 영향을 미칠 뿐이다. 반면에 어린시절에 학대를 당했는지 여부는 30퍼센트의 영향을 미친다.

이론은 어떤 행동이나 사건에 주요한 영향을 미치는 변수들만을 강조한다. 따라서 위의 예에서 부모들의 양육습관 및 가정교육이 다른 변수들보다도 범죄행태에 관해 더 많은 설명을 할 수 있다면 이론은 이 두 가지 변수에 집중하고 다른 변수들은 무시하게 된다.

모든 이론들은 현실을 추상적으로 설명한다. 하지만 이것은 이론이 현실을 설명할 수 없다는 의미는 아니다. 이론을 정립하는 목적은 해당 문제와 깊은 관련이 없는 변수들을 무시하고 일반인들이 간과할 수 있는 중요한 변수들을 보다 쉽게 제시하는 것이다.

이 책에서 여러 가지 이론을 접하게 될 것이다. 이들 중 일부는 말로 설명하고 다른 일부는 그래프를 이용하여 제시할 것이다. 예를 들어 3장에서는 공급 및 수요를 소개할 것인데 먼저 이론을 설명하고 나서 공급곡선 및 수요곡선을 이용하여 그래프로 제시할 것이다.

1.4 경제학의 범주

경제학은 묻는 질문에 따라 여러 가지 범주로 분류된다. 일반적으로 네 가지 범주, 즉 실증경제학, 규범경제학, 미시경제학, 거시경제학으로 분류된다.

1 실증경제학 및 규범경제학

실증경제학(positive economics)은 실제로 무엇인지를 결정하려 하며 **규범경제학**(normative economics)은 무엇이 이루어져야 하는지를 밝히려 한다. 실증경제학은 검증될 수 있는 원인 및 결과의 관계를 다루며 규범경제학은 검증할 수 없는 가치판단 및 의견을 다룬다. 실증경제학/규범경제학

많은 경제학 논의는 실증경제학 및 규범경제학의 테두리 내에서 이루어질 수 있다. 소득세 인하를 생각하여 보자. 실증경제학을 하는 경제학자는 소득세 삭감이 미치는 **영향**에 대해 알아보고자 한다. 예를 들면 소득세 인하가 실업률, 경제성장, 인플레이션 등에 어떤 영향을 미치는지 알아보고자 한다. 규범경제학을 하는 경제학자는 소득세 인하가 **이루어져야 하는지 여부**와 직접 또는 간접적으로 연계된 문제를 다루고자 한다. 예를 들어 납세자들에게 소득세 부담이 현재 높기 때문에 소득세 삭감이 이루어져야 한다고 말할 수 있다.

이 책은 실증경제학을 주로 다룬다. 어떻게 운영되어야만 하는지에 대해서보다는 경제가 실제로 운영되는 것에 대부분의 지면을 할애한다. 또한 규범적인 목적이 무엇이든지 간에 실증경제학은 이를 달성할 수 있는 방법을 알려준다는 점에 주목하여야 한다. 예를 들어 절대빈곤은 제거되어야 하며 실업률은 낮아져야 한다고 가상하자. 이런 목적을 어떻게 달성할지에 관해 여러분들은 분명한 생각을 갖고 있을 것이다. 하지만 그런 방법이 제대로 작동할 것인가? 예를 들어 소득 재분배가 강화되면 절대빈곤이 사라질 것인가? 조세를 낮출 경우 실업률을 낮출 수 있는가? 여러분들이 목적을 달성할 것이라고 생각하는 방법이 반드시 그렇게 작용하라는 보장이 없다. 이런 경우 실증경제학에 기초하면 현실적으로 경제가 어떻게 운영되는지를 알 수 있다. 사람들이 말하는 것처럼 좋은 것을 하고자 하는 것만으로는 충분하지 않으며 어떻게 그것을 이룰지에 대해 아는 것이 중요하다.

2 미시경제학 및 거시경제학

미시경제학은 현미경처럼 관찰하고 거시경제학은 망원경처럼 관찰한다고들 한다. 거시경제학은 나무로부터 약간 떨어져서 숲을 관찰하는 반면에 미시경제학은 가까이 다가가서 나무, 나무껍질, 큰가지, 뿌리 등을 면밀히 관찰한다. **미시경제학**(microeconomics)은 상대적으로 작은 단위, 예를 들면 개인, 기업, 산업, 단일시장과 연계시킨 인간의 행태 및 선택을 다루는 경제학의 한 분야이다. 반면에 **거시경제학**(macroeconomics)은 전체 경제와 연계시 미시경제학 거시경제학

킨 인간의 형태 및 선택을 다루는 경제학의 한 분야이다. 경제학자들은 미시경제학에서 단일가격에 관해 논의하지만 거시경제학에서는 물가수준에 대해 논의한다. 미시경제학은 특정 상품 또는 서비스에 대한 수요를 다루는 반면에 거시경제학은 상품 및 서비스에 대한 총수요를 다룬다. 미시경제학은 조세변화가 단일기업의 생산량에 미치는 영향을 검토하며 거시경제학은 조세변화가 전체 경제의 생산량에 미치는 영향을 검토한다.

요약 및 정리

1 좋은 것, 나쁜 것, 자원

- 좋은 것은 사람에게 효용이나 만족을 주는 것이다.
- 나쁜 것은 사람에게 비효용이나 불만족을 주는 것이다.
- 경제학자들은 자원을 4개 범주, 즉 토지, 노동, 자본, 기업가 정신으로 나눈다.
- 토지에는 예를 들면 광물, 삼림, 물, 경작되지 않은 토지와 같은 천연자원이 포함된다.
- 노동은 사람들이 생산과정에 투입하는 육체적 및 정신적 재능을 말한다.
- 자본은 가공생산을 하는 데 생산요소로 사용될 수 있는 물품, 예를 들면 기계, 도구, 컴퓨터, 트럭, 건물, 공장 등으로 구성된다.
- 기업가 정신은 물품을 생산하고 새로운 사업기회를 포착하며 신규 생산방법을 개발하기 위해서 토지, 노동, 자본과 같은 자원을 구성하는 능력을 말한다.

2 희소성

- 희소성은 욕구가 이런 욕구를 충족시키는 데 가용할 수 있는 제한된 자원보다 더 큰 상황을 말한다.
- 희소성은 선택을 의미한다. 자원이 제한된 세계에서 어느 욕구는 충족시키고 어느 욕구는 충족시키지 못할지를 선택하여야 한다.
- 희소성으로 인해 배분방식이 필요하다. 배분방식은 가용할 수 있는 자원 및 상품 중에서 누가 무엇을 얻게 되는지 결정하는 방법이다.
- 희소성은 경쟁을 의미한다. 무한한 욕망을 충족시킬 수 있을 정도로 충분한 자원이 있는 경우 제한된 자원을 얻기 위해 경쟁을 할 필요가 없다.

3 기회비용

- 사람이 선택을 할 때마다 기회비용이 발생한다. 기회비용은 선택을 할 때 상실하게 될 가장 높은 가치의 기회 또는 대안을 말한다. 어떤 것을 하는 데 따른 기회비용이 높을수록 그것을 할 가능성은 낮아진다.

4 편익 및 비용

- 경제학자와 그렇지 않은 사람을 구별하는 기준은 경제학자는 비용 및 편익 두 가지 측면 모두에서 상황을 판단한다는 것이다. 경제학자는 산책을 하는 데 따른 편익이 무엇인지를 물으면서 또한 관련 비용도 고려한다. 경제학자는 학습하는 데 따른 비용이 무엇인지를 물으면서 또한 편익도 고려한다.

5 한계에서의 결정

- 한계편익 및 한계비용은 총편익 및 총비용과 같지 않다. 어떤 사람이 전화로 1분 더 통화할지 여부를 결정하는 경우 통화에 따른 총편익 및 총비용은 고려하지 않는다. 대신에 1분 더 통화하는 데 따른 한계편익(추가편익)과 1분 더 통화하는 데 따른 한계비용(추가비용)을 비교한다.

6 효율성

- 어떤 행위에 따른 한계편익이 한계비용보다 더 큰 경우 그 행위가 학습, 달리기, 식사, 텔레비전 시청 등인지에 관계없이 해당 행위를 계속함으로써 이득을 얻게 된다. 어떤 행위에 따른 한계편익이 한계비용과 같아지는 경우 그 행위의 순편익이 극대화된다. 이 지점에서 효율성이 존재한다.

7 경제학 및 유인

- 유인은 사람으로 하여금 행위를 하도록 동기를 유발하는 것이다. 유인은 편익이 비용보다 더 큰 경우, 다시 말하면 순편익이 발생할 것으로 기대되는 경우 행동을 하려는 유인을 갖게 된다.

8 의도하지 않은 결과

- 경제학자들은 원인 및 결과 측면에서 보통 생각을 한다. 결과는 의도했을 수도 있고 의도하지 않았을 수도 있다. 경제학자는 일반적으로 결과에 대해 언급할 때 두 가지 종류의 결과 모두를 제시한다.

9 교환

- 교환 또는 거래는 어떤 것을 얻기 위해서 다른 것을 포기하는 것이다. 사람들은 상황이 나아지게 하기 위해서 교환을 한다.

10 "다른 사정은 동일하다"라는 가정

- "다른 사정은 동일하다"라는 용어는 '모든 다른 것은 일정하다' 또는 '그 밖의 어떤 것도 변화하지 않는다'라는 의미이다. "다른 사정은 동일하다"라는 가정은 두 변수 사이의 올바른 관계가 무엇인지를 나타내는 데 사용된다.

11 이론

- 경제학자들은 이론을 정립하여 실세계에서 일어나는 사건을 설명하고 예측한다. 이론은 실세계를 추상적으로 나타낸 것이다.
- 모든 이론은 현실세계를 추상적으로 설명하며 문제되는 현상을 설명하고 예측하는데 중요하다고 생각되는 변수를 중심으로 구성된다.

12 경제학의 범주

- 실증경제학은 실제로 무엇인지를 결정하려 하며 규범경제학은 무엇이 이루어져야 하는지를 밝히려 한다.
- 미시경제학은 상대적으로 작은 단위, 예를 들면 개인, 기업, 산업, 단일시장과 연계시킨 인간의 행태 및 선택을 다루는 경제학의 한 분야이다. 반면에 거시경제학은 전체 경제와 연계시킨 인간의 행태 및 선택을 다루는 경제학 분야이다.

주요 용어 및 개념

효용
비효용
토지
노동
자본
기업가 정신
희소성
경제학
배분방식
기회비용
한계편익
한계비용
한계에서의 결정
효율성
유인
교환(거래)
"다른 사정은 동일하다"라는 가정
이론
추상
실증경제학
규범경제학
미시경제학
거시경제학

연습문제

01. 친구가 점심 값을 지불하였다. 이는 무상급식의 한 예가 될 수 있는가? 그 이유는 무엇인가?

02. 미국인들은 풍부한 상품 및 서비스로부터 선택을 할 수 있기 때문에 풍요로운 국가라고 생각된다. 이런 풍요의 땅에 희소성이 어떻게 존재할 수 있는가?

03. 스미스(Smith)는 세상의 모든 오염을 제거하여야 한다고 말한다. 존스(Jones)는 이에 동의하지 않는다. 스미스 또는 존스 중에서 누가 더 경제학자처럼 보이는가? 설명하시오.

04. 실증경제학과 규범경제학의 차이는 무엇인가? 미시경제학과 거시경제학의 차이는 무엇인가?

05. 기회비용의 변화와 행태의 변화 사이에 존재하는 관계를 설명하시오.

06. 두 사람이 교환을 하는 경우 한 사람은 이득을 얻고 다른 사람은 손실을 본다고 확신할 수 있다. 이 말에 동의하는가? 또는 동의하지 않는가? 설명하시오.

07. 대학을 4년 동안 다니는 데 따른 기회비용에 대해 논의하시오. 대학 다니는 것이 생각했던 것보다 더 많은 비용이 소요되는가? 아니면 더 적은 비용이 소요되는가? 설명하시오.

08. 사람들이 교환하는 이유는 무엇 때문인가?

09. 금전을 지출하지 않고 기회비용을 발생시키는 것이 가능한가? 설명하시오

10. X의 변화는 Y의 변화로 이어진다. 예측된 변화는 바람직하므로 X를 변화시켜야 한다. 동의하는가? 아니면 동의하지 않는가? 설명하시오.

11. 희소성과 다음 것들 사이에 존재하는 연계성에 대해 설명하시오. (a) 선택, (b) 기회비용, (c) 배분방식의 필요성, (d) 경쟁
12. 경제학자들이 인도 위에 굴러다니는 10달러짜리 지폐는 존재하지 않는다고 말하는 경우 이는 무엇을 의미하는가?
13. 희소성 또는 희소성이 미치는 영향 중 하나가 자동차 판매점에서 찾아볼 수 있는가? 설명하시오.
14. 이반(Ivan)은 학습하는 데 따른 한계편익이 한계비용과 동일해지는 점 이전에 학습을 멈춘다. 이반은 순편익을 상실하게 되는가? 설명하시오.
15. 노동과 기업가 정신 사이의 차이는 무엇인가?
16. 경제학자들은 테니스를 치는 데 사용한 효율적인 시간 규모를 어떻게 정리하는가?
17. 어떤 사람에게는 좋은 것이지만 다른 사람에게는 나쁜 것인 예를 드시오.
18. 경제학자들은 사람들이 한계에서 결정을 내린다고 말한다. 이는 무엇을 의미하는가?
19. 다음의 각 경우에 대해 두 가지 예를 드시오. (a) 무형재, (b) 유형재, (c) 나쁜 것
20. 이론은 실제 세계를 추상화한 것이다. 이것이 의미하는 바는 무엇인가?

도표의 소개

경제학자들은 수많은 말 대신에 도표나 그래프를 그려서 설명을 하고자 한다. 몇 개의 선 및 점으로 많은 것을 전달할 수 있다.

A.1 변수가 두 개인 도표

이 책에서 사용한 대부분의 도표들은 두 개 변수 사이의 관계를 나타낸다. 경제학자들은 한 변수의 변화가 다른 변수에 어떤 영향을 미치는지 알아보기 위해서 두 개의 변수를 비교한다.

관심을 갖고 있는 두 개 변수가 **소비** 및 **소득**이라고 가상하자. 소득이 변화함에 따라 소비가 어떻게 변화하는지 살펴보고자 한다. 표 1은 이런 자료들을 보여주고 있다. 처음 두 개 열의 자료를 살펴보면 소득(제1열)이 증가함에 따라 소비(제2열)가 증가한다는 사실을 알 수 있다.

그래프로 소득과 소비의 관계를 보여주고자 한다면 그림 1에서 보는 것처럼 수평축은 소득을 의미하고 수직축은 소비를 의미하도록 한다. 점 *A*에서 소득은 0달러이고 소비는 60달러이며 점 *B*에서 소득은 100달러이고 소비는 120달러가 된다. 제시된 자료에 기초하여 점을 구하고 이를 직선으로 연결하면 소득과 소비의 관계를 보여줄 수 있다.

그림 1에 있는 직선은 왼쪽으로부터 오른쪽으로 기울기가 상향하고 있다는 사실에 주목하자. 소득이 증가

그림 1

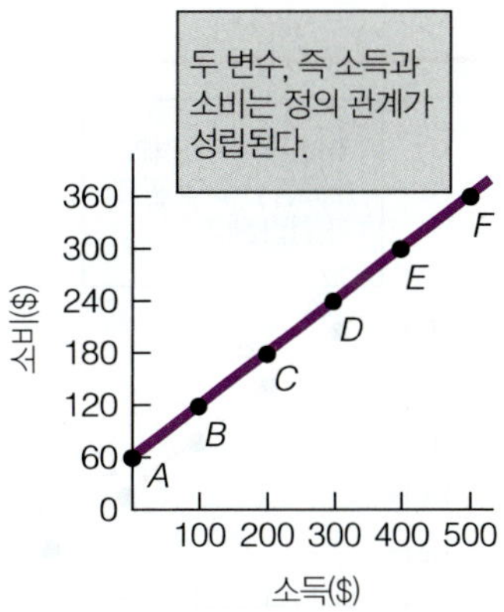

두 개 변수 사이에 정의 관계를 보여주는 도표

표 1의 자료에 기초하여 점을 구하고 이를 직선으로 연결하였다. 이 자료는 정의 관계가 있음을 보여준다. 즉 한 변수(예, 소득)가 증가하면 다른 변수(예, 소비)도 증가한다.

표 1

(1) 소득	(2) 소비	(3) 점
$ 0	$ 60	*A*
100	120	*B*
200	180	*C*
300	240	*D*
400	300	*E*
500	360	*F*

함에 따라 소비도 증가한다. 예를 들어 점 *A*에서 점 *B*로 이동하게 되면 소득은 0달러에서 100달러로 증가하며 소비는 60달러에서 120달러로 증가한다. 그림 1에 있는 직선은 또한 소득이 감소하면 소비도 역시 감소한다는 사실을 보여준다. 예를 들면 점 *C*에서 점 *B*로 이동하게 되면 소득은 200달러에서 100달러로 감소하고 소비는 180달러에서 120달러로 감소한다. 두 개의 변수 즉, 소비와 소득은 **정의 관계**(directly related)에 있다고 한다.

정의 관계

이제는 표 2에 있는 자료를 살펴보도록 하자. 여기서 두 개 변수는 CD 가격 및 CD 수요량이다. 처음 두 개열에 있는 자료를 살펴보면 가격(제1열)이 하락함에 따라 수요량(제2열)이 증가한다는 사실을 알 수 있다. 이 자료를 도표로 나타내려 한다고 가상하자. 그림 2에서 보는 것처럼 수직축은 CD 가격을 의미하며 수평축은 CD 수요량을 나타낸다. 점 *A*에서 가격은 20달러이고 수요량은 100개이며 점 *B*에서 가격은 18달러이고 수요량은 120개이다. 표 2에 있는 자료에 기초하여 점을 구하고 이를 직선으로 연결하면 가격과 수요량의 관계를 보여줄 수 있다. 다음과 같다는 사실에 주목하자.

- 가격이 하락하면 수요량이 증가한다. 예를 들어 가격이 20달러에서 18달러로 하락할 경우 수요량은 100개에서 120개로 증가한다.
- 가격이 상승하면 수요량이 감소한다. 예를 들어, 가격이 12달러에서 14달러로 상승하면 수요량은 180개에서 160개로 감소한다.

역의 관계/독립적인 관계

그림 2

두 개 변수 사이에 역의 관계를 보여주는 도표

표 2의 자료에 기초하여 점을 구하고 이를 직선으로 연결하였다. 이 자료는 역의 관계가 있음을 보여준다. 즉 한 변수(예, 가격)가 하락하면 다른 변수(예, 수요량)는 증가한다.

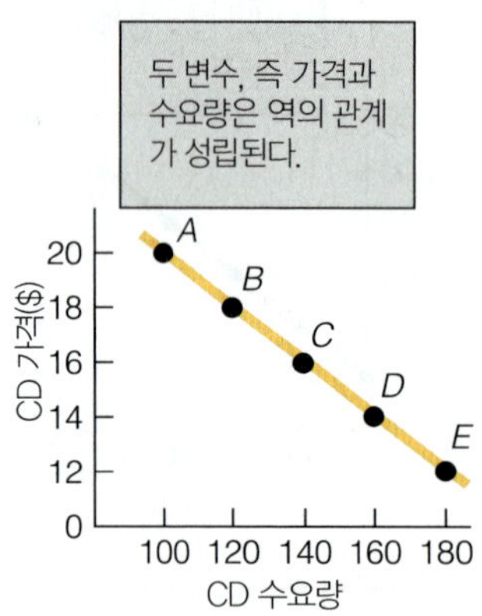

두 개의 변수, 즉 가격과 수요량은 반대 방향으로 변화하며 역의 관계에 있다고 한다.

위에서 살펴본 바와 같이 변수들은 정의 관계(한 변수가 증가하면 다른 변수도 증가하는 관계)에 있거나 **역의 관계**(inversely related)(한 변수가 증가하면 다른 변수가 감소하는 관계)에 있다. 한 변수가 변화하는데 다른 변수는 변화하지 않는다면 두 변수는 **독립적인 관계**(independently related)에 있다.

그림 3(a)에서 보면 변수 *X*는 증가하지만 변수 *Y*는 (20으로)일정하다. 변수 *X* 및 변수 *Y*는 명백히 서로 독립적인 관계에 있다. 한 변수는 변화하지만 다른 변수는 변화하지 않는다.

표 2

(1) CD 가격	(2) CD 수요량	(3) 점
$20	100	*A*
18	120	*B*
16	140	*C*
14	160	*D*
12	180	*E*

그림 3

두 개 변수 사이에 독립적인 관계를 보여주는 도표

(a) 및 (b)는 두 개 변수 *X*와 *Y*가 독립적이라는 사실을 보여준다. 즉 한 변수가 변화하더라도 다른 변수는 변화하지 않는다.

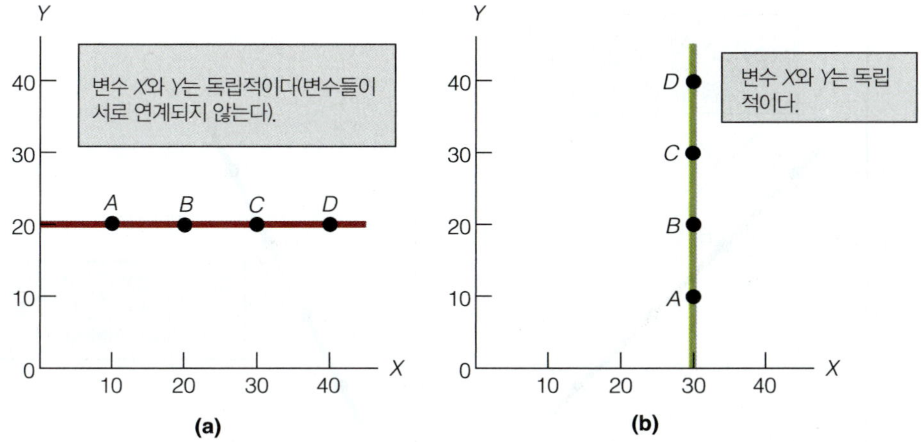

그림 3(b)에서 보면 변수 *Y*는 증가하지만 변수 *X*는 (30으로)일정하다. 변수 *X* 및 변수 *Y*는 서로에게 독립적인 관계에 있다. 한 변수는 변화하지만 다른 변수는 변화하지 않는다.

A.2 직선의 기울기

두 개 변수가 어떤 관계에 있는지 알아보는 것 이외에 다른 변수가 변화함에 따라 한 변수가 얼마나 변화하는지를 알아야 할 때가 있다. 이를 위해 직선의 기울기를 계산하여야 한다. **기울기**(slope)는 수평축 상에 있는 변수의 변화에 대한 수직축 상에 있는 변수의 변화 비율을 말한다. 예를 들어 수직축은 *Y*를 의미하고 수평축은 *X*를 나타내는 경우 기울기는 $\Delta Y/\Delta X$가 된다(여기서 Δ는 변화를 의미한다). 기울기

그림 4는 4개의 직선을 보여주고 있으며 각 경우에 대해 기울기를 계산할 것이다. 이를 배우고 나면 기울기가 음수, 양수, 영, 무한대가 되는 이유를 알게 될 것이다.

A.3 직선의 기울기는 일정하다

그림 4(a)에 있는 직선을 생각하여 보자. 점 *A*와 점 *B* 사이의 기울기는 −1이 된다. 점 *B*와 점 *C* 사이의 기울기를 계산하거나 점 *C*와 점 *D* 사이의 기울기를 계산해도 −1이 될 것인가? 점 *B*와 점 *C* 사이의 기울기를 계산하여 보자. 점 *B*에서 점 *C*로 이동하면 *Y*의 변화는 −10이고 *X*의 변화는 +10이 되므로 점 *A*와 점 *B* 사이의 기울기처럼 −1이 된다. 이제는 점 *A*와 점 *D* 사이의 기울기를 계산하여 보자. 점 *A*에서 점 *D*로 이동하면 *Y*의 변화는 −30이 되고 *X*의 변화는 +30이 되어 기울기는 다시 −1이 된다. 직선상에 있는 어떤 두 점 사이의 기울기는 다른 두 점 사이의 기울기와 언제나 같다고 결론을 내릴 수 있다. 그림 4(b)에 있는 직선을 이용하여 점 *A*와 점 *B* 사이의 기울기 및 점 *A*와 점 *C* 사이의 기울기를 계산해 보면 이를 다시 한 번 확인해 볼 수 있다.

그림 4

기울기 계산

직선의 기울기는 수평축 상에 있는 변수의 변화에 대한 수직축 상에 있는 변수의 변화 비율을 의미한다. (a)~(d)는 기울기를 계산하여 보여주고 있다.

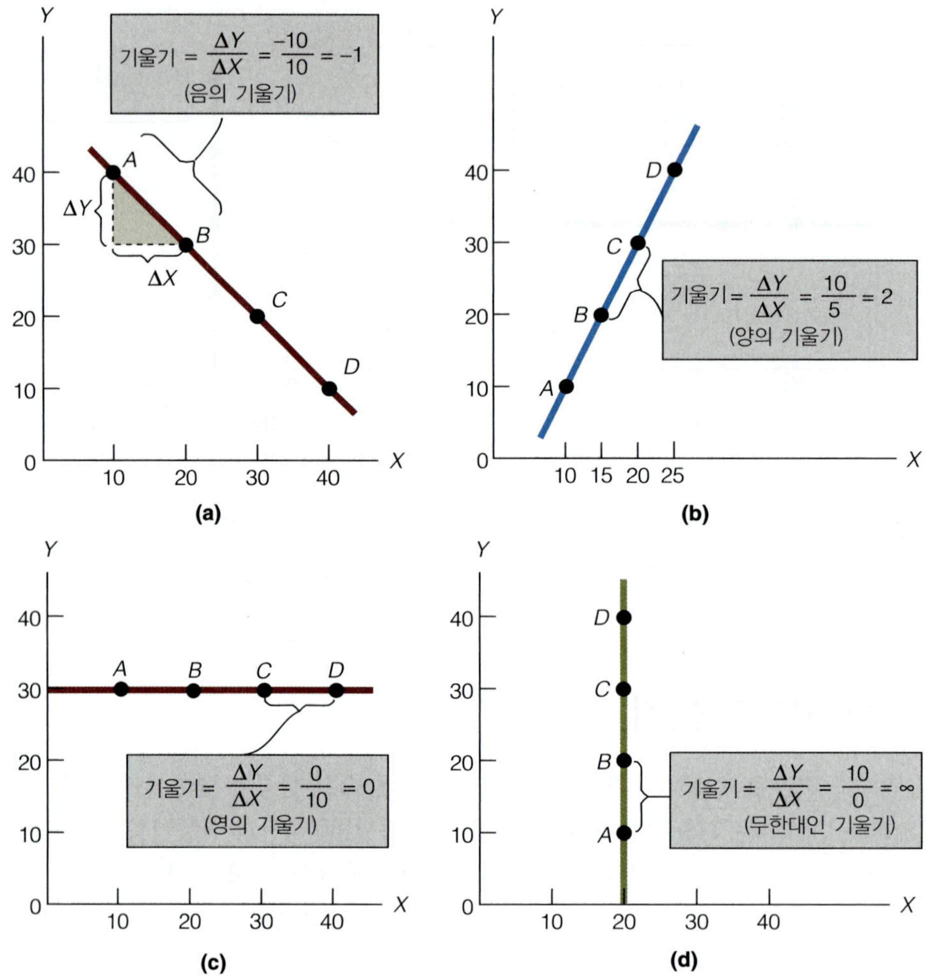

그림 5

곡선 상의 특정한 점에서의 기울기 계산

곡선 상의 점 A에서의 기울기는 0.67이다. 이는 곡선 상의 점 A에서 접선을 그리고 이 직선의 기울기를 구하여 계산할 수 있다.

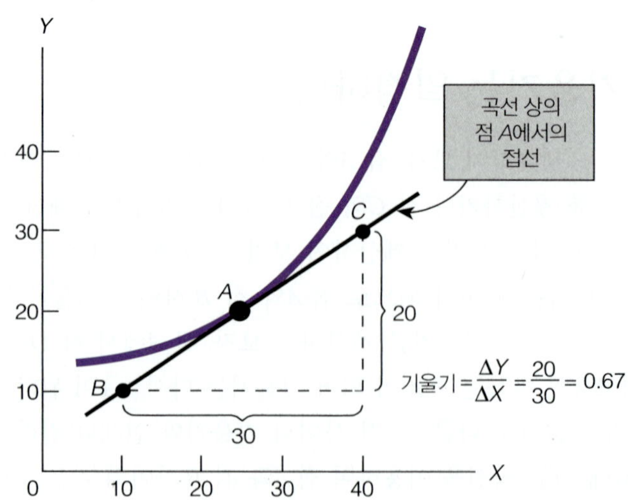

A.4 곡선의 기울기

경제학에서는 직선 그래프 이외에 곡선 그래프도 이용한다. 곡선의 기울기는 직선의 경우처럼 어디서나 일정하지는 않다. 곡선의 기울기는 점의 위치에 따라 변화한다. 곡선 상의 어떤 점에서 기울기를 계산하려면 다음과 같은 두 가지 단계를 밟아야 한다. 그림 5에서 점 *A*를 생각하여 보자. 첫째, 곡선 상의 해당하는 점에 대해 접선을 그린다(접선은 곡선에 단지 접할 뿐이지 교차하지 않는 직선이다). 둘째, 접선 상의 두 점을 선택해서 기울기를 계산한다. 그림 5에서 점 *B*와 점 *C* 사이 선분의 기울기는 0.67이다. 따라서 곡선 상의 점 *A*에서 기울기는 0.67이 된다.

A.5 45도 선분

경제학자들은 자료를 제시하기 위해 45도 선분을 사용하곤 한다. 이는 수직축과 수평축이 교차하는 점에서 형성된 직각을 이등분하는 직선이다(그림 6 참조). 결과적으로 45도 선은 두 축으로 인해 만들어진 공간을 동일한 두 개 부분으로 나누며 그림에서 이를 두 개의 다른 색깔로 나타내고 있다,

45도 선의 주요한 특징은 이 선상의 어떤 점들도 수평축과 수직축으로부터 동일한 거리에 있다는 점이다. 예를 들어 점 *A*는 수평축과 수직축으로부터 정확하게 동일한 거리에 있다. 따라서 점 *A*는 *Y*와 정확히 같은 *X*를 나타낸다. 특히 그림에서 점 *A*는 *X*의 20단위와 *Y*의 20단위를 나타낸다.

그림 6

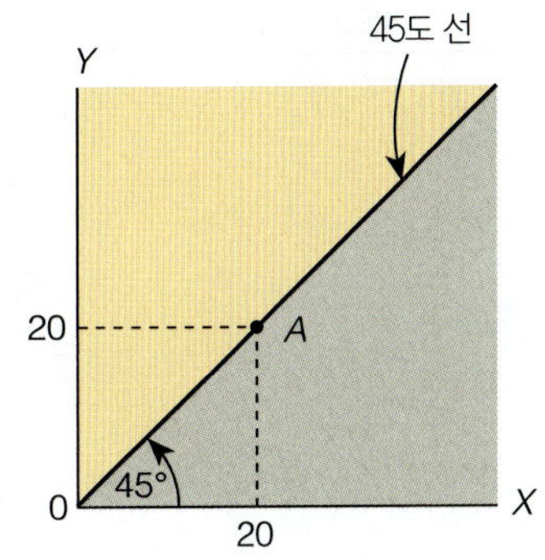

45도 선분

45도 선 위에 있는 점들은 각 축으로부터 등거리 상에 있다. 예를 들어 점 *A*는 수직축으로부터의 거리가 수평축으로부터의 거리와 같다.

요약 및 정리

- 한 변수가 증가함에 따라 다른 변수가 증가할 경우 두 변수는 정의 관계에 있다.
- (왼쪽으로부터 오른쪽으로) 기울기가 상향하는 직선은 정의 관계가 있는 두 변수를 나타낸다.
- 한 변수가 감소함에 따라 다른 변수가 증가할 경우 두 변수는 역의 관계에 있다.
- (왼쪽으로부터 오른쪽으로) 기울기가 하향하는 직선은 역의 관계가 있는 두 변수를 나타낸다.
- 한 변수는 일정한데 다른 변수가 증가할 경우 두 변수는 독립적인 관계에 있다.
- 직선의 기울기는 수평축 상에 있는 변수의 변화에 대한 수직축 상에 있는 변수의 변화 비율을 말한다. 직선의 기울기는 직선상의 어떤 두 점에서도 동일하다.
- 곡선 상의 한 점에서 기울기를 구하려면 먼저 해당 점에서의 접선을 그리고 나서 그 접선의 기울기를 구하여야 한다.
- 45도 선상의 모든 점은 두 축으로부터 동일한 거리에 있다.

연습문제

01. 다음의 경우 어떤 형태의 관계가 존재하는가?
    a. 핫도그 판매와 핫도그 빵의 판매
    b. 겨울 외투 가격과 겨울 외투 판매
    c. 개인용 컴퓨터 가격과 개인용 컴퓨터 생산
    d. 칫솔 판매와 고양이 사료 판매
    e. 한 가정의 어린이 수와 한 가정의 장난감의 수

02. 다음의 자료를 도표로 나타내시오. 두 변수 사이의 관계를 명기하시오. (수직축은 가격을 나타내고 수평축은 수요량을 나타낸다.)

사과 가격($)	사과 수요량
0.25	1,000
0.50	800
0.70	700
0.95	500
1.00	400
1.10	350

03. 그림 4(a)에서 점 C와 점 D사이의 기울기를 계산하시오.

04. 그림 4(b)에서 점 A와 점 D사이의 기울기를 계산하시오.

05. 45도 선분의 특징은 무엇인가?

06. 45도 선분의 기울기는 무엇인가?

07. 다음의 자료를 도표로 나타내시오. 두 변수 사이의 관계를 명기하시오. (수직축은 가격을 나타내고 수평축은 공급량을 나타낸다.)

사과 가격($)	사과 공급량
0.25	350
0.50	400
0.70	500
0.95	700
1.00	800
1.10	1,000

제 2 장

생산가능곡선의 구성

2.1 생산가능곡선

섬에 혼자 살고 있으며 단지 두 가지 상품, 즉 코코넛과 파인애플만을 생산할 수 있다고 가상하자. 자원은 한정되어 있기 때문에 한 상품을 더 생산하게 되면 다른 상품의 생산을 축소 시켜야 한다. 이런 사고에 기초하여 생산가능곡선을 도출할 수 있다.

1 직선인 생산가능곡선: 기회비용이 불변하는 경우

그림 1(a)는 한 경제에서 생산할 수 있는 책과 셔츠의 다섯 가지 조합을 보여주고 있다. 예를 들면 조합 *A*는 4권의 책과 0벌의 셔츠를 생산하며 조합 *B*는 3권의 책과 1벌의 셔츠를 생산한다. 그림 1(b)는 책과 셔츠의 다섯 가지 조합을 도표로 나타내고 있으며 각 조합은 상이한 점을 의미한다. 예를 들어 4권의 책과 0벌의 셔츠로 구성된 조합은 점 *A*를 의미한다. 점 *A*로부터 *E*까지 연결한 선이 생산가능곡선이다. **생산가능곡선**(production possibilities frontier, PPF)은 기술이 주어지고 자원이 완전히 사용되는 상황 하에서 일정기간 동안 생산할 수 있는 두 상품의 조합이다. 생산가능곡선

생산가능곡선이 직선이라는 사실에 주목하자. 직선인 이유는(이 예에서) 책과 셔츠의 기회비용이 일정하기 때문이다.

직선인 생산가능곡선 = 불변인 기회비용

기회비용이 일정하다는 의미를 설명하기 위해서 경제가 점 *A*에서 점 *B*로 이동하였다고 가상하자. 점 *A*에서 4권의 책과 0벌의 셔츠가 생산되며 점 *B*에서는 3권의 책과 1벌의 셔츠가 생산된다.

그림 1

생산가능곡선 (기회비용이 일정한 경우)

경제는 (a)에 있는 책과 셔츠의 다섯 개 조합을 생산할 수 있다. (b)는 이런 조합들을 도표로 나타내었다. 한 상품을 생산하는 데 따른 기회비용이 일정하기 때문에 (b)의 생산가능곡선(PPF)은 직선이 된다.

조합	책	셔츠	그림 (b)의 점
A	4	0	*A*
B	3	1	*B*
C	2	2	*C*
D	1	3	*D*
E	0	4	*E*

(a)

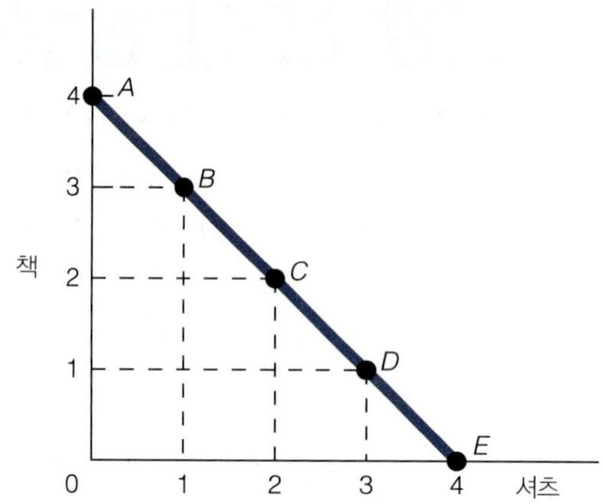

(b)

- 점 A: 책 4권과 셔츠 0벌
- 점 B: 책 3권과 셔츠 1벌

해당 경제는 셔츠 1벌을 얻기 위해서 책을 몇 권 희생하여야 하는가? 대답은 책 1권이다. 따라서 점 A에서 점 B로 이동할 경우 셔츠 1벌의 기회비용은 책 1권이다. 이제는 점 B에서 점 C로 이동하였다고 생각하자. 점 B에서 3권의 책과 1벌의 셔츠가 생산되며 점 C에서는 2권의 책과 2벌의 셔츠가 생산된다.

- 점 B: 책 3권과 셔츠 1벌
- 점 C: 책 2권과 셔츠 2벌

해당 경제는 셔츠를 1벌 더 얻기 위해서 책을 몇 권 희생하여야 하는가? 대답은 책 1권이다. 따라서 점 B에서 점 C로 이동할 경우 셔츠 1벌의 기회비용은 책 1권이다.

점 C에서 점 D로 이동하거나 점 D에서 점 E로 이동하는 경우에도 셔츠 1벌의 기회비용이 책 1권이라는 사실을 알 수 있다. 이것이 바로 기회비용이 불변하는 경우이다. 셔츠 1벌의 기회비용은 언제나 책 1권이다. 기회비용이 불변하기 때문에 그림 1(b)의 생산가능곡선은 직선이 된다. 기회비용이 불변하지 않는 경우 생산가능곡선은 직선이 아니며 이에 대해서는 다음에서 살펴보도록 하자.

그림 2

생산가능곡선(기회비용이 체증하는 경우)

경제는 (a)에 있는 휴대전화기와 커피 끓이는 기구의 다섯 개 조합을 생산할 수 있다. (b)는 이런 조합들을 도표로 나타내었다. 커피 끓이는 기구의 생산이 증가함에 따라 이 기구를 생산하는 데 따른 기회비용이 체증하기 때문에 (b)의 생산가능곡선은 바깥쪽으로 굽어진다.

조합	휴대전화기	커피 끓이는 기구	그림 (b)의 점
A	10	0	*A*
B	9	1	*B*
C	7	2	*C*
D	4	3	*D*
E	0	4	*E*

(a)

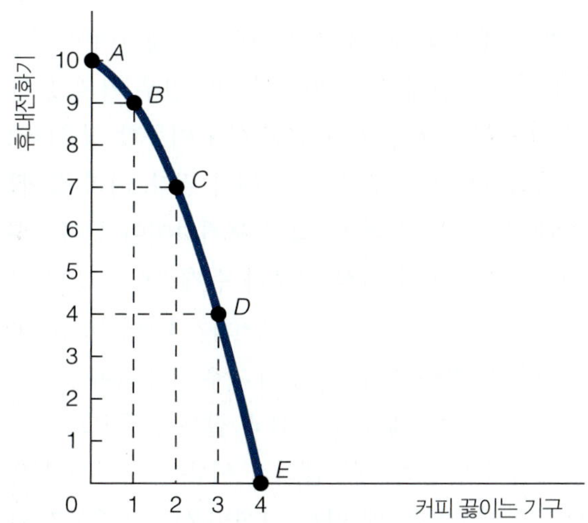

(b)

2 바깥쪽으로 굽어진(아래쪽으로 오목한) 생산가능곡선: 기회비용이 체증하는 경우

그림 2(a)는 한 경제가 생산할 수 있는 휴대전화기와 커피 끓이는 기구의 5개 조합을 보여주고 있다. 예를 들어 조합 *A*는 10대의 휴대전화기와 0개의 커피 끓이는 기구를 나타내며 조합 *B*는 9대의 휴대전화기와 1개의 커피 끓이는 기구를 나타낸다. 그림 2(b)는 이런 5개 조합을 보여주며 각 조합은 상이한 점으로 나타내었다. 점 *A*부터 *E*까지 연결한 곡선이 생산가능곡선이 된다. 이 경우 커피 끓이는 기구의 생산이 증대되면 커피 끓이는 기구의 기회비용이 증가하므로 생산가능곡선은 바깥쪽으로 굽어진다(아래쪽으로 오목해진다).

바깥쪽으로 굽어진 생산가능곡선 = 체증하는 기회비용

10대의 휴대전화기와 0개의 커피 끓이는 기구를 생산하는 점 *A*에서 출발하여 9대의 휴대전화기와 1개의 커피 끓이는 기구를 생산하는 점 *B*로 이동하였다고 가상하자.

- 점 *A*: 휴대전화기 10대와 커피 끓이는 기구 0개
- 점 *B*: 휴대전화기 9대와 커피 끓이는 기구 1개

점 A로부터 점 B로 이동할 경우 커피 끓이는 기구의 기회비용은 무엇인가? 이를 달리 표현하면 커피 끓이는 기구 1개를 얻기 위해서 휴대전화기 몇 대를 희생하여야 하는가? 대답은 휴대전화기 1대이다.

이제는 점 B에서 점 C로 이동한다고 가상하자. 점 B에서 9대의 휴대전화기와 1개의 커피 끓이는 기구가 생산되지만 점 C에서는 7대의 휴대전화기와 2개의 커피 끓이는 기구가 생산된다.

- 점 B: 휴대전화기 9대와 커피 끓이는 기구 1개
- 점 C: 휴대전화기 7대와 커피 끓이는 기구 2개

커피 끓이는 기구 1개를 얻기 위해서 휴대전화기 몇 대를 희생하여야 하는가? 이 물음에 대한 대답은 휴대전화기 2대이다. 점 A에서 점 B로 이동할 경우 커피 끓이는 기구 1개의 기회비용은 휴대전화기 1대이다. 하지만 점 B에서 점 C로 이동할 경우(추가적으로 얻게 되는) 커피 끓이는 기구 1개의 기회비용은 휴대전화기 2대가 된다. 커피 끓이는 기구를 추가적으로 계속 생산할 경우 휴대전화기를 점점 더 많이 포기하여야 한다는 사실을 알게 되었다. 점 C에서 점 D로 이동할 경우 이런 사실을 보다 쉽게 알 수 있다(이 경우 커피 끓이는 기구 1개를 추가적으로 생산하는 데 따른 기회비용은 휴대전화기 3대이다). 점 D에서 점 E로 이동할 경우 이런 사실을 다시 한 번 확인할 수 있다(이 경우 커피 끓이는 기구 1개를 추가적으로 생산하는 데 따른 기회비용은 휴대전화기 4대이다). 다음과 같은 질문으로 결론을 내릴 수 있다. 그림 2(b)에서 생산가능곡선이 바깥쪽으로 굽어진 이유는 무엇 때문인가? 그 이유는 커피 끓이는 기구를 추가적으로 생산하는 데 따른 기회비용이 체증하기 때문이다.

3 기회비용 체증의 법칙

생산가능곡선의 형태는 어떤 상품이 보다 많이 생산됨에 따라 기회비용이 (1) 불변하는지 또는 (2) 체증하는지 여부에 달려 있다. 그림 1(b)에서는 생산가능곡선이 직선이지만 그림 2(b)에서는 바깥쪽으로 굽어진다. 실제세계에서 대부분의 생산가능곡선은 바깥쪽으로 굽어진다. 다시 말해 대부분 상품의 경우 기회비용은 해당 상품의 생산이 증가함에 따라 체증한다. 이를 **기회비용 체증의 법칙**(law of increasing opportunity costs)이라고 한다.

기회비용 체증의 법칙

대부분의 상품을 더 많이 생산할 경우 기회비용이 체증하게 되는데 그 이유는 사람들이 다양한 능력을 보유하고 있기 때문이다. 예를 들어 일부 사람들이 다른 사람들보다 주택을 건설하는 데 더 적합하다고 하자. 주택건설회사가 처음에 주택건설을 시작할 경우 해당 부분에서 최고의 숙련된 근로자를 고용하게 된다. 최고의 숙련 근로자는 다른 근로자들보다 더 낮은 기회비용으로 주택을 건설할 수 있다. 하지만 건설회사가 보다 많은 주택을 건설함에 따라 가장 숙련된 건설근로자를 이미 고용하였기 때문에 덜 숙련된 근로자를 고용할 수밖에 없다. 덜 숙련된 근로자는 더 높은 기회비용으로 주택을 건설하게 된다. 3명의 숙련된 주택 건설근로자가 한 달 걸려서 주택을 한 채 건설하는 반면에 동일한 기간에 주택 한 채를 건설하는 데 7명의 비숙련 근로자가 필요하다. 그림 3은 이를 요약해서 설명하고 있다.

그림 3

기회비용이 체증하는 경우와 바깥쪽으로 굽어진 (아래쪽으로 오목한) 생산가능곡선

기회비용이 증가하는 경우와 바깥쪽으로 굽어진 생산가능곡선에 대한 사항을 정리하면 다음과 같다.

모든 사람들이 동일한 기회비용으로 주택을 건설할 수 없다는 가정에서 출발한다. → 주택이 처음 건설될 경우 (상대적으로) 낮은 기회비용으로 건설할 수 있는 사람들만이 주택을 건설한다. → 주택건설이 증가함에 따라 주택건설에 따른 기회비용이 더 높은 사람들도 주택을 건설하기 시작한다 → 이는 주택건설이 증가함에 따라 주택건설에 따른 기회비용이 증가한다는 의미와 같다.

↓

이로 인해 주택 및 상품 X에 대한 생산가능곡선은 바깥쪽으로 굽어진다(아래쪽으로 오목해진다). 도표를 참조하시오.

↓

주택을 60채에서 70채로 (10채 더) 건설할 경우 상품 X의 5단위를 포기해야 하지만 110채에서 120채로(또다시 10채 더) 건설할 경우 상품 X의 20단위를 포기해야 한다는 사실에 주목하자.

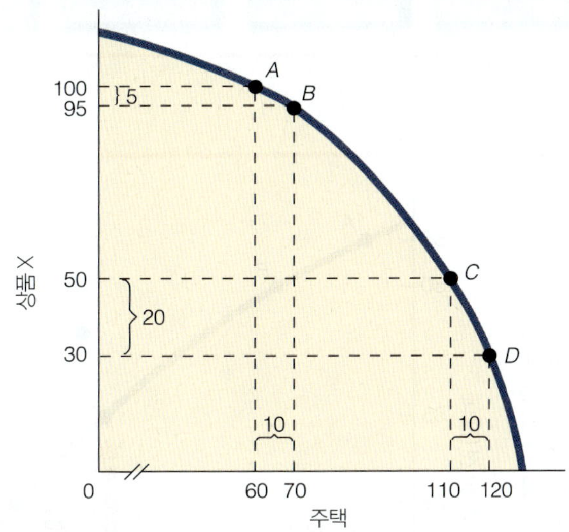

4 생산가능곡선과 관련된 경제개념

생산가능곡선은 경제개념을 설명하고 활용하는 데 유용하게 사용된다. 여기서는 생산가능곡선과 관련된 일곱 가지 경제개념을 소개하고자 한다. 그림 4는 이를 요약해서 보여주고 있다.

희소성 희소성은 (물품에 대한) 욕구가 이를 충족시키는 데 가용할 수 있는 자원보다 더 큰 상황이라는 사실을 기억하자. 자원의 유한성은 그림 5의 생산가능곡선으로 나타낼 수 있으며 이 곡선은 다음과 같은 의미를 갖는다. "곡선상의 점은 달성할 수 있는 최대치이며 그 이상으로 갈 수 없다. 즉 곡선 상이거나 또는 곡선 아래에 존재하는 두 개 상품의 조합을 선택할 수 있을 뿐이다."

생선가능곡선은 해당 경제의 생산가능성을 다음과 같이 두 개 영역으로 분류한다. 즉 (1) 생산가능곡선 상의 점들과 곡선 아래에 위치하는 모든 점들로 구성된 달성할 수 있는 영역(이 영역은 점 *A*~*F*를 포함한다)과 (2) 예를 들면 점 *G*처럼 생산가능곡선을 초과하여 그 위에 위치하는 점들로 구성된 달성할 수 없는 영역으로 분류된다. 희소성은 일부는 달성할 수 있지만 다른 일부는 달성할 수 없다는 의미이다. 생산가능곡선 상의 점 *A*는 점 *F*와 마찬가지로 달성할 수 있지만 점 *G*는 달성할 수 없다.

그림 4

생산가능곡선의 경제적 구조

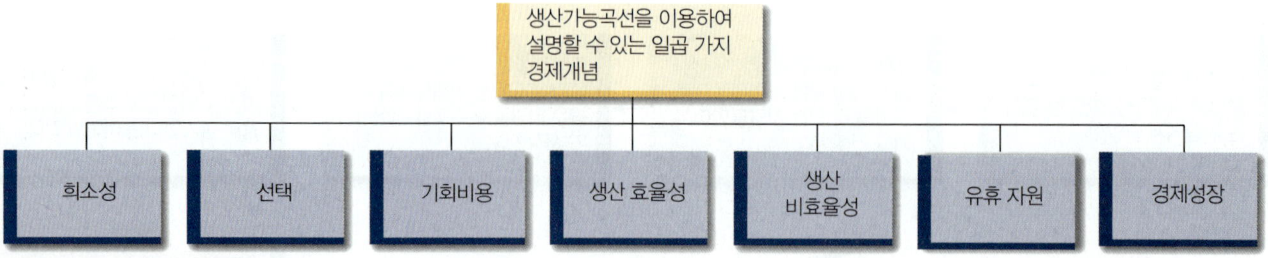

그림 5

생산가능곡선 및 다양한 경제적 개념

생산가능곡선(PPF)을 통해 다음과 같은 경제적 개념을 설명할 수 있다. (1) 희소성은 생산가능곡선 자체를 통해 설명할 수 있다. 어떤 것은 할 수 있지만 모든 것을 할 수는 없다는 생각이 희소성이란 개념에 묵시적으로 내포되 있다. PPF는 달성할 수 있는 영역과 달성할 수 없는 영역을 구별한다. (2) 선택은 두 가지 상품의 가능한 조합 중에서 내리는 결정으로 나타낼 수 있다. 예를 들어 점 *A* 또는 점 *B*로 나타내는 상품의 조합 중 어느 것을 선택할 것인가? (3) 기회비용은 예를 들면 점 *A*에서 점 *B*로의 이동처럼 한 점에서 다른 점으로의 이동으로 쉽게 설명할 수 있다. 점 *B*에서는 점 *A*에서보다 더 많은 자동차를 가용할 수 있지만 가용할 수 있는 텔레비전은 적어진다. 간단히 말해 더 많은 자동차에 대한 기회비용은 더 적은 텔레비전이 된다. (4) 생산 효율성은 (예를 들면 점 *A*~*E*처럼) PPF상의 점들로 나타낼 수 있지만 생산 비효율성은 (예를 들면 점 *F*처럼) PPF 아래의 점으로 나타낼 수 있다. (5) (투입되지 않은 자원 측면에서 본) 실업은 (예를 들면 점 *F*처럼) 생산 비효율적인 점에서 발생하며 (예를 들면 점 *A*~*E*와 같은) 생산 효율적인 점에서는 자원이 완전히 고용된다.

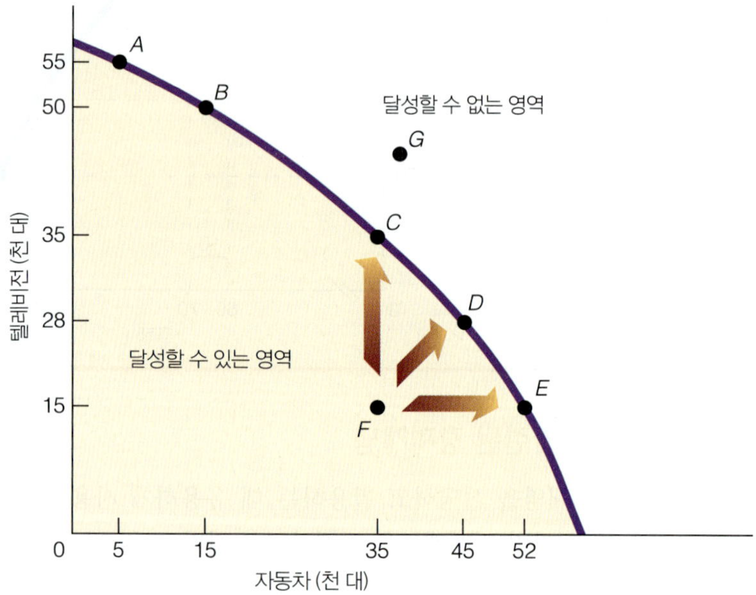

그림 5는 또한 선택과 기회비용을 보여주고 있다. 달성할 수 있는 영역 내에서 생산하고자 하는 두 상품의 조합을 선택할 수 있다. 수백 개의 조합이 존재할 수 있지만 두 개의 점, 즉 점 *A* 및 *B*를 생각하여 보자. 두 개의 점 중 어느 것을 선택하게 되는가? 두 점 모두를 선택할 수는 없으며 한 개를 선택하여야 한다.

그림 5에 있는 생산가능곡선 상의 한 점에서 다른 점으로 이동할 경우 기회비용을 설명할 수 있다. 현재 점 *A*에 있으며 점 *B*로 이동하고자 한다. 점 *A*에서 55,000대의 텔레비전과 5,000대의 자동차를 생산하며 점 *B*에서는 50,000대의 텔레비전과 15,000대의 자동

차를 생산한다. 자동차 1대의 기회비용은 무엇인가? 텔레비전 5,000대를 더 적게 생산하는 대가로 자동차 10,000대를 더 생산할 수 있기 때문에 자동차 1대의 기회비용은 텔레비전 1/2대가 된다.

생산 효율성 주어진 자원 및 기술을 갖고 최대 생산량을 생산할 경우 해당 경제는 **생산 효율적**(productive efficient)이라고 한다. 그림 5에서 점 *A*, *B*, *C*, *D*, *E*는 모두 생산효율적인 점들이다. 이런 점들은 모두 생산가능곡선 상에 위치한다는 사실에 주목하자. 다시 말해 (가용할 수 있는 자원 및 기술측면에서) 우리가 갖고 있는 것으로부터 (생산량 측면에서) 가장 많은 것을 얻게 된다.

생산 효율적

주어진 자원 및 기술을 갖고 최대 생산량에 못미치게 생산할 경우 해당 경제는 **생산 비효율적**(productive inefficient)이라고 한다. 그림 5에서 점 *F*는 생산 비효율적인 점이다. 이점은 생산가능곡선 아래에 위치한다. 다시 말해 가용할 수 있는 자원을 갖고 더 많은 상품을 생산할 수 있다. 즉 다른 상품을 더 적게 얻지 않고도 한 상품을 더 많이 얻을 수 있다.

생산 비효율적

예를 들어 비효율적인 점 *F*로부터 효율적인 점 *C*로 이동하였다고 가상하자. 이런 경우 자동차의 생산대수는 감소하지 않으면서 더 많은 텔레비전을 생산할 수 있다. 점 *F*에서 점 *D*로 이동할 경우는 어떠한가? 이 경우는 더 많은 텔레비전과 더 많은 자동차를 생산할 수 있다. 또한 점 *F*에서 점 *E*로 이동할 경우 텔레비전의 생산대수는 감소하지 않으면서 더 많은 자동차를 생산할 수 있다. 이처럼 점 *F*로부터 이동할 경우 다른 상품을 감소시키지 않고 최소한 한 상품을 더 많이 얻을 수 있다. 간단히 말해 생산 비효율성은 다른 상품을 감소시키지 않고 한 상품을 더 많이 얻을 수 있는 상황을 의미한다.

유휴 자원 해당 경제가 생산 비효율성을 보일 경우 가용할 수 있는 자원 및 기술을 갖고 최대 생산량을 생산하지 못한다. 이렇게 되는 이유 중 하나는 해당 경제가 모든 자원을 이용하지 못하기 때문이다. 즉 그림 5의 점 *F*처럼 일부 자원이 사용되지 않는다.

해당 경제가 생산 효율성을 보일 경우 가용할 수 있는 자원 및 기술을 갖고 최대 생산량을 생산한다. 다시 말해 해당 경제는 모든 자원을 이용하여 상품을 생산한다. 자원은 완전히 사용되며 사용되지 않는 자원은 존재하지 않는다. 그림 5의 생산 효율적인 점들인 *A*~*E*에서 사용되지 않는 자원은 존재하지 않는다.

경제성장 경제성장은 한 경제의 생산능력 증대를 의미하며 이는 생산가능곡선이 바깥쪽으로 이동한다고 볼 수 있다. 경제성장에 영향을 미치는 두 가지 요인으로 (1) 자원량의 증대 및 (2) 기술발전을 들 수 있다.

(예를 들어 새로운 자원이 발견되어) 자원의 수량이 증가하면 생산량의 증대가 가능해진다. 그림 6에서 자원량이 증가하면 군수용품과 민수용품 모두를 보다 많이 생산할 수 있다. 따라서 생산가능곡선은 PPF_1에서 PPF_2로 이동하게 된다.

기술(technology)은 생산자원의 사용과 관련된 기능 및 지식을 의미한다. 기술이 진보하면 일반적으로 주어진 일정한 자원량으로 보다 많은 생산량을 생산하는 능력을 증대시키거나 또는 보다 적은 자원량으로 동일한 생산량을 생산하는 능력을 향상시킨다. 예를 들어 기술이 진보하면 동일한 자원량을 갖고 군수용품과 민수용품 모두를 더 많이 생산할

기술

그림 6

생산가능곡선 틀 내에서의 경제성장

(두 물품의 생산증대로 이어질 수 있는) 자원의 증가 또는 기술진보가 이루어지는 경우 해당 경제의 생산능력이 증대된다. 이를 통해 경제성장이 달성되고 (a)에서 보는 것처럼 생산가능곡선이 바깥쪽으로 이동한다. 기술진보가 (예를 들면 민수용품처럼) 한 물품의 생산 증대로만 이어지는 경우 (b)에서 보는 것처럼 PPF가 이동한다.

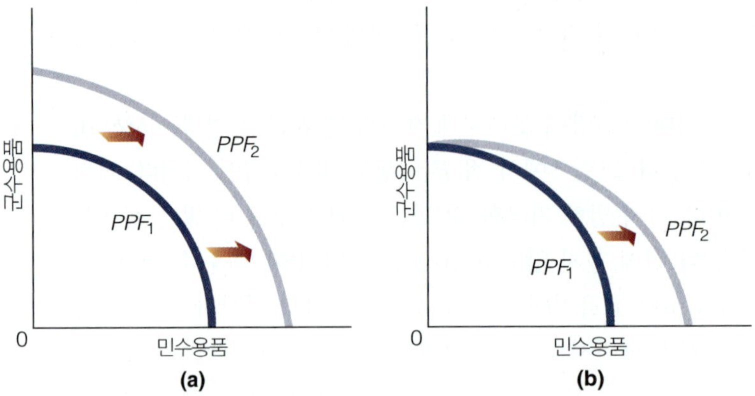

수 있다. 따라서 그림 6(a)에서 생산가능곡선은 PPF_1에서 PPF_2로 이동한다. 자원량이 증가할 경우도 결과는 동일해진다.

기술진보로 인해 동일한 자원량을 갖고(두 가지 상품 대신에) 한 가지 상품만을 더 생산할 수 있다면 생산가능곡선이 그림 6(a)와 달리 바깥쪽으로 이동한다. 예를 들어 기술진보로 인해 군수용품이 아닌 민수용품만을 더 생산할 수 있게 되었다고 가상하자. 따라서 군수용품의 최대 생산량은 변화하지 않지만 민수용품의 최대생산량이 변화한다. 이 경우 생산가능곡선은 그림 6(b)에서 보는 것처럼 PPF_1에서 PPF_2로 이동한다.

2.2 특화 및 무역을 통해 생산가능곡선의 범위를 넘어설 수 있다

여기서는 일부 상품의 생산에 특화하고 이를 외국의 다른 상품과 교환하는 국가의 경우 어떻게 상황이 나아지는지를 살펴보고자 한다. 이 국가는 생산가능곡선의 범위를 넘어서는 수준에서 소비를 하게 된다.

1 단순한 2인 생산가능곡선 모형

두 사람, 즉 엘리자베스(Elizabeth)와 브라이언(Brian)은 서로 가까이 살면서 두 가지 상이한 업종, 즉 제빵업과 사과 재배업에 종사하고 있다. 엘리자베스는 일정한 기간 동안 빵 20개와 사과 0개 또는 빵 10개와 사과 10개 또는 빵 0개와 사과 20개를 생산할 수 있다. 그림 7은 이를 보여주고 있다. 엘리자베스의 생산가능곡선 상에 있는 세 개 점은 빵 20개와 사

그림 7

엘리자베스의 생산가능곡선 및 브라이언의 생산가능곡선

(a)는 먼저 표를 이용하고 다음에는 생산가능곡선을 이용하여 엘리자베스가 생산할 수 있는 두 상품의 조합을 보여주고 있다. 엘리자베스는 두 상품을 모두 소비하고자 하므로 점 B로 나타낸 두 상품의 조합을 생산하게 된다.

(b)는 먼저 표를 이용하고 다음에는 생산가능곡선을 이용하여 브라이언이 생산할 수 있는 두 상품의 조합을 보여주고 있다. 브라이언은 두 상품을 모두 소비하고자 하므로 점 F로 나타낸 두 상품의 조합을 생산하게 된다.

엘리자베스

빵	사과
20	0
10	10
0	20

브라이언

빵	사과
10	0
5	15
0	30

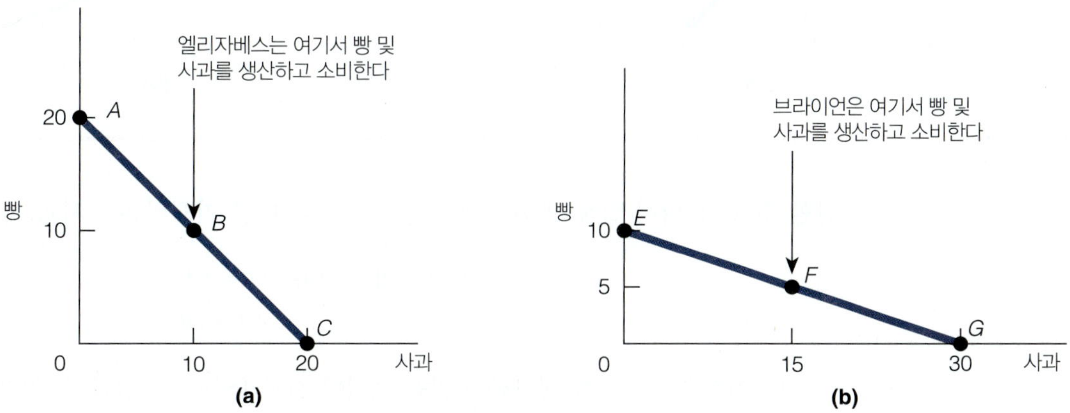

과 0개 또는 빵 10개와 사과 10개 또는 빵 0개와 사과 20개를 각각 나타낸다. 엘리자베스는 빵과 사과를 둘 다 소비하고자 하므로 빵 10개와 사과 10개를 생산한다(그리고 이를 소비한다). 이는 그림 7(a)에서 점 B로 나타낼 수 있다.

동일한 기간 동안 브라이언은 빵 10개와 사과 0개, 또는 빵 5개와 사과 15개 또는 빵 0개와 사과 30개를 생산할 수 있다. 다시 말해 이 세 가지 조합은 브라이언의 생산가능곡선 상의 세 개 점과 상응한다. 엘리자베스와 마찬가지로 브라이언은 빵과 사과를 둘 다 원하므로 빵 5개와 사과 15개를 생산하여 소비하고자 한다. 이는 그림 7(b)에서 점 F로 나타낼 수 있다.

엘리자베스는 자신과 브라이언이 각각 두 상품 중 하나만 생산하는 데 특화하여 이를 서로 교환할 경우 상황이 나아질 수 있다고 생각한다. 다시 말해 엘리자베스는 빵과 사과 둘 다를 생산하지 않고 이 중 하나만을 생산하여야 한다. 브라이언도 같은 생각을 한다. 하지만 어느 상품을 생산하는 데 특화하여야 하는지 알지 못한다.

이런 경우 경제학자들은 더 낮은 비용으로 생산할 수 있는 상품을 생산하도록 조언한다. 경제학에서 다른 사람보다 더 낮은 비용으로 상품을 생산할 수 있을 때 해당 상품을 생산하는 데 **비교우위**(comparative advantage)를 갖는다고 한다.

비교우위

그림 7에 따르면 엘리자베스가 빵 10개를 생산하지 않을 때마다 각각 사과 10개를 생

그림 8

특화 및 교환이 있는 경우 및 없는 경우 엘리자베스와 브라이언의 소비

특화 및 교환을 전후하여 이루어진 빵과 사과의 소비를 비교하여 보면 엘리자베스 및 브라이언이 각각 비교우위를 갖는 상품을 생산하고 이를 다른 상품과 교환함으로써 얻게 되는 편익을 알 수 있다.

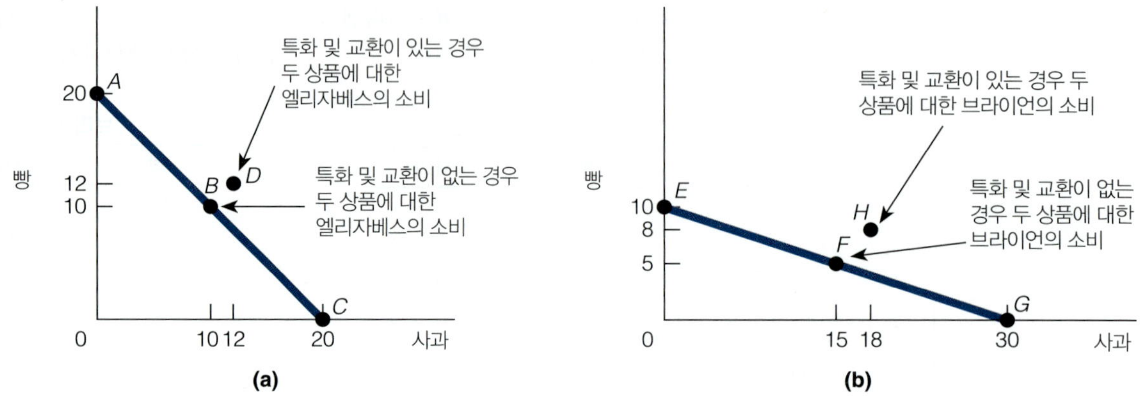

산할 수 있다. 다시 말해 빵(B) 1개를 생산하는 데 따른 기회비용은 사과(A) 1개가 된다.

엘리자베스의 기회비용: $1B = 1A$

$1A = 1B$

브라이언은 빵 5개를 생산하지 않을 때마다 사과 15개를 생산할 수 있다. 즉 빵 1개를 생산하지 않을 때마다 사과 3개를 생산할 수 있다. 그러므로 브라이언이 사과 1개를 생산하기로 결정할 경우 빵 1/3개를 포기하여야 한다.

브라이언의 기회비용: $1B = 3A$

$1A = 1/3B$

기회비용을 비교해 보면 엘리자베스가 브라이언보다 더 낮은 기회비용으로 빵을 생산할 수 있다. (엘리자베스가 빵 1개를 생산하려는 경우 사과 1개를 포기하여야 하지만 브라이언은 사과 3개를 포기하여야 한다). 반면에 브라이언은 엘리자베스보다 더 낮은 기회비용으로 사과를 생산할 수 있다. 따라서 엘리자베스는 빵을 생산하는 데 비교우위를 갖고 브라이언은 사과를 생산하는 데 비교우위를 갖게 된다.

이들 두 사람은 자신들이 비교우위를 갖는 상품을 생산하는 데 특화한다고 가상하자. 즉 엘리자베스는 빵만을 생산하여 빵 20개를 만들며 브라이언은 사과만을 생산하여 사과 30개를 산출한다.

이제 엘리자베스와 브라이언은 빵 8개와 사과 12개를 교환하기로 하였다고 하자. 다시 말해 엘리자베스는 빵 20개를 생산하여 이 중 8개를 사과 12개와 교환한다. 이제 엘리자베스는 빵 12개와 사과 12개를 소비할 수 있다. 현재의 상황을 특화하지 않고 교환을 하지 않았던 상황과 비교해 보자. 특화하지 않았을 때 엘리자베스는 빵 10개와 사과 10개를 소비하였다. 특화하지 않았을 때보다 특화하여 교환이 이루어졌을 때 엘리자베스의 상황이 명백히 나아진다.

브라이언의 경우는 어떠한가? 브라이언은 사과 30개를 생산하여 이 중 12개를 엘리자베스가 생산한 빵 8개와 교환을 한다. 다시 말해 브라이언은 빵 8개와 사과 18개를 소비하게 된다. 현재의 상황을 특화하지 않고 교환하지 않았던 상황과 비교해 보자. 특화하지 않았을 때 브라이언은 빵 5개와 사과 15개를 소비하였다. 특화하지 않았을 때보다 특화하여 교환이 이루어졌을 때 브라이언의 상황이 명백히 나아진다.

2 생산가능곡선 상에 있는가 아니면 이를 넘어서는가?

그림 8(a)는 엘리자베스의 생산가능곡선이다. 특화하지 않고 교환이 이루어지지 않았을 때 엘리자베스는 점 *B*(빵 10개 및 사과 10개)에서 빵과 사과를 소비한다. 특화하여 교환이 이루어질 경우 두 상품 모두 소비가 증대하여 점 *D*(빵 12개 및 사과 12개)로 이동한다. 이를 통해 얻은 교훈은 다음과 같다. 특화하여 교환이 이루어질 경우 엘리자베스는 생산가능곡선의 범위를 넘어 소비를 할 수 있으며 이를 통해 특화의 이점을 알 수 있다.

그림 8(b)는 브라이언의 생산가능곡선이다. 특화하지 않고 교환이 이루어지지 않았을 때 브라이언은 점 *F*(빵 5개 및 사과 15개)에서 빵과 사과를 소비한다. 특화하여 교환이 이루어질 경우 두 상품 모두 소비가 증대하여 점 *H*(빵 8개 및 사과 18개)로 이동한다. 이를 통해 얻은 교훈은 다음과 같다. 특화하여 교환이 이루어질 경우 브라이언은 생산가능곡선의 범위를 넘어서 소비를 할 수 있다.

위의 경우는 국가 간에도 적용될 수 있다. 예를 들어 미국과 브라질이 각각 비교우위를 갖는 상품을 생산하는 데 특화하여 무역이 이루어질 경우 양측은 모두 그렇지 않았을 경우보다 많은 상품을 소비할 수 있다.

요약 및 정리

13 어떤 경제의 생산가능곡선

- 어떤 경제의 생산가능곡선은 기술이 주어지고 자원이 완전히 사용되는 조건 하에서 일정 기간 동안 해당 경제가 생산하는 두 상품의 다양한 조합을 보여준다.

14 체증하는 기회비용과 불변인 기회비용

- 직선인 생산가능곡선은 기회비용이 불변하는 경우이다: 한 상품의 생산증대가 불변인 기회비용으로 이루어진다.
- 바깥쪽으로 굽어진(아래쪽으로 오목한) 생산가능곡선은 기회비용 체증의 법칙을 보여준다: 한 상품의 생산증대가 체증하는 기회비용으로 이루어진다.

15 생산가능곡선과 다양한 경제개념

- 생산가능곡선을 이용하여 다양한 경제개념을 설명할 수 있다. 희소성은 생산가능곡선 자체를 이용하여 설명할 수 있다. 선택은 생산가능곡선 상의 점 또는 그 아래에 위치하는 점을 구해야 한다는 사실을 통해 설명할 수 있다. 간단히 말해 달성할 수 있는 많은 점들 중에서 한 개를 선택하여야한다. 기회비용은 생산가능곡선 상의 한 점에서 다른 점으로 이동함에 따라 설명할 수 있다. 유휴 자원 및 생산 비효율성은 생산가능곡선 아래에 위치한 점으로 나타낼 수 있다. 생산 효율성 및 완전히 고용된 자원은 생산가능곡선 상의 점으로 설명할 수 있다. 경제성장은 생산가능곡선이 바깥쪽으로 이동한다는 사실로 나타낼 수 있다.

16 특화, 교환(무역), 생산가능곡선

- 자신들이 비교우위를 갖고 있는 상품 생산에 특화하여 이를 다른 상품과 교환할 경우 사람들의 상황이 나아진다. 다른 사람들보다 더 낮은 기회비용으로 어떤 상품을 생산할 수 있는 사람은 해당 상품의 생산에 비교우위를 갖는다.
- 비교우위를 갖고 있는 상품 생산에 특화하여 이를 다른 상품과 교환할 경우 생산가능곡선의 범위를 넘어설 수 있다.

주요 용어 및 개념

생산가능곡선
기회비용 체증의 법칙
생산 효율성
생산 비효율성
기술
비교우위

연습문제

01. 대부분의 생산가능곡선이 바깥쪽으로 굽어진(아래쪽으로 오목한) 이유는 무엇 때문인가?
02. 어떤 경제의 X부문에서 기술진보가 이루어질 경우 Y부문에 종사하는 사람들의 수에 영향을 미칠 수 있는가? 설명하시오.
03. 다음의 각 경우를 보여주는 예를 드시오.
    (a) 기회비용이 불변인 경우
    (b) 기회비용이 체증하는 경우
04. 일국의 인구가 증가함에 따라 생산가능곡선이 안쪽으로 이동한다고 가상하자. 평균적으로 볼 때 사람들의 물질적인 생활수준에 어떤 일이 발생하는가? 설명하시오.
05. 생산가능곡선이 바깥쪽으로 굽어지기 위해서(아래쪽으로 오목하기 위해서) 어떤 조건이 준수되어야 하는가? 직선인 경우는 어떠한가?
06. 생산가능곡선의 기울기가 두 점 사이에 동일한 경우 이것이 비용에 대해 의미하는 바는 무엇인가? 설명하시오.
07. 다음 개념이 생산가능곡선의 구성에서 어떻게 나타내지는지 설명하시오.
    (a) 희소성 조건에 내포된 자원의 유한성
    (b) 선택
    (c) 기회비용
    (d) 생산 효율성
    (e) 유휴 자원
08. 생산가능곡선을 어떻게 도출하는지 설명하시오. 예를 들면 수직축의 끝점을 어떻게 정의하는가? 수평축의 끝점을 어떻게 정의하는가?
09. 아래의 경우 미국의 생산가능곡선에 각각 어떤 영향을 미치는지 설명하시오.
    (a) 미국으로 밀입국하는 사람의 수가 증가하는 경우
    (b) 미국 땅에서 전쟁이 발생하는 경우
    (c) 새로운 유전을 발견하는 경우
    (d) 실업률이 감소하는 경우
    (e) 적합하지 않은 작업부문으로 사람을 투입하도록 요구하는 법률이 제정된 경우
10. 생산가능곡선 구성 내에서 다음의 경우를 각각 설명하시오.
    (a) 국내 복지를 향상시키기 위한 지출 증대를 요구하는 사람들과 국방비지출 증대를 요구하는 사람들 사이에 의견 불일치가 존재하는 경우
    (b) 인구가 증가하는 경우
    (c) 자원이 덜 특화되도록 하는 기술변화가 발생하는 경우
11. 특화하여 교환을 하는 경우가 그렇지 않은 경우보다 소비를 증대시킬 수 있는 이유는 무엇인가?
12. 생산가능곡선의 구성을 이용하여 이 장에서 논의하지 않은 일상적인 경우에 대해 설명하시오.

숫자 및 그래프를 활용한 문제

01. 기회비용이 불변인 경우에 해당하는 표를 그림 1(a)와 유사하게 작성하시오. 이 표에 기초하여 생산가능곡선을 도출하시오.

02. (한 상품에 대한) 기회비용이 체증하는 경우에 해당하는 표를 그림 2(a)와 유사하게 작성하시오. 이 표에 기초하여 생산가능곡선을 도출하시오.

03. 기회비용이 불변인 경우 상품 X 및 Y에 대한 생산가능곡선을 도출하시오. 상품 X의 생산은 증대시키지만 상품 Y의 생산은 증대시키지 않는 기술진보를 보이시오. 상품 Y의 생산은 증대시키지만 상품 X의 생산은 증대시키지 않는 기술진보를 보이시오.

04. 다음 그림 중 어느 경우에 상품 X의 생산에만 영향을 미치는 기술진보가 이루어졌는가?

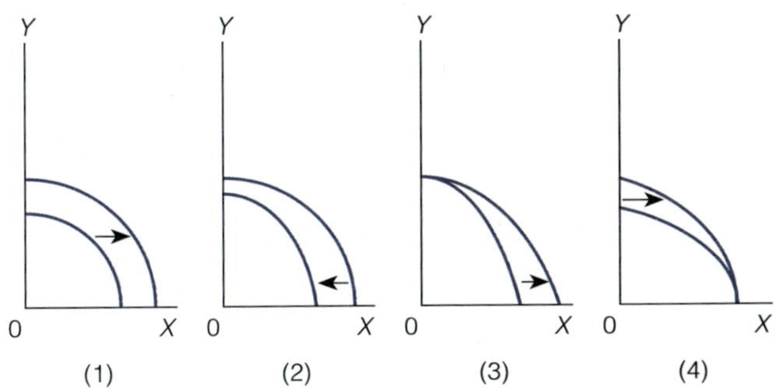

05. 앞의 그림에서 어느 경우가 전쟁으로 인한 결과를 보여주는 생산가능곡선인가?

06. 아래 그림에서 PPF_2가 관련된 생산가능곡선이라면 어느 점들을 달성할 수 없는가? 설명하시오.

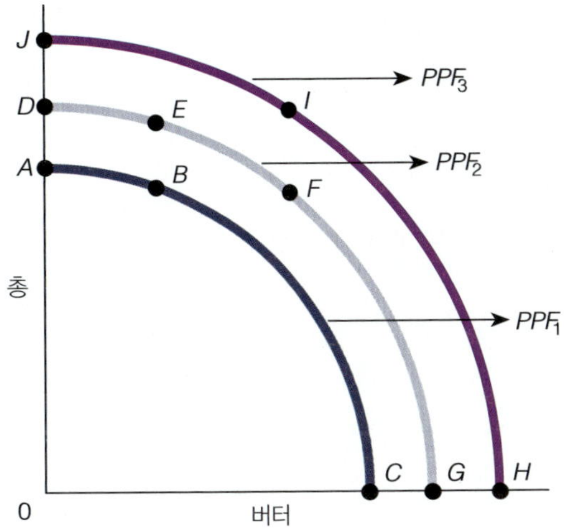

07. 앞의 그림에서 PPF_1이 관련된 생산가능곡선이라면 어느 점들이 생산 효율성을 나타내는가? 설명하시오.

08. 티나(Tina)는 다음과 같은 상품 X 및 Y의 조합을 생산할 수 있다.
    (a) 100 X 및 0 Y
    (b) 50 X 및 25 Y
    (c) 0 X 및 50 Y
    데이비드(David)는 다음과 같은 상품 X 및 T의 조합을 생산할 수 있다.
    (a) 50 X 및 0 Y
    (b) 25 X 및 40 Y
    (c) 0 X 및 80 Y
    상품 X의 생산에 누가 비교우위를 갖고 있는가? 상품 Y의 생산에 누가 비교우위를 갖고 있는가? 설명하시오.

09. 문제 8의 자료를 이용하여 티나와 데이비드가 특화 및 교환을 통해 상황이 나아질 수 있음을 증명하시오.

제 3 장

공급 및 수요: 이론

3.1 수요

수요

경제학에서 **수요**(demand)는 다음과 같은 의미로 사용한다.

1. 일정한 기간 동안(예를 들면 매일마다, 매주마다 등)
2. 상이한 가격 수준에서
3. 한 상품의 다양한 수량을 구입하고자 하는 매수인의 의지 및 능력[1)]

예를 들면 존(John)의 잡지에 대한 수요를 다음과 같이 말할 수 있다. 존은 잡지당 4달러의 가격으로 한 달 동안 10권의 잡지를 구입할 의지 및 능력을 갖고 있다. 또한 그는 잡지당 3달러의 가격으로 한 달 동안 15권의 잡지를 구입할 의지 및 능력을 갖고 있다.

수요에 관한 다음과 같은 중요한 사실을 기억하자. 구입하고자 하는 의지 및 능력이 없는 경우 수요가 존재하지 않으며 매수인이 될 수 없다. 예를 들면 조시(Josie)는 컴퓨터를 구입하고자 하는 의지는 있지만 그 가격을 지불할 능력이 없다. 타냐(Tanya)는 컴퓨터를 구입할 능력은 있지만 구입할 의지가 없다. 이런 경우 조시와 타냐는 컴퓨터를 구입하지 않으며 컴퓨터의 매수인이 될 수 없다.

1 수요법칙

사람들은 어떤 상품의 가격이 높을 때보다 낮을 때 더 많이 구입하는가? 예를 들어 셔츠 한 벌당 70달러일 때보다 10달러일 때 더 많이 구입하는가? 이 물음에 대한 대답이 긍정

1) 수요에는 상품뿐만 아니라 서비스도 포함되지만 여기서는 간단히 상품만을 고려하였다.

수요법칙

적이라면 여러분들은 이미 직관적으로 수요법칙을 이해하고 있다. **수요법칙**(law of demand)에 따를 경우 다른 사정은 동일하다면 한 상품의 가격이 상승하면 해당 상품의 수요량이 감소하고 한 상품의 가격이 하락하면 해당 상품의 수요량이 증가한다.

수요법칙을 간단히 설명 할 경우 다른 사정은 동일하다면 한 상품의 가격과 수요량이 역의 관계에 있다고 본다. 이를 정리하면 다음과 같다.

$P\uparrow \Rightarrow Q_d\downarrow$

$P\downarrow \Rightarrow Q_d\uparrow$, 다른 사정은 동일하다.

여기서 P = 가격, Q_d = 수요량이다.

수요량은 사람들이 특정기간 동안 특정가격으로 구입할 의지가 있고 가격을 지불할 수 있는 어떤 상품의 수량을 말한다. 예를 들면 사람들이 개당 4달러의 가격으로 주당 100개의 냉동식품을 구입할 의지가 있고 그 가격을 지불할 수 있다고 가상하자. 그러면 가격 4달러에서 냉동식품의 수요량은 100개가 된다.

유의사항: “수요”와 “수요량”은 유사한 것처럼 보이지만 동일하지 않다는 점에 유의하도록 하자. 수요는 수요량과 상이하며 이 점을 명심해 두어야 한다. 하지만 당장은 수요가 상이한 가격수준에서 상이한 수량을 매입하고자 하는 매수인의 의지 및 능력이라고 해두자. 수요량은 특정가격(예를 들면 개당 10달러)에서 특정수량(예를 들면 100개)을 매입하고자 하는 매수인의 의지 및 능력이라고 한다.

2 수요법칙을 나타내는 네 가지 방법

수요법칙을 나타내는 네 가지 방법은 다음과 같다.

- 언어를 사용하는 방법: 앞에서 이미 언어를 사용하여 수요법칙을 설명하였다. 다른 사정은 동일하다면 한 상품의 가격이 상승함에 따라 수요량은 감소하고 가격이 하락함에 따라 수요량은 증가한다. 이것이 바로 언어로 표현한 수요 법칙이다.
- 부호를 사용한 방법: 앞에서 이미 살펴본 것처럼 부호를 사용하여 수요법칙을 설명할 수 있다. 부호를 사용하여 수요법칙을 나타내면 다음과 같다.

$P\uparrow \Rightarrow Q_d\downarrow$

$P\downarrow \Rightarrow Q_d\uparrow$, 다른 사정은 동일하다.

수요 스케줄

- 수요 스케줄을 사용하는 방법: **수요 스케줄**(demand schedule)은 수요법칙을 숫자를 이용하여 제시한 것이다. 상품 X에 대한 수요 스케줄은 그림 1(a)에 있다.
- 수요곡선을 사용하는 방법: 그림 1(b)는 그림 1(a)에 있는 네 개의 가격-수량 조합을 점으로 나타내고 이를 연결하여 (기울기가 하향하는) 수요곡선을 도출하였다. (기울기가 하향하는) **수요곡선**(demand curve)은 수요법칙으로 특정화된 가격과 수요량 사이에 존재하는 역의 관계를 그래프로 나타낸 것이다.

수요곡선

그림 1

수요 스케줄 및 수요곡선

(a)는 상품 X에 대한 수요 스케줄을 보여주고 있다. (b)는 (a)에 있는 상이한 가격–수량 조합을 도표로 나타낸 수요곡선이다. 수요곡선에서 가격(달러)은 상품 단위당 가격을 의미한다. 수평축에 있는 수요량은 언제나(한 주, 한 달처럼) 특정기간에 대한 것이다.

상품 X에 대한 수요 스케줄

가격(달러)	수요량	그림 (b)의 점
4	10	*A*
3	20	*B*
2	30	*C*
1	40	*D*

(a)

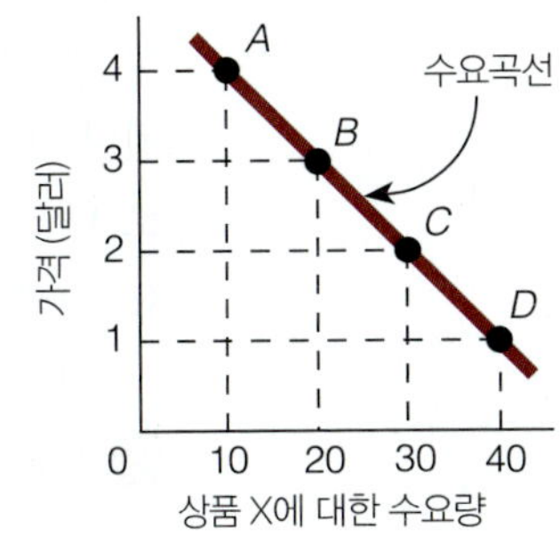

(b)

3 가격이 상승함에 따라 수요량이 감소하는 이유는 무엇 때문인가?

수요법칙에 따르면 가격과 수요량은 역의 관계에 있다. 여러분들은 이에 대해 잘 알고 있다. 하지만 가격과 수요량이 반대 방향으로 변화하는 이유를 알고 있는가? 두 가지 이유가 있다.

첫째, 사람들은 가격이 높은 물품 대신에 가격이 낮은 물품으로 대체하는 경향이 있다. 많은 상이한 물품들이 동일한 목적으로 사용된다. 많은 상이한 식품들이 배고픔을 채워줄 수 있으며 많은 상이한 음료수가 갈증을 완화시켜줄 수 있다. 예를 들면 오렌지주스와 포도주스는 둘 다 갈증을 완화시켜 준다고 하자. 월요일에 오렌지주스 가격은 포도주스 가격과 동일하였지만 화요일에는 오렌지주스 가격이 상승하였다. 따라서 사람들은 상대적으로 가격이 상승한 오렌지주스를 더 적게 구입하고 가격이 하락한 포도주스를 더 많이 구입하게 된다. 다시 말해 오렌지주스 가격이 상승함에 따라 이의 수요량은 감소한다.

둘째, 일정한 기간 동안 동일한 양의 상품을 연속적으로 소비할 때 얻게 되는 한계(또는 추가적인) 효용 또는 만족은 소비량이 증가함에 따라 감소하게 된다는 **한계효용 체감의 법칙**(law of diminishing marginal utility)을 들 수 있다. 예를 들면, 점심식사로 첫 번째 먹는 햄버거는 두 번째 먹는 햄버거보다 더 큰 효용 또는 만족을 주며 두 번째 먹는 햄버거는 세 번째 먹는 햄버거보다 효용이 더 크다.

한계효용 체감의 법칙

이것이 수요법칙과 어떻게 연계되는가? 경제학자들에 따르면 어떤 상품을 한 단위 소비하여 얻게 되는 효용이 클수록 이에 대해 더 높은 가격을 지불하려 하며 효용이 작을수록 더 낮은 가격을 지불하려 한다고 본다. 한계효용 체감의 법칙에 따르면 사람들은 한 상품을 추가적으로 소비함에 따라 더 적은 효용을 얻는다. 따라서 가격이 더 낮을 때만 보다 많은 수량의 상품을 구입하게 되며 이것이 바로 수요법칙이다.

4 개별수요곡선 및 시장수요곡선

개별수요곡선은 단일 매수인에 대한 특정상품의 가격–수량 조합을 나타낸다. 예를 들면 개별수요곡선은 CD에 대한 존스(Jones)의 수요를 보여줄 수 있다. 시장수요곡선은 전체 매수인에 대한 특정상품의 가격-수량 조합을 나타낸다. 이 경우 수요곡선은 CD에 대한 모든 매수인의 수요를 보여준다.

시장수요곡선은 그림 2에서 보는 것처럼 개별수요곡선을 합산함으로써 도출할 수 있다. 존스, 스미스, 그리고 기타 매수인들의 수요 스케줄은 그림 2(a)에 있다. 시장수요 스케줄은 각 가격수준에서의 수요량을 합산함으로써 구할 수 있다. 예를 들면 12달러 수준에서 존스의 수요량은 4개이고 스미스의 수요량은 5개이며 기타 매수인의 경우는 100개가 된다. 따라서 12달러에서 총 109개가 수요된다. 그림 2(b)는 수요 스케줄의 자료를 점으로 나타냈으며 이를 합산하여 시장수요곡선을 도출하였다. 시장수요곡선은 또한 시장수요 스케줄로부터 직접 도출할 수도 있다.

5 수요량의 변화 대 수요의 변화

경제학자들은 (1) 수요량의 변화 및 (2) 수요의 변화에 관해 자주 언급한다. 앞에서 살펴본 것처럼 "수요량"은 "수요"와 유사한 것처럼 보이지만 이 두 개념은 동일하지 않다. 간단히 말해 수요량의 변화는 수요의 변화와 동일하지 않다. 그림 1을 이용하여 수요량의 변화와 수요의 변화 사이에 존재하는 차이점을 살펴보기로 하자.

그림 2

시장수요 스케줄의 도출 및 시장수요곡선

(a)는 네 개의 수요 스케줄을 한 개의 표로 나타내었다. 시장수요 스케줄은 각 가격수준에서의 수요량을 합산함으로써 도출할 수 있다. (b)는 각 수요 스케줄로부터 시장수요곡선이 어떻게 도출되는지를 보여준다.

	수요량						
가격	존스		스미스	기타 매수인		모든 매수인
$15	1		2	20		23
14	2		3	45		50
13	3		4	70		77
12	4	+	5	100	=	109
11	5	+	6	130	=	141
10	6		7	160		173

(a)

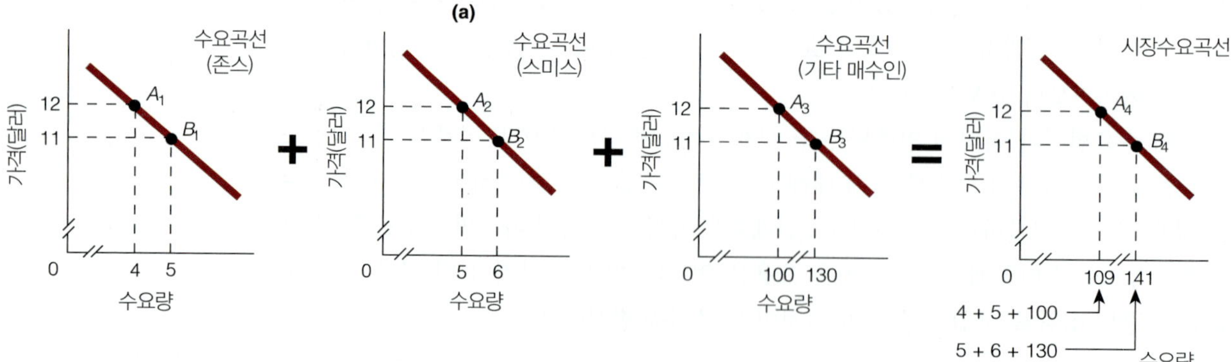

(b)

수요량의 변화 그림 1에서 "상품 X에 대한 수요량"이라고 명기된 수평축을 살펴보도록 하자. 수요량은 예를 들면 10, 20, 30, 40 등과 같은 숫자라는 사실에 주목하자. 즉 수요량은 일정기간 동안 특정가격으로 개인이 매입하려는 의지가 있고 매입할 능력이 있는 상품의 수량이다. 그림 1에서 가격이 4달러인 경우 상품 X에 대한 수요량은 10개이고 가격이 3달러인 경우 상품 X에 대한 수요량은 20개이다.

수요량 = 개인들이 특정가격에서 구입할 의지가 있고 구입할 능력이 있는 상품의 단위 수

그림 1을 다시 한 번 살펴보도록 하자. 어떤 이유로 인해 수요량이 10개(점 *A*)에서 20개(점 *B*)로 변화하였는가? 즉 수요량이 변화하기 전에 무엇이 변화하여야 하는가? 이에 대한 대답은 그림 1의 수직축에서 찾아볼 수 있다. 수요량은 변화시킬 수 있는 유일한 것은 가격이며 이를 해당 상품의 가격이라고 한다.

수요량의 변화 = 해당 상품의 가격변화로 인해 동일한 수요곡선 상의 한 점에서 다른 점으로의 이동

수요의 변화 이제는 그림 1에서 수요곡선 자체에 대해 초점을 맞춰 보도록하자. 수요는 전체 곡선으로 나타낼 수 있다. 경제학자들이 수요 변화에 대해 말할 때 실제로는 수요곡선의 변화 또는 이동에 관해 논의한다.

수요의 변화 = 수요곡선의 이동

수요는 증가할 수도 있고 감소할 수도 있다. 먼저 수요가 증가하는 경우에 대해 살펴보도록 하자. 다음과 같은 수요 스케줄을 갖고 있다고 가상하자.

수요 스케줄 *A*

가격	수요량
$20	500
$15	600
$10	700
$ 5	800

이 수요 스케줄에 대한 수요곡선은 그림 3(a)에서 D_A라고 표기되어 있다.

수요증가가 의미하는 바는 무엇인가? 이는 사람들이 각 가격수준에서 해당 물품을 보다 많이 구입할 의지가 있고 능력이 있다는 의미이다. 다시 말해 수요 스케줄 *A*는 다음과 같이 변화한다.

그림 3

수요곡선의 이동

(a)에서 수요곡선은 오른쪽, 즉 D_A로부터 D_B로 이동하며 이는 수요의 증가를 의미한다. 각 가격에서 수요량은 이전보다 더 많아진다. 예를 들면 20달러에서 수요량은 500단위로부터 600단위로 증가한다. (b)에서 수요곡선은 왼쪽, 즉 D_A로부터 D_C로 이동하며 이는 수요의 감소를 의미한다. 각 가격에서 수요량은 이전보다 더 적어진다. 예를 들면 20달러에서 수요량은 500단위로부터 400단위로 감소한다.

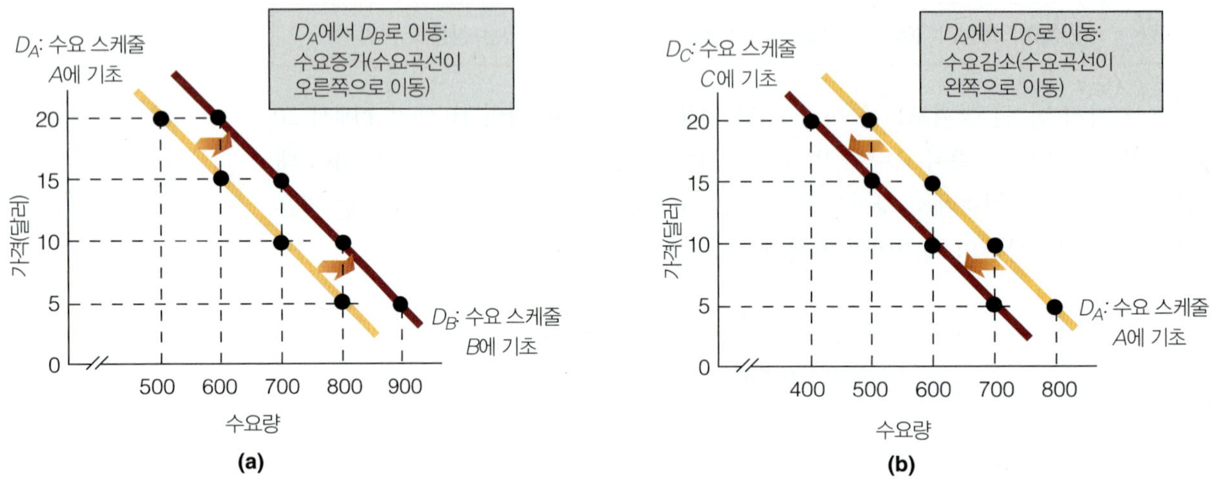

수요 스케줄 *B* (수요증가)

가격	수요량
$20	~~500~~ 600
$15	~~600~~ 700
$10	~~700~~ 800
$ 5	~~800~~ 900

사람들은 20달러에서 해당 상품을 500개 구입할 의지가 있었고 능력이 있었던 반면에 지금은 600개를 구입할 의지가 있고 능력이 있다. 15달러에서 600개를 구입할 의지가 있었고 능력이 있었던 반면에 지금은 700개를 구입할 의지가 있고 능력이 있다.

그림 3(a)에서 보는 것처럼 수요 스케줄 $B(D_B)$를 나타내는 수요곡선은 수요 스케줄 $A(D_A)$를 나타내는 수요곡선의 오른쪽에 위치한다. 이는 다음과 같은 의미를 갖는다. 수요가 증가할 경우 수요곡선이 오른쪽으로 이동하며 이는 사람들이 각 가격수준에서 해당 상품을 더 많이 구입할 의지가 있고 구입할 능력이 있다는 의미이다.

수요증가 = 수요곡선이 오른쪽으로 이동

이제는 수요가 감소하는 경우를 생각해 보자. 수요가 감소한다는 의미는 사람들이 각 가격수준에서 해당 상품을 더 적게 구입할 의지가 있고 구입할 능력이 있다는 의미이다. 이 경우 수요 스케줄 *A*는 다음과 같이 변화한다.

수요 스케줄 C (수요감소)	
가격	수요량
\$20	~~500~~ 400
\$15	~~600~~ 500
\$10	~~700~~ 600
\$ 5	~~800~~ 700

그림 3(b)에서 보는 것처럼 수요 스케줄 $C(D_C)$를 나타내는 수요곡선은 수요 스케줄 $A(D_A)$를 나타내는 수요곡선의 왼쪽에 위치한다. 이는 다음과 같은 의미를 갖는다. **수요가 감소할 경우 수요곡선이 왼쪽으로 이동하며 이는 사람들이 각 가격수준에서 해당 상품을 더 적게 구입할 의지가 있고 구입할 능력이 있다는 의미이다.**

> 수요감소 = 수요곡선이 왼쪽으로 이동

6 무엇이 수요곡선을 이동시키는가?

우리는 수요증가 및 감소가 의미하는 바를 알고 있다. 수요증가는 소비자들이 각 가격수준에서 해당 상품을 보다 많이 구입할 의지가 있고 구입할 능력이 있다는 의미이다. 수요감소는 소비자들이 각 가격수준에서 해당 상품을 보다 적게 구입할 의지가 있고 구입할 능력이 있다는 의미이다. 수요증가를 그래프로 설명하면 수요곡선이 오른쪽으로 이동하는 것이며 수요감소는 수요곡선이 왼쪽으로 이동하는 것이다.

어떤 요인 또는 변수들이 수요를 증가시키거나 또는 감소시키는가? 어떤 요인 또는 변수들이 수요곡선을 이동시키는가? 예를 들면 다음과 같은 요인 또는 변수를 생각해 볼 수 있다: (1) 소득, (2) 선호, (3) 관련 상품의 가격, (4) 매수인의 수, (5) 장래가격에 대한 기대.

소득 한 개인의 소득이 변화함에 따라(증가하거나 또는 감소함에 따라) 특정 상품에 대한 수요가 증가하거나 또는 감소하거나 또는 변화하지 않는다.

예를 들어 잭(Jack)의 소득이 증가하였다고 가상하자. 이에 따라 CD에 대한 잭의 수요가 증가하였다. 잭의 경우 CD는 정상재가 된다. **정상재**(normal good)의 경우 소득이 증가함에 따라 수요가 증가하고 소득이 감소함에 따라 수요가 감소한다. **정상재**

> X가 정상재인 경우: 소득이 증가 ⇒ D_X↑
> 소득이 감소 ⇒ D_X↓

이제 메리(Marie)의 소득이 증가하였다고 가상하자. 이에 따라 통조림 콩에 대한 메리의 수요가 감소하였다. 메리의 경우 통조림 콩은 열등재가 된다. **열등재**(inferior good)의 경우 소득이 증가함에 따라 수요가 감소하고 소득이 감소함에 따라 수요가 증가한다. **열등재**

그림 4

대체재 및 보완재

(a) 코카콜라와 펩시콜라는 대체재이다: 한 상품의 가격은 다른 상품에 대한 수요와 정의 관계에 있다. 즉 코카콜라의 가격이 인상되면 펩시콜라에 대한 수요는 증대된다. (b) 테니스 라켓과 테니스 공은 보완재이다: 한 상품의 가격은 다른 상품에 대한 수요와 역의 관계에 있다. 테니스 라켓의 가격이 인상되면 테니스 공에 대한 수요는 감소한다.

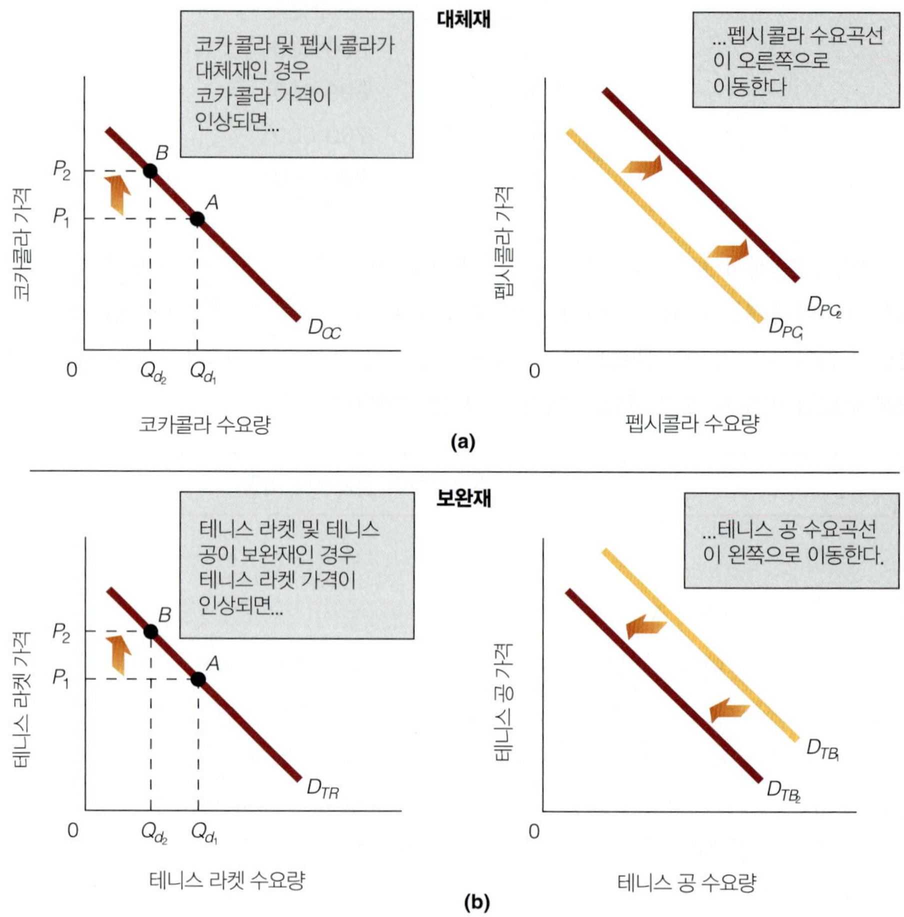

Y가 열등재인 경우: 소득이 증가 ⇒ $D_Y \downarrow$
소득이 감소 ⇒ $D_Y \uparrow$

조지(George)의 소득이 증가할 경우 치약에 대한 조지의 수요는 증가하지도 감소하지도 않는다고 가상하자. 조지의 경우 치약은 정상재도 아니고 열등재도 아니며 중립재이다. 중립재 **중립재**(neutral good)의 경우 소득이 증가하거나 감소하더라도 수요가 변화하지 않는다.

선호 사람들의 선호는 특정가격에서 구입하고자 하는 상품의 수량에 영향을 미친다. 어떤 상품을 좋아하도록 선호가 변화할 경우 해당 수요곡선이 오른쪽으로 이동하며 멀리하도록 선호가 변화할 경우 수요곡선이 왼쪽으로 이동한다. 예를 들어 사람들이 엘모어 레오나드(Elmore Leonard)의 소설을 이전보다 훨씬 더 좋아하게 될 경우 이 소설에 대한 수요가 증가하고 수요곡선은 오른쪽으로 이동한다.

관련 상품의 가격 두 가지 종류의 관련 상품, 즉 대체재 및 보완재가 있다. 두 상품이 유사한 필요 또는 욕망을 충족시키는 경우 대체재 **대체재**(substitute)가 된다. 많은 사람의 경우 코카콜라와 펩시콜라는 대체재이다. 두 상품이 대체재인 경우 한 상품의 가격이 인상되면(인하되면) 다른 상품에 대한 수요가 증가한다(감소한다). 예를 들면(그림 4(a)에서 보는 것처럼) 사람들이 펩시콜라와 코카콜라를 대체재로 생각하기 때문에 코카콜라 가격이 인상되면 펩시콜라에 대한 수요가 증가한다. 대체재의 다른 예로 커피와 홍차, 옥수수칩과 감자칩, 국내산 자동차와 외국산 자동차를 들 수 있다.

X 및 Y가 대체재인 경우: $P_X\uparrow \Rightarrow D_Y\uparrow$
$P_X\downarrow \Rightarrow D_Y\downarrow$

두 상품이 결합해서 소비될 경우 **보완재**(complement)가 된다. 예를 들면 테니스 라켓과 테니스 공은 테니스를 치기 위해 함께 사용된다. 두 상품이 보완재인 경우 한 상품의 가격이 인상되면(인하되면) 다른 상품에 대한 수요가 감소한다(증가한다). 예를 들면 그림 4(b)에서 보는 것처럼 테니스 라켓의 가격이 인상되면 테니스 공에 대한 수요가 감소한다. 보완재의 다른 예로 자동차와 타이어, 전구와 전기스탠드, 골프채와 골프공을 들 수 있다.

보완재

X 및 Y가 보완재인 경우: $P_X\uparrow \Rightarrow D_Y\downarrow$
$P_X\downarrow \Rightarrow D_Y\uparrow$

매수인의 수 특정 시장지역에서 한 상품에 대한 수요는 해당 지역에 있는 매수인의 수와 관련된다. 매수인이 많을수록 수요가 높아지며 매수인이 적을수록 수요가 낮아진다. 출산율이 높아지고 이민이 증가하며 한 지역에서 다른 지역으로 인구가 유입될 경우 매수인의 수가 증가한다. 사망률이 높아지고 전쟁이 발생하여 한 지역에서 다른 지역으로 인구가 유출될 경우 매수인의 수가 감소한다.

장래가격에 대한 기대 어떤 상품의 가격이 다음 달에 인상될 것으로 매수인이 기대하는 경우 이를 지금 구입하게 되어 해당 상품에 대한 현재수요가 증대한다. 매수인이 어떤 상품의 가격이 다음 달에 인하될 것으로 기대하는 경우 다음 달에 이를 구입하게 되어 해당 상품에 대한 현재수요가 감소한다.

예를 들면 여러분들이 주택을 매입하려 한다고 가상하자. 몇 달 내로 주택가격이 하락할 것이라는 이야기를 들었다면 여러분들은 주택 매입을 한동안 뒤로 미룰 것이다. 반대로 몇 달 내에 주택가격이 상승할 것이라는 이야기를 들었다면 지금 주택을 매입하려 할 것이다.

7 수요곡선 상에서의 이동요인과 수요곡선의 이동요인

경제학자들은 자주 다음과 같은 두 가지 요인을 구별하여 설명한다: (1) 수요곡선 상에서의 이동을 일으키는 요인, (2) 수요곡선 자체를 이동시키는 요인.

예를 들면 그림 1의 수요곡선에서처럼 경제학 도표에서는 수요곡선 상에서의 이동을 일으키는 요인(가격)을 표기한다. 수요곡선 자체를 이동시키는 요인으로는 소득, 선호, 관련 상품의 가격 등을 들 수 있으며 이들은 보통 경제학 도표에 표기되지 않는다. 예를 들

그림 5

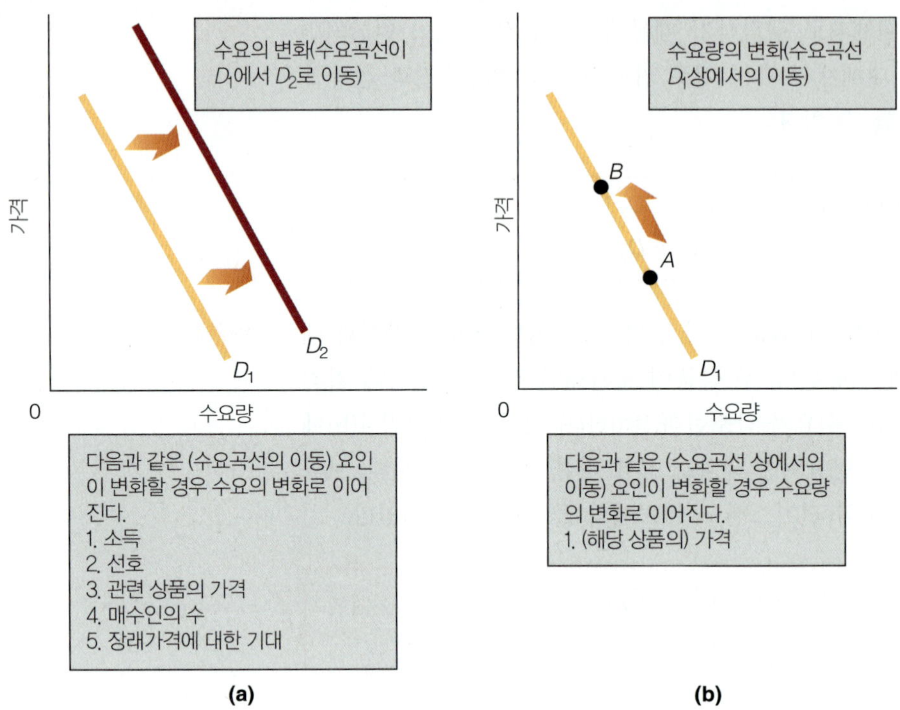

수요의 변화 대 수요량의 변화

(a) 수요의 변화는 수요곡선의 이동과 관련된다. 수요의 변화는 여러 가지 요인에 의해 이루어진다. (b) 수요량의 변화는 주어진 수요곡선 상에서의 이동과 관련된다. 수요량의 변화는 (해당 상품의) 가격 변화에 의해서만 이루어진다.

어 수요곡선 상에서의 이동요인인 가격은 그림 1에서 수직축에 표기되지만 수요곡선 자체를 이동시키는 요인은 도표에 표기되지 않는다. 그림 5는 수요곡선의 이동요인과 수요곡선 상에서의 이동요인을 요약해서 설명하고 있다.

3.2 공급

공급

경제학에서 **공급**(supply)은 다음과 같은 의미로 사용된다.

1. 일정한 기간 동안(예를 들면 매일마다, 매주마다 등)
2. 상이한 가격 수준에서
3. 한 상품의 다양한 수량을 생산하여 판매하고자 하는 매도인의 의지 및 능력

1 공급법칙

공급법칙

공급법칙(law of supply)에 따를 경우 다른 사정은 동일하다면 한 상품의 가격이 상승하면 해당 상품의 공급량이 증가하고 한 상품의 가격이 하락하면 해당 상품의 공급량이 감소한다. 공급법칙을 간단히 설명할 경우 다른 사정은 동일하다면 한 상품의 가격과 공급량은 정의 관계에 있다고 본다(공급량은 매도인이 특정가격으로 생산하여 판매할 의지가 있고 그렇게 할 수 있는 능력이 있는 어떤 상품의 수량을 말한다). 기울기가 상향하는 **공급곡선**(supply

공급곡선

curve)은 이런 공급법칙을 그래프로 제시한 것이다(그림 6 참조). 공급법칙을 정리하면 다음과 같다.

$$P\uparrow \Rightarrow Q_S\uparrow$$
$$P\downarrow \Rightarrow Q_S\downarrow$$, 다른 사정은 동일하다.

여기서 $P =$ 가격, $Q_S =$ 공급량이다.

대부분의 상품 생산에서 공급법칙이 준수되지만 상품을 추가적으로 생산할 시간이 없는 경우 이 법칙은 준수되지 않는다. 예를 들면 어떤 도시에 있는 극장의 경우 당일 공연할 연극의 입장권이 매진되었다고 가상하자. 입장권의 가격이 30달러에서 40달러로 인상되더라도 해당 극장은 좌석을 늘릴 수 없으므로 입장권을 추가적으로 발행할 수 없다. 극장 좌석에 대한 공급곡선은 그림 7(a)에 제시되어 있으며 좌석 수는 500개로 고정되어 있다.[2)]

여러 기간에 걸쳐 생산될 수 없는 상품의 경우에도 공급법칙이 준수되지 않는다. 예를 들면 바이올린 제작업자인 안토니오 스트래디바리(Antonio Stradivari)는 1737년에 사망하였다. 그림 7(b)에서 살펴보는 것처럼 스트래디바리어스 바이올린의 가격이 인상되더라도 이 바이올린의 공급량에는 영향을 미치지 못한다.

2 공급곡선의 기울기가 상향하는 이유

대부분 공급곡선의 기울기는 상향한다. 이렇게 기울기가 상향하는 근본적인 이유는 나중에 논의하게 될 **한계 수확 체감의 법칙**에서 비롯된다. 여기서는 간단히 기울기가 상향하는 이유는 어떤 조건 하에서 가격이 상승하면 해당 상품을 더 생산하려는 생산업자의 동기가

그림 6

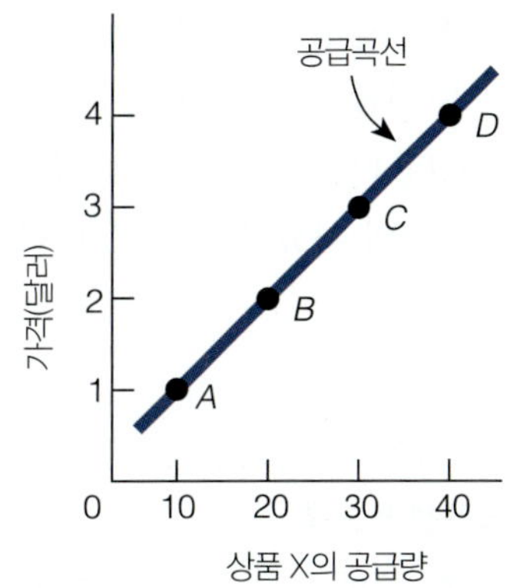

공급곡선

기울기가 상향하는 공급곡선은 다른 사정이 동일한 경우 가격과 공급량이 정의 관계로 연계된다는 공급법칙을 그래프로 나타낸 것이다. 공급곡선에서 가격(달러)은 상품단위당 가격을 의미한다. 수평축에 있는 공급량은 언제나(한 주, 한 달처럼) 특정 기간이 대한 것이다.

그림 7

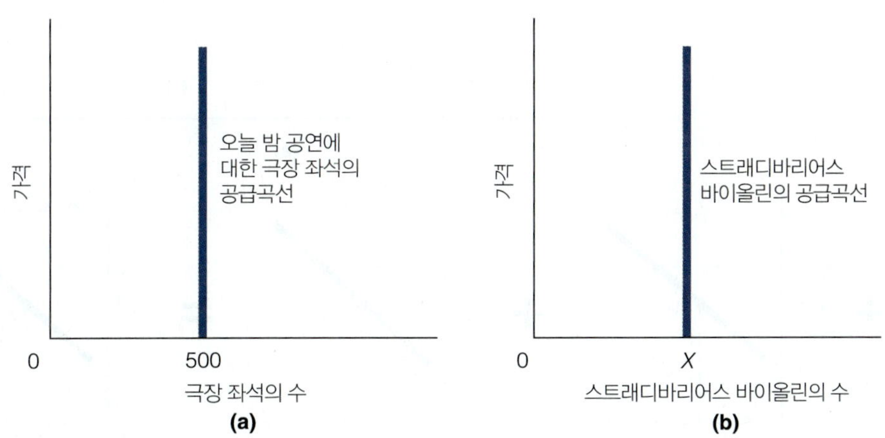

더 생산할 시간이 없거나 더 생산할 수 없는 경우의 공급곡선

더 생산할 시간이 없거나 더 생산할 수 없는 경우 공급곡선의 기울기는 상향하지 않는다. 이 경우 공급곡선은 수직선이 된다.

2) 수직선인 공급곡선은 완전 비탄력적이라고 한다.

유발된다고 볼 것이다. 이런 동기는 이윤 증가의 형태로 나타난다. 예를 들어 상품 X의 가격이 인상되고 (예를 들면 상품 X를 생산하는 데 따른 단위당 비용처럼) 다른 요인들은 변화하지 않는다고 가상하자. 이런 경우 상품 X의 생산업자는 단위당 더 높은 이윤을 얻게 되고 시장에 상품 X의 공급량을 증대시키고자 한다.

하지만 일반적으로 한 상품의 생산을 증가시키면 단위당 비용이 일정하지 않다. 2장에서 살펴본 것처럼 통상적으로 비용체증의 법칙이 적용된다. 다시 말해 한 상품의 생산이 증가하면 기회비용이 체증한다. 공급곡선의 기울기가 상향하는 이유는 한 상품의 생산이 증가할 경우 비용이 상승한다는 사실을 반영한 것이다

시장공급곡선 개별공급곡선은 단일 매도인에 대한 가격-수량 조합을 나타낸다. 시장공급곡선은 특정 상품의 모든 매도인에 대한 가격-수량 조합을 보여준다. 그림 8은 시장공급곡선이 개별공급곡선을 합산하여 어떻게 도출될 수 있는지 보여주고 있다. 그림 8(a)에는 브라운(Brown), 알버트(Alberts), 기타 다른 매도인에 대한 공급 스케줄이 있다. **공급 스케줄**(supply schedule)은 상이한 가격수준에서의 특정 상품에 대한 공급량을 표로 나타낸 것이다. 시장공급 스케줄은 다른 사정이 동일하다면 각 가격수준에서의 공급량을 합산함으로써 구할 수 있다. 예를 들면 11달러에서 공급량은 브라운의 경우 2개, 알버트의 경우 3개, 기타 다른 매도인들의 경우 98개가 되어 총 103개가 공급된다. 그림 8(b)에서는 공급 스케줄의 자료를 점으로 나타내고 이를 합산하여 시장공급 스케줄을 도출하였다.

공급 스케줄

그림 8

시장공급 스케줄 및 시장공급곡선의 도출

(a)는 네 개의 공급 스케줄을 한 개의 표로 나타내었다. 시장공급 스케줄은 각 가격수준에서의 공급량을 합산함으로써 도출할 수 있다. (b)는 각 공급 스케줄로부터 시장공급곡선이 어떻게 도출되는지를 보여준다.

	공급량							
가격	브라운		알버트		기타 매도인		모든 매도인
$10	1		2		96		99
11	2	+	3	+	98	=	103
12	3	+	4	+	102	=	109
13	4		5		106		115
14	5		6		108		119
15	6		7		110		123

(a)

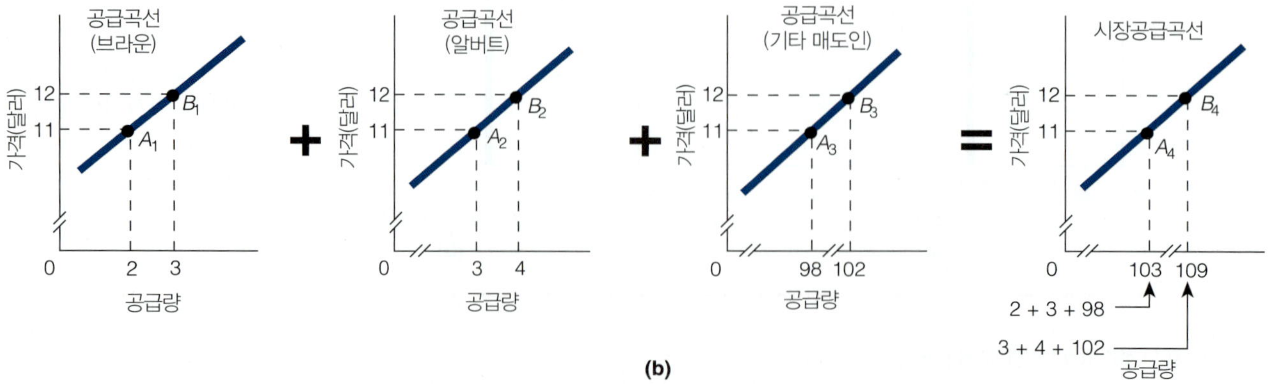

(b)

3 공급의 변화는 공급곡선의 이동을 의미한다

수요가 변화한 것처럼 공급도 변화한다. 한 상품의 공급은 증가할 수도 있고 감소할 수도 있다. 한 상품의 공급이 증가한다는 의미는 공급업자가 각 가격수준에서 보다 많은 상품을 생산하여 판매할 의지가 있으며 그렇게 할 능력이 있다는 것이다. 예를 들어 1월에 공급업자는 한 벌당 25달러의 가격으로 600벌의 셔츠를 생산하여 판매할 의지가 있고 그렇게 할 능력이 있으며 2월에는 25달러의 가격으로 900벌을 생산하여 판매할 의지와 능력이 있다고 가상하자. 공급이 증가할 경우 그림 9(a)에서 보는 것처럼 공급곡선이 오른쪽으로 이동한다.

매도인이 각 가격수준에서 어떤 상품을 더 적게 생산하여 판매한 의지 및 능력이 있는 경우 해당 상품의 공급이 감소한다. 예를 들어 1월에 매도인은 한 벌당 25달러의 가격으로 600벌의 셔츠를 생산하여 판매할 의지 및 능력을 갖고 있으며 2월에는 25달러의 가격으로 300벌의 셔츠만을 생산하여 판매할 의지 및 능력을 갖고 있다고 가상하자. 공급이 감소할 경우 그림 9(b)에서 보는 것처럼 공급곡선이 왼쪽으로 이동한다.

4 무엇이 공급곡선을 이동시키는가?

모든 상품의 공급이 변화한다는 사실을 알고 있다. 그렇다면 무엇이 공급을 변화시키는가? 무엇이 공급곡선을 이동시키는가? 다음과 같은 요인들을 생각해 볼 수 있다: (1) 관련 자원의 가격, (2) 기술, (3) 다른 상품의 가격, (4) 매도인의 수, (5) 장래가격에 대한 기대, (6) 조세 및 보조금, (7) 정부제한.

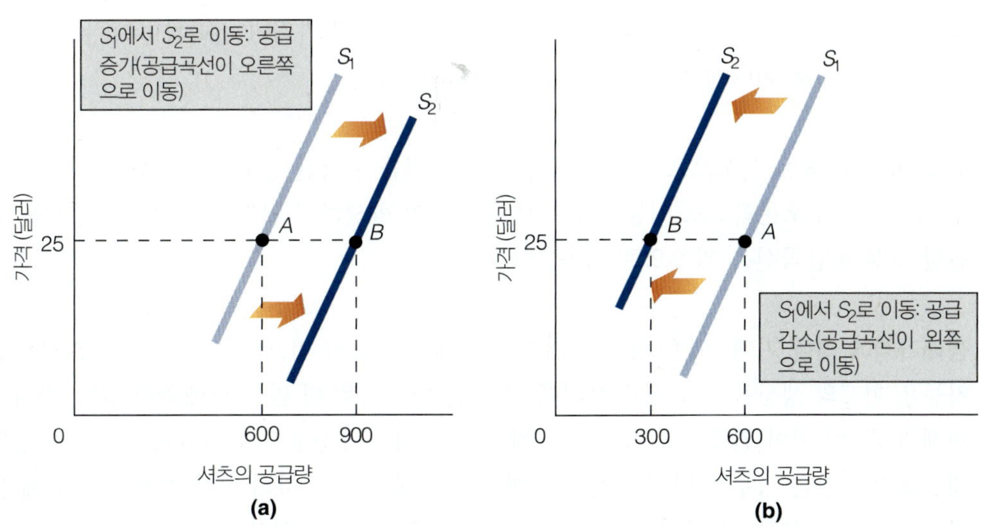

그림 9

공급곡선의 이동

(a)에서 공급곡선은 오른쪽, 즉 S_1로부터 S_2로 이동하며 이는 공급의 증가를 의미한다. 각 가격에서 공급량은 이전보다 더 많아진다. 예를 들면 25달러에서 셔츠의 공급량은 600벌에서 900벌로 증가한다. (b)에서 공급곡선은 왼쪽, 즉 S_1로부터 S_2로 이동하며 이는 셔츠의 공급 감소를 의미한다. 각 가격에서 공급량은 이전보다 더 적어진다. 예를 들면 셔츠의 공급량은 600벌에서 300벌로 감소한다.

관련 자원의 가격 상품을 생산하는 데는 자원이 필요하다. 예를 들면 문짝을 생산하는 데 목재가 필요하다. 목재 가격이 하락할 경우 문짝을 더 저렴하게 생산할 수 있다. 문짝 생산업자는 이에 어떻게 대응할 것인가? 보다 많은 수의 문짝을 생산할 것인가? 동일한 수의 문짝을 생산할 것인가? 더 적은 수의 문짝을 생산할 것인가? 비용이 낮아지고 가격이 불변인 경우 문짝을 생산하여 판매함으로써 얻는 이윤이 증대한다. 따라서 문짝을 생산하려는 (금전적인) 동기가 증대된다. 문짝 생산업자는 각 가격수준에서 더 많은 문짝을 생산하여 판매하게 된다. 따라서 문짝 공급이 증대하고 공급곡선은 오른쪽으로 이동한다. 목재 가격이 인상될 경우 문짝을 생산하는 비용이 증가한다. 따라서 공급이 감소하고 공급곡선은 왼쪽으로 이동한다.

기술 2장에서 기술은 생산에 투입되는 자원의 사용과 관련된 기능 및 지식이라고 하였다. 또한 기술진보란 단위당 생산비를 낮추어서 고정된 자원을 가지고 보다 많은 생산량을 생산하는 능력과 관련된다. 어떤 상품 40단위를 생산하는 데 100달러가 소요된다고 가상하자. 이 경우 단위당 비용은 2.50달러가 된다. 기술진보로 인해 100달러의 비용으로 50단위를 생산할 수 있다면 단위당 비용은 2달러로 하락한다.

어떤 상품의 단위당 생산비가 하락할 경우 각 가격수준에서 해당 상품의 공급량이 증가할 것으로 기대된다. 그 이유는 무엇 때문인가? 단위당 생산비가 하락하게 되면 이윤이 증대되어 생산업자는 생산을 증가시키고자 하는 동기를 갖게 된다. 예를 들어 옥수수 재배업자가 동일한 양의 물과 자원을 이용하여 더 많은 옥수수를 생산하는 방법을 개발하였다면 이윤이 증대되고 재배업자는 각 가격수준에서 더 많은 옥수수를 재배하여 판매하고자 한다. 옥수수의 공급곡선은 오른쪽으로 이동한다.

다른 상품의 가격 밀을 생산하는 농부의 경우를 생각하여 보자. 자신이 생산하지 않는 농산물(예를 들면, 옥수수)의 가격이 밀에 비해 상대적으로 급등하였다고 하자. 농부는 밀 경작에서 옥수수 경작으로 전환할 수도 있다. 즉 밀 가격에 비해 옥수수 가격이 상승하면 밀 생산을 옥수수 생산으로 전환하게 된다. 이처럼 한 상품의 가격이 변화하면 이는 다른 상품의 공급변화로 이어질 수 있다.

매도인의 수 높은 이윤으로 인해 보다 많은 매도인들이 어떤 상품을 생산하여 매도할 경우 공급곡선이 오른쪽으로 이동한다. 반대로 손실이 발생하여 일부 매도인들이 생산을 중단할 경우 공급곡선은 왼쪽으로 이동한다.

장래가격에 대한 기대 어떤 상품의 가격이 장래에 인상될 것으로 기대되는 경우 생산업자들은 현재의 생산을 축소하고 장래에 더 높은 가격으로 더 많이 판매하려 한다. 따라서 현재의 공급곡선이 왼쪽으로 이동한다. 예를 들어 석유 생산업자가 내년에 유가가 인상될 것으로 기대하는 경우 금년 생산을 축소하고 내년에 판매를 하려 한다. 반대로 내년에 유가가 인하될 것으로 기대되는 경우 올해 생산을 증가시키게 된다.

조세 및 보조금 일부 조세는 단위당 비용을 증가시킨다. 신발 제조업자는 생산한 신발 한 짝당 2달러의 조세를 납부하여야 한다고 가상하자. 이런 조세가 부과되면 공급곡선은 왼쪽으로 이동하며 이는 제조업자가 각 가격수준에서 더 적은 수의 신발을 생산하여 판매하고자 한다는 의미이다. 조세가 제거될 경우 공급곡선이 오른쪽으로 이동한다.

보조금

보조금(subsidy)은 정반대의 효과를 갖는다. 정부는 생산된 옥수수 매 부셸마다 2달러의 보조금을 지불한다고 가상하자. 보조금으로 인해 옥수수 공급량은 각 가격수준에서 증가하여 옥수수의 공급곡선은 오른쪽으로 이동한다.

정부제한 정부는 이따금 공급을 감소시키는 결정을 내리기도 한다. 미국 정부가 일본산 텔레비전에 대해 수입할당을 부과하였다고 가상하자. 이로 인해 일본산 텔레비전의 미국 내 공급이 감소하며 공급곡선이 왼쪽으로 이동한다. 수입할당이 제거될 경우 일본산 텔레비전의 미국 내 공급이 증가하여 공급곡선이 오른쪽으로 이동한다.

개업인가 제도도 유사한 효과를 갖는다. 인가제도가 시행될 경우 사람들은 합법적으로 해당 업무를 수행하기 전에 필요사항을 충족시켜야 한다. 예를 들어 보육원 운영업자는 해당 서비스를 제공하기 전에 필요사항을 충족시켜야 한다. 이로 인해 보육원의 수는 감소하며 공급곡선은 왼쪽으로 이동한다.

5 공급의 변화 대 공급량의 변화

공급의 변화는 공급량의 변화와 동일하지 않다. 공급의 변화는 그림 10(a)에서 보는 것처럼 공급곡선의 변화를 의미한다. 예를 들면 오렌지 공급이 증가한다고 할 경우 오렌지 공

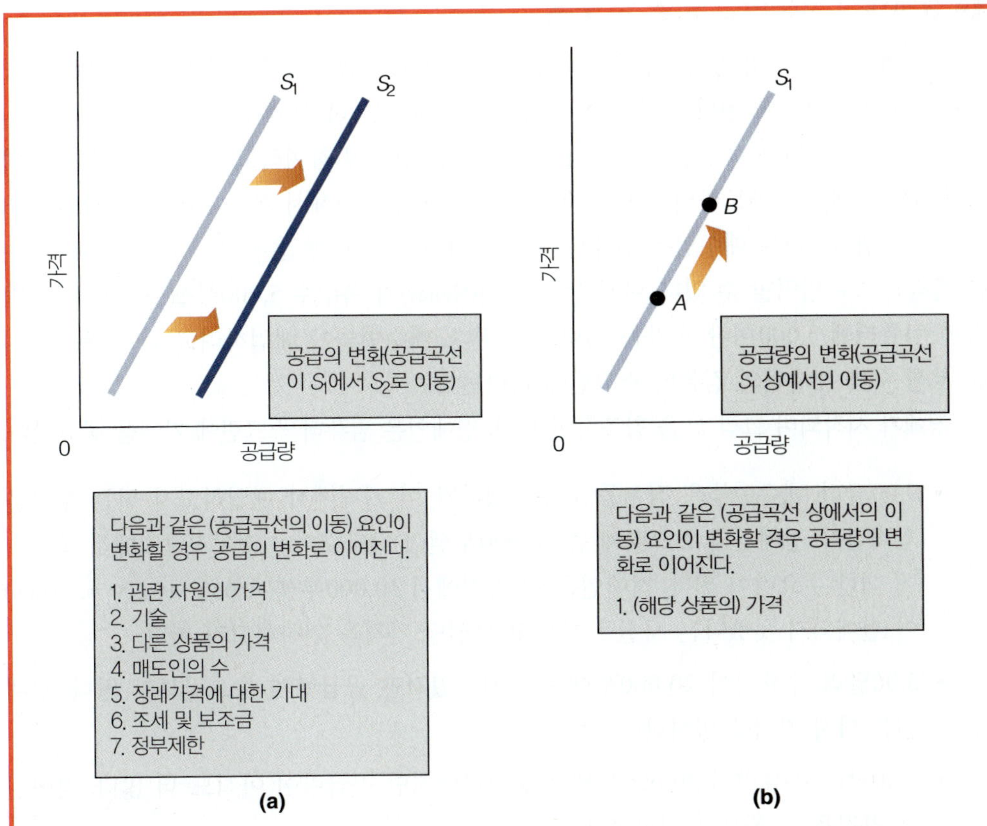

그림 10

공급의 변화 대 공급량의 변화

(a) 공급의 변화는 공급곡선의 이동과 관련된다. 공급의 변화는 여러 가지 요인에 의해 이루어진다. (b) 공급량의 변화는 주어진 공급곡선 상에서의 이동과 관련된다. 공급량의 변화는 (해당 상품의) 가격변화에 의해서만 이루어진다.

그림 11

경매에서 작동하는 공급 및 수요

Q_d = 수요량; Q_s = 공급량. 경매인은 여러 가지 가격을 외치고 매수인들은 얼마나 지불할지를 기록한다. 가격 9달러, 8달러, 7달러에서 공급량이 수요량보다 더 많으며 가격 4.25달러, 5.25달러에서는 수요량이 공급량보다 더 많다. 가격 6.10달러에서 수요량과 공급량은 일치한다.

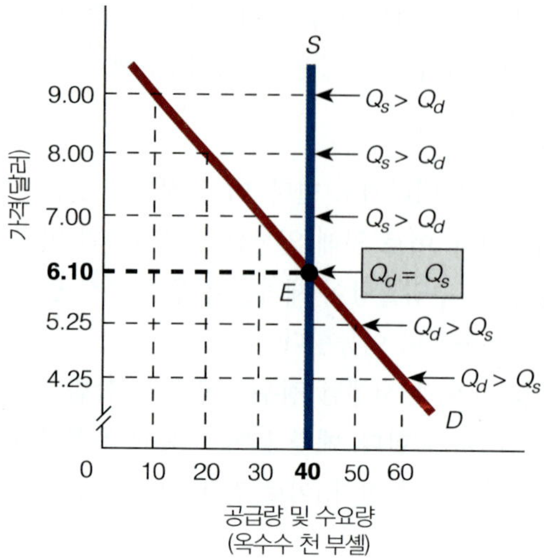

급곡선이 오른쪽으로 이동한다고 하는 것과 동일하다. 공급을 변화시킬 수 있는(즉, 공급곡선을 이동시킬 수 있는) 요인들로는 관련 자원의 가격, 기술, 다른 상품의 가격, 매도인의 수, 장래가격에 대한 기대, 조세 및 보조금, 정부제한을 들 수 있다.

공급량의 변화는 그림 10(b)에서 보는 것처럼 공급곡선을 따라 이동하는 것이다. 어떤 상품의 공급량을 직접적으로 변화시킬 수 있는 유일한 요인은 해당 상품의 가격이다.

3.3 시장: 공급과 수요의 결합

여기서는 공급과 수요를 결합시키고 시장에 관해 논의할 것이다 이런 논의의 목적은 가격이 어떻게 결정되는지에 관해 이해하기 위해서이다.

1 경매에서 작동하는 공급 및 수요

그림 11에서 옥수수의 공급곡선은 수직선이며 40,000부셸에서 수평축과 교차한다. 즉 공급량은 40,000부셸이 된다. 옥수수 수요곡선의 기울기는 하향한다.

매입 및 매도되는 옥수수의 규모가 컴퓨터화된 경매에 참여하고 있다고 가상하자. 이 경매에서 경매인은 매도하려는 모든 옥수수를 판매하기 위해서 옥수수 가격을 조절한다. 옥수수를 매입하려는 매수인은 컴퓨터 앞에 앉아서 자신이 매입하려는 옥수수의 부셸 수를 즉각적으로 입력할 수 있다. 예를 들어 낸시(Nancy)가 옥수수 5,000부셸을 매입하려 한다면 컴퓨터에 5,000이란 숫자를 입력하면 된다. 매수인들이 매입하려고 하는 옥수수의 총 부셸 수가 매수인의 컴퓨터 스크린에 나타난다.

경매가 시작되며 그림 11을 참조하여 보자. 경매인은 컴퓨터 스크린에 가격을 공표한다.

- 9.00달러: 매수인들은 잠시동안 생각했다가 이 가격에서 매입하고자 하는 수량을 입력한다. 경매인의 스크린에 총 10,000부셸이 나타나며 이것이 9달러에서 옥수수에 대한 수요량이 된다. 경매인은 이 가격에서 30,000부셸(40,000 −10,000 = 30,000)이 판매되지 못했다는 사실을 깨닫고 부셸당 가격을 인하하고자 한다.
- 8.00달러: 수요량이 20,000부셸로 증가하였지만 공급량이 수요량보다 많다. 경매인은 다시 가격을 인하한다.
- 7.00달러: 수요량이 30,000부셸로 증가하였지만 공급량이 아직도 더 많다. 경매인은 가격을 큰 폭으로 인하한다.

- 4.25달러: 수요량이 60,000부셸로 급등하여 공급량보다 20,000부셸이 더 많다. 경매인은 가격을 인상할 수밖에 없다.
- 5.25달러: 수요량이 50,000부셸로 감소하였지만 아직도 수요가 더 많다. 경매인은 다시 한 번 더 가격을 인상한다.
- 6.10달러: 수요량이 40,000부셸이고 공급량이 40,000부셸이라 경매가 완료된다. 부셸당 6.10달러에서 수요와 공급이 일치한다.

2 공급 및 수요와 관련된 용어

공급량이 수요량보다 많으면 **과잉**(surplus) 또는 **초과 공급**(excess supply) 현상이 존재한다. 수요량이 공급량보다 많으면 **부족**(shortage) 또는 **초과 수요**(excess demand) 현상이 나타난다. 그림 11에서 보면 9.00달러, 8.00달러, 7.00달러의 가격에서 과잉현상이 나타나고 4.25달러, 5.25달러에서 부족현상이 발생한다. 수요량과 공급량이 일치하는 가격을 **균형가격**(equilibrium price)또는 **시장청산가격**(market clearing price)이라고 한다. 균형가격에 상응하는 수량을 **균형량**(equilibrium quantity)이라 하며 위의 예에서 옥수수 40,000부셸에 해당한다. 수요량과 공급량이 일치하지 않는 가격을 **불균형 가격**(disequilibrium price)이라고 한다.

과잉/초과 공급
부족/초과 수요
균형가격
시장청산가격
균형량
불균형 가격

과잉($Q_s > Q_d$) 또는 부족($Q_d > Q_s$)현상을 나타내는 시장을 **불균형**(disequilibrium)상태에 있다고 한다. 수요량과 공급량이 일치하는($Q_d = Q_s$) 시장은 **균형**(equilibrium)상태에 있다고 한다(그림 11의 점 E 참조).

불균형
균형

3 균형으로의 이동: 가격에 어떤 현상이 나타나는가? 과잉 또는 부족현상은 언제 발생하는가?

옥수수 가격이 9달러이고 과잉현상이 나타나는 경우 경매인은 어떻게 하는가? 가격을 인하한다. 옥수수 가격이 5.25달러이고 부족현상이 존재하는 경우 경매인은 어떻게 하는가? 가격을 인상한다. 경매인의 행태는 다음과 같이 요약할 수 있다. 과잉현상이 나타나는 경우 가격을 인하하고 부족현상이 존재하는 경우 가격을 인상한다. 이것이 바로 옥수수 시장이 균형에 도달하는 방법이다.

모든 시장에 경매인이 존재하지는 않는다(식품점에 경매인이 있는 경우가 있는가?). 하지만 많은 시장이 균형가격에 도달할 때까지 경매인이 가격을 인상하거나 인하하는 것처럼 작동한다. 실제로 경매인이 없는 많은 시장에서 과잉현상이 발생하면 가격이 인하되고 부족현상이 발생하면 가격이 인상된다. 그 이유는 무엇 때문인가?

과잉현상이 발생할 경우 가격이 인하되는 이유는 무엇 때문인가? 그림 12에서 보면 가격 15달러에서 과잉현상이 발생한다. 즉 공급량(150개)이 수요량(50개)보다 더 많다. 공급자는 15달러에서 판매하고자 하는 모든 수량을 판매할 수 없다. 따라서 재고가 수요 변화에 대비하여 보유하고자 하는 수준을 넘어서게 된다. 매도인은 재고를 감소시키고자 한다. 일부는 가격을 인하하고 다른 일부는 생산을 감소시키며 또 다른 일부는 이 두가지 모두를 한다. 그림에서 보는 것처럼 균형에 도달할 때까지 가격 및 생산량이 감소하게 된다.

그림 12

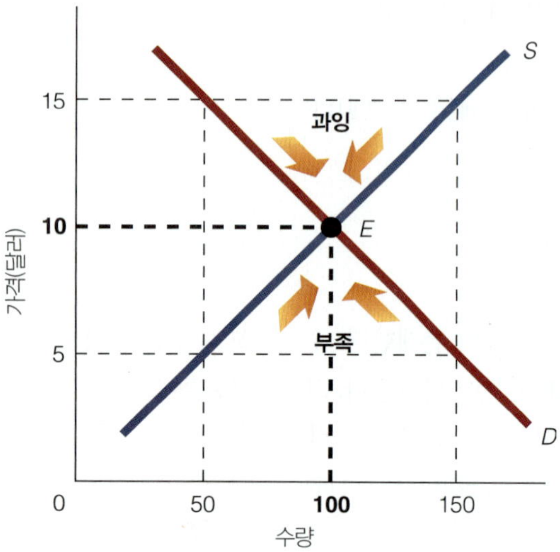

균형으로의 이동

과잉상태인 경우 매도인의 재고는 수요변화에 대비하여 보유하는 수준을 넘어서게 된다. 매도인은 재고를 감소시키려 하며 균형이 될 때까지 가격 및 수량이 감소한다. 부족상태인 경우 일부 매수인은 다른 매수인들 대신에 매도인이 자신에게 판매하도록 가격을 올리게 된다. 일부 매도인들은 자신이 판매하는 상품의 가격을 인상할 수 있다는 사실을 깨닫게 된다. 가격이 인상됨에 따라 수량이 증가하고 균형이 될 때까지 가격 및 수량이 증가한다. (주: 수직축에 있는 가격은 단위당 가격을 의미하며 수평축에 있는 수량은 특정기간에 대한 것이라는 점에 유의하자.)

가격	Q_s	Q_d	상황
$15	150	50	과잉
10	100	100	균형
5	50	150	부족

부족현상이 발생할 경우 가격이 인상되는 이유는 무엇 때문인가? 그림 12에서 보면 가격 5달러에서 부족현상이 발생한다. 즉 수요량(150개)이 공급량(50개)보다 많다. 매수인은 5달러에서 매입하고자 하는 모든 수량을 매입할 수 없다. 일부 매수인은 가격을 인상하여 매도인이 다른 매수인들 대신에 자신에게 판매하도록 한다. 일부 매도인들은 매입하고자 열망하는 매수인들을 보고 해당 물품의 가격을 인상할 수 있다고 본다. 가격이 인상되면 생산량이 증가한다. 따라서 균형에 도달할 때까지 가격 및 생산량이 증가하게 된다.

그림 13은 공급 및 수요에 관해 지금까지 논의한 사항을 종합적으로 보여주고 있다.

4 균형으로의 이동 속도

2010년 4월 16일(미국 동부 표준시간으로) 오전 10시 9분에 IBM주식의 주당 가격은 131.50달러이다. 몇 분 후 해당 주가는 132달러로 상승하였다. 주식시장은 신속하게 균형이 회복된다. 어떤 주식에 대한 수요가 증가하면 처음에는 현재 균형가격에서 부족현상이 발생하지만 가격이 상승하여 부족현상이 사라지게 된다. 이런 모든 현상은 수초 내에 이루어진다.

이제는 미국 내 어느 도시에서 이루어지는 주택 판매에 대해 생각해 보기로 하자. 주택이 수개월 동안 판매가 이루어지지 않더라도 가격이 변하지 않는다. 예를 들어 어떤 사람이 자신의 주택을 400,000달러에 판매하고자 한다고 하자. 한 달이 지나고 두 달이 지나서 세 달이 지나도 판매가 이루어지지 않지만 가격은 아직도 400,000달러일 수 있다.

400,000달러는 해당 주택의 균형가격인가? 분명히 그렇지 않다. 균형가격에서는 해당 주택의 매수인과 매도인이 존재한다. 즉 수요량과 공급량이 동일해진다. 400,000달러에서 매도인은 있지만 매수인은 존재하지 않는다. 400,000달러는 균형가격보다 높다. 400,000달러에서 주택시장에는 과잉현상이 발생하여 균형이 달성되지 않는다.

그림 13

시장(공급 및 수요) 요약도

이 그림은 이 장에서 논의한 주요한 논제를 종합적으로 보여주고 있다. 시장은 공급 및 수요로 구성된다. 공급 및 수요에 영향을 미치고 이에 따라 균형가격 및 균형량에 간접적으로 영향을 미치는 여러 요인들이 있다.

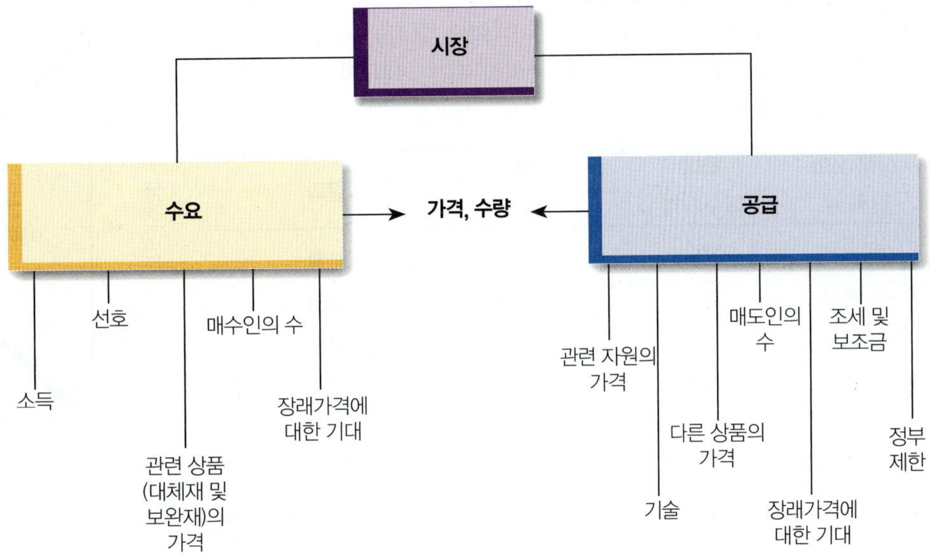

일부 사람들은 주식시장에서는 공급 및 수요가 작동하지만 주택시장에서는 작동하지 않는다고도 할 수 있다. 하지만 **모든 시장들이 동일한 속도로 균형이 달성되지는 않는다고 보는 것이 타당하다.** 주식시장의 경우 몇 초 내에 과잉 또는 부족현상에서 균형으로 회복되지만 주택시장의 경우는 몇 개월이 소요된다.

5 균형으로의 이동: 최대가격 및 최소가격

시장이 균형으로 어떻게 회복되는지 보여주는 또 다른 방법이 있다. 그림 14는 상품 X에 대한 시장을 보여주고 있다. 상품 X의 첫 번째 단위를 살펴보도록 하자. 매수인이 **지불하고자 하는 최대가격**은 무엇인가? 대답은 70달러이며 해당 상품의 첫 번째 단위로부터 수요곡선으로 그린 점선을 따라가면 이를 구할 수 있다. 매도인이 상품 X의 첫 번째 단위를 판매하려는 경우 **수령하고자 하는 최소가격**은 무엇인가? 대답은 10달러이며 첫 번째 단위로부터 공급곡선으로 그린 점선을 따라가면 이를 구할 수 있다. 최대 매수가격이 최소 매도가격보다 크므로 상품의 첫 번째 단위는 교환이 이루어진다.

두 번째 단위는 어떠한가? 두 번째 단위에 대해 매수인이 지불하고자 하는 최대가격은 60달러이고 매도인이 수령하고자 하는 최소가격은 20달러이다. 따라서 두 번째 단위도 교환이 이루어진다. 실제로 최대 매수가격이 최소 매도가격보다 큰 경우 교환이 이루어진다. 그림에서 상품 X의 4단위가 교환이 이루어진다. 다섯 번째 단위의 경우 최대 매수가격(30달러)이 최소 매도가격(50달러)보다 작기 때문에 교환이 이루어지지 않는다.

이런 과정에서 매수인과 매도인 모두는 교환을 통해 이득을 얻는 한 화폐와 상품을 교환하게 된다. 시장은 수량 4단위 및 가격 40달러로 수렴하여 균형이 이루어진다. 다시 말해 상호 이익이 되는 거래를 통해 시장은 균형에 도달한다.

그림 14

최대 및 최소가격 측면에서 본 균형으로의 이동

최대 매수가격이 최소 매도가격보다 높은 경우 교환이 이루어진다. 이 조건은 1~4단위에서 충족된다. 상호 이익이 되는 교환 과정을 거쳐 시장은 균형으로 수렴한다.

상품 X의 단위 수	최대 매수가격	최소 매도가격	결과
첫 번째	$70	$10	교환
두 번째	60	20	교환
세 번째	50	30	교환
네 번째	40	40	교환
다섯 번째	30	50	무교환

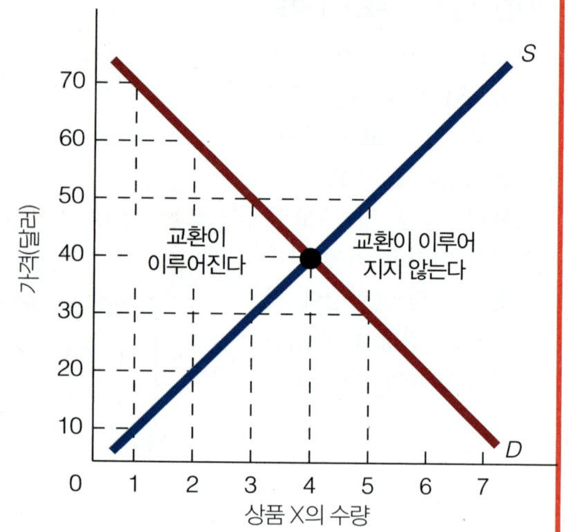

6 소비자 잉여 및 생산자 잉여 측면에서 본 균형

균형은 두 가지 중요한 경제적 개념, 즉 소비자 잉여와 생산자 잉여 측면에서 살펴볼 수 있다. **소비자 잉여**(consumer surplus)는 최대 매수가격과 소비자가 실제로 지불한 가격 사이의 차이이다.

소비자 잉여

> 소비자 잉여 = 최대 매수가격 − 실제로 지불한 가격

예를 들어 영화를 보기 위해 지불하고자 하는 최대가격은 10달러이고 실제로 지불한 가격은 7달러인 경우 3달러의 소비자 잉여가 발생한다. 소비자가 얻은 소비자 잉여가 커질수록 상황이 나아진다. 영화 관람료로 7달러 대신에 4달러를 지불하고자 하지 않겠는가? 4달러만 지불하였다면 소비자 잉여는 3달러가 아니라 6달러가 된다.

생산자 잉여

생산자 잉여(producer surplus)는 매도인이 실제로 수령한 가격과 최소 매도가격 사이의 차이이다.

> 생산자 잉여 = 실제로 수령한 가격 − 최소 매도가격

극장 소유주가 입장료로 받고자하는 최소가격은 5달러이다. 하지만 입장료로 5달러가 아닌 7달러를 받으면 생산자 잉여는 2달러가 된다. 매도인은 작은 생산자 잉여보다 큰 생산자 잉여를 선호한다. 극장 소유주는 입장료로 7달러 대신에 8달러를 받고자 한다. 왜냐하면 3달러의 생산자 잉여를 받을 수 있기 때문이다.

총잉여

총잉여(total surplus)는 소비자 잉여와 생산자 잉여를 합한 것이다.

> 총잉여 = 소비자 잉여 + 생산자 잉여

그림 15

소비자 잉여 및 생산자 잉여

(a) 소비자 잉여: 음영된 면적이 보여주는 것처럼 매수인이 지불하고자 하는 최고가격과 실제로 지불하는 가격 사이의 차이가 소비자 잉여이다. (b) 생산자 잉여: 음영된 면적이 보여주는 것처럼 매도인이 수령한 가격과 해당 상품을 판매할 의향이 있는 최저가격 사이의 차이가 생산자 잉여이다.

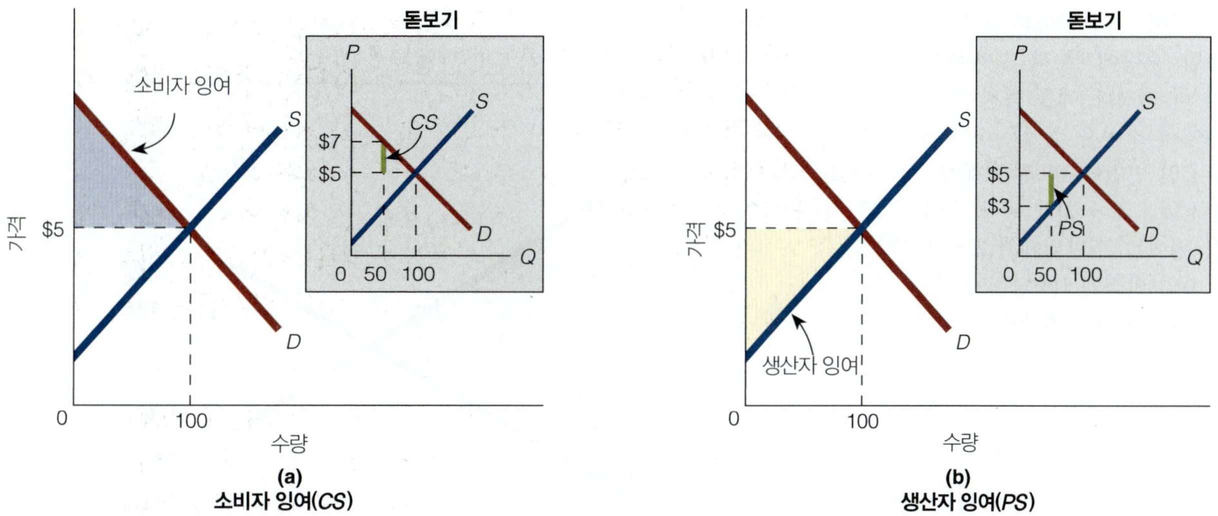

그림 15(a)에서 소비자 잉여는 음영된 삼각형으로 나타낼 수 있다. 이 삼각형은 수요곡선 아래와 균형가격 위 사이에 위치한 면적이다. 정의에 따르면 소비자 잉여는 매수인이 지불하고자 하는 최고가격(최대 매수가격)에서 실제로 지불한 가격을 감한 것이다. 예를 들면 그림 15(a)의 돋보기에서 매수인은 50번째 단위에 대해 7달러를 지불할 의지가 있지만 실제로 5달러만을 지불하였다. 따라서 해당 상품의 50번째 단위에 대한 소비자 잉여는 2달러가 된다. 첫 번째 단위부터 100번째 단위(균형량)까지의 각 단위에 대한 소비자 잉여를 합산하면 음영된 소비자 잉여 삼각형을 구할 수 있다.

그림 15(b)에서 생산자 잉여 또한 음영된 삼각형으로 나타낼 수 있다. 이 삼각형은 공급곡선 위와 균형가격 아래 사이에 위치한 면적이다. 정의에 따르면 생산자 잉여는 매도인이 수령한 가격에서 해당 상품에 대해 매도인이 받아들일 수 있는 최저가격을 감한 것이다. 예를 들면 그림 15(b)의 돋보기에서 매도인은 50번째 단위에 대해 3달러를 받고 판매할 의사가 있지만 실제로는 5달러를 받고 판매하였다. 따라서 50번째 단위에 대한 생산자 잉여는 2달러이다. 첫 번째 단위부터 100번째 단위까지의 각 단위에 대한 생산자 잉여를 합산하면 음영된 생산자 잉여 삼각형을 구할 수 있다.

이제는 균형량에서의 소비자 잉여 및 생산자 잉여를 생각하여 보자. 그림 16은 균형에서의 소비자 잉여가 면적 $A + B + C + D$이고 균형에서의 생산자 잉여가 면적 $E + F + G + H$라는 사실을 보여주고 있다. 예를 들면 25, 50, 75와 같은 양에서 소비자 잉여와 생산자 잉여는 둘 다 더 작다. 25개에서 소비자 잉여는 면적 A가 되고 생산자 잉여는 면적 E가 된다. 50개에서 소비자 잉여는 면적 $A + B$가 되고 생산자 잉여는 면적 $E + F$가 된다.

균형은 다음과 같은 특성을 갖는다. 균형에서 소비자 잉여와 생산자 잉여는 극대화된다. 즉 총잉여가 극대화된다.

그림 16

균형, 소비자 잉여, 생산자 잉여

소비자 잉여는 어떤 다른 교환 가능한 수량에서보다 균형량(100단위)에서 더 커진다. 생산자 잉여는 어떤 다른 교환 가능한 수량에서보다 균형량에서 더 커진다. 예를 들면 75단위에서 소비자 잉여는 $A + B + C$인 반면에 100단위에서는 $A + B + C + D$가 된다. 생산자 잉여는 75단위에서 $E + F + G$인 반면에 100단위에서는 $E + F + G + H$가 된다.

수량(단위수)	소비자 잉여	생산자 잉여
25	A	E
50	$A + B$	$E + F$
75	$A + B + C$	$E + F + G$
100(균형)	$A + B + C + D$	$E + F + G + H$

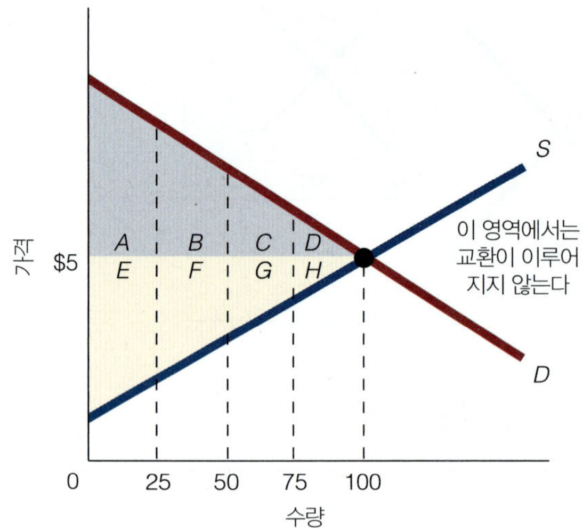

7 무엇이 균형가격 및 균형량을 변화시킬 수 있는가?

균형가격 및 균형량은 공급과 수요에 의해 결정된다. 수요가 변하거나, 공급이 변하거나, 공급과 수요 둘 다 변할 경우 균형가격 및 균형량이 변화한다. 그림 17은 여덟 가지 상이한 경우를 보여주고 있다. 사례 (a)~(d)는 공급 또는 수요가 변화하는 네 가지 경우를 보여주며 사례 (e)~(h)는 공급과 수요 둘 다가 변화하는 네 가지 경우를 보여준다.

- 사례(a): 수요가 증가하고(수요곡선이 오른쪽, 즉 D_1에서 D_2로 이동하고) 공급이 일정한(공급곡선이 이동하지 않는) 경우이다. 이로 인해 수요가 증가하고 공급이 일정하여 균형가격이 P_1에서 P_2로 인상되고 균형량은 10개에서 12개로 증가한다. 가격이 P_1에서 P_2로 인상됨에 따라 공급량에 어떤 변화가 발생하는지 살펴보도록 하자(가격이 변하면 공급량이 변화한다는 사실을 기억하자). 가격이 P_1에서 P_2로 인상됨에 따라 공급량은 10개에서 12개로 증가한다. 이는 공급곡선이 점 1에서 점 2로 이동한다는 의미이며 (수평축 상에서 보면) 10개에서 12개로 증가한다.
- 사례(b): 수요가 감소하고(수요곡선이 왼쪽, 즉 D_1에서 D_2로 이동하고) 공급이 일정한 경우이다. 이로 인해 균형가격은 P_1에서 P_2로 인하되고 균형량은 10에서 8개로 감소한다. 공급량은 변하는가? 그렇다. 가격이 P_1에서 P_2로 인하됨에 따라 공급곡선은 점 1에서 점 2로 이동하며 공급량은 10개에서 8개로 감소한다.

그림 17

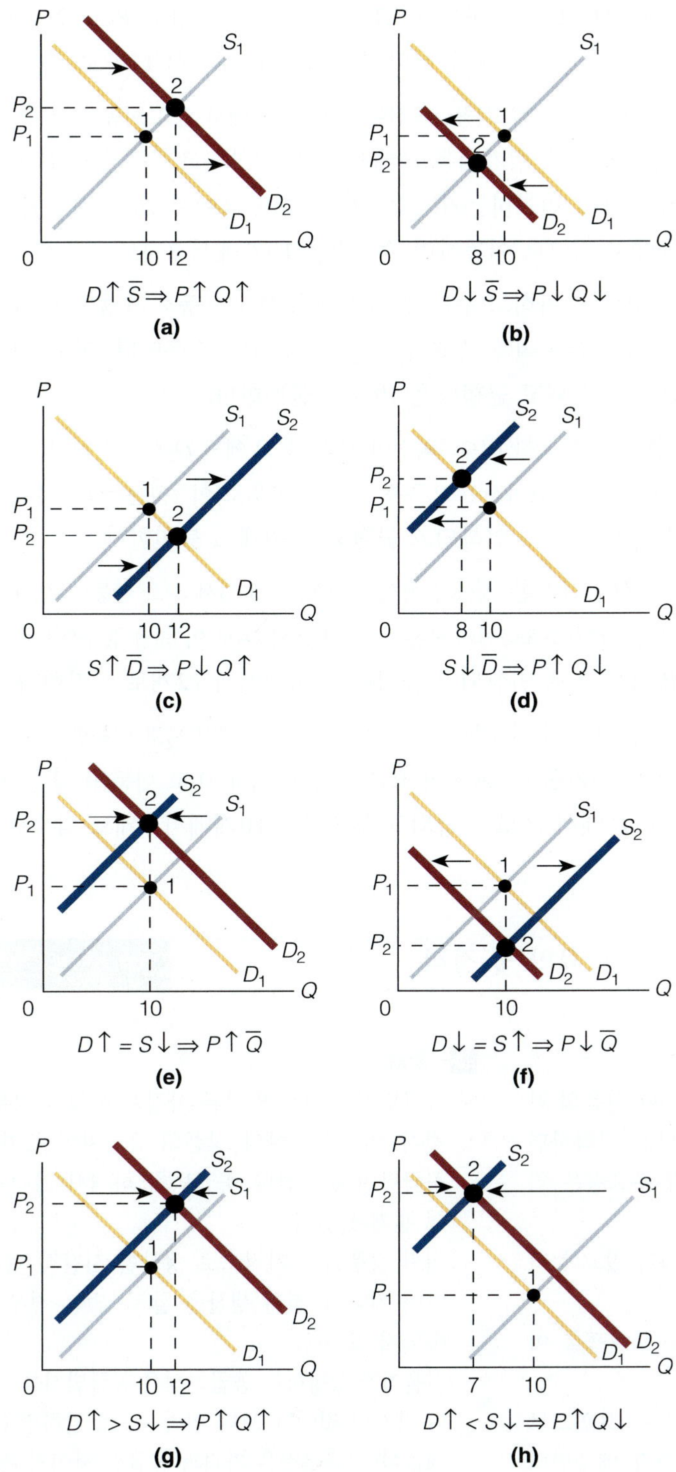

공급곡선 이동 및 수요곡선 이동에 따라 균형가격 및 균형량에 미치는 영향

이 그림은 수요의 변화, 공급의 변화, 수요 및 공급의 변화가 균형가격 및 균형량에 미치는 영향을 보여주고 있다. 여기서 사용된 부호는 다음과 같다. (1) 문자 위에 그은 가로줄은 일정하다는 의미이다(따라서 $\overline{S}$는 공급이 일정하다는 의미이다). (2) 아래로 향한 화살표(↓)는 하락한다는 의미이다. (3) 위로 향한 화살표(↑)는 상승한다는 의미이다. 수요의 증가(감소)는 수요곡선이 오른쪽(왼쪽)으로 이동한다는 것과 같은 의미이다. 공급의 증가(감소)는 공급곡선이 오른쪽(왼쪽)으로 이동한다는 것과 같은 의미이다.

- 사례(c): 공급이 증가하고(공급곡선이 오른쪽, 즉 S_1에서 S_2로 이동하고) 수요가 일정한 경우이다. 이로 인해 균형가격은 P_1에서 P_2로 인하되고 균형량은 10개에서 12개로 증가한다. 수요량이 변화하는가? 그렇다. 가격이 P_1에서 P_2로 인하됨에 따라 수요곡선이 점 1에서 점 2로 이동하며 수요량은 10개에서 12개로 증가한다.
- 사례(d): 공급이 감소하고(공급곡선이 왼쪽, 즉 S_1에서 S_2로 이동하고) 수요가 일정한 경우이다. 이로 인해 균형가격은 P_1에서 P_2로 인상되고 수요량은 10개에서 8개로 감소한다. 수요량이 변화하는가? 그렇다. 가격이 P_1에서 P_2로 인상됨에 따라 수요곡선은 점 1에서 점 2로 이동하며 수요량은 10개에서 8개로 감소한다.
- 사례(e): 수요가 증가하고(수요곡선이 D_1에서 D_2로 이동하고) 동일한 규모만큼 공급이 감소하는(공급곡선이 왼쪽, 즉 S_1에서 S_2로 이동하는) 경우이다. 이로 인해 균형가격이 P_1에서 P_2로 인상되고 균형량은 10개로 불변한다.
- 사례(f): 수요가 감소하고(수요곡선이 왼쪽, 즉 D_1에서 D_2로 이동하고) 동일한 규모만큼 공급이 증가하는(공급곡선이 오른쪽, 즉 S_1에서 S_2로 이동하는) 경우이다. 이로 인해 균형가격이 P_1에서 P_2로 인하되고 균형량은 10개로 불변한다.
- 사례(g): 공급이 감소한 것(공급곡선이 왼쪽, 즉 S_1에서 S_2로 이동한 것)보다 더 큰 규모로 수요가 증가한(수요곡선이 오른쪽, 즉 D_1에서 D_2로 이동한) 경우이다. 이로 인해 균형가격이 P_1에서 P_2로 인상되고 균형량이 10개에서 12개로 증가한다.
- 사례(h): 공급이 감소한 것(공급곡선이 왼쪽, 즉 S_1에서 S_2로 이동한 것)보다 더 작은 규모로 수요가 증가한(수요곡선이 오른쪽, 즉 D_1에서 D_2로 이동한) 경우이다. 이로 인해 균형가격이 P_1에서 P_2로 인상되고 균형량이 10개에서 7개로 감소한다.

요약 및 정리

17 수요

- 수요법칙에 따르면 다른 사정은 동일한 경우 한 상품의 가격이 상승하면 해당 상품의 수요량이 감소하고, 하락하면 수요량이 증가한다. 수요법칙 하에서 가격과 수요량은 역의 관계에 있다.
- 수요량은 매수인이 특정가격에서 매입할 의지가 있고 능력이 있는 어떤 상품의 총수량을 말한다.
- (기울기가 하향하는) 수요곡선은 수요법칙을 그래프를 이용하여 제시한 것이다.
- 수요를 변화시키고 수요곡선을 이동시킬 수 있는 요인으로 소득, 선호, 관련 상품(대체재 및 보완재)의 가격, 매수인의 수, 장래가격에 대한 기대를 들 수 있다.
- 수요량을 직접적으로 변화시킬 수 있는 유일한 요인으로 해당 상품의 가격 변화를 들 수 있다

18 공급

- 공급법칙에 따르면 다른 사정은 동일한 경우 한 상품의 가격이 상승하면 해당 상품의 공급량이 증가하고, 하락하면 공급량이 감소한다. 공급법칙 하에서 가격과 공급량은 정의 관계에 있다.
- 어떤 상품을 추가적으로 생산할 시간적 여유가 없거나(기간이 지나서) 전혀 생산을 할 수 없는 경우 공급법칙이 준수되지 않는다.
- 기울기가 상향하는 공급곡선은 공급법칙을 그래프를 이용하여 제시한 것이다. 보다 일반적으로 말하면 (그 기울기에 관계없이) 공급곡선은 가격과 공급량 사이의 관계를 나타낸다.
- 공급을 변화시키고 공급곡선을 이동시킬 수 있는 요인으로 관련 자원의 가격, 기술, 다른 상품의 가격, 매도인의 수, 장래가격에 대한 기대, 조세 및 보조금, 정부제한을 들 수 있다.

- 공급량을 직접적으로 변화시킬 수 있는 요인으로 해당 상품의 가격 변화를 들 수 있다.

19 시장

- 수요 및 공급은 함께 균형가격과 균형량을 결정한다.
- 어떤 가격수준에서 공급량이 수요량보다 많은 경우 시장에 과잉현상이 존재한다. 수요량이 공급량보다 많은 경우 시장에 부족현상이 나타난다.
- 매수인과 매도인 사이에 상호이익이 되는 거래를 통해 시장은 균형에 도달한다.

20 소비자 잉여, 생산자 잉여, 총잉여

- 소비자 잉여는 최대 매수가격과 매수인이 실제로 지불한 가격 사이의 차이이다.

  소비자 잉여 = 최대 매수가격 − 실제로 지불한 가격

- 생산자 잉여는 매도인이 실제로 수령한 가격과 최소 매도가격 사이의 차이이다,

  생산자 잉여 = 실제로 수령한 가격 − 최소 매도가격

- 소비자 잉여가 클수록 매수인의 상황이 나아진다. 생산자 잉여가 클수록 생산자의 상황이 나아진다. 총잉여는 소비자 잉여와 생산자 잉여를 합한 것이다.
- (소비자 잉여와 생산자 잉여를 합한) 총잉여는 균형에서 극대화된다.

주요 용어 및 개념

시장
수요
수요법칙
수요 스케줄
수요곡선
한계효용 체감의 법칙
가격
정상재
열등재
중립재
대체재
보완재
공급
공급법칙
공급곡선
공급 스케줄
보조금
과잉(초과 공급)
부족(초과 수요)
균형가격(시장청산가격)
균형량
불균형 가격
불균형
균형
소비자 잉여
생산자 잉여
총잉여

연습문제

01. 텔레비전 쇼에 대한 시청률과 상품에 대한 가격을 비교하시오. 시청률과 가격은 어떻게 유사한가? 어떻게 상이한가?(요령: 특정 텔레비전 프로그램에 대한 수요는 어떻게 증가하는가?)

02. 대마초가 합법화될 경우 이의 균형가격에 어떤 영향을 미치는가?

03. 균형에서 매수인이 지불하고자 하는 최대가격은 매도인이 판매할 때 받고자 하는 최소가격과 일치한다. 이에 동의하는가? 또는 동의하지 않는가? 설명하시오.

04. 공급과 공급량 사이의 차이는 무엇인가?

05. 균형가격에서 소비자 잉여와 생산자 잉여는 동일하여야 하는가? 설명하시오.

06. 옥수수 가격은 밀 공급에 어떤 영향을 미치는가?

07. 많은 영화관들은 평일 저녁이나 주말 상영시간보다 평일 오후의 첫 번째 상영시간에 대한 입장료를 저렴하게 책정한다. 이유를 설명하시오.

08. 앞 장에서 기회비용 체증의 법칙에 대해 살펴보았다. 이 법칙은 기울기가 상향하는 공급곡선과 어떤 관계가 있는가?

09. 델(Dell) 컴퓨터는 휴렛-팩커드(Hewlett-Packard) 컴퓨터의 대체재이다. 델 컴퓨터의 가격이 하락할 경우 휴렛-팩커드 컴퓨터의 수요와 델 컴퓨터의 수요량에 어떤 영향을 미치는가?

10. 다음과 같은 문구는 어떤 점이 잘못 되었는가? 다른 상황은 동일하다면 어떤 상품의 가격이 하락할 경우 해당 상품의 공급이 감소한다.

11. 다음과 같은 경우 각각 개인용 소형 컴퓨터의 수요에 어

떤 영향을 미치는지 설명하시오.

a. 소득증가(컴퓨터가 정상재라고 가정한다)
b. 컴퓨터에 대한 기대가격의 인하
c. 소프트웨어의 가격인하
d. 작동이 더 간편해진 컴퓨터

12. 셔츠 판매는 (셔츠와 관련된) 수요법칙과 어떤 관계가 있는가?

13. 다음과 같은 경우 각각 개인용 소형 컴퓨터의 공급에 어떤 영향을 미치는지 설명하시오

a. 임금인상
b. 컴퓨터 매도인 수의 증가
c. 컴퓨터 생산에 부과되는 조세
d. 컴퓨터 생산에 부과되는 보조금

14. 다음의 경우 각각에 대해 수요곡선이 왼쪽으로 이동하는지 또는 오른쪽으로 이동하는지 설명하시오.

a. 소득증가(해당 상품은 정상재이다)
b. 대체재 가격의 인상
c. 보완재 가격의 인하
d. 매수인 수의 감소

15. 한계효용 체감의 법칙을 이용하여 수요곡선의 기울기가 하향하는 이유를 설명하시오.

16. "티셔츠 가격이 계속해서 상승하고 사람들은 계속 이를 더 많이 구입한다. 티셔츠의 수요곡선은 기울기가 상향한다." 잘못된 점을 지적하시오.

17. 시장이 균형으로 어떻게 이동하는지 부족 및 과잉현상 측면에서 그리고 최대 매수가격 및 최소 매도가격 측면에서 설명하시오.

18. 일부 상품들은 '속물스러운 매력'을 갖고 있기 때문에 많이 팔린다. 예를 들면 (부촌인) 비버리 힐츠의 주민은 비싼 상품을 매입함으로써 위신을 지키려 한다. 실제로 이들은 일부 상품이 비싸지 않을 경우 이를 매입하지 않는다. 높은 가격에서 보다 낮은 가격에서 더 많이 매입한다는 수요법칙은 비버리 힐츠에서는 준수되지 않는다. 다음과 같은 법칙이 적용된다. 가격이 낮으면 매입하지 않는다. 이에 대해 논의하시오.

19. 다음과 같은 경우 각각 균형가격 및 균형량에 어떤 영향을 미치는지 설명하시오.

a. 수요가 증가하고 공급은 일정하다.
b. 수요가 감소하고 공급은 일정하다.
c. 공급이 증가하고 수요는 일정하다.
d. 공급이 감소하고 수요는 일정하다.
e. 공급이 감소한 것과 동일한 규모로 수요가 증가한다.
f. 공급이 증가한 것과 동일한 규모로 수요가 감소한다.
g. 공급이 증가한 것보다 더 적게 수요가 감소한다.
h. 공급이 증가한 것보다 더 많이 수요가 증가한다.
I. 공급이 증가한 것보다 더 적게 수요가 증가한다.
j. 공급이 감소한 것보다 더 많이 수요가 감소한다.
k. 공급이 감소한 것보다 더 적게 수요가 감소한다.

20. "지난달에 3.00달러이었던 밀 한 부셸의 가격이 오늘은 3.70달러이다. 지난 달과 오늘을 비교해 볼 때 밀의 수요곡선이 오른쪽으로 이동하였음에 틀림없다." 논의하시오.

21. 한 상품에 대한 수요곡선의 기울기가 하향하고 공급곡선의 기울기는 상향한다고 가상하자. 이제 수요가 증가하였다고 가상하자. 생산자 잉여는 증가하는가 또는 감소하는가? 설명하시오.

22. 다른 사정은 동일하다면 오렌지 가격이 상승함에 따라 오렌지에 대한 수요가 감소한다. 옳은가 또는 틀리는가?

23. 어떤 도시에서 속도 위반에 대한 벌금이 100달러인 경우 매달 500명의 속도 위반자가 있었다. 벌금이 250달러로 인상되자 매달 215명의 속도 위반자가 발생하였다. 이런 상황에서 어떤 경제학을 발견할 수 있는가?

24. 수요와 수요량의 차이는 무엇인가?

25. 다음 문구는 무엇이 잘못 됐는가? 수요는 특정기간 동안 상이한 가격수준에서 어떤 상품의 상이한 수량을 구매하고자 하는 매수인의 의지이다.

숫자 및 그래프를 활용한 문제

01. 가격은 10달러이고 공급량은 50개이며 수요량은 100개이다. 가격이 1달러 상승할 때마다 공급량은 5개 증가하고 수요량은 5개 감소한다. 균형가격과 균형량은 무엇인가?

02. 숫자를 이용해서 두 개의 개별수요곡선으로부터 시장수요곡선이 어떻게 도출되는지 설명하시오.

03. 공급감소보다 수요증가가 더 큰 경우를 그래프로 보이시오.

04. 수요증가보다 공급증가가 더 작은 경우를 그래프로 보이시오.

05. 아래 그림의 균형에서 소비자 잉여와 생산자 잉여는 무엇인가?

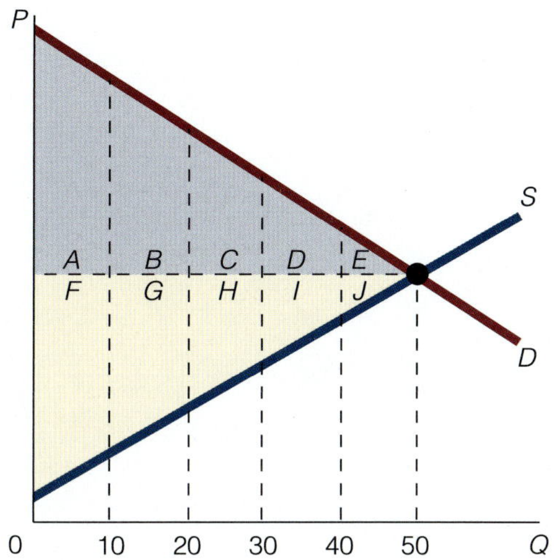

06. 위의 그림의 경우 최대 매수가격과 최소 매도가격은 어떤 수량에서 동일해지는가?

07. 아래 그림의 점 1에서 점 2로 이동하는 경우 이를 대체재의 가격인상과 비인적 자원의 가격인하로 설명할 수 있는가?

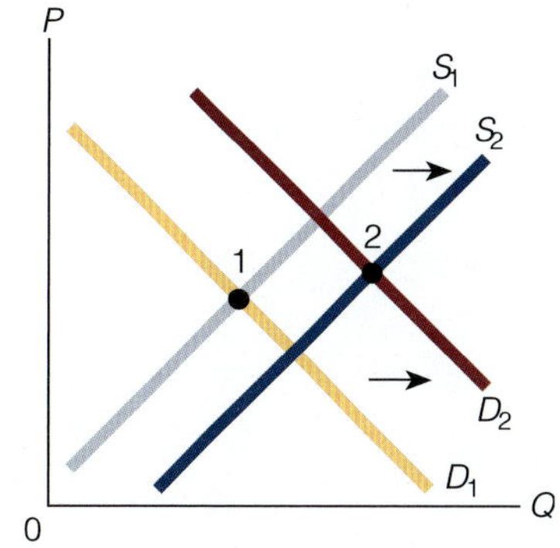

08. 수요곡선의 기울기는 하향하고 공급곡선의 기울기는 상향하며 균형량은 50개이다. 최대 매수가격과 최소 매도가격의 차이가 33개에서 보다 25개에서 더 크다는 사실을 그래프로 이용하여 설명하시오.

제 4 장

가격: 자유가격, 통제가격, 상대가격

4.1 가격

대부분 사람에게 가격은 예를 들면 10달러처럼 지폐 위에 찍힌 숫자에 불과하다. 하지만 가격은 훨씬 더 함축된 의미를 갖고 있다. 가격은 다음과 같은 두 가지 역할을 수행한다: (1) 배급장치로서의 역할, (2) 정보 전달자로서의 역할.

1 배급장치로서의 가격

1장에서 욕망은 무한한데 비해 자원은 유한하여 희소성이 존재한다는 사실을 살펴보았다. 이런 희소성으로 인해 제한된 자원 및 상품 중에서 무엇을 누가 보유하게 될지를 결정하는 데 배급장치가 필요하다. 가격은 배급장치로서의 역할을 수행한다. 자원에 대해 가격을 지불한 생산업자에게 자원을 배급한다. 또한 어떤 상품에 대해 가격을 지불한 매수인에게 해당 상품을 배급한다. 이 과정은 다음과 같이 간단하다. 가격을 지불하면 해당 자원 또는 상품은 여러분의 것이 되지만 가격을 지불하지 않으면 여러분의 것이 되지 않는다.

화폐로 표시된 가격은 공평한 배급장치인가? 이것은 가난한 사람들에게 차별적인 방법은 아닌가? 가난한 사람들은 부유한 사람들보다 적은 화폐를 보유하므로 부유한 사람들이 가난한 사람들보다 자신들이 원하는 것을 더 많이 가질 수 있다. 그렇다. 화폐로 표시된 가격은 가난한 사람들을 차별한다. 하지만 경제학자들이 말하는 것처럼 모든 배급장치는 그 누군가를 차별한다. 예를 들어 당장 내일부터 가격이 배급장치로서의 역할을 수행하지 못한다고 가상하자. 희소성으로 인해 어떤 배급장치라도 필요하다. 주유소에서 휘발유를 어떻게 배급하며 식료품점에서는 식품을 어떻게 배급하고 미국 프로 미식축구의 왕좌 결정전인 슈퍼볼의 입장권은 어떻게 배급할 수 있는가? 화폐로 표시된 가격 이외의 다른 배급장치를 생각하여 보자.

선착순이 배급장치라고 가상하여 보자. 예를 들면 슈퍼볼 입장권이 40,000장 발급되었다고 하자. 귀하가 이 입장권을 얻기 위해 줄을 선 40,000명 중 한 사람이라면 입장권을 얻을 수 있다. 만일 40,001번째 사람이라면 입장권을 얻지 못한다. 이 방법은 신속하게 줄을 설 수 없는 사람들을 차별하게 된다. 걷는 데 장애를 갖고 있는 사람은 어떠한가? 입장권 분배 장소까지 타고 갈 자동차가 없는 사람은 어떠한가?

폭력이 배급장치라고 가상하여 보자. 예를 들어 40,000장의 슈퍼볼 입장권 중 다른 사람에게서 빼앗을 수 있다면 이를 차지한다고 생각해 보자. 이 배급장치는 누구를 차별하게 되는가? 명백히 연약한 사람과 온순한 사람을 차별하게 된다.

미모가 배급장치라고 가상하여 보자. 아름다울수록 슈퍼볼 입장권을 얻을 확률이 높아진다. 이 배급장치는 또한 그 누군가를 차별하게 된다.

위의 방법 이외에도 화폐가격에 대한 다른 대안들이 배급장치로 사용될 수 있다. 하지만 각 방법은 누군가를 차별하게 되며 화폐가격보다 명백히 더 나은 방법이 없다.

또한 선착순, 폭력, 미모, 기타 화폐가격에 대한 대안들이 사용될 경우 어떤 상품의 생산업자는 해당 상품을 생산하기 위해서 무슨 동기를 갖게 되는가? 화폐가격이 배급장치로 사용되는 경우 컴퓨터를 생산하여 이를 화폐와 교환하고 이 화폐를 갖고 자신이 원하는 것을 매입한다. 하지만 배급장치가 예를 들면 폭력인 경우 생산하려는 동기를 갖지 않을 수도 있다. 어떤 사람이 당신에게서 해당 물품을 빼앗아 간다면 왜 생산을 하겠는가? 간단히 말해 화폐가격이 배급장치가 아닌 세상에서는 화폐가격이 배급장치인 세상에서보다 사람들이 더 적게 생산할 가능성이 있다.

2 정보 전달자로서의 가격

배급만이 가격이 수행하는 유일한 역할이 아니다. 가격은 또한 정보를 전달한다. 이는 다소 이상하게 들릴 수도 있지만 다음과 같은 경우를 생각해 보자. 토요일에 노엘(Noelle)은 식료품점에 가서 2.50달러를 지불하고 오렌지주스 1/2갤런을 매입하였다. 그녀는 알지 못했지만 일요일에 주요 오렌지 생산지인 미국 플로리다 주를 추위가 강습하여 오렌지 수확이 절반으로 줄었다. 추위로 인해 오렌지 공급곡선이 왼쪽으로 이동하여 오렌지 가격이 상승하였다. 오렌지는 오렌지주스를 만드는 재료이기 때문에 오렌지주스의 공급곡선도 왼쪽으로 이동하여 오렌지주스 가격이 상승한다.

노엘은 1주일 후에 식료품점을 다시 방문하였고 지난 주에 2.50달러를 지불하고 구입하였던 오렌지주스 1/2갤런의 가격이 3.50달러로 상승하였음을 알았다. 오렌지주스에 대한 노엘의 수요곡선 기울기는 하향하므로 더 적은 양의 오렌지주스를 구입할 수밖에 없다. 노엘은 1/2갤런 대신에 1/4갤런의 오렌지주스를 구입하였다.

노엘이 오렌지주스의 소비를 감소시키는 결정을 내릴 때 가격은 어떤 역할을 했는가? 가격이 상승하지 않았다면 노엘은 오렌지주스의 구매 및 소비를 감소시키지 않았을 것이다. 노엘은 가격상승에 대해 반응하였지만 가격상승이 의미한 바는 다음과 같다. "플로리다 주에 추위가 급습하여 상품의 상대적인 희소성이 증대되었다. 다시 말해 오렌지주스에 대한 사람들의 욕구와 이 욕구를 충족시킬 수 있는 오렌지의 양 사이에 존재하는 차이가 확대되었다."

어쩌면 노엘은 가격이 갖는 위와 같은 의미를 인지하지 못할 수도 있다. 하지만 경제학을 공부하였다면 이것이 바로 가격이 의미하는 것이라는 점을 알게 될 것이다. 다시 말해 가격은 상품의 상대적인 희소성에 관한 정보를 전달한다. 사람들은 가격이 전달하는 정보를 완전히 이해하지는 못하지만 이상하게도 시장은 이런 정보에 대해 사람들이 적절하게 대응하도록 할 만큼 강력하다. 노엘의 경우 오렌지쥬스를 더 희소하게 만든 자연재해에 대해서 이의 소비를 감소시켜 오렌지쥬스를 보존한다.

이런 반응이 수자원 보존을 주장하는 사람들이 원하는 것과 어떻게 유사한지 살펴보도록 하자. 예를 들면 2009년 여름 미국 캘리포니아 주에서는 물 공급이 부족하여 텔레비전 광고를 통해 물 소비를 감소시키도록 요청하였다. 이럴 때 취해야 할 적절한 행위는 물 소비를 줄이는 것이다. 왜냐하면 물이 상대적으로 더 희소하기 때문이다. 물 소비를 줄였다면 여러분들은 시민의식이 있는 것이다. 그렇다면 가격 변화를 통해서 시민의식을 갖게도 할 수 있다. 플로리다 주의 냉해로 인해 오렌지쥬스 가격이 인상되면 자동적으로 소비를 감소시켜서 상대적으로 더 희소해진 상품의 소비를 축소할 수 있었다.

4.2 가격통제

1 가격상한제

정의 및 영향 가격상한은 어떤 가격을 초과해서는 적법한 거래가 이루어질 수 없도록 정부가 설정한 최대가격이다. 예를 들면 상품 X가 매입 및 매도되는 최대가격을 8달러로 정부가 설정하였다고 가상하자. 따라서 8달러가 가격상한이 된다. 그림 1에서 보는 것처럼 8달러가 상품 X의 균형가격 아래에 위치하는 경우 부족현상, 거래감소 , 비가격 배급장치, 금지된 가격수준에서의 매입 및 매도, 끼워팔기가 나타날 수 있다.[1)]

그림 1

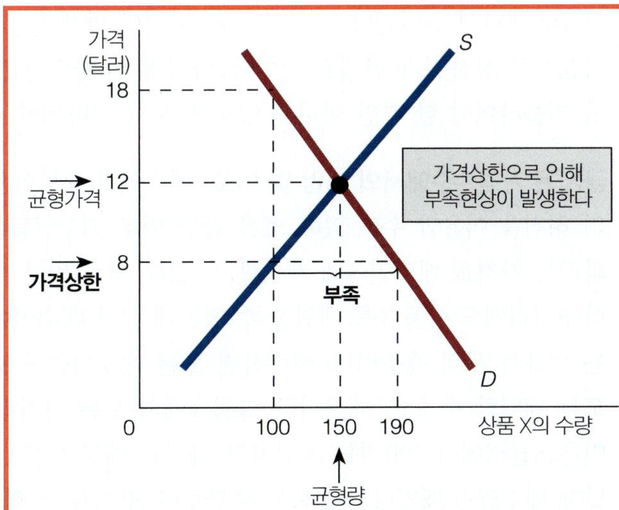

가격상한제

가격상한은 8달러이고 균형가격은 12달러이다. 12달러에서 수요량 = 공급량이란 등식이 성립한다. 8달러에서는 수요량 > 공급량이란 부등식이 성립한다(수직축에 있는 가격은 단위당 가격을 의미하며 수평축에 있는 수량은 언제나 특정기간에 대한 것이다).

1) 가격상한이 균형가격 위에 위치하는 경우(예를 들면 가격상한이 8달러이고 균형가격이 4달러인 경우) 어떤 효과도 나타나지 않는다. 하지만 통상적으로 가격상한은 균형가격보다 낮게 설정된다.

부족현상 그림 1의 균형가격인 12달러에서 상품 X의 수요량(150)은 공급량(150)과 같다. 가격상한인 8달러에서 부족현상이 발생한다. 수요량(190)이 공급량(100)보다 많다. 부족현상이 발생하는 경우 가격 및 수량은 균형을 향해 상승하는 경향이 있다. 하지만 가격상한이 설정되어 있는 경우 균형가격에서의 거래는 불법이므로 가격 및 수량이 상승할 수 없다.

거래감소 그림 1의 균형가격인 12달러에서 상품 X의 150개가 매입되고 매도된다. 가격상한인 8달러에서 상품 X의 100개가 매입되고 매도된다(매수인은 190개를 매입하고자 하지만 100개만이 공급된다). 따라서 가격상한이 설정될 경우 거래가 감소함을 알 수 있다.

그림 1에서 150개보다 더 적은 모든 수량에 대해 수요곡선이 공급곡선 위에 위치한다는 사실을 알 수 있다(150개에서 수요곡선과 공급곡선은 교차하여 같은 점이 된다). 따라서 150개보다 적은 모든 수량에 대해 최대 매수가격이 최소 매도가격보다 더 높다. 특히 101개에서 149개까지의 수량에 대해 최대 매수가격이 최소 매도가격보다 더 높다. 예를 들어 110번째 수량에 대해 매수인은 17달러를 지불하려 할 수도 있지만 매도인은 10달러만 받고 판매할 수도 있다. 하지만(110번째도 아니고 114번째도 아니며 130번째도 아닌) 100번째를 초과하는 어떤 수량도 가격상한으로 인해 생산되지 않고 판매되지 않는다. 간단히 말해 가격상한이 시행될 경우 상호이익이 되는 거래가 이루어지지 않는다.

비가격 배급장치 가격상한이 설정되기 전에는 균형가격인 12달러에서 상품 X에 대해 완전히 배급이 이루어졌다면 더 낮은 가격인 8달러에서는 일부만 배급이 이루어진다. 간단히 말해 가격상한이 설정되면 해당 물품에 대해 완전한 배급이 이루어지도록 가격이 상승하지 못한다. 가격이 일부 물품 배급에만 관련되는 경우 나머지는 어떻게 배급이 이루어지는가?

이에 대한 대답으로 예를 들면 선착순과 같은 다른(비가격) 배급장치를 생각해 볼 수 있다. 그림 1에서 매수인은 8달러 가격수준에서 190개를 매입하고자 하지만 그 가격에서는 100개만이 판매된다. 그렇다면 무슨 일이 발생하는가? 어쩌면 개당 8달러 가격에서 선착순으로 상품 X가 판매될 것이다. 다시 말해 사람들은 상품 X를 매입하기 위해서 8달러를 지불하여야 할 뿐만 아니라 앞줄에 서서 기다려야 한다.

금지된 가격수준에서의 매입 및 매도 매수인과 매도인은 비밀리에 거래함으로써 거래상한의 허점을 이용할 수도 있다. 예를 들면 일부 매수인들은 상품 X에 대해 개당 8달러를 초과하는 가격을 매도인에게 제시할 수 있다. 물론 일부 매도인은 이 제안을 받아들일 수 있다. 8달러에도 상품 X를 매입할 수 있는데 일부 매수인이 8달러를 초과하는 가격을 제시하는 이유는 무엇 때문인가? 왜냐하면 모든 매수인들이 8달러에서 자신들이 원하는 수량을 모두 매입할 수 없기 때문이다. 그림 1에서 보는 것처럼 부족현상이 발생할 수 있다. 매수인은 8달러에서 190개를 매입하려 하지만 매도인은 100개만을 판매하려고 한다. 간단히 말해 매수인이 매입하고자 하는 수량보다 90개가 더 적게 판매된다. 자연히 일부 매수인들이 만족을 하지 못한다. 그렇다면 매도인들이 다른 사람들 대신에 자신들에게 해당 상품을 판매하도록 하기 위해 어떻게 할 수 있는가? 매도인들에게 더 높은 가격을 제시하는 것이다. 더 높은 가격을 지불하는 것은 불법이므로 이런 거래는 비밀리에 이루어지게 된다.

끼워팔기 그림 1에서 상품 X의 100개에 대해 매수인이 지불할 의지가 있고 능력이 있는 개당 최대가격은 18달러이다(이는 수량 100개에 대한 수요곡선 상의 가격이다). 하지만 합법적인 최대가격은 8달러이다. 이런 두 가격 사이의 차이로 인해 **끼워팔기**(tie -in sale)가 나타날 수 있다. 끼워팔기란 어떤 다른 상품을 구입한 경우에만 해당 상품을 매입할 수 있는 판매방식이다. 예를 들어 어떤 주유소가 세차를 하는 경우에만 휘발유를 판매한다면 끼워팔기가 된다.

끼워팔기

그림 1에서 상품 X의 매도인이 또한 상품 Y를 판매한다고 가상하자. 상품 Y를 예를 들면 10달러에 매입하기로 한 경우에만 매도인이 상품 X를 8달러에 판매한다고 제시할 수도 있다. 상품 X의 100개에 대해 지불할 의지가 있고 능력이 있는 단위당 최대가격(18달러)과 합법적인 가격(8달러) 사이의 차이가 10달러이기 때문에 상품 Y의 가격으로 10달러를 선택하였다.

미국의 경우 뉴욕 시를 비롯하여 주택 임대가격을 통제하는 법률을 시행하는 지역에서는 아파트 임대가격 상한제로 인해 끼워팔기 현상이 나타난다. 예를 들면 아파트를 임대하기 위해서 사람들은 아파트의 가구를 매입하여야 한다.

매수인: 높은 가격과 낮은 가격 매수인은 더 높은 가격보다 더 낮은 가격을 선호하는가? "물론 매수인은 더 낮은 가격을 선호한다"고 답할 수 도 있다. 어떤 매수인이 더 높은 가격을 지불하고자 하는가? **가격상한**(price ceiling)이 균형가격보다 낮지만 매수인은 균형가격보다 가격상한을 언제나 선호하는가? 반드시 그렇지는 않다. 가격상한은 균형가격이 갖고 있지 않은 영향을 미친다. 즉 부족현상, 선착순 판매, 끼워팔기 등이 나타날 수 있다. 매수인은 낮은 가격보다 높은 가격(균형가격)을 지불하여 가격상한에 따른 문제를 해소하고자 할 수 있다. 확실히 말할 수 있는 것은 다른 사정이 동일하다면 매수인은 높은 가격보다 낮은 가격을 선호한다. 많은 다른 경우처럼 다른 사정은 동일하다는 문구가 이런 차이를 설명할 수 있다.

가격상한

가격상한과 잘못된 정보 앞에서 살펴본 오렌지쥬스의 경우로 돌아가 보도록 하자. 냉해로 인해 오렌지 수확이 감소하고 이에 따라 오렌지 및 오렌지쥬스 가격이 인상되었다. 오렌지쥬스의 시장가격이 반 갤런당 2.50달러에서 3.50달러로 인상되었다.

이야기를 달리 해보도록 하자. 오렌지쥬스 공급이 감소하고 수요는 변화하지 않아서 오렌지쥬스의 시장가격이 반 갤런당 3.50달러에서 결정되었다고 하자. 정부는 오렌지쥬스에 대한 가격상한으로 반 갤런당 2.50달러를 설정하였다. 가격이 정보를 전달하지 못하도록 가격상한이 어떤 역할을 하였는지 생각해 보자. 특히, 가격상한으로 인해 (냉해 때문에) 오렌지쥬스의 상대적인 희소성이 증가하였다는 정보가 소비자에게 전달되지 못하였다. 가격이 라디오 주파수 신호이고 가격상한은 주파수에 잡음을 일으킨다고 볼 수 있다. 잡음이 섞인 가격 주파수 신호로 인해 소비자들은 어떤 변화도 발생하지 않았다고 잘못 생각하게 된다. 소비자들은 이전과 동일하게 소비하면서 이를 구입할 수 있다고 생각한다. 하지만 물론 그렇지 않다. 세상에는 오렌지도 줄었고 오렌지쥬스도 감소하였다. 이런 저런 이유로 인해 일부 사람들이 오렌지쥬스의 소비를 감소시키게 된다.

교훈은 간단하다. (균형가격 아래에 설정된) 가격상한으로 인해 매수인에게 정확한 정보가 전달되지 못하였다. 매수인들은 현실에 대해 잘못된 견해를 갖고 이런 틀린 정보에 기초하여 구매행태를 결정한다. 뒤이어 문제점이 나타나며 가격상한에 대해 의도하지 않고 기대하지도 않았던 바람직하지 않은 결과가 발생한다.

2 가격하한제

가격하한

가격하한(price floor)은 합법적인 거래가 이루어질 수 있는 정부가 설정한 최소가격이다. 예를 들면 상품 X가 판매될 수 있는 최소가격을 정부가 20달러로 설정하였다고 가상하자. 최소가격 20달러는 가격하한이 된다(그림 2 참조).

가격하한제가 미치는 영향 가격하한이 균형가격 위에 설정될 경우 다음과 같은 두 가지 상황, 즉 과잉현상 및 거래감소가 발생한다.[2)]

과잉현상 그림 2의 균형가격 15달러에서는 상품 X의 수요량(130)은 공급량(130)과 같아진다. 가격하한인 20달러에서는 과잉현상이 발생한다.

공급량(180)이 수요량(90)보다 더 크다. 통상적으로 과잉현상은 일시적이며 과잉현상이 발생할 경우 가격 및 수량은 균형을 향해 하락하게 된다. 하지만 가격하한이 설정된 경우 균형가격에서 이루어지는 거래는 불법이므로 가격 및 수량이 균형을 향해 변화할 수 없다.

거래감소 그림 2의 균형가격에서 상품 X의 130개가 매입되고 매도된다. 하지만 가격하한에서는 90개가 매입되고 매도된다(매도인은 180개를 판매하고자 하지만 매수인은 90개만을 매입하고자 한다). 이처럼 가격하한으로 인해서 거래가 감소한다.

그림 2

가격하한제

가격하한은 20달러이고 균형가격은 15달러이다. 15달러에서 수요량 = 공급량이란 등식이 성립한다. 20달러에서는 공급량 > 수요량이란 부등식이 성립한다.

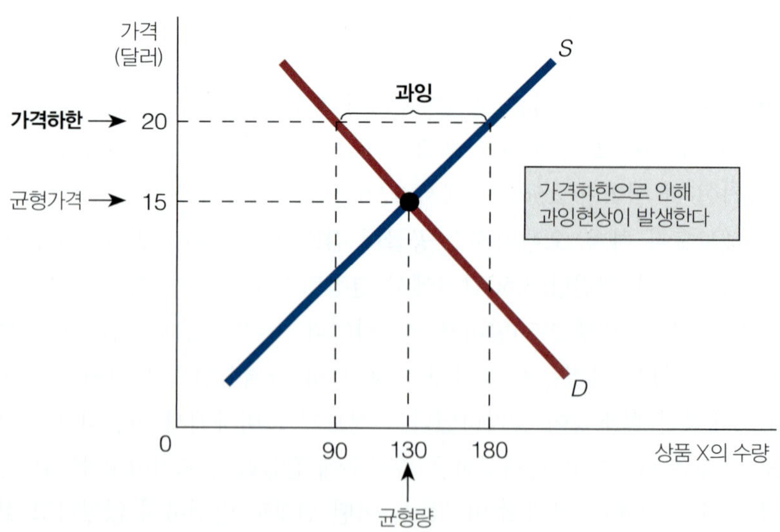

2) 가격하한이 균형가격 아래에 위치하는 경우(예를 들면 가격하한이 20달러이고 균형가격이 25달러인 경우) 어떤 효과도 나타나지 않는다. 하지만 통상적으로 가격하한은 균형가격보다 높게 설정된다.

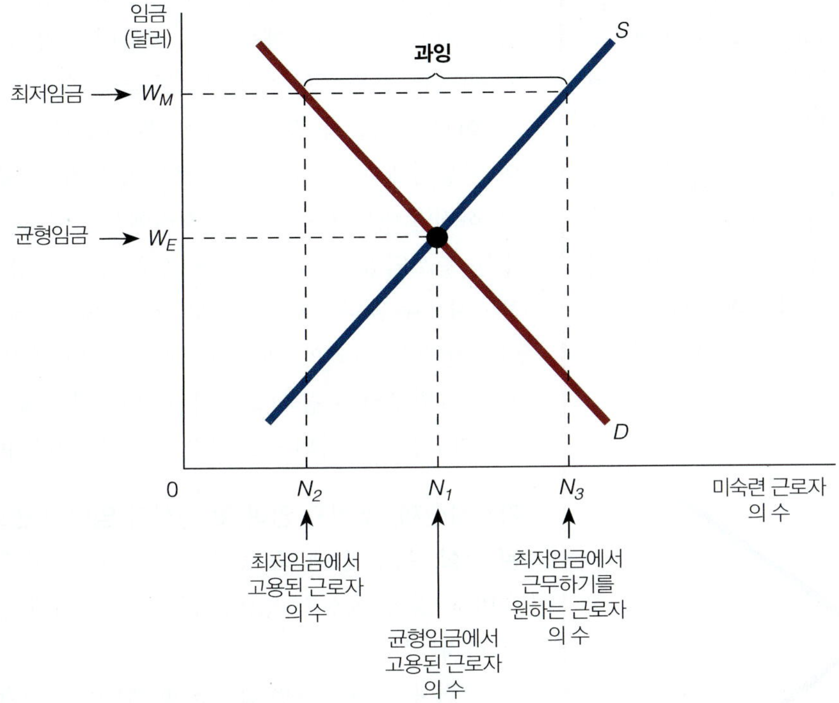

그림 3

최저임금이 미치는 영향

최저임금인 시간당 W_M에서 근로자 과잉이 발생하며 균형임금인 W_E에서보다 더 적은 수의 근로자가 고용된다.

최저임금제 가격하한이 그 아래에서는 합법적인 거래가 이루어질 수 없는 입법화된 최소가격이라면 **최저임금**은 가격하한, 즉 노동에 대해 정부가 설정한 최소가격이다. 이는 특히 미숙련 노동시장에 영향을 미친다. 그림 3에서 최저임금은 W_M이며 균형임금은 W_E라고 가정하자. 균형임금에서는 N_1의 근로자가 고용되며 더 높은 최저임금에서는 N_3의 근로자가 근무하기를 원하지만 N_2의 근로자만이 실제로 근무를 한다. 이 미숙련 노동시장에는 $N_3 - N_2$만큼의 근로자 과잉이 발생한다. 이 밖에 균형임금에서 고용된 근로자의 수(N_1)보다 최저임금에서 고용된 근로자의 수(N_2)가 더 적다. 전반적으로 볼 때 최저임금제가 미치는 영향은 다음과 같다: (1) 미숙련 근로자의 과잉현상, (2) 고용된 근로자수의 감소.

두 명의 경제학자가 최저임금이 인상될 경우 일부 미숙련 근로자가 일자리를 잃게 되는지 검증하고자 한다. 이들은 최저임금이 인상되기 전후에 미숙련 근로자의 수를 관찰하고 미숙련 근로자의 수가 동일하다는 놀라운 사실을 발견하였다. 이는 최저임금이 인상되더라도 일부 근로자가 일자리를 잃는 현상은 발생하지 않는다고 결론을 내릴 수 있는 만큼 충분한 증거가 되는가?

이 물음에 대한 대답은 경제학자들이 이론을 적절하게 검증하였느냐 여부에 달려 있다. 일자리를 잃은 사람들의 수에 초점을 맞추는 대신에 일자리는 유지하였지만 최저임금이 인상됨에 따라 근로시간이 축소된 사람들을 살펴보도록 하자. 다음과 같은 예를 들어보도록 하자. 철물점 주인은 선반을 청소하고 진열하기 위해서 데이비드(David)와 프란체스카(Francesca)를 방과후 고용하고 있다. 이 상점 주인은 최저임금으로 예를 들면 시간당 7.25달러를 지불하고 있다. 이제 최저임금이 시간당 8.75달러로 인상되었다고 하자. 데이

그림 4

농산물 가격하한제

이 그림은 농산물의 수요 및 공급을 보여주고 있다. 균형가격인 P_1에서 소비자 잉여(CS)는 1 + 2 + 3이 되고 생산자 잉여(PS)는 4 + 5가 된다. 가격하한인 P_F에서 소비자 잉여의 일부가 생산자에게 이전되어 생산자 잉여에 더해진다. 특히 P_F에서 소비자 잉여는 1이 되고 생산자 잉여는 2 + 4가 된다. 소비자 잉여는 2 + 3만큼 감소하여 소비자는 순손실자가 된다. 생산자 잉여는 4 + 5에서 2 + 4로 변화되고 2가 5보다 크므로 생산자는 순이득자가 된다. 전반적으로 볼 때 $CS + PS$의 경제적 파이는 1 + 2 + 3 + 4 + 5로부터 1 + 2 + 4로 감소한다.

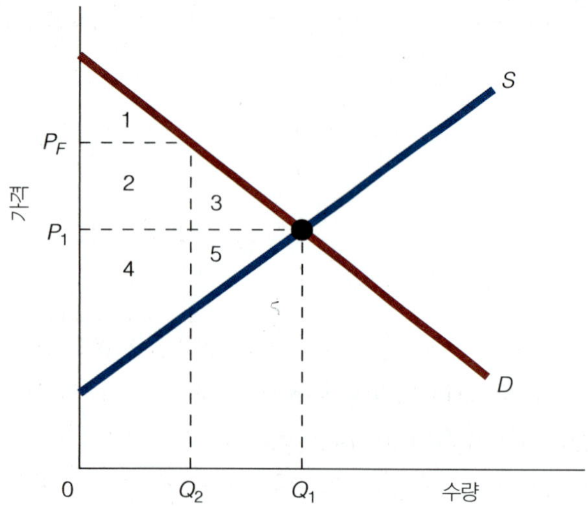

비드와 프란체스카는 일자리를 잃게 될 것인가? 반드시 그렇지는 않다. 상점 주인은 두 사람을 고용할 시간 수를 줄일지도 모른다. 예를 들면 이들이 각각 주당 20시간 일하던 것을 주당 14시간으로 줄일 수 있다.

이제는 다음과 같은 질문을 생각해 보자. 최저임금이 인상됨에 따라 일자리가 줄어들었는가? 그렇지는 않다. 하지만 어떤 사람이 한 일자리에서 근로하는 시간의 수는 축소되었다(물론 일자리를 특정업무와 이 업무를 수행하는 시간 수 둘 다를 포함하는 개념으로 정의할 경우 최저임금이 인상되면 일자리의 "일부"가 줄어든다). 이 주장에 따를 경우 그림 3의 수평축에 표기된 "미숙련 근로자의 수"를 "미숙련 근로자의 근로시간 수"로 변경하여야 한다.

가격하한제, 소비자 잉여 및 생산자 잉여의 변화, 사장된 손실 특정한 예, 즉 농산물 가격하한제의 측면에서 소비자 잉여, 생산자 잉여, 가격하한에 대해 살펴보도록 하자.

그림 4는 (예를 들면, 옥수수, 밀, 대두와 같은) 농산물의 수요 및 공급을 보여주고 있다. 시장이 균형으로 이동할 수 있는 경우 균형가격은 P_1이 되고 균형량은 Q_1이 된다. 소비자 잉여는 수요곡선 아래와 균형가격 위의 면적, 즉 1 + 2 + 3과 같다. 생산자 잉여는 균형가격 아래와 공급곡선 위의 면적, 즉 4 + 5와 같다. 물론 총잉여는 소비자 잉여와 생산자 잉여의 합, 즉 1 + 2 + 3 + 4 + 5와 같다.

이제 가격하한으로 P_F가 설정되었다고 하자. 인상된 가격 하에서 소비자는 이전만큼 매입을 하지 않는다. 이전에는 Q_1을 매입하였지만 지금은 Q_2를 매입할 뿐이다. 소비자 잉여도 또한 이제는 면적 1이 되며 생산자 잉여도 면적 2 + 4가 될 뿐이다. (정부가 설정한) 인상된 가격인 P_F에서 소비자는 분명히 손실을 입게 되어 소비자 잉여가 2 + 3만큼 축소된다.

생산자는 어떠한가? 생산자 잉여는 P_1에서 면적 4 + 5이었지만 이제는 면적 2 + 4가 된다(이전에 소비자 잉여의 일부를 구성했던 면적 2는 생산자에게 이전되어 이제는 생산자 잉여의 일부가 되었다). 생산자의 상황이 나아졌는지 여부는 (P_F 하에서 생산자가 잃은) 면적 5보다 (P_F 하에서 생산자가 얻은) 면적 2가 더 큰지 여부에 달려 있다. 외관상 볼 때 면적 2가 면적 5보다 크므로 생산자의 상황이 나아졌다고 볼 수 있다.

가격하한제 시행에 따른 전반적인 효과는 무엇인가? 생산자는 소비자가 상실한 것보다 더 많은 것을 얻었는가? 소비자는 생산자가 얻은 것보다 더 많은 것을 잃었는가? 소비자는 소비자 잉여에서 면적 2 + 3을 상실하였고 생산자는 생산자 잉여에서 면적 2를 얻고 면적 5를 상실하였다. 얻은 것과 상실한 것은 다음과 같다.

소비자가 상실한 면적:	2 + 3
생산자가 얻은 면적:	2
생산자가 상실한 면적:	5

소비자가 상실한 것 중 일부는 생산자가 얻은 것(면적 2)으로 상쇄된다. 따라서 순손실은 면적 3 + 5가 된다. 다시 말해 (소비자 잉여와 생산자 잉여를 합한) 총잉여는 이전보다 축소되었다. 이전의 총잉여는 면적 1 + 2 + 3 + 4 + 5인 반면에 이제는 면적 1 + 2 + 4가 된다. 상실된 총잉여는 면적 3 + 5가 된다. 간단히 정리하면 다음과 같다. (1) 소비자는 잉여를 상실한다. (2) 생산자는 잉여를 추가적으로 얻는다. (3) (소비자와 생산자를 합한) 사회는 잉여를 상실한다.

파이 그래프 측면에서 이를 살펴보도록 하자. 최초의 파이는 면적 1 + 2 + 3 + 4 + 5로 구성된다. 이는 소비자와 생산자의 잉여를 총합한 것이다. 가격하한 P_F가 설정된 이후에 파이 면적은 1 + 2 + 4로 축소된다. 즉 파이는 면적 3 + 5만큼 축소된다.

면적 3 + 5로 나타낸 총잉여의 상실은 **사장된 손실**(deadweight loss)이라고 한다. 이는 경쟁을 통하거나 또는 공급 및 수요를 통해 결정된 생산량을 생산하지 않을 경우 사회가 입게 되는 손실이다. 그림 4에서 이는 Q_1이 아니라 Q_2를 생산하는 경우 사회가 입게 되는 손실이다.

사장된 손실

잘못된 판단 일부 사람들은 가격하한제로 인해서 다음과 같아진다고 생각한다. (1) 일부 사람들은 이득을 얻고 다른 일부 사람들은 손실을 본다. (2) 얻은 이득과 잃은 손실은 동일하다(예를 들면, 한 사람이 5달러를 잃고 다른 사람이 5달러를 얻는다). 그림 4를 살펴보면 (2)가 잘못됐다는 사실을 알 수 있다. (소비자가 잃은) 손실은 (생산자가 얻은) 이득으로 상쇄되지 않는다. 가격하한제가 시행될 경우 면적 3 + 5와 같은 순손실 또는 사장된 손실이 발생한다. 공급, 수요, 소비자 잉여, 생산자 잉여와 같은 분석수단이 없다면 사장된 손실을 파악하기가 매우 어렵다. 경제적 분석수단을 이용할 경우 눈에 보이지 않는 것을 보이게 할 수 있다.

4.3 두 가지 종류의 가격: 절대가격 및 상대가격

어떤 종류의 가격인지 구별하지 않고 가격이란 용어를 사용하지만 경제학자들은 보통 절대가격(화폐가격)과 상대가격이란 단어를 구별해서 사용한다.

1 절대가격(화폐가격) 및 상대가격

절대가격(absolute price) 또는 **화폐가격**(money price)은 화폐로 나타낸 상품의 가격이다. 예를 들면 자동차의 절대가격은 30,000달러이다. **상대가격**(relative price)은 다른 상품의 측면에서 본 어떤 상품의 가격이다. 예를 들면 자동차의 절대가격은 30,000달러이고 컴퓨터의 절대가격은 2,000달러라고 가상하자. 자동차의 상대가격, 즉 컴퓨터 측면에서 본 자동차

절대가격/화폐가격

상대가격

의 가격은 컴퓨터 15대이다. 자동차 1대를 구입할 경우 컴퓨터 15대를 구입할 수 있는 기회를 포기하여야 한다.

$$(\text{컴퓨터 측면에서 본) 자동차의 상대가격} = \frac{\text{자동차의 절대가격}}{\text{컴퓨터의 절대가격}} = \frac{\$30{,}000}{\$2{,}000} = 15$$

컴퓨터의 상대가격, 즉 자동차 측면에서 본 컴퓨터의 가격은 다음과 같다.

$$(\text{자동차 측면에서 본) 컴퓨터의 상대가격} = \frac{\text{컴퓨터의 절대가격}}{\text{자동차의 절대가격}} = \frac{\$2{,}000}{\$30{,}000} = \frac{1}{15}$$

위의 예에서 컴퓨터의 상대가격은 자동차 1/15대이다. 컴퓨터 1대를 구입할 경우 자동차 1/15대를 구입할 수 있는 기회를 포기하여야 한다.

이제는 다음과 같은 질문을 생각하여 보자. 어떤 상품의 절대가격이 상승하고 그 밖의 다른 변화가 없는 경우 해당 상품의 상대가격에 어떤 변화가 발생하는가? 예를 들면 자동차의 절대가격이 30,000달러에서 40,000달러로 인상될 경우 자동차의 상대가격은 어떻게 변화하는가? 자동차의 상대가격은 컴퓨터 15대에서 20대로 증가한다. 간단히 말하면 어떤 상품의 절대가격이 상승하고 다른 변화는 없는 경우 해당 상품의 상대가격도 역시 상승한다.

2 특정 상품에 대한 조세와 상대가격의 변화

상품 X의 균형가격은 10달러이고 상품 Y의 균형가격은 20달러라고 가상하자. 상품 X의 상대가격은 상품 Y의 1/2개이고 상품 Y의 상대가격은 상품 X의 2개이다. 즉 다음과 같다.

$$1X = 1/2Y$$
$$1Y = 2X$$

상품 X 및 Y의 상대가격이 주어진 경우 소비자들은 이들 두 상품을 결합하여 매입하게 된다. 예를 들면 소비자는 매주마다 X를 10개, Y를 12개 매입할 수 있다.

이제는 정부가 상품 X에 대해서만 조세를 부과하였다고 가상하자. 조세가 부과될 경우 소비자가 상품 X에 대해 지불하는 가격이 10달러에서 15달러로 인상된다. 상품 Y에 대해서는 조세가 부과되지 않으므로 가격이 그대로 20달러이다.

조세부과로 인해 두 상품의 상대가격이 변화하며 다음과 같다.

$$1X = 3/4Y$$
$$1Y = 1.33X$$

새로운 상대가격과 이전의 상대가격을 비교해 보면 조세로 인해 상품 X가 더 비싸졌으며 (1/2Y에서 3/4Y로 변화하였으며) 상품 Y는 상대적으로 저렴해졌다(2X에서 1.33X로 변화하였다). 다시 말해 상품 X에 대해서만 조세가 부과될 경우 상품 X가 상대적으로 더 비싸지며 상품 Y는 상대적으로 저렴해진다. 따라서 소비자들이 상대적으로 더 적은 양의 상품 X와 상대적으로 더 많은 양의 상품 Y를 매입할 것으로 기대된다. 자주 접하는 두 가지 상품, 즉 코카콜라와 펩시콜라를 생각하여 보자. 코카콜라에 대해서 조세가 부과되고 펩시콜라에 대해서는 조세가 부과되지 않는 경우 소비자들은 상대적으로 더 적은 코카콜라를 매입하고 상대적으로 더 많은 펩시콜라를 매입하게 된다.

요약 및 정리

21 가격

- 누가 제한된 자원 및 상품 중에서 무엇을 갖기로 결정하려면 희소성으로 인해 배급방치가 필요하다.
- 가격은 상품의 상대적 희소성의 변화와 관련된 정보를 전달한다.

22 가격상한제

- 가격상한은 정부가 설정한 최대가격이다. 가격상한이 균형가격 아래에 설정된 경우 다음과 같은 영향 중 일부 또는 전부가 발생한다: 부족현상, 거래감소, 비가격 배급장치, 금지된 가격수준에서의 매입 및 매도, 끼워팔기.
- 소비자들이 반드시 (높은) 균형가격보다 (낮은) 가격상한을 선호하지는 않는다. 소비자들은 낮은 가격과 가격상한제에 따른 영향 중 일부가 발생하는 경우보다 높은 가격과 가격상한제에 따른 영향이 발생하지 않는 경우를 선호할 수 있다. 확실하게 말할 수 있는 것은 다른 사정이 동일하다면 소비자는 높은 가격보다 낮은 가격을 선호한다.

23 가격하한제

- 가격하한은 정부가 설정한 최소가격이다. 가격하한이 균형가격 위에 설정된 경우 다음과 같은 영향이 발생한다: 과잉현상, 거래감소.

24 절대가격 및 상대가격

- 어떤 상품의 절대가격은 화폐 측면에서 본 해당 상품의 가격이다.
- 어떤 상품의 상대가격은 다른 상품 측면에서 본 해당 상품의 가격이다.

주요 용어 및 개념

가격상한제
끼워팔기
가격하한제
사장된 손실
절대가격(화폐가격)
상대가격

연습문제

01. 경제학 과목의 학점이 학생들의 성적 대신에 화폐가격에 의해 배급이 이루어져야만 하는가? 학점이 그렇게 결정되고 고용인들이 이를 알고 있다면 대학졸업 학위의 가치 평가에 어떤 영향을 미치는가?

02. 록 컨서트, 야구경기, 오페라 등의 입장권을 매점하여 전매하는 투기꾼에 대해서 생각하여 보자. 이 입장권들이 처음에 균형가격 아래에서 판매되었기 때문에 이들 투기꾼이 존재할 수 있는가? 그렇다면 그 이유는 무엇 때문인가? 그렇지 않다면 그 이유는 무엇 때문인가? 입장권 전매 투기꾼은 도매상으로부터 식료품을 구입하여 판매하는 식

료품 소매상과 어떤 면에서 유사하고 어떤 면에서 유사하지 않는가?

03. 가격은 어떤 정보를 전달하는가?

04. 가격상한제를 지지하는 많은 사람들이 정부가 설정한 최대가격으로 인해 생산자 이윤만 축소되고 해당 상품의 공급량에는 영향을 미치지 않는다고 주장한다. 가격상한제가 공급량에 영향을 미치지 않는다면 공급곡선은 어떤 형태가 되어야 하는가?

05. "가격이 (시장에서 사용되는) 배급장치로서 사용되는 것이 위법인 경우 이를 대신할 또 다른 배급장치가 필요하지 않다. 우리는 유토피아에 있게 될 것이다." 논의하시오.

06. 매수인은 언제나 높은 가격보다 낮은 가격을 선호한다. 이 말에 동의하는가 또는 동의하지 않는가? 논의하시오.

07. 상품 X를 구매할 때 부과된 조세는 상품 Y 측면에서 본 상품 X의 상대가격을 어떻게 변화시키는지 보여주는 숫자의 예를 드시오.

08. 균형가격이 달성될 때보다 (균형가격 아래의) 불균형가격이 이루어질 때 더 적은 거래가 이루어지는 이유를 설명하시오.

09. 상품 X의 절대가격이 10달러이고 상품 Y의 절대가격이 14달러인 경우 (a) 상품 Y 측면에서 본 상품 X의 상대가격은 무엇인가? (b) 상품 X 측면에서 본 상품 Y의 상대가격은 무엇인가?

10. 제임스(James)는 임대료가 통제된 아파트에 살면서 관리인에게 샤워기를 수선해 주도록 지난 몇 주 동안 요청하였다. 샤워기 수선을 위해 기다리는 것과 임대료가 통제된 아파트에 거주하는 것은 어떤 관련이 있는가?

11. 가격상한제와 가격하한제의 차이점은 무엇인가? 가격상한제와 가격하한제 모두에 대해 발생하는 영향은 무엇인가?

숫자 및 그래프를 활용한 문제

01. 아래 그림에서 가격상한(P_C)으로 인한 사장된 손실을 나타내는 면적은 무엇인가?

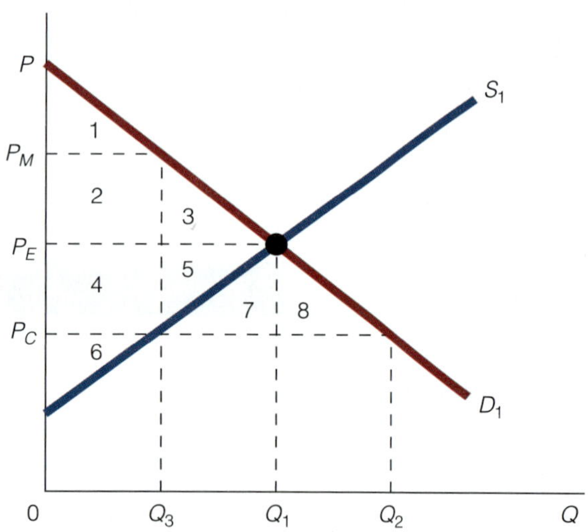

02. 앞의 그림에서 균형가격인 P_E에서의 소비자 잉여는 무엇인가? P_C에서의 소비자 잉여는 무엇인가(균형량은 P_C에서 생산되지 않고 판매되지 않는다는 점을 기억하자)?

제 5 장

공급, 수요, 가격: 응용 사례

5.1 응용 사례 1: 인기 있는 방송프로의 녹화방송 입장권을 얻기가 어려운 이유

방송프로의 녹화방송 입장권을(얻으려면) 해당 사이트를 방문하여 구할 수 있다. 입장권에 대해 요금이 부과되지 않기 때문에 입장권 가격은 영이 된다. 영인 가격이 시장 균형가격인지 여부에 대해 알아보도록 하자. 녹화방송을 시청하고자 하는 수요가 양이라면 시장 균형가격도 양이라고 생각할 수 있다. 또한 다른 녹화방송에 비해 일부 녹화방송에 대한 입장권의 시장균형가격이 더 높을 수 있다고도 예상할 수 있다.

예를 들면 텔레비전 스튜디오에 마련된 좌석의 공급수가 200석이라고 가상하자. 세 개 프로그램이 스튜디오에서 녹화되고 있다. 세 개에 대한 시장 균형가격은 예를 들면 20달러로 동일할까? 그럴 수도 있지만 세 개 프로그램에 대한 수요가 서로 상이할 수 있기 때문에 그렇지 않을 확률이 높다. 어떤 프로그램에 대한 균형가격은 100달러이고 다른 프로그램의 경우는 70달러이며 세 번째 프로그램의 경우는 20달러일 수 있다.

하지만 시장 균형가격이 어떤 프로그램에 대해서도 부과되지 않으며 입장권 가격은 영이 된다. 이럴 경우 각 프로그램의 입장권은 부족할 수 있으며 다른 프로그램에 비해 일부 프로그램에 대한 입장권이 더욱 부족할 수 있다(그림 1 참조).

SONJA FLEMMING/CBS VIA GETTY IMAGES

각 프로그램에 대한 입장권 부족현상은 어떤 형태로 나타나는가? 각 프로그램에 대한 입장권 부족현상이 서로 상이한지 여부를 어떻게 알 수 있는가? 이에 대한 대답은 입장권을 얼마나 용이하게 또는 얼마나 어렵게 얻을 수 있는지와 관련된다. 일부 입장권은 금방 동이나고 다른 입장권은 그렇지 않을 수 있다. 인기 있는 프로그램의 입장권은 얻기가 매우 어렵다. 먼저 신청한 순서대로 해당 입장권을 얻을 수 있다. 다시 말해 입장권이 선착순으로 배급된다.

물론 모든 녹화방송 입장권이 순식간에 사라지는 것은 아니다. 예를 들면 새롭게 시작하는 프로그램의 입장권에 대한 수요는 공급보다 적을 수 있다. 이런 경우 시장 균형가격은 실제로 음이 될 수도 있다. 예를 들어 그림 2에서 새로운 프로그램에 대한 수요 및 공급은 음의 가격(– 20달러)에서 교차한다. 이 프로그램의 제작자들은 녹화방송을 방청하도록 하기 위해서 20달러를 지불하여야 한다. 하지만 대개는 방청객들에게 그렇게 하지 않는다.

그림 1

상이한 텔레비전 방송프로 녹화방송 방청에 대한 공급 및 수요

이 그림은 텔레비전 방송프로 *A*, *B*, *C*의 녹화방송 방청에 대한 수요를 보여주고 있다. 이는 또한 각 방송프로를 방청할 수 있는 좌석의 공급을 보여준다. 각 방송프로의 입장권 가격이 0달러인 경우 방송프로 *A*에 대한 좌석부족이 *B*보다 더 많으며 *C*보다는 *B*가 더 많다. 각 방송프로에 대해 균형가격이 부과될 경우 방송프로 *A*에 대한 균형가격이 *B*보다 더 높고 *C*보다는 *B*가 더 높다.

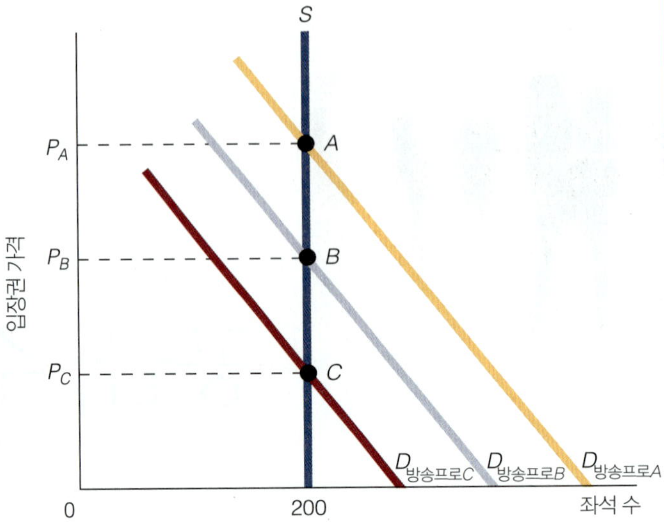

그림 2

음의 가격: 방송프로 녹화방송을 방청하도록 하기 위해 제작자가 지불하게 될 가격

새로운 텔레비전 방송프로 녹화방송에 대한 수요는 음의가격(–20달러)에서 공급과 교차할 만큼 낮다고 가정한다. 이 점에서 방송프로 제작자는 사람들이 이 프로를 시청하도록 하기 위해서 대가를 지불하여야 한다.

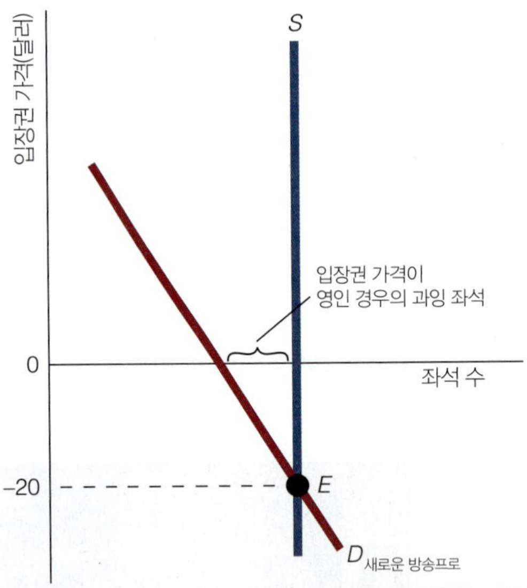

그렇다면 영인 가격에서 존재하는 과잉 좌석을 어떻게 처리할 수 있을까(그림 2 참조)? 제작진들은 보통 친구 및 가족들에게 해당 프로를 방청하도록 요청하여 영의 가격에서 좌석이 남지 않도록 한다.

5.2 응용 사례 2: 정부, 용이해진 대출, 주택가격

미국 연방정부가 국민들로 하여금 주택구입을 용이하게 하려는 경우 할 수 있는 한 가지 방법은 대출 기준을 낮추는 것이다. 예를 들면 대출을 제공하는 측이 주택을 구입하기 위해 주택담보 장기대출을 받기 원하는 사람들에게 매매금액의 20퍼센트를 계약금으로 납부할 것을 요구한다고 가상하자. 대출을 제공하는 측이 대출을 하기 전에 매매금액의 5퍼센트를 초과하는 계약금을 요구하지 못하도록 하는 법률을 제정하였다. 주택구입이 더 용이해지는가? 반드시 그렇지는 않다. 5퍼센트의 계약금만을 요구하는 주택담보 장기대출에 대한 이자율이 20퍼센트의 계약금을 요구하는 대출보다 이자율이 더 높을 수 있다.

이런 경우 정부는 무엇을 할 수 있는가? 이자율을 낮추는 금융정책을 시행할 수 있다(이에 대해서는 나중에 보다 자세히 살펴 볼 것이다). 이렇게 되면 어떤 일이 발생하는가? 주택구입을 용이하게 하려는 목표에 부합되는 것처럼 보인다. 주택을 구입하려는 사람들은 (20퍼센트) 대신에 5퍼센트의 계약금을 납부하고 대출금에 대해 낮은 이자율을 지불하면 된다. 이로 인해 주택을 구입하려는 사람들의 상황이 더 나아졌는가? 정확하게는 그렇지 않다.

주택담보 장기대출이 용이하게 됨으로써 간접적으로 주택에 대한 수요가 증대되었다. 주택에 대한 수요가 증가함에 따라 주택가격도 인상된다. 간단히 말해 대출이 용이해짐에 따라 주택가격이 상승하고 이로 인해 주택구입이 더욱 어려워졌다.

인하된 주택 계약금 + 인하된 주택대출 이자율 → 주택대출의 용이성 증가 →
주택 수요의 증가 → 주택가격의 상승

이를 정리하면 다음과 같다. 정부는 주택 대출을 받으려는 사람들이 납부하여야 하는 주택계약 금액을 낮추고 이자율을 인하함으로써 주택구입을 용이하게 하였다. 하지만 주택대출이 용이해짐에 따라 주택에 대한 수요가 증가하고 주택가격이 상승한다. 주택가격이 상승함에 따라 주택구입이 어려워진다.

주택가격이 상승하였기 때문에 국민들이 주택을 구입하는 데 더 많은 도움이 필요하다고 정부가 판단하고 있다고 가상하자. 주택구입을 도와주기 위해서 대출기준을 낮추고(예를 들면, 주택 계약금으로 주택가격의 1퍼센트만 납부하도록 하고) 이자율을 낮추었다. 이러면 문제가 해결되는가? 그렇지 않다. 대출기준이 낮아지고 이자율이 인하됨에 따라 주택수요가 촉진되어서 주택가격이 더욱 상승한다.

5.3 응용 사례 3: 항공기의 통로에 위치한 좌석의 가격

대부분의 미국 항공사들은 승객이 항공권을 구입하면서 선택한 좌석을 예약해 준다. 예를 들어 미국 항공사인 유에스 에어웨이로부터 항공권을 매입하려 한다면 온라인 상에서 해당 항공사의 항공권을 구입하고 예약되지 않은 좌석을 알아보게 된다. 여러분이 좌석 번호 13A를 원하고 다른 사람이 예약을 하지 않는다면 이 좌석을 온라인 상에서 클릭할 경우 예약을 할 수 있다.

그림 3

여객기 기내에서 중간에 위치한 좌석과 통로에 위치한 좌석의 시장

통로에 위치한 좌석의 공급은 중간에 위치한 좌석의 공급과 균등하다고 가정한다. 통로에 위치한 좌석에 대한 수요는 중간에 위치한 좌석에 대한 수요보다 더 많기 때문에 통로에 위치한 좌석의 균형가격이 중간에 위치한 좌석의 균형가격보다 더 높다. 그림에서 P_2는 통로에 위치한 좌석의 균형가격이며 P_1은 중간에 위치한 좌석의 균형가격이다.

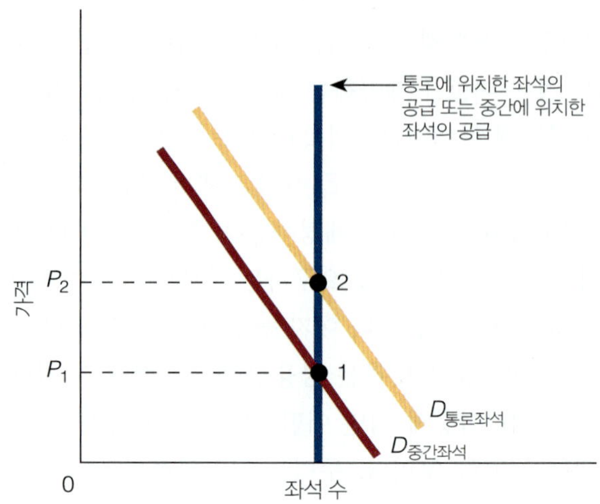

하지만 미국 항공사 중 하나인 사우스웨스트 에어라인은 이를 다르게 처리한다. 항공권을 구입할 때 예약을 하지 못하고 비행기에 탑승할 때 좌석을 선택한다. 여러분들이 먼저 탑승을 하면 선택의 폭이 넓어지고 나중에 탑승하면 선택의 폭이 좁아진다.

통로 쪽의 좌석이 중간에 위치한 좌석보다 인기가 높다는 사실을 유념해 두자. 통상적으로 통로 쪽의 좌석이 있으면 이에 대응하는 중간에 위치한 좌석이 있다(비행기 양면에는 세 가지 종류의 좌석, 즉 창가 쪽의 좌석, 중간에 위치한 좌석, 통로 쪽의 좌석이 있다고 가정한다). 따라서 50개의 통로 쪽 좌석이 있다면 중간에 위치한 50개의 좌석이 있다. 다시말해 중간에 위치한 좌석의 공급과 통로 쪽에 위치한 좌석의 공급이 일치한다.

하지만 통로 쪽의 좌석에 대한 수요가 중간에 위치한 좌석에 대한 수요보다 더 많다. 가격이 중간에 위치한 좌석 시장과 통로 쪽의 좌석 시장을 균형화시킨다면 통로 쪽의 좌석 가격이 중간에 위치한 좌석 가격보다 더 높을 것으로 예상된다(그림 3 참조).

사우스웨스트 항공사는 중간에 위치한 좌석보다 통로 쪽의 좌석에 더 높은 가격을 부과하는가? 항공사에게 이런 질문을 하면 답변은 부정적일 것이다. 하지만 사우스웨스트 항공사는 우선 탑승객에게 더 높은 요금을 부과하고 있다. 다른 사람들보다 먼저 탑승할 경우 좌석 선택의 폭이 커진다. 대부분의 사람들이 중간에 위치한 좌석보다 통로 쪽의 좌석을 선호하기 때문에 먼저 탑승한 승객들이 통로 쪽의 좌석을 선택하게 될 것이다.

이코노미 클래스 좌석이 아닌 비즈니스 클래스 좌석을 선택할 경우 추가비용을 납부하여야 하는가? 그렇다. 탑승수속을 하는 날 추가비용으로 20달러를 지불하여야 한다. 우리가 예상한 것처럼 사우스웨스트 항공사는 통로에 위치한 좌석에 대해 20달러를 추가로 부과하고 있다. 그 이유는 두 좌석에 대한 공급은 동일한데 반해 통로 쪽의 좌석에 대한 수요가 중간에 위치한 좌석에 대한 수요보다 더 많기 때문이다.

5.4 응용 사례 4: 미국의 병원 진료비가 비싼 이유

식료품을 어떻게 구입하는지 생각해 보자. 식료품점에 가서 물품을 바구니에 담고 계산을 하면 된다.

미국에서 진료는 어떻게 받는지 생각해 보자. 병원에 가서 건강보험증을 제시하고 아마도 10달러 내지 20달러를 지불하고 진료를 받는다. 병원은 진료비 대부분을 보험회사에 청구한다.

식료품을 구입하는 것과 병원 진료를 받는 것은 어떤 차이가 있는가? 식료품점에서는 거래에 단지 두 명의 당사자, 즉 매수인과 식료품점 주인(매도인)만이 관여한다. 병원 진료에는 세 명의 당사자, 즉 환자, 병원(의사), 건강보험회사가 개입한다. 건강보험회사를 제3자라고 칭하는데 이 제3자는 식료품 거래에는 없고 병원 진료 시에만 개입한다.

제3자가 존재하는 경우 물품을 매입하는 행위와 대금을 납부하는 행위가 분리된다. 식료품점에서 물품을 매입하는 사람과 대금을 납부하는 사람은 동일인이다. 병원 진료의 경우 진료를 받는 사람(환자)은 의료비를 납부하는 사람(건강보험회사)과 다르다.

하지만 다음과 같은 반론을 제기할 수도 있다. 건강보험회사에 보험료를 매달 납부함으로써 진료비를 간접적으로 지불하고 있다. 이 말은 부분적으로 옳을 수도 있지만 상황은 뷔페식당에 있는 것과 유사하다. 뷔페식당의 입장료는 일정하게 정해져 있지만 원하는 모든 것을 먹을 수 있다. 뷔페에서는 각 접시마다 가격을 지불할 때보다 더 많은 양을 먹게 된다.

병원 진료에서도 동일한 현상이 자주 발생한다. 보험회사에 일정한 보험료(예를 들면 매월 250달러)를 납부하고 진료 뷔페에 입장하게 된다. 진료 및 검사에 대한 의료비 및 검사비를 각각 납부할 때보다 진료 뷔페에서는 더 많은 의료 서비스를 받을 수 있다.

이야기를 계속하기 전에 위의 논리에 대해 제기되는 두 가지 반론을 생각하여 보자.

첫째, 뷔페식당에서 음식을 매입하는 것처럼 진료를 받지는 않는다. 새우, 스테이크, 샐러드, 디저트는 좋아하지만 엑스레이를 찍으며 의사로부터 검진을 받고 약을 복용하기를 좋아하는 사람이 어디 있는가? 어느 누구도 칵테일처럼 MRI를 구입하지는 않는다.

물론 이런 반론이 옳기는 하지만 다음과 같은 점을 간과하였다. 몸이 아파서 병원에 가게 되면 (의료비를 납부해줄) 제3자가 있어서 의사가 필요 이상의 진료를 선택하기가 더 용이해진다. 예를 들면 다음과 같은 대화를 생각해 보자.

> **의사**: 내가 생각하기에는 X인 것 같지만 확실히 하기 위해서 피검사 및 MRI를 찍어 보도록 합시다.
>
> **환자**: 생각하시는 대로 해 주십시오.

피검사 및 MRI 비용을 환자 자신이 납부하는 경우라면 대화 내용이 다음과 같이 변화할 수 있다.

> **의사**: 내가 생각하기에는 X인 것 같지만 확실히 하기 위해서 피검사 및 MRI를 찍어 보도록 합시다.
>
> **환자**: 비용이 얼마나 드는지요? 이것들이 모두 꼭 필요한 것인가요?

논리는 간단하다. 보험료를 일단 납부하게 되면 진료비로 납부하는 금액은 소액이며 실제로 거의 영이 된다. 진료에 대한 수요량은 양의 비용이 소요될 때보다 영인 경우 더 많아진다.

둘째, (진료비가 영인 경우 더 많아지는) 진료에 대한 수요량을 진료를 구성하는 특정 항목에 대한 수요와 연계시켜 보자(뷔페 음식점에서 음식에 대한 수요량과 특정 음식, 예를 들면 새우, 초콜릿 아이스크림, 샐러드에 대한 수요를 연계시켰던 점을 기억하자).

그림 4

진료 가격 및 엑스레이 검사 수요

(a) 진료 가격이 (예를 들면 영처럼) 낮은 경우 진료에 대한 수요량은 100단위가 된다. 진료 가격이 P_1인 경우 진료에 대한 수요량은 50단위가 된다. (b) 그림 (a)에서 진료 가격이 낮고 진료에 대한 수요가 많을수록 그림 (b)에서 엑스레이 검사에 대한 수요곡선이 더 높아진다. (c) 엑스레이 검사에 대한 수요가 많을수록 검사 가격도 높아진다.

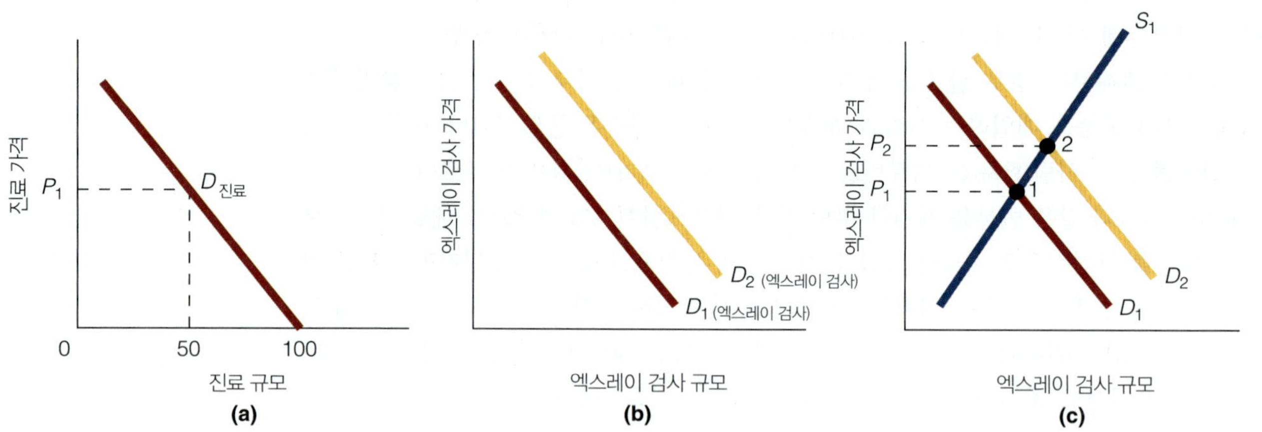

진료 서비스에 대한 수요량이 진료비가 양인 경우보다 영인 경우 더 많다면 진료 서비스를 구성하는 특정 진료항목에 대한 수요는 진료 서비스의 수요량이 적은 경우 보다 더 많아질 것으로 예상된다. 그림 4를 이용하여 이를 설명하면 다음과 같다. 그림 4(a)에서 진료에 대한 수요곡선의 기울기는 하향한다. 진료가격, 즉 진료비가 영인 경우 진료에 대한 수요량은 100단위가 된다. 하지만 진료비가 (예를 들면 P_1처럼) 양인 경우 진료 수요량은 50단위가 된다.

그림 4(b)는 전반적인 진료 수요가 아니라 엑스레이와 같은 특정 진료항목에 대한 수요를 나타낸다. 그림 4(b)에 있는 두 개의 수요곡선 중 첫 번째 수요곡선(D_1)은 그림 4(a)에서 진료 수요량이 50단위인 경우 엑스레이에 대한 수요를 나타낸다. 즉 (그림 4(a)에서) 진료비가 P_1인 경우 엑스레이에 대한 수요이다. 두 번째 수요곡선(D_2)은 그림 4(a)에서 진료 수요량이 100단위인 경우 엑스레이에 대한 수요곡선이다. 즉 (그림 4(a)에서) 진료비가 영인 경우 엑스레이에 대한 수요이다.

간결하게 요약하면 다음과 같다.

- 진료비가 낮아질수록 진료에 대한 수요량이 많아지며 엑스레이에 대한 수요가 증가한다.

낮은 진료비 → 진료 수요량의 증가 → 엑스레이에 대한 수요 증가

- 진료비가 높아질수록 진료에 대한 수요량이 적어지며 엑스레이에 대한 수요가 감소한다.

높은 진료비 → 진료 수요량의 감소 → 엑스레이에 대한 수요 감소

문제는 엑스레이에 대한 수요증가가 엑스레이 검사가격에 미치는 영향이다. 물론 검사가격을 상승시킨다. 그림 4(c)를 참조하시오.

따라서 건강보험회사는 엑스레이 검사비를 더 많이 지출하게 된다. 다음에는 어떤 현상이 나타날 것인가? 건강보험회사는 의료비가 증가하면 보험료를 인상시킬 수밖에 없다고 주장한다.

5.5 응용 사례 5: 미국 대학들이 입학 여부를 결정할 때 고등학교 학점 평균과 수학능력시험(예를 들면, ACT, SAT) 성적을 참조하는 이유

많은 대학의 경우 학생들은 (수업료의 형태로) 교육비용의 일부를 담당하고 납세자와 개인적인 기부자들이 (조세와 기부의 형태로) 그 일부는 부담한다. 따라서 학생들이 대학에 다니기 위해 납부하는 수업료는 보통 균형수준에서의 수업료에 미치지 못한다. 예를 들면 한 학생이 어떤 대학에서 수업료로 T_1을 납부한다고 가상하자. 그림 5에서 보는 것처럼 T_1은 균형 수업료인 T_E 아래에 위치한다. T_1에서 해당 대학에 입학하기를 원하는 학생 수(N_1)는 입학정원 수(N_2)보다 많다. 즉 수요량이 공급량보다 더 많다.

그림 5

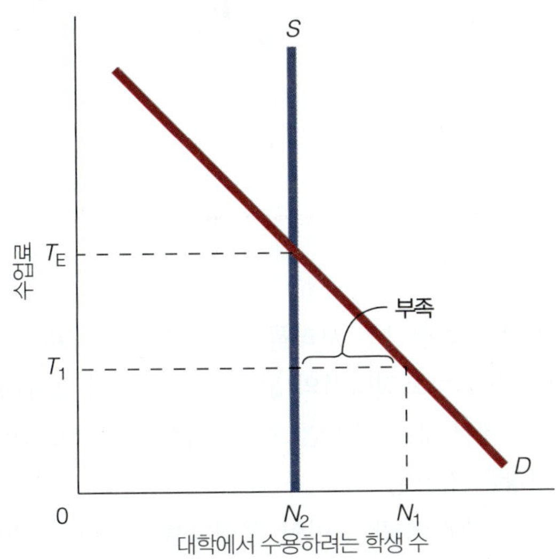

대학 입학 허가

(균형 수업료가 T_E인데) 대학 당국이 수업료로 T_1을 부과하는 경우 수요가 과잉되어 받을 수 있는 입학 허가의 부족현상이 발생한다. 그러면 대학 당국은 입학기준으로 예를 들면 고등학교 학점, 수학능력시험(미국의 경우 ACT, SAT 등)과 같은 비가격 배분장치를 사용하게 된다.

정원보다 많은 학생들이 입학을 원하므로 대학 당국은 어떤 조치를 취하여야 한다. 그것은 무엇일까?

대학은 수업료인 화폐가격과 비가격 배급장치를 결합시켜 입학정원을 배분하려 할 것이다. 학생은 수업료 T_1을 납부하고 비가격 배급장치의 기준을 충족시켜야 한다. 미국의 대학들은 일반적으로 비가격 배급장치의 기준으로 학점 평균과 수학능력시험 성적을 사용한다.

5.6 응용 사례 6: 무료 고속도로의 공급 및 수요

대도시의 혼잡한 무료 고속도로 상에서 벌어지는 교통 체증은 공급 및 수요로 어떻게 설명할 수 있을까? 공급 및 수요로 설명할 사항이 많이 있다. 고속도로를 이용하려는 수요와 고속도로 공간이라는 공급이 있다. (고속도로는 며칠, 몇 주, 몇 달과 같은 단기간에 확장되지 않고 축소되지도 않으므로) 고속도로의 공급은 고정된다. 하지만 수요는 변동을 한다. 예를 들면 (러시 아워인) 오전 8시에 고속도로를 이용하려는 수요는 오후 11시 때보다 많다. 수요

그림 6

고속도로 혼잡과 공급 및 수요

고속도로를 이용하고자 하는 수요는 오후 11시보다 오전 8시에 더 많다. 고속도로 이용료가 영인 $D_{\text{오후 11시}}$에서 고속도로 이용 시장은 청산된다. 고속도로 이용료가 영인 $D_{\text{오전 8시}}$에서는 고속도로 혼잡현상으로 나타날 고속도로의 가용 공간 부족현상이 발생한다. 고속도로 이용료로 70센트가 부과될 경우 부족현상이 없어져서 고속도로 정체는 사라지게 된다.

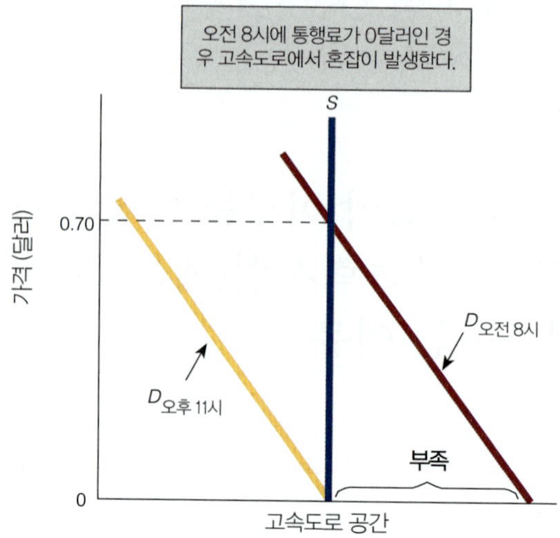

는 변화하지만 무료 고속도로를 이용하는 화폐가격은 언제나 동일하게 영이 된다. 화폐가격이 영이라는 것은 운전자들이 통행료를 지불하지 않아도 된다는 의미이다.

그림 6은 고속도로 이용에 관한 두 가지 수요곡선, 즉 $D_{\text{오전 8시}}$와 $D_{\text{오후 11시}}$를 보여주고 있다. 오전 8시의 수요가 오후 11시의 수요보다 더 많다고 가정한다. 또한 수요곡선 $D_{\text{오후 11시}}$에서는 고속도로 이용에 대한 화폐가격, 즉 통행료가 영일 때 시장이 청산된다. 즉 고속도로 이용에 대한 수요량과 공급량이 일치한다. 하지만 수요곡선이 $D_{\text{오전 8시}}$인 경우에는 그렇지 않다. 통행료가 영인 경우 고속도로 부족현상이 발생한다. 즉 고속도로 수요량이 공급량보다 많다. 이런 부족현상은 꼬리를 문 고속도로 정체로 나타난다. 이런 부족현상은 제거하는 방법 중 하나는 오전 8시의 고속도로 이용에 대해서 통행료를 부과하는 것이다. 예를 들면 그림 6에서 보는 것처럼 오전 8시에 통행료로 70센트가 징수될 경우 고속도로 사용에 관한 시장은 청산된다.

시간에 따라 상이한 통행료를 부과하는 것이 특이하게 보일지 모르지만 휴양지로서 유명한 미국 플로리다 주의 마이애미 비치에 소재한 호텔들이 가격을 어떻게 책정하는지 생각하여 보자. 이들은 연중 기간에 따라 상이한 가격을 책정한다. 마이애미 비치에서 휴가를 보내려는 수요가 많은 겨울철 동안에는 수요가 상대적으로 적은 철보다 높은 가격이 책정된다. 하루 중 시간대에 따라 고속도로 통행료가 상이하게 부과되는 경우 고속도로는 마이애미 비치의 호텔방들이 배분되는 것과 동일한 방법으로 배분된다.

마지막으로 고속도로 정체를 해결하기 위해 일반적으로 제시되는 세 가지 방법을 생각하여 보자.

- 통행료: 그림 6에서 보는 것처럼 통행료를 균형수준으로 조정하여 정체현상을 해결한다.
- 고속도로 증설: 고속도로 건설을 증가시켜 공급을 증대시킴으로써 문제를 해결한다. 그림 6에서 고속도로의 공급곡선이 오른쪽으로 이동하면 오전 8시에 발생하는 고속도로 부족현상이 해소된다.
- 자가용차 합승이용의 촉진: 합승이용이 증가하면 고속도로 이용 수요가 감소하여 문제를 해결할 수 있다. 한 대 차에 두 사람이 탑승할 경우 두 대 차에 두 사람이 탑승할 경우보다 고속도로 이용을 감소시킬 수 있다. 그림 6에서 합승이 증가할 경우 오전 8시의

고속도로 이용 수요가 오후 11시의 이용 수요와 비슷해져서 오전 8시에 발생했던 고속도로 공간의 부족현상이 사라지게 된다.

2003년에 센트럴 런던 지역에서 자동차를 운행할 경우 통행료가 부과되기 시작하였다. 월요일부터 금요일까지 오전 7시에서 오후 6시 30분 사이에 센트럴 런던 지역으로 진입하거나 빠져나가는 차량들은 약 15달러의 통행료를 납부하여야 했다(모든 운전자가 통행료를 납부하는 것은 아니며 택시 운전자, 앰블런스 운전자, 경찰차량 운전자, 오토바이 및 자전거 운전자는 면제가 된다. 또한 해당 지역의 거주민들은 90퍼센트 할인을 받는다). 이로 인해 교통 혼잡 및 통행시간이 감소하고 오염이 줄어들어 통행료 정책이 성공적이라고 평가받고 있다.

5.7 응용 사례 7: 주택 임차인은 상황이 나아지는가?

임차인에 대한 퇴거 통지와 관련된 두 가지 법률은 다음과 같다.

- 법률 1: 임차인에게 30일 전에 퇴거통지를 하여야 한다.
- 법률 2: 임차인에게 90일 전에 퇴거통지를 하여야 한다.

집주인은 법률 2 하에서보다 법률 1 하에서 더 적은 대가를 치르게 된다. 법률 1 하에서 집주인은 손해를 볼 수 있는 최대치는 30일 동안의 임대료이지만 법률 2 하에서는 90일 동안의 임대료가 될 수 있다. 분명히 90일 동안의 임대료 상실이 30일 동안의 임대료 상실보다 더 크다.

두 개의 법률 하에서 상이한 아파트 공급곡선이 각각 존재한다. 법률 1 하에서 공급곡선(그림 7에서 S_1)은 법률 2하에서의 공급곡선(S_2) 오른쪽에 위치한다. 법률 2하에서보다 법률 1하에서 아파트 공급이 저렴해진다.

두 개의 법률 하에서 공급곡선이 상이하다면 균형 임대료도 역시 상이해진다. 그림 7에서 보면 균형 임대료가 법률 2(R_2)에서보다 법률 1(R_1)에서 더 낮다. 따라서 다음과 같다.

그림 7

아파트 임대료 및 법률

법률 1 하에서 집주인은 아파트로부터 임차인을 퇴거시키기 30일 전에 미리 통지를 하여야 한다. 법률 2 하에서 집주인은 아파트로부터 임차인을 퇴거시키기 90 일전에 미리 통지를 하여야 한다. 아파트를 임대해 주면서 집주인이 부담하는 비용은 법률 1 하에서보다 법률 2 하에서 더 높다. 따라서 법률 1 하에서의 아파트 공급곡선은 법률 2 하에서의 아파트 공급곡선 오른쪽에 위치한다. 공급곡선이 상이한 경우 이는 서로 다른 임대료로 이어진다. 아파트 임대료는 법률 1(R_1) 하에서보다 법률 2(R_2)에서 더 높다.

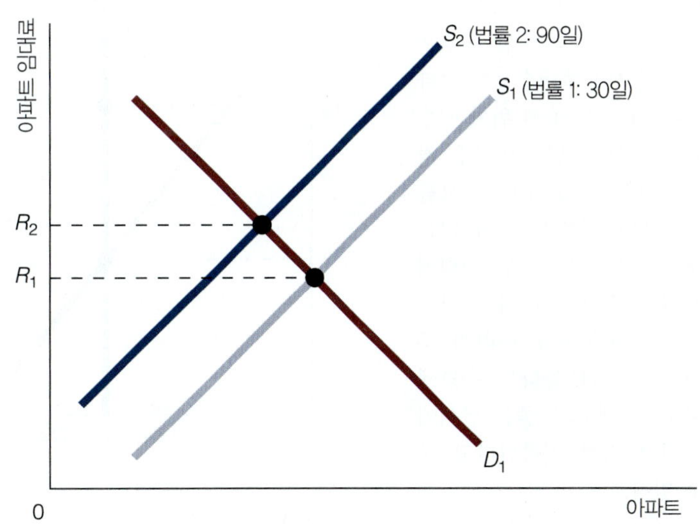

- 법률 1 하에서 임차인은 상대적으로 낮은 임대료를 부담하고(유리한 점) 상대적으로 짧은 퇴거시한을 갖게 된다(불리한 점).
- 법률 2 하에서 임차인은 상대적으로 높은 임대료를 부담하고(불리한 점) 상대적으로 긴 퇴거시한을 갖게 된다(유리한 점).

법률 2 하에서 갖게 되는 보다 긴 퇴거 시한에 대해 누가 대가를 지불하는가? 임차인이 높은 임대료를 납부함으로써 대가를 지불한다.

5.8 응용 사례 8: 좋은 날씨에 대해 대가를 지불하는가?

어떤 지역은 다른 지역보다 날씨가 더 좋다고 생각된다. 예를 들면 대부분의 미국인들은 화창한 캘리포니아 주 샌디에고 시의 날씨가 추운 노스다코타 주 파고 시의 날씨보다 더 좋다고 생각한다. 샌디에고 시에 거주하는 어떤 사람은 다음과 같이 말할 수도 있다. "오늘 날씨가 정말 좋다. 좋은 점은 대가를 지불하지 않고 무료로 좋은 날씨를 즐길 수 있다는 것이다."

어떤 의미에서 이 사람의 말이 옳을 수도 있다. 날씨 시장은 존재하지 않는다. 누가 와서 샌디에고 주민들에게 좋은 날씨에 대한 대가를 지불하라고 요구하지 않는다.

하지만 다른 의미에서 보면 이 사람의 말이 옳지 않다. 샌디에고 시에 거주하는 사람들은 좋은 날씨에 대한 대가를 간접적으로 지불하고 있다. 대가를 어떻게 지불하는가? 샌디에고 시의 좋은 날씨를 지속적으로 즐기려면 거주하는 주택이 있어야 한다. 다른 지역과 마찬가지로 샌디에고 시에도 주택수요가 있다. 좋은 날씨가 아닐 경우 예상되는 주택수요보다 샌디에고 시의 좋은 날씨로 인해 주택수요가 증가하였는가? 좋은 날씨가 아니라면 샌디에고 시의 생활이 현재와 같이 즐겁지 않을 수 있으며 그로 인해 주택수요가 감소할 수 있다.

그림 8을 참조하여 보자. 간단히 말하면 샌디에고 시의 주택수요는 좋은 날씨로 인해 더 많아진다. 이에 따라 주택가격도 역시 더 높다(그림 8에서 P_1과 달리 P_2가 더 높다). 이처럼 샌디에고 시민들은 날씨가 나쁠 경우에 예상되는 주택가격보다 더 높은 가격을 지불함으로써 좋은 날씨에 대해서 대가를 지불하고 있다.

좋은 날씨가 무료라고 했던 어떤 샌디에고 시민의 말은 옳은가?

그림 8

날씨 가격 및 주택 가격

이 그림은 두 개의 수요곡선 D_1 및 D_2를 보여주고 있다. D_1은 날씨가 좋지 않은 경우 샌디에고의 주택수요를 나타내며 더 높은 곳에 위치한 수요곡선 D_2는 날씨가 좋은 경우 샌디에고의 주택 수요를 나타낸다. 날씨가 좋지 않은 경우보다 좋은 경우 샌디에고의 주택가격이 더 높다는 사실에 주목하자. 따라서 주택가격이 더 높다는 측면에서 (샌디에고의) 좋은 날씨에 대해 대가를 지불한다고 볼 수 있다.

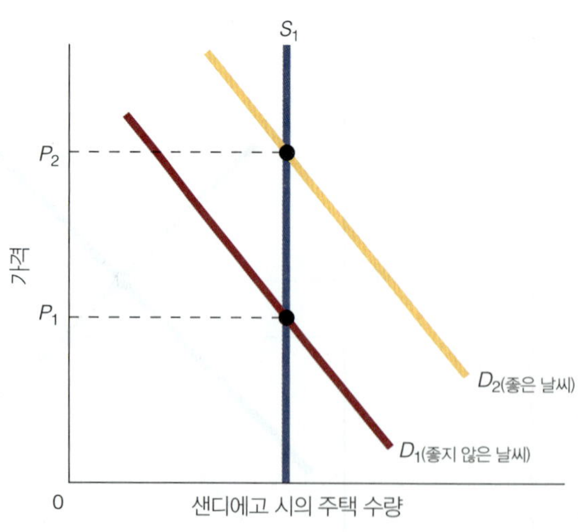

5.9 응용 사례 9: 대학에 진학하는 최고 수준의 운동선수

어떤 17세 학생이 미국에서 매우 우수한 고등학교 미식축구 선수 중 한 명이라고 가상하자. 이 운동선수는 많은 대학들로부터 입학 제의를 받을 것이며 이 대학들은 서로 자기 학교 운동팀에 충원시키려 할 것이다. 결국 이 운동선수는 여러 학교로부터 금전적인 제안을 받게 된다.

이 운동선수는 대학 A에 입학하기로 하고 전액 장학금을 받았다. 이 전액 장학금을 어떻게 볼 것인가? 한 방법은 해당 대학의 수업료가 전혀 부과되지 않는다고 보는 것이다(다시 말해 다른 학생들은 수업료로 예를 들면 연간 30,000달러를 납부하는데 이 학생은 전혀 납부하지 않는다).

다른 방법은 이를 두 단계로 나누어 보는 것이다. 첫 번째 단계에서 대학은 이 운동선수에게 전액 장학금에 해당하는 금액을 준다. 두 번째 단계에서 대학은 이 운동선수에게 수업료 전액을 부과한다(다시 말해, 해당 대학은 이 운동선수에게 한편으로는 30,000달러를 주고 다른 한편으로 이를 다시 돌려받는 것이다).

그림 9

대학의 운동선수

이 그림은 대학의 운동선수들에 대한 수요 및 공급을 보여주고 있다. 대학의 운동선수에 대한 시장 임금이 35,000달러인 경우 이 운동선수들의 수요자인 대학 당국은 *A*에 해당하는 소비자 잉여를 받게 된다. 임금을 대학 수업료 수준인 30,000달러로 낮출 수 있는 경우 대학은 *A* + *B*에 해당하는 소비자 잉여를 받을 수 있다.

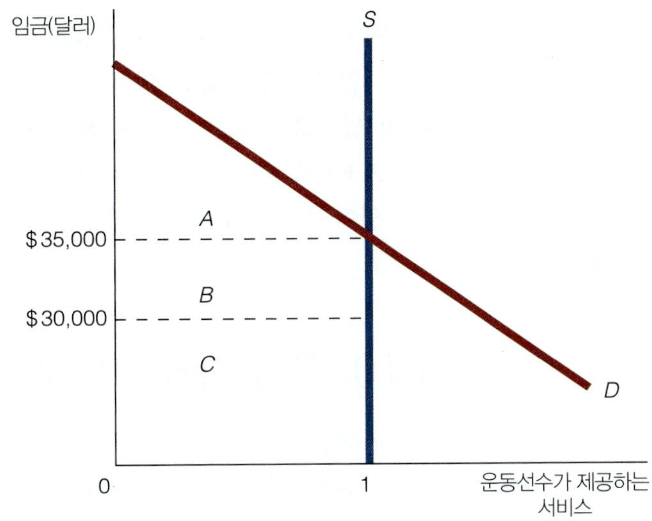

장학금을 어떤 방법으로 보든지 이 운동선수에게 결과는 동일하다. 분석하기 위해 두 번째 방법, 즉 해당 금액을 지불하고 동일한 금액을 다시 부과하여 돌려받는 방법을 생각하여 보자. 이 방법을 따를 경우 다음과 같은 두 가지 중요한 질문이 제기될 수 있다.

1. 대학은 운동선수에게 수업료 전액을 초과하는 금액을 지불할 수 있는가? 다시 말해 수업료가 연간 30,000달러인 경우 대학은 운동선수에게 예를 들면 35,000달러를 지불할 수 있는가?
2. 해당 운동선수가 갖고 있는 가치에 대해 지급할 수 있는가?

미국 대학 체육협회 규칙 때문에 첫 번째 질문에 대한 대답은 부정적이다. 협회에 따르면 대학은 입학한 운동선수에게 금전적인 지급을 할 수 없으며 이런 지급액은 모두 전액 장학금을 초과하여 지불된 것으로 본다. 협회의 입장은 다음과 같다. 대학에 재학 중인 운동선수들은 모두 아마추어 선수이며 이들에게 운동에 대한 대가를 금전적으로 지불할 수 없다.

협회 규칙은 두 번째 질문에 대해 어떤 영향을 미치는가? 입학한 운동선수의 가치가 수업료보다 더 크다면 어떠한가? 예를 들면 운동선수가 해당 대학의 수입을 연간 100,000달러 증대시키고 수업료는 연간 30,000달러라고 가상하자. 이 경우 협회 규칙은 대학이 운동선수에게 지급할 수 있는 것에 대해 (균형 아래에서 설정된 가격인) 가격상한이 될 수 있다.

가격상한이 미치는 영향은 무엇인가? 어떤 운동선수에 대한 (여러 대학 입장에서 본) 수요와 공급을 생각하여 보자(그림 9 참조). 운동선수가 제공하는 서비스의 공급곡선은 1에서 수직선이 된다. 대학의 수업료가 30,000달러인 경우 협회 규칙으로 인해 이 금액은 가격상한(또는 임금상한)이 된다. 어떤 운동선수의 시장 균형임금이 35,000달러이고 협회 규칙이 존재하지 않는 경우 임금은 35,000달러가 된다. 그림 9에서 이 금액은 면적 $B+C$가 된다. 운동선수가 제공하는 서비스에 대해 35,000달러를 지불한 대학의 소비자 잉여는 면적 A가 된다.

하지만 협회는 대학 당국이 운동선수에게 (수업료 전액인) 30,000달러를 초과하여 지불할 수 없다고 규정하고 있다. 따라서 운동선수에게 지급되는 금액은 35,000달러에서 30,000달러로 감소한다. 즉 면적 $B+C$에서 면적 C로 감소한다. 대학의 소비자 잉여는 면적 $A+B$로 증대한다. 이처럼 협회 규칙으로 인해 운동선수의 소득 중 일부, 즉 B가 소비자 잉여 증대의 형태로 대학에게 이전된다.

5.10 응용 사례 10: 오전 10시에 개설되는 대학 수업

경제학 수업이 하루에 두 번, 즉 아침 10시와 저녁 8시에 개설된다. 대부분의 학생들은 저녁 8시 수업보다 아침 10시 수업을 선호한다. 그림 10에서 보면 교실에 배치된 좌석 수는 각 수업에서 동일하지만 수요는 그렇지 않다. 저녁 8시보다 아침 10시 수업에 대한 수요가 더 크기 때문에 아침 수업에 대한 균형가격이 저녁 수업에 대한 균형가격보다 더 높다.

하지만 대학 당국은 학생들이 어느 수업을 선택하는지에 관계없이 동일한 수업료를 부과한다. 즉 대학은 저녁 8시 수업을 등록한 경우보다 아침 10시 수업을 등록한 경우에 더 높은 수업료를 부과하지 않는다.

수업료 T_1이 모든 수업에 대해 부과되고 이 T_1은 저녁

그림 10

상이한 시간에 개설되는 대학 수업에 대한 공급 및 수요

어떤 수업이 두 번, 즉 아침 10시 및 저녁 8시에 개설된다. 공급되는 교실의 좌석 수는 두 수업 모두에서 동일하지만 아침 10시 수업에 대한 학생들의 수요가 저녁 8시 수요에 대한 수요보다 더 많다. 대학 당국은 수업시간대에 관계없이 동일한 수업료 T_1을 부과한다. 이런 수업료 하에서 10시 수업에 대해 교실의 좌석 수가 부족하게 된다. 각 수업에 대한 등록은 먼저 등록하는 순서대로 이루어지거나 학년이 높은 순서대로 이루어진다.

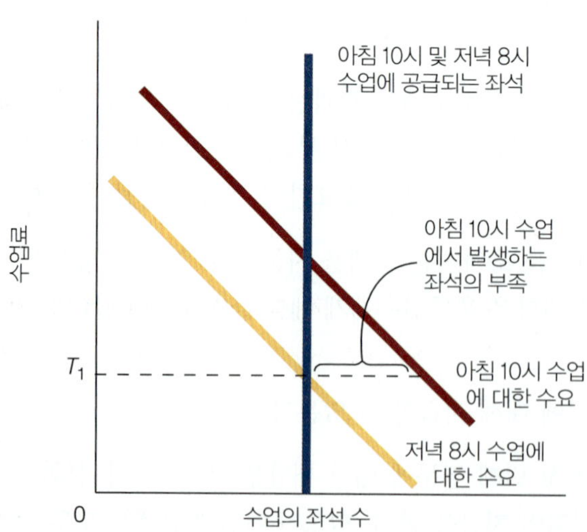

8시 수업의 균형 수업료라고 가상하자(그림 10 참조). 따라서 T_1은 아침 10시 수업의 균형 수업료 아래에 위치한다. T_1에서 아침 수업에 대한 수요는 공급보다 더 많아진다. 즉 더 많은 학생들이 아침 수업에 가용할 수 있는 좌석보다 더 많은 좌석을 요구하게 된다.

대학 당국은 좌석을 어떻게 배분하는가? 항공사가 통로 쪽의 좌석을 배분한 것과 같은 방법인 선착순으로 배분할 수 있다. 먼저 등록한 학생은 아침 10시 수업에 등록하고 나중에 등록한 학생은 저녁 8시 수업에 등록하게 된다. 또한 대학 당국이 상급학생(예를 들면, 4학년 학생)에게 우선권을 줌으로써 수요가 많은 수업을 배분하게 된다.

5.11 응용 사례 11: 마리화나의 구매 및 판매가 합법화될 경우 마리화나 가격에 어떤 변화가 발생하는가?

미국에서 마리화나의 구매 및 판매는 불법이지만 이에 대한 수요와 공급이 있으며 균형 가격도 존재한다. 가격이 P_1이라고 가상하자. 내일 마리화나의 구매 및 판매가 합법화될 경우 P_1은 상승하는가 또는 하락하는가 또는 변화하지 않는가?

물론 이 질문에 대한 대답은 마리화나의 수요 및 공급에 어떤 현상이 발생하느냐에 달려 있다. 마리화나의 구매 및 판매가 합법화될 경우 현재 옥수수나 밀을 생산하고 있는 사람들이 대신에 마리화나를 재배하여 판매할지도 모른다. 이렇게 되면 마리화나의 공급이 증대된다. 다른 일이 발생하지 않는다면 마리화나의 가격은 하락한다.

하지만 다른 일이 발생할 수도 있다. 마리화나의 소비가 더 이상 불법이 아닌 경우 이를 매입하여 소비하려는 사람들의 수가 증대될 수 있다. 다시 말해 좀 더 많은 사람들이 마리화나를 구매하여 수요가 증대된다.

이처럼 마리화나의 구매 및 판매에 대한 불법화가 해제되는 경우 마리화나의 수요 및 공급곡선이 오른쪽으로 이동하게 된다. 마리화나의 가격 변화는 두 곡선이 얼마나 이동하느냐에 달려 있다. 다음과 같은 세 가지 가능성이 있다.

1. 공급곡선이 오른쪽으로 이동한 만큼 동일하게 수요곡선이 오른쪽으로 이동한 경우이다. 이 경우 마리화나의 가격은 변화하지 않는다.
2. 공급곡선이 오른쪽으로 이동한 것보다 더 많이 수요곡선이 오른쪽으로 이동한 경우이다. 이 경우 마리화나의 가격은 상승한다.
3. 공급곡선이 오른쪽으로 이동한 것보다 더 적게 수요곡선이 이동한 경우이다. 이 경우 마리화나의 가격은 하락한다.

요약 및 정리

25 인기 있는 텔레비전 방송프로의 녹화방송 입장권 가격

- 텔레비전 방송프로의 녹화방송 입장권 가격은 통상적으로 0달러이며 이로 인해 입장권 부족현상이 종종 발생한다. 방송프로에 대한 수요가 많을수록 입장권 부족현상이 더

많이 발생한다. 입장권은 (보통) 선착순으로 배분되기 때문에 가장 인기있는(입장권의 가격이 영인 경우 수요가 가장 많고 부족현상이 가장 큰) 방송프로에 대한 입장권이 덜 인기 있는 프로에 비해 보다 신속하게 소진될 것이다.

26 정부, 대출, 주택가격

- 대출기준이 낮아지고 이자율이 낮아질수록 주택담보 장기대출을 얻기가 더 용이해진다. 하지만 주택담보 장기대출을 얻기가 용이해질수록 주택수요도 증대된다. 주택수요가 증가하면 주택가격이 상승한다.

27 통로 쪽 좌석의 가격

- 통로 쪽 좌석의 공급과 중간에 위치한 좌석의 공급은 동일하지만 통로 쪽 좌석에 대한 수요가 더 큰 경우 통로 쪽 좌석의 균형가격이 중간에 위치한 좌석의 균형가격보다 더 높다.

28 미국의 진료비가 비싼 이유

- 병원 진료와 관련해서는 다음과 같은 세 명의 당사자가 개입된다. 진료를 제공하는 사람, 진료를 받는 사람, 진료비를 (직접)납부하는 사람(제3의 당사자)
- 어떤 사람이 의료보험료를 납부한 이후에는 진료에 대해 부담하는 가격이 통상적으로 최소 규모의 금액이 된다. 그 이후에는 병원 진료를 받기 위해 환자가 지불하는 금액이 영이 된다. 금액이 양인 경우의 진료에 대한 수요량보다 금액이 영인 경우의 진료에 대한 수요량이 더 커지게 된다.

29 미국 대학들이 입학기준으로 고등학교 학점 평균과 수학능력시험 성적을 사용하는 이유

- 균형 수업료보다 낮은 수업료를 학생들에게 부과하는 대학들은 학생을 수용할 수 있는 공간이 부족하다. 따라서 이런 대학들은 고등학교 학점 평균 및 수학능력시험 성적과 같은 비가격 배급장치를 사용하게 된다.

30 무료 고속도로의 공급 및 수요

- 무료 고속도로를 사용하는 데 따른(균형가격 아래에서 결정된) 불균형 가격이 미치는 영향은 교통혼잡이다. 고속도로 이용에 대한 수요량이 공급량보다 크다면 고속도로 공간의 부족으로 인해 교통혼잡이 야기된다.

31 주택 임차인은 상황이 나아지는가?

- 임차인에게 30일이 아닌 90일 전에 퇴거통지를 하여야 한다면 아파트의 공급곡선은 위쪽으로 그리고 왼쪽으로 이동하게 된다. 따라서 90일 전에 퇴거통지를 하여야 하는 경우 임차인은 더 높은 임대료를 지불하게 된다.

32 좋은 날씨에 대해 대가를 지불하는가?

- 보다 좋은 지역에 위치한 주택의 수요 및 가격이 상승한다. 날씨가 좋은 지역에 위치한 주택을 매입한 사람들은 좋은 날씨에 대해 간접적으로 대가를 지불한다.

33 대학에 진학하는 최고 수준의 운동선수

- 대학에 진학하는 최고 수준의 운동선수는 해당 대학으로부터 전액 장학금을 받지만 이 장학금의 금액은 (더 높게 형성된 이 운동선수에 대한 균형임금과 전액 장학금 사이의 차액을 보존해 주어서는 안된다는 규정으로 인해) 균형임금보다 적다. 이런 경우 해당 대학은 운동선수의 희생에 기초하여 이득을 얻게 된다.

34 아침 10시에 개설되는 대학수업

- 대학 당국은 통상적으로 학생들이 어느 시간대의 수업을 선택하는지에 관계없이 동일한 수업료를 부과한다. 각 시간대에 배정된 교실의 좌석 공급은 동일하지만 수요는 상이할 수 있다. 어떤 수업의 경우 해당 수업에 대한 좌석의 수요량이 공급량보다 많을 수 있다. 따라서 균형을 이루기 위해서는 비가격 배급장치가 상용되어야만 한다.

35 마리화나의 합법화

- 마리화나의 구매 및 판매가 합법화될 경우 마리화나의 가격은 상승하거나 또는 하락하거나 또는 변화하지 않을 수 있다. 가격은 마리화나에 대한 수요증대가 공급증대보다 더 많은지 또는 더 적은지 또는 동일한지에 달려 있다.

연습문제

01. 응용 사례 8은 좋은 날씨에 대해 아무도 직접적으로 그리고 명시적으로 대가를 지불하지 않지만 예를 들면 주택가격을 통해 간접적으로 그 대가를 지불한다고 본다. 간접적으로 대가를 지불하는 (좋은 날씨 이외에) 세 가지 다른 경우를 들어보시오.

02. 사만다(Samantha)는 캘리포니아 주 샌디애고 시에서부터

텍사스 주 알링턴 시까지 비행기를 이용하여 이동한다. 그녀는 통로 쪽의 좌석을 원했지만 중간에 위치한 좌석만 남아있을 뿐이다. 통로 쪽의 좌석이 남아있지 않은 이유는 무엇 때문인가(요령: 항공사는 통로 쪽의 좌석에 대해 중간에 위치한 좌석과 동일한 가격을 부과한다)?

03. 건강 관리에 관해 논의하면서 다음과 같은 말을 하였다. “상품이나 서비스 제공에 대한 매도인의 최소가격이 상승했다고 말하는 것은 매도인의 공급곡선이 위쪽으로 그리고 왼쪽으로 이동했다고 말하는 것과 동일하다.” 매도인의 최소가격이 하락했다면 공급곡선이 아래쪽으로 그리고 오른쪽으로 이동했다고 할 수 있는가? 설명하시오.

04. 자신이 선택한 대학에 입학할 확률과 해당 대학이 부과하는 수업료 사이의 관계는 무엇인가?

05. 어떤 것이 틀렸다고 말하고 싶은데 경제학은 이따금 옳다고 말하기 때문에 경제학을 우울한 학문이라고 한다. 예를 들어 공짜식사는 없지만 있다고 말하고 싶은가? 이 장에서 옳다고 배운 사실을 틀렸다고 말하고 싶은 것이 있는가? 있다면 이를 제시하시오. 틀렸다고 말하고 싶은 이유를 설명하시오.

06. 연극이 공연되는 극장을 생각하여 보자. 모든 좌석의 입장 가격은 (예를 들면 70달러로) 동일하다면 어떤 경제적인 효과가 발생하는가?

07. 무료 고속도로의 혼잡 현상과 아침 10시에 개설되는 수업이 갖는 공통점은 무엇인가?

08. 대학에 입학한 운동선수의 균형임금은 40,000달러이지만 미국 대학 체육협회 규칙 때문에 해당 학교는 (수업료 전액에 해당하는) 22,000달러만을 제시하였다고 가상하자. 해당 대학의 관련자, 코치, 졸업생은 해당 운동선수를 입학시키기 위해 어떤 노력을 할 수 있는가?

09. 마리화나의 구매 및 판매가 합법화되고 가격이 하락하였다고 가상하자. 어떻게 설명할 수 있는가?

10. 대학 A는 수요가 적은 수업보다 수요가 많은 수업에 대해 보다 많은 수업료를 부과하고 있다. 대학 B는 모든 수업에 동일한 수업료를 부과한다. 두 대학 사이에 다른 사정은 동일하다면 당신은 어느 대학의 수업을 듣고자 하는가? 설명하시오.

11. 미국 유명 사립대학들은 상대적으로 높은 수업료를 부과하고 있다. 그러면서도 예를 들면 ACT 및 SAT 점수와 같은 수학능력시험 점수를 입학기준으로 사용한다. 상대적으로 높은 수업료를 부과하는 것과 입학기준으로 수학능력시험 점수를 사용하는 것이 일관성이 없는가? 설명하시오.

12. 윌슨(Wilson)은 주차할 장소를 찾을 수 없어서 경제학 수업에 10분 늦게 들어갔다. 지각을 하였기 때문에 다음 시간에 간단한 시험이 있을 것이라는 교수의 말을 듣지 못하였다. 다음 시간에 윌슨은 시험준비를 하지 못해서 시험을 잘 치룰 수 없었다. 윌슨의 시험 결과가 나쁜 것과 주차가격 사이에 관계가 있는가?

13. 병원 진료에 제3자가 없다면 진료비가 인하될 것인가? 동의하는가 또는 동의하지 않는가? 설명하시오.

14. 고속도로를 이용하는 운전자들에게 통행료를 부과하는 저렴한 방법이 있다고 가상하자. 이 방법 하에서 통행료는 교통상황에 따라 조정된다. 예를 들면 주중 오전 6시 30분부터 오전 9시까지처럼 교통량이 많은 경우 통행료는 통행량이 적을 때보다 더 많아진다. 다시 말해 고속도로 공간에 대한 수요가 공급과 같아지도록 통행료가 부과된다. (통행료가 부과되지 않는) 현재의 방법 대신에 이 방법을 더 선호하는가? 설명하시오.

15. 대출기준을 낮추고 이자율을 인하할 경우 어떻게 주택가격이 상승하는지 설명하시오.

숫자 및 그래프를 활용한 문제

01. 무료 고속도로를 사용하는 가격은 하루 종일 0달러이다. 이 가격으로 오전 3시에는 균형이 달성되지만 오후 5시에는 가격이 너무 낮아서 균형이 달성될 수 없다. 오후 5시에는 무료 고속도로의 공간이 부족하다.

a. 차량합승제가 시행될 경우 이런 부족현상을 어떻게 제거할 수 있는지 그래프를 이용하여 설명하시오.

b. 보다 많은 고속도로가 건설될 경우 이런 부족현상을 어떻게 제거할 수 있는지 그래프를 이용하여 설명하시오.

02. 일부 대학수업의 교실공간은 부족하고 다른 수업의 공간은 남는 이유를 그래프를 이용하여 설명하시오.

03. 스미스(Smith)는 6개월 동안 자신의 주택을 팔려고 하였지만 매수자를 지금까지 찾지 못하고 있다. 스미스의 주택에 대한 시장을 그래프로 나타내시오.

제 2 부

미시경제

제 6 장 탄력성

6.1 탄력성: 기본

수요법칙에 따르면 다른 상황이 동일할 경우 가격과 수요량 사이에 역의 관계가 성립한다. 하지만 이것은 가격이 변화함에 따라 수요량이 몇 퍼센트 변하는지 알려주지 못한다. 가격은 10퍼센트 상승하였다고 하자. 이에 따라 수요량이 감소하지만 몇 퍼센트 감소하는가? 수요의 가격탄력성 개념은 바로 이런 질문에 답변을 할 수 있다. 탄력성이란 개념은 일반적으로 한 변수가 변화할 경우 다른 변수의 반응을 추정하는 방법이다. 경제학에서는 이것이 여러 면에서 사용된다.

1 수요의 가격탄력성

수요법칙은 가격과 수요량 사이에 역의 관계가 있음을 알려준다. 하지만 수요법칙은 가격이 상승함에 따라 수요량이 얼마나 감소하는지 알려주지 않는다. 가격과 수요량 사이에 존재하는 수량적인 관계는 **수요의 가격탄력성**(price elasticity of demand)을 통해 알 수 있으며 이는 가격변화에 대한 수요량의 반응을 측정한 것이다. 보다 자세히 말하면 가격의 백분율 변화에 대한 수요량의 백분율 변화를 측정한 값이다(단순히 "변화"가 아니라 "백분율 변화"라는 점에 유의하자).

수요의 가격탄력성

어떤 상품, 예를 들면 컴퓨터의 매도인이 가격을 10퍼센트 인상하자 컴퓨터에 대한 수요량이 20퍼센트 하락하였다. 수요량(Q_d)의 백분율 변화, 즉 20퍼센트를 가격(P)의 백분율 변화, 즉 10퍼센트로 나눈 값이 수요의 가격탄력성 계수(E_d)이다.

$$E_d = \frac{\text{수요량의 백분율 변화}}{\text{가격의 백분율 변화}} = \frac{\%\Delta Q_d}{\%\Delta P}$$

위의 식에서 E_d = 수요의 가격탄력성계수 또는 (간단히) 탄력성계수, % = 백분율, 즉 퍼센트, Δ는 변화를 각각 의미한다. 위에 간단한 예, 즉 수요량이 20퍼센트 변화하고 가격이 10퍼센트 변화하는 예에 위의 식을 적용하면 2라는 값을 얻는다. 경제학자들은 "수요의 가격탄력성 계수는 2이다." 또는 보다 간단히 "수요의 가격탄력성은 2이다." 라고 한다. 이는 둘 다 수요량의 백분율 변화가 가격의 백분율 변화에 2배가 된다는 의미이다.

마이너스 부호의 생략 가격과 수요량은 반대 방향으로 변화한다. 즉 가격이 상승하면 수요량은 감소하고 가격이 하락하면 수요량은 증가한다. 위의 예에서 가격이 10% 상승하면 수요량은 20퍼센트 감소한다. 마이너스 20퍼센트를 10퍼센트로 나누면 2가 아니라 −2가 된다. 수요의 가격탄력성은 2라고 하는 대신에 −2라고 생각할 수 있다. 하지만 경제학자들은 일반적으로 수요의 가격탄력성에 절대값을 사용하여 마이너스 부호를 생략한다.

수요의 가격탄력성을 계산하는 공식 수요의 가격탄력성을 계산하면서 백분율 변화를 사용할 경우 가격이 상승하느냐 또는 하락하느냐에 따라 상충되는 결과를 얻을 수 있다. 따라서 경제학자들은 수요의 가격탄력성을 계산하는 데 다음과 같은 공식을 사용한다.[1)]

$$E_d = \frac{\dfrac{\Delta Q_d}{Q_{d\,\text{평균}}}}{\dfrac{\Delta P}{P_{\text{평균}}}}$$

위의 공식에서 ΔQ_d는 Q_d변화의 절대값이다. 예를 들면 Q_d가 50개에서 100개로 변화할 경우 Q_d는 50개가 된다. ΔP는 가격 변화의 절대값을 의미한다. 예를 들면 가격이 12달러에서 10달러로 변화한 경우 ΔP는 2달러가 된다. $Q_{d\,\text{평균}}$은 두 개 수요량의 평균을 의미하고 $P_{\text{평균}}$은 두 개 가격의 평균을 나타낸다.

그림 1의 가격 및 수요량에 대해 계산하면 다음과 같다.

$$E_d = \frac{\dfrac{50}{75}}{\dfrac{2}{11}} = 3.67$$

수요의 가격탄력성 공식에서 평균 가격 및 평균 수요량을 사용하기 때문에 3.67은 수요곡선 상에 위치한 두 개 점의 중간에 위치한 점에서의 수요의 가격탄력성이라고 할 수 있다. 예를 들면 그림 1에서 3.67은 수요곡선 상의 두 점 A 및 B 사이에서의 수요의 가격탄

1) 이 공식을 이따금 수요의 가격탄력성을 계산하는 중간점 공식이라고 한다.

그림 1

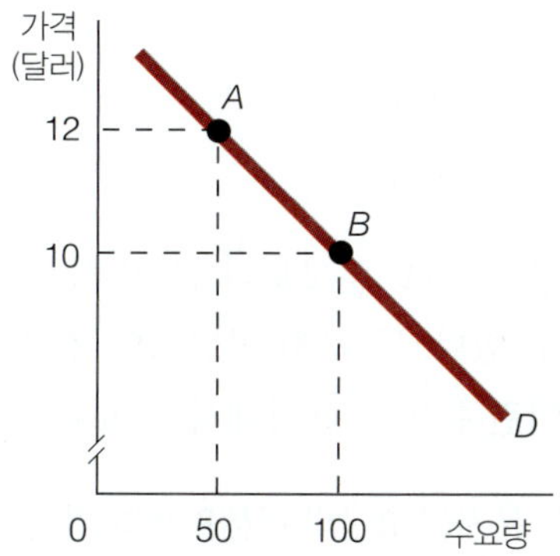

$$E_d = \frac{\frac{\Delta Q_d}{Q_{d\,평균}}}{\frac{\Delta P}{P_{평균}}}$$

위의 예를 계산하면 다음과 같다.

$$E_d = \frac{\frac{50}{75}}{\frac{2}{11}} = 3.67$$

수요의 가격탄력성 계산하기

수요곡선 상의 두 점을 생각해 보자. 점 A에서 가격은 12달러이고 수요량은 50단위이다. 점 B에서 가격은 10달러이고 수요량은 100단위이다. 수요의 가격탄력성을 계산할 경우 두 개 가격의 평균과 두 개 수량의 평균을 사용한다. 수요의 가격탄력성 공식은 왼편과 같다.

력성이다.

2 탄력성은 기울기가 아니다

기울기와 수요의 가격탄력성이 동일하다고 생각하는 사람도 있지만 그렇지 않다. 그림 1에서 수요곡선 상에 있는 제3의 점을 생각하여 보자. 아래 표는 이 세 개 점에 대한 가격 및 수요량을 보여준다.

점	가격	수요량
A	12달러	50
B	10달러	100
C	8달러	150

점 A와 점 B 사이의 수요의 가격탄력성을 계산하기 위해서 (두 점 사이의) 수요량의 백분율 변화를 (두 점 사이의) 가격의 백분율 변화로 나누어 보자. 수요의 가격탄력성 공식을 사용하면 이 값은 3.67이 된다.

점 A와 점 B 사이의 수요곡선의 기울기는 수평축에 있는 변수의 변화에 대한 수직축에 있는 변수의 변화 비율을 말한다. 수요곡선의 기울기는 백분율의 변화가 아니라 단순히 변화를 반영한다.

$$기울기 = \frac{\Delta 수직축에\ 있는\ 변수}{\Delta 수평축에\ 있는\ 변수} = \frac{-2}{50} = -0.04$$

이제는 점 B와 점 C 사이의 수요의 가격탄력성과 기울기를 계산하여 보자. 수요의 가격탄력성은 1.80이고 기울기는 -0.04이다.

3 완전 탄력적인 수요에서부터 완전 비탄력적인 수요까지 살펴보기

탄력성 계수의 식을 다시 생각해 보자.

$$E_d = \frac{\text{수요량의 백분율 변화}}{\text{가격의 백분율 변화}} = \frac{\text{분자}}{\text{분모}}$$

분자와 분모 사이의 관계에 초점을 맞추어 보면 분자가 (1) 분모보다 큰 경우, (2) 분모보다 작은 경우, (3) 분모와 같은 경우를 생각해 볼 수 있다. 두 가지 극단적인 경우와 함께 이 세 가지 경우를 살펴볼 것이며 그림 2 및 3은 이런 논의를 요약해서 보여주고 있다.

탄력적인 수요

탄력적인 수요 ($E_d > 1$) 그림 3(a)를 참조하여 보자. 분자(수요량의 백분율 변화)가 분모(가격의 백분율 변화)보다 더 큰 경우 탄력성 계수는 1보다 크며 수요는 탄력적이다. 이를 **탄력적인 수요**(elastic demand)라고 한다. 즉 수요량이 가격 변화보다 더 큰 비율로 변화한다. 예를 들어 가격이 10퍼센트 상승하면 수요량은 20퍼센트 감소하는 경우($E_d = 2$)이다.

수요량의 백분율 변화 > 가격의 백분율 변화 → $E_d > 1$ → 탄력적인 수요

비탄력적인 수요

비탄력적인 수요 ($E_d < 1$) 그림 3(b)를 참조하여 보자. 분자(수요량의 백분율 변화)가 분모(가격의 백분율 변화)보다 더 작은 경우 탄력성 계수는 1보다 작으며 수요는 비탄력적이다. 이를 **비탄력적인 수요**(inelastic demand)라고 한다. 즉 수요량이 가격 변화보다 더 작은 비율로 변화한다. 예를 들어 가격이 10퍼센트 상승하면 수요량은 4퍼센트 감소하는 경우($E_d = 0.4$)이다.

수요량의 백분율 변화 < 가격의 백분율 변화 → $E_d < 1$ → 비탄력적인 수요

단위 탄력적인 수요

단위 탄력적인 수요 ($E_d = 1$) 그림 3(c)를 참조하여 보자. 분자(수요량의 백분율 변화)가 분모(가격의 백분율 변화)와 같은 경우 탄력성 계수는 1이 된다. 이를 **단위 탄력적인 수요**(unit

그림 2

수요의 가격탄력성

탄력성계수	가격변화에 대한 수요량의 반응	용어
$E_d > 1$	수요량이 가격 변화에 비례한 것보다 더 많이 변화하는 경우: $\%\Delta Q_d > \%\Delta P$.	탄력적
$E_d < 1$	수요량이 가격 변화에 비례한 것보다 더 적게 변화하는 경우: $\%\Delta Q_d < \%\Delta P$.	비탄력적
$E_d = 1$	수요량이 가격 변화에 비례하여 변화하는 경우: $\%\Delta Q_d = \%\Delta P$.	단위 탄력적
$E_d = \infty$	수요량이 가격의 극히 작은 변화에도 완전히 반응하는 경우	완전 탄력적
$E_d = 0$	수요량이 가격 변화에 대해 변화하지 않는 경우	완전 비탄력적

elastic demand)라고 한다. 즉 수요량이 가격변화와 같은 비율로 변화한다. 예를 들면 가격이 10퍼센트 상승하면 수요량이 10퍼센트 감소하는 경우이다.

> 수요량의 백분율 변화 = 가격의 백분율 변화 → E_d = 1 → 단위 탄력적인 수요

완전 탄력적인 수요 ($E_d = \infty$) 그림 3(d)를 참조하여 보자. 가격 변화에 대해 수요량이 극단적으로 반응하는 경우 **완전 탄력적인 수요**(perfectly elastic demand)가 된다. 예를 들어 개당 5달러에서는 매도인이 모든 상품을 매입하려 하지만 5.1달러에서는 어떤 상품도 매입하지 않는다. 가격의 백분율 변화가 조금만 발생하여도 (모든 것을 구입하는 상황에서 아무것도 구입하지 않는 상황으로 변하는) 수요량의 극단적인 변화로 이어진다. 백분율 변화가 매우 커서 경제학자들은 이를 무한대로 크다고 본다.

완전 탄력적인 수요

그림 3

가격탄력성을 그래프로 나타내기

(a) 수요량의 백분율 변화가 가격의 백분율 변화보다 큰 경우 E_d> 1이고 수요는 탄력적이다. (b) 수요량의 백분율 변화가 가격의 백분율 변화 보다 작은 경우 E_d < 1이고 수요는 비탄력적이다. (c) 수요량의 백분율 변화가 가격의 백분율 변화와 같은 경우 E_d= 1이고 수요는 단위 탄력적이다. (d) 가격이 조금만 변하여도 수요량이 영이 되는 경우 $E_d = \infty$이고 수요는 완전 탄력적이다. (e) 가격이 변하여도 수요량이 변하지 않는 경우 E_d = 0이고 수요는 완전 비탄력적이다.

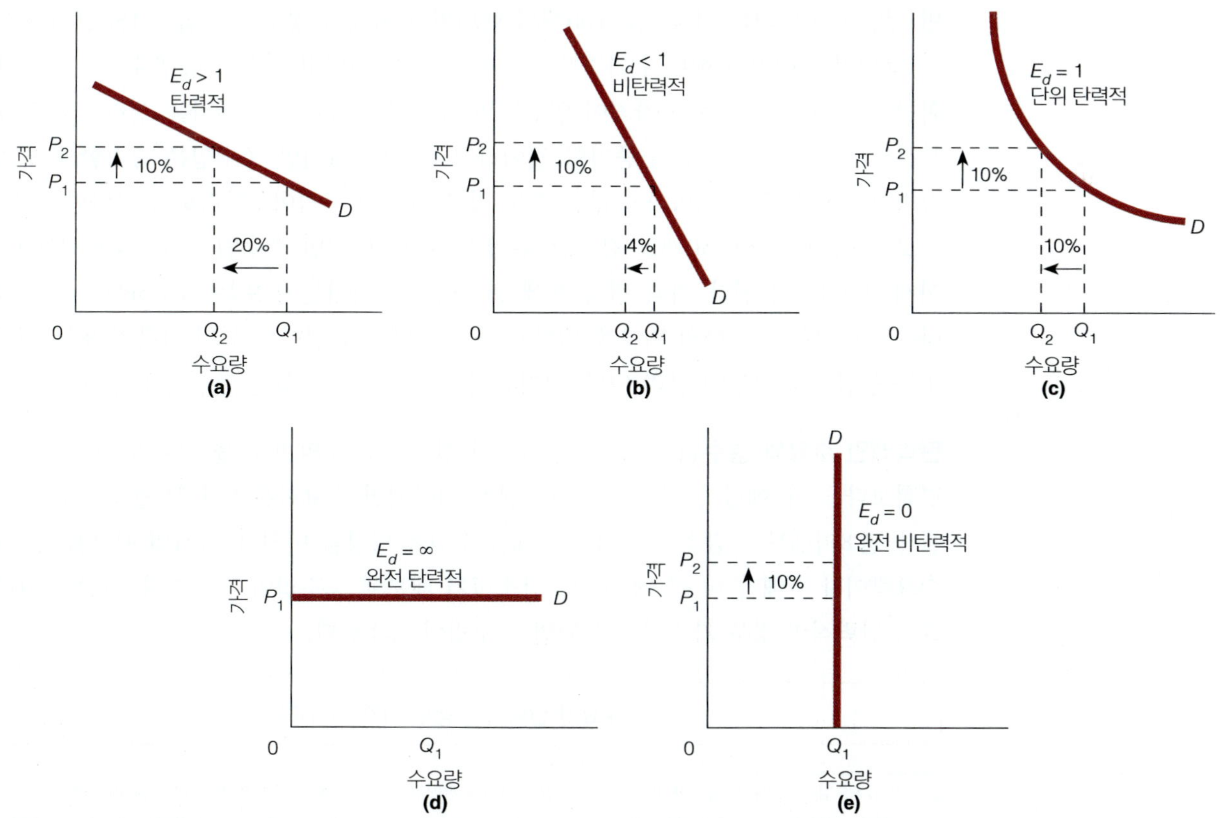

완전 비탄력적인 수요

완전 비탄력적인 수요 ($E_d = 0$) 그림 3(e)를 참조하여 보자. 가격 변화에 대해 수요량이 전혀 반응하지 않는 경우 **완전 비탄력적인 수요**(perfectly inealstic demand)가 된다. 가격이 변하더라도 수요량은 전혀 변하지 않는다. 예를 들면 개사료의 가격이(2달러에서 2.20달러로) 10퍼센트 상승하더라도 개사료 구입이 전혀 변하지 않는다. 가격 2달러와 2.20달러 사이에서 개사료에 대한 수요는 완전 비탄력적이다.

완전 탄력적인 수요곡선 및 완전 비탄력적인 수요곡선 우리가 통상적으로 접하는 수요곡선의 기울기는 하향하지만 그림 3은 기울기가 하향하지 않는 두 개의 수요곡선을 보여주고 있다. 하지만 수요법칙에 따르면 가격과 수요량 사이에 역의 관계가 성립하므로 수요곡선의 기울기는 하향한다고 생각되지 않는가? 실제로 모든 가격에 대해 (수평선인) 완전 탄력적인 수요곡선이나 (수직선인) 완전 비탄력적인 수요곡선은 존재하지 않는다. 따라서 그림 3에 있는 완전 탄력적인 수요곡선 및 완전 비탄력적인 수요곡선은 극단적인 경우를 보여준다고 할 수 있다.

하지만 몇 개의 실제 수요곡선은 그림 3(d) 및 (e)와 같이 완전 탄력적이거나 완전 비탄력적인 수요곡선의 형태에 가깝다. 예를 들면 어떤 농부가 생산한 밀에 대한 수요는 그림 3(d)와 같이 완전 탄력적인 수요곡선의 형태에 근접한다,

4 수요의 가격탄력성과 총수입(총지출)

총수입

매도인의 **총수입**(total revenue, TR)은 상품의 가격에 판매된 수량을 곱한 값이다.[2] 예를 들면 개당 1.50달러의 가격으로 100개의 햄버거가 판매될 경우 총수입은 150달러가 된다.

햄버거 판매인이 햄버거 가격을 2달러로 인상하였다고 가상하자. 총수입은 어떻게 변화할 것이라 생각되는가? 가격이 인상되면 총수입이 증가할 것이라는 생각으로 인해 대부분의 사람들은 총수입이 증가할 것이라고 말한다. 하지만 총수입은 증가할 수도 있고 감소할 수도 있으며 변화하지 않을 수도 있다. 햄버거 가격이 2달러로 인상되면 가격인상으로 인해 판매량이 50개로 감소할 수 있다. 이렇게 되면 총수입은 (150달러 이었던 것이) 이제 100달러가 된다. 가격 변화 후에 총수입이 증가하는지 또는 감소하는지 또는 불변하는지 여부는 수요량의 백분율 변화가 가격의 백분율 변화보다 더 작은지 또는 더 큰지 또는 동일한지 여부에 달려 있다. 이처럼 수요의 가격탄력성은 총수입에 영향을 미친다.

탄력적인 수요와 총수입 수요가 탄력적인 경우 수요량의 백분율 변화가 가격의 백분율 변화보다 크다. 예를 들어 가격이 5퍼센트 인상되면 수요량은 5퍼센트를 초과하여—예를 들면 8퍼센트— 감소하고 이로 인해 총수입에 영향을 미친다. 가격의 백분율 증가보다 수요량이나 판매가 더 큰 백분율로 감소하기 때문에 총수입이 감소한다. 간단히 말해 수요가 탄력적인 경우 가격이 인상되면 총수입이 감소한다.

수요가 탄력적인 경우 : $P\uparrow \rightarrow TR\downarrow$

2) 여기서 총수입과 총지출은 동일한 용어이다. 총수입은 가격에 판매된 수량을 곱하여 구하며 총지출은 가격에 구매한 수량을 곱하여 구한다. 어떤 상품이 판매될 경우 이는 구매되어야 하므로 총수입은 총지출과 같다. 총수입은 시장에서 매도인의 관점에서 보는 것이며 총지출은 매수인의 관점에서 보는 것이다. 매수인은 지출을 하고 매도인은 수입을 얻는다.

그림 4

수요의 가격탄력성 및 총수입

(a) 수요는 점 A와 점 B 사이에서 탄력적이다. 가격이 P_1에서 P_2로 하락할 경우 총수입 직사각형의 크기는 $0P_1AQ_1$에서 $0P_2BQ_2$로 커진다. 가격이 P_2에서 P_1으로 인상될 경우 총수입 직사각형의 크기는 $0P_2BQ_2$에서 $0P_1AQ_1$으로 작아진다. 다시 말해 수요가 탄력적인 경우 가격과 총수입은 역의 관계가 성립한다. (b) 수요는 점 A와 B 사이에서 비탄력적이다. 가격이 P_1에서 P_2로 하락할 경우 총수입 직사각형의 크기는 $0P_1AQ_1$에서 $0P_2BQ_2$로 작아진다. 가격이 P_2에서 P_1으로 인상될 경우 총수입 직사각형의 크기는 $0P_2BQ_2$에서 $0P_1AQ_1$으로 커진다. 다시 말해 수요가 비탄력적인 경우 가격과 총수입은 정의 관계가 성립한다.

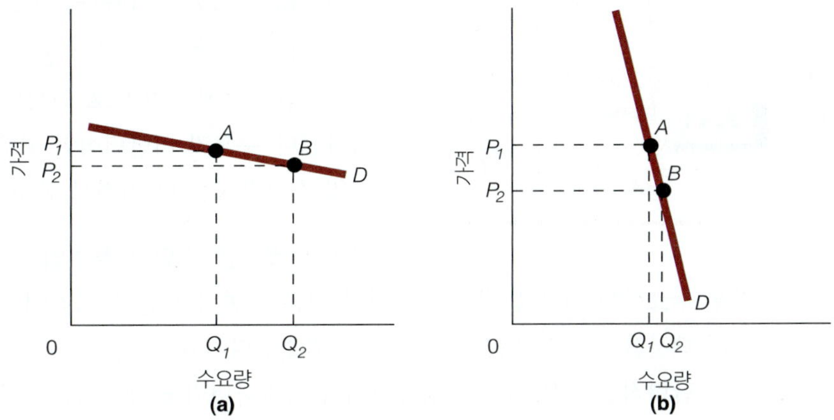

수요가 탄력적인 경우 가격이 하락하면 가격의 백분율 감소보다도 더 큰 백분율로 수요가 증가하며(가격과 수요량은 역의 관계에 있다) 이로 인해 총수입이 증가한다. 간단히 말해 수요가 탄력적인 경우 가격이 인하되면 총수입이 증가한다.

수요가 탄력적인 경우: $P\downarrow \rightarrow TR\uparrow$

그림 4(a)는 수요가 탄력적인 경우 가격 변화와 총수입의 관계를 보여주고 있다. 수요곡선 상의 점 A와 점 B 사이에서 수요는 탄력적이다. 점 A에서 가격은 P_1이고 수요량은 Q_1이며 총수입은 사각형 $0P_1AQ_1$이다. 가격이 P_2로 인하되었다고 하자. 가격이 인하되면 총수입은 이제 $0P_2BQ_2$가 되며 이는 사각형 $0P_1AQ_1$보다 크다. 다시 말해 수요가 탄력적인 경우 가격이 인하되면 총수입은 증가한다.

물론 가격이 반대로 P_2에서 P_1으로 인상되면 총수입을 나타내는 사각형은 작아진다. 다시 말해 수요가 탄력적인 경우 가격이 인상되면 총수입은 감소한다.

비탄력적인 수요와 총수입 수요가 비탄력적인 경우 수요량의 백분율 변화가 가격의 백분율 변화보다 작다. 가격이 상승하면 수요량이 감소하지만 가격의 백분율 증가보다 더 작은 백분율로 감소한다. 따라서 총수입이 증가한다. 즉 수요가 비탄력적인 경우 가격이 상승하면 총수입이 증가한다. 하지만 가격이 하락하면 수요량은 가격 하락의 백분율보다 더 작은 백분율로 증가하여 총수입은 감소한다. 수요가 비탄력적인 경우 가격이 하락하면 총수입이 감소한다. 즉 가격과 총수입이 정의 관계로 연계된다.

그림 5

탄력성, 가격변화, 총수입

수요가 탄력적인 경우 가격이 인상되면 총수입(*TR*)이 감소하고 가격이 인하되면 총수입이 증가한다. 수요가 비탄력적인 경우 가격이 인상되면 총수입이 증가하고 가격이 인하되면 총수입이 감소한다. 수요가 단위 탄력적인 경우 가격이 인상되거나 인하되더라도 총수입은 변화하지 않는다.

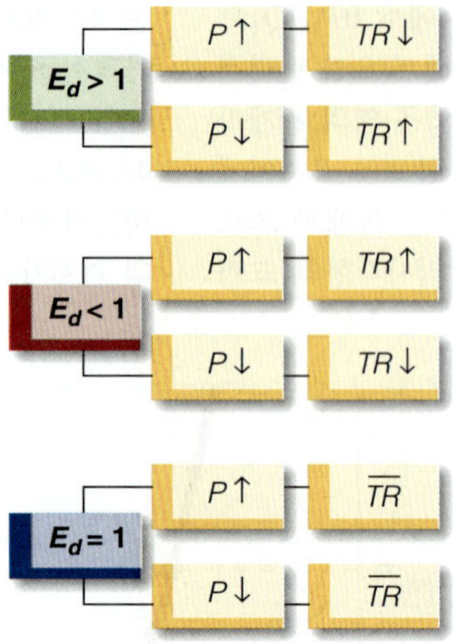

수요가 비탄력적인 경우: P↑ → TR↑
수요가 비탄력적인 경우: P↓ → TR↓

그림 4(b)는 비탄력적인 수요와 총수입 간의 관계를 보여주고 있다. 수요곡선 상의 점 *A*와 점 *B* 사이에서 수요는 비탄력적이다. 가격이 P_1에서 P_2로 인하될 경우 총수입 직사각형은 $0P_1AQ_1$에서 더 작은 총수입 직사각형 $0P_2BQ_2$로 변한다. 다시 말해 수요가 비탄력적인 경우 가격이 하락하면 총수입이 감소한다.

가격이 P_2에서 P_1으로 인상될 경우 정반대 현상이 나타난다. 수요가 비탄력적인 경우 가격이 인상되면 총수입 직사각형은 더 커져서 총수입이 증가한다

단위 탄력적인 수요와 총수입 수요가 단위 탄력적인 경우 수요량의 백분율 변화는 가격의 백분율 변화와 같다. 가격이 상승하면 수요량은 가격의 백분율 증가와 동일한 백분율로 감소한다. 따라서 총수입은 변하지 않는다. 수요가 단위 탄력적인 경우 가격이 상승하거나 하락하더라도 총수입은 불변한다.

그림 5는 수요의 가격탄력성과 총수입의 관계를 총괄적으로 보여준다.

6.2 탄력성: 응용

여기서는 기울기가 하향하는 직선인 수요곡선의 탄력성 영역과 수요의 가격탄력성 결정요인에 대해 살펴볼 것이다.

1 직선인 수요곡선 상에서의 수요의 가격탄력성

기울기가 하향하는 직선인 수요곡선의 가격탄력성은 탄력적인 영역으로부터 비탄력적인 영역으로 변화한다. 그림 6(a)에서 수요곡선의 위쪽 영역에 있는 탄력성을 생각해 보자. 가격이 9달러에서 8달러로 하락하거나 8달러에서 9달러로 상승하는 경우 수요의 가격탄력성 공식을 사용하여 탄력성을 구하면 5.66이 된다.[3)]

그림 6(a)에서 수요곡선의 아래쪽 영역에 있는 탄력성을 생각해 보자. 가격이 3달러에서 2달러로 하락하거나 2달러에서 3달러로 상승하는 경우 수요의 가격탄력성을 계산하면 0.33이 된다.

다시 말해 수요곡선을 따라 이동하게 되면 가격탄력성은 1보다 더 큰 영역(예, 5.66)에서 1보다 더 작은 영역(예, 0.33)으로 움직인다. 물론 1보다 더 큰 영역에서 1보다 더 작은 영역으로 이동하는 도중에 수요의 가격탄력성은 1이 된다. 그림 6(a)는 수요곡선의 중간

3) 공식에서는 두 개 가격의 평균값과 두 개 수요량의 평균값을 사용한다는 점을 기억하자.

점에서 수요의 가격탄력성이 1이 된다는 사실을 보여준다.[4)]

기울기가 하향하는 직선인 수요곡선 상에서 탄력적인 영역과 비탄력적인 영역은 그림 6(b)의 총수입곡선과 연계된다. 그림 6(a)에 있는 수요곡선의 탄력적인 영역에서 시작하여 가격을 인하하게 되면 그림 6(b)에서 보는 것처럼 총수입이 증가한다. 즉 그림 6(a)에 있는 수요곡선의 탄력적인 영역 내에서 가격이 하락하면 그림 6(b)에 있는 총수입이 증가한다. 그림 6(a)에 있는 수요곡선의 비탄력적인 영역으로 이동할 때까지 가격이 하락하고 나서 가격이 추가적으로 더 하락하게 되면 그림 6(b)에서 보는 것처럼 총수입이 감소할 뿐이다. 따라서 수요의 가격탄력성이 1인 정점에서 총수입이 최고로 높다.

그림 6

직선인 수요곡선 상에서의 수요의 가격 탄력성

(a) 기울기가 하향하는 직선인 수요곡선을 따라 수요의 가격탄력성은 변화한다. 탄력적인 영역($E_d > 1$인 영역)과 비탄력적인 영역($E_d < 1$인 영역)이 있다. 기울기가 하향하는 직선인 수요곡선의 중간점에서 수요의 가격탄력성은 1이 된다($E_d = 1$). (b) 수요곡선의 탄력적인 영역에서 가격이 인하되면 총수입이 증가한다. 수요곡선의 비탄력적인 영역에서 가격이 인하되면 총수입이 감소한다. 수요의 가격탄력성이 1이 될 경우 총수입이 최고점에 도달한다.

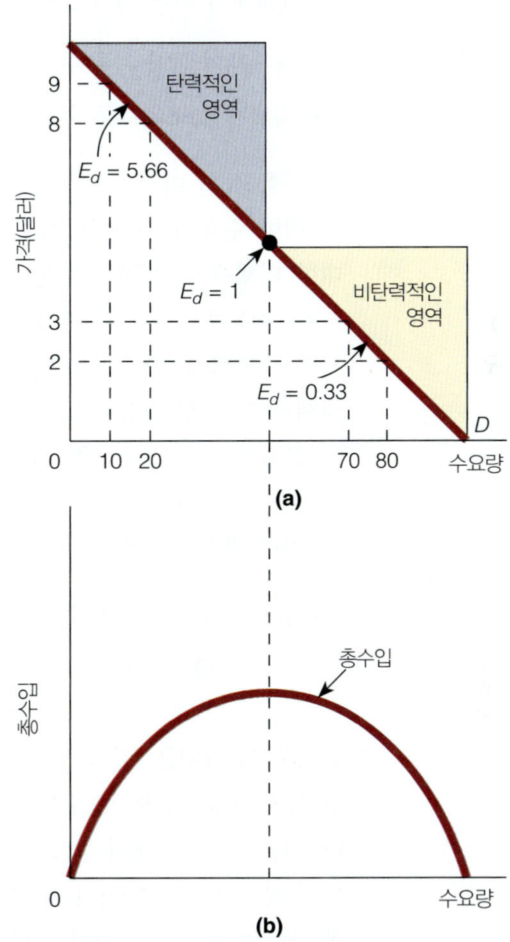

2 수요의 가격탄력성 결정요인

수요의 가격탄력성 결정요인으로 다음과 같은 네 가지 요소를 들 수 있다.

1. 대체재의 수
2. 필수품 대 사치품
3. 해당 상품에 지출되는 예산의 비율
4. 시간

위의 네 가지 요소는 상호작용을 하므로 각 요소를 논의할 때 다른 사정은 동일하다고 본다.

대체재의 수 상품 A에 대한 대체재는 2개가 있고 상품 B에 대한 대체재는 15개가 있다고 가상하자. 상품 A에 대한 2개의 대체재는 대체재가 되기에 충분하며 상품 B에 대한 15개의 대체재도 대체재가 되기에 충분하다고 가정한다.

두 상품의 가격이 각각 10퍼센트 씩 상승하였다고 하자. 그러면 각 상품의 수요량은 감소한다. 상품 A에 대한 수요량의 백분율 변화는 상품 B에 대한 수요량의 백분율 변화

4) 기울기가 하향하는 직선인 수요곡선의 경우 곡선의 중간점에서 수요의 가격탄력성은 1이 된다.

보다 더 큰가 또는 더 작은가? 다시 말해 가격이 10퍼센트 상승하면 수요량은 대체재가 2개인 상품(상품 A)의 경우에 더 반응을 하는가 아니면 15개인 상품(상품 B)의 경우에 더 반응을 하는가? 대답은 대체재가 15개인 상품 B의 경우이다. 그 이유는 가격이 인상됨에 따라(상품 B는 상품 A보다 더 많은 대체재가 있으므로) 대체할 수 있는 기회가 더 많아서 구매량을 감소시킬 가능성이 더 높기 때문이다. 상품 A의 가격이 10퍼센트 인상될 경우 사람들은 2개의 대체재에 의지하게 되어서 상품 A의 수요량은 감소하게 된다. 하지만 대체재가 15개나 되는 상품 B의 경우만큼 감소하지는 않는다.

대체재의 이용 가능성과 가격탄력성 사이의 관계는 다음과 같다.

- 대체재가 많을수록 수요의 가격탄력성이 높아진다.
- 대체재가 적을수록 수요의 가격탄력성이 낮아진다.

예를 들면 미국산 자동차의 하나인 시보레에 대한 수요의 가격탄력성은 모든 자동차에 대한 수요의 가격탄력성보다 더 크다. 왜냐하면 자동차에 대한 대체재보다 시보레에 대한 대체재가 더 많기 때문이다. 자동차에 대한 모든 대체재(예를 들면, 버스타기, 전철타기, 도보로 이동하기, 자전거 이용하기 등)는 예를 들면 시보레처럼 특정한 자동차의 대체재도 되지만 시보레에 대한 일부 대체재(예를 들면 도요다, 크라이슬러, 벤츠 등)는 자동차에 대한 대체재가 되지 않는다. 이들은 단순히 자동차의 종류일 뿐이다. 교과서에 대한 대체재보다 이 경제학 교과서에 대한 대체재가 더 많이 있다. 청량음료에 대한 대체재보다 코카콜라에 대한 대체재가 더 많이 있다.

이런 관계를 정리하면 다음과 같다.

- 상품을 넓게 정의할수록 대체재의 수가 작다.
- 상품을 좁게 정의할수록 대체재의 수가 많다.

필수품 대 사치품 일반적으로 어떤 상품이 필수품(없으면 생활을 유지할 수 없는 상품)이 아닌 사치품(없어도 생활을 유지할 수 있는 상품)으로 분류될수록 수요의 가격탄력성이 높아진다. 예를 들면 두 개의 상품, 즉 보석과 혈압약을 생각해 보자. 보석의 가격이 상승하면 반드시 필요한 것은 아니다. 하지만 고혈압을 낮추는 혈압약의 가격이 인상되더라도 혈압약 복용을 멈추는 것은 쉽지 않다. 보석에 대한 수요의 가격탄력성이 혈압약에 대한 가격탄력성보다 더 높을 것으로 기대된다.

해당 상품에 지출된 예산의 비율 클레어 로시(Claire Rossi)는 월간 예산이 3,000달러이다. 이 월간 예산 중 3달러는 펜을 구입하는 데 사용하고 400달러는 레스토랑에서 저녁식사하는 데 사용한다. 이를 백분율로 나타내면 월간 예산 중 0.1%는 펜을 구입하는 데 사용하고 13%는 레스토랑에서 저녁식사하는 데 사용한다. 펜 및 저녁식사의 가격이 두 배가 되었다고 가정하자. 클레어는 펜 가격의 변화보다 레스토랑의 저녁식사 가격 변화에 더 큰 반응을 하게 된다. 클레어는 자신의 예산 중 13%를 사용하는 것의 가격이 두 배가 되는 것보다 0.1%만을 사용하는 것의 가격이 두 배되는 것에 훨씬 덜 궁핍함을 느낀다. 클레어는 레스토랑의 저녁식사 가격 인상보다 펜 가격의 인상을 더 무시하게 된다. 매수인

(그리고 이에 따른 수요량)은 어떤 상품을 구매하는 데 사용되는 예산상의 비중이 커질수록 해당 상품의 가격에 더욱 반응하게 된다.

- 어떤 상품을 구매하는 데 사용되는 예산상의 비중이 커질수록 수요의 가격탄력성이 높아진다.
- 어떤 상품을 구매하는 데 사용되는 예산상의 비중이 작아질수록 수요의 가격탄력성이 낮아진다.

시간 시간이 흐름에 따라 매수인은 가격 변화에 대응할 수 있는 기회가 많아진다. 오늘 당장 전기료가 인상될 경우 오늘부터 3개월 후에 전기소비를 낮출 수 있는 것만큼 당장 소비를 변화시킬 수는 없다. 사람들은 시간이 흐름에 따라 대체재(예를 들면 천연가스)를 찾거나 생활방식을 변화시키거나(예를 들면 담요를 더 구입하고 밤에 자동 온도조절 장치의 온도를 낮추거나) 하여 소비를 변화시킬 수 있는 더 많은 기회를 갖게 된다.

- (가격 변화 이후) 시간이 더 많이 흐를수록 해당 상품에 대한 수요의 가격탄력성이 높아진다.
- (가격 변화 이후)시간이 더 적게 흐를수록 해당 상품에 대한 수요의 가격탄력성이 낮아진다.

다시 말해 어떤 상품에 대한 수요의 가격탄력성은 단기에서보다 장기에서 더 높아진다.

6.3 기타 다른 탄력성

여기서는 다음과 같은 세 가지 탄력성에 대해 살펴볼 것이다.

- 수요의 교차탄력성
- 수요의 소득탄력성
- 공급의 가격탄력성

1 수요의 교차탄력성

수요의 교차탄력성

수요의 교차탄력성(cross elasticity of demand)은 다른 상품의 가격 변화에 대한 어떤 상품의 수요량의 반응을 측정한 것이다. 이는 어떤 상품의 수요량에 대한 백분율 변화를 다른 상품 가격의 백분율 변화로 나누어서 구할 수있다.

$$E_c = \frac{\text{어떤 상품의 수요량에 대한 백분율 변화}}{\text{다른 상품 가격의 백분율 변화}}$$

여기서 E_c는 수요의 교차탄력성 계수를 의미한다.

위의 개념은 두 가지 상품이 대체재인지 또는 보완재인지 여부를 결정하고 한 상품이 다른 상품에 대해 대체재 또는 보완재가 되는 정도를 측정한다. 미국의 대표적 땅콩버터 제품인 스키피 땅콩버터와 지프 땅콩버터를 생각해 보자. 지프 땅콩버터의 가격이 10퍼센트 상승할 경우 스키피 땅콩버터의 수요량은 45퍼센트 증가한다고 가상하자. 지프 땅콩버터의 가격에 대한 스키피 땅콩버터의 수요의 교차탄력성은 다음과 같다.

$$E_c = \frac{\text{스키피 땅콩버터의 수요량에 대한 백분율 변화}}{\text{지프 땅콩버터 가격의 백분율 변화}}$$

$$E_c = \frac{45}{10} = 4.5$$

위의 경우 수요의 교차탄력성은 4.5이다. 수요의 교차탄력성이 양인 경우 어떤 상품의 수요량에 대한 백분율 변화(분자)는 다른 상품 가격의 백분율 변화(분모)와 같은 방향으로 움직인다. 이는 두 상품이 대체재라는 의미이다. 지프 땅콩버터의 가격이 상승하면 스키피 땅콩버터에 대한 수요곡선이 오른쪽으로 이동하여 모든 가격수준에서 스키피 땅콩버터의 수요량이 증가한다. $E_c > 0$인 경우 두 상품은 대체재가 된다.

$E_c > 0 \rightarrow$ 두 상품은 대체재이다

탄력성 계수가 음인 경우, 즉 $E_c < 0$인 경우 두 상품은 보완재가 된다.

$E_c < 0 \rightarrow$ 두 상품은 보완재이다

어떤 상품에 대한 수요량의 백분율 변화(분자)와 다른 상품 가격의 백분율 변화(분모)가 반대 방향으로 움직일 경우 수요의 교차탄력성은 음수가 된다. 예를 들면 자동차의 가격이 5퍼센트 상승하고 자동차 타이어에 대한 수요량이 10퍼센트 감소한다고 가상하자. 수요의 교차탄력성을 계산하면 다음과 같다. $(-10\%) \div (5\%) = -2$. 따라서 자동차와 자동차 타이어는 보완재이다.

수요의 교차탄력성 개념은 매우 유용하게 사용된다. 치즈를 판매하는 회사가 치즈의 대체재가 무엇인지 알고자 한다고 하자. 이를 통해 해당 회사는 경쟁사를 알 수 있다. 치즈와 다른 상품 사이에 존재하는 수요의 교차탄력성을 계산함으로써 치즈에 대한 대체재를 확인할 수 있다. 수요의 교차탄력성이 양수인 경우 두 상품은 대체재가 되며 수요의 교차탄력성이 클수록 대체의 정도가 커진다.

2 수요의 소득탄력성

수요의 소득탄력성

수요의 소득탄력성(income elasticity of demand)은 소득 변화에 대한 수요량의 반응을 측정한 것이다. 이는 어떤 상품의 수요량에 대한 백분율 변화를 소득의 백분율 변화로 나누어 구할 수 있다.

$$E_y = \frac{\text{수요량의 백분율 변화}}{\text{소득의 백분율 변화}}$$

여기서 E_y는 수요의 소득탄력성 계수를 의미한다.

정상재인 경우 수요의 소득탄력성이 양수, 즉 $E_y > 0$이 된다. 정상재인 소득이 증가할 경우 수요와 그에 따라 수요량이 증가하는 상품이다. 따라서 정상재인 경우 수요의 소득탄력성 공식에 있는 분자 및 분모가 같은 방향으로 움직인다.

$$E_y > 0 \rightarrow \text{정상재}$$

정상재와는 달리 열등재에 대한 수요는 소득이 증가함에 따라 감소한다. 열등재의 경우 수요의 소득탄력성은 음수, 즉 $E_y < 0$이 된다

$$E_y < 0 \rightarrow \text{열등재}$$

수요의 가격탄력성을 계산할 때 사용했던 것과 동일한 방법으로 어떤 상품에 대한 수요의 소득탄력성을 계산할 수 있다.

$$E_y = \frac{\dfrac{\Delta Q_d}{Q_{d\,\text{평균}}}}{\dfrac{\Delta Y}{Y_{\text{평균}}}}$$

여기서 $Q_{d\,\text{평균}}$은 평균 수요량이며 $Y_{\text{평균}}$은 평균소득이다.

월간 소득이 500달러에서 600달러로 증가하고 이에 따라 상품 X의 월간 수요량이 20개에서 30개로 증가하였다고 가상하자. 그러면 다음과 같다.

$$E_y = \frac{\dfrac{10}{25}}{\dfrac{100}{550}} = 2.2$$

E_y가 양수이므로 상품 X는 정상재이며 또한 다음과 같다.

- $E_y > 1$이므로 상품 X에 대한 수요는 **소득 탄력적**(income elastic)이다. 다시 말해 수요량의 백분율 변화가 소득의 백분율 변화보다 더 크다. 소득 탄력적
- $E_y < 1$인 경우 해당 상품에 대한 수요는 **소득 비탄력적**(income inelastic)이다. 소득 비탄력적
- $E_y = 1$인 경우 해당 상품에 대한 수요는 **소득 단위 탄력적**(income unit elastic)이다. 소득 단위 탄력적

3 공급의 가격탄력성

공급의 가격탄력성(price elasticity of supply)은 가격 변화에 대한 공급량의 반응을 측정한 것이다. 이는 어떤 상품의 공급량에 대한 백분율 변화를 해당 상품가격의 백분율 변화로 나누어서 구할 수 있다. 공급의 가격탄력성

$$E_S = \frac{\text{공급량의 백분율 변화}}{\text{가격의 백분율 변화}}$$

여기서 E_s는 공급의 가격탄력성 계수를 의미한다. 수요의 가격탄력성을 계산할 때 사용했던 것과 동일한 방법을 이용하여 공급의 가격탄력성을 계산할 수 있다.

이 밖에 공급은 탄력적인 공급, 비탄력적인 공급, 단위 탄력적인 공급, 완전 탄력적인 공급, 완전 비탄력적인 공급으로 분류된다(그림 7 참조).

- 탄력적인 공급($E_s > 1$)은 가격의 백분율 변화보다 공급량의 백분율 변화가 더 큰 경우이다.

공급량의 백분율 변화 > 가격의 백분율 변화 →
$E_S > 1$ → 탄력적인 공급

그림 7

공급의 가격탄력성

(a) 공급량의 백분율 변화가 가격의 백분율 변화보다 큰 경우 $E_s > 1$이고 공급은 탄력적이다. (b) 공급량의 백분율 변화가 가격의 백분율 변화보다 작은 경우 $E_s < 1$이고 공급은 비탄력적이다. (c) 공급량의 백분율 변화가 가격의 백분율 변화와 같은 경우 $E_s = 1$이고 공급은 단위 탄력적이다. (d) 가격이 조금만 변하여도 공급량이 무한히 변하는 경우 $E_s = \infty$이고 공급은 완전 탄력적이다. (e) 가격이 변하여도 공급량이 변하지 않는 경우 $E_s = 0$이고 공급은 완전 비탄력적이다.

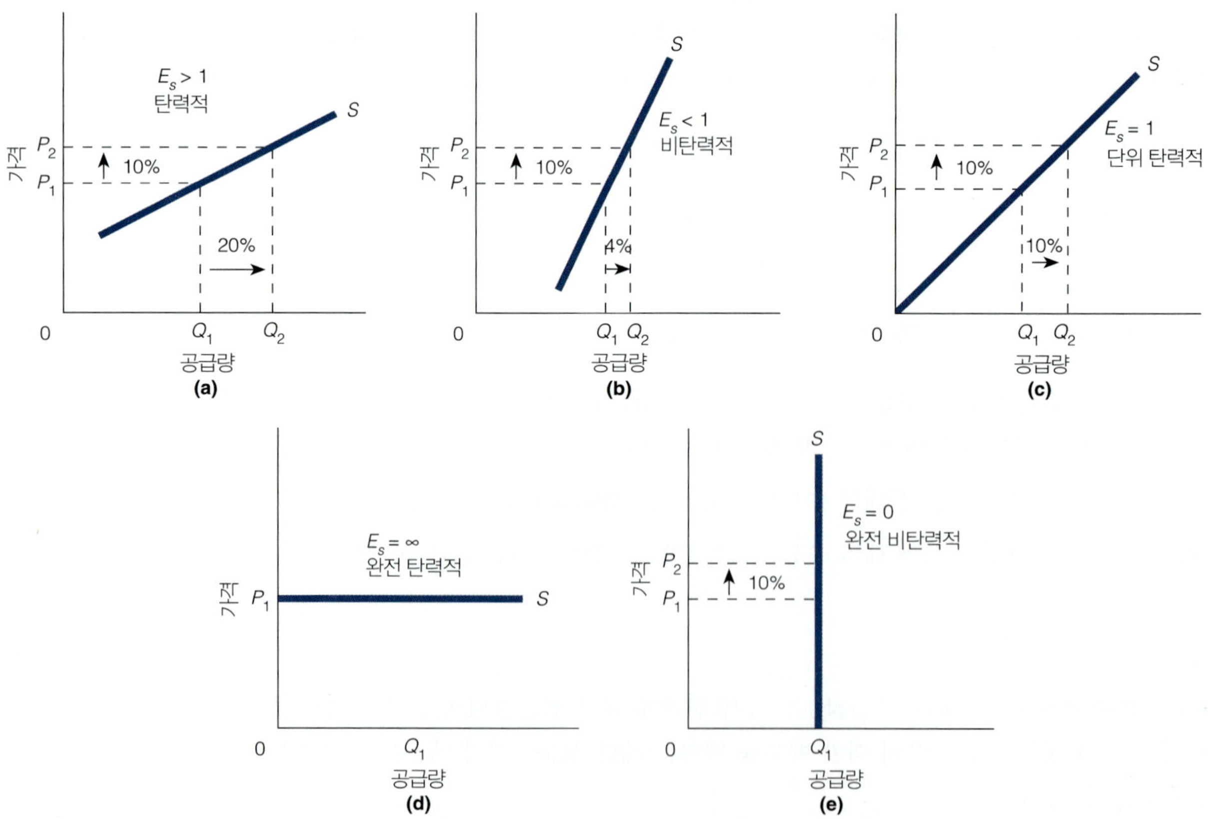

- 비탄력적인 공급($E_s < 1$)은 가격의 백분율 변화보다 공급량의 백분율 변화가 더 작은 경우이다.

> 공급량의 백분율 변화 < 가격의 백분율 변화 →
> $E_S < 1$ → 비탄력적인 공급

- 단위 탄력적인 공급($E_s = 1$)은 가격의 백분율 변화와 공급량의 백분율 변화가 같은 경우이다.

> 공급량의 백분율 변화 = 가격의 백분율 변화 →
> $E_S = 1$ → 단위 탄력적인 공급

- 완전 탄력적인 공급($E_s = \infty$)인 경우 가격이 조금만 변화하여도 공급량이 무한대로 변화한다(따라서 공급곡선이 수평선이 된다).
- 완전 비탄력적인 공급($E_s = 0$)인 경우 가격이 변화하여도 공급량은 전혀 변화하지 않는다(따라서 공급곡선이 수직선이 된다).

탄력성 개념을 요약하면 그림 8과 같다.

4 공급의 가격탄력성 및 시간

가격 변화에 대한 공급의 조정기간이 길어질수록 공급의 가격탄력성은 높아진다(피카소의 미술 작품처럼 시간이 흘러도 공급이 한정되는 경우가 있지만 대부분의 경우 시간이 흐르면 공급량이 증가할 수 있다). 그 이유는 추가적인 생산이 이루어지는 데 시간이 걸리기 때문이다.

예를 들면 어떤 도시에서 신규주택에 대한 수요가 증대되어 화요일에 갑자기 수요가 폭발하였고 이로 인해 주택가격에 상승압력이 가해졌다고 가상하자. 공급되는 주택의 수는 화요일이나 며칠 지난 토요일에 큰 차이가 없다. 공급자가 수요증대가 항구적인지 여부를 결정하는 데는 시간이 소요된다. 수요증대가 일시적이라고 판단되면 공급이 크게 변하지 않는다. 주택건설업자가 항구적이라고 판단할 경우 다른 물품 생산에 투입되었던 자원을 신규주택 건설에 투입하는 데 시간이 걸린다. 간단히 말하면 주택가격이 변화할 경우 주택공급량의 변화는 단기와 장기에서 서로 상이해진다. 이런 현상으로 인해 공급의 가격탄력성은 단기에서보다 장기에서 더 높아진다.

6.4 조세와 탄력성 사이의 관계

탄력성이 조세 및 조세수입에 어떤 영향을 미치는지 알아보기 전에 공급 및 수요가 어떻게 누가 조세를 납부하게 결정하는지 알아볼 것이다.

그림 8

네 가지 탄력성 개념의 요약

종류	계산법	가능성	용어
수요의 가격탄력성	수요량의 백분율 변화 / 가격의 백분율 변화	$E_d > 1$	탄력적
		$E_d < 1$	비탄력적
		$E_d = 1$	단위 탄력적
		$E_d = \infty$	완전 탄력적
		$E_d = 0$	완전 비탄력적
수요의 교차탄력성	어떤 상품에 대한 수요량의 백분율 변화 / 다른 상품에 대한 가격의 백분율 변화	$E_c < 0$	보완재
		$E_c > 0$	대체재
수요의 소득탄력성	수요량의 백분율 변화 / 소득의 백분율 변화	$E_y > 0$	정상재
		$E_y < 0$	열등재
		$E_y > 1$	소득 탄력적
		$E_y < 1$	소득 비탄력적
		$E_y = 1$	소득 단위 탄력적
공급의 가격탄력성	공급량의 백분율 변화 / 가격의 백분율 변화	$E_S > 1$	탄력적
		$E_S < 1$	비탄력적
		$E_S = 1$	단위 탄력적
		$E_S = \infty$	완전 탄력적
		$E_S = 0$	완전 비탄력적

1 누가 조세를 납부하는가?

많은 사람들은 정부가 상품의 매도인에게 조세를 부과할 경우 매도인이 실제로 조세를 납부한다고 생각한다. 하지만 조세부과가 조세납부와 동일한것은 아니며 조세부과가 조세납부를 보장하지는 않는다.

정부가 음악 DVD 매도인에게 조세를 부과하였다고 가상하자. 매도인은 자신이 판매한 각 DVD에 대해 1달러의 조세가 부과된다. 즉 DVD 1개를 판매할 경우 1달러를 정부에 납부하여야 한다. 정부의 이런 조치로 인해 DVD 시장의 균형이 변화한다. 그림 9에서 보면 조세가 부과되기 전에 균형가격 및 균형량은 각각 15달러 및 Q_1이 된다. DVD 1개당 부과된 조세로 인해서 공급곡선이 왼쪽, 즉 S_1에서 S_2로 이동한다. 두 공급곡선 사이의 수직거리는 DVD 1개당 부과된 조세를 나타낸다. 왜냐하면 매도인에게 중요한 것은 매수인이 얼마를 지불하였느냐가 아니라 판매하는 DVD 1개당 얼마를 받느냐이기 때문이다.

예를 들면 매도인이 조세가 부과되기 전에 Q_1에서 1개당 15달러를 받았다면 조세가 부과된 후에도 이 가격을 받고자 한다. 하지만 조세가 1달러 부과된다면 Q_1에서 1개당 15달러를 받을 수 있는 방법은 개당 16달러의 가격을 책정하는 것이다. 매도인은 매수인으로부터 DVD 1개당 16달러를 받아서 1달러를 정부에 넘겨주고 15달러를 유지하게 된다.

다시 말해 새로운 공급곡선 S_2상의 각 수량은 이전의 공급곡선 S_1보다 1달러씩 더 높은 가격과 상응한다.

하지만 **새로운 균형가격이 이전의 균형가격보다 반드시 1달러 더 높을 필요는 없다.** 그림에서 새로운 균형은 가격 15.50달러 및 Q_2 수량에서 달성된다. 매수인은 조세가 부과되기 전 가격인 15달러가 아니라 조세가 부과된 이후에 DVD 1개당 15.50달러를 지불한다. 새로운 가격과 이전 가격의 차이는 조세 1달러이다.

그림에서는 매수인이 DVD 1개당 부과된 조세 1달러의 절반인 50센트를 부담한다.

조세가 부과되기 전 매수인은 15달러를 지불한다.
조세가 부과된 후 매수인은 15.50달러를 지불한다.

그림 9

누가 조세를 납부하는가?

DVD 매도인에게 부과된 조세로 인해 공급곡선은 S_1에서 S_2로 이동하고 균형가격은 15.00달러에서 15.50달러로 인상된다. 조세의 일부는(15.00달러가 아니라 15.50달러인) 매수인이 지불한 더 높은 가격을 통해 매수인이 부담한다. 조세의 다른 일부는(15.00 달러가 아니라 14.50달러인) 매도인이 수령한 더 낮은 가격을 통해 매도인이 부담한다.

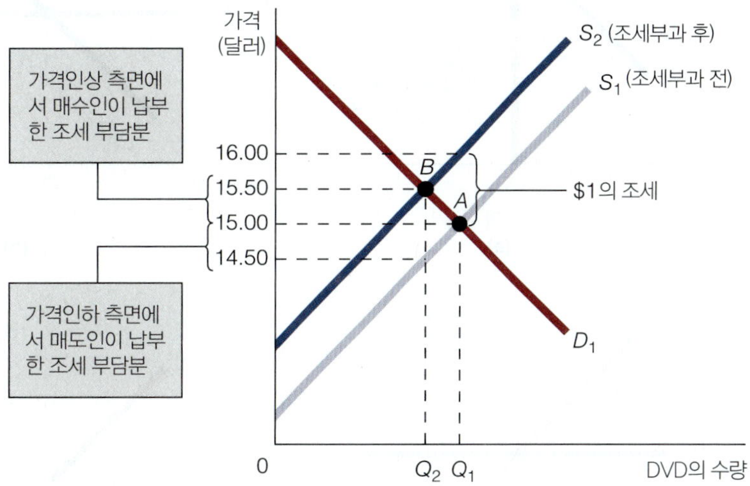

매도인은 매수인으로부터 조세가 부과되기 전 가격인 15달러가 아니라 조세가 부과된 후에 15.50달러를 받지만 15.50달러를 전부 차지하지는 못한다. 1달러를 정부에 납부하여야 하므로 매도인에게는 14.50달러만 남게 된다. 하지만 조세가 부과되기 전에 매도인은 DVD 1개당 15달러를 받았다. 이 그림에서 15달러와 14.50달러의 차이인 50센트는 매도인이 부담한 조세이다.

조세가 부과되기 전 매도인은 15달러를 받아서 15달러를 갖게 된다.
조세가 부과된 후 매도인은 15.50달러를 받아서 14.50달러를 갖게 된다.

이처럼 조세가 전부 매도인에게 부과되었지만 매도인은 절반만을 부담한다. 조세가 매수인에게는 전혀 부과되지 않았지만 매수인도 역시 절반을 부담한다. 정부는 자신이 원하는 누구에게나 조세를 부과할 수 있지만 누가 실제로 이를 부담하느냐는 공급 및 수요 법칙에 의해 결정된다.

2 탄력성 및 조세

위의 예에서 매수인은 조세 1달러 중 절반을 부담하고 나머지 절반은 매도인이 부담하지만 언제나 그런 것은 아니다. 매수인이 조세의 절반 이상을 부담할 수도 있다. 그림 10(a)에서 보는 것처럼 수요가 완전 비탄력적인 경우 매수인은 조세 전부를 부담한다. 조세로 인해 공급곡선이 S_1에서 S_2로 이동하게 되면 균형가격은 15달러에서 16달러로 상승한다.

그림 10

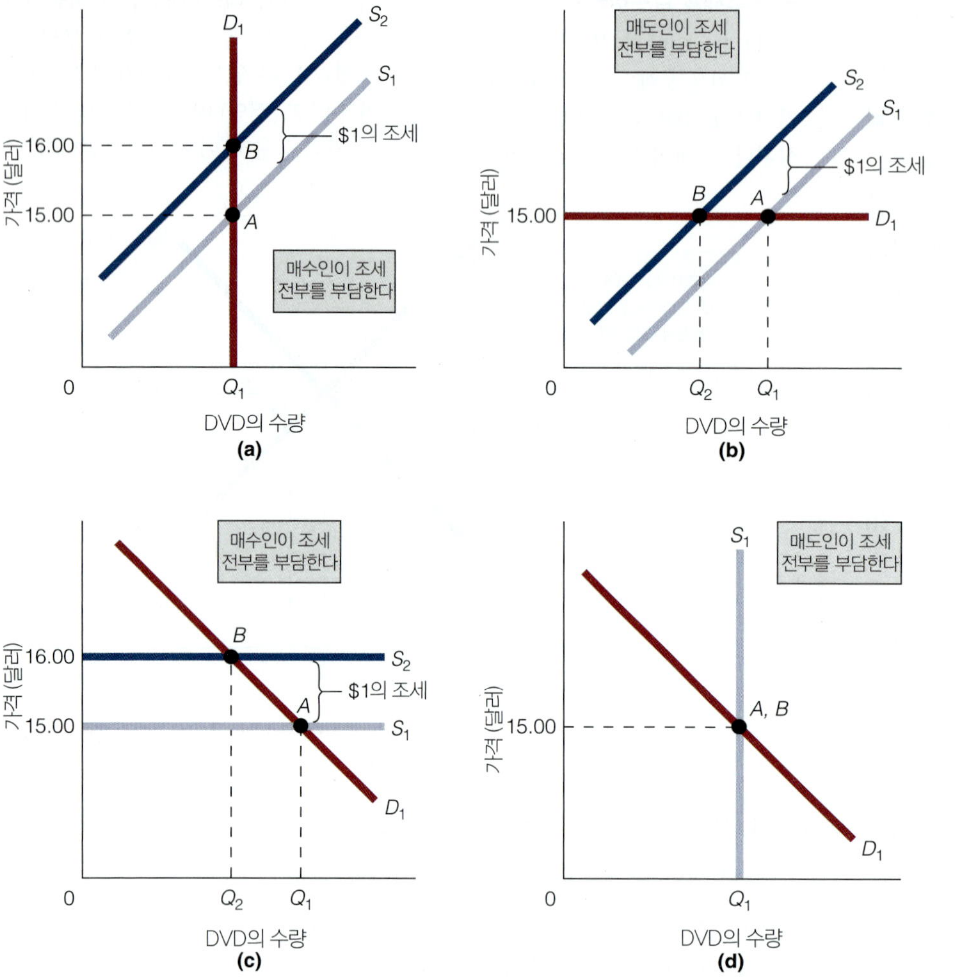

상이한 탄력성과 납세자

이 그림은 네 가지 극단적인 경우를 보여주고 있다. (a) 수요가 완전 비탄력적인 경우이거나 (c) 공급이 완전 탄력적인 경우 조세가 전적으로 매도인에게 부과되더라도 매수인이 조세 전부를 부담하게 된다. (b) 수요가 완전 탄력적인 경우이거나 (d) 공급이 완전 비탄력적인 경우 매도인이 조세 전부를 부담하게 된다.

다시 말해 수요가 완전 비탄력적이고 조세가 매도인에게 부과되는 경우 매수인은 가격 인상의 형태로 조세 전부를 부담하게 된다.

그림 10(b)~(d)는 다른 경우들을 보여주고 있다. 그림 10(b)에서는 수요가 완전 탄력적이다. 조세로 인해 공급곡선이 S_1에서 S_2로 이동하지만 균형가격은 불변한다. 따라서 수요가 완전 탄력적인 경우 매도인이 조세 전부를 부담한다. 그림 (c)에서는 공급이 완전 탄력적이며 매수인이 조세 전부를 부담한다. 그림 10(d)에서는 가격변화로 인해 공급량이 변하지 않는다. 매도인이 가격을 15달러 이상으로 설정하려는 경우(이에 따라 매수인이 조세의 일부를 부담하도록 하려는 경우) 과잉현상이 발생하여 가격이 원래의 15달러로 인하된다. 이 경우 매도인이 조세 전부를 부담한다. 그림은 보여주고 있지 않지만 매도인은 15달러를 받아서 1달러를 정부에 넘겨주고 14달러가 남게 된다.

그림 11

조세수입 극대화

두 명의 매도인 A 및 B는 현재 각각 자신들의 상품 10,000단위를 판매하고 있다. 매도인 A는 수요곡선 D_1을 직면하며 매도인 B는 수요곡선 D_2를 직면한다. 목표는 판매되는 상품 1단위당 1달러의 조세를 부과하여 조세수입을 극대화하는 것이며 단지 1명의 매도인에게만 조세가 부과될 수 있는 경우 매도인 A에게 조세를 부과하면 조세수입이 극대화되고 매도인 B에게 조세를 부과하면 극대화되지 않는다. 조세가 부과된 후에 공급곡선은 S_1에서 S_2로 이동한다는 사실에 주목하자. 매도인 A는 점 C에서 균형을 이루며 10,000단위를 판매하고 매도인 B는 점 B에서 균형을 이루며 8,000단위를 판매한다. 조세수입은 단위당 부과된 조세에 판매된 수량을 곱한 값이므로 매도인 A에게 조세가 부과될 경우 조세수입이 10,000달러가 되지만 매도인 B에게 부과될 경우 조세수입은 8,000달러에 그친다

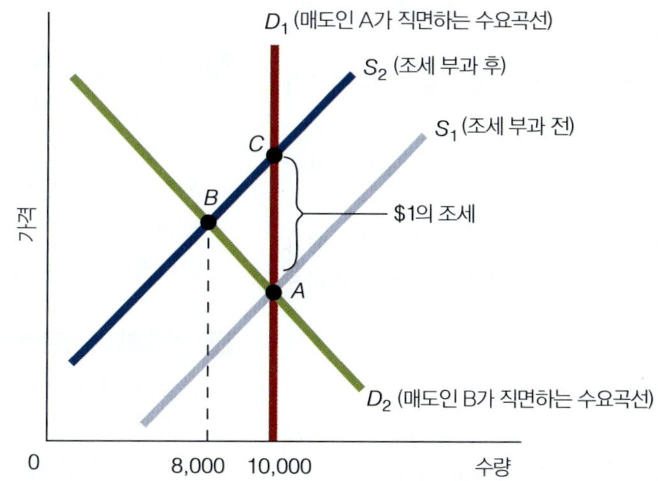

3 탄력성의 정도 및 조세수입

두 명의 매도인이 있다. 매도인 A는 완전 비탄력적인 수요에 직면하여 현재 매월 10,000개를 판매하고 있다. 매도인 B는 탄력적인 수요에 직면하여 매월 10,000개를 판매하고 있다. 정부는 두명의 매도인 중 한 명에게 개당 1달러의 조세를 부과하려 한다. 정부의 목적이 조세수입을 극대화하는 것이라면 매도인 A에게 조세를 부과하여야 한다. 왜냐하면 매도인 A가 비탄력적인 수요곡선에 직면하고 있기 때문이다.

그림 11에서 매도인 A가 직면하는 수요곡선은 D_1이며 매도인 B가 직면하는 수요곡선은 D_2이다. S_1은 두 기업에 대한 공급곡선을 나타낸다. 현재 두 기업은 점 A에서 균형을 이루며 10,000개를 판매하고 있다. 정부가 개당 1달러의 조세를 매도인 A에게 부과하는 경우 공급곡선은 S_2로 이동하며 균형은 이제 점 C에서 이루어진다. 수요가 완전 비탄력적이므로 매도인 A는 계속 10,000개를 판매한다. 조세수입은 조세 1달러에 10,000을 곱하여 10,000달러가 된다. 정부가 개당 1달러의 조세를 매도인 B에게 부과하는 경우 조세수입은 단지 8,000달러가 된다. 조세로 인해 공급곡선이 S_2로 이동하면 균형은 점 B로 이동하고 8,000개만 판매된다.

개당 1달러의 조세가 부과될 경우 더 비탄력적인(덜 탄력적인) 수요곡선에 직면하는 매도인에게 조세가 부과되어야 조세수입이 극대화된다.

요약 및 정리

36 수요의 가격탄력성

- 수요의 가격탄력성은 가격 변화에 대한 수요량의 반응을 측정한 것이다.
- 가격의 백분율 변화보다 수요량의 백분율 변화가 더 큰 경우 수요는 탄력적이다.
- 가격의 백분율 변화보다 수요량의 백분율 변화가 더 작은 경우 수요는 비탄력적이다.
- 가격의 백분율 변화와 수요량의 백분율 변화가 같은 경우 수요는 단위 탄력적이다.
- 가격의 작은 변화로 인해 수요량이 무한대로 크게 변화하는 경우 수요는 완전 탄력적이다.
- 가격의 변화로 인해 수요량이 변화하지 않는 경우 수요는 완전 비탄력적이다.
- 수요의 가격탄력성 계수(E_d)는 음수이며 이는 가격과 수요량 사이에 역의 관계가 있음을 의미한다. 하지만 편리하게 탄력성 계수의 절대값을 사용한다.

37 총수입 및 수요의 가격탄력성

- 총수입은 가격에 판매량을 곱한 것이다. 총지출은 가격에 구매량을 곱한 것이다. 총수입은 총지출과 같다.
- 수요가 탄력적인 경우 가격과 총수입은 역의 관계에 있다. 즉 가격이 상승함에 따라(하락함에 따라) 총수입은 감소한다(증가한다).
- 수요가 비탄력적인 경우 가격과 총수입은 정의 관계에 있다. 즉 가격이 상승함에 따라(하락함에 따라) 총수입은 증가한다(감소한다).
- 수요가 단위 탄력적인 경우 가격과 총수입은 독립적인 관계에 있다. 즉 가격이 상승하더라도(하락하더라도) 총수입은 변화하지 않는다.

38 수요의 가격탄력성 결정요인

- 어떤 상품이 대체재가 많을수록 수요의 가격탄력성은 높아진다. 어떤 상품이 대체재가 적을수록 수요의 가격탄력성은 낮아진다.
- 어떤 상품이 필수품이 아니라 사치품으로 간주될수록 수요의 가격탄력성은 높아진다
- 어떤 상품이 예산 중 차지하는 비중이 클수록 수요의 가격탄력성은 높아진다. 어떤 상품이 예산 중 차지하는 비중이 작을수록 수요의 가격탄력성은 낮아진다.
- (가격변화 이후) 흐른 시간이 많을수록 수요의 가격탄력성이 높아진다. 흐른 시간이 적을수록 수요의 가격탄력성이 낮아진다.

39 수요의 교차탄력성

- 수요의 교차탄력성은 다른 상품의 가격 변화에 대한 어떤 상품의 수요량의 반응을 측정한 것이다.
- $E_c > 0$인 경우 두 상품은 대체재이다.
- $E_c < 0$인 경우 두 상품은 보완재이다.

40 수요의 소득탄력성

- 수요의 소득탄력성은 소득 변화에 대한 수요량의 반응을 측정한 것이다.
- $E_y > 0$인 경우 정상재이다. $E_y < 0$인 경우 열등재이다.
- $E_y > 1$인 수요는 소득 탄력적이다. $E_y < 1$인 수요는 소득 비탄력적이다. $E_y = 1$인 수요는 소득 단위 탄력적이다.

41 공급의 가격탄력성

- 공급의 가격탄력성은 가격 변화에 대한 공급량의 반응을 측정한 것이다.
- 가격의 백분율 변화보다 공급량의 백분율 변화가 더 큰 경우 공급은 탄력적이다.
- 가격의 백분율 변화보다 공급량의 백분율 변화가 더 작은 경우 공급은 비탄력적이다.
- 가격의 백분율 변화와 공급량의 백분율 변화가 같은 경우 공급은 단위 탄력적이다.
- 공급의 가격탄력성은 단기에서보다 장기에서 더 높다.

42 조세 및 탄력성

- 조세부과와 조세납부는 다르다. 예를 들면 조세는 매도인에게 부과되지만 매도인과 매수인은 둘 다 조세를 납부할 수 있다.
- 이 장에서는 특정 상품(DVD)의 매도인에게 부과된 단위당 조세에 대해 논의하였다. 이 조세로 인해 DVD의 공급곡선이 왼쪽으로 이동하였다. (조세가 부과되기 전) 이전의 공급곡선과 (조세가 부과된 후) 새로운 공급곡선 사이의 수직거리는 단위당 조세와 같다.
- 단위당 조세가 매도인에게 부과되더라도 수요곡선의 기울기가 하향하고 공급곡선의 기울기가 상향한다면 매수인과 매도인 둘 다 조세의 일부를 부담한다.
- 수요가 비탄력적일수록 매수인이 부담하는 조세의 비중이 커진다.

- 수요가 탄력적일수록 매수인이 부담하는 조세의 비중이 작아진다.
- 수요가 완전 비탄력적이거나 공급이 완전 탄력적인 경우 매수인이 조세를 전부 부담한다.
- 수요가 완전 탄력적이거나 공급이 완전 비탄력적인 경우 매도인이 조세를 전부 부담한다.

주요 용어 및 개념

수요의 가격탄력성
탄력적인 수요
비탄력적인 수요
단위 탄력적인 수요
완전 탄력적인 수요
완전 비탄력적인 수요
총수입
수요의 교차탄력성
수요의 소득탄력성
소득 탄력적
소득 비탄력적
소득 단위 탄력적
공급의 가격탄력성

연습문제

01. 미국 텍사스 주 오스틴 시에 토네이도가 발생하여 주택의 25퍼센트가 파괴되었다고 가상하자. 토네이도 발생 후에 주택에 대한 총지출이 토네이도 발생 전보다 더 많아질 것인가 또는 더 적어질 것인가 또는 동일해질 것인가? 설명하시오.

02. 매도인에게 조세가 부과되고 있다. 해당 상품에 대한 수요의 가격탄력성이 감소함에 따라 매수인이 부담하는 조세의 비중은 어떻게 변화하는가? 설명하시오

03. 다음의 각 경우에 대해 총수입이 증가하는지 또는 감소하는지 또는 불변하는지 설명하시오.

a. 수요는 비탄력적이고 가격이 하락한다.
b. 수요는 탄력적이고 가격이 상승한다.
c. 수요는 단위 탄력적이고 가격이 상승한다.
d. 수요는 비탄력적이고 가격이 상승한다.
e. 수요는 탄력적이고 가격이 하락한다.

04. "정부가 어떤 상품에 조세를 부과하고자 하는 경우 수요가 탄력적인 상품보다 비탄력적인 상품에 조세를 부과하여야 한다." 이 주장의 근거는 무엇인가?

05. 기울기가 하향하는 직선인 수요곡선이 오른쪽으로 이동하였다고 가상하자. 이전의 수요곡선보다 새로운 수요곡선 상에 있는 두 가격에 대한 수요의 가격탄력성이 더 높아 지는가 또는 더 낮아지는가 또는 동일한가?

06. 1947년 미국 법무성은 (그 당시 미국 내 셀로판 판매의 75퍼센트를 장악하고 있던) 듀퐁사에 대해 셀로판의 생산 및 판매를 독점하고 있다는 혐의로 소송을 제기하였다. 법정에서 듀퐁사는 셀로판이 해당 상품이 판매되는 시장의 여러 상품 중 하나에 불과하다고 주장하였다. 듀퐁사는 해당 시장이 셀로판 시장이 아니라(셀로판 이외에) 방수처리된 종이, 알루미늄 호일, 기타 다른 물품이 포함된 유연한 포장지 시장이라고 주장하였다. 듀퐁사는 보다 폭 넓게 정의된 시장에서 시장 점유율이 단지 20퍼센트에 불과하다고 주장하였다. 듀퐁사가 셀로판 시장에 속한 기업인지 아니면 보다 유연한 포장지 시장에 속한 기업인지 여부를 결정하는 데 위와 같은 정보가 어떻게 사용될수 있는지 설명하시오.

07. 주유소에서 휘발유의 현재가격은 갤런당 1달러이며 월간 1백만 갤런이 판매된다고 가상하자. 정부는 휘발유 1갤런당 10센트의 조세를 부과하려 하며 조세수입은 100,000달러(1백만 갤런 × 0.10달러 = 100,000달러)가 될 것이라고 말하였다. 어떤 가정을 하였는가?

08. 상품 A에 대한 수요는 완전 비탄력적이라고 가상하자. 또한 상품 A의 매수인들은 절도를 통해 가격을 지불하는 데 필요한 자금을 마련한다고 가상하자.

a. 상품 A의 공급이 감소할 경우 가격에는 어떤 변화가 발생하는가?
b. 상품 A의 매수인들이 범하는 범죄의 규모는 어떻게 되는가?

09. 수요의 가격탄력성이 수요곡선의 기울기와 동일하지 않다는 사실을 입증하시오

10. 밀에 대한 수요의 가격탄력성은 현재가격과 부셸당 2달러 인상된 가격 사이에서 0.7이라는 사실을 알고 있다고 가상하자. 밀 가격을 부셸당 2달러 인상하기 위해 농부들이 집단적으로 밀의 공급을 감소시킬 것이라고 생각하는가? 설명하시오. 농부들이 밀 공급을 감소시키기로 하였다면 이들이 직면하는 문제는 무엇인가?

11. 다음의 각 경우에 대해 수요가 탄력적인지, 비탄력적인지, 완전 탄력적인지, 완전 비탄력적인지, 단위 탄력적인지 여부를 설명하시오.

a. 가격이 10퍼센트 상승하고 수요량은 2퍼센트 감소하였다.

b.가격이 5퍼센트 하락하고 수요량은 4퍼센트 증가하였다.

c. 가격이 6퍼센트 하락하고 수요량은 변화하지 않았다.

d. 가격이 2퍼센트 상승하고 수요량은 1퍼센트 감소하였다.

12. 치약회사와 입안을 가시는 가글 회사가 경쟁관계인지 여부를 어떻게 결정할 수 있는가?

13. 매도인은 두 가격 사이에서 자신의 상품에 대한 수요가 비탄력적인지, 탄력적인지, 단위 탄력적인지 여부를 어떻게 결정하는지 설명하시오.

14. 아래 상품의 각 쌍들 중에서 어느 것이 더 높은 수요의 가격탄력성을 갖는지 설명하시오.

a. 단기간의 항공여행 또는 장기간의 항공여행

b. 텔레비전 수상기 또는 LG의 텔레비전 수상기

c. 자동차 또는 포드사의 자동차

d. 전화기 또는 AT & T 전화기

e. 팝콘 또는 특정 상품의 팝콘

숫자 및 그래프를 활용한 문제

01. 어떤 대학이 연간 수업료를 23,000달러에서 24,000달러로 인상하였고 등록학생 수는 4,877명에서 4,705명으로 감소하였다. 수요의 가격탄력성을 계산하시오. 수요는 탄력적인가 또는 비탄력적인가?

02. 상품 X의 가격이 10달러에서 12달러로 인상됨에 따라 상품 Y의 수요량은 100개에서 114개로 증가하였다.상품 X 및 Y는 대체재인가 아니면 보완재인가? 수요의 교차탄력성은 얼마인가?

03. 월간 소득이 2,000달러에서 2,500달러로 인상됨에 따라 상품 X의 수요량은 130개에서 145개로 증가하였다.수요의 소득탄력성은 얼마인가?

04. 어떤 상품의 가격이 4달러에서 5.50달러로 인상됨에 따라 공급량은 120개에서 140개로 증가하였다. 공급의 가격탄력성은 얼마인가?

05. 아래 그림에서 D_1상에 있는 두 개 가격 사이의 수요의 가격탄력성은 얼마인가? D_2의 경우는 어떠한가?

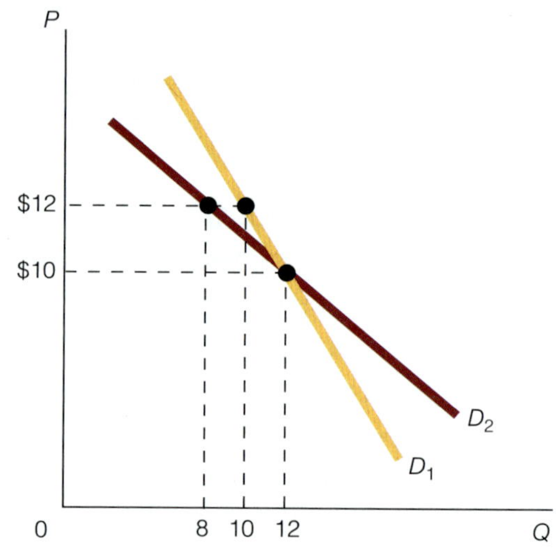

제 7 장

소비자 선택: 효용 극대화

7.1 효용이론

물은 가격이 저렴하고 다이아몬드는 가격이 비싸다. 하지만 물은 인간 생활에 반드시 필요하고 다이아몬드는 그렇지 않다. 인간 생활에 필요한 것은 가격이 저렴하고 필요하지 않은 것의 가격이 비싼 상황은 이상하지 않은가?

어쩌면 역설적이지 않은가? 18세기의 경제학자인 아담 스미스(Adam Smith)는 이 문제에 관해 다음과 같이 말하였다. 사용가치가 가장 큰 것(가장 유용한 것)들은 상대적으로 가격이 낮고 사용가치가 거의 없거나 전혀 없는 것들은 가격이 높다. 이를 **다이아몬드-물 역설**(diamond water paradox) 또는 가치의 역설이라고 한다. 경제학자들은 이런 역설에 대해 해법을 제시하였으며 여기서는 그 일부를 살펴보고자 한다.

다이아몬드-물 역설

1 효용: 총효용 및 한계효용

어떤 상품이 **효용**(utility)을 준다고 말하는 것은 해당 상품이 욕구를 충족시키거나 만족을 준다고 말하는 것과 같다. 예를 들어 상품 X의 첫 번째 단위를 구입하여 그로부터 일정한 효용, 예를 들면 효용 10을 얻었다고 가상하자. 다시 두 번째 단위를 구입하여 효용 8을 얻었고 세 번째 단위를 구입하여 효용 7을 얻었다고 하자. 3개 단위로부터 얻은 효용의 총합, 즉 25는 상품 X를 구매함으로써 얻은 총효용이 된다. **총효용**(total utility)은 어떤 상품의 특정한 양(위의 예에서는 상품 X의 3단위)을 소비함으로써 얻게 되는 총만족을 말한다.

효용

총효용

총효용은 한계효용과 다르다. **한계효용**(marginal utility)은 상품 X를 1단위 더 소비함으로써 얻게 되는 추가적인 효용을 말한다. 한계효용(MU)은 총효용의 변화(ΔTU)를 상품 소비량의 변화(ΔQ)로 나누어 구할 수 있다.

한계효용

$$MU = \frac{\Delta TU}{\Delta Q}$$

여기서 상품 소비량의 변화는 상품 1단위를 의미한다.

사과 1개를 소비하여 총효용 10을 얻었고 2개를 소비하여 총효용 19를 얻었다고 가상하자. 두 번째 사과의 한계효용(사과를 1개 더 소비함으로써 얻게 되는 추가 효용)은 9이다. 더 많은 사과를 소비함에 따라 총효용은 증가하지만 한계효용(사과를 1개 더 소비함으로써 얻게 되는 추가 효용)은 감소한다.

2 한계효용 체감의 법칙

두 번째 단위의 한계효용은 첫 번째 단위의 한계효용보다 더 큰가 또는 더 작은가 또는 동일한가? 세 번째 단위와 두 번째 단위의 한계효용 차이는 어떠한가? 다섯 번째 단위와 네 번째 단위의 한계효용 차이는 어떠한가?(소비되는 단위의 수는 이렇게 연장될 수 있다) 일반적으로 제기되는 의문점은 다음으로 소비되는 단위의 한계효용이 바로 전에 소비한 단위의 한계효용보다 더 큰가 또는 더 작은가 또는 동일한가 여부이다.

한계효용 체감의 법칙

경제학자들은 일반적으로 "더 작다"고 대답한다. **한계효용 체감의 법칙**(law of diminishing marginal utility)에 따르면 일정한 기간에 걸쳐 어떤 상품을 이전과 동일한 양만큼 소비하여 얻은 한계효용은 소비량이 증가함에 따라 감소한다. 다시 말해 상품의 첫 번째 단위를 소비하여 얻은 효용의 수는 두 번째 단위를 소비하여 얻은 효용의 수보다 크다. 두 번째 단위의 효용 수가 세 번째 단위의 효용 수보다 더 크고 세 번째 단위의 효용 수가 네 번째 단위의 효용 수보다 더 크며 이렇게 계속된다.

그림 1은 한계효용 체감의 법칙을 보여주고 있다. 그림 1(a)에 있는 표는 어떤 상품을 소비하여 얻을 수 있는 총효용과 1단위 더 소비하여 얻을 수 있는 한계효용을 보여준다. 그림 1(a)에 기초하여 그림 1(b)는 총효용 곡선을 나타내고 그림 1(c)는 한계효용 곡선을 나타낸다. 그림 1(b) 및 (c)의 그래프에 따르면 한계효용은 감소해 가는데 총효용은 증가한다. 총효용과 한계효용의 이런 관계는 다이아몬드-물의 역설을 설명하는 데 중요한 역할을 한다.

한계효용 체감의 법칙은 다음과 같은 생각에 기초하고 있다. 어떤 상품이 여러 용도로 사용될 수 있지만 단지 한 단위만 가용할 수 있는 경우 소비자는 가장 긴급한 욕구를 충족시키기 위해서 첫 번째 단위를 사용한다. 두 단위를 가용할 수 있는 경우 소비자는 덜 긴급한 욕구를 충족시키는 데 두 번째 단위를 사용한다. 상품 X는 욕구 A부터 E까지 충족시키는 데 사용될 수 있다고 가상하자. A는 가장 긴급한 욕구이며 E는 가장 적게 긴급한 욕구이다. B는 C보다 더 긴급하며 C는 D보다 더 긴급하고 D는 E보다 더 긴급하다. 이런 욕구를 다음과 같은 그림으로 나타낼 수 있다.

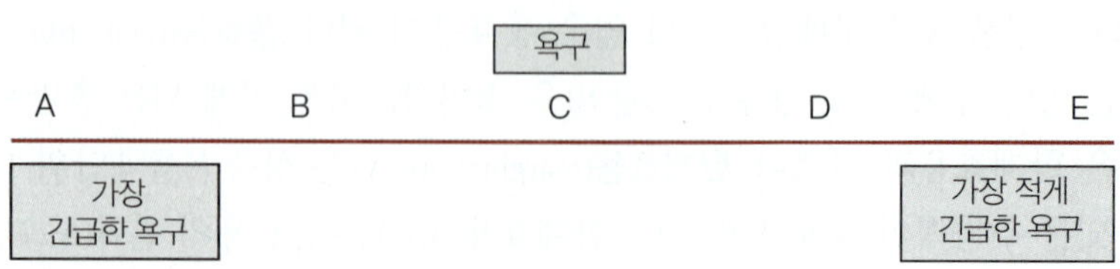

그림 1

(1) 상품 X의 단위 수	(2) 총효용	(3) 한계효용
0	0	–
1	10	10
2	19	9
3	27	8
4	34	7
5	40	6

(a)

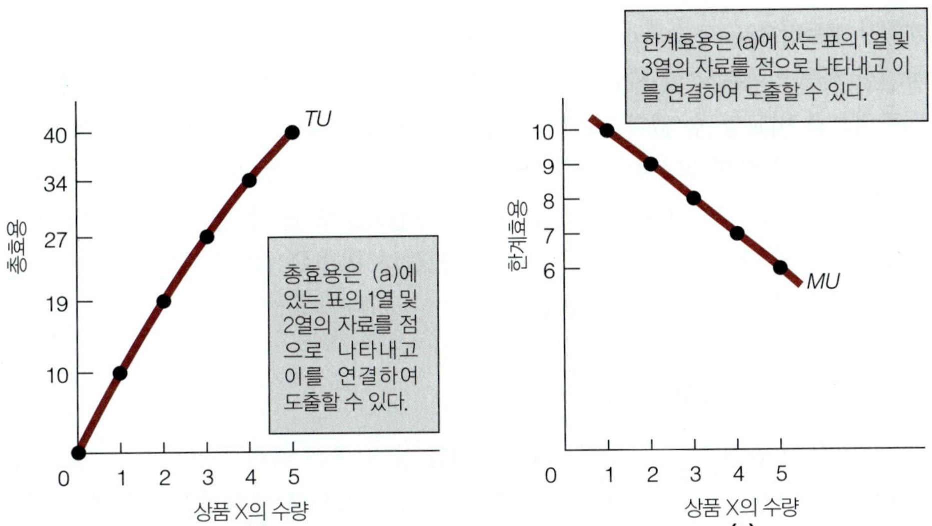

(b) **(c)**

총효용, 한계효용, 한계효용 체감의 법칙

TU = 총효용, MU = 한계효용. (a) 총효용 및 한계효용 둘 다 효용단위로 나타낸다. 한계효용은 총효용의 변화를 해당 상품 소비량의 변화로 나눈 값이다. 즉 다음과 같다. $MU = \Delta TU/\Delta Q$. (b) 총효용 곡선을 보여준다. (c) 한계효용 곡선을 보여준다. (b) 및 (c)를 종합해서 살펴보면 (c)에서처럼 한계효용이 감소할 경우에도 (b)처럼 총효용이 증가할 수 있다.

상품 X의 첫 번째 단위는 욕구 A부터 E까지 중에서 오직 한 개의 욕구만을 충족시킬 수 있다. 사람들은 일반적으로 모든 것에 앞서 가장 긴급한 욕구를 충족시키기 때문에 욕구 B, C, D, E 대신에 욕구 A를 선택한다. (3일 동안 물을 마시지 못하고) 사막에서 갈증을 느끼고 있는데 우연히 물 1리터를 발견하였다면 손을 씻지 않고 이 물을 마실 것이다. 즉 가장 긴급한 욕구를 먼저 충족시킬 것이다. 물로 손을 씻는 것은 마시는 것보다 더 적은 효용을 줄 것이다.

백만장자와 가난한 사람: 한계효용 체감의 법칙이 의미하는 것과 의미하지 않는 것 가난한 사람과 백만장자 중 추가되는 1달러로부터 누가 더 큰 효용을 얻는가? 많은 사람들은 백만장자보다 가난한 사람이 돈이 적기 때문에 추가되는 1달러로부터 더 큰 효용을 얻는다고 말한다. 백만장자에게 추가되는 1달러는 아무것도 아니다. 백만장자는 많은 돈을 갖고 있기 때문에 추가되는 1달러는 아무런 의미가 없다고 생각한다.

일부 사람들은 한계효용 체감의 법칙을 이용하여 백만장자가 가난한 사람보다 추가되는 1달러로부터 더 적은 효용을 얻는다는 주장을 입증할 수 있다고 생각한다. 하지만 이는 한계효용 체감의 법칙을 잘못 이해한 것이다. 이 법칙은 백만장자에게나 또는 가난한 사람에게 추가되는 1달러가 이전의 1달러보다 가치가 더 적다고 말할 뿐이다. 백만장자는 200만 달러를 갖고 있고 가난한 사람은 1,000달러를 갖고 있다고 하자. 이들에게 각각 1달러를 추가적으로 주었다고 하자. 한계효용 체감의 법칙에 따르면 다음과 같다. (1) 백만장자에게 추가적인 1달러는 200만 번째의 1달러보다 가치가 적다. (2) 가난한 사람에게 추가적인 1달러는 1,000번째의 1달러보다 가치가 적다. 이것이 한계효용 체감의 법칙이 말하는 전부이다. 추가적인 1달러가 가난한 사람보다 백만장자에게 더 가치가 있는지 또는 덜 가치가 있는지를 알 수 없다. 요약하면 한계효용 체감의 법칙은 백만장자와 가난한 사람에 대해 마지막 1달러가 바로 이전의 1달러보다 덜 가치가 있다고 말할 뿐이다. 가난한 사람의 효용과 비교한 백만장자의 효용에 관해 어떤 언급도 하지 않는다.

개인간 효용비교

추가적인 1달러로부터 백만장자가 얻는 효용을 가난한 사람이 얻는 효용과 비교하려면 **개인간 효용비교**(interpersonal utility comparison)를 할 수 있어야 한다. 효용은 주관적이므로 동일한 물품으로부터 한 사람이 얻는 효용을 다른 사람이 얻는 효용과 과학적으로 또는 객관적으로 비교할 수 없다. 가난한 사람과 비교해 볼 때 추가적인 1달러로부터 백만장자가 얼마나 많은 만족(효용)을 얻는지 누가 확실히 알 수 있겠는가? 가난한 사람은 돈에 덜 관심을 갖고 이를 회피하려 하며 죄악의 근원으로도 볼 수 있다. 그리고 돈이 필요하지 않은 인생의 다른 것을 추구하려 할지도 모른다. 반면에 백만장자는 보다 많은 돈을 축적하는 데만 관심이 있을 수도 있다.

3 다이아몬드–물 역설에 대한 해법

상품은 총효용과 한계효용 둘 다를 갖는다. 예를 들면 물은 극히 유용하다. 즉 물이 없다면 생존할 수 없다. 물의 총효용(물의 총유용성)은 높을 것으로 예상되지만 상대적으로 풍부하기 때문에 한계효용은 낮을 것으로 생각된다. 한계효용 체감의 법칙이 말하는 것처럼 어떤 상품의 소비가 증대함에 따라 해당 상품이 계속적으로 소비되는 단위의 효용은 체감한다. 간단히 말해 물은 한없이 유용하지만 극히 많이 존재하기 때문에 사람들은 추가되는 물에 대해 상대적으로 작은 가치를 두게 된다.

이와는 대조적으로 다이아몬드는 물만큼 유용하지 않다. 다이아몬드의 총효용은 물의 총효용보다 낮을 것으로 예상되지만 한계효용은 높을 것으로 생각된다. 세상에는 상대적으로 다이아몬드가 희소하기 때문에 (물의 소비와 달리) 다이아몬드 소비는 상대적으로 높은 한계효용에서 이루어진다. 희귀한 다이아몬드는 소수의 가치 있는 용도에만 사용된다. 풍부한 물은 많은 가치 있는 용도와 그렇게 가치 없는 용도로도 사용된다.

이처럼 물은 극히 유용하기 때문에 물의 총효용은 높다. 다이아몬드는 물만큼 유용하지 않기 때문에 다이아몬드의 총효용은 상대적으로 낮다. 물은 매우 풍부해서 사람들이 낮은 한계효용에서 소비하기 때문에 물의 한계효용은 낮다. 다이아몬드는 매우 희귀해서 사람들이 높은 한계효용에서 소비하기 때문에 다이아몬드의 한계효용은 높다.

이처럼 가격은 총효용이 아니라 한계효용을 반영한다.

7.2 소비자 균형 및 수요

이 절에서는 소비자 균형에 필요한 조건을 살펴보고 이 소비자 균형과 수요법칙의 관계에 대해 논의할 것이다. 이런 논의는 개인들이 효용을 극대화한다는 가정 위에서 이루어질 것이다.

1 화폐 단위당 한계효용을 균등하게 하기

세상에는 단지 두 개의 상품, 즉 사과 및 오렌지만이 존재한다고 가상하자. 현재 소비자는 매주 10개의 사과와 10개의 오렌지에 자신의 소득을 전부 지출하고 있다. 어떤 주에 사과 및 오렌지의 한계효용(MU)과 가격(P)은 다음과 같다.

$$MU_{\text{오렌지}} = 30$$
$$MU_{\text{사과}} = 20$$
$$P_{\text{오렌지}} = 1\text{달러}$$
$$P_{\text{사과}} = 1\text{달러}$$

사과에 지출한 소비자의 한계 (마지막) 달러화는 달러당 효용 20이 되며 오렌지에 지출한 한계 (마지막) 달러화는 달러당 효용 30이 된다. 비율 MU_O/P_O(O = 오렌지)는 비율 MU_A/P_A(A = 사과)보다 크다. 즉 다음과 같다.

$$\frac{MU_O}{P_O} > \frac{MU_A}{P_A}$$

소비자가 위와 같은 사실을 한 주 동안 깨닫게 되면 다음 주에는 아래와 같이 사과와 오렌지의 구입을 조절하게 된다. "오렌지를 구입할 경우 사과를 구입할 경우(효용 20)보다 더 많은 효용(효용 30)을 얻게 된다. 1달러를 갖고 오렌지를 1개 더 구입하고 사과를 1개 덜 구입하는 것이 낫다. 오렌지를 구입할 경우 효용 30을 얻어서 사과를 구입할 경우보다 효용 10을 더 얻을 수 있다."

하지만 소비자가 오렌지를 1개 더 사과를 1개 적게 구입할 경우 오렌지의 한계효용은 감소하고 (한계효용 체감의 법칙은 어떤 상품을 한 개 더 구입할 경우에 관해 설명하고 있다) 사과의 한계효용은 증가한다(소비자는 더 적은 수의 사과를 소비하게 된다). 소비자는 오렌지를 1개 더 구입하고 사과를 1개 덜 구입하므로 이제는 오렌지 11개와 사과 9개를 갖게 된다. 이런 새로운 상품의 조합은 다음과 같다.

$$MU_O = 25$$
$$MU_A = 25$$
$$P_O = 1\text{달러}$$
$$P_A = 1\text{달러}$$

이제는 비율 MU_O/P_O가 MU_A/P_A와 같아진다. 소비자는 두 개 상품 각각으로부터 달러당 동일한 규모의 효용(효용 25)을 얻게 된다. 소비자가 구매를 조절하여(즉 한 상품을 더 많이 구입하고 다른 상품을 덜 구입하여) 효용을 증대시킬 방법이 없다. 소비자는 균형에 있게 된다. 즉 모든 상품에 대해 달러당 동일한 효용을 얻게 된다. **소비자 균형**(consumer equilibrium)의 조건은 다음과 같다.

소비자 균형

$$\frac{MU_A}{P_A} = \frac{MU_B}{P_B} = \frac{MU_C}{P_C} = \cdots = \frac{MU_Z}{P_Z}$$

여기서 문자 $A \sim Z$는 어떤 사람이 구입한 모든 종류의 상품을 의미한다.

소비자 균형에서 소비자는 총효용을 극대화시킨다. 소비자는 가장 큰 한계효용을 주는 상품에 더 많은 지출을 하여 소비자 균형조건에 도달함으로써 가능한 많은 효용을 추가할 수 있다.

2 효용 극대화 및 수요법칙

오렌지 및 사과를 구입하는 소비자는 현재 균형상태에 있다고 가상하자. 즉 다음과 같다.

$$\frac{MU_O}{P_O} = \frac{MU_A}{P_A}$$

균형에서 소비자는 효용이 극대화된다. 이제 오렌지 가격이 하락하였다고 가상하자. 상황은 다음과 같아진다.

$$\frac{MU_O}{P_O} > \frac{MU_A}{P_A}$$

소비자는 오렌지를 더 많이 구입함으로써 균형을 회복하려 한다. 오렌지 가격이 하락할 경우 더 많은 오렌지를 구입하는 행태는 수요법칙과 일치한다.

소비자가 효용을 극대화하려 한다는 말을 달리 표현하면 소비자는 균형에 도달하려 한다고 말할 수 있으며 이는 수요법칙과 일관성이 있다. 즉 효용 극대화는 수요법칙과 일치한다. 어떤 상품의 가격이 하락할 경우 해당 상품을 더 많이 구입하는지 여부를 물어보도록 하자. 즉 수요법칙과 일치하는지 여부를 물어보자. 그렇다고 하면 그 사람은 효용을 극대화한다고 볼 수 있다. 왜냐하면 효용 극대화는 수요법칙과 일치하기 때문이다.

3 정부는 필수품을 무료로 공급하여야 하는가?

일부 사람들은 식료품과 물이 생활하는 데 필수품이고 이것들 없이는 살 수 없기 때문에 이에 대해 가격을 부과하는 것은 잘못이라고 주장한다. 정부는 모든 사람들에게 이것들을 무료로 제공하여야 한다고 말한다. 이와 유사하게 일부 사람들은 아픈 사람들에게 진료는 필수품이라고 주장한다. 따라서 진료에 대해 대가를 지불하도록 하는 것은 잘못이라고 본다.

정부는 진료가 필요한 사람에게 무료로 이를 공급하여야 한다. 위의 주장들은 일부 물품(식료품, 물, 진료)을 필수품이라고 분류하여 정부가 무상으로 이를 공급하여야 한다고 본다.

정부가 식료품, 물, 진료를 무상으로, 즉 영인 가격으로 제공한다고 가상하자. 영인 가격에서 사람들은 한계효용이 영이 되는 점까지 해당 상품을 소비하고자 한다. 한계효용이 가격보다 더 크다면 사람들은 해당 상품을 구입함으로써 더 큰 효용을 얻을 수 있다. 예를 들면 어떤 상품의 가격이 5달러인 경우 해당 상품으로부터 얻을수 있는 한계효용이 5달러보다 크다면 그 상품을 계속 구입하게 된다. 가격이 0달러인 경우 사람들은 해당 상품으로부터 얻을 수 있는 한계효용이 0달러보다 크다면 계속해서 그 상품을 소비한다.

소비되는 물품을 한 단위 생산할 때마다 자원이 사용된다. 정부가 (영인 가격에서 식료품 , 물, 진료가 갖게 되는) 낮은 한계효용의 물품을 생산하는 데 희소한 자원을 사용한다면 다른 물품을 생산하는 데 더 적은 자원이 사용될 수밖에 없다. 더 높은 한계효용을 갖는 물품을 생산하는 데 자원이 사용될 수 있다면 총효용이 증대된다.

일부 물품들이 무상으로 제공되어야 한다고 주장하는 사람들은 식료품, 물, 진료가 크게 가치있지 않은 용도로 사용되더라도 영인 가격에서 해당 물품이 완벽하게 공급되기 위해 지불해야 하는 조세를 정당화시킬 만큼 무상공급이 가치가 있다고 묵시적으로 가정한다. 하지만 물, 식료품, 진료가 가장 낮은 가치를 갖는 용도로 사용되는 것이 이런 물품이 생산될 경우 생산을 포기할 수밖에 없는 다른 물품의 희생만큼 가치가 있는지 의구심이 생긴다.

이 문제를 이렇게 생각하여 보자. 현재 물 가격이 상대적으로 저렴해서 사람들은 가치있는 용도뿐만 아니라 그렇게 가치가 있지 않은 용도로도 사용한다. 하지만 물 가격이 현재보다 더 저렴하게 영인 가격으로 책정된다면 물은 가치있는 용도, 그렇게 가치가 있지 않은 용도, 그리고 절대적으로 가장 작은 가치를 갖는 용도로 사용될 것인가? 식료품 가격이 영이 된다면 가치 있는 용도, 그렇게 가치가 있지 않은 용도, 그리고 가장 작은 가치를 갖는 용도로 사용될 것인가?

요약 및 정리

43 한계효용 체감의 법칙

- 한계효용 체감의 법칙에 따르면 어떤 상품의 소비량이 증가함에 따라 해당 상품의 한계효용이 감소한다.
- 한계효용 체감의 법칙은 개인 간 효용을 비교하는 데 사용되서는 안 된다. 예를 들면 이 법칙에 의거하여 추가적인 1달러로부터 백만장자가 가난한 사람보다 더 적은(또는 더 많은) 효용을 얻는다고 말할 수 없다. 이 법칙이 의미하는 바는 백만장자 및 가난한 사람 둘 다에게 마지막 1달러가 바로 전의 1달러보다 가치가 적다는 것이다.

44 다이아몬드- 물 역설

- 다이아몬드-물 역설에 의거하면 사용가치가 큰 것이 이따금 교환가치는 작을 수 있고 사용가치가 작은 것이 이따금 교환가치는 클 수있다. 총효용과 한계효용의 차이점을 아는 것이 다이아몬드-물 역설을 해결하는 데 필요하다.
- 어떤 상품의 경우 총효용은 높지만 한계효용은 낮을 수 있다. 예를 들어 물의 총효용은 높지만 너무 풍부하기 때문에 한계효용은 낮다. 간단히 말해 물은 대단히 유용하지만 너무 풍부해서 추가적인 1단위에 대해 상대적으로 낮은 가치

를 둔다. 반면에 다이아몬드는 물만큼 유용하지는 않지만 세상에서 희귀하기 때문에 다이아몬드의 한계효용은 높다. 요약해서 말하면 어떤 상품이 극히 유용할 수 있지만 해당 상품의 공급이 풍부한 경우 가격이 낮을 수 있다(높은 사용가치와 낮은 교환가치를 가질 수 있다). 반면에 어떤 상품이 거의 유용하지 않지만 해당 상품의 공급이 부족한 경우 가격이 높을 수 있다(낮은 사용가치와 높은 교환가치를 가질 수 있다).

45 소비자 균형

- 개인들은 달러당 한계효용을 동일하게 하고자 한다. 예를 들어 상품 A에 지출한 달러당 효용이 상품 B에 지출한 달러당 효용보다 큰 경우 구매를 재조정하여 상품 A를 더 많이 매입하고 상품 B를 더 적게 매입한다. $MU_A/P_A > MU_B/P_B$가 $MU_A/P_A = MU_B/P_B$로 이동하는 경향이 있다. 후자의 조건이 (두 개 상품이 있는 경우) 소비자 균형을 나타낸다.

46 한계효용 분석 및 수요법칙

- 한계효용 분석을 이용하여 다른 사정이 동일한 경우 가격과 수요량이 역의 관계에 있다는 수요법칙을 설명할 수 있다. 단지 두 개 상품 A 및 B만 있는 세상의 소비자 균형에서 시작하여 보자. 상품 A의 가격이 하락하면 MU_A/P_A가 MU_B/P_B보다 커진다. 따라서 소비자는 상품 A를 더 많이 구입하여 자신의 균형을 회복하게 된다.

주요 용어 및 개념

다이아몬드-물 역설
효용
총효용
한계효용
한계효용 체감의 법칙
개인간 효용비교
소비자 균형

연습문제

01. 어떤 물품을 많이 보유함으로써 나쁜 것으로 변하는 것이 가능한가? 만일 있다면 예를 드시오.
02. "부자로부터 1달러를 가져다가 가난한 사람에게 줄 경우 가난한 사람이 얻은 효용보다 부자는 더 적은 효용을 잃게 된다" 논의하시오.
03. 한계효용 체감의 법칙은 사람들이 교환한다는 사실과 일치한다. 동의하는가 또는 동의하지 않는가? 설명하시오.
04. 한계효용은 감소하는 데도 총효용이 증가하는 사실을 보여주는 숫자 예를 드시오.
05. 사용가치가 더 큰 물품이 사용가치가 더 적은 물품보다 더 적은 교환가치를 갖는 두 개 물품으로 구성된 다섯 개 쌍의 예를 드시오(각 쌍은 예를 들면 다이아몬드와 물처럼 두 개 물품으로 구성된다).
06. 거리에 있는 두 채의 유사한 주택 중에서 한 채는 해양을 접하고 있고 다른 한 채는 그렇지 못하다. 해양을 볼 수 있는 경관의 가격을 어떻게 결정할 수 있는가? 설명하시오.
07. 수요법칙과 사람들은 효용을 극대화한다는 가정 사이에 논리적인 연계성이 있는가?(요령: 가격과 수요량 사이에 역의 관계가 있다는 사실을 설명하는 데 소비자 균형조건이 어떻게 사용될 수 있는지 생각해 보시오)
08. 좋은 학군에 있는 주택을 구입하는 것과 자녀를 사립학교에 보내는 것은 어떻게 유사한가?
09. 두 번째 주택을 구입하는 사람들은 첫 번째 주택을 구입하는 사람들보다 보통 적은 금액을 지불한다. 그 이유는 무엇인가?
10. 상품 A의 한계효용은 4이고 가격은 2달러이며 상품 B의 한계효용은 6이고 가격은 1달러이다. 어떤 사람이 각 상품을 1단위 구입함으로써 총 3달러를 지출하였다면 이 사람은 (총)효용을 극대화하는 소비자인가? 만일 그렇지 않다면 어떻게 보다 많은 효용을 얻을 수 있는가?

숫자 및 그래프를 활용한 문제

01. X의 세 번째 단위에 대한 한계효용은 60이고 네 번째 단위에 대한 한계효용은 45이다. 한계효용 체감의 법칙이 준수될 경우 최소 총효용은 무엇인가?

02. 아래 표의 공란 A~D를 채우시오.

소비한 상품의 단위	총효용	한계효용
1	10	10
2	19	A
3	B	8
4	33	C
5	35	D

03. 상품 X의 처음 5개에 대한 총효용은 각각 10, 19, 26, 33, 40이다. 다시 말해 1단위의 총효용은 10이고 2단위의 총효용은 19이며 이렇게 계속된다. 세 번째 단위의 한계효용은 무엇인가?

다음 표를 이용하여 4번 및 5번 문제에 답하시오.

상품 X의 개수	상품 X의 총효용	상품 Y의 개수	상품 Y의 총효용
1	20	1	19
2	35	2	32
3	48	3	40
4	58	4	45
5	66	5	49

04. 조지(George)는 상품 X 및 상품 Y를 구입하기 위해 매주 (총)5달러를 지출하고 각 상품의 가격은 개당 1달러라면 효용을 극대화하기 위해서 각 상품을 몇 개 구입하여야 하는가?

05. 문제 4에서 조지가 구입한 각 상품의 개수가 주어진 경우 총효용은 얼마인가?

06. 한계효용이 일정한 상품의 한계효용 곡선을 그리시오.

예산제약선 및 무차별곡선의 분석

이 장에서는 한계효용 이론을 이용하여 소비자 선택에 관해 살펴볼 것이다. 상급 학년에서는 이를 위해 예산제약선과 무차별곡선 분석을 사용하기도 한다. 이 부록에서는 이에 대해 살펴볼 것이다.

B.1 예산제약선

예산제약선

사회는 생산가능곡선을 가지며 개인은 **예산제약선**(budget constraint)을 갖는다. 예산제약선은 세 가지 요소, 즉 두 개 가격 및 개인의 소득에 기초한다. 예를 들면 오브리엔(O' Brien)은 월간 소득이 1,200달러이다. 두 개 상품 X 및 Y로 구성된 세상에서 오브리엔은 자신의 소득을 X에만 사용할 수도 있고 Y에만 사용할 수도 있으며 X 및 Y 둘 다에 사용할 수도 있다. X의 가격은 100달러이고 Y의 가격은 80달러이다. 오브리엔이 자신의 소득을 전부 X에만 사용할 경우 최대 12개를 구입할 수 있으며 Y에만 사용할 경우 최대 15개를 구입할 수 있다. 그림 1에서 보는 것처럼 평면에 이들 두 점을 표시하고 선으로 연결하면 오브리엔의 예산제약선을 도출할 수 있다. 예산제약선 아래에 위치한 점들뿐만 아니라 예산제약선 상의 점들은 오브리엔이 가용할 수 있는 두 상품의 조합(꾸러미)을 나타낸다.

그림 1

예산제약선

개인의 예산제약선을 통해 가용할 수 있는 두 상품의 상이한 조합(꾸러미)을 알 수 있다. (두 개 상품을 가정하고 있지만 상품이 여러 개인 경우 한 축에 한 상품을 나타내고 다른 축에 모든 다른 상품을 나타낼 수 있다.) (소득 및 두 개 상품의 가격이 주어진 경우) 개인이 소비할 수 있는 각 상품의 최대 수량을 구하여 이 두 점을 연결하면 예산제약선을 도출할 수 있다.

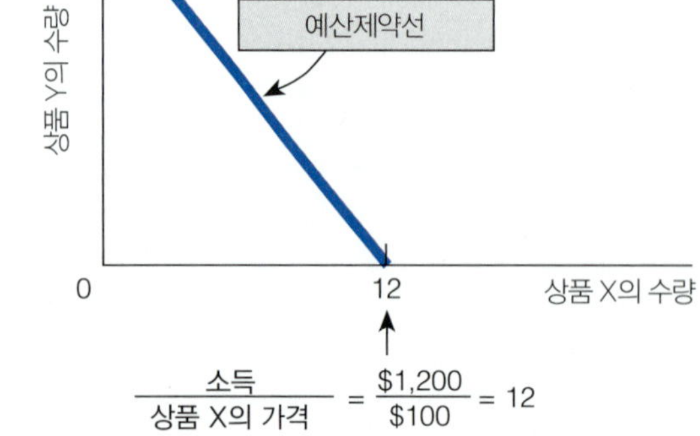

1 예산제약선의 기울기

예산제약선의 기울기는 특별한 의미를 갖는다. 기울기의 절대값은 두 개 상품 X 및 Y의 상대가격을 나타낸다. 그림 1에서 기울기, 즉 P_X / P_Y는 1.25이며 X의 1단위의 상대가격은 Y의 1.25단위에 해당한다.

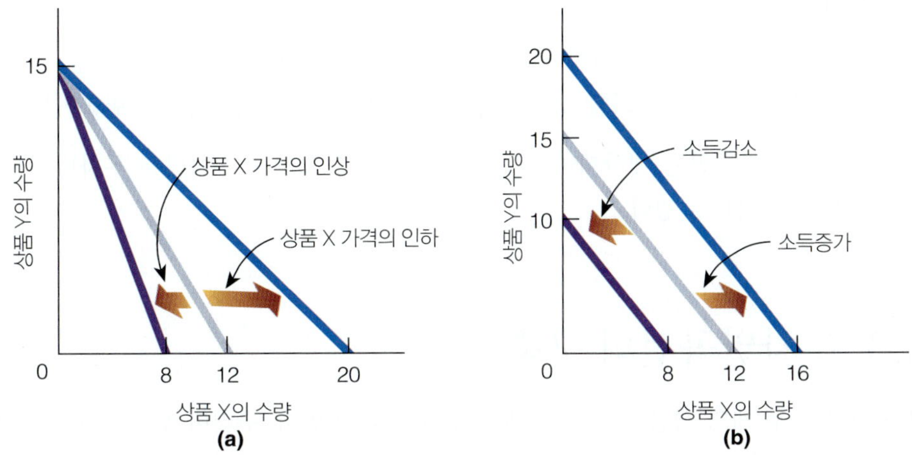

그림 2

예산제약선의 변화

(a) 상품 X 또는 상품 Y의 가격이 변화할 경우 예산제약선의 기울기가 변화한다. (b) 소득이 변화할 경우 예산제약선의 위치는 변화하지만 기울기는 변화하지 않는다. 예산제약선이 변화할 경우 개인이 가용할 수 있는 두 상품의 조합(꾸러미) 숫자도 변화한다.

2 무엇이 예산제약선을 변화시키는가?

세 개 변수, 즉 두 개 가격 및 개인소득 중 어느 것이 변화하면 예산제약선이 변한다. 하지만 변화의 결과가 동일하지는 않다. 상품 X의 가격이 100달러에서 60달러로 하락하였다고 가상하자. 이렇게 변화할 경우 소득 1,200달러를 갖고 구입할 수 있는 상품 X의 최대 수량은 12개에서 20개로 증가한다. 그림 2(a)에서 보는 것처럼 예산제약선은 원점으로부터 멀리 회전한다. 또한 두 개 상품에 대한 오브리엔의 상품조합 수는 증가한다. 즉 가격이 하락하고 나서 전보다 두 개 상품의 보다 많은 꾸러미를 가용할 수 있다.

상품 X의 가격이 인상될 경우 예산제약선에는 어떤 변화가 발생하는가? 예를 들면 100달러에서 150달러로 인상되는 경우 상품 X의 최대 수량은 12개에서 8개로 감소한다. 예산제약선은 원점을 향해 회전하게 된다. 따라서 오브리엔이 가용할 수 있는 꾸러미의 수는 감소한다. 이처럼 한 상품의 가격이 변화하면 예산제약선의 기울기가 변하며 이에 따라 상대가격과 개인이 가용할 수 있는 꾸러미의 수도 변화한다.

이제는 소득의 변화에 대해 생각하여 보자. 오브리엔의 소득이 1,600달러로 상승하였다면 X를 구매할 수 있는 최대 수량은 16개로 증가하고 Y의 최대 수량은 20개로 증가한다. 예산제약선은 (원점으로부터 멀리) 오른쪽으로 이동하며 이는 기존의 예산제약선과 평행하게 이루어진다. 따라서 그림 2(b)에서 보는 것처럼 오브리엔이 가용할 수 있는 꾸러미의 수는 증가한다. 오브리엔의 소득이 1,200달러에서 800달러로 하락할 경우 예산제약선의 두 개 극단점은 상품 X 및 Y에 대해 각각 8개 및 10개가 된다. 예산제약선은 (원점을 향해) 왼쪽으로 기존의 예산제약선에 대해 평행하게 이동한다. 따라서 오브리엔이 가용할 수 있는 꾸러미의 수는 감소한다.

B.2 무차별곡선

물론 개인은 예산제약선 상에 있거나 아래에 있는 두 상품의 어떤 꾸러미도 선택할 수 있다. 소득을 전부 지출하여 예산제약선 상의 점을 선택할 경우 다음과 같은 두 가지 의문점이 제기된다.

(1) 두 개 상품의 여러 꾸러미 중 어느 꾸러미를 선택하게 되는가?
(2) 가격이나 소득이 변화할 경우 개인이 선택할 상품조합은 어떻게 변화하는가?

이 두 가지 의문점은 예산제약선과 개인의 선호를 그래프로 나타낸 무차별곡선을 결합함으로써 해결할 수 있다.

B.3 무차별곡선의 구축

어떤 사람은 두 개의 상품 꾸러미에 대해 무차별할 수 있다. 꾸러미 A는 신발 2컬레와 셔츠 6벌로 구성되며 꾸러미 B는 신발 3컬레와 셔츠 4벌로 구성된다고 가상하자. 이 두 꾸러미에 대해 무차별한 사람은 묵시적으로 한 꾸러미가 다른 꾸러미만큼 좋다고 말하는 것이다. 두 꾸러미로부터 동일한 총효용을 얻을 수 있는 경우에만 이런 말을 할 수 있다. 그렇지 않은 경우 한 꾸러미를 다른 꾸러미보다 선호하게 된다.

무차별집합
무차별곡선

어떤 개인이 동일한 효용을 얻을 수 있는 모든 상이한 꾸러미를 표로 나타내면 **무차별집합**(indifference set)이 된다. 이 무차별 집합의 자료를 그래프로 나타내면 **무차별곡선**(indifference curve)이 된다. 그림 3(a)에 있는 무차별 집합을 생각해 보자. 네 개의 상품 꾸러미 A~D 중에서 각 꾸러미는 동일한 총효용을 제공한다. 그림 3(b)는 동일한 효용 꾸러미를 그래프로 나타낸 것이다. 평면에 그려진 꾸러미들을 연결하면 무차별곡선이 된다.

1 무차별곡선의 특징

무차별곡선은 소비자 행태에 관한 합리적인 가정과 일치하는 다음과 같은 특징을 갖는다.

그림 3

무차별곡선

무차별 집합은 각 꾸러미가 동일한 총효용을 산출하는 두 상품으로 구성된 수많은 꾸러미이다. 무차별곡선은 무차별 집합을 나타낸다. (a)에 있는 무차별 집합의 자료를 이용하여 (b)의 무차별곡선을 도출하였다.

무차별 집합		
꾸러미	우유 (단위수)	오렌지주스 (단위수)
A	8	3
B	5	4
C	3	5
D	2	6

(a)

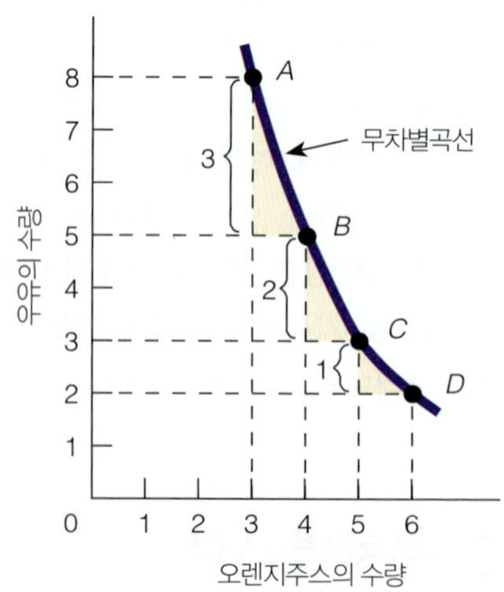

(b)

그림 4

무차별곡선이 아닌 형태

(a) 꾸러미 B는 꾸러미 A보다 더 많은 우유를 포함하고 오렌지주스는 더 적지 않다. 따라서 사람들은 A보다 B를 선호하고 이 두 꾸러미에 대해 무차별하지 않다. (b) 꾸러미 B는 꾸러미 A보다 더 많은 오렌지주스를 포함하고 우유는 더 적지 않다. 따라서 사람들은 A보다 B를 선호하고 이 두 꾸러미에 대해 무차별하지 않다. (c) 꾸러미 B는 꾸러미 A보다 더 많은 우유를 포함하고 오렌지주스도 더 많이 포함한다. 따라서 사람들은 A보다 B를 선호하고 이 두 꾸러미에 대해 무차별하지 않다.

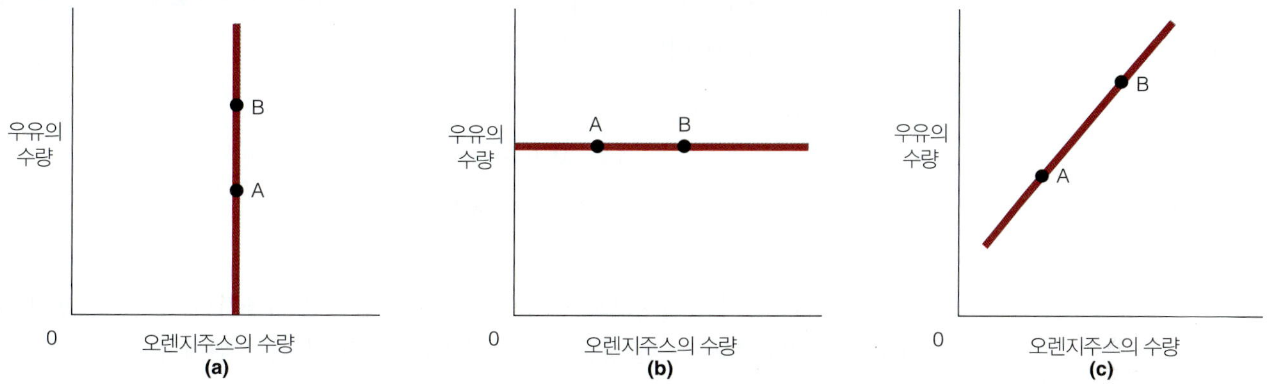

1. **무차별곡선의 기울기는 (왼쪽에서 오른쪽으로) 하향한다.** 소비자는 언제나 더 적은 것보다 더 많은 것을 선호한다고 가정할 경우 무차별곡선의 기울기는 왼쪽에서 오른쪽으로 하향하게 된다. 다른 형태의 기울기, 즉 수직적인 기울기, 수평적인 기울기, (왼쪽에서 오른쪽으로) 상향하는 기울기를 생각하여 보자. 그림 4(a~b)에서 보는 것처럼 수평적인 곡선 또는 수직적인 곡선의 경우 일부 꾸러미는 다른 꾸러미보다 한 상품은 더 많고 다른 상품은 더 적지가 않다(꾸러미 B가 꾸러미 A보다 한 상품은 더 많고 다른 상품은 더 적지 않다면 사람들은 이 두 꾸러미에 대해 무차별하지 않다. 사람들은 더 적은 것보다 더 많은 것을 선호한다). 그림 4(c)에서 보는 것처럼 기울기가 상향하는 곡선의 경우 일부 꾸러미는 다른 꾸러미보다 상품 둘 다를 더 많이 포함하고 있다. 간단히 말해 한 상품의 일부를 포기하면 만족(효용)을 유지하기 위해서 다른 상품을 보다 많이 가져야 하기 때문에 무차별곡선의 기울기는 하향한다.

2. **무차별곡선은 원점에 대해 볼록하다.** 무차별곡선을 따라 오른쪽 아래로 이동하면 무차별곡선은 점점 더 평평해진다. 예를 들면 우유 8단위, 즉 그림 3(b)의 점 *A*에서 오렌지주스를 추가적으로 1단위 더 얻으려면(점 *B*로 이동하려면) 우유 3단위를 포기하여야한다. 우유가 5단위인 점 *B*에서 오렌지주스를 추가적으로 1단위 더 얻으려면(점 *C*로 이동하려면)우유 2단위만 포기하면 된다. 마지막으로 우유 3단위인 점 *C*에서 오렌지주스를 추가적으로 1단위 더 얻으려면 우유 1단위만 포기하면 된다. 이처럼 어떤 상품을 더많이 보유하면 할수록 다른 상품을 추가적으로 1단위 더 얻기 위해 해당 상품을 더 많이 포기하여야 한다. 어떤 상품을 더 적게 보유하면 할수록 다른 상품을 추가적으로 1단위 더 얻기 위해 해당 상품을 더 적게 포기하게 된다.

이는 합리적인 것처럼 보인다. 즉 이는 한계효용 체감을 반영한다. 어떤 상품의 소비량이 증가하게 되면 해당 상품의 한계효용은 감소한다. 따라서 개인이 어떤 상품을 더 많이 보유할수록 다른 상품을 추가적으로 1단위 더 얻기 위해 이를 더 많이 희생하여 총효용을 일정하게 유지한다. 이를 달리 표현하면 다음과 같다. 한계효용 체감의 법칙이 존재하지 않는다면 무차별곡선이 원점에 대해 볼록하다는 말은 이치에 맞지 않는다.

한계 대체율

한계효용(MU)과 관련된 중요한 사항은 무차별곡선 기울기의 절대값, 즉 **한계대체율**(marginal rate of substitution)이다. 이는 수직축에 있는 상품의 한계효용에 대한 수평축에 있는 상품의 한계효용 비율을 의미한다. 즉 다음과 같다.

$$\frac{MU_{\text{수평축에 있는 상품}}}{MU_{\text{수직축에 있는 상품}}}$$

이 주장의 논리를 살펴보도록 하자. 우선 무차별곡선 기울기의 절대값은 한계 대체율(MRS)이다. MRS는 한 상품을 추가적으로 1단위 더 얻기 위해 총효용은 동일하게 유지하면서 개인이 포기하고자 하는 다른 상품의 규모이다. 예를 들면 그림 3(b)에서 점 A로부터 점 B로 이동할 경우 오렌지주스 1단위를 추가적으로 얻기 위해 우유 3단위를 포기하고자 한다. 이때 (점 A와 점 B 사이에서) 총효용은 일정하게 유지된다. 한계대체율은 점 A와 점 B 사이의 면적에서 오렌지주스 1단위에 대해 우유 3단위가 된다. 나아가 무차별곡선 기울기의 절대값(MRS)은 수직축에 있는 상품의 MU에 대한 수평축에 있는 상품의 MU의 비율이다. 어떻게 이렇게 될 수 있는가? 우유 3단위를 포기하고 오렌지주스 1단위를 얻은 개인이 총효용을 일정하게 유지한다면 오렌지주스의 한계효용은 우유의 한계효용의 대략 3배가 된다. 이는 다음과 같다.

$$\text{무차별곡선 기울기의 절대값} = \text{한계대체율} = \frac{MU_{\text{수평축에 있는 상품}}}{MU_{\text{수직축에 있는 상품}}}$$

3. 원점으로부터 멀리 있는 무차별곡선이 더 많은 상품 꾸러미를 의미하므로 선호된다. 그림 3(b)는 오직 1개의 무차별곡선을 보여주고 있다. 하지만 두 개 상품의 상이한 꾸러미들이 존재하며 이들을 통과하는 무차별곡선들이 있다. 동일한 도표상에 있는 많은 무차별곡선을 보여주기 위해 **무차별곡선 지도**(indifference curve map)를 생각해 보자. 이는 어떤 개인의 두 상품에 대한 많은 무차별곡선을 의미한다.

무차별곡선 지도

그림 5에는 단지 다섯 개의 무차별곡선만을 그렸지만 훨씬 더 많은 무차별곡선이 추가될 수 있다. 예를 들면 I_1상에 있는 점 A와 I_2상에 있는 점 B를 비교하여 보자. 점 B에는 점 A와 동일한 양의 오렌지주스가 있지만 우유는 더 많다. 점 B는 점 A보다 선호된다. 그리고 점 B는 I_2 상에 있고 점 A는 I_1 상에 있기 때문에 I_1보다 I_2가 선호된다. 이유는 간단하다. I_1 상의 어떤 점보다 I_2상의 점은 (더 많은 상품을 가용할 수 있기 때문에) 더

많은 효용을 얻을 수 있다.

4. **무차별곡선들은 교차하지 않는다.** 개인의 선호는 A가 B보다 선호되고 B가 C보다 선호되면 A는 C보다 선호된다는 원칙인 **이행성**(transitivity)을 보이기 때문에 무차별곡선들은 교차하지 않는다. 예를들어 크리스틴(Kristin)이 펩시콜라보다 코카콜라를 선호하고 또한 루트비어보다 펩시콜라를 선호한다면 그녀는 루트비어보다 코카콜라를 선호하여야 한다. 코카콜라보다 루트비어를 선호한다고 말한다면 이전의 선호와 모순된다. 개인이 이행적인 선호를 갖는다는 의미는 일정기간 동안 선호에 대해 논리적인 순서를 유지한다는 의미이다. 무차별곡선이 교차하는 경우 무엇을 의미하는지 생각하여 보자.

그림 6에서 무차별곡선 I_1 및 I_2는 점 A에서 교차하며 이 점은 I_1 및 I_2인 두 무차별곡선 모두 위에 위치한다. 점 A 및 점 B가 동일한 무차별곡선상에 위치하므로 이들에 무차별하여야 된다. 점 A 및 점 C에 대해서도 동일하게 적용된다. 하지만 점 A와 점 B에 대해 무차별하고 점 A와 점 C에 대해 무차별하다면 점 B와 C에 대해서 무차별하여야 한다. 하지만 점 C는 점 B보다 두 상품을 모두 더 많이 포함하고 있으므로 점 B와 점 C에 대해 무차별하지 않다. 즉 점 B보다 점 C를 선호하게 된다. 이처럼 무차별곡선은 교차할 수 없다.

그림 5

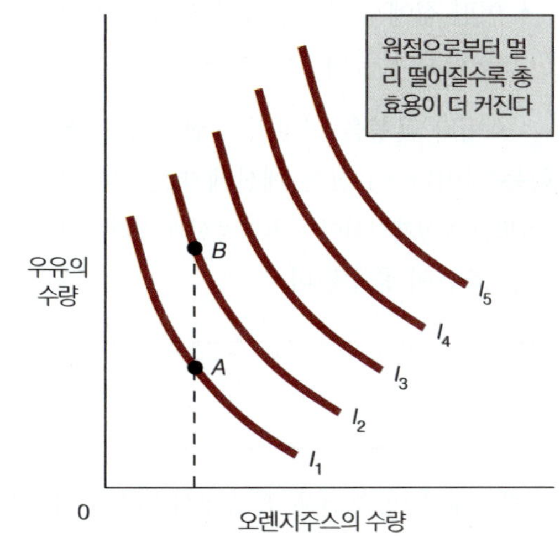

무차별 지도

이 그림은 많은 무차별곡선 중 몇 개를 보여주고 있다. 이차원 공간상의 어떤 점도 무차별곡선상에 있다. 원점으로부터 멀리 떨어진 무차별곡선은 원점에 가까운 무차별곡선보다 더 큰 총효용을 나타낸다.

그림 6

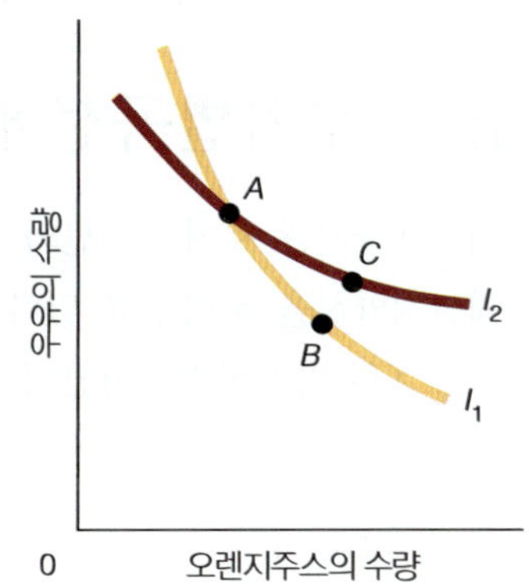

무차별곡선이 교차할 경우 선호의 이행성과 불일치한다

점 A는 무차별곡선 I_1 및 I_2 둘 다에 위치한다. 이는 사람들이 점 A와 점 B 사이에 무차별하며 점 A와 점 C 사이에 무차별하다는 의미이다. 이렇게 되면 점 B와 점 C 사이에 무차별하게 된다. 하지만 사람들은 적은 것보다 많은 것을 선호하므로 B보다 C를 선호하게 된다. 따라서 무차별곡선은 교차하지 않는다.

B.4 무차별 지도와 예산제약선의 결합

이행성

무차별 지도와 예산제약선을 결합시켜 소비자 균형을 설명할 수 있다. 우리는 다음과 같은 사실을 알고 있다.

- 개인은 예산제약선을 갖는다.
- 예산제약선 기울기의 절대값은 두 상품의 상대가격, 즉 P_X/P_Y이다.

- 개인은 무차별지도를 갖는다.
- 어떤 점에서 무차별곡선 기울기의 절대값은 한계대체율이며 이는 한 상품의 한계효용을 다른 상품의 한계효용으로 나눈 것, 즉 MU_X/MU_Y와 같다.

소비자 균형을 이루기 위한 필요조건은 가능한 가장 높은 무차별곡선 상의 점에 도달하는 것이다. 이 점은 예산제약선상의 기울기가 무차별곡선상의 기울기와 같아지는 곳이다(또는 예산제약선이 무차별곡선과 접하는 곳이다). 이 점에서 소비자 균형이 달성되고 다음과 같은 조건이 준수된다.

$$\frac{P_X}{P_Y} = \frac{MU_X}{MU_Y}$$

그림 7에서 이 조건은 점 *E*에서 달성된다. 이 조건은 이 장 앞 부분에서 살펴본 소비자 균형조건과 유사하다는 사실에 주목하자. 이를 재정리하면 다음과 같다.[1)]

$$\frac{MU_X}{P_X} = \frac{MU_Y}{P_Y}$$

B.5 무차별곡선에서 수요곡선의 도출

예산제약선과 무차별곡선의 틀 안에서 수요곡선을 도출하여 보자. 그림 8(a)는 두 개의 예산제약선을 보여주고 있다. 하나는 상품 X의 가격이 10달러인 경우이며 다른 하나는 상품 X의 가격이 5달러인 경우이다. 상품 X의 가격이 하락함에 따라 소비자는 점 *A*에서

그림 7

소비자 균형

예산제약선의 기울기가 무차별곡선의 기울기와 동일해지는 점이거나 또는 예산제약선이 무차별곡선과 접하는 점에서 소비자 균형이 이루어진다. 그림에서 이 점은 *E*이며 다음과 같다.

$P_X/P_Y = MU_X/MU_Y$

이를 재정리하면 다음과 같다.

$MU_X/P_X = MU_Y/P_Y$

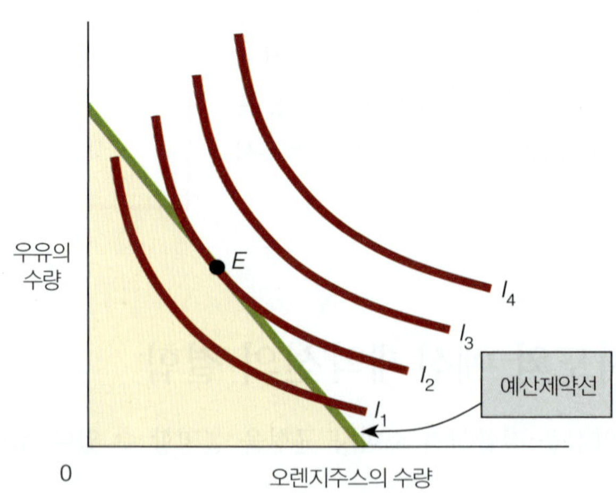

1) $P_X/P_Y = MU_X/MU_Y$를 서로 교차하여 곱하면 다음과 같다. $P_X MU_Y = P_Y MU_X$ 양변을 P_X로 나누면 다음과 같다. $MU_Y = P_Y MU_X/P_X$. 양변을 P_Y로 나누면 다음과 같다. $MU_Y/P_Y = MU_X/P_X$

점 *B*로 이동한다. 점 *B*에서 상품 X를 35단위 소비하며 점 *A*에서는 상품 X를 30단위 소비한다. 이처럼 상품 X의 가격이 인하됨에 따라 상품 X의 소비가 증대된다. 관련 가격 및 수량을 그래프로 나타내면 그림 8(b)에서 상품 X에 대한 수요곡선을 도출할 수 있다.

그림 8

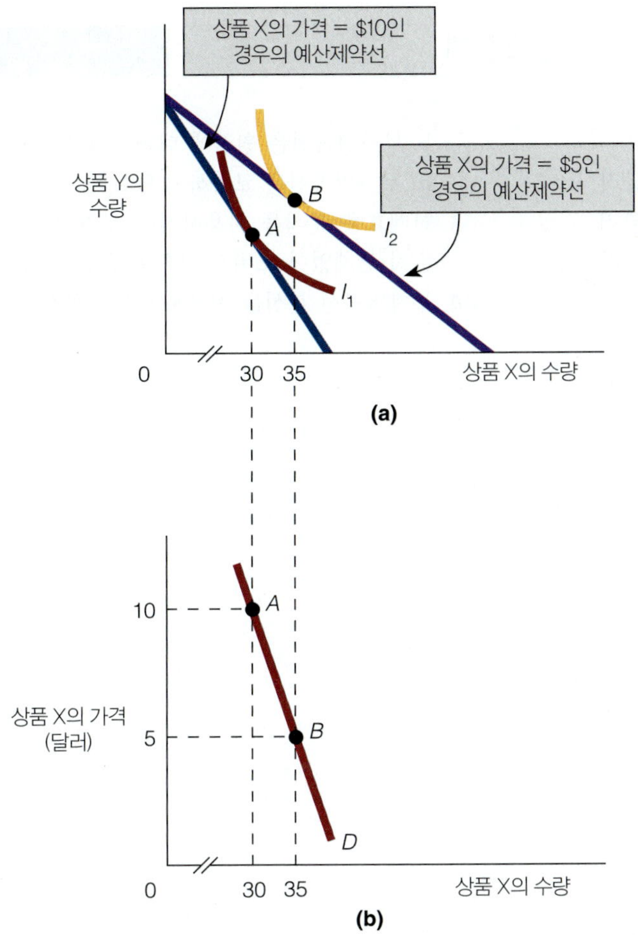

무차별곡선으로부터 수요곡선의 도출

상품 X의 가격이 10달러인 경우 소비자 균형은 점 *A*에서 이루어지며 X의 30단위를 소비한다. 가격이 5달러로 하락할 경우 예산제약선은 (원점에서 멀리 떨어진) 바깥쪽으로 이동하고 소비자는 점 *B*로 이동하여 X의 35단위를 소비한다. X에 대한 가격 및 수량을 도표로 나타내면 (b)에 있는 X에 대한 수요곡선을 도출할 수 있다.

요약 및 정리

- 예산제약선은 화폐소득과 두 상품에 대한 가격이 주어진 경우 한 사람이 구매할 수 있는 두 상품에 대한 꾸러미의 모든 결합을 나타낸다.
- 무차별곡선은 동일한 총효용을 제공하는 두 상품의 모든 결합 또는 꾸러미를 나타낸다.
- 무차별곡선의 기울기는 하향한다. 무차별곡선은 원점에 대해 볼록하다. 무차별곡선들은 교차하지 않는다. 무차별곡선이 원점으로부터 멀어질수록 총효용은 더 커진다.
- 소비자 균형은 예산제약선의 기울기와 무차별곡선의 기울기가 같아지는 점이다.
- 수요곡선은 예산제약선과 무차별곡선의 틀에서 도출될 수 있다.

주요 용어 및 개념

예산제약선
무차별 집합
무차별곡선
한계대체율
무차별곡선 지도
이행성

연습문제

01. 다음의 예산제약을 도표로 나타내시오.
   a. 소득 = 4,000달러; P_X = 50달러; P_Y = 100달러
   b. 소득 = 3,000달러; P_X = 25달러; P_Y = 200달러
   c. 소득 = 2,000달러; P_X = 40달러; P_Y = 150달러
02. 무차별곡선이 다음과 같은 이유를 설명하시오.
   a.무차별곡선의 기울기는 하향한다.
   b. 무차별곡선은 원점에 대해 볼록하다.
   c. 무차별곡선은 교차하지 않는다.
03. 한계효용 분석을 사용하거나 무차별곡선 분석을 사용하든지 관계없이 소비자 균형이 동일한 이유를 설명하시오.
04. 무차별곡선 분석을 이용하여 수요곡선을 도출하시오.

제 8 장

생산 및 비용

8.1 기업이 존재하는 이유

기업(business firm)은 자원이나 생산요소를 투입하여 소비자, 다른 기업, 정부에게 판매할 상품 및 서비스를 생산하는 실체이다. 기업이 존재하는 이유를 설명하기 위해서 근로자 행태, 시장, 기업이 답변해야 하는 의문점들을 살펴볼 것이다.

기업

1 시장과 기업: 눈에 보이지 않는 손과 눈에 보이는 손

시장은 공급과 수요를 통해 개인의 행위를 유인하여 조화롭게 하며 이를 인간적인 방법으로 하지 않는다. 어느 누구도 가격이 인상될 때 매수인에게 수요량을 감소시키라고 하지 않지만 매수인은 그렇게 한다. 어느 누구도 가격이 인상될 때 매도인에게 공급량을 증가시키라고 하지 않지만 매도인은 그렇게 한다. 어느 누구도 개인용 컴퓨터의 수요 및 가격이 상승할 때 더 많은 자원을 이에 투입하라고 하지 않는다. 시장은 사람들을 어떤 상품의 생산으로부터 다른 상품의 생산으로 유인한다. 시장은 개인의 행위를 조화시켜 공급자 및 수요자가 균형에서 상호 만족하도록 한다. 경제학자 아담스미스(Adam Smith)가 말한 것처럼 시장에 있는 사람들은 자신들이 의도하지 않은 목적에 부합되도록 보이지 않는 손에 의해 인도된다.

시장의 보이지 않는 손과 기업 경영인의 보이는 손을 비교해 보자. 경영인은 현장 근로자들에게 보다 많은 컴퓨터 칩을 생산하도록 지시한다. 경영인은 피고용인들에게 새로운 엔진을 디자인하고 전등을 초록색으로 칠하라고 하며 메뉴에 스테이크와 바다가재를 추가하라고 말한다. 시장의 보이지 않는 손과 기업 경영인의 보이는 손은 둘다 개인의 행

시장조화/관리조화

위를 지도하고 조화롭게 한다. 다시 말하면 **시장조화**(market coordination)와 **관리조화**(managerial coordination)가 병존하다.

시장이 개인의 행위를 유인하고 조화롭게 한다면 기업(그리고 경영인)이 애당초 생긴 이유는 무엇 때문인가? 기업이 존재하는 이유는 무엇 때문인가?

경제학자 아르멘 알치안(Armen Alchian)과 해롤드 뎀시즈(Harold Demsetz)는 개인들이 팀으로 생산할 수 있는 것을 총합한 것이 개인들이 각자 생산할 수 있는 것을 총합한 것보다 더 커질수 있다고 한다. 예를 들면 모두 신발상자를 만드는 11명의 근로자가 있다고 가상하자. 각 근로자는 하루에 10개의 신발상자를 생산하여 총 110개의 신발상자를 생산할 수 있다. 하지만 이들이 팀으로 생산할 경우 11명의 근로자가 140개의 신발상자를 생산할 수 있다. 이들이 팀으로 함께 생산할 경우 추가 생산량(추가적인 30개의 신발상자)을 얻을 수 있으므로 기업을 만들게 된다.

1991년 노벨경제학상 수상자인 로날드 코우즈(Ronald Coase) 는 기업을 만드는 것이 이익이 되는 주된 이유는 가격 메커니즘을 사용할 경우 비용이 발생하기 때문인 것처럼 보인다고 주장하였다. 이를 달리 표현하면 다음과 같다. 매입하거나 판매하는 것을 경제적으로 하거나 거래비용을 낮추기 위해 기업이 존재한다.

예를 들면 상품 X를 생산하는데 20개의 상이한 작업단계를 거쳐야 한다고 가상하자. 상품 X를 생산하는 한 가지 방법은 20개의 상이한 작업단계를 완료하기 위해 필요한 모든 사람과 독립된 별개의 계약을 체결하는 것이다. 한 사람이 오직 한 개의 작업을 완성할 수 있다고 가정하면 20개의 상이한 계약을 체결하여야 한다. 물론 이런 계약들을 준비하고 감독하는 데 비용이 발생한다. 기업은 이런 비용을 낮출 수 있는, 즉 많은 계약을 한 개로 대체시킬 수 있는 방안이다.

8.2 기업의 두 가지 측면

모든 시장에는 두 가지 측면, 즉 매수측면(수요)과 매도측면 (공급)이 존재한다. 이와 유사하게 모든 기업에는 두 가지 측면, 즉 수입측면과 비용측면이 있다. 이윤에 초점을 맞출 경우 기업의 이런 두 가지 측면을 살펴볼 수 있다. 기업의 목적은 이윤을 극대화하는 것이며 **이윤**(profit)은 총수입과 총비용의 차이이다.

이윤

이윤 = 총수입 − 총비용

위의 이윤에 관한 식을 살펴보면 기업이 어떻게 하고자 하는지를 쉽게 이해할 수 있다. 즉 기업은 총수입을 가능한 높이려 하며 총비용은 가능한 낮추려 한다. 이런 식으로 하면 이윤이 가능한 높아진다.

총수입은 상품 가격에 상품 판매량을 곱하여 구할 수 있다. 예를 들면 기업이 개당 10달러로 상품 X를 100개 판매하면 총수입은 1,000달러가 된다. 다음 장에서 기업의 총수입에 대해 논의하고 이 장에서는 기업의 총비용 측면을 살펴볼 것이다. 물론 기업에 발생하는 총비용은 하늘에서 떨어지는 것이 아니며 기업의 생산과 관련된다. 생산을 하지 않으면 비용이 발생하지 않고 어떤 것을 생산할 때 비용이 발생한다. 따라서 이 장에서는 생산과 비용에 초점을 맞추어 논의할 것이다.

1 총비용에 관한 논의

총비용에 무엇이 포함되어야 하는지에 관한 논의가 자주 이루어진다. 예를 들어 질(Jill)이 현재 변호사로서 연간 80,000달러를 벌고 있다고 가상하자. 질은 이 직업에 만족하지 못하여 변호사를 그만두고 피자가게를 개점하였다. 가게를 개설한 1년 후 이윤을 계산하여 보았다. 질은 개당 10달러를 받고 20,000개의 피자를 판매하여 (그해) 총수입이 200,000달러가 되었다. 질은 매입하거나 가게를 임대하면서 지불한 금액을 합산하여 총비용을 계산하였다. 그녀는 접시를 구입하는 데 2,000달러 치즈를 매입하는 데 3,000달러 청량음료에 4,000달러를 지불하고 가게를 임대하는 데도 20,000달러 등 많은 지출을 하였다. 질이 매입하거나 임대하는 데 지출한 모든 금액을 명시비용이라 한다. **명시비용**(explicit cost)은 실제로 (금전적인) 지출이 이루어졌을 때 발생하는 비용이다. 질의 명시비용은 90,000달러가 되었다. 총수입 200,000달러에서 90,000달러를 감하면 이윤으로 110,000달러를 얻는다. 명시비용

며칠이 지난 후 질은 친구인 마리안(Marian)에게 피자가게를 개점하고나서 첫해에 이윤으로 110,000달러를 벌었다고 말하였다. 마리안은 다음과 같이 물었다. "이윤이 110,000달러라고 확신하니?" 질이 그렇다고 대답하였다. 마리안은 다음과 같이 다시 물었다. "변호사로서 받았던 봉급 80,000달러를 비용으로 계산했니?" 80,000달러는 피자가게를 운영하기 위해 지불한 것이 아니기 때문에 봉급 80,000달러를 피자가게 운영비로 계산하지 않았다고 질이 대답하였다. "피자 만드는 재료, 청량음료, 접시 등의 공급업자에게는 수표를 써서 대금을 지불하였지만 누구에게도 80,000달러를 수표로 써서 지불하지 않았다"라고 질이 대답하였다.

질이 피자가게를 운영하면서 80,000달러를 지불하지 않았지만 가게를 운영하기 위해 변호사 봉급 80,000달러를 포기하였다라고 마리안은 말하였다. "벌 수 있었지만 그렇게 하지 못한 것은 피자가게를 운영하는 데 따른 비용이 된다."라고 마리안이 말하였다.

질의 봉급 80,000달러는 경제학자들이 묵시비용이라고 부르는 것이다. **묵시비용**(implicit cost)은 실제로 (금전적인) 지출은 이루어지지 않았지만 생산하는 데 사용된 자원의 가치를 의미한다. 이것은 기업이 보유하거나 기업의 소유주가 기업에 투입한 자원을 기업이 사용함으로써 발생한 비용이다. 묵시비용

총비용을 명시비용에 묵시비용을 합산한 것으로 계산할 경우 피자가게를 운영하는 데 따른 질의 총비용은 90,000달러에 80,000달러를 합산한 170,000달러가 된다. 총수입 200,000달러에서 170,000달러를 감하면 이윤은 30,000달러가 된다.

2 회계적 이윤 대 경제적 이윤

경제학자들은 질이 계산한 첫 번째 이윤(110,000달러)을 회계적 이윤이라고 한다. **회계적 이윤**(accounting profit)은 총수입과 총비용의 차이이며 여기서 총비용은 명시비용만을 의미한다[그림 1(a) 참조]. 회계적 이윤

그림 1

회계적 이윤 및 경제적 이윤

회계적 이윤은 총수입에서 명시비용을 감한 것과 같다. 경제적 이윤은 총수입에서 명시비용 및 묵시비용을 감한 것과 같다.

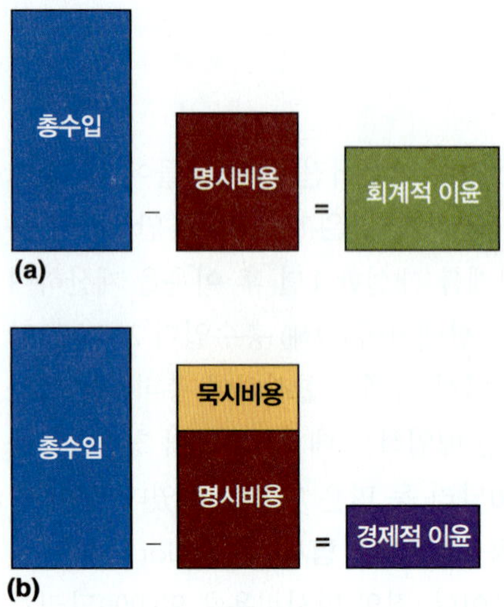

회계적 이윤 = 총수입 − 총비용(명시비용)

경제학자들은 두 번째 계산된 이윤(30,000달러)을 경제적 이윤이라고 한다. **경제적 이윤**(economic profit)은 총수입과 총비용의 차이이며 여기서 총비용은 명시비용과 묵시비용을 합산한 비용이다[그림 1(b) 참조].

경제적 이윤 = 총수입 − 총비용(명시비용 + 묵시비용)

경제적 이윤

명시비용과 묵시비용의 차이를 설명하기 위해서 어떤 사람이 은행에 100,000달러를 예치하여 연간 5퍼센트의 이자율을 받는다고 가상하자. 연간 이자로 받는 금액은 5,000달러가 된다. 이제 은행에서 100,000달러를 인출하여 사업을 시작하였다고 가상하자. 상실하게 된 이자 5,000달러는 기업을 소유하고 운영하는 데 따른 묵시비용으로 포함된다. 그 이유를 알아보기 위해 위의 예를 약간 변화시켜 보도록 하자. 이제 이 사람은 사업을 하기 위해 은행에 예치한 자신의 돈 100,000달러를 사용하지 않고 은행에 예치해 둔 상태로 연간 5퍼센트의 이자율을 지불하면서 100,000달러의 대출을 받는다고 가상하자. 대출금에 대해 지불하는 이자인 연간 5,000달러는 명백히 명시비용이 되며 전체 이윤으로부터 감하여야 한다. 이처럼 사업을 하기 위해 (대출을 받지 않고) 자신의 돈 100,000달러를 사용할 경우 받지 못하게 되는 이자 5,000달러를 묵시적이기는 하지만 비용으로 계산하는 것이 이치에 맞다.

3 경제적 이윤이 영인 경우 생각하는 것만큼 그렇게 나쁜 것은 아니다

정상이윤

경제적 이윤은 통상적으로 회계적 이윤보다 더 낮다(결코 더 높지 않다). 경제적 이윤은 총수입과 총비용(여기서 총비용은 명시비용과 묵시비용을 합산한 비용이다)의 차이인 반면에 회계적 이윤은 총수입과 명시비용의 차이이다. 따라서 기업의 회계적 이윤은 양이지만 경제적 이윤은 영이 될 수 있다. 경제학에서 경제적 이윤이 영인 기업은 **정상이윤**(normal profit)을 얻는다고 한다.

정상이윤 = 영의 경제적 이윤

하지만 기업 소유주는 한 해 동안의 경제적 이윤이 영이라는 사실에 크게 걱정할 필요는 없다. 생각하기에 따라 나쁜 것처럼 들리기도 하는 영의 경제적 이윤이 의미하는 바는 명시비용과 묵시비용을 둘 다 합산한 총비용을 보장할 수 있는 정도로 총수입이 발생했다는 것이다. 하지만 회계적 이윤이 영이라는 의미는 전혀 다르다. 이것은 총수입으로 보상할 수 없는 비용이 존재한다는 의미이다.

8.3 생산

생산은 자원 또는 요소를 상품 및 서비스로 전환시키는 것이다. 생산을 케이크 만드는 것에 비유할 수 있다. 예를 들면 설탕, 밀가루 등과 같은 재료를 가지고 케이크를 만든다. 이와 유사하게 자원 또는 요소를 가지고 컴퓨터, 가구, 주택 등을 생산한다.

경제학자들은 보통 생산을 하는 데 두 가지 종류의 요소, 즉 고정요소 및 가변요소에 관해 말한다. **고정요소**(fixed input)는 생산량이 변화함에 따라 수량이 변화하지 않는 요소이다. 예를 들면 맥마혼(McMahon)과 맥기(McGee) 책꽂이 회사가 6개월 임대계약 하에서 공장을 임대하였다고 가상하자. 이 회사의 공동 소유주인 맥마혼과 맥기는 6개월 동안 월간 2,500달러의 임대료를 지불하기로 계약을 체결하였다. 책꽂이를 1개 생산하든지 또는 7,000개 생산하든지에 관계없이 맥마혼과 맥기는 공장 임대료로 2,500달러를 지불하여야 한다. 책꽂이 생산에서 공장은 고정요소이다.

고정요소

가변요소(variable input)는 생산량이 변화함에 따라 수량이 변하는 요소이다. 맥마혼과 맥기 책꽂이 회사에 대한 가변요소의 예로 목재, 페인트, 못 등을 들 수 있다. 책꽂이의 생산수량이 변화함에 따라 위의 요소들도 변한다. 이 회사가 보다 많은 책꽂이를 생산하게 되면 이런 요소들을 더 많이 구입하고 더 적은 책꽂이를 생산하게 되면 이런 요소들은 더 적게 구입한다. 이 책꽂이 회사의 경우 노동도 또한 가변요소일 수 있다. 책꽂이 생산을 증가시키려면 노동자를 더 많이 고용하여야 하며 생산을 감소시키게 되면 일부 노동자를 해고시키게 된다.

가변요소

일부 요소가 고정된 경우 단기적으로 생산이 이루어진다고 한다. 다시 말해 **단기**(short run)는 일부요소가 고정되어 있는 기간을 말한다.

단기

요소 중 어느 것도 고정요소가 아닌 경우, 즉 모든 요소가 가변요소인 경우 장기적으로 생산이 이루어진다고 한다. 다시 말해 **장기**(long run)는 모든 요소가 가변적인(어떤 요소도 고정되지 않은) 기간을 말한다.

장기

기업들이 상품 및 서비스를 생산하여 판매할 경우 반드시 비용이 발생한다. 이 절에서는 단기적으로 이루어지는 기업의 생산활동과 이에 따른 한계수확 체감의 법칙과 한계비용에 대해 살펴볼 것이다. 그 다음에는 단기적으로 이루어지는 기업의 생산과 생산비용을 연계시킬 것이며 이를 장기로 확대할 것이다.

1 단기 및 장기에 관한 잘못된 이해

사람들은 일반적으로 장기가 단기보다 긴 기간이라고 생각한다. 예를 들어 단기가 6개월이라면 장기는 예를 들면 10개월이라고 생각한다. 하지만 단기와 장기를 이렇게 구별하는 것은 옳지 않다. 단기 및 장기를 어떤 조건이 존재하는 기간이라고 생각하여야 한다. 단기는 적어도 한 생산요소가 고정되어 있는 기간으로 6개월, 2년 등이 될 수 있다. 장기가 단기보다 개월이나 연도 면에서 반드시 길 필요는 없다. 장기는 모든 생산요소가 가변적인 (즉 어떤 생산요소도 고정되있지 않은) 기간이다. 날짜, 주, 개월 수 면에서 보면 단기가 장기보다 더 길수도 있다.

그림 2

단기 생산과 한계수확 체감의 법칙

고정요소에 가변요소가 추가되는 단기에 있어서 가변요소의 한계생산물은 처음에 증가할 수 있다. 하지만 가변요소의 한계생산물은 감소하게 된다. 한계생산물이 감소하는 점이 한계수확 체감이 시작되는 점이다.

(1) 자본(*C*), 고정요소 (단위 수)	(2) 노동(*L*), 가변요소 (근로자의 수)	(3) 생산량, *Q*(단위 수)	(4) 노동의 한계생산물(*MPP*), 노동의 *MPP* = Δ*Q*/Δ*L*, Δ(3)/Δ(2)(단위 수)
1	0	0	
1	1	18	18
1	2	37	19
1	3	57	20
1	4	76	19
1	5	94	18
1	6	111	17
1	7	127	16
1	8	137	10
1	9	133	−4
1	10	125	−8

2 단기에서의 생산

두 개의 생산요소(또는 자원), 즉 노동(*L*) 및 자본(*C*)을 사용하여 어떤 물품을 생산한다고 가상하자. 또한 이 요소 중 한 개, 즉 자본이 고정되어 있다고 가상하자. 요소가 한 개 고정되있기 때문에 생산은 단기적으로 이루어지고 있다.

그림 2에서 제1열은 고정요소, 즉 (1단위에서 고정된) 자본의 단위 수를 보여준다. 제2열은 가변요소, 즉 노동의 다양한 단위 수를 나타낸다. 노동은 0단위(노동자가 없는 경우)부터 10단위(노동자가 10명인 경우)까지 있다는 사실에 주목하자. 제3열은 자본 1단위와 다양한 수량의 노동을 갖고 생산된 생산량을 보여준다(생산량을 총생산물, 즉 *TPP*라고도 한다). 예를 들면 자본 1단위와 노동 0단위를 갖고는 생산물 0단위를 생산하며 자본 1단위와 노동 1단위를 가지고는 생산물 18단위를 생산한다. 자본 1단위와 노동 2단위를 갖고는 생산물 37단위, 자본 1단위와 노동 3단위를 갖고는 생산물 57단위를 각각 생산한다.

한계생산물

제4열은 가변요소의 한계생산물을 보여준다. 가변요소의 **한계생산물**(marginal physical product, *MPP*)은 다른 요소는 모두 고정되었다고 보고 가변요소가 1단위 변화하는 데 따른 생산량의 변화를 의미한다. 이 예에서 가변요소는 노동이므로 노동의 *MPP*에 대해 논의할 것이다. 노동의 *MPP*는 다른 모든 요소는 고정되어 있다고 보고 노동 *L*의 변화에 따른 생산량 *Q*의 변화이다.

$$\text{노동의 } MPP = \Delta Q/\Delta L$$

노동의 한계생산물은 처음에 (18에서 19로 그리고 20으로) 증가하다가 다시 (20에서 19로 다시 18, 17, 16, 10으로) 감소하여 결국에는 음으로(−4 및 −8로) 떨어진다. *MPP*가 증가할 때 체증하는 *MPP*라고 하며 감소할 때 체감하는 *MPP*라고 하고 음수가 될 때 음인 *MPP*라고 한다.

*MPP*가 감소하기 시작하는 점, 즉 네 번째 근로자가 추가되는 점에 대해 생각하여 보자. 노동의 한계생산물이 처음으로 감소하는 점은 한계수확 체감이 작용하기 시작하는 점이다. 한계수확 체감은 생산에서 일반적으로 발생하며 실제로 매우 일반적이기 때문에 경제학자들은 **한계수확 체감의 법칙**(law of diminishing marginal returns) 또는 한계생산물 체감의 법칙이라고 한다. 한계수확 체감의 법칙에 따르면 더 많은 가변요소가 고정요소와 결합해감에 따라 궁극적으로는 가변요소의 한계생산물이 감소한다고 한다.

한계수확 체감의 법칙

가변요소의 *MPP*가 궁극적으로 감소하는 이유는 무엇 때문일까? 농업근로자(가변요소)를 10에이커의 토지(고정요소)에 투입하는 경우를 생각하여 보자. 노동자들은 토지를 개간하고 농작물을 심어서 수확을 한다. 노동력이 토지에 투입되는 초기에는 *MPP*가 증가하거나 일정하다. 하지만 보다 많은 노동력이 토지에 투입됨에 따라 결국에는 너무 많은 노동자가 토지에 존재하게 된다. 이렇게 되면 서로 언쟁을 할 수도 있고 농작물을 밟아서 쓸모없게 할 수도 있다. 이런 이유들로 인해서 성장이 느려지기 시작한다.

그림 2의 기업이 세 번째 근로자를 초과하여 고용하는 것은 이상한 것처럼 보인다. 노동의 *MPP*는 세 번째 근로자에서 (20으로) 가장 높다. *MPP*가 19로 감소하는 데도 네 번째 근로자를 고용하는 이유는 무엇 때문인가? 근로자가 생산물을 추가시키기 때문에 기업은 네 번째 근로자를 고용한다. 세 번째 근로자까지는 생산량이 57단위이었는데 네 번째 근로자가 투입됨에 따라 생산량이 55단위로 하락할 수도 있다. 하지만 위의 경우는 이런 경우가 아니다. 네 번째 근로자가 추가됨에 따라 생산량이 57단위에서 76단위로 증가하였다. 해당 기업은 다음과 같은 두 가지 질문에 답할 수 있어야 한다. (1) 추가된 19단위의 생산물은 얼마를 받고 판매하는가? (2) 네 번째 근로자를 고용하는 데 얼마나 많은 비용이 소요되는가? 추가된 19단위는 100달러를 받고 판매되며 네 번째 근로자를 고용하는 데 70달러의 비용이 소요된다고 가상하자. 이런 경우라면 네 번째 근로자를 고용하는 것이 이치에 맞다.

3 한계생산성

그림 2에 있는 네 번째 근로자와 관련된 자료를 살펴보도록 하자. 네 번째 근로자가 추가되면 생산량은 57단위에서 76단위로 증가한다. 또한 한계생산성은 19단위가 된다. 19단위는 네 번째 근로자의 한계생산성이라고 생각할 수도 있지만. 이는 자료를 잘못 해석한 것이다. 네 번째 근로자가 투입되고 그에게 "19"라는 숫자를 부쳐주는 것이 아니다. 19는 자본의 (고정된) 1단위를 갖고 일하는 네 명의 근로자가 있는 경우 노동의 한계생산성이다. 이 숫자는 네 번째 근로자에게 부쳤던 것처럼 첫 번째, 또는 두 번째, 또는 세 번째 근로자에게도 부칠 수 있다.

4 한계생산물과 한계비용

기업의 비용은 생산과 연계된다. 특히, 물품을 생산하는 데 따른 한계비용(*MC*)은 가변요소의 한계생산물(*MPP*)을 반영하는 것이다. 여기서는 이 말이 참인지를 입증해 볼 것이다. 그렇게 하기 위해서 우선 경제적 비용개념들을 살펴볼 것이다.

경제적 비용개념 고정요소 또는 가변요소가 생산과정에 투입될 때는 언제나 비용이 발생한다. 고정요소와 관련된 비용을 **고정비용**(fixed cost)이라고 하고 가변요소와 관련된 비용을 **가변비용**(variable cost)이라 한다.

고정비용

가변비용

생산량이 변함에 따라 고정요소의 수량이 변화하지 않기 때문에 고정비용도 변화하지 않는다. (매월 일정한 금액이) 화재 보험료, 책임 보험료, 공장 및 기계임대료 등은 통상적으로 고정비용이라고 본다. 기업이 생산물을 1단위, 10단위, 100단위, 또는 1,000단위를 생산하는지에 관계없이 공장 임대료가 변화할 가능성은 없다. 임대료는 임대기간 동안 공장 소유주에게 지불하기로 합의한 것이다.

생산량과 함께 가변요소의 수량이 변화하기 때문에 가변비용도 역시 변한다. 예를 들면 노동력, 목재, 접착제를 사용하여 목재 책꽂이를 생산한다고 하자. 생산한 목재 책꽂이의 수가 변함에 따라 (노동력, 목재, 접착제와 같은) 요소들의 수량도 변한다.

총비용

고정비용과 가변비용의 합이 **총비용**(total cost, *TC*)이다. 총고정비용(*TFC*)이 100달러이고 총가변비용(*TVC*)이 300달러인 경우 총비용(*TC*)은 400달러가 된다

$$TC = TFC + TVC$$

한계비용

총비용이 주어진 경우 한계비용을 정의할 수 있다. **한계비용**(marginal cost, *MC*)은 생산량 *Q*가 변화함에 따른 총비용 *TC*의 변화이다.

$$\text{MC} = \frac{\Delta TC}{\Delta Q}$$

***MPP*와 *MC*의 연계** 그림 3은 가변요소의 한계생산물과 한계비용 사이의 연계를 보여주고 있다. 처음 네 개 열은 그림 2에서 이미 제시된 자료들이다. 기본적으로 제3열은 자본(고정요소) 1단위와 노동(가변요소)의 다양한 수량을 가지고 생산할 수 있는 상이한 생산량을 나타낸다. 제4열은 노동의 *MPP*를 보여준다. 그림 3(a)는 제4열의 자료에 기초하여 도출한 *MPP* 곡선이다. *MPP* 곡선은 처음에 상승하다가 하락한다는 점에 주목하자.

제5열에서 총고정비용(*TFC*)이 40달러임을 알 수 있다(생산량이 변화하더라도 고정비용은 변화하지 않는다는 점에 주목하자). 제6열에서 각 근로자는 20달러를 받고 고용된다는 사실을 알 수 있다. 근로자를 1명 고용하였을 경우 20달러가 되고 2명 고용하였을 경우 40달러가 된다. 제7열은 다양한 생산량 수준에서의 총비용을 나타낸다. 이 열에 있는 총비용은 제5열의 고정비용과 제6열의 가변비용을 단순히 합산한 것이다. 마지막으로 제8열은 한계비용을 계산한 것이며 그림 3 (b)는 제8열의 자료에 기초하여 도출된 *MC* 곡선이다.

제4열과 8열은 각각 *MPP*와 *MC*를 나타낸다. *MPP*가 (18에서 19로 그리고 20으로) 증가함에 따라 한계비용은 (1.11달러에서 1.05달러로 그리고 1.00달러로) 감소하며 *MPP*가 (20에서 19로) 감소함에 따라 한계비용은 (1.00달러에서 1.05달러로) 증가한다. 다시 말해 *MPP*와 *MC*는 반대 방향으로 이동한다. *MPP* 곡선과 *MC* 곡선을 비교하여도 이런 사실을 알 수

그림 3

한계생산물 및 한계비용

(a) 노동의 한계생산물 곡선을 나타낸다. 2열과 4열에 있는 자료를 도표로 나타내면 해당 곡선을 도출할 수 있다. (b) 한계비용 곡선을 나타낸다. 3열과 8열에 있는 자료를 도표로 나타내면 해당 곡선을 도출할 수 있다. *MPP* 곡선이 상승할 경우 *MC* 곡선이 하락하고, *MPP* 곡선이 하락할 경우 *MC* 곡선이 상승한다는 사실에 주목하자.

(1) 자본(*C*) 고정요소 (단위 수)	(2) 노동(*L*), 가변요소 (근로자의 수)	(3) 생산량, *Q*(단위 수)	(4) 노동의 한계 생산물(*MPP*), 노동의 *MPP* = $\Delta Q/\Delta L$,Δ(3)/Δ(2)(단위 수)	(5) 총고정비용 (*TFC*)	(6) 총가변비용 (*TVC*)	(7) 총비용(*TC*), (5)+(6)	(8) 한계비용(*MC*), $\Delta TC/\Delta Q$, Δ(7)/Δ(3)
1	0	0		$40	$0	$40	
			18				$1.11
1	1	18		40	20	60	
			19				$1.05
1	2	37		40	40	80	
			20				$1.00
1	3	57		40	60	100	
			19				$1.05
1	4	76		40	80	120	
			18				$1.11
1	5	94		40	100	140	
			17				$1.17
1	6	111		40	120	160	
			16				$1.25
1	7	127		40	140	180	

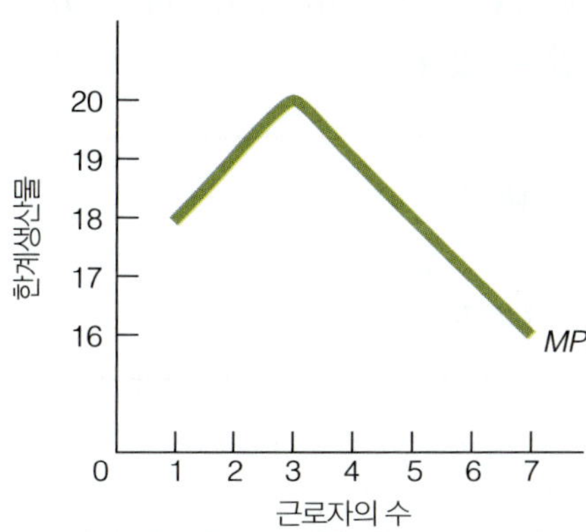

(a)

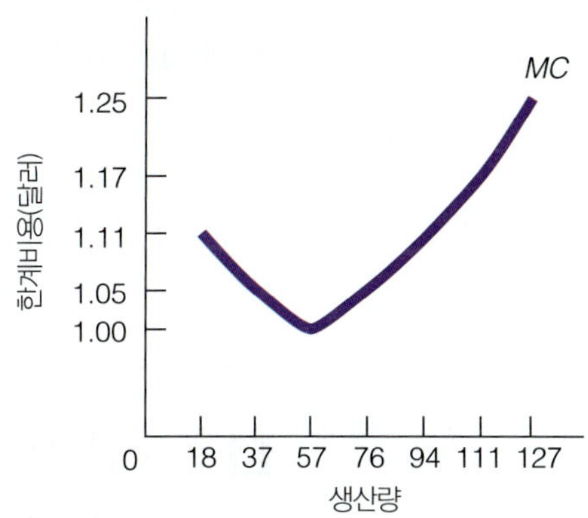

(b)

있다. *MPP* 곡선이 상승할 때 *MC* 곡선이 하락하며 *MPP* 곡선이 하락할 때 *MC* 곡선이 상승한다. 물론 이런 사실은 상식과도 부합된다. 즉 한계생산물이 증가할 때 또는 달리 표현하여 가변요소의 생산성이 증가할 때 비용이 감소할 것으로 기대된다. 또한 생산성이 감소할 때 비용이 증가할 것으로 기대된다.

결론적으로 *MC* 곡선의 형태는 *MPP* 곡선의 형태에 의존한다. *MPP* 곡선은 한계수확 체감의 법칙으로 인해서 감소하는 부분을 갖게 된다. *MPP* 곡선이 처음에 상승하다가 (한계수확 체감이 시작되는 때부터) 하락할 경우 *MC* 곡선은 처음에 하락하다가 그리고 나서 상승한다.

MPP와 MC의 관계를 보는 다른 방법 한계생산물과 한계비용이 반대 방향으로 변화하는 것을 알 수 있는 쉬운 방법은 (생산물의 변화로 총비용의 변화를 나눈 것인) 한계비용의 정의를 살펴보는 것이다. 총비용의 변화는 가변요소가 1단위 추가됨에 따라 발생하는 추가비용이다(그림 3참조). 생산물의 변화는 가변요소의 한계생산물이다. 따라서 한계비용은 가변요소가 1단위 추가됨에 따라 발생하는 추가비용을 해당 가변요소의 한계생산물로 나눈 것이다. 그림 3에서 가변요소는 노동이므로 $MC = W/MPP$이며, 여기서 MC = 한계비용, W = 임금, MPP = 노동의 한계생산물이다. 다음 표는 그림 3의 제4열을 다시 나타내고 임금을 추가하여 $MC = W/MPP$에 따라 MC를 계산하였다.

MPP	가변비용(*W*)	*W*/*MPP* = *MC*
18단위	20달러	20/18 = 1.11달러
19	20	20/19 = 1.05
20	20	20/20 = 1.00
19	20	20/19 = 1.05
18	20	20/18 = 1.11
17	20	20/17 = 1.17
16	20	20/16 = 1.25

위의 표 마지막 열에 있는 한계비용과 그림 3의 제8열에 있는 한계비용을 비교하여 보자. 한계비용이 $\Delta TC/\Delta Q$이거나 W/MPP인지에 관계없이 그 결과는 동일하다. 하지만 한계비용을 정의하는 후자에 따르면 MPP가 증가함에 따라 MC가 감소하고 MPP가 감소함에 따라 MC가 증가한다는 사실을 명백히 알 수 있다.

$$\frac{W}{MPP\uparrow} = MC\downarrow$$

$$\frac{W}{MPP\downarrow} = MC\uparrow$$

5 평균생산성

언론이나 일반인들이 **생산성**이란 단어를 사용할 경우 보통 **한계생산물** 대신에 **평균생산물**을 지칭한다. 차이를 알아보기 위해서 1명의 근로자가 생산물을 하루에 10단위 생산하고 2명의 근로자는 하루에 18단위를 생산한다고 가상하자. 이 경우 한계생산물(노동의 $MPP = \Delta Q/\Delta L$)은 8단위이다. 생산량을 노동의 수량으로 나누어 구한 평균생산물은 9단위이다.

$$\text{노동의 } AP = \frac{Q}{L}$$

노동생산성이란 용어가 신문이나 정부자료에서 보통 사용될 경우 이는 시간당 노동의 평균생산성을 의미한다. 상이한 국가들에 대한 평균 노동생산성을 계산하고 연간 백분율 변화에 주목함으로써 국가 간의 노동생산성과 국가 내에의 노동생산성을 비교할 수 있다. 예를 들면 1992년을 기준년도로 선택한 경우 1992년도에 대한 생산성 지수를 100이라

놓는다. 다른 연도들의 생산성 지수를 계산하여 이 지수들이 각각 100보다 높은지 또는 낮은지 또는 동일한지 여부를 검토하여서 생산성이 각각 상승하였는지 또는 하락하였는지 또는 불변하였는지를 알 수 있다. 또한 각 연도별로 생산성 지수의 백분율 변화를 계산하여 생산성의 변화율을 알 수 있다.

8.4 생산비용: 총비용, 평균비용, 한계비용

생산비용에 관한 논의를 하면서 다양한 비용 사이의 관계를 살펴볼 수 있는 가장 쉬운방법은 그림 4와 같은 예를 이용하는 것이다. 그림 4의 제1열은 생산수량을 0단위부터 10단위까지 보여주고 있다. 제2열은 총고정비용(*TFC*)이 100달러임을 나타낸다. 생산량이 변하더라도 고정비용은 변화하지 않는다는 사실을 기억하자. 따라서 생산량이 0단위에서 1단위로 그리고 다시 2단위로 변하더라도 *TFC*는 100달러가 된다. *Q*가 변하더라도 *TFC*는 변하지 않기 때문에 그림에서 *TFC* 곡선은 100달러에서 수평선이 된다.

제3열에서는 총고정비용을 생산량으로 나눈 **평균 고정비용**(average fixed cost, *AFC*)을 계산하였다.

평균 고정비용

$$AFC = \frac{TFC}{Q}$$

예를 들면 제3열에서 생산량 3단위에 대한 *TFC*인 100달러를 3으로 나누면 33.33달러를 구할 수 있다. 그림에서 *AFC* 곡선은 계속해서 감소한다는 사실에 주목하자.

제4열은 총가변비용(*TVC*)에 대한 가상적인 자료를 보여주고 있다. 생산량이 증가함에 따라 가변비용은 증가할 가능성이 크므로 그림에서 *TVC* 곡선은 상승한다.

제5열에서는 총가변비용을 생산량으로 나눈 **평균 가변비용**(average variable cost, *AVC*)을 계산하였다.

평균 가변비용

$$AVC = \frac{TVC}{Q}$$

예를 들면 제5열에서 생산량 2단위에 대한 *TVC*인 80달러를 2로 나누면 40달러를 구할 수 있다. *AVC* 곡선은 감소하다가 다시 증가한다는 사실에 주목하자.

제6열은 총비용(*TC*)을 나타낸다. 이 총비용은 총가변비용과 총고정비용의 합이다. 생산량이 영이더라도 고정비용이 발생하기 때문에 *TC* 곡선은 영에서 출발하지 않는다는 사실에 주목하자. 총비용(*TC*)곡선은 0달러가 아니라 100달러에서 시작하여야 한다.

제7열에서는 총비용을 생산량으로 나눈 **평균 총비용**(average total cost, *ATC*)을 계산하였다.

평균 총비용

$$ATC = \frac{TC}{Q}$$

그림 4

총비용, 평균비용, 한계비용

*TFC*는 100달러(제2열)이고 *TVC*는 제4열에 있다. 자료에 기초하여 *AFC*, *AVC*, *TC*, *ATC*, *MC*를 계산할 수 있다. *TFC*, *AFC*, *TVC*, *AVC*, *TC*, *ATC*, *MC*를 아래 부분에 도표로 나타내었다.

(1) 생산량, Q(단위 수)	(2) 총고정 비용(TFC)	(3) 평균 고정비용 (AFC) AFC = TFC/Q = (2)/(1)	(4) 총가변비용 (TVC)	(5) 평균 가변비용 (AVC) AVC = TVC/Q = (4)/(1)
0	$100	—	$0	—
1	100	$100.00	50	$50.00
2	100	50.00	80	40.00
3	100	33.33	100	33.33
4	100	25.00	110	27.50
5	100	20.00	130	26.00
6	100	16.67	160	26.67
7	100	14.28	200	28.57
8	100	12.50	250	31.25
9	100	11.11	310	34.44
10	100	10.00	380	38.00

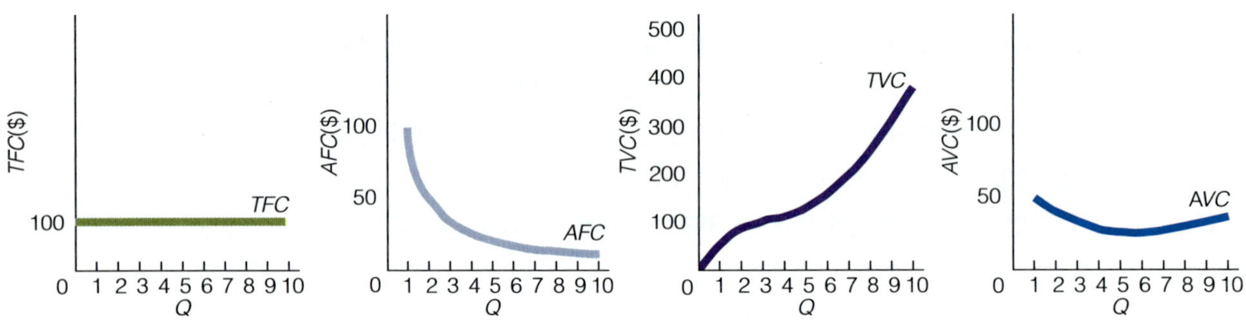

이를 달리 나타내면 *ATC*는 *AFC*와 *AVC*의 합과 같다.

$$ATC = AFC + AVC$$

이것이 이치에 맞는 이유를 알아보기 위해서 $TC = TFC + TVC$라는 사실을 기억하자. 이를 생산량(*Q*)으로 나누면 $ATC = AFC + AVC$가 된다. *ATC* 곡선은 감소하다가 다시 증가한다는 사실에 주목하자.

제8열은 총비용의 변화를 생산량의 변화로 나눈 한계비용(*MC*)을 나타낸다.

$$MC = \frac{\Delta TC}{\Delta Q}$$

그림 4

(계속)

(6) 총비용(TC) $TC = TFC + TVC$ = (2) + (4)	(7) 평균 총비용(ATC) $ATC = TC/Q$ = (6)/(1)	(8) 한계비용(MC) $MC = \Delta TC/\Delta Q$ = Δ(6)/Δ(1)
$100.00	—	—
150.00	$150.00	$50.00
180.00	90.00	30.00
200.00	66.67	20.00
210.00	52.50	10.00
230.00	46.00	20.00
260.00	43.33	30.00
300.00	42.86	40.00
350.00	43.75	50.00
410.00	45.56	60.00
480.00	48.00	70.00

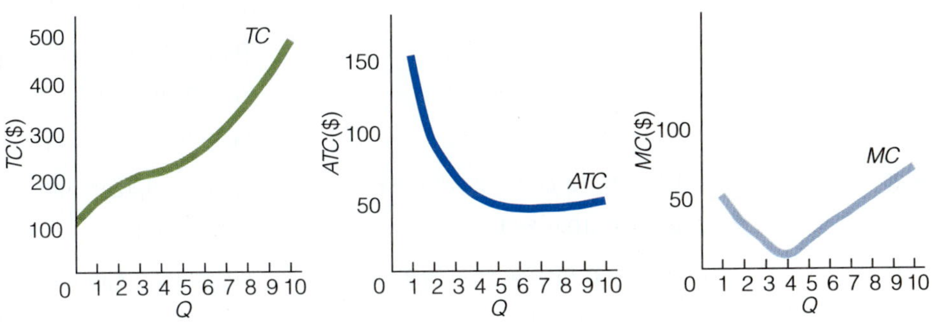

MC 곡선은 감소하는 부분과 증가하는 부분이 있다. *MC*가 감소할 경우 *MPP*가 증가하며 *MC*가 증가할 경우 가변요소의 *MPP*가 감소한다. 한계수확 체감이 시작될 때 *MC* 곡선의 최저점에 있게 된다.

그림 5에서는 단기에서의 생산과 비용을 연계시켜 논의한 사항들을 종합적으로 정리하였다.

1 *MC* 곡선과 *AVC* 및 *ATC* 곡선의 관계

한계비용곡선과 평균 총비용곡선 및 평균 가변비용곡선 사이의 관계는 어떠한가? 이에 대해 설명하려면 **평균–한계 규칙**(average-marginal rule)을 살펴 볼 필요가 있으며 이는 예를 들어 설명하는 것이 가장 이해하기 쉽다.

평균–한계 규칙

그림 5

단기 생산 및 비용

개념	설명	예	기타 관련정보
단기 생산	기업은 최소한 한 개의 고정 생산요소를 갖고 생산한다.	기업은 자본 및 노동을 갖고 생산하며 자본은 고정생산요소이고 노동은 가변생산요소이다.	
한계생산물(MPP)	$MPP = \Delta Q/\Delta$ 가변생산요소	ΔQ = 40단위이고 Δ가변생산요소 = 1인 경우 MPP = 40단위가 된다.	
한계수확 체감의 법칙	한계수확 체감의 법칙에 따르면 고정생산요소가 존재하고 가변생산요소의 양이 증가할 경우 궁극적으로 가변생산요소의 MPP가 감소한다.	그림 2에서 네 번째 근로자가 추가될 경우 한계수확 체감이 발생하기 시작한다.	한계수확 체감의 법칙은 최소한 한 개의 고정생산요소가 존재하는 단기에서만 적용된다.
총비용 (TC)	$TC = TFC + TVC$	TFC = \$10 및 TVC = \$40인 경우 TC = \$50가 된다.	
총고정비용 (TFC)	$TFC = AFC \times Q$	AFC = \$4 및 Q = 40단위인 경우 TFC = \$160가 된다.	TFC는 생산량 전반에 걸쳐 일정하다. 예를 들면 생산량이 10단위인 경우 TFC는 \$100이고 20단위인 경우에도 역시 \$100가 된다.
총가변비용(TVC)	$TVC = AVC \times Q$	AVC = \$6 및 Q = 40단위인 경우 TVC = \$240가 된다.	생산량이 변화함에 따라 TVC가 변화한다.
평균 고정비용 (AFC)	$AFC = TFC / Q$	TFC = \$50 및 Q = 10인 경우 AFC = \$5가 된다.	생산량이 증가함에 따라 AFC는 감소한다.
평균 가변비용 (AVC)	$AVC = TVC / Q$	TVC = \$120 및 Q = 12인 경우 AVC = \$10가 된다.	
평균 총비용 (ATC)	(1) $ATC = TC / Q$ (2) $ATC = AFC + AVC$	(1) TC = \$50 및 Q = 10인 경우 ATC = \$5가 된다. (2) AFC = \$4 및 AVC = \$1인 경우 ATC = \$5가 된다.	ATC는 단위비용과 동일한 개념이다.
한계비용 (MC)	$MC = \Delta TC / \Delta Q$	생산량이 100단위에서 101단위로 증가함에 따라 TC는 \$40에서 \$45로 증가한다고 가상하자. 이 경우 생산량의 변화로 총비용의 변화를 나눈 값인 MC는 \$5가 된다.	MC을 계산하는 두 번째 방법은 다음과 같다. $MC = W / MPP$. 여기서 W = 임금, MPP = 한계생산물이다.

방에 20명의 사람이 있고 각 사람의 체중은 170파운드라고 가상하자. 당신이 할 일은 평균체중을 계산하는 것이다. 각 개인의 체중을 합산하여 20으로 나누면 평균체중을 구할 수 있으며 그 값은 170파운드가 된다. 이제 추가적으로 한 사람이 방에 들어왔다고 하자. 이 사람을 한계(추가적인) 사람이라고 하고 이 사람의 체중을 한계체중이라 한다.

이 한계사람의 체중을 275파운드라고 하자. 이제 21명의 평균체중은 175파운드가 되며 이 새로운 평균체중이 이전의 평균체중보다 더 크다. 평균체중은 추가적인 한계사람의 체중에 의해 증가하였다. 간단히 말해 **한계수량이 평균수량보다 더 큰 경우 평균수량이 증가**한다. 이것이 평균–한계 규칙의 한 부분이다.

추가적인 한계사람의 체중이 예를 들면 65파운드로 평균체중 170파운드보다 작다고 가상하자. 이제 새로운 평균체중은 165파운드가 된다. 평균체중이 추가적인 한계사람의 체중으로 인해 감소하였다. **한계수량이 평균수량보다 더 작은 경우 평균수량이 감소한다**. 이것이 평균–한계 규칙의 다른 부분이다.

1. 한계 < 평균 → 평균 ↓
2. 한계 > 평균 → 평균 ↑

평균–한계 규칙을 적용하여 평균 총비용곡선 및 평균 가변비용곡선이 한계비용곡선과 어떤 관계가 있는지 알 수 있다. 평균 총비용곡선과 평균 가변비용곡선 모두에 대해 다음과 같은 분석이 적용된다.

1. 한계비용이 평균 가변비용보다 낮은(작은) 경우 평균 가변비용이 감소한다.
2. 한계비용이 평균 가변비용보다 높은(큰) 경우 평균 가변비용이 증가한다.

위의 분석은 평균 가변비용곡선과 한계비용곡선의 관계가 그림 6(a)와 같다는 의미이다. 그림 6(a)의 영역 1에서 한계비용이 평균 가변비용보다 낮으며 평균–한계규칙과 일치되게 평균 가변비용이 감소한다. 그림 6(a)의 영역 2에서는 한계비용이 평균 가변비용보다 높으며 평균 가변비용이 증가한다. 요약하면 그림 6(a)에 있는 평균 가변비용곡선 및 한계비용곡선은 평균–한계 규칙과 일치한다.

이 밖에 한계비용이 평균 가변비용 아래에 위치하는 경우 평균 가변비용이 감소하고 위에 위치하는 경우 평균 가변비용이 증가하기 때문에 한계비용곡선은 평균 가변비용곡선의 최저점에서 평균 가변비용곡선과 교차하여야 한다. 그림 6(a)에서 최저점은 점 *L*이 된다.

*MC*곡선과 *AVC*곡선 사이에 존재하는 관계가 그림 6(b)의 *MC*곡선과 *ATC*곡선 사이에서도 존재한다. 그림 6(b)의 영역 1에서 한계비용이 평균 총비용보다 낮으며 평균–한계 규칙과 일치되게 평균 총비용이 감소한다. 그림 6(b)의 영역 2에서는 한계비용이 평균 총비용보다 높으며 평균 총비용이 증가한다. 따라서 한계비용곡선은 평균 총비용곡선의 최저점에서 평균 총비용곡선과 교차하게 된다.

평균 고정비용곡선과 한계비용곡선 사이에는 특별한 관계가 없다. 평균 고정비용은 (생산량 전체에 걸쳐 일정한) 총고정비용을 단순히 생산량으로 나눈 것($AFC = TFC / Q$)이라는 사실을 생각하면 그 이유를 간접적으로 나마 알 수 있다. 그림 6(c)에서 보는 것처럼 생산량(Q)이 증가하고 총고정비용(TFC)이 일정한 경우 평균고정비용(TFC / Q)은 지속적

그림 6

평균비용곡선 및 한계비용곡선

(a) *AVC*와 *MC* 사이의 관계를 보여준다. (b) *ATC*와 *MC* 사이의 관계를 보여준다. *MC*는 최저점(*L*)에서 각각 *AVC* 및 *ATC*와 교차한다. (c) *AFC* 곡선은 계속해서 하락한다.

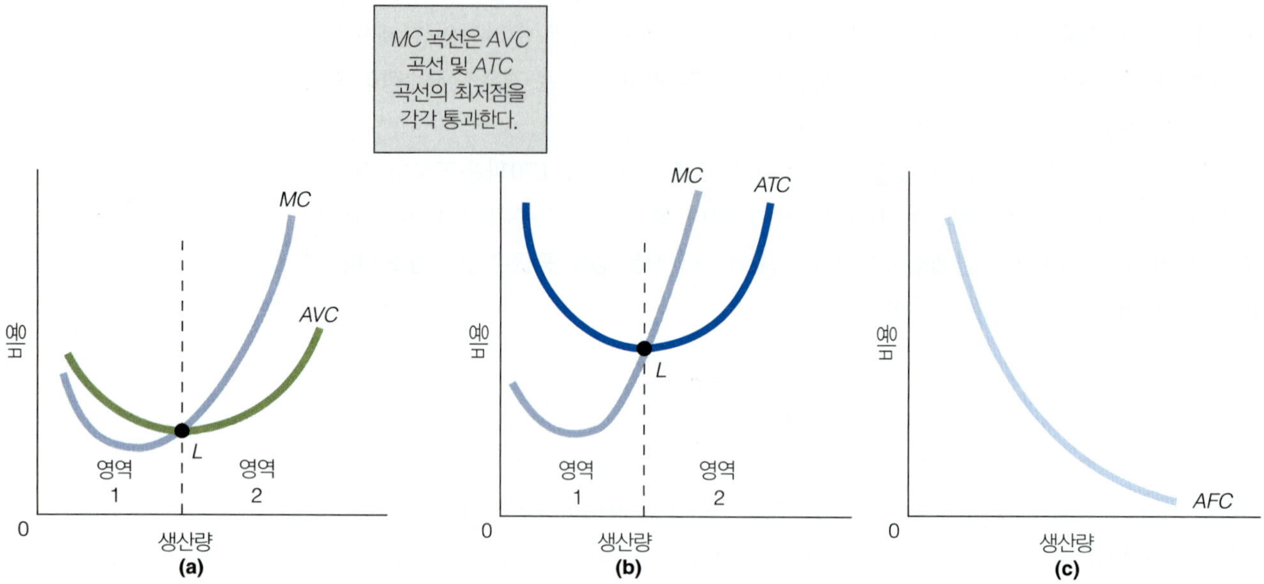

으로 감소하게 된다.

2 단기생산을 비용에 연계시켜 보자

비용이 생산과 어떻게 연계되는지 알아보기 위해서 앞에서 한 논의를 정리하여 보자(그림 7참조). 생산이 단기적으로 이루어진다고 가정하였으므로 최소한 한 개의 고정요소가 존재한다. 고정요소에 가변요소를 추가시키고 처음에 (예를 들면 노동같은) 가변요소의 한계생산물이 증가한다고 가상하자. *MPP*가 증가함에 따라 한계비용(*MC*)이 하락한다. *MC*가 평균 가변비용(*AVC*) 아래에 위치할 정도로 하락할 경우 평균–한계 규칙을 통해 *AVC*가 감소한다는 사실을 알 수 있다. 또한 *MC*가 평균 총비용(*ATC*) 아래에 위치할 정도로 하락할 경우 *ATC*가 감소한다.

결국에는 한계수확 체감의 법칙이 발생하게 된다. 이렇게 되면 가변요소의 *MPP*가 감소하고 이에 따라 *MC*가 상승한다. *MC*가 *AVC* 위에 위치할 정도로 상승할 경우 *AVC*가 증가한다. 또한 *MC*가 *ATC* 위에 위치한 정도로 상승할 경우 *ATC*가 증가한다. (*MPP*가 증가하거나 감소하는 것처럼) 생산 측면에서 변화가 발생하게 되면 *MC*에 영향을 미치며 이는 결국에 *AVC* 및 *ATC*에 영향을 미치게 된다. 간단히 말해 비용은 생산과 연계된다.

3 추가적인 비용개념: 매몰비용

매몰비용

매몰비용(sunk cost)은 현재의 결정에 의해 변경될 수 없고 따라서 회복될 수 없는 과거에

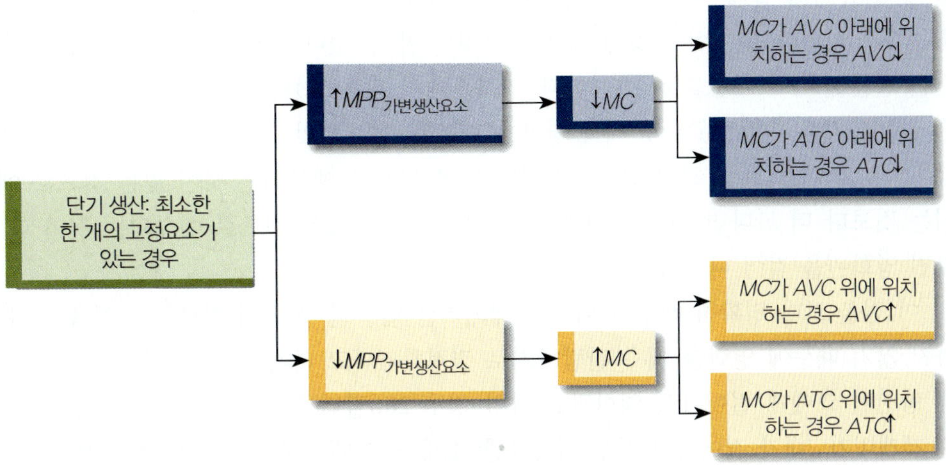

그림 7

생산과 비용의 연계

(*MPP*가 증가하거나 감소하는 것처럼) 생산 측면에서 발생하는 현상은 *MC*에 영향을 미치며 이는 다시 궁극적으로 *AVC* 및 *ATC*에 영향을 미친다.

발생한 비용이다. 예를 들면 기업은 전구극선을 합법적으로 생산하여 판매하기 전에 10,000달러에 상당하는 정부 허가권을 매입하여야 하며 정부는 이를 재구매하지 않고 재판매도 허용하지 않는다고 가상하자. 이 기업이 허가권을 매입하기 위해서 지출한 10,000달러는 매몰비용이 된다. 이것은 비용이 발생한 후에(10,000달러를 지출한 후에) 현재의 결정으로 변화시킬 수 없으며(해당기업이 과거로 돌아가서 했던 일을 되돌릴 수 없으며) 회복할 수 없는(정부가 재매입하지 않고 재판매도 허용하지 않는) 비용이다.

매몰비용의 다른 예를 생각하여 보자. 제레미(Jeremy)는 영화 입장권을 구입하여 극장에 들어가서 좌석에 앉아 이를 관람하고 있다고 가상하자. 영화가 상영되고 30분이 지난 후 상영되는 영화를 싫어하게 되었다. 영화 입장권을 구입하는 데 지출한 돈은 매몰비용이 된다. 이 비용은 과거에 발생하였으며 변화시킬 수도 없고 회복할 수도 없다(싫어하는 영화인 경우에도 돈을 되돌려 주지 않는다고 가정한다).

경제학자의 충고: 매몰비용은 무시하시오. 경제학자들은 사람들에게 매몰비용을 무시하라고 충고한다. 영화 관람권을 구입하고 나서 상영되는 영화가 싫어진 제레미의 경우 영화 관람권은 매몰비용이 된다. 이제 제레미는 영화를 관람하면서 자신에게 다음과 같이 말한다고 가상하자.

> "나는 영화를 관람하기 위해서 입장권을 구입하였지만 이 영화가 싫다. 일어나서 걸어나가야 하는가? 아니면 앉아서 계속 영화를 관람하여야 하는가? 앉아서 계속 영화를 관람하기로 하자. 왜냐하면 자리를 박차고 나갈 경우 영화 입장권을 구입하기 위해 지불한 돈을 잃게 되기 때문이다."

제레미가 저지른 실수는 그가 극장 밖으로 걸어나갈 경우 영화 입장권을 구입하는 데 지불한 돈을 잃게 될 것이라고 생각하는 것이다. 그는 이미 그 돈을 잃어버린 것이다. 앉아서 영화를 계속 관람하든지 또는 걸어 나가든지에 관계없이 돈은 이미 사라졌다 . 매몰비용이 되었다.

경제학자는 제레미에게 과거에 이미 발생하여 되돌릴 수 없는 것은 무시하라고 충고할 것이다. 다시 말해 매몰비용을 무시하라고 충고할 것이다. 문제는 무엇을 이미 잃어버렸는가가 아니다. 잃어버린 것에 대해 아무것도 할 수 없다는 사실이다. 제레미는 다음과 같은 질문을 하고 대답을 하여야 한다. 영화관에서 계속 영화를 관람할 경우 무엇을 얻을 수 있는가(무슨 이익이 있는가)? 계속 영화를 관람할 경우 무엇을 잃게 되는가(무슨 비용이 발생하는가)? 영화를 계속 관람하여 제레미가 얻을 것으로 예상되는 것이 잃은 것으로 예상되는 것보다 더 크다면 계속 영화를 관람하여야 한다. 잃은 것으로 예상되는 것이 더 크다면 영화관을 걸어 나가야 한다.

이 점을 보다 명확히 해두기 위해서 제레미는 입장권 구입 시 지불한 금액을 잃기 원하지 않기 때문에 영화를 계속 관람하기로 결정하였다고 하자. 이런 결정을 내린 2분 후에 당신이 그에게 걸어가서 영화관을 나갈 경우 200달러를 주겠다고 제안을 한다. 당신은 제레미가 "내가 걸어나갈 경우 입장료를 잃게 되기 때문에 극장을 떠날 수 없다" 라고 말할 것이라 생각하는가? 아니면 그가 돈을 갖고 나갈 가능성이 더 높다고 생각하는가? 대부분의 사람들은 제레미가 200달러를 받고 영화관을 떠난다고 말할 것이다. 왜냐하면 떠나지 않을 경우 200달러를 받을 기회를 잃게 되기 때문이다.

하지만 아무도 그에게 떠날 경우 200달러를 주겠다고 제의하지 않는 경우 200달러는 아니더라도 어떤 것을 잃게 되지는 않을까? 어쩌면 다른 일을 하여서 얻게 될 최소한 1달러를 포기하여야 할지도 모른다. 간단히 말하면 200달러를 주겠다는 제안이 있기 전에도 영화를 계속 관람하는 데 따른 기회비용을 갖고 있다. 문제는 매몰비용이 그의 결정에 영향을 미쳐서 영화를 계속 관람하는 데 따른 기회비용을 무시하게 된다는 점이다. 200달러를 주겠다는 제안은 영화를 계속 관람하는 데 따른 기회비용을 보다 명백히 할 뿐이다.

다른 경우를 생각하여 보자. 알리시아(Alicia)는 (환불이 되지 않는) 신발을 구입하여 며칠 동안 신어보다가 불편하다는 사실을 알게 되었다. 경제학자는 알리시아에게 이 신발을 신지말라고 할 것이다. 경제학자 입장에서 보면 신발 구입비는 다음과 같은 이유로 인해 매몰비용이 된다: (1) 과거에 발생한 비용이다 (2) 현재의 결정으로 변화시킬 수 없다 (3) 비용을 회복시킬 수 없다. 경제학자는 알리시아에게 신발을 신을지 여부를 현재 결정할 때 이미 발생하였고 변화시킬 수 없는 것에 기초하지 말라고 조언할 것이다. 알리시아가 자신이 결정을 내렸지만 돌이킬 수 없는 것이 현재 결정을 내릴 때 영향을 미치도록 한다면 과거의 실수를 더 복잡하게 만들 위험에 직면하게 된다.

알리시아가 신발을 신지 않으면 돈을 낭비하는 것이라고 생각하여 불편한 신발을 계속 신는다면 더 큰 손실, 예를 들면 불편함을 감수하다가 어쩌면 발 전문의를 방문하여 진료를 받는 상황이 발생할지도 모른다. 그녀가 자신에게 물어야 할 질문은 "신발을 구입하기 위해 무엇을 포기하였는가?"가 아니라 "불편한 신발을 신는다면 무엇을 포기하게 되는가?"이다.

위의 논의가 시사하는 바는 현재 내리는 결정은 장래에만 영향을 미칠 수 있을 뿐이지 지나간 과거에는 영향을 미칠 수 없다는 점이다. 지나간 과거는 과거이며 매몰비용은 매몰비용이다.

8.5 장기에서의 생산과 비용

여기서는 생산과 장기비용에 대해 살펴볼 것이다. 앞에서 살펴본 것처럼 장기에서는 고정요소 및 고정비용이 존재하지 않는다. 따라서 기업은 단기에서보다 더 큰 유연성을 갖게 된다. (앞으로 단기 평균 총비용곡선과 장기 평균 총비용곡선을 모두 논의할 것이므로 이를 구별하여 사용할 것이다. 즉 *SR*은 단기를 의미하며 *LR*은 장기를 의미한다.)

1 장기 평균 총비용곡선

단기에서는 고정비용과 가변비용이 모두 존재하기 때문에 총비용은 이 둘을 합산한 것이다. 하지만 장기에서는 고정비용이 존재하지 않기 때문에 가변비용이 총비용이 된다. 이 절에서는 (1) 장기 평균 총비용(*LRAC*)곡선과 (2) 이 곡선의 형태에 초점을 맞추어 논의할 것이다.

침실용 가구를 생산하는 기업의 경영인에 대해 생각해 보자. 모든 요소가 가변요소인 경우 경영인은 다가오는 단기에서 기업이 어떻게 되어야 하는지를 결정하여야 한다. 예를 들면 공장규모를 소규모로 할 것인지 아니면 중간규모로 할 것인지 아니면 대규모로 할 것인지를 결정하여야 될 것이다. 이 결정은 일단 내려지면 해당 기업은 단기적으로 특정한 공장규모에 한정된다. 그림 8(a)에서 보는 것처럼 단기 평균 총비용(*SRATC*)곡선은 세 개의 상이한 공장규모와 연계되어 존재하게 된다.

해당 기업 경영인이 생산량 Q_1을 생산하려 한다고 가상하자. 그는 분명히 $SRATC_1$으로 나타낼 수 있는 공장규모를 선택할 것이다. 이렇게 되면 Q_1을 생산하는 단위당 비용이

그림 8

장기 평균 총비용곡선

(a) 세 가지 상이한 공장규모에 대해 세 개의 단기 평균 총비용곡선이 존재한다. 이것들만 공장 규모를 의미할 경우 장기 평균 총비용곡선은 두껍게 칠한 파란색의 부채꼴 모양의 곡선이다. (b) 장기 평균 총비용곡선은 두껍게 칠한 파란색의 부드러운 곡선이다. (b)에 있는 *LRATC* 곡선은 부채꼴 모양을 하고 있지 않다. 왜냐하면 수많은 공장이 있어서 *LRTAC* 곡선은 *SRTAC* 곡선과 오직 한 점에서만 접한다고 가정하기 때문이다.

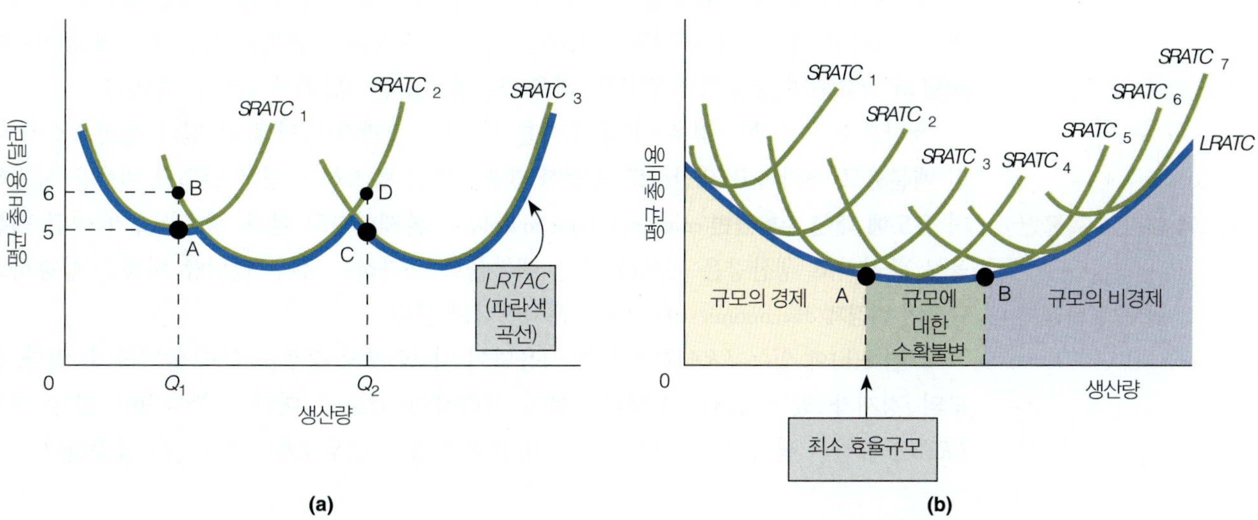

$SRATC_2$의 경우보다 $SRATC_1$의 경우에 더 낮아진다. 그림 8(a)에서 $SRATC_1$의 경우 단위당 비용이 5달러인 반면에 $SRATC_2$의 경우에는 6달러가 된다.

하지만 Q_2를 생산하기로 한 경우 $SRATC_3$로 나타내는 공장규모를 선택하게 된다. 왜냐하면 Q_2를 생산하는 데 따른 단위당 비용이 $STATC_2$의 경우보다 $SRATC_3$의 경우에 더 낮기 때문이다.

장기 평균 총비용곡선

모든 (가능한) 생산량 수준에 대해 이런 질문을 계속할 경우 **장기 평균 총비용곡선**(*LRATC*)을 도출할 수 있다. *LRATC* 곡선은 주어진 생산량을 생산할 수 있는 가장 낮은 단위당 비용을 나타낸다. 그림 8(a)에서 *LRATC*곡선은 파란색 곡선에 접하는 세 개의 *SRATC* 곡선 부분으로 구성된다. 즉 이는 부채꼴 모양의 파란색 곡선이 된다.

그림 8(b)는 일련의 *SRATC* 곡선과 한 개의 *LRATC* 곡선을 보여주고 있다. 이 경우에는 그림 8(a)의 경우처럼 *LRATC* 곡선이 부채꼴 모양이 되지 않는다. 그림 8(b)에서 그림 8(a)에 있는 세 개 규모의 공장 이외에 수많은 규모의 공장이 존재한다고 가정하고 있기 때문에 부드러운 곡선이 된다. 그림 8(b)에는 그릴 수는 없지만 $SRATC_1$과 $SRARC_2$ 사이에 수많은 공장규모를 나타내는 단기 평균 총비용곡선이 존재하고 $SRARC_2$와 $SRATC_3$ 사이에도 존재하며 이렇게 계속된다. 이 경우 *LRATC* 곡선은 부드러운 곡선이 되며 각 *SRATC* 곡선과 한 점에서 접하게 된다.

2 규모의 경제, 규모의 비경제, 규모에 대한 수확불변

두 개의 생산요소, 즉 노동 및 자본을 사용하여 어떤 상품을 생산한다고 가상하자. 생산요소가 어떤 백분율(예를 들면 100%)로 증가하고 생산량은 더 큰 백분율(예를 들면 100%를 초과하는 백분율)로 증가할 경우 생산물 단위당 비용은 하락하고 **규모의 경제**(economies of scale)가 존재한다고 본다.

규모의 경제

예를 들어 상품 X는 두 개의 생산요소 Y 및 Z를 투입하여 생산되고 20Y 및 10Z가 투입되어 X의 5단위가 생산된다고 가상하자. 생산요소 Y의 단위당 비용은 1달러이고 Z의 단위당 비용도 1달러이다. 따라서 X의 5단위를 생산하려면 총비용 30달러가 필요하다. 상품 X의 단위당 비용(평균 총비용)은 6달러($ATC = TC / Q$)이다. 이제는 생산요소 Y 및 Z가 두 배, 즉 40Y 및 20Z가 투입되고 생산량은 두 배를 초과하여 예를 들면 X의 15단위가 생산되었다고 가상하자. 이것이 의미하는 바는 상품 X의 15단위를 생산하는 데 총비용이 60달러 소요되며 상품 X의 단위당 비용(평균 총비용)은 4달러가 된다는 것이다.

생산요소가 증가할 경우 이 밖에 다른 두 가지 결과가 나타날 수 있다. 생산요소가 어떤 백분율로 증가하고 생산량도 동일한 백분율만큼 증가하는 경우 단위당 비용은 불변하며 **규모에 대한 수확불변**(constant returns to scale)이 존재한다고 본다. 생산요소가 어떤 백분율로 증가하고 생산량은 이보다 작은 백분율로 증가하는 경우 단위당 비용은 상승하고 **규모의 비경제**(diseconomies of scale)가 존재한다고 본다.

규모에 대한 수확불변

규모의 비경제

그림 8(b)에 있는 *LRATC* 곡선을 이용하여 이 세 가지 경우를 쉽게 살펴볼 수 있다. 규모의 경제가 있는 경우 *LRATC* 곡선이 하락하며 규모에 대한 수확불변이 있는 경우 *LRATC* 곡선은 평평하다. 또한 규모의 비경제가 있는 경우 *LRATC* 곡선은 상승한다.

> 규모의 경제 → *LRATC*는 하락한다.
> 규모에 대한 수확불변 → *LRATC*는 불변한다.
> 규모의 비경제 → *LRATC*는 상승한다.

그림 8(b)에서 보는 것처럼 상품을 생산하는데 규모의 경제가 규모에 대한 수확불변으로 바뀌거나 규모의 비경제로 바뀌는 경우 이것이 발생하는 점을 최소 효율규모라고 한다. **최소 효율규모**(minimum efficient scale)는 평균 총비용이 극소화가 되는 가장 작은 생산량을 말한다. 그림 8(b)에서 점 A가 최소 효율규모를 나타낸다.

최소 효율규모

생산량의 최소 효율규모가 갖는 의미를 그림 8(b)의 점 *A*와 *B* 사이에 있는 장기 평균 총비용곡선을 살펴봄으로써 알 수 있다. 이 점들 사이에서 규모에 대한 수확불변이 존재한다. 즉 두 점들 사이에 있는 다양한 생산량 수준에서 평균 총비용이 동일하다. 이것이 의미하는 바는 규모가 큰 기업(더 많은 양을 생산하는 기업)은 이 생산량 범위에서 최소 효율규모로 운영되는 상대적으로 규모가 작은 기업보다 비용상의 우위를 갖지 못한다는 것이다.

규모의 경제, 규모의 비경제, 규모에 대한 수확불변은 장기적으로만 관련이 있다는 점을 명심하여야 한다. 용어의 정의에서 묵시적으로 그리고 위의 예에서 명시적으로 함축된 것은 상품을 생산하는 데 필요한 모든 요소가 가변적이라는 것(고정되어 있지 않다는 것)이다. 어떤 요소도 고정되어 있지 않기 때문에 규모의 경제, 규모의 비경제, 규모에 대한 수확불변은 장기적으로만 관련된다.

그림 9는 장기에서의 생산과 비용에 관해 논의한 사항을 요약해서 보여주고 있다.

그림 9

장기 생산 및 비용

개념	설명	예	기타 관련정보
장기 생산	생산과정에 고정생산요소가 존재하지 않는다. 생산요소는 모두 가변생산요소이다.	기업은 두 가지 생산요소, 즉 자본(*C*) 및 노동(*L*)을 사용하고 둘 모두 가변생산요소이다.	
규모의 경제	생산의 백분율 증가가 생산요소의 백분율 증가보다 더 크다.	생산요소가 예를 들면 5퍼센트 증가하고 생산량은 예를 들면 9퍼센트 증가한다.	기업이 규모의 경제를 경험하고 있는 경우 *LRATC*(장기 평균 총비용) 곡선은 하락한다.
규모의 비경제	생산의 백분율 증가가 생산요소의 백분율 증가보다 더 작다.	생산요소가 예를 들면 5퍼센트 증가하고 생산량은 예를 들면 2퍼센트 증가한다.	기업이 규모의 비경제를 경험하고 있는 경우 *LRATC*(장기 평균 총비용) 곡선은 상승한다.
규모에 대한 수확불변	생산의 백분율 증가가 생산요소의 백분율 증가와 같다.	생산요소가 예를 들면 5퍼센트 증가하고 생산량도 5퍼센트 증가한다.	기업이 규모에 대한 수확불변을 경험하고 있는 경우 *LRATC*(장기 평균 총비용) 곡선은 일정하다.

3 규모의 경제가 발생하는 이유

기업의 규모가 커짐에 따라 다음과 같은 두 가지 이유로 인해 단위당 장기 생산비용이 어느 점까지 하락하게 된다: (1) 기업의 규모가 커짐에 따라 피고용인들이 전문화할 수 있는 기회를 더 많이 갖게 된다. 개별 근로자들은 좁은 작업범위에서 고도로 숙달되어 더 낮은 단위당 비용으로 더 많은 양을 생산할 수 있다. (2) 규모가 큰 기업이 통상적으로 대규모 설치비용이 소요되고 따라서 많은 양을 생산할 수 있을 때만 경제성이 있는 고도로 효율적인 대량생산 기술과 장비를 활용할 수 있다. 예를 들면 일관 조립기술은 수백만 개가 생산될 때 상대적으로 저렴하지만 단지 수천 개가 생산될 때는 비용이 많이 소요된다.

4 규모의 비경제가 발생하는 이유

기업의 규모로 인해 의견을 조정하고 의사를 전달하며 감독을 하는 데 문제가 생긴다는 점에서 보통 규모의 비경제가 발생한다. 대규모 기업들은 보통 작업을 조정하고 적절할 때 적정한 사람에게 지시를 내리며 효율적으로 인원을 감독하는 데 어려움을 겪게 된다. 기업의 규모가 단순히 너무 비대해진다. 물론 규모의 비경제가 존재하는 생산점을 넘지 않도록 하는 금전적인 유인책이 있어서 통상적으로 이를 피할 수 있다. 조직을 재정비하고 업무를 분할하며 새로운 경영인을 영입하여 이런 문제를 해결한다.

5 최소 효율규모 및 산업내 기업의 수

일부 산업은 다른 산업에 비해 더 적은 수의 기업으로 구성된다. 상이한 산업들은 상이한 집중도를 갖는다.

일국의 소비 또는 총매출의 백분율로 나타낸 최소 효율규모(*MES*)는 모든 산업에 대해 동일하지 않다. 예를 들면 산업 X의 경우 총매출의 백분율로 나타낸 *MES*가 6.6일 수 있으며 산업 Y의 경우는 2.3일 수 있다. 다시 말해 산업 X에 있는 기업들은 해당 산업 총매출의 6.6퍼센트 수준의 생산량에서 최소 효율규모에 도달하며 규모의 경제가 고갈된다. 반면에 산업 Y에 있는 기업들은 2.3퍼센트 수준의 생산량까지만 규모의 경제를 경험하다.

산업 X에 더 적은 수의 기업이 있을 것으로 쉽게 예상할 수 있다. 해당 산업 총매출인 100퍼센트를 *MES*로 나누면 해당 생산물에 대한 총소비를 만족시키기 위해 필요한 효율적인 기업의 수를 추정할 수 있다. 산업 X의 경우 15개(100/6.6 = 15)의 기업이 존재할 것으로 추정되며 산업 Y의 경우는 43개의 기업이 존재할 것으로 추정된다.

8.6 비용곡선의 이동

단기 및 장기 비용곡선을 논의하면서 일부 요인들은 불변한다고 가정하였다. 이제 이 요인들 중 몇 가지에 대해 논의하고 이들의 변화할 경우 비용곡선이 어떻게 이동하는지 살펴볼 것이다.

1 조세

생산된 상품 각 단위에 대해 조세가 부과된다고 생각해 보자. 기업 A는 자신이 생산한 상품 X의 각 단위에 대해 3달러의 조세를 납부하여야 한다고 가상하자. 이는 기업의 비용곡선에 어떤 영향을 미치는가? 상품이 생산될 때만 조세를 납부하기 때문에 조세는 고정비용에 영향을 미치지 않으며 생산량이 영일 때도 고정비용은 존재한다(조세가 일괄적으로 부과되는 경우, 즉 기업이 상품 X를 얼마나 생산하는지에 관계없이 일괄적으로 조세를 납부하는 경우 이 조세는 고정비용에 영향을 미친다). 따라서 조세는 고정비용에 영향을 미치지 않으며 평균 고정비용에도 영향을 미칠 수 없다.

조세는 가변비용에 영향을 미친다. 조세로 인해 기업은 자신이 생산한 상품 X의 각 단위에 대해 더 많은 지출을 하여야 한다. 가변비용이 증가하기 때문에 총비용도 증가한다. 이것이 의미하는 바는 평균 가변비용 및 평균 총비용이 증가하며 이에 따른 비용곡선이 위쪽으로 이동한다는 것이다. 또한 한계비용은 총비용의 변화를 생산량의 변화로 나눈 것이기 때문에 한계비용이 증가하고 한계비용곡선이 위쪽으로 이동한다.

2 요소가격

요소가격이 상승하거나 하락할 경우 이에 상응하여 해당 기업의 평균 총비용곡선, 평균 가변비용곡선, 한계비용곡선이 변화한다. 예를 들어 철강가격이 상승할 경우 고층빌딩을 건설하는 가변비용이 증가하며 평균 가변비용, 평균 총비용, 한계비용도 증가한다. 이에 따라 비용곡선이 위쪽으로 이동한다. 철강가격이 하락할 경우 반대 현상이 나타난다.

3 기술

기술이 변화하게 되면 보통 (1) 더 적은 생산요소로 해당 상품을 생산하거나(예를 들면 개인용 컴퓨터가 도입되어 편집하는 시간이 단축되었다) (2) 생산요소 가격이 인하된다(예를 들면 트랜지스터의 기술이 향상되어 계산기의 트랜지스터 부품가격이 인하되었다). 어느 경우에도 기술이 변화하면 가변비용이 감소하여 평균 가변비용, 평균 총비용, 한계비용이 하락하게 된다. 이에 따라 비용곡선이 아래쪽으로 이동한다.

요약 및 정리

47 기업

- 일부 경제학자들은 개인들이 팀으로 일하여 이익을 얻을 수 있는 경우 기업이 형성된다고 한다. 특히 개인들이 팀으로 생산할 수 있는 것을 총합한 것이 개인들이 각자 생산할 수 있는 것을 총합한 것보다 더 클 경우 기업이 형성된다.
- 로날드 코우즈 교수는 개별적인 계약을 체결하는 데 따른 비용을 낮추기 위해서 기업이 존재한다고 본다. 간단히 말해 기업은 거래비용을 낮추기 위해서 존재한다.

48 명시비용과 묵시비용

- 명시비용은 실제적으로 (금전적인) 지급이 이루어진 경우 발생한다. 묵시비용은 실제적으로 (금전적인) 지급은 이루어지지 않았지만 생산에 사용된 자원의 가치를 나타낸다.

49 경제적 이윤과 회계적 이윤

- 경제적 이윤은 총수입과 명시비용 및 묵시비용 둘 다를 포함하는 총비용의 차이이다. 회계적 이윤은 총수입과 명시

비용의 차이이다. 경제적 이윤은 통상적으로 회계적 이윤보다 더 낮다(결코 더 높을 수는 없다). (회계적 이윤이 아닌) 경제적 이윤이 경제행태에 동기를 부여한다.

50 단기에서의 생산과 비용

- 단기는 일부 요소가 고정되있는 기간인 반면에 장기는 모든 요소가 변동될 수 있는 기간이다. 고정요소 및 가변요소와 관련된 비용을 각각 고정비용 및 가변비용이라고 한다.
- 한계비용은 생산량의 변화에 따른 총비용의 변화이다.
- 한계수확 체감의 법칙은 점점 더 많은 양의 가변요소가 고정요소와 결합하게 되면 궁극적으로 가변요소의 한계생산물이 감소한다고 본다. 이런 경우 한계비용은 상승한다.
- 평균–한계 규칙에 따르면 한계수량이 평균수량보다 큰 경우(작은 경우) 평균수량이 증가한다(감소한다).
- 한계비용곡선은 평균 가변비용곡선의 최저점에서 평균 가변비용곡선과 교차한다. 한계비용곡선은 평균 총비용곡선의 최저점에서 평균 총비용곡선과 교차한다. 한계비용과 평균고정비용 사이에는 특별한 관계가 없다.

51 장기에서의 생산과 비용

- 장기에서는 고정비용이 존재하지 않기 때문에 가변비용은 총비용과 같다.
- 장기 평균 총비용곡선은 단기 평균 총비용곡선을 포괄한다. 이는 해당 기업이 주어진 생산량을 생산할 수 있는 단위당 최저비용을 나타낸다.
- 생산요소가 어떤 백분율로 증가하고 생산량은 이보다 더 큰 백분율로 증가할 경우 단위당 비용은 하락하고 규모의 경제가 발생한다. 생산요소가 어떤 백분율로 증가하고 생산량은 이와 동일한 백분율로 증가할 경우 당위당 비용은 변하지 않고 규모에 대한 수확불변이 발생한다. 생산요소가 어떤 백분율로 증가하고 생산량은 이보다 더 작은 백분율로 증가할 경우 단위당 비용은 상승하고 규모의 비경제가 발생한다.

52 매몰비용

- 매몰비용은 현재의 결정으로 변화시킬 수 없는 과거에 발생한 비용이므로 회복될 수 없다. 손실을 극소화하고자 하는 개인이나 기업은 현재의 결정을 내릴 때 매몰비용과 연계시키지 말아야 한다.

53 비용곡선의 이동

- 조세, 요소가격, 기술상의 변화가 발생하는 경우 기업의 비용곡선이 이동한다.

주요 용어 및 개념

기업	**고정요소**	**가변비용**	**평균–한계 규칙**
이윤	**가변요소**	**총비용**	**매몰비용**
명시비용	**단기**	**한계비용**	**장기 평균 총비용곡선**
묵시비용	**장기**	**평균 고정비용**	**규모의 경제**
회계적 이윤	**한계 생산물**	**평균 가변비용**	**규모에 대한 수확불변**
경제적 이윤	**한계수확 체감의 법칙**	**평균 총비용**	**규모의 비경제**
정상이윤	**고정비용**	**단위비용**	**최소 효율규모**

연습문제

01. 일부 사람들은 소규모 가족농장은 쇠퇴하고 대규모 기업형 농장이 이를 대체할 것이라고 주장한다. 규모의 경제 측면에서 이런 가능성을 논의하시오.

02. 평균 가변비용곡선과 평균 총비용곡선은 생산량이 증가함에 따라 더욱 근접하게 된다. 그 이유를 설명하시오.

03. 경제적 이윤이 영인 경우 이것이 생각하는 것만큼 나쁘지 않은 이유를 설명하시오.

04. *AFC* 곡선이 계속해서 하강하는 이유는 무엇 때문인가? (즉 수량축으로 점점 근접하는 이유는 무엇 때문인가?)

05. 규모의 비경제와 한계수확 체감의 법칙의 차이는 무엇인가?

06. 일반적인 평균-한계 규칙을 설명하시오.
07. 총비용과 고정비용은 언제 동일해지는가?
08. 정상이윤만을 얻는 기업은 자신의 모든 비용을 충족시킬 수 없다. 설명하시오.
09. 경제학 시험공부는 한계수확 체감의 법칙과 부합되는가? 만일 그렇다면 고정요소는 무엇인가? 가변요소는 무엇인가?
10. 한계수확 체감이 시작되고 한계비용이 상승하는 이후에도 기업이 생산을 하는 이유는 무엇인지 설명하시오.
11. 빌 게이츠(Bill Gates)는 어떤 조건 하에서 미국에서 가장 부유한 사람이고 영의 경제적 이윤을 얻는가?
12. 사람들은 보통 대규모 기업이 동일한 산업에 있는 소규모 기업보다 비용우위를 갖는다고 믿는다. 예를 들면 대규모 정유회사가 소규모 정유회사에 비해 비용우위를 가질 수 있다. 이것이 사실이라면 어떤 조건이 충족되어야 하는가? 설명하시오.
13. 생산성과 비용 사이에 연계가 있음을 알고 있다. 예를 들면 가변요소의 한계생산물과 한계비용 사이에 연계가 있다는 사실을 기억하자. 이런 사실을 염두에 두면 생산성과 가격 사이에는 어떤 연계가 있을 수 있는가?
14. 일부 사람들의 일상적인 행태를 보면 매몰비용이 현재의 결정에도 영향을 미친다. 이런 예를 들어 설명하시오.
15. 정부는 기업 X가 물품을 생산하는 업종에 종사하기 때문에 조세로 1,000달러를 납부하여야 한다고 발표하였다. 이 조세는 어떤 비용곡선들에 영향을 미치는가?
16. 위의 문제 15에 대한 답변에 기초하여 *TC* 곡선이 변화할 경우 *MC* 곡선도 변화하는가?

숫자 및 그래프를 활용한 문제

01. 문자로 기록된 각 공간에 적절한 금액을 채우시오.

(1) 생산량 *Q* (단위)	(2) 총고정비용 (달러)	(3) 평균 고정비용 (*AFC*)	(4) 총가변비용 (*TVC*)	(5) 평균 가변비용 (*AVC*)	(6) 총비용 (*TC*)	(7) 평균 총비용 (*ATC*)	(8) 한계비용 (*MC*)
0	$200	A	$0		V		
1	200	B	30	L	W	GG	QQ
2	200	C	50	M	X	HH	RR
3	200	D	60	N	Y	II	SS
4	200	E	65	O	Z	JJ	TT
5	200	F	75	P	AA	KK	UU
6	200	G	95	Q	BB	LL	VV
7	200	H	125	R	CC	MM	WW
8	200	I	165	S	DD	NN	XX
9	200	J	215	T	EE	OO	YY
10	200	K	275	U	FF	PP	ZZ

02. 한계생산물(*MPP*)이 증가함에 따라 한계비용(*MC*)이 하락하는 숫자의 예를 드시오.
03. 가격 = $20, 수량 = 400개, 개당 비용 = $15, 묵시비용 = $4,000 인 경우 경제적 이윤은 얼마인가?
04. 경제적 이윤과 회계적 이윤이 동일한 경우 묵시비용은 무엇인가?
05. 회계적 이윤이 경제적 이윤보다 400,000달러 더 큰 경우 묵시비용은 얼마인가?
06. 한계생산물이 계속해서 감소하는 경우 한계비용은 어떠한가? 설명하시오.
07. *ATC* 곡선이 계속해서 하강하는 경우 이것이 *MC* 곡선에 대해 의미하는 바는 무엇인가? 설명하시오.

제 9 장

완전경쟁

9.1 완전경쟁 이론

완전경쟁

완전경쟁(perfect competition) 이론은 다음과 같은 네 가지 가정에 기초하고 있다.

1. **많은 매도인과 많은 매수인이 있으며 어느 누구도 전체 판매 또는 전체 구매에서 지배적 위치를 점하고 있지 않다.** 이 가정은 수요(매수인의 수) 및 공급(매도인의 수) 둘 다에 대해 언급하고 있다. 많은 매수인과 많은 매도인이 있는 경우 각 매수인과 각 매도인은 다른 매수인과 매도인에 대해 각각 독립적이며 가격에 영향을 미치지 못할 정도로 시장에서 작은 부분을 점하고 있다.
2. **각 기업은 동질적인 상품을 생산하고 판매한다.** 각 기업은 해당 산업에 있는 모든 다른 기업들의 상품과 구별할 수 없는 상품을 판매한다(예를 들면, 밀의 매수인은 농부인 스톤(Stone) 씨의 밀과 농부인 그레이(Gray) 씨의 밀을 구별할 수 없다). 따라서 매수인은 매도인들을 구별하거나 개의치 않는다.
3. **매수인과 매도인은 가격, 품질, 공급처 등에 관한 모든 관련 정보를 갖고 있다.** 매수인과 매도인은 누가 무엇을 어떤 가격 및 수량으로 그리고 어떤 조건으로 판매하는지 알고 있다. 간단히 말해 매수인과 매도인은 상품의 매입, 생산, 매도와 관련된 모든 것을 알고 있다.
4. **기업들은 진입 및 퇴출이 용이하다.** 신규 기업들은 시장에 용이하게 진입할 수 있고 기존의 기업들은 시장으로부터 용이하게 퇴출할 수 있다. 진입 또는 퇴출 시 장벽이 존재하지 않는다.

단기 및 장기에서의 완전경쟁 기업에 대해 논의하기 전에 위의 네 가지 가정에서 비롯되는 완전경쟁 기업의 특성에 대해 살펴볼 것이다.

1 완전경쟁 기업은 가격 순응자이다

가격 순응자

완전경쟁 기업은 해당 상품의 가격을 통제할 수 없는 매도인, 즉 시장에서 결정된 가격에 순응하는 **가격 순응자**(price taker)이다. 예를 들면 농부인 스톤 씨는 밀 생산을 증가시키거나 또는 감소시키더라도 밀 가격에 영향을 미치지 못한다.

완전경쟁 기업이 가격 순응자인 이유는 무엇 때문인가? 기업이 (완전경쟁이론의 가정 1에서 살펴 본 것처럼) 자신의 공급이 시장 총공급에 비해 매우 작고 (가정 2에서 살펴본 것처럼) 동질적인 상품을 판매하며 (가정 3에서 살펴 본 것처럼) 매수인과 매도인이 모든 관련 정보를 갖고 있는 상황 하에 있다면 가격 순응자가 될 수밖에 없다.

일부 사람들은 완전경쟁이론의 가정들이 경제학자들이 원하는 것을 주고 있다고 말한다. 다시 말해 경제학자들은 완전경쟁 기업이 가격 순응자가 되도록 하기 위해서 그런 가정을 하였다고 한다. 하지만 그렇지는 않다. 경제학자들은 이런 가정들을 하였고 이런 가정이 준수되거나 준수되는 것처럼 행동하는 기업은 논리적으로 가격 순응자가 된다. 즉 이 기업은 가격을 통제할 수 없다.

2 완전경쟁 기업의 수요곡선은 수평선이 된다

완전경쟁 하에서는 많은 매도인과 많은 매수인이 있다. 모든 매수인들이 시장수요곡선을 구성하며 또한 모든 매도인들이 시장 공급곡선을 구성한다. 그림 1(a)에서 보는 것처럼 균형가격은 시장수요곡선과 시장 공급곡선의 교차점에서 결정된다.

균형가격이 결정되면 단일 완전경쟁 기업은 그림 1(b)에서 보는 것처럼 균형가격 수준에서 수평적인(평평한, 완전탄력적인) 수요곡선을 갖게 된다. 간단히 말해 기업은 균형가격을 주어진 것으로 받아들이고 이에 따라 해당 기업은 가격 순응자가 되어서 이 가격에서 모든 수량을 판매하게 된다.[1]

완전경쟁 기업이 균형가격에서 판매하는 이유는 무엇 때문인가? 완전경쟁 기업이 시장에서 결정된 균형가격보다 더 높은 가격을 부과할 경우 해당 상품을 전혀 판매할 수 없다. 그 이유는 기업이 동질적인 상품을 판매하고 시장 총공급에 비해 해당 기업의 공급이 작으며 더 저렴한 가격으로 해당 물품을 구입할 수 있는 곳에 관한 정보를 모든 매수인이 갖고 있기 때문이다.

기업이 이윤을 극대화하려 한다면 균형가격보다 더 저렴한 가격으로 상품을 판매하지 않는다. 그 이유는 무엇 때문인가? 해당 기업은 시장에서 결정된 균형가격에서 자신이 원하는 모든 수량을 판매할 수 있기 때문이다. 균형가격은 완전경쟁 기업에서 유일한 가격이 된다.

3 수요곡선에 관한 일반적인 오해

수요법칙에 따르면 가격과 수요량 사이에 역의 관계가 있다. 따라서 수요곡선이 수요법칙

1) 수평적인 수요곡선이 의미하는 바는 균형가격에서 해당 기업이 무한하게 판매할 수 있다는 것이 아니라 해당 기업이 수량을 변동시켜 가격에 영향을 미칠 수 없다는 것이다.

그림 1

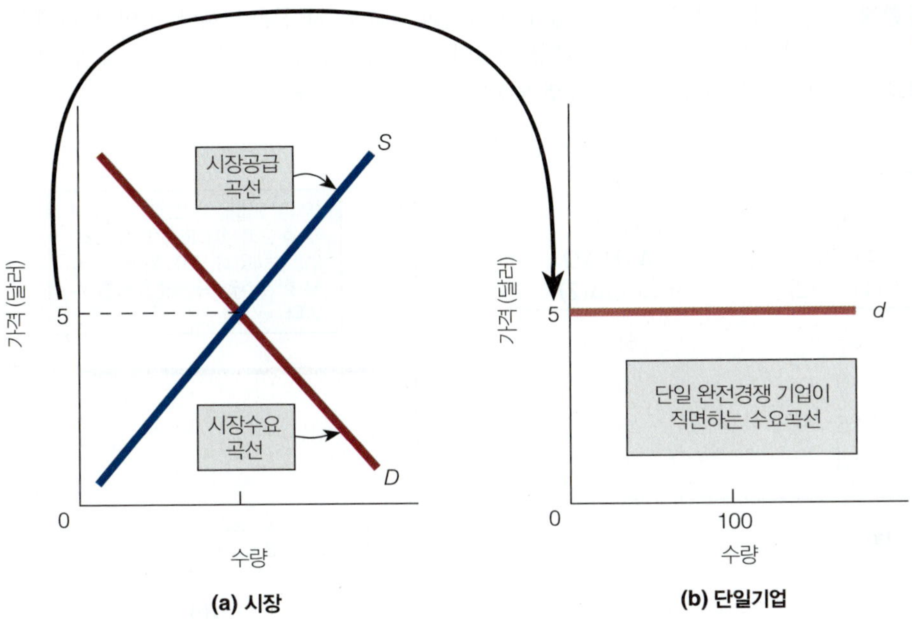

완전경쟁 하에서의 시장수요곡선 및 기업수요곡선

(a) 모든 매수인 및 매도인으로 구성된 시장은 균형가격을 결정한다. (b) 완전경쟁 단일기업은 수평적인 (평평하고 완전 탄력적인) 수요곡선을 직면하게 된다. 해당 기업은 가격 순응자가 된다. 시장에서 형성된 균형가격에 순응하여 이 가격에서 모든 수량을 판매한다. (대문자 *D*는 시장수요곡선을 의미하고 소문자 *d*는 단일기업의 수요곡선을 나타낸다.)

을 그래프로 나타낸 것이라면 기울기가 하향하여야 한다. 하지만 일반적으로 모든 수요곡선의 기울기가 하향한다고 오해를 한다. 이것이 사실이 아닌 이유는 시장수요곡선과 개별기업이 직면하는 수요곡선을 구별함으로써 알 수 있다.

그림 1(a)에서 시장수요곡선의 기울기가 하향하며 다른 사정이 동일하다면 가격과 수요량 사이에 역의 관계가 있음을 알 수 있다. 완전경쟁 단일기업의 수요곡선은 이런 관계와 모순되지 않는다. 이것은 단지 완전경쟁 단일기업이 처하고 있는 가격설정 상황을 보여줄 뿐이다. 어떤 상품의 대체재가 많을수록 수요의 가격탄력성이 더 높아진다는 사실을 기억하자. 완전경쟁적인 시장상황에서 단일기업의 상품에 대한 대체재는 무수히 많으므로 해당 기업의 수요곡선은 완전 탄력적이 된다.

직관적으로 볼 때 완전경쟁 단일기업은 시장 총공급에서 차지하는 비중이 매우 작아서 자신의 생산량을 변화시켜 가격에 영향을 미칠 수 없다. 이를 달리 설명하면 다음과 같다. 완전경쟁 단일기업의 공급은 시장 총공급과 비교해 볼 때 매우 작아서 가격과 수요량 사이에 존재하는 역의 관계를 시장수준에서는 인지할 수 있지만 기업수준에서는 이런 관계를 관찰할 수 없다.

4 완전경쟁 기업의 한계수입곡선은 해당 기업의 수요곡선과 동일하다

총수입은 상품가격에 판매량을 곱한 것이다. 그림 2(a)에서 보는 것처럼 균형가격이 5달러이고 완전경쟁 기업이 3개 판매할 경우 총수입은 15달러가 된다. 해당 기업이 추가적으로 1단위 더 판매할 경우 총판매량은 4개가 되고 총수입은 20달러가 된다.

기업의 **한계수입**(marginal revenue, *MR*)은 생산량(*Q*)을 추가적으로 1단위 더 판매하는 데 따른 총수입(*TR*)의 변화이다. 한계수입

그림 2

완전경쟁 기업에 대한 수요곡선 및 한계수입곡선

(a) 한계수입을 계산해 보면 가격과 동일하다는 사실을 알 수 있다. (b) 1열과 2열을 도표로 나타내면 해당 기업의 수요곡선을 구할 수 있다. 2열과 4열을 도표로 나타내면 해당 기업의 한계수입곡선을 도출할 수 있다. 이들 두 곡선은 동일하다.

(1) 가격	(2) 수량	(3) 총수입 = (1) × (2)	(4) 한계수입 = $\Delta TR/\Delta Q$ = Δ(3)/Δ(2)
$5	1	$5	$5
5	2	10	5
5	3	15	5
5	4	20	5

(a)

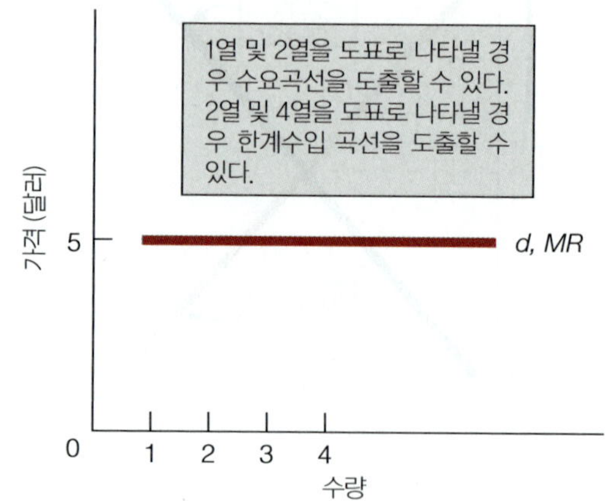

(b)

$$MR = \frac{\Delta TR}{\Delta Q}$$

그림 2(a)의 제4열은 기업의 한계수입(5달러)이 어느 수량에서도 언제나 균형가격(5달러)과 동일하다는 점을 보여주고 있다. 완전경쟁 기업의 경우 가격(*P*)은 한계수입과 같다.

완전경쟁 기업의 경우, $P = MR$

가격이 한계수입과 같은 경우 **완전경쟁 기업의 한계수입곡선은 수요곡선과 동일하다.**

수요곡선의 경우 수량에 대해 가격을 그래프로 나타내지만 한계수입곡선의 경우 수량에 대해 한계수입을 그래프로 나타낸다. 가격과 한계수입이 동일하다면 그림 2(b)에서 보는 것처럼 수요곡선과 한계수입곡선은 같아진다.

완전경쟁 기업의 경우, 수요곡선 = 한계수입곡선

5 이론과 실제세계

완전경쟁이론에 따르면 다음과 같은 시장구조 하에서 기업들이 어떻게 운용되는지를 설명한다. (1) 많은 매수인과 많은 매도인이 있으며 전체 판매 또는 전체 구매와 관련지어 볼 때 어느 누구도 규모가 크다고 볼 수 없다. (2) 매도인은 동질적인 상품을 판매한다. (3) 매수인과 매도인은 관련된 모든 정보를 갖고 있다. (4) 시장진입 및 퇴출이 용이하다. 이 가정들은 타당한 것처럼 보인다. 수많은 주식 매수인과 매도인이 있는 주식시장도 완전경쟁의 예로 이따금 인용된다.

완전경쟁이론에 관한 위의 네 가지 가정은 또한 일부 실제세계 시장에서 **대략적**으로 부합될 수도 있다. 이런 시장에서는 각 기업이 가격 순응자가 될 정도로 많은 수의 매도인은 없지만 가격에 대한 기업의 통제는 무시할 수 있다. 통제의 수준은 무시할 정도이므로 해당 기업은 완전경쟁 기업인 것처럼 행동한다.

이와 유사하게 매수인들이 가격 및 품질에 관한 모든 정보를 알지 못할 수도 있다. 하지만 매수인들은 대단히 많은 정보를 알고 있으며 그들이 알지 못하는 정보는 문제가 되지 않을 수 있다. 어떤 산업에 속한 기업들의 (판매하는) 상품들이 동질적이지는 않지만 그 차이가 하찮을 수 있다.

간단히 말해 완전경쟁에 대한 가정에 **정확히** 부합될 수 없는 시장은 완전경쟁 시장인 것처럼 운용되는 정도까지는 그 가정에 **대략적**으로 부합된다고 볼 수 있다. 그렇다면 완전경쟁이론은 시장의 행태를 예측하는 데 사용될 수 있다.

9.2 단기에서의 완전경쟁

가격 순응자인 완전경쟁 기업의 경우 가격은 한계수입과 같으며, 즉 $P = MR$이며 기업의 수요곡선은 해당 기업의 한계수입곡선과 같다. 여기서는 기업의 단기 생산량에 관해 논의할 것이다.

1 이윤을 극대화하는 기업의 생산량 수준

그림 3은 완전경쟁 기업의 수요곡선(d)과 한계수입곡선(MR, 이는 d와 동일하다)을 균형가격인 5달러에서 그려 보여주고 있다. 이 곡선들에 기초할 경우 한계수입이 한계비용보다 더 크면 생산량을 증가시킨다. 또한 한계수입이 한계비용보다 더 작은 경우 생산을 하지 않는다. 따라서 한계수입과 한계비용이 같아질 때 기업은 생산증대를 멈추게 된다. 기업의 **이윤극대화 규칙**(profit maximization rule)에 따르면 $MR = MC$에서 생산을 하게 된다.[2] 그림 3에서는 생산량 125개에서 $MR = MC$가 된다.

이윤극대화 규칙

완전경쟁 기업의 경우 $P = MR$이므로 이윤극대화 규칙을 $P = MC$라고 할 수 있다. 완전경쟁 하에서 이윤은 다음과 같을 때 극대화된다.

$$P = MR = MC$$

2 완전경쟁 기업과 자원분배 효율성

자원(또는 요소)을 사용하여 상품 및 서비스를 생산한다. 예를 들어 목재를 사용하여 의자를 생산한다. 상품의 매수인에게 있어서 해당 상품을 생산하는 데 사용된 자원은 자신이

2) 이윤극대화 규칙이 손실극소화 규칙과 같다. 왜냐하면 손실극소화 없이 이윤극대화는 불가능하기 때문이다. 이윤극대화 규칙은 완전경쟁 기업뿐만 아니라 모든 기업들에 대해 적용된다.

그림 3

완전경쟁 기업의 생산량 해당 기업의 수요곡선은 균형가격에서 수평선이 된다. 이 기업의 수요곡선은 한계수입곡선이다. 이 기업은 $MR = MC$인 점에서 해당 생산량을 생산한다.

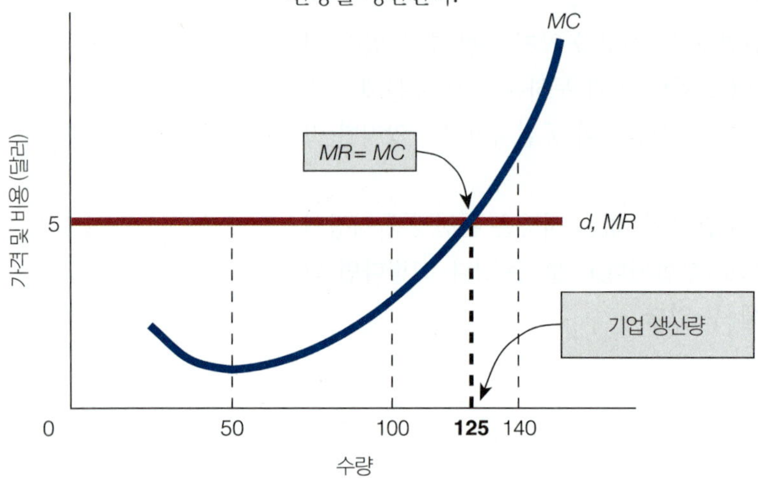

지불한 가격과 대략 같은 교환가치를 갖는다. 예를 들어 스미스(Smith)가 100달러를 지불하고 의자를 매입한 경우 의자를 만드는 데 사용된 자원에 최소한 100달러의 가치를 둔 것이다. 의자를 생산하는 데 사용된 목재는 책상을 만드는 데 사용될 수 없다. 따라서 의자를 만드는 데 따른 기회비용은 그것의 한계비용으로 가장 잘 측정할 수 있다,

이제 100개의 책상이 생산되고 이 수량에서 가격은 한계비용보다 더 크다고 가정하자. 예를 들면 가격은 100달러이고 한계비용은 75달러라고 가상하자. 이런 경우 매수인은 분명히 다른 물품을 생산하기 위해 목재가 사용될 때보다 의자를 만드는 데 사용될 때 목재에 더 높은 가치를 둔다.

가격과 한계비용이 동일해질 때까지 상품을 생산했다면 이는 생산된 모든 수량이 생산됐을지도 모를 다른 상품들보다 매수인에게 더 큰 가치를 주었다는 의미이다. 다시 말해 가격이 한계비용과 동일해지는 ($P = MC$) 생산량을 생산하는 기업은 **자원분배 효율성**(resource allocative efficiency)을 보인다고 한다.

자원분배 효율성

완전경쟁 기업은 자원분배 효율성을 보이는가? 이런 형태의 기업에 대해 두 가지 점을 알고 있다. 첫째, 완전경쟁 기업은 $MR = MC$인 점에서 생산량을 생산한다. 둘째, 이런 형태의 기업인 경우 $P = MC$에서 생산이 이루어진다. 간단히 말해 완전경쟁 기업은 자원분배 효율적이다.

또한 완전경쟁 기업의 경우 이윤극대화와 자원분배 효율성은 상충되지 않는다(다른 형태의 시장구조의 경우에 대해서는 나중에 논의할 것이다). 완전경쟁 기업은 $MR = MC$에서 생산량을 생산하여 이윤을 극대화하고자 한다. 이런 기업의 경우 $P = MR$이므로 이윤을 극대화($MR = MC$)할 때 자원분배 효율성($P = MC$)은 자동적으로 달성된다.

3 생산 여부의 결정

완전경쟁 기업에 의해 이윤극대화(손실극소화) 규칙이 적용된 세 가지 경우를 살펴볼 것이다.

경우 1: 가격이 평균 총비용보다 높은 경우 그림 4(a)는 완전경쟁 기업의 수요곡선과 한계수입곡선을 보여준다. 기업이 이윤극대화 규칙에 따라 한계수입과 한계비용이 같아지는 생산량을 생산한다면 해당 기업은 100단위, 즉 이윤을 극대화하는 생산량을 생산하게 된다. 이 생산량 수준에서 가격이 평균 총비용보다 높다. 이 그림에 있는 정보를 이용하여 다음과 같이 계산할 수 있다.

경우 1	
균형가격 (*P*)	=15달러
생산량 (*Q*)	=100단위
총수입 ($P \times Q$ = 15달러 × 100)	=1,500달러
총비용 ($ATC \times Q$ = 11달러 × 100)	=1,100달러
총가변비용 ($AVC \times Q$ = 7달러 × 100)	=700달러
총고정비용 ($TC - TVC$ = 1,100달러 − 700달러)	=400달러
이윤($TR - TC$ = 1,500달러 − 1,100달러)	=400달러

따라서 완전경쟁 기업의 경우 가격이 평균 총비용보다 높다면 $MR = MC$인 점에서의 생산량을 생산하여 해당 기업은 이윤을 극대화한다.

그림 4

완전경쟁 기업의 이윤극대화 및 손실극소화: 세 가지 경우

(a)경우 1: $TR > TC$이고 해당 기업이 이윤을 얻는 경우이다. 단기적으로 해당 기업은 계속 생산을 한다. (b) 경우 2: $TR < TC$이고 해당 기업이 손실을 입는 경우이다. 단기에서 해당 기업은 폐쇄를 결정한다. 왜냐하면 그렇게 함으로써 손실을 최소화할 수 있기 때문이다. 즉 450달러의 손실을 감수하기 보다는 고정비용 400달러를 잃는 편이 낫다. (c) 경우 3: $TR < TC$이고 해당 기업이 손실을 입는 경우이다. 단기적으로 해당기업은 계속 생산을 한다. 왜냐하면 그렇게 함으로써 손실을 극소화할 수 있기 때문이다. 즉 고정비용 400달러를 잃는 것보다는 생산을 함으로써 80달러의 손실이 발생하는 편이 낫다.

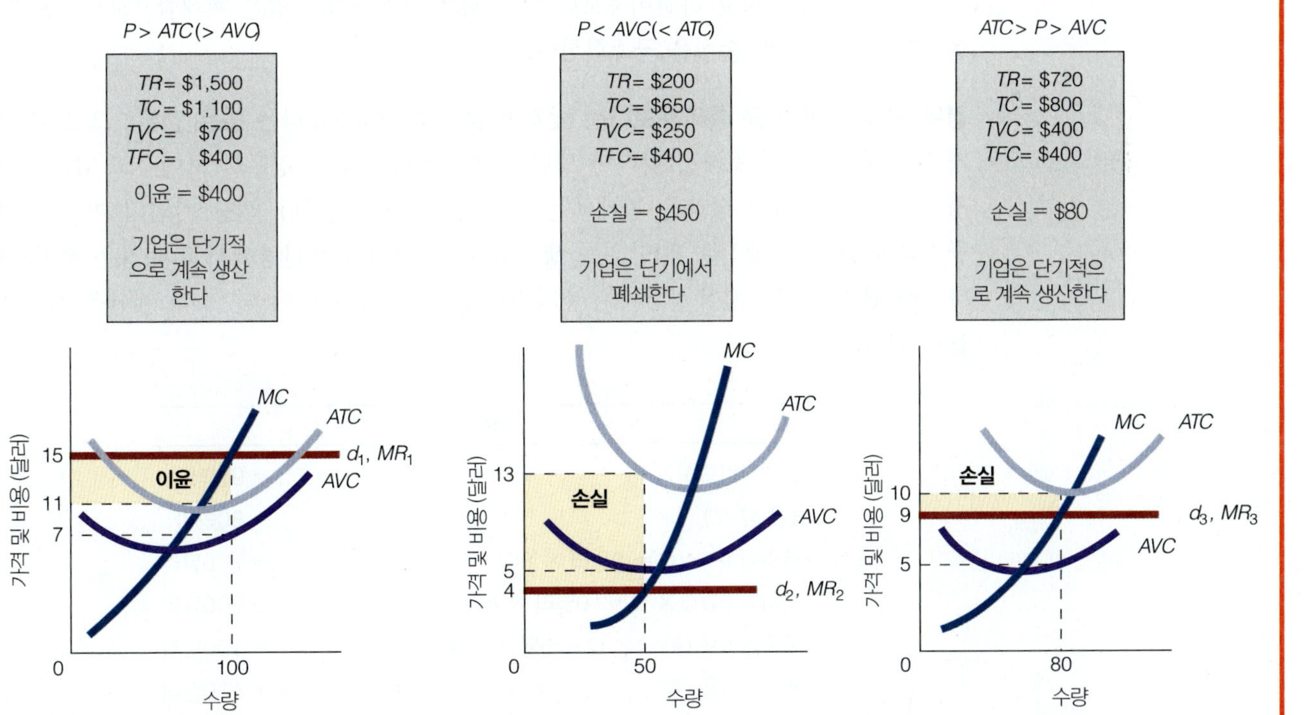

(a) 경우 1 (b) 경우 2 (c) 경우 3

경우2: 가격이 평균 가변비용보다 낮은 경우 그림 4(b)는 가격이 평균 가변비용보다 낮은 경우이다. 완전경쟁 기업이 상품을 판매하는 균형가격은 4달러이다. 이 가격에서는 아래의 계산에서 보는 것처럼 총수입이 총비용 및 총가변비용 둘 모두에 대해 더 작다. 기업은 손실을 극소화하기 위해서 폐쇄하여야 한다.

경우 2	
균형가격 (P)	= 4달러
생산량 (Q)	= 50단위
총수입 ($P \times Q$ = 4달러 × 50)	= 200달러
총비용 ($ATC \times Q$ = 13달러 × 50)	= 650달러
총가변비용 ($AVC \times Q$ = 5달러 × 50)	= 250달러
총고정비용 ($TC - TVC$ = 650달러 − 250달러)	= 400달러
이윤 ($TR - TC$ = 200달러 − 650달러)	= −450달러

기업이 단기에서 생산을 하는 경우 450달러의 손실을 보게 된다. 폐쇄할 경우 총비용과 가변비용의 차이인 고정비용($TFC + TVC = TC$ 따라서 $TC - TVC = TFC$)만 잃게 되어 손실이 작아진다. 고정비용은 400달러(650달러 − 250달러)가 된다. 따라서 해당 기업은 단기적으로 생산을 하거나 또는 폐쇄를 하는 두 가지 방안 중에서 폐쇄($Q = 0$)를 결정하여 손실을 극소화한다. 해당 기업은 폐쇄할 경우 400달러의 손실을 보지만 단기에서 생산을 할 경우 450달러의 손실을 보게 된다.

이처럼 가격이 평균 가변비용보다 낮은 경우 완전경쟁 기업은 폐쇄함으로써, 즉 생산을 하지 않음으로써 손실을 극소화한다.

경우 3: 가격이 평균 총비용보다는 낮지만 평균 가변비용보다는 높은 경우 그림 4(c)는 가격이 평균 총비용보다는 낮지만 평균 가변비용보다 높은 경우를 보여주고 있다. 완전경쟁 기업이 자신의 상품을 판매하는 균형가격은 9달러이다. 해당 기업이 이윤극대화 규칙을 따를 경우 생산량 80단위를 생산한다. 이 가격과 생산량에서 총수입은 총비용보다 작지만 (따라서 손실이 발생한다) 총가변비용보다는 총수입이 더 크다. 계산을 하면 다음과 같다.

경우 3	
균형가격 (P)	= 9달러
생산량 (Q)	= 80단위
총수입 ($P \times Q$ = 9달러 × 80)	= 720달러
총비용 ($ATC \times Q$ = 10달러 × 80)	= 800달러
총가변비용 ($AVC \times Q$ = 5달러 × 80)	= 400달러
총고정비용 ($TC - TVC$ = 800달러 − 400달러)	= 400달러
이윤 ($TR - TC$ = 720달러 − 800달러)	= −80달러

기업이 단기에서 생산하기로 결정할 경우 손실이 80달러 발생한다. 폐쇄될 경우 고정비용, 즉 400달러($TC - TVC$ = 800달러 − 400달러)의 손실을 보게 된다. 단기적으로 계속 생산하는 것이 폐쇄하는 것보다 유리하다. 생산함으로써 손실이 극소화된다.

이처럼 가격이 평균 총비용보다 낮지만 평균 가변비용보다는 높은 경우 완전경쟁 기업은 폐쇄하지 않고 단기적으로 생산을 계속함으로써 손실을 극소화할 수 있다.

4 폐쇄 결정에 관한 일반적인 오해

기업이 언제 폐쇄되어야 하는지(생산을 멈추어야 하는지) 일반인들에게 질문할 경우 기업이 더 이상 이윤을 내지 못할 때라고 답하는 경향이 있다. 경제학에서 이는 가격이 평균 총비용보다 낮을 때($P < ATC$)이다. 하지만 앞에서 살펴본 것처럼 이는 잘못된 결정이 될 수 있다. 가격이 평균 총비용보다 낮아서 손실이 발생하더라도 기업이 반드시 폐쇄될 필요는 없다. 단기적으로 폐쇄 결정은 폐쇄하지 않을 경우보다 폐쇄할 경우 더 많은 손실이 발생하느냐 여부에 달려 있다. 가격이 평균 총비용보다 낮지만 평균 가변비용보다는 높을 수 있으며 이런 경우 기업은 폐쇄하기보다 생산을 계속함으로써 (단기적으로) 손실을 극소화할 수 있다.

경우 1~3에 대한 요약 가격이 평균 가변비용보다 높으면 완전경쟁 기업은 단기적으로 생산을 한다(경우 *1* 및 *3*).

$P > AVC$ → 완전경쟁 기업은 단기적으로 생산을 한다.

가격이 평균 가변비용보다 낮은 경우 완전경쟁 기업은 단기에서 폐쇄를 결정한다(경우 *2*).

$P < AVC$ → 완전경쟁 기업은 단기에서 폐쇄를 결정한다.

동일한 내용을 총수입과 총가변비용 측면에서 다음과 같이 요약할 수 있다. 총수입이 총가변비용보다 더 큰 경우 완전경쟁 기업은 단기적으로 생산을 한다(경우 *1* 및 *3*).

$TR > TVC$ → 완전경쟁 기업은 단기적으로 생산을 한다.

총수입이 총가변비용보다 더 작은 경우 완전경쟁 기업은 단기에서 폐쇄를 결정한다(경우 *2*).

$TR < TVC$ → 완전경쟁 기업은 단기에서 폐쇄를 결정한다.

그림 5는 위에서 논의한 사항을 도표를 이용하여 설명하고 있으며 그림 6은 앞에서 논의한 사항들을 질문하고 대답하는 형식으로 요약해서 보여준다.

5 완전경쟁 기업의 단기공급곡선

완전경쟁 기업은 가격이 평균 가변비용보다 높은 경우 단기적으로 생산을 한다(생산물을 공급한다). 가격이 평균 가변비용보다 낮은 경우 폐쇄된다(생산물을 공급하지 않는다). 따라서

그림 5

완전경쟁 기업은 단기적으로 어떤 결정을 내리는가?

가격(P)이 평균 가변비용(AVC) 보다 높은 경우 기업은 단기적으로 생산을 하여야 한다. 가격이 평균 가변비용보다 낮은 경우 기업은 단기적으로 폐쇄하여야 한다.

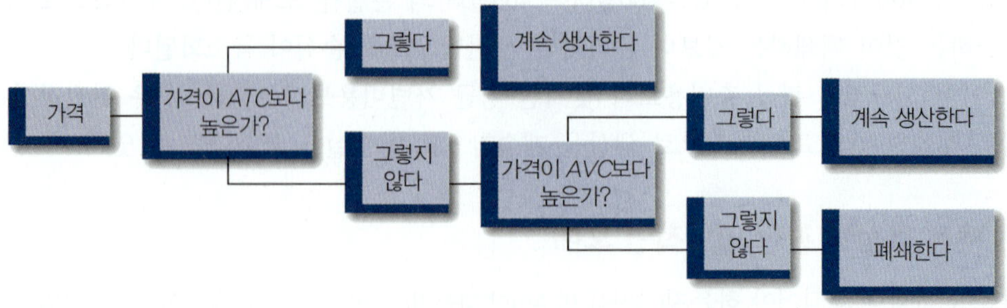

그림 6

완전경쟁에 관한 질문 및 답변

질문	답변
완전경쟁 이론은 어떤 네 가지 가정에 기초하고 있는가?	1. 많은 매수인과 많은 매도인이 존재한다. 2. 각 기업은 동질적인 상품을 생산하고 판매한다 3. 매수인 및 매도인은 가격, 상품의 질, 공급처 등에 관한 모든 정보를 갖고 있다. 4. 기업들에 의한 시장진입 및 퇴출이 용이하다.
완전경쟁 기업이 가격 순응자라고 말할 경우 이는 무엇을 의미하는가?	완전경쟁 기업은 시장에서 결정된 균형가격을 자신의 판매가격으로 받아들인다. 기업은 자신이 판매하는 상품의 가격을 통제할 수 없다.
완전경쟁 기업은 자신의 생산물을 어떤 가격에서 판매하는가?	완전경쟁 기업은 시장에서 결정된 가격으로 판매한다. 다시 말해 시장수요 및 공급이 상품의 가격(예를 들면 10달러)을 결정하고 기업은 이를 자신의 상품을 판매하는 가격으로 받아들인다
완전경쟁 단일기업은 자신의 생산량을 어떻게 결정하는가?	$MR = MC$에서 생산량을 결정한다.
완전경쟁 기업이 이윤을 얻는지 아니면 손실이 발생하는지 어떻게 알 수 있는가?	해당 기업에 대해 $P > ATC$인 경우 이윤이 발생한다. 해당 기업에 대해 $P < ATC$인 경우 손실이 발생한다.
자원분배 효율성은 무엇이며 완전경쟁 기업에 의한 자원분배는 효율적인가?	기업이 $P = MC$에서 생산할 경우 자원분배 효율성이 달성된다. 완전경쟁 기업은 자원분배 효율적이며 증명 과정은 다음과 같다. (1) 기업은 $MR = MC$에서 생산한다 (2) 완전경쟁 하에서 $P = MR$이 된다 (3) $P = MR$이고 기업은 $MR = MC$에서 생산을 하므로 $P = MC$가 된다. 따라서 완전경쟁 기업은 자원분배 효율적이다.

단기 기업 공급곡선

단기 기업 공급곡선(short-run firm supply curve)은 평균 가변비용곡선 위에 위치한 한계비용곡선이다. 가격이 평균 가변비용보다 높은 경우에만 기업이 공급을 한다. 그림 7은 완전경쟁 기업의 단기공급곡선을 보여준다.

6 기업 공급곡선으로부터 시장〈산업〉 공급곡선의 도출

단기 시장〈산업〉 공급곡선

완전경쟁 기업의 단기 공급곡선이 평균 가변비용곡선 위에 위치한 한계비용곡선이라면 **단기 시장〈산업〉 공급곡선**(short-run market<industry> supply curve)은 간단하게 도출할수 있다.[3)] 완전경쟁시장 또는 산업 내에 있는 모든 기업들의 단기 공급곡선을 수평으로 합하면 된다.

간단히 하기 위해서 그림 8(a)에서 보는 것처럼 산업은 세 개기업, 즉 A, B, C로 구성된다고 가상하자. 가격 P_1에서 기업 A는 10개, 기업 B는 8개, 기업 C는 18개를 각각 공급한다. 시장 공급곡선의 한 점은 가격축 상의 P_1 및 수량축 상의 36개(10개 + 8개 + 18개 = 36개)와 상응한다. 모든 가격에 대해 이런 절차를 밟으면 단기 시장 공급곡선을 도출할 수 있다. 그림 8(b)에서 시장 공급곡선은 (제3장에서 도출한) 시장 수요곡선과 함께 균형가격 및 균형량을 결정한다.

그림 7

완전경쟁 기업의 단기 공급곡선

단기 공급곡선은 평균 가변비용 곡선보다 위에 위치한 해당 기업의 한계비용곡선 부분이다.

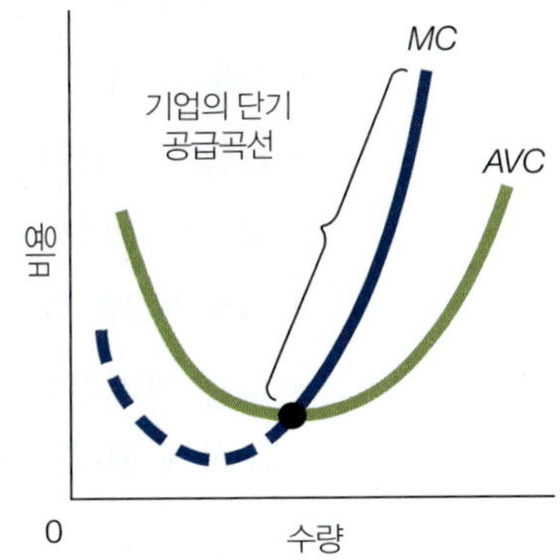

그림 8

완전경쟁시장 하에서 시장〈산업〉 공급곡선의 도출

(a)에서는 각 기업의 공급량을 (수평으로) 합산하여 시장 공급곡선을 도출한다. (b)는 시장 공급곡선과 시장 수요곡선을 보여준다. 이들이 함께 균형가격과 균형량을 결정한다.

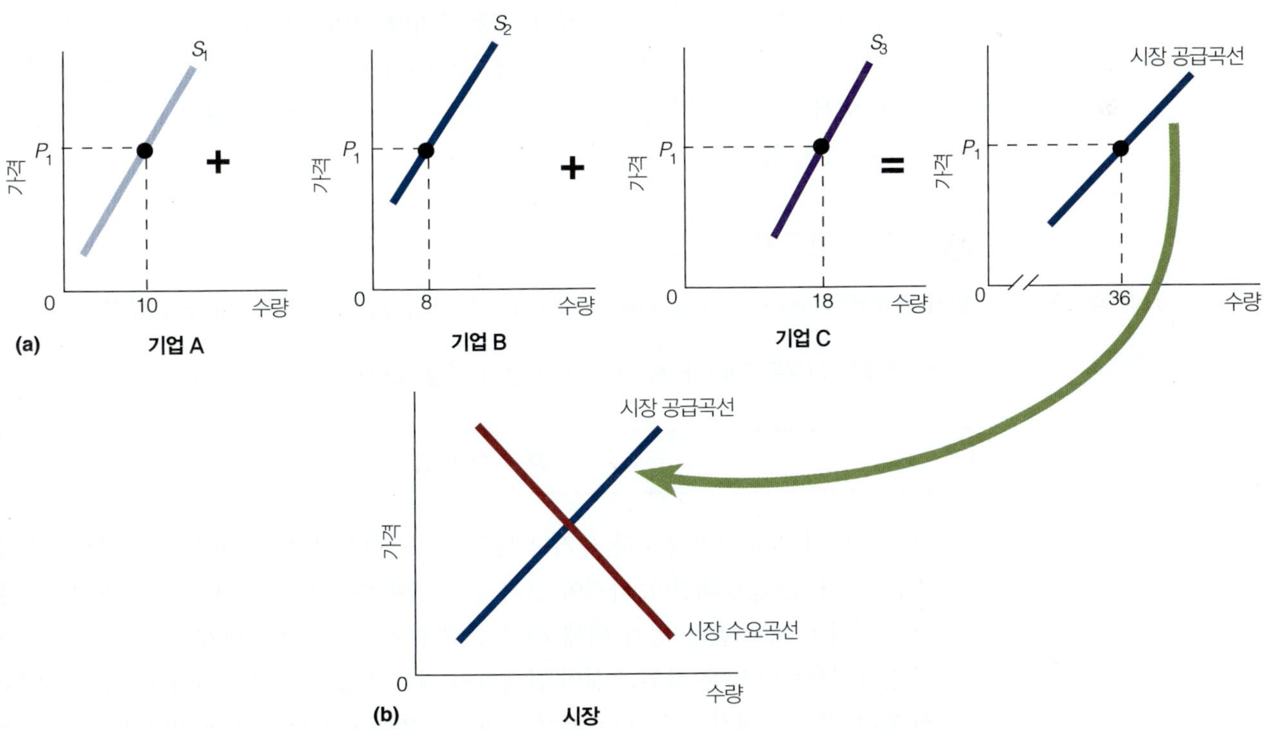

3) 시장구조를 논의하면서 단일상품을 생산하는 산업인 경우 시장과 산업을 자주 같은 의미로 사용한다.

7 시장 공급곡선의 기울기가 상향하는 이유는 무엇 때문인가?

3장에서 수요 및 공급곡선을 논의하였을 때 공급곡선의 기울기가 상향하였다. 그 이유를 알아보기 위해 다음과 같은 질문 및 대답을 생각하여 보자.

- 질문 1: 기울기가 상향하는 시장 공급곡선을 도출한 이유는 무엇때문인가?
- 대답: 시장 공급곡선은 기업의 공급곡선을 수평으로 합한 것인데 기업 공급곡선의 기울기가 상향하기 때문이다.
- 질문 2: 기업 공급곡선의 기울기가 상향하는 이유는 무엇 때문인가?
- 대답: 각 기업의 공급곡선은 평균 가변비용(*AVC*) 곡선보다 위에 위치한 기업의 한계비용(*MC*) 곡선이므로 *MC* 곡선의 이 부분의 기울기는 상향한다.
- 질문 3: *MC* 곡선에서 기울기가 상향하는 부분이 있는 이유는 무엇 때문인가?
- 대답: 한계수확 체감의 법칙에 따르면 가변요소의 한계생산물(*MPP*)은 종국적으로 감소하게 된다. 이렇게 되면 *MC* 곡선이 상승하게 된다.

결론: 한계수확 체감의 법칙으로 인해 *MC* 곡선의 기울기가 상향한다. *MC* 곡선의 기울기가 상향하기 때문에 시장 공급곡선의 기울기도 상향한다.

9.3 장기에서의 완전경쟁

완전경쟁시장에 있는 기업의 수는 단기 및 장기에서 동일하지가 않다. 예를 들면 단기적으로 이윤이 발생하는 경우 신규기업이 해당 산업에 진입하여 기업 수가 증가한다. 손실이 지속되는 경우 기존의 일부 기업은 해당 산업에서 퇴출하여 기업의 수가 감소한다. 이 과정에 대해서는 나중에 자세히 논의할 것이며 지금은 장기경쟁균형의 조건을 개괄적으로 살펴 볼 것이다.

1 장기 경쟁균형의 조건

장기 경쟁균형

장기 경쟁균형(long-run competitive equilibrium)을 특징짓는 조건들은 다음과 같다.

1. 경제적 이윤은 영이다. 즉 가격(*P*)이 단기 평균 총비용(*SRATC*)과 같다.

$$P = SRATC$$

가격이 단기 평균 총비용보다 높거나 낮은 경우 어떤 일이 발생하는지를 분석하면 위 조건의 논리는 분명해진다. 가격이 단기 평균 총비용보다 높은 경우 양의 경제적 이윤이 발생하며 이 이윤을 얻기 위해 해당 산업에 기업들이 진입하게 된다. 가격이 단기 평균 총비용보다 낮은 경우 손실이 발생하여 일부 기업들이 해당 산업으로부터 퇴출하게 된다. 양의 경제적 이윤 또는 손실로 인해 기업들이 해당 산업에 진입하거나 퇴출하는 경우 장기 경쟁균형이 달성될 수 없다. 장기균형에 도달하기 위해서는 기업들이 진입하거나 퇴출하려는 동기가 없어야 한다. 이 조건은 영의 경제적 이윤(정상이윤)으로 달성되며 영의 경제적 이윤은 균형가격과 단기 평균 총비용이 같아질 때 이루어진다.

2. 기업들은 가격(P)과 한계비용(MC)이 같은 점에서 생산량을 생산한다.

$$P = MC$$

완전경쟁 기업은 자연적으로 한계수입(또는 가격, 완전경쟁 기업의 경우 $MR = P$이다)과 한계비용이 동일해지는 생산량을 향해 이동하게 된다.

3. 기업은 현재 생산량을 생산하기 위해 공장규모를 변화시킬 동기를 갖고 있지 않다. 즉 $P = MC$인 생산량에서 다음 조건이 준수된다.

$$SRATC = LRATC$$

이 조건을 이해하기 위해서 조건 2에서 설정된 생산량에서 $SRATC > LRATC$라고 가상하자. 이 경우에 기업은 가장 낮은 평균 총비용(단위당 비용)이 가능한 공장규모로 생산하길 원하기 때문에 장기에서 공장규모를 변화시키고자 한다. 기업이 가격과 한계비용이 같고 $SRATC$와 $LRATC$가 같아지는 생산량을 생산할 경우 공장 규모를 변화시키려는 동기를 갖지 않게 된다.

그림 9는 위에서 살펴본 장기 경쟁균형을 달성하기 위해 필요한 세 가지 조건을 보여주고 있다. 즉 $P = MC = SRATC = LRATC$인 경우 장기 경쟁균형이 달성된다.

결론적으로 말해 기업들이 변화시키려는 동기를 갖지 않는 경우, 즉 기업들이 다음과 같이 하려는 동기를 갖지 않는 경우 장기 경쟁균형이 달성된다.

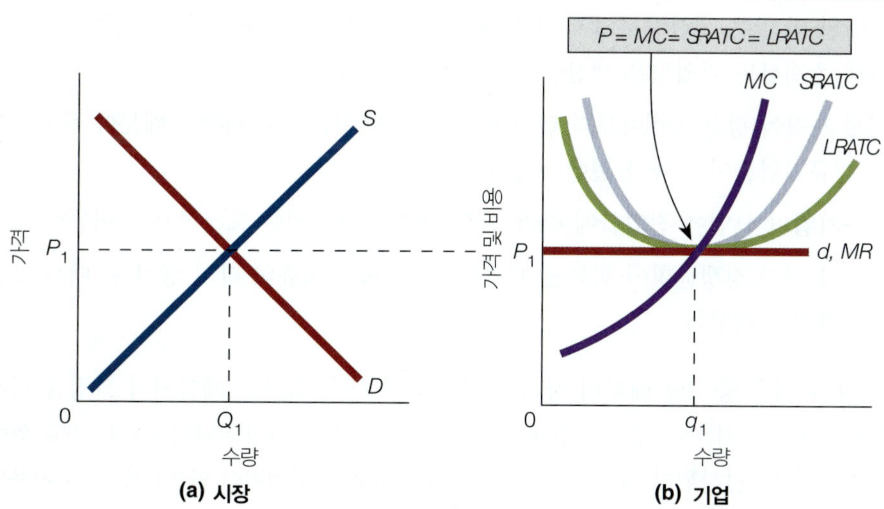

그림 9

장기 경쟁균형

(a) 시장의 균형을 보여주고 있다. (b) 기업의 균형을 보여주고 있다. (b)에서 다음과 같다. $P = MC$(해당 기업은 q_1에서 생산량을 변화시킬 어떤 동기도 갖지 않는다). $P = SRATC$(기업들이 해당 산업에 진입하거나 퇴출하려는 어떤 동기도 갖지 않는다). $SRATC = LRATC$(해당 기업이 공장규모를 변화시킬 어떤 동기도 존재하지 않는다).

1. 해당 산업에 진입하거나 또는 퇴출하려 한다.
2. 더 많이 생산하거나 또는 더 적게 생산하려 한다.
3. 공장 규모를 변화시키려 한다.

2 완전경쟁 기업과 생산효율성

생산효율성

가능한 가장 낮은 단위당 비용(가장 낮은 *ATC*)에서의 생산량을 생산하는 기업은 **생산효율성**(productive efficiency)을 보인다고 한다. 그림 9에서 보는 것처럼 완전경쟁 기업은 장기균형에서 생산효율성을 달성한다. 완정경쟁 기업은 사회의 희소한 자원을 경제적으로 사용하여 낭비를 하지 않기 때문에 사회의 관점에서 볼 때 생산효율성이 바람직하다.

상품 X를 생산할 수 있는 가장 낮은 단위당 비용이 최소 *ATC*인 3달러라고 가상하자. 어떤 기업이 이 단위당 비용으로 상품 X의 1000개를 생산한다면 총비용은 3,000달러가 된다. 이제 이 기업은 가장 낮은 단위당 비용인 3달러가 아니라 약간 더 높은 3.50달러에서 상품 X를 생산한다고 가상하자. 총비용은 이제 3,500달러가 된다. 해당 기업이 생산효율성을 달성하였다면 다른 상품을 생산하는 데 사용할 수 있었던 500달러 상당의 자원이 상품 X를 생산하는 데 투입되었다. 따라서 사회는 상품 및 서비스 면에서 더 풍부해질 수 있었지만 지금은 그렇지 못하게 된다.

3 수요증가에 대한 산업조정

어떤 상품에 대한 시장수요가 증가할 경우 해당 산업은 장기 경쟁균형으로부터 벗어나게 된다. 그림 10을 참조하도록 하자.

1. $P = MC = SRATC = LRATC$인 장기 경쟁균형에서 시작하도록 하자.
2. 해당 산업의 기업들이 생산한 상품에 대한 시장수요가 증가하고 균형가격이 인상된다.
3. 따라서 개별기업이 직면하게 되는 수요곡선(한계수입곡선)이 위쪽으로 이동한다.
4. 증대된 더 많은 생산량 수준에서 한계수입과 한계비용이 교차하기 때문에 산업 내 현재 존재하는 기업들은 생산량을 증대시킨다.
5. 이제 가격이 평균 총비용보다 높고 양의 경제적 이윤이 존재하기 때문에 장기적으로 신규기업들이 해당 산업에 진입하기 시작한다.
6. 신규기업이 산업에 진입함에 따라 시장<산업>공급곡선은 오른쪽으로 이동한다.

7~8. 따라서 장기 경쟁균형이 회복될 때까지, 즉 경제적 이윤이 다시 영이 될 때까지 균형가격이 하락한다.

시장수요가 처음 증가할 때부터 장기 경쟁균형이 다시 회복될 때까지의 과정을 다시 한 번 살펴보기로 하자. (수요증가로 인해) 가격이 단기적으로 인상되지만 (공급증가로 인해) 가격이 장기적으로 인하된다. 또한 (수요가 증가하고 이로 인해 가격이 인상됨에 따라) 이윤이 증가하였다가 (공급이 증가하고 이로 인해 가격이 인하됨에 따라) 이윤이 감소한다. 이윤이 영

그림 10

어떤 장기 경쟁균형에서 다른 장기 경쟁균형으로의 이동과정

이 그림은 수요가 증가하여 해당 산업이 장기 경쟁균형으로부터 벗어나는 경우 시장 및 기업수준에서 어떤 현상이 발생하는지를 보여준다.

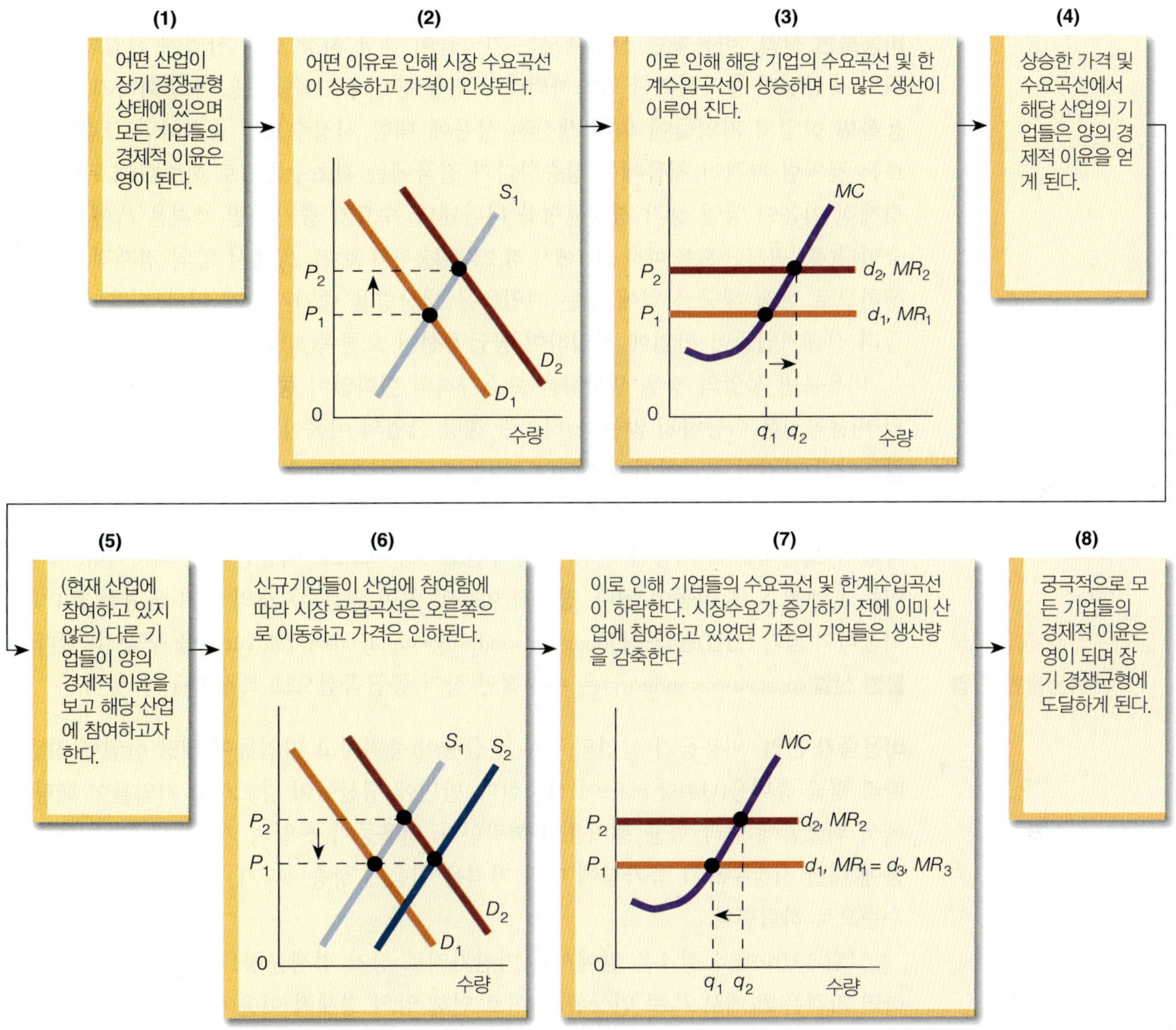

에서 양이 되었다가 다시 영이 된다.

수요증가에 대응하여 가격과 이윤이 상하로 변동하는 현상은 중요하다. 사람들은 가격과 이윤이 처음에 상승하는 것은 기억하지만 뒤이어 하락하는 것은 무시하거나 기억하지 못한다. 하지만 가격과 이윤의 두 번째 변동도 첫 번째 변동만큼 중요하다.

수요증가에 대한 조정과 관련하여 다음과 같은 중요한 질문이 제기될 수 있다. 시장수요의 증가로 인해 가격이 처음에 인상되었다가 시장공급의 증가로 인해 가격이 나중에 다시 인하될 경우 새로운 균형가격은 최초의 균형가격보다 더 높은가 또는 더 낮은가 또는 동일한가? (그림 10에서 새로운 균형가격은 최초의 균형가격과 동일하지만 반드시 그럴 필요는 없다.)

예를 들면 시장수요가 증가하기 전에 균형가격이 10달러이었다면 (시장조정 및 기업조정을 거친 후에 달성된) 새로운 균형가격은 10달러보다 더 높은가 또는 더 낮은가 또는 동일한가? 이 물음에 대한 대답은 해당 산업에서 비용이 불변하는지 또는 증가하는지 또는 감소하는지에 따라 달라진다.

비용불변 산업 비용불변 산업에서는 기업들이 해당 시장 또는 산업에 진입하거나 퇴출하여 생산량이 증가하거나 감소하더라도 평균 총비용(단위당 비용)이 변화하지 않는다. 비용불변 산업의 기업들에 의해 생산된 상품에 대한 시장수요가 증가하면 그림11(a)에서 보는 것처럼 가격이 처음에는 상승하다가 결국에는 최초수준으로 하락하게 된다. 점 1은 경제적 이윤이 영인 장기 경쟁균형을 나타낸다. 수요가 증가하면 가격은 P_1에서 P_2로 상승한다(공급곡선인 S_1을 따라 점 1에서 점 2로 이동하여 보자). P_2에서 양의 경제적 이윤이 발생하므로 현재 해당 산업에 있는 기업들은 생산량을 증가시키게 된다. 다음에는 이윤에 끌려 신규기업들이 산업에 진입하여 공급곡선이 오른쪽(S_2)으로 이동한다.

비용불변 산업의 경우 생산량은 요소가격의 변화없이 증가하게 된다. 이 때문에 기업의 비용곡선은 이동하지 않는다. 하지만 해당 산업의 이윤이 낮아지도록 비용이 상승하지 않는다면 가격이 하락하여야 한다(비용상승 또는 가격하락이란 두 가지 방법을 통해 이윤이 감소될 수 있다). 이윤이 영이 될 수 있도록 가격은 최초수준(P_1)으로 하락하여야 하며 이는 수요곡선이 오른쪽으로 이동한 만큼 공급곡선도 오른쪽으로 이동한다는 의미이다. 그림에서 이는 S_1에서 S_2로 이동이 된다. 경제적 이윤이 영이 되는 두 개의 장기 균형점(점 1 및 3)을 이용하여 **장기 〈산업〉공급곡선**(long-run <industry> supply curve, *LRS* curve)을 구할 수 있다. **비용불변 산업**(constant-cost industry)은 수평적인 장기 공급곡선으로 특징지울 수 있다.

장기 〈산업〉공급곡선

비용불변 산업

비용증가 산업 비용증가 산업의 경우 생산량이 증가하고 기업들이 해당 산업에 진입함에 따라 평균 총비용(단위당 비용)이 상승한다. 반면에 생산량이 감소하고 기업들이 해당 산업에서 퇴출함에 따라 평균 총비용이 하락한다. 비용증가 산업의 기업들에 의해 생산된 상품에 대한 시장수요가 증가함에 따라 가격은 처음에 상승하다가 결국에는 처음보다 높은 수준으로 하락한다.

그림 11(b)에서 점 1은 앞에서와 마찬가지로 장기 경쟁균형을 나타낸다. 수요가 증가하면 가격은 P_1에서 P_2로 인상된다. 이로 인해 양의 경제적 이윤이 발생하고 해당 산업의 기업들은 생산량을 증가시키며 신규기업들이 진입하게 된다. 지금까지의 과정은 비용불변 산업과 동일하다. 하지만 비용증가 산업에서는 생산량을 증대시키기 위해 더 많은 요소를 구입하게 되면 요소가격이 상승하고 비용곡선이 이동한다. 간단히 말해 생산량이 증가됨에 따라 이윤은 두 가지 면에서 감소하게 된다. 즉 가격이 하락하고 비용은 상승한다. 가격은 하락하는데 비용이 상승한다면 경제적 이윤이 영이 될 때 가격은 최초수준으로까지 하락하지 않는다. 비용증가 산업에서는 비용불변 산업에서처럼 가격이 장기 경쟁균형이 회복 될 수 있을 때까지 하락하지 않는다. 따라서 비용증가 산업에서 수요가 증가할 경우 새로운 균형가격은 이전의 균형가격보다 높을 것이라 예상할 수 있다. 수요곡선이 오른쪽으로 이동한 것보다 공급곡선이 오른쪽으로 더 적게 이동한다. **비용증가 산업**(increasing cost industry)은 기울기가 상향하는 장기 공급곡선으로 특징지울 수 있다.

비용증가 산업

그림 11

장기 산업공급곡선

(LRS = 장기 산업공급) 각 그림은 동일한 시나리오를 다루고 있지만 해당 산업이 (1) 비용불변 산업, (2) 비용증가 산업, (3) 비용감소 산업 인지에 따라 상이한 결과가 도출된다. 각 그림은 장기 경쟁균형, (점 1)에서 시작한다. 수요가 증가하면 가격은 P_1에서 P_2로 인상되며 양의 경제적 이윤이 발생한다. 따라서 기존 기업은 생산을 증대시키고 신규기업은 진입을 시도한다. (a)에서는 생산량이 증가할 경우 생산요소 비용이 불변이므로 기업의 비용곡선이 이동하지 않는다. 가격인하를 통해 이윤은 영이 된다. 이는 비용불변 산업에서 수요곡선이 오른쪽으로 이동한 것과 동일한 양만큼 공급곡선이 오른쪽으로 이동한다는 의미이다. (b)에서는 생산량이 증가할 경우 생산요소 비용이 상승한다. 비용상승과 가격하락으로 인해 이윤이 축소된다. 비용증가 산업의 경우 새로운 균형가격 (P_3)은 이전의 균형가격(P_1)보다 높다. (c)에서는 생산량이 증가할 경우 생산요소 비용이 감소한다. 비용감소 산업의 경우 새로운 균형가격(P_3)은 이전의 균형가격(P_1)보다 낮다.

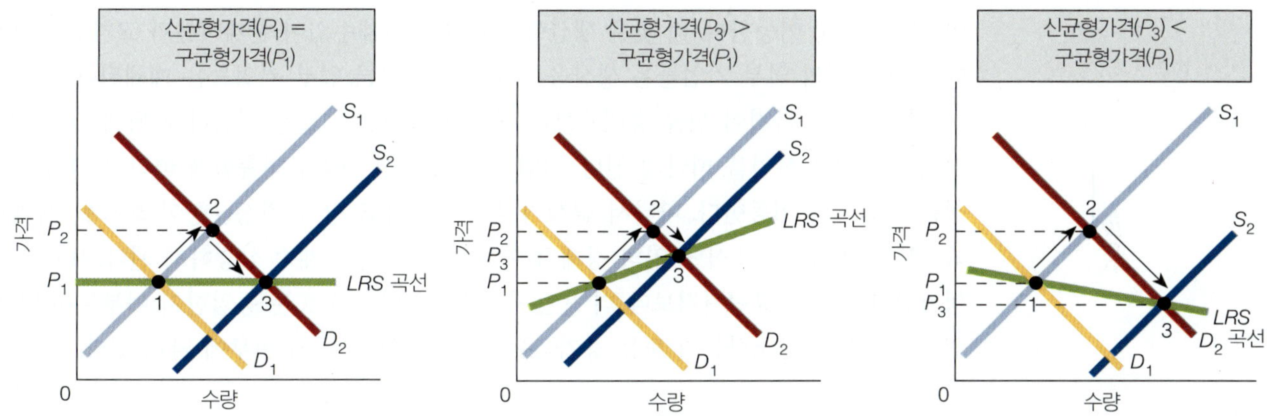

(a) 비용불변 산업 (b) 비용증가 산업 (c) 비용감소 산업

비용감소 산업 비용감소 산업의 경우 생산이 증가하고 신규기업의 진입이 이루어짐에 따라 평균 총비용(단위당 비용)이 하락한다. 반면에 생산량이 감소하고 기업들이 해당 산업에서 퇴출함에 따라 평균 총비용이 상승한다. 비용감소 산업의 기업들에 의해 생산된 상품에 대한 시장수요가 증가할 경우 가격은 처음에 상승하였다가 결국에는 처음보다 낮은 수준으로 하락한다. 그림 11(c)에서 가격 P_1에서 P_2로 변하였다가 다시 P_3가 된다. 이런 산업의 경우 신규기업이 진입하게 되면 평균 총비용이 하락한다. 따라서 가격은 이윤이 제거되도록 최초수준 아래로 하락하게 된다. **비용감소 산업**(decreasing-cost industry)은 기울기가 하향하는 장기 공급곡선으로 특징지울 수 있다.

비용감소 산업

4 두 가지 관점에서 볼 수 있는 이윤

이윤은 생산을 하는 개인에게 동기가 될 수 있으며 다른 한편으로 신호가 될 수 있다. 이윤은 어떤 행위를 촉진하는 동기가 될 수 있다.

존(John)은 이윤을 얻을 것이라 생각하므로 판매할 가구를 생산하고 재키(Jackie)는 이윤을 얻을 것이라 생각하므로 미장원을 개점한다.

이윤은 또한 자원이 어디서 가장 환영받는지를 알려주는 약간 네온사인처럼 사용된다. 예를 들어 기업 A는 상품 A를 생산하고 기업 B는 상품 B를 생산한다고 가상하자. 현재 기업 A는 상품 A를 생산하여 이윤을 얻고 있지만 기업 B는 상품 B를 생산하여 손실을 보고있다고 가상하자. 외부에서 이윤과 손실을 바라보는 사람들에게는 이윤이 다음과 같은 신호를 보내는 것처럼 보인다. "상품 A를 생산할지 또는 상품 B를 생산할지 고민하고 있다면 상품 A를 선택하라. 바로 거기서 이윤이 발생하고 있다." 이를 달리 표현하면 이윤은 자원이 어디서 가장 잘 분배되는지를 알려준다고 할 수 있다. 상품 A를 생산하는데 자원을 분배하여야 한다.

5 수요감소에 대한 산업조정

수요는 증가할 뿐만 아니라 감소할 수도 있다. 장기 경쟁균형에서 시작한 시장수요가 감소하였다고 하자. 따라서 단기적으로 균형가격이 하락하고 기업의 수요곡선(한계수입곡선)이 아래쪽으로 이동한다. 더 낮은 생산량 수준에서 한계수입이 한계비용과 교차하기 때문에 해당 산업의 일부 기업들은 생산을 감소시키고 다른 일부 기업들은 폐쇄된다.

장기적으로 가격이 평균 총비용보다 낮고 지속적인 손실을 경험하게 됨에 따라 일부 기업들은 해당 산업을 떠나게 된다. 기업들이 해당 산업에서 퇴출함에 따라 시장 공급곡선은 왼쪽으로 이동한다. 따라서 균형가격은 상승하고 장기 경쟁균형이 회복될 때까지, 즉 (음의 경제적 이윤이 아닌) 영의 경제적 이윤이 될 때까지 계속 상승하게 된다. 새로운 균형가격이 최초의 균형가격보다 더 높은지 또는 더 낮은지 또는 동일한지 여부는 해당 산업에서 비용이 감소하는지 또는 증가하는지 또는 불변하는지 여부에 달려 있다.

6 비용차이 및 이윤차이

두 명의 농부 핸콕(Hancock)과 코르데로(Cordero)는 밀을 생산한다. 농부 코르데로는 비옥한 토지에서 밀을 경작하고 농부 핸콕은 척박한 토지에서 밀을 경작한다. 두 농부는 동일한 가격으로 밀을 판매하지만 토양의 차이로 인해 그림 12에서 보는 것처럼 코르데로의 평균 총비용은 핸콕보다 더 낮다. 두 농부의 초기상황(각 농부의 ATC_1)이 주어진 경우 코르데로는 이윤을 얻을 수 있지만 핸콕은 그렇지 못하다. 코르데로는 양질의 토지에서 경작을 하여 핸콕보다 더 낮은 평균 총비용을 부담하므로 이윤을 얻는다.

하지만 코르데로는 계속해서 이윤을 얻기가 어려워진다. 핸콕이 경작하는 척박한 토지에 비해 코르데로가 경작하는 비옥한 토지의 가격이 상승하게 될 것이다. 다시 말해 코르데로가 자신의 토지를 임대하였다고 하면 토지의 우수한 질을 반영하여 토지 임대료가 상승하게 된다. 토지 임대료는 이윤, 즉 그림 12(b)의 음영된 부분만큼 증가한다. 코르데로가 토지를 소유하고 있다면 양질의 토지는 더 높은 묵시비용을 갖는다(핸콕이 토지를 소유하고 있다라고 가정할 경우 핸콕이 임대할 때보다 코르데로는 자신의 토지에 대해 더 많은 돈을 받고 임대할 수 있다). 이런 과정이 평균 총비용곡선에 반영된다.

그림 12(b)에서 ATC_2는 양질의 토지에 대해 코르데로가 지불하여야 하는 더 높은 임대료 또는 자신이 소유한 토지를 경작함으로써 부담하게 되는 묵시비용을 반영하고 있다. 어느 경우에나 평균 총비용이 모든 비용을 반영할 경우 코르데로는 핸콕과 동일한 상황에 있게 된다. 즉 영의 경제적 이윤을 얻는다.

그림 12

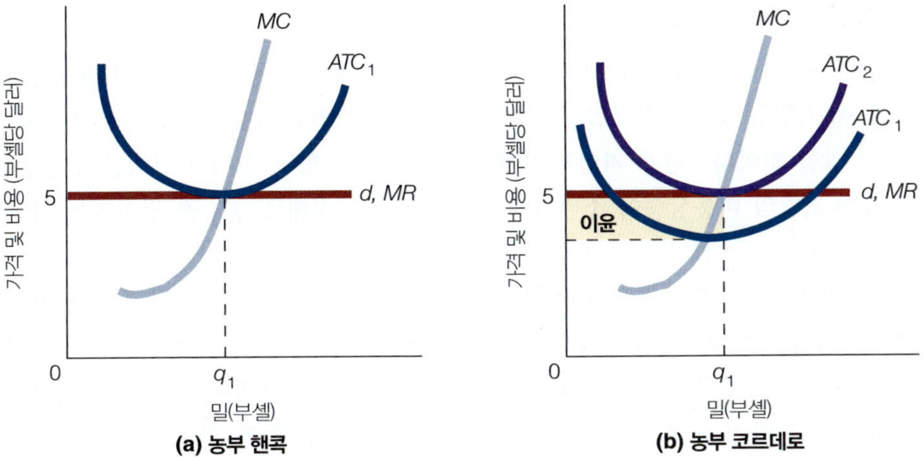

비용의 상이성 및 이윤의 상이성

두 농부에 대한 ATC_1에서 코르데로는 이윤을 얻고 핸콕은 이윤을 얻지 못한다. 코르데로가 경작하는 토지가 핸콕의 토지보다 질이 더 높기 때문에 (더 생산적이기 때문에) 코르데로가 이윤을 낼 수 있다. 코르데로는 해당 토지에 대해 더 높은 임대료를 지불하거나 묵시비용을 부담함으로써 결국에는 이런 사실을 수용하게 된다. 이로 인해 코르데로의 ATC곡선은 핸콕과 같은 수준이 되게 위쪽으로 이동하여 코르데로는 영의 경제적 이윤을 얻게 된다. 더 높은 품질, 즉 더 생산적인 토지에 대해 (묵시적인 또는 명시적인) 지불을 함으로써 이윤이 사라지게 된다.

이윤은 처음부터 평균 총비용을 낮추는 높은 질의 보다 생산적인 자원에 대해 지불되게 된다. 따라서 높은 질의 보다 생산적인 자원 또는 요소를 사용하는 개인 또는 기업에서 평균 총비용이 더 이상 낮아질 수 없다.

7 이윤 및 차별

완전경쟁 모형의 틀에서 어떤 기업이 차별적인 행태를 보일 경우 이윤에 영향을 미칠 수 있다. 기업들이 영의 경제적 이윤을 얻는 장기 경쟁균형 하에서 기업 소유주가 단순히 근로자의 인종, 종교, 성별로 인해 우수한 근로자(즉 능력이 평균 이상인 근로자)를 고용하지 않는다고 하자. 어떤 방법으로든 차별을 하는 기업에게 어떤 일이 발생하는가? 인종, 종교, 성별로 인해 우수한 근로자를 고용하지 않는 기업은 이에 관계없이 최고의 근로자를 고용하는 경쟁기업에 비해 비용이 더 높아진다. 처음에 $TR = TC$에서 영의 이윤을 얻고 있기 때문에 차별적인 행위로 인해 TC가 상승하면 해당 기업은 손실을 입게 된다. 이렇게 되면 해당 기업의 소유주는 정상 이하의 이윤을 얻는 경영인을 해고할 수도 있다. 주주들이 추구하는 이윤극대화는 차별을 줄이는 데 도움이 된다.

결론적으로 말해 기업이 완전경쟁 시장구조 하에 있는 경우 차별을 하게 되면 대가를 지불하게 된다. 차별이 반드시 사라지는 것은 아니지만 차별을 할 경우 비용이 발생한다. 또한 경제이론에 따르면 어떤 일을 할 때 더 많은 비용이 발생할수록 다른 사정이 동일하다면 그 것이 점점 더 줄어들게 된다.

9.4 완전경쟁 이론의 분석과 관련된 논의

여기서는 완전경쟁 이론과 관련된 세 가지 논의, 즉 높은 비용과 높은 가격, 광고, 가격설정에 대해 살펴볼 것이다.

1 비용인상이 가격인상으로 이어지는가?

어떤 산업에 600개의 기업이 있으며 각 기업은 동일한 상품을 동일한 가격에 판매한다고 가상하자. 이 기업들 중 한 개 기업의 한계비용이 상승하였다. 어떤 사람은 즉각적으로 다음과 같이 말할 것이다. "현재 기업의 비용이 상승할수록 향후 소비자 가격은 인상될 것이다." 이는 기업의 비용상승이 소비자에게 가격인상의 형태로 전가될 것이라는 가정에 기초하고 있다.

하지만 비용전가는 완전경쟁시장에서 발생할 수 없다. 각 기업은 가격 순응자이며 나아가 한 개 기업의 한계비용만 상승한 경우에는 더욱 그러하다. 이 기업은 시장의 전체공급에서 아주 작은 부분만을 차지하기 때문에 시장공급의 변화는 무시해도 된다. 시장공급이 변화하지 않는다면 균형가격도 변하지 않는다. 간단히 말해 한 개 기업의 비용상승이 소비자가격의 인상으로 이루어지지 않는다. 물론 많은 기업들이 비용상승을 경험할 경우 시장 공급곡선이 영향을 받고 이에 따라 가격도 영향을 받는다.

2 완전경쟁 기업은 광고를 하는가?

개별 농부들은 광고를 하지 않는다. 예를 들면 농부인 존슨(Johnson)은 다음과 같은 이유로 인해 자신이 생산한 우유를 광고하지 않는다. 첫째, 농부인 존슨은 동질적인 물품을 판매하므로 자신이 생산한 우유를 광고할 경우 이는 전체 낙농업자의 우유를 광고하는 것과 같다. 둘째, 농부 존슨은 완전경쟁시장에 있으므로 시장가격에서 자신이 원하는 모든 우유를 판매할 수 있다. 그런데 왜 광고를 하겠는가? 그의 입장에서 보면 광고는 비용일 뿐이지 이익이 없다.

하지만 완전경쟁 산업도 광고를 할 수도 있다. 예를 들어 농부 존슨이 자신이 생산한 우유를 광고하지 않는다면 우유산업 협회는 우유에 대한 시장수요곡선이 오른쪽으로 이동하길 희망하면서 일반적인 우유에 대해 광고할 수 있다.

3 공급업자가 설정한 가격 대 시장에서 결정된 가격: 담합 또는 경쟁?

어떤 산업에 대해 알고 있는 유일한 사실은 해당 산업의 기업들이 동일한 가격에 상품들을 판매한다는 것이다. 일부 사람들은 기업들이 담합한다고 즉, 모여서 가격을 결정하고 이를 준수한다고 주장하고 있다. 물론 이것은 모든 기업들이 동일한 가격에 도달하는 한 가지 방법이 될 수 있지만 유일한 방법은 아니다. 이 장에서 살펴본 것처럼 또 다른 방법은 모든 기업들이 가격순응자가 되는 것이다. 즉 기업들이 완전경쟁시장 구조에 있는 것이다. 이 경우에는 담합이 존재하지 않는다.

요약 및 정리

54 완전경쟁 이론

- 완전경쟁 이론은 다음과 같은 네 가지 가정에 기초하고 있다. (1) 많은 매도인과 많은 매수인이 있으며 어느 누구도 전체판매 또는 전체구매에서 지배적 위치를 점하고 있지 않다. (2) 각 기업은 동질적인 상품을 생산하고 판매한다. (3) 매수인과 매도인은 가격, 품질, 공급처 등에 관한 모든 관련정보를 갖고 있다. (4) 해당 산업으로부터 진입 및 퇴출이 용이하다.
- 완전경쟁 이론에 따르면 다음과 같이 예측된다. (1) 경제적 이윤은 신규기업의 진입으로 인해 장기적으로 영이 된다. (2) 균형에서 기업은 가격과 한계비용이 동일해지는 점에서의 생산량을 생산한다. (3) 단기적으로 기업은 가격이 평균 가변비용을 충당하는 한 사업을 지속한다. (4) 장기적으로 기업은 가격이 평균 총비용을 충당하는 한 사업을 지속한다. (5) 단기적으로 수요증가는 가격인상으로 이어진다. 장기적으로 가격이 최초가격보다 더 높아지는지 또는 더 낮아지는지 또는 불변하는지 여부는 해당 기업이 비용증가 산업에 있는지 또는 비용감소 산업에 있는지 또는 비용불변 산업에 있는지 여부에 달려 있다.

55 완전경쟁 기업

- 완전경쟁 기업은 가격순응자이다. 이 기업은 시장에서 결정된 균형가격에서만 상품을 판매한다.
- 완전경쟁 기업은 수평적인 (평평판, 완전 탄력적인) 수요곡선에 직면한다. 이 기업의 수요곡선과 한계수입곡선은 동일하다.
- (다른 기업들뿐만 아니라) 완전경쟁 기업도 $MR = MC$에서의 생산량을 생산하여 이윤을 극대화한다. (또는 손실을 극소화한다)
- 완전경쟁 기업은 $P = MC$에서의 생산량을 생산하기 때문에 자원분배 효율적이다.

56 단기에서의 생산

- $P > ATC\,(> AVC)$인 경우 기업은 경제적 이윤을 얻고 단기에서 계속 운영된다.
- $P < AVC\,(< ATC)$인 경우 기업은 손실을 입는다. 계속 생산을 하게 되면 손실이 증가하므로 기업은 폐쇄된다.
- $ATC > P > AVC$인 경우 기업은 손실을 입는다. 하지만 폐쇄할 경우 손실이 증가하므로 기업은 단기에서 계속 운영된다.
- 기업은 단기에서 가격이 평균 가변비용보다 높은 경우에만 생산을 한다. 따라서 평균 가변비용 위에 위치한 한계비용곡선이 기업의 단기공급곡선이 된다.

57 장기 경쟁균형의 조건

- 장기 경쟁균형은 기업들이 다음과 같은 동기를 갖지 않는 경우 달성된다. (1) 해당 산업에 진입하거나 퇴출하려 한다. (2) 더 많이 생산하거나 또는 더 적게 생산하려 한다. (3) 공장규모를 변화시키려 한다. 이를 구체화하면 다음과 같다. (1) 경제적 이윤이 영이 된다(즉 기업들이 해당 산업에 진입하거나 퇴출하려는 동기를 갖지 않는다). (2) 기업들은 가격과 한계비용이 동일해지는 점에서의 생산량을 생산한다(기업들은 더 많이 생산하거나 또는 더 적게 생산하려는 동기를 갖지 않는다. $P = MC$일 때 완전경쟁 기업의 경우 $MR = MC$가 되므로 기업이 이윤을 극대화 한다). (3) $P = MC$인 생산량에서 $SRATC = LRATC$가 된다(기업들은 공장규모를 변화시킬 동기를 갖지 않는다).
- 장기적으로 완전경쟁 기업은 가장 낮은 단위당 비용(가장 낮은 ATC)에서 생산을 생산하므로 생산효율성을 보인다.

58 수요변화에 대한 산업조정

- 비용불변 산업에서 수요가 증가하면 (수요가 증가하기전인) 최초의 균형가격과 동일한 새로운 균형가격이 결정된다. 비용증가 산업에서 수요가 증가하면 최초의 균형가격보다 더 높은 새로운 균형가격이 결정된다. 비용감소 산업에서 수요가 증가하면 최초의 균형가격보다 더 낮은 새로운 균형가격이 결정된다.
- 비용불변 산업의 장기공급곡선은 수평하다(평평하다, 완전탄력적이다). 비용증가 산업의 장기공급곡선은 기울이가 상향한다. 비용감소 산업의 장기공급곡선은 기울기가 하향한다.

주요 용어 및 개념

완전경쟁
가격순응자
한계수입(MR)
이윤극대화 규칙
자원분배 효율성
단기 기업 공급곡선
단기 시장 공급곡선
장기 경쟁균형
생산효율성
비용불변 산업
장기 〈산업〉공급(LRS)곡선
비용증가 산업
비용감소 산업

연습문제

01. 이윤은 동기 및 신호로서 작용한다. 설명하시오.

02. 자원분배 효율성을 설명하시오.

03. 완전경쟁시장은 생산효율성을 보이는가? 설명하시오.

04. 잡지에서 컴퓨터 기업들이 높은 이윤을 얻고 있다는 기사를 읽었다. 완전경쟁 이론을 염두에 두고 다음과 같은 경우 시간이 흐름에 따라 어떤 현상이 나타나는지 설명하시오.

a. 컴퓨터 가격

b. 컴퓨터 기업의 이윤

c. 시장에 있는 컴퓨터의 수

d. 컴퓨터 기업의 수

05. 많은 배관공들은 싱크대를 수선하기 위해 집으로 올 때 동일한 가격을 부과한다. 그 이유는 배관공들이 담합을 했기 때문인가?

06. 완전경쟁 기업은 형성된 가격에서 원하는 모든 것을 판매할 수 있더라도 무한히 생산량을 증대시키지 않는다. 그렇지 않은 이유는 무엇 때문인가?

07. 완전경쟁 기업의 한계수입곡선이 수요곡선과 동일한 이유는 무엇 때문인가?

08. 완전경쟁 기업의 경우 이윤극대화는 자원분배 효율성과 상충되지 않는다. 동의하는가? 설명하시오.

09. 정부는 어떤 산업의 한 완전경쟁 기업에 대해 생산세를 부과한다고 가상하자. 해당 기업이 생산한 각 단위에 대해 1달러를 정부에 납부하여야 한다. 소비자는 이 조세로 인해 인상된 가격을 결국 지불하게 되는가? 설명하시오.

10. 어떤 기업이 이따금 다른 기업보다 더 많은 이윤을 얻는 것처럼 보이지만 현실적으로 그렇지 않은 이유를 설명하시오.

11. 장기 경쟁균형에서는 $P = MC = SRATC = LRATC$로 나타낼 수 있다. 따라서 이 조건은 다음과 같은 네 가지 부분으로 구성된다. (a) $P = MR$, (b) $MR = MC$, (c) $P = SRATC$, (d) $SRATC = LRATC$. 여기서 (b) $MR = MC$는 완전경쟁 기업이 이윤극대화를 하기 위한 조건이다. (a), (c),(d)는 어떻게 설명할 수 있는가?

12. 완전경쟁시장 구조 하에 있는 모든 기업들은 장기균형상태에 있다고 가상하자. 기업들이 생산한 상품에 대한 수요가 증가하였다. 처음에는 가격 및 경제적 이윤이 증가하였다. 뒤이어 정부는 기업들이 이전에는 이윤을 얻지 못했었다고 주장하면서 경제적 이윤(전부에 대해서는 아니지만) 대부분에 대해서 조세를 부과하기로 결정하였다. 이것은 단순히 수요증가에 따른 결과였다. 조세가 시장조정에 영향을 미쳤다면 그 것은 무엇인가?

13. 완전경쟁기업의 경우 단기적으로 가격이 평균 가변비용보다 낮으면 폐쇄가 되고 가격이 평균 총비용보다 낮지만 평균 가변비용보다 높으면 생산을 계속하는 이유를 설명하시오.

14. "경쟁산업의 한 개 기업인 기업 A는 생산비의 증가를 직면하고 있다. 따라서 결국에는 소비자가 인상된 가격을 지불하게 될 것이다." 논의하시오.

15. 실제세계의 시장은 완전경쟁이론의 모든 가정들을 완벽하게 충족시키지 못하는데도 이 이론을 배우는 이유는 무엇 때문인가?

16. "완전경쟁시장에서 기업들은 언제나 단위당 최저비용에서 운영된다." 옳은가 또는 틀리는가? 설명하시오.

17. 가격순응자란 용어는 매도인뿐만 아니라 매수인에게도 적용될 수 있다. 매입하는 양을 변화시켜 가격에 영향을 미칠 수 없는 경우 가격에 순응하는 매수인이 된다. 가격순응자라면 어떤 물품을 매입하는가? 가격순응자가 아니라면 어떤 물품을 매입하는가?

18. "기업의 한계비용곡선 전부가 단기 공급곡선이 된다" 옳은가 또는 틀리는가? 설명하시오.

숫자 및 그래프를 활용한 문제

01. 아래와 같은 조건 하에서 완전경쟁 기업이 단기적으로 폐쇄되어야 하는가 또는 운영되어야 하는가?

a. $Q = 100$; $P = 10$달러; $AFC = 3$달러; $AVC = 4$달러

b. $Q = 70$; $P = 5$달러; $AFC = 2$달러; $AVC = 7$달러

c. $Q = 150$; $P = 7$달러; $AFC = 5$달러; $AVC = 6$달러

02. 총수입이 일정한 율로 증가할 경우 한계수입에 대해 어떤 의미를 갖는가?

03. 아래 표에서 기업은 어떤 생산량을 생산하는가? 설명하시오.

Q	*TR*	*TC*
0	0달러	0달러
1	100	50
2	200	110
3	300	180
4	400	260
5	500	360
6	600	480

04. 문제 3에서 해당 기업은 완전경쟁 기업인가? 설명하시오.

05. 시장 공급곡선은 어떻게 도출되는지 설명하시오.

06. 다음 상황을 그리시오.

a. 이윤을 얻는 완전경쟁 기업

b. 손실이 발생하지만 단기적으로 계속 운영되는 완전경쟁 기업

c. 손실이 발생하고 단기적으로 폐쇄되는 완전경쟁 기업

07. 평균 가변비용곡선보다 위에 위치한 한계비용곡선이 완전경쟁 기업의 공급곡선이 되는 이유는 무엇 때문인가?

08. 다음 그림의 생산량 Q_1에서 아래는 어떤 면적을 의미하는가?

a. 총비용

b. 총가변비용

c. 총수입

d. 손실(음의 이윤)

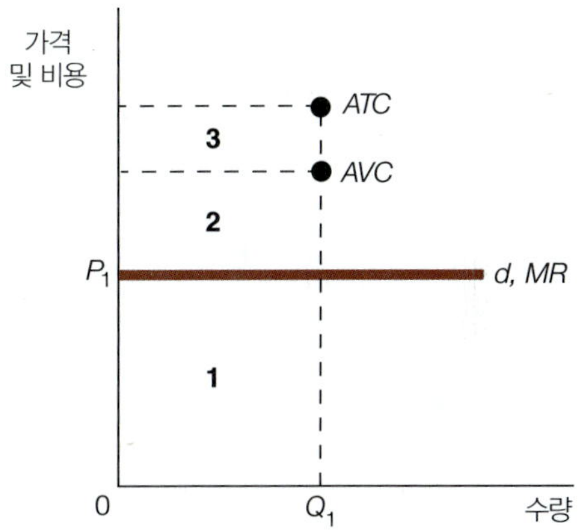

09. *ATC* 곡선의 최저점에서 *MC* 곡선이 *ATC* 곡선과 교차하는 이유는 무엇 때문인가?

10. 완전경쟁시장의 모든 기업들이 장기균형에 있다고 가상하자. 시장수요가 증가할 경우 완전경쟁 기업은 어떻게 하는지 설명하시오.

제 10 장

독점

10.1 독점이론

독점

독점(monopoly)이론은 다음과 같은 세 가지 가정에 기초하고 있다.

1. **단 한 명의 매도인이 있을 뿐이다.** 실제로 기업이 산업이 된다. 이런 상황을 많은 기업들이 산업을 구성하는 완전경쟁과 비교하여 보자.
2. **단 한 명의 매도인이 밀접한 대체재가 존재하지 않는 상품을 판매한다.** 해당 상품과 밀접한 대체재가 존재하지 않기 때문에 독점기업은 (설사 있다 해도) 거의 경쟁에 직면하지 않는다.
3. **진입장벽이 극히 높다.** 완전경쟁이론에서 기업은 산업에 쉽게 진입할 수 있다. 독점이론에서 산업에 진입하는 것은 (불가능 하지 않다면) 매우 어렵다. 매우 높은 진입장벽으로 인해 신규기업의 진입이 매우 어렵다.

독점의 예에는 (예를 들면 전기, 수도, 가스회사 등과 같은) 공익사업체와 (제1종 우편물을 배달하는) 우정공사가 포함된다.

1 진입장벽: 독점을 이해하는 데 필요한 핵심개념

어떤 기업이 어떤 상품을 판매하는 유일한 매도인이라면 다른 기업들이 해당 시장에 진입하지 않고 동일한 상품을 생산하지 않는 이유는 무엇 때문인가? 법적인 장벽, 규모의 경제, 희귀자원에 대한 한 기업의 독점적 소유권으로 인해 신규기업이 해당 시장에 진입하는 것이 어렵거나 불가능하다.

공공 독점판매권

법적인 장벽 법적인 장벽에는 공공 독점판매권, 특허, 정부면허 등이 포함된다. **공공 독점판매권**(public franchise)은 다른 기업들을 배제한 채(따라서 법률로 잠재적인 경쟁을 제거한 채) 특정 기업에게 특정 상품 또는 서비스를 공급하도록 정부가 승인한 권한을 말한다. 예를 들면 우정공사에게 제1종 우편물을 배달할 수 있도록 부여된 권한을 들 수 있다. 많은 공익사업체들이 이런 독점판매권에 따라 운영된다.

미국에서는 물품 또는 생산공정의 발명자에게 20년 동안 특허권을 부여한다. 이 기간 동안 특허보유자는 경쟁으로부터 보호된다. 어느 누구도 특허가 있는 물품 또는 생산공정을 생산하거나 이용할 수 없다. 특허 이면에 있는 논리는 경제에서 혁신을 촉진하기 위해서이다. 경쟁자들이 새로운 물품을 즉각 복제하여 판매를 할 수 있는 경우 사람들은 시간과 금전을 들여 이를 개발하지 않을 것이다.

일부 산업 및 업종에 진입하기 위해서는 정부가 허가한 면허가 있어야 한다. 예를 들면 라디오 및 텔레비전 방송국은 정부로부터 면허가 있어야 운영될 수 있다. 또한 의사, 치과의사, 건축 설계자, 간호사, 이발사, 수의사로 근무하거나 개업하려면 면허가 필요하다.

규모의 경제 일부 산업에서는 낮은 평균 총비용(낮은 단위단 비용)이 대규모 생산을 통해서만 가능하다. 따라서 이런 산업에서 진입한 신규기업이 경쟁을 하려면 대규모로 진입하여야 한다. 하지만 대규모로 생산을 할 경우 위험과 비용부담이 커져서 이것이 진입장벽이 될 수 있다. 규모의 경제가 매우 커서 단 한 개 기업만이 해당 산업에서 생존할 수 있는 경우 **자연독점**(natural monopoly)이라고 한다. 자주 인용되는 자연독점의 예에는 가스, 수도, 전기를 공급하는 공익사업체가 있다.

자연독점

필요한 자원에 대한 독점적 소유권 해당 산업에 진입하는 데 필요한 자원의 독점적 소유권으로 인해 기존의 기업이 신규기업의 진입으로부터 보호될 수 있다. 이런 고전적인 예가 알코아(Alcoa)사이다. 이 회사는 미국에서 알류미늄 원광인 보크사이트 생산을 한동안 거의 독점하였다. 알코아사는 19세기 말부터 1940년대까지 미국의 유일한 알루미늄 생산업체였다. 오늘날 많은 사람들은 남아프리카 공화국의 데 비어스(De Beers)사가 다이아몬드 생산 및 판매의 대부분을 통제하기 때문에 독점기업으로 본다. 성공적인 카르텔이 독점기업처럼 행동하기는 하지만 엄격히 말해 데 비어스사는 독점기업이라기보다 마케팅 카르텔에 더 가깝다. 카르텔에 대해서 나중에 살펴볼 것이다.

2 정부독점과 시장독점의 차이는 무엇인가?

경쟁이 법적으로 금지되기 때문에 높은 진입장벽이 존재하며 때로는 진입장벽이 독립적으로 존재하기도 한다. 높은 진입장벽이 공공 독점판매권, 특허, 정부면허의 형태를 갖는 경우 경쟁은 법적으로 금지된다. 높은 진입장벽이 규모의 경제 또는 특정 자원에 대한 독점적 소유권의 형태를 띠는 경우 경쟁기업들이 시장에 진입하여 경쟁하지는 않지만 이를 금지하는 법적인 장애는 존재하지 않는다.

일부 경제학자들은 "정부독점"을 경쟁으로부터 법적으로 보호받는 독점이라 하고 "시장독점"을 경쟁으로부터 법적으로 보호받지 못하는 독점이라고 한다. 하지만 어느 독점이 다른 독점보다 더 낫거나 또는 더 나쁘다는 의미는 아니다.

10.2 독점가격 설정 및 생산량 결정

가격설정자

독점기업은 **가격설정자**(price searcher), 즉 자신이 판매하는 상품의 가격을 어느 정도 통제할 수 있는 능력을 갖고 있는 매도인이다. 가격순응자와 달리 가격설정자는 낮은 가격에서 만큼은 아니지만 가격을 인상하고도 상품을 판매할 수 있다. 여기서는 독점기업의 가격설정과 생산량 결정에 대해 살펴볼 것이다.

1 독점기업의 수요 및 한계수입

독점이론에서 독점기업은 산업이며 산업은 독점기업이다. 이들은 하나이며 동일하다. 따라서 독점기업의 수요곡선은 기울기가 하향하는 시장수요곡선이다. 기울기가 하향하는 수요곡선은 가격과 수요량 사이에 역의 관계를 보이므로 **다른 사정이 동일하다면** 높은 가격에서보다 낮은 가격에서 더 많이 판매된다. 완전경쟁 기업과 달리 독점기업은 가격을 인상하여도(이전만큼은 아니더라도) 자신의 상품을 계속 판매할 수 있다.

독점기업은 기울기가 하향하는 수요곡선에 직면하기 때문에 자신의 상품을 추가적으로 더 판매하려면 가격을 인하하여야만 한다. 예를 들면 독점기업이 처음에는 개당 10달러에 상품 X를 하루에 2개 판매하려 하였지만 이제는 하루에 3개 판매하고자 한다고 가상하자. 더 많이 판매하려면 예를 들어 9.75달러로 가격을 인하하여야 하며 이 가격에서 3개를 판매할 수 있다.[1)]

한 단위 더 추가적으로 판매하기 위해서 독점기업은 이전의 모든 단위에 대해서도 가격을 인하하여야 한다. "이전" 및 "추가적"이란 용어가 실제로 연속되는 것이 아니라는 점에 주목하자. 한 기업이 상품 100단위를 판매하고 나서 1단위 더 추가적으로 판매하는 것이 아니다. 기업은 양자택일 상황에 있다. 기업은 일정기간 동안 100개를 판매하거나 또는 101개를 판매한다. 기업이 101개를 판매하고자 한다면 100개를 판매하려는 경우보다 단위당 가격이 낮아야 한다.

독점기업은 가격을 인하함으로써 이득도 보고 손실도 본다. 그림 1에서 보는 것처럼 해당 독점기업은 가격이 인하됨으로 인해서 추가적으로 판매된 단위의 가격인 9.75달러를 얻게 된다. 이 독점기업은 50센트를 잃게 된다. 10달러로 판매됐을 첫 번째 단위에서 25센트 그리고 10달러로 판매됐을 두 번째 단위에서 25센트를 상실하게 된다.

이득이 손실보다 더 크다. 추가적으로 1단위 더 판매함으로써 독점기업이 얻을 수 있는 순이득은 9.25달러(9.75달러 − 0.50달러 = 9.25달러)이다. 이것이 독점기업의 **한계수입**, 즉 생산물을 한 단위 더 추가적으로 판매함으로써 얻는 총수입의 변화이다. (단위당 10달러에 2단위를 판매할 경우 총수입은 20달러가 되고 단위당 9.75달러에 3단위를 판매할 경우 총수입은 29.25달러가 된다. 생산물을 한 단위 더 추가적으로 판매함으로써 얻는 총수입의 변화는 9.25달러이다.)

가격(9.75달러)이 한계수입(9.25달러)보다 더 크다는 사실에 주목하자. 즉 $P > MR$이 된다. 이것은 독점기업 또는 가격설정자의 경우이다. (완전경쟁 기업의 경우는 다음과 같다: $P = MR$)

1) 여기서는 동일한 가격에 자신의 상품 모두를 판매하는 단일가격 독점기업에 대해 논의하고 있다. 나중에 가격차별 독점기업에 대해 살펴볼 것이다.

그림 1

가격인하가 총수입에 미치는 이중 효과

독점기업은 자신의 상품을 추가적으로 판매하기 위해서 가격을 인하하여야 한다. 가격을 인하할 경우 독점기업에서는 수입을 획득하는 측면과 수입을 상실하는 측면 둘 다 발생한다. 그림에서 획득한 수입과 상실한 수입을 명기하고 있다. 이 둘 중에서 더 큰 면적으로부터 더 작은 면적을 감하면 한계수입이 된다.

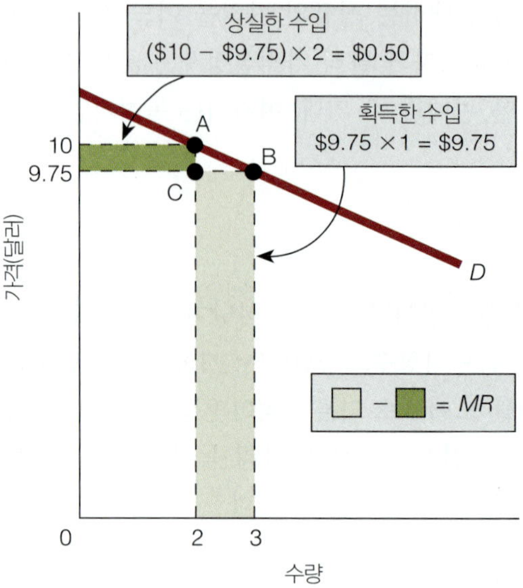

(1) P	(2) Q	(3) TR	(4) MR
$10.00	2	$20.00	
			$9.25
9.75	3	29.25	

독점기업의 경우, $P > MR$

2 독점기업의 수요곡선과 한계수입곡선은 동일하지 않다

완전경쟁에서 기업의 수요곡선은 한계수입곡선과 동일하다. 독점에서 기업의 수요곡선은 한계수입곡선과 동일하지 않으며 한계수입곡선 위에 위치한다.

그림 2는 독점기업의 수요곡선과 한계수입곡선의 관계를 보여주고 있다. 수요곡선은 가격과 수량(P와 Q)을 도표로 나타낸 것이며 한계수입곡선은 한계수입과 수량(MR과 Q)을 도표로 나타낸 것이다. 독점기업의 경우 가격이 한계수입보다 크기 때문에 수요곡선은 반드시 한계수입곡선 위에 위치한다(가격과 한계수입은 생산량의 첫 번째 단위에 대해서 동일하므로 수요곡선과 한계수입곡선은 한 점을 공유한다).

그림 2

수요곡선 및 한계수입곡선

수요곡선은 가격과 수량을 도표로 나타내며 한계수입곡선은 한계수입과 수량을 도표로 나타낸다. 독점기업의 경우 $P > MR$이므로 한계수입곡선은 수요곡선 아래에 위치하여야 한다(수요곡선이 직선인 경우 한계수입곡선은 원점과 수요곡선이 수평축과 교차하는 점 사이에서 수평축을 양분한다는 사실에 주목하자).

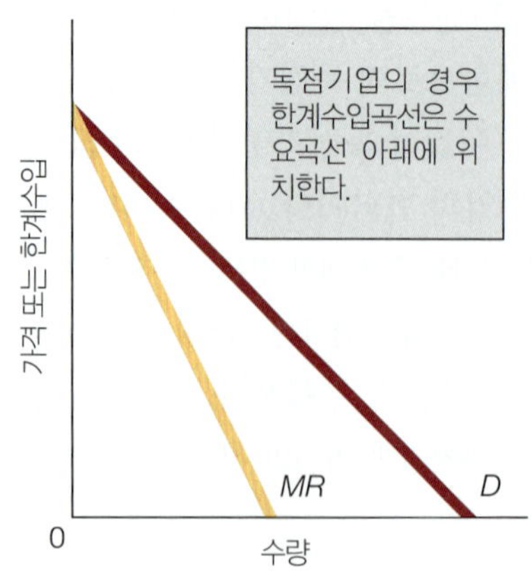

3 이윤을 극대화하는 독점기업에 대한 가격 및 생산량

이윤을 극대화하는 독점기업은 (이윤을 극대화하는 완전경쟁 기업이 하는 것처럼) $MR = MC$에서 생산량을 생산하고 이 생산량이 판매될 수 있는 단위당 가장 높은 가격을 설정한다.

그림 3에서 보면 $MR = MC$에서의 생산량 Q_1이 판매될 수 있는 가장 높은 가격은 P_1이다. Q_1에서 독점기업은 한계비용보다 높은 가

그림 3

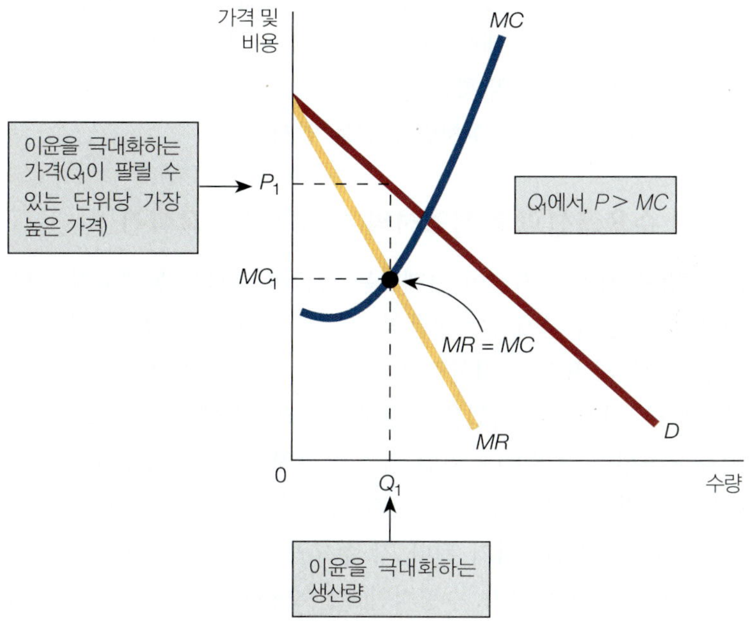

독점기업의 이윤을 극대화하는 가격 및 생산량

독점기업은 $MR = MC$인 수량, 즉 Q_1을 생산하고 이 수량이 판매될 수 있는 단위당 최고가격(P_1)을 부과한다. 이윤을 극대화하는 생산량에서 가격이 한계비용보다 높다는 사실, 즉 $P > MC$에 주목하자.

격($P > MC$)을 설정한다. 따라서 독점기업은 자원분배 효율적이 못된다.

이윤을 얻을 수 있는지 여부는 P_1이 Q_1에서 평균 총비용보다 더 큰지 아니면 더 작은지 여부에 달려 있다. 간단히 말해 이윤을 극대화하는 가격은 비용을 극소화하는 가격이다. 그림 4는 독점이윤과 독점손실을 보여준다.

일부 사람들은 독점기업이 손실을 감수할 것이라고 생각하는 것은 비현실적이라고 주

그림 4

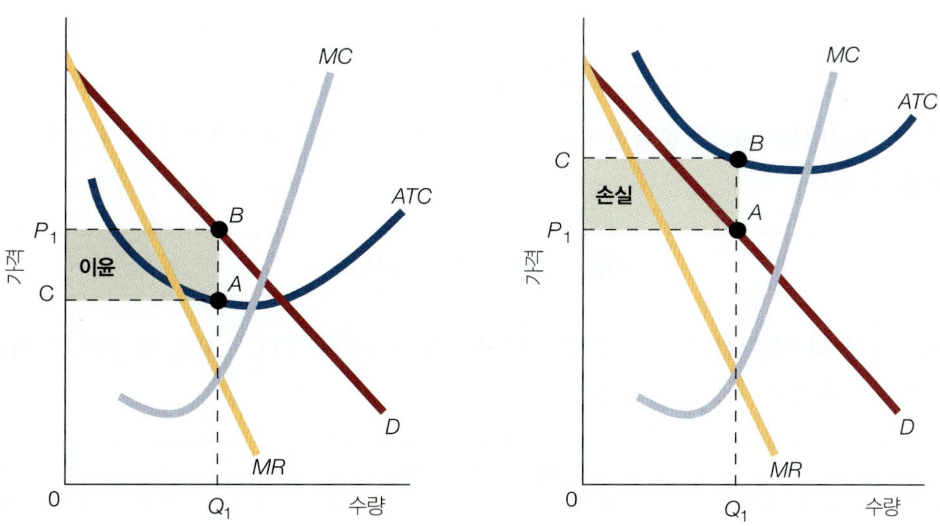

(a)
독점이윤

(b)
독점손실

독점이윤 및 손실

독점기업에게 이윤이 보장되는 것은 아니다. (a) $MR = MC$인 생산량, Q_1에서 가격은 평균 총비용 위에 위치한다. 따라서 TR(면적 $0P_1BQ_1$)이 TC(면적 $0CAQ_1$)보다 크고 이윤은 면적 CP_1BA이다 (b) Q_1에서 가격은 평균 총비용 아래에 위치한다. 따라서 $TR(0P_1AQ_1)$이 TC(면적 $0CBQ_1$)보다 작고 손실은 면적 P_1CBA이다.

장한다. 즉 독점기업이 어떤 산업에서 유일한 한 명의 매도인이라면 이윤이 보장될 것이라고 주장한다. 하지만 기업이 어떤 상품의 유일한 매도인일 경우에도 이윤을 얻지 못할 수 있다. 독점기업은 자신의 상품에 대해 원하는 가격을 설정하지 못하고 수요곡선이 허용하는 가장 높은 가격이 해당 기업의 평균 총비용(단위당 비용)보다 낮을 수가 있다. 이런 경우 독점기업은 그림 4(b)에서 보는 것처럼 손실을 입게 된다.

4 완전경쟁에서의 수요곡선과 독점에서의 수요곡선 비교하기

완전경쟁 기업은 가격순응자이며 자신이 판매하는 상품의 가격을 통제하지 못한다. 독점기업은 가격설정자이며 자신이 판매하는 상품의 가격을 통제할 수 있다. 기본적으로 어떤 기업이 가격순응자가 되는지 또는 가격설정자가 되는지 여부는 해당 기업이 직면하는 수요곡선에 따라 결정된다. 완전경쟁 기업은 수평적인 수요곡선에 직면하고 독점기업은 기울기가 하향하는 수요곡선에 직면한다. 어떤 기업의 수평적인(또는 평평한) 수요곡선에 직면할 경우 해당 기업은 가격순응자가 된다. 어떤 기업이 기울기가 하향하는 수요곡선에 직면할 경우 해당 기업은 가격설정자가 된다. 각 수요곡선이 가격을 통제하는 기업의 능력에 대해 의미하는 바를 생각해 보자. 수평적인(또는 평평한) 수요곡선은 해당 기업이 시장에서 결정된 한 개 가격으로만 자신의 상품을 판매할 수 있다는 의미이다. 다시 말해 시장에서 결정된 가격이 10달러인 경우 완전경쟁 기업의 수요곡선은 10달러에서 수평선이 된다. 반면에 기울기가 하향하는 수요곡선은 해당 기업이 상이한 가격에서 자신의 상품을 판매할 수 있다는 의미미다. 예를 들면 개당 12달러에서 100개를 판매할 수 있고 개당 11달러에서 150개를 판매할 수 있다. 간단히 말해 해당 기업은 많은 가격 중에서 최선의 가격을 찾아서 설정하게 된다.

5 기업이 수입을 극대화할 경우 자동적으로 이윤도 극대화하는가?

이윤은 총수입(*TR*)과 총비용(*TC*)의 차이이다.

$$\text{이윤} = TR - TC$$

*TC*는 총고정비용(*TFC*)과 총가변비용(*TVC*)의 합이므로 위의 이윤방정식을 다음과 같이 나타낼 수 있다.

$$\text{이윤} = TR - (TFC + TVC)$$

$TVC = 0$일 때 이윤극대화는 총수입 극대화와 동일해진다. $TVC = 0$일 때 *TVC*는 이윤방정식에서 빠져서 다음과 같아진다.

$$\text{이윤} = TR - TFC$$

*TFC*는 생산량이 증가하더라도 일정하기 때문에 *TR*이 증가할 경우 동일한 양만큼 이윤이 증가한다. 예를 들면 $TR = 100$달러이고 $TFC = 40$달러인 경우 이윤은 60달러가 된다.

TR이 10달러만큼 증가하여 110달러가 되고 TFC는 40달러에서 불변인 경우 이윤은 70달러로 증가한다. TR의 증가와 이윤의 증가는 동일하게 10달러이다. 따라서 총수입을 극대화하는 것이 이윤을 극대화하는 것이다.

이제 상황을 약간 변화시켜 보자. 즉 TVC가 영이 아니라고 가상하자. 이윤방정식은 다음과 같다.

$$\text{이윤} = TR - (TFC + TVC)$$

다시 $TR = 100$달러 및 $TFC = 40$달러라고 하자. 하지만 이번에는 $TVC = 20$달러이다. 따라서 이윤은 40달러가 된다. 이제 TR이 110달러로 증가하면 앞에서와 마찬가지로 이윤이 10달러 증가하는가? 아마도 그렇지 않을 것이다. 왜냐하면 이윤에 발생하는 변화는 TR의 변화뿐만 아니라 TVC의 변화에도 의존하기 때문이다. TR이 110달러로 증가할 경우 TVC는 37달러로 증가한다고 하자. 이제 이윤은 33달러가 된다. 다시 말해 총수입은 (100달러에서 110달러로) 증가하였지만 이윤은 (40달러에서 33달러로) 감소하였다.

이처럼 가변비용이 없는($TVC = 0$달러) 경우에만 이윤극대화가 수입극대화와 동일해진다.

10.3 완전경쟁과 독점

완전경쟁과 독점은 (시장구조 측면에서) 서로 정반대에 위치하기 때문에 주요한 차이점이 있다. 여기서는 이 차이점에 대해 논의할 것이다.

1 가격, 한계수입, 한계비용

완전경쟁과 독점 사이에는 다음과 같은 두 가지 주요한 차이점이 있다.

1. 완전경쟁 기업의 경우 $P = MR$이고 독점기업의 경우 $P > MR$이다. 완전경쟁 기업의 수요곡선은 한계수입곡선이고 독점기업의 수요곡선은 한계수입곡선 위에 위치한다.
2. 완전경쟁 기업은 한계비용과 동일한 가격을 부과하고 독점기업은 한계비용보다 더 높은 가격을 설정한다.

> 완전경쟁의 경우: $P = MR$ 및 $P = MC$
> 독점의 경우: $P > MR$ 및 $P > MC$

2 독점, 완전경쟁, 소비자 잉여

매수인이 소비자 잉여를 얼마나 차지하는지의 관점에서 볼 경우 독점기업은 완전경쟁 기업과 다르다. 예를 들면 그림 5는 기울기가 하향하는 수요곡선, 기울기가 하향하는 한계수입곡선, 수평적인 한계비용(MC)곡선을 보여주고 있다. 일반적으로 기울기가 상향하는 한계비용곡선을 이용하였지만 일정한 생산량 구간에서 한계비용이 불변할 수 있다. 수평적인 MC곡선은 한계비용이 불변한다는 의미이다. 그림 5의 시장이 완전경쟁인 경우 수요곡선은 한계수입곡선이 된다. 따라서 이윤을 극대화하는 생산량은 Q_{PC}가 되고 매수인

그림 5

독점, 완전경쟁, 소비자 잉여

완전경쟁시장인 경우 수요곡선과 한계수입곡선은 동일하다. 이윤을 극대화하려는 생산량은 Q_{PC}이고 가격은 P_{PC}이다. 이에 따른 소비자 잉여는 면적 $P_{PC}AB$이다. 독점시장인 경우 이윤을 극대화하는 생산량은 Q_M이고 가격은 P_M이다. 이에 따른 소비자 잉여는 면적 P_MAC이다. 소비자 잉여는 독점에서보다 완전경쟁에서 면적 $P_{PC}P_MCB$만큼 더 크다.

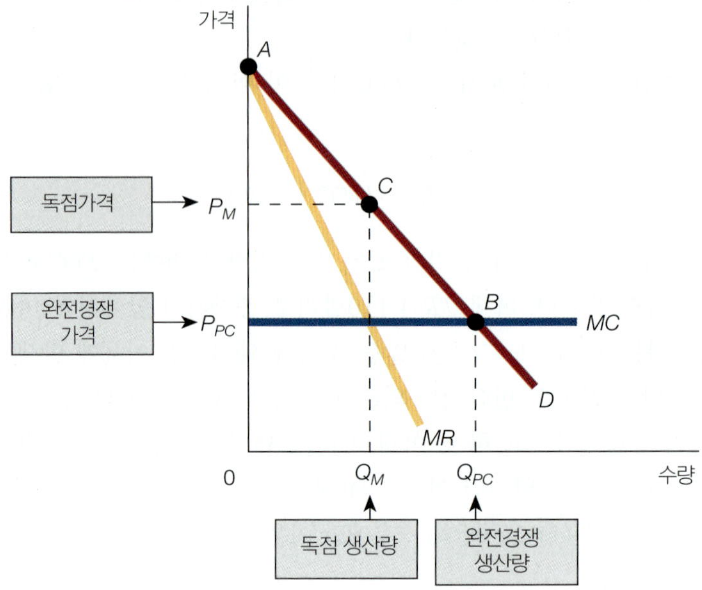

은 단위당 P_{PC}를 지불한다. 소비자 잉여는 수요곡선 아래와 가격 위에 위치하는 면적이다. 완전경쟁기업의 경우 소비자 잉여는 면적 $P_{PC}AB$가 된다.[2)]

독점시장에서 수요곡선과 한계수입곡선은 상이하다. *MR* 곡선과 *MC* 곡선이 교차하는 점에서 이윤을 극대화하는 생산량이 결정된다. 따라서 이윤을 극대화하는 생산량은 Q_M이고 매수인이 지불하는 가격은 P_M이 된다. 독점의 경우 소비자 잉여는 P_MAC이다.

소비자 잉여는 명백하게 완전경쟁의 경우에 독점의 경우보다 면적 $P_{PC}P_MCB$만큼 커진다. 이는 독점으로 인한 소비자 잉여의 손실이다.

3 독점 또는 영?

특정상품이 생산되는 조건을 결정하는 두 개의 누름단추 중 하나를 누를 수 있다고 가상하자. 첫 번째 단추를 누르면 해당 상품은 완전경쟁 하에서 생산되고 두 번째 단추를 누르면 독점 하에서 생산된다. 어떤 단추를 누를 것인가?

소비자의 관점에서 보면 독점보다 완전경쟁 하에서 생산량이 더 많고 가격은 더 낮기 때문에 즉, 소비자 잉여가 더 많기 때문에 완전경쟁이 더 나은 선택인 것처럼 보인다. 하지만 언제나 완전경쟁과 독점 중에서만 선택하는 것은 아니다. 이따금 독점인 경우와 생산량이 영인 경우 중에서 선택을 하여야 한다.

그림 6은 어떤 상품에 대한 수요곡선(*D*)과 이와 관련된 한계수입(*MR*)곡선, 그리고 *MC* 및 *ATC* 곡선을 보여주고 있다. MC_1 및 ATC_1은 관련 비용곡선이라고 가정하자. MC_1 곡선

2) 여기서는 기업수요곡선이 아니라 시장수요곡선을 가정하고 있기 때문에 수요곡선의 기울기가 하향한다. 모든 시장수요곡선의 기울기는 하향한다.

그림 6

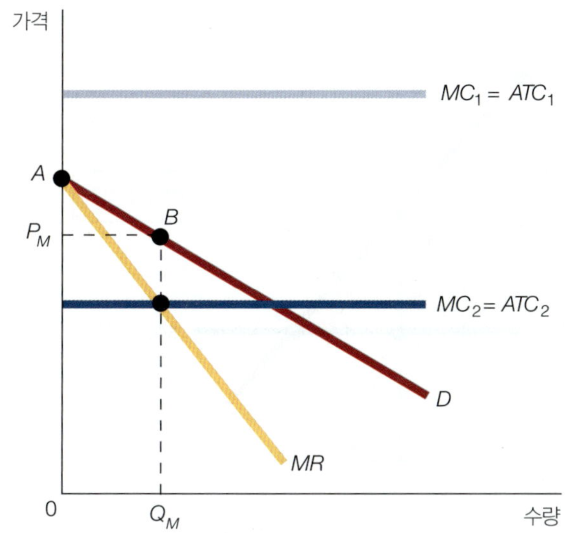

독점 또는 영?

수요곡선과 한계수입곡선을 갖고 $MC_1 = ATC_1$인 경우를 생각하여 보자. 처음에는 비용이 매우 높아서 어떤 기업도 해당 물품을 생산할 수 없다. 나중에 어떤 기업이 비용을 $MC_2 = ATC_2$까지 낮출 수 있는 방법을 알아냈다고 하자. 해당 기업은 생산량 Q_M을 생산하고 독점가격으로 단위당 P_M을 부과한다. 어떤 기업도 해당 상품을 생산하지 못하는 경우보다 독점이 더 나은가? 소비자의 관점에서 보면 이에 대한 대답은 긍정적이다. 어떤 기업도 해당 상품을 생산하지 않는 경우 소비자 잉여는 영이 되지만 독점기업이 생산을 하는 경우 소비자 잉여는 면적 P_MAB가 된다.

은 MR 곡선보다 훨씬 위쪽에 위치하기 때문에 두 곡선은 교차하지 않는다. 다시 말해 한 기업이 생산할 이윤을 극대화하는 생산량은 존재하지 않는다. 특정상품에 대한 수요는 있지만 이를 생산하는 비용이 너무 높아서 어떤 기업도 이를 생산하지 못한다. 따라서 소비자는 해당 상품을 구매하고 소비하는 데 따른 소비자 잉여를 전혀 누리지 못한다.

단일기업이 비용을 MC_2 및 ATC_2로 낮출 수 있다고 가상하자. 이제 이 기업이 해당상품을 생산할 수 있을 정도로 한계비용이 낮아졌다. 해당 기업은 Q_M을 생산하고 가격 P_M을 설정한다. 면적 P_MAB는 소비자 잉여가 된다.

이 상품을 생산하고 가격 P_M을 설정한 기업은 분명히 독점기업이다. 하지만 소비자는 어떤 기업도 생산하지 않는 경우보다 이를 생산하는 독점기업이 있는 경우 상황이 나아진다. 비용이 너무 높아서 어떤 기업도 생산하지 못한다면 소비자 잉여는 영이 된다. 하지만 독점기업이 생산할 경우 소비자 잉여는 양이 된다.

어떤 조건 하에서 한 기업이 어떤 상품을 생산할 수 있을 정도로 생산비용을 낮추는 방법을 제시함으로써 독점기업이 탄생할 수 있다. 물론 일단 독점기업이 존재하게 되면 소비자들은 독점보다 완전경쟁 하에서 상품이 생산되길 선호한다. 하지만 언제나 이런 선택만 있는 것은 아니다. 이따금 독점인 상태와 아무것도 생산하지 않는 영인 상태 중에서 선택을 하여야 하며 이런 경우 영인 상태보다 독점인 상태에서 소비자 잉여가 더 커진다.

10.4 독점의 역기능

독점은 완전경쟁과 비교하여 보통 비효율적이라고 한다. 여기서는 독점으로 인해 발생하는 문제점에 대해 살펴볼 것이다.

그림 7

독점 비용으로서의 사장된 손실 및 지대추구

독점기업은 Q_M을 생산하고 완전경쟁기업은 더 많은 생산량인 Q_{PC}를 생산한다. 독점의 사장된 손실은 두 생산량 사이에 있는 삼각형(*DCB*)이다. 면적 $P_{PC}P_MCD$로 나타내지는 독점이윤을 얻기 위해 지대추구 행위가 이루어진다. 지대추구는 사회적으로 낭비적인 행위이다. 왜냐하면 자원이 상품 및 서비스를 생산하는 데 사용되지 않고 소득을 이전하는 데 사용되기 때문이다.

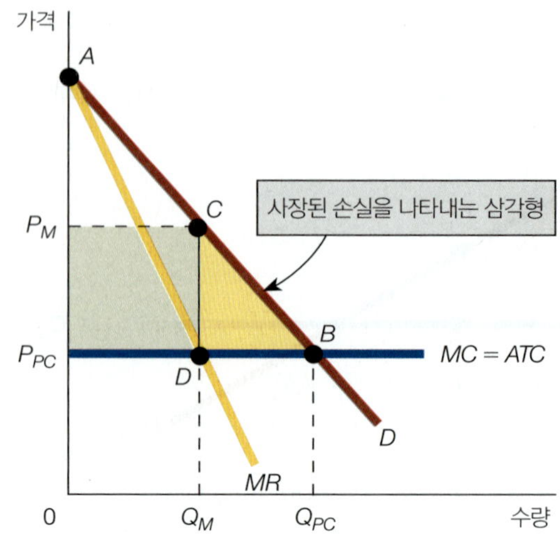

1 독점의 사장된 손실

그림 7은 수요곡선, 한계수입곡선, 한계비용곡선, 평균 총비용곡선을 보여준다. 간단히 하기 위해 상품은 비용불변 조건 하에서 생산된다고 가상하자. 이런 경우 한계비용은 장기 평균 총비용과 같아진다. 완전경쟁 하에서 생산이 이루어질 경우 생산량 Q_{PC}가 생산되고 가격 P_{PC}에서 판매된다. 경쟁균형 생산량 수준에서는 $P = MC$가 되며 독점균형에서는 $P > MC$가 된다.

독점의 사장된 손실

독점보다 완전경쟁 하에서 생산량이 더 많아진다. 이 두 생산량 간 차이의 가치를 **독점의 사장된 손실**(deadweight loss of monopoly)이라고 한다. 그림 7에서 생산량이 Q_M에서 Q_{PC}로 증가하면 매수인은 이에 대해 면적 Q_MCBQ_{PC}를 지불하게 된다. 이 생산량을 추가적으로 생산하는 데 따른 비용은 면적 Q_MDBQ_{PC}이다. 이 둘 사이의 차이인 삼각형 *DCB*는 추가적인 생산으로 인해 발생하는 비용을 초과해서 매수인이 추가적으로 생산된 물품에 대해 두는 가치의 총합이다. 이는 완전경쟁 생산량을 생산하지 않는 데 따른 손실이 된다. 따라서 삼각형 *DCB*를 사장된 손실 삼각형이라고 한다.

이처럼 완전경쟁 하에서의 생산량과 비교해 볼 때 독점은 너무 작은 생산량을 생산한다. 생산량 사이의 이런 차이로 인해서 사회에 대해 후생손실이 발생한다.

일부 경제학자는 미국 제조업 부문에서 독점에 따른 사장된 손실의 실제규모를 측정해보고자 하였으며 이들은 추정된 손실규모가 총생산량에서 작은 부분을 차지한다고 보았다. 하지만 또 다른 경제학자는 사장된 손실이 총생산량의 대략 1퍼센트에 해당한다고 주장한다.

2 지대추구

이따금 개인과 집단은 다른 사람으로 부터 자신에게 소득이 재분배되기를(이전되기를) 기대하면서 공공정책에 영향을 미치고자 한다. 그림 7의 시장에서는 생산량이 Q_{PC}가 되고 가격은 P_{PC}가 된다. 하지만 Q_{PC}의 일부를 현재 생산하고 있는 100개 기업 중 1 개 기업이 정부에게 독점권을 요청하였다고 가상하자. 즉 기업 A는 정부에게 다른 99개 기업이 자신과 경쟁하지 못하도록 요청하였다고 하자. 기업 A가 독점기업(단일 매도인)이 될 경우 얻게 되는 이득을 생각하여 보자. 현재 이 기업은 *ATC*와 같은 가격에서 판매를 하고 있기 때문에 경제적 이윤은 영이 된다. 하지만 독점기업이 될 경우 그림 7에서 면적 $P_{PC}P_{M}CD$와 같은 이윤을 얻게된다.

이런 이윤은 매수인에게서 독점기업으로 이전된 결과이다. 이를 알아보기 위해 소비자 잉여에 어떤 일이 발생하였는지 생각하여 보자. 그림 7에서 시장이 완전경쟁인 경우 소비자 잉여는 면적 $P_{PC}AB$가 되며 독점인 경우 소비자 잉여는 면적 $P_{M}AC$가 된다. 그 차이는 면적 $P_{PC}P_{M}CB$가 되며 이는 시장이 독점화될 경우 나타내는 소비자 잉여의 손실을 의미한다. 이 면적 중 일부, 즉 $P_{PC}P_{M}CD$는 이윤의 형태로 독점기업에게 이전된다. **다시 말해 시장이 독점화되면 매수인이 상실한 소비자 잉여의 일부는 독점기업의 이윤이 된다**(다른 부분은 독점에 의한 사장된 손실이 되며 사장된 손실 삼각형으로 나타낼 수 있다).

기업 A가 소비자 잉여의 형태인 소득을 매수인에서 자신에게로 정부로 하여금 이전하도록 할 경우 이 기업은 **이전추구 행위**를 하게 된다. 경제학에서 이런 행위를 보통 **지대추구**(rent seeking)라 하므로 기업 A는 지대추구를 한다고 볼 수 있다.[3)]

지대추구

지대추구 행위는 개인적으로 보면 합리적이지만 사회적으로 보면 낭비가 된다. 그림 7에서 이윤(면적 $P_{PC}P_{M}CD$)이 일천만 달러라고 가상하자. 기업 A는 이윤으로 일천만 달러를 원한다. 따라서 정부에게 다른 99개 기업이 자신과 경쟁하지 못하도록 요청해서 정부로부터 독점권을 얻게 된다.

기업 A는 단순히 요청만해서 독점권을 얻지 못한다. 해당 기업은 자신에게 독점권을 주도록 정부관리를 설득하기 위해 금전과 시간을 사용한다. 이 기업은 로비스트를 고용해야 하고 정치인 및 정부관리와 함께 식사도 하며 어쩌면 헌금을 해야 할지도 모른다. 기업 A는 원하는 것을 얻기 위해서 자원을 사용하며 매수인에게서 자신에게로 이전되도록 하기 위해 기업 A가 사용한 모든 자원은 낭비된 것이다. 이 자원은 신발, 컴퓨터, 텔레비전, 사람들이 구입하고자 하는 다른 물품을 생산하는 데 사용될 수 없다. 이 자원은 보다 많은 상품 및 서비스를 생산하는 데 사용되는 것이 아니라 한편에서 다른 편으로 소득을 이전하는 데 사용되었다.

아무도 생산을 하지 않고 지대추구하는데만 시간 및 금전을 투자할 경우 사회는 매우 달라진다. 예를 들면 존스(Jones)는 마쓰이(Matsui)의 것을 갖고자 하고 마쓰이는 칸(Kahn)의 것을 갖고자 하며 칸은 파텔(Patel)의 것을 갖고자 한다고 하자. 아무도 생산을 하지 않으며 모든 사람들이 현재 다른 사람에게 속한 것을 얻기 위해 시간 및 금전을 사용한다. 이런 세상에서는 아무도 식료품, 컴퓨터, 자동차를 생산하지 않는다.

일부 사람은 이런 지대추구에 따른 자원의 비용도 독점의 사장된 손실에 추가되어야 한다고 본다. 이렇게 되면 독점이 사회에 미치는 비용은 그렇지 않았을 때보다 더 많아진다.

3) 지대라는 용어에 사람들은 자주 혼돈을 한다. 보통 지대는 아파트를 임대하고 지불하는 금액으로 생각한다. 하지만 경제학에서 지대 또는 보다 형식적으로 말하면 경제적 지대는 기회비용을 초과하여 지불되는 금액을 말한다.

3 X-비효율성

독점기업은 가능한 가장 낮은 비용으로 상품을 생산해야 하는 압박을 받지 않는다. 즉 독점기업은 가능한 가장 낮은 단위당 비용보다 높은 비용으로 상품을 생산하면서도 생존할 수 있다. 독점기업은 물론 비용을 낮출 경우 이득을 보지만 (평균 총비용이 가격보다 높을 수 없다는 가정하에서) 생존하기 위해 그렇게 할 필요는 없다. 독점기업이 가능한 가장 낮은 비용보다 더 높은 수준에서 운영될 경우 이와 관련된 조직상의 느슨함을 **X-비효율성**(X-inefficiency)이라고 한다.

X-비효율성

10.5 가격차별

독점기업은 자신의 모든 생산물을 동일한 가격으로 판매할 수 있으며 이를 단일가격 독점기업이라 한다. 하지만 어떤 조건 하에서 독점기업은 **가격차별**(price discrimination)을 시행할 수 있다. 이는 매도인이 자신이 판매하는 상품에 대해 상이한 가격을 부과하는 것이며 이런 가격차이가 비용차이를 반영하지는 않는다.

가격차별

1 가격차별의 유형

다음과 같은 세 가지 유형의 가격차별이 있다.

- **완전 가격차별**: 독점기업은 상품 X의 1,000단위를 생산하여 판매한다고 가상하자. 이 독점기업은 각 소비자가 상품에 대해 지불하고자 하는 최고가격을 부과하여 각 단위를 분리해서 개별적으로 판매한다. 이런 행위를 **완전 가격차별**(perfect price discrimination)이라 하며 이를 이따금 **단위 간 가격차별**이라고도 한다.

완전 가격차별

- **2급 가격차별**: 독점기업이 특정 수량에 대해 단위당 균일가격을 부과하고 추가적인 수량에 대해서는 더 낮은 가격을 계속해서 부과할 경우 이 기업은 **2급 가격차별**(second degree price discrimination)을 시행한다고 하며 이를 이따금 **수량 간 가격차별**이라고도 한다. 예를 들면 독점기업은 처음 10단위에 대해 각 단위당 균일하게 10달러를 부과하고 다음 20단위에 대해서는 각 단위당 균일하게 9달러를 부과하며 계속해서 이런 식으로 가격을 부과할 수 있다.

2급 가격차별

- **3급 가격차별**: 독점기업이 다양한 시장에서 상이한 가격을 부과하거나 매수인들의 다양한 분파에 대해 상이한 가격을 부과할 경우 이 기업은 **3급 가격차별**(third-degree price discrimination)을 시행한다고 하며 이를 이따금 **매수인 간 가격차별**이라고도 한다. 예를 들면 약국들이 비노인 인구보다 노인 인구에 대해 낮은 약값을 부과할 경우 3급 가격차별이라고 할 수 있다.

3급 가격차별

2 독점기업이 가격차별을 하는 이유

어떤 물품의 각 단위가 다양한 최대가격으로 판매될 수 있다고 가상하자. 예를 들면 첫 번째 단위는 10달러, 두 번째 단위는 9달러, 세 번째 단위는 8달러, 네 번째 단위는 7달러에 판매된다고 하자. 독점기업이 4단위를 판매하고 각 단위에 대해 동일한 가격을 부과할 경우(단일가격 독점기업인 경우) 총수입은 28달러(7달러 × 4)가 된다. 독점기업이 완전 가격차별을 시행할 경우 첫 번째 단위는 10달러, 두 번째 단위를 9달러, 세 번째 단위는 8달러, 네 번째 단위는 7달러를 부과하여 총수입이 34달러(10달러 + 9달러 + 8달러 + 7달러)가 된다. 가격차별을 시행한 경우의 총수입과 시행하지 않은 경우의 총수입을 비교해 보면 가격차별을 시행하는 이유를 알 수 있다. 완전 가격차별을 시행하는 독점기업은 자신이 판매하는 물품의 각 단위에 대해 최대가격을 수령하지만 단일가격 독점기업은 그렇게 하지 못한다.

완전가격차별을 시행하는 독점기업의 경우 가격은 한계수입과 동일해진다($P = MR$). 예를들어 독점기업이 두 번째 단위를 9달러에 판매할 경우(첫 번째 단위는 10달러에 판매하였다) 총수입은 19달러가 되며 한계수입인 9달러는 가격과 같다.

3 가격차별을 시행하기 위한 조건

독점기업이 가격차별을 시행하기 위해서는 다음 조건들이 준수되어야 한다.

1. **매도인은 가격을 통제할 수 있어야 한다. 즉 매도인은 가격설정자이어야 한다.** 매도인이 가격설정자가 아니라면(가격추종자라면) 가격을 통제할 수 없어서 상이한 매수인에게 상이한 가격으로 상품을 판매할 수 없다.
2. **매도인은 상이한 가격을 지불하고자 하는 매수인 간에 구별을 할 수 있어야 한다.** 매도인이 상이한 가격을 지불하고자 하는 매수인 간에 구별을 할 수 없다면 가격차별을 할 수 없다. 매도인은 누구에게 높은 가격을 부과하고 누구에게 낮은 가격을 부과하여야 하는지 어떻게 알 수 있는가?
3. **매수인이 다른 사람에게 상품을 재판매하는 것이 불가능하거나 높은 비용이 발생하여야 한다.** 낮은 가격에 사서 높은 가격에 팔아 차액을 얻은 **중개거래**(arbitrage)가 불가능하여야 한다. 매수인이 구입한 상품을 재판매할 수 있다면 낮은 가격에 상품을 구입한 매수인이 매도인이 설정한 높은 가격보다 낮게 다른 매수인에게 간단히 다시 판매할 수 있다. 이렇게 되면 아무도 높은 가격을 지불하려 하지 않는다.

중개거래

4 가격차별에 관한 논의사항: 다른 사람이 낮은 가격을 지불하도록 하기 위해서 내가 높은 가격을 지불하는 것인가?

어떤 기업이 자신의 상품에 대해 한 사람에게 40달러를 부과하고 다른 사람에게 33달러만을 부과한다면 두 번째 사람이 낮은 가격을 지불하게 하기 위해서 첫 번째 사람이 높은 가격을 지불하는 것이라고 주장하는 사람이 있다. 가격차별은 이런 것이 아니다. 상품 X에 대해 오닐(O'Neil)이 지불하고자 하는 최대가격은 40달러이고 스티븐스(Stevens)가 지불하고자 하는 최대가격은 33달러라고 가상하자. 독점기업이 완전 가격차별을 시행한다면 이 기업은 오닐에게 40달러를 부과하고 스티븐스에게는 33달러를 부과한다.

하지만 오닐은 스티븐스가 낮은 가격을 지불하도록 하기 위해서 높은 가격을 지불하는 것이 아니다. 스티븐스가 지불하고자 하는 최대가격이 33달러가 아니라 39달러라면 독점기업은 오닐에게 40달러보다 낮은 가격을 부과할지 여부에 대해 생각해 보자. 아마도 그렇게 하지 않을 것이다. 오닐이 지불하고자 하는 최대가격인 40달러를 받을 수 있는데 왜 그렇게 하겠는가?

요점은 완전 가격차별을 시행하는 독점기업의 경우 다른 매수인이 어떤 가격을 지불하는지에 관계없이 각 매수인으로부터 가장 높은 가격을 받으려 한다는 것이다. 오닐에게 부과된 가격은 스티븐스가 지불한 가격과 독립적으로 결정된다.

5 가격차별에서의 $P = MC$

완전경쟁 기업은 자원분배 효율성을 보인다는 사실을 알고 있으며 이 기업은 $P = MC$에서 생산량을 생산한다. 단일가격 독점기업은 $P > MC$에서 생산량을 생산한다. 즉 비효율적인 생산량 수준에서 생산이 이루어진다. 완전 가격차별을 시행하는 독점기업도 역시 비효율적인 생산량 수준을 생산하는가?

그렇지 않다. 완전 가격차별을 시행하는 독점기업의 경우(완전 경쟁기업의 경우와 마찬가지로) $P = MR$이다. 완전 가격차별을 시행하는 독점기업이 $MR = MC$에서 생산량을 생산할 경우 자동적으로 $P = MC$에서 생산량을 생산하게 된다. 간단히 말해 완전 가격차별을 시행하는 독점기업과 완전경쟁 기업은 둘 다 자원분배 효율성을 보인다.

그림 8(a)에서 완전경쟁 기업은 $P = MC$에서 생산을 하고 그림 8(b)에서 단일가격 독점기업은 $P > MC$에서 생산을 하며 그림 8(c)에서는 완전 가격차별을 시행하는 독점

그림 8

완전경쟁 기업, 단일가격 독점기업, 완전 가격차별 독점기업의 비교

완전경쟁 기업 및 완전가격차별 독점기업의 경우 모두에서 $P = MR$이고 수요곡선은 한계수입곡선이 된다. 두 경우 모두 $P = MC$에서 생산이 이루어진다. 하지만 단일가격 독점기업의 경우 $P > MC$에서 생산이 된다. 왜냐하면 $P > MR$이고 수요곡선이 한계수입곡선 위에 위치하기 때문이다. 완전경쟁 기업과 완전 가격차별 독점기업 사이의 차이는 전자가 자신이 판매하는 상품의 각 단위에 대해 동일한 가격을 부과하는 반면에 후자는 상이한 가격을 부과한다는 점이다.

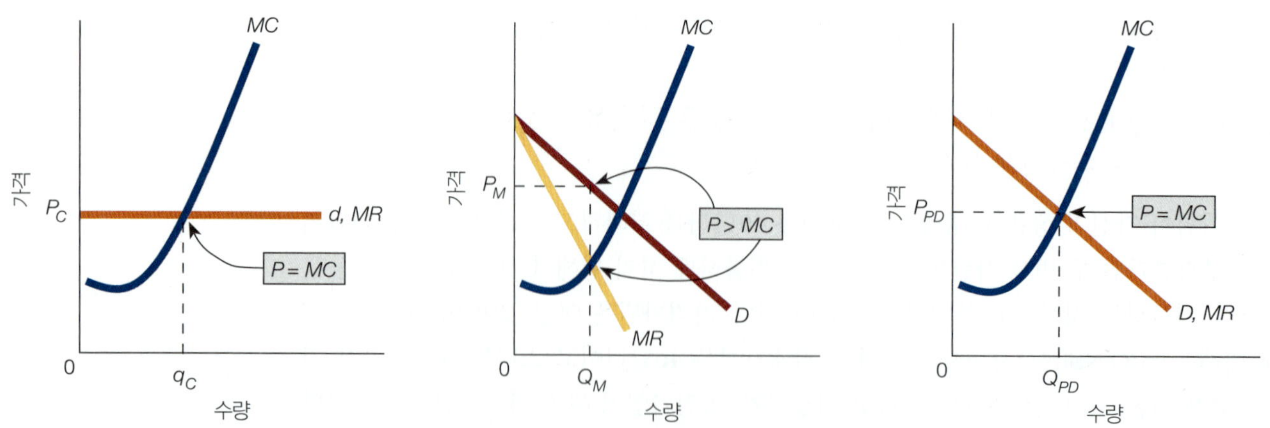

(a) 완전경쟁 기업

(b) 단일가격 독점기업

(c) 완전 가격차별 독점기업

기업이 $P = MC$에서 생산을 한다.

하지만 완전경쟁 기업과 완전 가격차별을 시행하는 독점기업 사이에는 한 가지 중요한 차이점이 있다. 두 기업 모두 $P = MC$에서 생산을 하지만 완전경쟁 기업은 자신이 판매하는 상품의 각 단위에 대해 동일한 가격을 부과하는데 반해 완전 가격차별을 시행하는 독점기업은 자신이 판매하는 각 단위에 대해 상이한 가격을 부과한다.

6 쿠폰과 가격차별

3급 가격차별 또는 매수인 간 가격차별은 쿠폰 지참자에 대해 할인해 주는 쿠폰방식에서 이따금 채택된다(매도인이 상이한 매수인 분파에 대해 동일한 상품을 상이한 가격에 판매할 경우 3급 가격차별이 존재한다).

가격차별을 시행할 수 있는 조건들 중 하나는 상이한 가격을 지불하려는 매수인 사이에서 매도인이 이를 구별할 수 있어야 한다는 것이다. 예를 들면 자신들의 시간에 많은 가치를 두는 사람들이 그렇지 않은 사람들보다 어떤 상품에 대해 더 높은 가격을 지불하려 한다고 하자. 자신들의 시간에 대해 높은 가치를 두는 사람들은 구매와 관련된 쇼핑시간을 절약하려 한다고 매도인은 생각한다. 매도인이 두 가지 형태의 매수인 사이에 가격차별을 시행하려 한다면, 즉 자신의 시간에 대해서 높은 가치를 두는 매수인에게 높은 가격을 부과하고 자신의 시간에 대해 낮은 가치를 두는 매수인에게 낮은 가격을 부과하려 한다면 각 매수인이 어느 범주에 속하는지를 결정해야만 한다.

여러분이 매도인이라면 이를 어떻게 해결하겠는가? 많은 실제의 매도인들은 쿠폰 지참자에 대해 할인해 주는 쿠폰방식을 사용한다. 다음과 같은 가설을 세울 수 있다. 자신의 시간에 대해 상대적으로 낮은 가치를 두는 사람들은 쿠폰을 오려서 분류해 두는 데 시간을 사용하려 한다. 반면에 자신의 시간에 대해 상대적으로 높은 가치를 두는 사람들은 그렇게 하지 않는다. 실제로 예를 들면 식료품점에서 다음과 같은 과정을 거쳐 가격차별이 시행된다.

1. 모든 상품에 대해 공시된 가격은 모든 매수인에게 동일하다.
2. 린다(Linda)와 죠쉬(Josh)는 둘 다 상품 X를 자신들의 쇼핑용 바구니에 넣는다.
3. 린다가 계산대에 갔을 때 점원은 다음과 같이 묻는다. “쿠폰을 갖고 있습니까?” 린다가 없다고 대답하면 상품 X를 포함하여 모든 상품에 대해 공시된 가격이 부과된다.
4. 죠쉬가 계산대에 갔을 때 점원은 또다시 다음과 같이 묻는다. “쿠폰을 갖고 있습니까?” 죠쉬가 있다고 대답하고 상품 X에 대한 쿠폰을 주면 린다보다 상품 X에 대해 더 낮은 가격을 지불하게 된다.

이처럼 쿠폰 지참자에 대해 할인해 주는 쿠폰의 용도 중 하나는 다른 매수인 집단보다 어떤 매수인 집단에 대해 매도인이 더 높은 가격을 부과하는 것이다(쿠폰의 다른 용도는 매수인들로 하여금 어떤 상품을 사용해 보도록 유인하는 것이다).

요약 및 정리

59 독점이론

- 독점이론은 다음과 같은 세 가지 가정에 기초하고 있다. (1) 단 한 명의 매도인이 있을 뿐이다. (2) 단 한 명의 매도인은 밀접한 대체재가 존재하지 않는 상품을 판매한다. (3) 진입장벽이 매우 높다.
- 높은 진입장벽은 법적인 장벽(공공 독점판매권, 특허, 정부면허), 규모의 경제, 희소한 자원에 대한 독점적 소유권의 형태를 갖는다.

60 독점가격 설정 및 생산량

- 이윤을 극대화하는 독점기업은 $MR = MC$에서의 생산량을 생산하며 이 생산량이 판매될 수 있는 단위당 가장 높은 가격을 설정한다.
- 단일가격 독점기업의 경우 $P > MR$이다. 따라서 수요곡선이 한계수입곡선 위에 위치한다.
- 단일가격 독점기업의 경우 한계비용보다 더 높은 가격($P > MC$)에서 생산물을 판매한다. 따라서 자원분배 효율적이지 못하다.
- 각각 동일한 수요곡선과 한계비용곡선을 갖는 완전경쟁시장과 독점시장을 생각하여 보자. 완전경쟁시장에서 소비자잉여가 더 크다.

61 지대추구

- 다른 사람으로부터의 소득 이전을 얻기 위해 경쟁하여 이를 취하는 행위를 지대추구라고 한다. 사회적 관점에서 보면 지대추구는 사회적으론 낭비적인 행위이다. 사람들은 상품 및 서비스를 생산하는 대신에 다른 사람들로부터 자신에게 소득이 이전되도록 자원을 사용한다.

62 가격차별

- 매도인이 자신의 생산물에 대해서 상이한 가격을 부과할 경우 가격차별이 발생한다. 이런 가격차이는 비용차이에서 비롯된 것이 아니다.
- 매도인이 가격차별을 시행하기 위해서는 다음과 같은 조건들이 충족되어야 한다. (1) 매도인은 가격설정자이어야 한다. (2) 매도인은 상이한 가격을 지불하고자 하는 매수인 간에 구별을 할 수 있어야 한다. (3) 매수인이 다른 사람들에게 상품을 재판매하는 것이 불가능하거나 높은 비용이 발생하여야 한다.
- 완전 가격차별을 시행하는(판매되는 생산물 각 단위에 대해 최대가격을 부과하는) 매도인은 $P = MC$에서 생산량을 판매한다. 이는 자원분배 효율성을 보여준다.
- 단일가격 독점기업은 완전경쟁 하에서 생산되는 것보다 더 적게 생산하므로 너무 작은 생산량을 생산한다고 본다. 이것은 완전 가격차별을 시행하는 독점기업의 경우가 아니다.

주요 용어 및 개념

독점	가격설정자	X-비효율성	2급 가격차별
공공 독점판매권	독점의 사장된 손실	가격차별	3급 가격차별
자연독점	지대추구	완전 가격차별	중개거래

연습문제

01. 학생들은 이따금 옳을 수도 있고 틀릴 수도 있지만 교수들이 학점차별을 한다고 주장한다. 이 학생들은 교수들이 (일부 학생들에게 더 많은 학습을 요구함으로써) 다른 학생들보다 일부 학생들에게 어떤 주어진 학점에 대해 더 많은 대가를 부과한다고 말한다. 가격차별과 달리 학점차별은 금전이 개입되지 않는다. 이 두 가지 형태의 차별들 사이에 존재하는 유사점과 차이점에 대해 논의하시오. 어느 것을 덜 선호하는가? 또는 어느 것을 더 싫어하는가? 이유는 무엇인가?

02. 어떤 기업이 가격과 한계비용이 같아지는 점에서 생산량을 생산할 경우 사장된 손실이 발생하는가? 설명하시오.

03. 지대추구는 개인적으로 보면 합리적이고 사회적으로 보면 낭비적이다. 설명하시오.

04. 단일가격 독점기업이 이윤을 극대화할 경우 가격이 한계비용보다 더 크다. 다시 말해 매수인은 추가적인 생산물에 대해 단위당 생산비용보다 더 많은 가격을 지불하고자 한다. 이런 경우 독점기업이 더 생산하지 않는 이유는 무엇 때문인가?

05. 완전경쟁 기업은 단일가격 독점기업보다 더 많은 생산량을 생산하고 더 낮은 (단위당) 가격을 부과한다. 이에 동의하는가 또는 동의하지 않는가? 설명하시오.

06. 독점기업은 밀접한 대체재가 없는 생산물의 유일한 매도인이므로 해당 물품에 대해 원하는 가격을 받을 수 있는가? 설명하시오.

07. 어떤 조건 하에서 독점기업에 손실이 발생하는가?

08. 완전경쟁 기업은 자원분배 효율성($P = MC$)을 보이지만 단일가격 독점기업은 그렇지 않다. 이런 차이가 발생하는 이유는 무엇 때문인가?

09. 패스트푸드점은 통상적인 지역에서보다 우범지역에서 더 높은 가격을 설정한다. 이것은 가격차별 행위인가? 설명하시오.

10. 일반적으로 쿠폰 지참에 대해 할인해 주는 쿠폰은 고가품보다 저가품에서 더 일반적이다. 이유를 설명하시오.

11. 기업은 총수입을 극대화한다. 이는 자동적으로 이윤도 극대화하는가? 설명하시오.

12. 미국 캘리포니아 주에서는 수년 동안 자동차 세차업자들이 여성의 날을 광고하였다. 일주일 중 어느 하루에 여성은 남성보다 더 낮은 가격으로 세차를 할 수 있었다. 일부 사람들은 이것이 일종의 성차별이라고 주장하였다. 캘리포니아 주 법원은 이 주장을 받아들여 세차업자들이 더 이상 여성의 날을 지정할 수 없다고 판결하였다. 이것은 성차별인가 또는 가격차별인가? 설명하시오.

13. 시장독점의 예와 정부독점의 예를 드시오. 어느 예가 더 많은가? 그 이유를 설명하시오.

14. 가격차별이 실제로 시행되는 예를 드시오. 가격차별이 시행될 수 있는 조건에 부합되는가?

숫자 및 그래프를 활용한 문제

01. 독점기업이 손실을 입는 경우를 그래프로 나타내시오.

02. 독점기업은 현재 양의 경제적 이윤을 얻고 있다. 소유주는 이를 매도하려고 하며 경제적 이윤을 고려하여 가격을 책정하였다. 이것이 해당 기업의 평균 총비용(ATC)곡선에 대해 갖는 의미가 무엇인지 도표를 그려서 설명하시오.

03. 단일가격 독점기업은 P_1에서 자신의 생산량(Q_1)을 판매한다고 가상하자. 해당 기업은 가격을 P_2로 인상하고 생산량을 Q_2로 감소하였다. P_s 및 Q_s의 측면에서 볼 때 한계수입은 무엇인가?

다음 그림을 활용하여 문제 4~5에 답하시오.

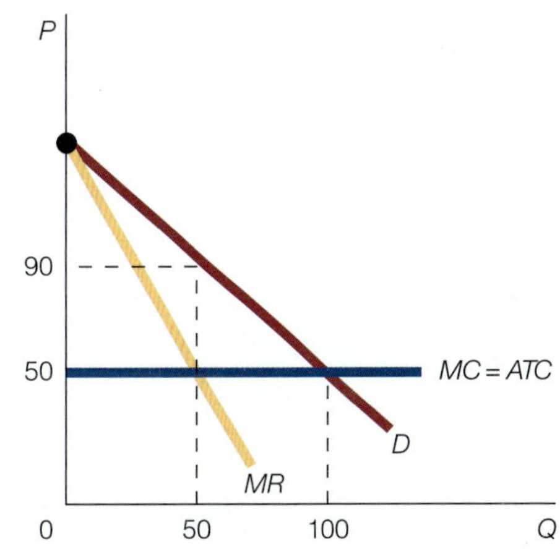

04. 완전경쟁시장인 경우 이윤은 무엇인가?

05. 독점시장인 경우 이윤은 무엇인가?

06. 그림을 다시 그리고 완전경쟁시장 및 독점시장인 경우의 소비자 잉여를 나타내시오.

제 11 장

독점적 경쟁, 과점, 게임이론

11.1 독점적 경쟁이론

독점적 경쟁(monopolistic competition)이론은 다음과 같은 세 가지 가정에 기초하고 있다. 독점적 경쟁

1. **많은 매도인과 많은 매수인이 있다.** 이 가정은 완전경쟁에서도 준수되어야 할 가정이다. 따라서 독점적 경쟁기업이 가격순응자라고 생각할 수도 있지만 다음 가정으로 인해 기본적으로 가격설정자이다.
2. **(산업 내) 각 기업은 약간 차별화된 생산물을 생산하고 판매한다.** 생산물의 차이는 상표, 포장, 위치, 생산물 판매와 관련된 신용조건, 판매원의 친밀도 등에서 비롯될 수 있다. 생산물 차별화는 실질적일 수도 있고 가상적일 수도 있다. 예를 들어 아스피린은 아스피린이지만 일부 사람사람들은 상표등록이 되어 있지 않은 제품보다(예를 들면 바이엘처럼) 상표가 붙은 아스피린이 더 좋다고 생각할 경우 상품 차별화가 존재한다.
3. **진입 및 퇴출이 용이하다.** 독점적 경쟁은 이런 면에서 완전경쟁과 유사하다. 법적인 또는 기타 다른 진입 및 퇴출장벽이 존재하지 않는다. 독점적 경쟁의 예로는 의류소매점, 컴퓨터 소프트웨어, 레스토랑, 주유소 등을 꼽을 수 있다.

1 독점적 경쟁의 수요곡선

완전경쟁 기업의 경우 많은 라이벌 기업이 존재하며 이들은 동일한 생산물을 생산한다. 따라서 해당 기업이 생산한 물품은 많은 대체재를 갖는다. 해당 기업의 상품에 대한 수요탄력성은 매우 높아서 해당 기업이 직면하는 수요곡선은 (실제로) 수평선이 된다.

독점기업의 경우 실제로 라이벌 기업이 존재하지 않으며 대체재가 없는 상품을 생산한다. 해당 기업의 상품에 대한 수요탄력성이 낮아서 수요곡선의 기울기가 하향한다.

독점적 경쟁기업의 경우 완전경쟁 기업과 마찬가지로 많은 라이벌 기업들이 존재한다. 하지만 완전경쟁 기업과 달리 라이벌 기업들은 독점적 경쟁기업이 판매하는 것과 정확하게 동일한 물품을 판매하지 않는다. 해당 물품에 대한 대체재는 존재하지만 완전대체재는 존재하지 않기 때문에 이 물품에 대한 수요탄력성이 완전경쟁 기업의 경우만큼 크지 않다. 수요곡선은 완전경쟁 기업이 직면하는 수요곡선과 같지 않다. 독점적 경쟁기업의 수요곡선은 수평선이 아니며 기울기가 하향한다.

2 독점적 경쟁기업의 경우 가격과 한계수입의 관계

독점적 경쟁기업은 기울기가 하향하는 수요곡선에 직면하므로 자신이 생산한 물품을 추가적으로 판매하려면 가격을 인하하여야 한다(독점적 경쟁기업은 가격설정자이다). 예를 들면 10달러에 3단위 판매할 수 있었지만 4단위 판매하기 위해서는 가격을 9달러로 인하하여야 한다. 따라서 한계수입은 6달러가 되며(3단위 판매할 경우 총수입은 30달러이고 4단위 판매할 경우 총수입은 36달러이다) 이는 가격인 9달러보다 낮다. 따라서 독점적 경쟁기업의 경우 $P > MR$이 된다.

3 독점적 경쟁기업인 경우의 생산량, 가격, 한계비용

독점적 경쟁기업은 완전경쟁 기업과 유사하지만 어떤 면에서는 독점기업과도 유사하다. 즉 독점적 경쟁기업은 $MR = MC$에서 생산량을 생산한다. 그림 1에서 기업은 q_1을 생산한다. 이 수량에서 독점적 경쟁기업은 자신이 부과할 수 있는 가장 높은 가격을 부과한다. 그림 1에서 이는 P_1이 된다.

독점적 경쟁기업의 경우 $P > MR$이다. 독점적 경쟁기업은 $MR = MC$에서의 생산량을 생산하므로 가격이 한계비용보다 더 큰 상황($P > MC$)에서의 생산량을 생산하여야 한다. 그림 1은 이를 보여주고 있다.

그림 1

독점적 경쟁기업의 생산량 및 가격

독점적 경쟁기업은 $MR = MC$에서의 생산량을 생산한다. 이 그림에서 이는 q_1이 된다. 해당 기업은 이 생산량에 상응하는 가장 높은 가격, 즉 P_1을 부과한다.

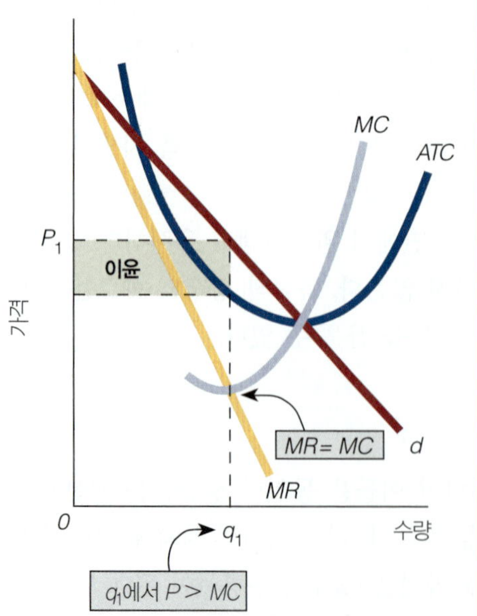

4 장기적으로 이윤이 존재하는가?

그림 1의 기업처럼 독점적 경쟁시장 내의 기업들이 현재 이윤을 얻고 있는 경우 장기적으로 계속해서 이윤을 얻을 가능성은 매우 낮다. 진입 및 퇴출이 용이하다는 가정 때문에 이럴 가능성이 배제된다. 산업 내 기업들이 이윤을 낼 경우 신규기업들이 해당 산업에 진입하여 각 기업이 직면하는 수요를 감소시킨다. 다시 말해 각 기업에 대한 수요곡

선이 왼쪽으로 이동한다. 그림 2에 있는 독점적 경쟁기업의 경우처럼 장기적으로는 결국 경쟁으로 인해 경제적 이윤이 영이 된다.

하지만 독점적 경쟁기업이 장기적으로 이윤을 계속해서 얻을 수 있는지 여부에 관한 질문에 대한 답변이 "이윤을 얻지 못한다"라는 표현 대신에 "이윤을 얻을 가능성이 매우 낮다"라고 한 점에 주목하여야 한다. 독점적 경쟁하에서 진입한 신규기업들은 통상적으로 기존기업의 제품과 **동일한** 제품을 생산하기보다 **밀접한 대체재**를 생산한다. 어떤 경우에는 장기적으로 영의 경제적 이윤을 뒤엎을 수 있는 정도로 차이가 클 수 있다. 신규기업이 해당 산업에 진입하여 기존기업과 경쟁을 하더라도 기존기업이 이윤을 계속 낼 수 있도록 매수인들에게 자신들의 제품을 충분히 차별화시킬 수 있다.

그림 2

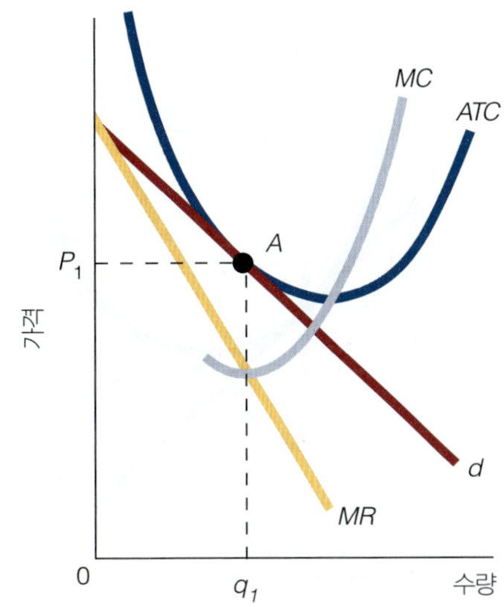

장기에서의 독점적 경쟁

독점적 경쟁기업의 경우 해당 산업에 진입이 용이하기 때문에 장기적으로 경제적 이윤은 영이 된다. 다시 말해 다음과 같다. $P = ATC$

자사 제품을 타사 제품과 가격 이외의 방법으로 차별화시키려는 기업들은 **비가격경쟁**에 관여한다고 본다. 이런 종류의 경쟁은 광고 또는 신용있는 상표로 자리매김하고자 하는 형태로 나타난다. 예를 들면 청량음료 기업들의 광고는 자사 제품의 특이성을 강조하곤 하였다. 닥터 페버(Dr.Pepper)라는 청량음료는 "비범하고 특이한 음료"라고 광고를 하였으며 세븐-업(Seven-Up)은 "콜라가 아닌 음료"라는 점을 광고하였다. 애플(Apple)은 개인용 컴퓨터 부문에서 신용있는 상표이며 바이엘은 아스피린 부문에서 신용있는 상표이다. 이런 신용있고 인지도가 높은 상표들은 매수인에게 상품을 충분히 차별화시킬 수 있어서 해당 산업에 진입한 신규기업들에 의해 단기적인 이윤이 쉽게 또는 완전하게 제거되지 않는다.

5 과잉시설: 이것은 무엇이며 좋은 것인가 또는 나쁜 것인가?

독점적 경쟁이론은 일반적으로 **과잉시설 원리**(excess capacity theorem)라고 하는 주요한 예측을 한다. 이 정리에 따르면 독점적 경쟁기업은 단위당 생산비용을 극소화하는 것보다 더 작은 생산량을 생산한다고 한다.

과잉시설 원리

그림 3(a)의 점 *A*에서 이윤이 영($P = ATC$)이 되기 때문에 독점적 경쟁기업은 장기균형에 있다. 점 *A*는 평균 총비용곡선의 최저점이 아니며 최저점은 점 *L*이다. 이처럼 영의 경제적 이윤을 얻는 장기균형에서 독점적 경쟁기업은 주어진 공장규모 하에서 평균 총비용(단위당 비용)이 극소화되는 생산량을 생산하지 않는다. 그림 3은 장기균형에서의 완전경쟁 기업과 독점적 경쟁기업을 비교해서 보여준다. 그림 3(b)에서 완전경쟁 기업은 영의 경제적 이윤을 얻고 가격(P_{C_1})은 평균 총비용(ATC)과 같아진다. 나아가 가격과 평균 총비용이 같아지는 점(점 *L*)은 ATC 곡선의 최저점이다. 장기균형에서 완전경쟁 기업은 단위당 비용이 극소화되는 생산량을 생산한다.

그림 3

완전경쟁과 독점적 경쟁의 비교: 과잉시설 문제

완전경쟁 기업은 가장 낮은 단위당 비용에 상응하는 수량을 생산한다. 하지만 독점적 경쟁기업은 그렇지 않다. 만일 그럴 경우 q_{MC_1} 대신에 q_{MC_2}를 생산하게 된다. 독점적 경쟁기업은 공장을 과소 이용하거나 과잉시설을 가지고 있다고 본다.

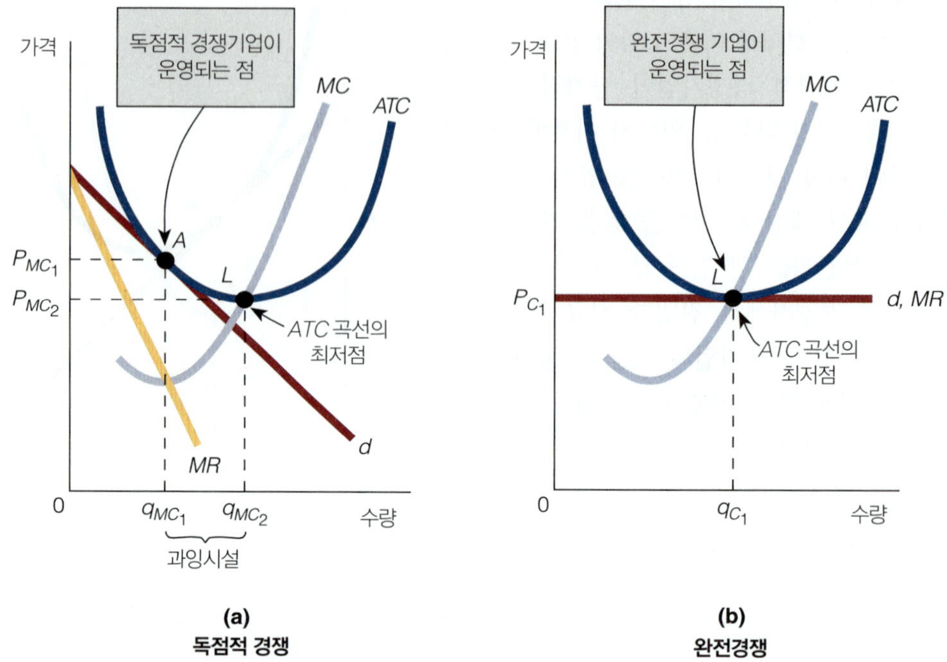

그림 3(a)를 다시 살펴보도록 하자. 독점적 경쟁기업은 영의 경제적 이윤을 얻고 가격(P_{MC_1})은 평균 총비용과 같다. 독점적 경쟁기업이 단위당 비용이 극소화되는 생산량을 생산할 경우 이 기업은 q_{MC_2}를 생산한다. 이런 이유들로 인해 독점적 경쟁기업은 (q_{MC_2} 대신에 q_{MC_1}처럼) 너무 작은 생산량을 생산하고 (P_{MC_2} 대신에 P_{MC_1}처럼) 너무 높은 가격을 부과한다고 본다. 생산량 면에서 볼 때 너무 작은 양을 생산하여 독점적 경쟁기업은 현재의 공장규모를 과소 이용하는 것으로 해석된다. 따라서 과잉시설이 존재하며 이는 그림 3(a)에서 q_{MC_2}와 q_{MC_1}의 차이로 나타낼 수 있다.

일부 사람들은 독점적 경쟁기업이 기울기가 하향하는 수요곡선에 직면하기 때문에 과잉시설이 발생한다고 본다. 그림 3(a)에서 독점점 경쟁기업이 과잉시설을 갖지 않는 유일한 방법은 *ATC* 곡선의 가장 낮은 점인 점 *L*에서 수요곡선이 *ATC* 곡선과 접하는 것이다. 하지만 그러기 위해서는 수요곡선이 수평선이 되어야 하며 이는 동질적인 물품일 경우에나 가능하다. 기울기가 하향하는 수요곡선은 점 *L*에서 *ATC* 곡선과 접할 수 있다.

간단히 말해 독점적 경쟁기업은 기울기가 하향하는 수요곡선으로 인해 과잉시설 하에서 운영되며 기울기가 하향하는 수요곡선은 상품 차별화에 따른 결과이다. 많은 경제학자들이 질문은 하지만 동일한 대답을 얻을 수 없는 의문점은 다음과 같다. 과잉시설이 차별화된 상품(더 많은 선택)을 얻기 위한 대가라면 이것이 너무 높은 것은 아닌가?

6 독점적 경쟁기업과 두 가지 형태의 효율성

한 기업이 한계비용과 동일한 가격($P = MC$)을 부과할 경우 해당 기업은 자원분배 효율적이라고 한다. 독점적 경쟁기업은 한계비용보다 높은 가격($P > MC$)을 부과하기 때문에 자원분배 효율적이 아니다.

또한 어떤 기업이 가장 낮은 ATC와 같은 가격을 부과할 경우 해당 기업은 생산 효율적이라고 한다. 독점적 경쟁기업은 과잉시설 하에서 운영되기 때문에 생산 효율적이 아니다.

11.2 과점: 가정 및 실제 행태

완전경쟁, 독점, 독점적 경쟁과 달리 모든 사람들이 받아들이는 **과점**(oligopoly)이론은 아직 존재하지 않는다. 하지만 상이한 과점이론들은 공통적으로 다음과 같은 가정을 한다. 과점

1. **소수의 매도인과 다수의 매수인이 존재한다.** 소수의 과점기업들은 상호의존적이다. 즉 각 과점기업은 자신의 행위가 다른 과점기업들에게 영향을 미치며 다른 과점기업의 행위도 또한 자신에게 영향을 미친다는 사실을 알고 있다. 기업들 간의 상호의존성이 과점이론의 핵심적인 특징이다.
2. **기업들은 동질적인 상품 또는 차별화된 상품을 생산하고 판매한다.** 알루미늄은 과점시장에서 생산되는 동질적인 상품의 예이고 자동차는 과점시장에서 생산되는 차별화된 상품의 예이다.
3. **진입장벽이 상당히 높다.** 과점이론에서는 규모의 경제가 가장 중요한 진입장벽으로 작용하지만 특허권, 필수적인 자원에 대한 독점권, 법적인 장벽도 또한 진입장벽으로 작용한다.

과점기업은 가격설정자이다. 모든 다른 기업들과 마찬가지로 $MR = MC$에서 생산량을 생산한다.

1 집중률

오늘날 어느 산업이 적은 수의 기업들에 의해 통제되는가? 즉 과점시장인가? 이런 질문에 답하기 위해서 경제학자들은 **집중률**이란 개념을 도입하였다. **집중률**(concentration ratio)이란 어떤 산업의 매출액(또는 자산, 생산량, 노동력, 기타 요소)에 대해 해당 산업에 속한 숫자 x에 해당하는 기업들이 담당하는 백분율을 말한다. 정의에 따라 숫자 x는 보통 4 또는 8이지만(보통 작은 숫자이기는 하지만) 어떤 숫자도 가능하다. 집중률

4개 기업 집중률: CR_4 = 상위 4대 기업이 담당하는 해당 산업 매출액의 백분율
8개 기업 집중률: CR_8 = 상위 8대 기업이 담당하는 해당 산업 매출액의 백분율

집중률이 높으면 소수의 기업이 해당 산업을 구성하고 집중률이 낮으면 보다 많은 수의 기업이 해당 산업을 구성한다.

예를 들어 산업 Z에 대한 4개 기업 집중률을 계산해 보자. 해당 연도 산업 총매출액은 5백만달러이고 4대 기업의 매출액은 4백 5십만 달러이다. 4개 기업 집중률은 0.90 또는 90퍼센트이다(5백만 달러 × 0.90 = 4백 5십만 달러).

집중률이 과점의 범위(또는 정도)를 결정하는 데 자주 사용되기는 하지만 산업집중을 측정하는 완전한 지침이 되지는 못한다. 가장 중요한 점은 이 집중률들이 외국으로부터의 경쟁과 국내 대체재로부터의 경쟁을 고려하지 않는다는 것이다. 예를 들면 미국 자동차 산업은 집중되어 있지만 해외로부터의 심한 경쟁에 직면하고 있다. 이런 특정산업에 대한 집중률은 전 세계를 기초로 계산되어야 한다.

11.3 카르텔 이론 하에서 가격 및 생산량

여기서는 과점기업들이 카르텔을 형성하고자 하는 이유와 카르텔 형성에 따른 문제점에 대해 살펴볼 것이다.

1 카르텔 이론

카르텔 이론

카르텔

카르텔 이론(cartel theory)에서 행태와 관련된 주요한 가정은 해당 산업에서 과점기업들이 마치 한 개 기업인 것처럼 행동한다는 것이다. 간단히 말해 이 기업들은 독점일 경우 발생하는 이득을 차지하기 위해서 카르텔을 형성한다. **카르텔**(cartel)은 결합이윤을 증대시키기 위해서 생산량을 감소시키고 가격을 인상하는 기업들의 조직이다.

카르텔을 형성하고 유지하게 되면 이득을 얻을 수 있다. 그림 4는 장기 경쟁균형 하에 있는 산업을 보여주고 있다. 가격은 P_1이며 생산량은 Q_1이다. 해당 산업은 가격과 한계비용이 같아지는 점에서 생산량을 생산하며 경제적 이윤은 영이 된다. 이제 산업을 구성하는 기업들이 카르텔을 형성하고 생산량을 Q_C로 감소시켰다. 새로운 가격(카르텔 가격)은 P_C가 되며 이윤은 면적 CP_CAB로 카르텔 회원들이 나누어 갖게 된다. 카르텔이 형성되지 않으면 이윤이 발생하지 않으며 카르텔이 형성된 경우 이윤이 발생한다. 따라서 기업들은 카르텔을 형성하여 경쟁하기 보다는 상호 협력하려는 동기를 갖게 된다.

하지만 기업들이 이윤을 얻기 위해서 카르텔을 형성하고자 하더라도 카르텔이 형성될 수 없다. 또한 카르텔을 형성하더라도 기업들이 이를 유지할 수 없다. 일반적으로 입법을 통해 일정한 형태의 카르

그림 4

(카르텔 회원에 대한) 카르텔의 편익

해당 산업은 장기 경쟁균형에서 수량 Q_1을 생산하고 가격 P_1을 부과한다고 가정하자. 이런 경우 이윤이 발생하지 않는다. 카르텔 형성을 통해 생산량이 Q_C로 감소할 경우 가격은 P_C로 상승하고 이윤은 CP_CAB가 발생한다. (주: 앞 장에서 기업은 수평적인 수요곡선을 직면하게 된다. 여기서 산업은 기울기가 하향하는 수요곡선에 직면한다. 이 차이점을 혼동하지 않도록 하자. 어떤 종류의 수요곡선을 사용하는지에 관계없이 $P = MC = SRTAC = LRTAC$에서 장기 경쟁균형이 성립한다.)

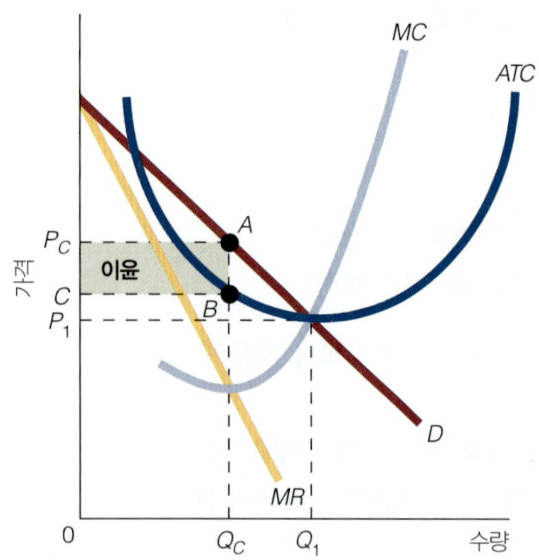

텔 결성을 금지하고 있는 사실 이외에도 카르텔을 형성하여 유지하고자 하는 기업들은 다음과 같은 문제점에 봉착하게 된다.

카르텔 형성에 따른 문제점 카르텔이 합법적이더라도 해당 산업 내 기업들이 함께 카르텔을 형성하려면 기업의 수가 적은 경우에도 대가를 치루어야 한다. 각 잠재적 카르텔 회원들은 다른 기업이 카르텔 형성과 관련된 비용을 부담할 경우 자신은 이득을 취할 수 있으므로 카르텔 형성에 따른 비용부담에 참여하지 않을 수 있다. 다시 말해 각 잠재적 회원들은 가만 있다가 다른 잠재적 회원이 취한 행동에 무임승차하려 한다.

카르텔 내부 시책 도출에 따른 문제점 기업들이 카르텔을 형성하더라도 내부 시책을 도출하는 데 따른 문제점에 봉착하게 된다. 예를 들어 기업 A는 각 카르텔 회원들이 생산량을 10퍼센트씩 감축하자고 주장하는데 반해 기업 B는 규모가 큰 카르텔 회원들은 생산량을 15퍼센트씩 감축하고 규모가 작은 카르텔 회원들은 5퍼센트씩 감추하자는 의견을 낸다고 하자. 실제로 카르텔 회원 수만큼 많은 의견이 제시될 수 있으며 합의에 도달하기가 어려워진다. 카르텔 회원들 사이에 비용, 규모 등에서 차이가 크면 클수록 이런 의견 불일치를 해결하기가 더 어려워진다.

해당 산업으로의 진입에 따른 문제점 카르텔 회원들이 높은 이윤을 얻을 수 있는 내부 시책에 대해 합의를 하였더라도 높은 이윤이 발생할 경우 해당 산업에 없었던 기업들이 진입을 하고자 한다. 카르텔의 현재 회원들이 신규진입을 막지 못할 경우 카르텔은 해체되기 쉽다.

기만행위에 따른 문제점 카르텔이 처음 형성될 때만큼 역설적이지만 카르텔이 형성되고 나서도 회원들은 협정을 기만하려 한다. 그림 5는 카르텔의 대표적 회원사가 직면하게 되는 세 가지 상황을 보여주고 있다: (1) 카르텔이 형성되기 전의 상황, (2) 카르텔이 형성된 후에 모든 회원사들이 카르텔 가격을 준수할 경우의 상황, (3) 일부 회원사들이 카르텔 협정을 기만하지만 다른 회원사들은 기만하지 않는 상황.

카르텔이 형성되기 전에 그림에 있는 기업은 장기경쟁 균형상태에 있다. 즉 생산량 q_1을 생산하고 가격 P_1을 부과하며 경제적 이윤은 영이 된다. 다음에 해당 기업은 카르텔 협정에 따라(카르텔은 각 회원들에 대해 할당을 설정한다) 생산량을 q_C로 감소하고 카르텔 가격 P_C를 부과한다. 이제 이 기업은 면적 CP_CAB에 해당하는 이윤을 얻게 된다.

해당 기업이 카르텔 협정을 기만하고 협정에 대한 q_C 대신에 q_{CC}를 생산할 경우 어떤 일이 발생하는가? 다른 기업들이 기만을 하지 않는 한 이 기업은 카르텔 가격(P_C)에서 수요곡선이 수평선이 된다. 그 이유는 간단하다. 이 기업은 많은 기업들 중 하나이므로 생산량을 변화시켜도 가격에 영향을 미칠 수 없다. 따라서 가격을 낮추지 않고도 추가적인 생산량을 생산하여 판매할 수 있다. 이처럼 해당 기업이 카르텔 협정을 기만하고 다른 기업들이 기만하지 않을 경우 기만한 기업의 이윤은 작은 면적인 CP_CAB보다 큰 면적인 FP_CDE로 증가한다. 물론 모든 회원들이 기만하는 경우 카르텔 회원들은 시작점, 즉 카르텔 협정이 존재하지 않는 가격이 P_1인 점으로 돌아가게 된다.

위의 분석을 통해 카르텔에 관한 주요 논제를 알 수 있다. 즉 기업들은 카르텔을 형성하고자 하는 동기를 갖고 있지만 카르텔이 일단 형성되고 나면 기만하고자 하는 동기를

그림 5

카르텔 협정을 기만할 경우의 편익

카르텔에 가입한 어떤 기업의 상황을 생각해 보자. 장기 경쟁균형에서 해당 기업은 수량 q_1을 생산하고 가격 P_1을 부과하여 경제적 이윤이 영이 된다. 카르텔 협정에 따라 해당 기업이 생산량을 q_c로 축소하고 가격 P_C를 부과하게 된다. 이 경우 면적 CP_CAB만큼의 이윤이 발생한다. 해당 기업이 카르텔 협정을 기만하고 다른 기업들은 그렇지 않다면 해당 기업은 생산량을 q_{CC}로 늘리고 이윤 FP_CDE를 얻게 된다. 하지만 이 기업이 카르텔 협정을 기만할 경우 다른 기업들도 기만할 수 있다는 사실에 주목하자. 기만을 통해 금전적 편익을 얻을 수 있다면 해당 카르텔은 단지 단기적으로만 존재할 가능성이 있다.

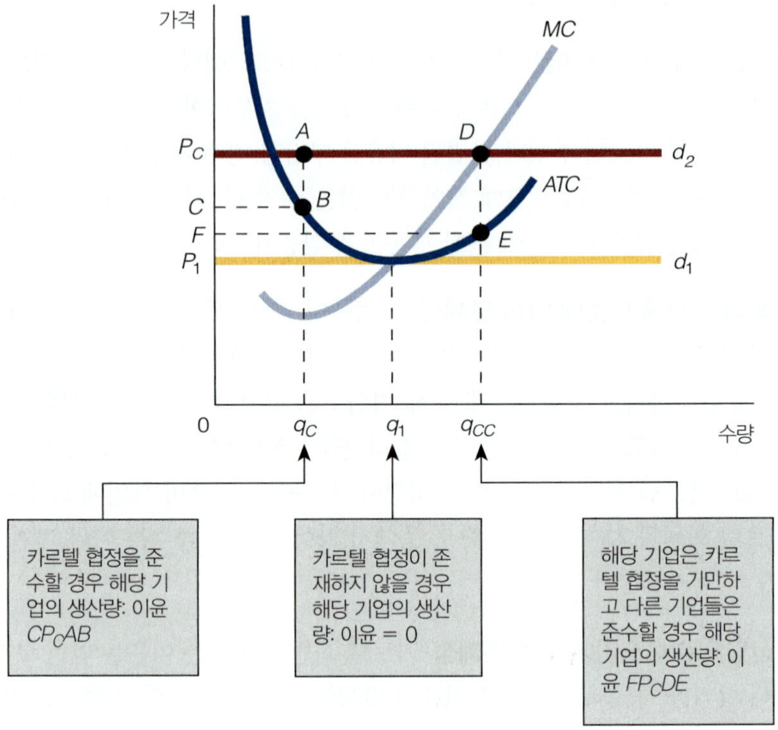

갖게 된다. 따라서 일부 경제학자들은 카르텔이 성공적으로 결성되더라도 장기간에 걸쳐 유효하게 운영될 가능성은 낮다고 본다.

11.4 게임이론, 과점, 경쟁할 수 있는 시장

네 개의 시장구조(완전경쟁, 독점, 독점적 경쟁, 과점) 중에서 과점이 분석하기 가장 어렵다고 본다. 분석하기 어려운 이유는 시장에 있는 기업들 사이의 상호의존성에서 비롯된다. 경제학자들은 보통 게임이론을 사용하여 과점기업들 간의 상호의존성을 이해하려 한다. **게임이론**(game theory)은 (1) 게임을 진행하거나 전략적 행위를 이용하여 최적의 위치에 도달하려고 하며, (2) 진행되고 있는 과정에 대해 상호작용하는 성격을 완전히 인지하고, (3) 다른 의사결정자의 판단을 예상하는 의사결정자의 행태를 분석하기 위해 사용되는 수학적인 기법이다.

게임이론

여기서는 유명한 게임에 대해 살펴보고 이를 사용하여 과점행태에 대해 논의할 것이다. 또한 경쟁할 수 있는 시장에 관한 주장에 대해서도 알아볼 것이다.

1 용의자의 딜레마

게임이론에서 널리 알려진 게임인 용의자의 딜레마는 개인적으로 합리적인 행위가 서로 결합했을 때 비효율적인 결과로 이어지는 경우를 보여준다. 이 게임으로부터 얻은 교훈은 다음과 같다. "당신은 당신에게 최선인 것을 한다. 나는 나에게 최선인 것을 한다. 하지만 왠일인지 우리 중 어느 누구에게도 최선이 아닌 상황에 도달하게 된다." 이제는 게임이 어떻게 진행되는지 살펴보도록 하자.

현실 두 사람, 밥(Bob)과 나탄(Nathan)은 함께 저지른 범죄로 인해 체포되어 수감되었다. 이들은 서로 의견을 교환할 수 없도록 별개의 독방에 수감되었다. 해당 지역 검사는 두 사람에게 각각 별개로 찾아가서 다음과 같이 말하였다

- 당신이 범죄를 자백하고 증거를 제시한다면 그리고 공범자가 자백을 하지 않는다면 당신에게 50달러의 벌금을 부과할 것이다.
- 공범자가 범죄를 자백하고 증거를 제시한다면 그리고 당신이 자백을 하지 않는다면 당신에게 5,000달러의 벌금을 부과할 것이다.
- 당신과 공범자 둘 다 침묵하여 범죄를 자백하지 않는다면 내가 입증할 수 있는 처벌이 가벼운 범죄에 대해 죄를 물어 당신과 공범자 둘 다 2,000달러의 벌금을 납부하여야 한다.
- 당신과 공범자 둘 다 자백할 경우 각각 3,000달러의 벌금을 부과할 것이다.

선택 및 결과 그림 6의 격자판에서 보는 것처럼 두 사람은 각각 '자백한다' 또는 '자백하지 않는다'라는 두 가지 선택을 할 수 있다. 해당 지역 검사가 제시한 가능성에 따르면 다음과 같다.

		나탄의 선택	
		자백하지 않는다	자백한다
밥의 선택	자백하지 않는다	1 나탄은 2,000달러의 벌금을 납부한다 밥은 $2,000달러의 벌금을 납부한다	2 나탄은 500달러의 벌금을 납부한다 밥은 5,000달러의 벌금을 납부한다
	자백한다	3 나탄은 5,000달러의 벌금을 납부한다 밥은 500달러의 벌금을 납부한다	4 나탄은 3,000달러의 벌금을 납부한다 밥은 3,000달러의 벌금을 납부한다

그림 6

용의자의 딜레마

나탄과 밥은 두 가지 선택, 즉 자백하는 선택 또는 자백하지 않는 선택을 할 수 있다. 밥이 어떤 선택을 하든지에 관계없이 언제나 나탄은 자백하는 편이 낫다. 나탄이 어떤 선택을 하든지에 관계없이 언제나 밥은 자백하는 편이 낫다. 나탄과 밥이 둘 다 자백할 경우 각각 3,000달러를 납부하는 상자 4에서 게임이 종료된다. 두 사람 모두 자백하지 않을 경우 둘 다 상황이 나아진다. 그럴 경우 두 사람이 각각 2,000달러의 벌금을 납부하는 상자1에서 게임이 종료된다.

- 상자 1: 두 사람 모두 자백하지 않을 경우 각각 2,000달러의 벌금을 납부한다.
- 상자 2: 나탄은 자백하고 밥이 자백하지 않을 경우 나탄은 작은 액수의 벌금인 500달러만을 납부하고 밥은 큰 액수의 벌금인 5,000달러를 납부한다.
- 상자 3: 나탄은 자백하지 않고 밥이 자백한 경우 나탄은 큰 액수의 벌금임 5,000달러를 납부하고 밥은 작은 액수의 벌금인 500달러만을 납부한다.
- 상자 4: 둘 모두 자백하는 경우 각각 3,000달러의 벌금을 납부한다.

나탄의 생각 나탄은 자신의 선택과 그에 따른 결과에 대해 생각해 보고 다음과 같이 추론한다. 나는 '자백한다' 또는 '자백하지 않는다'라는 두 가지 중 하나를 선택할 수 있다. 밥도 역시 동일한 상황에 있다. 다음과 같은 두 가지 물음을 해보자.

- "밥이 자백하지 않기로 선택한 경우 내가 할 수 있는 최선의 선택은 무엇인가?" 내가 자백하지 않는 경우 나는 상자 1에서 2,000달러를 납부해야 되지만 내가 자백할 경우 상자 2에서 500달러만을 납부하면 되기 때문에 대답은 자백하는 것이다. 재론의 여지가 없다. 밥이 자백하지 않기로 선택한 경우 나는 자백을 하여야 한다.
- "밥이 자백하기로 선택한 경우 내가 할수 있는 최선의 선택은 무엇인가?" 내가 자백하지 않을 경우 나는 상자 3에서 5,000달러를 납부해야 되지만 내가 자백할 경우 나는 상자 4에서 3,000달러만 납부하면 되기 때문에 대답은 자백하는 것이다. 재론의 여지가 없다. 밥이 자백하기로 선택한 경우 나는 자백을 하여야 한다.

나탄의 결론 밥이 어떤 선택을 하든지에 관계없이, 즉 자백하지 않든지 또는 자백하든지에 관계없이 나탄은 자신이 자백할 경우 언제나 상황이 더 나아진다고 결론을 내린다. 나탄은 범죄에 대해 자백하기로 한다.

밥의 경우도 상황은 동일하다. 밥도 나탄이 했던 것과 동일한 과정을 거치게 된다. 나탄이 자신에게 했던 것과 동일한 두 가지 질문을 밥도 자신에게 한다. 밥도 동일한 대답을 추론하고 동일한 결론에 도달한다. 밥은 범죄에 대해 자백하기로 한다.

결말 담당 검사가 두 사람에게 각각 가서 자신의 생각을 말하고 물어 보았다. 나탄과 밥은 둘 다 "자백한다"고 말한다. 두 사람이 각각 3,000달러의 벌금을 납부하는 상자 4에 도달하게 된다.

다른 선택의 여지 네 개의 상자 중 한 개로 나타낼 수 있는 또 다른 결말이 각각 3,000달러의 벌금을 납부하는 것보다 나탄과 밥에게 더 나을 수 있다. 상자 1에서 나탄과 밥은 2,000달러를 납부한다. 상자 1에서 결말을 맺으려면 두 사람 모두 침묵하고 자백을 하지 말아야 한다.

게임을 변화시켜 보기 담당 검사가 나탄과 밥에게 또 다른 기회를 줄 경우 어떤 일이 발생하는가? 검사는 두 사람의 자백을 받아들이지 않기로 했다고 그들에게 말했다고 가상하자. 대신 두 사람이 10분 동안 함께 상의를 해보라 하고 10분 후에 돌아와서 각각의 방에 수감하고 자신의 생각을 말하였다. 이번에 검사는 어찌되었든 두 사람 각각의 결정을 받아들이려 한다.

이런 기회가 주어지면 결말이 바뀔 수 있는가? 대부분의 사람들은 나탄과 밥은 자신들이 벌금 3,000달러 대신에 벌금 2,000달러를 낼 수 있도록 최선의 선택이 자백하지 않고 침묵을 지키는 것이라는 사실을 깨닫게 된다고 주장한다. 따라서 바뀔 수 있다고 본다. 나탄과 밥이 자백을 하지 않고 침묵을 지키기로 협정을 맺었다고 하자.

나탄이 격리된 별개의 심문실로 가면서 하는 생각 검사가 와서 나탄을 격리된 별개의 심문실로 데리고 간다. 나탄은 격리된 심문실로 가면서 다음과 같이 혼자 생각한다. "내가 밥을 믿어야 할지 확신할 수가 없다. 밥이 협정을 파기하고 자백을 한다고 가상해 보자. 나는 협정을 준수하고 밥은 준수하지 않는다면 밥은 500달러의 벌금만 내면 되고 나는 5,000달러나 되는 벌금을 납부해야 한다. 물론 내가 협정을 파기하여 자백을 하고 밥이 협정을 준수한다면 나는 500달러의 벌금만 내면 된다. 아마도 내가 할 수 있는 최선의 것은 밥이 자백하지 않기를 바라면서 협정을 파기하고 자백하여 500달러의 벌금만 납부하는 것이다. 내게 행운이 따라주지 않더라도 최소한 내가 5,000달러의 벌금 납부만은 피할 수 있다."

밥의 경우도 상황은 동일하다. 밥도 나탄과 동일하게 이 상황을 보며 자백하기로 한다.

동일한 결말 두 사람 모두 자백을 하게 된다. 자신들이 침묵을 지키고 협정을 준수할 경우 벌금이 각각 2,000달러에 불과하다는 사실을 알면서도 두 사람은 각각 3,000달러를 벌금으로 납부한다.

2 과점기업의 카르텔과 용의자의 딜레마

과점기업들이 카르텔 협정을 체결하게 되면 용의자의 딜레마에 직면하게 되는가? 대부분의 경제학자들은 그렇다고 본다. 예를 들어 두 개 기업 A 및 B는 동일한 물품을 생산하여 판매하고 서로 심한 경쟁상태에 있다고 하자. 경쟁이 매우 심해서 각 기업은 10,000달러의 이윤을 얻을 수 있을 뿐이다. 두 기업은 가격을 인상하고 인상한 후에는 상대 기업에 대해 경쟁적으로 가격을 인하하지 않는 카르텔 협정을 체결하기로 하였다. 두 기업 모두 협정을 준수할 경우 각 기업은 50,000달러씩의 이윤을 얻을 수 있다. 하지만 한 기업은 카르텔 협정을 준수하고 다른 기업은 이를 준수하지 않을 경우 협정을 준수하지 않은 기업은 100,000달러의 이윤을 얻는데 반해 준수한 기업은 5,000달러의 이윤만을 얻을 수 있다. 물론 두 기업 모두 협정을 준수하지 않을 경우 처음으로 돌아가서 10,000달러의 이윤을 얻게 된다. 그림 7은 두 기업이 할 수 있는 선택과 가능한 결과를 보여주고 있다.

각 기업은 용의자의 딜레마 게임에서 두 용의자가 했던 행위와 동일하게 행동할 가능성이 있다. 각 기업은(협정을 준수하여 50,000달러를 얻는 대신에) 협정을 파기하여 100,000달러를 얻을 기회를 갖게 된다는 사실을 알고 있다. 또한 각 기업은 자신은 협정을 파기하지 않고 상대 기업이 파기할 경우 카르텔을 형성하기 전보다도 자신의 상황이 더 나빠질 수 있다는 점도 알고 있다. 대부분의 경제학자들은 두 개 기업이 그림 7의 상자 4에 도달

그림 7

카르텔 및 용의자의 딜레마

많은 경제학자들은 카르텔을 형성하려는 기업들이 용의자의 딜레마 상황에 있게 된다고 생각한다. 기업 A 및 B는 카르텔 협정이 없을 때보다 있을 때 높은 이윤을 얻게 된다. 하지만 각 기업은 상대 기업이 협정을 준수하는 동안 이를 준수하지 않을 경우 훨씬 더 높은 이윤을 얻는다. 카르텔 형성이 용의자의 딜레마 상황인 경우 해당 카르텔이 오래 지속되지 않을 것이라고 예측할 수 있다.

기업 B의 선택 \ 기업 A의 선택	협정을 준수한다	협정을 준수하지 않는다
협정을 준수한다	1 기업 A는 50,000달러의 이윤을 얻는다. 기업 B는 50,000달러의 이윤을 얻는다.	2 기업 A는 100,000달러의 이윤을 얻는다. 기업 B는 5,000달러의 이윤을 얻는다.
협정을 준수하지 않는다	3 기업 A는 5,000달러의 이윤을 얻는다. 기업 B는 100,000달러의 이윤을 얻는다.	4 기업 A는 10,000달러의 이윤을 얻는다. 기업 B는 10,000달러의 이윤을 얻는다.

하게 된다고 예측한다. 여기서 두 기업은 카르텔 협정 체결 전에 벌었던 이윤을 얻게 된다. 요약하면 두 기업은 카르텔 협정을 기만하고 다시 경쟁을 하게 되어 피하고 싶었던 바로 그 상황에 직면하게 된다.

두 기업이 용의자의 딜레마에서 빠져 나오는 방법은 이들이 기만행위를 하지 못하도록 어떤 기구가 카르텔 협정을 시행하도록 하는 것이다. 이상하게 들릴지 모르지만 정부가 이따금 이런 역할을 한다. 우리가 보통 생각할 때 카르텔 협정은 불법적이기 때문에 정부는 이를 폐기하려 한다고 본다. 하지만 이따금 정부가 카르텔 협정을 폐기하기보다 이를 시행하는 역할을 한다. 예를 들면 규제완화 이전에 미국의 민간항공위원회는 항공사들 간에 벌어졌던 소위 자기살 깍기식의 치열한 경쟁을 방지하기 위하여 설립되었다. 이 위원회는 항공료를 책정하고 항공노선을 배분하며 신규 항공사의 진입을 금지시키는 권한을 갖고 있었다.

3 경쟁할 수 있는 시장

완전경쟁부터 과점까지 시장구조는 전통적으로 **매도인의 수** 측면에서 정의되었다. 완전경쟁에서는 많은 매도인이 있고 독점에서는 단 한 명의 매도인이 있을 뿐이다. 독점적 경쟁에서는 많은 매도인이 있고 과점에서는 소수의 매도인이 있다. 이런 분류가 의미하는 바는 시장에 있는 매도인의 수가 이들의 행태에 영향을 미친다는 것이다. 예를 들어 독점 매도인은 수량을 제한하여 완전경쟁 매도인들보다 더 높은 가격을 부과하려 한다.

일부 경제학자들은 시장에 있는 매도인의 수보다 **산업으로의 진입 및 퇴출** 문제에 더 중점을 두어 시장을 분석하고자 한다. 이를 통해 경쟁할 수 있는 시장에 관한 논의가 가능하게 되었다. **경쟁할 수 있는 시장**(contestable market)은 다음과 같은 조건이 준수되어야 한다.

경쟁할 수 있는 시장

1. 해당 시장으로의 진입이 용이하고 퇴출하는 데 비용이 수반되지 않는다.
2. 시장에 진입한 신규기업은 현재 있는 기업과 동일한 비용으로 생산물을 생산할 수 있다.
3. 시장에 존재하는 기업들은 고정자산을 다른 곳에 판매하여 이를 쉽게 처분할 수 있다. 감가상각을 제외하고 고정비용은 매몰되지 않으며 회복될 수 있다.

어떤 산업에 여덟 개의 기업이 있고 이들 모두 이윤을 얻는다고 가상하자. 해당 산업 외부에 있는 기업들이 이를 알고 이 산업에 진입하려고 하였다(진입을 막는 어떤 것도 존재하지 않는다). 이들은 필요한 장비를 구입하고 현재의 생산업체들과 동일한 비용으로 생산물을 생산한다. 시간이 흐름에 따라 해당 산업에 진입했던 기업들은 퇴출을 결정한다. 설비를 다른 생산부문으로 전환하거나 감가상각을 감한 가격으로 판매할 수 있다.

경쟁할 수 있는 시장의 가장 중요한 요소는 소위 힛트 앤 런 방식의 진입 및 퇴출이다. 신규기업은 진입할 수 있고(힛트) 생산물을 생산하여 현재의 기업들로부터 이윤을 가져가고 나서 비용을 치르지 않고 퇴출할 수 있다(런).

경쟁할 수 있는 시장에 관한 이론은 가정, 특히 해당 산업으로의 진입이 자유롭고 퇴출하는 데 비용이 수반되지 않는다는 가정 때문에 비판을 받고 있다. 대부분의 이론과 마찬가지로 이 이론이 실제세계를 완벽하게 설명하지는 못하지만 유용한 면이 있다. 이 이론의 결론을 몇 가지 정리하면 다음과 같다.

1. 어떤 산업이 소수의 기업으로 구성되거나 심지어 단 한 개의 기업으로 구성되더라도 해당 기업이 반드시 비경쟁적인 방법으로 행동하지는 않는다. 해당 시장이 경쟁할 수 있다면 매우 경쟁적일 수 있다.
2. 해당 산업의 매도인 수가 적더라도 이 산업의 이윤은 영이 될 수 있다.
3. 경쟁할 수 있는 시장이라면 비효율적인 기업은 생존할 수 없다. 비용상에 비효율성이 존재하는 경우 비용이 더 낮은 기업이 시장에 진입하여 가격을 평균 총비용의 최저점까지 낮추게 되면 비효율적인 기업은 운영방식을 바꾸거나 해당 산업에서 퇴출된다.
4. 앞에서 살펴본 것처럼 경쟁할 수 있는 시장에서 기업들이 평균 총비용의 최저점에서 생산하고 평균 총비용과 같은 가격을 부과할 경우 한계비용과 같은 가격으로 판매하게 된다(한계비용곡선은 평균 총비용곡선의 최저점에서 교차하게 된다).

11.5 시장구조의 비교 및 정리

그림 8은 네 가지 상이한 시장구조 즉, 완전경쟁, 독점, 독점적 경쟁, 과점의 특성과 결과를 보여주고 있다. 그림의 처음 네 개 열은 각 시장구조의 특성을 요약하며 마지막 열은 가격과 평균 총비용의 장기적인 시장추세를 설명한다. 가격과 평균 총비용 사이의 관계를 통해서 장기적으로 이윤이 가능한지 여부를 보여준다. 그림에서 네 개 시장구조 중 세 개(독점, 독점적 경쟁, 과점)에는 가능한 이윤 상황 옆에 위첨자를 추가하였다. 이 첨자는 상이한 조건 하에서 나타날 수 있는 다른 시장추세를 설명하고자 추가되었다. 예를 들어 과점하에서의 시장추세는 $P > ATC$이며 이윤이 장기적으로 존재한다. 과점시장이 상당한 진

그림 8

시장구조의 특성 및 결과

시장구조	매도인의 수	상품의 형태	진입장벽	가격 및 *ATC*의 장기적인 시장추세
완전경쟁	다수	동질적	비존재	$P = ATC$ (영의 경제적 이윤)
독점	하나	유일	존재	$P > ATC$ (양의 경제적 이윤)[a,c]
독점적 경쟁	다수	약간 차별화	비존재	$P = ATC$ (영의 경제적 이윤)[b]
과점	소수	동질적 또는 차별화	존재	$P > ATC$ (양의 경제적 이윤)[a,c]

a. 이윤의 자본화 또는 지대추구 행위를 통해 양의 이윤이 영의 이윤으로 전환될 수 있다.
b. 해당 상품이 매수인들 사이에 충분히 차별화된 경우 해당 기업은 양의 이윤을 장기간에 걸쳐 얻을 수 있다.
c. 시장이 경쟁할 수 있는 경우 양의 이윤이 영의 이윤으로 전환될 수 있다.

입장벽을 갖고 있기 때문에 해당 산업에 진입한 신규기업과의 경쟁을 통해 단기적으로 이윤이 감소할 수 없다. 하지만 특정 과점시장이 경쟁할 수 있는 시장인 경우 가격과 평균 총비용 사이의 시장추세는 달라질 수 있다.

11.6 게임이론의 적용

게임이론, 특히 용의자의 딜레마는 많은 실제 상황에 적용할 수 있다. 여기서는 이런 적용 사례에 대해 살펴볼 것이다.

1 학점과 공부시간

경제학 수업시간에 교수는 다음 시험에서 상위 10퍼센트 학생에게 A학점을 주고 다음 15퍼센트에 속한 학생에게 B학점을 주며 이런 식으로 학점을 부여할 것이라고 말하였다. 이렇게 상대평가를 하기 때문에 여러분은 모든 학생들이 적은 시간 동안만 공부하기를 희망하게 된다. 그렇게 되면 조금만 공부하고도 좋은 학점을 받을 수 있다. 물론 수업을 듣는 모든 학생들이 동일한 생각을 할 수 있다.

> 같은 수업을 듣는 친구들과 협정을 체결하는 상황을 생각해 보자. 그들에게 다음과 같이 말할 것이다. "수업을 듣는 학생이 30명이 있다. 우리는 각각 두 시간 또는 네 시간을 공부할 수 있다. 학점은 상대평가에 의해 결정된다. 우리 모두 두 시간 동안만 공부하기로 협정을 체결하자. 그렇게 하면 여분의 두 시간을 다른 것을 하는 데 사용할 수 있다. 네 시간 대신에 두 시간만 공부하고 B학점 받기를 원한다."

모든 학생들이 당신이 말하는 것에 동의하고 두 시간 동안만 시험공부하기로 합의했다. 물론 모든 학생이 이에 동의했지만 협정을 기만하고 더 오래동안 시험공부하고자 하는 동기를 갖고 있다. 모든 학생들이 두 시간 동안 공부하고 당신이 네 시간 공부한다면 상대적인 순위가 향상되어 예를 들어 B에서 A로 학점이 올라갈 수도 있다.

그림 9

학습과 학점

당신의 학점은 다른 학생들에 비해 당신이 얼마나 좋은 점수를 받았느냐에 달려있다고 가상하자. 이 경우 당신과 다른 학생들은 그림에서 보는 것처럼 용의자의 딜레마 상황에 있게 된다. 당신과(다른 학생들 중 하나인) 질(Jill)이 각각 4시간 공부한다면 각각 (상자 4의) B학점이 되는 85점을 받게 된다. 두 사람이 각각 2시간 공부한다면 (상자 1의) B학점이 되는 65점을 받게 된다. 각각의 상자에서 동일한 학점을 받지만 상자 4에서보다 상자 1에서 더 적은 시간을 공부하면 되므로 상자 1이 상자 4보다 선호된다.

당신이 4시간 공부하고 질이 2시간 공부한다면 당신은 85점을 받고 질은 계속해서 65점을 받는다. 이 경우 (상자 2에서) 85점은 A가 되고 65점은 C가 돼서 당신의 상황은 나아지고 질의 상황은 나빠진다.

당신이 2시간 공부하고 질이 4시간 공부한다면 질은 85점을 받고 당신은 65점을 받는다. 따라서 질은 A학점을 받고 당신은 C학점을 받는다.

질이 2시간 또는 4시간 중 어느 것을 선택하더라도 당신은 4시간을 공부하는 편이 언제나 더 낫다(추가적으로 공부하는 데 따른 비용이 추가적으로 공부하는 데 따른 편익보다 작다고 가정한다). 이는 질에게도 동일하게 적용된다. 따라서 결과는 상자 4가 되고 당신과 질은 4시간 공부하게 된다.

		당신	
		2시간 학습한다	4시간 학습한다
질	2시간 학습한다	1 당신: 65, B 질: 65, B	2 당신: 85, A 질: 65, C
	4시간 학습한다	3 당신: 65, C 질: 85, A	4 당신: 85, B 질: 85, B

당신과 다른 학생들은 용의자의 딜레마에 빠지게 된다. 그림 9는 당신과 다른 학생들을 대표하는 질(Jill)에 대한 보수를 보여주고 있다. 당신과 질이 둘 다 네 시간 동안 시험공부를 할 경우 각각 85점을 받고 이는 학점 B(상자 4)가 된다. 상대평가 하에서 당신과 질이 두 시간 동안 공부할 경우 65점을 받고 65점이 이제는 B(상자 1)가 된다. 다시 말해 상자 4와 비교해 볼 때 상자 1이 더 바람직하다. 왜냐하면 두 경우 모두 동일한 학점(B)을 받지만 상자 1의 경우 더 적은 시간 동안 시험공부를 하기 때문이다.

물론 당신과 질이 시험공부 시간을 네 시간에서 두 시간으로 줄이기로 합의하게 되면 각자 협정을 기만하고자 하는 동기를 갖게 된다. 당신이 네 시간 공부하고 질이 두 시간 공부할 경우 당신은 점수를 85점으로 올려 A학점을 받게 되는 반면에 질은 65점으로 C학점(상자 2)을 받게 된다. 물론 질이 네 시간 공부하고 당신이 두 시간 공부할 경우 질은 점수를 85점으로 올려 A학점을 받게 되는 반면에 당신은 65점으로 C학점(상자 3)을 받게 된다.

질이 어떤 선택을 하든지에 관계없이 당신이 할 수 있는 최선의 선택은 네 시간 시험공부를 하는 것이다. 당신이 어떤 선택을 하든지 관계없이 질에게도 동일한 것이 적용된다. 결말은 상자 4이며 여기서 둘 모두 네 시간씩 공부를 하게 된다.

이상적으로 말하면 당신과 질이 필요한 것은 두 시간 이상 공부하지 않기로 체결한 협정을 이행하는 방법이다. 학생들은 이를 어떻게 이행할 수 있을까? 한 가지 방법은 파티를

여는 것이다. 수업을 듣는 모든 학생들을 모아서 파티를 할 경우 아무도 공부하지 않을 것이라는 점을 확신할 수 있다.

일반적으로 같은 수업을 수강하는 학생들은 (1) 교수가 상위 몇 퍼센트의 학생들에게 (점수에 관계없이) A학점을 주고 (2) 자신들이 용의자의 딜레마 상황에 빠져있다는 사실을 알고 있다. 경쟁하며 공부를 많이 하기보다 협력하여 공부를 적게 하는 것이 자신들에게 더 좋다는 사실도 깨닫고 있다. 이들은 공부를 적게 하자는 협정을 실제로 체결하는 대신에 공부시간을 줄이는 방안을 고안해 내게 된다. 공부시간을 줄이는 방안, 즉 많이 공부하지 않기로 하는 묵시적인 협정을 이행하는 방안은 공부가 아닌 다른 것을 함께 하는 것이다. 이런 조건을 충족시키는 한 가지 방법은 파티를 열어서 공부를 하지 않는 것이다.

2 군비확대 경쟁

냉전기간 동안 미국과 소련은 군비확대 경쟁을 하였다. 각국은 상대를 겨냥해서 무기를 생산하였다. 양국 대표들은 이따금 회합을 갖고 경쟁완화 방안을 모색하였다. 미국은 소련이 무기생산을 감축시킬 경우 그렇게 하겠다고 동의했으며 역시 소련도 미국이 감축시키면 자국도 감축시킨다고 하였다. 많은 군사 분석가들은 일반적으로 미국과 소련 사이에 체결된 협정은 성공하지 못할 것이라고 보았다. 다시 말해 무기생산에서 치열하게 경쟁하지 않기로 협정을 체결하더라도 양국은 계속 경쟁할 것이라고 보았다.

양국은 용의자의 딜레마 상황에 있다. 미국과 소련 양국이 무기생산 경쟁을 할 경우 그림 10의 상자 4에 있으며 각각 효용 7을 얻는다. 공동의 목표는 상자 4에서 상자 1로

그림 10

군비확대 경쟁

냉전시대에 미국과 소련은 군비확대 경쟁을 하였다. 실제로 군비확대 경쟁은 용의자의 딜레마 상황에 처한 양국 사이 게임의 결과였다. 각국이 상대국가보다 더 많은 군수품을 생산하려는 경쟁상황에서 시작하여 보자. 즉 각국이 상자 4에 있다. 상자 1로 이동하려는 시도를 할 경우 (무기생산을 감축하려는) 군축협정을 체결하게 된다. 소련이 어떤 선택을 하든지 관계없이 (군축협정을 준수하든지 또는 준수하지 않든지 관계없이) 미국은 군축협정을 준수하지 않는 편이 언제나 더 낫다. 이는 미국에 대한 소련의 태도에도 동일하게 적용된다. 양국은 결국 상자 4에서 게임을 종식하게 된다. (주: 그림에서 숫자가 클수록 해당 국가의 위치가 더 나아진다.)

소련 \ 미국	협정을 준수한다	협정을 준수하지 않는다
협정을 준수한다	1: 미국 10, 소련 10	2: 미국 15, 소련 5
협정을 준수하지 않는다	3: 미국 5, 소련 15	4: 미국 7, 소련 7

이동하는 것이며 여기서 서로 협력하여 무기생산을 감축하게 된다. 상자 1에서 각국은 효용 10을 얻게 된다. 미국과 소련이 체결한 군사협정은 상자 1로 가는 것이다.

물론 협정이 조인된 후 각국은 기만하려는 동기를 갖게 된다. 미국은 무기생산을 증대시키는데 반해 소련이 감축시킬 경우 분명히 미국의 상황이 나아진다. 이렇게 되면 미국은 소련에 대해 명백한 군사적 우위를 점할 수 있다. 이런 논리는 소련에게도 동일하게 적용된다.

그림 10에 있는 보수행렬을 보면 미국 및 소련에 대한 최선의 전략은 경쟁하는 것이라는 점을 쉽게 알 수 있다. 양국은 상자 4에 도달하게 되고 상대편보다 많은 무기를 생산하기 위해 경쟁하게 된다.

3 이행수단으로서의 죄의식

죄의식이 사회적 목적에 부합될 수 있는가? 다음과 같은 상황을 생각해 보자. 존(John)과 메리(Mary)는 결혼하기로 결정하였다. 혼인서약의 일부로 이들은 서로에게 신뢰감을 약속하였다. 다시 말해 이들 각각은 서로에게 기만하지 않기로 약속하였다. 물론 두 당사자가 이런 협정을 체결하고 나서 한 당사자는 기만행위를 하고 다른 당사자는 하지 않을 경우 기만한 당사자는 더 나아진다. 존과 메리의 경우 존은 "내가 메리에게 기만행위를 함으로써 효용을 얻을 수 있다"라고 생각할 수 있다. 물론 메리도 존에 대해 동일한 생각을 할 수 있다. 그림 11은 이들의 효용 보수를 보여주고 있다.

그림 11(a)에서 메리와 존은 둘 다 한 사람이 기만행위를 하고 다른 사람이 기만행위를 하지 않을 때 효용 15를 얻는다. 두 사람이 기만행위에 대해 죄의식을 느낀다면 아마도 효용은 15보다 낮아질 것이다. 어떤 면에서 메리와 존은 기만행위를 했을 때 둘 다 죄의식을 느끼게 된다. 두 사람은 둘 다 부정행위를 하는 상자 4보다 둘 다 부정행위를 하지 않는 상자 1을 선호하게 될 수도 있다. 간단히 말해 메리와 존에게 있어서 상자 1이 상자 4보다도 더 낫다면 상자 1로부터 이동하지 못하게 하는 이행수단을 두 사람이 마련한다고 생각할 수 있다.

물론 존과 메리는 외부의 이행수단을 갖고 있지 않지만 기만행위에 대한 내적인 죄의식이 이런 수단에 대한 좋은 대체재가 될 수 있다. 기만행위에 대해 존과 메리를 감옥에 수감하는 경찰 및 법정제도가 아니라 각자의 죄의식으로 인해 내적인 자신만의 감옥에 갇히게 된다. 이것은 다음과 같이 말할 때 묵시적으로 의미하는 것이다. "나는 그것을 할 수 없다. 왜냐하면 나는 너무나도 큰 죄책감에 빠질 것이다." 다시 말해 많은 사람들이 감옥에 수감되는 고통을 받지 않기를 원하는 만큼 극심한 죄책감에 시달리지 않기를 원한다. 죄책감과 감옥은 둘 다 나쁜 것이며 모두 비효용을 준다.

그림 11(b)에서 보는 것처럼 죄의식으로 인해 상자 2에 있는 메리의 효용은 15에서 4로 감소하고 상자 3에 있는 존의 효용도 15에서 4로 감소 한다. 메리와 존의 배우자가 기만행위를 하지 않는데 상대편에게 기만행위를 할 경우 유익함을 얻지 못한다. 죄의식으로 인해 메리와 존이 상자 4에서 상자 1(이것이 두 사람이 원하는 바이다)로 이동할 경우 죄의식은 좋은 것이다.

그림 11

부정행위 및 죄의식

죄의식은 이따금 사회적 목적에 유용하게 부합되는가? 존(John)과 메리(Mary)는 결혼을 하였고 용의자의 딜레마에 있을 수 있다. 메리가 존에 대해 부정행위를 하지만 존은 메리에 대해 부정행위를 하지 않는 경우 메리의 상황은 더 나아질 수 있다. 그러므로 그림 (a)에서 상자 1로부터 상자 2 로 이동한다. 존은 메리에게 부정행위를 하지만 메리는 존에 대해 부정행위를 하지 않는 경우 존의 상황은 더 나아질 수 있다. 그러므로 (a)에서 상자 1로부터 상자 3으로 이동한다. 물론 두 사람 모두 부정행위를 하는 경우 상자 4에서 게임이 종료되지만 이는 두 사람 모두에게 상자 1보다 상황이 나빠진다. 두 사람이 각각 죄의식을 갖게 되는 경우 (a)에서의 보수가 변화할 수 있다. 두 사람이 부정행위에 대해 죄의식을 갖는 경우 부정행위로부터 얻는 보수는 낮아진다. (b)에 있는 두사람에 대한 새로운 보수를 생각하여 보자. 메리와 존 모두에게 부정행위로 인한 보수는 15에서 4로 낮아진다. (부정행위로 인한 죄의식에서 비롯된) 새롭게 낮아진 보수로 인해 메리와 존은 용의자의 딜레마로부터 벗어나게 된다. 따라서 두 사람의 상황이 모두 나아지는 상자 1에서 게임이 종료되기 쉽다.

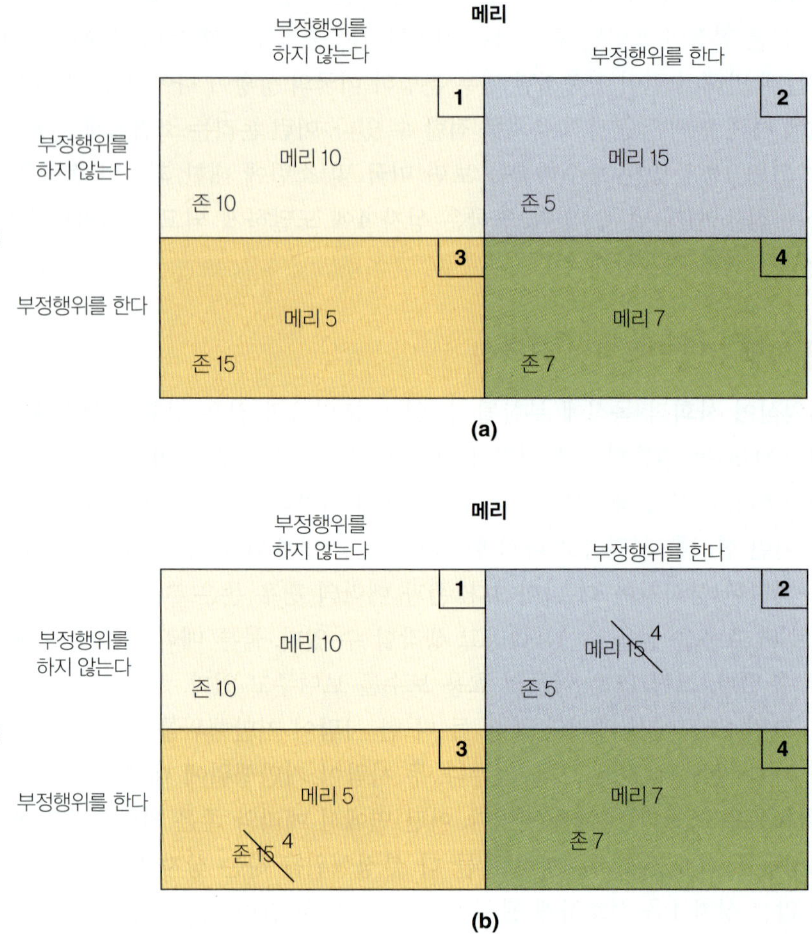

요약 및 정리

63 독점적 경쟁

- 독점적 경쟁이론은 다음과 같은 세 가지 가정에 기초하고 있다. (1) 많은 매도인과 많은 매수인이 있다. (2) 산업 내 각 기업은 약간 차별화된 생산물을 생산하고 판매한다. (3) 진입 및 퇴출이 용이하다.
- 독점적 경쟁기업은 가격설정자이다.
- 독점적 경쟁기업의 경우 $P > MR$이며 한계수입곡선은 수요곡선 아래에 위치한다.
- 독점적 경쟁기업은 $MR = MC$에서 생산량을 생산하며 이 생산량 수준에서 가장 높은 단위당 가격을 부과한다.
- 완전경쟁 기업과 달리 독점적 경쟁기업은 자원분배 효율성을 나타내지 못한다.
- 독점적 경쟁기업은 매수인들에게 (예를 들면 상품명처럼) 자신들의 제품을 성공적으로 차별화시키지 못할 경우(진입이 용이하기 때문에) 장기적으로 이윤을 얻지 못한다.

64 과잉시설 원리

- 과잉시설 원리에 따르면 독점적 경쟁기업은 균형에서 평균총비용(단위당 비용)이 극소화되는 생산량보다 더 적은 양을 생산한다. 따라서 독점적 경쟁기업은 생산효율적이지 못하다.

65 과점에 대한 가정

- 다음과 같은 가정에 기초하여 다양한 과점이론이 제시되고 있다. (1) 소수의 매도인과 다수의 매수인이 존재한다. (2) 기업들은 동질적인 상품 또는 차별화된 상품을 생산하고 판매한다. (3) 진입장벽이 상당히 높다.
- 과점기업들이 갖고 있는 중요한 특성 중 하나는 기업들 간의 상호작용 의존성이다.

66 카르텔 이론

- 카르텔 이론은 과점산업 내 기업들이 해당 산업 내에 단지 한 개 기업이 존재하는 경우처럼 행동한다고 가정한다.
- 카르텔과 관련하여 다음과 같은 네 개 문제점이 발생한다. (1) 카르텔 형성에 따른 문제점, (2) 카르텔 내부시책 도출에 따른 문제점, (3) 해당 산업으로의 진입에 따른 문제점, (4) 기만행위에 따른 문제점
- 카르텔 협정에 가입한 기업들이 개별적으로는 합리적으로 행동하더라도 결합적으로는 비효율적인 결말에 도달한다는 용의자의 딜레마 상황에 빠지게 된다.

67 경쟁할 수 있는 시장이론

- 경쟁할 수 있는 시장이 성립되기 위한 조건은 다음과 같다. (1) 해당 시장으로의 진입이 용이하고 퇴출하는 데 비용이 수반되지 않는다. (2) 시장에 진입한 신규기업은 현재 있는 기업과 동일한 비용으로 생산물을 생산할 수 있다. (3) 시장에 존재하는 기업들은 (감가상각을 제하고) 고정자산을 다른 곳에 판매하여 이를 쉽게 처분할 수 있다.
- 전통적인 시장구조이론과 비교해 볼 때 경쟁할 수 있는 시장이론은 해당 산업 내에 있는 매도인의 수보다 해당 산업으로의 진입 및 퇴출 문제를 더욱 강조한다.

68 게임이론

- 게임이론은 (1) 게임을 진행하거나 전략적 행위를 이용하여 최적의 위치에 도달하려고 하며, (2) 진행되고 있는 과정에 대해 상호작용하는 성격을 완전히 인지하고, (3) 다른 의사결정자의 판단을 예상하는 의사결정자의 행태를 분석하기 위해 사용되는 수학적인 기법이다.
- 용의자의 딜레마는 개인적으로 합리적인 행위가 서로 결합됐을 때 비효율적인 결과로 이어지는 경우를 보여준다.

주요 용어 및 개념

독점적 경쟁	과점	카르텔 이론	게임이론
과잉시설 원리	집중률	카르텔	경쟁할 수 있는 시장

연습문제

01. 기업들 간의 상호의존성이 과점시장에서는 중요한 역할을 하지만 완전경쟁시장 또는 독점적 경쟁시장에서는 그렇지 않은 이유를 설명하시오.

02. 집중률을 사용하여 과점시장의 견고성을 알아볼 수 있다. 집중률이 높으면 과점시장이 견고하고 집중률이 낮으면 과점시장이 느슨하다는 의미이다. 평균적으로 볼 때 견고한 시장이 느슨한 시장보다 더 높은 이윤을 얻을 것으로 기대되는가? 경쟁할 수 있는 시장인 경우 이는 중요한 의미를 갖는가? 설명하시오.

03. 시장에는 60가지 다양한 형태의 상품 X가 있다. 상품 X는 독점적 경쟁시장에 있는가? 설명하시오.

04. 시장이론에 따르면 개인이 보다 집중적이고 분석적인 방법으로 생각하면 좋은 결과에 도달한다고 한다. 예를들어 설명하시오.

05. 경쟁할 수 있는 시장이론은 과점시장 가격설정이론에 어떤 의미를 함축하는가? 설명하시오.

06. 이 장에서 살펴보지 않은 용의자의 딜레마 사례를 제시하시오.

07. 소수의 기업으로 구성된 산업에서 카르텔이 형성될 가능성이 높은가? 아니면 다수의 기업으로 구성된 산업에서 형성될 가능성이 높은가? 설명하시오.

08. 과점시장과 독점적 경쟁시장은 어떻게 유사한가? 어떻게 상이한가?

09. 독점적 경쟁시장에서 장기적으로 이윤이 존재하는가? 설명하시오.

10. 생산업자가 자신의 제품을 다른 업자의 제품과 차별화하기 위해서 유명 디자이너의 라벨을 사용하는 이유는 무엇 때문인가?

11. "과잉시설은 상품차별화에 대해 지불하는 대가이다." 독점적 경쟁 측면에서 이를 평가하시오.

12. 네 개 시장구조의 기업들이 갖고 있는 공통점이 있다면 그것은 무엇인가?

숫자 및 그래프를 활용한 문제

01. 독점적 경쟁기업이 생산하는 생산량과 부과하는 가격을 도표를 이용하여 설명하시오.

02. 손실이 발생하는 독점적 경쟁기업을 도표를 이용하여 설명하시오.

03. 산업 총매출액은 1억 5백만 달러이다. 매출액 규모 상위 4대 기업의 매출액은 각각 1천만 달러, 9백만 달러, 8백만 달러, 5백만 달러이다. 4대 기업 집중률을 계산하시오.

04. 다음 그림을 참조하여 답하시오. 카르텔 협정으로 인해 어떤 기업은 생산량 할당으로 q_2단위를 배정받았다. 카르텔 가격은 P_2이다. 해당 기업이 카르텔 협정을 준수할 경우 이윤은 어떻게 되는가? 해당 기업이 카르텔 협정을 파기하고 q_3를 생산할 경우 이윤은 어떻게 되는가?

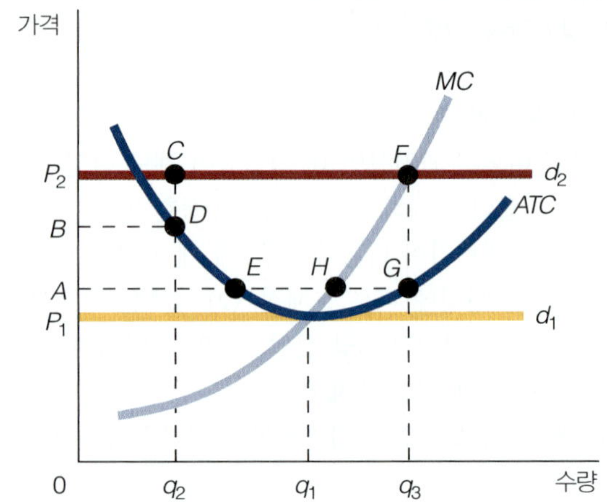

제 12 장

독점금지 및 규제

12.1 독점금지

독점은 동일한 수입과 비용을 갖는 완전경쟁 기업보다 (1) 더 적은 생산량을 생산하고 (2) 더 높은 가격을 설정하며 (3) 사장된 손실을 발생시킨다. 이런 사실에 기초하여 일부 경제학자들은 정부가 독점을 규제하여야 한다고 주장한다. 나아가 카르텔의 목적은 독점처럼 행동하는 것이므로 카르텔에 대해서도 규제하여야 한다고 본다.

반면에 다른 경제학자들은 독점기업들이 일부 사람들이 생각하는 것처럼 시장지배력을 갖지 못한다고 주장한다. 일부 독점기업들은 넓게 정의된 시장에서 대체재를 가지며 수입품과도 경쟁한다고 본다.

카르텔의 경우 자체적인 파기 가능성을 갖고 있다고 한다. 따라서 카르텔이 자연적으로 무산되기까지 (보통 단기적으로) 문제가 된다고 본다.

여기서 독점문제를 어떻게 처리해야 되는지에 관해 살펴보고자 한다.

1 독점금지 정책에서 해결되지 않은 사항

독점금지 정책이 어느 경우에 시행되어야 하는지가 언제나 명확한 것은 아니다. 어떤 기업은 합병을 허용하고 어떤 기업은 금지시켜야 하는가? 무엇이 거래를 제한하는가? 어떤 기업을 독점기업으로 보고 소규모기업으로 분할해야 하는가? 어떤 기업은 그냥 두어야 하는가?

여러분이 생각하는 것처럼 모든 사람들이 이 물음에 대해 동일한 대답을 하지는 않을 것이다. 간단히 말해 독점금지 정책에 관한 일부 사항은 아직도 해결이 되지 않았다.

시장에 대한 정의는 중요한가? 시장을 어떻게 정의하는가? 넓게 정의하는가 아니면 좁게 정의하는가? 이것은 어떤 기업이 독점인지 여부를 결정하는 데 도움이 된다. 예를 들면

1945년 미국의 중요한 독점금지 소송에서 법원은 미국 알루미늄사가 알루미늄 원괴의 90퍼센트를 차지하므로 이 기업은 독점기업이라고 판결하였다. 스테인레스 스틸, 구리, 주석, 리켈, 아연(이들 중 일부는 알루미늄과 시장에서 경쟁하고 있다)을 포함하도록 시장을 넓게 정의할 경우 이 기업은 독점이라고 판결 날 가능성은 낮다.

그 이후 법원판결은 시장을 넓게 정의하는 경향이 있다. 예를 들면 1956년 듀퐁사와 관련된 소송에서 이 기업과 관련된 시장은 좁은 셀로판 시장이 아니라 유연한 포장재료 시장이라고 법원은 판결을 내렸다.

집중율 한 산업의 경쟁수준을 측정하기 위해서 집중률이 자주 사용된다. 하지만 이를 이용하는 데 두 가지 문제점이 있다. 첫째, 집중률은 외국경쟁을 고려하지 않는다. 예를 들면 4개 기업 집중률은 매우 높지만 이 기업들이 해외로부터의 극심한 경쟁에 직면할 수 있다. 둘째, 해당 산업 내 4개 기업 간의 경쟁에도 불구하고 4개 기업 집중률은 계속해서 꾸준히 높을 수 있다.

1982년 미국 법무성은 4개 기업 집중률과 8개 기업 집중률을 허핀달 지수로 대체하였다. **허핀달 지수**(Herfindahl index)는 한 산업의 집중도를 측정하는 것으로 해당 산업 내 각 기업의 시장점유율을 제곱하여 총합한 값이다.

허핀달 지수

$$\text{허핀달 지수} = (S_1)^2 + (S_2)^2 + \ldots + (S_n)^2$$

여기서 S_1부터 S_n까지는 기업 1부터 n까지의 시장점유율을 의미한다. 예를 들면 한 산업에 10개 기업이 있고 각 기업의 시장점유율이 10퍼센트라면 허핀달 지수는 1,000이 된다($10^2 + 10^2 + 10^2 + 10^2 + 10^2 + 10^2 + 10^2 + 10^2 + 10^2 + 10^2 = 1{,}000$).

그림 1은 허핀달 지수와 4개 기업 집중률을 비교하여 보여주고 있다. 4개 기업 집중률을 적용할 경우 상위 4개 기업(A~D)은 48퍼센트의 시장점유율을 갖게 되며 이 것은 집중된 산업이라고 판단된다. 상위 4개 기업과 다른 기업(예를 들면 그림 1에 있는 기업 B와 기업 G) 사이의 합병이 이루어질 경우 새로이 탄생한 기업은 기존의 어떤 기업보다도 더 큰 시장점유율을 갖게 되어 미국의 경우 통상적으로 법무성의 관심을 받게 된다.

하지만 이 산업의 허핀달 지수는 932이다. 미국의 경우 일반적으로 집중되지 않은(경쟁적인) 산업으로 간주되는 지수는 1,000보다 작은 숫자이다. 1,000과 1,800 사이의 지수는 중간 단계의 집중화된 산업을 나타내며 1,800보다 큰 지수는 집중화된 산업을 나타낸다.

어떤 산업에 8개의 기업이 있다고 가상하자. 두 개 기업 A 및 B는 합병하려고 한다. 기업 A의 시장점유율은 30퍼센트이고 기업 B의 시장점유율은 22퍼센트이다. 이 산업 내 다른 여섯 개 기업의 시장점유율은 각각 15퍼센트, 10퍼센트, 10퍼센트, 5퍼센트, 5퍼센트, 3퍼센트이다. 이 산업의 허핀달 지수는 현재 1,868($30^2 + 22^2 + 15^2 + 10^2 + 10^2 + 5^2 + 5^2 + 3^2$)이다.

합병이 허용될 경우 이 산업은 8개 기업이 아니라 7개 기업이 존재한다. 나아가 (기업 A와 기업 B가 합병되서 탄생한) 새로운 기업의 시장점유율은 52퍼센트가 된다. 합병 후 허핀달 지수는 3,188이 된다. 다시 말해 합병될 경우 지수의 증가는 1,320이 된다. 지수가 이렇게 큰 폭으로 증가할 경우 (미국에서는) 이 합병을 허용하지 않을 가능성이 있다.

그림 1

4개 기업 집중률과 허핀달 지수의 비교

이전 방법(4개 기업 집중률)을 사용할 경우 해당 산업의 상위 4개 기업은 48퍼센트의 시장점유율을 갖는다. 이런 경우 상위 4개 기업 중 한 기업과 다른 기업 사이의 합병은 정부의 승인을 받기가 어려울 수 있다. 하지만 허핀달지수 932는 집중화되지 않은 산업임을 보여준다.

기업	시장점유율
A	15%
B	12
C	11
D	10
E	8
F	7
G	7
H	6
I	6
J	6
K	6
L	6

이전 방법: 4개 기업 집중률

15% + 12% + 11% + 10% = 48%

새로운 방법: 허핀달 지수

각 기업의 시장점유율을 제곱하여 이를 합산한 값:

$(15)^2 + (12)^2 + (11)^2 + (10)^2 + (8)^2 + (7)^2 + (7)^2 + (6)^2 + (6)^2 + (6)^2 + (6)^2 + (6)^2 = 932$

2 독점금지와 합병

세 가지 형태의 합병이 있다.

1. **수평적 합병**(horizontal merger)은 동일한 시장에서 유사한 생산물을 판매하는 기업들 간의 합병을 말한다. 예를 들어 기업 A 및 B 둘 다 자동차를 생산하는 경우 두 개 기업이 단일 소유권의 통제 하에 결합될 경우 수평적 합병이 된다. 수평적 합병
2. **수직적 합병**(vertical merger)은 동일한 산업 내에 있지만 상이한 생산과정 단계에 있는 기업들 간의 합병이다. 수직적 합병은 어떤 물품을 상대기업에게 매도하거나 또는 상대기업으로부터 매입하는 기업들 간에 이루어지는 합병이다. 예를 들면 자동차를 생산하는 기업 C가 기업 D로부터 타이어를 매입하는 경우 두 개 기업이 단일 소유권의 통제 하에 결합될 경우 수직적 합병이 된다. 수직적 합병
3. **복합적 합병**(conglomerate merger)은 상이한 산업에 속한 기업들 간의 합병이다. 예를 들어 자동차산업에 종사하는 기업 E와 제약산업에 종사하는 기업 F가 단일 소유권의 통제 하에 결합될 경우 복합적 합병이 된다. 복합적 합병

12.2 자연독점과 규제

1 자연독점

어떤 산업에서 규모의 경제가 명백히 커서 단지 한 개 기업만이 생존할 수 있는 경우 이 기업을 **자연독점**(natural monopoly)이라고 한다. 이런 자연독점의 예로 보통 전기, 가스, 수돗물을 공급하는 기업들을 꼽는다. 자연독점

그림 2

자연독점 상황

유일한 한 개 기업이 평균 총비용 ATC_1에서 Q_1을 생산한다(Q_1은 $MR = MC$에서의 생산량이며 도표를 간단히 나타내기 위해서 MR 곡선은 생략하였다). 자원분배의 효율성은 Q_2에서 이루어지며 이 생산량을 충족시킬 수 있는 두 가지 방법이 있다. (1) 유일한 한 개 기업이 생산을 Q_2로 증가시키거나 또는 (2) 신규 기업이 시장에 진입하여 Q_2와 Q_1의 차이인 Q_3를 생산한다. 첫 번째 방법은 총비용을 극소화하지만 두 번째 방법은 그렇지 않다. 따라서 이는 자연독점 상황이다. 즉 한 개 기업이 둘 이상의 기업이 생산하는 것보다 더 낮은 비용으로 전체 수요량을 공급할 수 있다.

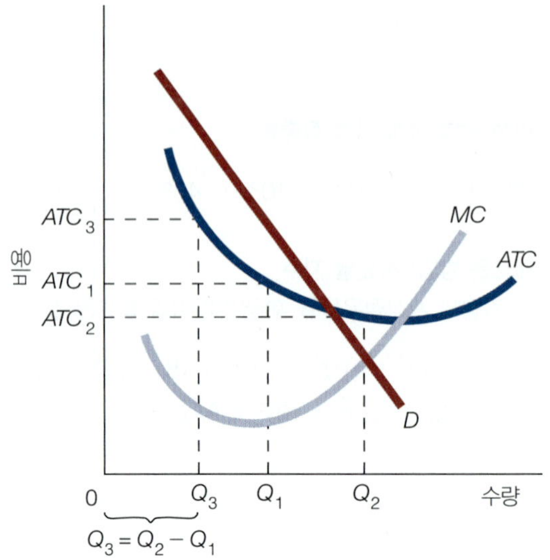

그림 2에서 해당 시장은 한 개 기업으로 구성되며 이 기업은 평균총비용 ATC_1에서 생산량 Q_1을 생산한다(Q_1은 $MR = MC$에서의 생산량이며 간단히 하기 위해서 MR 곡선은 도표에 나타내지 않았다). Q_1에서 자원분배는 비효율적이다. 매입한 상품에 사용된 자원의 수요자에 대한 한계편익이 매도한 상품 생산에 사용된 자원의 공급자에 대한 한계비용과 동일해질 때 자원분배 효율성이 존재한다. 그림 2에서 자원분배 효율성은 Q_2에서 이루어지며 이는 수요곡선과 MC 곡선이 교차하는 점이다.

생산량 Q_2를 생산하기 위해서 다음과 같은 두 가지 방법이 있다. (1) 첫 번째 방법은 현재 Q_1을 생산하고 있는 기업이 생산량을 Q_2로 증가시키는 것이고, (2) 두 번째 방법은 신규기업이 시장에 진입하여 Q_2와 Q_1 사이의 차이인 Q_3를 생산하는 것이다. 각 방법은 비용과 관련된다. 현재 시장에 있는 기업이 생산을 Q_2로 증가시킬 경우 평균총비용 ATC_2가 발생한다. 반면에 신규기업이 시장에 진입하여 Q_3를 생산할 경우 평균총비용 ATC_3가 발생한다. 이처럼 두 개 기업이 Q_2를 생산하게 되면 신규기업의 평균총비용은 ATC_3인 반면에 기존기업의 평균총비용은 ATC_1이 된다.

목적이 자원분배 효율성 수준으로 생산량을 증가시키는 것이라면 두 개 기업이 함께 Q_2를 생산하는 것보다 시장에 현재 있는 기존의 기업이 생산량을 Q_2로 증가시키는 것이 더 저렴하다(총비용이 더 낮아진다). 이처럼 그림 2는 자연독점의 상황을 보여준다. 두 개 이상의 기업이 공급하는 것보다 한 개 기업이 더 낮은 비용으로 전체 수요량을 공급할 수 있는 경우 **자연독점**이 존재하게 된다. 생산비용이 낮은 기업이 경쟁기업보다 낮은 비용으로 생산함에 따라 자연독점이 나타나게 된다.

일부 경제학자들은 자연독점인 기업이 독점가격을 부과하게 된다고 말한다. 그림 3에서 보면 자연독점 기업은 한계수입과 한계비용이 동일한 Q_1에서 생산을 하며 자신이 생산한 생산량과 일치하는 단위당 가장 높은 가격인 P_1을 부과한다. 자연독점 기업이 독점가격을 부과하므로 일부 사람들은 자연독점 기업을 규제하여야 한다고 주장한다. 다음에서 규제의 형태에 대해 살펴볼 것이다.

2 자연독점에 대한 규제

자연독점은 가격 규제, 이윤 규제, 생산량 규제를 통해 규제될 수 있다.

그림 3

이윤을 극대화하는 자연독점

이윤을 극대화하려는 자연독점 기업은 $MR = MC$에서의 수량을 생산하고 (독점)가격 P_1을 부과한다.

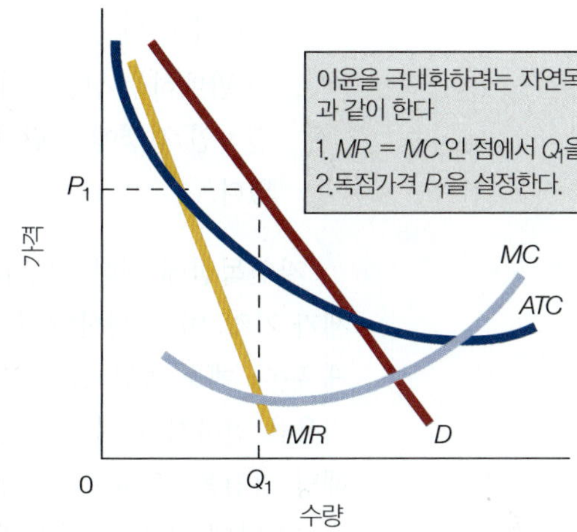

1. **가격 규제:** **한계비용 가격설정**은 가격 규제의 한 가지 형태이다. 목적은 수요가 한계비용과 교차하는 생산량에서 자연독점 기업의 가격이 한계비용과 같아지도록 설정하는 것이다. 그림 4에서 이 가격은 P_1이 된다. 이 가격에서 자연독점은 손실을 입게 된다. Q_1에서 평균총비용이 가격보다 크므로 총비용이 총수입보다 더 크다. 이렇게 되면 자연독점 기업이 보조금을 받지 못할 경우 이런 규제를 따르기보다 해당 사업분야에서 퇴출하게 된다.
2. **이윤 규제:** 정부는 자연독점 기업이 영의 경제적 이윤만을 얻기를 원할 수 있다. 그렇다면 정부는 자연독점 기업에게 ($P_2 = ATC$이므로) 가격 P_2를 부과하고 이 가격에서 수요량(Q_2)을 공급하도록 요구할 수 있다. 이런 형태의 규제를 보통 **평균비용 가격설정**이라고 한다. 이론적으로 볼 때 이 방법은 좋은 것처럼 보이지만 실제로는 결과가 다르게 나타날 수 있다. 문제는 자연독점 기업이 언제나 영의 경제적 이윤을 얻고 이 수준을 벗어나서 하락하거나 상승하는 것이 허용되지 않을 경우 비용을 인상시키려는 동기를 갖게 된다. 고임

그림 4

자연독점에 대한 규제

정부는 (1) 가격 규제, (2) 이윤 규제, (3) 생산량 규제를 통해 자연독점을 규제할 수 있다. 가격 규제는 한계비용 가격설정 방법을 의미하고 이윤 규제는 평균비용 가격설정 방법을 의미한다.

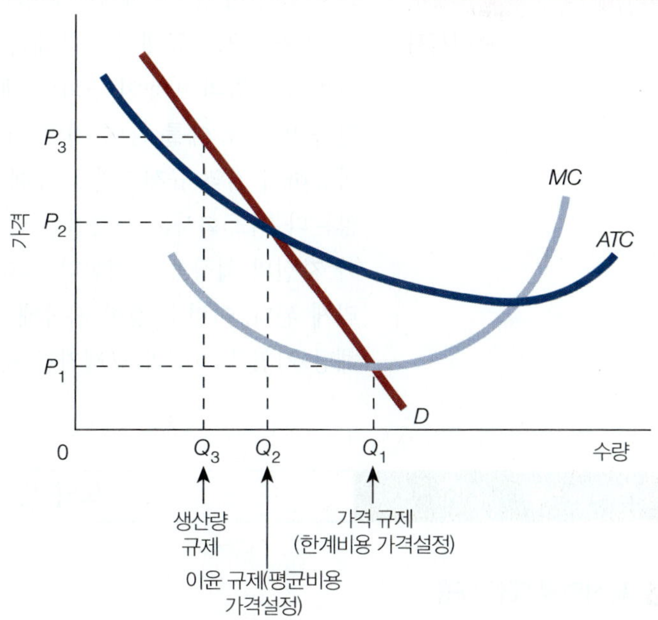

금이나 호화스러운 사무실로 인해 비용이 증가하면 이는 곧바로 가격인상에 반영된다. 이렇게 되면 평균비용 가격설정은 효율적인 방법이 되지 못한다.

3. **생산량 규제:** 정부는 자연독점 기업이 생산하길 바라는 생산량을 결정할 수 있다. 그림 4에서 이것이 Q_3라고 하자. 여기서는 가격이 평균 총비용보다 높기 때문에 양의 경제적 이윤이 발생한다. 하지만 자연독점 기업은 더 높은 이윤을 원하고 고정된 생산량에서 더 높은 이윤은 비용을 낮춤으로써 달성될 수 있다. 자연독점 기업은 자신이 판매하는 상품이나 서비스의 질을 낮춤으로써 비용을 낮출 수 있다. 이 기업은 직접적인 경쟁에 직면하지 않고 (정부에 의해) 경쟁기업들로부터 보호된다는 점을 알고 있다.

자연독점에 대한 정부규제의 결과가 언제나 의도했던 것처럼 나타나지는 않는다. 규제가 가격, 이윤, 생산량 중 어떤 형태를 갖더라도 자연독점 기업 운영자의 동기를 왜곡하게 된다. 예를 들면 영의 경제적 이윤이 유지되도록 이윤이 규제될 경우 자연독점 기업은 비용을 인하시키려는 동기를 갖지 않게 된다. 나아가 자연독점 기업 소유주는 정부관리나 해당 기업을 규제하는 사람들에게 영향을 미치려는 동기를 갖게 된다.

이 밖에 이 세 가지 형태의 규제를 시행하기 위해서는 정보가 필요하다. 예를 들어 정부가 자연독점 기업에 대해 한계비용 또는 평균 총비용과 동일한 가격을 설정하려는 경우 해당 기업의 비용 상황에 대해 알아야 한다.

정보를 수집하는 데 다음과 같은 세 가지 문제점이 발생한다. (1) 비용정보는 자연독점 기업 자체를 위한 경우에도 결정하기가 용이하지 않다. (2) 비용정보는 자연독점 기업에 의해 (어느 정도) 조작될 수 있으므로 규제기관은 해당 기업의 진짜 상황을 알지 못할 수 있다. (3) 규제기관은 다소 덜 정확한 정보를 얻더라도 일자리와 품위를 유지하고자 하기 때문에 정확한 정보를 얻고자 하는 동기가 거의 없다. (이로 인해 또 다른 문제가 대두된다. 즉 규제기관이 업무를 제대로 수행하는지 누가 확인할 것인가?)

규제시차

마지막으로 규제시차 문제는 정보와 간접적으로 연계된다. **규제시차**(regulatory lag)는 자연독점 기업의 비용이 변화할 때와 규제기관이 이에 대해 가격을 조정하는 때 사이의 기간을 말한다. 예를 들어 지역 가스회사가 규제를 받는다고 가상하자. 가스회사의 비용이 상승하여 지역 규제기관을 통해 가격을 인상하려 한다. 가격인상은 신속하게 이루어지지 않는다. 가스회사는 가격인상 신청서를 제출하고 관련 서류를 첨부하여 청문회 일정을 잡아 자신의 입장을 설명한다. 그리고 나서 신청서의 사안에 대한 규제기관의 결정을 기다리게 된다. 이런 과정이 시작해서 끝날 때까지 수개월이 소요될 수 있으며 그 기간 동안 해당 기업은 자신과 규제기간 둘 다 원하지 않는 상황 하에서 운영된다.

요약 및 정리

69 독점력에 대한 대응

- 독점기업은 (동일한 수입과 비용 상황 하에 있는) 완전경쟁 기업보다 적게 생산하며 더 높은 가격을 설정하고 사장된 손실을 발생시킨다. 이것이 독점력 문제이며 이를 해결하기 위해 독점금지법 및/또는 정부규제를 받게 된다.

70 독점금지 정책

- 독점금지 정책과 관련되어 해결되지 않은 몇 가지 문제가 있다. 이 중 하나는 시장에 대한 적절한 정의, 특히 해당 시장을 좁게 정의하여야 하는지 또는 넓게 정의하여야 하는지에 관한 문제이다. 이 문제를 어떻게 해결하느냐에 따라 어떤 기업이 독점기업으로 간주되는지에 큰 영향을 미친다. 이 밖에 독점의 존재 여부를 확인하거나 두 기업 간의 합병을 허용할지 여부를 결정하려는 경우 사용되는 집중률에 관한 문제이다.

71 자연독점

- 정부는 자연독점을 규제하기 위해서 세 가지 형태의 규제, 즉 가격 규제, 이윤 규제, 생산량 규제를 한다. 가격 규제는 보통 한계비용 가격규제, 즉 $P = MC$라고 설정하는 규제를 의미한다. 이윤 규제는 영의 경제적 이윤만을 얻도록 하는 규제이다. 생산량 규제는 자연독점 기업이 생산하여야 하는 특정 생산량을 규정하는 규제이다.

주요 용어 및 개념

허핀달 지수 **수직적 합병** **복합적 합병** **규제시차**
수평적 합병

연습문제

01. 이윤 규제가 규제받는 기업의 비용상승으로 이어지는 이유를 설명하시오.
02. 가격 규제, 이윤 규제, 생산량 규제를 설명하시오.
03. 전기회사 및 가스회사와 같은 공익사업체는 자연독점 기업이라고 일반적으로 주장되지만 이를 입증할 증거가 없다. 전기회사와 같은 기업들이 자연독점 기업이라는 (또는 아니라는) 사실을 어떻게 입증할 수 있는가? (요령: 많은 수의 소비자들에게 서비스를 제공하는 공익사업체의 평균 총비용과 상대적으로 적은 수의 소비자들에게 서비스를 제공하는 공익사업체의 평균 총비용을 비교하시오.)
04. 수직적 합병은 수평적 합병과 어떻게 다른가? 정부는 다른 합병보다 어느 합병에 보다 주의를 기울이는 이유는 무엇때문인가?
05. 4개 기업 집중률과 허핀달 지수 사이의 차이는 무엇인가?
06. 시장을 좁게 정의하거나 또는 넓게 정의하는 것이 독점금지 정책을 시행하는 데 차이가 나는 이유는 무엇 때문인가? 설명하시오.

숫자 및 그래프를 활용한 문제

01. 아래 산업에 대해 허핀달 지수와 4개 기업 집중률을 계산하시오.

기업	시장점유율(%)
A	17
B	15
C	14
D	14
E	12
F	10
G	9
H	9

다음 그림을 활용하여 아래 문제(2~4번)에 답하시오.

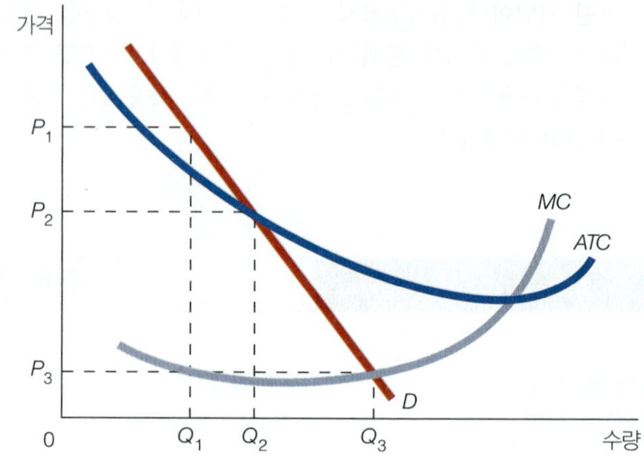

02. 그림에 있는 기업은 자연독점 기업인가? 설명하시오.

03. 그림에 있는 기업이 생산량 Q_3를 생산하고 가격 P_3를 부과할 경우 이윤을 얻을 수 있는가? 설명하시오.

04. 이윤 규제의 경우 그림에서 어떤 생산량과 일치하는가? 가격 규제의 경우는 어떠한가? 설명하시오.

제 13 장

요소시장: 노동시장을 중심으로

13.1 요소시장

생산물에 대한 수요 및 공급이 있는 것처럼 예를 들면 노동과 같은 요소에 대한 수요 및 공급도 존재한다.

1 요소에 대한 수요

모든 기업들은 완전경쟁 기업이든 또는 과점기업이든 또는 다른 형태의 기업이든지에 관계없이 판매할 생산물을 생산하기 위해 필요한 요소를 구입한다. 예를 들면 농부들은 판매할 곡물을 생산하기 위해 트랙터와 비료를 구입한다. 현대자동차는 판매할 자동차를 생산하기 위해 자동차용 강판을 구입한다.

유도 수요

요소에 대한 수요는 **유도 수요**(derived demand)이다. 즉 해당 요소가 투입된 생산물에 대한 수요로부터 유도되었고 이것과 직접 연계된다. 생산물에 대한 수요가 증가하면 해당생산물을 생산하기 위해서 투입된 요소에 대한 수요도 증가한다. 생산물에 대한 수요가 감소하면 요소에 대한 수요도 감소한다. 예를 들어 대학교육에 대한 수요가 감소하면 대학교수에 대한 수요도 감소한다. 컴퓨터에 대한 수요가 증가하면 컴퓨터 관련 숙련노동자에 대한 수요도 증가한다.

매도인의 생산물에 대한 수요가 증가할 경우 매도인은 얼마나 더 많은 요소를 매입하여야 하는지 결정하여야 한다. 한계수입 생산물과 한계요소비용이 이런 결정을 내리는 데 연관이 된다.

2 한계수입 생산물: 두 가지 계산법

한계수입 생산물

한계수입 생산물(marginal revenue product, *MRP*)은 예를 들면 노동 한 단위처럼 어떤 요소를 한 단위 더 추가적으로 투입함으로써 얻게 되는 추가적인 수입을 말한다. 예를 들어 어떤 기업이 어떤 요소를 한 단위 더 투입하여 총수입을 20달러 증가시킬 경우 해당 요소의 한계수입 생산물은 20달러가 된다. 한계수입생산물은 다음과 같은 두 가지 방법으로 계산할 수 있다.

$$MRP = \frac{\Delta TR}{\Delta \text{요소수량}}$$

$$MRP = MR \times MPP$$

여기서 TR = 총수입, MR = 한계수입, MPP = 한계생산물이다. 그림 1은 MRP를 계산하는 두 가지 방법을 보여주기 위해서 가상적인 기업의 자료를 보여주고 있다

방법 1: $MRP = \Delta TR/\Delta$요소수량 그림 1(a)를 살펴 보도록 하자.

그림 1

한계수입 생산물(*MRP*)의 계산

*MRP*를 계산하는 두 가지 방법이 있다. (a)는 한 가지 방법($MRP = \Delta TR/\Delta$요소수량)을 보여주고 (b)는 다른 한 가지 방법($MRP = MR \times MPP$)을 보여준다.

(1) 요소 X의 수량	(2) 생산량 Q	(3) 생산물 가격, 한계수입($P = MR$)	(4) 총수입 $TR = P \times Q = (3) \times (2)$	(5) 요소 X의 한계수입생산물 $MRP = \Delta TR/\Delta$요소 X의 수량 $= \Delta(4)/\Delta(1)$
0	10*	$5	$50	—
1	19	5	95	$45
2	27	5	135	40
3	34	5	170	35
4	40	5	200	30
5	45	5	225	25

(a)

(1) 요소 X의 수량	(2) 생산량 Q	(3) 한계생산물 $MPP = \Delta(2)/\Delta(1)$	(4) 생산물 가격 = 한계수입 ($P = MR$)	(5) 요소 X의 한계수입생산물 $MRP = MR \times MPP = (4) \times (3)$
0	10*	—	$5	—
1	19	9	5	$45
2	27	8	5	40
3	34	7	5	35
4	40	6	5	30
5	45	5	5	25

(b)

*요소 X의 수량이 0 단위일 때 생산량이 10단위이므로 해당 물품을 생산하는데 (그림에 나타나지 않은) 다른 요소가 또한 사용되어야 한다.

- 제1열: 요소 X의 상이한 수량을 보여준다.
- 제2열: 요소 X의 상이한 수량으로 생산되는 생산량을 보여준다.
- 제3열: 요소가 투입되어 생산되는 생산물의 가격 및 한계수입을 보여준다. 생산물의 가격(P)이 해당 생산물의 한계수입(MR)과 동일하다고 가정한다. 따라서 그림 1의 매도인은 완전경쟁 기업이며 이 경우 $P = MR$이다.
- 제4열: 가격과 수량을 곱하여 총수입을 계산한다.
- 제5열: 총수입(제4열)의 변화를 요소수량의 변화로 나누면 한계수입 생산물(MRP)을 계산할 수 있다.

방법 2: $MRP = MR \times MPP$ 그림 1(b)를 살펴보도록 하자. 제1열 및 2열은 그림 1(a)와 같고 다른 열들은 상응하는 계산값들을 보여준다.

3 *MRP* 곡선은 해당 기업의 요소수요곡선이다.

그림 1의 제5열을 다시 살펴보도록 하자. 이는 요소 X에 대한 MRP를 보여주고 있다. (제1열의) 요소수량에 대해 제5열의 자료를 도표로 나타내면 요소 X에 대한 MRP 곡선을 도출할 수 있다. 이 곡선은 요소 X에 대한 해당 기업의 수요곡선이다(또는 간단히 해당 기업의 요소수요곡선이다)(그림 2 참조).

$$MRP \text{ 곡선} = \text{요소수요곡선}$$

그림 2에서 MRP 곡선의 기울기는 하향한다. MRP는 $MRP = MR \times MPP$를 계산하여 구하였다는 점을 생각하면 그 이유를 알 수 있다. 요소의 한계생산물인 MPP에 관해 생각하여 보자. 한계수확 체감의 법칙에 따르면 요소의 MPP는 궁극적으로 체감하게 된다. MRP는 $MR \times MPP$이고 MPP는 궁극적으로 감소하기 때문에 MRP도 역시 감소하게 된다.

한계생산물 가치

4 한계생산물 가치

한계생산물 가치(value marginal product, VMP)는 요소의 한계생산물에 생산물의 가격을 곱하여 구할 수 있다.

$$VMP = P \times MPP$$

예를 들어 $P = 10$달러, $MPP = 9$단위라면 $VMP = 90$달러가 된다. VMP는 요소 각 단위가 해당 기업의 생산물에 추가시킨 가치를 측정한 것이라고 할 수 있다. 또는 간단히 금전적으로 측정한 MPP라고 할 수 있다.

그림 2

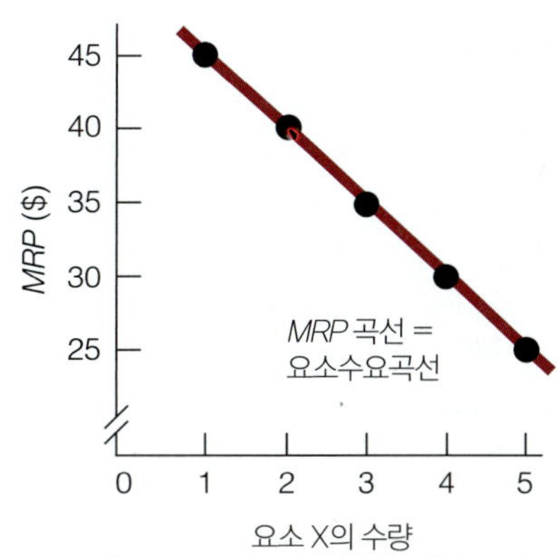

MRP 곡선은 해당 기업의 요소수요곡선이다

그림 1의 (1)열 및 (5)열에 있는 자료를 도표로 나타내면 MRP 곡선을 도출할 수 있다. MRP 곡선은 기업이 상이한 가격에서 구입하고자 하는 다양한 요소수량을 나타내며 이는 수요곡선이 보여주는 것이다. 즉 MRP 곡선은 기업의 요소수요곡선이다.

기업이 어떤 요소를 몇 단위나 투입할지 결정하기 위해서는 해당 요소의 *VMP*에 대해 알아보는 것이 필요하다. 예를 들어 컴퓨터를 생산하는 기업 소유주의 입장이 되어 보자. 컴퓨터를 생산하는 데 필요한 요소 중 하나는 노동이다. 근로자 한 명을 추가적으로 고용할지 여부를 놓고 고민하고 있다. 실제로 근로자를 추가적으로 고용할지 여부는 다음과 같은 두 가지 면에 의존한다. (1) 추가적으로 근로자를 고용함에 따라 금전적으로 얼마나 나아지는가? (2) 추가적으로 고용한 근로자에게 얼마나 지불하여야 하는가? 간단히 말해 근로자가 당신을 위해 해줄 것과 당신이 근로자에게 지불할 것을 알고자 한다. 어떤 요소의 *VMP*는 해당 요소를 추가적으로 투입할 경우 당신을 위해 하게 될 것을 금전적으로 측정한 것이다.

5 중요한 질문: *MRP* = *VMP*인가?

그림 1에서 *MRP*를 계산하면서 해당 기업이 완전경쟁 기업이라고 가정하였기 때문에 가격(P)은 한계수입(MR)과 같다. 완전경쟁 기업의 경우 $P = MR$이므로 $MRP = VMP$가 된다. 즉 $MRP = MR \times MPP$ 및 $VMP = P \times MPP$라면 완전경쟁 기업의 경우 $P = MR$이므로 다음과 같다.

완전경쟁 기업의 경우, $MRP = VMP$

그림 3(a)를 참조하여 보자.

그림 3

***MRP* 곡선 및 *VMP* 곡선**

$MRP = MR \times MPP$ 및 $VMP = P \times MPP$이다. (a)는 *MRP* 곡선과 *VMP* 곡선을 보여준다. 가격순응자 또는 완전경쟁 기업인 경우 $P = MR$이기 때문에 이들 두 곡선은 동일하다. (b)는 가격설정자인 기업(독점기업, 독점적 경쟁기업, 과점기업)에 대한 *MRP* 곡선과 *VMP* 곡선을 보여준다. 이들 기업의 경우 $P > MR$이므로 *MRP* 곡선은 *VMP* 곡선 아래에 위치한다.

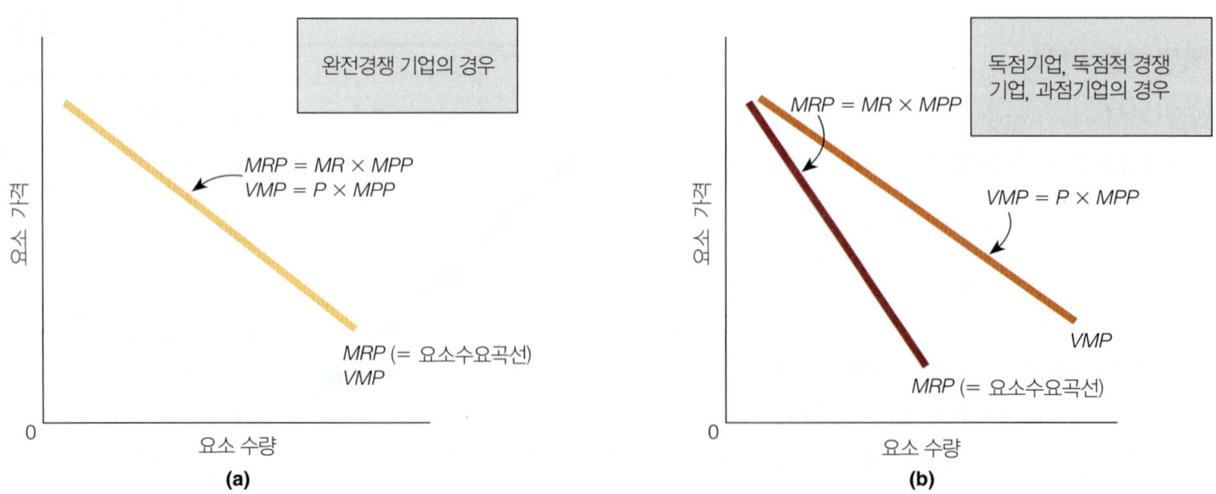

완전경쟁 기업의 경우에는 $MRP = VMP$이지만 기업이 가격설정자(독점기업, 독점적 경쟁기업, 과점기업)인 경우는 그렇지 않다. 이 기업들은 자신들의 생산물에 대해 기울기가 하향하는 수요곡선에 직면하게 된다. 이 기업들의 경우 $P > MR$이므로 $VMP(P \times MPP)$가 $MRP(MR \times MPP)$보다 더 크다.[1] 그림 3(b)를 참조하여 보자.

독점기업, 독점적 경쟁기업, 과점기업의 경우, *VMP* > *MRP*

6 한계요소비용: 기업의 요소공급곡선

한계요소비용

한계요소비용(marginal factor cost, *MFC*)은 요소를 한 단위 추가적으로 투입함에 따라 발생하는 추가적인 비용이다. 이는 다음과 같이 계산된다.

$$MFC = \frac{\Delta TC}{\Delta \text{요소수량}}$$

여기서 TC = 총비용이다.

요소가격순응자

어떤 기업이 **요소가격순응자**(factor price taker)라고 가상하자. 이 기업은 균형가격에서 해당 요소의 원하는 모든 양을 구입할 수 있다. 예를 들어 요소 X의 균형가격을 5달러라고 가상하자. 어떤 기업이 요소가격순응자라면 요소 단위당 5달러의 가격으로 요소 X의 어떤 수량도 구입할 수 있다. 그림 4(a)를 참조하여 보자.

그림 4

MFC의 계산 및 MFC 곡선의 도출
(a)에서 *MFC*는 4열에 계산되어 있다. 해당 기업은 요소 단위당 주어진 가격(2열에서 보는 것처럼 5달러)으로 요소 X의 수량을 구입할 수 있기 때문에 가격순응자이다. (b)에서는 (1)열 및 (4)열의 자료를 도표로 나타내어 *MFC* 곡선을 도출하였으며 이는 해당 기업의 요소공급곡선이다.

(1) 요소 X의 수량	(2) 요소 X의 가격	(3) 총비용 $TC = (2) \times (1)$	(4) $MFC = \Delta TC/\Delta$요소수량 $= \Delta(3)/\Delta(1)$
0	$5	$0	—
1	5	5	$5
2	5	10	5
3	5	15	5
4	5	20	5
5	5	25	5
6	5	30	5

(a)

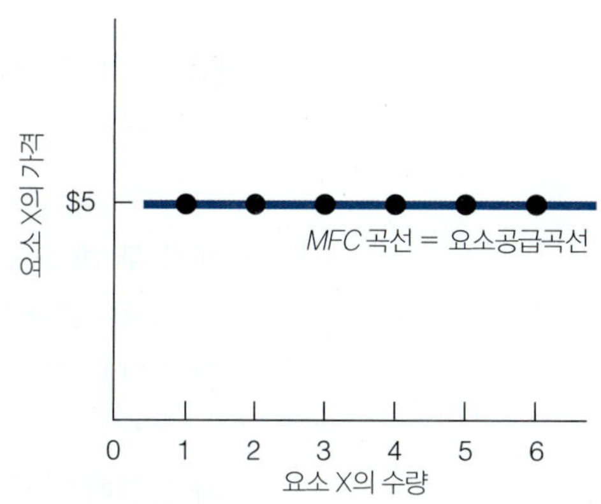

(b)

1) 완전 가격차별 독점기업은 예외이다. 이 기업의 경우 $P = MR$이다.

그림 5

MRP와 MFC가 같아지는 점

기업은 해당 요소의 *MRP*가 *MFC*를 초과하는 한 계속해서 그 요소를 구입한다. 그림에서 기업은 Q_1을 구입한다.

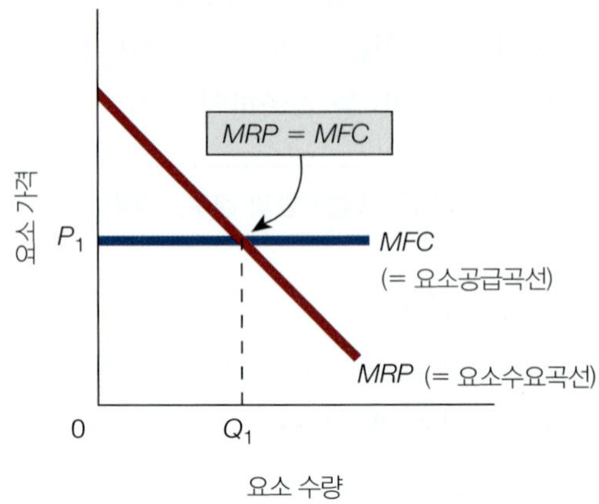

이런 종류의 기업의 경우 한계요소비용(*MFC*)곡선(해당 기업의 요소공급곡선)은 그림 4(b)에서 보는 것처럼 수평적이다(평평하거나 또는 완전 탄력적이다).[2)]

7 기업은 얼마나 많은 요소를 구입하여야 하는가?

당신이 경제학과를 졸업하고 나서 기업체에 근무한다고 가상하자. 출근 첫날 요소 X에 관한 토론회에 참석하게 되었다. 사장은 당신에게 다음과 같은 질문을 하였다. "이 요소를 얼마나 구입하여야 하는가? 귀하의 의견은 어떠한가?"

당신의 대답은 한계분석에 기초하게 될 것이다. "요소를 한 단위 추가적으로 투입함으로써 얻게 되는 추가적인 수입이 추가적인 요소 투입에 따른 추가적인 비용과 동일해질 때까지 해당 요소를 추가적으로 구입하여야 한다." 간단히 말해 $MRP = MFC$까지 요소를 추가적으로 구입하여야 한다. 그림 5에서 요소수량 Q_1에서 *MRP*는 *MFC*와 동일해진다.

8 한 개를 초과하는 요소가 있는 경우 기업은 각 요소를 얼마나 구입하여야 하는가?

지금까지는 단지 한 개 요소의 구입에 대해서 논의하였다. 기업은 생산물을 생산하기 위해서 두 개 요소, 즉 노동(*L*) 및 자본(*K*)이 필요하다고 가상하자. 비용을 극소화하기 위해서 이 두 개 요소를 어떻게 결합시켜야 하는가. 예를 들면 노동 20단위와 자본 5단위를 결합시켜야 하는가 또는 노동 15단위와 자본 8단위를 결합시켜야 하는가?

기업은 한 요소의 가격에 대한 *MPP*의 비율이 다른 요소의 가격에 대한 *MPP*의 비율과 동일해질 때까지 두 요소를 구입한다. 이를 다음과 같이 나타낼 수 있다.

---

2) 단일기업 요소가격순응자의 경우 *MFC* 곡선(요소공급곡선)은 수평선이지만 시장공급곡선의 기울기는 상향한다. 이것은 완전경쟁기업의 경우 기업의 수요곡선은 수평선이지만 시장(또는 산업) 수요곡선의 기울기는 상향하는 것과 유사하다. 요소시장에서는 시장의 수요측면 대신에 공급측면에 대해 논의할 뿐이다. 기업의 공급곡선은 평평하다. 왜냐하면 각 기업은 상대적으로 적은 양을 구입하기 때문에 요소가격을 상승시키지 않으면서 추가적으로 구입할 수 있기 때문이다. 하지만 산업의 경우 요소(예를 들면 노동자)를 다른 산업으로부터 끌어와야 하기 때문에 요소가격이 상승하게 된다. 두 가지 공급곡선, 즉 기업공급곡선과 산업공급곡선은 기본적으로 기업과 산업의 상이한 규모를 반영한 것이다.

$$\frac{MPP_L}{P_L} = \frac{MPP_K}{P_K}$$

이를 **최소비용규칙**(least cost rule)이라 한다. 이 논리를 이해하기 위해서 한 가지 예를 생각하여 보자. 다음과 같은 기업이 있다고 가상하자. (1) 노동의 가격은 5달러이다. (2) 자본의 가격은 10달러이다. (3) 노동이 추가적으로 한 단위 투입됨에 따라 생산량은 25단위 증가한다. (4) 자본이 추가적으로 한 단위 투입됨에 따라 생산량은 25단위 증가한다. MPP_L/P_L이 MPP_K/P_K보다 더 크다는 점, 즉 25/5달러 > 25/10달러라는 사실에 주목하자. 따라서 이 기업의 경우 노동에 사용된 1달러는 자본에 사용된 1달러보다 생산량을 증대시키는 데 더 효율적이다. 실제로 두 배 더 효율적이다.

최소비용규칙

기업이 노동에 5달러를 추가적으로 지출하고 자본에 10달러를 추가적으로 지출한다고 가상하자. 두 요소를 이렇게 구매할 경우 해당 기업은 비용을 극소화하지 못한다. 추가적으로 15달러를 지출하고 추가적으로 생산물 50단위를 생산한다. 이와 달리 노동에 10달러를 추가적으로 지출하고 자본에는 0달러를 지출할 경우 해당 기업은 동일하게 생산물 50단위를 생산하면서 5달러를 절약할 수 있다.

비용을 극소화하기 위해서 기업은 최소비용규칙이 준수될 때까지 요소 구입을 재조정하게 된다. 예를 들어 $MPP_L/P_L > MPP_K/P_K$인 경우 해당 기업은 노동을 더 구입하고 자본을 덜 구입한다. 따라서 노동의 *MPP*는 감소하고 자본의 *MPP*는 증가하여 두 비율이 점점 근접해진다. 가격에 대한 *MPP*의 비율이 더 큰 요소를 기업은 더 많이 구입하며 두 비율이 동일해질 때 요소 구입을 멈추게 된다.

13.2 노동시장

대부분의 사람들은 노동시장에 한 번쯤은 있게 되므로 노동은 특별히 관심의 대상이 된다. 여기서는 먼저 노동수요를 살펴보고 나서 노동공급을 고찰할 것이며 마지막으로 이 둘을 함께 분석할 것이다. 또한 여기서는 생산물시장 및 요소시장에서 가격순응자인 기업에 초점을 맞출 것이다.[3] 이런 상황 하에서 노동에 대한 수요 및 공급이 임금을 결정한다.

1 기업의 *MRP* 곡선 또는 요소수요곡선의 이동

앞에서 살펴본 것처럼 기업의 *MRP* 곡선은 요소수요곡선이며 한계수입 생산물은 한계수입에 한계생산물을 곱한 것과 같다.

$$MRP = MR \times MPP \quad (1)$$

$P = MR$인 완전경쟁 기업에서 (1)을 다음과 같이 나타낼 수 있다.

$$MRP = P \times MPP \quad (2)$$

3) 여기서 매수인 및 매도인 모두 임금을 통제할 수 없다는 사실에 주목하자. 따라서 공급 및 수요가 분석수단이 된다. 다음 장에서는 이런 분석을 변경할 것이다.

그림 6

기업의 MRP 곡선 또는 요소수요곡선의 이동

언제나 $MRP = MR \times MPP$가 성립한다. $P = MR$인 완전경쟁 기업의 경우 $MRP = P \times MPP$가 된다. P가 변화할 경우 MRP가 변화한다. 예를 들어 생산물 가격이 상승하면 MRP가 상승하고 해당 기업의 MRP 곡선(요소수요곡선)이 오른쪽으로 이동한다. 생산물 가격이 하락하면 MRP가 하락하고 해당 기업의 MRP 곡선(요소수요곡선)이 왼쪽으로 이동한다. (MRP 곡선의 이동으로 나타나는) MPP의 상승이 이루어질 경우 MRP가 상승하고 해당 기업의 MRP 곡선이 오른쪽으로 이동한다. MPP의 하락이 이루어질 경우 MRP가 하락하고 해당 기업의 MRP 곡선이 왼쪽으로 이동한다.

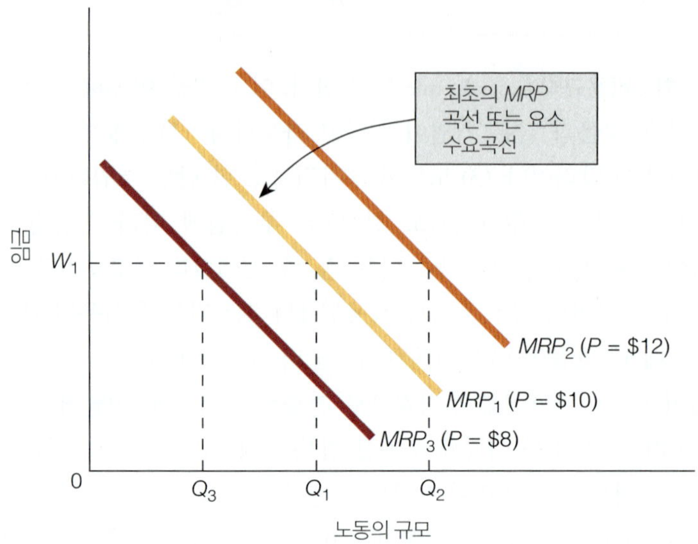

특정 생산요소, 즉 노동에 대한 수요에 대해 생각해 보자. 노동이 생산한 생산물의 가격이 변화할 경우 요소수요(MRP)곡선에 어떤 변화가 발생하는가? 그림 6에서 최초의 생산물 가격은 10달러이고 최초의 요소수요곡선은 MRP_1이다. 임금 W_1에서 기업은 노동 Q_1을 고용한다. 생산물 가격이 12달러로 상승하였다고 가상하자. 그러면 위의 방정식 (2)에서 볼 수 있는 것처럼 MRP가 증가한다. 각 임금수준에서 기업은 더 많은 노동을 고용하고자 한다. 예를 들면 W_1에서 기업은 Q_1 대신에 Q_2를 고용하고자 한다. 간단히 말해 생산물 가격이 상승함에 따라 기업의 MRP 곡선 또는 요소수요곡선이 오른쪽으로 이동한다. 생산물 가격이 10달러에서 8달러로 하락할 경우 MRP가 감소한다. 각 임금수준에서 기업은 더 적은 노동을 고용하고자 한다. 예를 들면 W_1에서 기업은 Q_1 대신에 Q_3를 고용하고자 한다. 간단히 말해 생산물 가격이 하락함에 따라 기업의 MRP 곡선 또는 요소수요곡선이 왼쪽으로 이동한다.

요소의 MPP가 변화할 경우도 또한 해당 기업의 MRP 곡선을 변화시킨다. 위의 방정식 (2)에서 볼 수 있는 것처럼 예를 들면 노동의 MPP가 증가할 경우 MRP도 증가하여 MRP 곡선 또는 요소수요곡선이 오른쪽으로 이동한다. MPP가 감소할 경우 MRP도 감소하여 MRP 곡선 또는 요소수요곡선이 왼쪽으로 이동한다.[4)]

2 노동에 대한 시장수요

노동에 대한 시장수요곡선은 노동에 대한 기업의 수요곡선(MRP 곡선)을 수평적으로 합한 것이라고 생각할 수 있다. 하지만 그림 7에서 보는 것처럼 그렇지가 않다. 두 개 기업 A 및 B가 요소시장의 매입 측면을 구성하며 두 개 기업의 생산물 가격은 P_1이다. 그림 7(a) 및 (b)는 이 생산물 가격에 기초한 두 기업의 MRP 곡선을 보여주고 있다.

4) 주어진 MRP 곡선 상에서의 이동이 아니라 MRP 곡선의 이동으로 반영된 MPP의 변화에 대해 설명하고 있다.

그림 7

노동에 대한 시장수요곡선의 도출

두 개 기업 A와 B는 노동시장에서 노동을 고용하는 매입 측면을 구성한다. 임금 W_1에서 기업 A는 노동 100단위를 고용하고 기업 B는 150단위를 고용한다. 이들이 고용한 노동을 합산하면 (c)에서 보는 것처럼 250단위가 된다. 임금이 W_2로 인상되면 이들 두 기업이 고용한 노동량은 그림 (c)에서 보는 것처럼 처음에 180단위로 감소한다. 하지만 임금이 상승하면 비용 상승으로 이어지고 이로 인해 생산물의 공급이 감소하여 생산물 가격이 P_1에서 P_2로 인상된다. 가격이 인상되면 *MRP*가 증가되어 각 기업은 새로운 *MRP* 곡선을 갖게 된다. 새로운 *MRP* 곡선을 수평으로 합할 경우 노동 210단위를 구입하는 것으로 나타난다. W_1 및 W_2에서 두 기업이 고용한 노동량을 연결하면 시장수요곡선이 된다.

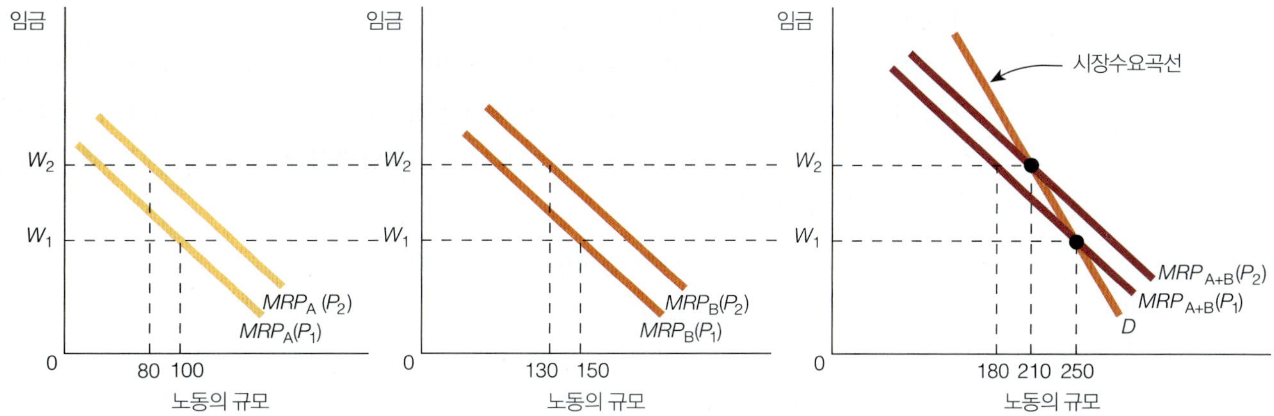

(a) 기업 A (b) 기업 B (c) 기업 A 및 B

임금이 W_1인 경우 기업 A는 한계수입 생산물과 한계요소비용(또는 임금)이 같아지는 노동량, 즉 노동 100단위를 구입한다. 동일한 임금수준에서 기업 B는 노동 150단위를 구입한다. 두 개 기업 A 및 B의 *MRP* 곡선을 수평으로 합하면 그림 7(c)에서 *MRP* 곡선을 구할 수 있다. 여기서 두 개 기업은 함께 W_1에서 노동 250단위를 구입한다.

이제 임금이 W_2로 상승하였다고 가정하자. 그림 7(c)에서 기업 A 및 B는 주어진 MRP_{A+B} 곡선을 따라 위쪽으로 이동하여 노동 180단위를 구입한다. 이것이 진행과정의 끝인 것 같지만 물론 그렇지 않다. 왜냐하면 임금이 상승할 경우 각 기업의 비용도 증가하며 이에 따라 기업의 공급곡선이 왼쪽으로 이동한다. 이는 다시 생산물 가격을 P_2로 인상시킨다.

기업의 한계수입 생산물은 한계수입(또는 완전경쟁 기업의 경우 가격)에 한계생산물을 곱하여 구했다는 사실을 기억하자. 이를 수식으로 나타내면 다음과 같다. $MRP = MR \times MPP$(또는 $P \times MPP$). 따라서 가격이 인상될 경우 *MRP*가 증가하며 이에 따라 임금 W_2에서 각 기업은 새로운 *MRP* 곡선에 직면하게 된다. 그림 7(a) 및 (b)는 기업 A 및 B의 새로운 *MRP* 곡선을 보여주며 그림 7(c)는 이 새로운 *MRP* 곡선을 수평으로 합한 것을 보여준다. 이제 W_2에서 두 기업은 함께 노동 210단위를 구입하게 된다.

이런 모든 과정을 거친 후 W_1 및 W_2에서 두 개 기업이 구입한 노동량을 연결하면 그림 7(c)에서 시장수요곡선을 도출할 수 있다.

3 노동에 대한 수요탄력성

노동 수요탄력성

임금이 상승하면 기업들은 고용할 노동을 축소시킨다. 얼마나 축소시키느냐는 **노동 수요탄력성**(elasticity of demand for labor)에 의존한다. 이 탄력성은 노동 수요량의 백분율변화를 노동가격(임금)의 백분율 변화로 나누어 구할 수 있다.

$$E_L = \frac{\text{노동 수요량의 백분율 변화}}{\text{임금의 백분율 변화}}$$

여기서 E_L = 노동 수요탄력성 계수(또는 간단히 탄력성 계수)이다.

예를 들어 임금이 20퍼센트 변화할 경우 특정 형태 노동의 수요량은 40퍼센트 변화한다고 가상하자. 이런 형태 노동의 수요 탄력성은 2(40퍼센트 ÷ 20퍼센트)이며 이전 임금과 신 임금 사이의 수요는 탄력적이다. 노동에 대한 수요탄력성에 영향을 미치는 세 가지 중요한 결정요인은 다음과 같다.

- 노동을 이용하여 생산한 생산물에 대한 수요탄력성
- 총비용에 대한 노동비용의 비율
- 대체요소의 수

노동을 이용하여 생산한 생산물에 대한 수요탄력성 노동을 이용하여 생산하는 생산물에 대한 수요가 매우 탄력적인 경우(예를 들면 생산물의 공급곡선을 왼쪽으로 이동시키는 임금인상으로 인한) 가격의 소폭적인 백분율 증가에도 생산물의 수요량은 상대적으로 큰 백분율만큼 감소하게 된다. 이는 다시 생산물을 생산하는 데 필요한 노동량을 큰 폭으로 감소시킨다. 이는 노동에 대한 수요도 역시 매우 탄력적이라는 의미이다.

생산물에 대한 수요탄력성과 노동에 대한 수요탄력성 사이의 관계는 다음과 같다.

- 생산물에 대한 수요탄력성이 높을수록 이 생산물을 생산하는 데 사용하는 노동에 대한 수요탄력성도 높아진다,
- 생산물에 대한 수요탄력성이 낮을수록 이 생산물을 생산하는 데 사용하는 노동에 대한 수요탄력성도 낮아진다.

총비용에 대한 노동비용의 비율 노동비용은 총비용의 일부분이다. 다음과 같은 두 가지 경우를 생각하여 보자. 하나는 노동비용이 총비용의 90퍼센트를 차지하는 경우이고 다른 하나는 노동비용이 총비용의 5퍼센트만을 차지하는 경우이다. 이제 임금이 시간당 2달러만큼 인상되었다. 노동비용이 총비용의 90퍼센트를 차지하는 경우(시간당 2달러의 임금상승이 모든 비용의 90퍼센트에 대해 적용되는 경우)가 노동비용이 5퍼센트만 차지하는 경우보다 총비용에 더 많은 영향을 미친다. 이처럼 노동비용이 총비용에서 더 많은 비율을 차지할 경우 가격이 더 많이 상승한다. 물론 가격이 많이 상승할수록 생산물의 수요량은 더 많이 감소한다. 따라서 유도된 수요인 노동도 더 많은 영향을 받는다. 간단히 말해 시간당 2달러만큼의 임금인상이 발생하게 되면 노동비용이 총비용 중 5퍼센트만을 차지할 경우보다 90퍼센트를 차지할 경우에 노동에 대한 수요량이 더 큰 폭으로 감소한다.

총비용에 대한 노동비용의 비율과 노동에 대한 수요탄력성 사이의 관계는 다음과 같다.

- 총비용에 대한 노동비용의 비율이 높을수록 노동에 대한 수요탄력성도 높다(즉 일정한 임금인상에 대해 노동이 더 큰 폭으로 감소한다).
- 총비용에 대한 노동비용의 비율이 낮을수록 노동에 대한 수요탄력성도 낮다(즉 일정한 임금인상에 대해 노동이 더 작은 폭으로 감소한다).

대체요소의 수 노동에 대한 대체재가 많을수록 노동을 고용하는 측은 임금변화에 더 민감하게 된다. 이에 대해서는 수요의 가격탄력성을 논의하면서 이미 살펴보았다. 노동을 대체할 수 있는 요소가 많을수록 임금이 인상될 경우 고용한 노동량을 축소시킬 가능성이 높다.

- 노동에 대한 대체요소가 많을수록 노동에 대한 수요 탄력성이 높다
- 노동에 대한 대체요소가 적을수록 노동에 대한 수요 탄력성이 낮다.

4 노동의 시장공급

임금이 상승함에 따라 다른 사정이 동일하다면 노동의 공급량이 증가한다. 그림 8에 있는 기울기가 상향하는 노동공급곡선은 이런 관계를 보여준다. 임금수준 W_1에서 사람들은 100이란 노동단위를 공급하고 더 높은 임금수준 W_2에서는 사람들이 200이란 노동단위를 공급한다. 임금수준 W_1에서 노동하지 않았던 사람들도 W_2에서는 노동을 하며 W_1에서 노동했던 일부 사람들은 W_2에서 더 많은 노동을 공급한다. 이보다 더 높은 임금수준 W_3에서 사람들은 280이란 노동단위를 공급한다.

5 개인의 노동공급

그림 8은 기울기가 상향하는 노동의 시장공급곡선을 보여주고 있다. 개인의 노동공급곡선, 특히 존(John)의 노동공급곡선의 기울기가 상향하는지 알아보도록 하자. 대답은 대체효과 및 소득효과의 상대적인 크기에 의존한다.

존은 현재 시간당 10달러를 받으면서 주당 40시간 근무하고 있다. 존의 임금이 예를 들면 시간당 15달러로 인상될 경우 그는 자신을 정반대 방향으로 움직이려는 두 가지 효과를 생각하게 된다.

1. **대체효과**: 임금이 상승함에 따라 존은 근로에 따른 금전적인 보상이 증가한다는 사실을 깨닫게 됐다. 따라서 존은 더 많은 시간, 예를 들면 주당 40시간 대신에 (5시간을 추가한) 45시간을 근무하고자 한다.

그림 8

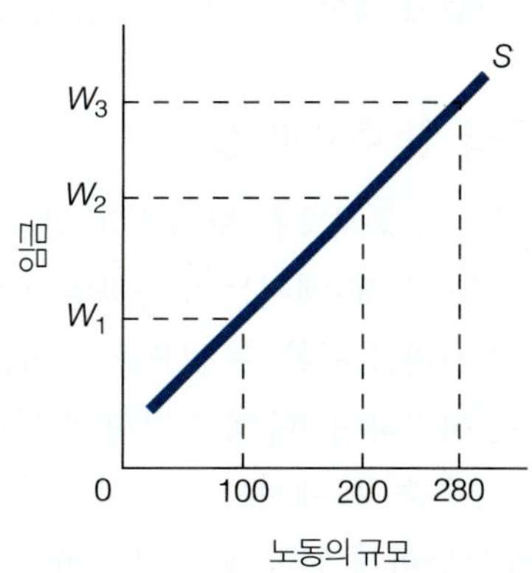

노동의 시장공급

임금과 노동공급량 사이에 정의 관계가 존재한다.

2. **소득효과:** 임금이 상승함에 따라 존은 (시간당 10달러씩 40시간에 해당하는) 주당 400달러 대신에 (시간당 15달러씩 40시간에 해당하는) 주당 600달러를 받을 수 있다는 사실을 알게 된다. 여가가 정상재(소득이 증가함에 따라 수요가 증가하는 재화)라면 존은 자신의 소득이 증가함에 따라 더 많은 여가를 수요하게 된다. 하지만 더 많은 여가시간을 가질 수 있는 유일한 방법은 근무시간을 줄이는 것밖에 없다. 존은 주당 근무시간을 40시간에서 (3시간 적은) 37시간으로 줄이려 한다.

대체효과는 존을 (5시간 추가적으로 근무하도록) 한쪽 방향으로 끌어당기고 소득효과는 존을 (3시간 덜 근무하도록) 반대 방향으로 끌어당긴다. 어느 효과가 더 강한가? 위의 숫자 예에서 보면 대체효과가 더 강하다. 따라서 임금이 상승함에 따라 존은 주당 2시간씩 추가적으로 근무하게 된다. 이것이 의미하는 바는 임금 10달러와 15달러 사이에서 존의 노동공급곡선의 기울기는 상향한다는 것이다.

6 노동공급곡선의 이동

임금이 변화하면 노동공급량이 변화한다. 즉 주어진 공급곡선 상에서 이동하게 된다. 하지만 두 가지 중요한 요인 즉, 다른 노동시장의 임금과 직업의 비금전적 측면은 노동공급곡선을 이동시킬 수 있다.

다른 노동시장의 임금 데보라(Deborah)는 텔레비전 제작업체에서 기술자로 근무하고 있지만 많은 다른 직업에서도 사용되는 기술을 갖고 있다. 어느 날 도시 다른 지역에 소재하는 컴퓨터 제작업체가 시간당 33퍼센트 더 많은 임금을 제시한다는 사실을 알았다. 데보라는 또한 컴퓨터 운영자로서도 근무할 수 있기 때문에 현재의 직장을 떠나 컴퓨터 제조업체에서 근무하려 한다. 간단히 말해 다른 노동시장에서 제시된 임금으로 인해 특정 노동시장의 공급곡선이 이동할 수 있다.

직업의 비금전적 측면 다른 사정이 동일하다면 사람들은 추운 날씨에 지저분하며 무겁고 위험한 일을 하는 직업을 피하려 한다. (예를 들면 탄광에서 근무할 경우 폐암 발병률이 증가하는 것처럼) 직장의 불쾌한 근무환경이 증가됨에 따라 해당 업체 또는 산업에 대한 노동공급이 감소되며 노동공급곡선이 왼쪽으로 이동한다. 예를 들면 (근로자의 점심시간이 더 길어서 사내 체육관을 이용할 수 있는 것처럼) 직장의 유쾌한 근무환경이 증가함에 따라 해당 업체 또는 산업에 대한 노동공급이 증가하며 노동공급곡선이 오른쪽으로 이동한다.

7 공급 및 수요의 결합

그림 9는 노동시장을 보여주고 있다. 균형임금 및 노동량은 공급 및 수요에 의해 결정된다. 임금수준 W_2에서는 노동과잉이 발생한다. 이 임금수준에서 일하고자 하는 일부 사람들은 일자리를 구할 수 없으므로 이들 중 일부는 더 낮은 임금수준에서 노동을 제공한다. 임금은 하락하여 W_1에 도달하게 된다.

임금수준 W_3에서는 노동부족이 발생한다. 노동을 수요하는 일부는 임금을 인상하여 W_1에 도달하게 된다. 균형임금 W_1에서 노동 공급량은 수요량과 일치하게 된다.

8 임금이 상이한 이유는 무엇 때문인가?

임금이 상이한 이유를 알아보기 위해서 모든 사람들이 동일한 보수를 받는데 필요한 조건이 무엇인지 살펴볼 것이다. 다음과 같은 조건을 가정하여 보자.

1. 모든 형태의 노동에 대한 수요는 동일하다(분석 전반을 통해 수요에 의한 임금차이는 단기적이다).
2. 일자리들은 특별히 비금전적인 측면이 없다.
3. 모든 노동은 궁극적으로 동질적이며 다른 일자리를 구하기 위해 훈련을 받을 경우 비용이 들지 않는다.
4. 모든 노동은 비용을 들이지 않고 이동할 수 있다.

그림 9

특정 노동시장의 균형

노동의 공급과 수요에 의해 균형임금 및 노동량이 결정된다. 균형임금에서 노동에 대한 수요와 공급이 일치한다. 다른 임금 수준에서는 노동 과잉이나 부족이 발생한다.

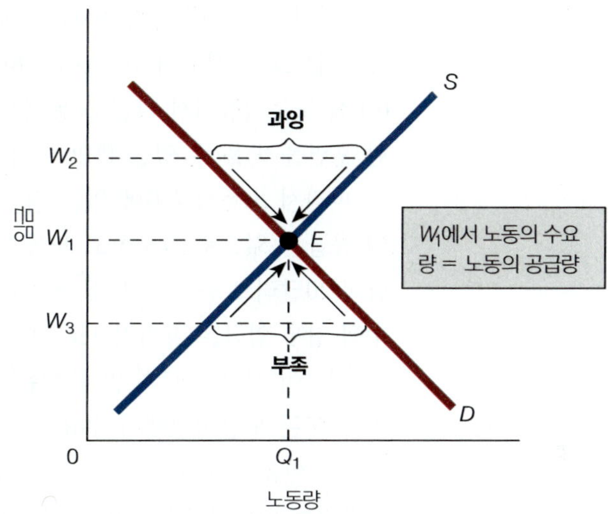

이런 조건 하에서 장기적으로 임금의 차이가 발생하지 않게 된다. 그림 10은 두 가지 노동시장 A 및 B를 보여주고 있다. 처음에는 노동의 공급조건이 상이하다. 노동시장 A(S_A)보다 노동시장 B(S_B)에 노동공급이 더 많다. 상이한 공급조건으로 인해 노동시장 A(Q_A)보

그림 10

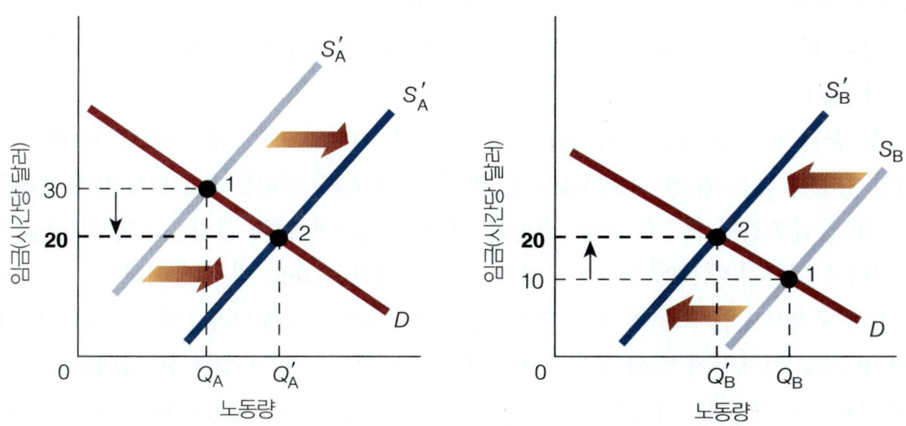

(a) 노동시장 A

(b) 노동시장 B

노동시장 간의 임금 균등화

네 가지 필요조건이 주어진 경우 노동시장들 사이에서 임금의 차이가 발생하지 않는다. 노동시장 A에서는 임금 30달러로 시작하고 노동시장 B에서는 임금 10달러로 시작하자. 곧 이어 노동시장 B에 있던 일부 노동자들이 노동시장 A로 이동한다. 노동시장 A에서 공급이 증가하면 임금이 하락하고 다른 노동시장 B에서 공급이 감소하면 임금이 상승한다. 두 개 노동시장 모두에서 동일한 임금이 지불될 경우 균형이 이루어진다. 이런 결과는 필수조건이 준수될 경우에만 가능하다.

다 노동시장 B(Q_B)에서 더 많은 노동이 고용되며 노동시장 B(10달러)의 임금이 노동시장 A의 임금(30달러)보다 더 낮다.

두 노동시장 사이의 임금차이는 지속되지 않는다. 우리는 다음과 같이 가정하였다. (1) 한 노동시장에서 다른 노동시장으로 이동하는 데 비용이 소요되지 않는다(따라서 보수가 낮은 일자리에 근무하는 근로자는 보수가 높은 일자리로 이동하게 된다). (2) 일자리들은 특별히 비금전적인 측면이 없다(일자리를 옮기지 않는 비금전적인 이유가 존재하지 않는다). (3) 노동은 궁극적으로 동질적이다(노동시장 B에서 근무하는 근로자는 노동시장 A에서도 근무할 수 있다). (4) 한 노동시장에서 다른 노동시장으로 이동하기 위해 근로자가 훈련이 필요한 경우 이런 훈련을 받을 수 있을 뿐만 아니라 훈련받는 데 비용이 소요되지 않는다.

따라서 노동시장 B에 있는 일부 근로자들은 노동시장 A로 재배치 되어서 노동시장 B의 공급은 S_B'으로 감소하고 노동시장 A의 공급은 S_A'으로 증가한다. 두 시장에서 균형임금이 20달러로 동일해질 때 근로자의 재배치는 종식된다. 이처럼 위의 네 가지 조건이 준수될 경우 임금은 장기적으로 차이가 나지 않는다.

임금이 서로 다르지 않게 되는 위의 조건이 주어질 경우 임금이 상이한 이유도 알 수 있다. 모든 노동시장에서 수요조건이 동일하지 않기 때문에(이는 단기적이니 임금 차이를 설명할 수 있을 뿐이다) 그리고 공급조건이 동일하지 않기 때문에 임금 차이가 발생한다. 즉 일자리는 비금전적인 측면이 있으며 노동은 동질적이지 않다. 또한 노동은 비용을 들이지 않고 재훈련 받을 수 없으며 비용을 들이지 않고 이동할 수도 없다.

9 노동시장에서 수요 및 공급이 상이한 이유는 무엇때문인가?

수요 및 공급조건이 시장마다 상이하기 때문에 임금이 다르다면 다른 이유가 무엇인지 알아볼 필요가 있다. 노동에 대한 수요 및 공급에 대해 영향을 미치는 요인들을 생각하여 보자.

노동에 대한 수요 노동에 대한 시장수요곡선은 개별기업의 노동에 대한 *MRP* 곡선에 기초하고 있다. 따라서 무엇이 *MRP*의 구성요소, 즉 *MR* 및 *MPP*에 영향을 미치는지 살펴볼 필요가 있다.

생산물 공급 및 수요조건이 가격을 결정하므로 한계수입, 즉 *MR*은 이 조건들에 의해 간접적인 영향을 받는다($MR = \Delta TR/\Delta Q$ 및 $TR = P \times Q$이라는 사실을 기억하자). 따라서 생산물 수요 및 공급조건이 요소수요에 영향을 미친다. 간단히 말해 생산물 시장의 공급 및 수요조건이 상이하기 때문에 노동시장에서 노동에 대한 수요도 역시 상이하다.

두 번째 구성요소인 노동의 한계생산물은 **개별근로자의** (타고났거나 학습을 통해서 습득한) **능력 및 기술**, 일자리에 대해 쏟는 **노력의 정도**, 가용할 수 있는 **다른 생산요소**(미국인 근로자들은 보다 많은 자본재와 더 많은 기술적인 지식을 갖고 노동을 하기 때문에 다른 외국 근로자들보다 더 생산적이다)에 의해 영향을 받는다. 모든 근로자들이 타고났거나 습득한 동일한 기술 및 능력을 갖고 있고 일자리에 대해 동일한 수준의 노력을 하며 동일한 양과 질의 다른 생산요소를 갖고 노동을 할 경우 임금은 현재보다 덜 차이가 난다.

노동의 공급 앞에서 살펴본 것처럼 노동시장의 공급조건은 서로 상이하다. 첫째, 일자리들은 서로 상이한 비금전적인 측면을 갖고 있다. 석탄광부로 근무하는 것은 쾌적한 휴양지에서 여행안내자로 근무하는 것만큼 매력적이지는 않다. 이런 차이점이 석탄광부 및 여행안내자의 공급에 반영될 것이라고 생각된다.

둘째, 공급은 해당 일자리에 실제로 근무할 수 있는 사람들의 수를 나타낸다. 윌리엄슨(Williamson)은 핵물리학자가 되고 싶지만 과학 및 수학에서 그럴 능력이 부족하다. 존슨(Johnson)은 농구선수가 되고 싶지만 그럴 능력이 부족할 수 있다.

셋째, 개인이 어떤 일자리에서 일할 수 있는 능력을 갖고 있더라도 (예상되는 이득에 비해) 훈련비용이 너무 높다고 생각할 수도 있다. 타일러(Tyler)는 뇌수술 외과 전문의가 되고 싶지만 의과대학에서 받아야 하는 교육기간이 너무 길다고 생각할 수도 있다.

넷째, 노동시장의 상이한 공급은 노동시장을 이동하는 데 따른 비용차이라고도 할 수 있다. 동일한 노동에 대해 미국 알라스카 주에서의 임금이 알라바마 주에서의 임금보다 더 높을 수 있다. 왜냐하면 알라바마 주의 근로자는 알라스카 주로 이주하는 비용이 더 높은 임금을 받음으로써 얻게 되는 이득보다 더 높다고 생각하기 때문이다.

결론적으로 말해 임금은 공급 및 수요에 의해 결정되므로 이에 영향을 미치는 요인들이 임금에도 간접적으로 영향을 미친다. 그림 11은 이런 요인들을 요약해서 설명하고 있다.

그림 11

임금

임금에 영향을 미치는 요인들을 설명한 단계별 체계도를 보여주고 있다.

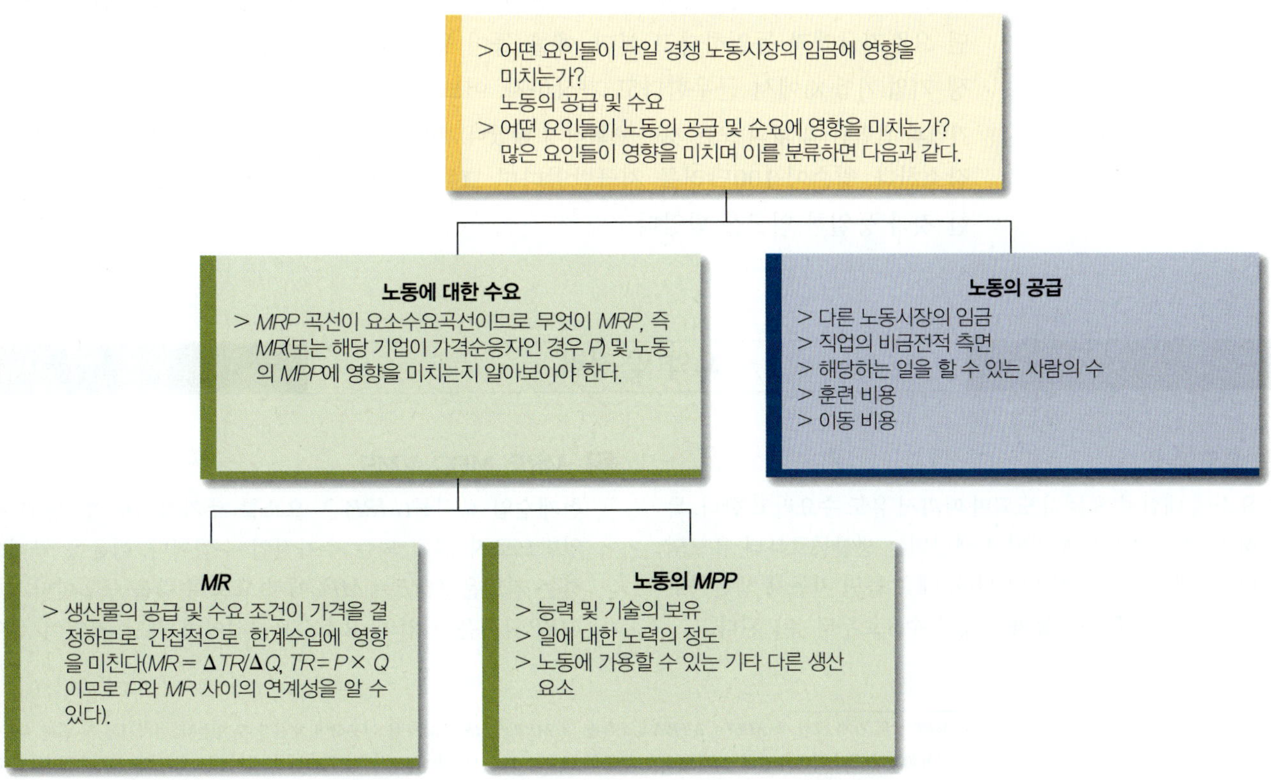

10 한계생산성 이론

이 장에서 분석한 내용에 기초하여 다음과 같은 결론을 추론할 수 있다.

1. 어떤 기업이 요소가격순응자이고 한계요소비용은 일정하며 요소가격과 동일한 경우 *MFC* = *P*가 된다. 요소가격순응자가 노동을 고용한다면 해당 기업의 경우 *MFC* = *W*가 된다. 여기서 *W*는 임금이다.
2. 기업은 *MRP* = *MFC*에서 요소량을 고용한다.
3. 1번 및 2번이 주어진 경우 요소가격순응자는 근로자에게 한계수입 생산물과 동일한 임금(*W* = *MRP*)을 지급한다. *MFC* = *W*(1번) 및 *MRP* = *MFC*(2번)이므로 *W* = *MRP*가 된다.
4. 기업이 완전경쟁인 경우 *MRP* = *VMP*가 된다.
5. 어떤 기업이 완전경쟁 기업(생산물 가격순응자)이고 요소가격순응자인 경우 해당 기업은 한계생산물 가치와 동일한 임금(*W* = *VMP*)을 근로자에게 지급한다. *W* = *MRP*(3번)이고 *MRP* = *VMP*(4번)이므로 *W* = *VMP*가 된다.

한계생산성 이론

이를 **한계생산성 이론**(marginal productivity theory)이라 하며 이에 따르면 어떤 기업이 완전경쟁시장에서 생산물을 판매하고 요소를 구입하는 경우(즉 어떤 기업이 완전경쟁 기업이고 요소가격순응자인 경우) 해당 기업은 요소에게 *MRP* 또는 *VMP*를 지급한다(생산물 가격순응자인 경우 이 둘은 동일해진다).

이 이론에 따르면 명기된 경쟁조건 하에서 요소 한 단위를 생산과정에서 빼고 나머지 다른 요소들의 수량은 동일한 경우 생산된 생산물의 가치하락은 해당 요소단위가 수령했던 요소지급액과 동일하다고 본다. 예를 들어 윌슨(Wilson)은 상품 X를 생산하는 완전경쟁 기업(기업 X)에서 근무한다고 가상하자. 어느 날 그는 이 일자리를 그만두었다(하지만 기업과 관련된 그 밖의 모든 것이 변화하지 않았다). 따라서 이 기업의 총수입은 100달러만큼 감소한다. 윌슨이 100달러를 지급받았다면 그는 *MRP*를 받은 것이다. 그는 자신이 공헌한 것과 동일한 임금을 받았다.[5]

요약 및 정리

72 유도 수요

- 요소에 대한 수요는 유도되며 따라서 유도 수요라고 한다. 특히 이것은 요소가 투입되어 생산되는 생산물로부터 유도되며 이 생산물과 직접 연계된다. 예를 들면 자동차 생산근로자에 대한 수요는 자동차에 대한 수요로부터 유도된다.

73 *MRP, MFC, VMP*

- 한계수입 생산물(*MRP*)은 요소를 추가적으로 한 단위 투입함으로써 얻게 되는 추가적인 수입이다. 이윤을 극대화하는 기업은 *MRP* = *MFC*에서 요소 수량을 구입한다.
- *MRP* 곡선은 기업의 요소수요곡선이며 해당 기업이 상이

5) *MRP*는 두 가지 방법, 즉 *MRP* = Δ*TR*/Δ요소수량 및 *MRP* = *MR* × *MPP*를 이용하여 계산할 수 있는데 여기서는 첫 번째 방법을 사용하였다. 윌슨이 일자리를 그만둘 경우 분모의 변화는 요소 1단위이다. 따라서 *TR*이 100달러 감소할 경우 분자의 변화는 100달러가 되어야 한다.

한 가격에서 얼마나 많은 요소를 구입하는지 보여준다.

- 한계생산물가치(VMP)는 요소 각 단위가 해당 기업의 생산물에 추가시키는 가치를 측정한 것이다. $MRP = MR \times MPP$인 반면에 $VMP = P \times MPP$이다. 완전경쟁 기업의 경우 $P = MR$이므로 $MRP = VMP$가 된다. 독점기업, 독점적 경쟁기업, 과점기업의 경우 $P > MR$이므로 $VMP > MRP$가 된다.

74 최소비용규칙

- 기업은 각 요소에 대해 가격에 대한 MPP의 비율이 동일해지도록 결합하여 요소를 매입할 경우 비용을 극소화할 수 있다. 예를 들어 두 개 요소, 즉 노동(L) 및 자본(K)에 대해 최소비용규칙을 적용하면 다음과 같다. $MPP_L/P_L = MPP_K/P_K$.

75 노동과 임금

- 노동이 생산한 생산물의 가격이 변화하거나 또는 (MRP 곡선의 이동으로 반영된) 노동의 한계생산물이 변화한 경우 노동에 대한 수요곡선이 이동한다.
- 노동이 생산한 생산물에 대한 수요탄력성이 높을수록(낮을수록) 노동에 대한 수요탄력성이 높아진다(낮아진다). 총비용에 대한 노동비용의 비율이 높을수록(낮을수록) 노동에 대한 수요탄력성이 높아진다(낮아진다). 노동에 대한 대체요소가 많을수록(적을수록) 노동에 대한 수요탄력성이 높아진다(낮아진다).
- 다른 사정이 동일하다면 임금이 상승할수록 노동의 공급량이 증가한다.
- 균형임금에서 노동의 공급량은 노동의 수요량과 일치한다.

76 노동에 대한 수요 및 공급

- 노동에 대한 수요는 (1) 한계수입 및 (2) 한계생산물에 의해 영향을 받는다. 노동의 공급은 (1) 다른 노동시장의 임금, (2) 일자리의 비금전적 측면, (3) 해당 일자리를 수행할 수 있는 사람들의 수, (4) 훈련비용, (5) 이동비용에 의해 영향을 받는다.

77 한계생산성 이론

- 한계생산성 이론에 따르면 완전경쟁시장에서 생산물을 판매하고 요소를 구입하는 기업은 요소에게 MRP 또는 VMP를 지급한다고 본다.

주요 용어 및 개념

유도 수요	**한계생산물 가치(VMP)**	**요소가격순응자**	**노동 수요탄력성**
한계수입 생산물(MRP)	**한계요소비용(MFC)**	**최소비용규칙**	**한계생산성 이론**

연습문제

01. 요소가격순응자에 대한 공급곡선은 수평선이다. 하지만 산업공급곡선의 기울기는 상향한다. 설명하시오.
02. 이 장에서 소개된 이론을 이용하여 다음을 설명하시오.
    a. 에티오피아의 근로자가 일본의 근로자보다 더 적은 보수를 받게 될 가능성이 있는 이유
    b. 경제 불황기에 군대의 신병충원이 증가하는 이유
    c. 유명한 농구선수가 상대적으로 많은 소득을 버는 이유
    d. 다른 사정이 동일하다면 건강에 대한 위험이 있는 일자리가 그렇지 않은 일자리보다 더 높은 보수를 제시하는 이유
03. 기업의 최소비용규칙과 매수인이 자신의 소비지출액을 분배하는 방법을 비교하시오.
04. "가격순응자의 경우 $VMP = MRP$이지만 가격설정자의 경우는 그렇지 않다" 이 문구에 동의하는가 또는 동의하지 않는가? 설명하시오.
05. 노동생산성과 임금 사이의 관계는 무엇인가?
06. MRP 곡선이 기업의 요소수요곡선이 되는 이유는 무엇 때문인가?
07. 어떤 힘과 요인이 특정형태 노동의 임금을 결정하는가?
08. 어떤 요소에 대한 수요를 유도 수요라고 말하는 의미는 무엇인가?
09. 기업의 목적, 제약, 자원 매수인으로서의 역할에서 기업이

어떤 선택을 하는지에 관해 논의하시오.

10. 한 개인이 자신이 받는 봉급을 받을 가치가 있는지 여부를 어떻게 설명할 수 있는가?

11. 대체효과 및 소득효과는 노동의 공급곡선 문제를 어떻게 해결하는가?

12. 노동에 대한 시장수요곡선이 기업의 노동수요곡선을 단순히 수평적으로 합한 것이 아닌 이유를 설명하시오.

13. 다음 두 개념들 사이의 관계를 설명하시오.

a. 생산물에 대한 수요탄력성과 해당 생산물을 생산하는 노동에 대한 수요탄력성

b. 총비용에 대한 노동비용의 비율과 노동에 대한 수요탄력성

c. 노동에 대한 대체요소의 수와 노동에 대한 수요탄력성

14. 노동시장에서 동일하거나 유사한 직업에 대한 임금이 같아지지 않도록 하는 요인들에 대해 논의하시오.

숫자 및 그래프를 활용한 문제

01. 문자가 있는 난에 적절한 숫자를 기입하시오.

(1) 요소 X의 단위수	(2) 생산량	(3) X의 한계생산물 (MPP_X)	(4) 생산물 가격, 한계수입 ($P = MR$)	(5) 총수입	(6) X의 한계수입 생산물(MRP_X)
0	15	0	$8	*F*	*L*
1	24	*A*	8	*G*	*M*
2	32	*B*	8	*H*	*N*
3	39	*C*	8	*I*	*O*
4	45	*D*	8	*J*	*P*
5	50	*E*	8	*K*	*Q*

02. 위의 표에 기초하여 요소가격이 48달러로 일정할 경우 기업은 얼마나 많은 요소를 구입하게 되는가?

03. 동일한 그래프에 과점기업에 대한 *VMP* 곡선과 *MRP* 곡선을 그리시오. 곡선들이 당신이 그린 것처럼 보이는 이유를 설명하시오.

04. 요소가격순응자의 경우 요소공급곡선이 수평선인 이유를 설명하시오.

05. 다음 그림에 있는 두 개의 요소수요곡선을 살펴보도록 하자. 노동이 생산한 생산물의 가격이 MRP_1의 경우보다 MRP_2의 경우에 더 높은가? 설명하시오.

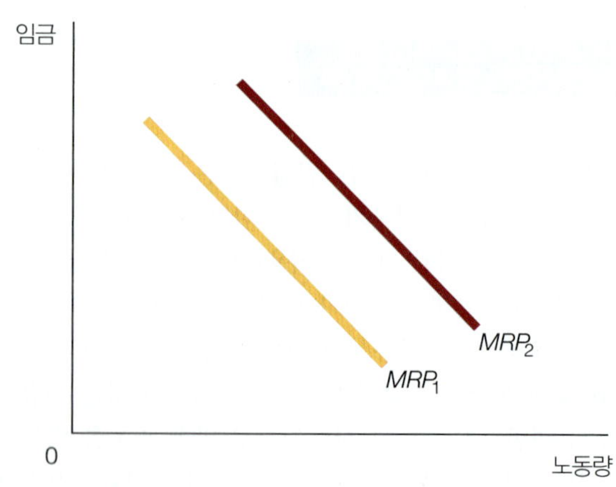

제 14 장
임금과 노동조합

14.1 노동조합의 목표

노동조합은 통상적으로 다음과 같은 세 가지 목표 중 한 가지를 달성하려 한다.

- 모든 노동조합원의 고용달성
- 임금 총액의 극대화
- 일부 노동조합원 소득의 극대화

1 모든 노동조합원의 고용달성

그림 1에 있는 수요곡선은 어떤 노동조합 근로자에 대한 수요를 나타내며 노동조합 총 회원수는 Q_1이다. 이 노동조합의 목적이 모든 노동조합원의 고용을 달성하는 것이라면 시장에서의 임금은 W_1이 되어야 한다. W_1에서 기업은 모든 노동조합원을 고용하고자 한다.

2 임금 총액의 극대화

노동조합원에게 지급되는 임금 총액은 임금에 근로자의 근로시간 수를 곱하여 구할 수 있다. 노동조합의 목적이 임금 총액의 극대화, 즉 고용주로부터 노동조합원에게 지급되는 총액을 극대화하는 것일 수 있다.

그림 1에서 임금 총액을 극대화하는 임금은 W_2이다. W_2에서 노동의 규모는 Q_2이며 노동에 대한 수요탄력성은 1이다. 수요의 가격탄력성이 1이거나 수요가 단위 탄력성을 갖는 경우 총수입액(또는 총지출액)이 극대화됐던 사실을 기억하자. 따라서 노동에 대한 수요가 단위 탄력적인 점에서 임금 총액이 극대화된다. 하지만 W_1보다 W_2에서 더 적은 수

그림 1

노동조합의 목표

노동조합에 가입한 전체 회원이 Q_1이고 노동조합의 목표가 이들 전체 회원의 고용을 달성하는 것이라면 W_1을 선택한다. 목표가 총 임금액을 극대화하는 것이라면 W_2를 선택하고 여기서 노동에 대한 수요탄력성은 1이 된다. 노동조합의 목표가 (Q_3로 나타낸) 제한된 수의 노동조합원에 대한 소득을 극대화하는 것이라면 W_3를 선택한다.

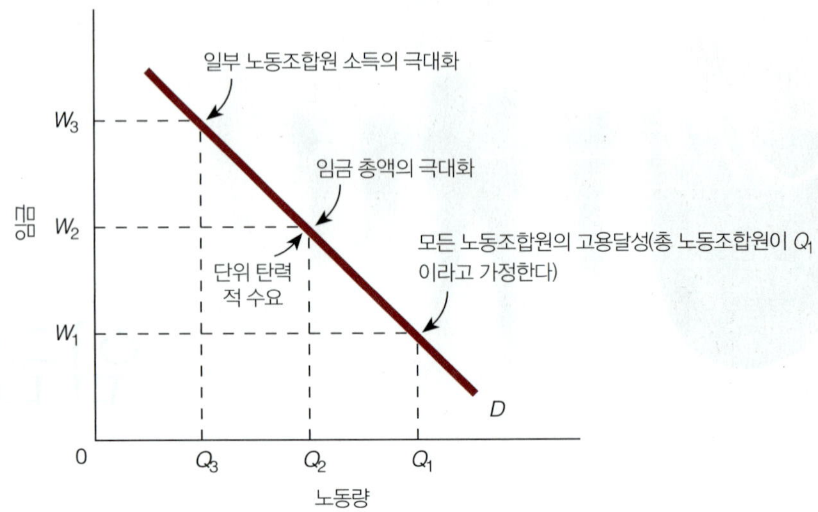

의 노동조합원이 근로를 하게 되며 이는 높은 임금과 노동조합원의 고용 사이에 상충관계가 있음을 의미한다.

3 일부 노동조합원 소득의 극대화

일부 경제학자들에 따르면 노동조합은 모든 노동조합원의 고용달성을 원하지도 않고 임금 총액의 극대화도 원하지 않는다고 본다. 대신에 일부 노동조합원, 아마도 노동조합에 가장 영향력이 크거나 선임자인 조합원의 소득을 극대화하고자 할 수도 있다. 그림 1에서 이 집단을 Q_3라고 하자. 이를 고용할 수 있는 가장 높은 임금은 W_3이며 노동조합은 낮은 임금 대신에 이 임금을 추구할 수도 있다.

4 임금-고용 사이의 상충관계

그림 1에서 보면 노동조합이 더 높은 임금을 얻을 수는 있지만 노동조합원 중 일부는 이런 과정에서 일자리를 잃게 된다. 이처럼 임금-고용 사이의 상충관계는 노동에 대한 수요탄력성에 의존한다.

예를 들면 그림 2에서 두 개 노동조합 A 및 B에서의 노동에 대한 수요를 생각하여 보자. 이들 두 노동조합이 W_1에서 W_2로의 임금인상을 위한 협상을 하고 있다. 두 임금 사이에서 노동에 대한 수요가 비탄력적인 노동조합 A에서 보다 탄력적인 노동조합 B에서 노동량이 훨씬 더 많이 감소한다. 다른 사정이 동일하다면 노동조합 B는 노동조합 A보다 임금인상을 강력히 요구할 가능성이 낮다. 그 이유는 임금-고용 사이의 상충관계가 노동조합 A에서보다 노동조합 B에서 더 극명하게 나타나기 때문이다. 임금이 인상될 경우 노동조합 A에서보다 노동조합 B에서(노동조합원의 일자리 측면에서 볼 때) 더 비싼 대가를 치루어야 한다.

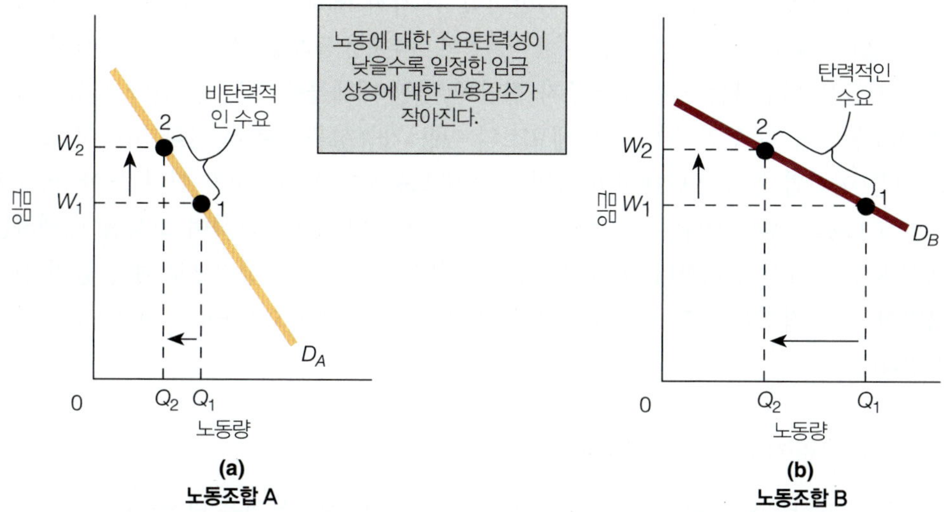

그림 2

임금과 고용 사이의 상충관계: 두 가지 경우

W_1과 W_2 사이에서 노동에 대한 수요가 비탄력적인 노동조합 A의 경우 임금이 인상되면 W_1과 W_2 사이에서 노동에 대한 수요가 탄력적인 노동조합 B에 비해 노동량을 덜 감축한다. 노동조합 B의 경우 임금과 고용 사이의 상충관계가 더 커서 노동조합 A에 비해 임금인상을 요구할 가능성이 더 낮을 것으로 보인다.

14.2 노동조합의 수단

여기서는 노동조합이 다음과 같은 요소들에 영향을 미침으로써 자신들의 목적을 어떻게 달성하는지 살펴볼 것이다.

- 노동에 대한 수요탄력성
- 노동에 대한 수요
- 노동의 공급

이 밖에 노동조합이 임금에 어떻게 직접적으로 영향을 미치는지에 관해 논의할 것이다.

1 노동조합원에 대한 수요탄력성에 영향을 미치는 수단

그림 2에서 보면 노동에 대한 수요탄력성이 낮을수록 임금상승으로 인한 노동감축이 적다는 사실을 알 수 있다. 임금상승으로 인한 노동감축이 적을수록 노동조합에게 유리하다면 임금이 2달러 상승하므로 인해 일자리 200개가 감축되는 경우와 50개가 감축되는 경우 중에서 노종조합은 적은 수의 일자리 감축을 선호한다. 따라서 노동조합은 노동조합원에 대한 수요탄력성을 낮추려하며 대체인력 사용 가능성을 낮춤으로써 이를 달성하려 한다.

대체물품의 이용 가능성 자신들의 조합원들이 미국산 자동차를 생산하는 미국 자동차 노조를 생각해 보자. 미국산 자동차에 대한 수요탄력성이 낮을수록 미국산 자동차를 생산하는 근로자에 대한 수요탄력성도 낮아진다. 따라서 자동차 노조는 자동차 수입제한과 같은 수단을 사용하여 자신들이 생산한 물품인 미국산 자동차에 대한 대체물품의 이용 가능성을 낮추려 한다.

대체요소의 이용 가능성 노동조합원에 대한 대체요소가 적을수록 노동조합원에 대한 탄력성이 낮아진다. 노동조합원에 대한 일반적인 두 가지 대체요소로 비노동조합원과 기계를 들 수있다. 예를 들면 (여러가지 상이한 악기들의 연주처럼 들리게 하는) 음악 합성장치는 상이한 악기들을 연주하는 일단의 연주자 집단에 대한 대체물품이 될 수 있다. 노동조합은 보통 비노동조합 및 인간이 아닌 대체요소의 이용 가능성을 낮추려 한다. 따라서 노동조합은 보통 이민법 완화에 반대하며 불법 외국인 노동자를 분리하고자 한다. 또한 (비 노동조합원 대 노동조합원의 상대가격을 증가시키는) 높은 최저임금을 선호하며 노동을 대체하는 기계의 도입을 보통 반대한다. 또한 건설분야에서 노동조합은 통상적으로 예를 들면 전기기사만이 어떤 작업을 하도록 규정짓고 있다(따라서 다른 대체 요소들이 이 작업을 하지 못하도록 한다).

2 노동조합원에 대한 수요에 영향을 미치는 수단

노동조합은 조합원에 대한 수요를 증대시킴으로써 자신들의 목적을 달성하려 한다. 모든 다른 사정이 동일하다면 이를 통해 임금 인상이 이루어지며 보다 많은 노동조합원이 고용되게 된다. 노동조합은 여러 가지 방법으로 노동에 대한 수요를 증대시킬 수 있다.

생산물 수요의 증대 노동조합들은 이따금 구매하는 일반인들에게 노동조합이 생산한 물품을 구입하도록 권한다. 노동조합은 사람들에게 노동조합이 생산한 제품이라고 라벨을 찾아보도록 광고한다. 앞에서 말한 것처럼 노동조합들은 때때로 수입을 금지하거나 수입품 가격이 인상되는 법률 제정을 지원한다.

대체요소 가격의 상승 노동조합원에 대한 대체요소의 상대가격이 상승할 경우 노동조합원에 대한 수요가 증대한다(X 및 Y가 대체재이고 X의 가격이 상승할 경우 Y에 대한 수요가 증대한다). 이런 이유로 인해 노동조합은 자주 숙련 노동조합원의 대체요소인 미숙련 노동자들이 보통 받는 최저임금제의 인상을 위해 압력을 행사하게 된다. 미국의 경우 노동조합이 결성된 북부지역에서 노동조합이 결성되지 않은 남부지역으로 많은 회사들이 이주하였던 1938년에 최저임금법안이 통과되었다. 이 최저임금법으로 인해 남부의 조합이 결성되지 않은 상대적으로 미숙련된 노동력의 임금이 상승하여 미국 남부로 회사들이 이주하는 속도를 늦출 수 있었다.

한계생산물의 증가 노동조합이 조합원들의 생산성을 증대시킬 수 있다면 노조원들에 대한 수요가 증가한다. 이런 취지에서 노동조합들은 숙련된 노동자들을 조합에 가입시키려 하며 이따금 신규 조합원들에 대해 훈련을 시행한다.

3 노동조합원의 공급에 영향을 미치는 수단

노동공급의 감소는 임금인상으로 이어지기 때문에 노동조합은 노동공급을 감소시켜 자신의 목적에 부합되도록 한다. 노동조합이 존재하지 않았다면 형성됐을 노동공급 이하로 공급을 낮추는 한 가지 방법은 시장에서 노동공급을 통제하는 것이다.

미국에서 공예노조의 경우 고용주들로 하여금 자신들의 노동조합원만을 고용하도록 하는 데 어느 정도 성공을 거두었다. 과거에 이들은 일부 사업체를 클로즈드 숍으로 전환시키는 데 성공했었다. **클로즈드숍**(closed shop)은 피고용인들이 근무를 할 수 있기 전에 노동조합에 가입하여야 하는 제도이다. 반면에 **오픈숍**(open shop)은 고용주들이 노동조합원이든 비노동조합원이든 고용할 수 있는 제도이다.

클로즈드 숍
오픈숍

유니언숍(union shop)은 개인이 고용되기 위해서 노동조합원일 필요는 없지만 고용된 후 일정 기간 내에 노동조합에 가입이 요구되는 제도이다. 노동조합이 어떤 시장의 노동공급을 결정하거나 또는 어느 정도 통제할 수 있는 경우 그렇지 않았을 경우에 공급될 수 있는 노동규모보다 노동공급을 감소시킬 수 있다. 노동조합들은 조합원 자격을 제한하거나 또는 장기간의 도제 실습기간을 요구하거나 또는 자격증을 엄격히 요구함으로써 노동공급을 감소시킬 수 있다.

유니언숍

4 임금에 직접적으로 영향을 미치는 수단: 단체교섭

노동조합은 노동에 대한 수요 및 공급에 간접적으로 영향을 미침으로써 임금을 인상할 수 있을 뿐만 아니라 단체교섭을 통해 임금에 직접적으로 영향을 미칠 수 있다. **단체교섭**(collective bargaining)은 노동조합이 조합원을 대표하여 경영층과의 교섭력을 증대시키기 위해서 동일한 목적을 갖고 단결하여 단일체로서 행동하는 것을 말한다.

단체교섭
파업

노동조합의 관점에서 보면 파업을 하지 않을 경우 교섭이 성공할 가능성이 낮다고 본다. **파업**(strike)은 노동조합에 가입한 근로자들이 어떤 임금이나 어떤 조건 하에서 근로하기를 거절할 경우 발생한다.

그림 3은 노동조합의 성공적인 교섭의 결과를 보여주고 있다. 노동시장에 존재하는 최초의 임금은 경쟁임금인 W_1이다. 이는 각 피고용인들이 경영층과 개별적으로 교섭을 할 경우 결정되는 임금이다. 균형 노동량은 Q_1이다.

경영층과 (이 시장에 있는 모든 근로자를 대표하는) 노동조합은 단체교섭을 시작하였다. 노동조합은 자신이 원하는 임금 W_2를 제시하고 이보다 낮은

그림 3

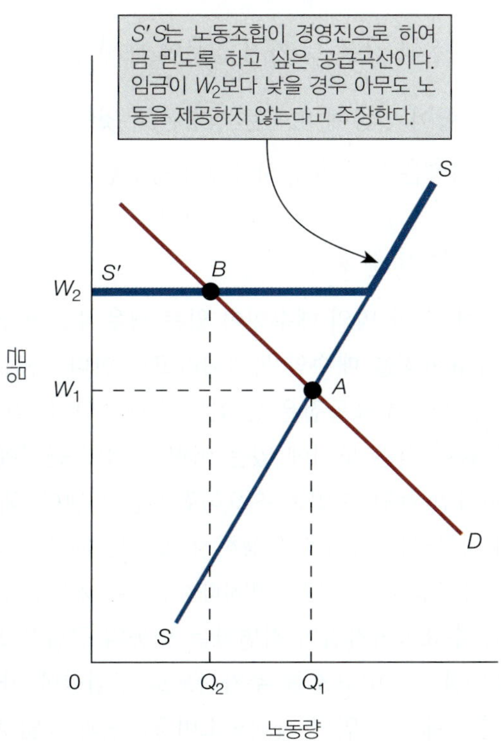

노동조합에 의한 성공적인 단체교섭

임금 W_1에서 시작하여 보자. 노동조합의 목표는 임금을 W_2로 인상하는 것이다. 이는 노동조합이 새로운 공급곡선은 굵은 선으로 나타낸 $S'S$라고 생각한다는 의미이다. 경영진에게 새로운 공급곡선이 노동조합이 생각하는 것과 같은 모양이라는 점을 확신시키기 위해서 노동조합은 파업 개시로 위협하거나 이를 요청하게 된다. 노동조합이 임금을 W_2로 인상하는 데 성공하였다고 가정하자. 이렇게 되면 고용규모가 W_1일 때보다 더 작다.

임금에서는 어떤 조합원도 근무하지 않을 것이라고 말한다. 따라서 노동조합은 새로운 공급곡선이 그림 3에서 짙은 색인 $S'S$라고 생각한다. 이는 실제로 노동조합이 경영층에게 W_2보다 낮은 임금에서는 어떤 조합원도 고용할 수 없다고 말하는 것이다.

노동조합이 인상된 임금(W_2)을 달성할 수 있느냐 여부는 근로자들이 인상된 임금 아래에서는 취업하지 못하도록 방지하는 데 달려 있다. 즉 경영층이 W_2에 동의하지 않을 경우 노동조합은 파업을 선언하고 W_2보다 아래에서는 어떤 근로자도 고용할 수 없음을 과시하여야 한다. 새로운 공급곡선은 노동조합이 말하는 것과 같은 형태라는 점을 경영층에게 확신시켜야 한다(파업이 성공하여 경영층이 인상된 임금 W_2에 동의하였다고 가정한다). 따라서 고용된 노동량인 Q_2는 임금이 W_1이었을 때보다 규모가 작다. 새로운 균형은 점 A가 아니라 점 B가 된다.

5 파업

파업의 목적은 경영층에게 공급곡선이 노동조합이 말하는 것과 동일하다는 사실을 확신시키는 것이다. 이는 보통 파업에 참여하지 않은 근로자와 비노조원들이 단체교섭에서 달성하고자 하는 임금보다 낮은 수준에서 근로하지 않도록 할 수 있는 노동조합의 능력에 달려 있다.예를 들어 경영층이 그림 3에서 W_2보다 낮은 임금으로 근로자를 쉽게 고용할 수 있다면 새로운 공급곡선이 적절한 공급곡선이라는 점을 확신시킬 수 없다.

14.3 노동조합이 미치는 영향

여기서는 다음과 같은 두 가지 질문에 대해 알아볼 것이다.

- 노동조합이 임금에 미치는 영향은 무엇인가?
- 이런 영향은 모든 노동시장에서 동일한가?

1 수요독점의 경우

수요독점

요소시장에 단 한 명의 매수인이 있는 경우 **수요독점**(monopsony)이라고 한다. 일부 경제학자들은 수요독점을 매수인 독점이라고도 한다. 독점은 생산물에 대해 단 한 명의 매도인이 있는 반면에 수요독점은 단 한명의 매수인이 있다.

예를 들어 작은 도시에 있는 어떤 기업이 근처에 다른 기업이 없어서 노동의 유일한 매수인이라면 해당 기업은 수요독점기업이 된다. 해당 기업은 수요독점기업이므로 요소에 대해 지불하는 가격을 인상하지 않고는 해당 요소를 추가적으로 구입할 수 없다(생산물 시장에서 독점기업이 가격을 인하하지 않고는 해당 물품을 추가적으로 판매할 수 없는 것과 같다). 그이유는 수요독점기업이 직면하는 노동의 공급은 노동의 시장공급과 같기 때문이다.

수요독점기업이 요소를 추가적으로 구입함에 따라 한계요소비용이 증가하며 요소의 공급곡선은 해당 기업의 한계요소비용곡선과 **동일하지 않다**. (요소시장에서 가격순응자인 경우 한계요소비용은 불변하며 *MFC* 곡선은 해당 요소의 공급곡선과 동일하다. 수요독점기업은 요소시장에서 가격순응자가 아니다. 요소를 추가적으로 구입함에 따라 한계요소비용은 증가하며 *MFC* 곡선과 해당 요소의 공급곡선은 동일하지 않다.)

그림 4에서 보는 것처럼 요소를 추가적으로 구입함에 따라 한계요소비용이 증가한다. 그림 4(a)에서 보면 근로자가 추가됨에 따라 임금이 증가한다. 예를 들어 수요독점기업이 근로자 두 명을 고용하려면 임금이 시간당 6달러에서 6.05달러로 상승하여야 한다. 근로자 세 명을 고용하려면 수요독점기업은 6.10달러를 지불하여야 한다. 제2열과 제4열을 비교하여 보면 수요독점기업의 한계요소비용이 임금보다 더 크다는 사실을 알수 있다(생

그림 4

노동조합 및 수요독점기업

(a) 수요독점기업의 경우 *MFC* > 임금이 성립한다. 이는 수요독점기업이 직면하는 공급곡선이 *MFC* 곡선 아래에 위치한다는 의미이다. (b) 수요독점기업은 노동을 Q_1 고용하고 *MRP*보다 적은 임금 W_1을 지불한다(*MRP*보다 더 적게 지불된다) (c) 노동조합이 단체교섭을 통해 임금을 W_1에서 W_2로 인상하는 데 성공할 경우 수요독점기업은 보다 많은 노동(즉 Q_1 대신에 Q_2)을 고용한다. 수요독점의 경우 (범위를 넘어서) 임금인상이 이루어진다고 이것이 고용된 노동자의 수가 감소한다는 의미는 아니다.

(1) 근로자	(2) 임금	(3) 노동 총비용 (1) × (2)	(4) 한계요소비용 $\frac{\Delta(3)}{\Delta(1)}$
0	–	–	–
1	\$6.00	\$6.00	\$6.00
2	6.05	12.10	6.10
3	6.10	18.30	6.20
4	6.15	24.60	6.30
5	6.20	31.00	6.40

(a)

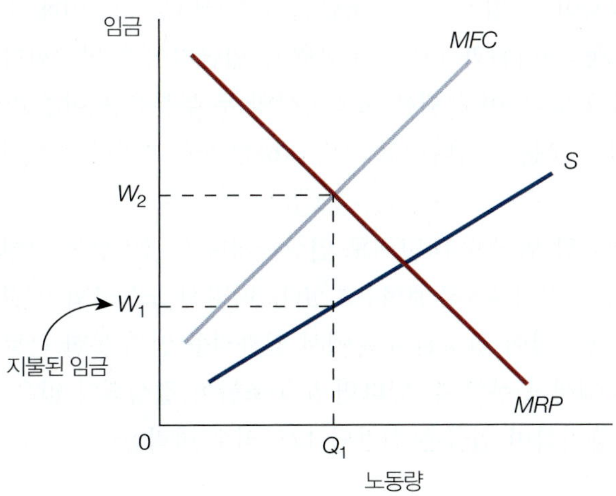

(b)

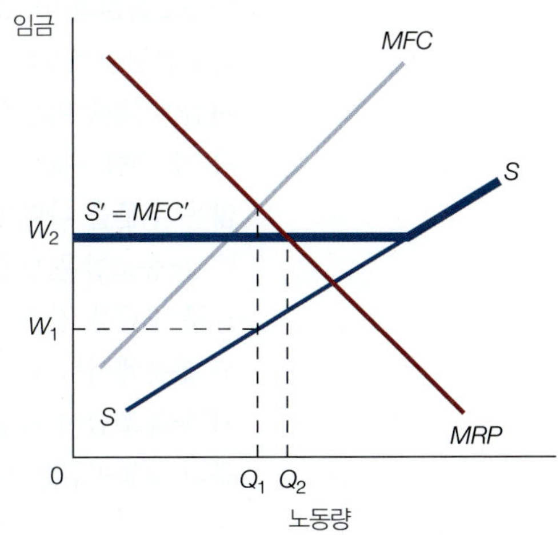

(c)

산물 시장에서 독점기업의 경우 가격이 한계수입보다 더 큰 것과 같다). 제1열과 제2열을 도표로 나타내면 수요독점기업에 대한 공급곡선이 되며 이는 그림 4(b)와 같다. 제1열과 제4열을 도표로 나타내면 수요독점기업의 *MFC* 곡선이 된다. *MFC*가 임금보다 더 크기 때문에 공급곡선이 *MFC* 곡선 아래에 위치한다.

그림 4(b)에서 보면 수요독점기업은 (*MRP* = *MFC*인 점에서) 노동 Q_1을 고용하고 (근로자 Q_1을 고용하는데 필요한 임금인) W_1을 지불하려 한다.

수요독점기업이 (*MRP* 곡선으로 나타낸 것과 같이) 근로자들이 자신들이 제공하는 노동력이 그런 가치가 있다고 생각하는 것을 지불할 경우 수요독점기업은 더 높은 임금을 지불하게 된다. 일부 사람들은 노동의 한계수입생산물보다 더 낮은 임금이 지불될 경우 노동조합 및 단체교섭이 필요하다고 주장한다. 나아가 이런 상황에서 노동조합 측에서 볼 때 성공적인 단체교섭은 그림 4(c)에서 보는 것처럼 다른 경우에서 접하게 되는 임금-고용의 상충관계에 따르지 않는다고 주장한다.

그림 4(c)에서 보면 노동조합 측에서 볼 때 성공적인 단체교섭으로 인해 임금이 W_1에서 W_2로 인상된다. 노동조합은 수요독점기업이 W_2 아래에서 근로자를 고용할 수 없다는 점을 분명히 말하게 된다. 이로 인해 수요독점기업의 한계요소비용곡선은 *MFC*에서 *MFC′* 으로 변화하며 이는 수요독점기업이 직면하는 새로운 공급곡선 *S′ S*와 상응한다. 독점기업은 또다시 한계수입생산물과 한계요소비용이 일치하는 점에서 근로자를 고용하게 된다. 하지만 이제는 한계요소비용곡선이 *MFC′*이므로 고용규모는 Q_2가 되고 임금은 W_2가 된다. 이처럼 수요독점기업의 경우 이 범위에서 노동조합에 대한 임금-고용의 상충관계는 발생하지 않으며 임금과 고용된 노동규모 둘 다 증가한다.

2 임금에 노동조합이 미치는 영향

대부분의 연구에 의하면 일부 노동조합은 조합원의 임금을 큰 폭으로 증대시킨 반면에 다른 노동조합은 그렇지 못하다고 한다. 미국의 자료에 따르면 연도에 따라 정도의 차이는 있지만 노동조합원과 비노동조합원 사이에 임금 차이가 있음을 알 수 있다(그림 5 참조).

노동조합원과 비노동조합원의 임금차이 그림 6은 노동조합원의 임금인상으로 인해 비노동조합원의 임금이 인하되거나 노동 조합원과 비노동조합원의 임금차이가 발생한다는 현실에 대해 이론적 기초를 제공하고 있다. 이 그림은 노동시장의 두 부분을 보여주고 있다. 즉 그림 6(a)는 노동조합이 결성된 부문을 나타내고 그림 6(b)는 노동조합이 결성되지 않은 부문을 나타낸다.

노동조합은 단체교섭을 통해 시간당 임금을 18달러로 인상하거나 임금인상이 달성되도록 공급을 감소시키게 된다(그림은 공급의 감소를 보여주고 있다). 따라서 노동조합이 결성된 부문에서는 고용이 감소한다. 노동조합이 결성된 부문에서 일자리를 얻지 못한 근로자가 노동조합이 결성되지 않은 부문에서 근무할 수 있다면 노동조합이 결성되지 않은 부문의 노동공급은 S_{NU}에서 S'_{NU}로 증가하며 임금은 시간당 12달러로 하락한다.

그림 5

노동조합원 및 비노동조합원의 주급 중앙값, 주요 산업 (2008)

미국의 경우 (선별된) 다섯 개 산업 중 네 개에서 2008년 현재 노동조합원이 비노동조합원보다 높은 주급을 받고 있다. 2008년에 노동조합원의 주급 중앙값은 829달러인 반면에 비노동조합원의 경우 680달러가 된다. 출처: *Statistical Abstract of the United States, 2010*

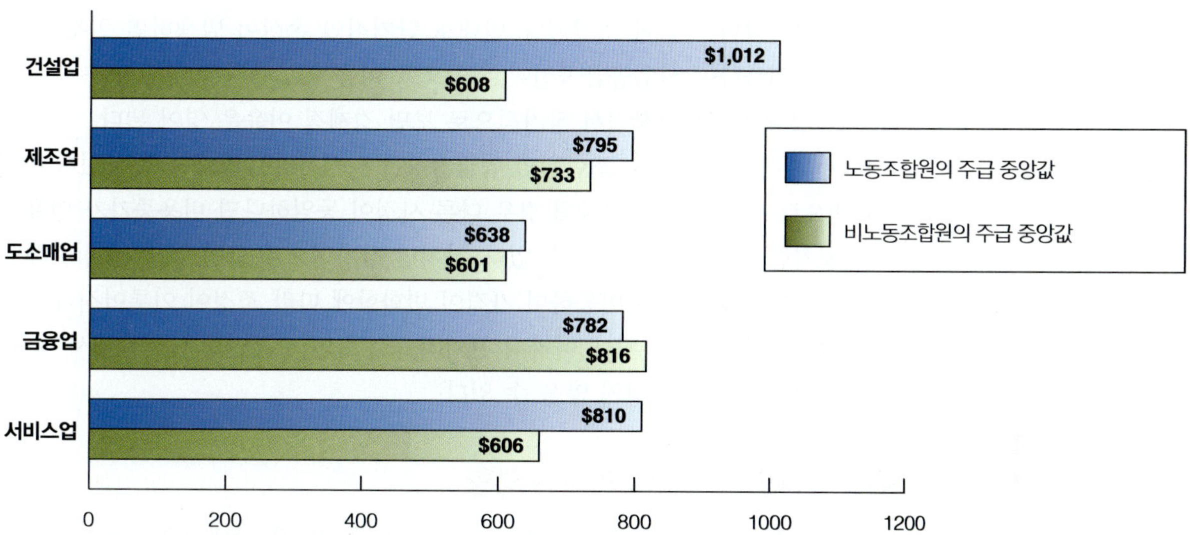

그림 6

노동조합 및 비노동조합 임금에 노동조합이 미치는 영향

(a) 노동조합이 결성된 부문 및 (b) 노동조합이 결성되지 않은 부문은 모두 임금 15달러에서 시작한다. 노동조합은 단체교섭을 통하거나 노동조합이 결성된 부문의 노동공급을 감소시킴으로써 임금을 18달러로 인상시키고자 한다. 이제 노동조합이 결성된 부문에는 이전보다 더 적은 수의 노동자가 고용되며 여기서 일자리를 잃은 노동자들은 노동조합이 결성되지 않은 부문으로 이동한다고 가정한다. 노동조합이 결성되지 않은 부문의 노동공급은 증가하고 임금은 하락한다.

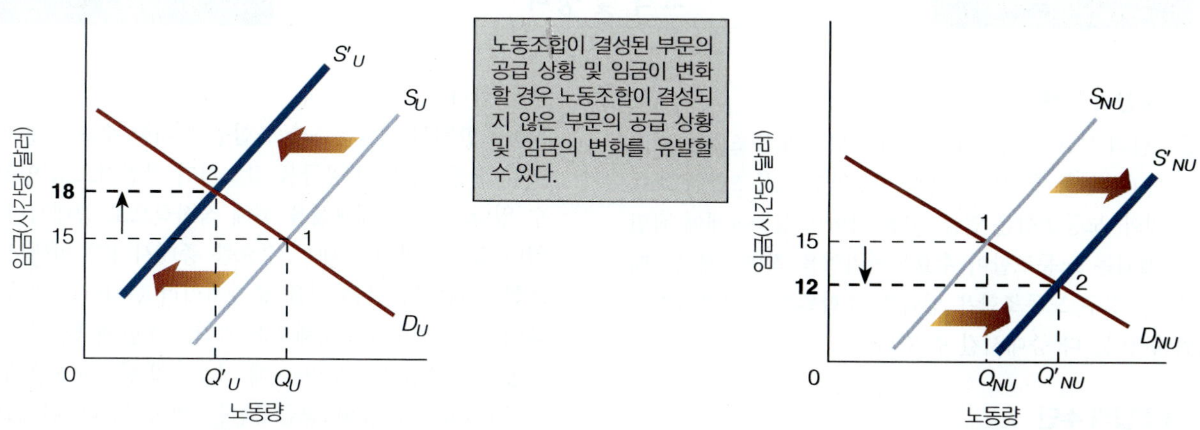

(a) 노동조합이 결성된 부문 **(b) 노동조합이 결성되지 않은 부문**

고용주가 임금인상의 대가를 치르지 않는 이유 일반인들은 노동조합이 고용주의 비용부담 하에 노조원의 임금인상을 이룰 수 있다고 생각한다. 하지만 앞에서의 논의에 따를 경우 이는 사실이 아닐 수 있다. 즉 노동조합원에 대한 임금인상은 이윤에서 나오지 않을 수 있다.

그 이유를 알아보려면 단기와 장기를 구별할 필요가 있다. 완전경쟁에서 단기적인 이윤이 발생하면 신규 기업이 해당 산업에 진입하여 산업공급곡선이 오른쪽으로 이동하고 가격은 하락하여 이윤이 소멸된다. 반대로 단기적인 손실이 발생하면 일부 기업은 해당 산업에서 퇴출하여 산업공급곡선이 왼쪽으로 이동하고 가격은 상승하여 손실이 소멸된다. 이처럼 완전경쟁시장에서 장기적으로 보면 경제적 이윤은 영이 된다.

이런 시장구조 하에서 조합원의 임금인상을 달성하려는 노동조합이 있다고 가상하자. 단기적으로 보면 임금이 인상될 경우 다른 사정이 동일하다면 비용증가가 이윤을 감소시키는 것처럼 이윤을 감소시킬 수 있다. 하지만 장기적으로 보면 일부 기업이 해당 산업에서 퇴출하고 공급곡선이 이동하며 가격이 변화함에 따라 조정이 이루어진다. 장기적으로는 경제적 이윤이 영이 된다. 따라서 단기적으로 보면 임금인상은 이윤에서 나올 수 있지만 장기적으로 보면 그렇지 않을 수 있다.

3 노동조합이 가격에 미치는 영향

노동조합이 미치는 영향 중 하나는 노동조합원의 임금은 상대적으로 높아지고 비노동조합원의 임금은 상대적으로 낮아진다는 점이다. 노동조합원의 임금이 인상될수록 이를 고용한 기업의 비용이 증가하며 이는 공급곡선에 영향을 미치고 다시 생산물 가격에 영향을 미친다. 따라서 노동조합원의 임금이 인상되면 이들이 생산한 제품의 가격이 상승한다. 반대로 비노동조합원의 임금이 인하되면 이를 고용한 기업의 비용이 낮아져서 이들이 생산한 제품의 가격이 하락한다.

요약 및 정리

78 노동조합의 목표

- 노동조합의 목표는 다음과 같다: (1) 모든 노동조합원의 고용달성, (2) 임금 총액의 극대화, (3) 일부 노동조합원 소득의 극대화. 노동조합은 임금–고용 사이의 상충관계에 직면한다. 예외는 노동조합이 수요독점기업을 직면하게 될 때이다. 이 경우 노동조합은 임금과 조합원의 고용을 (어떤 범위에서) 둘 다 증대시킬 수 있다.

79 노동조합의 수단

- 임금–고용 사이의 상충관계를 완화하기 위해서 노동조합은 조합원에 대한 수요탄력성을 낮추려 한다. 이렇게 하기 위해 다음과 같이 한다. (1) 대체물품의 이용 가능성을 낮추려 한다. (2) 노동에 대한 대체요소의 이용 가능성을 낮추려 한다.
- 노동조합원의 임금은 노동조합원에 대한 수요를 증대시키거나 노동조합원의 공급을 감소시켜 간접적으로 인상시킬 수 있다. 또한 단체교섭을 통해 직접적으로 증대시킬 수도 있다. 노동조합원에 대한 수요를 증대시키기 위해서 노동조합은 다음과 같은 것을 증가시키려 한다: (1) 생산한 물품에 대한 수요, (2) 대체요소 가격, (3) 한계생산물.
- 노동조합 측면에서 보았을 때 성공적인 단체교섭은 고용주가 직면하는 노동의 공급곡선을 변화시킨다. 단체교섭을 통해 고용주는 노동조합이 설정한 임금보다 낮은 수준에서 근로자를 고용할 수 없다는 사실을 확신시킬 수 있다면 노동조합은 성공을 거둔 것이다. 이 경우 노동의 공급곡선은 이 임금수준에서 수평선이 된다.

80 수요독점

- 수요독점기업의 경우 요소를 추가적으로 구입함에 따라 한계요소 비용이 상승하며 공급곡선은 한계요소비용곡선 아래에 위치한다. 수요독점기업은 $MRP = MFC$인 점에서 요소량을 매입한다. 요소가격은 수요독점기업의 한계요소비용보다 더 낮다. 따라서 수요독점기업은 한계수입생산물보다 작은 금액을 요소에 지불한다.

주요 용어 및 개념

클로즈드숍
오픈숍
유니언숍
단체교섭
파업
수요독점

연습문제

01. 다른 산업에 비해 일부 산업에서 노동조합 결성이 용이할 수 있다. 어떤 산업 특성이 노종조합 결성을 용이하게 하는가?

02. 노동조합의 대부분의 행위 또는 수단은 세 가지 요소 중 한 개에 영향을 미치려 한다. 이것들은 무엇인가?

03. 노동조합은 (a)기업의 이윤, (b) 소비자가 상품에 지불하는 가격, (c) 비노동조합원이 받는 임금에 영향을 미칠 수 있다. 동의하는가 또는 동의하지 않는가? 설명하시오.

04. 수요독점기업이 노동의 한계수입생산물보다 더 적은 임금을 지불하는 이유를 설명하시오.

05. 어떤 요인들이 고용주(수요독점) 카르텔을 해체시킬 수 있는가?

06. 다음의 각 사항에 대해 노동조합이 취할 입장은 무엇이라고 생각하는가?

a. 이민법 완화
b. 수입품에 대해 할당 부과
c. 자유무역
d. 최저임금의 인하

07. 다음 사항과 일치하는 노동조합의 수단을 설명하시오.

a. 노동조합원에 대한 수요탄력성에 영향을 미치는 수단
b. 노동조합원에 대한 수요를 증가시키는 수단
c. 노동조합원의 공급을 축소시키는 수단

08. 일부 사람들은 수요독점기업이 한계수입생산물보다 더 적은 금액을 근로자들에게 지급할 경우 이들을 착취하는 것이라고 주장한다. 반면에 다른 사람들은 이에 동의하지 않으며 다음과 같이 주장한다. 즉 기업이 근로자들에게 이들의 기회비용을 지불하는 한 근로자들을 착취하는 것이 아니라고 말한다. 이처럼 착취에 대해 다음과 같은 두 가지 정의가 있을 수 있다.

a. (임금이 근로자의 기회비용과 동일하더라도) 근로자의 한계수입생산물보다 낮은 금액을 지불하는 경우
b. 근로자의 기회비용보다 낮은 금액을 지불하는 경우 이것이 주관적인 판단일 수 있다는 점을 염두에 두고 위의 두 가지 중 어느 것이 착취에 대한 적절한 정의라고 생각하는가? 설명하시오.

09. 노동에 대한 수요탄력성을 이용하여 임금–고용 사이의 상충관계를 어떻게 설명할 수 있는가?

10. 노동조합은 비노동조합원의 임금에 어떤 영향을 미치는가?

11. 노동조합이 임금 총액을 극대화하는 대신에 모든 노동조합원의 고용달성을 목표로 한다면 노동조합의 행태는 어떻게 달라지는가?

숫자 및 그래프를 활용한 문제

01. 문자로 표기된 난에 적절한 숫자를 채우시오.

(1) 근로자	(2) 임금	(3) 노동 총비용	(4) 한계요소비용
1	A	$12.00	$12.00
2	$12.10	24.20	E
3	12.20	C	F
4	B	D	12.60

02. 다음 그림에 있는 노동에 대한 수요곡선 중 어느 것이 임금-고용 사이의 상충관계를 가장 명확하게 보여주는가? 설명하시오.

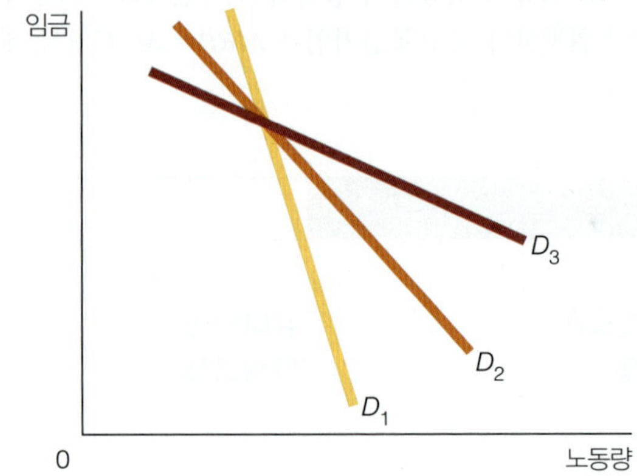

03. 노동조합이 결성된 부문의 공급조건 및 임금의 변화가 노동조합이 결성되지 않는 부문의 공급조건 및 임금의 변화에 어떤 영향을 미치는지 그래프를 이용하여 설명하시오.

제 15 장

소득분배

15.1 소득분배에 관한 현실

여기서는 미국의 소득분배에 관한 몇 가지 현실을 살펴보고자 한다.

1 부유층 및 부유한 정도

일반적으로 미국 가계의 최하위 5분위 수는 빈곤하다고 보며 최상위 5분위 수는 부유하다고 보고 가운데 세 개의 5분위 수는 중산층이라고 본다.

그림 1에서 보면 2007년 현재 미국의 최하위 5분위 수(빈곤층)는 전체 화폐소득의 3.4퍼센트를 차지하며 두 번째 5분위 수는 8.7퍼센트, 세 번째 5분위 수는 14.8퍼센트, 네 번째 5분위 수는 23.4퍼센트를 각각 차지하고 최상위 5분위 수(부유층)는 49.7퍼센트를 차지한다.

소득분배는 시간이 흐름에 따라 보다 균등해지고 있는가? 그림 2는 1967년과 2007년 미국 가계의 소득점유율을 보여주고 있다. 1967년에 최상위 5분위 수 가계는 전체소득의 43.8퍼센트를 차지하는데 비해 2007년에는 49.7퍼센트로 증가하였다.

소득분포의 또 다른 끝 부분인 최하위 5분위 수는 1967년에 전체소득의 4.0퍼센트를 차지했는데 비해 2007년에는 3.4퍼센트로 감소하였다. 최하위 5분위 수와 최상위 5분위 수 사이에 위치한 중간의 세 개 5분위 수는 1967년에 전체소득의 52.3퍼센트를 차지했는데 비해 2007년에는 49.7퍼센트로 감소하였다.

많은 사람들이 소득분배 5분위 수는 동일한 수의 인구 점유를 포함할 것이라고 묵시적으로 가정하지만 미국 인구조사국의 공식 통계에는 동일한 수의 인구가 점유되어 있지 않다. 미국 인구조사국이 발표하는 5분위 수는 사람 수가 아니라 가계 수에 기초하므로 규모가 동일하지 않다. 미국에서 고소득층 가계는 많은 구성원과 벌이를 하는 사람이 있는 기혼

그림 1

가계소득 점유율의 분포, 2007

미국의 상이한 5분위 수 가계에 대한 소득점유율을 보여주고 있다.

출처: 미국 인구조사국

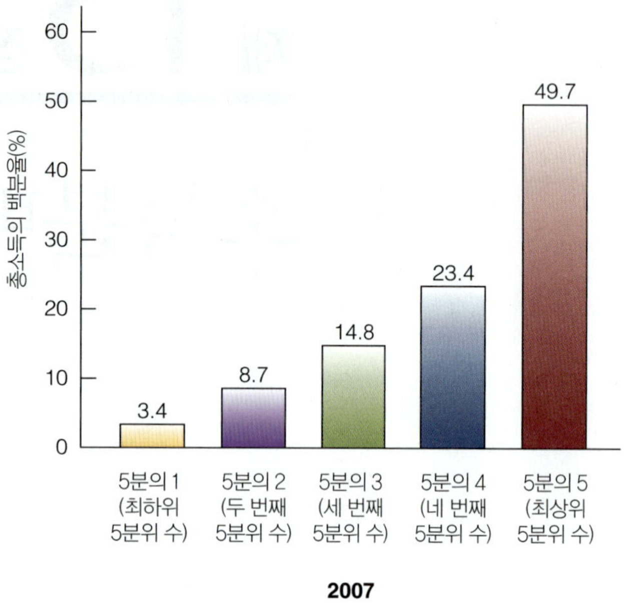

가정인 경향이 있는 반면에 저소득층 가계는 벌이가 거의 없거나 전혀 없는 미혼인 사람인 경향이 있다. 최상위 5분위에 속한 평균 가계는 구성원이 3.2명인 반면에 최하위 5분위에 속한 평균 가계는 1.8명에 불과하다.

일부 경제학자들의 주장에 따르면 5분위 수 내의 인구수가 불균등하여 소득분배 측정치가 비대칭된다고 본다. 예를 들면 미국의 경우 2002년에 최상위 5분위 수는 14.3퍼센트에 불과하였다. 인구수로 보면 최상위 5분위 수에는 6천940만 명이 포함되고 최하위 5분위 수에는 4천30만 명이 포함된다.

각 5분위 수가 실제로 인구의 20퍼센트씩을 포함하도록 소득분배를 조정할 경우 결과가 달라진다. 2002년에 최하위 5분위 수의 소득점유율은 3.5퍼센트에서 9.4퍼센트로 증가하며 최상위 5분위 수의 경우 49.7퍼센트에서 39.6퍼센트로 감소한다.

경제학자들은 이따금 소득분배에 대해 추가적인 조정을 한다. 예를 들면 각 5분위 수에 속한 사람들은 근로시간 수가 동일하지 않다. 2002년에 최하위

그림 2

소득분포, 1967년 및 2007년

소득점유율은 예를 들면 조세 및 현금 형태가 아닌 특정 물품 또는 서비스의 형태로 이루어지는 이전지급에 대해 조정이 이루어지지 않았다.

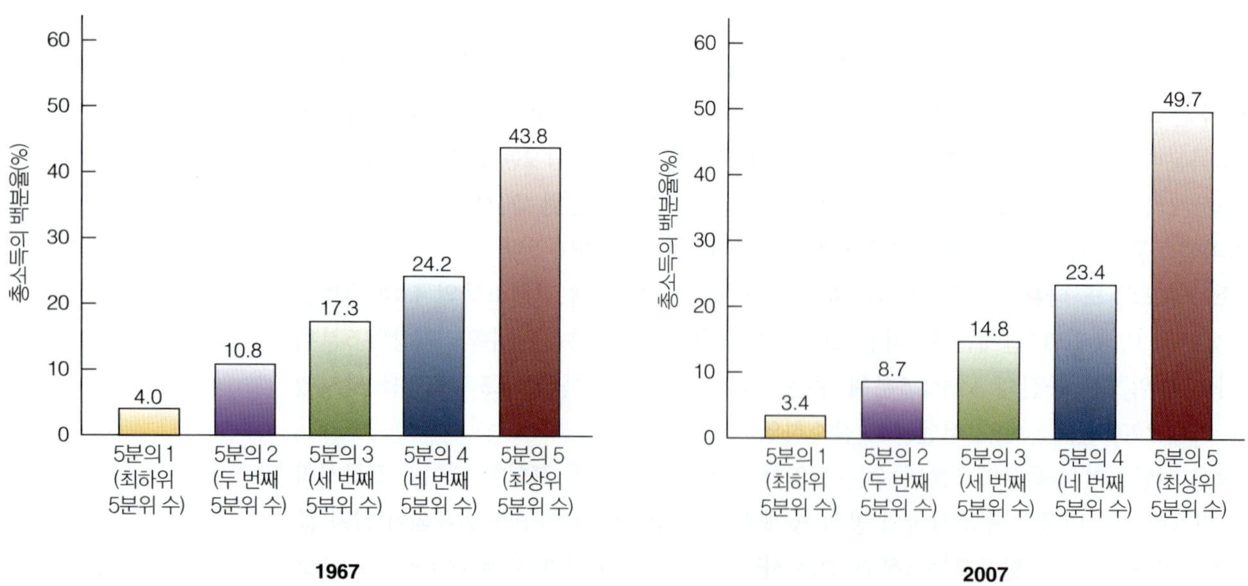

5분위 수에 속한 사람들은 미국 전체 근로의 4.3퍼센트를 차지하였고 최상위 5분위 수에 속한 사람들은 33.9퍼센트를 차지하였다. 공정히 말하면 최하위 5분위 수의 근로시간이 적은 것은 여기에 속한 근로 연령층의 수가 적다는 것이다. 2002년에 최하위 5분위 수에는 모든 근로연령 성인의 11.2퍼센트만이 포함되고 최상위 5분위 수에는 27.6퍼센트가 포함된다. 하지만 최하위 5분위 수에 속한 근로연령 성인과 최상위 5분위 수의 근로연령 성인을 비교해 보면 최하위 5분위 수에 속한 근로연령 성인의 연간 근로시간이 평균적으로 최상위 5분위 수에 속한 근로연령 성인의 약 절반 정도이다.

2 소득분배에 연령이 미치는 영향

소득분배를 분석할 경우 장시간(때때로 평생 동안) 빈곤한 사람과 일시적으로 빈곤한 사람을 구별하여야 한다. 대학에 다니면서 근처 음식점에서 파트타임 웨이트리스로 근무하고 있는 쉐리 호우머(Sherri Holmer)를 생각하여 보자. 현재 그녀의 소득은 낮아서 최하위 5분위 수 소득군에 속하지만 언제나 그렇지는 않을 것이다. 대학 졸업 후 그녀의 소득은 증가할 것이다. 대부분의 경우와 비슷하다면 그녀의 소득은 20대, 30대, 40대에 상승하고 40대 후반이나 50대 초반에 약간 감소하였다가 그 수준을 유지할 것이다.

20대 후반, 30대, 40대에 속한 사람은 전체 생애소득은 동일할지 모르지만 20대 초반이나 60대에 속한 사람보다 소득이 많을 가능성이 높다. 특정시점(예를 들면 한 사람은 58세이고 다른 사람은 68세인 경우)에서 각 사람의 소득을 비교할 때보다 전체 생애를 통해 비교할 때 소득평등이 더 커진다.

그림 3은 몇 년에 걸친 존(John)과 스테파니(Stephanie)의 소득을 보여주고 있다. 2000년에 존은 18세이고 연간 10,000달러를 벌었다. 스테파니는 28세이고 연간 30,000달러를 벌었다. 2000년에 존과 스테파니의 소득분배는 균등하지 않다.

10년이 지난 후에도 스테파니의 소득은 45,000달러이고 존의 소득은 35,000달러로

그림 3

한 시점 및 시간의 흐름에 따른 소득분포

연도	존의 연령(나이)	존의 소득	스테파니의 연령(나이)	스테파니의 소득
2000	18	$10,000	28	$30,000
2010	28	35,000	38	45,000
2020	38	52,000	48	60,000
2030	48	64,000	58	75,000
2040	58	75,000	68	26,000
합계		$236,000		$236,000

각 연도에 존(John)과 스테파니(Stephanie) 사이의 소득분배는 동등하지 않다. 2000년 2010년 2020년 2030년에 스테파니는 존보다 더 많은 소득을 벌었으며 2040년에는 존이 스테파니보다 더 많은 소득을 벌었다. 하지만 이 5개 연도에 존과 스테파니는 236,000달러라는 동일한 총소득을 벌었으며 이는 시간의 흐름에 따라 완전히 평등한 소득분배가 이루어졌음을 의미한다.

소득이 균등하지 않다. 그림에서 보면 소득분배는 각 연도에서 균등하지 않다. 하지만 각 사람이 벌은 전체소득은 236,000달러로 완벽하게 균등한 소득분배를 보여준다.

3 간단한 방정식

다음의 간단한 방정식은 한 개인의 소득을 결정하는 네 가지 요소를 결합한 것이다.

개인소득 = 노동소득 + 자산소득 + 이전지급금 − 조세

- 노동소득은 개인이 받은 임금에 근무시간 수를 곱하여 구할 수 있다.
- 자산소득은 예를 들면 저축에 대한 수익, 자본투자에 대한 수익, 토지에 대한 수익 등으로 구성된다
- 이전지급금은 현재 공급되는 상품 및 서비스에 대한 대가로 이루어지지 않는 지급금이다(예를 들면 사회보장 지급금을 들 수 있다).

이전지급금

- 마지막으로 노동소득, 자산소득, **이전지급금**(transfer payment)을 합한 금액에서 조세를 감하고 나면 개인이 갖는 소득(즉 개인소득)이 된다.

위의 방정식을 통해 개인의 소득 및 소득 불평등의 정도에 직간접적으로 영향을 미치는 요인을 쉽게 살펴볼 수 있다. 다음은 소득불평등을 측정하는 전통적인 방법에 대해 알아볼 것이다.

15.2 소득 불평등의 측정

소득 불평등을 측정하는 데 사용하는 두 가지 일반적인 방법은 로렌츠(Lorenz) 곡선과 지니(Gini)계수이다.

1 로렌츠 곡선

로렌츠 곡선

로렌츠 곡선(Lorenz curve)은 소득분배를 보여준다. 즉 이 곡선은 가계의 누적백분율과 소득의 누적백분율 사이의 관계를 나타낸다.

그림 4는 가상적인 로렌츠 곡선을 보여주고 있다. 그림 4(a)의 자료를 이용하여 그림 4(b)의 로렌츠 곡선을 도출하였다. 그림 4(a)에 따르면 최하위 5분위 수 가계는 소득의 10퍼센트를 점유하고 두 번째 5분위 수 가계의 소득점유율은 15퍼센트이다. 그림 4(b)의 로렌츠 곡선은 다음과 같은 다섯 개 점으로부터 도출된다.

- 점 *A*는 최하위 5분위 수 가계의 누적 소득점유율을 나타낸다(소득의 10퍼센트는 최하위 5분위 수 가계로 돌아간다).
- 점 *B*는 최하위 5분위 수에 두 번째 5분위 수를 합한 가계들의 누적 소득점유율을 나타낸다(소득의 25퍼센트는 하위 두 개의 5분위 수, 즉 소득 수령자의 40퍼센트에게로 돌아간다).
- 점 *C*는 최하위 5분위 수, 두 번째 5분위 수, 세 번째 5분위 수를 합한 가계들의 누

그림 4

가상적인 로렌츠 곡선

(a)의 자료를 이용하여 (b)의 로렌츠 곡선을 도출하였다. 로렌츠 곡선은 가계의 누적백분율이 벌은 소득의 누적백분율을 나타낸다. 모든 가계가 총소득 중 동일한 백분율을 벌 경우 로렌츠 곡선은 완전한 소득 평등을 의미하는 직선이 된다. 굽은 로렌츠 곡선은 불평등한 소득분포의 정도를 나타낸다. 로렌츠 곡선이 굽을수록 소득분포는 더욱 불평등해진다.

5분위 수	소득점유율 (%)	누적 소득 점유율 (%)
최하위 5분위 수	10%	10%
두 번째 5분위 수	15	25
세 번째 5분위 수	20	45
네 번째 5분위 수	25	70
최상위 5분위 수	30	100

(a)

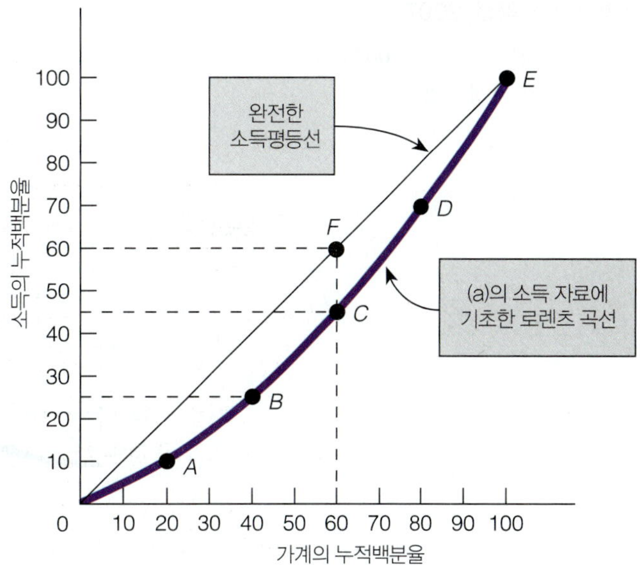

(b)

적 소득점유율을 나타낸다(소득의 45퍼센트는 하위 세 개의 5분위 수, 즉 소득 수령자의 60퍼센트에게로 돌아간다).

점 *D* 및 *E*에 대해서도 동일한 절차가 적용된다.

이 점들을 연결하면 그림 4(a)에 있는 자료를 나타내는 로렌츠 곡선을 구할 수 있다. 즉 로렌츠 곡선은 그림 4(a)의 소득분배를 나타내는 또 다른 방법이다. 그림 5는 그림 1의 (화폐) 소득점유율에 기초하여 도출한 미국의 로렌츠 곡선을 나타내고 있다.

모든 가계들 사이에 소득이 완전히 균등하게 분배될 경우 로렌츠 곡선은 어떤 모양을 하는가? 이 경우 모든 가계는 전체 소득 중 정확하게 동일한 백분율을 차지하게 되며 로렌츠 곡선은 그림 4(b)에서 보는 것처럼 완전한 소득평등선이 된다. 45도 선 위에 있는 어떤 점에서도 (수직축에 있는) 소득의 누적백분율은 (수평축에 있는) 가계의 누적백분율과 동일하다. 예를 들면 점 *F*에서 가계의 60퍼센트는 전체 소득의 60퍼센트를 갖는다.

2 지니계수

소득분배의 불평등한 정도를 측정한 값인 **지니계수**(Gini coefficient)는 로렌츠 곡선과 관련하여 사용된다. 이는 완전한 소득평등선 아래의 삼각형 전체 면적으로 완전한 소득평등선(45도 선)과 실제 로렌츠 곡선 사이의 면적을 나눈 값과 같다. 지니계수

$$\text{지니계수} = \frac{\text{완전한 소득평등선과 실제 로렌츠 곡선 사이의 면적}}{\text{완전한 소득평등선 아래의 삼각형 전체 면적}}$$

그림 5

미국의 로렌츠 곡선, 2007

이 로렌츠 곡선은 미국의 2007년도 소득에 기초하여 작성되었다.

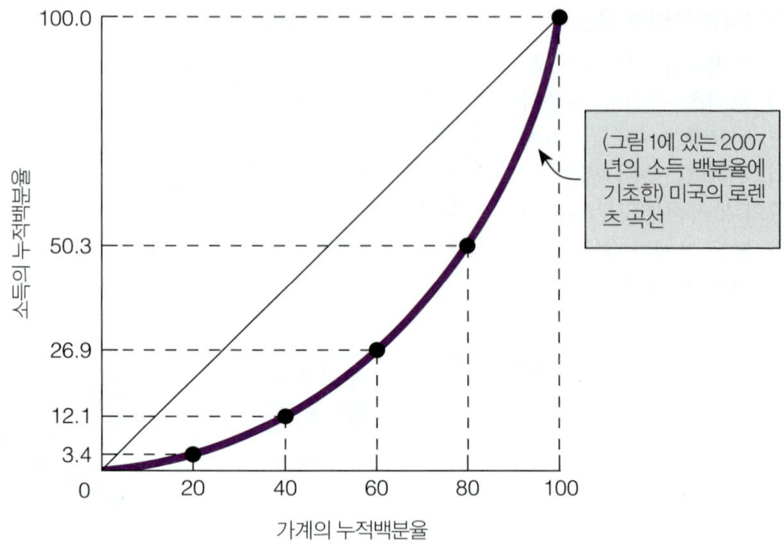

그림 6은 완전한 소득평등선과 실제 로렌츠 곡선 둘 다를 보여주고 있다. 지니계수는 음영된 면적(완전한 소득평등선과 실제 로렌츠 곡선 사이의 면적)을 면적 0*AB*(완전한 소득평등선 아래의 삼각형 전체 면적)로 나누어 구할 수 있다.

지니계수는 0과 1 사이의 숫자이다. 완전한 소득평등선과 실제 로렌츠 곡선 사이의 음영된 면적이 존재하지 않는 경우, 즉 두 개가 동일한 경우 지니계수는 0이 된다. 이처럼 지니계수가 0인 경우 완전한 소득평등을 의미한다.

또 다른 극단적인 경우는 위의 식의 분자와 분모가 동일하여 지니계수가 1이 되는 경우이다. 이 경우에 실제 로렌츠 곡선은 완전한 소득평등선으로부터 가능한 멀리 떨어져 위치한다. 이처럼 지니계수가 1인 경우 완전한 소득불평등을 의미한다. (실제 로렌츠 곡선 측면에서 보면 한 사람이 모든 총소득을 차지하고 그 밖의 다른 사람들은 아무것도 차지하지 못하는 경우이다. 그림 6에서 완전한 소득불평등을 나타내는 로렌츠 곡선은 수평축을 따라 점 0에서 점 *A*로 이동하고 다시 점 *A*에서 점 *B*로 이동하여 위치한다.)

지니계수가 0인 경우 완전한 소득평등을 의미하며 지니계수가 1인 경우 완전한 소득불평등을 의미한다면 지니계수가 커질수록 소득불평등의 정도가 커진다. 2007년 미국의 지니계수는 0.450이었던 반면에 1947년에는 0.376이었다. 다른 외국의 경우는 다음과 같다. 러시아는 0.423(2008년), 아르헨티나는 0.49(2007년), 멕시코는 0.482(2008년), 영국은 0.34(2005년), 스페인은 0.32(2005년), 스웨덴은 0.23(2005년)이었다.

3 지니계수의 한계점

지니계수가 소득분배에서 불평등한 정도에 관해 많은 것을 시사하지만 이를 잘못 해석하지 않도록 주의를 기울여야 한다. 예를 들면 국가 1의 경우 지니계수가 0.33이고 국가 2의 경우 0.25라고 하면 국가 1보다 국가 2에서 소득분배가 더 평등하다고 알고 있다. 하

그림 6

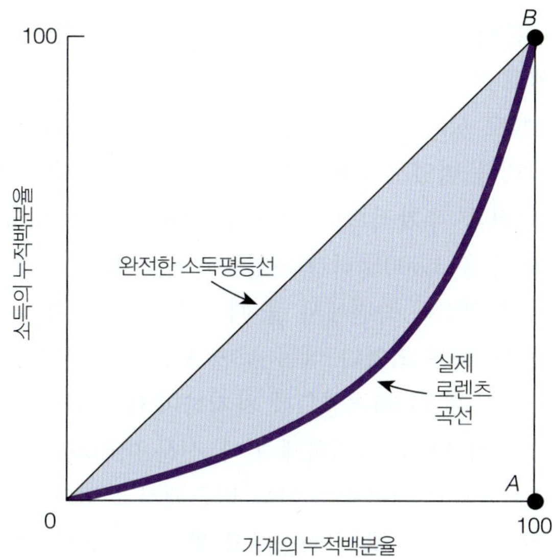

지니계수

지니(Gini)계수는 소득불평등의 정도를 측정한 값이다. 이는 완전한 소득평등 하에서의 삼각형 전체 면적으로 완전한 소득평등선과 실제 로렌츠 곡선 사이의 면적을 나눈 값이다. 표에서 보면 삼각형 면적 0*AB*로 음영된 부분을 나눈 값이다. 지니계수 0은 완전한 소득평등을 의미하며 지니계수 1은 완전한 소득불평등을 의미한다. 지니계수가 클수록 소득불평등이 커지며 지니계수가 작을수록 소득불평등이 작아진다.

지만 어느 국가에서 최하위 5분위 수 가계가 소득 중 더 많은 부분을 차지하는가? 이 물음에 대한 자연적인 반응은 소득분배가 더 평등한 국가, 즉 국가 2라고 답하는 것이다.

하지만 이 대답은 사실이 아닐 수 있다. 그림 7은 두 개의 로렌츠 곡선을 보여주고 있다. 전반적으로 볼 때 로렌츠 곡선 2가 로렌츠 곡선 1보다 완전한 소득평등선에 더 근접한다. 따라서 지니계수는 로렌츠 곡선 1의 경우보다 로렌츠 곡선 2의 경우에 더 작다. 하지만 최하위 20퍼센트 가계는 로렌츠 곡선 1보다 로렌츠 곡선 2에서 총소득 중 더 적은 부분을 차지한다.

이처럼 지니계수는 상이한 백분위 수에서 어떤 일이 발생하는지 알려줄 수 없다. 지니계수가 국가 1에서보다 국가 2에서 더 낮은 경우에 최하위 5분위 수 가계가 국가 1에 비해 국가 2에서 총소득 중 더 많은 비율을 반드시 차지하여야 할 필요는 없다.

그림 7

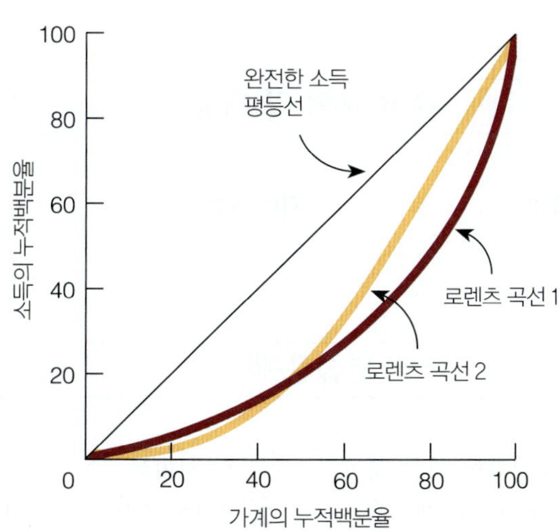

지니계수의 한계

지니계수 그 자체만으로는 인구 중 특정 5분위에 속한 계층의 소득점유에 관해 알 수 없다. 하위 5분위에 속한 인구가 총소득 중 더 많은 비율을 차지할수록 지니계수가 낮아지는 경향이 있지만 반드시 그렇지는 않다. 그림에서 로렌츠 곡선 2에 대한 지니계수는 로렌츠 곡선 1에 대한 지니계수보다 낮다. 그러나 지니계수는 낮지만 하위 20퍼센트에 속한 가계가 총소득 중 차지하는 비율은 더 낮다.

4 소득불평등에 관한 일반적인 오해

일부 사람들은 소득불평등이 증가하는 국가에서 사람들은 상황이 나아질 수 없다고 생각한다. 사회가 다섯 명, 즉 A~E로 구성된다고 가상하자. 각 개인의 연간소득은 다음과 같다. A는 20,000달러를 벌고 B는 10,000달러를 번다. C, D, E는 각각 5,000달러, 2,500달러. 1,250달러를 번다. 이 사회의 연간 총소득은 38,750달러이며 소득분배는 확실히 불평등하다. A는 총소득 중 51.61퍼센트, B는 25.81퍼센트, C는 12.90퍼센트 D는 6.45퍼센트, E는 3.23퍼센트를 각각 점유한다.

위의 각 사람들이 추가적으로 실질소득을 벌었다고 하자. A는 실질소득 10,000달러를 추가적으로 벌어서 30,000달러를 벌었으며 B는 3,000달러를 추가적으로 벌어서 13,000달러가 되었고 C는 2,000달러를 추가적으로 벌어서 7,000달러가 되었다. 또한 D도 1,000달러를 추가적으로 벌어서 총 3,500달러가 되었으며 E는 200달러를 추가적으로 벌어서 총 1,450달러가 되었다. 실질소득 측면에서 볼 때 다섯 사람 각각은 상황이 나아졌지만 소득분배는 훨씬 더 불평등하게 되었다. 예를 들면 A(최상위 5분위 수 소득자는) 이제 전체소득 중 51.61퍼센트가 아니라 54.60퍼센트를 차지하며 E(최하위 5분위 수 소득자)는 이제 3.23퍼센트가 아니라 2.64퍼센트를 차지하게 된다. 신문 머리기사는 다음과 같아질 수 있다. "부유층은 더욱 부유해지고 빈곤층은 더욱 빈곤해지고 있다." 이 기사를 읽은 사람들은 자연적으로 빈곤층의 상황이 더욱 나빠졌다고 생각하게 된다. 하지만 이들이 구입할 수 있는 상품 및 서비스 측면에서 보면 상황이 더 나빠지지 않았다는 사실을 알 수 있다. 이들은 소득분배가 덜 불평등했을 때보다 더 많은 실질소득을 얻고 있다. 간단히 말해 소득분배가 더 불평등해지더라도 모든 사람의 상황이 더 나아질 수 있다.

요약 및 정리

81 소득분배

- 정부는 조세 및 이전지급금을 통해 소득분배를 변화시킬 수 있다(개인소득 = 노동소득 + 자산소득 + 이전지급금 − 조세). 정부는 이전지급금 및 조세에 직접적인 영향을 미칠 수 있다.
- 로렌츠 곡선은 소득분배를 보여준다. 지니계수는 소득분배의 불평등한 정도를 측정한 값이다. 지니계수가 0인 경우 완전한 소득평등을 의미하며 지니계수가 1인 경우 완전한 소득불평등을 의미한다.

주요 용어 및 개념

이전지급금 **로렌츠 곡선** **지니계수**

연습문제

01. 연령 불균형이 큰 국가 A 또는 연령 불균형이 작은 국가 B 중에서 어느 국가의 소득 불균형이 더 크다고 생각하는가? 설명하시오,

02. 연령이 소득분배에 미치는 영향은 무엇인가?

03. 국가 A의 지니계수는 0.35이고 국가 B의 지니계수는 0.22이다. 따라서 국가 B에 있는 하위 10퍼센트 소득자가 국가 A에 있는 하위 10퍼센트 소득자보다 전체 소득 중 더 큰 비율을 차지하게 된다. 이 주장에 동의하는가? 설명하시오.

숫자 및 그래프를 활용한 문제

01. 최하위 5분위 수 소득자의 전체 소득에 대한 점유율은 10퍼센트이고 두 번째 5분위 수 소득자의 점유율은 17퍼센트이며 세 번째 5분위 수 소득자의 점유율은 22퍼센트이다. 네 번째 및 다섯 번째 5분위 수 소득자의 경우는 각각 24퍼센트 및 27퍼센트이다. 로렌츠 곡선을 그리시오.
02. 그림 7에서 로렌츠 곡선 2를 이용하여 상위 두 번째의 20퍼센트에 속한 가계로 대략 전체 소득의 몇 퍼센트가 귀속되는지 알아보시오.
03. 어떤 사회의 소득분배가 더 불평등해지더라도 모든 사람의 실질소득은 증가하는 것이 가능한가? 숫자적인 예를 사용하여 귀하의 대답을 입증하시오.

제 16 장

이자, 지대, 이윤

16.1 이자

이자라는 단어는 경제학에서 두 가지 의미로 사용된다. 이것은 이따금 **대부자금**(loanable funds)에 대한 가격이란 의미로 사용된다. 예를 들면 라즈(Lars)는 레베카(Rebecca)로부터 100달러를 차용하여 1년 뒤에 110달러를 갚았다. 이때 이자가 10달러이다.

대부자금

이자는 또한 생산과정의 요소로서 자본이 얻는 수익을 의미한다. 1,000달러 지불하고 기계(자본재)를 구입하여 이 기계를 생산적인 용도로 사용하여 연간 100달러를 버는 사람은 자본에 대해 100달러의 이자 또는 10퍼센트의 이자율을 얻는다고 한다.

대부자금에 대한 가격과 자본재에 대한 수익 둘 모두 동일해지는 경향이 있기 때문에 경제학자들은 이를 모두 이자라고 한다.

1 대부자금: 수요 및 공급

대부자금(또는 신용)에 대한 균형이자율 또는 가격은 대부자금(또는 신용)에 대한 수요 및 공급에 의해 결정된다. 대부자금에 대한 수요는 소비용 대부수요, 투자용 대부수요, 대부자금에 대한 정부수요(예를 들면 미국 재무성은 대부자금 시장에서 대부자금을 차용, 즉 수요함으로써 재정적자의 재원을 조달할 필요가 있다)로 구성된다. 하지만 여기서는 소비용 대부수요와 투자용 대부수요에 초점을 맞출 것이다. 대부자금의 공급은 일반인들의 저축과 새롭게 창출된 통화에서 비롯된다. 하지만 여기서는 일반인들의 저축에 대해서만 논의할 것이다.

따라서 여기서는 대부자금에 대한 수요가 (1) 소비용 대부수요와 (2) 투자용 대부수요로 구성된다. 대부자금의 공급은 일반인들의 저축으로 구성된다.

대부자금의 공급 저축자는 자신의 현재소득보다 적게 소비를 하는 사람이다. 저축자가 없다면 대부자금의 공급은 이루어지지 않는다. 저축자는 자신의 자금을 사용한 대가로 이자율을 받고 저축하여 대부가 이루어지는 자금액과 이자율은 정의 관계, 즉 양의 관계에 있다. 특히 대부자금 공급곡선의 기울기는 상향한다. 따라서 이자율이 높을수록 대부자금 공급량은 증가하며 이자율이 낮을수록 대부자금 공급량은 감소한다.

양의 시간 선호율

대부자금에 대한 수요: 소비용 대부 소비자들은 나중에 물품을 가용하기보다 먼저 가용하기를 선호하는 **양의 시간 선호율**(positive rate of time preference)을 갖고 있기 때문에 대부자금을 수요한다. 예를 들면 대부분의 사람들은 5년 후에 자동차를 보유하기보다 오늘 자동차를 보유하기를 선호한다.

양의 시간 선호율에 대해 비이성적인 것은 아무것도 없다. 모든 사람이 아니라면 대부분의 사람들이 이것을 갖고 있다. 보다 일찍 물품을 가용하고자 하는 선호도는 차이가 있을 수 있다. 일부 사람들은 장래소비보다 현재소비를 크게 선호한다(즉 "나는 오늘 바로 그 신차를 소유해야 한다")는 의미에서 높은 시간 선호율을 갖고 있다. 반면에 다른 사람들은 장래소비보다 현재소비를 약간 더 선호한다는 의미에서 낮은 시간 선호율을 갖는다. 높은 시간 선호율을 갖는 사람들은 낮은 시간 선호율을 갖는 사람들보다 소비를 연기할 가능성이 낮다. 높은 시간 선호율을 갖고 있는 사람들은 지금 당장 물품이 필요하다고 느낀다.

소비자들은 양의 시간 선호율을 이용해 소비용 대부에 대한 수요를 설명할 수 있다. 소비자들은 오늘 구입하기 위해서 오늘 차용하며 차용금에 이자를 합해서 장래에 갚게 된다. 이자 지급금은 차용자인 소비자가 물품을 보다 일찍 가용하는 데 따른 대가이다.

우회 생산방법

대부자금에 대한 수요: 투자용 대부 투자자(또는 기업)는 자본재에 투자하고 우회적인 생산방법의 재원을 조달하기 위해서 대부자금(또는 신용)을 수요한다. **우회 생산방법**(roundabout method of production)을 사용하는 기업은 먼저 자본재를 생산하고 이를 이용하여 소비재를 생산한다.

물고기를 잡는 직접적인 방법과 우회적인 방법을 비교하여 보자. 직접적인 방법을 사용할 경우 손으로 물고기를 잡게 된다. 우회적인 방법을 사용할 경우 (자본재인) 그물을 먼저 만들고 나서 이 그물을 이용하여 물고기를 잡는 것이다. 찰리(Charlie)는 직접적인 방법을 사용할 경우 하루에 물고기 4마리를 잡을 수 있다. 우회적인 방법을 사용할 경우 하루에 10마리의 물고기를 잡을 수 있다. 찰리가 그물을 만드는 데 10일이 소요된다고 가상하자. 찰리가 그물을 만들지 않고 손으로 물고기를 잡을 경우 연간 (하루에 4마리씩 365일 잡은 물고기의 수인) 1,460마리의 물고기를 잡을 수 있다. 하지만 10일 동안(이 동안에는 물고기를 잡을수 없다) 걸려 그물을 만들 경우 첫해에 (하루에 10마리씩 355일 잡은 물고기의 수인) 3,550마리의 물고기를 잡을 수 있다. 따라서 자본집약적이며 우회적인 생산방법이 더 생산적이다.

우회적인 생산방법이 생산적이기 때문에 투자자들은 재원을 조달하기 위해 자금을 차용하려 한다. 예를 들면 찰리는 다음과 같이 추론할 수 있다. 그물을 사용할 수 있다면 더 생산적이 된다. 하지만 10일 동안은 물고기를 잡지 못하고 그물을 만드는 데 모든 힘을 쏟아야 한다. 10일 동안 무엇을 먹고 살 수 있을까? 어쩌면 이웃으로부터 물고기를 빌릴 수 있을지도 모르겠다. 10일 동안 먹고 살기 위해서 40마리의 물고기를 빌려야 한다. 하지만 이웃이 이 거래에 선뜻 나서도록 하여야 한다. 그래서 나는 1년 후에 50마리의 물고기를 돌려주겠다고 약속해야 할 것이다. 이웃은 오늘 40마리를 나에게 빌려주고 1년 후에 50마리를 받게 된다. 나는 25퍼센트의 이자율(이자로 지불한 물고기 10마리는 빌린 물고기 40마리의 25퍼센트에 해당한다)을 지급하지만 그럴 만한 가치가 있다. 자본집약적이며 우회적인 생산방법은 생산성이 높기 때문에 대부받는 것을 가치 있게 만든다.

위에서 살펴본 물고기의 예는 기업이 자본투자를 할 때도 그대로 적용된다. 조립라인에서 컴퓨터를 생산하는 것은 손으로 하나씩 생산하는 방법과 비교해 볼 때 우회적인 생산방법이다. 복사기를 이용하여 복사하는 것은 손으로 한 자씩 쓰는 방법과 비교해 볼 때 우회적인 생산방법이다. 두 경우 모두 기업들은 지금 차용을 해서 우회적인 생산을 하기 위해 자본재에 투자할 자금으로 사용하고 나중에 이자와 함께 대부금을 갚게 된다. 우회적인 생산방법이 생산적이지 못하다면 기업들은 차용을 하지 않으려 할 것이다.

대부자금 시장 소비용 대부에 대한 수요와 투자용 대부에 대한 수요를 합하면 대부자금에 대한 전체 수요를 구할 수 있다. 대부자금에 대한 수요곡선의 기울기는 하향한다. 즉 이자율이 상승함에 따라 물품을 먼저 가용하는 데 따른 소비자의 비용이 증가하여 차용을 감소시키게 된다. 또한 이자율이 상승함에 따라 보다 낮은 이자율에서는 이윤이 남았던 투자계획들이 더 이상 이윤이 남지 않을 수 있다. 따라서 이자율과 대부자금 수요량 사이에는 역의 관계가 성립한다.

그림 1은 대부자금에 대한 수요 및 공급을 보여주고 있다. 대부자금에 대한 수요량과 공급량이 일치하는 점에서 균형이자율이 결정된다.

2 대부자금에 대한 대가와 자본재에 대한 수익은 동일해지는 경향이 있다

이미 살펴 본 것처럼 대부자금에 대한 대가와 자본재에 대한 수익은 서로 동일해지는 경향이 있어서 보통 이자라고 한다. 예를 들면 자본에 대한 수익이 10퍼센트이고 대부자금에 대한 대가는 8퍼센트라고 가상하자. 이런 경우 기업들은 대부자금 시장에서 차용을 하여 자본재에 투자를 한다. 이렇게 되면 자본량이 증가함에 따라 수익이 감소한다(자본은 한계수익 체감에 따른다). 간단히 말해 자본에 대한 수익과 대부자금에 대한 대가가 서로 근접하게 된다.

이제는 역전이 돼서 대부자금에 대한 대가가 10퍼센트이고 자본에 대한 수익이 8퍼센트라고 가상하자. 어느 누구도 10퍼센트에서 대부자금을 차용하여 8퍼센트에 투자하지 않는다. 시간이 흐름에 따라 자본량이 감소하여 (자본이 시간이 흐름에 따라 감각상각이 이루어지지만 영원히 계속되지는 않는다) 한계생산물이 증가하고 자본에 대한 수익과 대부자금에 대한 대가는 궁극적으로 서로 동일해진다.

그림 1

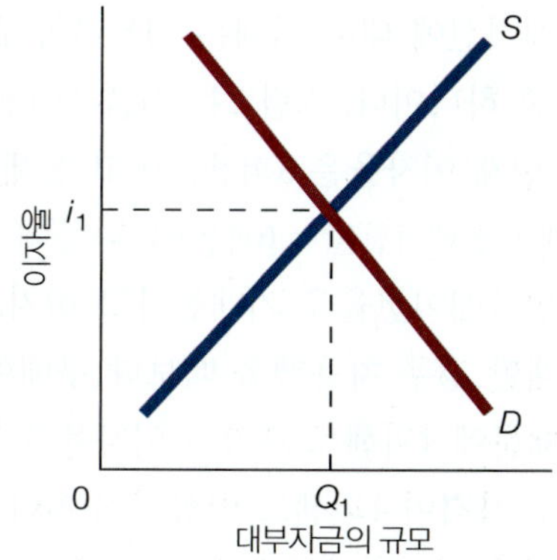

대부자금 시장

수요곡선은 상이한 이자율 수준에서 수요되는 대부자금의 다양한 수량을 나타낸다. 공급곡선은 상이한 이자율 수준에서 공급되는 대부자금의 다양한 수량을 나타낸다. 공급과 수요의 상호작용을 통해서 예를 들면 i_1 및 Q_1처럼 균형이자율과 대부자금의 균형량이 결정된다.

3 이자율이 상이한 이유는 무엇 때문인가?

그림 1의 공급 및 수요분석에 따르면 단지 한 개의 이자율만 존재하는 것처럼 보인다. 하지만 현실적으로 많은 이자율이 존재한다. 예를 들면 주요 기업이 새로운 기계를 구입하기 위해 투자용 대부를 받을 때 지불하는 이자율은 일반인이 자동차를 구입하기 위해 소비용 대부를 받을 때 지불하는 이자율과 동일하지 않을 가능성이 높다. 다음에는 이자율에 영향을 미치는 요인들에 관해 살펴볼 것이다. 각 경우에 다른 사정은 동일하다는 가정이 준수된다.

위험 대부자가 대부를 제공할 때는 언제나 차용자가 상환하지 않을 가능성이 있다. 일부 차용자는 다른 차용자들보다 더 좋은 신용위험을 갖는다. 역사가 길고 이미 기반이 확고한 대기업은 지난 7년 동안이나 실직한 사람보다는 더 좋은 신용위험을 갖게 된다. 대부와 관련된 위험이 클수록 이자율이 높아지며 대부와 관련된 위험이 작을수록 이자율이 낮아진다.

대부기간 일반적으로 대부기간이 길수록 이자율이 높아지며 대부기간이 짧을수록 이자율이 낮아진다. 장기대부인 경우 더 큰 유연성이 있기 때문에 차용자들은 장기대부에 대해 보다 높은 이자율을 지불하려 한다. 대부자는 또한 기간이 연장된 경우 더 높은 이자율을 요구한다.

대부 진행 비용 1,000달러 상당의 대부에 대해서나 100,000달러 상당의 대부에 대해서 진행 비용이 동일하게 적용되는 경우 소규모 대부보다 대규모 대부의 경우 (달러당) 진행 비용이 더 저렴해진다. 이 밖에 일부 대부의 경우 상환이 여러 차례 나누어 진행되지만 다른 대부는 그렇지 않다. 상환이 여러 차례에 걸쳐 보다 빈번히 이루어질 경우 관리비용이 증가하여 이것이 이자율 차이에 반영된다. 이처럼 진행 및 관리비용이 많이 소요되는 대부의 경우는 그렇지 않은 경우보다 이자율이 높아진다.

4 명목 이자율 및 실질 이자율

명목이자율

명목이자율(nominal interest rate)은 대부자금 시장에서의 공급 및 수요에 의해 결정된다. 이 이자율은 현재가격으로 표기된 이자율이다. 대부자금의 수요 또는 공급이 변화할 경우 명목이자율이 변화한다.

인플레이션에 대한 기대는 대부자금에 대한 수요 및 공급 둘 다에 영향을 미칠 수 있는 요소 중 하나이다. 그림 2는 인플레이션이 명목이자율에 어떤 영향을 미치는지 보여주고 있다. 현재 이자율은 8퍼센트이고 실제 및 기대 인플레이션율은 영이다(실제 인플레이션율 = 기대 인플레이션율 = 0퍼센트). 나중에 대부자금에 대한 수요자 및 공급자 모두가 4퍼센트의 인플레이션율을 기대한다고 하자. 차용자(대부자금 수요자)가 4퍼센트 인플레이션율을 기대할 경우 차용했을 때보다 구매력이 4퍼센트 감소한 화폐가치로 대부를 상환할 것이기 때문에 4퍼센트 추가된 이자율을 지불하려 한다. 다시 말해 기다렸다가 상품을 구매할 경우 가격이 4퍼센트 인상될 것이다. 가격인상을 피하기 위해 지금 상품을 구매하려면 차용해야 되는데 4퍼센트 더 지불할 의지가 있다. 이에 따라 대부자금 수요곡선은 오른쪽으로 이동하며 Q_1에서 차용자는 4퍼센트 더 높아진 이자율을 지불하게 된다.

동시에 대부자(대부자금 공급자)는 대부가 상환될 때 발생하는 4퍼센트의 가치 인하를 보상받기 위해서 4퍼센트 인상된 이자율(즉 12퍼센트)을 요구하게 된다. 따라서 대부자금 공급곡선은 왼쪽으로 이동하며 Q_1에서 대부자는 12퍼센트의 이자율을 수령하게 된다.

이처럼 기대 인플레이션율 4퍼센트로 인해 대부자금에 대한 수요는 증가하고 공급은 감소한다. 따라서 기대 인플레이션율이 영인 경우보다 이자율이 4퍼센트 인상된다. 위의 예에서 12퍼센트는 명목이자율이다. 이는 현재가치로 나타낸 이자율이며 기대 인플레이션율이 포함된다.

기대 인플레이션율을 조정하면 **실질이자율**(real interest rate)을 구할수 있다. 실질이자율은 명목이자율로부터 기대 인플레이션율을 조정한 이자율이다. 즉 명목이자율에서 기대 인플레이션율을 감한 이자율이다(실질이자율 = 명목이자율 − 기대 인플레이션율). 위의 예에서 실질이자율은 8퍼센트(12퍼센트 − 4퍼센트)이다.

그림 2

기대 인플레이션율과 이자율

이자율은 8퍼센트이고 실제 및 기대 인플레이션율이 0퍼센트인 경우에서 시작하여 보자. 나중에 차용자 및 대출자 모두 인플레이션율이 4퍼센트라고 기대한다. 차용자는 자신의 대부자금에 대해 낮아진 이자를 지불하게 될 것이므로 인상된 이자율을 지불하고자 한다. 대출자는 자신이 제공한 대부자금에 대해 낮아진 이자를 받게 될 것이므로 인상된 이자를 요구하게 된다. Q_1에서 4퍼센트 인상된 이자율을 차용자는 지불하고자 하고 대출자는 이를 요구하도록 수요 및 공급곡선이 이동한다. 명목이자율은 이제 12퍼센트가 되었고 실질이자율은 8퍼센트가 되었다(실질이자율 = 명목이자율 − 기대 인플레이션율).

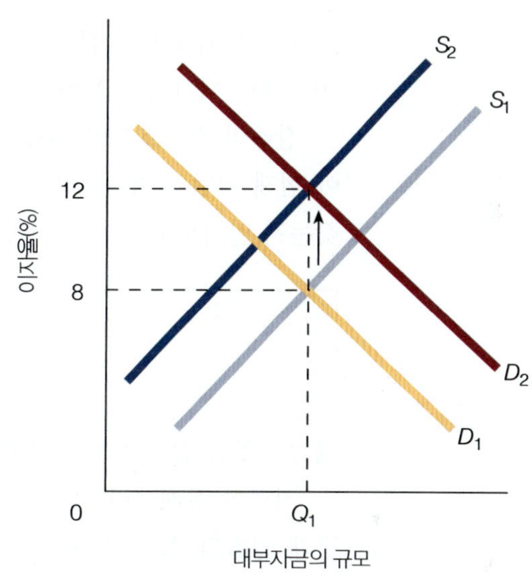

명목이자율이 아닌 실질이자율이 차용자 및 대부자에게 의미가 있다. 실제 인플레이션율이 15퍼센트일 때 20퍼센트의 명목이자율로 차용자에게 1,000달러를 빌려준 대부자를 생각하여 보자. 대부자에게 상환되는 총액은 1,200달러이지만 15퍼센트 인플레이션율 하에서의 1,200달러는 0퍼센트 인플레이션율 하에서의 1,200달러가 갖는 구매력을 갖지 못한다. 인플레이션율 15페센트가 수익의 많은 부분을 상쇄하고 대부자의 실질 수익은 20퍼센트가 아니라 5퍼센트에 불과하다. 이처럼 대부자가 수령하고 차용자가 지불하는 이자율(따라서 이들이 관심을 갖고 있는 이자율)은 실질이자율이다.

실질이자율

5 현재가치 : 장래의 것은 현재 얼마나 가치가 있는가?

사람들의 양의 시간 선호율로 인해서 현재의 100달러는 1년 후의 100달러보다 더 가치가 있다. (여러분들은 1년후에 100달러를 갖기보다 현재 100달러 갖기를 선호하지 않는가?) 따라서 1년 후의 100달러는 현재의 100달러보다 가치가 적다. 문제는 1년 후의 100달러가 현재 얼마만큼의 가치를 갖느냐이다. 이 문제는 장래에 수령하는 금액(또는 소득)의 지금 가치인 **현재가치**(present value) 개념과 관련된다. 위의 예에서 현재가치는 1년 후에 받게 되는 100달러가 지금 얼마만큼의 가치가 있는냐와 관련된다.

현재가치

현재가치(PV)는 다음과 같은 공식을 사용하여 계산할 수 있다.

$$PV = \frac{A_n}{(1+i)^n}$$

여기서 A_n은 장래의 실제 소득액 또는 수령액이며 i는 (소수점으로 나타낸) 이자율이고 n은 장래의 연도 수이다. 이자율이 10퍼센트인 1년 후 100달러의 현재가치는 90.91달러가 된다.

$$PV = \frac{100\text{달러}}{(1+0.10)^1} = 90.91\text{달러}$$

1년 후에 100달러를 받을 수 있는 권리는 현재 90.91달러의 가치가 있다. 다시 말해 10퍼센트 이자율로 90.91달러를 보통예금계좌에 예치할 경우 1년 후 100달러가 된다.

장래의 소득흐름이 현재 어떤 가치를 갖는지 알고자 한다고 가상하자. 즉 장래의 금액이 현재 어떤 가치를 갖는지가 아니라 장래의 연속적인 일련의 금액이 현재 어떤 가치를 갖는지 알아보고자 한다. 일반적인 공식은 다음과 같다.

$$PV = \frac{\Sigma A_n}{(1+i)^n}$$

여기서 Σ는 합산부호를 의미한다.

기업이 장래 3년 동안 연간 100달러씩을 벌 수 있는 기계를 구입하였다고 가상하자. 장래 일련의 소득, 즉 3년 동안 연간 100달러는 현재 어떤 가치를 갖는가? 즉 현재가치는 무엇인가? 이자율이 10퍼센트인 경우 장래 소득흐름의 현재가치는 248.68달러가 된다.

$$PV = \frac{A_1}{(1+0.10)^1} + \frac{A_2}{(1+0.10)^2} + \frac{A_3}{(1+0.10)^3}$$
$$= \frac{100\text{달러}}{1.10} + \frac{100\text{달러}}{1.21} + \frac{100\text{달러}}{1.331}$$
$$= 90.91\text{달러} + 82.64\text{달러} + 75.13\text{달러} = 248.68\text{달러}$$

16.2 지대

"지대"라는 단어를 말하면 사람들은 자연적으로 아파트에 거주하면서 집주인에게 월세를 내는 사람을 생각하게 된다. 여기서 논의하는 지대는 이런 것이 아니다. 경제학자들에게 지대란 **경제적 지대**(economic rent)를 의미한다. 즉 기회비용을 초과하여 지불하는 금액을 말한다. 경제적 지대의 일부분인 소위 **순수 경제적 지대**(pure economic rent)는 기회비용이 영인 경우 기회비용을 초과하여 지불되는 금액이다. 역사적으로 볼 때 순수 경제적 지대

경제적 지대

순수 경제적 지대

라는 용어는 공급이 완전히 비탄력적인 토지에 대해 지불되는 금액을 설명하기 위해서 처음 사용되었다.

그림 3에서 토지의 총공급은 Q_1에이커에 고정되어 있다. 즉 이 토지 규모보다 더 많을 수도 없고 더 적을 수도 없다. 토지에 대해 지불되는 금액(R_1)은 공급 및 수요에 의해 결정된다. R_1은 Q_1에이커가 공급되는 데 필요한 것 이상이다. 사실 고정된 토지공급으로 인해서 (공급곡선이 완전히 비탄력적이라서) Q_1에이커는 지불금액 0달러에서도 준비가 되어 있다. 간단히 말해 이 토지의 기회비용은 영이다. 따라서 R_1 전부가 순수 경제적 지대가 된다.

그림 3

순수 경제적 지대 및 토지의 총공급 토지의 총공급은 Q_1에 고정되어 있다. 이 토지가 제공하는 서비스에 대해 이루어지는 지급액은 공급 및 수요의 상호작용에 의해 결정된다. 고정 생산요소에 대해 지급이 이루어지므로 이를 순수 경제적 지대라고 한다.

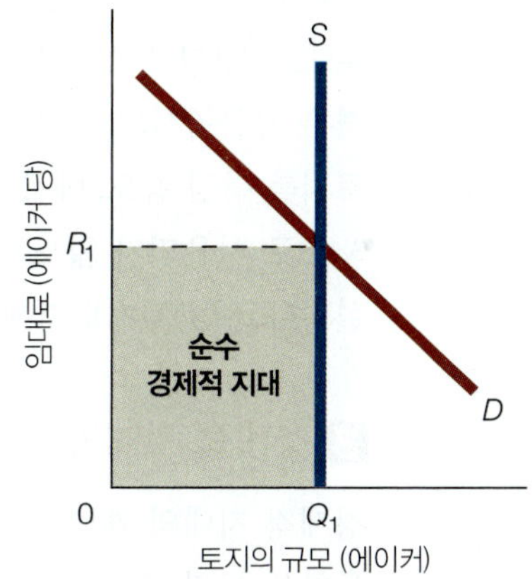

1 데이비드 리카도, 곡물가격, 토지의 지대

19세기 영국에서는 많은 영국인들의 주식인 곡물가격의 상승에 대해 우려하고 있었다. 일부 사람들은 토지의 지대가 급격히 상승하여서 곡물가격이 인상된다고 주장하였다. 사람들은 지주들을 지목하면서 지주들이 자신들의 토지에 대해 높은 지대를 받기 때문에 농부들의 곡물 재배비용이 점점 더 비싸진다고 주장하였다. 이런 높은 비용은 다시 높은 곡물가격의 형태로 소비자에게 전가되었다. 이 주장에 따르면 해법은 토지의 지대를 낮추는 것이며 이는 농부들의 경작비용을 낮추어서 궁극적으로는 소비자들이 지불하는 가격을 낮추게 된다고 한다.

영국의 경제학자 데이비드 리카도(David Ricardo)는 이런 추론에 문제가 있다고 생각하였다. 그는 (대부분의 사람들이 생각하는 것처럼) 토지의 지대가 높기 때문에 곡물가격이 높은 것이 아니라 곡물가격이 높기 때문에 지대가 높다고 주장하였다. 현재의 경제학 용어를 사용하여 그의 주장을 설명하면 다음과 같다. 토지는 생산요소이므로 이에 대한 수요는 유도될 뿐이다. 토지의 공급은 또한 고정되어 있으므로 토지에 지불되는 금액을 변화시키는 유일한 것은 토지수요 측면의 변화이다(공급곡선은 이동하지 않기 때문에 가격을 변화시킬 수 있는 유일한 요인은 수요곡선의 이동이다). 지주는 토지에 대한 수요를 통제할 수 없으며 이는 토지를 사용하고자 하는 사람들로부터 비롯될 뿐이다.

19세기 영국에서 토지에 대한 수요는 곡물과 다른 식량들을 재배하였던 농부들로부터 비롯되었다. 지주들은 자신들의 토지에 대한 수요를 통제할 수 없었기 때문에 토지의 지대를 인상시킬 수 없었다. 이처럼 토지에 대한 수요가 높았기 때문에 토지의 지대가 높았으며 곡물가격이 높았기 때문에 토지에 대한 수요가 높았다. 경제학자들은 이를 이렇게 설명한다. 토지의 지대는 결정되어지는 가격이지 결정하는 가격이 아니다.

2 토지 공급곡선의 기울기는 상향할 수 있다

그림 3은 토지의 총공급과 관련해서 토지공급이 고정된 것으로 보고 있다. 예를 들면 해당 국가가 한정된 에이커의 토지만을 갖고 있는 경우 총 규모는 변화할 가능성이 없다.

하지만 대부분 토지의 필지들은 경합적인 용도로 사용될 수 있다. 대도시 주변에 있는 토지 25에이커를 생각해 보자. 해당 필지는 경작지, 쇼핑몰, 도로 등으로 사용될 수 있다. (토지 전체 또는 토지의 총공급과 달리) 토지 한 필지가 경합적인 용도로 사용될 수 있다면(토지가 여러 용도로 사용될 수 있다면) 해당 필지는 기회비용을 갖게 된다. 해당 토지의 기회비용을 반영할 경우 공급곡선의 기울기는 상향하게 된다. 기울기가 상향한다는 것은 사람들이 보다 많은 토지를 특정 용도, 예를 들면 쇼핑몰로 사용하려는 경우 해당 토지가 다른 용도(예를 들면 경작지)로 사용되지 않도록 충분한 가격을 지불해야 한다는 의미이다. 그림 4는 이런 현상을 설명하고 있으며 토지에 대한 균형 지불금은 R_1이 된다. 음영된 면적이 경제적 지대이다.

3 경제적 지대와 다른 생산요소

경제적 지대의 개념을 토지 이외의 경제적 요소에도 적용하여 보자. 예를 들면 노동에 적용하여 보자. 한손(Hanson)은 기업 X에서 근무하여 연간 60,000달러를 받는다고 가정하자. 나아가 차선의 다른 일자리에 근무할 경우 57,000달러를 받는다고 가상하자. 기회비용을 초과하여 지불되는 금액을 받는다는 의미에서 한손은 기업 X에 근무하여 경제적 지대를 받고 있다.

10대 청소년을 고용하고 있는 지역 맥도날드 가게를 생각하여 보자. 이 가게는 모든 근로자들에게 동일한 임금을 지불하지만 이들의 기회비용이 동일한 것은 아니다. 두 명의 10대 청소년인 트레이시(Tracy)와 폴(Paul)은 시간당 8달러를 받으면서 맥도날드 가게에서

그림 4

경제적 지대 및 토지의 공급 (경합적 사용)

토지의 총공급에 상반되는 개념으로 토지의 특정부분이 여러 용도로 사용되거나 또는 양의 기회비용을 갖는다고 하자. 예를 들어 개발업체는 해당 토지에 쇼핑몰을 건설하기 위해서 다른 용도로 사용되지 않도록 높은 금액을 지불하여야 한다. 따라서 공급곡선의 기울기가 상향하게 된다. R_1이 지불될 경우 경제적 지대는 (양의) 기회비용을 초과하는 금액이라고 할 수 있다.

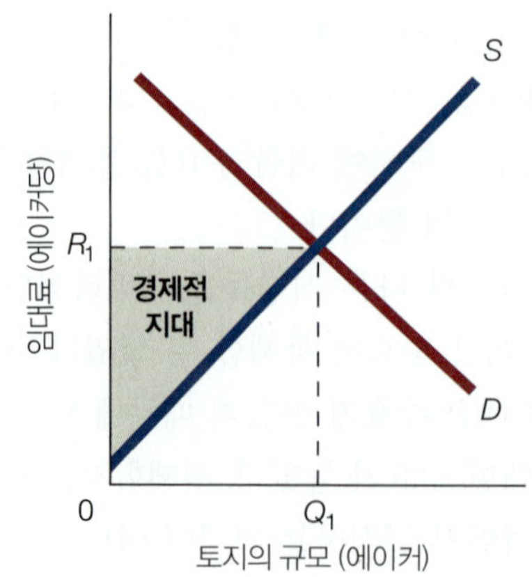

근무하기로 하였다고 가상하자. 트레이시에게 차선의 다른 일거리는 자신의 모친을 위해서 시간당 8달러를 받으며 일하는 것이고 폴에게는 다른 상점에서 시간당 7.25달러를 받으며 근무하는 것이다. 트레이시는 맥도날드 가게의 일자리에서 경제적 지대를 받지 못하지만 폴은 동일한 일자리이지만 시간당 75센트 상당의 경제적 지대를 받는다.

시간이 흐름에 따라 10대 청소년과 다른 근로자들은 (지속적인 학교교육과 경험으로 인해) 자신들의 기회비용이 상승했으며 맥도날드 가게는 이들의 기회비용을 더 이상 충족시킬 수 없다고 깨닫게 된다. 이렇게 되면 이들은 이 일자리를 그만두게 된다.

4 경제적 지대와 야구선수: 예상되는 문제

경제적 지대는 해당 요소를 보는 관점에 따라 상이할 수 있다. 연간 1,000,000달러를 받는 야구선수가 선수생활을 그만둘 경우 고등학교 야구 코치로 근무할 수 있다. 따라서 현재 받고 있는 금액(연간 1,000,000달러)과 코치로서 받는 금액(예를 들면 40,000달러) 사이의 차이가 경제적 지대가 되며 이는 960,000달러가 된다. 이처럼 경제적 지대는 메이저 리그에서 활약하는 선수의 대안적인 일자리를 어떻게 보느냐에 따라 결정된다.

하지만 다른 방법은 해당 야구선수에게 대안적인 일자리로 무엇이 있느냐고 질문하는 것이다. 어쩌면 그의 대답은 다른 야구팀에서 선수로 뛰는 것이라고 할 수 있다. 예를 들면 보스톤 레드삭스팀에서 그만둘 경우 피츠버그 파이러츠팀에서 선수생활을 하여 연간 950,000달러를 받을 수 있다. 이 경우 경제적 지대는 50,000달러에 불과하다. 즉 보스톤 레드삭스팀 야구선수로서의 경제적 지대는 960,000달러이며 차선의 다른 일거리는 연간 40,000달러를 받으면서 고등학교 야구코치로 근무하는 것이다.

5 인위적 지대 및 실질지대를 얻기 위한 경쟁

개인 및 기업은 **인위적 지대** 및 **실질지대**를 얻기 위해 경쟁한다. 인위적 지대는 정부가 인위적으로 고안한 경제적 지대이다. 즉 이 지대는 정부가 없었다면 존재하지 않았을 것이다. 정부가 상품 X를 생산하는 기업에게 독점권을 주기로 결정했다고 가상하자. 그렇게 되면 모든 다른 기업들은 법적으로 상품 X를 생산할 수 없게 된다. 독점권을 가진 기업이 자신의 기회비용을 초과하여 상품 X에 대한 가격을 받을 경우 정부의 공급제한으로 인해 이 기업은 지대 또는 독점이윤을 받게 된다.

상품 X를 생산할 수 있는 독점권을 얻기 위해 경쟁하는 기업들은 사회적으로 볼 때 낭비적으로 자원을 사용하게 된다. 이들은 정치인들에게 로비를 해서 독점권을 얻으려고 자원을 사용한다. (사회적 관점에서 볼 때) 이 자원들은 상품 및 서비스를 생산하는 데 더 잘 사용될 수 있다.

하지만 실질지대를 얻기 위한 경쟁은 다르다. 지대가 (인위적으로 만들어지지 않는) 실질적이고 이를 얻기 위해 경쟁을 하는데 장벽이 없다면 자원은 사회적 관점에서 생산적인 방법으로 사용된다. 예를 들어 기업 Z가 상품 Z를 생산하여 현재 경제적 지대를 얻고 있다고 가상하자. 정부는 다른 기업들이 기업 Z와 경쟁하는 것을 금하지 않으며 일부 기업들은 그렇게 하고 있다. 다른 기업들도 역시 상품 Z를 생산하여 이 상품의 공급을 증가시키고 가격을 낮추게 된다. 가격이 낮아질수록 상품 Z를 생산하여 기업 Z가 얻을 수 있는 지대가 감소한다. 결국 기업 Z는 감소한 지대를 얻고 사회는 상품 Z를 더 많이 갖게 되어 가격이 하락한다.

6 자신의 가치를 과대평가하는가? 아니면 경제적 지대를 추구하는가?

존슨(Johnson)은 7년의 경험이 있는 회계사이며 현재 연봉 95,000달러를 받고 있다. 어느 날 그는 고용주를 방문하여 10,000달러의 봉급 인상을 요구하였다. 고용주는 그에게 10,000달러의 봉급 인상이 이루어져야 하는 이유를 물었다. 존슨은 자신이 그만한 가치가 있다고 말하였다(만일 그렇다면 그는 현 직장을 그만두고 다른 기업으로부터 105,000달러의 연봉을 받을 수 있어야 한다. 우리는 그가 그렇게 할 수 있는지를 알지 못한다).

고용주는 존슨이 자신의 가치를 과대평가한다고 믿고 있다. 고용주는 다음과 같이 생각한다. "존슨이 연간 10,000달러를 추가적으로 받을 방법은 없다. 그는 자신의 가치를 과대평가하고 있을 뿐이다."

하지만 존슨이 자신의 가치를 반드시 과대평가했다고 볼 필요는 없다. 그는 자신의 가치가 95,000달러라고 생각하고 있다. 다시 말해 자신의 기회비용이 실제로 105,000달러라고 고용주가 믿게 하여 (자신의 기회비용보다 10,000달러 더 많은) 경제적 지대를 받으려 했을 수 있다. 이처럼 다른 사람들에게 자신의 가치를 과대평가하도록 하는 사람은 경제적 지대를 얻으려 시도하는 것일 수 있다.

16.3 이윤

신문 머릿기사에서 보는 이윤은 경제적 이윤이 아니라 회계적 이윤이다. 경제적 이윤은 총수입과 총비용의 차이이며 총비용에는 명시비용과 묵시비용 둘 다 포함된다. 경제적 이윤이 산업으로의 진입과 퇴출을 결정하기 때문에 경제학자들은 회계적 이윤보다 경제적 이윤을 강조한다.

여기서는 이윤을 자원에 대해 지불되는 금액이라는 면에서 논의할 것이다. 네 가지 자원 또는 네 가지 생산요소, 즉 토지, 노동, 자본, 기업가 정신을 생각하여 보자. 기업은 이들 자원 각각에 대해 지불을 한다. 임금은 노동에 대해 지불되는 금액이며 이자는 자본에 대해 지불되는 금액이고 지대는 토지에 대해 지불되는 금액이다. 이윤은 기업가 정신에 대해 지불되는 금액이다. 이윤이 발생하는 근원을 이해한다면 경제적 이윤이 존재하는 이유를 규명할 수 있다.

1 이윤에 관한 이론

몇 가지 상이한 이론들이 이윤이 어디에서 비롯되는지 즉, 이윤의 근원이 무엇인지에 관한 물음에 답변을 하고 있다. 이 중 하나는 이윤은 확실한 세계에 존재하지 않는다고 주장한다. 따라서 불확실성이 이윤의 근원이라고 본다. 다른 이론에 따르면 이윤은 폭넓게 정의된 재정거래 기회를 기민하게 이용한 대가라고 본다. 세 번째 이론은 이윤이 혁신하려는 기업가 정신에 대한 보상이라고 본다.

이윤과 불확실성 잠재적으로 발생 가능한 사건을 예측할 수 없어서 확률을 추정할 수 없는 경우 불확실성이 존재한다. (예를 들면 2020년에 미국이 세계대전에 참전할 확률은 무엇인가?) 반면에 많은 사람들이 불확실성과 혼동하는 위험은 주어진 사건이 발생할 확률을 추정할 수 있는 경우 존재한다. (예를 들면 동전던지기를 할 경우 앞면이 나올 확률은 50 대 50이다.) 따라서 위험은 보험에 부보가 가능하지만 불확실성은 부보될 수 없다.

보험으로 부보할 수 있는 것은 사업을 하는데 따른 또 다른 비용으로 취급될 수 있다. 따라서 보험부보는 생산과정의 한 요소이다. 불확실한 사건만이 기업의 수입이 (보험비용을 포함한) 비용으로부터 빗나가게 한다. 불확실성 하에서 능숙하게 사업결정을 하는 투자자/의사결정자가 이윤을 낼수 있다. 예를 들면 경험과 통찰력에 기초하여 대학생의 75퍼센트가 내년에 개인용 컴퓨터를 구입할 것이라고 어떤 기업가가 생각할 수 있다. 이 평가에 기초하여 대학 캠퍼스 근처의 컴퓨터 소매연쇄점에 투자를 하였다면 이 결정이 옳았는지 또는 틀렸는지가 궁극적으로 판명된다. 핵심은 기업가의 판단이 보험에 부보될 수 없다는 사실이다. 기업가의 판단이 옳았다면 이윤을 얻을 것이고 옳지 않았다면 손실을 볼 것이다.

이윤과 재정거래 기회 이윤을 내는 방법은 낮은 가격에 매입하여 (통상적으로 동일한 품목을) 높은 가격에 매도하는 것이다. 예를 들면 어떤 사람은 뉴욕에서 상품 X를 10달러에 매입하여 런던에서 이를 11달러에 매도할 수 있다고 하자. 이 사람은 낮은 가격으로 어디서 매입하여 높은 가격으로 어디다 매도할지를 잘 알고 있어서 이윤을 낸다고 말한다. 이 사람은 소위 재정거래의 기회를 능숙하게 이용한다고 볼 수 있다.

이따금 낮은 가격에 매입하여 높은 가격에 매도하는 것이 동일한 품목이 아닐 수 있다. (여러 시장으로부터) 가능한 가장 낮은 가격으로 요소들을 매입하고 이를 결합하여 최종재를 생산한 후 다른 시장에서 가능한 가장 높은 가격으로 매도할 수도 있다. 예를 들면 (오렌지시장과 설탕시장에서) 오렌지와 설탕을 매입하고 이를 결합하여 오렌지 청량음료를 생산한 후 (청량음료시장에서) 이를 매도할 수 있다. 이렇게 해서 이윤을 낼 수 있다면 이렇게 한 사람은 (폭넓게 정의된) 재정거래 기회를 능숙하게 이용하였다고 생각된다. 이 사람은 오렌지 청량음료의 형태로 설탕과 오렌지를 결합시키면 오렌지와 설탕을 별개로 판매할 때보다 더 많은 것을 얻을 수 있다는 점을 알고 있었다.

이윤과 혁신 이 이론에 따르면 이윤은 새로운 생산물, 생산과정, 마케팅 전략을 고안하여 새로운 이윤 기회를 창출한 사람, 즉 혁신자로서의 기업가에게 주는 보상이라고 본다. 이렇게 볼 경우 이윤은 혁신적인 천재적 재능에게 주는 보상이다. 예를 들면 토머스 에디슨(Thomas Edison), 헨리 포드(Henry Ford), 리차드 시어스(Richard Sears)와 같은 사람들은 혁신적인 천재적 재능을 갖고 있었다고 볼 수 있다.

2 기업가 정신이란 무엇인가?

기업가 정신이란 자원인 토지, 노동, 자본을 조직화하여 상품을 생산하고 새로운 사업기회를 모색하며 새로운 사업방식을 개발하는 일부 사람들의 재능이라고 본다. 위에서 살펴본 세 가지 이윤에 관한 이론을 종합하여 기업가 정신을 다음과 같이 보다 좁게 정의할 수 있다. 기업가는 불확실성을 감수하면서 재정거래 기회를 능숙하게 이용하고 혁신적인 형태를 보여준다. 대부분의 기업가들은 이들 세 가지 각각에 대해 상이한 수준을 보여준다. 예를 들면 토머스 에디슨은 재정거래 기업가라기보다 혁신적인 기업가라고 볼수 있다.

기업가 정신은 측정할 수 없다는 면에서 (토지, 노동, 자본과 같은) 다른 생산요소와 구별된다. 기업가 정신은 노동, 자본, 토지와 달리 측정할 수 있는 단위가 없다. 나아가 기업가 정신은 다른 생산요소들에 대해 지불이 이루어지고 나서 남은 부분을 이윤으로 받는다. 따라서 이윤으로 지불되는 실제 금액은 다른 세 가지 생산요소에 지불되는 금액에 의존한다.

3 마이크로 웨이브 오븐, 자동차 오일 교환, 심부름회사는 공통점을 갖고 있다

오늘날 많은 사람들은 원하는 것을 모두 할 수 있는 시간이 없다고 불평을 한다. 사람들이 문제점을 느끼는 곳에서 기업가들은 사업기회를 찾는다. 사람들이 자신들이 원하는 것을 할 수 있는 충분한 시간이 없다면 기업가들은 아마도 이들의 시간을 절약해 주고 이를 다른 용도로 사용할 수 있도록 하는 물품이나 서비스에 대해 대가를 지불할 것이라고 생각한다.

예를 들면 마이크로 웨이브 오븐은 식사를 준비하는 데 소요되는 시간을 단축시켜서 책을 읽거나 일을 하거나 또는 잠을 자는 데 이 시간을 사용할 수 있도록 해준다.

스탠리 리차드(Stanley Richards)는 또 다른 예가 되고 있다. 그는 최근에 사람들의 시간을 절약해 주는 사업을 시작하였다. 그는 29.95달러에 세금을 합한 금액을 받고 고객의 차가 집에 있든지 또는 사무실에 있든지 그곳에 가서 오일을 교환해 주고 주요 부분에 기름을 쳐주며 엔진을 점검해 준다. 그는 현재 3개의 차량을 운행하고 있는데 하루에 90건을 처리할 것으로 기대한다고 말한다.

이번에는 직업적인 심부름 회사를 생각하여 보자. 이 회사는 세탁물을 전달해 주고 주택을 관리하며 파티용 음식을 배달해 주는 등 다양한 일을 대행해 준다. 대도시에서 이런 심부름 회사들은 예를 들면 맞벌이 부부들이 자신들이 하기보다 다른 사람이 해줄 경우 대가를 지불하고자 하는 일들을 처리해 준다.

4 신호로서의 이윤과 손실

이윤과 손실을 이것들이 사람들에게 주는 이익 또는 손해의 측면에서 자주 보지만 시장이 어떻게 변화할 수 있는지도 또한 알려준다. 어떤 기업이 이윤을 얻을 경우 다른 사업에 종사하는 기업가들은 이윤을 어떤 상품을 생산하는 데 투입된 요소들보다 매수인들이 더 큰 가치를 두는 상품을 생산하고 판매한다는 신호로 간주한다(해당 상품이 다른 세 가지 생산요소에 지불된 총액보다 더 큰 가치를 갖고 있지 않다면 기업은 이윤을 얻을 수 없다). 이윤으로 인해 기업가들은 이윤과 관련된 상품을 생산하도록 자원을 이동시킨다. 간단히 말해 자원은 이윤을 좇아간다.

반면에 기업에 손실이 발생할 경우 이 손실은 어떤 상품을 생산하는 데 투입된 요소들보다 매수인들이 더 작은 가치를 두는 상품을 생산하고 판매한다는 신호로 간주된다. 손실로 인해 기업가들은 손실과 관련된 상품을 생산하는 데서부터 자원을 이동시킨다. 자원은 손실로부터 빠져나오게 된다.

요약 및 정리

82 이자

- 이자는 다음과 같은 의미로 사용된다: (1) 대부자금에 대해 차용자가 지불하는 가격, (2) 생산과정에서 자본에 대한 수익. 이런 두 가지 정의는 동일해지는 경향이 있다.
- (대부자금에 대한 가격이라는 측면에서 본) 균형이자율은 대부자금에 대한 수요와 공급에 의해 결정된다. 대부자금의 공급은 자신들의 현재소득보다 더 적게 소비하는 사람들, 즉 저축자들로부터 이루어진다. 대부자금에 대한 수요는 소비용 대부에 대한 수요와 투자용 대부에 대한 수요에서 비롯된다.
- 소비자들은 양의 시간 선호율을 갖고 있기 때문에 대부자금을 수요한다. 즉 소비자들은 나중에 물품을 가용하기보다 먼저 가용하기를 선호한다. 투자자(또는 기업)들은 우회생산방법에 재원을 조달하기 위해서 대부자금을 수요한다.
- 명목이자율은 대부자금 시장에서의 공급 및 수요에 의해 결정되는 이자율이다. 이는 또한 현재가치로 나타낸 이자율이다. 실질이자율은 명목이자율에서 기대 인플레이션율을 조정한 이자율이다. 이를 등식으로 나타낸내면 다음과 같다. 실질이자율 = 명목이자율 − 기대 인플레이션율 또는 명목이자율 = 실질이자율 + 기대 인플레이션율

83 지대

- 경제적 지대는 기회비용을 초과하여 지불되는 금액이다. 경제적 지대의 일부인 **순수 경제적 지대**는 기회비용이 영인 경우 기회비용을 초과하여 지불되는 금액이다. 역사적으로 볼 때 순수 경제적 지대는 (전체적으로 본) 토지의 총공급이 고정되어 있다고(완전 비탄력적이라고) 가정하였기 때문에 생산요소인 토지에 대한 지불금을 설명하는 데 사용되었다. 오늘날 경제적 지대와 순수 경제적 지대는 토지 이외의 다른 경제적 요소를 설명하는데도 또한 사용된다.
- 데이비드 리카도는 토지의 높은 지대로 인해 곡물가격이 높아진다고 생각했던 그 시대의 많은 사람들과 달리 토지의 높은 지대는 높은 곡물가격의 결과이지 원인은 아니라고 주장하였다. 토지의 지대는 결정되어지는 가격이이지 결정하는 가격이 아니다.
- 경제적 지대의 규모는 해당 요소를 보는 관점에 따라 달라진다. 예를 들면 연간 50,000달러를 받는 대학도서관 사서는 다른 대학도서관에서 근무할 경우 받는 차선의 대안적인 소득이 48,000달러인 경우 2,000달러의 경제적 지대를 받고 있다고 할 수 있다. 하지만 차선의 대안이 40,000달러를 받으며 대학이 아닌 곳에서 사서가 아닌 업무를 보는 것이라면 경제적 지대는 10,000달러가 된다.

84 이윤

- 몇 가지 이론들이 이윤의 근원에 관해 설명하고 있다. 한 이론에 따르면 이윤은 확실한 세상에서는 존재하지 않기 때문에 불확실성이 이윤의 근원이라고 한다. 다른 이론은 이윤은 재정거래 기회의 능숙한 이용에 대한 보상이라고 본다. 세 번째 이론에 의하면 이윤은 혁신하려는 기업가에 대한 보상이라고 한다.
- 이윤에 관한 위의 세 가지 이론을 종합해 보면 이윤은 불확실성을 감내하면서 재정거래 기회를 능숙하게 이용하는 혁신적인 기업가에게 주는 보상이라고 할 수 있다.

주요 용어 및 개념

대부자금
양의 시간 선호율
우회 생산방법
명목이자율
실질이자율
현재가치
경제적 지대
순수 경제적 지대

연습문제

01. "이자율이 하락함에 따라 기업들은 자본재를 더욱 구입하고자 한다." 동의하는가? 설명하시오.
02. 야구만 할 수 있는 야구선수와 토지 한 필지는 어떤 면에서 유사한가?
03. 다음의 경우가 개인의 시간 선호율과 이로 인한 이자율에 각각 미치는 영향을 설명하시오.
    a. 수명을 증가시키는 기술진보
    b. 전쟁위험의 증가
    c. 연령의 증가
04. 어떤 종류의 사람이 높은 이자율을 가장 지불하려고 하는가?
05. 여러분의 장래소득에 대한 현재가치를 계산하시오.
06. 화폐가 없는 (또는 물물교환) 경제에서는 이자가 존재하지 않는다고 주장하는 사람이 있다. 사실인가? 설명하시오.
07. 저축률이 높은 사회는 생활수준이 높은 사회라고들 한다. 저축과 상대적으로 높은 생활수준 사이에 (존재한다면) 어떤 연계성이 있는가?
08. 명목이자율은 상승하지만 실질이자율은 불변할 수 있다. 동의하는가? 설명하시오.
09. 어떤 사람이 자신의 일자리에서 많은 경제적 지대를 받을수록 그 일자리를 그만둘 가능성은 낮아지며 해당 일자리에 더욱 만족하게 된다. 동의하는가? 설명하시오.
10. 대부 X에 대한 이자율이 대부 Y에 대한 이자율보다 더 높다. 두 대부 사이의 이자율 차이를 어떻게 설명할 수 있는가?
11. 이윤과 불확실성 사이의 연계성은 무엇인가?
12. 다음과 같은 상황 하에서 이자율은 어떻게 변화하는가?
    a.소비용 대부에 대한 수요의 증가
    b.대부자금 공급의 감소
    c. 투자용 대부에 대한 수요의 증가
13. 이윤의 총제적인 경제적 기능은 무엇인가?
14. 양의 시간 선호율을 갖는 경우 양의 이자율을 어떻게 해결하는가?
15. 토지의 지대는 결정되어지는 가격이지 결정하는 가격이 아니다라는 의미는 무엇인가?
16. 개인이 양의 시간 선호율을 갖는다고 말할 경우 이는 무엇을 의미하는가?

숫자 및 그래프를 활용한 문제

01. 다음을 계산하시오.
    a. 7퍼센트의 이자율로 4년 동안 각 연도에 대한 25,000달러의 현재가치
    b. 6퍼센트의 이자율로 5년 동안 각 연도에 대한 152,000달러의 현재가치
    c. 6.5퍼센트의 이자율로 10년 동안 각 연도에 대한 60,000달러의 현재가치
02. 보비(Bobby)는 팀 X에서 연간 1백만 달러를 받는 야구선수이다. 팀 X에서 선수로 뛰지 않을 경우 그는 팀 Y에서 연간 800,000달러를 받으며 야구선수 생활을 할 것이다. 야구선수 생활을 하지 않을 경우 그는 연간 120,000달러를 받으며 회계사로 근무하게 된다. 팀 X에서 야구선수 생활을 할 경우 경제적 지대는 얼마인가? 야구선수로서의 경제적 지대는 무엇인가?
03. 순수 경제적 지대를 도표로 나타내시오.

제 17 장

시장실패: 외부효과, 공공재, 비대칭 정보

17.1 외부효과

상품이 생산되고 소비될 때 이따금 시장에서 이루어지는 교환에 직접적으로 개입하지 않은 사람들이 느끼는 부차적 효과(유출효과 또는 제3차 효과)가 발생한다. 일반적으로 이런 효과에 대한 비용 또는 편익이 이를 발생시킨 사람들에게는 외적이기 때문에 이런 부차적 효과를 **외부효과**(externality)라고 한다. 여기서는 이런 행위들의 다양한 비용 및 편익을 논의하고 어떻게 그리고 언제 외부효과가 발생하는지 그래프를 이용하여 설명할 것이다.

외부효과

1 행위에 따른 비용 및 편익

생활에서 이루어지는 대부분의 행위에는 비용 및 편익이 발생한다. 예를 들면 짐(Jim)이 앉아서 책을 읽을 경우 이는 짐에게 편익도 주고 비용도 발생시킨다. 이런 편익 및 비용은 짐에게만 영향을 미치기 때문에 그에게 사적인 것이 된다. 따라서 이를 **사적편익** 및 **사적비용**이라고 한다.

짐은 자신뿐만 아니라 다른 사람들에게도 편익 및 비용을 발생시키는 행위를 할 수 있다. 짐은 안젤리카(Angelica) 부근에서 흡연하려 한다고 가상하자. 짐에게 흡연은 편익 및 비용이 발생하며 이는 그의 사적편익 및 사적비용이 된다. 하지만 짐이 흡연하여 예를 들면 안젤리카가 기침을 하며 이에 반응한다면 짐의 행위는 안젤리카에게 영향을 미치게 된다. 이 경우 짐의 흡연은 안젤리카에게 비용을 부과시킨다. 짐이 안젤리카에게 발생시킨 비용은 그에게 외적인 것이기 때문에 이를 **외적비용**이라고 한다. 짐의 행위로 인해 안젤리카에게 음의 외부효과가 발생하였기 때문에 그녀는 외적비용을 부담하게 된다. 한 사람 또는 집단의 행위로 인해 다른 사람들에게 비용(또는 불리한 부차적 효과)이 발생하는 경우 **음의 외부효과**(negative externality)가 존재한다.

음의 외부효과

이야기를 약간 변화시켜서 이반(Yvonne)과 거리를 사이에 두고 사는 짐(Jim)은 나무, 꽃, 새로운 잔디를 심어 (이반이 자신의 집에서 분명히 볼 수 있는) 자신의 앞뜰을 아름답게 가꾸었다. 짐은 자신의 앞뜰을 아름답게 꾸미면서 어떤 편익 및 비용이 발생하지만 이반도 역시 편익을 받게 된다. 이반은 (아름다운 그림을 감상함으로써 어떤 사람이 이득을 보는 것처럼) 짐의 정원을 볼 수 있을 뿐만 아니라 짐이 자신의 앞뜰을 아름답게 가꿈으로써 이반 재산의 시장가치도 또한 상승하였다.

짐이 이반에게 준 편익은 그에게 외적인 것이기 때문에 이는 외적편익이 된다. 짐의 행위로 인해 이반에게 양의 외부효과가 발생하였으며 이로 인해 그녀는 외적편익을 받게 되었다. 한 사람 또는 집단의 행위로 인해 다른 사람들에게 편익(또는 유리한 부차적 효과)이 발생하는 경우 **양의 외부효과**(positive externality)가 존재한다.

양의 외부효과

2 행위에 따른 한계비용 및 한계편익

(예를 들면 한 시간당 또는 두 시간당 담배를 피우거나 나무 세 그루 또는 네 그루를 심는 것처럼) 상이한 정도 또는 상이한 규모의 비용 및 편익을 발생시키는 행위에 대해 논의할 경우 경제학자들은 한계편익 및 한계비용 측면에서 말한다. 짐(Jim)의 경우 다양한 행위들이 사적 한계편익 (marginal private benefit, *MPB*) 및 사적 한계비용(marginal private cost, *MPC*)을 갖게 된다. 짐의 행위가 다른 사람들에게 외부편익 또는 외부비용을 발생시키는 경우 이를 외부 한계편익 (marginal external benefit, *MEB*) 및 외부 한계비용(marginal external cost, *MEC*) 측면에서 논의하는 것이 타당하다.

행위가 미치는 이런 영향을 분석하기 위해서 총 한계비용 및 총 한계편익에 대해 알아볼 필요가 있다. 사적 한계비용(*MPC*)과 외부 한계비용(*MEC*)을 합하면 **사회적 한계비용**(marginal social cost, *MSC*)이 된다.

사회적 한계비용

$$MSC = MPC + MEC$$

위의 예에서 짐의 흡연으로 인해 안젤리카에게 외부비용이 부과된다. 흡현에 따른 짐의 *MPC*는 1달러이고 짐의 흡연에 따른 안젤리카의 *MEC*는 2달러이다. 따라서 짐의 흡연으로 인한 (짐의 사적비용과 안젤리카의 외부비용을 둘 다 고려한) *MSC*는 3달러가 된다.

사회적 한계편익

사적 한계편익(*MPB*)과 외부 한계편익(*MEB*)을 합하면 **사회적 한계편익**(marginal social benefit, *MSB*)이 된다.

$$MSB = MPB + MEB$$

자신의 앞뜰을 아름답게 가꾸는 짐의 행위는 이반에게 외부편익을 발생시킨다. 자신의 앞뜰을 아름답게 가꾸는 데 따른 짐의 *MPB*는 5달러이고 이반의 *MEB*는 3달러이다. 따라서 앞뜰을 아름답게 가꾸는 데 따른 짐의 *MSB*는 8달러가 된다.

3 사회적 최적 조건 또는 효율성 조건

경제학자들에게는 언제나 적정한 양이란 개념이 있다. 시험준비 하는 데 적정한 시간의 양, 적정한 운동량, 적정한 자동차 생산 대수 등이 있다. 경제학자에게 적정한 양이란 **사회적 최적량 (또는 최적 생산량)**[socially optimal amount (또는 output)], 즉 $MSB = MSC$가 이루어지는 점에서의 생산량을 말한다. 다시 말해 어떤 물품의 최적인 양은 (해당 물품의) MSB가 (해당 물품의) MSC와 같아지는 점에서의 생산량을 의미한다. 나중에 그래프를 이용하여 이조건을 살펴볼 것이다.

사회적 최적량 (또는 최적 생산량)

4 행위의 세 가지 범주

(컴퓨터를 생산하든지 또는 시험공부를 하는) 행위를 하는 사람들에게 있어 해당 행위는 거의 언제나 편익 및 비용을 발생시킨다. 사적편익 및 사적비용이 존재하지 않는 생활 속의 행위를 생각하기란 쉽지 않다.

하지만 외부편익 및 외부비용이 존재하지 않는 생활 속의 행위를 생각해 보는 것은 어렵지 않다. 예를 들면 책을 읽을 경우 해당 사람에게는 편익 및 비용이 발생하지만 다른 사람들에게는 그렇지 않다. 이를 다음과 같이 나타낼 수 있다. $MPB > 0$, $MPC > 0$, $MEB = 0$, $MEC = 0$. 여기서 사적 한계편익 및 사적 한계비용은 둘 다 양수이지만(영보다 크지만) 외부 한계편익 및 외부 한계비용은 존재하지 않는다. 다시 말해 이 행위로 인해 양의 외부효과도 음의 외부효과도 발생하지 않는다.

음의 외부효과 또는 양의 외부효과가 존재하느냐에 따라 행위를 다음과 같이 분류할 수 있다.

범주	정의	한계편익 및 한계비용 측면에서 본 의미
1.	음의 외부효과도 양의 외부효과도 존재하지 않는다.	MEC 및 $MEB = 0$이다. 따라서 다음과 같다. 즉, $MSC = MPC$ 및 $MSB = MPB$이다.
2.	음의 외부효과는 존재하지만 양의 외부효과는 존재하지 않는다.	$MEC > 0$ 및 $MEB = 0$이다. 따라서 다음과 같다. 즉, $MSC > MPC$ 및 $MSB = MPB$이다.
3.	양의 외부효과는 존재하지만 음의 외부효과는 존재하지 않는다.	$MEB > 0$ 및 $MEC = 0$이다. 따라서 다음과 같다. 즉, $MSB > MPB$ 및 $MSC = MPC$이다.

5 소비 및 생산에서의 외부효과

외부편익 또는 외부비용을 발생시키는 어떤 것을 소비하거나 생산하기 때문에 외부효과가 발생한다. 두 가지 예를 생각해 보자. 바바라(Barbara)는 자동차 안에서 크게 라디오를 켜서 정지신호 시 그녀 주변에 있는 운전자들에게 불리한 영향을 미친다. 이 경우 바바라는 음악을 소비하면서(청취하면서) 다른 사람들에게 음의 외부효과를 발생시킨다. 존(John)은 공장에서 자동차를 생산하고 있다. 자동차를 생산하면서 그는 공장으로부터 바람부는

그림 1

음의 외부효과

음의 외부효과로 인해서 사회적 한계비용(*MSC*)이 사적한계비용(*MPC*)보다 크며 시장 생산량이 사회적으로 최적인 생산량보다 크다. 이런 경우 해당 물품이 과잉생산된다는 의미에서 시장실패가 발생한다.

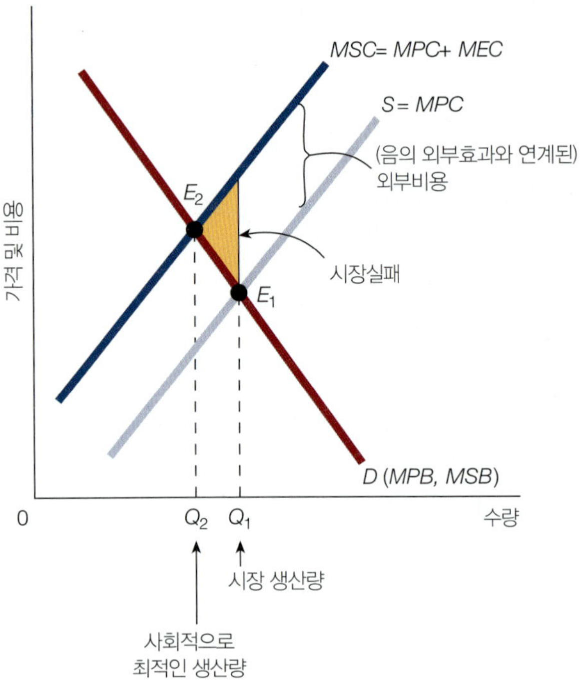

쪽에 거주하는 사람들에게 불리한 영향을 미치는 오염물질을 공기 중에 방출하게 된다. 이 경우 존은 자동차를 생산하면서 다른 사람들에게 음의 외부효과를 발생시킨다.

6 음의 외부효과를 보여주는 도표

그림 1은 어떤 상품에 대한 기울기가 하향하는 수요곡선을 보여주고 있다. 수요곡선은 해당 상품의 매수인이 받은 사적 한계편익을 나타내므로 이는 *MPB* 곡선과 동일하다. 이 경우 양의 외부효과가 존재하지 않기 때문에 *MPB* = *MSB*이다. 따라서 수요곡선은 또한 *MSB* 곡선이 된다. 공급곡선 *S*는 해당 상품을 생산한 생산업자가 부담하는 사적 한계비용 (*MPC*)이다. 이 시장에서 균형은 E_1에서 달성되며 Q_1은 생산량, 즉 시장생산량이 된다.

상품이 생산됨에 따라 음의 외부효과가 발생한다고 가정하자. 예를 들면 해당 상품은 공장에서 생산되는 과정 중에 공기 오염물질이 배출되는 자동차이다. 이 경우 음의 외부효과로 인해서 해당 상품을 생산하는 데 발생하는 외부비용이 시장 생산량에 반영되지 않았다. 음의 외부효과와 연관된 외부 한계비용을 (할 수 있는 한 최선을 다해서) 사적 한계비용에 합산하면 이를 반영할 수 있다. 이에 따른 결과는 그림 1에서 보는 사회적 한계비용(*MSC*) 곡선이다. (외부비용과 사적비용 둘 다를 포함하는) 모든 비용을 고려할 경우 균형은 E_2에서 이루어지며 여기서 *MSB* = *MSC* 가 된다. E_2에서의 생산량(Q_2)이 사회적으로 최적인 생산량 또는 효율적인 생산량이 된다.

음의 외부효과가 존재하는 경우 시장 생산량(Q_1) 은 사회적으로 최적인 생산량(Q_2)보다 많다. 시장이 음의 외부효과와 연계된 상품을 과잉생산하기 때문에 시장이 실패했다고 본다(즉 시장실패가 존재한다고 본다). 그림 1에서 음영된 삼각형은 시장실패를 눈으로 볼수 있게 명확히 한 것이다. 이는 사회적으로 최적인 생산량(Q_2) 대신에 시장 생산량(Q_1)을 생산하는 데 따른 순사회적비용이다. 즉 사회적으로 최적인 생산량에서 시장 생산량으로 이동하는 데 따른 순사회적 비용이다.

그림 1에 있는 삼각형이 사회적으로 최적인 생산량에서 시장 생산량으로 이동할 경우 수반되는 순사회적비용을 어떻게 나타내는지 정확히 이해하기 위해서 그림 2를 살펴보도록 하자. 그림 1에서와 마찬가지로 그림 2에서도 Q_2는 사회적으로 최적인 생산량이며 Q_1은 시장 생산량이다. 사회가 Q_2에서 Q_1으로 이동할 경우 누가 이익을 보며 이를 어떻게

그림 2

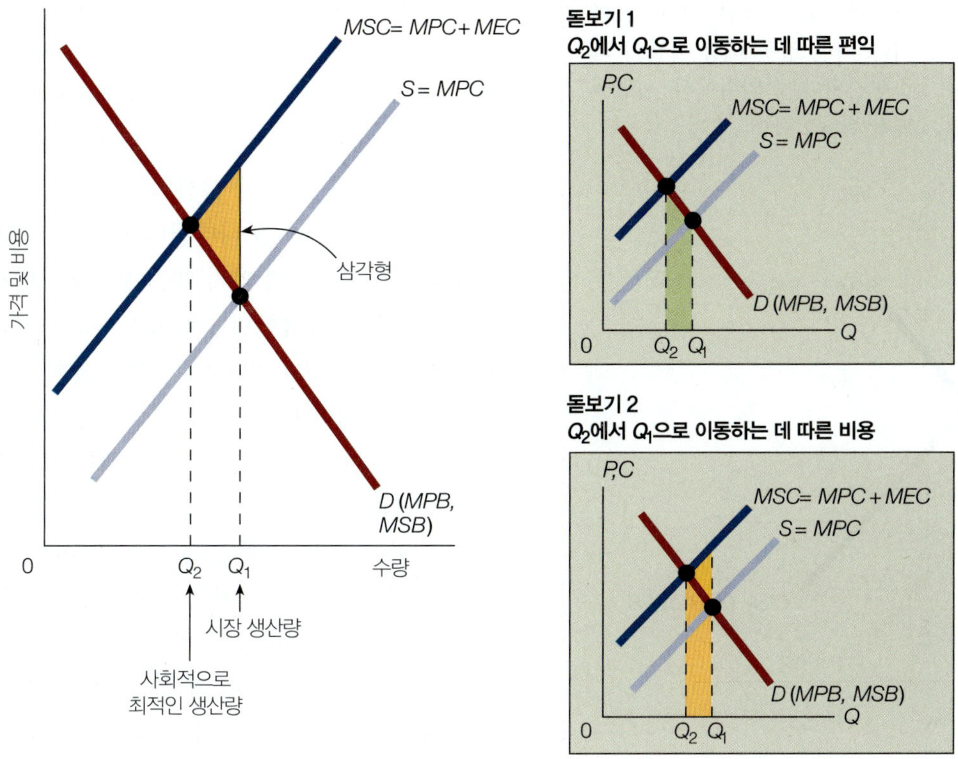

삼각형

Q_2는 사회적으로 최적인 생산량이며 Q_1은 시장 생산량이다. 사회가 Q_2에서 Q_1으로 이동할 경우 매수인은 돋보기 1의 음영된 면적에 해당하는 금액만큼 이득을 보지만 매도인 및 제 3자는 함께 돋보기 2 의 음영된 면적에 해당하는 비용을 부담한다. (두 음영된 면적의 차이인) 삼각형은 Q_2에서 Q_1으로 이동하거나 또는 Q_2 대신에 Q_1을 생산할 경우 사회가 부담하는 순사회적비용을 나타낸다.

나타낼 수 있는가? (사회의 한 측면인) 매수인들이 이익을 본다. 왜냐하면 매수인들은 자신들이 지불하고자 하는 가격에서 보다 많은 생산량을 매입할 수 있기 때문이다. Q_2 및 Q_1 사이의 수요곡선 아래 면적이 Q_2에서 Q_1으로 이동하는 데 따른 사회에 대한 편익을 나타낸다(그림 2의 돋보기 1에서 음영된 면적 참조).

사회가 Q_2에서 Q_1으로 이동할 경우 매도인과 제3자 모두에게 비용이 발생한다. 즉 매도인에게는 사적비용이 발생하며 제3자에게는 외부비용이 발생한다. S곡선(MPC곡선) 아래의 면적은 사회의 한 측면인 매도인만을 고려하고 제3자는 무시한다. Q_2 및 Q_1 사이의 MSC곡선 아래 면적이 Q_2에서 Q_1으로 이동하는 데 따른 사회에 대한 총비용을 나타낸다(그림 2의 돋보기 2에서 음영된 면적 참조).

돋보기 2의 음영된 면적은 돋보기 1의 음영된 면적보다 크다. 즉 Q_2에서 Q_1으로 이동하는 데 따른 매도인과 제3자에 대한 비용이 Q_2에서 Q_1으로 이동하는 데 따른 매수인에 대한 편익보다 더 크다. 음영된 면적의 차이는 그림 2에서 삼각형으로 나타낼 수 있다. 사회에 대한 비용이 사회에 대한 편익보다 이 삼각형만큼 더 크다. 간단히 말해 이 예에서 삼각형은 Q_2에서 Q_1으로 이동하는 데 따른 또는 Q_2 대신에 Q_1을 생산하는 데 따른 순사회적비용을 나타낸다.

그림 3

양의 외부효과

양의 외부효과로 인해 사회적한계편익(MSB)이 사적한계편익(MPB)보다 크며 시장 생산량이 사회적으로 최적인 생산량보다 적다. 이런 경우 해당 물품이 과소생산된다는 의미에서 시장실패가 발생한다.

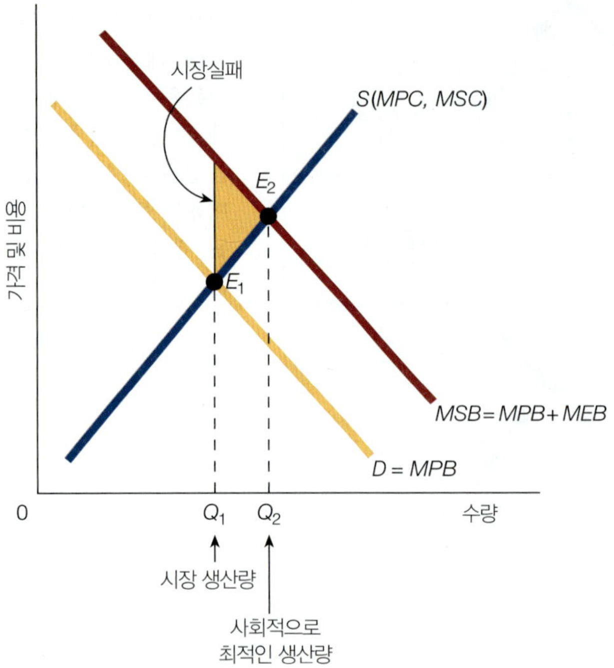

7 양의 외부효과를 보여주는 도표

그림 3은 어떤 상품에 대한 기울기가 하향하는 수요곡선 D를 보여주고 있다. 이 곡선은 해당 상품의 매수인이 받은 사적한계편익을 나타내므로 MPB 곡선과 동일하다. 공급곡선 S는 해당 상품을 생산한 생산업자가 부담하는 사적한계비용(MPC)을 나타낸다. 이 경우 음의 외부효과가 존재하지 않기 때문에 사회적한계비용(MSC)은 사적한계비용(MPC)과 동일하다. 즉 $MPC = MSC$이다. 이 시장의 균형은 E_1에서 이루어지며 Q_1은 시장 생산량이다.

이 상품을 생산하는 데 양의 외부효과가 발생한다고 가정하자. 예를 들면 에리카(Erica)는 꿀벌을 키우는 양봉업자라고 가상하자. 꿀벌통이 사과 과수원 근처에 위치하며 꿀벌들이 과수원으로 날아가 가루받이를 하곤 한다. 이 과정에서 과수원은 더 생산적이 된다. 이처럼 과수원 주인은 에리카의 꿀벌들로 인해 이익을 본다.

양의 외부효과가 존재하기 때문에 해당 상품을 생산할 경우 시장 생산량에 반영되지 않은 외부편익이 발생한다. 양의 외부효과와 연계된 외부한계편익을 (할 수 있는 한 최선을 다해서) 사적한계편익에 합산하면 이를 반영할 수 있다. 그림 3은 이렇게 도출한 사회적한계편익(MSB)을 보여주고 있다. (외부편익과 사적편익 둘 다를 포함하는) 모든 편익을 고려할 경우 균형은 E_2에서 이루어지며 여기서 $MSB = MSC$가 된다. E_2에서의 생산량(Q_2)이 사회적으로 최적인 생산량 또는 효율적인 생산량이다.

양의 외부효과가 존재하는 경우 (음의 외부효과가 존재하는 경우와는 반대로) 시장 생산량(Q_1)이 사회적으로 최적인 생산량(Q_2)보다 적다. 시장이 양의 외부효과와 연계된 상품을 과소생산하기 때문에 시장이 실패했다고 본다(즉 시장실패가 존재한다고 본다). 그림 3의 음영된 삼각형은 시장실패를 눈으로 볼 수 있게 명확히 한 것이다. 이는 사회적으로 최적인 생산량(Q_2) 대신에 시장 생산량(Q_1)을 생산하여 잃게 된 순사회적편익을 나타낸다. 달리 표현하면 시장 생산량(Q_1)에서 보다 사회적으로 최적인 생산량(Q_2)에서 사회는 더 큰 편익을 실현할 수 있다. 사회가 Q_1에 있기 때문에 Q_2에 있을 경우 얻을 수 있는 순편익을 잃게 된다.

17.2 외부효과를 내부화하기

외부효과를 발생시킨 개인이나 집단이 외부편익(양의 외부효과인 경우) 또는 외부비용(음의 외부효과인 경우)을 자신의 사적이거나 내부적인 비용–편익 계산에 통합시킬 경우 외부효과는 **내부화**(internalized)된다. 간단히 말해 외부효과를 내부화하는 것은 외부효과를 조정하는 것과 같다. 이에 따라 사회적으로 최적인 생산량이 생산될 경우 외부효과는 완벽하게 내부화되거나 또는 조정된 것이다. 외부효과를 조정하거나 내부화하는 여러 가지 방법 중 몇 가지를 살펴볼 것이다.

내부화

1 설득

많은 음의 외부효과는 예를 들면 새벽 3시에 CD 플레이어를 시끄럽게 트는 사람들처럼 개인이나 집단이 어떤 행동을 하기로 할 때 다른 사람들을 고려하지 않기 때문에 발생한다. 자신의 행동으로 인해 이웃에게 발생하게 될 외부비용을 고려한다면 새벽에 CD 플레이어를 틀지 않거나 작은 소리로 틀 것이다.

우리에게 외부비용을 부과시킨 사람들로 하여금 이런 비용을 고려하도록 설득하는 일은 외부효과를 발생시킨 사람들로 하여금 이를 조정하거나 내부화하도록 하는 한 가지 방법이다. 오늘날 "음주운전을 하지 맙시다" 그리고 "깨끗이 사용합시다"와 같은 슬로건은 자신들의 행위로 인해 다른 사람들에게 미치는 영향을 생각하도록 설득하는 한 방법이다. 윤리적 행위에 관한 황금률인 "무엇이든지 남에게 대접받고자 하는 대로 너희도 남을 대접하라"는 말이 핵심을 말하고 있다.

2 조세 및 보조금

조세 및 보조금이 시장실패를 교정하기 위한 방안으로 이따금 사용된다. 조세는 음의 외부효과를 조정하기 위해 사용되고 보조금은 양의 외부효과를 조정하기 위해 사용된다.

그림 1에 있는 음의 외부효과 경우를 생각해 보자. 외부효과를 수정하려는 조세의 목적은 공급곡선을 S에서 *MSC*로 이동시켜서(조세를 부과하면 공급곡선이 이동한다는 사실을 기억하자) 시장에서 결정된 생산량 Q_1에서 사회적으로 최적인 생산량 Q_2로 이동하는 것이다.

그림 3에 있는 양의 외부효과인 경우 수요곡선이 *D*에서 *MSB* 곡선으로 이동하여 생산량이 Q_1에서 사회적으로 최적인 생산량 Q_2로 이동하도록 시장의 수요측면에 보조금을 주는 것이 목적이다.

하지만 조세 및 보조금은 또한 비용과 이에 따른 결과가 수반된다. 예를 들어 그림 4에서 보는 것처럼 정부가 해당 물품의 공급업자에게 조세를 부과할 경우 외부비용을 잘못 판단하였다고 가상하자. 공급곡선이 S_1에서 S_2(*MSC* 곡선)로 이동하지 않고 대신에 S_1에서 S_3로 이동하였다고 하자. 이에 따라 생산량은 외부효과를 수정하기 위해 조세가 부과되기 전보다도 사회적으로 최적인 생산량으로부터 더욱 멀어진다.

3 재산권 할당

음의 외부효과 사례인 공기오염 및 해양오염이 공기 및 해양에 대한 소유권이 확립되어 있지 않기 때문에 발생한다고 생각해 보자. 누구도 공기 및 해양을 소유하지 못한다. 그렇기 때문에 많은 사람들이 거기에다 폐기물을 방출하게 된다. 공기 및 해양에 대해 사적 재

그림 4

잘못 부과된 교정조세

정부는 외부비용을 잘못 계산하여 공급곡선을 S_1에서 S_2로 이동시키는 대신에 S_1에서 S_3로 이동시키는 조세를 부과할 수 있다. 따라서 생산량이 교정조세가 부과되기 전보다도 사회적으로 최적인 생산량으로부터 더 멀리 벗어나게 된다. Q_1이 Q_2로부터 벗어난 것보다 Q_3가 Q_2로부터 더 멀리 벗어나 있다.

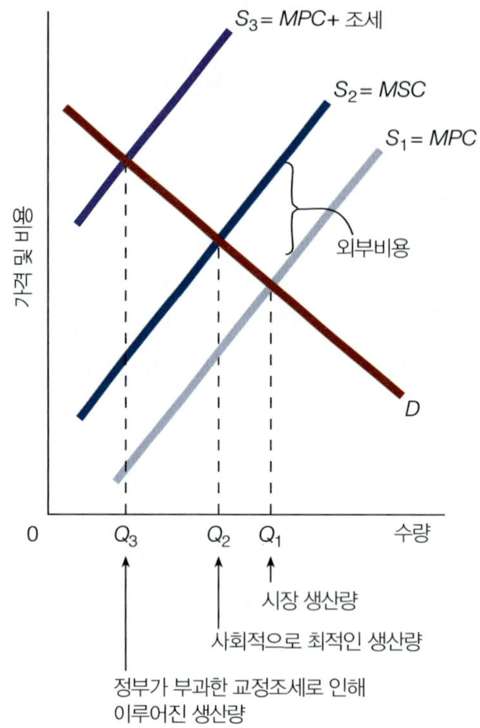

산권 또는 소유권이 확립되어 있다면 음의 외부효과가 발생할 가능성이 낮아진다. 누군가가 자원을 소유할 경우 이를 손상시키는 행위는 대가를 지불하게 된다. 즉 자원 소유주는 입은 손상에 대해 소송을 제기할 수 있다.

예를 들면 목초지가 개방되고 소유권이 확립되지 않았던(공동소유였던) 미국 개척시대 초기의 서부지역에서 목장주들은 자신들의 가축들을 과도하게 방목하였다. 이유는 간단했다. 아무도 토지를 소유하고 있지 않았으므로 토지의 가치를 보존하기 위해서 과도한 방목을 멈출 수 없었다. 한 목장주가 자신의 가축들을 방목하지 않더라도 그가 할 수 있었던 모든 것은 다른 목장주들을 위해 더 많은 방목지를 남겨 두는 것뿐이었다. 과도한 방목으로 인해 후손들은 불모지의 황폐한 땅을 물려받게 되었다. 후손의 관점에서 보면 과도하게 방목을 했던 목장주들은 음의 외부효과를 발생시켰던 것이다.

미국 서부의 토지에 대한 사적 소유권이 확립되었다면 토지 소유주들의 금전적인 이해로 인해 과도한 방목을 허용하지 않았을 것이므로 이는 발생하지 않았을 수도 있다. 토지 소유주들은 목장주들이 방목을 할 경우 비용을 부과하여 방목을 증가시키면 이에 따라 추가적인 비용이 수반되었을 것이다. 비용이 부과되지 않을 경우(토지가 개방되고 소유권이 확립되지 않은 경우)보다 비용이 부과될 경우 방목이 감소하게 된다. 외부효과는 내부화가 이루어진다.

4 자발적인 협정

개인 간의 자발적인 협정을 통해 외부효과가 이따금 내부화될 수 있다. 피트(Pete) 와 세안(Sean)은 조그만 섬에 홀로 살고 있다고 가상하자 피트는 이 섬의 북부지역을 소유하고 세안은 남부지역을 소유하기로 협정을 맺었다. 피트는 이따금 새벽에 드럼을 연주하며 이 소리로 인해 세안을 깨워서 음의 외부효과를 발생시킨다. 피트는 새벽에 드럼을 연주하길 원하고 세안은 수면을 취하고 싶어 한다.

세안은 새벽에 취침하는데 최대 오렌지 6개까지 가치를 둔다고 가상하자. 즉 세안은 피트가 드럼을 연주하지 않는 상황에서 숙면을 취할 수 있다면 오렌지 6개를 포기할 수 있다. 반면에 피트는 새벽에 드럼을 연주하는 데 오렌지 3개까지 가치를 둔다. 피트가 드럼연주에 두는 가치보다 세안이 숙면을 취하는 데 더 많은 가치를 두기 때문에 거래를 할 수 있는 기회를 갖게 된다. 세안은 피트에게 새벽에 드럼연주를 자제하도록 하기 위해서 오렌지 3개보다는 많고 6개보다는 적은 수의 오렌지를 제의 할 수 있다. 이 거래를 통해 피트와 세안 둘 다 상황이 나아진다.

이 예에서 음의 외부효과 문제는 개인들 간의 자발적인 협정을 통해 해결될 수 있다. 이렇게 되기 위한 조건은 거래비용 또는 협정 체결과 관련된 비용이 협정에 따른 기대된 편익보다 작아야 한다는 것이다.

5 재산권 할당과 자발적인 협정의 결합

위에서 살펴본 재산권 할당과 자발적인 협정은 다음과 같은 경우처럼 결합될 수 있다. 목장주의 가축들이 가끔 인근 농장을 헤매고 돌아다니며 농장주의 농작물에 피해를 입히거나 먹는다고 가상하자. 법원은 목장주에게 책임을 물어 가축들이 돌아다니지 못하도록 하라고 지시하였다. 이처럼 재산권 할당을 통해 외부효과 문제를 해결하였다. 따라서 목장주는 이웃 농장의 농작물 피해를 막기 위해 탄탄한 울타리를 세웠다.

하지만 법원의 재산권 할당은 농장주와 목장주가 그렇게 하는 것이 상호에게 이익이 된다고 합의할 경우 원상태로 회복될 수도 있다. 목장주는 자신들의 가축들이 농장을 걸어다닐 수 있게 허용해 주는 대가로 농장주에게 월간 100달러를 지불하려 하며 농장주는 월간 70달러를 받고도 허용하려 한다. 거래비용이 사소하거나 없다고 가정하면 농장주와 목장주는 법원의 재산권 할당을 원상태로 되돌릴 수 있다. 목장주가 월간 70달러 이상을 지불할 경우 농장주는 가축들이 농장을 헤매고 다니도록 허용할 것이다.

코우즈 정리 위의 예에서 법원이 목장주에게 책임을 부과하는 대신에 가축들이 헤매고 다닐 수 있도록 목장주에게 재산권을 부여하였다고 가상하자. 이 경우 자원배분 결과는 어떻게 되는가? 재산권 할당이 정반대로 이루어졌던 경우처럼 가축은 농장을 헤매고 다닐 수 있다(이는 목장주와 농장주가 자발적으로 법원의 결정을 이행하지 않기로 합의한 이후에 이전에 이루어졌던 재산권 할당의 결과와 정확히 일치한다). 이처럼 **거래비용이 사소하거나 영인 경우 재산권 할당은 자원배분 결과에 영향을 미치지 않는다.** 이를 간단히 **코우즈 정리**(Coase theorem)라고 한다. 코우즈 정리

코우즈 정리는 다른 방법으로도 정의할 수 있으며 이들 두 가지는 다음과 같다. (1) 거래비용이 사소하거나 영인 경우 재산권 할당을 원상태로 회복하는 것이 관련 당사자들에게 이익이 된다면 재산권 할당은 원상태로 회복된다(교환이 이루어진다). (2) 거래비용이 사소하거나 영인 경우 재산권이 누구에게 할당되든지 간에 자원배분 결과는 동일하다.

코우즈 정리는 다음과 같은 두 가지 이유로 인해 중요한 의미를 갖는다. (1) 어떤 조건하에서 시장이 외부효과를 내부화할 수 있다는 사실을 보여준다. (2) 외부효과 문제를 분석하는 데 기준이 된다. 즉 거래비용이 사소하거나 영인 경우 어떤 현상이 발생하는지를 알려준다.

6 내부화의 범위를 벗어난 방법: 규제 설정

외부효과, 특히 음의 외부효과를 해결하는 한 가지 방법은 정부가 외부효과를 일으키는 행위에 대해서 직접 규제를 하는 것이다. 예를 들면 물품을 생산하는 기업이 연기를 내뿜으며 이 연기가 음의 외부효과로 간주되는 경우를 생각하여 보자. 정부는 하루에 일정 양의 연기만을 대기에 배출시킬 수 있는 오염방지 장비를 설치하도록 결정하거나 해당 공장을 인구가 밀집되지 않은 지역으로 이전하도록 결정할 수 있다.

이런 방식을 비판하는 사람들은 규제가 일단 설정되면 조건이 충족되더라도 제거하기 어렵다는 점을 주장한다. 또한 규제가 설정되지 않았다면 개별적인 상황에 따라 해결됐을 경우에도 일괄적으로 규제가 적용되는 경향이 있다고 본다. 예를 들면 상대적으로 오염이 낮은 지역에 소재한 공장들에게도 연기와 오염이 심한 지역에 소재한 공장들과 동일한 오염통제 장비를 설치하도록 요구할 수 있다.

마지막으로 규제에는 비용이 수반된다. 정부가 규제를 할 경우 (봉급이 지급되어야 하는) 단속자, (단속자가 근무할) 사무실, (규제 관련 서류를 처리할) 컴퓨터 등이 필요하다. 앞에서 살펴본 것처럼 외부효과를 성공적으로 처리할 경우 편익이 발생할 수 있지만 비용도 역시 고려되어야 한다.

17.3 환경에서의 음의 외부효과 해결하기

환경은 주요한 경제적, 정치적, 사회적 문제가 되고 있다. 환경문제는 복합적이며 산성비, 온실효과, 삼림벌체(열대다우림의 파괴 포함), 고체쓰레기(폐기물) 처리, 수질오염, 공기오염들이 포함된다. 여기서는 주로 공기오염에 대해 논의할 것이다.

경제학자들은 오염에 관해서 세 가지 주요한 사실을 지적하였다. 첫째, 오염은 음의 외부효과이다. 둘째, 직관에 반하지만 오염이 전혀 없는 상황이 일부 오염이 있는 상황보다 이따금 더 나쁠 수 있다. 셋째, 오염문제를 해결하기 위해서 시장이 이용될 수 있다. 여기서는 마지막 두 가지 점을 논의할 것이다.

1 오염이 없는 상황이 오염이 일부 있는 상황보다 더 나쁜가?

모든 다른 것들이 일정하다면 적은 오염이 많은 오염보다 확실히 더 선호되기 때문에 오염이 없는 상황이 오염이 일부 있는 상황보다 더 선호된다. 하지만 모든 다른 것들이 일정하지 않다면 일부 오염이 있는 상황이 오염이 없는 상황보다 더 선호될 수도 있다.

오염이 전혀 발생되지 않는다면 세상은 지금과 다를 수도 있다. 오염은 많은 상품과 서비스를 생산하는 데 따른 부산물이다. 예를 들면 철강은 부산물로서 오염을 방출하지 않고는 생산될 수 없다. 현재의 오염기술 수준 하에서 철강생산에 따른 오염을 줄이면 철강생산이 감소하고 이에 따라 더 적은 철강제품이 생산된다.

오염은 자동차를 포함하여 우리가 매일 사용하는 많은 물품들의 부산물이다. 물론 내일부터 자동차로 인한 오염을 종식시킬 수 있지만 그렇게 하려면 자동차 운전을 포기하여야 한다. 자동차 운전에 따른 편익이 있는 한 영의 오염을 선택할 수는 없다. 간단히 말해 상품 및 서비스를 사용하지 말아야 한다는 사실을 깨닫게 되면 (오염이 영인 상황이) 일부 오염이 발생하는 상황보다 선호될 수 없다.

코우지언 분석을 통해서도 동일한 결론에 도달할 수 있다. 두 가지 형태의 집단, 즉 오염자와 비오염자가 있다고 가상하자. 어느 수준의 오염에서는 오염자에게 있어 오염의 가치가 비오염자에게 있어 덜 오염된 환경의 가치보다 더 클 수 있다. 거래비용이 사소하거나 영인 경우 거래가 이루어져서 결과적으로 일부 오염이 허용된다.

2 정부기준 또는 오염허용증

오염을 낮추는 두 가지 방법을 생각해 보자. 방법 1에서 정부는 오염기준을 설정한다. 방법 2에서 정부는 오염허용증을 할당하고 이것들의 거래를 허용한다.

방법 1: 정부가 오염기준을 설정한다. 동일한 지역에 세 개 기업 X, Y, Z가 소재하고 있다. 현재 각 기업은 해당 지역으로 오염 3단위씩을 방출하여 총 9단위의 오염이 방출된다. 정부는 해당 지역의 총 오염을 3단위로 낮추려 하며 이 목적을 달성하기 위해서 각 기업이 오염을 2단위씩 낮추도록 하는 오염기준(또는 규제)을 설정하게 된다.

그림 5는 세 개 기업에 대해 각 오염단위를 제거하는 데 소요되는 각각의 비용을 보여주고 있다. 다른 기업에 비해 일부 기업의 경우 오염을 제거하는 것이 더 어렵기 때문에 비용이 상이하다. 예를 들면 자동차 제조업체가 배출하는 공기오염은 의류 제조업체가 배출하는 공기오염보다 제거하는 데 더 많은 비용이 소요될 수 있다. 다시 말해 세 개 기업이 자신들의 공장에 오염방지 장치를 설치하여 오염을 제거할 경우 오염방지 설치비용이 의류 제조업체에 비해 자동차 제조업체에서 더 높을 수 있다.

처음 오염 2개 단위를 제거하는 데 소요되는 비용이 기업 X의 경우 125달러(50달러 + 75달러 = 125달러)이고 기업 Y의 경우 155달러이며 기업 Z의 경우 1,500달러가 된다. 오염 6단위를 제거하는 데 소요되는 총비용은 1,780달러(125달러 + 155달러 + 1,500달러)이다. 즉 정부기준이나 규제를 통해 오염 6단위를 제거하는 데 소요되는 총비용은 1,780달러이다.

그림 5

세 개 기업의 오염을 낮추는 데 따른 비용 세 개 기업의 오염을 낮추는 데 따른 비용을 보여주는 가상적인 자료이다. 정부기준이나 규제를 통해서 보다 환경관련 시장을 통해서 오염을 낮출 경우 비용이 더 저렴하다는 사실을 알 수 있다.

	기업 X	기업 Y	기업 Z
오염 제거에 따른 비용			
첫 번째 단위의 오염	$50	$70	$500
두 번째 단위의 오염	75	85	1,000
세 번째 단위의 오염	100	200	2,000

방법 2: 환경관련 시장을 통해 해결하는 방법: 정부가 오염허용증을 할당하고 이것들의 거래를 허용한다. 정부의 목적은 이번에도 기업 X, Y, Z가 소재한 지역에서 오염을 9단위에서 3단위로 낮추는 것이다. 이번에 정부는 각 기업에게 오염허용증을 배당하면서 이 기업들이 보유하게 되는 각 허용증에 대해 오염 1단위를 배출할 수 있다고 설명하였다. 또한 기업들은 허용증의 거래가 가능하다.

기업 X는 한 개의 오염허용증을 보유하고 있다. 따라서 오염 1단위를 배출할 수 있으면 다른 2단위는 제거하여야만 한다. 하지만 기업 X는 오염허용증을 보유하고 오염 1단위를 배출할 필요는 없다. 대신에 오염허용증을 매도하고 오염을 배출하지 않는 조치를 취할 수도 있다. 기업 X는 오염허용증을 매도하고 오염 3단위를 모두 제거할 경우 상황이 나아지는가?

기업 Y도 기업 X와 동일한 상황에 있다. 단 한 개의 오염허용증을 갖고 있으며 오염 2단위를 제거하여야 한다. 기업 Y도 또한 오염허용증을 매도하고 오염 3단위를 제거할 경우 상황이 나아질 수 있는지 알아보고 있다.

기업 Z는 상이한 상황에 있다. 그림 5에서 보면 기업 Z는 첫 번째 오염단위를 제거하는 데 500달러를 지출해야 하며 두 번째 단위를 제거하는 데 1,000달러를 지출해야 한다. 기업 Z는 기업 X 및 Y로부터 두 개의 오염허가증을 매입하고 오염을 제거하지 않을 경우 상황이 나아질 수 있는지 알아보고 있다.

세 개 기업의 기업주들이 함께 모였다. 기업 Z의 기업주는 다른 기업주들에게 다음과 같이 말하였다. "나는 오염의 첫 번째 단위를 제거하기 위해서 500달러를 지출하고 두 번째 단위를 제거하기 위해서 1,000달러를 지출하여야만 한다. 여러분 중 한 사람이 500달러보다 낮은 가격으로 오염허용증을 매도하려 한다면 나는 그것을 매입할 것이다." 세 명의 기업주들은 허용증 가격을 330달러로 합의하고 기업 X 및 Y는 기업 Z에게 자신들의 허용증을 매도하였다. 이 거래로 인해 세 명 모두 이득을 보았다. 기업 X는 오염허용증 가격으로 330달러를 수령하고 100달러를 지출하여 오염의 세 번째 단위를 제거하였다. 기업 Y도 허용증 가격으로 330달러를 수령하고 200달러를 지출하여 오염의 세 번째 단위를 제거하였다. 기업 Z는 오염의 처음 2단위를 제거하기 위해서 1,500달러를 지출하는 대신에 두 개의 오염허용증을 매입하는 데 660달러를 지출하였다.

이런 상황에서 기업 X 및 Y는 (오염허용증이 없기 때문에) 자신들의 모든 오염을 제거하여야 한다. 기업 X는 오염 3단위를 모두 제거하기 위해서 225달러(50달러 + 75달러 + 100달러)를 지출하고 기업 Y는 355달러(70달러 + 85달러 + 200달러)를 지출한다. 두 기업은 오염 6단위를 제거하기 위해서 580달러(225달러 + 355달러)를 지출한다. 환경관련 시장을 통해 오염 6단위를 제거하는 총비용은 580달러에 불과하다.

이 비용은 각 기업에게 오염 2단위씩을 제거하도록 하는 정부기준을 설정할 때 발생하는 비용보다 더 낮다. 그럴 경우 비용은 1,780달러였다. 하지만 두 경우 모두 오염 6단위가 제거되었다. 이처럼 정부가 각 기업에게 오염을 제거하도록 직접 지시하기보다 거래가 가능한 오염허용증을 할당할 경우 오염제거 비용이 낮아진다.

일부 사람들은 580달러를 기업 Z가 두 개의 오염허용증을 매입하는 데 지불한 660달러로 상향 조정되어야 한다고 주장하지만 이는 옳지 않다. 660달러는 기업 Z에게 있어

사업을 하는 실제비용이지만 오염을 제거하고자 하는 **사회에 대한 비용은** 아니다. 660달러는 오염을 제거하기 위해 실제로 사용되지 않았다. 이것은 기업 Z에서 기업 X 및 Y로 단순히 이전된 것이다. 이것은 자원에 대한 지출을 의미하는 자원비용과 그렇지 않은 이전 사이의 차이이다.

17.4 공공재: 배제재 및 비배제재

많은 경제학자들은 시장은 배제할 수 없는 공공재를 생산하지 못한다고 주장한다. 여기서는 일반적인 공공재와 특히 배제할 수 없는 공공재에 대해 살펴볼 것이다.

1 재화

경제학자들은 두 가지 종류의 재화, 즉 개인재 및 공공재에 대해 논의한다. **개인재**는 한 사람이 소비를 할 경우 다른 사람에 대한 소비를 감소시키는 재화이다. 예를 들면 스웨터, 사과, 컴퓨터는 모두 개인재이다. 어떤 사람이 스웨터를 입으면 다른 사람은 이를 입을 수 없다(소비할 수 없다). 어떤 사람이 사과를 한입 먹으면 다른 사람이 소비할 사과가 적어진다. 어떤 사람이 컴퓨터를 사용하면 다른 사람은 이를 사용할 수 없다. 개인재는 **소비 경합재**(rivalrous in consumption)라고 한다. 소비 경합재

공공재(public good)는 어떤 사람에 의한 소비로 인해 다른 사람의 소비가 감소되지 않는 재화이다. 예를 들면 영화관에서 상영되는 영화는 공공재이다. 극장에 200개의 좌석이 있다면 동시에 200명이 영화를 관람할 수 있으며 어떤 사람의 영화관람이 다른 사람의 영화관람을 방해하지 않는다. 경제학 강의도 역시 공공재이다. 교실에 30개의 좌석이 있다면 동시에 30명이 경제학 강의를 소비할 수 있고 어떤 사람의 소비가 다른 사람의 소비를 방해하지 않는다. 공공재의 주요한 특징은 **소비 비경합재**(nonrivalrous in consumption)라는 점이며 이는 어떤 사람의 소비로 인해 다른 사람의 소비가 감소되지 않는다는 의미이다. 공공재 소비 비경합재

모든 공공재는 소비에서 비경합재이지만 모두 동일한 것은 아니다. 일부 공공재는 배제될 수 있지만 다른 일부는 배제될 수 없다. 공공재가 생산되고 나서 그에 따른 편익을 어떤 사람들이 얻지 못하도록 배제하는 것이 가능하거나 또는 엄청난 비용이 소요되지 않을 경우 이 공공재는 **배제재**(excludable)가 된다. 예를 들면 영화관에서 상영되는 영화의 경우 입장료를 지불하지 않은 사람은 관람이 배제된다는 점에서 배제재가 된다. 경제학 강의도 동일하게 적용될 수 있다. 강의를 수강하는 데 필요한 수업료를 납부하지 않은 사람은 이를 소비하는 데서 배제될 수 있다. 이처럼 영화관에서 상영되는 영화와 강의실에서 이루어지는 경제학 강의는 **배제할 수 있는 공공재**이다. 배제재

공공재가 생산되고 나서 그에 따른 편익을 어떤 사람이 얻지 못하도록 배제하는 것이 불가능하거나 또는 엄청나게 큰 비용이 소요되는 경우 이 공공재는 **비배제재**(nonexcludable)가 된다. 예를 들면 미국의 국가방위체계가 뉴저지 주의 거주민들을 미사일 공격으로부터 보호한다면 뉴욕 주의 거주민들도 역시 자동적으로 보호하게 된다. 뉴저지 주의 거주민들을 보호한다고 하여 뉴욕 주의 거주민들에 대한 보호의 정도를 낮추지 않는다. 이 비배제재

밖에 국가방위체계가 확립되고 나면 이것이 제공하는 서비스를 일부 사람들이 소비하지 못하도록 배제하는 것은 불가능하다(또는 엄청난 비용이 소요된다). 이처럼 국가방위는 **배제할 수 없는 공공재**이다. 이는 홍수통제 또는 대규모 해충방제에도 그대로 적용된다. 댐이 건설되거나 또는 해충방제가 이루어진 이후에 이에 따른 편익으로부터 일부 사람들을 배제하는 것은 불가능하다.

2 무임승차자

(개인재이든 또는 공공재이든 간에) 어떤 상품이 배제할 수 있을 때 사람들은 그에 대한 대가를 지불하여야만 그에 따른 편익을 얻을 수 있다. 예를 들면 아무도 먼저 대가를 지불하지 않으면 사과(개인재) 또는 영화관에서 상영되는 영화(공공재)를 소비할 수 없다. 하지만 배제할 수 없는 공공재의 경우는 그렇지 않다. 사람들은 대가를 지불하지 않고도 배제할 수 없는 공공재의 편익을 얻을 수 있다. 이런 사람들을 **무임승차자**(free rider)라고 한다 소위 이런 무임승차자들 때문에 시장은 배제할 수 없는 공공재를 생산하지 못하거나 적어도 바람직한 수준까지 생산하지 못한다고 본다.

무임승차자

공공재이므로 소비에 있어 비경합재인 배제할 수 없는 공공재 X의 생산여부를 숙고하고 있는 개인을 생각해 보자. 상품 X가 생산되어 어떤 사람에게 공급되고 나면 대가를 지불하지 않고도 모든 편익을 누릴 수 있으므로 다른 사람들은 (이를 수요하더라도) 그에 대한 대가를 지불할 동기를 갖지 않게 된다. 어느 누구도 사람들이 대가를 지불하지 않고도 소비할 수 있는 재화를 공급하지 않으려 한다. 이처럼 시장은 배제할 수 없는 공공재를 생산하지 못한다. 이렇게 되면 배제할 수 없는 공공재의 생산에 정부가 개입하게 된다. 많은 사람들이 수요는 있지만 시장이 배제할 수 없는 공공재를 생산하지 못한다면 정부가 해야 한다고 주장한다.

무임승차자 논리는 배제할 수 없는 공공재를 정부(공공 또는 납세자)가 공급하여야 한다는 주장을 받아들이는 기초가 되고 있다. 하지만 배제할 수 없는 공공재가 정부가 공급하는 재화와 동일하지는 않다. 배제할 수 없는 공공재는 소비에서 비경합적이며 배제할 수 없는 재화이다. 정부가 공급하는 재화는 말 그대로 정부가 공급하는 재화이다. 어떤 경우에 정부가 공급하는 재화는 예를 들면 정부가 제공하는 국가방위처럼 배제할 수 없는 공공재일 수도 있지만 그럴 필요는 없다. 정부는 우편 서비스와 교육 서비스를 제공하지만 이 두가지는 사적으로 또한 공급되며 배제할 수 있으므로 무임승차 문제가 발생하지 않는다.

3 비배제재 대 비경합재

해당 재화를 배제할 수 없을 경우에만 무임승차자 문제가 발생하므로 재화를 배제할 수 없을 때만 시장이 수요되는 재화를 생산하는 데 실패하게 된다. 경합재 대 비경합재 문제는 시장실패 문제와 관련되지 않는다. 즉 어떤 재화가 소비에서 경합적일 수도 있고 비경합적일 수도 있지만 시장에서 계속 생산이 이루어질 수 있다. 예를 들면 영화는 소비에서 비경합적이지만 또한 배제할 수도 있다. 시장은 영화 및 영화관을 생산하는 데 문제가 없다. 무임승차자 문제는 배제할 수 없는 재화인 경우에만 발생한다.

등대는 이에 대해 많은 함축된 의미를 갖는다. 오랫동안 등대는 배제할 수 없는 공공재의 두 가지 특성을 다음과 같이 갖고 있다고 생각하였다. (1) 등대는 소비 비경합재이다. 어떤 선박도 등대의 불빛을 사용할 수 있으며 한 선박이 이를 이용하여도 다른 선박이 이용하는 것을 방해하지 않는다. (2) 등대는 비배제재이다. 대가를 지불하지 않은 선박이 등대의 불빛을 이용하지 못하도록 배제하는 것은 어려운 일이다. 등대는 정부가 공급하여야 하는 완벽한 재화인 것처럼 보였다.

하지만 경제학자 로날드 코우즈(Ronald Coase)는 18세기 및 19세기 초에 많은 등대를 개인이 소유하였고 시장이 이를 공급하는 데 실패하지 않았다는 사실을 발견하였다. 시장이 배제할 수 없는 공공재를 공급할 수 있는지 아니면 등대가 배제할 수 없는 공공재가 아닌지를 규명하는 문제는 경제학자가 할 몫이었다. 면밀한 검토가 이루어지고 나서 다음과 같은 결론에 도달하였다. 등대는 소비에서 비경합적이었지만(공공재이긴 하였다) 다른 선박이 이를 이용하지 못하도록 배제하는 데 소요되는 비용이 매우 낮았다(따라서 배제할 수 있는 공공재였다). 등대 소유주는 통상적으로 한 번에 한 척의 선박만이 등대 근처에 있으며 해당 선박이 사용료를 지불했다는 깃발을 달지 않은 경우 등대를 끌 수 있다는 사실을 알고 있었다.

17.5 비대칭 정보

시장실패가 존재하는 경우 시장은 효율적인 양 또는 최적인 양을 생산하지 못한다. 앞에서 외부효과가 존재하거나 배제할 수 없는 공공재인 경우 시장실패로 이어진다는 사실을 살펴보았다. 특히 외부효과가 존재하는 경우 시장 생산량은 사회적으로 최적인 생산량과 상이하다. 음의 외부효과인 경우 시장은 너무 많은 양을 생산하는 반면에 양의 외부효과인 경우 시장은 너무 적은 생산량을 생산한다. 배제할 수 없는 공공재의 경우 일부 경제학자들은 시장이 영의 생산량을 생산한다고 주장한다. 배제할 수 없는 공공재에 대해 수요가 있다고 가정하면 영의 생산량은 분명히 너무 적은 수준이다.

여기서는 시장실패가 발생할 수 있는 또 다른 이유, 즉 비대칭 정보에 대해 살펴볼 것이다. **비대칭 정보**(asymmetric information)란 시장 거래에서 매도인 또는 매수인 중 한 사람이 갖고 있지만 상대방은 갖고 있지 못한 정보이다. 다시 말해 일부 정보가 숨겨진 경우이다. 예를 들면 장마철에 지붕이 새는 것처럼 해당 주택에 관해 매수인이 갖고 있지 못한 정보를 주택 매도인은 갖고 있을 수 있다. **비대칭 정보**

비대칭 정보가 미치는 영향을 분석하는 것은 외부효과가 미치는 영향을 분석하는 것과 유사하다. 한 가지 중요한 차이점은 외부효과에는 매수인, 매도인, 제3자가 포함되지만 비대칭 정보의 경우에는 매수인과 매도인만을 고려한다.

1 생산물 시장에서의 비대칭 정보

외부효과를 논의할 때 상품에 대한 수요는 사적한계편익을 나타내고 공급은 사적한계비용을 의미하였다. 그림 6에 있는 비대칭 정보 상황도 또한 그러하다. 즉 수요곡선 D_1은 사적한계편익(MPB) 을 나타내고 공급곡선 S_1은 사적한계비용(MPC)을 의미한다. 그림에서

D_1 및 S_1은 매수인이 갖고 있지 못한 정보를 매도인이 갖고 있는 경우에 관련된 곡선들이다. 따라서 Q_1은 비대칭 정보가 존재할 때의 시장 생산량이다.

(매도인은 갖고 있었지만) 이전에 갖고 있지 못하던 정보를 매수인이 취득하였다고 가상하자. 새로운 정보를 취득하고 나서 해당 상품을 매입하는 것은 매력적이지 않은 것처럼 보인다. 취득한 정보로 인해 매수인은 해당 상품에 대한 수요를 감소시키게 되었다. 관련 수요곡선은 이제 D_2가 되었다. 대칭정보 하에서 시장 생산량은 Q_1보다 적은 Q_2가 된다.

담배 소비로 인해 암이 발생할 수 있다는 사실을 담배 공급업자는 알고 있지만 이 정보를 잠재적 매수인에게 공개하지 않은 경우를 생각해 보자. 이 조건 하에서 담배 공급업자는 매수인이 갖고 있지 못한 담배에 관한 정보를 갖고 있다. 즉 비대칭 정보가 존재한다. 매수인이 이 정보를 갖고 있지 않다면 갖고 있을 때보다 담배에 대한 수요가 더 많을 수 있다. 즉 그림 6에서 보면 수요는 D_2가 아니라 D_1이 된다. 대칭 정보일 때 구매되고 소비되는 양(Q_2)보다 비대칭 정보일 때의 양(Q_1)이 더 많다.

2 요소시장에서의 비대칭 정보

예를 들면 그림 7에 있는 노동시장과 같은 자원 또는 요소시장에서 매수인은 매도인이 갖고 있지 못한 정보를 갖고 있다고 가상하자. 고용하고자 하는 기업은 근로자들이 20년 내지 30년 뒤에 건강문제를 일으킬 수 있는 유독성 물질을 사용하게 될 것이라는 사실을 알고 있다. 나아가 해당 기업은 근로자들에게 이 정보를 알리지 않고 숨기고 있다. 이 정보를 알지 못한다면 노동의 공급곡선은 S_1이 되고 임금 W_1에서 노동량은 Q_1이 된다. 하지만 이 정보를 알고 있다면 현재임금 수준에서 그렇게 많은 근로자가 해당 공장에서 근무하려 하지 않는다. 따라서 노동의 공급곡선은 왼쪽, 즉 S_2로 이동하게 된다. 새로운 균형에서 노동량은 Q_2로 감소하며 임금은 W_2로 인상된다.

그림 6

생산물 시장에서의 비대칭 정보

처음에 매도인은 매수인이 갖고 있지 못한 정보를 보유하고 있다. 즉 비대칭 정보가 존재한다. 따라서 D_1이 해당 물품에 대한 수요를 나타내며 Q_1은 균형량이 된다. 이후 매수인도 자신이 갖고 있지 않던 정보를 취득하여 대칭 정보가 이루어졌다. 이런 정보로 인해 이제는 D_2가 관련 수요곡선이 되며 Q_2가 균형량이 되도록 매수인은 수요를 낮추게 된다. 결론: 비대칭 정보인 경우보다 대칭 정보인 경우 해당 물품의 더 적은 수량이 구매되고 판매된다.

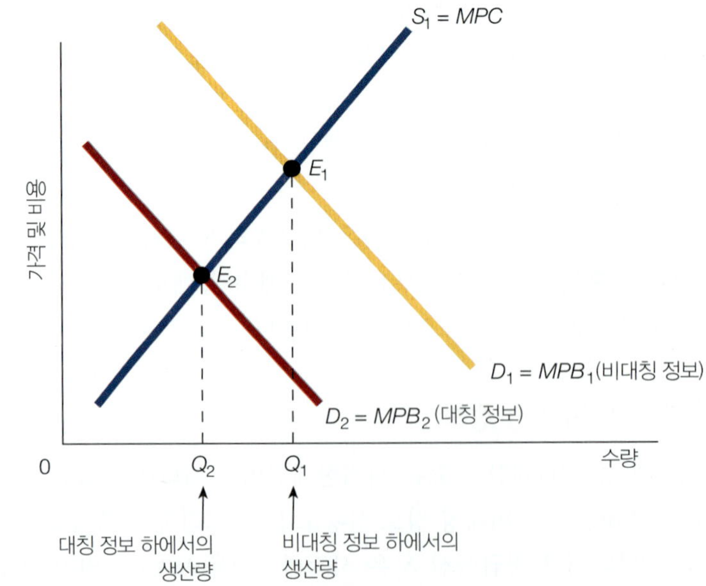

그림 7

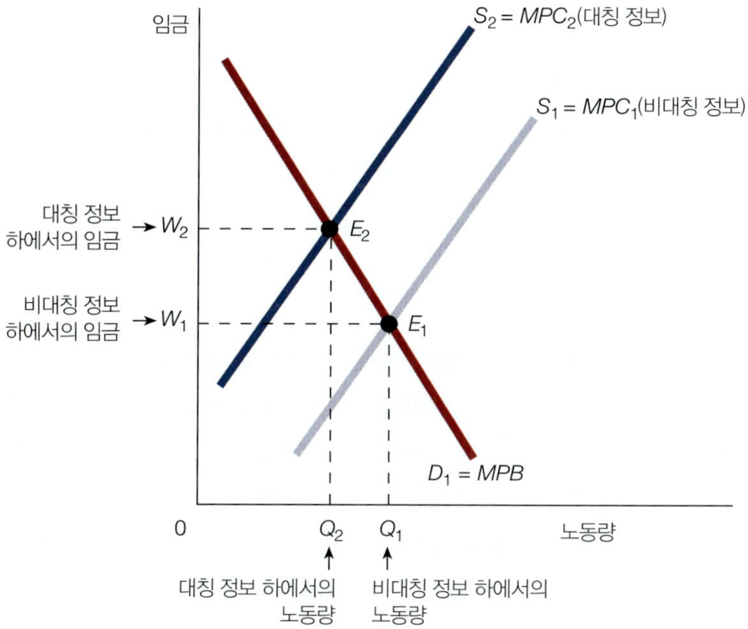

요소시장에서의 비대칭 정보

처음에 (생산요소인 노동의) 매수인 또는 기업은 (해당 생산요소의) 매도인이 갖고 있지 못한 정보를 보유하고 있다. 즉 비대칭 정보가 존재한다. 따라서 S_1이 관련 공급곡선이 되며, W_1이 균형 임금이 되고 Q_1이 균형 노동량이 된다. 이후 매도인도 자신이 갖고 있지 않던 정보를 취득하여 대칭정보가 이루어졌다. 이런 정보로 인해 이제 S_2가 관련 공급곡선이 되며 W_2가 균형임금이 되고 Q_2가 노동의 공급량이 되도록 해당 생산요소의 매도인은 공급을 감소시키게 된다. 결론: 비대칭 정보인 경우보다 대칭정보인 경우 해당 생산요소의 더 적은 수량이 구매되고 판매되며 임금은 인상된다.

3 시장실패가 존재하는가?

비대칭 정보로 인해 시장이 실패하게 되는가? 다시 말해 비대칭 정보로 인해서 시장이 특정 물품의 최적 생산량을 공급하지 못하는 상황이 발생하는가? 위의 예에서 보면 분명히 생산물의 생산량 수준과 노동량 수준은 비대칭 정보 하에서보다 대칭 정보 하에서 더 낮아진다. 달리 표현하면 비대칭 정보로 인해 소비되는 생산물이 너무 많거나 또는 특정기업에 고용되는 근로자가 너무 많아진다.

일부 사람들은 거의 모든 거래에 비대칭 정보가 존재한다고 주장한다. 매수인과 매도인이 동일안 정보를 갖는 경우는 드물다. 이들은 각각 상대방이 알지 못하는 것을 통상적으로 알고 있다. 하지만 이 주장은 핵심사항 즉, 비대칭 정보로 인해 대칭 정보일 경우 나타 났을 결과가 근본적으로 변화했는지 여부를 간과하고 있다. 예를 들면 매도인은 매수인이 알지 못하는 어떤 것을 알 수 있지만 매수인이 그것을 알더라도 결과는 동일해질 수 있다.

어떤 사람이 심한 두통을 가라앉히기 위해서 약을 구입하려 한다고 가상하자. 이 사람은 두통약이 다른 한편으로 졸음을 유발한다는 사실을 알지 못한다. 이 경우 비대칭 정보는 문제가 되지 않을 수 있다. 왜냐하면 두통약이 졸음을 유발한다는 사실을 알았더라도 매수인은 자신의 결정을 변경하지 않았을 것이기 때문이다. 이처럼 비대칭 정보가 있더라도 결과를 변화시킬 수 없다.

물론 다른 상황에서는 결과가 상이할 수도 있다. 중고차의 매도인은 해당 자동차가 불량 차량이란 사실을 알고 있지만 매수인은 이를 알지 못한다고 가상하자. 이 사람은 매도인이 갖고 있는 정보를 갖고 있지 않기 때문에 해당 자동차를 매입하게 된다. 매도인이 알고 있는 사실을 매수인이 알았더라면 해당 자동차를 매입하지 않았거나 또는 그 가격수준에서 해당 자동차를 매입하지 않았을 것이라는 점에서 비대칭 정보가 문제가 된다. 이런 상황에서 비대칭 정보는 결과를 변화시킨다.

이처럼 비대칭 정보가 존재한다고 해서 반드시 시장이 실패하지는 않는다. 중요한 사실은 비대칭 정보로 인해 대칭 정보가 존재할 경우와는 다른 결과가 유발된다면 시장실패가 발생할 수 있다는 점이다.

4 역선택

어떤 경제학자들은 일부 조건 하에서 정보문제로 인해 시장이 제거되거나(즉 있어야 되지만 존재하지 않는 시장이 생기거나) 시장 구성이 변화한다고(즉 불완전한 시장이 유발된다고) 주장한다. 중고차 시장의 예에서 매도인은 자신들이 판매하려는 자동차에 관해 매수인보다 더 많은 것을 알고 있다. 따라서 비대칭 정보가 존재한다. 예를 들면 매도인은 판매하려는 자동차가 많은 수리를 해야 하는지 여부를 알고 있다. 대부분의 매수인들은 좋은 중고차와 불량 중고차의 차이를 구별하기가 어렵기 때문에 불량 중고차와 좋은 중고차 둘 다를 반영하는 모델 및 연도별 단일 중고차 가격이 형성된다.

이 가격이 10,000달러라고 가상하자. 불량 중고차 소유주는 품질이 평균 이하인 자동차에 대해서 평균가격을 받았기 때문에 좋은 가격이라고 생각한다. 반면에 품질이 평균 이상인 자동차를 소유한 사람은 이 가격이 너무 낮다고 생각하여 평균가격으로는 판매하지 않게 된다. 불량 중고차 소유주는 이 가격을 받아들이고 좋은 품질의 자동차를 소유한 사람은 이를 받아들이지 않기 때문에 전자는 자동차를 판매하려는데 반해 후자는 그렇지 않다.

이런 상황을 역선택 문제라고 한다. 다른 사람들이 모르는 정보를 갖고 있는 시장의 한쪽 측면 당사자들이 시장의 다른 쪽 측면 당사자들에게 불리한 영향을 미치도록 선택을 할 경우 **역선택**(adverse selection)이 존재한다. 위의 예에서 불량 중고차 소유주는 자신의 자동차를 판매하려 한다. 즉 자신의 평균품질 이하의 불량 자동차에 대해서 제시된 평균가격은 좋은 거래라는 사실을 알고 있으므로(그리고 자신만이 알고 있으므로) 자신의 자동차를 판매하려 한다.

역선택

역선택을 통해 불량 중고차의 공급은 시장에서 증가하고 고품질의 중고차 공급은 감소하게 된다. 불량 중고차 수가 상대적으로 증가함에 따라 중고차의 평균품질이 낮아진다. 따라서 모델 및 연도별 중고차에 대한 새로운 가격이 이전보다 낮게 형성된다.

이제 새로운 가격이 8,000달러가 되었다고 가상하자. 위와 같은 과정이 되풀이된다. 즉 평균품질 이상의 자동차를 가진 사람들은 평균가격 8,000달러가 너무 낮은 가격이라 생각하고 평균품질 이하의 자동차를 가진 사람들은 좋은 가격이라고 생각한다. 평균품질 이상의 자동차를 가진 사람들은 중고차 시장으로부터 손을 떼고 나오게 되므로 평균품질 이하의 중고차만이 시장에 남게 된다. 이로 인해 중고차의 평균품질은 다시 한 번 더 하락하고 궁극적으로 중고차의 평균가격도 다시 하락하게 된다.

이처럼 비대칭 정보는 역선택으로 이어지며 이는 중고차 시장에서 판매하려는 중고차의 품질을 꾸준히 하락시킨다. 이론적으로 볼 때 역선택 문제로 인해서 좋은 중고차 시장이 사라질 수 있다. 다시 말해 불량 중고차는 좋은 중고차를 시장으로부터 몰아내게 된다.

이런 종국적인 역선택은 몇 가지 이유로 인해 중고차 시장에서 발생하지 않는다. 예를 들면 매수인은 자동차 기술자를 고용하여 매입하고자 하는 자동차를 점검 받을 수 있다. 이렇게 하여 매수인은 매도인이 해당 자동차에 대해 갖고 있는 정보와 거의 같은 수준의 정보를 가질 수 있다. 따라서 더 이상 비대칭 정보가 존재하지 않게 된다. 또 다른 방법은 고품질의 중고차 매도인이 판매하는 자동차에 대해 보증을 서는 것이다. 본질적으로 이는 판매하고 나서 일정 기간 동안 해당 중고차에서 발생할 수 있는 문제점들을 매도인이 수리하겠다는 의사이다. 이런 보증서는 해당 중고차에 대한 수요와 가격을 둘 다 증대시키게 된다(불량 중고차 소유주는 보증하지 않을 가능성이 크므로 이들의 자동차는 보증이 된 자동차들보다 낮은 가격으로 판매된다).

5 도덕적 해이

역선택을 설명한 위의 중고차 예에서는 교환이 이루어지기 **이전**에 비대칭 정보가 존재하였다. 대금결제 전에 중고차의 매도인은 잠재적 매수인이 갖고 있지 못했던 자동차에 관한 정보를 갖고 있었다.

비대칭 정보는 거래가 이루어진 **이후**에도 또한 존재할 수 있다. 만일 그렇다면 이는 도덕적 해이 문제를 일으킨다. 거래의 한 당사자가 다른 당사자에게는 비밀로 하여 비용이 발생되게 하는 방법으로 자신의 행태를 변화시킬 경우 **도덕적 해이**(moral hazard)가 발생하게 된다. 예를 들면 스미스(Smith)는 건강보험에 가입하였다고 가상하자. 보험에 가입한 이후에는 장래 건강문제로 인해 발생할 비용이 보험에 가입하지 않았을 때만큼 높지 않기 때문에 건강을 유지하는 데 덜 주의를 기울일 수 있다. 스미스는 보험보장을 받을 수 있도록 자신을 아프게 방치하지는 않겠지만 건강과 육체적 복리에 관해 주의를 기울이려는 동기가 이전처럼 강하지 않을 수도 있다. 또 다른 예를 들면 자동차 충돌보험에 부보한 사람은 보험에 부보하지 않았을 때보다 빙판길에서 운전할 가능성이 더 높아진다. 또한 지진피해 보험에 가입한 사람은 예를 들면 책장을 벽에 부착시키는 것처럼 지진피해를 최소화하는 시행사항을 잊어버릴 가능성이 높아진다. 위의 예에서 보면 도덕적 해이로 인해 사람들은 예방조치를 취하지 않게 된다.

도덕적 해이

보험회사들은 상이한 방법으로 도덕적 해이를 통제하려고 한다. 한 가지 방법은 피보험자가 준수하여야만 하는 주의사항을 명기하는 것이다. 예를 들면 화재보험 계약을 체결한 보험회사는 피보험자에게 연기 탐지기와 소화기를 설치하라고 요구할 수 있다. 보험회사는 또한 피보험자가 화재발생 시 손실액의 일부를 부담하도록 공제액을 설정할 수도 있다. 이렇게 되면 화재발생 시 피보험자의 비용이 증가하여 이들이 주의를 기울이도록 하는 추가적인 동기를 부여할 수 있다.

요약 및 정리

85 외부효과

- 외부효과란 제3자의 후생에 영향을 미치는 행위의 부차적 효과를 말한다. 두 가지 형태의 외부효과, 즉 음의 외부효과와 양의 외부효과가 있다. 어떤 개인 또는 집단의 행위가 다른 사람들에게 비용을 부과할 경우(불리한 부차적 효과를 발생시킬 경우) 음의 외부효과가 존재한다. 어떤 개인 또는 집단의 행위가 다른 사람들에게 편익을 줄 경우(유리한 부차적 효과를 발생시킬 경우) 양의 외부효과가 존재한다.
- 음의 외부효과 또는 양의 외부효과가 있는 경우 시장 생산량은 사회적으로 최적인 생산량과 다르다. 음의 외부효과인 경우 시장은 음의 외부효과와 연계된 상품을 과잉생산하게 된다(사회적으로 최적인 생산량이 시장 생산량보다 더 적다). 양의 외부효과인 경우 시장은 양의 외부효과와 연계된 상품을 과소생산하게 된다(사회적으로 최적인 생산량이 시장 생산량보다 더 많다).
- 음의 외부효과와 양의 외부효과는 내부화되거나 설득, 재산권의 할당, 자발적인 협정, 조세 및 보조금과 같은 많은 상이한 방법으로 조정될 수 있다. 또한 외부효과를 직접적으로 조정하기 위해 규제가 사용될 수도 있다.

86 코우즈 정리

- 코우즈 정리에 따르면 거래비용이 사소하거나 영인 경우에는 재산권 할당이 자원배분 결과에 영향을 미치지 않는다고 한다. 코우즈 정리는 다음과 같은 두 가지 이유로 인해 중요한 의미를 갖는다. (1) 어떤 조건 하에서 시장이 외부효과를 내부화할 수 있다는 사실을 보여준다. (2) 외부효과 문제를 분석하는 데 기준이 된다. 즉 거래비용이 사소하거나 영인 경우 어떤 현상이 발생하는지 보여준다.

87 환경

- 사람들은 예를 들면 자동차 운전처럼 오염을 유발하는 것으로부터 효용을 얻기 때문에 일부 오염은 전혀 오염이 없는 경우보다 더 나을 수 있다.
- 환경문제는 한 가지를 초과하는 방법으로 해결될 수 있다. 예를 들면 기준을 설정하는 방법과 오염허용증을 판매하는 방법 둘 다 오염문제를 해결하기 위해 사용된다. 경제학자들은 환경문제를 해결할 수 있는 가장 저렴한 방법을 모색하고자 한다. 자주 환경관련 시장을 통한 해법이 사용되는 경향이 있다.

88 공공재

- 공공재는 소비에서의 비경합성으로 특징지울 수 있다.
- 공공재는 배제재일 수도 있고 비배제재 일수도 있다. 배제할 수 있는 공공재는 소비에서 비경합적이지만 사람들이 대가를 지불하지 않을 경우 거절당할 수 있는 재화이다. 배제할 수 없는 공공재는 소비에서 비경합적이고 대가를 지불하지 않은 사람들을 거절할 수 없는 재화이다.
- 배제할 수 없는 공공재는 무임승차자 문제로 인해 시장이 이를 공급하는 데 실패한다고 본다. 즉 배제할 수 없는 공공재의 공급업자는 사람들이 대가를 지불하지 않고도 이 재화의 편익을 얻을 수 있으므로 해당 재화의 대가를 받아낼 수 없다.

89 비대칭 정보

- 시장에서 매수인 또는 매도인이 상대방이 갖고 있지 않은 정보를 갖고 있을 때 비대칭 정보가 존대한다. 비대칭 정보에 기초한 결과는 대칭 정보에 기초한 결과와 다르다.
- 시장의 다른 상대방에게는 알려지지 않은 정보를 갖고 있는 시장의 한 당사자가 다른 상대방에게 불리한 영향을 미치는 방법으로 선택을 할 경우 역선택이 존재한다. 역선택으로 인해서 있어야 되지만 존재하지 않는 시장이 생기거나 불완전한 시장이 발생할 수 있다.
- 거래의 한 당사자가 다른 당사자에게는 비밀로 하여 비용이 발생되게 하는 방법으로 행태를 변화시킬 경우 도덕적 해이가 발생한다.

주요 용어 및 개념

시장실패	사회적 한계편익	공공재	비대칭 정보
외부효과	사회적 최적량(최적 생산량)	소비 비경합재	역선택
음의 외부효과	외부효과의 내부화	배제재	도덕적 해이
양의 외부효과	코우즈 정리	비배제재	
사회적 한계비용	소비 경합재	무임승차자	

연습문제

01. 다음의 각 경우가 역선택인지 또는 도덕적 해이인지 말하시오.

a. 자동차 보험에 부보한 사람은 쇼핑몰에서 쇼핑을 할 때 자동차 문을 잠그지 않게 된다.

b. 암 발병 가족력이 있는 사람은 가용할 수 있는 가장 완벽한 조건으로 건강보험을 든다.

c. 건강보험에 든 사람은 그렇지 않았을 때보다 더 위험한 스키코스를 선택한다.

d. 대학 교수는 대학 당국으로부터 종신재직권을 받는다.

e. 환자는 외과수술을 받기 전에 외과의사에게 수술비를 지불한다.

02. 스웨터에 대한 수요가 있으면 시장은 스웨터를 공급한다. 하지만 국가방위에 대한 수요가 있더라도 시장은 이를 공급하지 않는다. 시장이 국가방위를 공급하지 않는 이유는 무엇 때문인가? 정부가 국가방위를 공급하므로 시장이 그렇게 할 필요가 없기 때문인가? 아니면 시장이 이를 공급할 수 없기 때문인가?

03. 정부기준 및 규제를 통해서보다 (예를 들면 거래가 가능한 오염허용증 처럼) 환경관련 시장을 통해 공기오염을 낮추는 것이 비용이 저렴한 이유는 무엇 때문인가?

04. 두 가지 형태의 이혼 법률을 생각해 보자. 법률 A 하에서는 남편 또는 아내가 상대방의 동의 없이 이혼을 할 수 있다. 법률 B 하에서는 두 당사자들 사이에 동의가 있는 경우에만 이혼이 가능하다. 법률 A 또는 법률 B 하에서 어느 경우에 이혼이 더 많이 발생하는가? 또는 두 법률 하에서 이혼 건수가 동일한가? 이유는 무엇인가?

05. 경제학자들은 자신들이 오염이 완벽하게 제거되는 것을 선호하지 않는다고 말함으로써 일반인들을 이따금 깜짝 놀라게 한다. 이 주장의 논리를 설명하시오.

06. 사적비용과 사회적비용 사이의 차이를 설명할 수 있는 예를 드시오.

07. 생활은 커다란 외부효과라고 보는 견해가 있다. 사람들이 하는 거의 모든 일은 양으로 또는 음으로 다른 사람에게 영향을 미친다. 정부로 하여금 외부효과 문제를 해결하도록 할 경우 정부가 생활 전반에 간섭을 하게 된다. 정부가 개입해야 하는 외부효과와 하지 말아야 하는 외부효과를 구분할 명백한 기준이 없다. 이 주장에 동의하는가? 설명하시오.

08. 생산물 시장에서의 비대칭 정보가 언제 시장실패를 유발하는가?

09. 배제할 수 없는 공공재가 아닌 것으로 정부가 제공하는 물품을 최소한 다섯 개 제시하시오.

10. 그림 3에서 음영된 삼각형이 시장실패를 나타내는 이유를 설명하시오.

11. 어떤 사람들은 인구가 증가함에 따라 음의 외부효과가 보다 일반화되어서 시장실패 사례가 증가하며 이에 따라 정부가 외부효과 문제를 해결해야 되는 필요성이 증대된다고 본다. 반면에 다른 사람들은 시간이 흐름에 따라 이루어진 기술진보를 이용하여 음의 외부효과 문제를 해결하면 시장실패 사례가 적어지고 정부가 외부효과 문제를 해결할 필요성도 감소된다고 한다. 어떤 주장이 타당하다고 생각하는가? 그 이유를 설명하시오.

12. 음의 외부효과가 존재한다고 가상하자. 조세를 이용하여 음의 외부효과를 수정하려는 경우 어떤 조건이 충족되어야 하는가? (조세는 무엇과 같아야 하는가?)

13. 다음 각 경우에 관한 사례를 드시오.

a. 소비에서 경합적이며 배제할 수 있는 재화

b. 소비에서 비경합적이며 배제할 수 있는 재화

c. 소비에서 경합적이며 배제할 수 없는 재화

d. 소비에서 비경합적이며 배제할 수 없는 재화

14. 어떤 조건 하에서 $MSC = MPC$ 가 성립하는가? 언제 $MSB = MPB$ 가 성립하는가?

15. 음의 외부효과를 발생시키는 세 가지 행위의 사례와 양의 외부효과를 발생시키는 세 가지 행위의 사례를 드시오. 사례로 든 행위가 이런 형태의 외부효과를 발생시킨 이유를 설명하시오.

숫자 및 그래프를 활용한 문제

01. 그래프를 이용하여 다음을 설명하시오.
 a. 음의 외부효과
 b. 양의 외부효과

02. 다음을 그래프를 이용하여 설명하시오.
 a. 사회적으로 최적인 생산량을 달성하는 교정조세
 b. 조세가 부과되기 전의 경우보다 시장 생산량을 사회적으로 최적인 생산량으로부터 더 멀어지게 하는 교정조세

03. 다음의 자료를 이용하여 세 개 기업 각각이 그들의 오염을 절반으로 감축시키도록 규정한 규제보다 거래가 가능한 오염허용증을 이용하면 더 낮은 비용으로 오염을 12단위에서 6단위로 낮출 수 있다는 사실을 증명하시오.

	기업 X	기업 Y	기업 Z
오염제거 비용:			
첫 번째 단위의 오염	$200	$500	$1,000
두 번째 단위의 오염	300	700	2,000
세 번째 단위의 오염	400	800	2,900
네 번째 단위의 오염	500	900	3,400

제 3 부

거시경제

제 18 장

거시경제 측정값(I): 물가 및 실업

18.1 물가수준 측정

가격과 물가수준 사이에는 차이가 있다. 가격은 예를 들면 사과 가격 또는 오렌지 가격처럼 단일가격을 말한다. **물가수준**(price level)은 모든 상품과 모든 서비스가격들을 가중 평균한 것이다. 이 정의에서 주요 문구는 "모든 가격들의 가중평균"이란 말이다. 물가수준을 대략적으로 생각해보는 방법은 다음과 같다. 경제가 세 개 상품, 즉 사과, 오렌지, 배로 구성된다고 가정하자. 사과, 오렌지, 배의 가격은 각각 50센트, 60센트, 80센트이다. (이 세 개 상품들의) 평균 가격은 63센트이다. 이것이 또한 물가수준이다.

물가수준

1 CPI를 이용한 물가수준의 계산

경제학자들은 **물가지수**(price index)를 작성하여 물가수준을 측정한다. 주요한 물가지수 중 하나는 **소비자 물가지수**(Consumer Price Index, CPI)이다. CPI는 일반적인 가계가 구입한 소위 시장 바구니라는 것에 포함된 상품 및 서비스의 대표적 묶음에 기초하여 작성된다. 시장바구니에는 일반적으로 다음과 같은 여덟 개의 주요한 상품 및 서비스 범주가 포함된다: (1) 식품 및 음료, (2) 주택, (3) 의복, (4) 교통, (5) 의료, (6) 오락, (7) 교육 및 통신, (8) 기타 상품 및 서비스.

물가지수

소비자 물가지수

논의를 간단히 하기 위해서 시장바구니에 실제로 포함되는 많은 상품들 대신에 단지 세 개의 상품만을 포함한다고 가정하자. 바구니는 열 개의 펜, 다섯 벌의 셔츠, 세 켤레의 신발로 구성된다.

CPI를 계산하기 위해서 두 가지 연도, 즉 현재연도 및 기준연도에 관해 시장 바구니

기준연도

에 대한 총지출액을 계산하여 보자. **기준연도**(base year)는 다른 연도의 물가들과 비교하는 기준이 되는 연도이다.

그림 1에서 각 상품에 대한 현재연도 지출액(3열)을 계산하려면 시장바구니에 포함된 각 상품의 수량(1열)에 현재연도 가격(2열)을 곱하면 된다. 3열의 금액을 합하면 기준연도 시장바구니에 대한 총지출액을 구할 수 있다. 이는 167달러가 된다.

기준연도의 시장바구니에 대한 총지출액을 구하려면 시장바구니에 포함된 각 상품의 수량(1A열)에 기준연도 가격(2A열)을 곱해서 그 값을 합산하면 된다(3A열). 이는 67달러가 된다.

CPI를 구하려면 다음 공식을 이용하면 된다.

$$\text{CPI} = \left(\frac{\text{현재연도 시장바구니에 대한 총지출액}}{\text{기준연도 시장바구니에 대한 총지출액}}\right) \times 100$$

그림 1에서 보는 것처럼 이 경우에 CPI는 249가 된다.

기준연도에 관한 논의 기준연도는 다른 연도의 물가들과 비교하는 기준이 되는 연도라는 점을 기억하자. 기준연도의 CPI는 100이 된다. 어떻게 이를 알 수 있는가? CPI를 계산하

그림 1

소비자 물가지수의 계산

이 그림은 가상적인 자료를 이용하여 CPI가 어떻게 계산되는지를 보여준다. 시장바구니에 들어 있는 상품의 수량에 현재연도의 상품 가격을 곱하여 이들을 합산하면 시장바구니에 대한 현재연도의 총지출액을 구할 수 있다. 이 경우 167달러가 된다. 반면에 시장바구니에 들어 있는 상품의 수량에 기준연도의 상품 가격을 곱하여 이들을 합산하면 시장바구니에 대한 기준연도의 총지출액을 구할 수 있다. 이 경우 67달러가 된다. 167달러를 67달러로 나누어 그 몫에 100을 곱하면 소비자 물가지수를 구할 수 있다.

(1) 시장바구니		(2) 현재연도 가격(개당)		(3) 현재연도 지출액
10(펜)	×	$ .70	=	$ 7.00
5(셔츠)	×	14.00	=	70.00
3(신발)	×	30.00	=	90.00
				$167.00

↗ 현재연도 시장바구니에 대한 총지출액

(1A) 시장바구니		(2A) 기준연도 가격(개당)		(3A) 기준연도 지출액
10(펜)	×	$ .20	=	$ 2.00
5(셔츠)	×	7.00	=	35.00
3(신발)	×	10.00	=	30.00
				$67.00

↗ 기준연도 시장바구니에 대한 총지출액

$$\text{CPI} = \left(\frac{\text{현재연도 시장바구니에 대한 총지출액}}{\text{기준연도 시장바구니에 대한 총지출액}}\right) \times 100$$

$$= \left(\frac{\$167}{\$67}\right) \times 100$$

$$= 249$$

는 식을 다시 한 번 더 생각해 보자. 분자는 "현재연도의 시장바구니에 대한 총지출액"을 의미하며 분모는 "기준연도의 시장바구니에 대한 총지출액"을 의미한다. 기준연도에서 현재연도는 바로 기준연도가 된다. 따라서 분모와 분자가 같아지며 그 비율은 1, 즉 '1 × 100 = 100'이 된다.

다양한 연도에 관한 CPI를 알 경우 물가수준의 백분율 변화를 계산할 수 있다. 두 개 연도 사이 물가의 백분율 변화를 계산하려면 다음 공식을 사용하여야 한다.

$$\text{물가의 백분율 변화} = \left(\frac{CPI_{\text{나중 연도}} - CPI_{\text{이전 연도}}}{CPI_{\text{이전 연도}}}\right) \times 100$$

예를 들어 1990년도 CPI가 130.7이고 2005년도 CPI가 195.3이라면 이 기간 동안 물가의 백분율 변화는 49.43퍼센트가 된다.

$$\text{백분율 변화} = \left(\frac{195.3 - 130.7}{130.7}\right) \times 100 = 49.43$$

이는 1990년부터 2005년까지 물가가 49.43퍼센트 상승하였음을 의미한다. 이런 물가의 백분율 변화를 다음과 같이 해석할 수 있다. 즉 1990년에 1달러의 비용이 소요됐던 것은 2005년에 대략 1.49달러의 비용이 소요된다.

2 인플레이션과 CPI

인플레이션(inflation)은 물가수준의 상승이며 통상적으로 연간에 기초하여 측정된다. 인플레이션율은 연간에 기초한 물가수준의 양의 백분율 변화이다. 인플레이션율을 알게 되면 소득이 (1) 인플레이션과 같은 수준으로 증가하는지, (2) 인플레이션에 못 미치게 증가하는지 또는 (3) 인플레이션보다 많이 증가하는지를 알 수 있다. 이는 소득이 인플레이션율과 (1) 동일한 백분율로 증가하는지 (2) 보다 작은 백분율로 증가하는지 (3) 보다 큰 백분율로 증가하는지에 달려 있다. 이런 계산 및 비교를 할 때는 상이한 연도에 대한 실질소득을 결정하게 된다. **실질소득**(real income)은 **명목소득**(nominal income) (또는 현재 가격으로 나타낸 소득)을 물가 변화로 조정한 것이다. 실질소득은 다음과 같이 계산된다.

인플레이션

실질소득/명목소득

$$\text{실질소득} = \left(\frac{\text{명목소득}}{CPI}\right) \times 100$$

사례 1. 소득이 인플레이션과 같은 수준으로 증가하는 경우: 실질소득이 불변하는 경우 짐(Jim)은 연도 1에 50,000달러를 벌었고 연도 2에 55,000달러를 벌었다. CPI는 연도 1에 100이고 연도 2에 110이다. 따라서 인플레이션율은 10퍼센트이다. 즉 [(110 − 100)/100] × 100 = 10이다. 짐의 소득도 10퍼센트 인상되었다. 즉 [(55,000달러 − 50,000달러)/50,000달러] × 100 = 10이다. 짐의 소득이 인플레이션율과 동일한 백분율만큼 증가되어 소득이 인플레이션과 같은 수준으로 증가하였다. 짐의 실질소득이 두 개 연도에 동일할 경우 이는 명백해진다. 다음에서 보는 것처럼 연도 1의 실질소득은 50,000달러이고 연도 2의 실질소득도 역시 50,000달러이다.

$$\text{연도 1의 실질소득} = \left(\frac{50{,}000\text{달러}}{100}\right) \times 100 = 50{,}000\text{달러}$$

$$\text{연도 2의 실질소득} = \left(\frac{55{,}000\text{달러}}{110}\right) \times 100 = 50{,}000\text{달러}$$

사례 2. 소득이 인플레이션에 못 미치게 증가하는 경우: 실질소득이 감소하는 경우 카렌(Karen)은 연도 1에 50,000달러를 벌었고 연도 2에 52,000달러를 벌었다. CPI는 연도 1에 100이고 연도 2에 110이다. 카렌의 소득은 4퍼센트 인상되었고 인플레이션율은 10퍼센트이다. 카렌의 소득은 인플레이션율보다 더 적은 백분율만큼 증대되어 인플레이션에 미치지 못하였다. 아래에서 보는 것처럼 연도 1의 실질소득은 50,000달러이고 연도 2의 실질소득은 47,273달러로 감소하였다.

$$\text{연도 1의 실질소득} = \left(\frac{50{,}000\text{달러}}{100}\right) \times 100 = 50{,}000\text{달러}$$

$$\text{연도 2의 실질소득} = \left(\frac{52{,}000\text{달러}}{110}\right) \times 100 = 47{,}273\text{달러}$$

사례 3. 소득이 인플레이션보다 많이 증가하는 경우: 실질소득이 증가하는 경우 칼(Carl)은 연도 1에 50,000달러를 벌었고 연도 2에 60,000달러를 벌었다. CPI는 연도 1에 100이고 연도 2에 110이다. 칼의 소득은 20퍼센트 인상되었고 인플레이션율은 10퍼센트이다. 아래에서 보는 것처럼 연도 1의 실질소득은 50,000달러이고 연도 2의 실질소득은 54,545달러로 증가하였다.

$$\text{연도 1의 실질소득} = \left(\frac{50{,}000\text{달러}}{100}\right) \times 100 = 50{,}000\text{달러}$$

$$\text{연도 2의 실질소득} = \left(\frac{60{,}000\text{달러}}{110}\right) \times 100 = 54{,}545\text{달러}$$

3 GDP 디플레이터

CPI 이외에 자주 인용되는 또 다른 물가지수로 *GDP* 디플레이터를 들 수 있다. 일국 경제는 물론 CPI를 측정하는 데 사용되는 대표적인 시장바구니에 포함되는 것보다 더 많은 상품 및 서비스를 생산한다. CPI와 달리 GDP 디플레이터는 일국 경제가 생산하는 모든 상품 및 서비스에 기초하여 측정된다.

4 상이한 연도 사이의 가치 환산

"1960년도에 나는 연봉 10,000달러를 받았는데 그것은 오늘날 보면 큰 돈이 아니다." 라고 어떤 사람이 말한다고 가정하자. 물론 어떤 의미에서 보면 이 사람이 옳다. 오늘날 연봉 10,000달러로는 많은 것을 구입할 수 없다. 하지만 1960년도에 연봉 10,000달러는 좋은 보수였지 않았을까? 1960년도에 물가는 오늘날처럼 높지 않았기 때문에 물론 그럴 수 있다. 예를 들면 CPI가 1960년도에 29.6이었고 2009년에 214.537이었다고 하자. 다시 말해 봉급이 많은지 또는 그렇지 않은지를 결정하는 것 중 하나는 봉급을 가지고 무엇을 구입할 수 있느냐 하는 것이다.

이제 어떤 사람이 1960년도에 10,000달러의 연간 봉급은 오늘날 68,000달러와 같다고 말한다고 가정하자. 이렇게 되면 1960년도의 10,000달러가 많은 금액인지 아닌지를 말하기가 더욱 용이해진다. 왜냐하면 오늘날 연봉 68,000달러가 무엇을 의미하는지 이해할 수 있기 때문에 그러하다. 경제학자들은 다음과 같은 공식을 이용하여 과거의 봉급을 현재가치의 봉급으로 환산할 수 있다.

$$\text{현재가치로 본 봉급} = \text{봉급}_{\text{이전 연도}} \times \left(\frac{\text{CPI}_{\text{현재 연도}}}{\text{CPI}_{\text{이전 연도}}} \right)$$

CPI가 1960년에 29.6이었고 2009년에 214.537이었다면 1960년도의 봉급 10,000달러는 2009년도 가치로 얼마나 되는지 계산하면 다음과 같다.

$$\begin{aligned} \text{2009년도 가치로 본 봉급} &= \text{10,000달러} \times \frac{214.537}{29.6} \\ &= 72{,}479 \end{aligned}$$

18.2 실업 측정

1 누가 실업자인가?

총인구는 그림 2에서 보는 것처럼 크게 두 개 그룹으로 분류된다. 첫 번째 그룹은 (1) 16세 미만 인구(한국의 경우 15세 미만 인구), (2) 군인, (3) 공공시설 수용자(교도소 수감자 등)로 구성된다. 두 번째 그룹은 총인구 중에서 첫 번째 그룹에 속하지 않은 모든 다른 사람들로 구성되며 **노동가능 인구**라고 한다.

그림 2

인구 및 노동인구의 구성(미국)

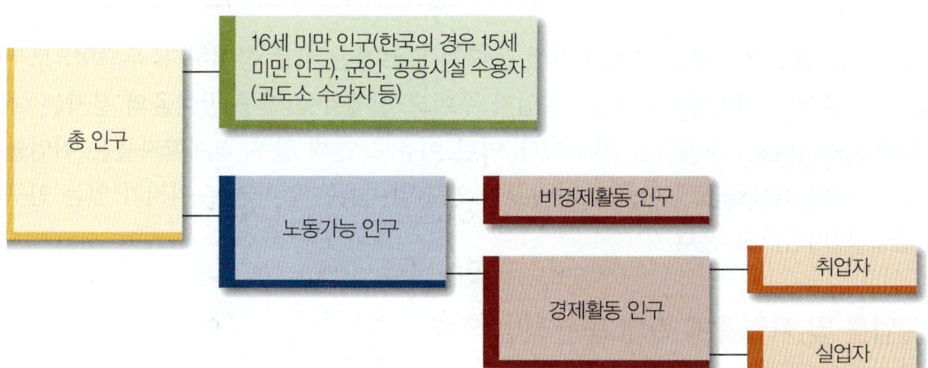

노동가능인구는 다시 두 개 그룹, 즉 비경제활동 인구와 경제활동 인구로 나누어진다.

$$노동가능인구 = 비경제활동\ 인구 + 경제활동\ 인구$$

- 비경제활동 인구는 일을 하지 않거나 일자리를 구하지 않는 사람들로 구성된다. 예를 들면 이 범주에는 은퇴한 사람, 가사에 종사하는 사람, 일하지 않기로 선택한 사람 등으로 구성된다.
- 경제활동 인구는 두 개 범주, 즉 **취업자** 및 **실업자**로 구성된다.

$$경제활동\ 인구 = 취업자 + 실업자$$

2 실업률 및 취업률

실업률

실업률(unemployment rate)은 실업상태에 있는 경제활동 인구의 비율로 실업자 수를 경제활동 인구로 나눈 것이다.

$$실업률\ (U) = \frac{실업자\ 수}{경제활동\ 인구}$$

취업률

취업률(employment rate)는 취업상태에 있는 노동가능 인구의 비율로 취업자 수를 노동가능 인구로 나눈 것이다.

$$취업률\ (E) = \frac{취업자\ 수}{노동가능\ 인구}$$

경제활동 인구 참여율

마지막으로 **경제활동 인구 참여율**(labor force participation rate)은 노동가능 인구 중 경제활동 인구가 차지하는 비율이다.

$$경제활동\ 인구\ 참여율\ (LFPR) = \frac{경제활동\ 인구}{노동가능\ 인구}$$

경제활동 인구 참여율은 취업률처럼 들릴지 모르지만 서로 상이하다. 두 공식 모두에서 분모는 같지만 취업률의 분자는 취업자 수이고 경제활동 인구 참여율의 분자는 (취업자 및 실업자를 포함한) 경제활동 인구이다. 이런 이유로 인해 일부 경제학자들은 취업률은 일하는 인구의 백분율을 알려주고 경제활동 인구 참여율은 일하려는 의지가 있는 인구의 백분율을 의미한다고 본다.

3 실업률 및 취업률에 관한 공통적인 오해

많은 사람들은 실업률이 예를 들면 7퍼센트일 경우 취업률은 93퍼센트가 되어야 한다고 생각한다. 이는 실업률과 취업률을 합하면 100퍼센트가 되어야 한다는 가정에 기초하고 있다. 하지만 실업률과 취업률은 합해서 100퍼센트가 되지 않는다. 왜냐하면 실업률을 구할 때 사용되는 분모가 취업률을 구할 때 사용하는 분모와 동일하지 않기 때문이다. 실업률은 **경제활동 인구**에 대한 **백분율**이다. 취업률은 **노동가능 인구**에 대한 **백분율**로 노동가능 인구가 경제활동 인구보다 더 크다.

4 실업의 원인

일반적으로 실업자들은 직장에서 해고된 사람이라고 생각한다. 물론 일부 실업자는 이에 적합할지 모르지만 모든 실업자가 그런 것은 아니다. 일반적으로 실업자는 다음과 같은 네 가지 범주 중 하나에 속한다.

1. **직장을 상실한 사람:** 취업자였지만 해고된 사람이다. 대부분의 실업자는 이 범주에 속한다.
2. **직장을 떠난 사람:** 취업자였지만 직장을 그만둔 사람이다. 예를 들면 짐(Jim)이 회사 A를 그만두고 더 나은 직장을 구하고 있는 경우 이 범주에 속한다.
3. **노동시장에 재진입한 사람:** 이전에 취업자였지만 한동안 일을 하지 않다가 경제활동 인구로 다시 진입한 사람들을 말한다.
4. **노동시장에 신규로 진입한 사람:** 직장을 잡기 위해 새로이 경제활동 인구로 진입한 사람을 말한다.

5 낙담한 노동자

아담(Adam)은 9월에 직장에서 해고된 후 약 6개월 동안 직장을 찾고 있다. 이 기간 동안 그는 실업자이며 실업률에 포함이 된다. 6개월이 지나고 나서 아담은 낙담하여 직장을 구하지 못할 것이라 생각하고 구직을 단념하였다. 1개월이 지나고 나서 그는 더 이상 직장을 구하지 않는다. 아담은 실업자로 간주되는가? 이 물음에 대한 대답은 부정적이다. 실업자가 되기 위해서는 어떤 조건에 부합되어야 한다. 그중 하나가 적극적으로 일자리를 찾아야 한다는 것이다. 하지만 아담은 적극적으로 일자리를 찾고 있지 않으며 직장에서 다시 불러 주기를 기다리지 않는다. 따라서 아담은 실업자가 아니며 이런 이유로 인해서 실업률에 포함되지 않는다.

아담은 **낙담한 노동자**로 간주된다. 낙담한 노동자와 실업자는 일자리를 갖고 있지 않기 때문에 실질적으로 낙담한 노동자는 실업자와 같다고 생각할 수도 있다. 하지만 낙담한 노동자는 실업률을 계산하는 데 실업자와 동일하지 않다. 실업률을 계산하는 데 실업자는 계산이 되지만 낙담한 노동자는 계산이 되지 않는다.

일부 경제학자들은 낙담한 노동자가 실업자로 간주되지 않기 때문에 실업률에 하향하는 편의가 발생한다고 말한다. 따라서 이는 사회의 실질적인 실업 문제에 대해 정확한 지표가 되지 않을 수도 있다.

6 실업의 형태

여기서는 몇 가지 형태의 실업에 대해 살펴볼 것이다.

마찰적 실업 일부 시장에서는 매일 수요 조건이 변화하므로 다른 직장을 구할 수 있는 기술을 가진 사람들은 한 직장을 떠나 다른 직장으로 이동하게 된다. 예를 들면 두 개의 컴퓨터 기업 A 및 B가 있다고 가정하자. 어떤 이유로 인해 기업 A의 컴퓨터에 대한 수요가 감소하고 기업 B의 컴퓨터에 대한 수요가 증가하였다. 따라서 기업 A는 더 적은 수의 컴퓨터를 생산하게 된다. 기업 A는 컴퓨터의 생산이 감소함에 따라 이전과 같이 많은 수의 근로자가 필요하지 않으므로 일부 근로자를 해고하게 된다. 반면에 기업 B는 더 많은 수의 컴퓨터를 생산하게 된다. 기업 B는 컴퓨터의 생산이 증가함에 따라 근로자가 추가적으로 필요하게 된다. 기업 A에서 해고된 근로자는 기업 B로 이동할 수 있는 기술을 갖고 있다. 하지만 근로자가 다른 직장으로 이동하는 데는 시간이 소요된다. 이 기간 동안에 마찰적으로 실업이 발생한다.

마찰적 실업

마찰적 실업(frictional unemployment)은 소위 경제의 자연적인 마찰로 인하고 시장 상황의 변화에 의해 발생하는 실업으로서 다른 직장을 구할 수 있는 기술을 가진 사람들로 나타낼 수 있다. 마찰 실업률(U_F)은 마찰적인 이유로 인해 실업상태에 있는 사람들의 경제활동 인구에 대한 비율이다.

$$U_F = \frac{\text{마찰적 실업자 수}}{\text{경제활동 인구}}$$

동태적이며 변화하는 경제에는 언제나 마찰적 실업이 존재한다. 많은 경제학자들은 마찰적 실업의 근본적인 이유로 어떤 사람이 한 직장을 떠나 다른 직장을 즉각적으로 구하지 못하게 하는 불완전한 정보를 들고 있다. 예를 들면 1,000개의 일자리와 이 일자리에 적합한 1,000명의 사람이 있다고 가정하자. 구직자 1,000명이 모두 적합한 일자리가 어디 있는지 알지 못하기 때문에 실업이 일부 발생할 수 있다. 고용주 모두가 해당 일자리에 처음 응시한 사람을 고용하지는 않는다. 고용주들은 보다 적합한 응시자가 어디에 있는지 알지 못한다. 자질이 있는 근로자와 가용할 수 있는 일자리를 조화시키는 데는 시간이 걸린다.

구조적 실업

구조적 실업 **구조적 실업**(structural unempolyment)은 일부 일자리가 사라지고 실업자가 자격을 갖추지 못한 일자리가 창출되는 경제의 구조적 변화에서 기인되는 실업이다. 대부분의 경제학자들은 구조적 실업이 (노동력을 절약하는 방법인) 자동화와 장기적으로 지속되는 수요 이동에서 주로 비롯된다고 한다. 구조적 실업은 해당 실업자들이 다른 일자리를 구할 수 있는 기술을 갖고 있지 못하다는 점에서 마찰적 실업과 차이가 있다. 이들은 장기적인 실업과 재교육 사이에서 선택을 하여야 한다. 예를 들면 자동차 산업에 근무하던 노동자가 해고되고 컴퓨터 분석자에 대한 수요가 증가한다고 가정하자. 자동차 부문에 종사하던 근로자가 현재 컴퓨터를 분석할 수 있는 기술을 갖고 있지 못한 경우 구조적 실업이 발생한다. 구조 실업률(U_S)은 구조적인 실업상태에 있는 사람들의 경제활동 인구에 대한 비율이다.

$$U_S = \frac{\text{구조적 실업자 수}}{\text{경제활동 인구}}$$

자연적 실업 **자연 실업률**(natural unemployment rate, natural rate of unemployment, U_N)은 마찰적 실업률과 구조적 실업률을 합산하여 구할 수 있다. 대부분의 경제학자들은 미국의 경우 자연 실업률이 4퍼센트에서 6.5퍼센트 사이에 있다고 추정한다.

자연 실업률

$$\text{자연 실업률}(U_N) = \text{마찰 실업률}(U_F) + \text{구조 실업률}(U_S)$$

7 자연 실업률과 완전고용

"완전고용"이란 용어를 접하게 될 때 무엇을 생각하게 되는가? 대부분의 사람들은 완전고용은 실제 실업률 또는 발표된 실업률이 0을 의미한다고 생각한다. 하지만 동태적이고 변화하는 경제에서는 마찰적 실업과 구조적 실업이 끊임없이 발생하기 때문에 이런 형태의 완전고용은 존재할 수가 없다. 실제로 어떤 형태의 실업이라도 존재하는 것이 자연스럽다. 즉 자연적 실업이 존재한다. 이런 이유로 인해 경제학자들은 완전고용과 실업률이 0인 상황을 동일시 하지 않는다. 대신에 **경제가 자연 실업률 상태에서 운용될 경우, 완전고용**(full employment)이 달성되었다고 본다. 예를 들면 자연 실업률이 5퍼센트라면 (해당 경제의) 실업률이 5퍼센트일 때 완전고용이 달성됐다고 본다. 다시 말해 경제가 완전고용 하에서 운용되더라도 일부 사람은 실업상태에 있게 된다.

완전고용

8 경기 순환적 실업

한 경제의 실업률이 반드시 자연 실업률인 것은 아니다. 현재의 실업률과 자연 실업률 사이의 차이를 주기적으로 발생하는 **경기순환 실업률**(cyclical unemployment rate, U_C)이라고 한다.

경기순환 실업률

$$\text{경기순환 실업률}(U_C) = \text{실업률}(U) - \text{자연 실업률}(U_N)$$

현재의 실업률(U)이 자연 실업률(U_N)보다 더 큰 경우 경기순환 실업률은 양이 된다. 예를 들면 $U = 8$퍼센트이고 $U_N = 5$퍼센트인 경우, $U_C = 3$퍼센트가 된다. 실업률이 자연 실업률보다 더 작은 경우 경기순환 실업률은 음이 된다. 예를 들면 $U = 4$퍼센트이고 $U_N = 5$퍼센트인 경우, $U_C = -1$퍼센트가 된다.

그림 3는 지금까지 고찰한 다양한 실업률을 보여주고 있다.

그림 3

다양한 실업률

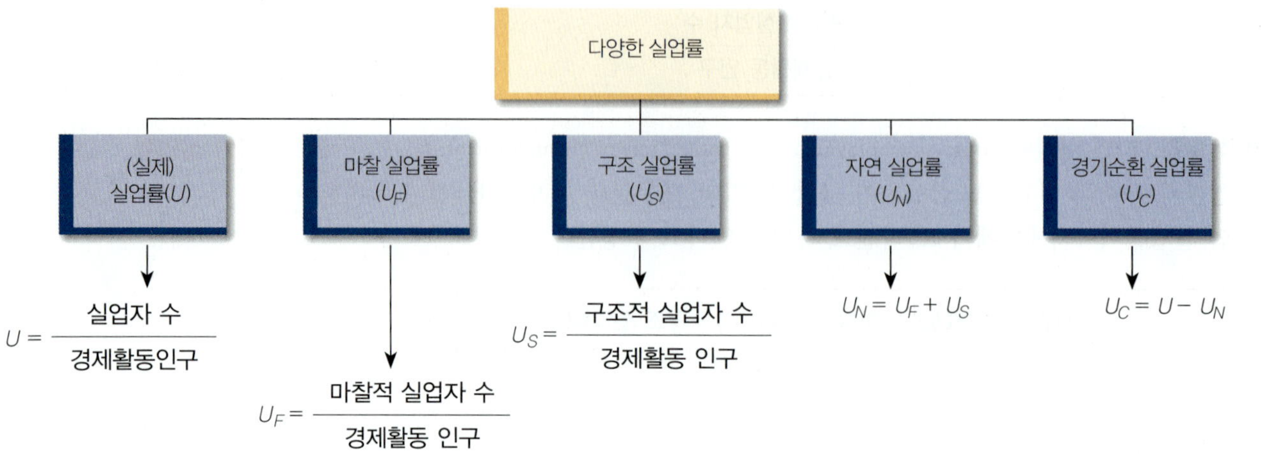

요약 및 정리

90 물가 측정

- 주요한 물가지수는 소비자 물가지수(CPI)이다.
- 인플레이션은 물가수준 또는 물가지수의 상승을 의미한다.
- 이전 연도와 나중 연도의 물가가 상이한 경우 이전 연도의 일정한 금액이 나중 연도(또는 현재 연도)에 동일한 구매력을 가질 수 없다. 이전 연도의 금액을 현재 금액으로 환산하기 위해서 다음 공식을 사용하여 보자.

$$\text{현재 금액} = \text{금액}_{\text{이전 연도}} \times \left(\frac{\text{CPI}_{\text{현재 연도}}}{\text{CPI}_{\text{이전 연도}}} \right)$$

91 실업과 고용

- 실업자는 다음 중 하나이다. 직장을 상실한 사람, 직장을 떠난 사람, 노동시장에 재진입한 사람, 노동시장에 신규로 진입한 사람.
- 낙담한 노동자가 실업자로 간주되지 않기 때문에 실업률에 하향하는 편의가 발생할 수 있다.
- 마찰적 실업은 소위 경제의 자연적인 마찰로 인하고 시장 상황의 변화에 의해 발생하는 실업으로서 다른 직장을 구할 수 있는 기술을 가진 사람들로 나타낼 수 있다.
- 구조적 실업은 일부 일자리가 사라지고 실업자가 자격을 갖추지 못한 일자리가 창출되는 경제의 구조적 변화에서 기인되는 실업이다.
- 자연적 실업은 경제의 마찰적 실업과 구조적 실업에서 비롯된다. 자연 실업률은 마찰 실업률과 구조 실업률을 합산한 실업률이다.
- 실업률이 자연 실업률과 동일해질 경우 완전고용이 달성된다.
- 경기순환 실업률은 현재의 실업률과 자연 실업률 사이의 차이이다.

주요 용어 및 개념

물가수준	**인플레이션**	**취업률**	**자연적 실업**
물가지수	**실질소득**	**경제활동 인구 참여율**	**자연 실업률**
소비자 물가지수	**명목소득**	**마찰적 실업**	**완전고용**
기준연도	**실업률**	**구조적 실업**	**경기순환 실업률**

연습문제

01. 실업률이 4퍼센트인 경우 취업률은 96퍼센트가 되지 않는다. 이유를 설명하시오.

02. CPI는 어떻게 계산되는지 설명하시오.

03. 한 사람이 실업자로 분류되려면 어떤 기준에 부합되어야 하는가?

04. 소득이 인플레이션보다 더 많이 증가하는 경우 명목소득과 인플레이션 사이의 관계는 어떠한가?

05. 직장을 떠난 사람과 노동시장에 재진입한 사람 사이의 차이는 무엇인가?

06. 예를 들면 오렌지의 가격이 인상될 경우 물가수준도 역시 상승하는가? 설명하시오.

07. 낙담한 노동자와 실업자는 어떻게 다른가?

08. 구조적 실업은 마찰적 실업과 어떻게 다른가?

09. 취업률과 경제활동 인구 참여율은 어떻게 다른가?

10. CPI를 계산하는 데 사용되는 시장 바구니의 지출 가중치가 변화할 경우 이는 무엇을 의미하는가?

11. 자연적 실업에서 "자연적"이란 무엇인가?

12. 물가의 백분율 상승이 명목소득의 백분율 상승과 동일한 경우 실질소득이 변화하지 않는다는 점을 보이시오.

13. 일국이 완전고용 상태에 있다고 말할 경우 이는 무엇을 의미하는가?

14. 기준연도의 CPI는 무엇인가? 설명하시오.

숫자 및 그래프를 활용한 문제

01. 취업자는 6천만 명이고 실업자가 1천만 명이며 비경제활동 인구는 3천만 명이라고 가정하자. 노동가능 인구는 얼마인가?

02. 1억 명이 경제활동 인구이고 9천만 명이 취업자라고 가정하자. 실업자는 얼마인가? 실업률은 얼마인가?

03. 그림 1에서 현재연도 가격이 펜은 1달러, 셔츠는 28달러, 신발은 32달러로 변하였다고 가정하자. 이 가격에 기초한 현재연도의 CPI는 무엇인가?

04. 아래 자료에 기초하여 (a) 실업률, (b) 취업률, (c) 경제활동 인구 참여율을 계산하시오.

노동가능 인구	2억 명
취업자	1억 2천6백만 명
실업자	8백만 명

05. 아래 자료에 기초하여 (a) 실업률, (b) 구조 실업률, (c) 경기순환 실업률을 계산하시오.

마찰 실업률	2퍼센트
자연 실업률	5퍼센트
경제활동 인구	1억 명
취업자	8천2백만 명

06. 시장 바구니는 10X, 20Y, 45Z를 포함하고 있다고 가정하자. 상품 X, Y, Z에 현재연도 가격은 각각 1달러, 4달러, 6달러이다. 기준연도 가격은 각각 1달러, 3달러, 5달러이다. 현재연도의 CPI는 얼마인가?

07. CPI는 150이고 명목소득이 100,000달러인 경우 실질소득은 얼마인가?

제 19 장

거시경제 측정값(II): GDP 및 실질 GDP

19.1 국내 총생산

일국은 예를 들면 텔레비전, 서적, 연필깎개, 변호사가 제공하는 서비스, 이발 등과 같은 재화 및 서비스를 생산하고 있다. 이런 재화 및 서비스의 화폐적 총가치가 얼마나 되는지 생각해 본 적이 있는가? 미국의 경우 2009년에 이것은 14조 2천6백억 달러에 달했다. 다시 말해 2009년에 미국 내에 거주하며 근로하고 있는 사람들이 14조 2천6백억 달러에 상당하는 상품 및 서비스를 생산하였다. 이 금액, 즉 14조 2천6백억 달러가 경제학자들이 국내 총생산이라고 말하는 것이다. 간단히 말해 **국내 총생산**(gross domestic product, GDP)은 일국에서 연간 생산된 모든 최종 재화 및 서비스의 총시장가치이다.

국내 총생산

1 GDP의 계산

GDP가 어떻게 계산되는지 보여주기 위해서 다음의 자료는 올해 작은 경제에서 생산된 세 가지 재화의 가격 및 수량을 나타낸다고 가정하자.

상품	생산량	가격
A	10	\$2
B	20	\$3
C	30	\$5

이 작은 경제의 GDP는 얼마인가? GDP는 일국 내에서 연간 생산된 모든 최종 재화 및 서비스의 총시장가치이다. 따라서 GDP는 모든 상품의 가격(P)에 해당 상품의 생산량(Q)을 곱하여 합한(Σ) 값이다. 즉 다음과 같다.

$$\text{GDP} = \Sigma PQ$$

위의 경우는 다음과 같다.

$$\text{GDP} = (\$2 \times 10\text{단위}) + (\$3 \times 20\text{단위}) + (\$5 \times 30\text{단위}) = \$230$$

2 최종재 및 중간재

GDP의 정의에 따르면 이를 계산하는 데 "최종 재화 및 서비스"에 기초하였다. GDP가 이런 최종 재화 및 서비스의 총시장가치라면 재화 및 서비스를 최종재화 및 서비스로 특정한 이유는 무엇 때문인가? 최종재와 중간재 사이에는 차이가 있다. **최종재**(final goods) <또는 최종 서비스>는 궁극적인 소비자, 즉 최종 사용자의 수중에 있는 재화이다. 예를 들면 소비자가 상점에서 구입하는 것은 바로 오렌지주스이다.

최종재

그렇다면 오렌지주스를 만들기 위해서 들어가는 오렌지는 무엇인가? 오렌지는 중간재이다. **중간재**(intermediate goods)는 최종재를 생산하는 데 투입되는 요소이다. 다시 말해 오렌지를 사용하여 최종재인 오렌지주스를 생산하게 된다.

중간재

최종재 및 중간재 둘에 대한 지출액을 계산할 경우 발생할 수도 있는 이중계산을 피하기 위해서 GDP를 계산할 때는 최종재에 대한 지출액만을 계산한다. **이중계산**(double counting)이란 GDP를 계산할 때 어떤 재화를 한 번을 초과하여 계산하는 것을 말한다. 예를 들면 오렌지와 오렌지주스를 계산할 경우, 오렌지는 오렌지주스 안에 포함되어 있으므로 이를 두 번 계산하게 된다.

이중계산

3 GDP 계산에서 빠지는 것

경제 내에서 이루어지는 일부 거래는 GDP 계산 시 포함되지 않는다. 이런 거래는 중고차 판매에서부터 불법적인 마약 거래까지 다양하다.

시장에서 거래가 이루어지지 않는 비시장 재화 및 서비스 어떤 가정이 신문 구인광고를 통해 요리 및 청소를 할 사람을 고용할 경우, 이 서비스는 GDP 계산에 포함된다. 하지만 가족 구성원이 동일한 일을 할 경우 이 서비스는 GDP에 계산되지 않는다. 첫 번째 경우 시장에서 결정된 가격으로 해당 서비스에 대한 매입 및 매도가 이루어졌다. 두 번째 경우에는 이런 거래가 이루어지지 않았다.

일부 비시장 재화는 GDP에 포함된다. 예를 들면 농장에서 생산되어 농장 가족들이 소비한 식료품의 시장가치는 추정되고 이 귀속가치는 GDP의 일부가 된다.

합법적 및 불법적인 모든 지하경제 활동 지하경제는 정상적으로 기록이 남는 시장 밖에서 이루어지는 보고되지 않는 거래로 구성된다. 일부 지하경제 활동에는 (예를 들면 마약처럼) 불법적인 재화가 포함되고 다른 경우에는 합법적인 재화이지만 조세탈피를 위해 이루어진다. 불법적인 재화 및 서비스는 관련 거래에 대한 기록이 남지 않기 때문에 GDP에 계산되지 않는다. 불법적인 마약 거래, 불법적인 도박, 불법적인 성매매는 기록이 남지 않는다. 개인이 정부의 눈을 피해서 이루어지길 원하는 일부 합법적인 행위도 기록이 남지 않는다. 예를 들면 정원사는 현금을 받는다는 조건 하에서만 정원 일을 하려고 할 수 있다.

분명히 정원 서비스를 합법적으로 매입하거나 매도하지만 한 당사자 또는 두 당사자가 현금 거래를 원하는 경우 거래가 기록되지 않을 수 있다. 정원사가 현금 결제를 원하는 이유는 무엇 때문인가? 아마도 소득에 대한 세금을 납부하길 원하지 않을 수 있으며 이는 소득에 대한 서면 기록이 남지 않을 경우 쉽게 달성될 수 있다.

중고 재화의 판매 GDP는 **현재 생산**(즉 현재 연도에 이루어지는 생산)을 측정한다. 예를 들면 중고차 판매의 경우, 처음 생산됐을 때 해당 자동차에 대한 계산이 이루어졌기 때문에 현재 연도 통계에는 포함되지 않는다.

금융 거래 주식 및 채권 거래는 새로운 자산의 생산을 의미하지 않기 때문에 GDP 계산에 포함되지 않는다. 이는 단순히 현존하는 자산의 거래일 뿐이다(주식투자는 주식을 화폐와 교환하는 거래일 뿐이다).

정부 이전지급 **이전지급**(transfer payment)은 현재 공급된 재화 및 서비스에 대한 대가로 이루어지지 않는 지급이다. 예를 들면 사회보장연금 및 국민연금과 같은 정부 이전지급은 GDP에 계산되지 않는다. 왜냐하면 이것들은 **현재 생산**에 대해 이루어지는 지급이 아니기 때문이다. 이전지급

여가 미국의 경우 20세기 초반 이래로 주 근무시간이 감소하고 있으며 여가시간은 증가하고 있다. 여가는 자동차, 주택, 신발 등과 유사하지만 수량화할 수 없기 때문에 GDP에 계산되지 않는다.

4 GDP는 재화 생산과정에서 발생하는 나쁜 것에 대해 조정이 이루어지지 않는다

경제성장은 보통 나쁜 것(개인들이 비효용 또는 불만족을 받게 되는 것)과 함께 이루어진다. 예를 들면 자동차, 가구, 철강을 생산할 경우 대부분의 사람들이 나쁜 것으로 간주하는 공기 및 수질 오염도 함께 발생한다. GDP는 재화 및 서비스를 계산하지만 공기 및 수질 오염은 감하지 않는다. 따라서 일부 경제학자들은 GDP가 전반적인 경제적 후생을 과장한다고 본다.

5 1인당 GDP

일국의 GDP를 해당 국가의 인구수로 나눌 경우 1인당 GDP를 구할 수 있다. 예를 들면 일국의 GDP가 5조 달러이고 인구수가 2억 명인 경우 1인당 GDP는 25,000달러(5조 달러 ÷ 2억 명)가 된다.

6 GDP 또는 1인당 GDP가 행복 또는 후생의 측정치인가?

GDP 또는 1인당 GDP가 더 높은 국가의 국민들이 GDP 또는 1인당 GDP가 더 낮은 국가의 국민들보다 상황이 더 낫거나 또는 더 행복한가? 후생 및 행복은 주관적이기 때문에 이 물음에 답할 수 없다. 더 많은 재화를 소유한 사람이 더 적은 재화를 소유한 사람보다

더 행복할 수 있지만 그렇지 않을 수도 있다. 더 적은 재화를 소유하였지만 많은 여가, 적은 공기오염, 평안한 생활환경을 향유하는 사람은 많은 재화를 소유하였지만 적은 여가와 오염되고 긴장된 환경에서 사는 사람보다 훨씬 더 행복할 수 있다.

이처럼 GDP의 숫자적 의미를 곡해할 수 있다. GDP의 숫자는 한 경제의 생산능력을 추정하는 데 유용하지만 반드시 행복이나 후생에 관한 측정치는 아니다.

19.2 실제 경제의 GDP를 계산하는 데 사용되는 지출 접근법

자그마한 경제에서 GDP는 생산된 각 재화의 가격에 해당 수량을 곱하여 계산할 수 있으며 다음과 같이 나타낼 수 있다.

$$\text{GDP} = \Sigma PQ$$

미국 경제는 자그마한 경제라고 할 수 없다. 생산된 각 재화의 가격에 해당 수량을 간단하게 곱할 수 없다. 대규모 경제에서 GDP는 여러 가지 상이한 방법으로 측정될 수 있다. GDP를 측정하는 주요한 방법으로 **지출 접근법**을 들 수 있다. 이 접근법에서 경제학자들은 경제 내 네 개 부분, 즉 (1) 가계, (2) 기업, (3) 정부, (4) 외국에서의 (최종 재화 및 서비스에 대한) 지출을 합산한다.

위의 네 개 부문에서 경제 주체들은 재화 및 서비스를 매입한다. 다시 말해 지출을 한다. 부문별 지출은 각각 (1) **소비**, (2) 민간 총국내투자, 또는 간단히 **투자**, (3) 정부 소비지출 및 총투자, 또는 간단히 **정부구매**, (4) **순수출**이라고 한다. 이를 표로 나타내면 다음과 같다.

경제 부문	지출
가계	소비
기업	투자
정부	정부구매
외국	순수출

경제학자들이 이 네 개 부문의 지출액을 어떻게 합산하는지 알아보기 전에 지출의 구성요소에 대해 알아보기로 하자.

소비

소비 **소비**(consumption, *C*)는 다음에 대한 지출을 포함한다.

- **내구재**: 내구재는 예를 들면 냉장고, 오븐, 자동차처럼 3년을 초과하여 사용될 것으로 예상되는 재화이다.
- **비내구재**: 비내구재는 예를 들면 식료품처럼 3년을 초과하여 사용될 것으로 예상되지 않는 재화이다.

- **서비스**: 서비스는 예를 들면 잔디깎기, 자동차 수리, 오락처럼 무형적인 것을 말한다.

소비는 GDP에서 가장 큰 지출요소이다. 미국의 경우 통상적으로 소비지출이 GDP의 70 퍼센트를 차지한다.

투자 **투자**(investment, *I*)는 다음의 합계가 된다. 투자

- 신규로 생산된 자본재의 구매
- 기업재고의 변화: 이를 **재고투자**(inventory investment)라고도 한다. 재고투자
- 거주용 신규주택의 구매

신규로 생산된 자본재의 구매와 거주용 신규주택의 구매를 합하여 보통 **고정투자**(fixed investment)라고 한다. 다시 말하면 다음과 같다. 고정투자

$$투자 = 고정투자 + 재고투자$$

고정투자가 두 개의 구성요소 중 비중이 더 크다.

정부구매 **정부구매**(government puchases, *G*)는 연방정부, 주정부, 지방정부의 재화 및 서비스 구매와 고속도로, 교량 등에 대한 총투자를 포함한다. 현재 공급된 재화 및 서비스에 대한 대가로 이루어지지 않는 지급인 **정부 이전지급**(government transfer payment)은 정부구매에 포함되지 않는다. 사회보장 연금과 복지 지급금 등이 이전지급의 예가 되며 이들은 현재의 생산적인 노력에 대해 지급되는 것이 아니다. 정부구매 정부 이전지급

순수출 미국의 경우 개인, 기업, 정부는 외국에서 생산된 재화를 구입하기도 하는데 이를 **수입**(import, *IM*)이라 한다. 또한, 외국의 개인, 기업, 정부도 미국산 상품을 구매하는데 이를 **수출**(export, *EX*)이라 한다. 수출에서 수입을 감할 경우 **순수출**(net export, *NX*)이 된다. 수입 수출/순수출

$$NX = EX - IM$$

순수출(*NX*)은 양이 될 수도 있고 음이 될 수도 있다. 수출이 수입보다 큰 경우 *NX*는 양이 되고 수입이 수출보다 큰 경우 *NX*는 음이 된다.

1 지출 접근법을 이용하여 GDP 계산하기

지출 접근법을 이용하여 GDP를 측정하거나 계산하려면 경제의 네 개 부문에서 생산된 최종 재화 및 서비스에 대한 구매를 합산하여야 한다(그림 1 참조). 앞에서 GDP를 정의할 때 최종 재화 및 서비스의 **구매**에 대해서는 언급하지 않았으므로 이를 고찰해 볼 필요가 있다. 앞에서 우리는 GDP를 일국에서 연간 **생산된** 최종 재화 및 서비스의 총시장가치라고 정의하였다.

(정부를 위해 GDP를 계산하는 사람인) 국민소득 회계담당자가 생산되었지만 소비자에게 판매되지 않은 것은 이를 생산한 기업에 의해 매입된다고 가정할 경우 이 두 가지 정의의

그림 1

지출 면에서 본 GDP의 구성

GDP의 지출부문은 소비, 투자, 정부구매, 순수출로 구성된다. 이 그림은 각 구성요소에 무엇이 포함되는지를 보여준다.

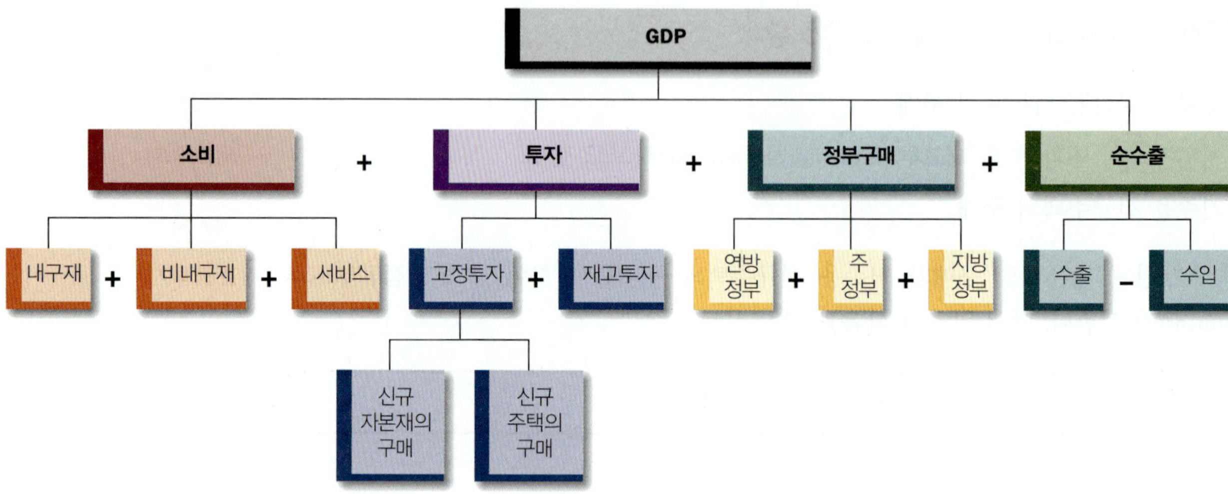

차이는 사라지게 된다. 다시 말해 자동차가 생산되었지만 판매되지 않은 경우 이는 기업 재고가 되며 이를 생산한 자동차 업체에 의해 구입된다고 간주한다. 따라서 경제의 네 개 부문에 의해 이루어진 구매를 합산할 경우 GDP를 계산할 수 있다. GDP는 소비(C), 투자(I), 정부구매(G), 순수출($EX - IM$)을 합산한 것과 같다.

$$GDP = C + I + G + (EX - IM)$$

그림 2는 2009년도 미국 GDP의 네 개 구성요소의 금액을 보여주고 있다.

그림 2

미국 GDP의 구성(지출부문)

지출부문에서 GDP를 계산할 경우 상품 및 서비스의 최종 사용자가 구매한 금액을 합산함으로서 구할 수 있다. 지출을 구성하는 요소에는 소비, 투자, 정부구매, 순수출이 포함된다. 이 그림은 미국의 2009년 자료에 기초하였다.

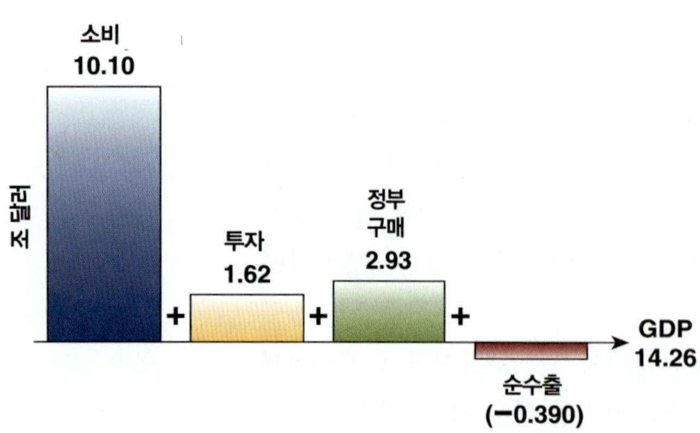

2 GDP 증가에 관한 일반적인 오해

모든 GDP의 증가가 경제에 좋은 것인가? 이 물음에 답하기 위해서 투자는 증가하고 GDP의 다른 구성요소들은 감소하지 않을 경우 GDP가 증가하는 상황을 생각해 보자. 투자는 다음과 같은 세 가지 이유 중 하나로 인해 증가할 수 있다는 사실을 기억하자. (1) 기업이 신규로 생산된 보다 많은 자본재를 구입한다(기업이 보다 많은 공장 및 기계류를 구입한다). (2) 개인이 거주용 신규 주택을 구입한다(어떤 사람이 신규주택을 구입한다). (3) 기업의 재고투자가 증가한다. 나아가 기업의 재고투자는 다음과 같은 두 가지 방법으로 증가할 수 있다.

- **계획한 재고투자**: 기업들이 신중하게 고려하여 어떤 물품의 수량을 더 많이 생산하고 이를 재고에 추가시킨 경우이다.
- **계획하지 않은 재고투자**: 소비자들이 기업들이 생산한 수량만큼 구입을 하지 않아서 판매되지 않은 수량이 재고에 추가되는 경우이다.

이제 두 가지 상황을 비교해 볼 수 있다.

- **상황 1.** 기업들은 신규로 생산된 자본재를 더 많이 구입한다(공장 및 기계류를 보다 많이 구입한다). 따라서 투자가 증가하고 다른 것들은 일정하다면 GDP도 증가한다.
- **상황 2.** 매수인들이 기업들이 생산한 수량만큼 구입을 하지 않는다. 판매되지 않은 수량은 (계획하지 않은) 재고투자가 된다. 따라서 투자가 증가하고 다른 것들은 일정하다면 GDP도 증가한다.

상황 1 및 상황 2에서의 GDP 증가는 동등한 것인가? 그렇지 않다. 경제의 건전성에 관한 한 상황 1에서의 GDP 증가가 상황 2에서의 GDP 증가보다 더 바람직하다.

19.3 실제 경제의 GDP를 계산하는 데 사용되는 소득 접근법

GDP를 계산하는 두 번째 방법인 소득 접근법과 지출 접근법은 동일한 금액의 GDP를 제시한다. 한 예를 들어 보도록 하자. 어떤 경제에서 재화 A는 10단위 생산되고 재화 B는 20단위가 생산된다. 나아가 재화 A의 가격은 1달러이고 재화 B의 가격은 2달러이다. 매수인이 두 재화의 모든 양을 구입할 경우 이를 두 재화에 대해 50달러, 즉 (1달러 × 10단위) + (2달러 × 20단위) = 50달러를 지출하게 된다. 다시 말해 GDP를 측정하는 데 지출 접근법을 사용할 경우 이 자그마한 경제의 GDP는 50달러가 된다.

하지만 한 사람이 지출한 금액은 다른 사람이 벌은 소득이 된다. 재화 A의 10단위를 단위당 1달러로 매도한 사람은 소득 10달러를 벌게 된다.

그림 3은 경제 순환표를 보여주고 있다. 이 표에 따르면 단순한 경제에서 경제 내 네 개 부문의 구매액을 합산하여 계산한 GDP는 상이한 자원을 통해 벌은 소득을 합산하여 계산한 GDP와 동일하다. 다시 말해 구매액(또는 지출액)은 소득액과 동일하다. 보다 특정적으로 말하면 재화 및 서비스를 매수하기 위해 지출한 금액은 이를 생산하는 데 투입된 자원으로 유입되게 된다. (다시 한 번 한 사람이 개당 1달러의 가격으로 오렌지 10개를 구입하는 자그마한 경제를 생각해 보자. 지출액은 10달러가 된다. 하지만 이 10달러는 또한 매수인에게 오렌지를 판매한 사람에게는 소득이 된다. 한 사람에 대한 지출액은 다른 사람에게 소득액이 된다).

소득 접근법을 이용하여 GDP를 계산하는 데는 두 가지 단계를 거쳐야 한다. 첫째, 국민소득을 계산한다. 둘째, 어떤 사항에 대해 국민소득을 조정한다. 그리하여 최종 결과는 GDP가 된다.

그림 3

경제의 순환: 단순경제에서 총구매액(총지출액)은 총소득액과 같다.

이 그림은 네 개 부문, 즉 가계, 기업, 정부, 해외로 구성된 경제를 보여주고 있다. 각 부문은 상품 및 서비스를 구매하며 구매한 총합은 GDP = $C + I + G + (EX - IM)$이 된다.

생산물 시장에서 이루어진 구매액(지출액)은 기업으로 유입되며 이는 기업이 자원시장에서 자원을 구입하는 데 사용된다. 다시 말해 이는 토지, 노동, 자본, 기업가 정신의 보유자(공급자)에게로 유입된다. 자원에 대한 이런 지급액의 총합은 총소득이 되며 가계로 유입된다. 단순경제에서 총구매액(총지출액)은 총소득과 같아진다. 총구매액(총지출액)은 GDP와 같고 또한 총구매액은 총소득과 같으므로 GDP는 총소득과 같아진다.

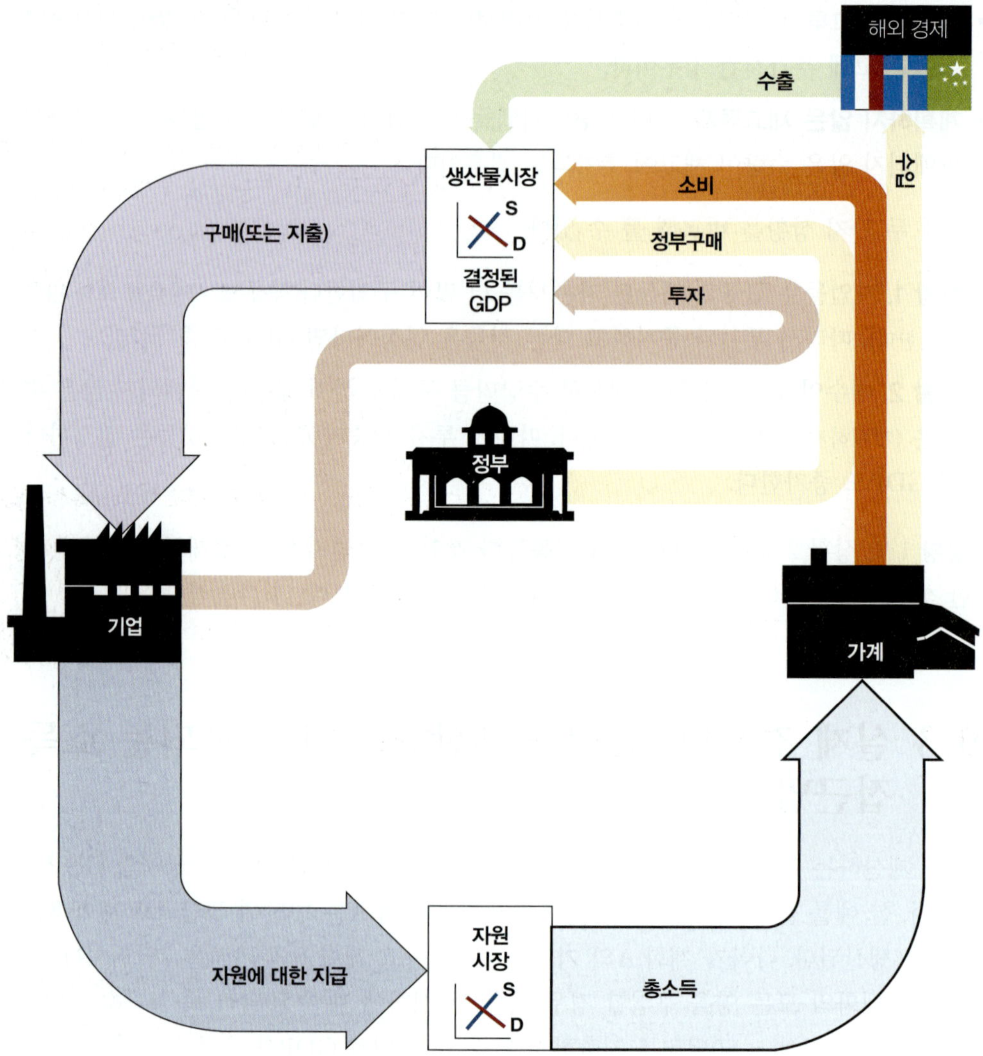

1 국민소득의 계산

국민소득

국민소득(national income)은 다섯 가지 구성요소, 즉 (1) 종업원의 보수, (2) 사업주의 소득, (3) 기업 이윤, (4) 임대소득, (5) 순이자의 합계이다.

종업원의 보수 종업원의 보수는 (1) 종업원에게 지급된 임금 및 봉급, (2) 사회보장 및 피고용인 연금에 대한 고용주 분담금, (3) 부가급부, 팁, 유급 휴가의 금전적 가치를 합산한 것이다. 종업원의 보수는 국민소득 중 가장 큰 비중을 차지하는 구성요소이다.

사업주의 소득 사업주의 소득에는 자영업자와 법인화되지 않은 농부를 포함하는 비법인 기업주의 모든 형태의 소득이 포함된다. 농장 소득에는 농장에서 재배되어 소비된 식료품 금액의 추정치가 포함된다.

기업 이윤 기업 이윤에는 기업 주주들이 받은 모든 소득이 포함된다. 이윤의 일부는 배당금의 형태로 주주에게 지급되고 다른 일부는 투자 재원을 조달하기 위해서 기업 내에 유보되며(이를 배분되지 않은 이윤 또는 유보 이득이라고 한다) 또 다른 일부는 기업 이윤세를 납부하는 데 사용된다. (기업 이윤세를 납부하는 데 사용된 기업 이윤은 가계가 이를 받지 못했더라도 가계가 받은 소득으로 계산된다).

임대소득 임대소득은 (토지, 주택, 사무실처럼) 자신들의 비금전적인 자산을 사용한 대가로 개인이 받는 소득이다. 여기에는 또한 저작권 및 특허권을 보유한 사람들에게 지급되는 금액도 포함된다. 마지막으로 이는 또한 자신이 소유하면서 거주하는 주택에 대한 귀속가격도 포함한다. 예를 들면 어떤 사람은 자신이 살고 있는 주택을 보유하여 임대료를 지불하지 않지만 국민소득 회계 목적상으로는 임대가격이 귀속된다. 간단히 말해 주택 소유권은 기업주에게 판매된 서비스를 생산한 기업으로서 간주된다.

순이자 순이자는 가계 및 정부가 수령한 이자소득에서 자신들이 지불한 이자를 감한 것이다.

국민소득 국민소득 및 구성요소를 다음과 같이 요약할 수 있다.

국민소득 = 종업원의 보수
+ 사업주의 소득
+ 기업 이윤
+ 임대소득
+ 순이자

2 국민소득으로부터 GDP 도출하기: 일부 사항 조정하기

국민소득을 계산하고 나면 더 할 일이 없다고 생각할 수도 있다. 즉 국민소득이 GDP와 동일하다고 생각할 수도 있다. 지출한 금액은 어떤 사람의 소득이 된다고 자연적으로 생각한다. 하지만 국민소득과 GDP의 실제 숫자를 검토해 보면 이들이 동일하지 않다는 사실을 알게 된다. 다시 말해 지출한 모든 금액이 그 밖에 다른 사람의 소득이 되지 않는다. 예를 들면 존스(Jones)가 책을 구입하기 위해서 10달러를 지출한 경우 10달러 중 9.5달러는 매도인의 소득이 되지만 나머지 50센트는 조세로 납부된다.

이를 염두에 두면 GDP를 계산하기 위해 소득 접근법을 사용할 경우 국민소득에 어떤 것을 추가하고 어떤 것을 또한 감하여야 한다. 아래의 식과 그림 4는 GDP를 계산하기 위해서 국민소득에 추가하고 감할 것을 보여주고 있다.

GDP = 국민소득
− 세계 다른 국가들에서 벌은 소득
+ 세계 다른 국가들이 벌어간 소득
+ 간접 사업세
+ 자본감모 공제
+ 통계적 불일치

그림 4

소득 면에서 본 GDP의 구성

이 그림은 국민소득의 구성요소와 국민소득에 기초하여 GDP를 계산하는 데 필요한 조정과정을 보여주고 있다.

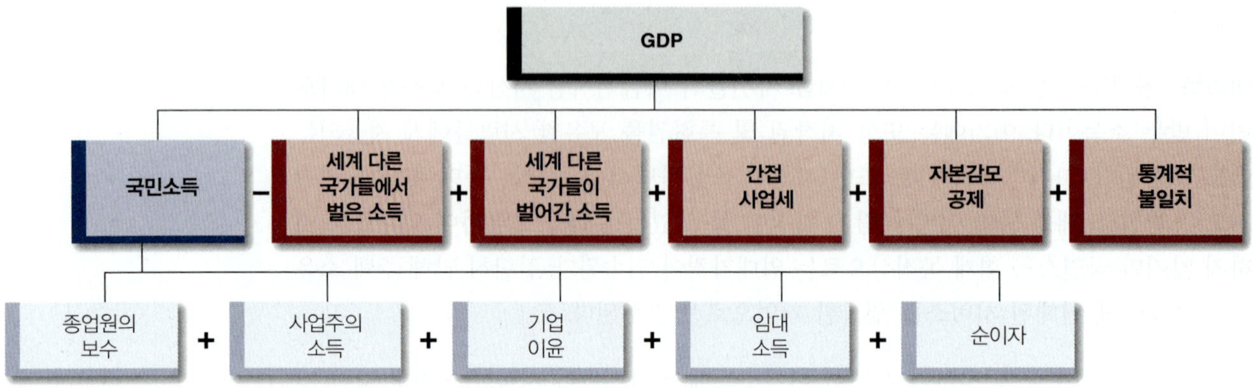

세계 다른 국가들에서 벌은 소득, 세계 다른 국가들이 벌어간 소득 국민소득을 계산할 때 외국에 거주하며 근로하는 자국민이 벌은 소득은 포함하였지만 자국에 거주하며 근로하는 외국인이 벌어간 소득은 포함하지 않았다. GDP를 계산하려면 이들 소득을 조정하여야 한다. 우리는 (1) 국민소득으로부터 세계 다른 국가들에서 벌은 소득(이는 외국에 거주하는 자국민이 물품을 생산하고 판매하여 벌은 소득이다)을 감하고 (2) 국민소득으로부터 세계 다른 국가들이 벌어간 소득(이는 외국인이 자국에서 물품을 생산하고 판매하여 벌은 소득이다)을 추가함으로써 그렇게 할 수 있다.

간접 사업세 간접 사업세는 주로 물품세, 판매세, 재산세로 구성된다. 이 조세들은 자원(토지, 노동 등)에 대해 지급된다고 생각되지 않기 때문에 국민소득의 일부가 되지 못한다. 이 조세들은 토지, 노동, 자본, 기업가 정신에 대해 지급되는 것이 아니라 정부에 의해 징수되는 것이다.

간접세는 재화 및 서비스를 구매할 때 포함되므로 (대부분의 재화를 구입할 때 판매세를 납부하게 된다) GDP를 계산하기 위해 지출 접근법이 사용될 경우 포함되게 된다. 따라서 국민소득에 간접 사업세를 추가시켜야 한다.

자본감모 공제 일부 자본재는 자연적으로 닳아 없어지거나 또는 노후화되거나 또는 (예를 들면 망가져서 수리할 수 없게 된 기계처럼) 우연히 파괴되어서 생산과정에서 없어지게 된다. 이런 자본재를 대체하는 데 사용되는 비용을 **자본감모 공제**(capital consumption allowance) 또는 **감가상각**(depreciation)이라고 한다. 우리는 경제에서 얻은 모든 소득의 측정값을 구하고자 하므로 이는 국민소득에 추가되어야 한다. 국민소득은 자본감모 공제에 함축된 소득 지급액을 자체적으로 포함하지 못한다.

자본감모 공제

감가상각

통계적 불일치 GDP와 국민소득은 상이한 자료를 이용하여 계산된다. 이로 인해 통계적 불일치 또는 순수한 계산상의 오차가 자주 발생하므로 국민소득을 계산할 때 이를 고려하여야만 한다.

3 기타 국민소득 계정 측정값

국내총생산(GDP)과 국민소득 이외에 세 개의 다른 국민소득 계정 측정값, 즉 국내 순생산, 개인소득, 가처분 소득도 중요하다. 이런 다섯 가지 측정값, 즉 국내 총생산, 국민소득, 국내 순생산, 개인소득, 가처분 소득은 한 경제에서 생산되는 생산량과 벌은 소득을 측정하는 데 상호 간에 교환되게 사용된다.

4 국내 순생산

GDP를 계산하는 데 지출 접근법을 사용할 경우 소비, 투자, 정부구매, 순수출을 합산하여야 한다. 투자(또는 보다 특정적으로 말할 경우 민간 총 국내투자)에는 고정투자와 재고투자가 포함된다. 하지만 고정투자의 일부는 신규 재화를 생산하는 데 사용되지 않고 닳아 없어지거나 또는 못 쓰게 된 자본재를 대체하는 데 사용된다. 간단히 말해 민간 총 국내투자에는 자본감모 공제가 포함된다. GDP로부터 자본감모 공제를 감할 경우 **국내 순생산**(net domestic product, NDP)을 구할 수 있다. NDP는 닳아 없어진 자본재를 대체시키고 나서 해당 연도에 해당 경제에서 가용할 수 있는 신규 재화의 총가치를 측정한 것이다. 국내 순생산

국내 순생산(NDP) = GDP − 자본감모 공제

5 개인소득

벌은 모든 소득을 수령하지 못하며 수령한 모든 소득을 벌지도 않는다. 벌었지만 수령하지 못한 소득의 예로 주주가 벌었으나 수령하지 못한 배분되지 않은 이윤을 들 수 있다. 기업은 보통 배분되지 않은 이윤을 재투자한다. 수령하였지만 벌지 않은 소득의 예로 사회보장 급부금을 들 수 있다.

개인소득(personal income)은 개인들이 실제로 수령한 소득 금액이다. 이는 국민소득에서 배분되지 않은 기업 이윤, 사회보장세(사회보장 분담금), 기업 이윤세 처럼 벌었으나 수령하지 못한 항목을 감하고 (수령하였으나 벌지 않은) 이전지급금을 더하여 구할 수 있다. 개인소득

개인소득 = 국민소득
− 배분되지 않은 기업 이윤
− 사회보장세
− 기업 이윤세
+ 이전지급금

6 가처분 소득

소비 또는 저축에 사용될 수 있는 소득의 부분을 개인 가처분 소득 또는 간단히 **가처분 소득**(disposable income)이라고 한다. 이는 개인소득에서 개인세(특히 소득세)를 감하여 구할 수 있다. 가처분 소득을 때때로 "지출할 수 있는 소득" 또는 "실제 손에 들어오는 급료" 또는 "실수령 소득"이라고도 한다. 가처분 소득

가처분 소득 = 개인소득 − 개인세

19.4 실질 GDP

여기서는 실질 GDP를 정의하고 이를 어떻게 계산하는지 보여주며 경제성장을 측정하는 데 어떻게 사용되는지 설명할 것이다.

1 실질 GDP가 필요한 이유

2006년도 미국의 GDP는 약 13조 3천9백억 달러였으며 1년이 지난 2007년에는 GDP가 약 14조 7백억 달러가 되었다. GDP가 2006년보다 2007년에 더 높았다는 사실은 알고 있지만 그 이유를 알고 있는가?

이 물음에 답하기 위해서 재화가 1개인 경제의 GDP를 생각하여 보자. 재화 X의 10단위가 생산되어 각 단위가 10달러에 판매된다고 가정하자. 이 경제의 GDP는 100달러가 된다.

GDP = 10달러 × 10단위 = 100달러

GDP가 100달러에서 250달러로 증가하였다. 그 이유는 무엇 때문인가? 이는 가격이 10달러에서 25달러로 상승하였기 때문에 발생할 수 있다.

GDP = 25달러 × 10단위 = 250달러

또는 생산량이 10단위에서 25단위로 증가하였기 때문에 발생할 수 있다.

GDP = 10달러 × 25단위 = 250달러

또는 가격이 12.50달러로 상승하고 생산량이 20단위로 증가하였기 때문에 발생할 수 있다.

GDP = 12.50달러 × 20단위 = 250달러

경제의 건전성을 판단하기 위해서 경제학자들은 GDP가 증가한 이유를 알고자 한다. 단순히 가격이 인상되어 GDP가 증가하였다면 해당 경제는 성장이 이루어지지 않았다. 경제가 성장하기 위해서는 생산량이 증가하여야 한다.

실질 GDP

GDP의 증가가 부분적으로는 단순히 가격 인상에서 비롯될 수 있기 때문에 보다 의미있는 측정값은 실질 GDP이다. **실질 GDP**(real GDP)는 물가변동을 고려하여 조정된 GDP이다.

2 실질 GDP의 계산

실질 GDP를 계산하는 한 가지 방법은 동일한 가격, 즉 기준연도 가격 측면에서 상이한 연도에 대한 생산량의 가치를 측정하는 것이다. 1개 재화로 구성된 경제에 관한 다음 자료를 생각해 보자.

연도	재화 X의 가격	재화 X의 생산량(단위 수)	GDP
1	$10	100	$10 × 100 = $1,000
2	$12	120	$12 × 120 = $1,440
3	$14	140	$14 × 140 = $1,960

위의 자료는 GDP가 연도 2 및 연도 3에서 더 높은 이유를 보여주고 있다. 가격 및 수량이 둘 다 증가하였다. 하지만 우리는 가격 인상으로 인한 GDP의 증가분으로부터 수량 증가로 인한 GDP의 증가분을 분리해 내고자 한다. 우리는 실질 GDP를 구하고자 한다.

어떤 연도의 실질 GDP를 계산하려면 해당 연도의 재화 생산량에 기준연도의 가격을 곱하여 구할 수 있다. 연도 1이 기준연도인 경우 연도 2의 재화 생산량에 연도 1의 해당 재화 가격을 곱하면 된다. 연도 3의 실질 GDP를 구하려면 연도 3의 재화 생산량에 연도 1의 해당 재화 가격을 곱하면 된다.

연도	재화 X의 가격	재화 X의 생산량 (단위 수)	GDP	실질 GDP
1 (기준연도)	$10	100	$10 × 100 = $1,000	$10 × 100 = $1,000
2	$12	120	$12 × 120 = $1,440	$10 × 120 = $1,200
3	$14	140	$14 × 140 = $1,960	$10 × 140 = $1,400

3 실질 GDP를 계산하는 일반식

실제 세계에는 한 개를 초과하는 재화와 한 개를 초과하는 가격이 존재한다. 실질 GDP를 계산하는 데 사용되는 일반식은 다음과 같다.

$$\text{실질 GDP} = \Sigma(\text{기준연도 가격} \times \text{현재연도 수량})$$

여기 Σ는 합산을 나타내는 부호이다. 이처럼 실질 GDP는 현재연도의 모든 수량에 기준연도의 해당 가격을 곱하여 합산한 것이다.

4 어떤 연도의 실질 GDP가 다른 연도의 실질 GDP보다 높다면 이는 무엇을 의미하는가?

연도 1의 GDP가 예를 들면 9조 달러이고 연도 2의 GDP가 9조 5천억 달러라면 GDP가 증가한 이유를 확신할 수 없다. (1) 생산량은 불변한데 물가가 상승하였는가? 또는 (2) 물가는 불변한데 생산량이 증가하였는가? 또는 (3) 물가 및 생산량 둘 다 증가하였는가?

하지만 연도 1의 실질 GDP가 예를 들면 8조 달러이고 연도 2의 실질 GDP가 8조 3천억 달러라면 증가한 이유를 알 수 있다. 실질 GDP는 생산량이 증가한 경우에만 증대된다. 다시 말해 실질 GDP는 보다 많은 재화 및 서비스가 생산된 경우에만 증대한다.

5 실질 GDP, 경제성장, 경기순환

두 개 국가 중에서 선택을 해야 한다고 가정하자. A국에서 실질 GDP는 매년 3퍼센트씩 성장한다. B국에서는 실질 GDP가 매년 동일하다. 지난 해에 실질 GDP가 5,000억 달러였다면 올해에도 5,000억 달러이고 내년에도 5,000억 달러가 될 것이다. **다른 사정이 동일하다면** 당신은 이 두 개 국가 중에서 어느 국가에서 거주하기를 선호하는가?

또는 국가 C 및 국가 D 중에서 선택을 해야 한다고 가정하자. 국가 C에서 실질 GDP는 증가와 감소가 번갈아 일어나며 급격히 변동한다. 몇 달 동안은 증가하다가 감소하고 다시 증가하다가 감소하는 변동이 지속된다. 국가 D에서는 실질 GDP가 매년마다 단순히 증가한다. **다른 사정이 동일하다면** 당신은 이 두 개 국가 중 어느 국가에서 거주하기를 선호하는가?

이 두 가지 경우 각각에서 여러분이 다른 국가보다 한 국가를 선택할 경우 이는 묵시적으로 실질 GDP가 여러분에게 중요하다는 의미를 갖는다. 경제학자들이 실질 GDP를 연구하는 이유 중 하나는 여러분과 다른 사람들에게 중요하기 때문이다. 다시 말하면 실질 GDP가 여러분에게 중요하기 때문에 경제학자들에게도 중요하다는 것이다.

경제학자들은 실질 GDP와 관련된 두 가지 중요한 거시경제 논제, 즉 **경제성장** 및 **경기순환**을 연구한다.

경제성장

경제성장 올해의 실질 GDP가 전년도의 실질 GDP보다 더 높은 경우 **경제성장**(economic growth)이 이루어진다. 예를 들면 올해의 실질 GDP가 8조 1천억 달러이고 내년의 실질 GDP가 8조 3천억 달러라면 해당 경제는 경제성장을 경험하게 된다. 성장률은 실질 GDP의 (양의) 백분율 변화와 같으며 다음과 같이 계산된다.

$$\text{실질 GDP의 백분율 변화} = \left(\frac{\text{실질 GDP}_{\text{나중 연도}} - \text{실질 GDP}_{\text{이전 연도}}}{\text{실질 GDP}_{\text{이전 연도}}}\right) \times 100$$

경제의 상승 및 하강: 경기순환 실질 GDP가 상승했다가 하락하고 다시 상승했다가 하락

경기순환

하는 현상이 번갈아 일어날 경우 경제는 **경기순환**(business cycle)을 경험한다고 본다. 경제학자들은 통상적으로 경기순환의 네 가지 또는 다섯 가지 국면에 관해 논의한다. 여기서는 그림 5에서 보는 것처럼 다섯 가지 국면에 대해 논의할 것이다.

1. **최고점:** 경기순환의 최고점에서 실질 GDP는 일시적으로 높은 상황에 있다. 그림 5에서 실질 GDP는 일시적으로 높은 Q_1에 위치한다.
2. **수축기:** 수축기는 실질 GDP가 하락하는 기간을 말한다. 경기후퇴에 관한 표준적인 정의에 따르면 2분기 연속해서 실질 GDP가 감소할 경우 **경기후퇴**가 발생하였다고 본다.
3. **최저점:** 실질 GDP가 반등하기 바로 전인 실질 GDP의 낮은 점을 경기순환의 최저점이라고 한다.
4. **회복기:** 회복기는 실질 GDP가 상승하는 기간을 말한다. 실질 GDP는 최저점에서

상승하기 시작하여 최초의 최고점에서 멈추게 된다. 그림 5에서 회복기는 최저점으로부터 실질 GDP가 다시 Q_1에 도달할 때까지의 기간이다.

5. **확장기:** 확장기는 회복기를 지나서 실질 GDP가 증가하는 기간이다. 그림 5에서 확장기는 Q_1을 초과하여 실질 GDP가 증가하는 기간이다.

전체 경기순환은 최고점에서 최고점까지 추정된다. 일부 경기순환은 이보다 더 짧을 수도 있고 더 길 수도 있지만 일반적인 경기순환은 대략 4년에서 5년이 소요된다.

그림 5

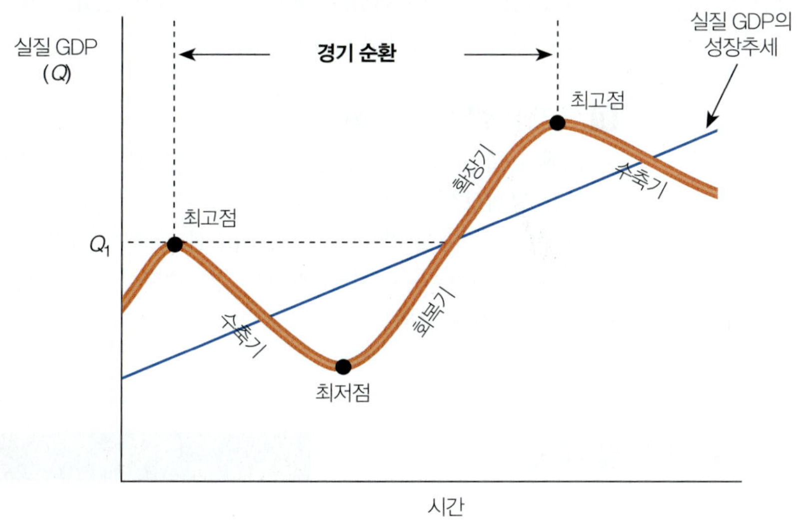

경기순환 국면

경기순환 국면에는 최고점, 수축기, 최저점, 회복기, 확장기 등이 포함된다. 경기순환 주기는 최고점에서 다음 최고점까지 측정된다.

요약 및 정리

92 국내 총생산

- 국내 총생산(GDP)은 일국에서 연간 생산된 모든 최종 재화 및 서비스의 총시장가치이다.
- 지출 접근법 또는 소득 접근법을 이용하여 GDP를 계산할 수 있다.
- 이중계산 문제를 피하기 위해서 오직 최종 재화 및 서비스만이 GDP에 포함된다.
- 시장에서 거래가 이루어지지 않는 비시장 재화 및 서비스, 합법적 및 불법적인 모든 지하경제 활동, 중고 재화의 판매, 금융 거래, 이전지급, (여가가 재화이더라도) 여가는 GDP에서 제외된다. 마지막으로 GDP는 이따금 생산에 동반되는 나쁜 것(예를 들면 오염)에 대해 조정이 이루어지지 않는다.

93 지출 접근법

- 국내 재화 및 서비스에 대한 지출에는 소비, 민간 총국내투자(또는 간단히 투자), 정부 소비지출 및 총투자(정부구매), 순수출(수출–수입)이 포함된다.
- 소비에는 내구재, 비내구재, 서비스에 대한 지출이 포함된다.
- 투자에는 신규로 생산된 자본재의 구매(고정투자), 기업재고의 변화(재고투자), 거주용 신규주택의 구매(고정투자)가 포함된다.
- 정부구매에는 연방정부, 주정부, 지방정부의 재화 및 서비스 구매와 고속도로, 교량 등에 대한 총투자가 포함된다. 이전지급은 정부구매에 포함되지 않는다.
- 순수출은 국내 재화에 대한 외국 총지출(수출)에서 외국 재화에 대한 국내 총지출(수입)을 감한 것이다.

94 GDP의 계산

- 지출 접근법을 사용할 경우 GDP = $C + I + G + (EX - IM)$이 된다. 다시 말해 GDP는 소비, 투자, 정부구매, 순수출을 모두 합산한 것이다.

95 GDP 이외의 다른 측정값

- 국내 순생산(NDP)은 국내 총생산(GDP)에서 자본감모 공제를 뺀 것과 같다.

NDP = GDP − 자본감모 공제

- 국민소득은 자원 또는 요소에 대한 지급액을 합한 것이다.

국민소득 = 종업원의 보수
+ 사업주의 소득
+ 기업 이윤
+ 임대소득
+ 순이자

- 개인소득은 국민소득에서 배분되지 않은 기업 이윤, 사회보장세, 기업 이윤세를 감하고 이전지급금을 추가하여 구한 것이다.

개인소득 = 국민소득
− 배분되지 않은 기업 이윤
− 사회보장세
− 기업 이윤세
+ 이전지급금

- 가처분 소득 = 개인소득 − 개인세

96 실질 GDP

- 실질 GDP는 물가변화에 대해 조정을 거친 GDP로 기준연도 가격으로 나타낸 GDP이다.

97 경제성장 및 경기 순환

- 올해의 실질 GDP가 전년도의 실질 GDP보다 높은 경우 연간 경제성장이 이루어진다.
- 경기순환은 다섯 가지 국면, 즉 최고점, 수축기, 최저점, 회복기, 확장기로 구성된다. 완전한 경기순환은 최고점에서 최고점까지 측정된다.

주요 용어 및 개념

국내 총생산(GDP)
최종재
중간재
이중계산
이전지급
소비
투자
재고투자
고정투자
정부구매
정부 이전지급
수입
수출
순수출
국민소득
자본감모 공제(감가상각)
국내 순생산(NDP)
개인소득
가처분 소득
실질 GDP
경제성장

연습문제

01. 기업은 올해 판매하지 못한 어떤 재화를 생산하였다. 따라서 이 재화는 해당 기업의 재고가 되었다. 이 재고품은 GDP에 어떻게 포함되는가?

02. 올해 제1분기의 실질 GDP는 4,000억 달러이고 제2분기에는 3,980억 달러이다. 제3분기의 실질 GDP는 3,990억 달러이며 제4분기에는 3,950억 달러이다. 경기 후퇴가 발생하였는가? 설명하시오.

03. 중고품 판매가 GDP에서 빠지는 이유는 무엇 때문인가? 금융 거래는 어떠한가? 정부 이전지급은 어떠한가?

04. GDP를 계산하는 데 사용되는 지출 접근법은 국내외 재화에 대한 자국의 지출을 측정하는가? 또는 국내 재화에 대한 자국의 지출을 측정하는가? 또는 국내 재화에 대한 자국 및 외국의 지출을 측정하는가? 설명하시오.

05. 본서의 초안은 저자에 의해 입력이 이루어졌다. 다른 사람이 입력하도록 고용을 하였다면 GDP는 증가하는가? 어떤 다른 행위가 GDP를 증가시키는가? 어떤 다른 행위가 GDP를 감소시키는가?

06. 회복기와 확장기 사이의 차이는 무엇인가?

07. 두 개 국가, 예를 들면 미국과 중국의 GDP를 비교할 때 직면하게 되는 문제점은 무엇인가?

08. 다음 용어를 각각 정의하시오.
a. 수축기
b. 경기순환
c. 최저점
d. 가처분 소득
e. 국내 순생산

09. 다음 중 어느 것이 올해의 GDP를 계산하는 데 포함되는가? (a) 자기 집의 잔디를 깎고 있는 12세인 조니(Johnny), (b) 중고차를 구입한 데이브 말완(Dave Malone), (c) 제너럴 모터스가 발행한 채권을 구입한 바바라 윌슨(Barbara Wilson), (d) 사회보장 급부금을 수령한 에드 훠거슨(Ed Ferguson), (e) 거리 모퉁이에서 이루어지는 불법적인 마약 거래.

10. 경제학자들은 상이한 연도에 대해 GDP를 비교하는 대신에 실질 GDP를 비교하고자 한다. 설명하시오.

11. "나는 GDP가 작년에 비해 올해 더 높다는 뉴스를 들었다. 이는 우리의 상황이 작년에 비해 올해 더 나아졌다는 의미이다." 설명하시오.

숫자 및 그래프를 활용한 문제

01. 순수출은 −1,140억 달러이고 수출은 8,570억 달러이다. 수입은 얼마인가?

02. 소비지출은 3조 7,080억 달러이고 비내구재에 대한 지출은 1조 2,150억 달러이며 서비스에 대한 지출은 2조 410억 달러이다. 내구재에 대한 지출은 얼마인가?

03. 재고투자는 620억 달러이고 총투자는 1조 1,220억 달러이다. 고정투자는 얼마인가?

04. 연도 1에 재화 X, Y, Z의 단위당 가격은 각각 2달러, 4달러, 6달러이다. 연도 2에 재화 X, Y, Z의 가격은 각각 3달러, 4달러, 7달러이다. 연도 2에는 각 재화가 연도 1의 두 배가 생산되었다. 연도 1에 재화 X는 20단위, 재화 Y는 40단위, 재화 Z는 60단위가 생산되었다. 연도 1이 기준연도라면 연도 2의 실질 GDP는 무엇인가?

05. 비내구재 지출 = 4억 달러, 내구재 지출 = 3억 달러, 거주용 신규주택 지출 = 2억 달러, 서비스에 대한 지출 = 5억 달러이다. 소비는 얼마인가?

06. 그림 3에 있는 경제 순환표에 따르면 소비지출은 생산물 시장으로 유입되지만 수입에 대한 지출은 그렇지 않다. 하지만 국내 가계들은 국내시장에서 수입품을 매입하지 않는가? 설명하시오.

07. 연도 1에 실질 GDP는 4,870억 달러이고, 연도 2에는 4,980억 달러라면 경제성장률은 얼마인가?

08. 아래 그림은 경기순환을 보여주고 있다. 다음은 각각 경기순환 국면 중 어디에 해당하는지 설명하시오.
a. 점 *A*
b. 점 *A*와 점 *B* 사이
c. 점 *B*
d. 점 *B*와 점 *C* 사이
e. 점 *D*

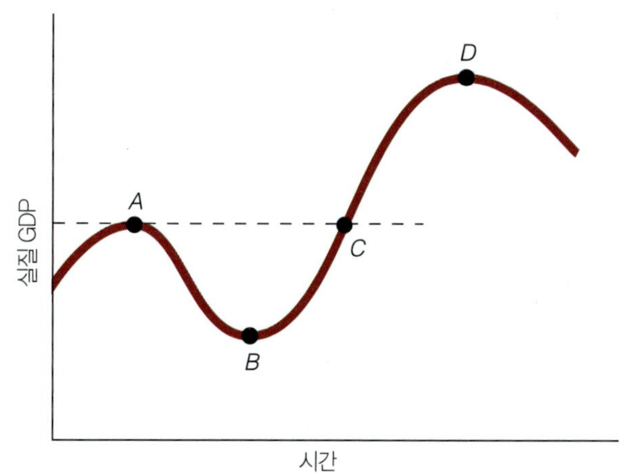

제 20 장

총수요 및 총공급

20.1 경제를 관찰하는 방법

여기서는 경제에 관한 이론적인 논의를 시작할 것이다. 우리는 경제가 두 가지 주요한 영역, 즉 구매 영역과 생산 영역으로 구성된다고 생각한다(그림 1 참조). 특히, 재화 및 서비스가 생산되고 재화 및 서비스를 구매한다. 경제학자들이 총수요에 관해 말할 때 이들은 경제의 구매 측면에 관해 논의한다. 반면에 총공급에 관해 말할 때 이들은 경제의 생산 측면에 관해 논의한다. 이를 정리하면 다음과 같다.

> 경제의 구매 측면 = 총수요
> 경제의 생산 측면 = 총공급

생산에 관해서는 두 가지 기간, 즉 단기 생산과 장기 생산이 관련된다. 경제학자들이 단기 총공급에 관해 말할 때 이들은 단기적으로 이루어지는 생산에 관해 논의한다. 또한 장기 총공급에 관해 말할 때 이들은 장기적으로 이루어지는 생산에 관해 논의한다. 이를 정리하면 다음과 같다.

> 단기적인 생산 = 단기 총공급
> 장기적인 생산 = 장기 총공급

위에서 논의한 분석의 틀을 총수요-총공급 분석이라고 하며 다음과 같이 세 가지 부분으로 구성된다.

그림 1

경제

경제에는 두 가지 측면, 즉 구매 측면과 생산 측면이 있다. 생산 측면과 관련된 두 가지 기간으로 단기 생산 및 장기 생산이 있으며 이를 정리하면 다음과 같다. 구매 측면 = 총수요(*AD*); 단기 생산 = 단기 총공급(*SRAS*); 장기 생산 = 장기 총공급(*LRAS*)

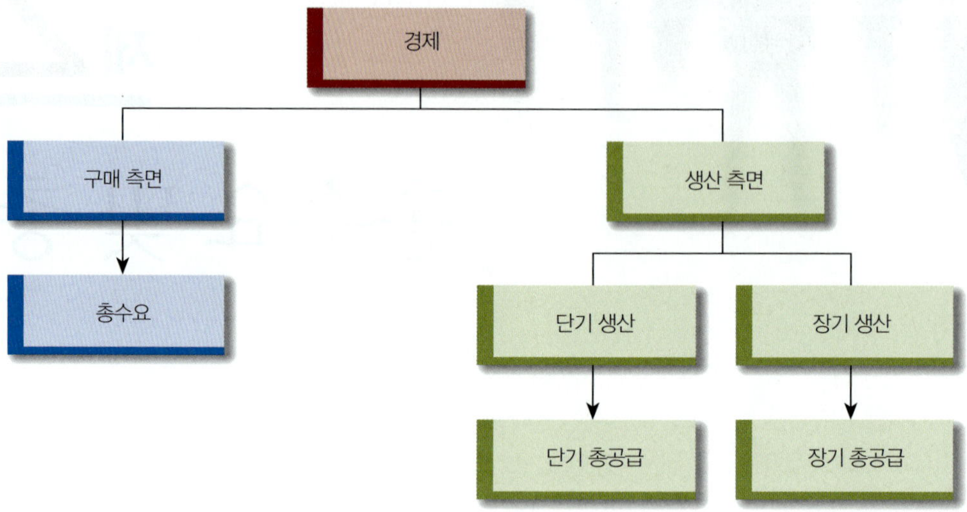

1. 총수요(AD)
2. 단기 총공급(SRAS)
3. 장기 총공급(LRAS)

20.2 총수요

총수요 개인, 기업, 정부는 자국의 재화 및 서비스를 구매한다는 사실을 기억하자. **총수요**(aggregate demand)는 자국의 재화 및 서비스에 대한 수요량 또는 다른 사정이 동일하다면 다양한 물가수준에서 자국의 실질 GDP에 대한 수요량을 말한다. 예를 들면 아래의 자료는 총수요를 나타낸다.

총수요	
물가지수	재화 및 서비스에 대한 수요량 (실질 GDP에 대한 수요량)
100	1조 2,000억 달러 상당의 재화 및 서비스
110	1조 달러 상당의 재화 및 서비스
120	8천억 달러 상당의 재화 및 서비스

총수요(*AD*) 곡선[aggregate demand (*AD*) curve]은 총수요를 그래프로 제시한 것으로 그림 2는 이를 보여주고 있다. 이 곡선의 기울기는 하향하며 이는 물가수준(*P*)과 실질 GDP에 대한 수요량(*Q*) 사이에 역의 관계가 있음을 의미한다. 다른 사정이 동일하다면 물가수준이 상승함에 따라 실질 GDP에 대한 수요량은 감소한다. 반면에 물가수준이 하락하면 실질 GDP에 대한 수요량은 증가한다.

그림 2

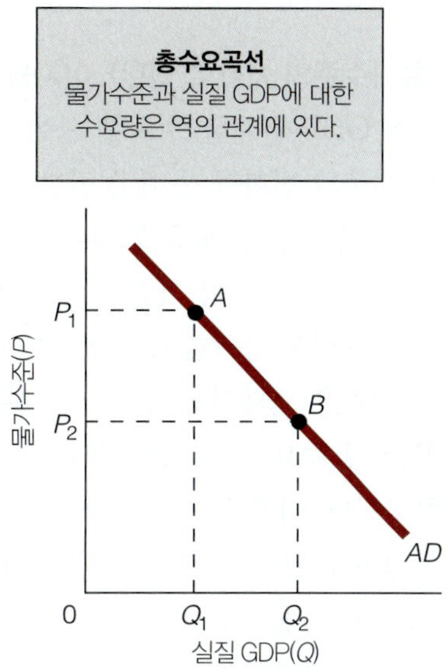

총수요곡선

총수요곡선의 기울기는 하향하며 이는 물가수준과 실질 GDP에 대한 수요량 사이에 역의 관계가 있다는 의미이다.

1 총수요곡선의 기울기가 하향하는 이유는 무엇 때문인가?

총수요곡선의 기울기가 하향하는 이유를 묻는 질문은 물가수준과 실질 GDP에 대한 수요량 사이에 역의 관계가 존재하는 이유를 묻는 질문과 동일하다. 이런 역의 관계와 이에 따라 총수요곡선의 기울기가 하향하는 이유는 (1) 실질잔고 효과 (2) 이자율 효과 (3) 국제무역 효과로 설명할 수 있다.

총수요(*AD*) 곡선

(물가수준의 변화로 인한) 실질잔고 효과 **실질잔고 효과**(real balance effect)에 따르면 물가수준과 실질 GDP에 대한 수요량 사이의 역의 관계는 **화폐적 재산**(monetary wealth)의 가치 변화 또는 개인의 화폐자산의 가치 변화에서 비롯된다고 한다. 화폐적 재산의 변화는 통상적으로 **구매력**(purchasing power), 즉 화폐 단위로 구매할 수 있는 재화 및 서비스의 수량 증감의 형태를 띤다.

실질잔고 효과

화폐적 재산

구매력

예를 들어 현금으로 50,000달러를 갖고 있는 사람을 생각해 보자. 물가수준이 하락하였다고 가정하자. 이렇게 되면 이 사람이 갖고 있던 50,000달러의 구매력은 증가한다. 한때 대당 500달러씩 100대의 텔레비전을 구매할 수 있었던 50,000달러로 이제는 대당 400달러씩 125대를 구매할 수 있다. 이 사람이 갖고 있던 50,000달러의 구매력이 증대했다는 의미는 이 사람의 화폐적 재산이 증대했다는 것과 동일하다. (50,000달러를 갖고 더 적게 구입할 수 있을 때보다 더 많이 구입할 수 있을 때 더 가치가 있는 것 아닌가?) 더 부유해짐에 따라 더 많은 것을 구입하게 된다.

물가수준이 하락하면 구매력이 증가하며 이는 개인의 화폐적 재산을 증대시킨다. 재산이 증가함에 따라 실질 GDP에 대한 수요량이 증가한다.

물가수준이 상승하였다고 가정하자. 이 경우 50,000달러의 구매력은 감소한다. 한때 대당 500달러씩 100대의 텔레비전을 구매할 수 있었던 50,000달러로 이제는 대당 625달러씩 80대를 구매할 수 있다. 이 사람이 갖고 있던 50,000달러의 구매력이 감소했다는 의미는 이 사람의 화폐적 재산이 감소했다는 것과 동일하다. 재산이 감소함에 따라 더 적은 것을 구매하게 된다.

요약해서 말하면 물가수준이 상승함에 따라 구매력이 하락하고 이는 한 사람의 화폐적 재산을 감소시킨다. 재산이 감소함에 따라 실질 GDP에 대한 수요량이 감소한다.

이자율 효과

(물가수준의 변화로 인한) 이자율 효과 **이자율 효과**(interest rate effect)에 따르면 물가수준과 실질 GDP에 대한 수요량 사이의 역의 관계는 이자율 변화에 민감한 가계 및 기업의 일부 지출의 변화를 통해 성립한다.

어떤 사람은 매주 고정된 상품 꾸러미(식료품, 의류, 주거)를 구입한다. 물가수준이 하락하고 이에 따라 이 사람이 보유하고 있는 화폐의 구매력이 증가하였다고 가정하자. (달러당) 구매력이 증가함에 따라 더 적은 화폐를 갖고 고정된 재화 꾸러미를 매입할 수 있다. 이 사람은 화폐적인 부의 증가분을 갖고 무엇을 하게 되는가? 저축을 하게 된다. 단순한 공급 및 수요 분석 측면에서 보면 신용공급이 증가하고 이에 따라 신용의 가격(이자율)이 하락한다. 이자율이 하락함에 따라 가계 및 기업은 더 많은 차용을 하여 더 많은 재화를 구입하게 된다. 따라서 실질 GDP에 대한 수요량이 증가한다.

이제는 물가수준이 상승하여 개인이 보유하고 있는 화폐의 구매력이 감소하였다고 가정하자. (화폐 단위당) 구매력이 감소함에 따라 동일한 화폐액을 갖고 고정된 재화 꾸러미를 구매할 수 없다. 계속해서 해당 재화를 구매하고자 한다면 더 많은 화폐를 취득하여야 한다. 이렇게 하기 위해서는 은행에 가서 대출을 신청하여야 한다. 단순한 공급 및 수요 분석 측면에서 보면 신용에 대한 수요가 증가하여 이자율이 상승한다. 이자율이 상승함에 따라 가계는 예를 들면 자동차 구매에 관한 재원을 조달하기 위해 차용을 덜 하게 되고 기업은 신규 자본재 구입에 따른 재원을 조달하기 위해 차용을 덜 하게 된다. 이렇게 되면 실질 GDP에 대한 수요량이 감소한다.

국제무역 효과

(물가수준의 변화로 인한) 국제무역 효과 **국제무역 효과**(international trade effect)는 물가수준이 변화함에 따라 나타나는 해외부문의 지출 변화를 말한다. 물가수준과 실질 GDP에 대한 수요량 사이의 역의 관계가 외국재화에 대한 국내지출(수입)과 국내재화에 대한 외국지출(수출) 모두를 포함하는 해외부문의 지출을 통해 성립된다.

미국의 물가수준이 하락하였다고 가정하자. 이렇게 되면 미국상품은 외국상품보다 상대적으로 더 저렴해져서 미국인과 외국인 모두 보다 많은 미국상품을 구입하게 된다. 따라서 미국 실질 GDP에 대한 수요량이 증가한다.

미국의 물가수준이 상승하였다고 가정하자. 이렇게 되면 미국상품이 외국상품보다 상대적으로 더 비싸져서 미국인과 외국인 모두 보다 적은 미국상품을 구입하게 된다. 따라서 미국 실질 GDP에 대한 수요량이 감소한다.

위의 세 가지 효과, 즉 실질잔고 효과, 이자율 효과, 국제무역 효과는 그림 3에 요약되어 있다.

2 세 가지 효과의 핵심

앞에서 살펴본 것처럼 실질잔고 효과, 이자율 효과, 국제무역 효과로 인해서 총수요곡선의 기울기가 하향한다. 하지만 이런 세 가지 효과를 일으키는 것은 물가수준의 변화라는

그림 3

총수요곡선의 기울기가 하향하는 이유

이 그림은 *AD* 곡선의 기울기가 하향하는 이유를 설명하는 세 가지 효과를 보여주고 있다. 각 효과는 실질 GDP에 대한 수요량(Q) 변화로 이어지는 물가수준(P)의 변화와 관련된다.

효과의 종류	진행과정	그래프를 이용한 설명
(물가수준의 변화로 인한) 실질잔고 효과	**물가수준 하락** → 구매력 증대 → 화폐적 재산 증대 → **더 많은 상품 구매**	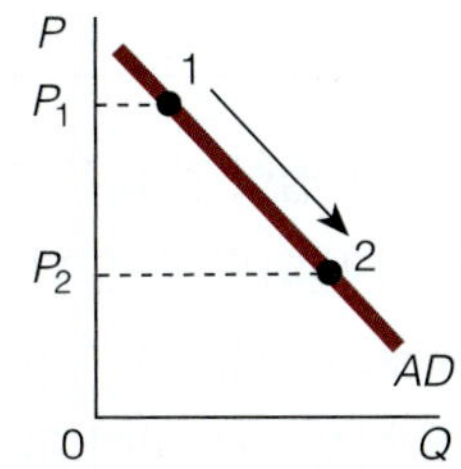
	물가수준 상승 → 구매력 감소 → 화폐적 재산 감소 → **더 적은 상품 구매**	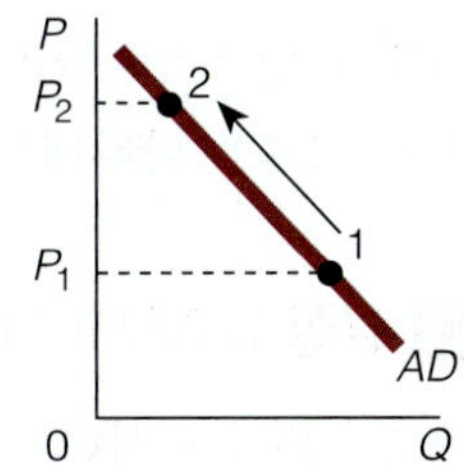
(물가수준의 변화로 인한) 이자율 효과	**물가수준 하락** → 구매력 증대 → 고정된 상품 꾸러미를 구매하는 데 더 적은 화폐가 필요 → 저축 증가 → 신용공급 증가 → 이자율 하락 → 낮아진 이자율로 인해 기업 및 가계가 더 많이 차용 → **더 많은 상품구매**	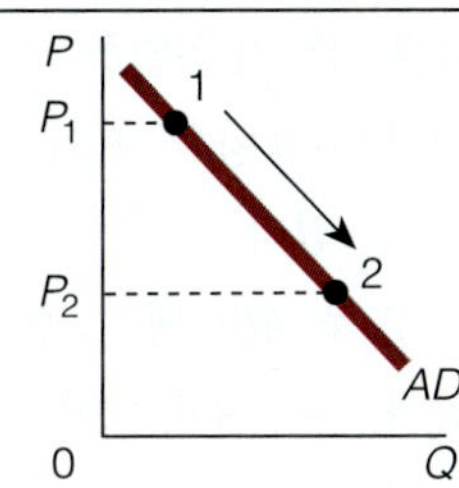
	물가수준 상승 → 구매력 감소 → 고정된 상품 꾸러미를 계속 구매하기 위해서 차용 → 신용수요 증가 → 이자율 상승 → 높아진 이자율로 인해 기업 및 가계가 더 적게 차용 → **더 적은 상품구매**	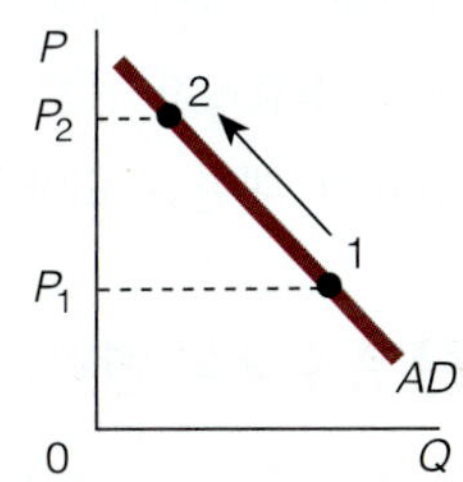
(물가수준의 변화로 인한) 국제무역 효과	**미국 물가수준이 외국 물가수준에 비해 하락** → 미국상품이 외국상품에 비해 상대적으로 저렴 → **미국인 및 외국인 모두 미국상품을 더 많이 구매**	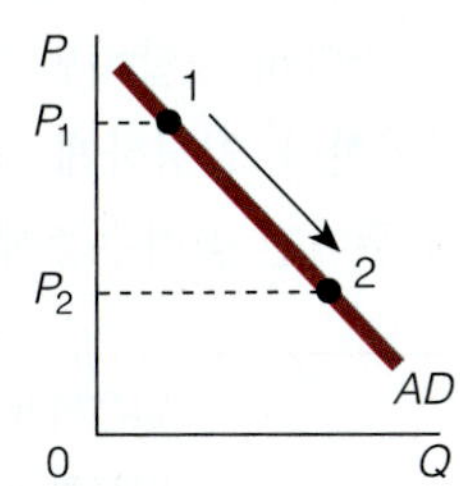
	미국 물가수준이 외국 물가수준에 비해 상승 → 미국상품이 외국상품에 비해 상대적으로 더 비싸짐 → **미국인 및 외국인 모두 미국상품을 더 적게 구매**	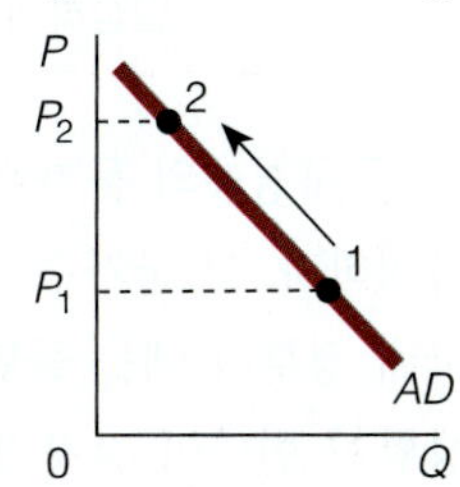

사실을 명심하도록 하자. 다시 말해 예를 들면 이자율 효과에 관해 논의할 때 우리는 물가수준의 변화에 따른 이자율 효과에 관해 말한다.

> 물가수준의 변화 → 이자율 효과

이 점이 중요한 이유는 무엇 때문일까? 변화하는 물가수준 이외의 요인으로 인해 이자율이 변화할 수 있다. 이자율을 변화시키는 모든 것들이 *AD* 곡선 상의 한 점에서 다른 점으로의 이동으로 이어지지는 않는다. 대신에 이자율을 변화시키는 다른 것들은 *AD* 곡선의 이동으로 이어진다. 나중에 이에 관해 보다 자세히 살펴볼 것이다. 지금은 각 세 가지 효과를 일으키는 원인, 즉 물가수준의 변화를 기억해 두도록 하자. 물가수준은 그림 2에서 수직축을 나타내는 변수이다.

3 실질 GDP에 대한 수요량의 변화 대 총수요의 변화

물가수준이 변화하면 실질 GDP에 대한 수요량이 변화한다. 물가수준이 하락함에 따라 다른 사정이 동일하다면 실질 GDP에 대한 수요량이 증가한다. 그림 4(a)에서 실질 GDP에 대한 수요량의 변화는 AD_1 상의 한 점(*A*)에서 AD_1 상의 다른 점(*B*)으로의 이동으로 나타낼 수 있다.

그림 4(b)에서 총수요의 변화는 총수요곡선이 AD_1에서 AD_2로의 이동으로 나타낼 수 있다. 총수요곡선이 이동할 경우 물가수준이 불변하더라도 실질 GDP에 대한 수요량이 변화한다. 예를 들면 그림 4(b)의 경우 (지수) 180인 물가수준에서 AD_1 상의 실질 GDP에 대한 수요량은 6조 달러이다. 하지만 동일한 물가수준 (180)이더라도 AD_2 상의 실질 GDP에 대한 수요량은 6조 5천억 달러가 된다.

4 총수요의 변화: *AD* 곡선의 이동

무엇이 총수요를 변화시키는가? 무엇이 총수요를 증가시키고 무엇이 감소시키는가?

간단히 대답하면 다음과 같다. 국내 재화 및 서비스에 대한 지출이 변화하면 총수요가 변화한다. 일정하게 주어진 물가수준에서 지출이 증가할 경우 총수요가 증대하며 일정하게 주어진 물가수준에서 지출이 감소할 경우 총수요가 감소한다.

> 일정하게 주어진 물가수준에서 지출이 증가할 경우 → *AD*가 증가한다.
> 일정하게 주어진 물가수준에서 지출이 감소할 경우 → *AD*가 감소한다.

국내경제의 물가수준은 소비자 물가지수(CPI)로 나타내며 이 지수는 현재 150이라고 가정하자. 이 물가수준에서 외국인, 외국 기업, 외국 정부와 함께 국내 거주인, 국내 기업, 국내 정부가 예를 들면 7조 달러 상당의 국내 재화 및 서비스를 매입하고자 한다. 그런데 상황이 변하여 갑자기 이들이 총 7조 5천억 달러 상당의 국내 재화 및 서비스를 매입하고자 한다. 재화 및 서비스에 대한 물가가 하락해서 이들이 보다 많은 재화 및 서비스를 매입하려 한다고 결론을 내리기 전에 물가수준이 변화하지 않았다는 사실을 기억하도록

그림 4

실질 GDP에 대한 수요량의 변화 대 총수요의 변화

(a) 실질 GDP의 수요량 변화는 AD_1 상의 한 점인 A로부터 AD_1 상의 다른 점인 B로의 이동으로 나타낼 수 있다. 실질 GDP에 대한 수요량 변화는 물가수준 변화에 따른 결과이다. (b) 총수요 변화는 총수요곡선의 이동, 즉 AD_1으로부터 AD_2로의 이동으로 나타낼 수 있다.

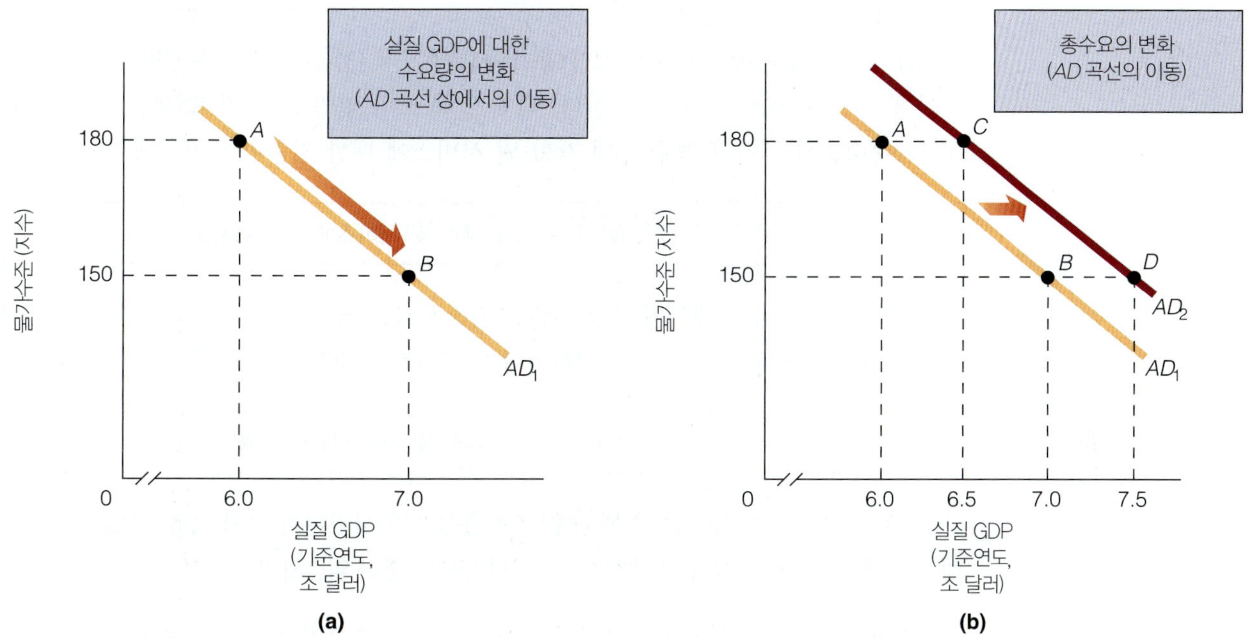

하자. CPI로 나타낸 물가수준은 아직도 150이다. 다시 말해 국내외 모든 개인, 기업, 정부는 재화 및 서비스의 가격이 변화하지 않았음에도 불구하고 국내 재화를 더 많이 매입하려 한다.

국내 재화의 가격이 변화하지 않았음에도 불구하고 개인, 기업, 정부가 국내 재화 및 서비스를 더 많이 매입하려는 경우 총수요가 증가하였다고 한다. 따라서 *AD* 곡선이 오른쪽으로 이동한다. 물론 개인, 기업, 정부가 일정하게 주어진 물가수준에서 국내 재화 및 서비스를 더 적게 매입하려는 경우 총수요가 감소하였다고 한다. 따라서 *AD* 곡선이 왼쪽으로 이동한다.

그림 4(b)는 총수요의 변화(*AD* 곡선의 이동)을 보여주고 있다. 점 *B*에서 물가수준은 150이며 국내 재화 및 서비스에 대한 총지출은 7조 달러가 된다. 점 *D*에서 물가수준은 아직도 150이지만 국내 재화 및 서비스에 대한 총지출은 7조 5천억 달러로 증가하였다. 총수요가 점 *B*에서 점 *D*로 이동한 이유는 무엇 때문인가? 즉 무엇이 총지출을 증대시켰는가? 이에 관해 알아보기 위해서 총지출의 구성 요소를 살펴볼 필요가 있다.

5 지출의 구성 요소는 총수요에 어떤 영향을 미치는가?

앞 장에서 네 가지 주요한 지출의 구성 요소, 즉 소비(*C*), 투자(*I*), 정부구매(*G*), 순수출(*NX*)에 대해 살펴보았다. 다음과 같이 간단한 숫자의 예를 들어 보도록 하자. $C = 100$달러, $I =$

100달러, G = 100달러, EX = 50달러, IM = 15달러이면 순수출 = 35달러가 된다.

위의 숫자를 이용해서 국내 재화 및 서비스에 대해 335달러의 지출이 이루어졌음을 알 수 있다. 소비, 투자, 정부구매, 순수출을 합산함으로써 이 금액을 구할 수 있다.

국내 재화 및 서비스에 대한 총지출 = $C + I + G + NX$

(1) C가 증가하고/하거나 (2) I가 증가하고/하거나 (3) G가 증하하고/하거나 (4) NX가 증가할 경우 총액이 분명히 증가한다. 다시 말해 소비 및/또는, 투자 및/또는, 정부구매 및/또는, 순수출이 증가할 경우 국내 재화 및 서비스에 대한 지출이 증가하게 된다.

$C\uparrow, I\uparrow, G\uparrow, NX\uparrow \rightarrow$ 국내 재화 및 서비스에 대한 총지출 ↑

그렇다면 무엇이 국내 재화에 대한 지출을 감소시키는가? (1) C가 감소하고/하거나 (2) I가 감소하고/하거나 (3) G가 감소하고/하거나 (4) NX가 감소할 경우 지출이 감소하게 된다.

$C\downarrow, I\downarrow, G\downarrow, NX\downarrow \rightarrow$ 국내 재화 및 서비스에 대한 총지출 ↓

무엇이 국내 재화 및 서비스에 대한 총지출을 변화시키는지 알게 되었으므로 지출의 구성 요소를 (국내) 총수요에 연계시킬 수 있다. **물가수준이 일정하게 주어진 경우 다음과 같다.**

- 소비, 투자, 정부구매, 또는 순수출이 증가하면 총수요가 증대되어 AD 곡선이 오른쪽으로 이동한다.
- 소비, 투자, 정부구매, 또는 순수출이 감소하면 총수요가 감소하여 AD 곡선이 왼쪽으로 이동한다.

이 관계를 다음과 같이 나타낼 수 있다.

일정하게 주어진 물가수준에서, $C\uparrow, I\uparrow, G\uparrow, NX\uparrow, \rightarrow AD\uparrow$
일정하게 주어진 물가수준에서, $C\downarrow, I\downarrow, G\downarrow, NX\downarrow, \rightarrow AD\downarrow$

그림 5는 지출의 구성 요소가 변화할 경우 총수요에 어떤 영향을 미치는지 보여주고 있다.

6 총지출이 증가한 이유는 무엇인가?

교수가 다음과 같은 진위형 시험문제를 출제하였다.

> 물가수준이 하락하고 총지출이 증가하였다. 총지출이 증가함에 따라 경제의 총수요가 증가하고 AD 곡선이 오른쪽으로 이동한다. 옳은가? 또는 틀린가?

총지출이 증가하면 총수요가 증가한다는 생각에 익숙해져서 '옳다'고 답할지도 모른다. 하지만 물가수준이 일정하게 주어진 상황에서 총지출이 증가할 경우에만 총수요가 증가한다.

(1) 물가수준이 하락하는 상황에서 총지출이 증가하는 경우와 (2) 물가수준이 일정하

그림 5

총수요의 변화

이 그림은 지출의 다양한 구성 요소가 변화할 경우 총수요가 어떻게 변화하는지를 보여준다. 여기서 다음과 같다. C = 소비, I = 투자, G = 정부구매, NX = 순수출, EX = 수출, IM = 수입, $NX = EX - IM$

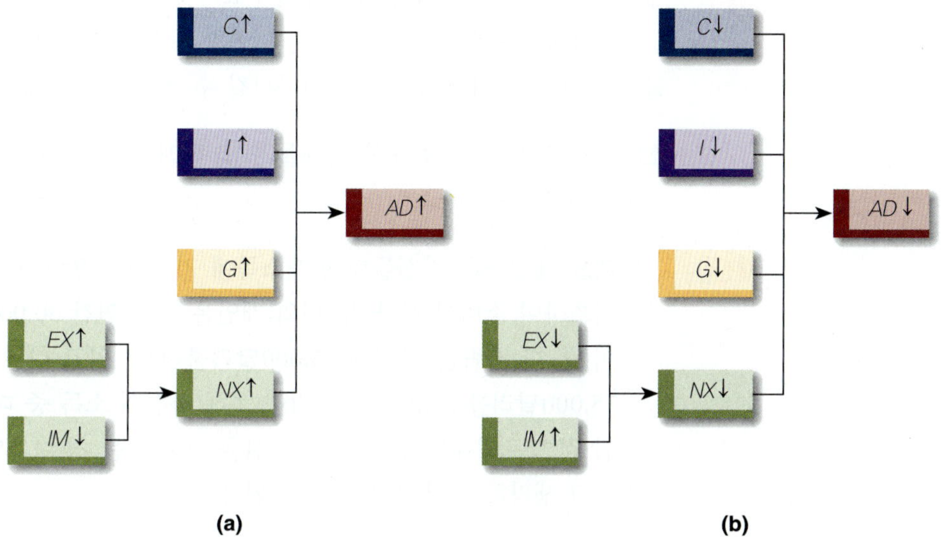

게 주어진 상황에서 총지출이 증가하는 경우 사이의 차이점을 알아보기 위해서 다음과 같은 두 가지 예를 생각해 보자.

- 실례 1. 물가수준이 하락하여 재화 및 서비스가 더 저렴해졌다. 낮아진 물가로 인해 개인들은 더 많은 재화 및 서비스를 매입하기 시작하였다. 따라서 총지출이 증가한다.
- 실례 2. 물가수준은 변화하지 않는다. 그러나 사람들이 보다 많은 재화 및 서비스를 구입하도록 경제에서 어떤 변화가 발생하였다. 보다 많은 재화 및 서비스를 구입함에 따라 총지출이 증가한다.

위의 두 경우 모두 총지출이 증가한다. 하지만 실례 1에서는 물가수준이 하락해서 총지출이 증가한다. 이로 인해 주어진 *AD* 곡선을 따라 아래로 이동하게 된다. 실례 2에서는 물가수준이 불변이지만 총지출이 증가한다. 이로 인해 *AD* 곡선이 오른쪽으로 이동한다.

학습한 교훈: 두 가지 이유 중 하나로 인해 총지출이 증가할 수 있다. 첫 번째 경우는 물가수준이 하락하여 주어진 AD 곡선을 따라 이동한다. 두 번째 경우는 물가수준 이외의 다른 요소가 변화하여 AD 곡선을 이동시킨다.

7 *C, I, G, NX(EX − IM)*를 변화시켜 *AD*를 변화시킬 수 있는(*AD* 곡선을 이동시킬 수 있는) 요소

무엇이 경제의 총수요를 변화시킬 수 있는가? 대답은 소비, 투자, 정부구매, 및/또는 순수출(수출 – 수입)의 변화이다. 예를 들어 어떤 사람이 *AD*가 증가한 이유를 물을 경우 소비가 증가하였기 때문이라고 대답할 수 있다.

하지만 당신에게 "무엇이 소비를 증가시키느냐?"고 질문하였다고 가정하자. 한 질문에 대답은 또 다른 질문으로 이어졌다. 소비의 변화가 총수요를 변화시킨다면 무엇이 소비를 변화시키는가? 투자, 정부구매, 순수출(수출 – 수입)의 변화에 대해서도 동일한 질문을 할 수 있다. 예를 들어 투자가 증가해서 총수요가 증가하였다면 무엇이 투자를 증가시켰는가?

이 절에서는 소비, 투자, 순수출을 변화시킬 수 있는 많은 요인들 중 일부에 대해 살펴볼 것이다. 나중에 정부구매를 변화시킬 수 있는 요인들에 대해서도 고찰할 것이다.

소비 네 가지 요소, 즉 재산, 장래물가 및 장래소득에 대한 기대, 이자율, 소득세가 소비에 영향을 미칠 수 있다.

재산

1. 재산: 개인들은 자신들의 현재소득에 기초할 뿐만 아니라 자신들의 **재산**(wealth)에도 기초하여 소비를 한다. 두 명의 개인은 각각 연간 80,000달러의 소득을 갖고 있으며 이 중 한 사람은 은행에 75,000달러를 갖고 있고 다른 사람은 재산이 없다. 은행에 75,000달러를 갖고 있는 사람이 올해 자신의 소득 중 더 많은 부분을 소비재에 지출할 것으로 기대된다. 더 많은 재산을 갖고 있는 경우 개인들은 재정적으로 더 안전하다고 생각하여 더 지출을 하게 된다.

   - 재산의 증가는 소비의 증가로 이어진다. 소비가 증가하면 총수요가 증가하여 *AD* 곡선이 오른쪽으로 이동한다.
   - 재산의 감소는 소비의 감소로 이어지며 이로 인해 총수요가 감소한다. 따라서 *AD* 곡선이 왼쪽으로 이동한다.

재산 ↑ → *C* ↑ → *AD* ↑

재산 ↓ → *C* ↓ → *AD* ↓

2. 장래물가 및 장래소득에 대한 기대. 장래물가에 대한 개인의 기대는 총수요를 증가시킬 수도 있고, 감소시킬 수도 있다.

   - 개인들이 장래에 물가가 더 높아질 것으로 기대하는 경우 이들은 현재의 더 낮은 물가수준에서 재화를 구입하기 위해 현재의 소비지출을 증대시킨다. 소비의 증가는 총수요의 증가로 이어진다.
   - 개인들이 장래에 물가가 더 낮아질 것으로 기대하는 경우 이들은 현재의 소비지출을 감소시킨다. 소비의 감소는 총수요의 감소로 이어진다.

장래물가가 더 높아질 것으로 기대하는 경우 → *C* ↑ → *AD* ↑

장래물가가 더 낮아질 것으로 기대하는 경우 → *C* ↓ → *AD* ↓

이와 유사하게 소득에 대한 기대도 총수요에 영향을 미칠 수 있다.

- 장래소득이 더 높아질 것으로 기대하는 경우 소비를 증대시키며 이는 총수요의 증가로 이어진다.
- 장래소득이 더 낮아질 것으로 기대하는 경우 소비를 감소시키며 이는 총수요의 감소로 이어진다.

장래소득이 더 높아질 것으로 기대하는 경우 → $C\uparrow \rightarrow AD\uparrow$

장래소득이 더 낮아질 것으로 기대하는 경우 → $C\downarrow \rightarrow AD\downarrow$

3. **이자율**: 현재의 실증분석에 따르면 내구 소비재에 대한 지출은 이자율에 민감하다고 한다.
   - 매수인들은 자주 차용을 하여 이들 품목의 금액을 지불한다. 따라서 이자율이 상승하면 내구재 구입과 관련된 월간 지급액이 **증가**하며 이로 인해 소비가 감소한다. 소비의 감소는 총수요의 감소로 이어진다.
   - 반면에 이자율이 하락하면 월간 지급액이 **감소**하며 이로 인해 내구재 소비가 증가한다. 소비의 증가는 총수요의 증가로 이어진다.

이자율 $\uparrow \rightarrow C\downarrow \rightarrow AD\downarrow$

이자율 $\downarrow \rightarrow C\uparrow \rightarrow AD\uparrow$

4. **소득세**. 개인 소득세, 즉 자신이 벌은 소득에 대해 지불하는 조세에 대해 생각해 보자.
   - 소득세가 **증가**함에 따라 가처분 소득이 감소한다. 실제 손에 들어오는 급료가 감소할 경우 소비가 감소한다. 따라서 총수요가 감소한다.
   - 소득세가 **감소**함에 따라 정반대 효과가 나타난다. 즉 이는 가처분 소득을 증대시킨다. 실제 손에 들어오는 급료가 증가할 경우 소비가 증가하여 총수요가 증가한다.

소득세 $\uparrow \rightarrow C\downarrow \rightarrow AD\downarrow$

소득세 $\downarrow \rightarrow C\uparrow \rightarrow AD\uparrow$

투자 세 가지 요소, 즉 이자율, 장래판매에 대한 기대, 기업세가 투자에 영향을 미칠 수 있다.

1. **이자율**. 이자율이 변화하면 기업의 결정에 영향을 미칠 수 있다.
   - 이자율이 **상승**하면 투자 계획을 시행하는 데 따른 비용이 증가하여 기업은 투자를 감소시킨다. 투자가 감소함에 따라 총수요가 감소한다.
   - 이자율이 **하락**하면 투자 계획을 시행하는 데 따른 비용이 감소하여 기업은 투자를 증가시킨다. 이에 따라 총수요가 증가한다.

이자율 $\uparrow \rightarrow I\downarrow \rightarrow AD\downarrow$

이자율 $\downarrow \rightarrow I\uparrow \rightarrow AD\uparrow$

2. **장래판매에 대한 기대**. 기업들은 자신들이 생산한 재화를 판매할 것으로 기대하기 때문에 투자를 한다.

- 기업들이 장래판매에 대해 낙관적인 경우 투자 지출이 증가하고 총수요가 증가한다.
- 기업들이 장래판매에 대해 비관적인 경우 투자 지출이 감소하고 총수요가 감소한다.

> 기업들이 장래판매에 대해 낙관적인 경우 → I↑ → AD↑
>
> 기업들이 장래판매에 대해 비관적인 경우 → I↓ → AD↓

3. 기업세. 기업들은 자신들의 투자 결정을 내릴 때 세후 기대이윤을 자연적으로 고려하게 된다.
   - 기업세가 **증가**하면 기대이윤이 낮아지고 기대이윤이 감소하면 기업은 투자를 감소시킨다. 투자 지출이 감소할 경우 총수요가 감소한다.
   - 반면에 기업세가 **감소**하면 기대이윤이 높아져서 투자 지출이 증가한다. 이로 인해 총수요가 증가한다.

> 기업세↑ → I↓ → AD↓
>
> 기업세↓ → I↑ → AD↑

순수출 두 가지 요소, 즉 외국의 실질 국민소득과 환율이 순수출에 영향을 미칠 수 있다.

1. **외국의 실질 국민소득:** 우리나라 국민들이 국민소득을 얻는 것처럼 외국의 국민들도 그렇게 한다. 물가 변화에 대해 외국의 국민소득을 조정하면 외국의 실질 국민소득을 구할 수 있다.
   - 외국의 실질 국민소득이 **증가**하면 외국인들은 우리나라의 재화 및 서비스를 더 많이 구입하게 된다. 따라서 우리나라의 수출이 증가한다. 수출이 증가할 경우 **다른 사정이 동일하다면** 순수출이 증가한다. 순수출이 증가하면 총수요가 증가한다.
   - 위와 같이 정반대 상황을 생각해 보자. 외국의 실질국민소득이 **감소**하면 외국인들은 우리나라의 재화를 더 적게 구입하여 수출이 감소한다. 이로 인해 순수출이 감소하며 총수요가 감소한다.

> 외국의 실질국민소득↑ → 우리나라의 수출↑ → 우리나라의 순수출↑ → AD↑
>
> 외국의 실질국민소득↓ → 우리나라의 수출↓ → 우리나라의 순수출↓ → AD↓

환율

평가절상

평가절하

2. **환율:** **환율**(exchange rate)은 다른 통화 측면에서 본 한 통화의 가격이다. 예를 들면 1.25달러가 1유로와 교환된다고 하자. 달러화를 매입하기 위해서 다른 통화가 보다 많이 필요하다면 달러화는 **평가절상**(appreciation)된 것이다. 다른 통화를 매입하기 위해서 달러화가 보다 많이 필요하다면 달러화는 **평가절하**(depreciation)된 것이다. 예를 들어 환율이 1.25달러 = 1유로에서 1.50달러 = 1유로로 변화했다는 의미는 1유로를 매입하기 위해 보다 많은 달러화가 필요하다는 의미이다. 이런 경우 유로화가 평가절상되었다고 한다. 1유로를 매입하기 위해서 보다 많은 달러화가 필요하기 때문에 달러

화는 평가절하되었다고 한다.

- 어떤 국가의 통화가 **평가절하**될 경우 외국 상품은 더 비싸지게 된다. 환율이 1.25달러 = 1유로일 때 가격이 200유로인 아일랜드산 코트를 생각해 보자. 이 아일랜드산 코트를 200유로를 주고 매입하기 위해서 미국인은 250달러(1.25달러/유로 × 200유로 = 250달러)가 필요하다. 이제 달러화가 평가절하되어 1.50달러 = 1유로가 되었다고 가정하자. 미국인들은 이제 코트를 매입하기 위해서 300달러가 필요하다.
- 이런 과정은 대칭적이다. 어떤 국가의 통화가 **평가절상**된 경우 외국 상품은 더 저렴해진다. 예를 들어 환율이 1.25달러 = 1유로에서 1달러 = 1유로로 변화하면 아일랜드산 코트는 미국인들에게 200달러에 불과하다.

자국 통화가 평가절하되거나 평가절상될 경우 순수출에 영향을 미친다.

- 어떤 국가의 통화가 평가절하되면 외국 물품은 더 비싸져서 평가절하가 이루어진 국가의 국민들은 수입을 줄이게 된다. 반면에 (자국 통화가 평가절상된) 외국인들은 통화가 평가절하된 국가의 수출품 매입을 증대시킨다. 통화가 평가절하된 국가의 수출이 증가하고 수입이 감소할 경우 순수출은 증가하고 이에 따라 총수요가 증가한다.
- 어떤 국가의 통화가 평가절상되면 외국 물품이 더 저렴해져서 평가절상이 이루어진 국가의 국민들은 수입품의 구매를 증가시킨다. 반면에 (자국의 통화가 평가절하된) 외국인들은 통화가 평가절상된 국가의 수출품 구매를 감소시킨다. 통화가 평가절상된 국가의 수출이 감소하고 수입은 증가할 경우 순수출은 감소하고 이에 따라 총수요가 감소한다.

어떤 국가의 통화가 평가절하되는 경우 → 해당 국가의 수출↑ 수입↓ →
해당 국가의 순수출↑ → *AD*↑

어떤 국가의 통화가 평가절상되는 경우 → 해당 국가의 수출↓ 수입↑ →
해당 국가의 순수출↓ → *AD*↓

그림 6은 총수요를 변화시키는 요인들을 설명하고 있다.

8 통화공급의 변화가 총수요를 변화시킬 수 있는가?

이자율, 기업세, 환율 등과 요인들이 변화하면 소비, 투자, 순수출을 직접적으로 변화시켜 총수요를 (간접적으로) 변화시킬 수 있다. 그렇다면 통화공급은 어떠한가? 통화공급의 변화가 총수요의 변화로 이어질 수 있는가?

예를 들면 통화공급이 1조 4,000억 달러에서 1조 5,000억 달러로 증가하였다고 가정하자. 통화공급의 변화가 총수요의 변화로 이어지는가? 대부분의 경제학자들은 그렇다고 본다. 하지만 어떻게 연계되는가는 의견이 서로 다르다. (지금까지 한 논의의 테두리 내에서) 이 효과를 설명하는 한 가지 방법은 다음과 같다. (1) 통화공급의 변화가 이자율에 영향을 미친다. (2) 이자율의 변화가 소비 및 투자를 변화시킨다. (3) 소비 및 투자의 변화가 총수

그림 6

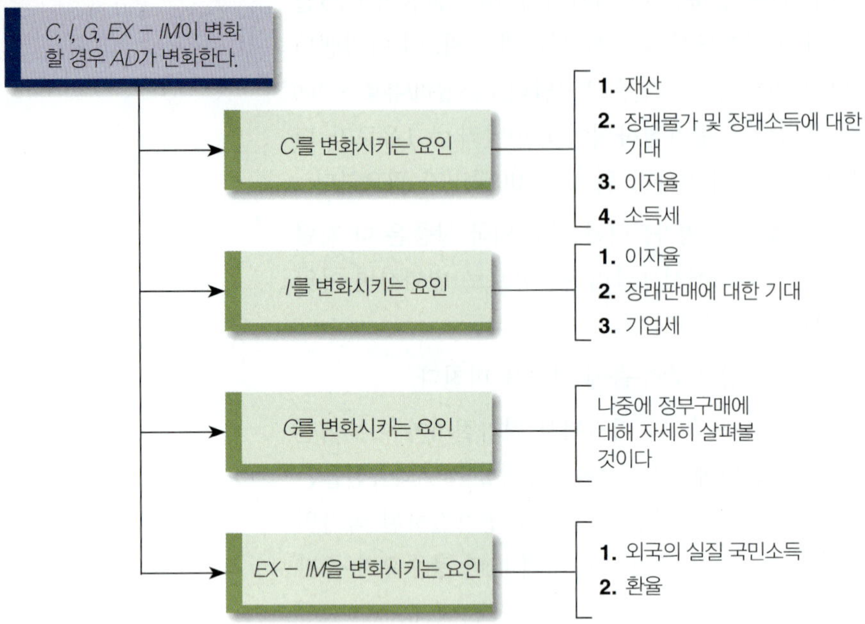

총수요를 변화시키는 요인

소비(*C*), 투자(*I*), 정부구매(*G*), 순수출(*EX* − *IM*)이 변화할 경우 총수요(*AD*)가 변화한다. *G*, *I*, *G*, *EX* − *IM*에 영향을 미치고 그로 인해 총수요에 간접적으로 영향을 미치는 요인들은 그림과 같다.

요를 변화시킨다. 이처럼 통화공급의 변화는 총수요의 변화로 종식되는 과정에서 촉매 작용을 한다. (통화공급과 이자율에 대해서는 나중에 보다 자세히 살펴볼 것이다.)

9 소비가 증가할 경우 지출의 다른 구성 요소는 감소하여야 하는가?

C = 100달러, *I* = 100달러, *G* = 100달러, *NX* = 100달러라고 가정하자. 총지출은 400달러가 된다. 이제 *C*가 50달러만큼 증가하여 150달러가 되었다고 가정하자. 한 개 이상 지출의 다른 구성 요소는 50만큼 감소하여야 하는가? 이 물음에 답하기 위해서는 두 가지 요소, 즉 통화공급과 화폐유통속도를 살펴보아야 한다.

어떤 경제의 통화공급은 1달러이고 현재 1달러는 조우(Joe)의 수중에 있다. 조우는 1달러를 갖고 재키(Jackie)로부터 상품 X를 구입하였다. 재키는 (이전에 조우로부터 받았던) 1달러를 갖고 존(John)으로부터 상품 Y를 구입하였다. 나중에 존은 (이전에 재키로부터 받았던) 1달러를 갖고 질(Jill)로부터 상품 Z를 구입한다.

우리가 알고 있는 사실은 다음과 같다. 통화공급 1달러를 갖고 시작하였으며 이 달러는 세 번 주인이 바뀌어서 유통되었다. 최종 재화 및 서비스를 구입하기 위해서 달러의 주인이 바뀐 (또는 달러가 사용된) 횟수를 **유통속도**(velocity)라고 한다(통화공급이 1달러를 초과하는 경우 유통속도를 횟수로 정의하지 않고 연간 최종 재화 및 서비스를 구입하기 위해서 달러가 사용된 **평균 횟수**로 정의된다).

유통속도

통화공급(1달러)과 유통속도(3)을 곱한 값은 3달러가 되며 이는 경제의 총지출액이 된다. 위의 예에서 다음과 같은 두 가지 사실을 알 수 있다. 첫째, 경제의 총지출액이 통화 공급액보다 더 클 수 있다(증명: 위의 예에서 통화 공급액은 1달러이고 총지출액은 3달러가 된다). 둘째, 총지출액은 통화공급과 유통속도에 달려 있다(증명: 위의 예에서 총지출액은 통화공급에 유통속도를 곱한 값이다).

이제 최초의 질문으로 돌아가 보자. 소비가 증가할 경우 다른 구성 요소는 감소하여야 하는가? 통화공급이나 유통속도가 변화하지 않는 경우 이 물음에 대한 대답은 긍정적("그렇다")이다. 통화공급이나 유통속도가 증가하는 경우 이 물음에 대한 대답은 부정적("아니다")이다.

대답이 어떻게 긍정적이 되는지 알아보기 위해서 통화공급이 1달러이고 유통속도가 3이라고 다시 가정하자. 따라서 총지출액은 3달러가 된다. 총지출액 3달러를 다음과 같이 분리해 보자. 1달러는 소비와 관련되고 다른 1달러는 투자와 관련되며 또 다른 1달러는 정부구매와 관련된다. 소비는 2달러로 증가하고 통화공급 및 유통속도는 계속해서 각각 1달러 및 3이다. 이처럼 총지출액은 계속 3달러이므로 소비가 1달러 증가할 경우 지출의 다른 구성 요소는 1달러 감소하여야 한다. 결국 총지출액은 3달러로 고정되었으므로 지출의 한 구성 요소가 증가할 경우 다른 구성 요소는 동일한 금액만큼 감소하여야 한다.

하지만 통화공급이나 유통속도가 변화할 경우 지출은 고정되지 않는다. 소비가 1달러에서 2달러로 증가하였지만 유통속도 또는 통화공급이 증가하였다고 가정하자. 이런 경우 지출의 다른 구성 요소가 변화할 필요는 없다. 그 이유를 알아보기 위해서 통화공급이 1.40달러로 증가하고 유통속도는 계속 3이라고 가정하자. 이제 총지출은 3달러가 아니라 4.20달러가 되며 투자 또는 정부구매의 감소 없이 소비가 2달러로 증가할 수 있다. 다시 말해 C는 2달러가 되며 I는 계속해서 1달러이고 G도 1달러(또는 1.20달러)가 될 수 있다.

통화공급은 1달러로 일정하고 유통속도가 3에서 4로 증가할 경우에도 동일한 상황이 된다. 유통속도가 4인 경우 총지출은 4달러가 된다. 지출의 다른 구성 요소가 감소하지 않으며 소비가 2달러로 증가할 수 있다.

요점을 재정리하면 다음과 같다.

- 통화공급과 유통속도가 모두 일정한 경우 (예를 들면 소비처럼) 지출의 한 구성 요소가 증가하면 다른 구성 요소는 감소하여야 한다.
- 통화공급 또는 유통속도가 증가할 경우 지출의 한 구성 요소는 다른 구성 요소를 감소시키지 않고도 증가할 수 있다.

20.3 단기 총공급

총수요는 경제의 한 측면이며 총공급은 다른 측면이다. **총공급**(aggregate supply)은 다른 사정이 동일한 경우 다양한 물가수준에서 모든 재화 및 서비스의 공급량(실질 GDP)이다. 총공급에는 단기 총공급과 장기 총공급이 있다. 여기서는 단기 총공급에 대해 살펴 볼 것이다.

총공급

1 단기 총공급곡선: 단기 총공급곡선은 무엇이며 기울기가 상향하는 이유는 무엇 때문인가?

그림 7에서 보는 것처럼 **단기 총공급곡선**(short-run aggregate supply curve, *SRAS* curve)은 다른 사정이 동일한 경우 다양한 물가수준에서 모든 재화 및 서비스의 공급량을 나타낸다. 단기 총공급곡선의 기울기가 상향한다는 사실에 주목하자. 즉 물가수준이 상승함에 따라 기업들은 재화 및 서비스의 공급량을 증가시키고 반대로 물가수준이 하락함에 따라 기업들은 재

단기 총공급곡선

그림 7

단기 총공급곡선

단기 총공급곡선의 기울기는 상향하며 이는 물가수준과 실질 GDP의 공급량 사이에 직접적인 관계가 있음을 의미한다.

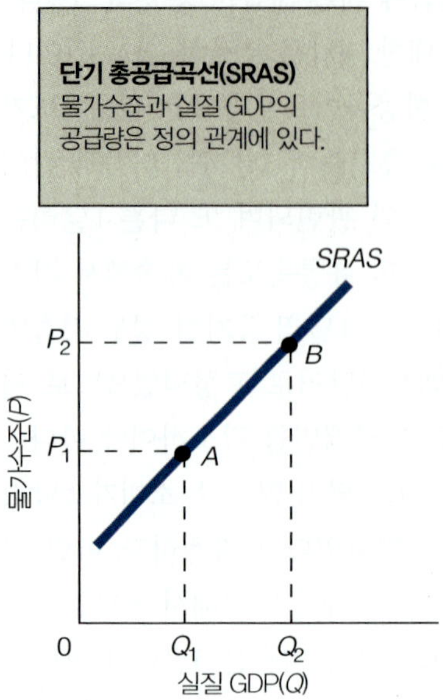

화 및 서비스의 공급량을 감소시킨다. 단기 총공급곡선의 기울기가 상향하는 이유는 무엇 때문인가? 경제학자들은 몇 가지 설명을 제시하고 있지만 여기서는 두 가지 설명만을 살펴볼 것이다.

비신축적인 임금 일부 경제학자들은 임금이 비신축적이라고 생각한다. 그 이유는 노동자와 경영자가 체결한 노동계약으로 인해 임금이 몇 년 동안 고정될 수 있기 때문이다. 예를 들면 경영자와 노동자가 향후 1년에서 3년 동안 임금을 고정하기로 합의할 수 있다. 노동자와 경영자 둘 다 이것이 자신들에게 최선이라고 생각할 수 있다. 경영자는 계약기간 동안 노동비용이 얼마가 될지 알 수 있으며 노동자들은 임금이 인하되지 않는다는 안전감을 가질 수 있다. 임금은 또한 사회적 관습이나 공정성의 관점에서 비신축적일 수 있다. 임금이 비신축적인 이유가 무엇이든지 간에 *SRAS* 곡선의 기울기가 상향하는 이유를 어떻게 설명할 수 있는지 살펴보도록 하자.

기업들은 (예를 들면 시간당 30달러처럼) **명목임금**을 지불하지만 실질임금에 기초하여 얼마나 많은 노동자를 고용할지 결정한다. **실질임금**은 명목임금을 물가수준으로 나누어 구할 수 있다.

$$\text{실질임금} = \frac{\text{명목임금}}{\text{물가수준}}$$

예를 들면 명목임금은 시간당 30달러이고 물가지수를 측정한 물가수준은 1.50이라고 가상하자.[1] 그러면 실질임금은 20달러가 된다.

- 노동의 공급량은 실질임금과 **정**의 관계에 있다. 즉 실질임금이 상승함에 따라 노동의 공급량은 증가하고 실질임금이 하락함에 따라 노동의 공급량이 감소한다. 간단히 말해 실질임금이 낮을 때보다 높을 때에 보다 많은 사람들이 노동을 하려 하며 현재 노동을 하고 있는 사람들은 보다 많은 시간 동안 노동을 하려 한다.

실질임금 ↑→ 노동의 공급량 ↑
실질임금 ↓ → 노동의 공급량 ↓

- 노동에 대한 수요량은 실질임금과 **역**의 관계에 있다. 즉 실질임금이 상승함에 따라 노

1) 물가지수를 1.5에 100을 곱하여 150이라고 볼 수 있다. 이 경우 실질임금을 구하는 공식은 다음과 같다. 실질임금 = (명목임금 ÷ 물가수준) × 100.

동의 수요량이 감소하고 실질임금이 하락함에 따라 노동의 수요량이 증가한다. 기업들은 노동자를 고용하는 비용이 낮아질수록 보다 많은 노동자를 고용하게 된다.

실질임금 ↑→ 노동에 대한 수요량 ↓
실질임금 ↓ → 노동에 대한 수요량 ↑

기업은 향후 3년 동안 시간당 30달러를 노동자에게 지불하기로 합의하고 1,000명을 고용하려 한다고 가상하자. 이 수준의 명목임금에 합의하면서 기업은 물가지수는 계속 1.50이며 실질임금은 20달러가 될 것이라고 생각하였다.

이제 물가지수가 1.25로 하락하였다고 가상하자. 이 경우 실질임금은 24달러(30달러 ÷ 1.25)가 되며 이는 명목임금을 시간당 30달러로 고정시키기로 합의할 때 기업이 기대한 것보다 더 높다. 실질임금이 (20달러에 머무르지 않고) 24달러라는 사실을 기업이 깨닫게 되면 1,000명의 노동자를 고용하지 않고 대신에 800명만을 고용하게 된다.

그렇다면 기업은 무엇을 할 것인가? 처음에 말했던 것처럼 실질임금과 노동에 대한 수요량(기업이 고용하고자 하는 노동자의 수) 사이에는 역의 관계가 있다. 실질임금이 (20달러에서 24달러로) 인상되었기 때문에 기업은 노동을 (1,000명에서 800명으로) 축소시키게 된다. 고용한 노동자의 수가 감소함에 따라 생산량이 감소하게 된다.

임금이 비신축적인 경우 물가수준이 하락하면 (이로 인해 실질임금이 상승하면) 생산량이 감소한다. 이는 기울기가 상향하는 *SRAS* 곡선이 의미하는 것이다. 물가수준이 하락함에 따라 재화 및 서비스의 공급량이 감소한다.

물가수준은 하락하고 명목임금은 일정한 경우 → 실질임금 ↑ → 기업은 더 적은 수의 노동자를 고용한다 → 실질 GDP의 공급량이 감소한다

노동자의 오해 SRAS 곡선의 기울기가 상향한다고 설명하는 다른 논리에 따르면 노동자들이 실질임금의 변화를 오해할 수 있다고 주장한다. 예를 들어 명목임금이 시간당 30달러이고 물가지수로 측정한 물가수준이 1.50이라고 하면 실질임금은 20달러가 된다. 이제 명목임금이 25달러로 감소하고 물가수준이 1.25로 하락하였다고 가정하자. 실질임금은 아직도 20달러(25 ÷ 1.25 = 20달러)이지만 노동자들은 이를 알지 못할 수 있다. 이들은 명목임금이 하락하였다고(즉 시간당 30달러가 아니라 25달러를 받는다고) 생각한다. 이들은 또한 물가수준도 하락하였다는 사실을 알 수 있지만 처음에는 물가수준이 얼마나 하락하였는지 알 수 없다. 예를 들면 물가수준이 1.50에서 1.39로 하락한 것으로 잘못 생각하고 있다고 가정하자. 노동자들은 실질임금이 실제로 20달러(30달러 ÷ 1.50)에서 17.98달러(25달러 ÷ 1.39)로 하락하였다고 생각한다. 실질임금이 하락한 것으로 잘못 인지함으로써 노동자들은 공급하고자 하는 노동량을 감소시킬 수 있다. 노동자(자원)가 감소함에 따라 기업은 생산을 감소시키게 된다.

이처럼 노동자들이 실질임금의 변화를 잘못 이해하는 경우 물가수준의 하락은 생산량의 감소로 이어진다. 이를 그래프로 나타내면 기울기가 상향하는 단기 총공급곡선이 된다.

명목임금과 물가수준이 동일한 백분율로 감소한다 → 실질임금은 불변한다 → 노동자들은 실질임금이 하락한 것으로 잘못 이해한다 → 노동자들은 노동의 공급량을 감소시킨다 → 생산량이 감소한다

2 단기 총공급곡선에서 단기란 무엇인가?

대부분의 거시경제학자들에 따르면 비신축적인 임금 또는 노동자의 오해로 인해서 단기 총공급곡선의 기울기가 상향한다고 본다. 어떤 설명이든지 간에 상황은 시간이 흐름에 따라 변화하게 된다. 임금은 영원히 비신축적이지 않으며(노동계약은 결국 종료되며) 노동자들은 실질임금의 변화를 잘못 이해했다는 사실을 알게 된다. 단기라고 확인된 일정 기간 동안만 이 문제가 관련된다.

3 단기 총공급의 변화: *SRAS* 곡선의 이동

실질 GDP의 공급량 변화는 물가수준의 변화에서 비롯되며 이는 *SRAS* 곡선 상에서의 이동으로 나타낼 수 있다. 그렇다면 무엇이 단기 총공급을 변화시킬 수 있는가? 무엇이 *SRAS* 곡선 자체를 이동시키는가? *SRAS* 곡선을 이동시킬 수 있는 요인으로 임금, 노동을 제외한 생산요소의 가격, 생산성, 공급충격을 들 수 있다.

임금 임금에 지출되는 비용은 통상적으로 기업의 주요 비용항목이므로 임금의 변화는 *SRAS* 곡선의 위치에 큰 영향을 미친다. 균형임금의 상승 또는 하락이 미치는 영향은 다음과 같은 식의 관점에서 이해할 수 있다.

단위당 이윤 = 단위당 가격 − 단위당 비용

임금이 상승하면 비용이 상승하고 가격이 일정한 경우 이는 이윤 하락과 기업이 생산하고자 하는 (어떤 상품의) 수량감소로 이어진다. 임금이 하락하면 비용이 감소하고 가격이 일정한 경우 이는 이윤 상승과 기업이 생산하고자 하는 (어떤 상품의) 수량증가로 이어진다.

그림 8은 균형임금의 상승 및 하락이 미치는 영향을 보여주고 있다. $SRAS_1$

그림 8

임금과 단기 총공급곡선의 이동

임금이 상승할 경우 단기 총공급곡선이 왼쪽으로 이동하며 임금이 하락할 경우 단기 총공급곡선이 오른쪽으로 이동한다.

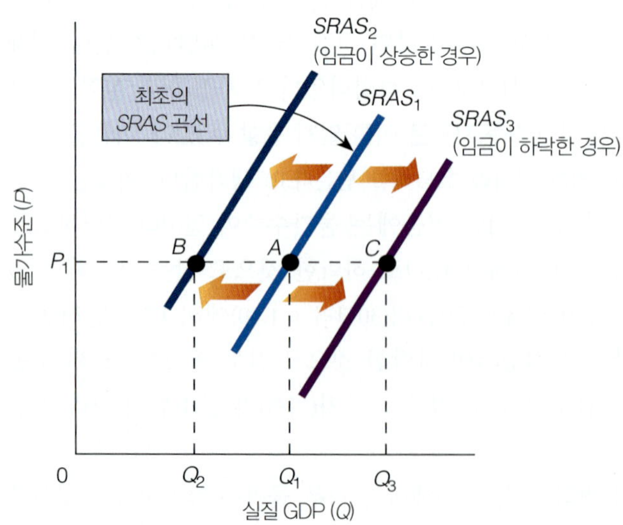

의 주어진 물가수준 P_1에서 실질 GDP의 공급량은 Q_1이 된다. 임금이 상승할 경우 주어진 물가수준에서 기업의 이윤은 하락한다. 따라서 해당 기업은 생산을 감소시킨다. 그림에서 이 변화는 Q_1에서 Q_2로의 이동으로 나타낼 수 있으며 이는 주어진 물가수준에서 새로운 공급곡선($SRAS_2$) 상의 점 B가 된다. 따라서 균형임금이 상승할 경우 총공급곡선은 왼쪽으로 이동한다. 균형임금이 하락할 경우 이 과정은 정반대가 된다.

그림 9

단기 총공급의 변화

이 그림은 다음과 같은 요인들이 변화할 경우 단기 총공급이 어떻게 변화하는지를 보여준다.

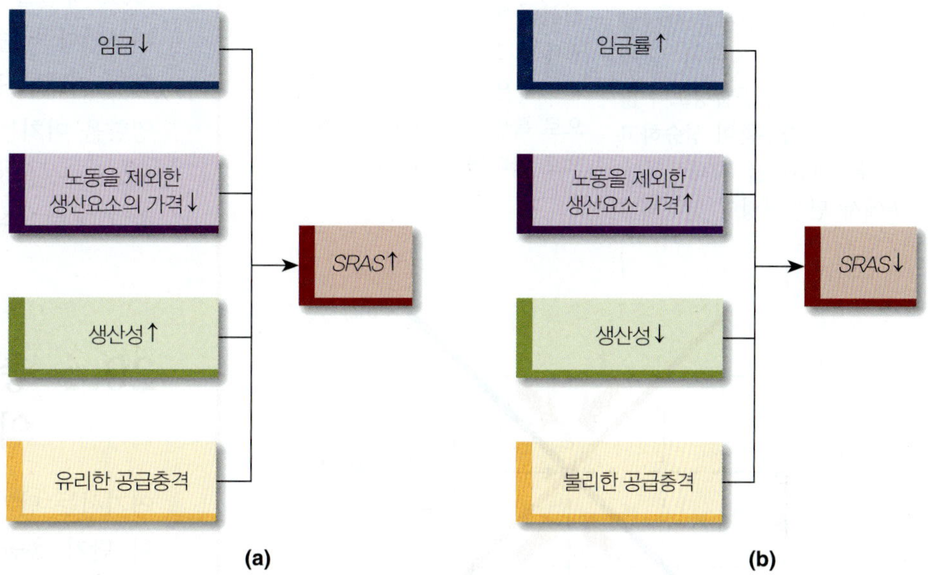

노동을 제외한 생산요소의 가격 노동 이외에 다른 생산요소들이 있다. 비노동 생산요소의 가격이 변화할 경우 임금이 변화했던 경우와 마찬가지로 *SRAS* 곡선에 영향을 미친다. 비노동 생산요소(예를 들면 석유)의 가격이 인상될 경우 *SRAS* 곡선이 왼쪽으로 이동하며 이들의 가격이 인하될 경우 *SRAS* 곡선이 오른쪽으로 이동한다.

생산성 생산성은 일정 기간 동안 투입된 생산요소 단위당 생산량을 말한다. 다양한 생산요소들이 더 생산적일 수 있지만 노동을 생각하여 보자. 노동생산성이 증가하면 기업은 동일한 노동량을 갖고 더 많은 생산량을 얻게 되며 이로 인해 *SRAS* 곡선이 오른쪽으로 이동한다. 노동생산성이 감소하면 기업은 동일한 노동량을 갖고 더 적은 생산량을 얻게 되며 이로 인해 *SRAS* 곡선이 왼쪽으로 이동한다. 보다 많은 교육을 받은 노동인구, 보다 많은 자본량, 기술진보를 포함하여 많은 요인들이 노동생산성 증대로 이어진다.

공급충격 총공급에 영향을 미치는 주요한 자연적인 또는 제도적인 변화를 **공급충격**이라고 한다. 두 가지 형태의 공급충격이 있다. **불리한 공급충격**은 *SRAS* 곡선을 왼쪽으로 이동시킨다. 예를 들면 곡물 수확을 큰 폭으로 축소시키는 악천후는 공급충격의 한 예이다. 석유공급의 급격한 감축도 이런 예가 될 수 있다. **유리한 공급충격**은 *SRAS* 곡선을 오른쪽으로 이동시킨다. 대규모 유전의 개발이나 식량생산을 큰 폭으로 증대시킬 수 있는 양호한 날씨가 이런 예가 될 수 있다. 이런 공급충격들은 자원 또는 요소가격에 반영된다.

그림 9는 단기 총공급에 영향을 미치는 요인들을 요약해서 설명하고 있다.

그림 10

단기균형

P_1에서 실질 GDP의 공급량이 수요량보다 많다. 따라서 물가수준이 하락하고 기업들은 생산량을 감소시킨다. P_2에서 실질 GDP의 수요량이 공급량보다 많다. 따라서 물가수준이 상승하고 기업들은 생산량을 증대시킨다. 점 E에서 단기균형이 달성되며 실질 GDP의 수요량이 (단기) 공급량과 같아진다. (유의사항: 실제로 *AD* 곡선 및 *SRAS* 곡선은 직선의 형태를 띠지 않고 곡선의 형태를 띨 수 있다. 하지만 이는 분석에 영향을 미치지 않으며 앞으로 특별한 경우가 아니면 직선으로 나타낼 것이다.)

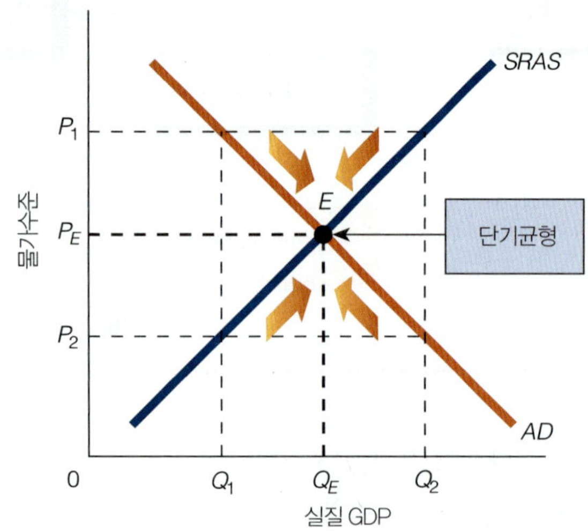

4 추가적인 논의 사항: 사람들의 기대

지금까지는 몇 가지 요인들, 즉 임금, 노동을 제외한 생산요소의 가격, 생산성, 공급충격이 *SRAS* 곡선을 이동시킬 수 있다는 사실을 살펴보았다. 나중에 (주요 경제변수들에 관한) 사람들의 기대가 물가수준 및 실질 GDP에 어떤 영향을 미치는지 살펴볼 것이다. 그때 우리는 *SRAS* 곡선을 이동시킬 수 있는 또 다른 요인, 즉 기대 물가수준을 추가할 것이다.

20.4 총수요와 단기 총공급의 결합: 단기균형

여기서는 단기균형을 살펴보기 위해 총수요와 단기 총공급을 결합시킬 것이다. 총수요 및 단기 총공급은 단기적으로 물가수준, 실질 GDP, 실업률을 결정한다.

1 경제에서 단기균형은 어떻게 달성되는가?

그림 10은 총수요(*AD*) 곡선과 단기 총공급(*SRAS*) 곡선을 보여주고 있다. 실질 GDP의 수요량 및 공급량을 세 개의 상이한 가격 수준, P_1, P_2, P_E에서 보여주고 있다.

P_1에서 실질 GDP의 공급량(Q_2)은 수요량(Q_1)보다 많아서 재화의 과잉현상이 발생하게 된다. 따라서 물가수준이 하락하고 기업은 생산량을 감소시키며 소비자는 소비를 증대시키게 된다. 물가수준이 하락함에 따라 소비자가 소비를 증가시키는 이유는 무엇 때문인가? (요령: 실질잔고 효과, 이자율 효과, 국제무역 효과에 대해 생각해 보시오.)

P_2에서 실질 GDP의 공급량(Q_1)은 수요량(Q_2)보다 적어서 재화의 부족현상이 발생하게 된다. 따라서 물가수준이 상승하고 기업은 생산량을 증가시키며 소비자는 소비를 감소시키게 된다.

과잉 및 부족현상이 발생하면 경제적 작용으로 인해 경제는 E점을 향해 이동하게 되며 여기서 실질 GDP의 수요량은 실질 GDP의 (단기적인) 공급량과 일치하게 된다. 이를 **단기균형**(short-run equilibrium)점이라고 한다. P_E는 단기균형 물가수준 Q_E는 단기균형 실질 GDP이다.

단기균형

총수요가 변화하거나 또는 단기 총공급이 변화하거나 또는 둘 모두가 변화할 경우 이는 물가수준 및/또는 실질 GDP에 영향을 미치게 된다. 그림 11(a)에서 보는 것처럼 총수요가 증가할 경우 균형 물가수준이 상승하고 단기적으로 균형 실질 GDP가 증가한다. 그

그림 11

단기균형의 변화

(a) 총수요가 증가하면 물가수준 및 실질 GDP가 증가한다. (b) 단기 총공급이 증가하면 물가수준이 하락하고 실질 GDP가 증가한다. (c) 단기 총공급이 감소하면 물가수준이 상승하고 실질 GDP는 감소한다.

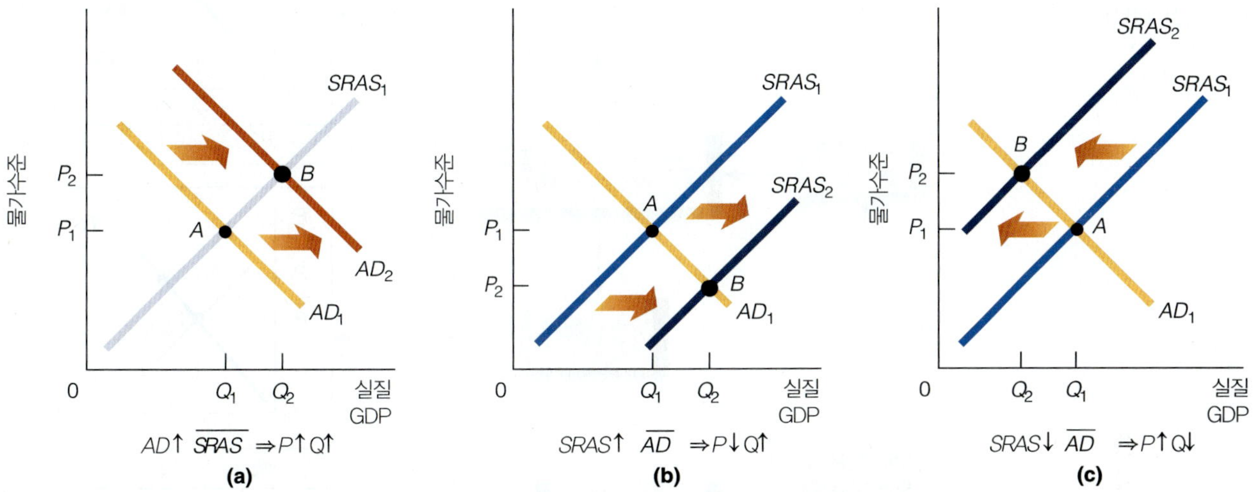

림 11(b)에서 보는 것처럼 단기 총공급이 증가할 경우 균형 물가수준은 하락하고 균형 실질 GDP는 증가한다. 그림11(c)에서 보는 것처럼 단기 총공급이 감소할 경우 균형 물가수준은 상승하고 균형 실질 GDP는 감소한다.

2 경제의 단기균형 변화 측면에서 생각해 보기

어떤 요인들의 변동은 총수요의 변화 또는 단기 총공급의 변화로 이어진다는 사실을 알고 있다. 총수요 또는 단기 총공급이 변화할 경우 물가수준 및 실질 GDP도 또한 단기적으로 변화한다는 사실도 알고 있다.

그림 12는 *AD* 또는 *SRAS*의 변화가 경제에 어떤 영향을 미치며 *P* 및 *Q*를 어떻게 변화시키는지 보여주고 있다. 그림 12를 참조하면서 논의를 계속하여 보자. 예를 들면 어떤 요인이 변동할 경우 다음과 같은 일련의 질문을 해보자.

- 해당 요인이 *AD* 곡선 또는 *SRAS* 곡선에 영향을 미치는가? 어느 곡선에도 영향을 미치지 않는다면 두 곡선 중 어느 것에도 변화가 없다.
- *AD* 곡선에 영향을 미친다면 이 곡선은 오른쪽으로 이동하는가 또는 왼쪽으로 이동하는가?
- *SRAS* 곡선에 영향을 미친다면 이 곡선은 오른쪽으로 이동하는가 또는 왼쪽으로 이동하는가?

한 개 또는 그 이상의 곡선이 이동한 후에 새로운 균형을 확인하고 단기적으로 물가수준 및 실질 GDP에 어떤 변화가 발생하는지 알아보도록 하자.

그림 12

변동요인은 단기적으로 물가수준 및 실질 GDP에 어떤 영향을 미치는가?

그림에서 P = 물가수준, Q = 실질 GDP를 의미한다.

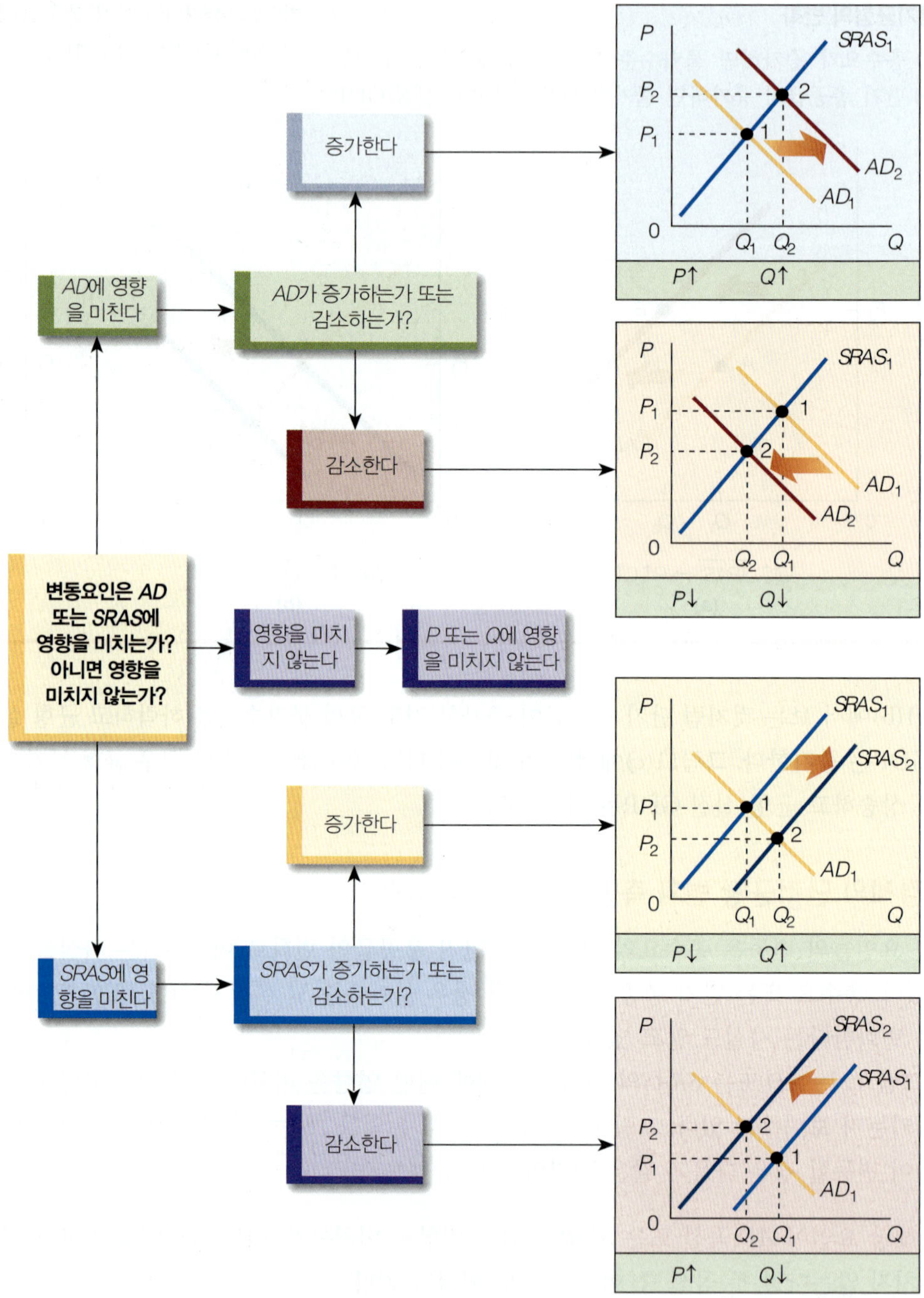

- 예를 들면 경제에 불리한 공급충격이 발생하였다고 가정하자.
- 이 공급충격으로 인해 *SRAS* 곡선이 왼쪽으로 이동한다.
- 경제의 수요측면에는 어떤 변화도 발생하지 않았기 때문에 *AD* 곡선은 이동하지 않는다.

그림 13

AD 및 SRAS의 요약도

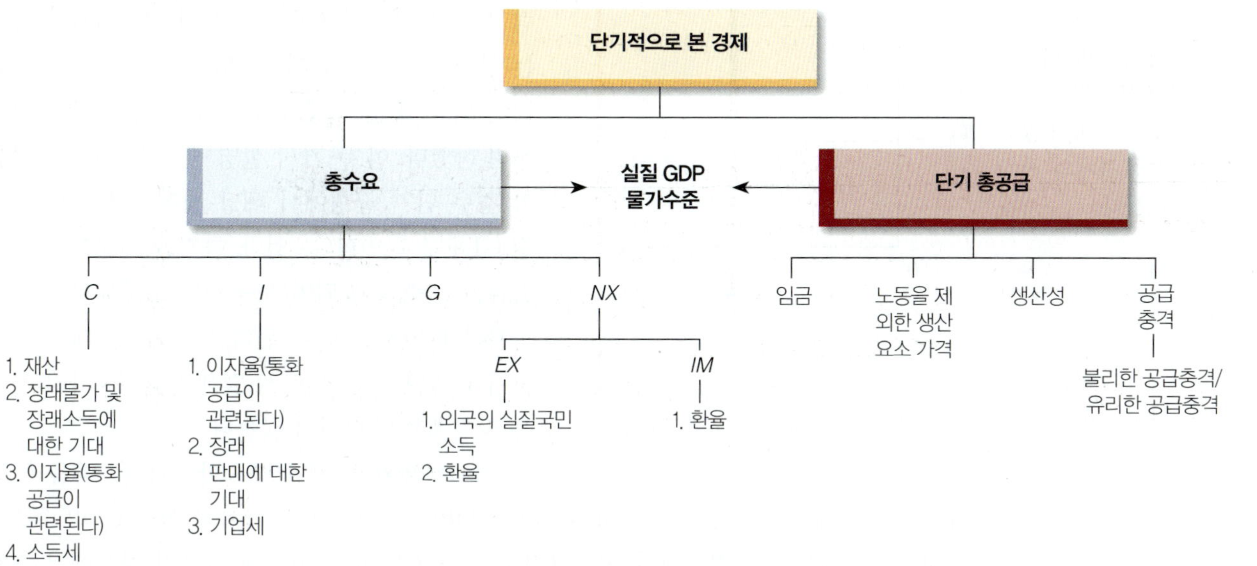

- *AD* 곡선은 불변한데 *SRAS* 곡선이 왼쪽으로 이동함에 따라 물가수준은 상승하고 실질 GDP는 감소한다.

3 요점 정리

그림 13은 이 장에서 지금까지 논의한 대부분의 사항을 요약하여 보여주고 있다. 특히 논의의 대부분은 단기적으로 본 경제, 즉 물가수준(*P*) 및 실질 GDP(*Q*)의 단기적인 변화에 관한 것이었다.

그림 13은 *AD* 및 *SRAS*의 변화가 물가수준 및 실질 GDP의 단기적인 변화로 이어진다는 사실을 보여주고 있다. 그리고 나서 어떤 요인들이 실제로 *AD* 및 *SRAS*를 변화시키는지 보여주고 있다.

그림 13을 살펴보면서 이자율이 인하될 경우 단기적으로 *P* 및 *Q*에 어떤 영향을 미치는지 생각해 보자. 이자율이 인하되면 소비(*C*) 및 투자(*I*) 둘 다 증가한다. *C* 및 *I* 둘 다 증가할 경우 *AD*가 증가하여 *AD* 곡선이 오른쪽으로 이동한다. *AD* 곡선이 오른쪽으로 이동하면 물가수준(*P*)이 상승하고 실질 GDP가 증가한다.

20.5 장기 총공급

여기서는 장기 총공급에 대해 논의하고 장기 총공급(*LRAS*) 곡선을 도출할 것이다. 또한 장기균형을 살펴보면서 이것이 단기균형과 어떻게 다른지 논의할 것이다.

그림 14

장기 총공급(*LRAS*) 곡선

LRAS 곡선은 자연 실질 GDP에서 수직선이 된다. 이는 경제 전반적으로 조정이 이루어지고 근로자들이 오해를 하지 않는 경우 해당 경제의 생산량을 의미한다.

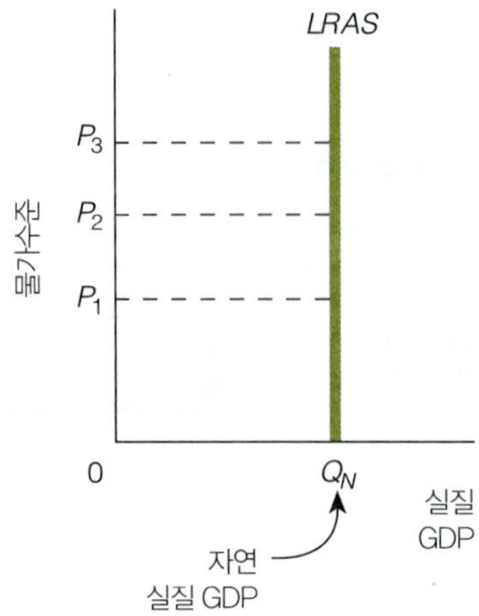

1 단기에서 장기로의 전환

AD곡선과 (기울기가 상향하는) SRAS곡선의 교차점에서 단기균형이 이루어진다. 앞에서 살펴본 것처럼 경제학자들은 *SRAS*의 곡선의 기울기가 상향하는 상이한 이유들을 제시하였다. 즉 이들은 비신축적인 임금 또는 노동자의 오해를 갖고 이를 설명하려 하였다. 이 두 가지 설명 중 어느 하나가 적합할 경우 단기 균형에서 해당 경제가 생산하는 실질 GDP를 확인할 수 있다. 하지만 시간이 흐르면 임금은 신축적이 되며 노동자는 오해에서 벗어나 정확하게 인지를 하게 된다. 이렇게 될 때 경제는 장기에 있다고 한다. 다시 말해 위의 두 가지 설명은 장기에서 준수되지 않는다.

거시경제와 관련된 중요한 질문은 다음과 같다. "어떤 경제가 장기에서 생산하는 실질 GDP의 수준은 단기에서의 실질 GDP 수준과 동일한가?" 대부분의 경제학자들은 그렇지 않다고 말한다. 이들에 따르면 장기에서 경제는 완전고용 실질 GDP 또는 **자연 실질 GDP**(Q_N)(natural real GDP)를 생산한다. 경제가 장기에서 생산하는 생산량을 나타내는 총공급곡선, 즉 **장기 총공급곡선**(long-run aggregate supply curve 또는 LRAS curve)을 그림 14에서 수직선으로 나타내었다.

자연 실질 GDP

장기 총공급곡선

장기균형

장기균형(long-run equilibrium)은 임금 및 물가가 최종 균형수준으로 조정되고 노동자들이 관련된 오해를 하지 않을 경우 경제가 생산하는 실질 GDP의 수준이라고 할 수 있다. 그래프를 통해서 보면 이는 *AD* 곡선과 *LARS* 곡선의 교차점에서 이루어진다. 나아가 경제가 장기균형에서 생산하는 실질 GDP의 수준은 자연 실질 GDP(Q_N)가 된다.

2 단기균형, 장기균형, 불균형

그림 15는 경제의 두 가지 균형, 즉 단기균형 및 장기균형을 그래프를 이용하여 보여주고 있다. 그림 15(a)에서 경제는 점 1에서 실질 GDP Q_1을 생산한다. 점 1에서 실질 GDP의 (단기) 공급량은 실질 GDP의 수요량과 일치하며 둘 다 Q_1이 된다. 경제는 단기균형에 있게 된다. 그림 15(b)에서 경제는 점 1에서 Q_N을 생산한다. 다시 말해 경제는 자연 실질 GDP를 생산한다. 경제가 Q_N을 생산할 경우 장기균형에 있게 된다.

단기 및 장기 균형 둘 다에서 실질 GDP의 공급량은 수요량과 같아진다. 그렇다면 단기균형과 장기균형의 차이는 무엇인가? 그림 15(b)에서 보는 것처럼 장기균형의 경우 실질 GDP의 공급량 및 수요량은 자연 실질 GDP와 일치한다. 하지만 단기균형에서 실질 GDP의 공급량 및 수요량은 자연 실질 GDP보다 더 많거나 또는 더 적다.

숫자의 예를 들어 차이점을 살펴보도록 하자. Q_N = 9조 달러라고 가정하자. 장기균형의 경우 실질 GDP의 공급량은 9조 달러에서 수요량과 일치한다. 단기균형의 경우 실질 GDP의 공급량은 수요량과 일치하지만 9조 달러가 아니다. 예를 들면 실질 GDP의 공급량은 8조 5천억 달러에서 수요량과 일치할 수도 있다.

경제가 단기균형에 있지 않거나 또는 장기균형에 있지 않을 경우 **불균형** 상태에 있다고 한다. 불균형은 기본적으로 경제가 어떤 단기균형에서 다른 단기균형으로 이동하거나 단기균형에서 장기균형으로 이동할 때의 경제상태이다. 불균형에서 실질 GDP의 공급량과 수요량은 일치하지 않는다.

그림 15

경제의 균형상태

경제에는 두 가지의 균형 상태, 즉 (a)에서 보는 단기균형과 (b)에서 보는 장기균형이 있다. 경제가 어떤 균형에서 다른 균형으로 이동할 경우 해당경제는 불균형 상태에 있다고 한다.

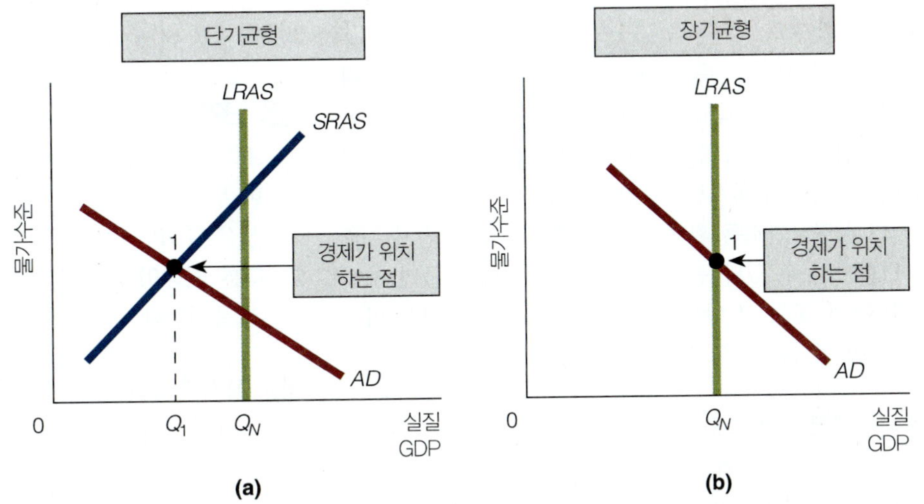

요약 및 정리

98 총수요

- 총수요는 다른 사정이 동일한 경우 상이한 물가수준에서 모든 재화 및 서비스(실질 GDP)의 수요량과 관련된다.
- 총수요(*AD*) 곡선의 기울기는 하향하며 이는 물가수준과 실질 GDP의 수요량 사이에 역의 관계가 있음을 의미한다.
- 실질잔고 효과, 이자율 효과, 국제무역 효과로 인해서 *AD* 곡선의 기울기가 하향한다.
- 실질잔고 효과에 따르면 개인의 화폐적 재산 또는 화폐보유의 가치 변화를 통해 물가수준과 실질 GDP의 수요량 사이에 역의 관계가 성립한다고 본다. 특히 물가수준이 하락할 경우 구매력이 증가하여 개인의 화폐적 재산이 증대된다. 사람들은 부유해짐에 따라 더 많은 재화를 구입하게 된다. 물가수준이 상승할 경우 구매력이 하락하여 개인의 화폐적 재산이 감소된다. 사람들의 재산이 축소됨에 따라 더 적은 재화를 구입하게 된다.
- 이자율 효과에 따르면 이자율 변화에 민감한 가계 및 기업 지출의 변화를 통해 물가수준과 실질 GDP의 수요량 사이에 역의 관계가 성립한다고 본다. 물가수준이 상승하면 고정된 상품 꾸러미를 매입하기 위해서 사람들은 더 많은 액수의 금전이 필요하다. 더 많은 금전을 얻기 위해서 신용에 대한 수요가 증가하며 이에 따라 이자율이 상승하게 된다. 이자율이 상승함에 따라 기업 및 가계는 더 적게 차용을 하고 더 적은 재화를 구입하게 된다. 따라서 실질 GDP의 수요량이 감소한다. 물가수준이 하락하면 고정된 상품 꾸러미를 매입하기 위해서 사람들은 더 적은 액수의 금전이 필요하다. 개인의 화폐적 재산의 증가분 일부는 저축이 이루어져 신용공급이 증가하며 이자율이 하락한다. 이자율이 하락함에 따라 기업 및 가계는 더 많이 차용을 하고 더 많은 재화를 구입하게 된다. 따라서 실질 GDP의 수요량이 증가한다.
- 국제무역 효과에 따르면 해외부문의 지출을 통해 물가수준과 실질 GDP의 수요량 사이에 역의 관계가 성립한다고 본다. 특히 국내 물가수준이 상승함에 따라 국내물품은 외국물품보다 상대적으로 더 비싸져서 내국민과 외국인 모두 국내물품을 더 적게 매입하게 된다. 이에 따라 국내 실질 GDP의 수요량이 감소한다. 국내 물가수준이 하락함에 따라 국내물품이 외국물품보다 상대적으로 더 저렴해져서 내국민과 외국인 모두 국내 물품을 더 많이 매입하게 된다. 이에 따라 국내 실질 GDP의 수요량이 증대한다.

- 일정하게 주어진 물가수준에서 소비, 투자, 정부구매, 순수출이 증가할 경우 총수요가 증가하여 *AD* 곡선이 오른쪽으로 이동한다. 일정하게 주어진 물가수준에서 소비, 투자, 정부구매, 순수출이 감소할 경우 총수요가 감소하여 *AD* 곡선이 왼쪽으로 이동한다.

99 *C, I, NX(EX-IM)*를 변화시켜서 *AD*를 변화시킬 수 있는 요인

- 다음과 같은 요인들, 즉 재산, 장래물가 및 장래소득에 대한 기대, 이자율, 소득세는 소비를 변화시킬 수 있다. 또한 다음과 같은 요인들, 즉 이자율, 장래판매에 대한 기대, 기업세는 투자를 변화시킬 수 있다. 다음과 같은 요인들, 즉 외국의 실질국민소득, 환율은 (수출에서 수입을 뺀) 순수출을 변화시킬 수 있다. 통화공급의 변화는 (예를 들면 소비처럼) 한 개 또는 그 이상의 지출 구성 요소에 영향을 미쳐 총수요에 영향을 미칠 수 있다.

100 통화공급 및 유통속도

- 통화 유통속도는 연간 최종 재화 및 서비스를 구입하기 위해서 화폐가 지출된 평균 횟수이다.
- 통화공급과 유통속도가 일정한 경우 (예를 들면 소비처럼) 지출의 한 구성 요소가 증가하면 한 개 또는 그 이상의 구성 요소 지출이 감소하여야 한다. 하지만 통화공급 또는 유통속도가 증가한 경우 한 구성 요소가 증가하더라도 다른 구성 요소의 지출이 감소할 필요는 없다.

101 단기 총공급

- 총공급은 다른 사정이 동일한 경우 상이한 물가수준에서 모든 재화 및 서비스(실질 GDP)의 공급량과 관련된다.
- 단기 총공급(*SRAS*) 곡선의 기울기는 상향하며 이는 물가수준과 실질 GDP의 공급량 사이에 정의 관계가 있음을 의미한다.
- 임금의 하락, 노동을 제외한 생산요소 가격의 하락, 생산성 증가, 유리한 공급충격 모두는 *SRAS* 곡선을 오른쪽으로 이동시킨다. 임금의 상승, 노동을 제외한 생산요소 가격의 상승, 생산성 하락, 불리한 공급 충격 모두는 *SRAS* 곡선을 왼쪽으로 이동시킨다.

102 단기균형

- *AD* 곡선과 *SRAS* 곡선의 교차점에서 단기균형이 성립한다. 이 두 곡선 중 한 개 또는 모두가 이동할 경우 물가수준 및 실질 GDP가 변화한다. 예를 들면 총수요가 증가할 경우 다른 사정이 동일하다면 물가수준이 상승하고 실질 GDP가 증가한다.

103 장기 총공급 및 장기균형

- 장기 총공급(*LRAS*) 곡선은 자연 실질 GDP 수준에서 수직선이 된다.
- *AD* 곡선과 *LRAS* 곡선이 교차하는 점에서 장기균형이 성립한다. 이는 경제 전반적으로 조정이 이루어지고 노동자들이 (관련된) 어떤 오해도 갖고 있지 않을 때 경제에 존재하게 되는 상황이다. 장기균형에서 실질 GDP의 수요량은 실질 GDP의 공급량과 일치하며 이는 자연 실질 GDP와 같아진다.

104 경제의 세 가지 상태

- 경제는 단기균형, 장기균형, 불균형 상태에 있을 수 있다.

주요 용어 및 개념

총수요
총수요곡선
실질잔고 효과
화폐적 재산
구매력
이자율 효과
국제무역 효과
재산
환율
평가절상
평가절하
유통속도
총공급
단기 총공급(*SRAS*) 곡선
단기균형
자연 실질 GDP
장기 총공급(*LRAS*) 곡선
장기균형

연습문제

01. 통화 공급이 증가할 경우 총수요에 어떤 영향을 미치는가?
02. 미국의 한 경제학자가 백악관 대통령 집무실에서 미국 대통령과 면담을 하고 있다. "다음 분기의 실업률은 어떨 것으로 생각하십니까?" 대통령이 질문하였다. "좋지 않을 것입니다. 실질 GDP가 처음 생각했던 만큼 높지 않을 것으로 보입니다. 문제는 외국의 소득입니다. 처음 생각했던 것만큼 성장을 하지 못하고 있습니다." 외국의 소득은 미국의 실업률에 어떤 영향을 미치는가?
03. 장래 판매에 대한 기대가 투자에 어떤 영향을 미치는가?
04. 단기 균형과 장기 균형의 차이는 무엇인가?
05. 장래 물가 및 장래 소득에 대한 기대가 소비에 어떤 영향을 미치는가?
06. *SRAS* 곡선의 기울기가 상향하는 이유를 다음 주장은 각각 어떻게 설명하는가?
   a. 비신축적인 임금
   b. 노동자의 오해
07. 어떤 국가의 통화가 평가절하될 경우 해당 국가의 수출 및 수입에 어떤 영향을 미치는지 설명하시오.
08. 다음의 각 경우는 단기적으로 물가수준 및 실질 GDP에 어떤 영향을 미치는가?
   a. 이자율 하락으로 인한 소비의 증가
   b. 자국 통화의 평가절상으로 인한 수출의 감소
   c. 임금의 상승
   d. 유리한 공급충격
   e. 불리한 공급충격
   f. 생산성 하락
09. 다음의 각 경우는 총수요에 어떤 영향을 미치는지 설명하시오.
   a. 이자율
   b. 재산의 감소
   c. 외국통화에 대해 자국통화가 평가절하된다.
   d. 가계는 장래물가가 하락할 것으로 기대한다.
   e. 기업세가 증가한다.
10. 물가수준의 변화는 다음 중 어느 것에 영향을 미치는가? 설명하시오.
   a. 실질 GDP의 수요량
   b. 총수요
   c. 단기 총공급
   d. 실질 GDP의 공급량
11. (a) 물가수준 또는 (b) 예를 들면 재산, 이자율 등과 같은 비가격 요인이 변화할 경우 가계가 매입하고자 하며 매입할 수 있는 실질 GDP의 양(실질 생산량)이 변화할 수 있다. 동의하는가? 설명하시오.
12. 다음의 각각은 단기 총공급에 어떤 영향을 미치는가?
   a. 임금의 상승
   b. 유리한 공급충격
   c. 노동 생산성의 증가
   d. (예를 들면 석유와 같은) 비노동자원 가격의 하락
13. 물가수준의 변화로 인한 이자율의 변화와 물가수준 이외의 다른 요인의 변화로 인한 이자율의 변화 사이에는 차이가 있다. 첫 번째 경우에는 실질 GDP의 수요량이 변화하며 두 번째 경우에는 *AD* 곡선이 변화한다. 이에 동의하는가? 설명하시오.
14. 실질 GDP 공급량의 변화와 단기적인 공급의 변화 사이의 차이는 무엇인가?
15. 다음의 각 경우를 그래프를 이용하여 설명하시오.
   a. 실질 GDP의 수요량 변화
   b. 총수요의 변화
16. 외국재화에 비해 국내재화의 가격이 인상될 경우 이는 실질 GDP의 수요량 변화 또는 총수요의 변화로 이어지는가? 외국재화에 대한 국내재화의 가격인상으로 이어질 환율이 변화할 경우 이는 실질 GDP의 수요량 변화 또는 총수요의 변화로 이어지는가?
17. 다음 사항을 각각 설명하시오.
   a. 실질잔고 효과
   b. 이자율 효과
   c. 국제무역 효과
18. 총지출이 통화공급보다 더 클 수 있는가? 설명하시오.
19. 총수요는 특정 금액으로 나타낼 수 있는가? 예를 들면 올해 총수요는 9조 달러라고 말하는 것이 옳은가?
20. 어떤 조건 하에서 지출의 다른 구성 요소의 감소 없이 소비가 증가할 수 있는가?

숫자 및 그래프를 활용한 문제

01. 물가지수 154에서 일국의 실질 GDP 수요량은 10조 달러에 상당하는 재화이다. 이 자료는 총수요를 나타내는가 또는 총수요곡선 상의 한 점을 나타내는가? 설명하시오.

02. 다음의 각 사항이 물가수준 및 실질 GDP에 단기적으로 미치는 영향을 그래프를 이용하여 설명하시오.
   a. 재산의 증가
   b. 임금의 상승
   c. 노동 생산성의 증가

03. 다음 각 사항을 그래프로 나타내고 단기적으로 실질 GDP 및 물가수준에 미치는 영향을 설명하시오.
   a. *AD*의 증가보다 더 큰 *SRAS*의 증가
   b. *SRAS*의 증가보다 더 큰 *AD*의 감소
   c. *AD*의 증가보다 더 작은 *SRAS*의 증가

04. 다음의 그림 중 어느 것이 아래의 각 사항을 나타내는가?
   a. 임금의 하락
   b. 물가수준의 상승
   c. 유리한 공급충격
   d. 노동을 제외한 다른 생산요소 가격의 상승

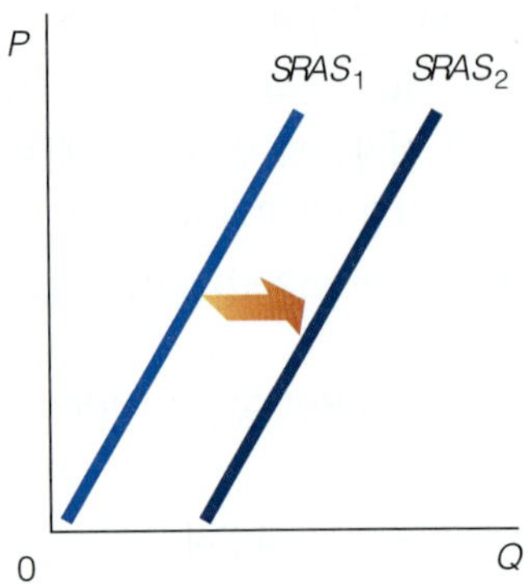

(a)

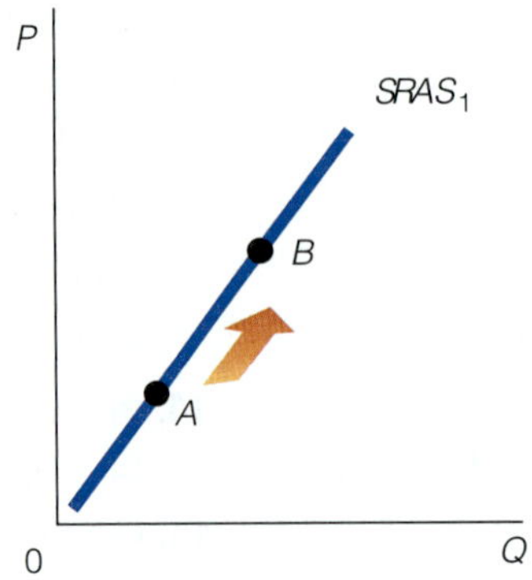

(b)

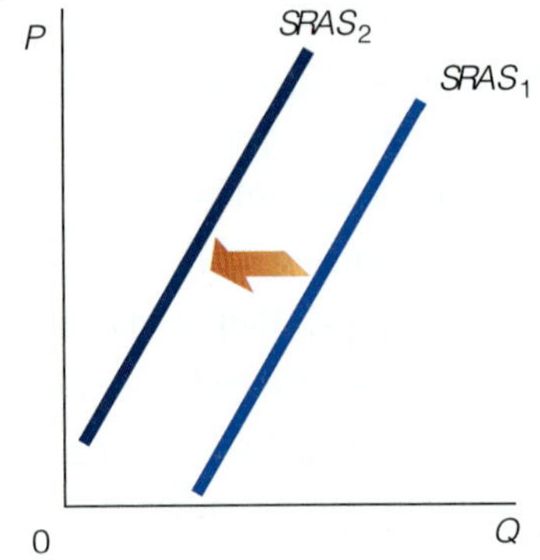

(c)

제 21 장

고전파 거시경제학과 자동 조정되는 경제

21.1 고전파의 입장

고전파 경제학이란 용어는 보통 약 1750년부터 1900년대 초까지 걸쳐 계속되었던 경제사상사의 한 기간과 관련된다. 고전파 경제학자들은 오래전에 활동하였지만 이들의 생각과 주장은 현재의 일부 경제학자들에 의해 자주 채택된다.

1 고전파 경제학자와 세이의 법칙

공급 및 수요에 관해 공부하면서 예를 들면 사과시장에서의 과잉공급처럼 시장이 일시적으로 부족 및 과잉 현상을 경험할 수 있다는 사실을 알았다. 하지만 경제가 전반적인 과잉현상, 즉 재화 및 서비스의 전반적인 과잉현상을 경험할 수 있는가? 고전파 경제학자들은 (세이 <J.B. Say>의 이름을 따서 명명된) 세이의 법칙을 믿고 있었으므로 그렇지 않다고 생각하였다. **세이의 법칙**(Say's law)을 가장 간단히 설명하면 공급은 자신의 수요를 창출한다고 본다. 세이의 법칙

이 법칙은 물물교환경제 하에서 가장 쉽게 이해될 수 있다. 물물교환경제에서 빵을 만드는 사람을 생각해 보자. 즉 제빵업자는 빵의 공급자이다. 세이에 따르면 제빵업자는 다른 재화를 수요하기 때문에 거래를 하게 된다고 한다. 제빵업자는 빵을 구울 때 빵과 교환하여 얻고자 하는 재화 및 서비스를 생각하고 있다. 이처럼 빵을 공급하는 행위는 다른 재화에 대한 수요와 연계된다. 공급은 자신의 수요를 창출한다.

어떤 재화의 공급은 동시에 다른 재화의 수요로 이어지기 때문에 세이의 법칙은 다음과 같은 의미를 갖는다. (1) (경제에서 공급이 수요보다 더 많은) 재화의 일반적인 과잉생산 현

상은 존재할 수 없다. 또는 (2) (경제에서 수요가 공급보다 더 많은) 재화의 일반적인 과소생산 현상은 존재할 수 없다.

반면에 제빵업자가 화폐경제에서 빵을 공급할 경우 세이의 법칙이 준수되는가? 제빵업자는 어느 기간 동안 빵을 공급하여 소득을 얻을 수 있지만 이 소득으로 무엇을 하는가? 화폐를 사용하여 재화 및 서비스를 매입하게 된다. 하지만 재화 및 서비스에 대한 수요가 빵을 공급하여 벌은 소득과 반드시 일치할 필요는 없다. 제빵업자는 저축을 하기 때문에 자신의 전체 소득보다 더 적은 금액을 지출할 수도 있다. 이처럼 재화 및 서비스를 공급하여 소득을 버는 행위가 동일한 규모의 수요를 창출할 필요가 없기 때문에 세이의 법칙은 화폐경제 하에서 준수되지 않는다고 생각할 수도 있다.

하지만 고전파 경제학자들은 이에 동의하지 않는다. 이들은 개인들이 이따금 전체 소득보다 더 적게 지출하는 화폐경제 하에서도 세이의 법칙이 준수된다고 본다. 이들의 주장은 부분적으로 이자율 신축성 가정에 기초하고 있다.

2 고전파 경제학자와 이자율 신축성

세이의 법칙이 화폐경제에서 준수되려면 저축된 금액과 동일한 금액이 투자되어야 한다. 즉 경제의 한편에서 지출되고 남은 것은 다른 편으로 유입되어야 한다. 만일 그렇지 않다면 재화를 공급하여 벌은 소득의 일부는 재화를 수요하는 데 사용되지 않을 수 있다(세이의 법칙이 준수되지 않는다). 따라서 재화는 과잉생산된다.

고전파 경제학자들의 주장에 따르면 신용시장에서 이자율의 신축성으로 인해 저축은 동일한 규모의 투자와 일치한다고 본다. 그림 1에서 I는 투자를 의미하며 S는 저축을 의

그림 1

신용 대부시장에 대한 고전파의 견해

고전파 이론에서 이자율은 유연하게 조정이 이루어져서 저축은 투자와 일치하게 된다. 따라서 저축이 증가하여 저축곡선이 오른쪽, 즉 S_1에서 S_2로 이동하게 되면(화살표 1), 저축증대로 인해 이자율이 i_1에서 i_2로 인하된다(화살표 2). E_2에서 새로운 균형이 달성되며(화살표 3), 여기서 가계의 저축규모는 기업의 투자규모와 다시 한 번 일치한다.

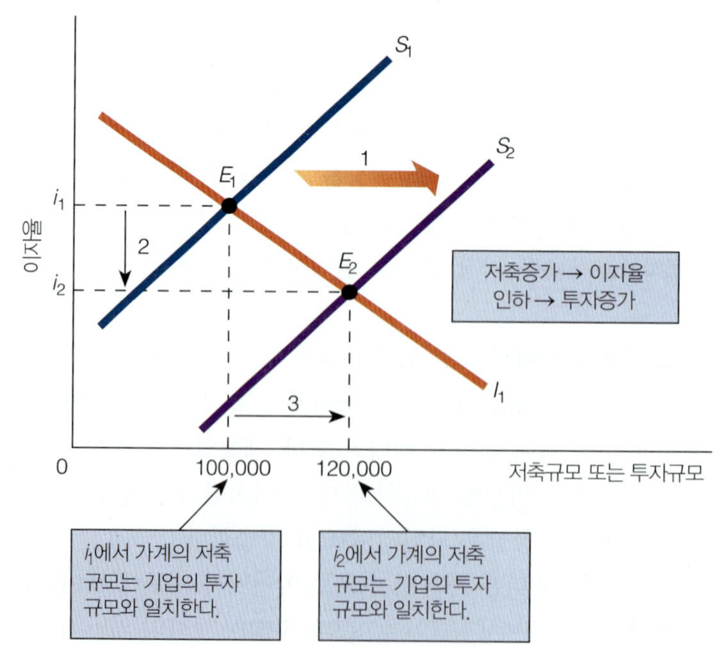

미한다. I_1의 기울기는 하향하는데 이는 기업이 투자하는 규모와 이자율(i) 사이에 역의 관계가 있음을 나타낸다. 기울기가 하향하는 이유는 간단하다. 이자율은 자금을 차용하는 비용이다. 이자율이 높아질수록 기업들은 차용하여 투자하는 금액을 줄이게 된다. 이자율이 낮아질수록 기업들은 차용하여 투자하는 금액을 늘리게 된다.

S_1의 기울기는 상향하는데 이는 가계가 저축하는 규모와 이자율 사이에 정의 관계가 있음을 나타낸다. 그 이유는 이자율이 높아질수록 저축에 따른 보상이 더 커지기 때문이다(또는 소비에 따른 기회비용이 더 높아지기 때문이다). 따라서 더 적은 자금이 소비되고 더 많은 자금이 저축된다. 시장의 균형을 유지시키는 힘은 신용시장을 이자율 i_1와 균형점 E_1으로 이동시킨다. E_1에서 가계가 저축하는 금액(100,000달러)은 기업이 투자하는 금액(100,000달러)과 일치한다.

이제는 각 이자율 수준에서 저축이 증가한다고 가정하자. 그림 1에서 저축의 증가는 저축곡선이 오른쪽, 즉 S_1에서 S_2로 이동하는 것으로 나타낼 수 있다. 고전파 경제학자들은 저축이 증가하면 이자율이 하락하여 i_2로 이동하며 이로 인해 기업이 투자하는 금액이 증가한다고 믿는다. 결국 가계가 저축한 금액(120,000달러)은 다시 한 번 기업이 투자한 금액(120,000달러)과 일치하다. 이자율의 신축성으로 인해 저축과 투자가 동일해진다(경제의 한편에서 유출된 것이 다른 편으로 유입된다). 간단히 말해 이자율이 변화해서 저축이 발생하는 화폐경제에서도 세이의 법칙은 준수된다.

숫자적인 예를 이용하여 고전파 경제학자들이 주장한 것을 설명하여 보자. 일정하게 주어진 물가수준에서 매우 작은 경제의 총지출(TE)은 5,000달러이다. 총지출(국내 재화 및 서비스에 대한 총지출)은 소비(C), 투자(I), 정부구매(G), 순수출($EX - IM$)의 합과 같다. $C =$ 3,000달러, $I =$ 600달러, $G =$ 1,200달러, $EX - IM =$ 200달러라면 다음과 같다.

$$TE = C + I + G + (EX - IM)$$

$$5{,}000\text{달러} = 3{,}000\text{달러} + 600\text{달러} + 1{,}200\text{달러} + 200\text{달러}$$

경제의 네 개 부문이 구입하고자 하는 재화 및 서비스의 5,000달러는 또한 공급자가 판매하고자 하는 재화 및 서비스의 총액과 일치한다.

한 경제에서 저축이 증가할 경우 어떤 일이 발생하는가? 저축(S)은 개인의 가처분 소득(Y_d)에서 소비(C)를 뺀 금액과 같다. 예를 들면 해리엇(Harriet)이 연간 가처분 소득으로 40,000달러를 벌고 38,000달러를 지출할 경우 2,000달러를 저축하게 된다.

$$\text{저축}(S) = \text{가처분 소득}(Y_d) - \text{소비}(C)$$

저축이 증가하기 위해서 소비는 감소하여야 한다. 그림 2를 참조하여 보자. 저축이 100달러 증가할 경우 소비는 3,000달러에서 2,900달러로 감소해야 한다. 언뜻 보면 총지출이 4,900달러로 감소할 것이라고 의미하는 것처럼 보인다. 하지만 고전파 경제학자들은 이에 동의하지 않는다. 이들은 투자가 100달러만큼 증가하여 600달러에서 700달러가 될 것이라고 한다. 총지출은 5,000달러로 불변하며 이는 공급자가 판매하려고 하는 재화 및 서비스의 총액과 일치한다.

그림 2

화폐경제에서 세이의 법칙에 대한 고전파의 견해 고전파 경제학자들에 따르면 소비가 감소하고 이에 따라 저축이 증대될 경우 투자가 동일하게 증대된다. 따라서 총지출에는 변화가 없다.

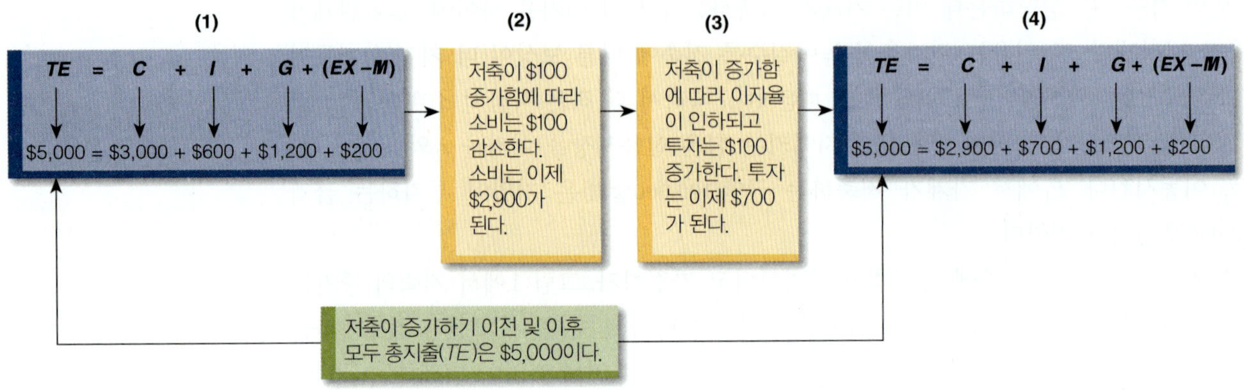

$$TE = C + I + G + (EX - IM)$$

$$5{,}000\text{달러} = 2{,}900\text{달러} + 700\text{달러} + 1{,}200\text{달러} + 200\text{달러}$$

경제에 대한 고전파의 견해에 따르면 물물교환경제와 화폐교환경제 모두에서 세이의 법칙이 준수된다고 본다. 고전파 경제학자들에 따르면 화폐경제에서는 이자율이 조정되어 저축과 투자가 일치한다고 본다. 따라서 소비가 감소하면(이에 따라 저축이 증가하면) 이는 투자의 증가로 상응하게 된다. 핵심 사항은 물가수준이 일정하게 주어진 경우 저축이 증가한다고 하여 총지출이 감소하지 않는다는 점이다.

저축의 증가가 총수요(*AD*)에 대해 의미하는 바는 무엇인가? 앞에서 물가수준이 일정하게 주어진 경우 경제의 총지출이 변화하는 경우에만 총수요가 변화한다고 보았다. 따라서 저축이 증가함에 따라 총지출이 변화하지 않기 때문에 총수요는 변화하지 않는다.

3 물가 및 임금에 대한 고전파 경제학자의 견해: 둘 다 신축적이다

고전파 경제학자들은 모든 시장이 아니라면 대부분의 시장이 경쟁적이라고 생각한다. 즉 모든 시장에서 공급 및 수요가 작동한다고 본다. 예를 들면 노동시장에 과잉현상이 발생하면 이런 현상은 일시적이 된다. 곧 임금이 하락하여 노동의 공급량이 수요량과 일치한다. 이와 유사하게 노동시장에 부족 현상이 발생하면 임금이 상승하여 공급량이 수요량과 일치하게 된다.

노동시장에서 임금에 대해 적용됐던 것은 재화 및 서비스 시장에 대해서도 적용된다. 가격은 부족 또는 과잉 현상에 대해 신속하게 조정되어 균형이 곧 회복된다. 간단히 말해 고전파 견해에 따르면 물가 및 임금은 신축적이다. 즉 부족 및 과잉 현상에 대응하여 상승하기도 하고 하락하기도 한다.

21.2 경제의 세 가지 상태

여기서 살펴보게 될 이면적인 정보를 통해 경제가 자동 조정된다고 믿고 있는 경제학자들의 입장을 이해할 수 있다. 특히 노동시장과 경제의 세 가지 상태 사이에 상응하는 상황을 살펴볼 것이다.

1 실질 GDP 및 자연 실질 GDP: 세 가지 가능성

앞에서 자연 실질 GDP는 자연실업률에서 생산되는 실질 GDP라고 정의하였다. 자연 실질 GDP는 경제가 장기균형에 있을 때 생산된다.

경제학자들은 실질 GDP와 자연 실질 GDP 사이의 관계를 고려하여 다음과 같은 세 가지 경제상태를 생각한다.

- 실질 GDP가 자연 실질 GDP보다 작다.
- 실질 GDP가 자연 실질 GDP보다 크다.
- 실질 GDP가 자연 실질 GDP와 동일하다.

그래프를 이용하여 경제의 세 가지 상태를 살펴보도록 하자.

실질 GDP가 자연 실질 GDP보다 작은 경우 (불황 갭) 그림 3(a)는 *AD* 곡선, *SRAS* 곡선, *LRAS* 곡선을 보여주고 있다. 이는 또한 자연 실질 GDP(Q_N)가 장기에서 생산되고 있음을 보여준다.

그림 3

실질 GDP 및 자연 실질 GDP: 세 가지 가능성

(a)에서 경제는 현재 실질 GDP 수준 Q_1에서 단기균형 상태에 있다. Q_N은 자연 실질 GDP 또는 해당 경제의 잠재 생산량을 의미한다. $Q_1 < Q_N$이라는 사실에 주목하자. 이런 상황($Q_1 < Q_N$)에서 경제에는 불황 갭이 존재한다고 본다.

(b)에서 경제는 현재 실질 GDP 수준 Q_1에서 단기균형 상태에 있다. Q_N은 자연 실질 GDP 또는 해당 경제의 잠재 생산량을 의미한다. $Q_1 > Q_N$이라는 사실에 주목하자. 이런 상황($Q_1 > Q_N$) 하에서 경제에는 인플레이션 갭이 존재한다고 본다.

(c)에서 경제는 현재 실질 GDP 수준 Q_1에서 운용되며 이는 Q_N과 같다. 다시 말해 경제는 자연 실질 GDP 또는 잠재 생산량을 생산하고 있다. 이 조건($Q_1 = Q_N$) 하에서 경제는 장기균형 상태에 있다고 본다.

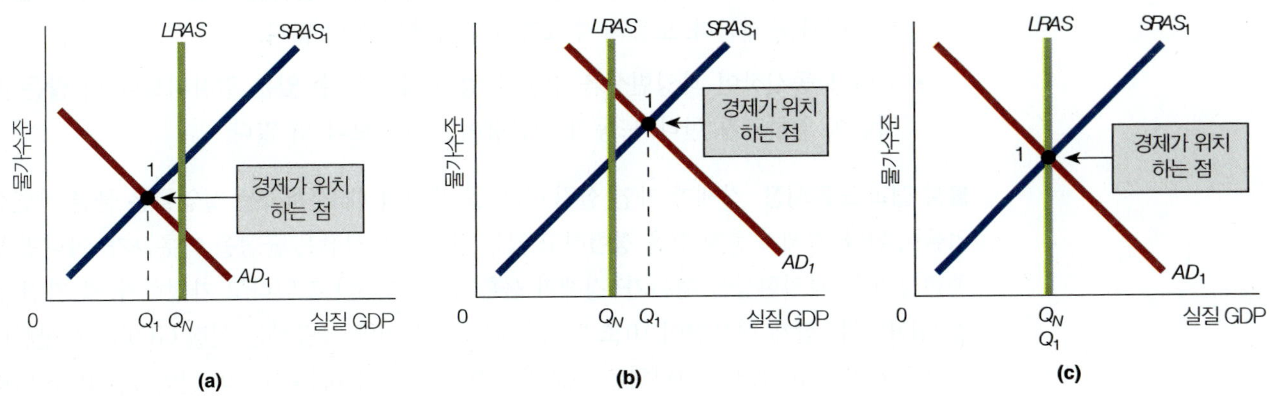

단기균형은 *AD* 곡선과 *SRAS* 곡선의 교차점에서 달성된다. 그러므로 그림 3(a)에서 단기균형은 점 1에서 이루어진다. 경제가 점 1에서 생산하는 실질 GDP는 Q_1이 된다.

Q_1과 Q_N을 비교해 보자. Q_1이 분명히 Q_N보다 더 적다. 다시 말해 경제는 현재 자연 실질 GDP보다 더 적은 단기의 실질 GDP를 생산하고 있다. 경제가 생산하는 실질 GDP가 자연 실질 GDP보다 더 적은 경우 경제는 **불황 갭**(recessionary gap)을 경험하게 된다.

불황 갭

실질 GDP가 자연 실질 GDP보다 큰 경우 (인플레이션 갭) 그림 3(b)에서 *AD* 곡선과 *SRAS* 곡선은 점 1에서 교차한다. 따라서 단기균형은 점 1에서 달성된다. 경제가 점 1에서 생산하는 실질 GDP는 Q_1이 된다. Q_1과 Q_N을 비교하여 보자. Q_1이 분명히 Q_N보다 더 크다. 다시 말해 경제는 자연 실질 GDP 또는 잠재 생산량보다 더 많은 실질 GDP를 단기에서 현재 생산하고 있다. 경제가 생산하는 실질 GDP가 자연 실질 GDP보다 더 많은 경우 경제는 **인플레이션 갭**(inflationary gap)을 경험하게 된다.

인플레이션 갭

실질 GDP가 자연 실질 GDP와 동일한 경우 (장기균형) 그림 3(c)에서 *AD* 곡선과 *SRAS* 곡선은 단기균형이 점 1에서 달성되었음을 보여준다. 경제가 점 1에서 생산하는 실질 GDP는 Q_1으로 나타내었다.

Q_1과 Q_N를 비교하여 보자. 이번에는 Q_1과 Q_N이 동일해진다. 다시 말해 경제는 자연 실질 GDP 또는 잠재 생산량과 동일한 실질 GDP를 현재 생산하고 있다. 경제가 생산하는 실질 GDP가 자연 실질 GDP와 동일한 경우 경제는 **장기균형**에 있다.

2 노동시장과 경제의 세 가지 상태

경제가 세 가지 상태에 있게 될 경우 노동시장도 그러하다. 노동시장의 세 가지 상태를 알아보고 이를 각각 경제상태에 연계시킬 것이다.

우리는 노동시장도 수요 및 공급으로 구성된다는 사실을 알고 있다. 재화시장과 마찬가지로 노동시장도 (1) 균형, (2) 부족, (3) 과잉으로 나타낼 수 있다. 노동시장의 세 가지 상태는 다음과 같다.

- **균형:** 노동시장이 균형일 경우 일하기를 원하는 사람의 수와 동일한 숫자의 일자리가 있다. 노동 수요량과 공급량이 동일하다.
- **부족:** 노동시장이 부족현상을 경험할 경우 일하기를 원하는 사람의 수보다 더 많은 일자리가 존재한다. 노동의 수요량이 공급량보다 더 많다.
- **과잉:** 노동시장이 과잉현상을 경험할 경우 가용할 수 있는 일자리보다 더 많은 사람들이 일하고자 한다. 노동의 공급량이 수요량보다 더 많다.

불황 갭과 노동시장 경제가 자연 실질 GDP를 생산할 때 존재하는 실업률은 물론 자연실업률이 된다. 경제가 불황 갭을 경험하고 있는 경우 노동시장은 균형을 이루는가? 아니면 부족현상 또는 과잉현상을 겪는가? 경제가 불황 갭을 경험하고 있다고 가정하자. 즉 자연 실질 GDP 또는 잠재 생산량이 10조 달러일 때 9조 달러에 상당하는 실질 GDP를 생산한다고 가정하자. 9조 달러에 상당하는 재화 및 서비스를 생산하는 현재의 실업률은 10조 달러를 생산할 때의 자연실업률보다 더 높은가 또는 더 낮은가? 10조 달러에 상당하는 실질

GDP를 생산하기 위해 필요한 노동자들보다 9조 달러에 상당하는 실질 GDP를 생산할 때 노동자가 더 적게 필요하기 때문에 실업률이 자연 실업률보다 더 높아진다. 다른 사정이 동일하다면 실질 GDP가 10조 달러일 때보다 9조 달러일 때 실업률이 더 높다.

경제가 불황 갭을 경험하고 있는 경우 실업률은 자연실업률보다 더 높다. 이것이 의미하는 바는 노동시장에 과잉현상이 발생한다는 것이다. 즉 노동의 공급량이 수요량보다 더 많다. 가용할 수 있는 일자리보다 더 많은 사람들이 일하고자 한다.

> 경제가 불황 갭을 경험하고 있는 경우 실업률이 자연실업률보다 더 높으며
> 노동시장에 과잉현상이 발생한다.

인플레이션 갭과 노동시장 경제가 인플레이션 갭을 경험하고 있다고 가정하자. 즉 자연 실질 GDP 또는 잠재적인 생산량이 10조 달러일 때 11조 달러에 상당하는 실질 GDP를 생산하고 있다고 하자.

경제가 자연 실질 GDP를 생산할 때 존재하는 실업률이 자연 실업률이다. 경제가 11조 달러에 상당하는 재화 및 서비스를 생산할 때 존재하는 실업률은 10조 달러를 생산할 때의 자연실업률보다 더 높은가 또는 더 낮은가? 10조 달러에 상당하는 실질 GDP를 생산할 때 필요한 노동자보다 11조 달러에 상당하는 실질 GDP를 생산할 때 필요한 노동자가 더 많으므로 실업률은 자연실업률보다 더 낮다. 다른 사정이 동일하다면 실질 GDP가 10조 달러일 때보다 11조 달러일 때 실업률이 더 낮다.

경제가 인플레이션 갭을 경험하고 있는 경우 실업률은 자연실업률보다 더 낮다. 이는 노동시장에 부족현상이 발생한다는 의미이다. 즉 노동의 수요량이 공급량보다 더 많다. 일하려고 하는 사람들보다 가용할 수 있는 일자리가 더 많다.

> 경제가 인플레이션 갭을 경험하고 있는 경우 실업률이 자연실업률보다 더 낮으며
> 노동시장에 부족현상이 발생한다.

장기균형과 노동시장 경제가 장기균형에 있다고 가정하자. 경제가 자연 실질 GDP와 동일한 실질 GDP를 생산하고 있다. 이 경우 해당 경제의 실업률은 자연실업률과 동일하다. 이것이 의미하는 바는 노동시장에 부족 또는 과잉 현상이 발생하지 않고 균형이 달성된다는 것이다.

> 경제가 장기균형 상태에 있는 경우 실업률은 자연실업률과 동일해지며
> 노동시장은 균형이 달성된다.

경제의 세 가지 상태와 이와 관련된 노동시장 상태를 정리하면 다음과 같다.

경제상태	상황 설명	실업률과 자연실업률 사이의 관계	노동시장 상태
실질 GDP < 자연 실질 GDP	불황 갭	실업률 > 자연실업률	과잉현상
실질 GDP > 자연 실질 GDP	인플레이션 갭	실업률 < 자연실업률	부족현상
실질 GDP = 자연 실질 GDP	장기균형	실업률 = 자연실업률	균형

그림 4

물질적 및 제도적 생산가능곡선

한 경제는 물질적 생산가능곡선과 제도적 생산가능곡선 둘 다를 갖는다. 물질적 생산가능곡선은 (1) 유한한 자원, (2) 현재의 기술수준과 같은 물질적 제한이 주어진 경우 해당 경제가 생산할 수 있는 재화의 상이한 결합을 나타낸다. 제도적 생산가능곡선은 (1) 유한한 자원, (2) 현재의 기술수준, (3) 제도적 한계와 같은 물질적 제한이 주어진 경우 해당 경제가 생산할 수 있는 재화의 상이한 결합을 나타낸다. 경제가 예를 들면 점 *A*, *B*, *C* 처럼 제도적 생산가능곡선 상에 위치할 경우 해당 경제는 자연실업률 상태에 있게 된다. 경제는 물질적 생산가능곡선을 넘어서 운용될 수 없지만 제도적 한계가 언제나 동일하지는 않기 때문에 제도적 생산가능곡선을 넘어서 운용될 수 있다. 경제가 예를 들면 점 *D*처럼 제도적 생산가능곡선을 넘어서 운용될 경우 해당 경제의 실업률은 자연실업률보다 더 낮아진다.

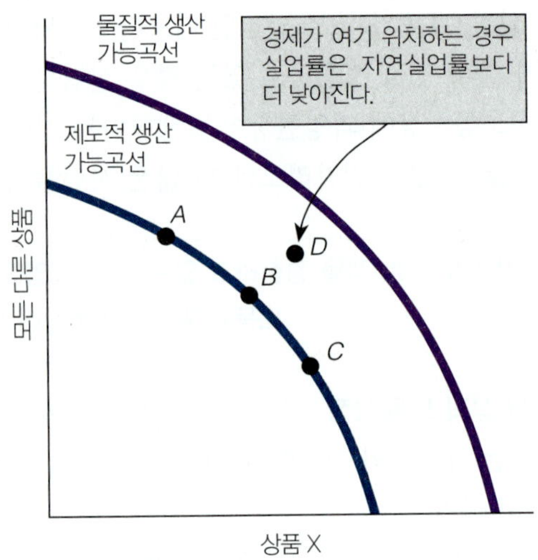

3 실업률과 자연실업률에 관한 일반적인 오해

일부 사람들은 (인플레이션 갭이 존재하는 경우처럼) 한 경제의 실업률이 자연실업률보다 더 낮을 수 없다고 잘못 생각한다. 다시 말해 자연실업률이 5퍼센트라면 실업률은 결코 4퍼센트가 될 수 없다고 생각한다. 하지만 이는 잘못된 생각이다.

그 이유를 알아보기 위해서 두 개의 생산가능곡선을 살펴보도록 하자. 그림 4에서 두 개의 생산가능곡선은 물질적 생산가능곡선과 제도적 생산가능곡선이다. 물질적 생산가능곡선은 (1) 유한한 자원 및 (2) 현재의 기술수준이라는 물질적인 제약 하에서 해당 경제가 생산할 수 있는 재화의 상이한 결합을 보여준다. 제도적 생산가능곡선은 (1) 유한한 자원 및 (2) 현재의 기술수준이라는 두 개의 물질적인 제약에 (3) 제도적 제약이 추가된 상황 하에서 해당 경제가 생산할 수 있는 재화의 상이한 결합을 나타낸다.

예를 들면 제도적 제약이라고 볼 수 있는 최저임금법에 따르면 노동자들에게 최소한 입법화된 최저임금을 지급하여야 한다. 이 법률이 미치는 영향 중 하나는 고용주들이 볼 때 노동의 가치가 입법화된 최저임금에 미치지 못하는 미숙련 노동자들을 고용하지 않게 되는 것이다. 다른 사정이 동일하다면 근로자의 수가 감소할 경우 생산량도 감소하게 된다 (이것이 제도적 생산가능곡선이 물질적 생산가능곡선보다 원점에 더 가까운 이유이다).

자연실업률은 사회의 물질적 및 제도적 제약의 한계 내에 있다. 이것은 제도적 생산가능곡선 상의 어떤 점으로 나타낼 수 있다. 예를 들면 그림 4에서 점 *A*, *B*, *C*는 바로 이런 점들이다.

경제는 물질적 생산가능곡선을 넘어서 운영될 수는 없지만 제도적 생산가능곡선을 넘어서 운영될 수 있다. 예를 들면 인플레이션으로 인해 최저임금의 구매력이 하락하여서 최저임금법이 미숙련 노동시장에 대해 미치는 제약적인 영향이 감소되거나 또는 제거되

그림 5

세 가지 경제상태 및 두 개의 생산가능곡선

이 그림은 제도적 생산가능곡선과 물질적 생산가능곡선 측면에서 세 가지 경제 상태를 보여주고 있다. 제도적 생산가능곡선 아래에 위치한 점 *A*에서 경제는 불황 갭을 경험하고 있다. 제도적 생산가능곡선 상에 위치한 점 *B*에서 경제는 장기균형 상태에 있다. 제도적 생산가능곡선보다 위에 위치하지만 물질적 생산가능곡선보다 아래에 위치한 점 *C*에서 경제는 인플레이션 갭을 경험하고 있다.

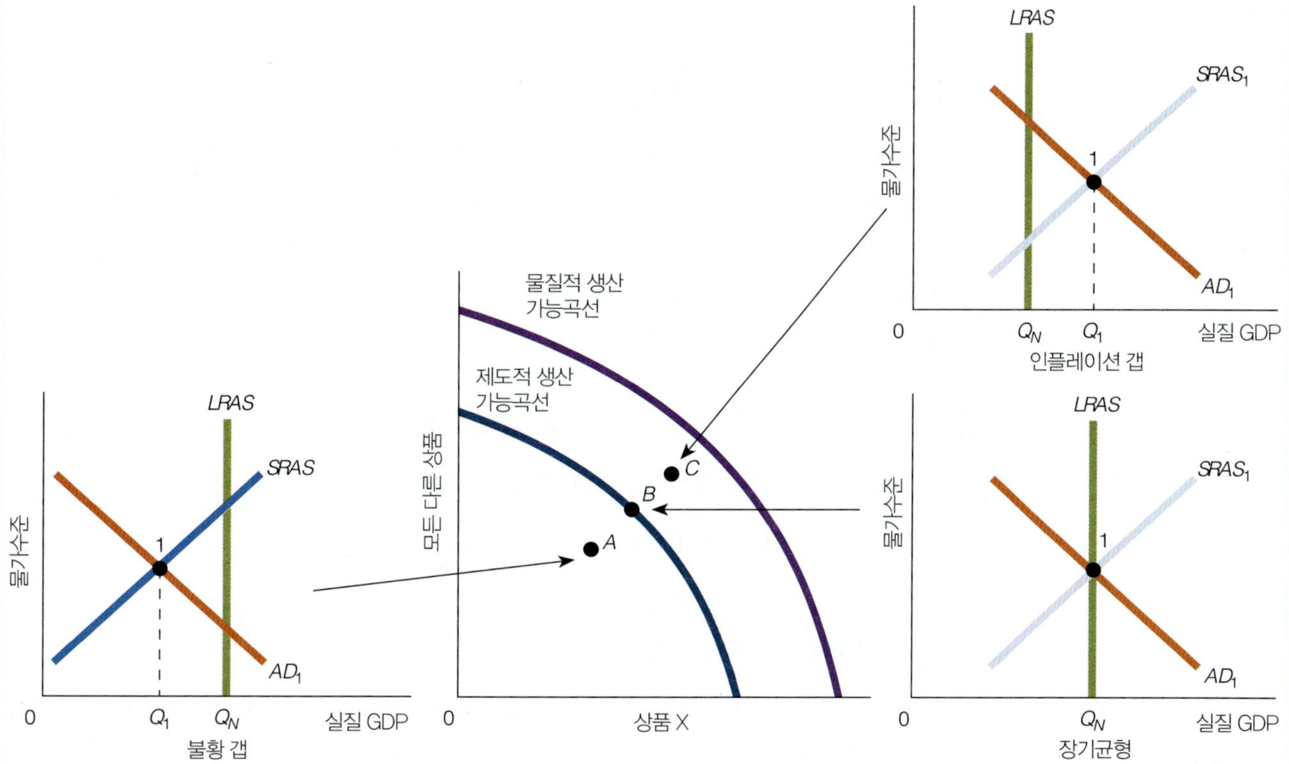

었다고 가정하자.[1] 이런 변화로 인해 사회의 제도적 제약 중 한 개가 무력화되어서 경제는 일시적으로 제도적 제약을 넘어 운용된다. 이는 그림 4에서 예를 들면 점 *D*로 나타낼 수 있다. 점 *D*에서 경제에 존재하는 실업률은 자연실업률보다 더 낮다.

경제의 세 가지 상태와 두 개의 생산가능곡선 경제는 제도적 생산가능곡선을 넘어서 운용될 수도 있지만 물질적 생산가능곡선 아래에서 운용된다. 이제 경제의 세 가지 상태와 제도적 및 물질적 생산가능곡선을 연계시켜 보도록 하자.

그림 5는 제도적 생산가능곡선 및 물질적 생산가능곡선과 함께 세 개의 점 *A*, *B*, *C*를 보여주고 있다. 제도적 생산가능곡선 아래에 위치한 점 *A*는 불황 갭을 경험하는 경제를 나타낸다. 여기서 경제는 자연 실질 GDP인 Q_N보다 적게 생산한다. 제도적 생산가능곡선 위에 위치한 점 *B*는 장기균형에 있는 경제를 나타내며 자연 실질 GDP를 생

1) 인플레이션은 (인플레이션이 조정된) 실질 최저임금을 낮춘다. 최저임금이 6달러이고 물가수준 1.0인 경우 실질 최저임금은 6달러(6달러/1.0)가 된다. 물가수준이 2.0으로 인상된 경우 실질 최저임금은 3달러로 하락한다. 실질 최저임금이 낮아질수록 고용주가 고용하고자 하는 미숙련 노동자의 수는 증가한다. 왜냐하면 미숙련 노동자에 대한 수요곡선의 기울기는 하향하기 때문이다.

산한다. 마지막으로 제도적 생산가능곡선을 넘어섰지만 물질적 생산가능곡선 아래에 위치한 점 *C*는 인플레이션 갭을 경험하는 경제를 나타낸다. 여기서 경제는 자연 실질 GDP보다 많이 생산한다. 이처럼 경제의 세 가지 상태, 즉 불황 갭, 인플레이션 갭, 장기균형은 각각 제도적 생산가능곡선 및 물질적 생산가능곡선 둘 다와 관련된 점으로 나타낼 수 있다.

21.3 자동 조정되는 경제

일부 경제학자들은 경제가 자동 조정된다고 믿고 있다. 다시 말해 경제가 자연실업률(또는 완전고용)에 있지 않을 경우, 즉 자연 실질 GDP를 생산하지 않을 경우 경제는 자력으로 이 위치에 이동한다고 본다. 경제가 자동 조정된다는 견해는 고전파적인 생각이지만 현재 일부 경제학자들도 이 견해를 받아들이고 있다. 여기서는 자동 조정되는 경제가 어떻게 운용되는지 살펴볼 것이다.

1 자동 조정되는 경제가 불황 갭을 경험하는 경우 어떤 일이 발생하는가?

경제가 불황 갭을 경험하는 경우 다음과 같아진다.

1. 경제는 자연 실질 GDP보다 더 적은 실질 GDP를 생산한다.
2. 실업률은 자연실업률보다 더 높다.
3. 노동시장에 과잉현상이 발생한다.

그림 6(a)는 실질 GDP가 9조 달러이고 자연 실질 GDP보다 10조 달러인 경우를 보여주고 있다. 이런 상황에서 경제에 어떤 일이 발생하는가? 경제가 자동 조정된다고 믿고 있는 경제학자들에 따르면 노동시장에서의 과잉현상으로 인해 임금이 하락하게 된다고 한다[2]. 다시 말해 이전의 임금 계약이 종료됨에 따라 기업들은 노동자들에게 더 낮은 임금을 지불하는 계약을 체결하게 된다.

그림 6(b)에서 보는 것처럼 임금이 하락함에 따라 *SRAS* 곡선이 오른쪽으로 이동하여 결국에는 $SRAS_1$이 $SRAS_2$로 이동한다. 단기 총공급곡선이 이동한 결과 물가수준이 하락한다. 물가수준이 하락함에 따라 (앞에서 논의한) 실질잔고 효과, 이자율 효과, 국제무역 효과로 인해 실질 GDP의 수요량이 증가한다. 물가수준이 하락함에 따라 경제는 *AD* 곡선상의 한 점에서 동일 곡선의 더 아래쪽에 위치한 점으로 이동한다. 그림 6(b)에서 이는 점 1에서 점 2로 이동하는 것이다.

경제의 실질 GDP가 자연 실질 GDP보다 더 적은 한 물가수준은 계속해서 하락한다. 결국 경제는 점 2에서 장기 균형에 이르게 되며 여기서 물가수준은 P_2가 되고 생산량은 10조 달러에 상당하는 자연 실질 GDP가 된다.

2) 자동 조정되는 경제가 불황 갭을 어떻게 제거하는지 논의하면서 (노동시장의) 임금 인하를 강조할 것이다. 임금 이외의 자원 가격도 물론 하락할 수 있다.

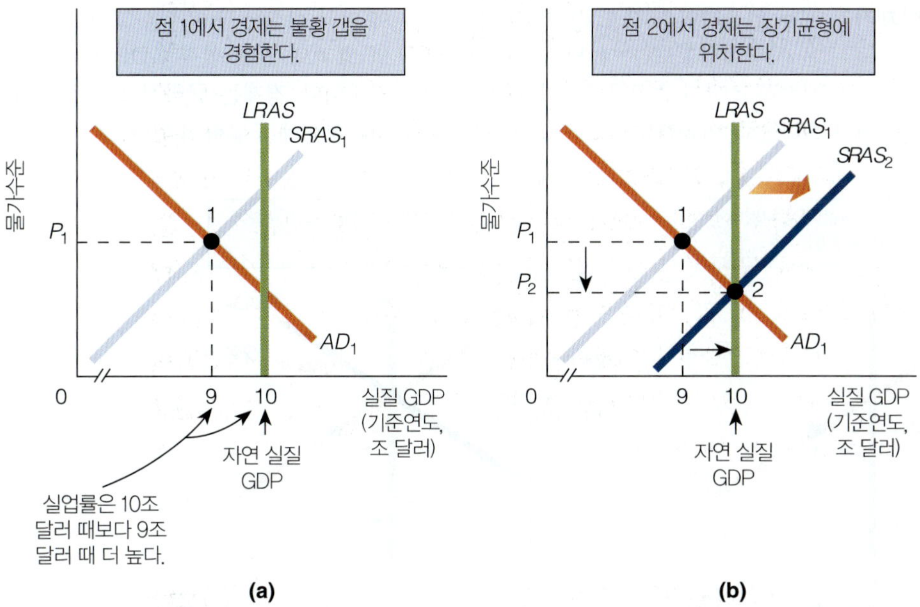

그림 6

자동 조정되는 경제: 불황 갭의 제거

(a) 경제는 P_1 및 실질 GDP의 9조 달러에 위치한다. 실질 GDP가 자연 실질 GDP(10조 달러)에 미치지 못하기 때문에 경제는 불황 갭을 경험하며 실업률이 자연실업률보다 더 높다. (b) 임금률이 하락하여 단기 총공급곡선이 $SRAS_1$에서 $SRAS_2$로 이동한다. 물가수준이 하락함에 따라 실질잔고, 이자율, 그리고 국제무역 효과로 인해 실질 GDP의 수요량이 증대된다. 경제는 궁극적으로 점 2에서 장기균형에 도달하게 된다.

디플레이션 갭 → 실업률 > 자연실업률 → 노동시장의 과잉현상 →
임금하락 → *SRAS*곡선이 오른쪽으로 이동 → 경제는 장기균형에 도달한다.

2 자동 조정되는 경제가 인플레이션 갭을 경험하는 경우 어떤 일이 발생하는가?

경제가 인플레이션 갭을 경험하는 경우 다음과 같아진다.

1. 경제는 자연 실질 GDP보다 더 많은 실질 GDP를 생산한다.
2. 실업률은 자연실업률보다 더 낮다.
3. 노동시장에 부족현상이 발생한다.

그림 7(a)는 실질 GDP가 11조 달러이고 자연 실질 GDP가 10조 달러인 경우를 보여주고 있다. 이런 상황에서 경제에 어떤 일이 발생하는가? 경제가 자동 조정된다고 믿고 있는 경제학자들은 노동시장에서의 부족현상으로 인해 임금이 상승하게 된다고 한다. 다시 말해 이전의 임금 계약이 종료됨에 따라 기업들은 노동자들에게 더 높은 임금을 지불하는 계약을 체결하게 된다.

그림 7 (b)에서 보는 것처럼 임금이 상승함에 따라 *SRAS* 곡선이 왼쪽으로 이동하여 결국에는 $SRAS_1$이 $SRAS_2$로 이동한다. 단기 총공급곡선이 이동한 결과 물가수준이 상승한다. 물가수준이 상승함에 따라 실질잔고 효과, 이자율 효과, 국제무역 효과로 인해 실질 GDP의 수요량이 감소한다. 경제는 *AD* 곡선 상의 한 점에서 동일 곡선의 더 위쪽에 위치한 점으로 이동한다. 그림 7(b)에서 이는 점 1에서 점 2로 이동하는 것이다.

그림 7

지동 조정되는 경제: 인플레이션 갭의 제거

(a) 경제는 P_1 및 실질 GDP의 11조 달러에 위치한다. 실질 GDP가 자연실질 GDP(10조 달러)보다 더 많기 때문에 경제는 인플레이션 갭을 경험하며 실업률은 자연실업률보다 더 낮다. (b) 임금이 상승하고 단기 총공급곡선이 $SRAS_1$에서 $SRAS_2$로 이동한다. 물가수준이 상승함에 따라 실질잔고, 이자율 그리고 국제무역 효과로 인해 실질 GDP의 수요량이 감소한다. 경제는 궁극적으로 점 2에서 장기균형에 도달하게 된다.

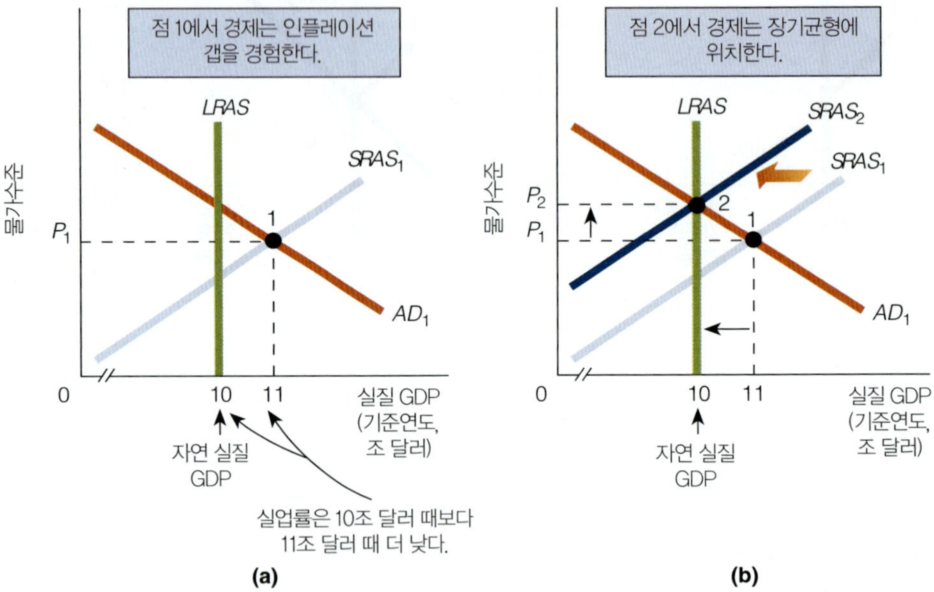

경제의 실질 GDP가 자연 실질 GDP보다 더 큰 한 물가수준은 계속해서 상승한다. 결국 경제는 점 2에서 장기균형에 이르게 되며 여기서 물가수준은 P_2가 되고 생산량은 10조 달러에 상당하는 자연 실질 GDP가 된다.

인플레이션 갭 → 실업률 < 자연실업률 → 노동시장의 부족현상 → 임금상승 → SRAS 곡선이 왼쪽으로 이동 → 경제는 장기균형에 도달한다.

3 자동 조정되는 경제: 재정리

경제가 불황 갭을 경험하는 경우 (다른 자원가격과 함께) 임금이 하락하여 *SRAS* 곡선이 오른쪽으로 이동하며 물가수준이 하락하고 경제가 *AD* 곡선을 따라 아래로 이동한다는 사실을 살펴보았다. 경제는 장기균형 방향으로 이동하여 결국에는 자연 실질 GDP 수준에 도달하게 된다.

경제가 인플레이션 갭을 경험하는 경우 (다른 자원가격과 함께) 임금이 상승하여 *SRAS* 곡선이 왼쪽으로 이동한다. 경제는 장기균형 방향으로 이동하여 결국에는 자연 실질 GDP 수준에 도달하게 된다.

신축적인 임금(및 다른 자원가격)은 자동 조정되는 경제에서 핵심적인 역할을 한다. 예를 들면 임금이 신축적이지 않아서 불황 갭이 존재하는데도 하락하지 않는다고 가정하자. 그러면

SRAS 곡선은 오른쪽으로 이동하지 않고 물가수준이 하락하지 않으며 경제는 장기균형을 향해 *AD* 곡선을 따라 아래로 이동하지 않는다. 이와 유사하게 임금이 신축적이지 않고 인플레이션 갭이 존재하는데도 상승하지 않는다면 경제는 장기균형을 향해 *AD* 곡선을 따라 위로 이동하지 않는다.

경제가 자동 조정된다고 말하는 경제학자들은 임금과 자원가격들이 신축적이고 시장 상황에 따라 상승하기도 하고 하락하기도 한다고 믿는다. 이 경제학자들은 노동 과잉현상이 발생할 경우 임금이 하락하며 노동 부족현상이 발생할 경우 임금이 상승한다고 생각한다. 하지만 다음 장에서는 임금 및 가격이 신축적이라는 주장이 받아들여지지 않는 경우에 대해 살펴볼 것이다.

다음 표는 자동 조정되는 경제가 경제의 세 가지 상태에서 어떻게 작동하는지 요약해서 보여주고 있다.

경제상태	경제가 자동 조정되는 경우 어떤 현상이 발생하는가?
불황 갭 (실질 GDP < 자연 실질 GDP)	실질 GDP = 자연 실질 GDP까지 임금이 하락하여 *SRAS*곡선이 오른쪽으로 이동한다.
인플레이션 갭 (실질 GDP > 자연 실질 GDP)	실질 GDP = 자연 실질 GDP까지 임금이 상승하여 *SRAS*곡선이 왼쪽으로 이동한다.
장기균형 (실질 GDP = 자연 실질 GDP)	임금이 변화하지 않으며 *SRAS*곡선도 변화하지 않는다.

4 경제가 자동 조정된다고 믿는 경우 갖게 되는 정책적 의미

경제가 자동 조정된다고 믿는 경제학자들에게 완전고용은 기준이 된다. 즉 경제는 언제나 자연 실질 GDP로 되돌아간다고 본다. 이를 달리 설명하면 다음과 같다. 경제가 불황 갭이나 인플레이션 갭의 형태로 "병에 걸리게" 될 경우 임금 및 가격 변화를 통해 자신을 치유할 수 있다고 한다. 경제가 어떻게 운용되는지에 관해 이런 입장을 취함으로써 이들 경제학자들은 **자유방임**(laissez-faire)주의적이거나 또는 무간섭주의적인 거시경제 정책을 주장하게 되었다. 이런 입장을 취할 경우 정부는 경제를 관리하는 역할을 수행하지 않게 된다. **자유방임**

5 자동 조정되는 경제에서의 변화: 단기 및 장기

경제가 자동 조정되는 경우 총수요의 변화는 단기적으로 그리고 장기적으로 경제에 어떤 영향을 미치는가? 그림 8(a)에서 경제는 처음에 점 1에서 장기균형 상태에 있다. 예를 들면 정부구매의 증가(이에 대해서는 앞에서 살펴보았다)로 인해 총수요가 증가하였다고 하자. 총수요곡선은 오른쪽, 즉 AD_1에서 AD_2로 이동하여 단기적으로 경제는 점 2로 이동하며 이때 실질 GDP 및 물가수준은 점 1보다 높다. 이제 점 2에서 경제는 인플레이션 갭을 경험하게 된다. 경제가 자동 조정되는 경우 임금이 곧 상승하여 *SRAS* 곡선은 왼쪽으로 이동하고 결국에는 $SRAS_1$이 $SRAS_2$로 이동하게 된다. 경제는 점 3에서 장기균형에 도달하게 된다.

단기 및 장기에서의 변화를 살펴보도록 하자. 총수요가 증가하여 단기적으로 실질 GDP는 증가하고 물가수준은 상승한다. 이 밖에 실질 GDP가 증가하기 때문에 실업률이

그림 8

자동 조정되는 경제에서의 변화: 단기 및 장기

(a)에서 경제는 처음에 점 1에서 장기균형 상태에 있다. 총수요가 증가하여 *AD* 곡선은 오른쪽, 즉 AD_1에서 AD_2로 이동한다. 경제는 단기적으로 점 1에서보다 점 2에서 더 높은 실질 GDP와 더 높은 물가수준을 경험하게 된다. 경제는 또한 점 2에서 인플레이션 갭을 경험한다. 경제가 자동 조정되는 경우 임금이 곧 상승하여 단기 총공급곡선은 왼쪽, 즉 $SRAS_1$에서 $SRAS_2$로 이동하여 경제는 점 3에서 장기균형 상태에 도달하게 된다. 점 3에서 경제는 점 1과 동일한 수준의 실질 GDP를 생산하게 된다. 다시 말해 장기적으로 보면 총수요의 증대는 물가수준만을 인상시킬 뿐이다. (b)에서 경제는 처음에 장기균형 상태에 있다. 총수요가 감소하여 *AD* 곡선은 왼쪽, 즉 AD_1에서 AD_2로 이동한다. 경제는 단기적으로 점 1에서보다 점 2에서 더 낮은 실질 GDP와 더 낮은 물가수준을 경험하게 된다. 경제는 또한 불황 갭을 경험한다. 경제가 자동 조정되는 경우 임금이 곧 하락하여 단기 총공급곡선은 오른쪽, 즉 $SRAS_1$에서 $SRAS_2$로 이동하며 경제는 점 3에서 장기균형 상태에 도달하게 된다. 점 3에서 경제는 점 1과 동일한 수준의 실질 GDP를 생산하게 된다. 다시 말해 장기적으로 보면 총수요의 감소는 물가수준만을 인하시킬 뿐이다.

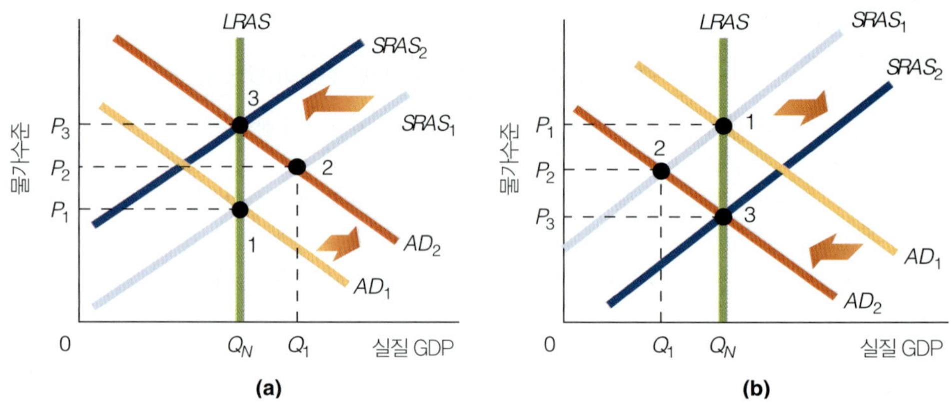

하락한다. 하지만 점 3에 있는 장기에서 경제는 처음에 생산하였던 실질 GDP(Q_N)와 정확히 동일한 수준을 생산하고 물가수준은 상승한다.

결론: 경제가 자동 조정된다면 총수요가 증가할 경우 단기적으로 물가수준 및 실질 GDP가 증가한다. 하지만 장기적으로는 물가수준만 상승할 뿐이다. 다시 말해 총수요가 증가하더라도 장기적으로는 물가수준만 상승하게 된다.

이제는 총수요가 감소할 경우 어떤 일이 발생하는지 생각하여 보자. 그림 8(b)에서 총수요가 감소할 때 경제는 처음에 점 1에서 장기균형에 있다. *AD* 곡선이 왼쪽, 즉 AD_1에서 AD_2로 이동하여 단기적으로 경제는 점 2로 이동한다. 이렇게 되면 실질 GDP 및 물가수준 둘 다 점 1보다 낮아진다.

이제 점 2에서 경제는 불황 갭을 경험하게 된다. 경제가 자동 조정되는 경우 임금은 곧 하락하고 *SRAS* 곡선은 오른쪽으로 이동하여 결국에는 $SRAS_1$에서 $SRAS_2$로 이동하게 된다. 경제는 점 3에서 장기균형에 도달하게 된다.

단기 및 장기에서의 변화를 살펴보도록 하자. 총수요가 감소하여 단기적으로 실질 GDP가 하락하고 물가수준이 하락한다. 이 밖에 실질 GDP가 감소하기 때문에 실업률은 상승한다. 점 3에 있는 장기에서 경제는 처음에 생산하였던 실질 GDP(Q_N)와 정확하게 동일한 수준을 생산하고 물가수준은 하락한다.

결론: 경제가 자동 조정된다면 총수요가 감소할 경우 단기적으로 물가수준이 하락하고 실질 GDP가 감소한다. 하지만 장기적으로는 물가수준만 하락할 뿐이다.

총수요 변화	단기	장기
AD↑	*P*↑, *Q*↑	*P*↑, *Q*는 불변한다.
AD↓	*P*↓, *Q*↓	*P*↓, *Q*는 불변한다.

장기균형에 관해 보다 명확히 하기 위해서 그림 8(a)로 돌아가 보자. 그림에서 경제는 장기균형인 점 1에서 출발하여 점 2로 이동한다. 점 2에서 물가수준과 실질 GDP 모두 점 1에서보다 더 높다. 다시 말해 총수요가 증가함에 따라 물가수준과 실질 GDP는 단기적으로 증가한다. 경제가 자동 조정되면 점 2에 머무르지 않고 장기균형인 점 3으로 이동한다. 점 3에서 물가수준은 점 2에서보다 더 높지만 실질 GDP는 더 낮다. 그렇다면 실질 GDP가 장기적으로 불변한다고 말하는 대신에 단기보다 장기에서 실질 GDP가 더 낮다고 말하지 않는 이유는 무엇 때문인가? 대답은 다음과 같다. 장기는 한 장기균형에서 다른 장기 균형까지를 측정한 것이다. 그림 8(a)에서는 점 1과 점 3을 비교함으로써 장기적인 현상을 관찰할 수 있다. 이런 비교를 통해 다음과 같은 두 가지 사실에 주목할 수 있다. 물가수준은 점 1에서보다 점 3에서 더 높으며 실질 GDP는 동일하다.

6 고전파 거시경제학과 자동 조정되는 경제에 관한 재정리

1. 세이의 법칙이 준수된다.
2. 저축과 투자가 일치하도록 이자율이 변화한다.
3. 경제가 자동 조정되어서 완전고용과 자연 실질 GDP를 생산하는 경제가 기준이 된다.
4. 가격과 물가는 신축적이다. 다시 말해 경제가 불황 갭을 경험하는 경우 임금이 하락하고 (불황 갭을 경험할 때보다 더 낮은 물가수준에서) 자연 실질 GDP를 생산하도록 경제가 이동한다. 경제가 인플레이션 갭을 경험하는 경우 임금이 상승하고 (인플레이션 갭을 경험할 때보다 더 높은 물가수준에서) 자연 실질 GDP를 생산하도록 경제가 이동한다.
5. 경제는 자동 조정되기 때문에 방임주의 정책이 채택된다.

7 경기순환 거시경제학과 경제성장 거시경제학

20장에서는 총수요(*AD*) 곡선, 단기 총공급(*SRAS*) 곡선, 장기 총공급(*LRAS*) 곡선을 포함하는 *AD* − *AS* 모형을 살펴보았다. 이 장에서는 이 세 개 곡선 중 두 개 곡선(*AD* 곡선 및 *SRAS* 곡선)을 주로 이용하여 다음과 같은 두 가지 사항을 논의하였다. 첫째, 자동 조정되는 경제가 불황 갭 또는 인플레이션 갭을 경험하는 경우 어떤 일이 발생하는지 살펴보았다(그림 6 및 7 참조). 두 경우 모두에서 경제가 장기균형으로 이동할 수 있도록 단기 총공급 곡선이 이동하였다. 둘째, 총수요의 변화를 도입하여 장기균형으로부터 이탈하는 상황을 살펴보았다(그림 8 참조). 단기 및 장기에서 경제에 (특히 물가수준 및 실질 GDP에) 어떤 일이 발생하는지 설명하였다.

여러분은 이제 경기순환 거시경제학과 경제성장 거시경제학의 차이를 이해할 수 있을 정도의 기초 지식을 갖게 되었다. 앞으로 일부에서는 고정된 *LRAS* 곡선을 중심으로 *AD* 곡선과 *SRAS* 곡선이 변화하는 경기순환 거시경제학에 대해 논의할 것이다. 하지만 다른 일부에서는 *LRAS* 곡선이 오른쪽으로 이동하는 경제성장 거시경제학에 대해 살펴볼 것이다. 경기순환 거시경제학과 경제성장 거시경제학은 기본적으로 거시경제학의 두 범주를 구성한다. 이 두 가지 범주에 유념하면서 거시경제학을 공부하는 것이 필요하다.

경기순환 거시경제학 이 장에서는 경기순환, 즉 실질 GDP가 반복적으로 증가하고 감소하는 상황에 대해 살펴보았다. 경기순환에 대해 이해하기 위해서 그림 8(a)를 참조하자. 경제는 점 1의 장기균형에서 시작한다. 다음에 총수요는 오른쪽으로 이동하고 실질 GDP는 단기적으로 Q_N에서 Q_1으로 증가한다. 하지만 결국에는 *SRAS* 곡선이 왼쪽으로 이동하여 경제는 점 3에서 장기균형으로 되돌아가고 실질 GDP는 Q_N에서 자연수준으로 회복된다.

우리는 이런 방법으로 무슨 일이 발생했는지 설명할 수 있다. 즉 실질 GDP는 처음에 증가하다가 고정된 *LRAS* 곡선에 대해 하락하게 된다. 이것이 바로 경기순환 거시경제학이 고찰하는 것이다. 실질 GDP는 고정된 *LRAS* 곡선을 중심으로 (증가하고 감소하며) 변화한다.

앞으로 다음과 같은 질문을 하며 경기순환 거시경제학에 대해 보다 자세히 고찰할 것이다. 무엇이 *AD* 곡선을 이동시키는가? 실질 GDP가 처음에 증가하다가 감소하는 이유는 무엇 때문인가? 거시경제학자들은 경기순환 거시경제학과 관련된 위와 같은 질문들을 하며 이에 대답하려 한다.

경제성장 거시경제학 경기순환 거시경제학을 고정된 *LRAS* 곡선에 대한 실질 GDP의 변화로 설명할 수 있다면 경제성장 거시경제학은 오른쪽으로 이동하는 *LRAS* 곡선으로 인한 실질 GDP의 증가로 묘사할 수 있다. 그림 9에서는 AD_1 및 $LRAS_1$에서 시작한다. 장기균형은 점 1에서 이루어지며 자연 실질 GDP는 Q_{N_1}이 된다. *LRAS* 곡선이 오른쪽, 즉 처음에는 $LRAS_2$로 이동하고 그 다음에 $LRAS_3$으로 이동한다고 가정하자. 동시에 실질 GDP가 증가하여 처음에 Q_{N_2}가 되었다가 그 다음에 Q_{N_3}가 된다. 장기 총공급(*LRAS*) 곡선이 오른쪽으로 이동하는 것이 경제성장을 의미한다. 경제성장 거시경제학에 관한 연구는 *LRAS* 곡선을 오른쪽으로 이동시키는 요인들에 대해 분석한다.

그림 9

경제성장 거시경제학

경제성장 거시경제학은 장기 총공급(*LRAS*)곡선이 오른쪽으로 이동하는 문제를 다룬다.

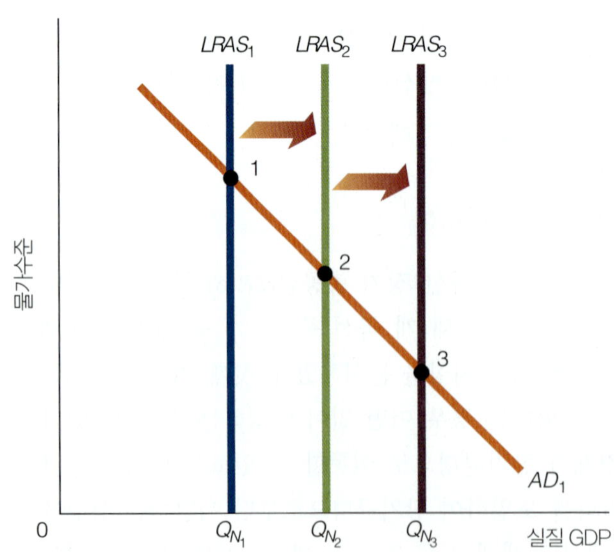

요약 및 정리

105 세이의 법칙

- 세이의 법칙에 따르면 공급은 수요를 창출한다고 본다. 모든 경제학자들은 세이의 법칙이 재화의 전반적인 과잉생산이나 과소생산이 없는 물물교환경제에서 준수된다고 믿는다. 고전파 경제학자들은 세이의 법칙이 또한 화폐경제에서도 준수된다고 믿고 있다. 이들의 주장에 따르면 소비가 감소하고 저축이 증가하더라도 경제적인 힘으로 인해 동일한 규모의 투자증가가 이루어진다고 한다. 고전파 경제학자들에 따르면 이자율은 신축적이라서 한 경제의 저축규모와 투자규모가 동일해지도록 변화한다고 본다.

106 시장, 임금, 물가에 대한 고전파 경제학자들의 입장

- 고전파 경제학자들은 전부가 아니라면 대부분의 시장들은 경쟁적이며 임금 및 물가는 신축적이라고 믿는다.

107 경제의 세 가지 상태

- 자연 실질 GDP는 경제가 자연실업률에서 운용될 경우 생산되는 실질 GDP 수준이다.
- 경제는 다음과 같은 수준에서 실질 GDP를 생산할 수 있다. (1) 자연 실질 GDP와 동일한 수준, (2) 자연 실질 GDP보다 더 많은 수준, (3) 자연 실질 GDP보다 더 적은 수준. 다시 말해 경제는 각각 (1) 장기균형, (2) 인플레이션 갭, (3) 불황 갭에 있게 된다.
- 장기균형에서 경제가 생산하는 실질 GDP는 자연 실질 GDP와 동일하다. 이때 해당 경제의 실업률은 자연실업률과 동일하며 노동시장은 균형에 있다.
- 불황 갭을 경험하는 경우 이 경제가 생산하는 실질 GDP는 자연 실질 GDP보다 더 적다. 해당 경제의 실업률은 자연실업률보다 더 높으며 노동시장에는 과잉현상이 발생한다.
- 인플레이션 갭을 경험하는 경우 이 경제가 생산하는 실질 GDP는 자연 실질 GDP보다 더 많다. 해당 경제의 실업률은 자연실업률보다 더 낮으며 노동시장에는 부족현상이 발생한다.

108 제도적 생산가능곡선 및 물질적 생산가능곡선

- 물질적 생산가능곡선은 (1) 유한한 자원 및 (2) 현재의 기술수준이라는 물질적인 제약 하에서 해당 경제가 생산할 수 있는 재화의 상이한 결합을 보여준다. 제도적 생산가능곡선은 (1) 유한한 자원 및 (2) 현재의 기술 수준이라는 두 개의 물질적인 제약에 (3) 제도적 제약이 추가된 상황 하에서 해당 경제가 생산할 수 있는 재화의 상이한 결합을 나타낸다.
- 경제가 제도적 생산가능곡선 상에서 운용될 경우 경제는 자연실업률에서 운용된다. 경제가 제도적 생산가능곡선을 넘어섰지만 물질적 생산가능곡선 아래에서 운용될 경우 경제는 자연실업률보다 낮은 실업률 수준에서 운용된다.

109 자동 조정되는 경제

- 일부 경제학자들은 경제가 혼자 힘으로 유연하고 신속하게 불황 갭과 인플레이션 갭을 제어할 수 있다고 주장한다.
- 경제가 자동 조정되고 불황 갭을 경험하고 있다면 해당 경제의 실업률은 자연실업률보다 더 높으며 노동시장에서는 과잉현상이 발생한다. 임금 계약이 종료됨에 따라 임금이 하락한다. 따라서 *SRAS* 곡선은 오른쪽으로 이동하며 물가수준이 하락한다. 물가수준이 하락함에 따라 실질 GDP의 수요량이 증가한다. 궁극적으로 경제는 장기균형에 도달하며 거기서 자연실질 GDP를 생산한다.
- 경제가 자동 조정되고 인플레이션 갭을 경험하고 있다면 해당 경제의 실업률은 자연실업률보다 더 낮으며 노동시장에서 부족현상이 발생한다. 임금 계약이 종료됨에 따라 임금이 상승한다. 따라서 *SRAS* 곡선이 왼쪽으로 이동하고 물가수준이 상승한다. 물가수준이 상승함에 따라 실질 GDP의 수요량이 감소한다. 궁극적으로 경제는 장기균형에 도달하며 거기서 자연 실질 GDP를 생산한다.

110 경기순환 거시경제학과 경제성장 거시경제학

- 본서는 경기순환 거시경제학과 경제성장 거시경제학 둘다를 살펴보고 있다. 경기순환 거시경제학은 고정된 *LRAS* 곡선을 중심으로 실질 GDP의 변화에 대해 고찰하며 경제성장 거시경제학은 오른쪽으로 이동하는 *LRAS* 곡선으로 인한 실질 GDP의 증가에 대해 분석한다.

주요 용어 및 개념

세이의 법칙 **불황 갭** **인플레이션 갭** **자유방임**

연습문제

01. 경제가 불황 갭을 경험하고 있다고 말하는 것은 무엇을 의미하는가? 인플레이션 갭은 어떠한가? 장기균형은 어떠한가?

02. 경제가 자동 조정된다고 믿는 경제학자들에 따르면 경제가 불황 갭을 경험하고 있을 때 어떤 일이 발생하는지 단계별로 설명하시오. 경제가 인플레이션 갭을 경험할 때는 어떠한가?

03. 고전파 경제학자들에 따르면 저축이 증가할 경우 *AD* 곡선은 왼쪽으로 이동하는가? 설명하시오.

04. 경제가 제도적 생산가능곡선은 넘었지만 물질적 생산가능곡선을 넘지 못한 경우 어떻게 운용되는지 설명하시오.

05. 이자율이 상승함에 따라 저축이 증가하는 이유를 설명하시오.

06. 다음의 각 경제 상태에서 (실제) 실업률과 자연실업률 사이의 관계를 설명하시오. (a) 불황 갭, (b) 인플레이션 갭, (c) 장기균형

07. 이자율이 상승함에 따라 투자가 감소하는 이유를 어떻게 설명할 수 있는가?

08. 그래프를 이용하여 다음과 같은 상태에 있는 경제를 나타내시오. (a) 인플레이션 갭, (b) 불황 갭, (c) 장기균형

09. 고전파 경제학자들에 따르면 세이의 법칙은 화폐경제에서 준수되는가? 설명하시오.

10. 다음과 같은 경우 노동시장의 상황은 어떠한가? (a) 불황 갭, (b) 인플레이션 갭, (c) 장기균형

11. 다음에 대한 고전파 경제학의 입장은 무엇인가? (a) 임금, (b) 가격, (c) 이자율

12. 다음과 같다고 가정하자. 경제는 자동 조정되며 물가수준은 132이고 실질 GDP의 수요량은 4조 달러이다. 또한 실질 GDP의 단기 공급량은 3.9조 달러이고 장기 공급량은 4.3조 달러이다. 경제는 단기균형 상황에 있는가? 장기균형의 물가수준은 132보다 높은가 또는 낮은가 또는 동일한가? 설명하시오.

13. 장기균형에서 시작하며 다음과 같은 경우 단기 및 장기에서 물가수준과 실질 GDP에 어떤 일이 발생하는가? (a) *AD*의 감소, (b) *AD*의 증가, (c) *SRAS*의 감소, (d) *SRAS*의 증가

14. 다음과 같다고 가정하자. 경제는 자동 조정되며 물가수준은 110이고 실질 GDP의 수요량은 4조 달러이다. 실질 GDP의 단기 공급량은 4.9조 달러이며 장기 공급량은 4.1조 달러이다. 경제는 단기균형 상태에 있는가? 장기균형의 물가수준은 110보다 높은가 또는 낮은가 또는 동일한가? 설명하시오.

15. 짐(Jim)은 다음과 같이 말한다. "나는 감기 또는 독감에 걸렸을 때와 비슷하다고 생각한다. 의사의 진찰을 받을 필요가 없으며 때가 되면 스스로 치유될 것이다. 경제도 역시 이런 방법으로 운용된다. 경제가 감기에 걸릴 때마다 정부가 개입할 필요는 없다." 짐에 따르면 경제는 어떻게 운용되는가?

16. 실질잔고 효과, 이자율 효과, 국제무역 효과가 경제의 장기 (균형) 조정에 미치는 영향의 중요성에 대해 설명하시오.

17. 이본느(Yvonne)는 친구인 웬디(Wendy)에게 다음과 같이 말했다. "임금이 상승하지만 실업률도 역시 상승하고 있다. 회사에서 해고될 수도 있으며 부모님에게 돌아가야만 할지도 모르겠다." 이본느가 부모에게로 돌아가게 될 가능성에 대해 경제는 어떻게 대응하여야 하는가?

18. 임금이 비신축적인 경우 경제는 자동 조정되는가? 설명하시오.

숫자 및 그래프를 활용한 문제

01. 아래 그림에서 어느 점이 다음을 나타내는가?
  a. *LRAS* 곡선 상에 있는 경제
  b. 불황 갭을 경험하고 있는 경제
  c. 인플레이션 갭을 경험하고 있는 경제

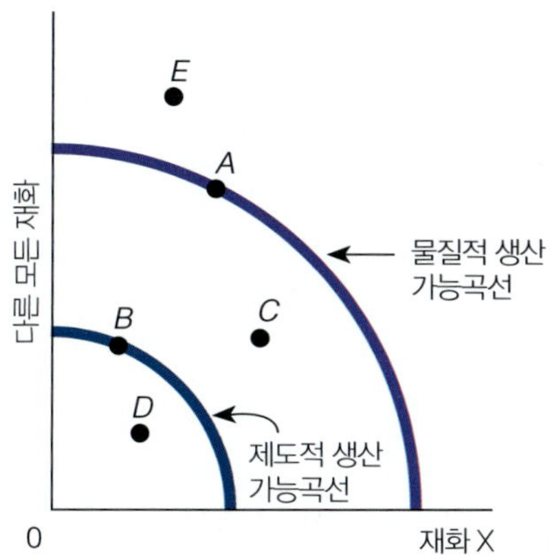

02. 아래 그림 (a)~(c) 중에서 어느 것이 다음과 일치하는가?
  a. 자연실업률에서 운용되는 경제
  b. 노동시장에서 발생하는 과잉현상
  c. 불황 갭
  d. 영인 경기순환적 실업률

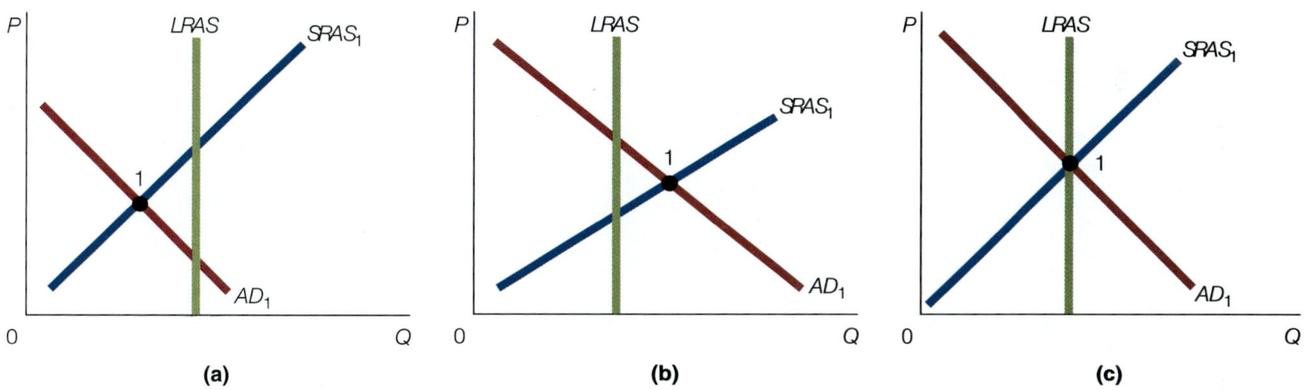

03. 그래프를 이용하여 다음을 나타내시오.
  a. 불황 갭으로부터 자동 조정되면서 *AD*가 증가하는 경제
  b. 인플레이션 갭으로부터 자동 조정되면서 *AD*가 감소하는 경제

04. 경제학자 존스(Jones)는 완전고용에서 공급되는 모든 재화 및 서비스를 매입하는 충분한 (총)수요가 언제나 경제에 존재한다고 믿고 있다. 존스에게 경제는 어떻게 보이는지 그래프를 이용하여 나타내시오.

05. 경제의 제도적 제약이 덜 효과적일 때 어떤 일이 발생하는지 그래프를 이용하여 설명하시오.

제 22 장

케인지언 거시경제학과 불안정한 경제: 자동 조정되는 경제에 대한 비판

22.1 고전파의 주장 및 자동 조정되는 경제에 대한 의문 제기

영국의 경제학자인 존 메이너드 케인즈(John Maynard Keynes)는 경제를 바라보는 많은 경제학자들의 관점을 변화시켰다. 케인즈의 역작인 **고용, 이자, 화폐에 관한 일반이론**은 1936년 발간되었다. 이 책이 발간되기 전 대공황이 발생하여 많은 국가들이 어려움을 겪고 있었다. 그 당시 세계를 둘러보면 누군가는 경제에 대한 고전파적인 견해가 옳은지에 대해 의구심을 가져야 했다. 여러 국가에서 실업이 치솟았고 경기후퇴가 발생하였다. 전반적인 과잉현상은 발생하지 않는다는 세이의 법칙은 옳은가? 자동 조정된다는 경제는 불황이라는 병을 언제 치유할 것인가? 완전고용은 어디에 있는가? 불황 하에서 자유방임이 옳은 정책이라고 믿는 사람은 더 이상 있을 수 없었다. 대공황 하에서 케인즈와 케인지언들은 자신들의 이론이 세부적인 모든 면에서 옳은 것은 아니지만 경제에 대한 고전파의 견해가 잘못됐다고 말할 수 있는 충분한 논거를 갖고 있다고 생각했었다.

케인즈는 다음과 같은 고전파의 네 가지 주장에 대해 반론을 제기하였다. (1) 세이의 법칙이 준수되며 경제에서 불충분한 수요는 존재하지 않는다. (2) 임금, 가격, 이자율은 신축적이다 (3) 경제는 자동 조정된다. (4) 자유방임은 올바르고 현명한 경제정책이다.

1 화폐경제에서 세이의 법칙에 대한 케인즈의 비판

고전파 경제학자들과 세이의 법칙에 따르면 저축이 증가하여 소비지출이 감소할 경우 총지출은 감소하지 않는다고 한다. 왜냐하면 저축이 증가할 경우 투자가 증가한다고 보기 때문이다. 이는 이자율의 변화를 통해 달성된다. 저축이 증가하면 이자율을 인하시키므로 기업들은 낮아진 이자율 하에서 차용을 증가시켜 투자를 증가하게 된다. 이자율의 변화를 통해 저축규모는 언제나 투자규모와 동일해진다.

케인즈는 이에 동의하지 않았다. 그는 저축이 증가한다고 이것이 반드시 동일한 규모의 투자를 촉진한다고는 생각하지 않았다. 그림 1은 케인즈의 견해를 설명하고 있다. 소비는 3,000달러, 투자는 600달러, 정부구매는 1,200달러, 순수출은 200달러라고 한다. 저축이 100달러만큼 증가하여 소비가 2,900달러로 감소하였다. 고전파 경제학자들에 따르면 투자가 동시에 100달러 증가하여 600달러에서 700달러로 증가하여야 한다. 케인즈는 투자의 증가가 저축의 증가와 일치하는지에 의문을 제기하였다. 저축이 100달러만큼 증가하였지만 (이에 따라 소비가 100달러만큼 감소하였지만) 투자는 예를 들어 (100달러가 아니라) 40달러만큼만 증가하였다면 어떤 일이 발생하는가? 식 $TE = C + I + G + (EX - IM)$은 원래 다음과 같았다.

$$\begin{aligned} TE &= 3{,}000\text{달러} + 600\text{달러} + 1{,}200\text{달러} + 200\text{달러} \\ &= 5{,}000\text{달러} \end{aligned}$$

이는 다음과 같이 변화하였다.

$$\begin{aligned} TE &= 2{,}900\text{달러} + 640\text{달러} + 1{,}200\text{달러} + 200\text{달러} \\ &= 4{,}940\text{달러} \end{aligned}$$

이는 다음과 같이 변화하지 않았다.

$$\begin{aligned} TE &= 2{,}900\text{달러} + 700\text{달러} + 1{,}200\text{달러} + 200\text{달러} \\ &= 5{,}000\text{달러} \end{aligned}$$

그림 1

화폐경제에서 세이의 법칙에 대한 케인즈의 견해

케인즈에 따르면 소비가 감소하고 이에 따라 저축이 증가할 경우 이와 동일한 규모로 투자가 증가하지 않는다. 따라서 총지출이 감소하게 된다.

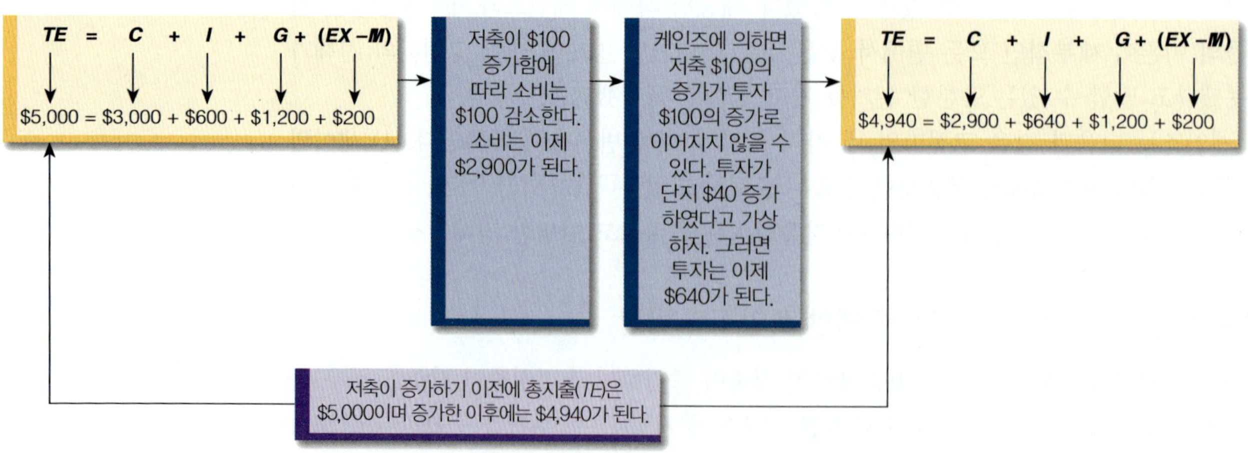

이처럼 총지출은 5,000달러에서 4,940달러로 감소하였다. 물가수준이 일정하게 주어진 경우 총지출이 감소하면 총수요도 감소하게 된다. 다시 말해 케인즈에 따르면 저축이 증가할 경우 총수요가 감소할 수도 있다고 한다.

물론 고전파 경제학자들은 저축이 100달러 증가하면 투자가 100달러 증가할 수 있을 정도로 이자율이 하락할 것이라고 보았다. 케인즈는 이에 대해 개인들은 여러 가지 이유로 인해 저축을 하고 투자를 하며 예를 들면 이자율과 같은 단 한 가지 요인이 이런 행위들을 연계시키지 않는다고 반론을 제기하였다.

나아가 고전파 경제학자들은 저축과 투자가 이자율에 의존한다고 믿는 반면에 케인즈는 저축과 투자 둘 다 이자율보다 더 영향력이 있는 많은 요인에 의존한다고 주장한다. 케인즈는 저축이 이자율의 변화보다 소득변화에 더 반응을 하며 투자는 이자율의 변화보다 기술변화, 사업에 대한 기대, 혁신에 대해 더 반응한다고 본다.

저축에 대한 케인즈와 고전파 경제학자 사이의 차이점을 생각해 보자.

- 고전파 경제학자들은 저축이 이자율과 직접적으로 연계되어 정의 관계에 있다고 주장한다. **다른 사정이 동일하다면** 이자율이 상승함에 따라 저축이 증가하고 이자율이 하락함에 따라 저축이 감소한다.
- 케인즈는 이 가정이 반드시 옳다고는 생각하지 않았다. 개인들이 예를 들면 은퇴 자금 100,000달러를 목표로 저축을 한다고 가정하자. 이들은 이자율이 5퍼센트일 때보다 10퍼센트일 때 기간당 더 적은 금액을 저축할 수도 있다. 왜냐하면 이자율이 높아지면 기간당 더 적은 금액을 저축하여도 목표로 한 은퇴 자금을 모을 수 있기 때문이다. 예를 들어 이자율이 5퍼센트인 경우 연간 이자소득 2,500달러를 받기 위해서 50,000달러를 저축하여야 한다. 하지만 이자율이 10퍼센트인 경우 2,500달러를 받으려면 25,000달러만 저축하면 된다.

투자에 관해서 케인즈는 다음과 같이 생각하였다. 이자율은 투자수준을 결정하는 데 중요하지만 예를 들면 투자에 대한 기대 이윤율과 같은 다른 변수들만큼 중요하지는 않다. 사업에 대한 기대가 비관적인 경우 이자율이 얼마나 낮은지에 관계없이 많은 투자가 이루어질 가능성은 낮다.

2 임금에 대한 케인즈의 견해

앞에서 살펴본 것처럼 경제의 실업률이 자연실업률보다 더 높은 경우 노동시장에는 과잉 현상이 발생한다. 구직자의 수가 일자리의 수에 비해 더 많다. 따라서 고전파 경제학자들에 따르면 임금이 하락한다.

케인즈는 조정이 그렇게 간단하다고 보지 않았다. 대신에 피고용인들은 임금을 삭감하려는 고용주의 시도에 저항하고 노동조합이 임금 삭감에 적극적으로 대처하게 된다고 보았다. 간단히 말해 임금이 하방 경직적일 수 있다.

케인즈가 옳고 임금이 하락하지 않는다면 경제는 불황 갭으로부터 스스로 벗어날 수 없는가? 이에 대한 대답은 스스로 벗어날 수 없다고 본다. 피고용인과 노동조합이 임금 하락을 받아들이지 않는다면 *SRAS* 곡선은 오른쪽으로 이동하지 않는다. 이 곡선이 오른쪽으로 이동

그림 2

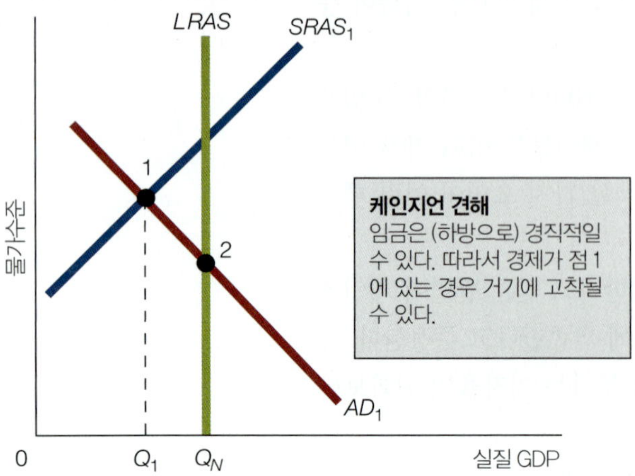

경제는 불황 갭에 고착될 수 있다

케인즈에 따르면 점 1에서 경제가 불황 갭을 경험할 경우 임금이 하락하지 않는다. 따라서 경제가 불황 갭에 고착될 수 있다.

하지 않을 경우 물가는 하락하지 않으며 물가가 하락하지 않는다면 매수인들은 재화 및 서비스를 더 많이 구입하지 않게 되어 경제는 불황 갭에서 벗어나지 못하게 된다. 그림 2에서 경제는 점 1에 고착되어 있으며 점 2에 도달할 수 없다.

케인즈는 경제가 본질적으로 불안정하며 불황 갭으로부터 자동적으로 벗어날 수 없다고 본다. 즉 경제는 자동 조정되지 않을 수 있다.

3 상이한 시장 및 상이한 조정 속도

임금이 균형수준으로 하락하지 않을 수 있다는 케인즈의 생각은 다양한 시장과 이들 각 시장의 조정 경로에 관한 논의를 야기시켰다. 먼저 주식시장처럼 가격이 신속하게 균형을 이루는 시장을 생각해 보자. 주식 A에 대한 시장을 예로 들어보자. 이 주식에 대한 수요 및 공급이 있다. 수요가 증가하면 주식가격이 상승하고 수요가 감소하면 주식가격이 하락한다. 주식가격은 (위와 아래로) 신축적이며 균형가격으로 신속하게 이동한다. 예를 들어 오전 10시에 주식 A에 대한 수요가 증가하고 1분 뒤인 10시 1분에 높아진 새로운 균형가격이 형성된다.

그림 3

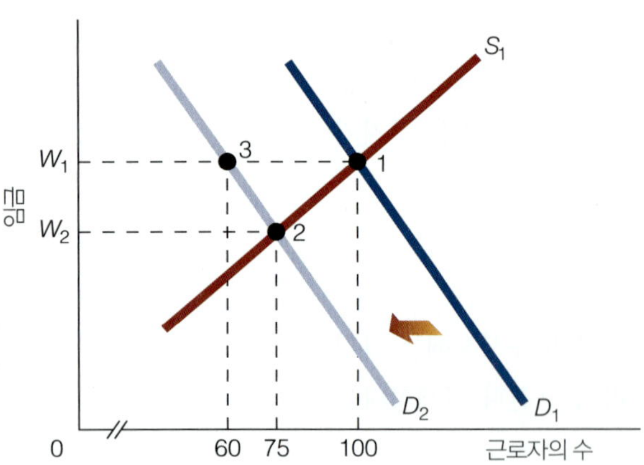

노동시장 및 하방 경직적인 임금

D_1 및 S_1이 교차하는 점 1에서 노동시장의 균형이 이루어지며 균형임금은 W_1이 된다. 노동에 대한 수요가 감소하면 새로운 균형임금은 W_2가 된다. 고용주는 W_2를 지불하게 되는가? (노동시장에서) 임금의 하방 경직성이 존재한다고 생각하는 경제학자들에 따르면 "반드시 그렇지는 않다"고 본다. 이들의 논리는 다음과 같다. 노동계약은 장기적으로 체결되며 고용주들은 임금 인하에 따른 생산성 하락을 우려하고 작업장에서 발생하는 근로자들의 불만을 피하고자 한다.

모든 시장들이 주식시장만큼 신속하게 균형으로 조정되지는 않는다. 많은 경제학자들은 노동시장이 주식시장과 매우 상이하다고 주장한다. 이들은 노동시장에서 임금이 새로운 균형으로 매우 느리게 조정될 수 있다고 본다. 어떤 시기, 특히 노동 과잉이 발생하여 임금이 하락할 것으로 기대될 때 임금이 전혀 조정되지 않을 수 있다.

그림 3은 노동에 대한 수요 및 공급을 보여주고 있다. 현재 노동시장은 W_1에서 균형을 이루고 있다.

이 임금수준에서 노동의 수요량 및 공급량은 일치하며 둘 다 노동자 100명이 된다. 이제 해당 경제에서 재화 및 서비스에 대한 수요가 감소하였다고 가정하자. 즉 총수요(*AD*) 곡선이 왼쪽으로 이동하였다고 하자. 경제에서 총수요가 감소함에 따라 기업들은 더 적은 재화 및 서비스를 생산하여 판매하게 된다. 따라서 노동에 대한 수요가 감소한다. 그림 3에서 노동의 수요곡선은 왼쪽, 즉 D_1에서 D_2로 이동한다. 노동시장이 주식시장과 같아서 새로운 균형임금(W_2)으로 신속하게 균형을 회복한다면 노동시장은 점 2로 이동하게 된다. 점 1에서보다 점 2에서 보다 적은 수의 사람들이 노동을 하게 되고 이들은 보다 적은 보수(W_1 대신에 W_2)를 받는다. 또한 그림에서 25명이 해고된다.

케인지언 경제학자들은 노동시장이 주식시장과 같은 방법으로 조정되지 않고 그렇게 신속하게 조정되지 않는다고 본다. 다시 말해 노동에 대한 수요가 (D_1에서 D_2로) 감소한다고 해서 임금이 하락하지는 않는다고 생각한다. 임금 W_1은 하방 경직적이라고 생각된다. 즉 임금은 최소한 한동안은 하락하지 않는다고 본다.

임금이 하방 경직적인 이유는 무엇 때문인가? 이 물음에 대한 설명 중 하나는 장기노동계약과 관련된다. 경영진과 노동자는 계약 기간 동안 시간당 20달러로 규정한 3년간 유효한 계약을 체결했다고 가정하자. 경영진은 두 가지 이유, 즉 임금협상과 파업을 줄일 수 있기 때문에 이런 계약을 체결하고자 한다. 계약이 유효한 동안 이 두 가지가 효율적으로 감소하거나 사라질 수 있다. 노동자들도 두 가지 이유, 즉 임금 보장과 파업 축소(파업은 노동자들에게도 부담이 된다)를 위해서 이런 계약을 체결하려 한다.

임금이 하방 경직하는 이유를 미시경제학적인 측면에서 설명할 수 있다. 일부 경제학자들에 따르면 기업들은 이따금 균형임금 이상의 임금을 지불함으로써 자신들의 이익이 부합될 수 있다고 한다. 예를 들어 **효율성 임금 모형**(efficiency wage model)에 따르면 노동생산성은 기업이 피고용인들에게 지불하는 임금에 의존한다고 본다. 특히 임금이 삭감될 경우 노동생산성이 하락하며 이로 인해 해당 기업의 비용이 상승한다(기본적으로 이 모형은 노동자들에게 낮은 임금이 지불될 때보다 높은 임금이 지불될 때 더 생산적이 된다고 한다). 균형임금보다 높은 임금을 지불함으로써 기업들은 근로자들에게 게으름을 피우지 않고 보다 생산적으로 되도록 하는 동기를 제공한다. 게으름 피우는 것이 감소하게 되면 기업의 감독(관리) 비용이 감소한다.

효율성 임금 모형

다시 그림 3으로 돌아가서 노동자를 고용하는 고용자의 입장에서는 어떻게 보이는지 생각해 보자. 노동에 대한 수요는 감소하고 새로운 균형임금은 W_2가 된다. 고용주가 임금을 새로운 균형임금 수준으로 결정을 내린다면 다음과 같은 두 가지 일이 발생하게 된다. (1) 25명의 근로자를 해고한다. (2) 남아 있는 75명의 근로자들에게 전보다 낮은 임금을 지불한다. 이럴 경우 고용주는 매일 불만스러워하는 75명의 근로자를 만나야 한다. (고용주가 자신들에게 더 적은 임금을 지불하는 이유를 이해하지 못하는) 불만스러운 노동자들은 더 많은 보수를 받을 때와 같을 수는 없다. 이들은 덜 생산적이 되거나 또는 더 게으름을 피우거나 어쩌면 고용주로부터 절취하려고 할지도 모른다.

고용주가 계속해서 W_1을 지불하면서 75명의 노동자 대신에 60명의 노동자를 고용하게 된다면(다시 말해 25명 대신에 40명을 해고하면) 상황이 많이 달라지게 되는가? 일부 경제학자들은 하락한 임금 W_2를 지불하는 것보다 W_1을 지불하는 것이 고용주에게 더 낫다고 주장한다. W_2에서 고용주는 임금삭감으로 인해 화가 난 75명의 노동자를 갖게 되며 이 불만스러운 75명의 노동자들과 매일 일을 하여야 한다. 하지만 W_2 대신에 W_1을 지불하고 40명의 노동자를 해고하게 되면 이들은 불만스럽겠지만 작업 중에 불만을 표현하지는 못한다. 왜냐하면 이들은 집에 있으면서 불만스러워할 뿐이다. 남아 있는 60명의 노동자들은 임금이 삭감되지 않고 해고되지도 않았기 때문에 불만스럽지가 않다. 이들은 임금도 삭감되지 않고 해고도 되지 않은 것에 대해 고용주에게 훨씬 더 감사할 수도 있다.

다시 정리하면 케인지언 경제학자들은 노동시장이 주식시장과 동일하지 않다고 주장한다. 주식시장은 수요 및 공급의 변화에 따라 신속하게 균형을 회복하지만 노동시장은 천천히 조정이 이루어진다. 특히 노동에 대한 수요감소가 임금하락으로 이어지지 않는다. 임금은 (최소한 어느 기간 동안) 하방 경직적일 수 있다. 임금이 하방 경직적이라면 경제의 자동 조정되는 특성은 의문이 제기된다. 특히 그림 2의 점 1에서 보는 것처럼 경제는 불황 갭에 고착될 수 있다.

4 가격에 대한 케인즈의 견해

불황 갭이 존재하는 경우 고전파 경제학자들은 어떤 일이 발생할 것이라고 믿었는지 다시 한번 생각해 보자. 임금이 하락하고 *SRAS* 곡선은 오른쪽으로 이동하며 물가수준이 하락하기 시작한다고 믿었다. "물가수준이 하락하기 시작한다"라는 문구는 고전파 경제학자들이 가격이 신축적이라고 믿었다는 의미이다. 가격들은 시장의 힘에 따라 상승하기도 하고 하락하기도 한다.

케인즈는 가격이 하락할 정도로 경제의 내부구조가 반드시 경쟁적인 것은 아니라고 본다. 가격이 균형 위에서 형성된 경우 공급 및 수요의 힘이 어떻게 작동하였는지 생각해 보자. 과잉현상이 발생했고 해당 상품의 공급량이 수요량과 동일해질 때까지 가격이 하락했다. 케인즈는 경제의 반경쟁적이거나 또는 독점적인 요소로 인해 가격이 하락하지 않는다고 생각했다.

5 임금 및 가격이 조정하는 데 소요되는 시간이 문제다

고전파 경제학자들은 임금 및 가격이 신축적이며 불황 갭이 발생할 때 인하된다고 주장한다. 하지만 케인즈는 임금 및 가격이 하방 경직적일 수 있으며 불황 갭이 발생할 때 인하되지 않을 수 있다고 생각한다.

오늘날 많은 경제학자들은 케인즈의 견해와 고전파 경제학자들의 견해 사이 어딘가에 위치하는 입장을 견지하고 있다. 이들에게 문제가 되는 것은 임금 및 가격이 하락하느냐 여부에 관한 것이 아니라 하락하는 데 얼마나 많은 시간이 소요되느냐에 관한 것이다.

그림 4에서 경제는 현재 점 1에서 불황 갭을 경험하고 있다고 가정하자. 이와 관련된 단기 총공급곡선은 $SRAS_1$이며 이때 임금은 시간당 10달러이고 물가수준은 P_1이 된다. 고전파 경제학자들은 임금 및 물가수준이 하락할 것으로 기대하지만 케인즈는 하락하지 않을 수도 있다고 한다. 하지만 케인즈는 경제가 불황 갭을 경험할 경우 임금이 하락하지 않고 물가수준이 조정되어 인하되지 않는다고 주장한 것인가? 대부분의 경제학자들은 그렇지 않다고 생각한다. 문제는 임금 및 물가수준이 하락하는 데 얼마나 오랜 시간이 소요되느냐 하

그림 4

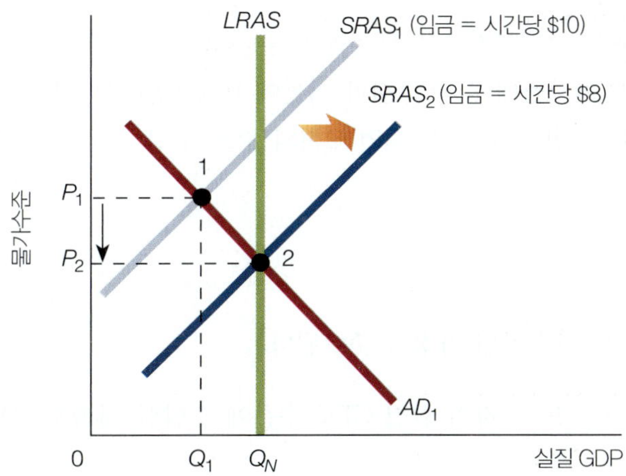

임금 및 물가가 하락하는 데 얼마나 소요되는지에 대한 논의

점 1에서 경제가 불황 갭을 경험하고 있다고 가상하자. 임금은 시간당 10달러이고 물가수준은 P_1이 된다. 문제는 임금 및 물가수준이 하락하는지 여부에 있지 않고 장기균형 수준에 도달하는 데 얼마나 오래 소요되는지에 있다. 단기간 내에 도달할 수 있다면 고전파 경제학자들의 주장이 옳고 경제는 자동 조정이 이루어진다. 예를 들면 수년처럼 장기간이 소요된다면 케인즈의 주장이 옳다. 경제는 적절한 합리적인 기간 내에 자동 조정이 이루어지지 못한다는 것이 케인즈의 입장이다.

는 것이다. 몇 주 내에 하락할 것인가? 몇 달 내에 하락할 것인가? 몇 년 내에 하락할 것인가? 이 물음에 대한 대답은 경제가 불황 갭을 얼마나 오랫동안 경험하고 자동 조정하는 데 얼마나 오래 소요되는지에 달려있다.

이 문제를 다음과 같이 생각해 보자. 임금이 (예를 들면 시간당 8달러로) 하락하는데, 즉 단기 총공급곡선이 $SRAS_1$에서 $SRAS_2$로 이동하여 물가수준이 P_1에서 P_2로 하락하는데 단지 몇 주 또는 몇 달만 소요된다고 하면 경제는 실제로 즉각적으로 자동 조정된다고 볼 수 있다. 하지만 몇 년이 소요된다면 경제가 합리적인 기간 내에 자동 조정된다고 생각하기는 어렵다.

임금 및 가격이 하락하는 데 소요되는 시간이 경제가 자동 조정된다고 말할 수 있을 정도로 짧다는 것이 고전파의 주장이다. 반면에 케인지언의 입장은 경제가 자동 조정되지 않는다고 말할 수 있을 정도로 오랜 시간이 소요된다는 것이다. 케인지언들은 경제가 본질적으로 불안정하며 오랜 기간 동안 불황 갭을 경험할 수 있다고 본다.

다음 표는 고전파 경제학자의 견해와 케인즈의 견해 사이에 존재하는 차이점을 간단하게 요약한 것이다.

	고전파 경제학자	케인즈
세이의 법칙	화폐경제에서도 준수된다. 다시 말해 모든 생산물은 수요된다.	화폐경제에서 준수되지 않을 수 있다. 다시 말해 수요보다 더 많은 생산물이 생산될 수 있다.
저축	저축 규모와 이자율은 정의 관계가 성립한다. 저축하는 사람들은 이자율이 높아질수록 더 많이 저축하고 이자율이 낮아질수록 더 적게 저축한다.	저축하는 사람들은 이자율이 높을 때 더 많이 저축하지 않을 수도 있고 낮을 때 더 적게 저축하지 않을수도 있다. 이들이 마음속에 저축하는 목표를 갖고 있는 경우 이자율이 높아질 때 더 적게 저축하고도 목표를 달성할 수 있다.
투자	투자 규모와 이자율은 역의 관계가 성립한다. 기업들은 이자율이 낮아지면 더 많이 투자하고 높아지면 더 적게 투자한다.	기대가 비관적인 경우 이자율이 낮아지더라도 투자를 추가적으로 촉진할 수 없다.
가격	신축적이다.	하방 경직적일 수 있다.
임금	신축적이다.	하방 경직적일 수 있다.

22.2 단순 케인지언 모형

경제현상을 보다 더 이해하기 위해서 경제학자들은 모형과 이론을 정립한다. 이런 모형 중 몇 가지, 즉 공급 및 수요 이론과 이자율에 관한 고전파 이론에 대해 이미 살펴보았다. 여기서는 또 다른 유명한 거시경제 모형인 **단순 케인지언 모형**의 주요 구성 요소 및 논제에 대해 고찰할 것이다.

1 가정

단순 케인지언 모형에서 다음과 같은 단순화된 가정이 준수된다.

- 첫째, 물가수준은 경제가 완전고용 또는 자연 실질 GDP 수준에 도달할 때까지 불변한다고 가정한다.
- 둘째, 해외부문은 없다고 가정한다. 즉 모형은 **개방경제**가 아니라 **폐쇄경제**를 나타낸다. 따라서 경제의 총지출은 소비, 투자, 정부구매를 합산한 것이다.
- 셋째, 경제의 화폐측면은 배제된다.

2 소비함수

케인즈는 전반적인 총지출 수준에 관심을 갖고 있었지만 특히 소비에 관해 관심을 갖고 분석하였다. 소비(C)는 총지출 중에서 단연 가장 큰 부분을 차지한다.

케인즈는 소비에 관해 다음과 같은 세 가지 기본사항을 밝히고 있다.

1. 소비는 (소득에서 조세를 뺀) 가처분 소득에 의존한다.
2. 소비와 가처분 소득은 동일한 방향으로 움직인다.
3. 가처분 소득이 변화할 때 소비는 더 적게 변화한다.

소비함수

위의 세 가지 사실을 통해 소비와 가처분 소득 사이의 관계에 대한 **소비함수**(consumption function)를 다음과 같이 나타낼 수 있다.

$$C = C_0 + (MPC)(Y_d)$$

여기서 C는 소비를 의미하고 Y_d는 가처분 소득을 나타낸다. MPC 및 C_0에 대해 생각해 보자. (위에서 소비함수로 나타낸) 소비는 다음과 같은 두 가지 부분으로 구성된다.

- **자율적 소비**(C_0)는 가처분 소득과 독립적이다.
- **유도된 소비**[$MPC(Y_d)$]는 가처분 소득에 의존한다.

한계소비성향

MPC는 **한계소비성향**(marginal propensity to consume)을 의미하며 가처분 소득의 변화에 대한 소비의 변화 비율을 나타낸다.

$$한계소비성향 = \frac{소비의\ 변화}{가처분\ 소득의\ 변화}$$

$$MPC = \frac{\Delta C}{\Delta Y_d}$$

델타(Δ)는 "~의 변화"를 의미한다. 따라서 *MPC*는 소비의 변화를 가처분 소득의 변화로 나눈 것이다. 예를 들면 가처분 소득이 1,000달러에서 1,200달러로 증가함에 따라 소비는 800달러에서 900달러로 증가하였다고 가정하자. 소비의 변화(100달러)를 가처분 소득의 변화(200달러)로 나눌 경우 *MPC*는 0.50이 된다. (위에서 케인즈가 제시한 2번 및 3번으로 인해 *MPC*는 언제나 0과 1 사이의 양수가 된다.)

C_0는 **자율적 소비**(autonomous consumption)로 이는 가처분 소득이 변화함에 따라 **변화하지 않고** 다른 요인으로 인해 변화한다. **자율적 소비**

자율적 소비와 유도된 소비 사이의 차이를 예를 들어 설명하여 보자. 조세가 인하됨에 따라 가처분 소득이 증가하였다고 가정하자. 가처분 소득이 증가함에 따라 (예를 들면 오락, 서적, DVD 등과 같은) 재화 및 서비스를 더 많이 구입하게 된다. 이처럼 가처분 소득의 증가는 소비의 증가를 유도하므로 **유도된 소비**라는 명칭이 붙었다. 이제 가처분 소득은 변화하지 않았지만 어떤 이유로 인해 소비를 증가시키게 되었다고 가정하자. 최근 들어 몸이 아파서 병원 치료를 받았거나 차가 고장나서 차량 정비 및 보수 비용이 발생하였다고 하자. 이런 경우 가처분 소득은 변화하지 않았지만 어떤 이유로 인해 더 많은 재화 및 서비스를 소비하게 된다. 이런 형태의 소비는 가처분 소득에 대해 자율적으로(즉 독립적으로) 이루어져서 **자율적 소비**라고 한다.

소비함수를 한 번 더 살펴보도록 하자.

$$소비 = 자율적\ 소비 + (한계소비성향 \times 가처분\ 소득)$$

$$C = C_0 + (MPC \times Y_d)$$

C_0는 800달러이고 *MPC*는 0.80이며 Y_d는 1,500달러라고 가상하자. 이 숫자들을 소비함수에 대입시키면 다음과 같다.

$$C = 800달러 + (0.80 \times 1{,}500달러) = 800달러 + 1{,}200달러 = 2{,}000달러$$

그렇다면 무엇이 소비를 증가시키는가? 소비 *C*는 변수(C_0, *MPC*, Y_d)가 증가할 경우 증가한다. 따라서 *C*는 다음과 같은 세 가지 방법으로 증가할 수 있다.

1. 자율적 소비가 증가한다. 위의 예에서 자율적 소비 C_0가 800달러에서 1,000달러로 증가하였다고 가상하자. 이 변화로 인해 소비는 다음과 같이 2,200달러로 증가한다.

$$C = 1{,}000\ 달러 + (0.80 \times 1{,}500달러) = 2{,}200달러$$

2. 가처분 소득이 증가한다. 가처분 소득 Y_d가 1,500달러에서 1,800달러로 증가하였다고 가상하자. 이 변화로 인해 소비는 다음과 같이 2,240달러로 증가한다.

$$C = 800\text{달러} + (0.80 \times 1{,}800\text{달러}) = 2{,}240\text{달러}$$

소비가 2,000달러에서 2,240달러로 증가한 이유는 가처분 소득의 증가로 인해 유도된 소비가 240달러 증가하였기 때문이다.

3. *MCP*가 증가한다. *MPC*가 0.90으로 증가하였다고 가상하자. 이 변화로 인해 소비는 다음과 같이 2,150달러로 증가한다.

$$C = 800\text{ 달러} + (0.90 \times 1{,}500\text{달러}) = 2{,}150\text{달러}$$

그림 5에서 C_0는 200(십억)달러 즉 2,000억 달러이며 *MPC*는 0.80이다. 따라서 $C =$ 200(십억)달러 + $(0.8)(Y_d)$가 된다. 상이한 가처분 소득(1열)에 대한 상이한 소비수준(3열)을 계산할 수 있다.

3 소비 및 저축

그림 5에서는 상이한 가처분 소득에 대한 저축 수준(5열)을 계산하였다. 이를 어떻게 계산할 수 있는가? $C = C_0 + (MPC)(Y_d)$이고 가계는 소비 또는 저축만을 할 수 있다. 따라서 저축 S는 다음과 같이 가처분 소득과 소비의 차이이다.

> 저축 = 가처분 소득 − 소비
> = 가처분 소득 − [자율적 소비
> + (한계소비성향 × 가처분 소득)]
> $S = Y_d - [C_0 + (MPC \times Y_d)]$

한계저축성향

한계저축성향(marginal propensity to save, MPS)은 가처분 소득의 변화에 대한 저축의 변화 비율이다.

그림 5

상이한 가처분 소득 수준에서의 소비 및 저축

소비함수는 다음과 같다. $C = C_0 + (MPC)(Y_d)$, 여기서 C_0은 200(십억 달러)이며 $MPC = 0.80$이라고 본다. 저축은 Y_d와 C의 차이이며 다음과 같다. $S = Y_d - [C_0 + (MPC)(Y_d)]$, 단위는 10억 달러이다.

(1) 가처분 소득 Y_d	(2) 가처분 소득의 변화 ΔY_d	(3) 소비 $C = C_0 + (MPC)(Y_d)$	(4) 소비의 변화	(5) 저축 $S = Y_d - [C_0 + (MPC)(Y_d)]$	(6) 저축의 변화
$ 800	$___	$ 840	$___	− $40	$_
1,000	200	1,000	160	0	40
1,200	200	1,160	160	40	40
1,400	200	1,320	160	80	40
1,600	200	1,480	160	120	40
1,800	200	1,640	160	160	40

$$\text{한계저축성향} = \frac{\text{저축의 변화}}{\text{가처분 소득의 변화}}$$

$$MPS = \frac{\Delta S}{\Delta Y_d}$$

가처분 소득은 소비 또는 저축으로만 사용될 수 있다. 즉 $C + S = Y_d$이다. 그러므로 가처분 소득의 어떤 변화도 소비 또는 저축만을 변화시킬 수 있을 뿐이다. 따라서 한계소비성향(*MPC*)과 한계저축성향(*MPS*)을 더할 경우 1이 되어야만 한다.

$$\text{한계소비성향} + \text{한계저축성향} = 1$$
$$MPC + MPS = 1$$

그림 5에서 *MPC*는 0.80이므로 *MPS*는 0.20이 된다.

4 승수

소비함수를 통해 자율적인 소비(C_0)가 증가하면 소비(C)가 증가한다는 사실을 알았으며 이는 다시 총지출을 증가시킨다. 총지출은 얼마나 증가하는가? C_0가 400억 달러만큼 증가할 경우 총지출은 400억 달러 증가하는가? 케인즈에 따르면 총지출은 400억 달러만큼만 증가하지 않는다고 한다. C_0가 증가할 경우 이는 추가적인 지출을 촉발하는 기폭제가 돼서 총지출은 400억 달러를 초과하여 증가한다.

예를 들면 경제는 문자 *A*부터 *J*까지로 나타낼 수 있는 10명의 사람으로 구성된다고 하자. 사람 *A*는 사람 *B*로부터 재화를 추가적으로 40달러 더 매입함으로써 자율적인 소비를 증가시킨다. 이제 사람 *B*는 자신의 소득이 40달러 증가했다는 사실을 깨닫게 된다. 케인즈에 따르면 사람 *B*는 자신의 추가적인 소득 중 일부를 지출하며 얼마나 지출할지는 자신의 한계소비 성향(*MPC*)에 달려 있다. 한계소비성향이 0.80인 경우 40달러 중 80퍼센트에 해당하는 32달러를 지출한다. 이 추가적인 소득 32달러를 사람 *C*로부터 재화를 구입하는 데 지출할 경우 사람 *C*의 소득은 32달러만큼 증가하고 이 추가적인 소득 중 일정 부분을 지출하게 된다. 얼마나 지출할지는 다시 한 번 *MPC*에 의존한다. *MPC*가 0.80이라고 가정할 경우 사람 *C*는 25.60달러를 지출한다.

사람 *A*는 자율적인 소비를 40달러만큼 증가시킨다 →
이는 사람 *B*에게 추가적으로 40달러의 소득을 발생시킨다 →
사람 *B*는 자신의 소비를 32달러만큼 증가시킨다 →
이는 사람 *C*에게 추가적으로 32달러의 소득을 발생시킨다 →
사람 *C*는 자신의 소비를 25.60달러만큼 증가시킨다 →
이런 과정이 계속된다.

이를 **승수과정**이라고 한다. 자율적인 소비가 처음 증가하게 되면 이는 한 사람의 소비증가로 이어지며 이는 다시 다른 사람의 추가적인 소득을 발생시킨다. 이는 다시 그 사람의 추가적인 소비지출로 이어지고 이런 과정이 지속된다.

최초의 자율적인 지출 증가(40달러)와 승수과정을 통해 발생된 추가적인 모든 지출을 합산한다고 가상하자. 얼마나 많은 추가적인 지출이 발생하게 되는가? 다시 말해 총지출은 얼마나 증가하게 되는가?

승수 대답은 승수값에 달려 있다. **승수**(multiplier, *m*)는 1을 (1 − *MPC*)로 나눈 값과 같다.

$$승수\ (m) = \frac{1}{1 - MPC}$$

예를 들어 *MPC* = 0.80이라면 승수는 5가 된다.

$$\begin{aligned} 승수\ (m) &= \frac{1}{1 - MPC} \\ &= \frac{1}{1 - 0.80} \\ &= \frac{1}{0.20} \\ &= 5 \end{aligned}$$

자율적인 소비의 최초 증가액(40달러)에 승수(5)를 곱하면 200달러가 된다. 위의 예에서 자율적인 소비가 40달러 증가할 경우 총지출은 200달러 증가한다.

소비가 자율적인 지출 부분을 갖는 것처럼 투자 및 정부구매도 그러하다. 승수과정은 여기서도 역시 준수된다.

총지출을 구성하는 이런 부문 중 하나에서 자율적인 지출이 감소할 경우에도 이 과정은 준수된다. 일반적으로 다음과 같이 나타낼 수 있다.

$$총지출의\ 변화 = 승수 \times 자율적\ 지출의\ 변화$$

예를 들어 기업주들이 경제의 장래가 낙관적일 것이라 생각한다고 가정하자. 이들은 가계 및 정부 부문이 재화 및 서비스를 보다 많이 매입할 것이라 믿는다. 기업들이 장래를 낙관적으로 기대하므로 보다 많은 공장 및 자본재를 매입하며 투자지출이 증가한다. 이런 경우 소득이나 실질 GDP가 변하지 않더라도 투자지출이 증가한다. 즉 증가는 자율적인 투자지출에서 이루어진다. 승수분석에 따르면 자율적인 투자지출이 증가할 경우 총지출은 몇 배 증가한다. 예를 들어 승수가 5라면 자율적인 투자가 1달러 증가할 경우 총지출은 다섯 배인 5달러만큼 증가한다.

5 승수 및 현실

간단히 말해 자율적 지출이 변화할 경우 총지출이 더 많이 변화한다고 보았다. 또한 단순 케인지언 모형에서 총지출의 변화는 (경제가 자연 실질 GDP 아래에서 운용된다고 가정하여) 실질 GDP의 변화와 같다. 그 이유는 모형에서 자연 실질 GDP에 도달할 때까지 물가가 일정하다고 가정하였기 때문이다. 따라서 명목 총지출의 변화는 실질 총지출 변화와 같아진다.

하지만 현실에서는 두 가지 점을 점검해 볼 필요가 있다. 첫째, 승수가 효력을 발휘하기 위해서는 시간이 소요된다. 교과서에서는 자율적인 지출이 처음 증가하여 총지출 또는 GDP가 몇 배로 증가하는 데 단지 몇 초가 걸리는 것처럼 본다. 하지만 실제세계에서는 이 과정에 수개월이 소요된다.

둘째, 승수가 실질 GDP를 증가시키기 위해서는 **지출이 이루어지는 단계마다 유휴자원이 존재하여야만 한다.** 각 지출 단계마다 실질 GDP가 증가하려면(생산량이 증가하려면) **생산에 투입될 수 있는 유휴자원을 가용할 수 있어야 한다.** 이를 가용할 수 없다면 지출의 증가는 실질 GDP를 증가시키지 않고 단지 물가를 인상시킬 뿐이다. 간단히 말해 GDP는 증가하지만 실질 GDP는 증가하지 않는다.

22.3 총수요(*AD*)－총공급(*AS*) 체계 내에서의 단순 케인지언 모형

이 장의 앞 부분에서 자동 조정되는 경제, 즉 고전파 경제학자들의 입장에 대한 케인즈의 비판을 살펴보았다. 또한 단순 케인지언 모형의 몇 가지 주요한 구성 요소, 특히 소비함수에 대해 알아 보았다. 여기서는 총수요 및 총공급(*AD*－*AS*) 체계 내에서 단순 케인지언 모형을 분석해 볼 것이다. 그리고 나서 총지출 및 총생산(*TE*－*TP*) 체계 내에서 단순 케인지언 모형에 대해 논의할 것이다.

1 총수요곡선의 이동

단순 케인지언 모형에서는 해외부문이 존재하지 않기 때문에 총지출은 소비(C), 투자(I), 정부구매(G)로 구성된다. 경제는 화폐적 측면을 갖고 있지 않기 때문에 이 변수들(C, I, G) 중 어느 것이 변화할 경우 *AD* 곡선이 이동한다. 예를 들어 소비가 증가할 경우 *AD* 곡선은 오른쪽으로 이동하며 투자가 감소할 경우 왼쪽으로 이동한다.

소비함수 및 승수에 관해 알고 있는 것을 중심으로 총수요를 생각해 보자. 자율적인 소비(C_0)가 증가할 경우 소비가 증가하며 이로 인해 *AD* 곡선이 오른쪽으로 이동한다. *AD* 곡선이 얼마나 이동하는지는 승수에 달려 있다. 앞의 예에서 자율적인 소비(C_0)는 40달러 증가하였고 승수는 5이었다.

$$
\begin{aligned}
\text{총지출의 변화} &= \text{승수} \times \text{자율적 지출의 변화} \\
&= m \times \Delta C_0 \\
&= 5 \times 40\text{달러} \\
&= 200\text{달러}
\end{aligned}
$$

그림 6은 위와 같은 상황에서 *AD* 곡선이 어떻게 이동하는지 보여주고 있다. 최초의 총수요곡선은 AD_1이다. 자율적인 소비(C_0)가 40달러 증가함에 따라 총수요곡선은 AD_2로 이동한다. 하지만 *AD* 곡선은 여기에 머무르지 않는다. 승수로 인해 최초의 자율적인 소비지

그림 6

승수 및 총수요

자율적 소비가 처음 증가하게 되면 총지출이 증대되어 총수요곡선이 AD_1에서 AD_2로 이동한다. 하지만 총수요곡선의 이동이 이것으로 종식되지 않는다. 자율적 지출이 증가하면 승수로 인해 추가적으로 소득 및 지출이 증대되며 이로 인해 총수요곡선이 AD_3로 이동한다.

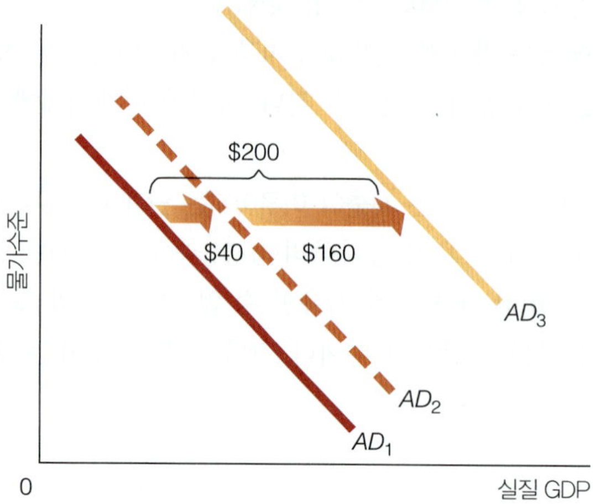

출은 더 많은 지출을 발생시키며 궁극적으로는 *AD* 곡선을 AD_3로 이동시킨다. 다시 말해 승수과정이 끝나감에 따라 *AD* 곡선은 AD_1에서 AD_3로 이동한다. 이런 이동의 일부(40달러)는 최초에 증가한 자율적인 소비에서 비롯되고 다른 일부(160달러)는 승수에서 비롯된다.

2 케인지언 총공급곡선

앞에서 살펴본 것처럼 단순 케인지언 모형에서 물가수준은 경제가 완전고용 수준 또는 자연 실질 GDP에 도달할 때까지 불변한다고 가정하였다. 이 가정이 케인지언 총공급곡선에 대해 의미하는 바는 무엇인가?

앞에서 논의한 총수요 및 총공급에 대해 생각해 보자. *AD* 곡선의 기울기는 하향하고 *SRAS* 곡선의 기울기는 상향한다. 따라서 *AD* 곡선이 (오른쪽 또는 왼쪽으로) 이동하게 되면 자동적으로 물가수준이 변화한다(상승하거나 하락한다). 물가수준이 불변한다고 가정할 경우 케인지언 총공급곡선은 수평선이 되어야 한다.

그림 7에서 보는 것처럼 케인지언 총공급(*AS*) 곡선은 수평선인 부분과 수직선인 부분으로 구성된다. 경제가 Q_N 또는 자연 실질 GDP에 도달할 때까지 *AS* 곡선은 수평선이 된다. 왜냐하면 단순 케인지언 모형은 Q_N에 도달할 때까지 물가수준이 불변한다고 가정하기 때문이다. 이런 *AS* 곡선 하에서 *AD* 곡선이 이동할 경우 경제에 어떤 일이 발생하는가? 총수요가 AD_1에서 AD_2로 증가하면 실질 GDP는 Q_1에서 Q_2로 증가하지만 물가수준은 변화하지 않는다(물가수준은 P_1에서 불변한다). 반면에 경제가 일단 Q_N에 도달하게 되면 총수요가 증가할 경우 물가수준이 변화한다. 예를 들어 총수요가 AD_3에서

그림 7

단순 케인지언 모형에서의 *AS* 곡선

단순 케인지언 모형에서 *AS* 곡선은 Q_N(자연 실질 GDP)까지 수평선이며 Q_N에서 수직선이 된다. 이런 경우 수평선 부분에서 총수요가 변화하면 물가수준이 변화하지 않지만 수직선 부분에서 총수요가 변화하면 물가수준이 변화하게 된다.

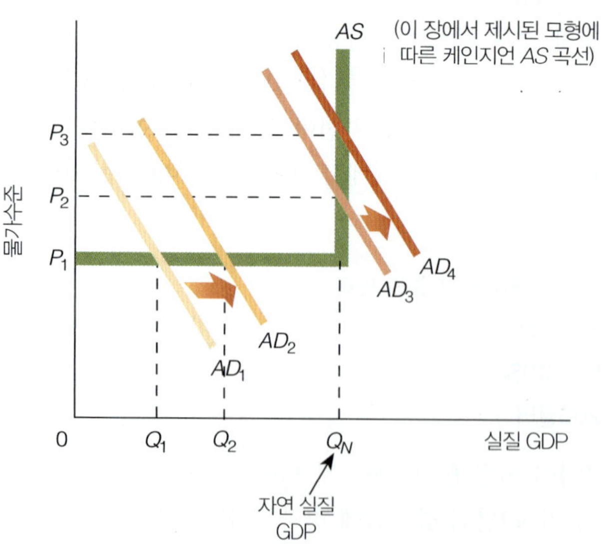

AD_4로 증가할 경우 물가수준은 P_3에서 P_4로 상승한다.

케인즈에 따르면 자율적 지출(예를 들면 자율적 소비)이 변화할 경우 추가적인 지출이 발생한다고 본다. 위의 예에서 자율적 소비가 40달러 증가할 경우 추가적으로 160달러의 지출이 발생하여 총지출은 200달러 증가하였다(*MPC*는 0.80이라고 가정했으므로 승수는 5였다).

다음과 같은 질문을 생각해 보자. 어떤 조건 하에서 **총지출**이 200달러 **증가할 경우** 이것이 실질 GDP의 200달러 증가로 이어지는가? 총공급곡선이 수평선일 때, 즉 (단순 케인지언 모형에서) 경제가 자연 실질 GDP보다 더 적게 생산할 때 그러하다. 다시 말해 *AD* 곡선이 (지출증가로 인해서) 오른쪽으로 이동하여야 하지만 케인지언 *AS* 곡선의 수평선 부분에 있어야 한다.

3 불황 갭 하에서의 경제

고전파 경제학자들에 따르면 경제가 자동 조절될 경우 불황 갭이나 인플레이션 갭은 일시적인 현상에 불과하다고 본다. 때가 되면 경제는 장기균형으로 이동하여 자연 실질 GDP(Q_N)를 생산하게 된다.

케인즈는 경제가 언제나 이런 방식으로는 운용되지 않는다고 생각하였으며 오히려 경제는 불황 갭에 고착될 수 있다고 믿었다. 그림 8에서 보는 것처럼 경제는 (불황 갭을 경험하면서 균형에 있는) Q_1에 고착될 수 있으며 단독으로 Q_N에 도달할 수 없다. 다시 말해 경제는 점 *A*에 있으며 점 *B*에 도달할 수 없다. 케인즈는 가계와 기업으로 구성된 민간부문은 경제를 점 *A*에서 점 *B*로 이동시킬 수 없다고 믿었다. 달리 표현하면 소비나 투자는 총수요곡선을 현재 위치(AD_1)로부터 이동시킬 수 있을 정도로 충분히 증가하지 못한다고 생각하였다.

하지만 해당 경제의 이자율이 하락하였다고 가상하자. 이것은 기업이 투자를 증대시키기에 충분하지 않은가? *AD* 곡선이 점 *B*를 향하여 오른쪽으로 이동하는 데 충분하지 않은가? 투자지출이 이자율 변화에 반드시 반응하지는 않는다고 믿었던 케인즈는 반드시 그렇지는 않다고 생각하였다. 예를 들면 기업이 장래판매에 대해 비관적인데 이자율이 하락하였다고 가상하자. 이자율이 하락하였으므로 기업은 투자를 증가시킬 것인가? 아니면 이자율이 하락하였음에도 불구하고 장래에 대해 비관적이기 때문에 투자를 증가시키지 않을 것인가? 케인즈는 두 번째 상황이 발생할 수 있다고 믿었다.

그림 8

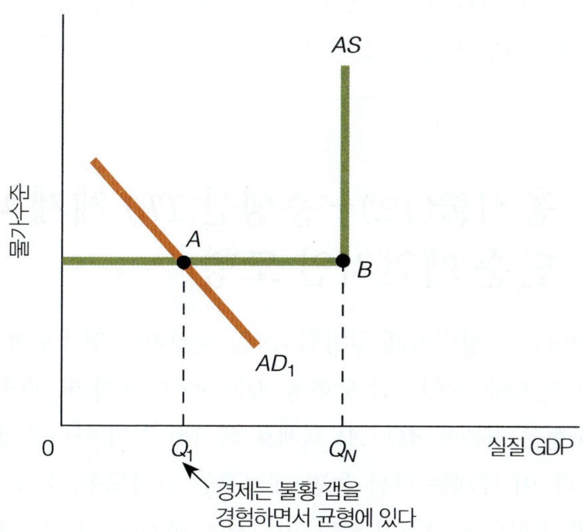

민간부문은 경제로부터 불황 갭을 제거할 수 있는가?

경제는 점 *A*에서 Q_1을 생산한다. Q_1은 Q_N보다 적으므로 경제는 불황 갭을 경험하고 있다. 문제는 (소비 및 투자 지출로 구성된) 민간부문이 총수요곡선이 오른쪽으로 이동하여 점 *B*를 통과할 수 있도록 지출을 증가시킴으로써 불황 갭을 제거할 수 있느냐 여부이다. 케인즈는 때에 따라 그렇게 할 수 없다고 생각하였다. 장래판매에 대한 비관적인 기대로 인해 이자율이 아주 낮아지더라도 투자지출이 증가하지 않는다.

4 경제에서 정부의 역할

고전파 경제학자들이 생각하는 자동 조정되는 경제에서 정부는 경제를 운용할 필요가 없다. (가계와 기업으로 구성된) 민간부문은 자연 실질 GDP 수준에서 경제를 자동 조정할 수 있다. 반면에 케인즈는 경제가 자동 조정되지 않으며 경제가 불안정할 수 있다고 보았다. 다시 말해 경제가 불황 갭에 고착될 수 있다고 생각하였다.

이런 경제의 불안정성으로 인해 정부가 수행해야 하는 역할이 있게 되었다. 케인즈와 많은 케인지언들에 따르면 민간부문이 자연 실질 GDP 수준에서 자동 조정되지 못하는 경우 정부가 도와주어야 한다고 본다. 그림 8에서 보면 정부는 *AD* 곡선이 점 *B*에 도달할 수 있도록 이를 오른쪽으로 이동시키는 역할을 수행할 수 있다. 다음 장에서는 정부가 경제에서 하는 역할에 대해 논의할 것이다.

5 단순 케인지언 모형의 논지

총수요(*AD*) 및 총공급(*AS*) 측면에서 본 단순 케인지언 모형의 핵심사항은 다음과 같다.

1. 자연 실질 GDP에 도달할 때까지 물가수준은 불변한다.
2. *C*, *I*, *G*가 변화할 경우 *AD* 곡선이 이동한다.
3. 케인즈에 따르면 경제는 불황 갭을 경험하면서 균형에 있을 수 있다고 한다. 다시 말해 경제는 그림 8에서 점 *A*에 있을 수 있다.
4. 민간부문은 경제가 불황 갭에서 빠져나오게 할 수 없다. 다시 말해 (가계 및 기업으로 구성된) 민간부문은 그림 8에서 *AD* 곡선이 점 *B*에서 *AS* 곡선과 교차할 수 있도록 *C* 또는 *I*를 증가시킬 수 없다.
5. 정부는 경제를 운용하는 역할을 수행할 수 있다. 케인즈에 따르면 경제가 불황 갭에서 빠져나와 자연 실질 GDP 수준에 도달할 수 있도록 하기 위해 정부는 총수요(*AD*)를 증가시킬 수 있어야 한다고 본다.

   흐름도로 나타낸 그림 9(a)와 그래프로 나타낸 그림 9(b)는 *AD*−*AS* 체계 내에서 단순 케인지언 모형을 설명하고 있다.

22.4 총지출(*TE*)−총생산(*TP*) 체계 내에서의 단순 케인지언 모형

동일한 이야기가 상이하게 설명될 수 있는 것처럼 경제모형은 다양한 체계로 설명될 수 있다. 앞에서는 단순 케인지언 모형을 *AD*−*AS* 분석 체계 내에서 설명하였다. 하지만 단순 케인지언 모형은 처음에 *AD*−*AS* 체계로 제시된 것이 아니라 총지출(*TE*)−총생산(*TP*) 체계로 설명되었다. 이 체계는 예를 들면 케인지언 교차모형, 소득 지출모형, 총지출−총생산 모형 등 상이한 명칭으로 알려져 있다. 여기서는 총지출−총생산 체계 또는 간단히 *TE*−*TP* 체계라고 말할 것이다.

그림 9

***AD*−*AS* 체계로 나타낸 단순 케인지언 모형**

단순 케인지언 모형을 도입한 목적은 실질 GDP의 변화를 설명하기 위해서이다. (a)에서 이 모형을 흐름도 형태로 제시하였다. 실질 GDP는 총수요 및 총공급에 의해 결정된다. 총수요는 소비 *C*, 투자 *I*, 정부구매 *G*에 의존한다. (b)는 *AD*−*AS* 모형을 그래프로 보여주고 있다.

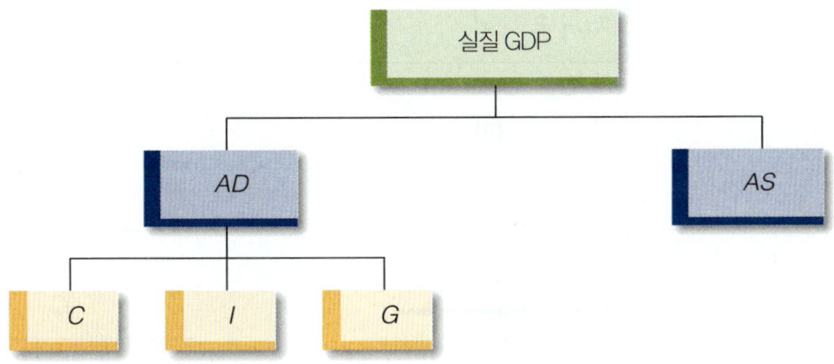

(a)

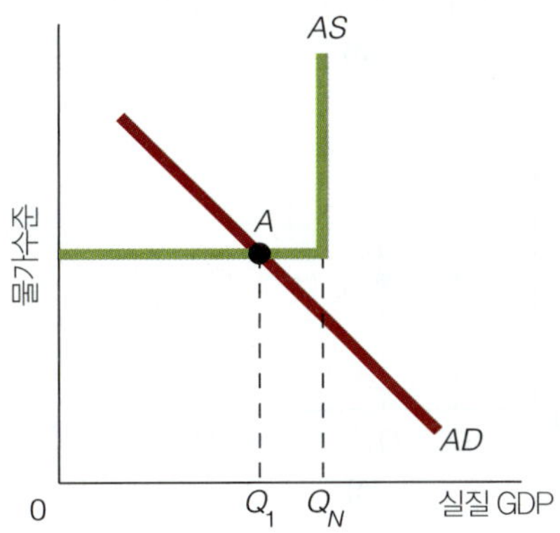

(b)

1 총지출(*TE*) 곡선의 도출

AD−*AS* 체계에서 *AD* 곡선 및 *AS* 곡선을 도출했던 것처럼 *TE*−*TP* 체계에서 총지출(*TE*) 곡선을 도출하고자 한다. 총지출은 소비, 투자, 정부구매를 합산한 것이다. *TE* 곡선을 도출하기 위해서 우선 그림 10에서 보는 것처럼 소비, 투자, 정부구매에 관한 그래프를 도출할 것이다.

1. 소비. 그림 5의 (1)열 및 (3)열에서 산술적으로 보는 것처럼 가처분 소득이 증가함에 따라 소비도 증가한다. *MPC*가 1보다 적기 때문에 소비는 가처분 소득이 증가한 것보다 더 적게 증가한다. 실질 GDP가 증가함에 따라 소비도 또한 증가하지만 다시 한 번 더 적은 비율로 증가한다. 예를 들어 실질 GDP가 100달러 증가하면 소비는 80달러 증가할 수 있다. 그림 10(a)는 소비를 기울기가 상향하는 곡선으로 나타내고 있다. 실질 GDP가 Q_1에서 Q_2로 증가함에 따라 소비는 7조 달러에서 7.5조 달러로 증가한다.

그림 10

총지출(*TE*) 곡선의 도출

상이한 실질 GDP 수준에서 소비(a), 투자(b), 정부구매(c)를 합하여 총지출곡선(d)을 도출할 수 있다.

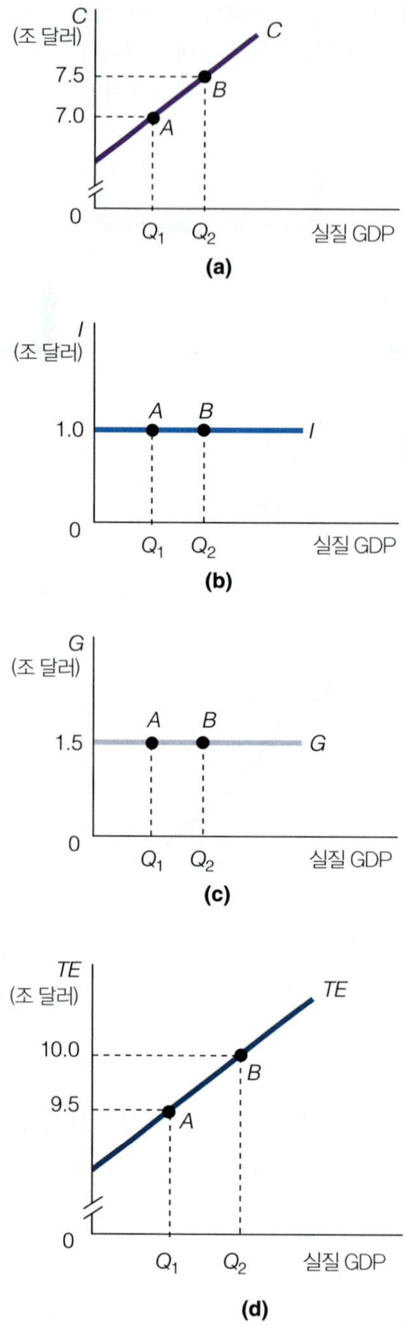

소비 (조 달러)	
Q_1	7.0
Q_2	7.5

＋

투자 (조 달러)	
Q_1	1.0
Q_2	1.0

＋

정부구매 (조 달러)	
Q_1	1.5
Q_2	1.5

＝

총지출 (조 달러)	
Q_1	9.5
Q_2	10.0

2. **투자.** *TE*를 도출하는 데 간단히 하기 위해서 그림 10(b)에 있는 투자곡선은 실질 GDP가 Q_1이든지 또는 Q_2이든지 상관없이 1조 달러에서 일정하다.
3. **정부구매.** 정부지출곡선도 역시 단순화시킬 것이다. 그림 10(c)에서 정부구매는 실질 GDP 규모에 관계없이 1.5조 달러로 일정하다.

그림 10(d)는 *TE* 곡선을 보여주고 있다. 두 개의 실질 GDP 수준(Q_1 및 Q_2)에서 총지출의

구성 요소를 합산하여 관련 점을 구하고 이 점들을 이어 선을 그었다. Q_1에서 총지출은 9.5조 달러이고 Q_2에서는 10조 달러이다. *TE* 곡선의 기울기는 상향한다.

2 무엇이 *TE* 곡선을 이동시키는가?

TE2TP 체계에서 TE 곡선은 AD2AS 체계에서 AD 곡선과 동일한 역할을 한다. AD 곡선과 TE 곡선 둘 다 G, I, G가 변화함에 따라 이동한다. 예를 들어 C가 증가하면 TE 곡선이 위쪽으로 이동하고 I가 감소하면 TE 곡선이 아래쪽으로 이동한다.

3 총지출(*TE*)과 총생산(*TP*)의 비교

기업은 경제의 세 개 부문(가계, 기업, 정부)에서 매입되는 재화 및 서비스를 생산한다. 하지만 기업은 이따금 세 개 부문이 매입하는 것에 비해 너무 많거나 또는 너무 적은 양을 생산한다. 예를 들어 기업은 10조 달러 상당의 재화 및 서비스를 생산하지만 세 개 부문은 9.5조 달러만을 매입한다고 가상하자. 이 경우 경제의 세 개 부문이 매입하는 것에 비해 기업은 너무 많이 생산하였다.

기업은 10조 달러 상당의 재화 및 서비스를 생산하였지만 세 개 부문은 10.5조 달러 어치를 매입하려 한다고 가상하지. 이 경우 세 개 부문이 매입하는 것에 비해 기업은 너무 적게 생산하였다. (경제의 세 개 부문이 어떻게 기업이 생산한 것보다 더 많이 매입할 수 있는지 의문이 든다면 기업이 재고로 보유하고 있던 재화를 갖고 이에 답할 수 있다. 이 과정에 대해서 살펴볼 것이다.)

이제는 기업이 10조 달러 상당의 재화 및 서비스를 생산하고 경제의 세 개 부문이 정확히 10조 달러어치를 매입하였다고 하자. 이 경우 기업은 정확한 규모의 재화 및 서비스를 생산하였다.

이처럼 경제는 *TE*−*TP* 체계에서 세 가지 상태 중 하나에 속하게 된다. 즉 세 개 부문의 총지출(*TE*)은 총생산(*TP*)보다 적거나, 또는 많거나, 또는 동일하다. 이를 다음과 같이 나타낼 수 있다.

$$TE < TP$$
$$TE > TP$$
$$TE = TP$$

경제가 $TE < TP$ 또는 $TE > TP$(둘 다 경제는 불균형 상태에 있다)에서 운용될 경우 많은 경제학자들은 궁극적으로 $TE = TP$(경제는 균형상태에 있다)로 이동한다고 본다. 이제는 이것이 어떻게 진행되는지 살펴볼 것이다.

4 불균형에서 균형으로의 이동

기업들은 자신의 생산물에 대한 수요가 기대하지 않게 변화할 경우에 대비해서 재고를 보유한다. 예를 들면 제너럴 모터스는 자사 제품의 자동차에 대한 수요가 기대하지 않게 그리고 갑작스럽게 증가할 경우에 대비해서 일정 규모의 자동차를 보유할 수 있다.

기업들이 자사 제품의 재고를 보유하는 이유는 알고 있지만 이들이 얼마나 많은 재고를 보유할지는 알지 못한다. 예를 들면 제너럴 모터스가 재고로 1,000대, 또는 2,000대 또는 10,000대의 자동차를 재고로 보유할지 알지 못한다(통상적으로 예를 들면 45일 또는 60일 동안의 공급량을 재고로 보유하지만 상황을 단순화시킬 것이다). 제너럴 모터스를 비롯해 모든 다른 기업들이 너무 많지도 않고 너무 적지도 않은 적당한 규모의 재고, 즉 **최적의 재고**를 보유한다는 사실을 알고 있다. 이를 염두에 두고 *TE*－*TP* 체계에서 경제가 불균형으로부터 균형으로 회복하는 데 기업재고가 얼마나 중요한 역할을 수행하는지 보여주는 다음과 같은 두 가지 경우를 생각해 보자.

상황 1: *TE* < *TP* 기업들은 최적의 재고수준인 3,000억 달러 상당의 재화를 보유하고 11조 달러 상당의 재화 및 서비스를 생산하며 경제의 세 개 부문은 10.8조 달러 상당의 재화 및 서비스를 매입한다고 가정하자. 이 경우 생산자들은 사람들이 매입하는 것보다 더 많이 생산한다(*TE* < *TP*). 그 차이는 재고에 추가되어 재고수준이 기대하지 않게 5,000억 달러가 된다. 즉 기업들이 최적이라고 생각하는 3,000억 달러에 2,000억 달러가 추가되어 5,000억 달러가 된다.

재고가 기대하지 않게 증가하는 경우 기업들이 **과잉생산**하고 있다는 신호가 된다. 따라서 기업들은 생산량을 감축한다. 생산이 축소되면 실질 GDP가 감소하여 경제의 세 개 부문이 매입하려고 하는 (더 낮은) 생산량 수준으로 실질 GDP가 하락한다. 궁극적으로 *TP*는 *TE*와 동일해진다.

상황 2: *TE* > *TP* 기업들은 최적의 재고수준(3,000억 달러 상당의 재화)을 보유하고 10.4조 달러 상당의 재화 및 서비스를 생산하며 경제의 세 개 부문은 10.6조 달러 상당의 재화 및 서비스를 매입한다고 가정하자. 사람들은 어떻게 기업이 생산한 것보다 더 많이 매입할 수 있는가? 기업들은 그 차이를 재고로부터 메꾸게 된다. 위의 예에서 사람들이 기업이 생산한 것보다 2,000억 달러를 더 구입하기 때문에 재고수준은 3,000억 달러에서 1,000억 달러로 감소한다. 이것이 바로 기업들이 재고를 유지하는 이유이다. 즉 판매가 기대하지 않게 증가할 경우 이에 대처하기 위해서 재고를 보유한다.

재고가 기대하지 않게 감소하는 경우 기업들이 **과소생산**하고 있다는 신호가 된다. 따라서 기업들은 생산량을 증가시킨다. 생산이 증가하면 실질 GDP가 증가하며 경제의 세 개 부문이 매입하려고 하는 (더 높은) 생산량 수준으로 증가한다. 궁극적으로 *TP*는 *TE*와 동일해진다.

***TE*－*TP* 체계에서 경제의 세 가지 상태를 그래프로 제시하기** 그림 11은 경제의 세 가지 상태를 보여주고 있다. 이 그림은 앞에서 도출한 *TE* 곡선과 단순히 45도 선(원점에서 90도 각도를 이등분하기 때문에 45도가 된다)인 *TP* 곡선으로 구성된다. *TP* 곡선 상의 어떤 점에서도 총생산은 실질 GDP와 같다(*TP* = 실질 GDP)[1] 이는 *TP* 및 실질 GDP가 동일한 것에

1) 앞에서 살펴본 것처럼 *TE*－*TP* 체계에서 *TE* 곡선은 *AD*－*AS* 체계에서 *AD* 곡선이 하는 역할을 한다. 다시 말해 대략적으로 말하면 *AD* 곡선이 *TE* 곡선이 된다. 이와 유사하게 *TE*－*TP* 체계에서 *TP* 곡선은 *AD*－*AS* 체계에서 *AS* 곡선이 하는 역할을 한다. 역시 대략적으로 말하면 *TP* 곡선은 *AS* 곡선이 된다. *AD*－*AS* 체계에서 균형은 *AD* 곡선과 *AS* 곡선의 교차점에서 이루어진다. 앞으로 살펴 볼 것처럼 *TE*－*TP* 체계에서 균형은 *TE* 곡선과 *TP* 곡선의 교차점에서 달성된다.

그림 11

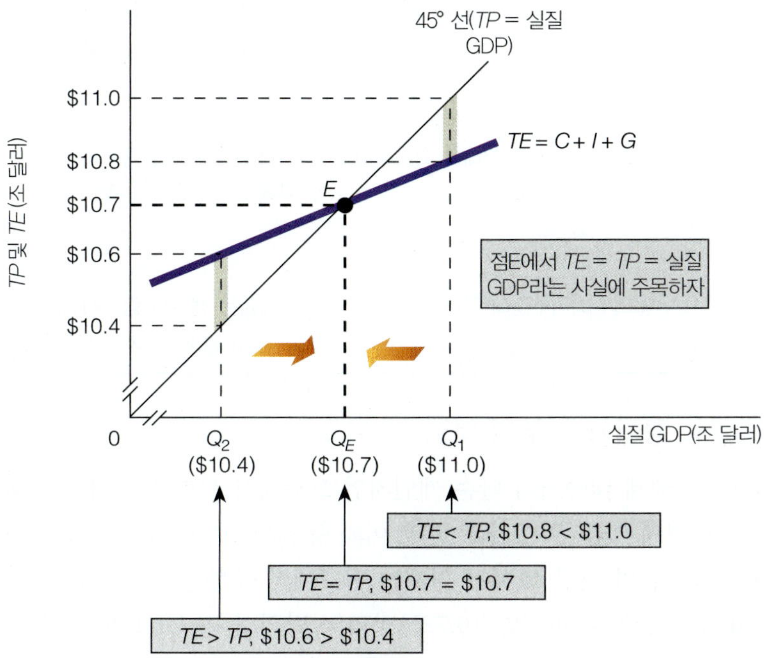

***TE–TP* 체계에서 경제의 세 가지 상황**

Q_E에서 $TE = TP$가 되어 경제는 균형을 이루게 된다. Q_1에서 $TE < TP$가 되어 재고의 기대하지 못한 증가가 발생한다. 이를 통해 과잉생산이 이루어졌다는 신호를 기업들에게 보내게 되며 기업들은 생산을 감축하게 된다. 생산이 감축되면 실질 GDP가 감소하여 경제는 Q_1에서 Q_E로 이동한다. Q_2에서 $TE > TP$가 되어 재고의 기대하지 못한 감소가 발생한다. 이를 통해 과소생산이 이루어졌다는 신호를 기업들에게 보내게 되며 기업들은 생산을 증가하게 된다. 생산이 증가되면 실질 GDP가 증대되어 경제는 Q_2에서 Q_E로 이동한다.

대해 부쳐진 상이한 명칭이기 때문이다. 실질 GDP는 일국 내에서 연간 생산된 모든 최종 재화 및 서비스의 총 시장가치라는 사실을 기억하자.

그림에 있는 세 가지 수준의 실질 GDP에 주목하여 보자. Q_1에서 실질 GDP는 11조 달러가 된다. 이 실질 GDP 수준에서 *TE*는 10.8조 달러이고 *TP*는 11조 달러이다. 이는 생산자가 사람들이 매입하려는 것보다 더 많이 생산하고($TE < TP$) 그 차이는 재고에 추가되는 상황 1을 보여준다. 재고가 기대하지 않게 증가하는 경우 기업들이 과잉생산하고 있다는 신호가 되어 생산량이 축소된다. 생산이 감축되면 실질 GDP가 감소하여 궁극적으로 실질 GDP가 Q_E(그림에서 10.7조달러에 해당한다)로 하락한다.

Q_2를 살펴보도록 하자. 거기서 실질 GDP는 10.4조 달러이다. 이 실질 GDP 수준에서 *TE*는 10.6조 달러이고 *TP*는 10.4조 달러이다. 이는 상황 2, 즉 경제의 세 개 부문이 기업이 생산한 것보다 더 많은 재화 및 서비스를 매입하는 경우($TE > TP$)이다. 기업들은 재고를 이용하여 생산한 것과 세 개 부문이 매입하는 것 사이의 차이를 메꾸게 된다. 이리하여 재고는 최적수준 아래로 내려가서 기업들은 생산량을 증대시킨다. 생산이 증가하면 실질 GDP가 증가하여 궁극적으로 실질 GDP는 Q_E(10.7조 달러)에 도달하게 된다.

경제가 Q_E 또는 10.7조 달러에 상당하는 재화 및 서비스를 생산할 때 균형에 있게 된다. 이 실질 GDP 수준에서 *TP* 및 *TE*는 10.7조 달러에서 동일해진다. 다음 표는 *TE–TP* 체계에서 경제상태에 관한 중요한 점을 요약해서 제시하고 있다.

경제상태	재고에 어떤 일이 발생하는가?	기업들은 무엇을 하는가?
$TE < TP$ 사람들은 기업들이 생산한 것보다 더 적은 양을 매입한다.	재고가 최적수준 위로 증가한다.	기업들은 생산을 감축하여 재고를 최적수준으로 낮춘다.
$TE > TP$ 사람들은 기업들이 생산한 것보다 더 많은 양을 매입한다.	재고가 최적수준 아래로 감소한다.	기업들은 생산을 증가시켜 재고를 최적수준으로 높인다.
$TE = TP$	재고가 최적수준에 있다.	기업들은 생산을 증가시키지도 않고 감소시키지도 않는다.

5 불황 갭을 경험하는 경제와 정부의 역할

케인즈에 따르면 *AD*−*AS* 체계 내에서의 단순 케인지언 모형에서 살펴본 것처럼 경제는 불황 갭을 경험하면서 균형에 있을 수 있다고 한다. 이와 동일한 상황이 *TE* − *TP* 체계에서도 존재할 수 있다. 예를 들면 그림 11에서 경제는 점 *E*에서 균형을 이루고 10.7조 달러 상당의 실질 GDP를 생산한다. 하지만 10.7조 달러 상당의 실질 GDP가 자연 실질 GDP 수준이라는 보장은 없다. 그림 12에서 보는 것처럼 경제는 점 *A*에서 균형을 이루며 Q_E를 생산하지만 이때 자연 실질 GDP는 Q_N이다. 경제는 자연 실질 GDP보다 적은 실질 GDP를 생산하기 때문에 불황 갭을 경험하게 된다.

경제는 어떻게 불황 갭으로부터 벗어날 수 있는가? 민간부문(가계 및 기업)은 그림 12에서 *TE* 곡선을 위쪽으로 밀어 올릴 수 있는가? 그리하여 점 *B*를 통과하고 Q_N을 생산할 수 있는가? 케인즈에 따르면 경제가 반드시 그렇게 할 필요는 없다고 한다. 케인즈는 경제를 불황 갭으로부터 벗어나게 하기 위해 정부의 역할이 필요할 수 있다고 보았다. 예를 들면 정부는 *TE* 곡선이 위쪽으로 이동하여 점 *B*를 통과하도록 정부구매를 증가시킬 수 있어야 한다(*G*를 증가시킬 수 있어야 한다).

그림 12

경제: 균형에 있으면서 불황 갭을 경험하는 경우

TE− *TP* 체계에 기초할 경우 경제는 현재 Q_E를 생산하는 점 *A*에서 균형 상태에 있다. 하지만 자연 실질 GDP는 Q_E보다 크므로 경제는 균형에 있으면서 불황 갭을 경험한다.

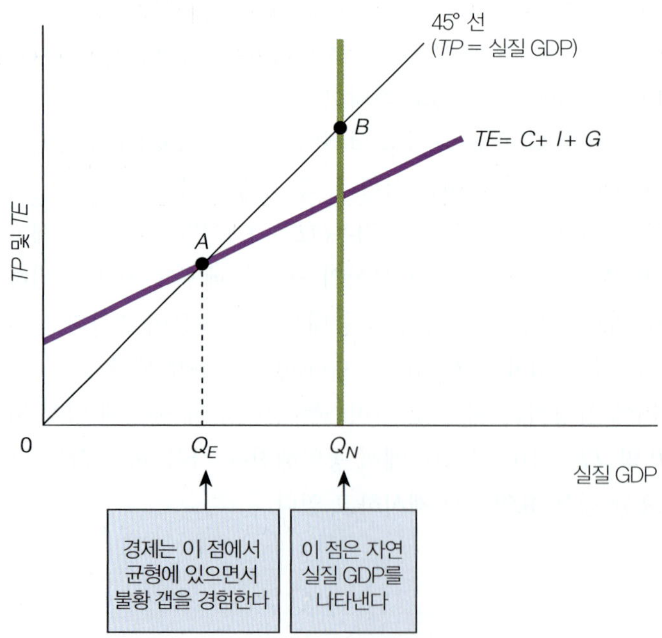

6 경제의 균형

거시경제학에 관한 여러 논의사항 중 하나는 모든 조정이 이루어지고 나서 경제가 자연적으로 도달하게 되는 균형에 관한 것이다. 앞 장에서 설명한 것처럼 일부 경제학자들은 경제가 자동 조정되며 자연적으로 장기에서는 자연 실질 GDP를 생산하게 된다고 본다. 여기서는 경제가 본질적으로 불안정하며 자연적으로 자연 실질 GDP보다 더 적은 실질 GDP를 생산할 수 있다고 믿는 경제학자들의 주장을 살펴보았다. 첫 번째 경제학자 그룹에게 있어 균형은 바람직한 상태이지만 두 번째 그룹에게는 실질 GDP가 자연 실질 GDP보다 작다면 바람직하지 않을 수도 있다.

7 단순 케인지언 모형의 논지

총지출(*TE*) 및 총생산(*TP*) 측면에서 본 단순 케인지언 모형의 핵심사항은 다음과 같다.

1. 자연 실질 GDP에 도달할 때까지 물가수준은 불변한다.
2. *C*, *I*, *G*가 변화할 경우 *TE*곡선이 이동한다.
3. 케인즈에 따르면 경제는 불황 갭을 경험하면서 균형에 있을 수 있다고 한다. 다시 말해 경제는 그림 12에서 점 *A*에 있을 수 있다.
4. 민간부문은 경제가 불황 갭에서 빠져나오게 할 수 없다. 다시 말해(가계 및 기업으로 구성된) 민간부문은 그림 12의 *TE*곡선이 위쪽으로 이동하여 점 *B*를 통과할 수 있도록 *C* 또는 *I*를 증가시킬 수 없다.
5. 정부는 경제를 운용하는 역할을 수행할 수 있다. 케인즈에 따르면 경제가 불황 갭을 빠져나와 자연 실질 GDP 수준에 도달할 수 있도록 하기 위해 정부는 총지출(*TE*)을 증가시킬 수 있어야 한다고 본다.

흐름도로 나타낸 그림 13(a)와 그래프로 나타낸 그림 13(b)는 *TE*−*TP* 체계 내에서 단순 케인지언 모형을 설명하고 있다.

그림 13

***TE*−*TP* 체계로 나타낸 단순 케인지언 모형**

단순 케인지언 모형은 실질 GDP의 변화를 설명하는데 유용하게 사용된다. (a)에서는 모형이 흐름도의 형태로 제시되었다. 실질 GDP는 총지출(*TE*)과 총생산물(*TP*)에 의해 결정된다. 총지출(*TE*)은 소비 *C*, 투자 *I*, 정부구매 *G*에 의존한다. (b)는 *TE*−*TP* 체계 내에서 모형을 도표로 보여주고 있다.

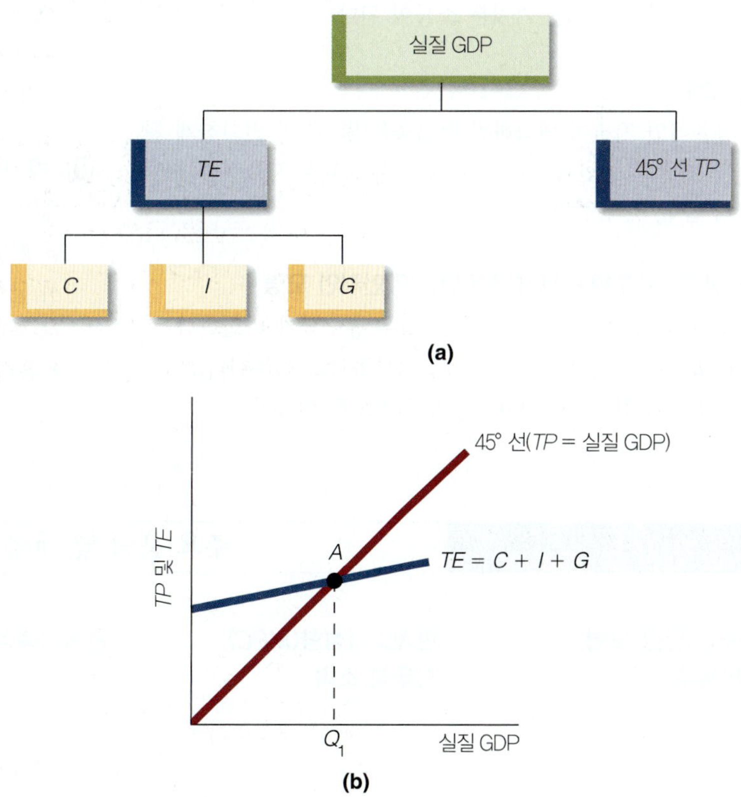

요약 및 정리

111 임금 및 물가에 대한 케인즈의 견해

- 케인즈는 임금 및 물가가 하방 경직적이라고 보았다. 그에 따르면 피고용인과 노동조합은 고용주의 임금 삭감에 저항하며 경제의 반경쟁적이거나 독점적인 요소로 인해 가격이 하락하지 않는다고 한다.

112 세이의 법칙에 대한 케인즈의 견해

- 케인즈는 세이의 법칙이 화폐경제에서 반드시 준수되지는 않는다고 생각하였다. 또한 투자 증가보다 더 많이 소비가 감소하는 것(저축이 증가하는 것)이 가능하다고 보았다. 따라서 소비의 감소(저축의 증가)로 인해 경제의 총지출 및 총수요가 감소할 수 있다.

113 소비함수

- 케인즈는 소비 및 가처분 소득에 관해 다음과 같은 세 가지 점을 밝혔다. (1) 소비는 가처분 소득에 의존한다. (2) 소비 및 가처분 소득은 동일한 방향으로 이동한다. (3) 가처분 소득이 변화할 때 소비는 더 적게 변화한다. 위의 세 가지 사항을 소비함수에 포함시키면 다음과 같다. $C = C_0 + (MPC \times Y_d)$. 여기서 C_0는 자율적 소비이며 MPC는 한계소비성향이고 Y_d는 가처분 소득이 된다.

114 승수

- 자율적인 지출이 변화하면 총지출은 몇 배 더 변화하게 된다. 지출의 총변화는 승수$[1/(1 - MPC)]$를 자율적 지출액에 곱한 것과 같다.

115 *AD*−*AS* 체계 내에서의 단순 케인지언 모형

- 소비, 투자, 정부구매가 변화할 경우 총수요가 변화한다.
- *C*, *I*, *G*가 증가하면 *AD* 곡선이 오른쪽으로 이동한다.
- *C*, *I*, *G*가 감소하면 *AD* 곡선이 왼쪽으로 이동한다.
- 단순 케인지언 모형에서 총공급곡선은 수평선인 부분과 수직선인 부분으로 나누어진다. 두 부분은 자연 실질 GDP 수준에서 나누어진다. 총공급곡선의 수평선 부분에서(즉 경제가 자연 실질 GDP 아래에서 운용될 때) 총수요가 변화하면 실질 GDP는 변화하지만 물가수준은 변화하지 않는다. 총공급곡선의 수직선 부분에서 (즉 경제가 자연 실질 GDP에서 운용될 때) 총수요가 변화하면 물가수준은 변화하지만 실질 GDP는 변화하지 않는다.

116 *TE*−*TP* 체계 내에서의 단순 케인지언 모형

- 소비, 투자, 정부구매가 변화할 경우 총지출이 변화한다.
- *C*, *I*, *G*가 증가하면 *TE* 곡선이 위쪽으로 이동한다.
- *C*, *I*, *G*가 감소하면 *TE* 곡선이 아래쪽으로 이동한다.
- 총지출(*TE*)이 총생산(*TP*)과 같아지면 경제는 균형상태에 있게 된다. $TE < TP$인 경우 경제는 불균형 상태에 있게 되며 재고는 기대하지 않게 증가하여 기업에게 생산을 감축시키라는 신호를 보내게 된다.
- $TE > TP$인 경우 경제는 불균형 상태에 있게 되며 재고는 기대하지 않게 감소하여 기업에게 생산을 증가시키라는 신호를 보내게 된다.
- $TE = TP$인 경우 균형이 달성된다. 실질 GDP의 균형 수준은 자연 실질 GDP보다 적을 수 있으며 경제는 이 낮은 실질 GDP에 고착될 수 있다.

117 케인지언의 논지

- 케인즈는 자연 실질 GDP보다 낮은 실질 GDP 수준에서 균형이 될 수 있다고 본다. 즉 경제는 불황 갭을 경험하면서 균형이 될 수 있다고 제안한다. 나아가 경제는 독자적으로 불황 갭에서 벗어날 수 없다고 주장한다. 정부는 경제를 운용하는 역할을 수행할 필요가 있을 수도 있다.

주요 용어 및 개념

효율성 임금 모형
소비함수
한계소비성향(*MPC*)
자율적 소비
한계저축성향(*MPS*)
승수

연습문제

01. 일부 경제학자들에 따르면 기업들이 시장청산 수준보다 높은 임금을 지불하는 이유를 무엇 때문이라고 하는가?

02. 임금, 물가, 세이의 법칙 측면에서 볼 때 케인즈의 견해는 고전파의 견해와 어떻게 다른가?

03. 저축 및 투자 측면에서 볼 때 케인즈의 견해는 고전파의 견해와 어떻게 다른가?

04. 고전파 경제학자들은 임금, 물가, 이자율이 신축적이며 신속하게 조정된다고 가정한다. 다음과 같은 극단적인 경우를 생각해 보자. 고전파 경제학자들은 임금, 물가, 이자율이 즉각적으로 조정되는 것으로 믿고 있다고 가상하자. 고전파의 총공급(*AS*) 곡선은 어떤 형태인가? 설명하시오.

05. 임금이 하락할 수 없는 가능성을 설명하는 두 가지 이유를 드시오.

06. 승수과정을 설명하시오.

07. *MPC*와 승수 사이의 관계는 무엇인가?

08. 다음과 같은 케인지언 소비함수를 생각해 보자. $C = C_0 + (MPC \times Y_d)$. 어느 부분이 자율적 소비와 관련되는가? 어느 부분이 유도된 소비와 관련되는가? 자율적 소비와 유도된 소비를 정의하시오.

09. 자율적 지출이 증가할 경우 총지출이 어떻게 몇 배 증가하는지 설명하시오.

10. 케인지언 소비함수를 이용하여 *MPC*가 증가함에 따라 저축이 감소하는 상황을 숫자를 사용하여 설명하시오.

11. 어떤 요소에서의 변화가 소비의 변화로 이어지는가?

12. 케인지언 소비함수 하에서 소득세율이 삭감되는 경우 소비에 어떤 영향을 미치는가? 설명하시오.

13. 투자 및 정부구매는 불변한데 반해 소비는 증가한다고 가상하자. 단순 케인지언 모형에서 *AD* 곡선은 어떻게 이동하는가? 어떤 조건 하에서 실질 GDP의 증가는 총지출의 증가와 동일해지는가?

14. 사람들은 임금이 예를 들면 1년 동안 하방 경직적이라고 생각할 수 있는가? 또한 자동 조정되는 경제에서 임금이 하방 경직적이라고 생각할 수 있는가? 설명하시오.

15. "단순 케인지언 모형의 경우 자연 실질 GDP 아래에서 발생하는 *AD*의 증가는 물가수준에 영향을 미치지 않는다." 이에 동의하는가? 설명하시오.

16. 케인즈에 따르면 저축의 증가 및 소비의 감소가 경제의 총지출을 감소시킬 수 있다고 한다. 하지만 (앞 장에서 살펴본 것처럼)저축의 증가로 인해 이자율이 낮아지면 어떤 현상이 발생할 수 있는가? 이자율이 인하되면 투자지출이 증가하고 이를 통해 소비지출의 감소를 중화시키지 않겠는가?

17. 단순 케인지언 모형에서 총공급곡선은 어떤 형태가 되는가?

18. 단순 케인지언 모형에서 어떤 요소가 *AD* 곡선을 이동시키는가?

19. 케인즈에 따르면 민간부문은 언제나 불황 갭으로부터 경제를 벗어나게 할 수 있다고 보는가? 설명하시오.

20. 케인즈에 따르면 저축이 증가할 경우 *AD* 곡선이 왼쪽으로 이동하는가? 설명하시오.

21. *TE* 및 *TP* 측면에서 경제의 세 가지 상태를 설명하시오.

22. 단순 케인지언 모형에서 재고는 균형과정을 밟아가는 데 어떤 역할을 하는가?

23. 정부구매가 증가할 경우 *TE* 곡선은 어떻게 변화하는가?

24. 총지출(*TE*) 곡선을 어떻게 도출하는지 설명하시오.

숫자 및 그래프를 활용한 문제

01. 다음의 각 경우에 대해 승수를 계산하시오.

a. $MPC = 0.60$

b. $MPC = 0.80$

c. $MPC = 0.50$

02. 다음과 같은 두 개 요소로 구성된 투자함수(방정식)를 작성하시오.

a. 자율적 투자지출

b. 유도된 투자지출

03. 경제학자 스미스(Smith)는 총수요의 변화가 물가수준에만 영향을 미친다고 믿는다. 경제학자 존스(Jones)는 총수요의 변화가 실질 GDP에만 영향을 미친다고 생각한다. 각 경제학자의 경우 *AD* 곡선 및 *AS* 곡선은 어떤 형태를 하는가?

04. 다음 그림을 이용하여 아래의 두 가지 문구를 설명하시오.

a. 케인즈에 따르면 완전고용 생산수준(또는 자연 실질 GDP)에 도달하기에는 총수요가 불충분하다.

b. (저축의 증가로 인해) 소비가 감소할 경우 이는 투자지출의 증가로 상쇄되지 않는다.

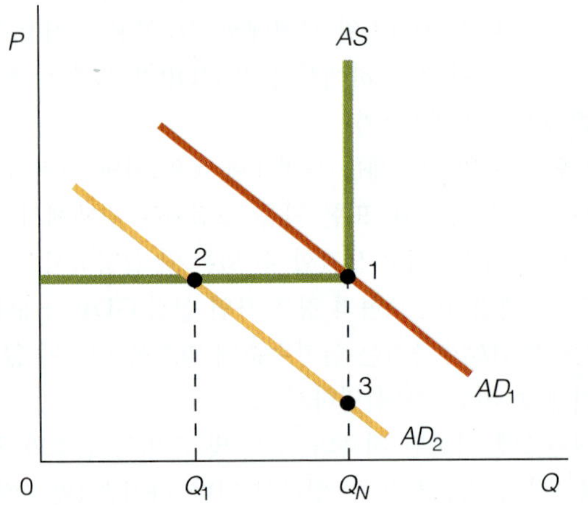

05. 그림 10(d)에서 *TE* 곡선은 소비함수의 기울기가 상향하기 때문에 기울기가 상향한다. 설명하시오.

06. 그림 10(d)에서 원점과 *TE* 곡선이 수직축과 교차하는 점 사이의 수직거리는 무엇을 의미하는가?

07. 아래 그림에서 다음과 같은 경우 어떤 현상이 발생하는지 설명하시오.

a. 경제가 Q_1에 있는 경우

b. 경제가 Q_2에 있는 경우

08. 아래 그림에서 자연 실질 GDP가 Q_2라면 점 *A*에서 경제는 어떤 상태에 있는가?

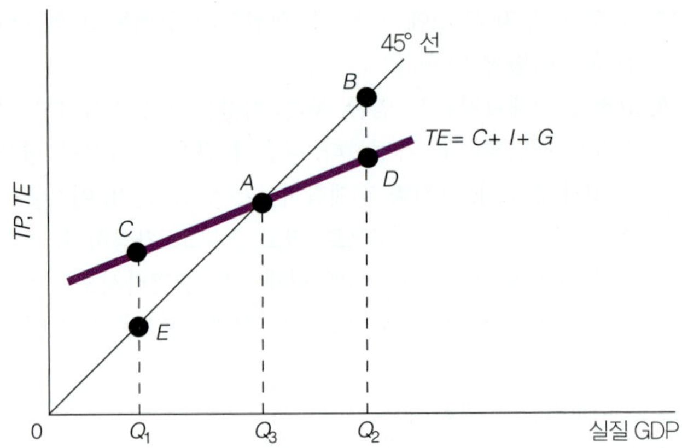

제 23 장

재정정책과 정부예산

23.1 정부예산

정부예산은 두 가지 측면, 즉 정부지출과 정부 조세수입이란 측면을 갖으며 이 둘은 반드시 동일하지 않다. 앞에서 이미 **정부구매**에 대해 살펴보았다. 정부지출은 정부구매와 동일하지 않다. 정부지출은 정부구매와 정부 이전지급을 합한 것이다.[1)]

1 정부지출 및 정부 조세수입

정부는 국방, 사회보장 등에 지출하고 개인 소득세, 기업 소득세, 사회보장세 등을 통해 수입을 얻게 된다.

소득세 구조 소득세 구조는 누진세, 비례세, 역진세의 형태를 띨 수 있다. **누진소득세**(progressive income tax) 하에서는 과세소득 수준이 증가함에 따라 조세율이 증가한다. 예를 들어 데이비드슨(Davidson)은 과세소득이 20,000달러일 때 15퍼센트의 조세를 납부한다고 가상하자. 역진소득세 하에서 예를 들면 과세소득이 30,000달러가 될 경우 세율이 예를 들어 28퍼센트가 될 수 있다. 55,000달러가 되면 예를 들어 31퍼센트로 증가할 수 있다. 누진소득세가 일반적이다. **누진소득세**

비례소득세(proportional income tax) 하에서는 모든 소득에 대해 동일한 세율이 적용된다. **비례소득세** 비례소득세는 이따금 균등소득세라고도 한다. 예를 들면 쿠안(Kuan)은 과세소득이 10,000달러이거나 또는 100,000달러이거나 10퍼센트의 세율이 적용된다.

1) 정부구매란 정부에 의해 이루어지는 재화 및 서비스의 구입이라고 할 수 있다. 이전지급은 예를 들면 사회보장 지급금처럼 현재 공급되는 재화 및 서비스에 대한 대가로 이루어지지 않는 지급을 말한다.

그림 1

세 가지 형태의 소득세 구조

세 가지 형태의 소득세 구조, 즉 누진세, 비례세, 역진세 구조가 있다.

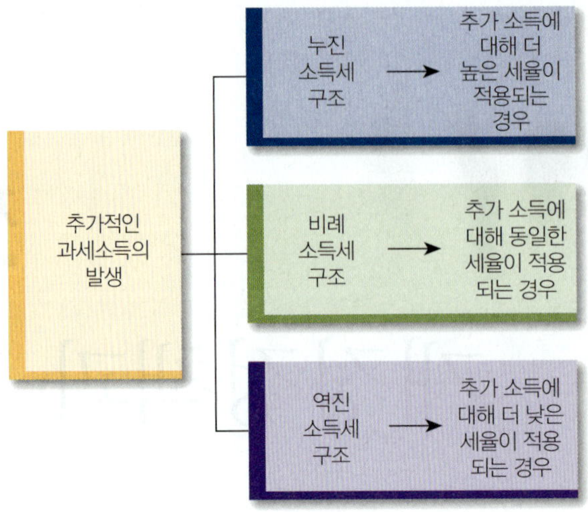

역진소득세(regressive income tax) 하에서는 과세소득 수준이 증가함에 따라 조세율이 감소한다. 예를 들면 로웬스타인(Lowenstein)의 과세소득이 10,000달러일 때 10퍼센트의 세율이 적용되고 20,000달러로 증가하면 8퍼센트의 세율이 적용될 수 있다.

그림 1은 세 가지 형태의 소득세 구조를 보여주고 있다.

2 재정적자, 재정흑자, 균형재정

정부재정 상황은 다른 세 가지 중 하나가 된다.

역진소득세

재정적자

재정흑자

균형재정

- 정부지출이 조세수입보다 더 많은 경우 **재정적자**(budget deficit)가 발생한다.
- 조세수입이 정부지출보다 더 많은 경우 **재정흑자**(budget surplus)가 발생한다.
- 정부지출과 조세수입이 동일한 경우 **균형재정**(balanced budget)이 이루어진다.

정부가 조세수입보다 더 많이 지출하여 재정적자가 발생할 경우 적자의 재원을 어떻게 조달할 수 있는가? 예를 들어 정부가 100달러를 지출하고 조세로는 70달러만을 받은 경우 차이인 30달러는 어디서 조달하는가? 정부는 30달러를 차용할 수 있다. 즉 자금을 차용하여 재정적자의 재원을 마련할 수 있다.

경기순환적 재정적자

구조적 재정적자

정부예산은 현재 균형을 이루고 실질 GDP는 감소한다고 가상하자. 실질 GDP가 감소함에 따라 경제의 조세기반이 축소되면 조세율이 일정할 경우 조세수입이 감소한다. 실질 GDP가 감소함에 따라 나타나는 결과는 (예를 들면 실업수당과 같은) 이전지급이 증가하는 현상이다. 이처럼 조세수입은 감소하는 반면에 정부지출은 증가하게 된다. 이에 따라 균형예산은 재정적자로 반전된다. 이는 경제활동의 수축에서 비롯된 것이지 현재의 지출이나 정부의 조세정책에서 비롯된 것이 아니다. 경제학자들은 이를 **경기순환적 재정적자**(cyclical deficit)라 하며 이는 경제활동이 수축됨에 따라 발생하는 재정적자이다. 경제가 완전고용 수준에서 운용되지만 발생하는 재정적자를 **구조적 재정적자**(structural deficit)라 한다. 총 재정적자는 이 두 가지 형태의 재정적자를 합한 것이다.

총 재정적자 = 구조적 재정적자 + 경기순환적 재정적자

예를 들면 경제는 현재 불황 갭을 경험하고 있으며 정부지출은 2.3조 달러이고 조세수입은 2.0조 달러라고 가상하자. 따라서 (총)재정적자는 3,000억 달러가 된다. 경제학자들은 경제가 완전고용에서 운용될 경우 정부지출 및 조세수입은 얼마가 되는지 추정한다.

이들이 정부지출은 2.2조 달러, 조세수입은 2.1조 달러로 추정하였다고 가정하자. 이 경우 완전고용 하에서 존재하는 적자, 즉 구조적 재정적자는 1,000억 달러이고 경기후퇴로 인한 적자, 즉 경기순환적 재정적자는 2,000억 달러가 된다.

3 공공부채

한 개 연도 동안에 정부지출이 조세수입보다 클 경우 재정적자가 발생한다. 국가부채라고도 하는 **공공부채**(public debt)는 정부가 채권자에게 빚지고 있는 **총액**을 말한다. 이런 부채의 일부는 정부기관이 보유하기도 한다. 즉 어떤 정부기관이 다른 정부기관에 빚을 지게 된다. 나머지는 일반 국민에 의해 보유되며 이를 **대중이 보유한 공공부채** 또는 **순 공공부채**라고 한다. 미국의 경우 2010년 7월 8일 현재 공공부채는 13조 1,900억 달러이며 대중이 보유한 순 공공부채는 8조 6,300억 달러가 된다.

공공부채

4 부가가치세

일부 사람들은 확대되는 재정적자와 증가하는 공공부채에 대처하기 위해서 세율 인상이나 새로운 조세의 도입을 주장하기도 한다. 제시되는 조세 중 하나는 부가가치세(VAT)이다. 어떤 사람들은 부가가치세를 기존 조세에 대한 보완적인 세원으로 보지만 다른 사람들은 이를 대체시킬 세원으로 본다.

부가가치세에 대해 이해하려면 두 가지 측면, 즉 부가가치 측면 및 조세 측면을 이해하여야 한다.

부가가치 측면 부가가치는 생산자가 (최종)재화를 판매한 것과 (중간)재화에 대해 지불한 것의 차이이다. 예를 들면 농부가 종자 씨앗을 가지고 이를 심었다고 가상하자. 시간이 흘러 밀이 나오게 되었으며 농부는 밀을 수확하여 제빵업자에게 1달러를 받고 판매하였다. 이때 부가가치는 1달러가 된다.

- 농부는 1달러를 받고 제빵업자에게 밀을 판매한다.
- 농부는 중간 재화를 구입하지 않는다(따라서 농부가 구입한 중간 재화는 0달러가 된다).
- 부가가치 = 1달러 − 0달러 = 1달러
- 농부가 얻은 금액 = 1달러

제빵업자는 밀을 구입하여 빵을 생산하고 이를 (최종)소비자에게 1.40달러를 받고 판매한다. 부가가치는 0.40달러가 된다.

- 제빵업자는 1.40달러를 받고 소비자에게 빵을 판매한다.
- 제빵업자는 1달러를 내고 농부로부터 (중간 재화인) 밀을 구입한다.
- 부가가치 = 1.40달러 − 1달러 = 0.40달러
- 제빵업자가 얻은 금액 = 0.40달러

다음과 같은 사실에 주목하여 보자.

- 부가가치의 총합(1달러 + 0.40달러)은 최종 소비자가 빵에 대해 지불한 가격(1.40달러)과 동일하다.

부가가치의 총합 = 최종 소비자가 구입한 가격

- 생산의 각 단계에서 발생한 부가가치는 농부 및 제빵업자가 얻은 금액과 동일하다. 예를 들면 농부에 의한 부가가치는 1달러이고 이는 농부가 얻은 금액이다.

조세측면 부가가치세는 **생산의 각 단계**에서 발생한 **부가가치**에 대해 적용되는 **조세**이다. 부가가치 세율이 10퍼센트라고 가상하자. 농부가 창출한 부가가치 1달러에 대해 10퍼센트의 부가가치 세율이 적용될 경우 0.10달러가 된다. 제빵업자가 창출한 부가가치 0.40달러에 대해 부가가치 세율 10퍼센트가 적용될 경우 0.04달러가 된다. 따라서 총 부가가치세는 0.14달러가 된다.

농부에 의한 부가가치	$1.00
농부에 의한 부가가치에 10%의 세율이 적용된 경우	$0.10
제빵업자에 의한 부가가치	$0.40
제빵업자에 의한 부가가치에 10%의 세율이 적용된 경우	$0.04
총 부가가치세 = $0.10 + $0.04	$0.14

0.14달러가 어떻게 조세로 징수되는지 알아보기 위해서 농부와 제빵업자의 예를 다시 살펴보도록 하자. 이번에는 부가가치세가 부가된 경우이다. 이전에는 농부가 제빵업자에게 밀 가격으로 1달러를 부과하였지만 이번에는 부가가치 세율 10퍼센트가 적용되어 10퍼센트 더 많은 1.10달러를 부과하게 된다. 이를 정리하면 다음과 같다.

- 농부는 1.10달러를 받고 제빵업자에게 밀을 판매한다.
- 농부는 0.10달러를 정부에 납부하게 된다(이 금액은 농부의 생산 단계에서의 부가가치세이다).
- 따라서 농부는 1달러를 얻게 되며 이는 부가가치세가 없을 때 얻었던 금액과 동일하다.

이전에는 제빵업자가 소비자에게 1.40달러를 받고 빵을 판매하였지만 이번에는 부가가치 세율 10퍼센트가 적용되어 10퍼센트 증가한 1.54달러를 받고 빵을 판매하게 된다. 이를 정리하면 다음과 같다.

- 제빵업자는 1.54달러를 받고 소비자에게 빵을 판매한다.
- 제빵업자는 밀 값으로 1.10달러를 지불한다.
- 제빵업자는 0.04달러를 정부에 납부한다(이 금액은 제빵업자의 생산 단계에서의 부가가치세이다).
- 제빵업자는 1.54달러에서 1.10달러(농부에게 지불한 금액)와 0.04달러(정부에 납부한 금액)를 빼고 남은 금액, 즉 0.40달러를 얻게 되며 이는 부가가치세가 없을 때 얻었던 금액과 동일하다.

마지막으로 소비자 및 정부에 대해 살펴보면 다음과 같다.

- 소비자는 빵 값으로 부가가치세가 없을 경우 1.40달러를 지불하고 부가가치세가 있을 경우 1.54달러를 지불한다.
- 부가가치세가 부과되지 않을 경우 정부는 부가가치세를 징수하지 못하며 부가가치세가 부과될 경우 부가가치세로 0.14달러를 징수할 수 있다. 이처럼 부가가치세로 인해 (1) 조세수입을 올릴 수 있고 (2) 가격이 인상된다.

부가가치세와 판매세의 비교 부가가치세는 덜 확연히 들어나는 판매세에 지나지 않는다. 농부와 제빵업자의 예에서 부가가치세 대신에 이번에는 최종 구매시점에 10퍼센트의 판매세가 부과된다고 하자. 다시 말해 소비자는 1.40달러에 10퍼센트의 판매세인 0.14달러를 합한 금액(가격 + 조세 = 1.54달러)을 지불하고 빵을 구입하게 된다.

다음과 같은 두 가지 사실에 주목해 보자. (1) 소비자는 부가가치세가 부과되는 경우와 판매세가 부과되는 경우 둘 다에서 빵 가격으로 1.54달러를 지불한다. (2) 판매세인 0.14달러는 부가가치세와 정확히 일치한다.

다시 말해 정부는 두 가지 방법, 즉 부가가치세 또는 판매세를 부과하여 조세수입으로 0.14달러를 거둘 수 있다. 어느 방법을 택하든지 소비자는 빵 가격으로 1.54달러를 지불하고 정부는 조세수입으로 0.14달러를 얻을 수 있다.

부가가치세를 판매세와 비교하면서 일부 사람들은 부가가치세가 판매세보다 덜 확연히 들어난다고 주장한다. 판매세가 예를 들면 5퍼센트에서 6퍼센트로 인상될 경우 물품을 구입하는 거의 모든 사람들은 조세 인상을 알게 된다. 판매액을 통해 새롭게 인상된 판매세를 확인할 수 있다. 하지만 부가가치세율이 동일한 규모로 인상될 경우 모든 사람들이 부가가치세가 증가했다고 깨닫지는 못한다. 매도인이 다른 매도인에게 부과하는 것과 부가가치세는 별개로 항목화되지 않기 때문에 사람들은 매도인이 가격을 인상하였다고 생각할 수 있다. 농부와 제빵업자의 예에서 부가가치세가 부과될 경우 농부는 밀 가격으로 1달러 대신에 1.10달러를 제빵업자에게 부과하고 제빵업자는 빵 가격으로 1.40달러대신에 1.54달러를 소비자에게 부과한다. 부가가치세 하에서 부가가치 세율의 인상으로 인해 매도인이 더 높은 가격을 부과하는 경우와 부가가치 세율의 인상 없이 매도인이 더 높은 가격을 부과하는 경우를 소비자는 구별하기 어렵다. 부가가치세를 비판하는 사람들은 또한 다음과 같이 주장한다. 판매세가 인상될 경우 사람들은 "정부가 내가 지불할 조세를 인상시켰다"고 말한다. 반면에 부가가치세가 인상될 경우 사람들은 "매도인이 내가 지불할 가격을 인상시켰다"고 말한다.

23.2 재정정책

앞 장에서 살펴본 것처럼 일부 경제학자들은 경제가 본질적으로 불안정하다고 생각한다. 이들은 경제가 불황 갭 상태에 고착될 수 있기 때문에 정부가 경제를 관리하여야 한다고 본다. 즉 정부는 경제가 불황 갭에서 벗어나서 자연 실질 GDP로 이동하도록 하여야 한다고 믿고 있다.

재정정책

정부가 경제에 영향을 미칠 수 있는 방법으로 재정정책을 들 수 있다. **재정정책**(fiscal policy)을 통해 예를 들면 낮은 실업, 물가안정, 경제성장과 같은 경제목표를 달성하기 위해서 정부지출 및 /또는 조세를 변화시키게 된다.

1 재정정책과 관련된 용어

확장적 재정정책
수축적 재정정책

확장적 재정정책(expansionary fiscal policy)은 거시경제 목표를 달성하기 위한 정부지출의 증대 및/또는 조세의 감소를 의미한다. **수축적 재정정책**(contractionary fiscal policy)은 거시경제 목표를 달성하기 위한 정부지출의 감소 및/또는 조세의 증대를 의미한다.

- 확장적 재정정책: 정부지출의 증대 및 조세의 감소
- 수축적 재정정책: 정부지출의 감소 및 조세의 증대

재량적 재정정책
자동적 재정정책

정부의 판단에 따라 정부지출 및 조세가 변화될 경우 이런 재정정책을 자유재량적이라고 한다. 예를 들면 실업률을 낮추기 위해서 정부지출을 100억 달러 증대시키기로 의회가 결정한 경우 이를 **재량적 재정정책**(discretionary fiscal policy)이라고 한다. 반면에 경제상황에 반응해서 자동적으로 발생하는 정부지출 또는 조세의 변화를 **자동적 재정정책**(automatic fiscal policy)이라고 한다. 예를 들어 실질 GDP가 감소해서 실업이 증대하고 이에 따라 실업수당의 지급이 증가하였다고 가상하자. 실업수당 지급이 증가함에 따라 자동적으로 정부지출이 증대되었다.

2 염두에 두어야 할 두 가지 사항

이 장에서는 다음과 같은 두 가지 사항을 염두에 두어야 한다.

1. 이 장에서는 정부지출 및/또는 조세의 변화를 통해 경제에 영향을 미치려는 정책입안자의 판단, 즉 재량적 재정정책만을 다룬다.
2. 정부지출의 변화는 이전지급의 변화에서 비롯되지 않고 정부구매의 변화에서만 비롯된다고 가정한다. 다시 말해 이전지급은 변화하지 않기 때문에 정부지출의 변화는 정부구매의 변화만을 반영한다고 가정한다.

23.3 수요측면의 재정정책

여기서는 정부지출 및 조세, 즉 재정정책이 경제의 수요측면, 즉 총수요에 어떤 영향을 미치는지 살펴볼 것이다.

1 총수요곡선의 이동

정부구매(G) 및 조세(T)의 변화는 총수요에 어떤 영향을 미치는가? 소비, 투자, 정부구매, 순수출이 변화할 경우 총수요가 변화하여 AD 곡선이 이동한다는 사실을 기억하자. 예를 들면 정부구매(*G*)가 증가할 경우 총수요가 증가하여 *AD* 곡선이 오른쪽으로 이동한다. 정부구매가 감소할 경우 총수요가 감소하여 *AD* 곡선이 왼쪽으로 이동한다.

조세(*T*)가 변화할 경우 소비 또는 투자 또는 둘 다에 영향을 미쳐서 총수요가 변화하게 된다. 예를 들면 소득세가 감소할 경우 (세후의) 가처분 소득이 증가하여 사람들은 소비를 증대시킨다. 소비가 증가함에 따라 *AD* 곡선은 오른쪽으로 이동한다. 소득세가 증가하면 가처분 소득이 감소하여 소비가 감소한다. 이에 따라 *AD* 곡선은 왼쪽으로 이동한다.

2 재정정책: (경제가 자동 조정되지 않는다는) 케인지언의 관점

그림 2(a)는 기울기가 하향하는 *AD* 곡선과 기울기가 상향하는 *SRAS* 곡선을 보여주고 있다. 그림에서 보는 것처럼 경제는 최초에 점 1에서 불황 갭을 경험하고 있다. 총수요가 너무 낮아서 경제는 자연 실질 GDP의 균형수준으로 이동할 수 없다. 케인지언들은 경제가 자동 조정되지 않는다고 본다. 따라서 케인지언의 **관점**에서 보면 (정부구매를 증대시키거나 또는 조세를 감소시키는) 확장적 재정정책을 시행하여야 한다. 이를 통해 총수요곡선을 오른쪽, 즉 AD_1에서 AD_2로 이동시켜 경제가 점 2에서 자연 실질 GDP 수준에 도달하도록 하여야 한다.

단기 총공급곡선이 오른쪽으로 이동하여 점 2′에서 총수요곡선과 교차하도록 기다리지 않는 이유는 무엇 때문인가? 다시 한 번 말하지만 케인지언은 다음과 같은 두 가지 주장에 기초하여 경제는 자동 조정되지 않는다고 주장한다. (1) 임금이 하락하지 않기 때문에 경제는 점 1에서 고착되어 자연적으로 점 2′로 이동하지 않는다. (2) 단기 총공급곡선

그림 2

케인지언 이론에서의 재정정책: 경제가 불황 갭 및 인플레이션 갭에서 벗어나는 방법

(a) 케인지언 이론에 따르면 확장적 재정정책이 시행될 경우 불황 갭이 제거된다. 정부구매가 증가하거나 조세가 인하될 경우 또는 둘 모두 시행될 경우 총수요곡선은 오른쪽, 즉 AD_1에서 AD_2로 이동하여 경제는 자연 실질 GDP 수준, Q_N으로 회복된다. (b) 수축적 재정정책이 시행될 경우 인플레이션 갭이 제거된다. 정부구매가 감소하거나 조세가 인상될 경우, 또는 둘 모두 시행될 경우 총수요곡선은 왼쪽, 즉 AD_1에서 AD_2로 이동하여 경제는 자연 실질 GDP 수준, Q_N으로 회복된다.

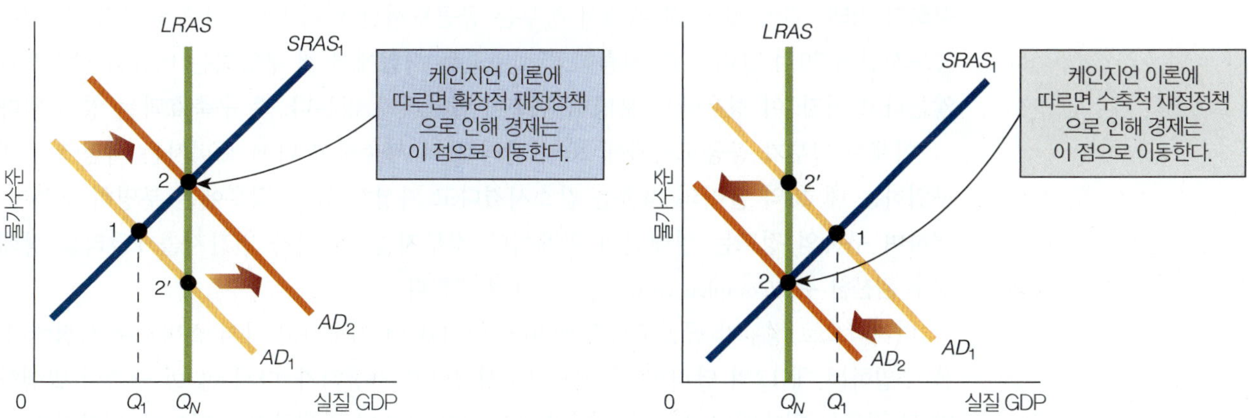

(a)
불황 갭에 대한 확장적 재정정책

(b)
인플레이션 갭에 대한 수축적 재정정책

이 오른쪽으로 이동하는데는 너무 오랜 시간이 소요되어 그동안 높은 실업과 낮은 실질 GDP라는 대가를 지불하여야 한다. 그림 2(b)에서 보면 경제는 최초에 점 1에서 인플레이션 갭을 경험하고 있다. 이런 경우 케인지언에 따르면 (정부구매를 감소시키거나 또는 조세를 증대시키는) 수축적 재정정책을 시행하여야 한다고 본다. 이를 통해 총수요곡선을 왼쪽, 즉 AD_1에서 AD_2로 이동시켜 경제가 점 2에 도달하도록 하여야 한다.

그림 2에서 재정정책은 의도한 대로 시행되고 있다. 그림 2(a)에서 경제는 불황 갭을 경험하고 있으며 확장적 재정정책을 통해 이 갭을 제거하였다. 그림 2(b)에서 경제는 인플레이션 갭을 경험하고 있으며 수축적 재정정책을 통해 이 갭을 제거하였다. 그림 2(a) 및 (b)에서 재정정책은 적절하게 의도한 대로 시행되고 있다.

3 구축효과: 확장적 재정정책에 대한 의문의 제기

모든 경제학자들이 재정정책이 위에서 살펴본 것처럼 작동한다고 믿지는 않는다. 일부 경제학자들은 구축효과 문제를 제기한다. **구축**(crowding out) 효과란 정부지출이 증가하거나 재정적자에 대한 재원조달로 인해서 (소비, 투자 등과 같은) 민간지출이 감소하는 현상을 말한다.

구축

구축효과는 다음의 두 가지 예에서 보는 것처럼 직접적인 효과 또는 간접적인 효과 일 수 있다.

1. 직접적인 효과: 정부가 공공도서관에 더 많은 지출을 하고 사람들은 서점에서 더 적은 책을 구입한다.
2. 간접적인 효과: 정부가 조세를 증대시키지 않고 사회보장 및 국방에 대한 지출을 증가시키면 재적적자 규모가 커진다. 따라서 정부는 재정적자에 대한 재원을 조달하기 위해 더 많은 차용을 하여야 한다. 차용이 증가하게 되면 신용에 대한 수요(즉 대부자금에 대한 수요)가 증대되어 이자율이 상승한다. 따라서 투자가 감소한다. 정부지출이 증가하면 간접적으로 투자지출의 감소로 이어진다,

구축의 형태 위의 첫 번째 예에서 정부는 공공도서관에 더 많은 지출을 한다. 정부는 공공도서관에 20억 달러를 더 지출하고 소비자는 서점에서 책 구입하는 비용을 감소시키지 않는다고 하자. 이 경우에는 분명히 구축이 발생하지 않는다. 즉 구축효과는 영이 된다.

이제는 정부가 공공도서관에 20억 달러를 더 지출하고 나서 소비자는 서점에서 책을 구입하는 데 20억 달러의 지출을 감소시켰다고 가상하자. 이 경우에는 분명히 구축이 발생하며 구축의 정도는 일대일의 관계이다. 정부지출 1달러가 민간지출 1달러를 상쇄할 경우 **완전한 구축**(complete crowding out)이 발생한다.

완전한 구축

마지막으로 정부가 공공도서관에 20억 달러를 더 지출하고 나서 소비자는 서점에서 책을 구입하는 데 12억 달러의 지출을 감소시켰다고 가상하자. 다시 한 번 구축이 발생하지만 그 정도는 일대일의 관계가 아니라서 완전한 구축이 발생하지는 않는다. 민간지출의 감소가 단지 부분적으로만 정부지출의 증가를 상쇄할 경우 **불완전한 구축**(incomplete crowding out)이 발생한다.

불완전한 구축

다음 표는 상이한 형태의 구축을 요약해서 설명하고 있다.

구축의 형태	사례
영의 구축(구축이 발생하지 않는 경우)	정부가 20억 달러를 더 지출하고 민간 부문은 지출을 변화시키지 않는 경우
완전한 구축	정부가 20억 달러를 더 지출하고 민간 부문은 20억 달러 지출을 감소시키는 경우
불완전한 구축	정부가 20억 달러를 더 지출하고 민간 부문은 예를 들면 12억 달러만큼 지출을 감소시키는 경우

그래프를 이용하여 설명하는 구축효과 완전한 구축효과 또는 불완전한 구축효과가 발생하는 경우 확장적 재정정책이 총수요 및 실질 GDP에 미치는 영향은 케인즈 이론이 예측한 것보다 더 작다. 그래프를 이용하여 구축효과를 살펴보도록 하자. 그림 3은 완전한 구축 및 불완전한 구축이 발생한 경우와 구축이 발생하지 않는 경우를 비교하여 보여주고 있다. 그림 3에서 보는 것처럼 세 가지 형태의 구축이 존재한다.

- **영의 구축(구축이 발생하지 않는 경우)**. 그림 3에서 경제는 최초에 점 1에 위치하며 실질 GDP는 Q_1이 된다. 확장적 재정정책으로 인해 총수요곡선은 AD_2로 이동하며 경제는 점 2로 이동한다. 이 경우 구축이 발생하지 않는다고 묵시적으로 가정한다. 실질 GDP는 Q_1에서 Q_N으로 증가하고 실업은 Q_1에서의 실업률 수준에서 Q_N에서의 실업률 수준으로 감소한다. 이처럼 구축효과가 발생하지 않는 경우 확장적 재정정책으로 실질 GDP가 증가하고 실업률이 하락한다.
- **불완전한 구축**. 정부지출의 증가로 인한 총수요의 증대는 민간지출의 감소로 인해 부분적으로 상쇄되기 때문에 총수요곡선은 AD'_2로 이동하게 된다. 경제는 점 2′로 이동하며 실질 GDP는 Q_1에서 Q'_2로 이동한다. 실업은 Q_1에서의 실업률 수준에서 Q'_2에서의 실업률 수준으로 감소한다. 불완전한 구축이 발생하는

그림 3

구축효과가 없는 경우, 불완전한 구축효과의 경우, 완전한 구축효과의 경우

이 그림은 *AD–AS* 모형을 이용하여 구축효과가 없는 경우, 불완전한 구축효과의 경우, 완전한 구축효과의 경우를 보여주고 있다. 확장적 재정정책이 시행될 경우 총수요곡선은 점 1에서 출발하여 AD_2로 이동하며 경제는 점 2, 즉 Q_N으로 이동한다. 이런 결과를 예측한 케인지언 이론은 구축효과가 없는 경우를 가정한다. 즉 정부지출이 증가할 경우 민간지출을 감소시키지 않는다고 가정한다. 불완전한 구축효과가 발생하는 경우 정부지출이 증가하면 민간지출은 정부지출의 증가 규모보다 적게 감소한다. 따라서 총수요곡선은 AD_2'으로 이동하며 경제는 점 2′, 즉 Q_2'으로 이동한다. 완전한 구축효과가 발생하는 경우 정부지출의 증가는 민간지출의 감소로 완전하게 상쇄되어서 총수요는 전혀 증가하지 않는다. 따라서 경제는 점 1, 즉 Q_1에 머무르게 된다.

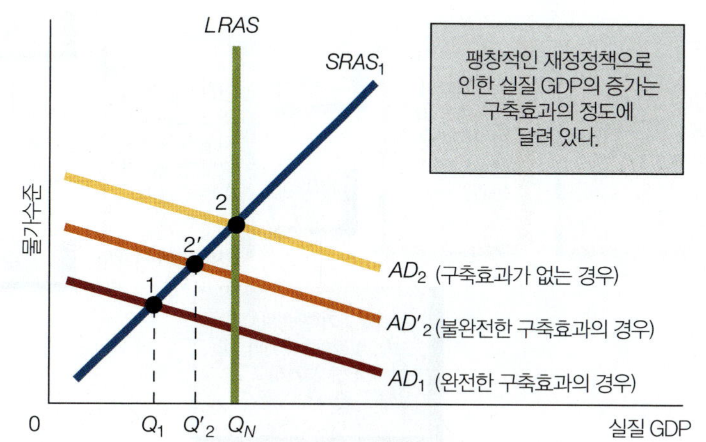

경우 실질 GDP 및 실업률의 변화는 구축이 발생하지 않는 경우보다 더 적다. 이처럼 불완전한 구축 하에서 확장적 재정정책이 시행되면 실질 GDP는 증가하고 실업률은 낮아지지만 구축효과가 발생하지 않는 경우만큼 효과가 크지는 않다.

- **완전한 구축.** 정부지출의 증가로 인한 총수요의 증대는 민간지출의 감소로 인해 **완전히 상쇄되어** 총수요곡선은 이동하지 않는다. 실질 GDP는 변화하지 않고 실업률도 또한 변하지 않는다. 완전한 구축이 발생하는 경우 확장적 재정정책은 경제에 영향을 미치지 않으며 경제는 점 1에 계속 있게 된다.

그림 4는 구축의 상이한 형태를 흐름도를 이용해서 보여주고 있다.

4 시차와 재정정책

구축효과가 발생하지 않는다는 점을 입증하게 되면 인플레이션 갭 및 불황 갭 문제를 해결하기 위해서 재정정책이 사용되어야만 하는가? 많은 경제학자들은 **시차** 때문에 반드시 그렇지는 않다고 대답한다. 다음과 같이 다섯 가지 시차가 존재한다.

1. **자료시차.** 경제적 변화가 발생하자마자 정책 입안자가 이를 인지할 수는 없다. 예를 들면 1월에 경기가 하강하더라도 2개월에서 3개월 동안은 경기하강 현상이 명백히 나타나지 않을 수 있다.
2. **기다리는 태도시차.** 정책 입안자들은 경기하강을 인지한 후에도 즉각적인 조치를 취하는 경우는 드물다. 관찰된 상황이 단지 단기적인 현상인지를 확인하기 위해서 다소 조심스럽게 기다리는 태도를 취한다.

그림 4

확장적인 재정정책(정부지출 증가), 구축효과, 실질 GDP 및 실업률의 변화

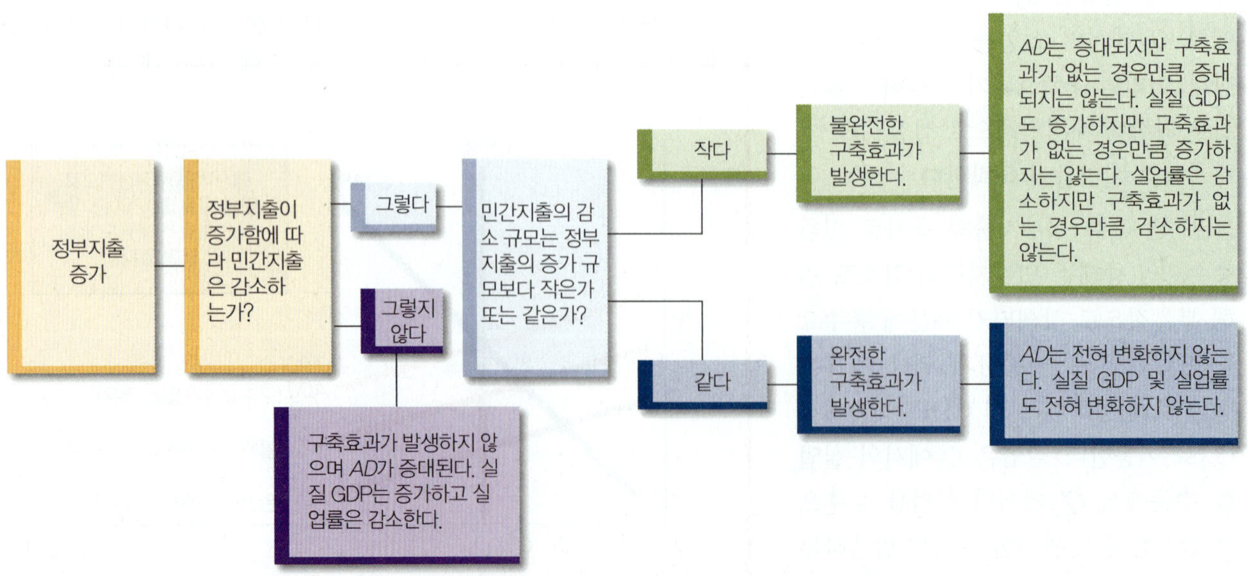

3. **입법시차.** 정책 입안자들이 필요한 재정정책을 결정한 후에 의회 또는 대통령은 이 정책을 제안하여 정치적 지지를 얻어 법률이 통과되도록 하여야 한다. 입법시차로 수개월이 소요될 수 있다.
4. **전달시차.** 입법화가 이루어지더라도 재정정책이 시행되는 데는 시간이 소요된다. 예를 들면 공공투자에 대한 지출을 증가시키는 재량적인 확장적 재정정책이 시행되려면 건설회사가 입찰에 참가하고 디자인을 마련하여 계약을 체결하는 등 여러 가지 과정을 거쳐야 한다.
5. **효과시차.** 정책이 시행되고 나서 경제에 영향을 미치는 데 시간이 소요된다. 정부지출이 월요일에 증가할 경우 총수요곡선이 화요일에 오른쪽으로 이동하지는 않는다.

일부 경제학자들은 위와 같은 다섯 가지 시차들의 효과가 누적될 경우 재량적인 재정정책이 경제에 의도했던 영향을 미칠수 없다고 주장한다. 해당 정책이 경제에 완전한 효과를 발휘할 때까지 해결하려고 하였던 경제문제가 (1) 더 이상 존지하지 않거나 또는 (2) 정책 입안 할 때의 수준이 아니거나 또는 (3) 변화할 수 있다.

그림 5는 시차가 미치는 영향을 보여주고 있다. 경제는 현재 점 1에서 불황 갭을 경험하고 있다. 정부관리가 이를 인지하기 전부터 경기후퇴가 진행되었다. 하지만 이를 인지하고 나서 국회와 대통령은 *AD* 곡선을 AD_1에서 AD_2로 이동시켜 점 1′, 즉 자연 실질 GDP 수준에서 *SRAS* 곡선과 교차하도록 확장적 재정정책을 시행하고자 한다.

사람들이 인지하지 못하는 동안 경제가 자체적으로 자동 조정될 수 있다. 즉 *SRAS* 곡선이 이미 오른쪽으로 이동할 수 있다. 경제에 관한 자료를 수집하여 분석하는 데 시간이 소요되기 때문에 정부관리들은 이런 변화를 알지 못한다.

경제가 자동 조정되지 않거나 조정이 신속하게 이루어지지 않는다고 생각할 경우 정부는 확장적 재정정책을 시행하게 된다. 때맞춰 *AD* 곡선이 오른쪽으로 이동한다. 하지만 재화 및 서비스시장에서 수요증가를 느낄 때 *AD* 곡선은 점2에서 *SRAS* 곡선과 교차하게 된다. 정부는 자신이 의도했던 대로 경제를 점 1에서 1′로 이동시킨 것이 아니라 실제로는 점 1에서 점 2로 이동시켰고, 정부는 경제에 인플레이션 갭을 발생시켰다. 정부는 경기변동을 안정화 시키고 완화시키는 대신에 확대시키게 된다.

그림 5

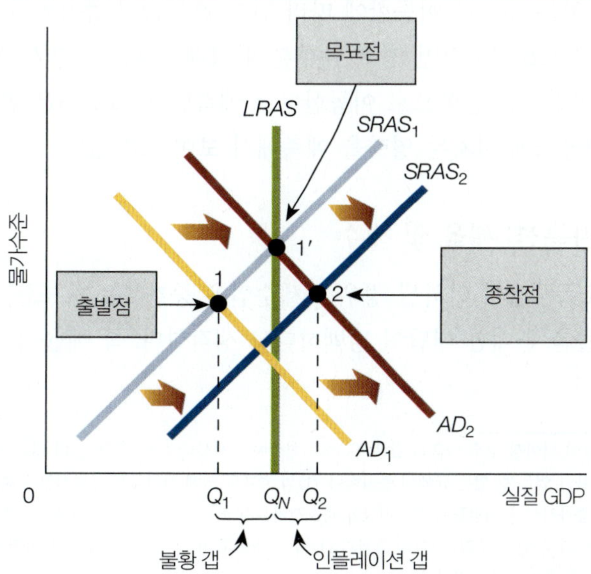

재정정책이 경제를 불안정하게 할 수 있다

이 그림에서 *SRAS* 곡선은 (이 경제가 경험하고 있는 불황 갭이 해결되도록) 오른쪽으로 이동한다. 하지만 이런 사실이 정책 입안자에게는 알려지지 않았다. 정책 입안자들이 확장적인 재정정책을 시행하고 *AD* 곡선은 점 1′에서 $SRAS_1$과 교차하는 대신에 점 2에서 $SRAS_2$와 교차하게 된다. 정책 입안자들의 결정으로 인해 경제는 인플레이션 갭을 경험하며 경제가 불안정해진다.

5 구축, 시차, 재정정책의 효과

구축효과가 발생하지 않으며 시차가 심각하지 않다고 믿는 경제학자들은 경제가 불황 갭으로부터 벗어나는 데 재정정책이 효과가 있다고 본다. 반면에 완전한 구축 및/또는 심각한 시차가 존재한다고 믿는 경제학자들은 재정정책이 이런 면에서 효과가 없다고 결론을 내린다.

23.4 공급측면의 재정정책

재정정책의 효과는 경제의 수요측면에서 뿐만 아니라 공급측면에서도 느낄 수 있다. 예를 들면 세율이 인하될 경우 개인의 근로동기를 변화시켜서 총공급이 변화할 수 있다.

1 한계세율과 총공급

한계(소득)세율

재정정책이 세율에 영향을 미칠 경우 이는 총공급과 총수요 둘 다에 영향을 미칠 수 있다. 개인의 한계세율이 인하된 경우를 생각해 보자. **한계(소득)세율**(marginal <income> tax rate)은 개인의 조세 납부금 변화를 개인의 과세소득 변화로 나눈 것과 같다.

$$\text{한계세율} = \frac{\Delta\text{조세 납부금}}{\Delta\text{과세소득}}$$

예를 들면 세레나(Serena)의 과세소득이 1달러 증가하고 조세 납부금은 0.28달러 증가한 경우 한계세율은 28퍼센트가 된다. 과세소득이 1달러 증가하고 조세 납부금이 0.35달러 증가하면 한계세율은 35퍼센트이다.

다른 사정이 변화하지 않는다면 한계세율이 낮아질수록 여가와 세금을 회피하는 행위보다 생산활동(노동)에 종사하고자 하는 동기가 증대한다.[2)] 사람들이 여가를 취하는 것에서 노동하는 것으로 이동함에 따라 단기 총공급이 증가한다. 인하된 한계세율이 (단발적인 현상이 아니고) 영구적인 경우 대부분의 경제학자들은 단기 총공급곡선 뿐만 아니라 장기 총공급곡선도 오른쪽으로 이동한다고 예측한다. 그림 6은 한계세율이 영구적으로 인하된 경우 총공급에 미치는 영향을 예측해서 보여주고 있다.

2 래퍼곡선: 세율 및 세수

(한계) 소득세율이 인하될 경우 조세수입은 증가하는가 또는 감소하는가? 대부분의 사람들은 이 물음에 대한 대답이 명백하다고 생각한다. 즉 세율이 인하됨에 따라 세수가 감소한

2) 한계세율이 낮아질 경우 다음과 같은 두 가지 현상이 발생한다. (1) 사람들은 더 많은 가처분 소득을 갖게 된다. (2) 노동을 함으로써 사람들이 얻을 수 있는 금액이 증가한다. (1)의 효과로 인해 사람들은 근로시간을 축소시키며 (2)의 효과로 인해 사람들은 근로시간을 증가시킨다. 사람들이 근로시간을 축소시키는지 또는 증가시키는지 여부는 (1)의 효과가 (2)의 효과보다 더 강한지 또는 더 약한지에 달려 있다. 우리는 (2)의 효과가 (1)의 효과보다 더 강하다고 가정한다. 따라서 한계세율이 인하되면 순효과는 사람들이 근로시간을 증가시키는 것이다.

다고 본다. 경제학자 아더 래퍼(Arthur Laffer)는 그렇지 않을 수 있는 이유를 설명하였다. 들리는 바에 의하면 래퍼는 레스토랑에서 언론인과 식사를 하면서 냅킨에 그림 7과 같은 곡선을 그렸다고 한다. 이 곡선은 **래퍼곡선**(Laffer curve)이라고 알려져 있다. 래퍼의 목적은 세율과 세수 사이에 존재할 수 있는 관계를 설명하는 것이었다. 그림에서 수직축은 세수, 즉 조세수입을 나타내고 수평축은 세율, 즉 조세율을 나타낸다. 래퍼는 곡선 상의 세 개 점을 들어 다음과 같이 설명하였다.

그림 6

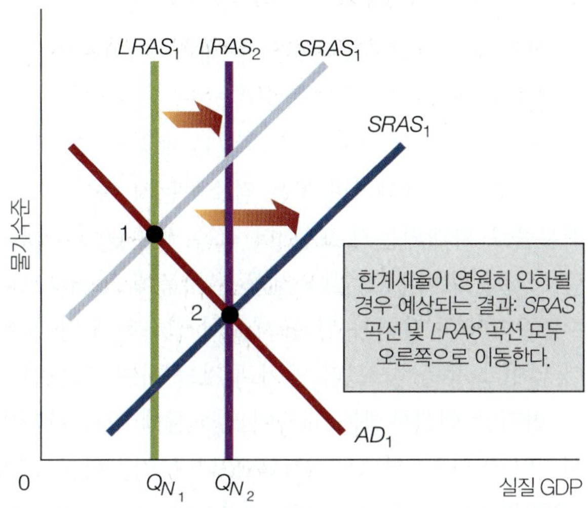

한계세율이 영원히 인하될 경우 총공급에 미칠 것으로 예상되는 영향

한계세율이 인하될 경우 여가 및 조세 회피적인 행위에 비해 생산적인 활동이 촉진돼서 자원이 생산에 더 투입된다. 따라서 단기 및 장기 공급곡선 모두 오른쪽으로 이동한다.

래퍼곡선

세기반

1. 두 가지 (한계)세율, 즉 0퍼센트 및 100퍼센트 하에서 세수, 즉 조세수입이 영이 된다. 세율이 영인 경우 조세수입은 발생하지 않으며 세율이 100퍼센트인 경우 벌은 소득 전액을 세금으로 거두어 가기 때문에 누구도 노동을 해서 소득을 얻으려고 하지 않는다.
2. 세율이 증가하면 조세수입이 증가할 수 있다. 예를 들어 세율이 *X*퍼센트에서 *Y*퍼센트로 인상될 경우 조세수입은 T_X에서 T_Y로 증가한다.
3. 세율이 감소하면 조세수입이 증가할 수 있다. 예를 들어 세율이 *Z*퍼센트에서 *Y*퍼센트로 인하될 경우 조세수입은 T_Z에서 T_Y로 증가한다. 이로 인해 사람들이 래퍼곡선에 관심을 갖게 된다.

서로 다른 시점에서 세율이 증가하고 감소하는 두 경우 모두 세율, **세기반**(tax base), 세수 사이의 상호관계로 인해 세수, 즉 조세수입이 증가할 수 있다.[3)]

그림 7

래퍼(Laffer)곡선

세율이 0퍼센트이거나 100퍼센트인 경우 조세수입은 0이 된다. 영인 세율로부터 시작해서 세율을 인상하게 되면 (영역 *A*에서 *B*까지) 처음에는 조세수입이 증대하다가 (영역 *B*에서 *C*까지) 점차 조세수입이 감소한다. 100퍼센트인 세율로부터 시작해서 세율을 인하하게 되면 (영역 *C*에서 *B*까지) 처음에는 조세수입이 증대하다가 (영역 *B*에서 *A*까지) 점차 조세수입이 감소한다. 이를 통해 조세수입을 극대화하는 조세율을 구할 수 있다.

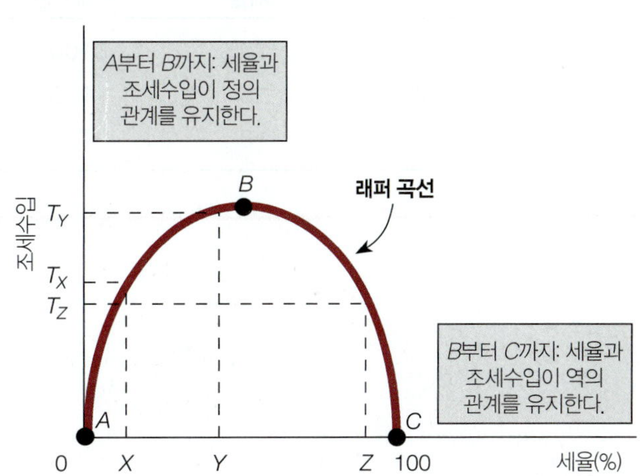

3) 첫째, 평균세율은 조세 납부금을 과세소득으로 나눈 것이다(조세 납부금 ÷ 과세소득). 둘째, 평균세율이 낮아지려면 한계세율이 낮아져야 한다. 이는 평균 – 한계 규칙에서 비롯된다. 즉 한계값이 평균값 아래에 있으면 평균값이 하락하고 한계값이 평균값 위에 있으면 평균값이 상승한다. 간단히 말해 추가적인 과세소득에 대해 더 적은 세금을 납부할 경우 (이는 한계세율 인하에서 비롯된다) 평균세율은 자연적으로 인하된다.

세수(조세수입) = 세기반(조세기반) × (평균) 세율

예를 들어 세율 20퍼센트에 세기반 1,000억 달러를 곱하면 세수, 즉 조세수입은 200억 달러가 된다.

조세수입은 두 가지 변수, 즉 (1) 세율 및 (2) 세기반의 함수이다. 평균세율이 인하될 때 조세수입이 증가하거나 또는 감소하는지 여부는 세율의 백분율 인하보다 세기반이 더 큰 백분율로 확대되는지 또는 더 작은 백분율로 확대되는지 여부에 달려 있다. 그림 8은 이런 사실을 보여주고 있다. 세율은 처음에 20퍼센트이고 세기반은 1,000억 달러이며 조세수입은 200억 달러가 된다. 세율이 인하됨에 따라 세기반은 확대된다. 왜냐하면 사람들은 더 많이 노동을 하고 더 많이 투자를 하며 더 많은 거래를 하게 되기 때문이다.

하지만 핵심문제는 세율이 인하됨에 따라 세기반이 얼마나 확대되느냐이다. 그림 8에서 세율이 15퍼센트로 인하되었다고 가상하자. 사례 1에서 세율 인하로 인해 세기반이 1,200억 달러로 증가하였다. 세율은 (20퍼센트에서 15퍼센트로) 25퍼센트 인하되고 세기반은 (1,000억 달러에서 1,200달러로) 20퍼센트 확대되었다. 따라서 조세수입은 180억 달러로 감소하였다. 사례 2에서 세기반은 1,500억 달러로 50퍼센트 확대되었다. 세율의 백분율 인하보다 세기반이 더 큰 백분율로 증가하였기 때문에 조세수입은 (225억달러로)증가하였다.

위의 두 경우 모두 가능하다. 래퍼곡선에서 보면 기울기가 하향하는 곡선부분(그림 7의 점 *B*와 점 *C* 사이)에서 세율 인하가 이루어질 경우 조세수입이 증가한다. 기울기가 상향하는 (그림 7의 점 *A*와 점 *B* 사이)에서 세율 인하가 이루어질 경우 조세수입이 감소한다.

그림 8

세율, 조세기반, 조세수입

조세수입은 조세기반에 (평균)세율을 곱한 값과 같다. 세율의 백분율 인하 규모가 조세기반의 백분율 증가 규모보다 더 큰 경우 조세수입은 감소한다(사례 1). 세율의 백분율 인하 규모가 조세기반의 백분율 증가 규모보다 더 작은 경우 조세수입은 증대한다(사례 2). 금액의 단위는 10억 달러이다.

	(1) 세율	(2) 조세기반	(3) 조세수입 (1) × (2)	요약
출발점	20%	$100	$20	–
사례 1:	15	120	18	↓세율 ↓조세수입
사례 2:	15	150	22.5	↓세율 ↑조세수입

요약 및 정리

118 정부지출 및 조세

- 비례소득세 하에서 모든 사람들은 소득수준에 관계없이 동일한 세율로 조세를 납부한다. 누진소득세 하에서 사람들은 소득수준이 증가함에 따라 (어느 최고 세율까지) 더 높은 세율로 조세를 납부한다. 역진소득세 하에서 사람들은 소득수준이 증가함에 따라 더 낮은 세율로 조세를 납부한다.

119 재정적자, 재정흑자, 공공부채

- 정부지출이 조세수입보다 큰 경우 재정적자가 발생한다. 정부지출이 조세수입보다 작은 경우 재정흑자가 발생한다. 정부지출과 조세수입이 동일한 경우 재정은 균형을 이룬다.
- 경기순환적 재정적자는 경기가 후퇴함에 따라 발생하는 적자이다.
- 구조적 재정적자는 경제가 완전고용 수준에서 운용될 경우 존재하는 적자이다.
- 총 재정적자 = 구조적 재정적자 + 경기순환적 재정적자
- 공공부채는 정부가 채권자에게 빚진 총액이다.

120 재정정책: 일반적인 사항

- 재정정책은 경제목표를 달성하기 위한 정부지출의 변화 및/또는 조세의 변화로 구성된다. 확장적 재정정책은 정부지출의 증가 및/또는 조세의 감소로 구성된다. 수축적 재정정책은 정부지출의 감소 및/또는 조세의 증가를 수반한다.

121 수요측면의 재정정책: 케인지언의 견해

- 케인지언 이론에서는 수요측면의 재정정책을 사용하여 경제를 불황 갭이나 인플레이션 갭으로부터 벗어나게 할 수 있다고 본다. 불황 갭이 존재하는 경우 확장적 재정정책이 필요하며 인플레이션 갭이 존재하는 경우 수축적 재정정책이 필요하다. 이론적으로 말하면 재정정책을 통해 경제가 불황 갭이나 인플레이션 갭으로부터 벗어날 수 있도록 총수요를 변화시키게 된다.

122 구축

- 구축효과란 정부지출이 증가하거나 재정적자에 대한 재원조달로 인해서 민간지출이 감소하는 현상을 말한다. 구축효과에 의하면 확장적 재정정책은 케인지언 이론이 예측하는 정도만큼 효과가 없을 수 있다.
- 민간지출을 구성하는 요소 중 한 개 이상이 감소하여 정부지출의 증가를 완전하게 (부분적으로) 상쇄할 경우 완전한 (불완전한) 구축이 발생한다.

123 수요측면의 재정정책이 효과가 없을 수 있는 이유

- 수요측면의 재정정책은 다음과 같은 이유 즉, (1) 구축효과 및 (2) 시차로 인해 거시경제 목표를 달성하는 데 효과가 없을 수 있다.

124 공급측면의 재정정책

- 재정정책이 세율에 영향을 미치는 경우 이는 총공급 및 총수요 모두에 영향을 미칠 수 있다. 한계세율이 인하되면 일반적으로 여가 및 조세를 회피하는 행위에 비해 노동시간을 증가시킨다고 보며 이를 통해 총공급이 증가한다.
- 세수, 즉 조세수입은 세기반에 (평균)세율을 곱한 것이다. 세율 인하로 인해서 조세수입이 증가하거나 또는 감소하는지 여부는 세율의 백분율 인하보다 세기반이 더 큰 백분율로 확대되는지 또는 더 작은 백분율로 확대되는지 여부에 달려 있다. 세기반의 백분율 증가가 세율의 백분율 인하보다 더 큰 경우 조세수입이 증가한다. 세기반의 백분율 증가가 세율의 백분율 인하보다 더 작은 경우 조세수입이 감소한다.

주요용어 및 개념

누진소득세	균형재정	확장적 재정정책	완전한 구축
비례소득세	경기순환적 재정적자	수축적 재정정책	불완전한 구축
역진소득세	구조적 재정적자	재량적 재정정책	한계(소득)세율
재정적자	정부부채	자동적 재정정책	래퍼곡선
재정흑자	재정정책	구축	세기반

연습문제

01. 일부 경제학자들은 경제문제를 해결하기 위해서 재정정책을 사용하여야 한다고 주장한다. 반면에 다른 경제학자들은 이에 동의하지 않는다. 양측의 주장을 설명하시오.
02. 조지아 디킨스(Georgia Dickens)는 친구와 함께 커피점에 앉아서 새로운 조세안에 대해 논의하고 있다. 조지아는 지금 세율을 인하하는 시책은 잘못 됐다고 생각하면서 다음과 같이 말한다. "세율이 인하되면 재정적자 규모가 커질 텐데 재정적자는 이미 그 규모가 너무 크다." 세율 인하는 재정적자의 확대를 의미하는가? 설명하시오.
03. 재정적자의 시행에 관한 논의에서 구축효과가 중요한 이유는 무엇 때문인가?
04. 세율이 인하되면 세수, 즉 조세수입이 반드시 증가하는가? 설명하시오.
05. 구축이 발생하는 두 가지 방식을 설명하시오.
06. 한계세율과 평균세율의 차이는 무엇인가?
07. 재량적 재정정책과 자동적 재정정책의 차이는 무엇인가?
08. 사람들이 일시적이라고 생각하는 조세삭감은 영구적이라고 생각하는 조세삭감과 다르게 *SRAS* 곡선 및 *LRAS* 곡선에 영향을 미치는가? 설명하시오.
09. 구조적 재정적자와 경기순환적 재정적자의 차이는 무엇인가?
10. 경제는 불황 갭을 경험하고 있으며 스미스(Smith)와 존스(Jones)는 확장적 재정정책을 주장하고 있다. 스미스와 존스는 둘 다 소위 큰 정부를 선호한다고 볼 수 있는가?
11. 짐(Jim)은 누진세와 균등한 근로에 대한 균등한 실수령 금액의 봉급을 선호한다. 설명하시오.
12. 재정정책과 관련된 다섯 가지 시차를 밝히고 설명하시오.
13. 누진소득세가 비례소득세보다 언제나 더 많은 조세수입을 달성하는가? 설명하시오.
14. 조세삭감이 총수요 및 총공급에 영향을 미칠 것으로 보인다. 어느 것에 더 큰 영향을 미치는지 문제가 되는가? *AD*－*AS* 모형 측면에서 설명하시오.
15. 비례소득세 구조 하에서 소득이 높은 사람이 소득이 낮은 사람보다 더 많은 조세를 납부한다는 것이 사실인가? 설명하시오.
16. 일정한 조건 하에서 확장적 재정정책이 경제를 어떻게 불안정하게 하는지 설명하시오.
17. 모든 경제상황 하에서 구축은 동일한 확률로 발생하는가? 설명하시오.
18. 경제를 안정화시키기 위해서 정부지출 및 조세정책을 사용하여야 하는지에 관한 논쟁은 기술적인 경제문제에 관한 논의 이상의 것이다. 동의하는가? 설명하시오.
19. 숫자적인 예를 이용하여 완전한 구축효과와 불완전한 구축효과 사이의 차이를 설명하시오.
20. 정부지출과 정부구매 사이의 차이는 무엇인가?

숫자 및 그래프를 활용한 문제

과세소득	소득세
\$1,000 ~ \$5,000	과세소득의 10%
\$5,001 ~ \$10,000	\$500 + \$5,000를 초과하는 소득의 12%
\$10,001 ~ \$15,000	\$1,100 + \$10,000를 초과하는 소득의 15%

01. 어떤 사람의 소득이 6,000달러라면 조세를 얼마나 납부하여야 하는가?
02. 어떤 사람의 소득이 14,000달러라면 조세를 얼마나 납부하여야 하는가?
03. 10,001번째 달러에 대한 한계세율은 얼마인가? 10,000번째 달러에 대한 한계세율은 얼마인가?
04. 과세소득이 13,766달러인 사람의 평균세율은 얼마인가?
05. 어떤 가상적인 사회에는 소득이 있는 세 사람이 있고 이들 세 명은 모두 소득세를 납부하여야 한다. 스미스(Smith)의 과세소득은 40,000달러이고 존스(Jones)의 과세소득은 100,000달러이며 브라운(Brown)의 과세소득은 200,000달러이다.
   a. 세율이 10퍼센트인 비례소득세 하에서 세수, 즉 조세수입은 얼마인가? 세율이 15퍼센트인 경우 조세수입은 얼마인가?
   b. 누진세가 실시된다고 가상하자. 0달러~40,000달러의 소득에 대해서는 5퍼센트의 세율이 적용되고 40,000달러를 초과하고 100,000달러 이하인 소득에 대해서는 8퍼센트의 세율이 적용되며 100,000달러를 초과하는 모

든 소득에 대해서는 15퍼센트의 세율이 적용된다. 비례 세율이 10퍼센트인 조세제도 하에서보다 이 제도 하에서 조세수입이 더 많은가? 또는 더 적은가? 설명하시오.

06. 이상적인 상황 하에서 재정정책이 어떻게 작용하는지 그래프를 이용하여 설명하시오.

07. 경제를 불황 갭에서 벗어나게 하기 위하여 정부는 공급측면의 재정정책을 어떻게 사용할 수 있는지 그래프를 이용하여 설명하시오.

08. 그래프를 이용하여 다음을 설명하시오.
   a. 재정정책이 경제를 불안정화시킨다.
   b. 재정정책을 통해 인플레이션 갭을 제거한다.
   c. 재정정책은 불황 갭을 단지 부분적으로 제거할 뿐이다.

제 24 장

화폐, 은행, 금융제도

24.1 화폐: 화폐는 무엇이며 어떻게 출현하게 되었는가?

여기서는 화폐에 대한 정의와 화폐가 어떻게 출현하게 되었는지에 대해 살펴볼 것이다.

1 화폐의 정의

일반인들은 "소득" "신용" "재산"을 "화폐(돈)"에 대한 동의어로 사용한다. 다음 세 개 문장은 "화폐"라는 단어를 잘못 사용하고 있으며 괄호 안에 있는 단어가 경제학자들이 사용하는 용어이다.

1. 지난해에 당신은 돈(소득)을 얼마나 벌었는가?
2. 그녀의 돈(재산) 중 대부분은 부동산에 묶여 있다.
3. 요즈음 주택담보 대출시장이 어려운 상황이라 돈(신용) 얻기가 어렵다.

경제학에서 "화폐" "소득" "신용" ""재산"은 동의어가 아니다. **화폐**(money)에 대한 가장 일반적인 정의는 교환(재화 및 서비스에 대한 지불) 및 부채 상환으로 널리 받아 들여지는 것이라고 할 수 있다. **화폐**

2 화폐의 기능

화폐는 다음과 같은 주요한 세 가지 기능을 갖고 있다.

1. 교환의 매개수단
2. 계산단위

3. 가치저장 수단

물물교환

교환의 매개수단으로서의 화폐 화폐가 존재하지 않는다면 재화는 **물물교환**(barter)으로 교환이 이루어진다. 즉 재화 및 서비스는 화폐를 사용하지 않고 다른 재화 및 서비스와 교환이 된다. 여러분이 셔츠를 원한다면 여러분이 갖고 있는 재화, 예를 들면 잭나이프와 셔츠를 교환하여야 한다. 그러기 위해서는 먼저 셔츠를 갖고 있으면서 잭나이프와 셔츠를 교환하고자 하는 사람을 찾아내야 한다. 하지만 화폐경제에서는 매도인을 찾아낼 필요가 없다. 여러분은 (1) 화폐와 셔츠를 교환하거나 또는 (2) 잭나이프와 화폐를 교환하고 이 화폐를 셔츠와 교환할 수 있다. 잭나이프의 매수인과 셔츠의 매도인이 동일인일 필요가 없다. 화폐는 교환이 이루어지도록 한다. 즉 화폐는 **교환의 매개수단**(medium of exchange)으로서의 기능을 수행한다. 이 자체만으로도 화폐는 교환의 거래비용을 낮출 수 있다. 물물교환경제보다 화폐경제에서 교환이 더 용이하며 시간이 덜 걸린다.

교환의 매개수단

계산단위

계산단위로서의 화폐 **계산단위**(unit of account)는 가치를 나타내는 공통의 척도이다. 물물교환 경제에서 모든 재화는 다른 재화 측면에서 가치가 측정되며 공통의 측정단위가 없다. 예를 들면 말 1필은 밀 100부셸, 사과 200부셸, 신발 20켤레, 의복 10벌, 또는 빵 55개와 가치가 같을 수 있다. 화폐경제 하에서 사람들은 물물교환 경제에서처럼 오렌지, 피자, 닭고기, 감자칩의 측면에서 본 사과 가격을 알 필요가 없다. 사람들은 화폐 측면에서 본 가격만 알면 된다. 모든 재화는 화폐가치로 표시되기 때문에 상대가격을 용이하고 신속하게 결정할 수 있다. 예를 들어 사과 1개가 1달러이고 오렌지 1개가 50센트인 경우 사과 1개는 오렌지 2개의 가치가 있다.

가치저장

가치저장 수단으로서의 화폐 **가치저장**(store of value) 기능은 시간이 흐름에 따라 가치를 유지할 수 있는 재화의 능력과 관련된다. 예를 들면 그림, 주택, 우표와 같은 다른 재화들도 역시 가치를 저장할 수 있기 때문에 이것은 화폐가 가장 적게 독점적으로 갖고 있는 기능이 된다. 예를 들면 초인플레이션 기간처럼 화폐는 이따금 가치를 잘 유지하지 못한다. 하지만 대부분의 경우에 화폐는 가치저장의 기능을 만족스럽게 수행한다. 화폐의 이런 기능으로 인해서 생산활동에 참여한 대가를 화폐로 지급받으며 이를 어떻게 사용할지 결정할 때까지 보유하게 된다.

3 물물교환 경제에서 화폐 경제로의 발전: 화폐의 기원

한때 거래는 이루어졌지만 화폐는 존재하지 않았다. 사람들은 물물교환을 하였다. 즉 사과 1개와 계란 2개를 교환하고 바나나 1개와 복숭아 1개를 교환하였다.

오늘날에는 화폐 경제 하에서 살고 있지만 어떻게 물물교환 경제에서 화폐 경제로 변천된 것인가? 왕 또는 여왕이 "화폐를 사용하라"는 포고문을 발표했던 것인가? 실제로 화폐는 훨씬 더 자연적이며 시장에 기반을 두고 발전하였다.

화폐 경제에서보다 물물교환 경제에서 (평균적으로 볼 때) 거래하는 데 더 오랜 시간이 소요된다. 왜냐하면 물물교환 경제에서 거래비용이 더 높기 때문이다. 다시 말해 화폐 경제에서보다 물물교환 경제에서 거래를 하는 데 따른 비용 및 노력이 더 많이 들기 때문이다.

물물교환 경제 하에서 스미스(Smith)는 사과와 오렌지를 교환하고자 한다고 가상하자. 그는 오렌지를 갖고 있는 존스(Jones)를 찾아내었다. 스미스는 사과와 오렌지를 교환하자고 제의하였지만 존스는 사과는 좋아하지 않고 복숭아를 갖고자 한다고 스미스에게 말하였다. 스미스는 다음 두 가지 중 하나를 해야 한다. (1) 오렌지를 갖고 있으면서 오렌지와 사과를 교환하고자 하는 사람을 찾아야 한다. 또는 (2) 복숭아를 갖고 있으면서 복숭아와 사과를 교환하고자 하는 사람을 찾아내고 나서 다시 존스에게 가서 복숭아와 오렌지를 교환하여야 한다. 스미스는 계속해서 찾다가 오렌지를 갖고 있으면서 (스미스가 갖고 있는) 사과와 자신의 오렌지를 교환하고자 하는 브라운(Brown)을 발견하였다고 가상하자. 경제학적인 용어를 사용하자면 스미스와 브라운은 **필요의 이중일치**(double coincidence of wants)를 갖는다고 한다. 첫 번째 사람이 원하는 것은 두 번째 사람이 갖고 있는 것이며 두 번째 사람이 원하는 것은 첫 번째 사람이 갖고 있는 것이라면 두 사람은 필요의 이중일치를 갖게 된다. 필요의 이중일치는 거래가 발생하기 위한 필요조건이다.

필요의 이중일치

물물교환 경제에서 일부 재화는 교환할 때 다른 재화보다 더 쉽게 받아 들여진다. 이런특성은 처음에 우연히 나타나지만 거래하는 사람들이 시장성의 차이를 깨닫게 되면 그 효과가 더욱 강화된다. A~J의 10개 재화 중에서 재화 G의 시장성이 가장 높다(가장 널리 받아 들여진다)고 가상하자. 평균적으로 재화 G는 10번 교환 제의를 할 때 5번 받아 들여지는 반면에 다른 재화들은 2번만 받아 들여진다. 이런 차이가 있는 경우 일부 사람들은 재화 G를 소비할 계획이 없으면서도 상대적으로 더 널리 받아 들여진다는 이유만으로 이를 받아 들이게 된다. (처음부터 소유하고자 했던 품목과 달리) 나중에 대부분의 다른 재화와 쉽게 교환할 수 있다는 사실을 알기 때문에 재화 G를 받아들인다. 이렇게 해서 재화 G의 시장성은 눈덩이처럼 커진다. 상대적으로 더 널리 받아 들여지기 때문에 재화 G를 더 많은 사람들이 받아 들일수록 이것은 다시 더욱 많은 사람들이 이를 받아 들이게 만든다.

이것은 화폐가 어떻게 발전되었는지를 보여준다. 재화 G가 교환하기 위해서 널리 받아 들여지는 어떤 수준까지 발전하게 되면 재화 G는 화폐가 된다. 역사적으로 볼 때 화폐로 발전된 재화에는 금, 은 , 구리, 가축, 소금, 카카오 열매, 조개 껍질 등이 있다.

4 화폐, 여가, 생산물

화폐 경제에서는 필요의 이중일치가 요구되지 않기 때문에 물물교환 경제에서보다 교환이 이루어지는 데 더 적은 시간이 소요된다. 즉 모든 사람들은 화폐와 교환을 하고자 한다. 물물교환 경제가 화폐 경제로 발전함에 따라 거래시간의 일부를 절약할 수 있고 사람들은 이를 다른데 사용할 수 있게 되었다.

예를 들면 물물교환 경제에서 거래를 하는 데 주당 10시간이 소요되고 화폐 경제에서는 1시간만 소요된다고 가상하자. 화폐 경제에서는 거래하는 데 사용할 필요없이 다른 목적으로 사용할 수 있는 주당 9시간을 갖게 된다. 일부 사람들은 이를 일하는 데 사용하고 다른 사람들은 여가에 사용하며 또 다른 사람들은 이를 일하고 여가를 즐기는 데 사용한다. 따라서 화폐 경제에서는 물물교환 경제에서보다 (증가된 생산으로 인해) 더 많은 생산물과 더 많은 여가시간을 갖게 된다. 다시 말해 화폐 경제 하에서는 물물교환 경제에서보다 재화 및 서비스를 둘 다 더 많이 향유할 수 있다.

인간의 생활수준은 다소간에 소비하는 재화의 수량 및 품질과 향유하는 여가시간에 달려 있다. 일반적인 사람들의 생활수준은 물물교환 경제에서보다 화폐 경제에서 더 높을 것으로 기대된다.

24.2 통화공급에 대한 정의

화폐가 교환을 목적으로 널리 받아들여지는 재화라면 10달러짜리 지폐는 화폐인가? 10센트짜리 동전은 화폐인가? 요구불예금 또는 저축예금은 화폐인가? 무엇이 화폐를 구성하는가? 다시 말해 무엇이 통화공급에 포함되는가? 자주 사용되는 통화공급에 대한 두 가지 정의로는 M1 및 M2가 있다.

1 협의의 통화공급(M1)

M1을 이따금 협의 통화 또는 거래적 통화라고 한다. 이는 자동차용 휘발유, 식료품, 의복 등을 구입하는 매일의 거래에 직접적으로 사용되는 화폐이다. 미국의 경우 **M1**에는 (일상적인 거래에 사용하기 위해서 민간인들이 갖고 있는) 비은행 보유현금, 당좌예금, 여행자수표가 포함된다.[1]

M1

M1(미국의 경우) = 비은행 보유현금
+ 당좌예금
+ 여행자수표

이를 보다 자세히 정의하면 다음과 같다.

현금

- **현금**(currency)에는 동전 및 지폐가 포함된다.

당좌예금

- **당좌예금**(checkable deposit)은 수표를 발행할 수 있는 예금이며 이자가 붙지 않는 요구불예금, 이자가 붙는 NOW (negotiated order of withdrawal) 계좌 및 ATS (automatic transfer from savings) 계좌가 있다.

2 화폐(통화)는 현금만을 의미하지 않는다.

일반인들은 "돈(화폐)"이라는 단어를 듣게 되면 (지폐와 동전을 합한) 현금을 생각한다. 예를 들어 어두운 밤거리에서 강도를 만났고 "돈을 내놓든지 아니면 생명을 내놔라"라고 말할 때 이 강도는 물론 현금을 원한다. 사람들은 자주 화폐와 현금을 동일시한다. 하지만 경제학자에게 있어서 화폐란 단순한 현금 이상의 것을 의미한다. M1의 정의에 따를 경우 화폐(통화)에는 현금, 당좌예금, 여행자수표가 포함된다.

3 광의의 통화공급(M2)

M2

M2는 일반적으로 광의의 통화라고 한다. 미국의 경우 **M2**에는 M1, 저축예금(MMDA 포함),

1) M1(한국의 경우) = 현금통화 + 요구불예금 및 수시 입출식 저축성예금(MMF 포함).

소액정기예금, MMMF(소매)가 포함된다.[2)]

M2(미국의 경우) = M1
+ 저축예금(MMDA 포함)
+ 소액정기예금
+ MMMF(소매)

이를 보다 자세히 정의하면 다음과 같다.

- 정규 저축예금이라고도 하는 **저축예금**(savings deposit)은 일반 시중은행 또는 저축은행에서 이자를 지불하는 예금이다(저축은행에는 저축 및 대부협회, 상호저축은행, 신용조합이 포함된다). 일반적으로 저축예금에 대해서는 수표를 발행할 수 없으며 저축예금에 예치된 자금은 어느 때나 위약금을 지불하지 않고 인출할 수 있다. **저축예금**
- **정기예금**(time deposit)은 만기일이 정해져 있고 이자가 붙는 예금이다. 정기예금의 경우 만기일 전에 인출하게 되면 위약금이 부과된다. 소액정기예금은 예금액이 10만 달러 미만이다. **정기예금**
- **MMDA**(money market deposit account)는 은행이나 저축은행에서 이자가 붙는 계좌로 통상적으로 최소한의 잔고가 유지되어야 한다. 대부분의 MMDA의 경우 수표발행과 관련된 권한이 제한되어 있다. 예를 들면 MMDA의 예금주는 월별 수표발행 횟수 및/또는 각 수표별 최소발행 금액(예를 들면 500달러)에서 제한을 받게 된다. **MMDA**
- **MMMF**(money market mutual fund)는 **투자신탁회사**에서 이자가 붙는 계좌이다. 일반적으로 최소한의 잔고가 유지되어야 하며 수표발행과 관련된 권한이 제한된다. 대규모 기관이 보유하고 있는 MMMF를 기관 MMMF라 하며 (예를 들면 개인처럼) 기타 다른 기관이 보유하고 있는 MMMF를 소매 MMMF라 한다. **미국의 경우 소매 MMMF만이 M2에 포함된다.** **MMMF**

4 신용카드는 어디에 포함되는가?

신용카드는 일반적으로 플라스틱 화폐라고 하지만 화폐는 아니다. 신용카드는 카드 보유자가 대출을 쉽게 받도록 해주는 도구 내지 서류라고 할 수 있다. 티나 리지(Tina Ridges)가 백화점 점원에게 마스터카드 또는 비자카드를 건네 줄 때 실제로는 (이미 존재하고 있는) 다른 사람의 돈을 지출하는 것이다. 백화점은 청구서를 은행에 제출하며 은행은 해당 금액을 백화점에 지불하고 신용카드 보유자에게 청산을 요구하게 된다. 신용카드를 사용함으로써 티나는 다른 사람의 돈을 사용하였으며 종국적으로는 신용카드 부채를 화폐로 상환하여야 한다. 이런 거래를 통해 현존하는 화폐가 개인 및 기업들 사이에서 이동은 하지만 화폐총액은 변화하지 않는다.

2) M2(한국의 경우) = M1 + 기간물 예·적금 및 부금 + 시장형 금융상품(양도성 예금증서, 환매조건부 채권 매도, 표지어음 등) + 실적 배당형 상품(금전신탁, 수익증권, CMA 등) + 금융채 + 기타(투신 증권저축, 종합금융회사 발행어음 등) 단, 장기 (만기 2년 이상)금융상품 제외

24.3 은행은 어떻게 발전하였는가?

화폐가 발전된 것처럼 은행도 그렇게 발전하였다. 여기서는 은행의 기원에 대해 논의해 봄으로써 현대의 은행을 이해하는 데 도움을 주고자 한다.

1 초기의 은행업자

오늘날의 화폐는 소유하고 운반하는 것이 용이하지만 언제나 그렇게 운반이 용이한 것은 아니었다. 예를 들면 화폐가 주로 금화로 구성된 경우 이를 운반하는 일은 용이하지도 않았고 안전하지도 않았다. 첫째, 금은 무거웠다. 둘째, 금은 고객들이 운반하기가 불편하였을 뿐만 아니라 상인들이 이를 받아들이기도 또한 불편하였다. 즉 금은 무거웠고 운반하는 것도 안전하지 않았다. 셋째, 수천 개의 금화를 운반하는 사람은 쉽게 강도들의 표적이 되었다. 하지만 이를 집에 보관하는 것도 또한 위험하였다. 대부분의 사람들은 안전한 보관설비를 갖추고 있는 지역 금세공업자들에게 도움을 청하였다. 처음에 금세공업자들이 은행업자가 되었다. 이들은 다른 사람들로부터 금을 받아서 이를 보관해 주었다. 자신들이 예치된 금을 보관하고 있다는 사실을 인정하기 위해서 금세공업자들은 고객들에게 창고 **영수증**이라고 하는 보관증을 발행하였다.

일단 이런 영수증에 대해 사람들의 신뢰가 쌓이게 되자 대금을 지급하는데 금자체를 사용하기보다 보관증을 사용하게 되었다. 예를 들면 프랭클린(Franklin)이 메이슨(Mason)으로부터 가격이 금 10개에 해당하는 것을 매입하려는 경우 금세공업자에게 가서 금을 받아 이를 메이슨에게 전달하는 대신에 보관증을 메이슨에게 간단히 전달할 수도 있다. 프랭클린과 메이슨 둘 다에게 영수증을 사용하는 것이 실제로 금을 교환하는 것보다 더 용이했다.

이런 수준의 은행에서 보관증은 전부 금으로 지지되었다. 즉 보관증은 단순히 보관중인 금을 나타내었다. 금세공업자들은 평균적으로 볼 때 아주 소수의 사람들만이 보관증을 금으로 바꾼다는 사실을 깨닫게 되었다. 많은 사람들은 보관증과 물품을 교환하였으며 금 자체는 거의 요구하지 않았다. 간단히 말해 보관증이 교환을 하는 데 널리 받아 들여지는 화폐가 되었다.

상황이 이렇게 되자 금세공업자들은 보관증을 제시하면서 금 상환을 요구할 때 불이행하지 않으면서 대출을 제공해 이자를 벌 수 있다는 사실을 깨닫게 되었다. 따라서 보관된 금의 일부를 대출해 주기 시작하였다. 하지만 대부분의 경우에 금을 차용하려는 사람들도 또한 실제 금보다 보관증을 선호하였다. 보관증은 이제 실제로 예치된 양보다도 더 많은 금을 나타내게 되었다. 이제 금과 금세공업자가 발행한 종이 보관증 측면에서 측정된 통화공급이 증가되었다.

부분준비 은행제도

이렇게 **부분준비 은행제도**(fractional reserve banking)가 시작되었다. 부분준비 은행제도 하에서 은행은 자신에게 예치된 금액의 일부분에 대해서만 준비금을 보유하고 나머지는 대출을 하여 통화를 창출하게 된다. 현대의 은행은 이런 방식으로 운영된다.

2 은행의 지급준비금

시중은행들은 중앙은행(미국의 경우 연방준비제도)에 계좌를 갖고 있다. 이 계좌는 개인들이 시중은행에 갖고 있는 당좌예금 계좌와 매우 유사하다. 경제학자들은 중앙은행에 갖고 있는 이런 계좌를 **지급준비금계좌** 또는 **중앙은행 예치금**이라고 한다. 시중은행들은 또한 자신들의 은행금고에 현금을 갖고 있다. (1) 중앙은행 예치금 및 (2) 자신의 은행금고에 보관된 현금을 합하여 **지급준비금**(reserves)이라고 한다.

지급준비금

지급준비금 = 중앙은행 예치금 + 은행금고에 보관된 현금(시재금)

예를 들면 어떤 은행이 중앙은행에 예치한 금액이 4백만 달러이고 자신의 은행금고에 보관되어 있는 현금이 1백만 달러인 경우 지급준비금은 5백만 달러가 된다.

법정 지급준비율 및 법정 지급준비금 중앙은행은 일반 시중은행들이 예금의 일정 비율을 지급준비금의 형태로 보유하도록 규정하고 있다. 다시 말해 예금의 일정 비율을 중앙은행 예치금 및/또는 은행금고에 보관된 현금의 형태로 보유하여야 한다. 왜냐하면 이 두 개의 합이 지급준비금이 되기 때문이다.

일반 시중은행들이 준비금의 형태로 보유한 예금의 비율을 **법정 지급준비율(r)**(required reserve ratio, r)이라 한다. 이에 따른 금액을 **법정 지급준비금**(required reserves)이라 하며 예금을 지지하기 위해서 시중은행이 보유하여야 하는 지급준비금을 규정한 규칙을 **법정 지급준비**(reserve requirement)라고 한다. 어떤 은행의 법정 지급준비금은 법정 지급준비율에 (해당 은행의) 예금액을 곱하여 구할 수 있다.

법정 지급준비율(r)
법정 지급준비금
법정 지급준비

법정 지급준비금 = r × 예금액

예를 들면 고객이 근처 은행에 4천만 달러를 예치하였고 중앙은행이 설정한 법정 지급준비율은 1/10 또는 10퍼센트라고 가정하자. 이때 해당 은행의 법정 지급준비금은 4백만 달러(4천만 달러 × 0.10 = 4백만 달러)가 된다.

초과 지급준비금 은행의 (총)지급준비금과 법정 지급준비금 사이의 차이를 **초과 지급준비금**(excess reserves)이라고 한다.

초과 지급준비금

초과 지급준비금 = 지급준비금 − 법정 지급준비금

예를 들면 어떤 은행이 (총)지급준비금으로 5백만 달러를 보유하고 있으며 법정 지급준비금은 4백만 달러인 경우 초과 지급준비금은 1백만 달러가 된다.

24.4 금융제도

금융제도란 기본적으로 여유자금을 갖고 있는 사람들과 자금이 부족한 사람들이 만나도록 하는 방법이라고 할 수 있다. 달리 표현하면 저축자와 차용자를 만나도록 하는 방법이다.

대부자와 차용자가 만나는 것이 중요한 이유는 무엇 때문인가? 간단히 답하면 만나서 좋은 생각을 행동으로 옮길 수 있기 때문이다. 여러분이 대부를 제공하고자 하는 자금을 저축하였다고 가상하자. 어떤 다른 사람은 자금이 부족하지만 새로운 사업구상을 갖고 있다. 이 사람은 새로운 사업을 수행하는 데 필요한 자금을 갖고 있지 못하므로 대부해줄 수 있는 자금을 갖고 있는 여러분을 만나야 한다.

이처럼 저축된 자금을 차용자에게 제공할 수 있는 경제는 대부자와 차용자 모두에게 이득이 된다. 이는 또한 다른 사람들에게 이익이 된다. 차용자의 사업구상이 우수해서 현실화됐을 때 장래 고객들은 이득을 보게 된다. 어쩌면 이 기업은 수많은 사람들이 매입하고자 하는 것을 생산할지도 모른다.

1 직접금융 및 간접금융

대부자는 차용자를 직접적으로 또는 간접적으로 만날 수 있다. 즉 두 가지 형태의 금융, 직접금융과 간접금융이 있다. **직접금융**(direct finance)의 경우 대부자와 차용자는 예를 들면 채권시장처럼 시장에서 만나게 된다. 채권시장에서 자금을 차용하고자 하는 사람은 채권을 발행한다. 예를 들면 회사 A는 향후 10년 동안 연간 10퍼센트의 이자율을 보장하는 채권을 발행할 수 있다. 대부할 자금을 갖고 있는 사람은 특정가격에 이 채권을 매입할 수 있다. 채권시장에서 일어나는 매입 및 매도는 간단히 말해 대부 및 차용이라고 할 수 있다. 채권 매수인은 대부자이며 채권 매도인은 차용자가 된다.

직접금융

간접금융(indirect finance)의 경우 대부자 및 차용자는 저축하고자 하는 사람들의 자금을 받아서 차용하고자 하는 사람들에게 이 자금을 제공하는 **금융중개기관**(financial intermediary)을 통해 만나게 된다. 예를 들면 일반 시중은행들은 저축자 및 차용자와 거래를 하는 금융중개기관이다. 한편으로는 자금을 예치하여 이자를 받으려는 저축자와 거래를 하고 다른 한편으로는 이자를 지급하면서 대출을 얻으려는 차용자와 거래를 한다. 은행 또는 금융중개기관은 저축된 자금을 차용자에게 연결해 준다.

간접금융

금융중개기관

2 역선택 및 도덕적 해이 문제

대부 및 차용이 이루어질 때 역선택 및 도덕적 해이 문제가 발생할 수 있으며 이 두 가지는 모두 비대칭 정보에서 비롯된다. **비대칭 정보**(asymmetric information)란 거래의 한 쪽 당사자는 어떤 정보를 갖고 있는데 반해 다른 쪽 당사자는 이를 갖고 있지 못한 경우를 말한다. 우르술라(Ursula)는 자신의 주택을 판매하려 한다고 가상하자. 주택 매도인으로서 그녀는 잠재적인 매수인들보다 해당 주택에 관해 더 많은 정보를 갖고 있다. 그녀는 해당 주택이 배관문제, 기초의 균열문제 등을 갖고 있는지 알고 있지만 잠재적인 매수인은 그렇지 못하다.

비대칭 정보

비대칭정보가 미치는 영향은 역선택 문제가 되거나 도덕적 해이 문제가 된다. 역선택 문제는 대부가 이루어지기 **전**에 발생하며 도덕적 해이 문제는 대부가 이루어진 **후**에 발생한다.

역선택

대부가 이루어지기 이전 **역선택**(adverse selection) 문제는 시장의 다른 상대방에게 알려지지 않은 정보를 갖고 있는 일방이 다른 사람에게 불리한 영향을 미치도록 자신을 선택할 경우 발생한다. 다음과 같이 생각해 보자. 두 명의 사람이 대부를 받으려 한다. 한 사람은 신용위험이 좋고 다른 사람은 신용위험이 나쁘다. 신용위험이 나쁜 사람이 대부를 신청할 가능성이 더 높다.

두 사람 스티븐(Steven)과 올리비아(Olivia)는 10,000달러를 차용하려 하고 제이슨(Jason)은 대부해 주려는 10,000달러를 갖고 있다고 가상하자. 올리비아는 10,000달러를 차용하여 자신의 소규모 기업에 필요한 장비 1대를 매입하고자 한다. 그녀는 대부금을 상환할 계획이며 대부계약을 매우 진지하게 생각하고 있다. 스티븐은 10,000달러를 차용하여 라스베가스로 가서 룰렛게임을 하려고 한다. 그는 룰렛게임에서 좋은 결과가 나타날 경우에만 대부금을 상환할 계획이다. 그는 대부계약을 진지하게 생각하지 않는 그런 종류의 사람이다. 제이슨에게 대부를 신청할 가능성이 높은 사람은 누구인가? 스티븐인가 아니면 올리비아인가? 스티븐은 룰렛게임에서 돈을 벌 경우에만 대부금을 상환할 것이기 때문에 스티븐이 신청할 가능성이 높다. 그는 기본적으로 대부금을 공짜라고 생각한다.

이제 제이슨이 생각해 보면 세상에는 스티븐과 같은 차용자들이 있다는 사실을 깨닫을 수 있다. 이상적으로 보면 제이슨은 올리비아 같은 사람들에게만 대부를 제공하고 싶어 한다. 하지만 누가 올리비아 같은 사람이고 누가 스티븐 같은 사람인지를 언제나 식별할 수는 없다. 올리비아는 대부금을 갖고 무엇을 하고자 하는지 제이슨에게 사실대로 말하며 그녀는 대부금을 상환할 가능성이 높다. 반면에 스티븐은 대부금을 갖고 무엇을 할 계획인지에 대해 제이슨에게 거짓말을 할 수 있으며 그는 올리비아만큼 대출금을 상환할 가능성이 높지 않다.

제이슨이 올리비아 같은 사람과 스티븐 같은 사람을 구별할 수 없다면 무엇을 할 수 있는가? 그는 어느 사람에게도 대부를 제공하지 않는 결정을 내릴 수도 있다. 다시 말해 역선택 문제를 해결할 수 없기 때문에(즉 좋은 신용위험과 나쁜 신용위험을 구별할 수 없기 때문에) 어느 사람에게도 대부를 제공하지 않는 결정을 내릴 수 있다.

이런 경우 금융중개기관이 도움을 줄 수 있다. 은행과 같은 금융중개기관은 제이슨에게 누가 대부금을 상환하고 누가 상환하지 않을지에 대해 우려할 필요가 없다고 한다. 제이슨은 자신의 저축한 자금을 은행으로 돌리기만 하면 그에 대한 대가로 은행은 연간 5퍼센트의 이자율을 지불할 것이라고 약속한다. 이제 올리비아 같은 사람과 스티븐 같은 사람을 식별하는 일은 은행이 하게 된다. 은행은 (올리비아 같은 사람과 스티븐 같은 사람) 모두에 대해 신용을 점검하게 된다. 즉 은행은 누가 직업을 갖고 있고 누가 갖지 못하고 있는지에 관한 정보를 수집하며 차용자에게 대부금에 대한 담보를 제공하도록 요구한다. 다시 말해 역선택 문제를 해결하는 일은 은행의 몫이 된다.

대부가 이루어진 이후 **도덕적 해이**(moral hazard) 문제는 거래의 일방 당사자가 상대방 당사자에게 숨겨서 비용이 발생되게끔 자신의 행태를 변화시킬 경우 나타난다. 여러분은 저축한 자금으로 대부를 제공하려 한다고 가상하자. 트레이시(Tracy)는 대부금으로 대학에 입학하려 한다고 약속하였으므로 여러분은 그녀에게 대부를 해주었다. 그런데 트레이시는 5,000달러의 대부금을 받자 이것으로 의복을 구입하고 카리브해로 여행을 떠나버렸다.

도덕적 해이

이런 잠재적인 도덕적 해이 문제로 인해서 여러분은 대출 제공을 중지하려 할지 모른다. 여러분에게 비용이 발생될 일을 할지 모르는 차용자로부터 여러분 자신을 보호하고자 할 것이다. 다시 금융기관의 역할이 필요하게 된다. 은행과 같은 금융중개기관은 대부금이 (예를 들면 대학 등록금 납부처럼) 특정 목적에만 사용될 수 있도록 규정함으로써 도덕적 해이 문제를 해결할 수 있다. 금융중개기관은 차용자에게 차용된 자금이 어떻게 사용되는지에 대한 정보 및 증거를 정기적으로 제공하도록 요구할 수도 있다.

3 금융중개기관이 존재하지 않는다면 어떻게 될까?

금융중개기관이 존재하지 않는다면 생활이 어떻게 달라질 수 있는가? 현재와 같은 대출 및 차용이 가능한가? 역선택 및 도덕적 해이 문제로 인해 대부총액(이로 인한 차용총액)이 감소할 수 있지만 금융중개기관이 위의 두 문제를 해결하여서 금융중개기관이 없을 때보다 있을 때 대출 및 차용이 더 많이 이루어진다.

다음 의문점은 대부 및 차용이 많이 이루어지는 경우가 그렇지 않은 경우보다 더 선호되는지 여부에 관한 것이다. 이 물음에 답하기 위해 대부 및 차용은 새로운 사업을 시작하여 신상품을 생산하고 새롭고 개선된 생산기술을 도입하며 사람들에게 이득이 되는 일을 하기 위해서 자금이 필요한 사람들에게 이를 연결해 주는 과정이라는 점을 기억하자. 이처럼 대부 및 차용은 대부자 및 차용자에게 이로울 뿐만 아니라 다른 사람들에게도 도움이 된다. 현재의 물질적 생활수준은 대부 및 차용이 크게 이루어지지 않는 사회에 살았다면 지금처럼 높지 않았을 것이다.

둘째, 대부 및 차용으로 인해 사람들은 그렇지 않았을 경우보다 앞서서 소비를 할 수 있다. 예를 들면 마리아(Maria)는 26살이고 아파트를 구입하고자 한다고 하자. 아파트의 판매가격은 300,000달러인데 마리아는 이런 큰 돈이 없고 단지 20,000달러만 갖고 있다. 대부 및 차용이 없다면 마리아는 300,000달러를 저축할 때까지 아파트 없이 생활해야 한다. 대부 및 차용이 가능하다면 마리아는 아파트의 첫 할부금으로 20,000달러를 지불하고 나머지 280,000달러를 차용하면 된다. 그녀는 대부 및 차용이 없었을 때보다 수년 앞서서 아파트에서 거주할 수 있다.

결론적으로 말해 대부 및 차용을 통해 신사업, 신상품의 생산, 생산기술의 도입에 필요한 재원을 조달했을 뿐만 아니라 대부 및 차용이 없었을 경우보다 더 오랫동안 재화 및 서비스에 따른 편익을 향유할 수 있게 되었다. 어떤 사람이 마리아에게 280,000달러를 대부해 주었기 때문에 그녀는 보다 오랫동안 자신의 아파트에서 편익을 향유할 수 있다.

4 은행의 대차대조표

대차대조표
자산
부채

은행의 자산 및 부채를 일람표로 나타낸 **대차대조표**(balance sheet)를 분석하면 은행에 대해 많은 것을 알 수 있다. **자산**(asset)은 은행이 소유하거나 청구권이 있는 가치 있는 것을 말한다. **부채**(liability)는 은행이 다른 사람에게 빚진 것을 의미한다. 은행 자산의 예로는 해당 은행이 보유하고 있는 지급준비금, 차용자에게 제공한 대부금, 보유하고 있는 유가증권 등을 들 수 있다. 은행 부채의 예로는 고객이 맡긴 당좌예금, (예를 들면 소액 정기예금과 같은) 비거래 예금, (예를 들면 중앙은행에서 받은 대부금과 같은) 차용금을 들 수 있다. 그림 1은 은행의 단순하지만 일반적인 대차대조표를 보여주고 있다.

그림 1

은행의 대차대조표

대차대조표의 왼쪽에는 자산, 즉 지급준비금, 대부금, 은행이 보유한 유가증권이 기록되며 오른쪽에는 부채, 즉 당좌예금, 비거래예금, 은행의 차용금이 기록된다. 자산과 부채의 차이인 은행자본(또는 순가치)은 통상적으로 대차대조표의 오른쪽에 기록된다. 이 대차대조표에서 자산은 1억 1,000만 달러이고 부채는 1억 달러이므로 은행자본(또는 순가치는)은 1,000만 달러가 된다.

자산(백만달러)		부채(백만달러)	
지급준비금	10	당좌예금	50
대부금	90	비거래예금 (예, 소액 정기예금)	50
유가증권	10	차용금	0
		은행자본 (순가치)	10

5 부채를 자산으로 만드는 은행의 업무

은행의 업무는 부채를 자산으로 변환시키는 것이다. 여러분이 은행 A에 당좌예금 계좌를 개설하고 10,000달러를 예치하였다고 가상하자. 여러분의 당좌예금은 해당 은행에게 부채가 된다. 당좌예금 계좌에 있는 잔고는 은행이 여러분에게 빚진 것이다. 은행은 당좌예금 계좌에 있는 자금의 대부분을 자산으로 전환시키게 된다. 즉 은행은 자금의 대부분을 이용하여 어떤 사람에게 대부를 제공한다. 이처럼 부채는 자산을 늘리기 위한 자금의 근원이 되기 때문에 은행은 부채를 원하게 된다.

은행의 자산과 부채의 차이가 해당 은행의 자본 또는 순가치를 구성한다.

은행자본(또는 순가치) = 자산 − 부채

예를 들면 은행의 자산이 1억 2,000만 달러이고 부채가 1억 1,200만 달러인 경우 해당 은행의 순가치(또는 자본)은 800만 달러가 된다. 일반적으로 은행의 자본은 그림 1에서 보는 것처럼 대차대조표 오른편에 기록된다.

은행의 자본은 부채가 자산보다 클 경우 발생하게 되는 **파산**(insolvency)에 대한 완충물로 볼 수 있다. 반제가 불가능해진 은행은 파산하여 폐쇄될 수 있다. 파산

파산 → 부채 > 자산

은행의 자본이 커질수록 파산에 대한 완충물이 커지며 자본이 작아질수록 파산에 대한 완충물이 작아진다.

요약 및 정리

125 화폐란 무엇인가?

- 화폐는 교환을 하거나 부채를 상환하는 데 널리 받아들여지는 것이다.
- 화폐는 교환의 매개수단, 계산단위, 가치저장수단으로 사용된다.
- 화폐는 거래하는 사람들이 교환을 보다 용이하게 하기 위해서 물물교환 경제로부터 발전하였다. 화폐로 사용되었던 재화로는 금, 은, 구리, 가축, 조약돌, 조개껍질 등을 들 수 있다.
- 오늘날의 화폐는 일반적으로 받아들여지기 때문에 가치를 갖는다.

126 통화공급

- 미국의 경우 M1에는 은행 밖에서 보유된 현금, 당좌예금, 여행자수표가 포함된다.
- 미국의 경우 M2에는 M1, 저축예금(MMDA 포함), 소액정기예금, MMMF(소매)가 포함된다.
- 신용카드는 화폐가 아니다. 구매하기 위해 신용카드를 사용하면 부채가 발생한다. 이것은 구매하기 위해 화폐가 사용되는 경우가 아니다.

127 지급준비금, 법정 지급준비금, 초과 지급준비금

- 지급준비금은 중앙은행 예치금에 은행금고에 보관된 현금을 합한 것이다. 은행이 보유하여야 하는 지급준비금은 법정 지급준비율(r)에 예금액을 곱하여 구할 수 있다(지급준비금 $= r \times$ 예금액). 초과 지급준비금은 (총)지급준비금과 법정 지급준비금의 차이이다(초과 지급준비금 = 지급준비금 − 법정 지급준비금).

128 금융기관

- 금융기관은 여유자금(대부를 제공하려는 자금)을 갖고 있는 사람들과 자금이 부족한 (자금을 차용하려는) 사람들을 만나게 하는 방법이다.
- 비대칭 정보는 거래의 한쪽 당사자는 어떤 정보를 갖고 있는데 반해 다른 쪽 당사자는 이를 갖고 있지 못한 경우를 말한다. 비대칭 정보 문제의 두 가지 형태는 역선택과 도덕적 해이이다.
- 역선택은 시장의 다른 상대방에게 알려지지 않은 정보를 갖고 있는 일방이 다른 상대방에게 불리한 영향을 미치도록 자신을 선택하는 현상이다.
- 도덕적 해이는 거래의 일방 당사자가 상대방 당사자에게 숨겨서 비용이 발생되게끔 자신의 행태를 변화시킬 때 나타나는 현상이다.

129 은행의 대차대조표

- 은행의 대차대조표는 해당 은행의 자산 및 부채를 기록한 것이다.
- 은행의 업무는 부채를 자산으로 전환시키는 것이다.
- 은행자본 또는 순가치는 해당 은행의 자산과 부채 사이의 차이이다.

은행자본(순가치) = 자산 − 부채

- 부채가 자산보다 큰 경우 해당 은행은 파산하게 된다.

주요 용어 및 개념

화폐
물물교환
교환의 매개수단
계산단위
가치저장수단
필요의 이중일치
M1
현금
당좌예금
M2
저축예금
정기예금
MMDA(Money Market Deposit Account)
MMMF(Money Market Mutual Fund)
부분준비 은행제도
지급준비금
법정 지급준비율(r)
법정 지급준비금
법정 지급준비
초과 지급준비금
직접금융
간접금융
금융중개기관
비대칭 정보
역선택
도덕적 해이
대차대조표
자산
부채
파산

연습문제

01. 은행대출과 차용의 차이를 설명하시오.
02. 다음 용어를 설명하시오.
    a. 정기예금
    b.MMMF
    c. MMDA
    d. 부분준비 은행제도
    e. 지급준비금
03. 역선택 및 도덕적 해이 문제가 대부나 차용과 관련될 때 금융중개기관은 이를 어떻게 해결하는지 설명하시오.
04. 신용카드는 화폐가 아닌 이유는 무엇 때문인가?
05. 다음 각 상황이 역선택인지 또는 도덕적 해이인지 설명하시오.
    a. 서투른 운전자가 능숙한 운전자보다 더 많이 자동차보험에 든다.
    b. 정부는 재정문제가 있는 은행을 돕겠다고 약속한다.
    c. 정부가 당좌예금에 대해 보험을 든다(은행이 파산할 경우 당좌예금 소유주에게 상환해 주겠다고 약속한다).
06. 금융제도란 무엇인가? 잘 발달되고 기능이 완벽한 금융제도를 갖춘 국가의 상황이 그렇지 않는 국가보다 더 나은 이유는 무엇 때문인가?
07. 금세공업자가 통화공급을 증대시킬 수 있었던 과정을 설명하시오.
08. 여러분이 10명의 다른 사람들과 함께 섬에 있으며 화폐가 존재하지 않는다면 이런 상황에서 화폐가 출현할 수 있다고 생각하는가? 설명하시오.
09. "화폐는 교환하는 데 따른 거래비용을 낮출 수 있는 수단이다." 동의하는가? 설명하시오.
10. "물물교환 경제 하에 있던 사람들이 사회의 상황을 더 나아지게 하기 위해서 화폐를 도입하였다." 동의하는가? 설명하시오.
11. 지폐에 가치를 부여하기 위해서 금으로 지지할 필요가 없는 이유를 설명하시오.
12. 물가수준이 상승하는 인플레이션은 화폐의 세 가지 기능에 영향을 미치는가? 만일 미친다면 어떻게 영향을 미치는가?
13. 화폐는 거래를 용이하게 한다. 통화공급이 두 배로 증가하면 현재의 거래를 두 배 용이하게 할 수 있는가? 통화공급이 절반으로 감소하면 거래의 용이성도 절반이 되는가?
14. 자국 통화의 가치가 다른 통화에 비해 하락한다고 가상하자. 이런 가치의 하락이 화폐의 세 가지 기능에 어떤 영향을 미치는가?
15. M2가 증가하는데 M1이 감소할 수 있는가? M2가 증가하지 않는데 M1이 증가할 수 있는가? 설명하시오.

숫자 및 그래프를 활용한 문제

01. 예금액은 5천만 달러이고 법정 지급준비금은 4백만 달러이다. 법정 지급준비율은 얼마인가?
02. 법정 지급준비율은 9퍼센트이고 법정 지급준비금은 1천만 달러이며 (총)지급준비금은 5천만 달러이다. 초과 지급준비금은 얼마인가? 예금은 얼마인가?
03. 은행의 자산은 9천만 달러이고 부채는 7천 1백만 달러이다. 자산이 10퍼센트 증가하고 부채가 6퍼센트 증가하였다. 은행자본 또는 순가치의 백분율 변화는 얼마인가?
04. 어떤 은행은 현재 1억 달러의 예금, 4백만 달러의 지급준비금, 8백만 달러의 유가증권을 보유하고 있다. 법정 지급준비율이 10퍼센트인 경우 해당 은행은 법정 지급준비 조건에 부합하고 있는가? 설명하시오.

제 25 장

중앙은행 및 통화공급

25.1 중앙은행의 역할

각국은 중앙은행을 갖고 있다. 미국의 경우 연방준비제도가 중앙은행의 기능을 수행하며 다른 국가들의 예로는 뱅크 오브 스웨덴, 뱅크 오브 잉글랜드, 뱅크 오브 재팬 등을 들 수 있다.

중앙은행의 가장 중요한 의무는 금융정책을 시행하고 통화공급을 관리하는 것이다. **금융정책**(monetary policy)은 거시경제 목표를 달성하기 위해서 통화공급을 변화시키는 것이다. 즉 **확장적 금융정책**은 통화공급을 증가시키기 위해 시행되며 **수축적 금융정책**은 이를 감소시키기 위해 시행된다. 중앙은행은 통화공급을 증가시키거나 감소시키기 위해서 자신이 시행할 수 있는 수단을 동원한다. 나중에 금융정책에 대해 자세히 논의하고 불황 갭 및 인플레이션 갭으로부터 경제를 어떻게 벗어나게 할 수 있는지에 대해 살펴볼 것이다.

금융정책

1 중앙은행의 기능

중앙은행은 다음과 같은 기능을 수행한다.

1. **통화공급을 관리한다.** 중앙은행이 이 역할을 어떻게 수행하는지에 관한 보다 자세한 내용은 나중에 살펴볼 것이다.
2. **경제에 발권한 지폐를 공급한다.** 중앙은행은 시중은행 및 일반인들의 지폐 수요에 부응하기 위해서 발권하여 이를 공급한다. 예를 들면 크리스마스 기간 중에 더 많은 사람들이 은행으로부터 더 많은 양의 1달러짜리 지폐, 5달러짜리 지폐, 20달러짜리 지폐, 50달러짜리 지폐, 100달러짜리 지폐를 인출한다. 시중은행들은 자신들의 금고에 보유하

그림 1

수표청산 과정

(a) 해리(Harry)와 우르술라(Ursula)

해리 사이토(Harry Saito)는 자신의 샌디에고 은행앞으로 $1,000짜리 수표를 발행하고 이를 로스앤젤레스에 있는 우르술라 페빈스(Ursula Pevins)에게 보낸다.

→

(b) 우르술라와 거래은행인 로스앤젤레스 은행

우르술라는 수표에 이서하고 이를 거래은행인 로스앤젤레스 은행에 예치하며 잔고가 $1,000 증가한다.

→

(c) 로스앤젤레스 은행과 샌프란시스코 소재 연방준비은행

우르술라의 거래은행인 로스앤젤레스 은행은 이 수표를 샌프란시스코 소재 연방준비은행으로 보낸다. 이로 인해 로스앤젤레스 은행의 지급준비금 계좌는 $1,000 증가하고 샌디에고 은행의 지급준비금 계좌는 $1,000 감소한다.

→

(d) 샌프란시스코 소재 연방준비은행과 샌디에고 은행

샌프란시스코 소재 연방준비은행은 이 수표를 해리의 거래은행인 샌디에고 은행에 보낸다. 이로 인해 해리의 은행잔고는 $1,000 감소한다.

고 있던 현금을 채워넣기 위해 중앙은행에 이를 의뢰하고 중앙은행은 (지폐의 수동적인 공급자로서) 보다 많은 지폐를 발권하여 이런 현금 수요에 부응한다.

3. **수표청산 서비스를 제공한다.** 샌디에고에 거주하는 사람이 로스앤젤레스에 거주하는 사람에게 수표를 발행할 경우 어떤 일이 발생하는가? 수표가 발행됐을 때 자금 변화가 전달되는 과정을 **수표청산 과정**이라고 한다. 그림 1은 이 과정을 요약해서 설명하고 있다.
   a. 해리 사이토(Harry Saito)는 샌디에고에 있는 자신의 거래은행 계좌앞으로 1,000달러짜리 수표를 발행하여 로스앤젤레스에 있는 우르술라 페빈스(Ursula Pevins)에게 이를 보냈다.
   b. 우르술라는 받은 수표를 근처 은행에 갖고 가서 이서를 한 후 자신의 예금계좌에 이를 예치하였다. 그녀의 예금잔고는 1,000달러 증가하였다.
   c. 우르술라가 거래한 로스앤젤레스 은행은 수표를 샌프란시스코에 소재한 연방준비은행(중앙은행)으로 보낸다. 샌프란시스코 연방준비은행은 로스앤젤레스 은행의 지급준비금을 1,000달러 증가시키고 샌디에고 은행의 지급준비금을 1,000달러 감소시킨다.
   d. 샌프란시스코 연방준비은행은 수표를 샌디에고에 소재한 해리의 거래은행으로 보내며 이 은행은 해리의 예금계좌 잔고를 1,000달러 감소시킨다. 샌디에고에 소재한 해리의 거래은행은 기록하기 위해 이 수표를 보관하든지 또는 월간 은행 명세서와 함께 해리에게 보내게 된다.
4. **예금기관의 지급준비금을 보관한다.** 시중은행들은 고객의 예금에 대해 자신의 금고 또는 중앙은행의 지급준비금계좌에 지급준비금을 유지하여야 한다.
5. **시중은행을 감독한다.** 중앙은행은 시중은행들의 대부 상황을 평가하고 은행규칙의 준수 여부를 파악하며 기록의 정확성을 점검하기 위해서 시중은행들을 조사한다. 시중은행들이 은행기준을 준수하지 않을 경우 중앙은행은 준수하도록 지도한다.

6. **정부은행으로서의 역할을 한다.** 정부는 대규모 금액을 징수하고 지출한다. 따라서 일반인들이 그러는 것과 동일한 이유로 정부도 예금계좌가 필요하다. 정부는 주요 계좌를 중앙은행에 갖고 있으며 중앙은행은 정부의 은행으로서 역할을 수행한다.
7. **최종 대부자로서의 역할을 한다.** 중앙은행의 전통적인 임무는 유동성 문제를 겪고 있는 은행들에게 최종 대부자로서의 역할을 수행한다.
8. **미국의 중앙은행인 연방준비제도는 미국 재무성 증권을 판매한다.** 미국에서는 정부의 재원을 조달하기 위해서 미국 재무성 증권이 판매된다. 연방준비은행은 입찰을 받아서 이를 진행한다.

2 재무부와 중앙은행에 대한 일반적인 오해

일부 사람들은 재무부(미국의 경우 재무성)와 중앙은행(미국의 경우 연방준비제도)을 혼돈한다. 이들은 재무부가 중앙은행이 하는 일의 일부를 수행한다고 잘못 생각하고 있다. 재무부와 중앙은행 사이에는 큰 차이가 있다.

- 재무부는 재정문제를 담당하는 기관인 반면에 중앙은행은 금융문제를 담당하는 기관이다.
- 정부가 자금을 지출할 때 재무부는 조세를 징수하고 필요한 자금을 차용한다. 간단히 말해 재무부는 정부의 재정문제를 관리하는 의무를 지며 화폐를 발행하지 않는다. 중앙은행이 하는 것처럼 통화를 창조하지 못한다.
- 중앙은행은 경제 전반에 대해 제공되는 화폐 및 신용에 주로 관심을 갖으며 정부의 재정적 필요성에 부응할 의무를 갖지 않는다. 중앙은행의 의무는 경제에 대해 안정적인 금융의 틀을 제공하는 것이다.

25.2 통화공급의 확장 및 수축과정

여기서는 통화공급 과정, 특히 중앙은행이 통화공급을 어떻게 증가시키고 감소시키는지에 대해 살펴볼 것이다. 그러기 위해서 우선 지급준비금, 법정 지급준비금, 초과 지급준비금에 대해 개략해 볼 것이다.

1 지급준비금, 법정 지급준비금, 초과 지급준비금에 대한 개요

앞에서 다음과 같은 점을 살펴보았다.

1. 은행의 지급준비금은 중앙은행 예치금(중앙은행 지급준비금 계좌의 잔고)에 은행금고에 보관된 현금(시재금)을 합한 것이다.

지급준비금 = 중앙은행 예치금 + 은행금고에 보관된 현금(시재금)

2. 은행의 법정 지급준비금은 법정 지급준비율(r)에 예금액을 곱한 것이다.

법정 지급준비금 = r × 예금액

3. 은행의 초과 지급준비금은 지급준비금에서 법정 지급준비금을 감한 것이다.

초과 지급준비금 = 지급준비금 − 법정 지급준비금

4. 은행은 초과 지급준비금을 이용하여 신규로 대부를 할 수 있다.

2 통화공급 확장과정

미국의 경우 통화공급 M1은 다음과 같이 정의된다.

M1 = 비은행 보유현금 + 당좌예금 + 여행자수표

당좌예금은 10,000달러이고 다른 두 개는 0달러라고 가상하면 통화공급은 다음과 같이 10,000달러가 된다.

통화공급(M1) = 10,000달러

지금은 당좌예금 10,000달러가 한 개 은행, 즉 은행 A에 예치되어 있다고 가정한다. 또한 법정 지급준비율은 10퍼센트이고 은행 A는 법정 지급준비금 1,000달러를 보유하고 있으며 초과 지급준비금은 보유하지 않는다고 가정한다. 은행 A의 대차대조표는 다음과 같다.

은행 A			
자산		부채	
지급준비금	$1,000	당좌예금	$10,000
대부금	$9,000		

공개시장 매입

중앙은행은 공개시장매입을 단행한다. 중앙은행은 공개시장조작의 한 가지 형태인 **공개시장매입**(open market purchase)을 단행한다. 즉 중앙은행은 은행으로부터 정부 유가증권을 매입한다. 이 예에서 중앙은행은 은행 A로부터 500달러 상당의 정부 유가증권을 매입한다(정부 유가증권은 은행의 자산이지만 지급준비금, 대부금, 당좌예금에 초점을 맞추기 위해서 은행 A의 자산에 포함시키지 않았다). 은행 A는 정부 유가증권을 중앙은행에 인도하고 이에 대해 중앙은행은 은행 A에게 500달러를 지불하여야 한다.

중앙은행은 은행 A에게 지불할 500달러를 어디서 구할 수 있는가? 은행 A는 현재 지급준비금 계좌(중앙은행 예치금)에 1,000달러를 갖고 있다. 중앙은행은 이 계좌의 잔고를 1,000달러에서 1,500달러로 변화시키기만 하면 된다. 이제 은행 A에 대한 대차대조표는 다음과 같아진다.

은행 A			
자산		부채	
지급준비금	$1,500	당좌예금	$10,000
대부금	$9,000		

은행 A의 상황 은행 A의 대차대조표에 따르면 지급준비금은 1,500달러이고 당좌예금은 10,000달러가 된다. 법정 지급준비율이 10퍼센트라면 은행 A는 지급준비금으로 1,000달러만 보유하면 된다. 따라서 은행 A는 **초과 지급준비금** 500달러를 보유하게 된다.

은행 A는 초과 지급준비금 500달러를 갖고 질(Jill)에게 대부를 제공한다. 즉 은행 A는 잔고가 500달러인 당좌예금의 형태로 질에게 500달러 상당의 대부를 해준다. 다시 말해 질에게 현금으로 500달러를 주는 대신에 은행 A는 잔고가 500달러인 당좌예금 계좌를 갖으라고 요구한다.

통화공급은 이제 얼마가 되는가? 은행 A의 당좌예금은 10,000달러에서 시작됐지만 이제는 10,500달러가 되었다. 추가적인 500달러는 은행이 질에 대해 창조한 **신규 예금액**이다. 통화공급은 이제 10,500달러가 되었다.

통화공급 = 10,500달러

통화공급이 증가된 과정은 다음과 같다.

공개시장매입 → 은행 A는 더 많은 지급준비금을 갖게 된다.
→ 은행 A는 신규 당좌예금의 형태로 더 많은 대부를 제공한다.
→ 통화공급이 증가한다.

이런 과정이 지속된다. 질은 (당좌예금의 형태로) 은행 A로부터 500달러 상당의 대부를 받아서 이를 지출한다. 즉 조우(Joe)로부터 구입한 물품의 대가로 500달러 상당의 수표를 그에게 발행한다. 조우는 (질에게서) 500달러를 받아서 은행 B에 있는 자신의 당좌예금 구좌에 전액 예치한다. 은행 B의 상황은 다음과 같아진다.

은행 B			
자산		부채	
지급준비금	$500	당좌예금	$500
		(조우의 당좌예금 계좌에 예치된 금액)	

은행 B에 예치된 지급준비금 500달러는 어디로부터 온 것인가? 질이 조우에게 발행한 수표가 청산될 때 은행 A는 500달러를 은행 B로 이전시켜야 한다. 이렇게 하려면 은행 A는 중앙은행에서 자신의 지급준비금 계정에서 500달러를 꺼내 은행 B의 지급준비금 계정에 이를 예치하도록 하여야 한다.

은행 B의 대차대조표에 따르면 지급준비금으로 500달러, 당좌예금에 500달러가 예치되었다. 하지만 법정 지급준비율이 10퍼센트라면 은행 B는 지급준비금으로 50달러만 보유하면 된다. 은행 B는 450달러 상당의 초과 지급준비금을 보유하게 된다.

은행 B는 초과 지급준비금 450달러 전액을 이용하여 자말(Jamal)에게 당좌예금의 형태로 대부를 제공한다. 다시 말해 은행 B는 450달러 상당의 신규 당좌예금을 창조한다.

통화공급은 이제 얼마가 되는가? 은행 A가 질에게 대부를 확장해서(신규 당좌예금을 창조해서) 통화공급은 10,000달러에서 10,500달러로 증가했다. 은행 B가 다시 450달러 상당의 대부를 확장한다(신규 당좌예금을 창조한다). 따라서 통화공급은 이젠 10,950달러가 된다.

통화공급 = 10,950달러

일부 사람들은 질의 수표가 청산될 때 그녀의 당좌예금 잔고가 500달러에서 0달러로 감소하기 때문에 통화공급은 10,950달러가 아니라 10,450달러라고 생각할 수도 있다. 하지만 이는 질이 그녀의 대부금 500달러를 은행에 갚을 경우 해당 은행은 이 500달러로 다른 사람에게 대부를 제공할 수 있다. 이처럼 은행 A는 질의 대부금 500달러를 대신할 신규 당좌예금 500달러를 창조할 수 있다.

현금누출이 없고 초과 지급준비금이 존재하지 않는 경우 이것이 미치는 영향 지금까지 다음과 같은 두 가지 상황을 가정하였다.

첫째, 은행 A 및 은행 B가 언제나 **초과 지급준비금 전부**를 사용하여 대부(신규 당좌예금)를 창조한다고 가정하였다. 즉 두 은행은 초과 지급준비금을 보유하지 않았다. 초과 지급준비금을 보유하였더라면 통화공급은 영향을 받았을 것이다. 은행 A가 500달러 상당의 초과 지급준비금을 보유할 때 (500달러 상당의 대부가 아니라) 단지 200달러 상당의 대부만을 창조하고 초과 지급준비금으로 300달러를 보유하였다고 가상하자. 이 경우 통화공급은 10,000달러에서 10,200달러로 증가하지 10,500달러로 증가하지 않는다. 다시 말해 은행이 보유하는 초과 지급준비금이 많을수록 통화공급은 더 적게 증가한다.

둘째, 질이 조우에게 500달러를 지급할 때 조우는 500달러 전액을 은행 B에 예치하였다. 하지만 물론 조우는 그렇게 하지 않을 수도 있다. 500달러 중 200달러만을 은행 B에

현금누출

예치하고 300달러는 현금으로 청구할 수 있다. 이 경우 300달러 상당의 **현금누출**(cash leakage)이 발생한다. 은행 B의 지급준비금은 500달러가 아니라 200달러만 증가하게 되어 450달러 상당의 신규 대부(신규 당좌예금)를 창조할 수 없다.

현금누출이 없고 초과 지급준비금이 영이라면 통화공급은 얼마나 증가하는가? 통화공급 과정은 지속된다. 즉 은행 B로 이전되고 이는 다시 은행 C에서 은행 D로 이전되고 이런 과정이 지속됨에 따라 각 은행들은 신규 대부(신규 당좌예금)를 창조한다. 하지만 매번 신규로 창조되는 금액은 이전 은행이 창조했던 금액보다 더 적다. 은행 A는 500달러를 창조하였고 은행 B는 450달러를 창조하였으며 은행 C는 405달러를 창조하는 등 이런 과정이 지속된다. 그림 2는 이를 보여주고 있다. 모든 은행들이 창조한 총액은 5,000달러가 되며 이는 다음과 같은 식을 이용하여 계산할 수 있다.

그림 2

중앙은행(미국의 경우 연방준비은행), 은행, 당좌예금 또는 통화공급의 증가

다음과 같은 가정하에서 신규 당좌예금이 창조된다.
(i) r = 10%
(ii) 현금 누출이 발생하지 않는다.
(iii) 은행은 초과 지급준비금을 보유하지 않는다.
(iv) 중앙은행의 공개시장매입으로 인해 은행 A의 지급준비금이 500달러 증가한다.
모든 관련 은행에 대해 이런 과정을 거치면 신규 당좌예금 (또는 통화공급)으로 5,000달러가 창조된다.

은행	당좌 예금의 증가	신규 법정지급준비금	신규 대부 확장에 따라 창출된 신규 당좌예금
A	$ 0	$ 0	$ 500
B	500	50	450
C	450	45	405
D	405	40.50	364.50
⋮	⋮	⋮	⋮
총액	→		$ 5,000

$$\Delta\text{통화공급(또는 당좌예금)} = \frac{1}{r} \times \Delta R$$

여기서 r = 법정 지급준비율, ΔR = 최초의 자금투입에 따른 지급준비금의 변화이다. 위의 예에서 r = 10퍼센트, ΔR = 500달러이었다. 위의 식에서 법정 지급준비율의 역수($1/r$)를 **단순 예금승수**(simple deposit multiplier)라고 한다. 위의 예를 계산하면 다음과 같다.

단순 예금승수

$$\begin{aligned}\Delta\text{통화공급(또는 당좌예금)} &= \frac{1}{0.10} \times 500\text{달러}\\ &= 10 \times 500\text{달러}\\ &= 5000\text{달러}^{1)}\end{aligned}$$

통화공급(또는 당좌예금)의 변화는 5,000달러이다. 이처럼 중앙은행의 공개시장 매입으로 인해서 통화공급은 10,000달러에서 15,000달러로 증가하였다.

3 통화공급 수축과정

다음과 같은 은행 A의 대차대조표로부터 다시 시작하여 보자.

1) 이 식에서 우리는 통화공급 또는 당좌예금의 변화를 살펴보았다. 당좌예금은 유일하게 변화한 통화공급의 구성 요소이므로 (현금, 여행자수표는 변화하지 않았다) 당좌예금의 변화는 통화공급의 변화와 같다.

은행 A			
자산		부채	
지급준비금	$1,000	당좌예금	$10,000
대부금	$9,000		

또한 최초의 통화공급은 10,000달러라고 가정한다.

통화공급 = 10,000달러

공개시장매도

이번에는 중앙은행이 **공개시장매도**(open market sale)를 단행한다. 즉 중앙은행은 정부 유가증권을 매도한다. 중앙은행은 정부 유가증권을 은행 A에게 인도하고 은행 A의 지급준비금 계좌에서 400달러를 감한다. 중앙은행이 통화를 창조할 때와 마찬가지로 이를 사라지게도 할 수 있다. 은행 A의 대차대조표는 다음과 같아진다(앞에서와 마찬가지로 지급준비금, 대부금, 당좌예금에 초점을 맞추기 위해서 대차대조표 상에 정부 유가증권을 포함시키지 않았다).

은행 A			
자산		부채	
지급준비금	$600	당좌예금	$10,000
대부금	$9,000		

지급준비금 부족상태

은행 A의 지급준비금은 1,000달러에서 600달러로 감소했다. 당좌예금액이 10,000달러인 경우 은행 A는 **지급준비금 부족상태**(reserve deficient)에 있게 된다. 법정 지급준비율이 10퍼센트라면 은행 A는 1,000달러($10,000 × 0.10) 상당의 지급준비금을 보유하여야 한다. 하지만 공개시장매도 이후에 은행 A는 지급준비금으로 600달러만을 보유하여 지급준비금이 400달러 부족하게 된다.

은행이 지급준비금 부족상태에 있게 될 경우 해당 은행은 다음과 같이 할 수 있다. (1) 다른 은행으로부터 대부를 받을 수 있다. (2) 중앙은행으로부터 대부를 받을 수 있다. (3) 대부 상환금의 일부를 부족한 지급준비금으로 돌릴 수 있다. 위의 예에서 (3)을 선택해 보자. 은행 A가 지급준비금 부족상태에 있을 때 해리(Harry)가 해당 은행에 와서 몇 달 전에 제공받은 대출금 400달러를 상환하였다.

은행 A가 지급준비금 부족상태에 있지 않다면 해리로부터 받은 400달러를 갖고 다른 사람에게 400달러 상당의 대부(신규 당좌예금)를 창조하게 된다. 이 경우 해리의 당좌예금 잔고는 영이되지만 다른 사람의 당좌예금 잔고는 400달러만큼 증가한다. 은행에 의해 대부가 창조되어 통화공급은 일정하게 유지된다.

하지만 은행의 지급준비금이 부족하기 때문에 지급준비금으로 400달러를 보유하여야 한다. 따라서 당좌예금은 400달러만큼 감소하며 이에 따라 통화공급도 400달러만큼 감소하여 9,600달러가 된다.

$$\text{통화공급} = 9{,}600\text{달러}$$

통화공급의 감소는 은행 A에서 멈추는 것이 아니다. 이는 은행 B, C, D 등으로 파급된다. 예를 들어 해리가 은행 A에 납부한 대부 상환금은 은행 B의 수표로 이루어졌다. 수표가 청산될 때 은행 B의 지급준비금은 감소하여 지급준비금 부족상태에 있게 된다. 은행 B는 대부 상환금을 부족한 지급준비금으로 돌리게 되며 이런 과정은 은행 C, D 등으로 지속된다.

통화공급(또는 당좌예금)이 얼마나 감소하는지 알아보기 위해서 앞에서 살펴본 다음 식을 이용하여 보자.

$$\Delta\text{통화공급(또는 당좌예금)} = \frac{1}{r} \times \Delta R$$

여기서 r = 법정 지급준비율, ΔR = 최초의 자금소멸에 따른 지급준비금의 변화이다. 위의 예에서 r = 10퍼센트, ΔR = 400달러이다. 따라서 다음과 같다.

$$\begin{aligned}\Delta\text{통화공급(또는 당좌예금)} &= \frac{1}{0.10} \times (-400\text{달러}) \\ &= 10 \times (-400\text{달러}) \\ &= -4{,}000\text{달러}\end{aligned}$$

통화공급(또는 당좌예금)의 변화는 −4,000달러가 된다. 이처럼 중앙은행의 공개시장 매도로 인해서 통화공급은 10,000달러에서 6,000달러로 감소하였다.

25.3 중앙은행의 다른 수단

중앙은행은 통화공급을 변화시킬 수 있는 다른 수단도 갖고 있다. 앞에서는 통화공급을 변화시키기 위해서 공개시장조작을 어떻게 하는지 살펴보았다. 여기서는 다른 수단들에 대해 알아볼 것이다.

1 법정 지급준비율

통화공급의 변화를 계산하기 위해서 아래 식을 다시 한 번 더 생각해 보자.

$$\Delta\text{통화공급(또는 당좌예금)} = \frac{1}{r} \times \Delta R$$

법정 지급준비율이 위의 식에서 하는 역할에 대해 생각해 보자. r = 10퍼센트라면 단순 예금승수($1 \div r$)는 10이 된다. 지급준비금이 1달러 변화할 경우 통화공급(또는 당좌예금)은 10달러 변화한다. 중앙은행이 법정 지급준비율을 예를 들면 5퍼센트로 인하할 경우 단순 예금승수는 20($1 \div 0.05 = 20$)이 된다. 이때 지급준비금이 1달러 증가하면 통화공급이 20달러 증가하게 된다. 법정 지급준비율이 20퍼센트로 인상될 경우 단순 예금승수($1 \div r$)

는 5(1 ÷ 0.20 = 5)가 된다. 따라서 지급준비금이 1달러 증가하면 통화공급은 5달러 증가하게 된다. 요약하면 다음과 같다.

- 법정 지급준비율이 인하되면 통화공급이 증가한다.
- 법정 지급준비율이 인상되면 통화공급이 감소한다.

$$r\downarrow \rightarrow \frac{1}{r}\uparrow \rightarrow \text{통화공급}\uparrow$$

$$r\uparrow \rightarrow \frac{1}{r}\downarrow \rightarrow \text{통화공급}\downarrow$$

2 할인창구와 미국의 연방자금 시장

할인대부
할인율

은행 A는 1백만 달러 상당의 대부가 필요한 경우 중앙은행이나 다른 은행(예를 들면, 은행 B)을 찾아가게 된다. 시중은행이 중앙은행으로부터 얻은 대부를 **할인대부**(discount loan)라 하며 해당 은행이 할인대부에 대해 지불하는 이자율은 **할인율**(discount rate)이라고 한다. 할인율은 중앙은행이 설정한다.

연방자금 시장
연방자금 금리

은행 A가 다른 은행으로부터 받은 대부를(이런 대부는 일반적으로 예를 들면 하룻밤 동안처럼 단기간의 대부이기 때문에) **하룻밤 기한**의 대부라 한다. 미국에서 은행이 다른 은행에 보통 단기간 동안 대부를 제공하는 시장을 **지급준비금 시장** 또는 **연방자금 시장**(federal funds market)이라고 한다. 은행 A가 하룻밤 기한의 대부에 대해 지불하는 이자율을 **연방자금 금리**(federal funds rate)라 하며 연방자금 시장에서 결정된다. 사과에 대한 수요 및 공급이 사과가격을 결정하는 것과 같은 방법으로 지급준비금에 대한 수요 및 공급이 연방자금 금리를 결정한다.

할인율은 통화공급을 조정하기 위해서 중앙은행이 사용할 수 있는 또 다른 수단이다. 중앙은행이 통화공급을 증가시키려 할 경우 할인율을 연방자금 금리 아래로 인하시킨다. 예를 들어 연방자금 금리가 5퍼센트라고 가상하자. 중앙은행이 하여야 할 일은 할인율을 예를 들면 3퍼센트로 설정하는 것이다. 이제 은행 A는 1백만 달러 상당의 대부를 받기 위해서 다른 은행에 의뢰하는 대신에 중앙은행에 의뢰하게 된다. 중앙은행은 해당 은행 지급준비 계좌의 잔고를 1백만 달러만큼 증가시켜 1백만 달러 상당의 할인대부를 제공한다. 지급준비금이 증가함에 따라 해당 은행은 보다 많은 대부(또는 당좌예금)를 창조하게 되므로 통화공급이 증가한다. 이를 요약하면 다음과 같다.

중앙은행에 해당하는 미국의 연방준비제도가 할인율을 연방자금 금리보다 낮게 설정한다 → 시중은행들이 연방준비제도로부터 차용을 한다 → 시중은행들이 더 많은 지급준비금을 보유하게 된다 → 대부(또는 당좌예금)가 증가한다 → 통화공급이 증가한다.

중앙은행이 통화공급을 축소시키려 한다면 연방자금 금리보다 높게 할인율을 설정한다. 이제 시중은행들은 대부를 얻기 위해서 중앙은행에 의뢰하지 않으며 시중은행들이 과거에 받았던 할인대부를 상환함에 따라 은행제도 내부의 지급준비금이 감소하게 된다. (시중은행이 할인대부를 상환하면 중앙은행은 해당 은행의 지급준비금 계좌에서 상환액을 감한다.)

이를 요약하면 다음과 같다.

중앙은행에 해당하는 미국의 연방준비제도가 할인율을 연방자금 금리보다 높게 설정한다
→ 시중은행들이 연방준비제도로부터 차용을 하지 않고 과거에 받았던 할인대부를 상환한다
→ 시중은행들은 더 적은 지급준비금을 보유하게 된다 → 통화공급이 감소한다

3 미국의 연방준비제도와 연방자금 목표금리

지금까지 우리는 통화공급을 변화시키기 위해서 중앙은행에 해당하는 미국의 연방준비제도가 사용할 수 있는 세 가지 수단을 살펴보았다. 즉 공개시장조작의 시행, 법정 지급준비율의 변화, 연방자금 금리에 대한 할인율의 변화에 대해 알아보았다. 통상적으로 미국의 연방준비제도가 통화공급을 변화시키려는 경우 다음과 같은 두가지 조치를 시행한다. (1) **연방자금 목표금리**(federal funds rate target)를 설정하고, (2) 이 목표치에 부합될 수 있도록 연방자금 금리를 변화시키기 위해 공개시장조작을 단행한다.

연방자금 목표금리

현재의 연방자금 금리는 4퍼센트이고 연방준비제도는 목표금리를 3퍼센트로 설정하였다고 가상하자. 연방준비제도는 공개시장 매입을 단행하고 이로 인해 은행제도로 지급준비금이 주입된다. 공개시장 매입이 시행되면 지급준비금 시장에서 지급준비금의 공급이 증가한다. 지급준비금의 공급이 증가함에 따라 지급준비금의 가격, 즉 연방자금 금리가 하락한다. 연방자금 금리가 4퍼센트에서 목표금리인 3퍼센트로 인하될 때까지 연방준비제도는 이런 과정을 계속 진행한다.

요약 및 정리

130 중앙은행

- 중앙은행의 주요 기능은 다음과 같다. (1) 통화공급을 관리한다. (2) 자신이 발권한 지폐를 경제에 공급한다. (3) 수표청산 서비스를 제공한다. (4) 예금기관의 지급준비금을 보관한다. (5) 시중은행들을 감독한다. (6) 정부의 은행으로서 활동한다. (7) 최후의 대부자로서 기능을 수행한다. (8) 미국에서 중앙은행의 역할을 수행하는 연방준비제도는 재무성을 대신한 재정 대리인으로서의 기능을 수행한다.

131 통화공급의 관리

- 미국에서 중앙은행의 역할을 수행하는 연방준비제도는 다음과 같이 통화공급을 증가시킨다. 법정 지급준비율을 인하한다. 공개시장에서 정부 유가증권을 매입한다. 연방자금 금리에 비해서 할인율을 인하한다.
- 연방준비제도는 다음과 같이 하여 통화공급을 감소시킨다. 법정 지급준비율을 인상한다. 공개시장에서 정부 유가증권을 매도한다. 연방자금 금리에 비해서 할인율을 인상한다.

132 공개시장조작

- 중앙은행에 의한 공개시장매입은 통화공급을 증가시킨다.
- 중앙은행에 의한 공개시장매도는 통화공급을 감소시킨다.

133 법정 지급준비율

- 법정 지급준비율이 인상되면 통화공급이 감소한다.
- 법정 지급준비율이 인하되면 통화공급이 증가한다.

134 할인대부 및 하룻밤 기한 대부

- 시중은행은 중앙은행으로부터 할인대부를 받고 다른 시중은행으로부터 하룻밤 기한 대부를 받을 수 있다. 이들이 할인대부에 대해 지불하는 이자율을 할인율이라하며 다른 시중은행이 제공한 대부에 대해 지불하는 이자율을 미국에서는 연방자금 금리라고 한다.
- 할인율은 중앙은행이 설정한다. 연방자금 금리는 지급준비금 시장(연방자금 시장)에서 수요 및 공급에 의해 결정된다.
- 중앙은행에 해당하는 미국의 연방준비제도가 연방자금 금

리보다 낮게 할인율을 설정할 경우 시중은행들은 연방준비제도로부터 차용을 하여 더 많은 지급준비금을 보유하게 된다. 이 지급준비금을 이용하여 더 많은 대부를 창조하게되고 이에 따라 통화공급이 증가한다.

- 미국의 연방준비제도가 연방자금 금리보다 높게 할인율을 설정할 경우 시중은행들은 연방준비제도로부터 차용을 하지 않게 된다. 시중은행들이 과거에 받은 할인대부를 상환함에 따라 지급준비금이 감소하고 이에 따라 통화공급이 감소한다.

135 연방자금 목표금리

- 미국의 연방준비제도는 연방자금 목표금리를 설정한다. 연방준비제도는 이 목표금리에 부합되도록 연방자금 금리를 변화시키기 위해서 공개시장조작을 단행한다. 예를 들어 현재의 연방자금 금리가 4퍼센트이고 목표금리가 3퍼센트라면 연방준비제도는 공개시장 매입을 시행하고 이로 인해 지급준비금이 은행들로 주입된다. 지급준비금의 공급이 증가함에 따라 연방자금 금리는 하락한다.

주요용어 및 개념

공개시장조작	**현금누출**	**지급준비금 부족상태**	**연방자금 금리**
금융정책	**단순 예금승수**	**법정 지급준비**	**연방자금 시장**
공개시장 매입	**공개시장 매도**	**할인대부**	**연방자금 목표금리**

연습문제

01. 공개시장 매도는 통화공급을 어떻게 감소시키는지 설명하시오.
02. 공개시장 매입은 통화공급을 어떻게 증가시키는지 설명하시오.
03. 재무부와 중앙은행의 차이는 무엇인가?
04. 중앙은행의 주요 기능은 무엇인가?
05. 중앙은행에 해당하는 미국의 연방준비제도를 통해 수표가 어떻게 청산되는지 설명하시오.
06. 미국의 연방준비제도는 할인율을 직접적으로 변화시킬 수 있고 연방자금 금리를 간접적으로 변화시킬 수 있다. 설명하시오.
07. 중앙은행이 최후의 대부자로서의 기능을 수행한다는 것은 무엇을 의미하는가?
08. 미국의 연방준비제도는 연방자금 목표금리를 낮추겠다는 발표를 새롭게 하면서 연방자금 금리를 현재 수준으로부터 낮추고자 한다. 연방자금 목표금리를 더 낮게 설정하려면 공개시장조작을 어떻게 시행하여야 하는가?
09. 신문에 따르면 지난주 내내 중앙은행은 공개시장매입을 시행하였고 지난주 화요일에는 할인율을 인하하였다고 가상하자. 중앙은행은 어떤 의도를 갖고 있다고 말할 수 있는가?
10. 법정 지급준비율이 인하되면 통화공급이 어떻게 증가하는지 설명하시오.
11. 은행 A는 은행 B로부터 지급준비금을 차용하였다고 가상하자. 은행 A는 이전보다 더 많은 지급준비금을 보유하게 되므로 통화공급이 증가하는가? 설명하시오.
12. 중앙은행이 법정 지급준비율을 인상하였다고 가상하자. 이런 결정은 통상적으로 통화공급을 감소시킨다고 생각된다. 하지만 은행들은 법정 지급준비율이 인상된 후에 지급준비금 부족상태에 처했음을 깨닫고 중앙은행으로부터 대부를 받아 이에 대응하게 된다. 이런 행위를 통해 통화공급이 축소되는 것을 방지할 수 있는가? 설명하시오.

숫자 및 그래프를 활용한 문제

01. 지급준비금이 2백만 달러만큼 증가하고 법정 지급준비율이 8퍼센트라면 통화공급(또는 당좌예금)은 최대 얼마나 변화하는가?

02. 지급준비금이 2백만 달러만큼 증가하고 법정 지급준비율이 10퍼센트라면 통화공급(또는 당좌예금)은 최대 얼마나 변화하는가?

03. 연방자금 금리가 6퍼센트이고 할인율이 5.1퍼센트인 경우 은행은 대부를 받기 위해서 다른 은행 또는 연방준비제도 중에서 누구를 찾아갈 확률이 더 높은가? 설명하시오.

04. 다음 표를 완성하시오.

중앙은행의 행위	통화공급에 미치는 영향(증가 또는 감소)
할인율 인하	A
공개시장매입	B
법정 지급준비율 인하	C
할인율 인상	D
공개시장매도	E
법정 지급준비율 인상	F

부록 C

지급준비금 시장(또는 미국의 연방자금 시장)

금융정책은 여러 가지 방법으로 시행될 수 있다. 그중 하나는 예를 들면 M1 또는 M2처럼 특정 통화공급을 목표로 하는 것이다. M1의 통화공급이 현재 1조 달러이고 이를 1.1조 달러로 증가시키려 한다고 가상하자. 1.1조 달러는 중앙은행의 통화량 목표치가 된다. 중앙은행은 이 목표치에 도달할 때까지 통화공급을 증가시키게 된다. 예를 들면 공개시장매입을 시행하거나 또는 법정 지급준비율을 낮추려 할 것이며 이는 통화공급 증가로 이어지게 된다. 공교롭게도 통화공급 목표치에 과도하게 반응하여 통화공급이 1.1조 달러를 초과하게 되면 중앙은행은 정반대 시책을 실시한다. 즉 공개시장매도를 시행하여 통화공급을 1.1조 달러까지 낮추게 된다.

중앙은행에 해당하는 미국의 연방준비제도는 오늘날 금융정책을 시행하면서 일반적으로 통화공급 목표치를 갖고 있지 않다. 대신에 설정된 연반자금 금리를 목표로 한다. 연방자금 금리가 현재 4퍼센트이고 이를 3퍼센트로 낮추려 한다고 가상하자. 이것이 연방자금 목표금리가 된다. 연방자금 금리는 지급준비금 시장(또는 연방자금 시장)에서 결정되기 때문에 목표금리에 도달하기 위해서 연방준비제도가 무엇을 하는지 설명하기 전에 이 시장이 어떻게 운용되는지 살펴볼 필요가 있다.

C.1 지급준비금에 대한 수요

지급준비금에 대한 수요는 은행들로부터 비롯된다. 시중은행은 몇 가지 이유로 인해 지급준비금에 대한 수요를 갖게 된다. 은행은 (예를 들면 당좌예금처럼) 예치된 예금에 대해 일정한 지급준비금을 보유하여야 하므로 지급준비금을 필요로 한다. 법정 지급준비율이 예를 들면 10퍼센트인 경우 예치된 예금 1달러당 지급준비금으로 10센트를 보유하여야 한다. 법정 지급준비율이 인상될 경우 은행은 예치된 예금 1달러당 더 많은 지급준비금을 보유하여야 한다. 그림 1에서 보면 지급준비금에 대한 수요곡선의 기울기는 하향한다. 수직축은 연방자금 금리를 나타내고 수평축은 지급준비금의 수량을 나타낸다. 은행이 더 많은 지급준비금이 필요한 경우 지급준비금에 대한 수요곡선(D)은 오른쪽으로 이동한다. 법정 지급준비율이 인하되면 예치된 예금 1달러당 더 적은 지급준비금을 보유하게 되므로 지급준비금에 대한 수요곡선은 왼쪽으로 이동한다.

은행들은 또한 예치된 (예를 들면 당좌예금과 같은) 예금의 대규모 인출에 직면할 수 있기 때문에 지급준비금을 수요한다. 은행들은 예금자들이 자신들의 예금 구좌로부터 대규모 금액을 곧 인출할 것으로 생각한다고 가상하자. 기대되는 대규모 인출에 부응하기 위한 자금이 필요하므로 은행들은 법정 지급준비율이 요구하는 것보다 더 많은 지급준비금을 보유하고자 할 수 있다. 예를 들면 예치된 1달러에 대해 10센트의 지급준비금을 보유하는 대신에 지급준비금을 20센트, 30센트 또는 그 이상으로 증가시킬 수 있다.

연방자금 금리가 하락함에 따라 지급준비금을 보유하는 비용이 저렴해지므로 이에 따라 은행들은 예금 인출에 대비하는 더 많은 "보증"을 매입하기 때문에 지급준비금에 대한 수요곡선의 기울기는 하향한다. 연방자금 금리가 상승할 경우 지급준비금은 보유하는 비용이 더 비싸지므로 은행들은 예금 인출에 대비하는 더 적은 "보증"을 매입하게 된다.

그림 1

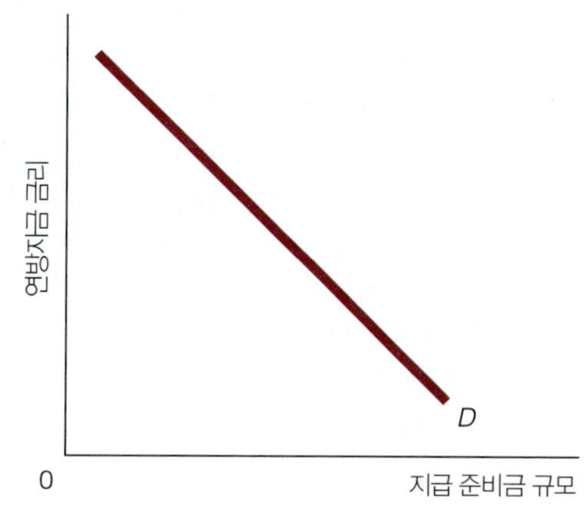

지급준비금에 대한 수요

(지급준비금 시장 또는 연방자금 시장에서) 지급준비금에 대한 수요곡선의 기울기는 하향한다. 즉 연방자금 금리와 지급준비금에 대한 수요량은 역의 관계에 있다. 연방자금 금리가 인하됨에 따라 지급준비금 보유에 따른 비용이 저렴해져서 은행들은 당좌예금의 회수에 대해 보다 많은 대비를 하게 된다. 연방자금 금리가 인상됨에 따라 지급준비금 보유에 따른 비용이 비싸져서 은행들은 당좌예금 회수에 대해 보다 적은 대비를 하게 된다. 기대되는 예금 유출 및 지급준비율에 변화가 발생하는 경우 지급준비금에 대한 수요가 변화하게 된다.

C.2 지급준비금의 공급

지급준비금의 공급은 기본적으로 두 가지 근원에서 비롯된다. 첫 번째는 중앙은행에서 비롯된다. 예를 들면 중앙은행이 공개시장조작을 시행할 경우 지급준비금의 공급이 변화한다. 공개시장매입이 시행될 경우 (은행제도 내에) 지급준비금의 공급이 증가한다. 반대로 공개시장매도가 시행될 경우 지급준비금의 공급이 감소한다.

두 번째는 중앙은행으로부터 할인대부를 받는 은행에서 비롯된다. 은행이 중앙은행으로부터 차용을 하는 경우 은행제도 내에 지급준비금의 공급이 증가한다. 반대로 은행이 중앙은행에게 할인대부를 상환하는 경우 지급준비금의 공급이 감소한다.

C.3 지급준비금에 대한 상이한 두 가지 공급곡선

그림 2(a)~(b)는 두 가지 공급곡선을 보여주고 있다. 그림 2(a)에서 [(*)로 나타낸] 연방자금 목표금리는 현제 ffr_1* 또는 D_1곡선과 S_1곡선이 교차하는 점에서 결정된 3.0퍼센트이다. 우리는 또한 중앙은행이 연방자금 목표금리보다 약간 더 높게 할인율(dr_1 = 3.5퍼센트)을 설정하였다고 가정한다. 최근 들어 중앙은행의 역할을 하는 미국의 연방준비제도는 습관적으로 할인율을 연방자금 목표금리보다 약간 더 높게 설정한다. 그 이유를 알아보기 위해서 그림 2(a)의 수요곡선이 오른쪽, 즉 D_1에서 D_2로 이동하였다고 가상하자. 연방자

그림 2

지급준비금의 공급

두 개의 지급준비금 공급곡선이 존재한다. (a)는 할인율에서 구부러진 공급곡선 부분을 보여준다. 구부러진 이유를 알아보기 위해서 먼저 연방자금 금리가 3.0퍼센트인 경우를 생각하여 보자. 준비금 수요곡선이 D_1에서 D_2로 이동하였다고 하자. 연방자금 금리가 3.7퍼센트로 상승하는 것이 가능하지만 은행들이 미국의 중앙은행에 해당하는 연방준비제도로부터 보다 낮은 3.5퍼센트의 할인율로 자금을 제공받을 수 있는 경우 이런 일은 발생하지 않는다. 다시 말해 연방자금 금리는 3.5퍼센트밖에 상승하지 않는다. 할인율이 연방자금 금리의 최고 한도로 작용한다.

(b) 두 가지 종류의 지급준비금 공급이 존재한다. 앞에서 살펴본 것처럼 위쪽의 구부러진 부분은 준비율에서 발생한다. 아래쪽의 구부러진 부분은 연방준비제도가 (은행들에게) 지급준비금에 대해 지불하는 이자율에서 발생한다. 아래쪽의 구부러진 부분을 이해하기 위해서 연방자금 금리가 3.0퍼센트인 경우를 생각하여 보자. 지급준비금 수요곡선이 D_1에서 D_2로 이동하였다고 하자. 연방자금 금리가 2.3퍼센트로 인하되는 것이 가능하기는 하지만 은행이 다른 은행들에게 대출을 제공하고 2.3퍼센트의 이자율을 받기보다는 연방준비제도로부터 2.5퍼센트의 이자율을 받고자 한다. 연방준비제도가 지급준비금에 대해 지불하는 이자율은 연방자금 금리의 최저 한도로 작용한다.

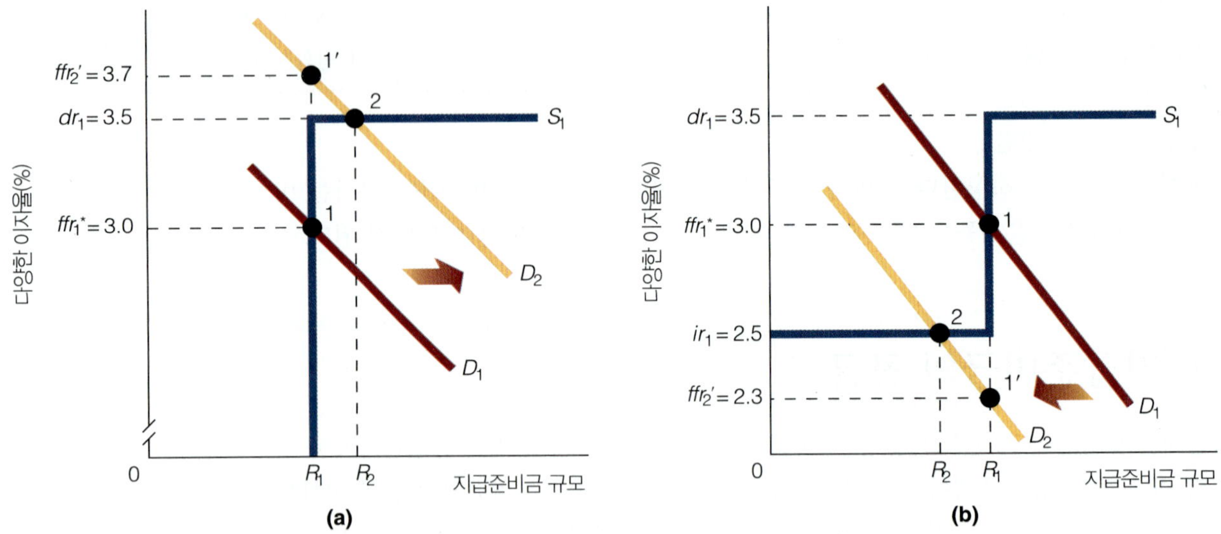

금 금리는 ffr_2'(3.7퍼센트)로 상승하는가? 대부분의 경우 이에 대한 대답은 부정적이다. 은행들은 3.7퍼센트인 연방자금 금리 수준에서 다른 은행들로부터 차용을 하는 대신에 3.5퍼센트인 할인율 수준에서 연방준비제도로부터 차용하기를 선호한다. 다시말해 지급준비금 시장의 균형은 그림의 점 2에서 달성될 가능성이 높다. 그 점에서 새로운 연방자금 금리는 3.5퍼센트이며 이는 할인율과 동일하다(그 이유는 지급준비금 공급곡선이 할인율 수준에서 꺾어지고 더 이상 수직선이 아니기 때문이다). 은행제도의 지급준비금 균형량은 R_1에서 R_2로 증가하여 이 둘 사이의 차이는 3.5퍼센트인 할인율 수준에서 은행들이 받은 할인대부의 규모이다.

그렇다면 미국의 연방준비제도가 연방자금 목표금리보다 약간 높게 할인율을 설정하는 이유는 무엇 때문인가? 할인율은 연방자금 금리가 인상될 수 있는 상한으로서의 역할을 수행한다. 다시 말해 연방자금 금리가 3.5퍼센트를 초과하지 않도록 하려는 경우 연방준비제도는 할인율을 3.5퍼센트로 설정하게 된다.

연방준비제도가 연방자금 금리가 넘지 못할 상한을 설정할 수 있는 것과 마찬가지로 하한도 역시 설정할 수 있다. 2008년도 말에 연방준비제도는 은행들이 보유했던 지급준비금에 대해 이자를 지불하기 시작하였다. 그때까지 은행들은 지급준비금에 대해 이자를 받지 못했다. 연방준비제도가 지급준비금에 대해 이자를 지불하는 것이 어떻게 연방자금 금리에 대해 하한을 설정하게 되는지 알아보기 위해서 그림 2(b)를 살펴보도록 하자. 지급준비금 시장은 최초에 점 1에서 균형을 이룬다. 연방자금 목표금리는 연방자금 균형금리인 3.0퍼센트가 되며 지급준비금의 균형량은 R_1이 된다. 이제 연방준비제도는 지급준비금에 대해 이자율 ir_1(ir_1 = 2.5퍼센트)을 지급하려 하고 지급준비금에 대한 수요곡선은 왼쪽, 즉 D_1에서 D_2로 이동한다고 가상하자. 연방자금금리는 ffr_2'(2.3퍼센트)로 하락하는가? 그럴 가능성은 없다. 왜냐하면 은행이 지급준비금을 보유하기만 하면 이에 대해 이자율 2.5퍼센트를 받을 수 있을 때 2.3퍼센트 수준의 연방자금 금리로 다른 은행에게 대부를 제공하고자 하는 은행이 없기 때문이다(R_1과 R_2의 차이는 은행들이 연방준비제도에게 "대부를 제공한" 규모이며 연방준비제도는 이에 대해 이자를 지불한다는 의미에서 "음의 할인대부"라고 볼 수 있다). 이처럼 연방자금 금리가 2.3퍼센트로 하락할 가능성은 없으며 2.5퍼센트로 하락하게 된다. 다시 말해 연방준비제도가 지급준비금에 대해 지불하는 이자율은 연방자금 금리가 하락하지 않는 하한으로서 역할을 한다.

C.4 미국의 연방자금 금리 변동 구간

그림 2(b)에서 (지급준비금의) 공급곡선은 두 군데서 꺾어진다. 하나는 연방준비제도가 지급준비금에 대해 지불하는 이자율에서 꺾어지며 다른 하나는 할인율에서 꺾어진다. 이 두 꺾어지는 곳 사이에 수직선, 즉 간단히 말해 공급곡선의 수직선 부분을 회랑이라고 한다. 연방자금 금리는 이 회랑내에서 이동한다. 다시 말해 연방자금 금리는 이 회랑 내에서 상승하거나 하락한다. 이 회랑이 할인율 7퍼센트와 지급준비금에 대해 지불되는 이자율 3퍼센트 사이에 위치할 경우 연방자금 금리로 상한인 7퍼센트와 하한인 3퍼센트사이에 위치하게 된다. 연방준비제도가 예를 들면 할인율을 7퍼센트에서 8퍼센트로 인상시킴으로써 회랑의 길이를 늘리게 되면 연방자금 금리도 상한 8퍼센트와 하한 3퍼센트 사이에 위치한다.

이제는 그림 3을 살펴보도록 하자. 연방자금 금리가 현재 3.0퍼센트이고 할인율 3.5퍼센트이며 연방준비제도가 지급준비금에 대해 지불하는 이자율은 2.5퍼센트라고 가상하자. 연방준비제도는 연방자금 금리를 목표금리인 2.5퍼센트로 낮추려 한다. 연방자금 금리를 낮추려는 목표를 달성하기 위해서 연방준비제도는 무엇을 할 수 있는가? 연방준비제도는 공개시장매입을 시행하여 지급준비금을 R_1에서 R_2로 증가시킬수 있다. 지급준비금을 증가시키게 되면 동시에 할인율을 3.5퍼센트에서 예를 들면 3.0퍼센트로 인하시킬 수 있고 지급준비금에 대해 지불했던 이자율은 2.5퍼센트에서 예를 들면 2.0퍼센트로 낮출 수 있으므로 새로운 공급곡선은 S_2가 된다. 지급준비금에 대한 수요곡선은 공급곡선과 그림의 점2에서 교차한다. 균형에서의 연방자금 금리는 이제 2.5퍼센트가 된다.

그림 3

연방자금 금리의 변화

연방자금 균형금리는 3.0퍼센트이다. 연방준비제도는 연방자금 금리를 2.5퍼센트로 인하하도록 결정하였으며 이를 위해 공개시장 매입을 시행하여 준비금이 R_1에서 R_2로 증가하였다. 이와 동시에 할인율은 3.5퍼센트에서 3.0퍼센트로 인하되었으며 연방준비제도가 지급준비금에 대해 지불하는 이자율은 2.5퍼센트에서 2.0퍼센트로 인하되었다. 새로운 지급준비금 공급곡선은 S_2이며 새로운 연방자금 균형금리는 2.5퍼센트이다.

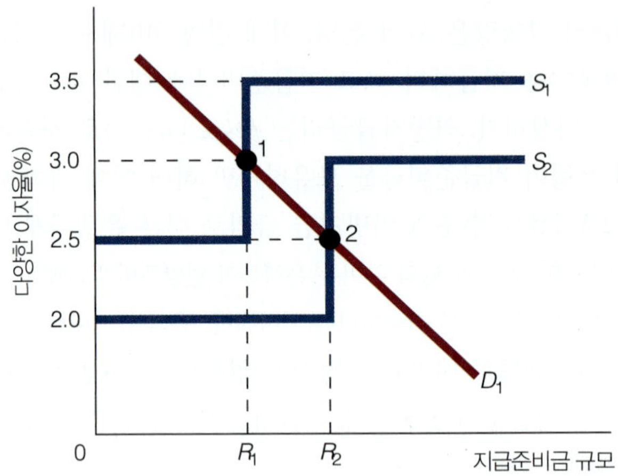

제 26 장 화폐와 경제

26.1 화폐와 물가수준

고전파 경제학자들은 통화공급의 변화가 경제의 물가수준에 영향을 미친다고 생각한다. 이들의 주장은 교환방정식과 단순한 화폐수량 이론에 기초하고 있다.

1 교환방정식

교환방정식(equation of exchange)은 통화공급(M)에 유통속도(V)를 곱한 것은 물가수준(P)에 실질 GDP(Q)를 곱한 것과 같다는 항등식을 의미한다. 이는 다음과 같다.

교환방정식

$$MV \equiv PQ$$

여기서 ≡ 은 "동일해야만 한다"는 의미이다. 이것은 항등식을 말하며 항등식은 모두 변수값에 대해 타당하다.

앞에서 살펴본 것처럼 화폐 유통속도는 1년 동안 최종재화 및 서비스를 구입하기 위해서 1달러짜리 화폐가 지출된 평균횟수이다. 예를 들면 경제에는 1달러짜리 지폐 다섯 장만 있다고 가정하자. 1월에 첫 번째 1달러짜리 지폐는 재화 X를 구입하기 위해서 스미스(Smith)로부터 존(Jone)에게 전달되며 6월에는 상품 Y를 구입하기 위해서 존으로부터 브라운(Brown)에게 전달된다. 다시 12월에는 재화 Z를 구입하기 위해서 브라운으로부터 피터슨(Peterson)에게 전달된다. 1년에 걸쳐 이 지폐는 세 번 주인이 바뀌어 절달되었다.

다른 지폐들도 1년 동안 주인이 바뀌어 전달되었다. 두 번째 지폐는 다섯 번 주인이 바뀌었으며 세 번째 지폐는 여섯 번, 네 번째 지폐는 두 번, 다섯 번째 지폐는 일곱 번 각각 주인이 바뀌었다. 이제는 1달러짜리 지폐가 구매하기 위해서 평균 몇 번이나 주인이 바뀌는지 계산할 수 있다. 위의 예에서 이는 4.6이며 이것이 화폐의 **유통속도**(velocity)가 된다.

유통속도

대규모 경제에서 각 지폐가 주인이 몇 번이나 바뀌는지 계산하는 것은 불가능하다. 따라서 화폐 유통속도를 계산하는 것이 불가능하다. 대규모 경제에서는 다음과 같은 상이한 방법을 이용하여 이를 계산할 수 있다.

- 먼저 GDP를 계산한다.
- 그리고 나서 평균 통화공급(M)을 계산한다.
- 마지막으로 GDP를 평균 통화공급으로 나누어서 화폐 유통속도(V)를 계산한다.

$$V \equiv \frac{GDP}{M}$$

예를 들어 1년 동안 4조 8천억 달러 상당의 거래(GDP)가 이루어지고 해당 연도 동안 평균 통화공급이 8천억 달러(M)라면 해당 연도 동안 재화 및 서비스를 구입하기 위해 1달러짜리 지폐가 6번 사용되어야 한다.

$$V \equiv \frac{\text{4조 8,000억 달러}}{\text{8,000억 달러}}$$

GDP는 $P \times Q$이므로 이 항등식은 다음과 같다.

$$V \equiv \frac{P \times Q}{M}$$

양편에 M을 곱하면 다음과 같다.

$$MV \equiv PQ$$

위의 식은 바로 교환방정식이다. 이처럼 교환방정식은 화폐 유통속도의 정의로부터 도출된다.

교환방정식은 다음과 같이 상이한 방법으로 해석될 수 있다.

1. 통화공급에 화폐 유통속도를 곱한 것은 물가수준에 실질 GDP를 곱한 것과 같다. $M \times V \equiv P \times Q$
2. 통화공급에 화폐 유통속도를 곱한 것은 GDP와 같다. $M \times V \equiv$ GDP(왜냐하면 $P \times Q \equiv$ GDP이기 때문이다).
3. (MV로 측정한) 총지출은 (PQ로 측정한) 기업들의 총판매수입과 같다. $MV \equiv PQ$

교환방정식을 해석하는 세 번째 방법이 직관적으로 이해하기 가장 쉽다고 볼 수 있다. (매수인의) 총지출액은 (매도인의) 총판매액과 동일하여야만 한다. 매수인과 매도인이 각각 1명씩만 있는 단순한 경제를 생각해 보자. 매수인이 20달러를 지불하고 책 1권을 매입한다면 매도인은 20달러를 받을 수 있다. 달리 표현하면 통화공급(20달러)에 판매된 책 수량(1권)을 곱한 것과 동일하다.

2 교환방정식으로부터 단순 화폐수량 이론으로의 전환

교환방정식은 항등식이지 경제이론이 아니다. 이를 이론으로 전환하기 위해서는 방정식에 포함된 변수들에 관해 가정을 하여야 한다. 미국의 경제학자 어빙 피셔(Irving Fisher)(1867~1947)와 영국의 경제학자 알프레드 마샬(Alfred Marshall)(1842~1924)뿐만 아니라 18세기의 많은 고전파 경제학자들은 다음과 같이 가정을 하였다.

1. 화폐 유통속도의 변화가 매우 작아서 실질적으로 유통속도는 (특히 단기적으로) 변화하지 않는다고 가정할 수 있다.
2. 실질 GDP 또는 Q는 단기적으로 고정된다.

정의에 따라 단순히 참으로 받아들여지는 교환방정식을 V 및 Q 둘 다 변화하지 않는다고 가정함으로써 이를 이론으로 전환시켜 보자. 이런 두 가지 가정 하에서 **단순 화폐수량 이론**(simple quantity theory of money)을 도출할 수 있다. V 및 Q가 변화하지 않는다면 M이 변화할 경우 P가 비례적으로 변화하게 된다. 다시 말해 단순 화폐수량 이론에 따르면 통화공급이 변화하면 물가수준이 이에 비례하여 변화한다고 본다.

단순 화폐수량 이론

그림 1은 단순 화폐수량 이론에 관한 가정 및 예측을 보여주고 있다. 왼편에 있는 단순 화폐수량 이론의 주요 가정에 주목하자. 즉 V 및 Q는 일정하다. 또한 $M \times \bar{V} = P \times \bar{Q}$로 나타낼 수 있다. 교환방정식이 아니라 단순 화폐수량 이론에 관해 논의하고 있기 때문에 항등식 부호(≡)가 아니라 등식 부호(=)를 사용하였다. (등식 부호는 "같은 것으로 예측된다"라고 읽을 수 있다. 즉 위의 가정 하에서 $M \times V$ 또는 MV는 $P \times Q$ 또는 PQ와 같은 것으로 예측된다.)

그림 1

단순 화폐수량 이론에 대한 가정							단순 화폐수량 이론의 예측	
M	×	$\bar{V}$	=	P	×	$\bar{Q}$	M의 % 변화	P의 % 변화
$500		4		$2		1,000		
1,000		4		4		1,000	+100%	+100%
1,500		4		6		1,000	+50	+50
1,200		4		4.80		1,000	−20	−20

단순 화폐수량 이론에 대한 가정 및 예측

단순 화폐수량 이론에서는 V 및 Q 둘 다 일정하다고 가정한다(두 문자 위에 각각 그어진 줄은 이를 의미한다). 이런 경우 M이 변화하면 비례적으로 P가 변화하게 된다(주: 이 예에서 Q는 여러 개의 상품을 의미하며 P는 상품 단위당 평균가격을 의미한다고 생각하자).

첫 번째 행에서 보면 통화공급은 500달러, 화폐 유통속도는 4이며 물가수준 또는 물가지수는 2달러이고 실질 GDP는 1,000개이다.[1] 따라서 GDP는 2000달러가 된다. 두 번째 행에서 통화공급은 100퍼센트 증가하여 500달러에서 1,000달러로 상승하고 *V* 및 *Q*는 각각 4 및 1,000으로 일정하다. 물가주준은 2달러에서 4달러로 상승하였다. 이 그림의 오른편을 보면 *M*이 100퍼센트 증가하고 이는 *P*의 100퍼센트 증가를 예측한다. *P*의 변화는 *M*의 변화에 비례하여 변화한다고 예측할 수 있다. 세 번째 행에서 *M*이 50퍼센트 증가하면 *P*도 50퍼센트 증가할 것으로 예측된다. 네 번째 행에서 *M*이 20퍼센트 감소하면 *P*도 20퍼센트 감소할 것으로 예측된다.

이처럼 단순 화폐수량 이론은 *V* 및 *Q*가 단기적으로 일정하다고 가정하며 이에 따라 *M*의 변화는 비례적으로 *P*의 변화로 이어진다고 예측한다.

단순 화폐수량 이론은 얼마나 잘 예측을 할 수 있는가? 통화공급의 변화는 실제로 물가수준의 **비례적**인 변화로 이어지는가? 예를 들어 통화공급이 7퍼센트 증가하면 물가수준이 7퍼센트 증가하는가? 통화공급이 4퍼센트 감소하면 물가수준도 4퍼센트 감소하는가? 실제 자료를 통해서 보면 통화공급의 변화와 물가수준의 변화 사이에 엄격한 비례관계가 (최소한 그렇게 자주) 존재하지는 않는 것 같다.

일반적으로 실제 자료들은 단순 화폐수량 이론의 핵심사항에 부합된다. 즉 통화공급 증가율이 클수록 물가수준 상승률도 커진다. 통화공급 증가율이 예를 들어 40퍼센트라면 통화공급 증가율이 4퍼센트일 때보다 물가수준이 더 많이 상승한다. 이런 현상은 실제로 관찰이 가능하다. 예를 들면 통화공급이 보다 신속하게 증가하는 국가들의 경우 그렇지 않은 국가들보다 물가수준이 더 신속하게 상승한다.

3 *AD–AS* 틀 내에서의 단순 화폐수량 이론

여기서는 *AD–AS* 틀 내에서 단순 화폐수량 이론에 대해 살펴볼 것이다.

단순 화폐수량 이론에서의 *AD* 곡선 단순 화폐수량 이론은 교환방정식에 기초하여 확립되었다. 교환방정식을 해석하는 한 가지 방법은 매수인의 총지출액이 매도인의 총판매액과 같아야 한다는 사실이다. *MV*는 매수인의 총지출액에 해당하며 *PQ*는 매도인의 총판매액에 해당한다. 매수인의 총지출액에 대해 보다 자세히 살펴보도록 하자.

$$MV = \text{총지출액}$$

또한 총지출액(total expenditure, *TE*)은 경제의 네 개부문(소비, 투자, 정부구매, 순수출) 지출액의 합이라고 할 수 있다.

$$TE = C + I + G + (EX - IM)$$

$MV = TE$이므로 다음과 같아진다.

1) 통상적으로 실질 GDP는 화폐 금액으로 나타내고 물가지수는 금액 표시 없이 숫자로만 나타내었다. 여기서는 이 예에 적합하게 바꾸어서 *Q*는 "재화의 수량" *P*는 "재화 단위당 지급된 평균가격"으로 나타내었다.

$$MV = C + I + G + (EX - IM)$$

물가수준이 일정한 경우 *C, I, G, EX* 또는 *IM*을 변화시키는 것은 총수요를 변화시키므로 총수요(*AD*)곡선을 이동시킨다. *MV*가 $C + I + G + (EX - IM)$과 동일하다면 **통화공급(*M*)이 변화하거나 또는 화폐 유통속도(*V*)가 변화할 경우 총수요가 변화하여 *AD* 곡선을 이동시키게 된다.** 다시 말해 총수요는 통화공급과 화폐 유통속도 둘 다에 의존한다. 이를 정리하면 다음과 같다.

- 통화공급이 증가하면 총수요가 증가하여 *AD* 곡선이 오른쪽으로 이동한다.
- 통화공급이 감소하면 총수요가 감소하여 *AD* 곡선이 왼쪽으로 이동한다.
- 통화 유통속도가 증가하면 총수요가 증가하여 *AD* 곡선이 오른쪽으로 이동한다.
- 통화 유통속도가 감소하면 총수요가 감소하여 *AD* 곡선이 왼쪽으로 이동한다.

하지만 단순 화폐수량 이론에서 화폐 유통속도가 일정하다고 가정한다. 따라서 통화공급이 변화할 때만 *AD* 곡선이 이동한다.

그림 2(a)는 단순 화폐수량 이론에 대한 *AD* 곡선을 보여준다. 이 곡선 옆에 있는 (M, $\bar{V}$)는 *AD* 곡선을 이동시키는 요소임을 나타낸다. *V*(화폐 유통속도) 위에 그은 가로줄은 화폐 유통속도가 일정하다는 사실을 의미한다.

단순 화폐수량 이론으로서의 *AS* 곡선 단순 화폐수량 이론에서 실질 GDP 수준은 단기적으로 일정하다고 가정한다. 그림 2(b)는 실질 GDP가 Q_1에 고정되어 있음을 보여준다. *AS* 곡선은 이 실질 GDP 수준에서 수직선이 된다.

그림 2

AD-AS 체계로 나타낸 단순 화폐수량 이론

(a) 단순 화폐수량 이론에서 *AD* 곡선의 기울기는 하향한다. 화폐 유통속도는 일정하다고 가정하였으므로 통화공급이 변화하면 총수요가 변화하게 된다. (b) 단순 화폐수량 이론에서 실질 GDP는 단기적으로 고정되었다. 따라서 *AS* 곡선은 수직선이 된다. (c) 단순 화폐수량 이론에서 통화공급이 증가하면 *AD* 곡선이 오른쪽으로 이동하여 물가수준이 상승한다. 통화공급이 감소하면 *AD* 곡선이 왼쪽으로 이동하여 물가수준이 하락한다.

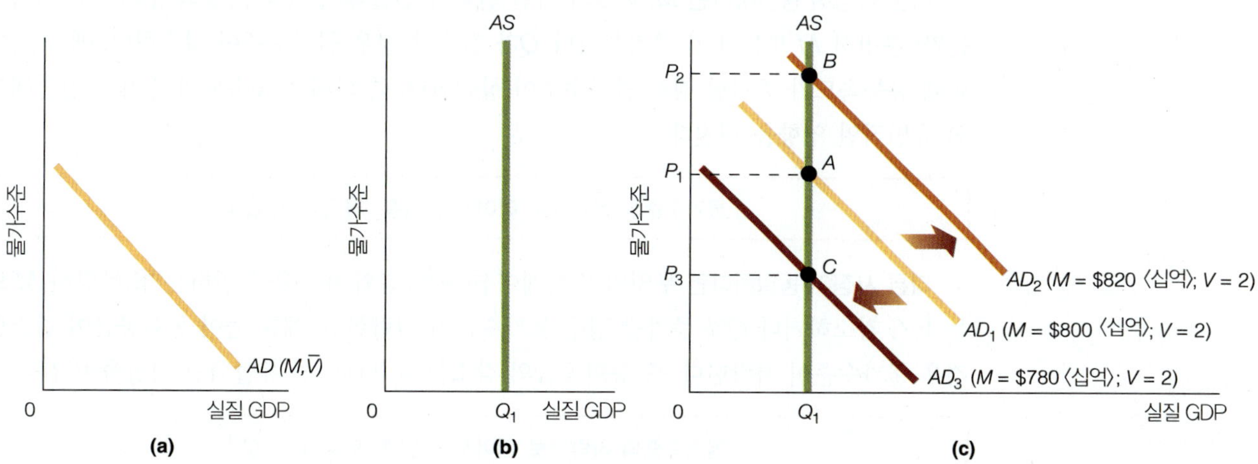

단순 화폐수량 이론에서 *AD* 및 *AS* 그림 2(c)는 단순 화폐수량 이론에서의 *AD* 곡선 및 *AS* 곡선을 보여주고 있다. AD_1이 최초의 총수요곡선이라고 가상하자. 그림에서 AD_1은 통화공급은 8,000억 달러와 화폐 유통속도는 2에 기초하고 있으며 물가수준은 P_1이 된다.

이제 통화공급이 8,200억 달러로 증가하고 화폐 유통속도는 2에서 불변하다고 가상하자. 단순 화폐수량 이론에 따르면 물가수준은 상승하게 된다. 통화공급이 증가하면 *AD* 곡선은 AD_1에서 AD_2로 이동하며 물가수준은 P_1에서 P_2로 상승한다.

통화공급이 증가하는 대신에 7,800억 달러로 감소하고 화폐 유통속도는 2에서 불변하다고 가상하자. 단순 화폐수량 이론에 따르면 물가수준은 하락하게 된다. 통화공급이 감소하면 *AD* 곡선은 AD_1에서 AD_3로 이동하여 물가수준은 P_1에서 P_3로 하락한다.

4 *V* 및 *Q*가 불변한다는 가정의 삭제

화폐 유통속도(V) 및 실질 GDP(Q)가 불변하며 일정하다는 가정을 하지 않을 경우 물가수준에 영향을 미치는 요인들에 관해 보다 일반적인 이론을 정립할 수 있다. 이 이론에서 물가수준의 변화는 다음과 같은 세 가지 변수에 의존한다.

1. 통화공급
2. 화폐 유통속도
3. 실질 GDP

교환방정식으로부터 시작하여 보자.

$$M \times V \equiv P \times Q$$

위의 교환방정식이 준수될 경우 다음과 같다.

$$P \equiv \frac{M \times V}{Q}$$

위의 두 번째 식에 따르면 통화공급, 화폐 유통속도, 실질 GDP가 물가수준을 결정한다. 다시 말해 물가수준은 통화공급, 화폐 유통속도, 실질 GDP에 의존한다.

다른 사정이 동일하다면 *M*, *V*, *Q*의 어떤 변화가 인플레이션(물가수준의 상승)으로 이어지는가? 분명히 *M* 또는 *V*가 증가하거나 *Q*가 감소할 경우 물가수준이 상승한다. 예를 들어 화폐 유통속도가 증가할 경우 물가수준이 상승한다. 즉 화폐 유통속도의 증가는 인플레이션 유발적인 영향을 미친다.

물가수준의 상승으로 이어지는 상황: $M\uparrow$, $V\uparrow$, $Q\downarrow$

다른 사정이 동일하다면 무엇이 디플레이션(물가수준의 하락)을 유발하는가? 분명히 *M* 또는 *V*가 감소하거나 *Q*가 증가할 경우 물가수준이 하락한다. 예를 들어 통화공급이 감소할 경우 물가수준이 하락한다. 즉 통화공급의 감소는 디플레이션 유발적인 영향을 미친다.

물가수준의 하락으로 이어지는 상황: $M\downarrow$, $V\downarrow$, $Q\uparrow$

26.2 통화주의

자신들을 통화주의자라고 하는 경제학자들은 단순 화폐수량 이론에 의존하지 않는다. 이들은 화폐 유통속도가 불변하며 일정하다는 주장을 하지 않고 생산량이 일정하다는 주장도 하지 않는다. 여기서는 통화공급, 화폐 유통속도, 총수요, 총공급에 대한 통화주의자의 견해를 살펴볼 것이다.

1 통화주의자의 네 가지 입장

통화주의자의 네 가지 주장을 간단히 살펴보고 나서 이런 주장에 기초하여 통화주의자는 경제를 어떻게 보는지에 대해 논의할 것이다.

화폐 유통속도는 예측할 수 있는 방법으로 변화한다. 단순 화폐수량 이론에서 화폐 유통속도는 일정하며 불변한다고 가정한다. 따라서 통화공급이 변화할 경우에만 총수요가 변화한다. 통화주의자들은 화폐 유통속도가 불변한다고 가정하지 않으며 이는 변화할 수 있다고 본다. 하지만 이들은 화폐 유통속도가 예측할 수 있는 방법으로 변화한다고 본다. 즉 화폐 유통속도는 무작위적이 아니라 이해되고 예측할 수 있는 방법으로 변화한다고 생각한다. 통화주의자에 따르면 화폐 유통속도는 몇 가지 변수, 즉 이자율, 기대 인플레이션율, 피고용인들이 봉급을 받는 횟수 등의 함수이며 화폐 유통속도의 변화는 예측할 수 있다고 한다.

총수요는 통화공급 및 화폐 유통속도에 의존한다. 앞에서 우리는 경제의 총지출(*TE*)이 *MV*와 같다는 사실을 살펴보았다. 경제를 보다 잘 이해하기 위해서 예를 들면 케인지언과 같은 일부 경제학자들은 총지출(*TE*)의 구성요소(*C, I, G, EX, IM*)에 초점을 맞추고 예를 들면 통화주의자와 같은 일부 경제학자들은 통화공급(*M*) 및 화폐 유통속도(*V*)에 초점을 맞춘다. 예를 들어 케인지언들은 *C, I, G, EX, IM*의 변화가 총수요를 변화시킬 수 있다고 주장하는 반면에 통화주의자들은 *M* 및 *V*가 총수요를 변화시킬 수 있다고 한다.

***SRAS* 곡선의 기울기는 상향한다.** 단순 화폐수량 이론에서는 실질 GDP(*Q*)의 수준이 단기적으로 불변하여 일정하다고 가정한다. 따라서 그림 3에서 보는 것처럼 총공급곡선이 수직선이 된다. 통화주의자에 따르면 실질 GDP는 단기적으로 변화할 수 있으므로 *SRAS* 곡선의 기울기는 상향한다.

경제는 자동 조정이 이루어진다(물가 및 임금은 신축적이다). 통화주의자들은 물가 및 임금이 신축적이라고 본다. 따라서 통화주의자들에 따르면 경제는 자동 조정이 이루어지고 불황 갭이나 인플레이션 갭으로부터 스스로 벗어나서 자연 실질 GDP를 생산하는 장기균형에 도달한다고 본다.

2 통화주의자와 *AD–AS*

통화주의자들이 경제가 어떻게 운용되는지에 대해 논의할 때 화폐 유통속도와 통화공급을 강조한다면 *AD–AS* 틀 내에서 이들의 견해는 어떻게 나타나는가? 그림 3은 통화주의자들의 일부 핵심주장을 보여주고 있다. 그림 3(a)~(d) 각각에 대해 살펴보도록 하자.

그림 3

AD–AS 체계로 나타낸 통화주의

통화주의자들에 따르면 통화공급 및 화폐 유통속도가 변할 경우 총수요가 변화한다. (a)에서 통화공급이 증가하면 *AD* 곡선이 오른쪽으로 이동하여 실질 GDP 및 물가수준이 상승한다. 통화주의자들은 경제가 자동 조정되며 때가 되면 더 높아진 물가수준에서 자연 실질 GDP로 되돌아 간다고 생각한다. 그림 (b)~(d)는 동일한 논리로 경제가 자동 조정되는 속성을 보여주고 있다.

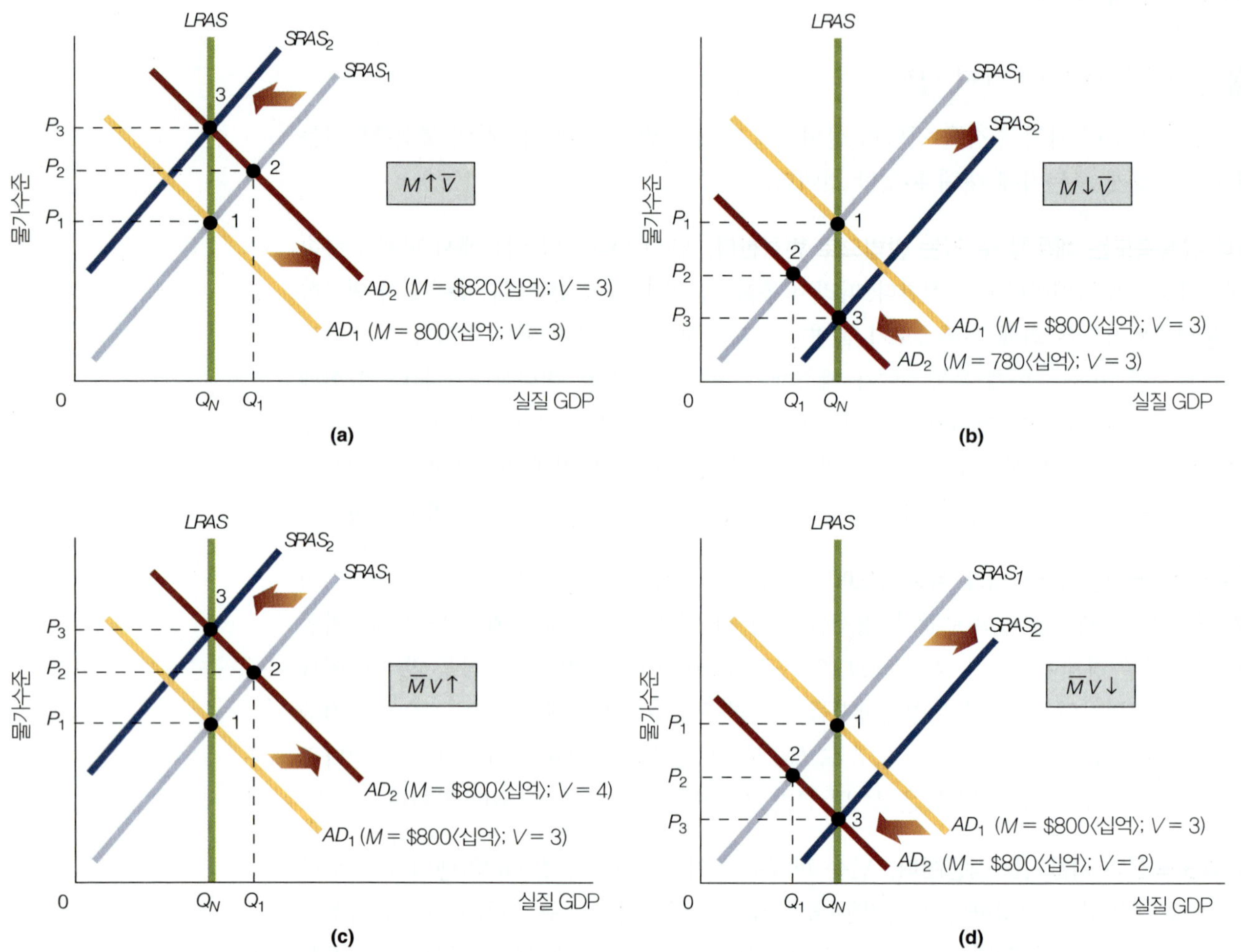

그림 3(a) 경제는 최초에 물가수준 P_1에서 자연 실질 GDP(Q_N)를 생산하는 장기균형상태에 있다. 통화주의자는 통화공급이 변화하면 총수요가 변화한다고 본다. 예를 들면 통화공급이 8,000억 달러에서 8,200억 달러로 증가하였다고 가상하자. 화폐 유통속도가 일정하면 그림에서 *AD* 곡선은 오른쪽, 즉 AD_1에서 AD_2로 이동한다. 이에 따라 실질 GDP는 Q_1으로 증가하고 물가수준은 P_2로 상승한다. 다른 사정이 동일하다면 물론 실질 GDP가 증가할 경우 실업률은 감소한다.

통화주의자에 따르면 경제는 Q_1에서 인플레이션 갭을 경험하고 있다. 하지만 경제가 자동 조정된다는 통화주의자의 주장에 따를 경우 인플레이션 갭 하에서의 실업률은 자연실업률보다 더 낮기 때문에 임금이 곧 상승하게 된다. 임금이 상승하면 *SRAS* 곡선이 왼쪽, 즉 $SRAS_1$에서 $SRAS_2$로 이동한다. 경제는 장기균형상태로 돌아가서 최초에 생산했던 것과 동일한 수준의 실질 GDP를 생산한다. 하지만 물가수준은 상승한다.

통화주의자의 주장에 따르면 통화공급의 증가로 인해 경제에 미치는 단기적인 영향은 장기적인 영향과 좀 다르다. 단기적으로 실질 GDP가 증가하고 실업률이 감소한다. 장기적으로는 실질 GDP가 자연율 수준으로 회복되고 실업률도 또한 그렇게 된다. 하지만 물가수준은 상승한다.

그림 3(b) 경제는 최초에 물가수준 P_1에서 자연 실질 GDP(Q_N)를 생산하는 장기균형상태에 있다. 화폐 유통속도가 일정하다면 통화공급이 감소할 경우 *AD* 곡선은 왼쪽, 즉 AD_1에서 AD_2로 이동한다. 이로 인해 실질 GDP는 Q_1으로 감소하고 물가수준은 P_2로 하락한다. 실질 GDP가 감소하기 때문에 실업률은 상승한다.

통화주의자에 따르면 그림 3(b)에서 경제는 불황 갭을 경험하고 있다. 통화주의자들은 경제가 자동 조정되기 때문에 스스로 불황 갭에서 벗어날 수 있다고 본다. 때가 되면 임금이 하락하고 *SRAS* 곡선이 오른쪽으로 이동하여 경제는 Q_N을 생산하는 장기균형상태로 돌아간다. 하지만 물가수준은 하락한다.

통화주의자에 따르면 통화공급의 감소로 인해 나타나는 단기적인 영향과 장기적인 영향은 다르다. 단기적으로는 실질 GDP가 감소하고 실업률이 상승하지만, 장기적으로는 실질 GDP가 자연율 수준으로 회복되고 실업률도 또한 그렇게 된다. 하지만 물가수준은 하락한다.

그림 3(c) 경제는 다시 장기균형에서 시작한다. 통화공급 대신에 화폐 유통속도가 변화한다. 화폐 유통속도가 증가함에 따라 *AD* 곡선은 오른쪽, 즉 AD_1에서 AD_2로 이동한다. 이에따라 실질 GDP가 증가하고 물가수준도 또한 그렇게 된다. 실질 GDP가 증가함에 따라 실업률은 감소한다.

통화주의자에 따르면 경제는 인플레이션 갭을 경험하지만 때가 되면 장기균형상태로 회복된다. 단기적으로 화폐 유통속도가 증가하면 실질 GDP가 증가하고 실업률은 감소한다. 장기적으로는 실실 GDP가 자연율 수준으로 회복되고 실업률도 또한 그렇게 된다. 하지만 물가수준은 상승한다.

그림 3(d) 경제는 장기균형상태에 있다. 화폐 유통속도가 감소함에 따라 *AD* 곡선이 왼쪽, 즉 AD_1에서 AD_2로 이동한다. 이에 따라 실질 GDP가 감소하고 물가수준도 하락한다. 실질 GDP가 감소함에 따라 실업률이 증가한다.

통화주의자에 따르면 경제는 불황 갭을 경험하지만 때가 되면 장기균형상태로 회복된다. 단기적으로 화폐 유통속도가 감소하면 실질 GDP가 감소하고 실업률은 증가한다. 장기적으로는 실질 GDP가 자연율 수준으로 회복되며 실업률도 또한 그렇게 된다. 하지만 물가수준은 하락한다.

3 경제에 대한 통화주의자의 입장

그림 3에서 살펴본 통화주의자들의 주장은 다음과 같다.

- 경제는 자동 조정된다.
- 화폐 유통속도 및 통화공급이 변화하면 총수요가 변화한다.
- 화폐 유통속도 및 통화공급이 변화하면 단기적으로는 물가수준 및 실질 GDP가 변화하지만 장기적으로는 물가수준만 변화한다.

통화주의자들에 관해 한 가지 중요한 점을 밝혀둘 필요가 있다. 다음과 같은 질문을 생각해 보자. 화폐 유통속도의 변화가 통화공급의 변화를 상쇄할 수 있는가? 화폐 유통속도가 감소하고 통화공급이 증가한다고 가상하자. 화폐 유통속도가 감소하면 *AD* 곡선이 왼쪽으로 이동한다. 통화공급이 증가하면 *AD* 곡선이 오른쪽으로 이동한다. 통화공급의 증가로 인해 *AD* 곡선이 오른쪽으로 이동한 만큼 화폐 유통속도의 감소로 인해 *AD* 곡선이 왼쪽으로 이동할 수 있다. 이렇게 되면 통화공급의 변화가 실질 GDP, 단기적인 물가수준, 장기적인 물가수준에 영향을 미치지 못하게 된다. 다시 말해 금융정책은 실질 GDP 및 물가수준을 변화시키는 데 영향을 미치지 못할 수 있다.

통화주의자들은 이런 상황, 즉 통화공급의 변화를 완전히 상쇄하는 화폐 유통속도의 변화는 자주 발생하지 않는다고 생각한다. 이들은 다음과 같이 믿는다. (1) 화폐 유통속도는 현재 시기에서 다음 시기로 크게 변화하지 않는다(즉 화폐 유통속도는 상대적으로 안정적이다). (2) 화폐 유통속도의 변화는 (앞으로 살펴볼 것처럼) 예측할 수 있다. 다시 말해 통화주의자들은 화폐 유통속도가 상대적으로 안정적이며 예측할 수 있다고 본다.

통화주의자의 관점에서 보면 화폐 유통속도의 변화가 통화공급의 변화를 상쇄시킬 가능성은 없다. **이처럼 통화공급이 변화하면 주로 총수요를 변화시키고 이에 따라 실질 GDP 및 물가수준을 변화시킨다.** 이를 정리하면 다음과 같다. 통화공급이 증가하면 총수요가 증가하고 단기적으로는 실질 GDP 및 물가수준이 상승하며 장기적으로는 물가수준만 상승한다. 통화공급이 감소하면 총수요가 감소하고 단기적으로 실질 GDP 및 물가수준이 하락하며 장기적으로는 물가수준만 하락한다.

26.3 인플레이션

매일마다 사용하는 인플레이션이란 단어는 물가수준의 상승을 의미한다. 하지만 경제학자들은 두 가지 형태의 물가수준 상승, 즉 단발적인 물가상승 및 지속적인 물가상승을 구분하여 사용한다.

1 단발적 인플레이션

단발적 인플레이션

단발적 인플레이션(one-shot inflation)은 말 그대로 단발적인 한 번만의 물가수준 상승을 의미한다. 연도 1부터 5까지의 CPI는 다음과 같다고 가상하자.

연도	CPI
1	100
2	110
3	110
4	110
5	110

연도 2의 물가수준이 연도 1보다 더 높아졌지만 연도 2 이후에는 변화가 없다. 다시 말해 물가수준은 연도 2에 한 번 상승했지만 그리고 나서 안정화되었다. 이것은 단발적 인플레이션의 한 예이며 이는 경제의 수요측면 또는 공급측면에서 비롯될 수 있다.

단발적 인플레이션: 수요측면에서 유발된 경우 그림 4(a)에서 경제는 최초에 점 1에서 장기균형상태에 있다. 총수요곡선이 오른쪽, 즉 AD_1에서 AD_2로 이동한다고 가상하자. 이렇게 되면 경제는 점 2로 이동하고 물가수준은 P_2가 된다. 그림 4(b)에서 경제가 생산하는 실질 GDP(Q_2)는 자연 실질 GDP보다 더 크다. 따라서 실업률은 자연실업률보다 더 낮다. 이렇게 되면 이전의 임금계약이 만료됨에 따라 실업률이 상대적으로 낮기 때문에 근로자에게 더 높은 임금이 지불된다. 임금이 상승하므로 *SRAS* 곡선은 왼쪽, 즉 $SRAS_1$ 에서 $SRAS_2$로 이동한다. 점 3에서 장기균형이 회복된다. 이 세 개 점의 물가수준 및 실질 GDP는 다음과 같이 요약할 수 있다.

그림 4

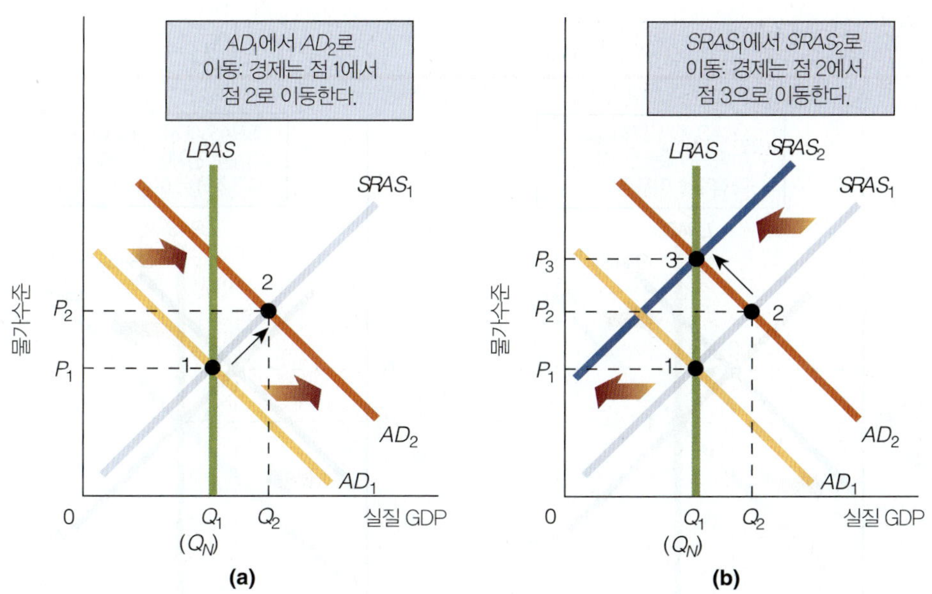

단발적 인플레이션: 수요측면으로부터 유발된 인플레이션

(a) 총수요곡선이 오른쪽, 즉 AD_1에서 AD_2로 이동하면 물가수준이 P_1에서 P_2로 상승하고 경제는 점 1에서 점 2로 이동한다. (b) 해당 경제가 생산한 실질 GDP(Q_2)가 자연 실질 GDP보다 더 많으므로 실업률은 자연실업률보다 더 낮아진다. 임금이 상승하며 이에 따라 단기 총공급곡선이 왼쪽, 즉 $SRAS_1$에서 $SRAS_2$로 이동한다. 점 3에서 장기균형이 달성된다.

점	물가수준	실질 GDP
1(시작)	P_1	$Q_1 = Q_N$
2	P_2	Q_2
3(종료)	P_3	$Q_1 = Q_N$

점 3에서는 점 1보다 물가수준이 더 높지만 실질 GDP 수준은 동일하다.

P_1에서 P_2로 그리고 다시 P_3로 변화한 물가수준은 단 한 번의 단발적인 상승을 넘는 것처럼 보인다. 하지만 물가수준은 (P_3에서) 안정화 되었기 때문에 지속적으로 상승한다고 볼 수 없다. 이런 물가수준의 변화는 단발적 인플레이션을 의미한다.

단발적 인플레이션: 공급측면에서 유발된 경우 그림 5(a)에서 경제는 최초에 점 1에서 장기균형 상태에 있다. 예를 들면 원유가격이 인상되어서 단기 총공급곡선이 왼쪽, 즉 $SRAS_1$에서 $SRAS_2$로 이동하였다고 가상하자. 단기 총공급곡선이 이동함에 따라 경제는 점 2로 이동하며 여기서 물가수준은 P_2가 된다.

그림 5(b)의 점 2에서 해당 경제가 생산하는 실질 GDP(Q_2)는 자연 실질 GDP보다 더 적다. 따라서 실업률은 자연실업률보다 더 높다. 이렇게 되면 이전의 임금계약이 만료됨에 따라 실업률이 상대적으로 더 높기 때문에 근로자들에게 더 낮은 임금이 지불된다. 임금이 하락함에 따라 단기 총공급곡선은 오른쪽, 즉 $SRAS_2$에서 $SRAS_1$으로 이동한다. 점 1에서 장기균형이 다시 회복된다(임금이 다소 비신축적이라면 점 2에서 점 1로 돌아가는 데 시간이 소요된다). 이 세 개 점에 대한 물가수준 및 실질 GDP는 다음과 같다.

그림 5

단발적 인플레이션: 공급측면으로부터 유발된 인플레이션

(a) 단기 총공급곡선이 왼쪽, 즉 $SRAS_1$에서 $SRAS_2$로 이동하면 물가수준은 P_1에서 P_2로 상승하고 경제는 점 1에서 점 2로 이동한다. (b) 해당 경제가 생산하는 실질 GDP (Q_2)는 자연 실질 GDP보다 적으므로 실업률은 자연실업률보다 더 높아진다. 일부 경제학자들에 따르면 이런 현상이 발생할 경우 임금이 하락하여 단기 총공급곡선이 $SRAS_2$로부터 오른쪽으로(즉 최초의 $SRAS_1$으로) 되돌아간다고 본다. 점 1에서 장기균형이 달성된다.

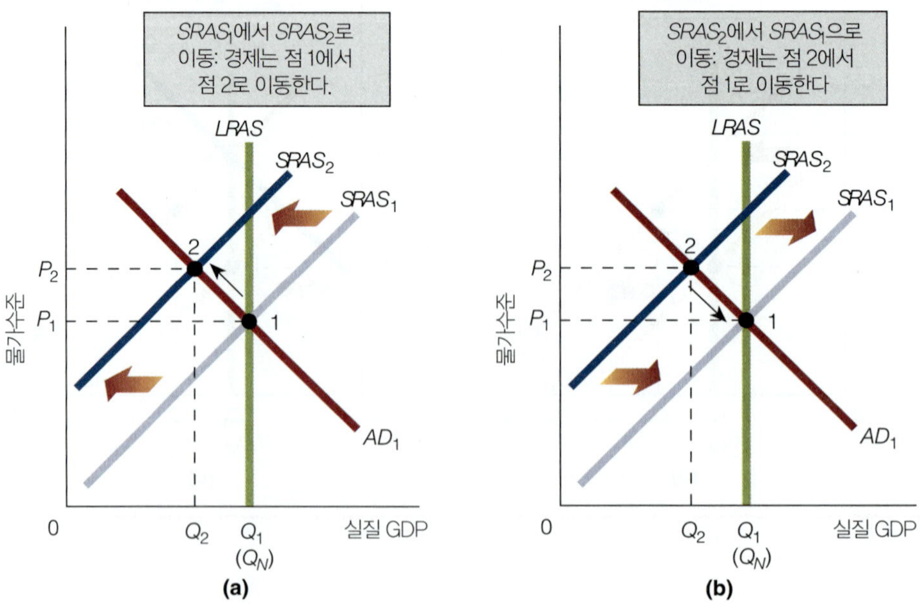

점	물가수준	실질 GDP
1(시작)	P_1	$Q_1 = Q_N$
2	P_2	Q_2
3(종료)	P_1	$Q_1 = Q_N$

물가수준이 처음에 P_1에서 P_2로 상승하였기 때문에 이 경우는 단발적 인플레이션을 보여준다.

수요측면에서 유발된 단발적 인플레이션과 공급측면에서 유발된 단발적 인플레이션의 혼동
수요측면에서 유발된 단발적 인플레이션과 공급측면에서 유발된 단발적 인플레이션은 쉽사리 혼동된다.[2] 중앙은행이 통화공급을 증가시켰다고 가상하자. 경제에 보다 많은 통화가 유통됨에 따라 일정하게 주어진 물가수준에서 총지출이 증대한다. 따라서 *AD* 곡선은 오른쪽으로 이동한다.

이제 물가가 인상되기 시작하며 곧이어 임금도 인상된다(왜냐하면 해당 경제는 인플레이션 갭을 경험하고 있기 때문이다). 아마도 통화공급이 증가했다는 사실을 알지 못하는 많은 고용주들은 자신들의 피고용인들에 인상된 임금을 지불하고 있다는 사실을 깨닫고 있다. 따라서 고용주들은 물가수준의 인상이 임금인상 이전에 이루어졌던 통화공급의 증가에서 비롯된 것이 아니고 임금인상에서 비롯됐다고 생각할 수도 있다. 하지만 이것은 틀린 것이다. 공급측면에서 유발된 것처럼 보이는 물가인상은 실제로 수요측면에서 유발된 것이다.

그림 4를 이용하여 이를 설명할 수도 있다. 그림 4(a)에서는 앞에서 살펴본 것처럼 통화공급이 증가하였기 때문에 *AD* 곡선이 오른쪽으로 이동한다. 하지만 고용주들은 그림 4(a)에서 어떤 일이 발생했는지 깨닫지 못한다. 이들은 그림 4(b)만을 본다. 이들은 피고용인들에게 더 높은 임금을 지불하고 *SRAS* 곡선은 왼쪽으로 이동한다. 그림 4(a)에서 *AD* 곡선이 오른쪽으로 이동했다는 사실은 알지 못하지만 그림 4(b)에서 *SRAS* 곡선이 왼쪽으로 이동했다는 사실만 알기 때문에 고용주들은 수요측면 요인(통화공급의 증가)이 아니라 공급측면 요인(임금인상)으로 인해 물가수준이 상승했다고 잘못 결론을 내리게 된다.

2 지속적 인플레이션

연도 1부터 5까지의 CPI는 다음과 같다고 가상하자.

연도	CPI
1	100
2	110
3	120
4	130
5	140

2) 이를 "수요측면 인플레이션"과 "공급측면 인플레이션"이라고도 한다.

CPI가 100에서 110으로 그리고 나서 110에서 120으로 이렇게 지속적으로 증가한다는 사실에 주목하자. 매년 CPI는 전년도보다 더 높아진다. 물가수준이 이렇게 지속적으로 상승할 경우 **지속적 인플레이션**(continued inflation)의 예가 된다.

지속적 인플레이션

단발적 인플레이션에서 지속적 인플레이션으로의 전환 총수요가 지속적으로 증가할 경우 단발적 인플레이션은 지속적 인플레이션으로 전환된다(나중에 무엇이 총수요의 지속적인 증가로 이어지는지 살펴볼 것이다). 그림 6은 이 과정을 보여주고 있다(이 그림은 복잡한 것처럼 보이지만 한 단계씩 밟아가면 그렇지도 않다).

그림 6(a)의 점 1에서 시작해 보자. 총수요곡선이 오른쪽, 즉 AD_1에서 AD_2로 이동하였다. 이에 따라 해당 경제는 점 1에서 점 2로 이동한다. 점 2에서 해당 경제의 실업률은 자연실업률보다 더 낮다. 따라서 임금은 상승하고 단기 총공급곡선은 왼쪽, 즉 $SRAS_1$에서 $SRAS_2$로 이동한다. 해당 경제는 점 2에서 점 3으로 이동하며 점 3에서 장기균형이 달성된다.

점 3에서 해당 경제는 총수요곡선이 한 번 더 오른쪽으로(AD_3로) 이동하는 경험을 하였다고 가상하자. 위에서 살펴본 과정이 한 번 더 반복되면 해당경제는 점 3에서 점 4로 그리고 다시 점 4에서 점 5로 이동한다. 총수요곡선이 다시 한 번 더 오른쪽으로 이동하면 경제는 점 5에서 점 6으로 그리고 다시 점 7로 이동한다. 그림은 점 7에서 멈추었지만

그림 6

단발적 인플레이션으로부터 지속적 인플레이션으로의 전환

(a) 총수요곡선이 오른쪽, 즉 AD_1에서 AD_2로 이동한다. 경제는 처음에 점 1에서 점 2로 이동하고 다시 점 3으로 이동한다. 총수요가 지속적으로 증가함에 따라 물가수준도 지속적으로 상승하게 된다. (b) 단기 총공급곡선은 왼쪽, 즉 $SRAS_1$에서 $SRAS_2$로 이동한다. 경제는 처음에 점 1에서 점 2로 이동한다. 총수요가 증가하지 않는다면 경제는 점 1로 되돌아간다. (a)에서와 마찬가지로 총수요가 지속적으로 증가함에 따라 물가수준도 지속적으로 증가함을 알 수 있다.

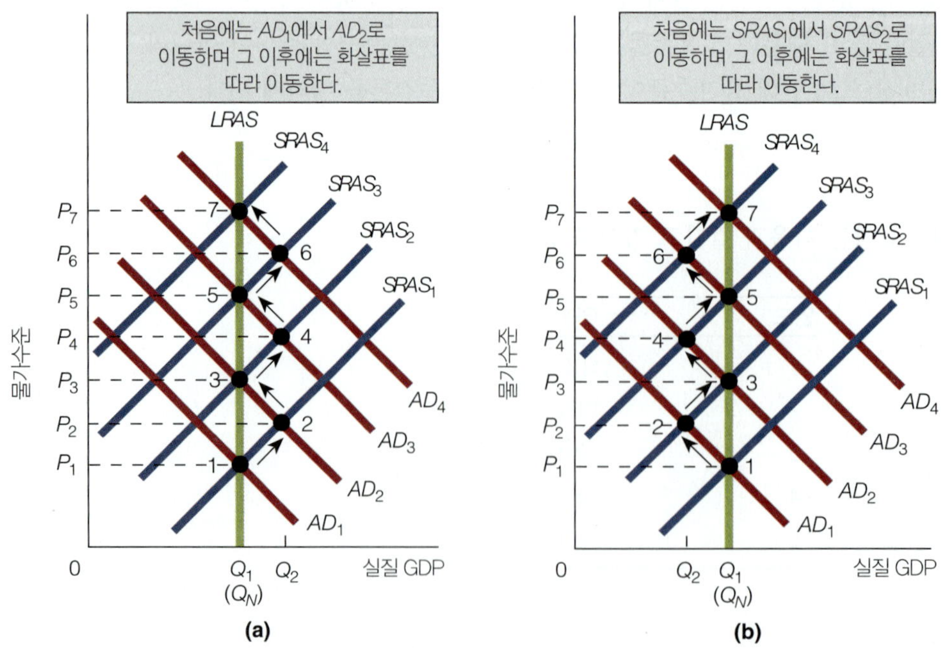

이런 과정은 지속된다. 이로 인해 물가수준은 지속적으로 상승하여 P_1에서 P_7로 그리고 그 이상으로 상승하게 된다. 총수요가 지속적으로 증가할 경우 인플레이션이 지속된다.

그림 6(b)는 경제의 공급측면에서 유발된 지속적 인플레이션을 보여주고 있다. 점 1에서 시작하여 보자. 단기 총공급곡선이 왼쪽, 즉 $SRAS_1$에서 $SRAS_2$로 이동하였다고 하자. 해당 경제는 점 1에서 점 2로 이동한다. 점 2에서 해당 경제의 실업률은 자연실업률보다 더 높다. 일부 경제학자들에 따르면 자연적인 추세로 인해 임금이 하락하고 *SRAS* 곡선은 오른쪽으로 이동하여 해당 경제는 점 1로 돌아간다고 한다.

하지만 총수요곡선이 오른쪽으로 이동할 경우 점 1로 돌아가려는 자연적인 추세는 상쇄된다. 점 2에서 점 1로 돌아가는 대신에 해당 경제는 점 2에서 점 3으로 돌아간다. 점 3에서 해당 경제는 장기 균형상태에 있으며 물가수준은 점 2보다 더 높다.

해당 경제는 총공급곡선이 한 번 더 왼쪽으로($SRAS_3$으로) 이동하는 경험을 한다고 가상하자. 해당 경제는 점 3에서 점 4로 이동하고 총수요곡선이 오른쪽으로 이동하지 않는다면 자연적으로 점 3으로 돌아간다. 하지만 총수요곡선이 오른쪽으로 이동한다면 해당 경제는 점 5로 이동한다. 이런 과정이 동일하게 반복되어 점5에서 점 6으로 그리고다시 점 7로 이동한다. 그림은 점 7에서 멈추었지만 이런 과정을 거쳐 물가수준이 P_1에서 P_7으로 그리고 그 이상으로 상승하게 된다. 다시 한 번 더 총수요가 지속적으로 증가할 경우 지속적 인플레이션이 발생하게 된다.

단기 총공급(*SRAS*)의 지속적인 감소가 미치는 영향 단기 총공급(*SRAS*)이 지속적으로 감소할 경우 지속적인 인플레이션이 발생할 수 있는가? 예를 들면 노동조합이 지속적으로 더 높은 임금을 요구하여 이를 받는다고 가상하자. 임금이 지속적으로 상승함에 따라 *SRAS* 곡선은 계속해서 왼쪽으로 이동하며 이는 지속적인 물가상승으로 이어진다. 이런 상황이 발생할 수 있다고 생각은 할 수 있지만 발생할 가능성은 없다. 노동자들이 더 높은 임금을 요구하고 이를 받을 때마다, 즉 *SRAS* 곡선이 왼쪽으로 이동할 때마다 실질 GDP는 감소한다. 더 낮은 실질 GDP를 생산하는 데는 더 높은 실질 GDP를 생산할 때 필요한 것만큼의 노동자가 필요하지 않기 때문에 일부 노동자들은 일자리를 잃게 된다. 노동조합은 자신들의 조합원이 일자리를 점점 더 많이 잃게 되는 정책을 채택하지 않게 된다.

단기 총공급의 감소로 인해 지속적인 인플레이션이 발생한다는 논리에 반대하는 또 다른 주장이 있다. 미국의 경우 오늘날의 CPI 및 실질 GDP는 1960년도의 것보다 더 높다. 물가수준이 상승했다는 의미는 1960년 이래로 미국이 지속적인 인플레이션을 경험했다는 것이다. 하지만 이 지속적인 인플레이션은 실질 GDP 증가에 수반하여 발생하였다. 미국이 지난 몇 십년 동안 경험했던 지속적인 인플레이션이 단기 총공급의 지속적인 감소 때문에 발생한 것이라면 실질 GDP는 증가하지 말았어야 한다. 실질 GDP는 감소했어야 한다(단기 총공급이 감소함에 따라 물가수준은 상승하고 실질 GDP는 감소한다). 간단히 말해 미국이 경험한 지속적인 인플레이션은 단기 총공급의 감소에서 비롯된 것이 아니라 총수요의 지속적인 증가에서 비롯된 것이다.

의문점 총수요의 지속적인 증가가 지속적인 인플레이션을 일으킨다면 무엇이 총수요를 지속적으로 증가시키는가? 일정한 물가수준에서 총지출을 증가시키는 것은 총수요를 증가시키며 *AD* 곡선을 오른쪽으로 이동시킨다. 이를 염두에 두고 통화공급이 증가한 경우를 생각해 보자. 통화가 증가하면 일정한 물가수준에서 총지출이 증가할 수 있다. 따라서 총수요가 증가하고 *AD* 곡선이 오른쪽으로 이동한다.

총수요를 지속적으로 증가시킬 수 있도록 **계속** 변화할 수 있는 유일한 요소는 통화공급이라는 점에 많은 경제학자들이 동의하고 있다. 즉 통화공급의 지속적인 증가는 총수요의 지속적인 증가로 이어져서 지속적인 인플레이션이 발생하게 된다. 이를 정리하면 다음과 같다.

> 통화공급의 지속적인 증가 → 총수요의 지속적인 증가 → 지속적 인플레이션

총지출의 네 가지 구성요소(소비, 투자, 정부구매, 순수출) 중 하나도 감소시키지 않고 계속해서 증가할 수 있는 유일한 요소는 통화공급이다. 이 점은 다음과 같은 질문을 할 수도 있기 때문에 중요하다. "정부구매가 계속해서 증가해서 지속적인 인플레이션을 일으킬 수 없는가?" 다음과 같은 두 가지 이유로 인해 그렇지 않다.

- 정부구매는 실질적 및 정치적 한계를 벗어날 수 없다. 실질적인 상한은 GDP의 100퍼센트이다. 어느 누구도 정치적인 상한을 알지는 못하지만 GDP의 100퍼센트보다는 적을 것으로 보인다. 어느 경우에나 정부구매가 일단 이런 한계에 도달하게 되면 더 이상 증가할 수 없다.
- 일부 경제학자들은 신규 통화로 재원이 조달되지 않는 정부구매는 지출의 다른 구성요소 중 하나를 구축할 수 있다고 본다. 이처럼 정부구매의 증가가 총지출을 증가시킨다는 보장이 없다. 왜냐하면 정부구매가 증가할 경우 정부구매가 증가한 정도까지 소비가 감소할 수 있기 때문이다. 예를 들면 정부가 공교육에 지출한 추가적인 금액에 대해 가계는 동일한 금액만큼 사교육에 대한 지출을 감소시킬 수 있다.

계속해서 증가하여 지속적인 인플레이션을 일으키는 유일한 요소가 통화공급이라는 주장은 노벨경제학상 수상자인 밀턴 프리드먼(Milton Friedman)의 다음 말과 일치한다. "인플레이션은 언제나 그리고 어디서나 화폐적 현상이다."

26.4 화폐와 이자율

통화공급의 변화가 상이한 경제변수에 어떤 영향을 미치는지 살펴보도록 하자.

1 통화공급의 변화는 어떤 경제변수에 영향을 미치는가?

통화공급은 이자율에 영향을 미칠 수 있지만 어떻게 영향을 미치는지 이해하기 위해서는 통화공급이 다른 경제변수들에게 어떻게 영향을 미치는지를 이해하여야 한다.

1. **화폐 및 대부의 공급.** 앞 장에서 통화공급을 변화시키는 중앙은행의 시책에 대해 살펴보았다. 예를 들면 중앙은행이 공개시장매입을 시행할 경우 은행제도 내에 지급준비

금이 증가하여 통화공급이 증가한다. 지급준비금이 증가하면 은행들은 대부를 확대하게 된다. 다시 말해 중앙은행이 공개시장매입을 시행하면 대부의 공급이 증가한다. 이와 유사하게 중앙은행이 공개시장매도를 시행하면 대부의 공급이 감소한다.

2. **화폐 및 실질 GDP.** 이 장에서는 통화공급의 변화가 총수요를 어떻게 변화시키고 이에따라 단기적으로 물가수준 및 실질 GDP를 어떻게 변화시키는지 살펴보았다. 예를 들면 그림 3(a)를 다시 생각하여 보자. 경제는 처음에 점 1에서 Q_N을 생산한다. 통화공급이 증가함에 따라 *AD* 곡선은 오른쪽, 즉 AD_1에서 AD_2로 이동한다. 단기적으로 해당 경제는 점 2로 이동하여 더 많은 실질 GDP(Q_1)를 생산한다. 이와 유사하게 그림3(b)에서 보는 것처럼 통화공급이 감소하면 단기적으로 실질 GDP가 감소한다.

3. **화폐 및 물가수준.** 이 장에서는 또한 통화공급의 변화가 어떻게 물가수준을 변화시키는지 살펴보았다. 그림 3(a)를 다시 한 번 살펴보도록 하자. 최초에 점 1에서 물가수준은 P_1이 된다. 통화공급이 증가하면 *AD* 곡선은 오른쪽, 즉 AD_1에서 AD_2로 이동한다. 단기적으로 해당 경제의 물가수준은 P_1에서 P_2로 이동한다. 해당 경제는 장기적으로 점 3에 있으며 물가수준은 P_3가 된다. 그림 3(b)는 통화공급이 감소할 경우 물가수준에 어떤 영향을 미치는지 보여준다.

통화공급이 변화할 경우 (1) 대부의 공급, (2) 실질 GDP (3) 물가수준에 영향을 미친다.

통화공급은 이 밖의 다른 것에도 영향을 미칠 수 있는가? 많은 경제학자들은 통화공급이 물가수준에 영향을 미치므로 이는 또한 여러분이 기대하는 인플레이션율인 **기대 인플레이션율**에 영향을 미친다고 본다. 예를 들면 기대 인플레이션율, 즉 내년에 현실화될 것으로 기대하는 인플레이션율은 5퍼센트, 또는 6퍼센트 또는 다른 어떤 퍼센트가 될 수 있다. 통화공급의 변화는 기대 인플레이션율에 직접 또는 간접적으로 영향을 미친다. 교환방정식에 따르면 통화공급의 증가가 커질수록 물가수준은 더 많이 상승한다. 그리고 물가수준의 상승이 커질수록 **다른 사정이 동일하다면** 기대 인플레이션율이 더 높아질 것으로 기대된다. 예를 들면 통화공급 증가율이 연간 10퍼센트인 경우에 연간 2퍼센트인 경우보다 실제 인플레이션율 및 기대 인플레이션율이 더 커진다.

이처럼 통화공급의 변화(또는 통화공급 증가율의 변화)는 다음에 영향을 미친다.

1. 대부의 공급
2. 실질 GDP
3. 물가수준
4. 기대 인플레이션율

2 통화공급, 대부자금 시장, 이자율

그림 7(a)는 대부자금 시장을 보여주고 있다. 대부자금에 대한 수요곡선(D_{LF})의 기울기는 하향하는데, 이는 이자율이 하락함에 따라 차용자들이 더 많은 자금을 차용한다는 의미이다. 대부자금의 공급곡선(S_{LF})의 기울기는 상향하며 이는 이자율이 상승함에 따라 대부자들이 더 많은 자금을 대부한다는 의미이다. 균형이자율(i_1퍼센트)은 공급 및 수요에 의해

결정된다. 잉여 대부자금이 존재하는 경우 이자율이 하락하며 대부자금이 부족한 경우 이자율이 상승한다.

대부자금의 공급 또는 수요에 영향을 미치는 요인들은 분명히 이자율에도 영향을 미친다. 통화공급의 변화에 의해 영향을 받는 네 가지 요소, 즉 대부의 공급, 실질 GDP, 물가수준, 기대 인플레이션율은 모두 대부자금의 공급 또는 수요에 영향을 미친다.

대부의 공급 중앙은행의 공개시장매입은 은행제도에 지급준비금을 증가시켜 대부자금의 공급을 증대시킨다. 따라서 그림 7(b)에서 보는 것처럼 이자율이 하락한다. 대부자금의 공급 변화로 인해 이자율이 변화할 경우 이를 **유동성 효과**(liquidity effect)라고 한다.

유동성 효과

실질 GDP 실질 GDP의 변화는 대부자금의 공급 및 수요 모두에 영향을 미친다.

첫째, 실질 GDP는 대부자금의 공급에 어떤 영향을 미치는가? 실질 GDP가 증가할 때 사람들의 부가 증대된다. (실질 GDP는 재화로 구성되며 재화는 부의 한 구성요소이다.) 사람들이 더 부유해질 때(주택, 자동차, 보석을 더 많이 수요하는 것처럼) 더 많은 채권을 수요한다. 하지만 더 많은 채권을 수요한다는 것(즉 더 많은 채권을 매입한다는 것)은 다른 사람들에게 더 많은 대부를 제공한다는 것이다. 여러분이 회사 A가 발행한 채권을 매입할 경우 이는 해당 회사에게 대부를 제공하게 된다. 해당 회사는 다음과 같이 말한다. "10,000달러 상당의 이 채권을 매입하고자 합니까?" 여러분은 그렇다고 답한다. 해당 회사로부터 10,000달러 상당의 채권을 매입할 경우 해당 회사에게 10,000달러 상당의 대부를 제공하는 것이며 이 회사는 이자와 함께 상환할 의무를 지게 된다. 해당 회사가 여러분에게 상환을 할 때 이자와 함께 10,000달러를 갚게 된다. 이처럼 실질 GDP가 증가함에 따라 개인들은 더 부유해지며 더 많은 채권을 구입하는 경향이 있다. 즉 대부를 더 많이 제공하는 경향이 있다. 따라서 대부자금의 공급이 증가한다.

둘째, 실질 GDP는 대부자금에 대한 수요에 어떤 영향을 미치는가? 실질 GDP가 증가할 때 이윤이 남는 사업 기회가 많아지므로 이런 기회를 이용하기 위해서 기업들은 더 많은 채권을 발행하거나 공급한다. 하지만 더 많은 채권을 공급한다는 것은 대부자금을 더 많이 수요한다는 것이다. 이처럼 실질 GDP가 증가할 경우 기업들은 더 많은 채권을 발행하거나 공급하여 대부자금을 더 많이 수요하게 된다.

요약해서 말하면 실질 GDP가 증가할 경우 대부자금에 대한 공급 및 수요가 둘 다 증가한다. 이자율에 미치는 전반적인 효과는 일반적으로 대부자금에 대한 수요가 공급보다 더 많이 증가하여 이자율이 상승하게 된다. 실질 GDP의 변화로 인한 이자율의 변화를 **소득효과**(income effect)라고 한다. 그림 7(c)는 이를 보여주고 있다.

소득효과

물가수준 기울기가 하향하는 *AD* 곡선은 (1) 실질잔고 효과, (2) 이자율 효과 (3) 국제무역효과로 설명할 수 있다. 이자율 효과에 관해서 말할 경우 물가수준이 상승하면 화폐의 구매력이 감소한다. 따라서 고정된 재화 꾸러미를 구입하는 데 필요한 자금을 차용하기 위해서 사람들은 신용 또는 대부자금에 대한 수요를 증대시킬 수 있다. 물가수준의 변화로 인한 이자율의 변화를 **물가수준 효과**(price level effect)라고 한다. 그림 7(d)는 이를 보여주고 있다.

물가수준효과

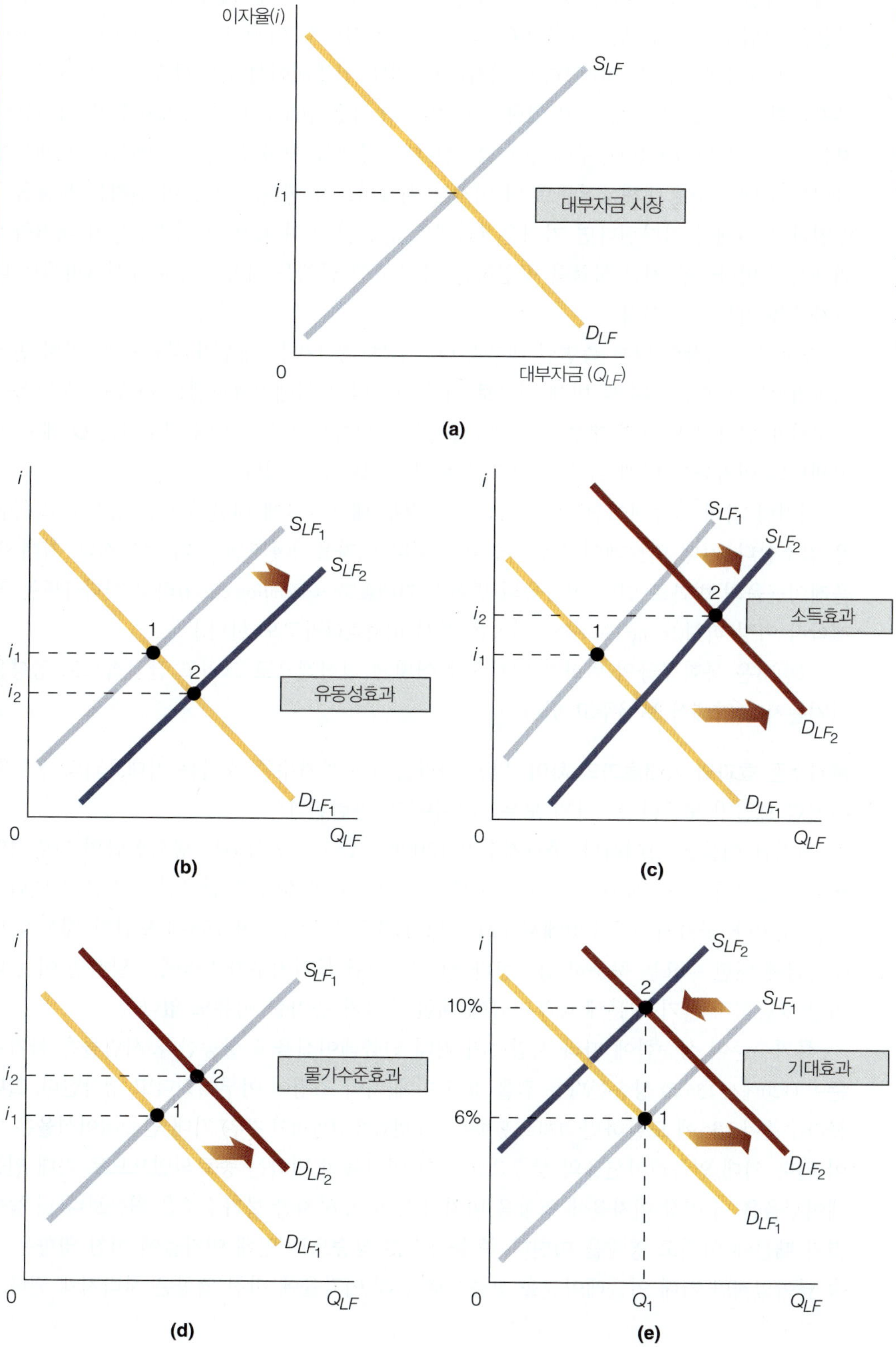

그림 7

이자율 및 대부자금 시장

(a)는 대부자금 시장을 보여주고 있다. 대부자금 수요곡선의 기울기는 하향하고 공급곡선의 기울기는 상향한다. (b)는 유동성효과를 보여주고 (c)는 소득효과를 보여준다. (d)는 물가수준효과를 보여주고 (e)는 기대효과를 보여주고 있다.

기대 인플레이션율 기대 인플레이션율이 변화할 경우 대부자금에 대한 공급 및 수요 둘 다에 영향을 미친다. 기대 인플레이션율은 영이며 기대 인플레이션율이 영인 경우 균형이 자율은 그림 7(e)에서 보는 것처럼 6퍼센트라고 가정하자. 이제 기대 인플레이션율이 0퍼센트에서 4퍼센트로 상승하였다고 가상하자. 기대 인플레이션율이 상승할 경우 이는 대부자금의 수요 및 공급에 어떤 영향을 미치는가? 차용자(대부자금의 수요자)들은 자신들이 차용한 금액보다 4퍼센트 구매력이 감소한 대부금액을 상환할 것으로 예상하기 때문에 자신들의 대부금에 대해 4퍼센트 더 이자를 지불하고자 한다. 자신들이 원하는 물품들을 매입하기 위해서 기다린다면 가격은 4퍼센트 인상될 것이다. 이런 가격인상에 대처하기 위해서 소비자들은 지금 물품을 구입하는 데 필요한 금액을 차용하기 위해서 4퍼센트 더 이자율을 지불하려 한다.

대부자금 시장의 다른 측면인 대부자(대부자금의 공급자)는 대부가 상환될 때 가치 면에서 4퍼센트 감소한 액수를 받게 되므로 이를 보상받기 위해서 4퍼센트 더 높은 이자율을 요구하게 된다. 요약하면 대부자금의 공급곡선은 왼쪽으로 이동하여 대부자는 Q_1에서 10퍼센트의 이자율을 받게 된다. 그림 7(e)는 이를 보여주고 있다.

이처럼 기대 인플레이션율이 4퍼센트인 경우 대부자금에 대한 수요는 증가하고 공급은 감소한다. 기대 인플레이션율이 영일 때보다 이자율이 4퍼센트 더 높아진다. 기대 인플레이션율의 변화로 인한 이자율의 변화를 **기대효과**(expectation effect)라고 한다. [또는 경제학자 어빙 피셔(Irving Fisher)의 이름을 따서 **피셔효과**라고도 한다.]

기대효과

그림 8은 통화공급의 변화가 이자율에 어떻게 직접적으로 그리고 간접적으로 영향을 미치는지 요약해서 보여주고 있다.

물가수준 효과와 기대효과의 차이 많은 사람들에게 물가수준 효과는 기대효과와 동일한 것처럼 보일지 모른다. 두 가지 모두 물가수준과 관련된다.

하지만 이들은 상이하다. 물가지수가 120에서 135로 인상되는 통화공급의 단발적인 변화를 생각해 보자. 물가수준 효과는 물가수준의 실제 상승과 관련된 이자율의 변화에 관한 것이다. 물가지수가 120에서 121, 122, 123으로 상승하여 135에 도달할 때까지 대부자금에 대한 수요는 꾸준히 상승한다. 하지만 일단 물가지수가 135에 도달하면 이는 더 이상 상승하지 않기 때문에 대부자금에 대한 수요가 증가할 이유도 없다.

물가수준이 상승함에 따라 사람들의 기대 인플레이션율도 상승한다. 사람들은 물가수준이 (120에서 135로) 상승한다는 점을 알고 이에 따라 조정이 이루어진다고 생각한다. 일단 물가수준이 135에 도달하면(그리고 통화공급의 변화가 단발적인 경우) 기대 인플레이션율은 영이 된다. 기대 인플레이션율의 상승으로 인한 이자율의 변화는 종료되었으므로 기대 인플레이션율은 더 이상 이자율에 영향을 미치지 못한다. 하지만 물가수준은 처음보다 더 높아졌기 때문에 아직도 영향을 미친다. 즉 물가수준 상승으로 인해 이자율에 미친 영향은 계속 남아있지만 기대 인플레이션율 상승으로 인해 이자율에 미친 영향은 사라지게 된다.

3 통화공급이 변화함에 따라 이자율에 어떤 영향을 미치는가?

중앙은행이 통화공급 증가율을 예를들면 연간 3퍼센트에서 5퍼센트로 인상하는 조치를 취했다고 가상하자. 이런 조치는 이자율에 어떤 영향을 미치는가? 일부 사람들은 유동성 효과만을 생각하면서 이자율을 인하시킬 것이라고 말한다. 다시 말해 중앙은행이 통화공급 증가율을 증대시킴에 따라 보다 많은 지급준비금이 은행제도로 유입되고 이에 따라 대출이 확대되어 이자율이 하락한다. 그림 7(b)는 이를 보여주고 있다.

통화공급 증가율의 증대가 대부자금의 공급에만 영향을 미칠 경우 위의 대답은 옳을 수 있다. 하지만 앞에서 살펴본 것처럼 이것만이 유일한 효과는 아니다. 실질 GDP가 변화하고 물가수준이 변화하며 기대 인플레이션율도 변화한다. 이런 모든 변화가 대부자금 시장에 영향을 미친다. 이자율에 어떤 영향을 미치는지 알아보려면 각 효과(유동성 효과, 소득효과, 물가수준 효과, 기대효과)가 언제 발생하고 얼마나 강력한지를 밝혀내야 한다.

그림 8

중앙은행이 이자율에 미치는 영향
이 그림은 (금융정책을 통해) 중앙은행이 이자율에 어떻게 영향을 미치는지 보여준다. 예를 들면 공개시장조작을 통해 직접적으로 대부자금의 공급에 영향을 미쳐서 이자율에 영향을 미친다. 공개시장조작은 또한 실질 GDP, 물가수준, 기대 인플레이션율에 영향을 미쳐 대부자금의 공급 또는 수요에 간접적으로 영향을 미치며 이는 다시 이자율에 영향을 미치게 된다.

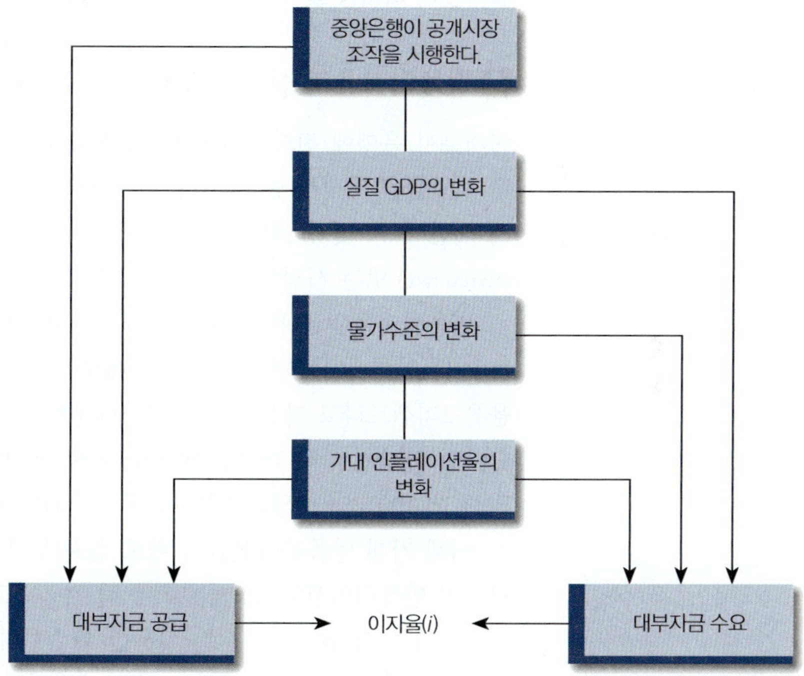

예를 들면 모든 사람들은 중앙은행이 연간 2퍼센트의 증가율로 계속해서 통화공급을 증대시킬 것이라 기대한다고 가상하자. 그런데 1월 1일 중앙은행은 통화공급 증가율을 4퍼센트로 올리고 효과가 즉시 나타나도록 공개시장 매입을 시행한다고 발표하였다. 기대효과는 즉각적으로 이자율에 영향을 미치기 시작한다. 따라서 1월 2일 이자율은 바로 전날보다 더 높아진다.

- 시점 1: 중앙은행은 통화공급 증가율을 증대시킬 것이라고 발표한다.
- 시점 2: 기대효과가 즉시 나타난다면 ...
- 시점 3: 이자율이 상승한다.

시점 3에서는 통화공급 증가율이 증대하여 이자율이 인상되었다고 결론을 자연적으로 내릴 수 있다. 하지만 이 결론에 따른 문제점은 모든 효과(유동성 효과, 소득효과 등)가 아직 나타나지 않았다는 사실이다. 때가 돼서 유동성 효과가 나타나면 이자율을 인하하게 된다. 유동성 효과가 1월 15일나타나서 1월 2일의 이자율로부터 인하되기 시작하였다고 가상하자. 1월 15일 어떤 사람들은 다음과 같이 말할 수 있다. "통화공급 증가율의 증대로 인해서 이자율이 인하되었다."

- 시점 4: 유동성 효과가 나타난다.
- 시점 5: 시점 4에서 발생한 효과로 인해 이자율이 인하된다. 이자율은 이제 시점 3에서보다 낮다.

요점은 통화공급이 변화할 경우 여러 가지 면에서 경제에 영향을 미친다는 것이다. 즉 이는 대부자금 공급을 직접적으로 변화시키며 실질 GDP를 변화시키고 이에 따라 대부자금에 대한 수요 및 공급을 변화시킨다. 또한 기대 인플레이션율 등도 변화시킨다. 이런 효과들의 **타이밍** 및 **규모**가 이자율의 변화를 결정한다.

4 명목이자율과 실질이자율

여러분이 은행에 전화를 걸어서 자동차 구매를 위한 대부 이자율을 문의하면 해당 은행은 이자율을 예시해 줄 것이다. 이 예시된 이자율은 우리가 논의할 이자율로서 대부자금에 대한 수요 및 공급의 상호작용에 의해서 결정된다. 이런 이자율을 **명목이자율**(nominal interest rate) 또는 시장이자율이라고 한다.

명목이자율

명목이자율은 차용에 따른 진짜 비용이 아닐 수도 있다. 왜냐하면 명목이자율의 일부는 기대 인플레이션율을 반영하기 때문이다. 명목이자율은 9퍼센트이고 기대 인플레이션율은 2퍼센트라고 가상하자. 만일 9퍼센트의 이자율로 10,000달러에 상당하는 대부를 받았다면 만기에 가서 대부금(10,000달러)에 900달러 상당의 이자를 상환하여야 한다. 다시 말해 10,000달러 상당의 대부에 대해서 10,900달러를 상환하여야 한다.

이제 기대 인플레이션율이 바로 실제 인플레이션율이 된다고 가상하자. 예를 들면 사람들이 인플레이션율이 2퍼센트가 될 것이라고 기대하고 실제로 2퍼센트가 되었다고 하자. 이 경우 상환하는 액수는 차용한 액수보다 2퍼센트만큼 가치가 감소하게 된다. 다시 말해 상환한 액수보다 2퍼센트 더 구매력이 있는 액수를 차용한 것이다.

차용에 따른 실질 비용을 결정할 경우 이런 사실을 고려하여야 한다. 경제학자들은 차용에 따른 실질 비용은 9퍼센트가 아니라 7퍼센트라고 한다. 차용에 따른 실질 비용을 **실질이자율**(real interest rate)이라 하며 이는 명목이자율에서 기대 인플레이션율을 뺀 것이다.[3)]

실질이자율

실질이자율 = 명목이자율 − 기대 인플레이션율

위의 식에 따르면 명목이자율은 실질이자율에 기대 인플레이션율을 합한 것이다.

명목이자율 = 실질이자율 + 기대 인플레이션율

3) 이를 보다 폭넓게 정의하면 다음과 같다. 실질이자율 = 명목이자율 − 물가수준의 기대 변화율. 언제나 기대 인플레이션율만을 해결하여야 하는 것이 아니라 기대 디플레이션율도 해결하여야 하기 때문에 위의 정의가 유용하다.

요약 및 정리

136 교환방정식

- 교환방정식은 다음과 같은 항등식이다. $MV \equiv PQ$. 교환방정식은 다음과 같은 상이한 방법으로 해석될 수 있다. (1) 통화공급에 화폐 유통속도를 곱한 것은 물가수준에 실질 GDP를 곱한 것과 같아야 한다. $M \times V \equiv P \times Q$. (2) 통화공급에 화폐 유통속도를 곱한 것은 GDP와 같아야한다. $M \times V \equiv \text{GDP}$. (3) ($MV$로 측정한) 총지출은 ($PQ$로 측정한) 기업의 총판매액과 같아야 한다. $MV \equiv PQ$.
- 교환방정식은 경제이론이 아니다. 하지만 교환방정식은 일부 변수에 대해 가정을 할 경우 이론으로 전환될 수 있다. 예를 들어 V 및 Q가 일정하게 불변한다고 가정하면 단순 화폐수량이론을 추론할 수 있다. 이 이론에 따르면 통화공급이 변화하면 이에 비례하여 물가수준이 변화한다고 본다.
- 통화공급이 변화하거나 또는 화폐 유통속도가 변화할 경우 총수요가 변화하여 *AD* 곡선이 이동하게 된다. 통화공급이 증가하거나 또는 화폐 유통속도가 증가하면 총수요가 증가하여 *AD* 곡선이 오른쪽으로 이동한다. 통화공급이 감소하거나 또는 화폐 유통속도가 감소하면 총수요가 감소하여 *AD* 곡선이 왼쪽으로 이동한다.
- 단순 화폐수량 이론에서 실질 GDP는 단기적으로 불변한다. 이것은 *AS* 곡선이 수직선이라는 의미이다. 또한 화폐 유통속도는 일정하다고 가정하여서 통화공급이 변화할 경우에만 총수요가 변화한다. 수직적인 *AS* 곡선에 직면하여 통화공급이 변화하면 *AD* 곡선이 이동하고 실질 GDP가 아닌 물가수준만이 변화한다.

137 통화주의

- 통화주의자에 따르면 경제가 최초에 장기균형에 있는 경우 (1) 통화공급이 증가하면 단기적으로 물가수준 및 실질 GDP가 증가하는데 반해 장기적으로는 물가수준만 상승한다. (2) 통화공급이 감소하면 단기적으로 물가수준 및 실질 GDP가 감소하는데 반해 장기적으로는 물가수준만 하락한다. (3) 화폐 유통속도가 증가하면 단기적으로 물가수준 및 실질 GDP가 증가하는데 반해 장기적으로는 물가수준만 상승한다. (4) 화폐 유통속도가 감소하면 단기적으로 물가수준 및 실질 GDP가 감소하는데 반해 장기적으로 물가수준만 하락한다.

138 단발적 인플레이션과 지속적 인플레이션

- 단발적 인플레이션은 총수요의 증가 또는 단기 총공급의 감소에서 비롯된다.
- 단발적 인플레이션을 지속적 인플레이션으로 전화시키기 위해서 총수요의 지속적 증가가 필요충분조건이다. 통화공급의 지속적인 증가로 인해서 총수요가 지속적으로 증가하여 지속적 인플레이션이 발생한다.

139 통화공급과 이자율

- 통화공급이 변화하면 유동성 효과, 소득효과, 물가수준 효과, 기대효과를 통해 이자율에 영향을 미친다.
- 대부자금의 공급 변화로 인한 이자율의 변화를 유동성 효과라고 한다. 실질 GDP의 변화로 인한 이자율의 변화를 소득효과라고 한다. 물가수준의 변화로 인한 이자율의 변화를 물가수준 효과라고 한다. 기대 인플레이션율의 변화로 인한 이자율의 변화를 기대효과(또는 피셔효과)라고 한다.

140 명목이자율 및 실질이자율

- 실질이자율 = 명목이자율 − 기대 인플레이션율
- 명목이자율 = 실질이자율 + 기대 인플레이션율

주요용어 및 개념

교환방정식	단발적 인플레이션	소득효과	명목이자율
화폐 유통속도	지속적 인플레이션	물가수준 효과	실질이자율
단순 화폐수량 이론	유동성 효과	기대효과	

연습문제

01. 통화공급이 30일 전에 증가하였다고 가상하자. 30일 전에 비해 오늘 명목이자율이 더 높은지 또는 더 낮은지 또는 동일한지 여부는 무엇에 의존하는가? 설명하시오.
02. 중앙은행의 목적은 실질 GDP를 증가시키는 것이라고 가상하자. 이 목적에 부응하기 위해서 중앙은행은 통화공급을 증대시켰다. 실질 GDP가 증가하지 않도록 통화공급의 증대를 어떤 것이 상쇄할 수 있는가? 설명하시오.
03. 통화공급이 화요일에 증가하였고 목요일에 이자율이 상승하였다. 이자율의 상승은 소득효과의 결과인가? 또는 기대효과의 결과인가? 설명하시오.
04. 통화주의에 따르면 다음은 각각 단기적으로 물가수준에 어떤 영향을 미치는가?
    a. 화폐 유통속도의 증가
    b. 화폐 유통속도의 감소
    c. 통화공급의 증가
    d. 통화공급의 감소
05. 잠재적 차용자에게 다음 중 어느 것이 더 중요한가? 명목이자율인가? 또는 실질이자율인가? 설명하시오.
06. 통화주의에 따르면 통화공급의 증가가 장기적으로 실질 GDP의 증가로 이어지는가? 이에 동의하는가? 설명하시오.
07. 통화공급이 증가하였다. 이자율은 처음에 확실히 하락하는가? 설명하시오.
08. 단순 화폐수량 이론에 따르면 통화공급이 증가함에 따라 실질 GDP 및 물가수준에 어떤 영향을 미치는가? 설명하시오.
09. 이자율에 관한 다음 물음에 답하시오.
    a. 유동성 효과는 무엇인가?
    b. 물가수준 효과는 무엇인가?
    c. 기대효과는 무엇인가?
10. 단순 화폐수량 이론에서 무엇이 총수요의 증가로 이어지는가? 통화주의에서 무엇이 총수요의 증가로 이어지는가?
11. 최근 들어 경제학자들은 어느 시점 및 시간이 흐름에 따른 실질이자율의 참값에 대해 논의를 하고 있다. 명목이자율 = 실질 이자율 + 기대 인프레이션율이라면 실질이자율 = 명목이자율 − 기대 인플레이션율이 된다. 실질이자율의 참값에 대해 의견의 일치를 보지 못하는 이유가 무엇이라고 생각한는가?
12. 단순 화폐수량 이론에서 *AS* 곡선은 수직선이다. 설명하시오.
13. 수요측면에서 유발된 단발적인 인플레이션이 공급측면에서 유발된 단발적 인플레이션인 것처럼 어떻게 보일 수 있는지 설명하시오.
14. 통화공급은 자신보다 더 큰 GDP 수준을 지지할 수 있는가? 설명하시오.
15. 단발적 인플레이션은 (해당 경제의) 수요측면 현상이거나 공급측면 현상일 수 있지만 지속적인 인플레이션은 수요측면 현상일 가능성이 높다. 이 말에 동의하는가? 설명하시오.
16. 단순 화폐수량 이론의 가정 및 예측은 무엇인가? 단순 화폐수량 이론은 예측을 잘하는가?
17. 총수요의 단발적인 증가와 단기 총공급의 단발적인 감소 사이에 장기에서의 차이는 무엇인가?

숫자 및 그래프를 활용한 문제

01. 통화공급의 변화가 화폐 유통속도의 변화에 의해 완벽하게 상쇄될 경우 *AD–AS* 틀 내에서 상황은 어떻게 변화하는가?

02. 그래프를 이용하여 다음의 각 경우를 설명하시오.
  a. 공급측면 요인에 의한 지속적 인플레이션
  b. 수요측면에서 유발된 단발적 인플레이션
  c. 공급측면에서 유발된 단발적 인플레이션

03. 다음 그림을 이용하여 물음 a 및 b에 답하시오.

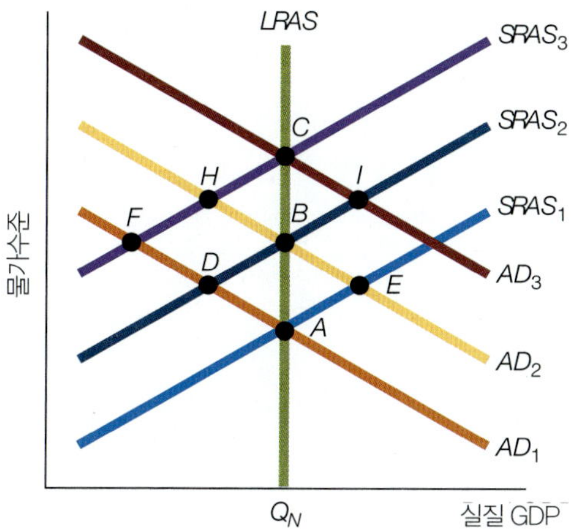

  a. 수요측면에서 유발된 단발적 인플레이션이 발생했을 때 경제는 점 *A*에 있다. 다른 변화는 없다고 가정할 경우 해당 경제는 어느 점에 도달하는가?(경제는 자동 조정된다고 가정한다.)
  b. 두 개의 불리한 공급충격에 직면할 때 경제는 점 *A*에 있다. 해당 경제는 어떤 경로를 밟게 되는가?

04. 다음과 같은 경우에 단기 및 장기에서 물가수준 및 실질 GDP에 대해 어떤 변화가 발생하는지 그래프를 이용하여 설명하시오. (a) 통화공급의 증가, (b) 화폐 유통속도의 하락. 경제는 장기 균형상태에 있고 통화주의 모형을 사용하시오.

05. 다음과 같은 경우 실질이자율은 얼마인가?
  a. 명목이자율 = 8퍼센트;
     기대 인플레이션율 = 2퍼센트
  b. 명목이자율 = 4퍼센트;
     기대 인플레이션율 = −4퍼센트
  c. 명목이자율 = 4퍼센트;
     기대 인플레이션율 = 1퍼센트

06. 다음과 같은 경우 명목이자율은 얼마인가?
  a. 실질이자율 = 3퍼센트;
     기대 인플레이션율 = 1퍼센트
  b. 실질이자율 = 5퍼센트;
     기대 인플레이션율 = −3퍼센트

제 27 장 금융정책

27.1 전달구조

한 시장에서 변화가 발생하면 그 여파가 외부로 퍼져나가 다른 시장에 영향을 미친다. 이런 파도효과가 전달되는 통로 또는 경로를 **전달구조**(transmission mechanism)라고 한다. 여기서는 두 가지 전달구조, 즉 케인지언 및 통화주의자에 대해 살펴볼 것이다.

전달구조

1 케인지언 전달구조에서의 화폐시장

모든 다른 시장과 마찬가지로 화폐시장도 두 가지 측면, 즉 수요측면과 공급측면을 갖고 있다.[1)]

화폐에 대한 수요 **화폐(잔고)에 대한 수요**(demand for money <balance>)를 논의할 때 수직축은 화폐잔고 보유가격을 나타내고 수평축은 화폐수량을 나타낸다. 화폐잔고 보유가격, 즉 화폐 보유에 따른 기회비용은 이자율이다. 화폐를 보유함으로써 사람들은 이를 다른 형태로 보유하는 데 따른 기회비용을 잃게 된다. 예를 들어 현금으로 1,000달러를 보유한 사람은 (예를 들면 채권처럼) 이자를 지불하는 1,000달러 상당의 자산을 보유하는 데 따른 기회비용을 포기하여야 한다. 이처럼 이자율은 화폐를 보유하는 데 따른 기회비용이다. 사람들은 화폐를 보유함으로써 상실하게 되는 이자라는 가격을 지불한다고 본다.

화폐(잔고)에 대한 수요

그림 1(a)는 화폐(잔고)에 대한 수요를 보여주고 있다. 이자율이 상승함에 따라 화폐보유에 따른 기회비용이 증가하고 사람들은 더 적은 화폐를 보유하게 된다. 이자율이 하락함에

1) 화폐시장이란 용어는 단기 유가증권에 대한 수요 및 공급이 존재하는 단기 유가증권시장에 관해 언급할 때 사용된다. 여기서 논의하는 화폐시장은 이런 시장이 아니다. 이 화폐시장에는 화폐에 대한 수요 및 공급이 존재한다.

그림 1

통화수요 및 통화공급

(a) 통화수요곡선의 기울기는 하향한다. (b) 통화공급곡선은 중앙은행이 배타적이지는 않지만 주로 결정한 통화량에서 수직선이 된다.

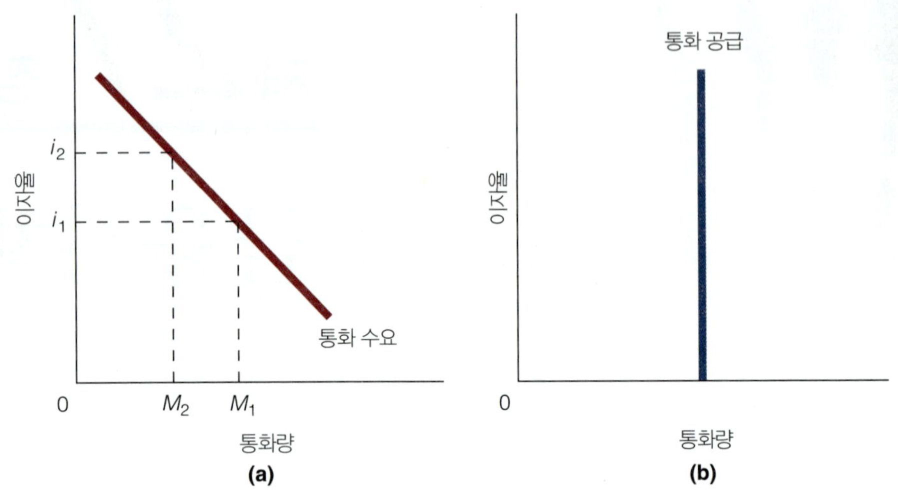

그림 2

화폐시장 균형

이자율 i_1에서 화폐시장은 균형을 이룬다. 통화의 초과공급도 초과수요도 존재하지 않는다.

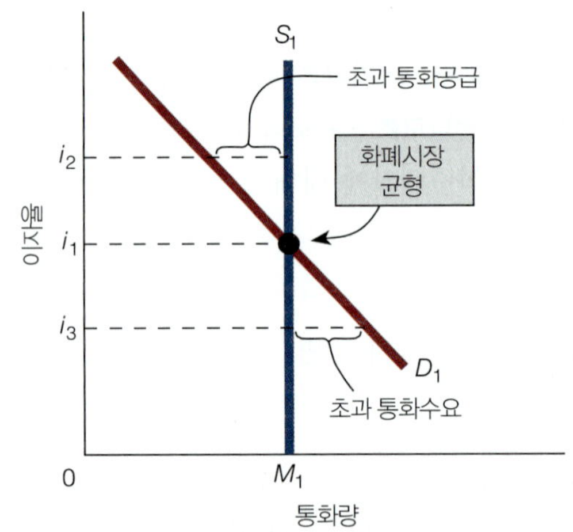

따라 화폐 보유에 따른 기회비용이 감소하고 사람들은 더 많은 화폐를 보유하게 된다.

화폐의 공급 그림 1(b)는 화폐의 공급을 중앙은행이 주로 결정한 화폐량에서 수직선으로 나타내고 있다. 은행 및 일반인들이 통화의 공급과정에서 주요한 역할을 하기 때문에 화폐의 공급을 중앙은행이 배타적으로 결정하지는 않지만 주로 결정한다고 볼 수 있다. 예를 들면 은행들이 초과 지급준비금 전부를 대부하지 않을 경우 화폐공급은 전부를 대부했을 경우만큼 클 수 없다.

화폐시장의 균형 화폐시장은 화폐의 수요량과 공급량이 일치할 경우 균형이 이루어진다. 그림 2에서는 이자율 i_1에서 균형이 달성된다. 더 높은 이자율 i_2에서는 화폐의 공급량이 수요량보다 더 크고 화폐의 초과공급이 존재한다(화폐의 과잉공급이 발생한다). 더 낮은 이자율 i_3에서는 화폐의 수요량이 공급량보다 더 크며 화폐의 초과수요가 존재한다(화폐의 과소공급이 발생한다). i_1에서만 화폐의 수요량과 공급량이 일치한다. i_1에서 화폐의 부족 또는 과잉현상이 없고 초과수요 또는 초과공급이 존재하지 않는다. 사람들은 자신들이 원하는 만큼 화폐를 보유한다.

2 케인지언 전달구조: 간접적인 전달구조

화폐시장과 재화 및 서비스 시장 사이에 존재하는 케인지언 전달구조는 간접적이다. 그림 3은 케인지언 전달구조를 시장별로 설명하고 있다.

1. 화폐시장. 화폐시장은 그림 3(a)의 이자율 i_1에서 균형을 이룬다고 가상하자. 이제 중

그림 3

케인지언의 화폐 전달구조

이 그림은 통화공급이 증가할 경우 케인지언의 화폐 전달구조가 어떻게 작동하는지를 보여주고 있다. (a) 통화공급이 증가하면 이자율이 낮아진다. (b) 따라서 투자가 증대된다. (c) 투자가 증대됨에 따라 총지출이 증가하고 총수요곡선은 오른쪽으로 이동한다. 실질 GDP는 Q_1에서 Q_2로 증가한다.

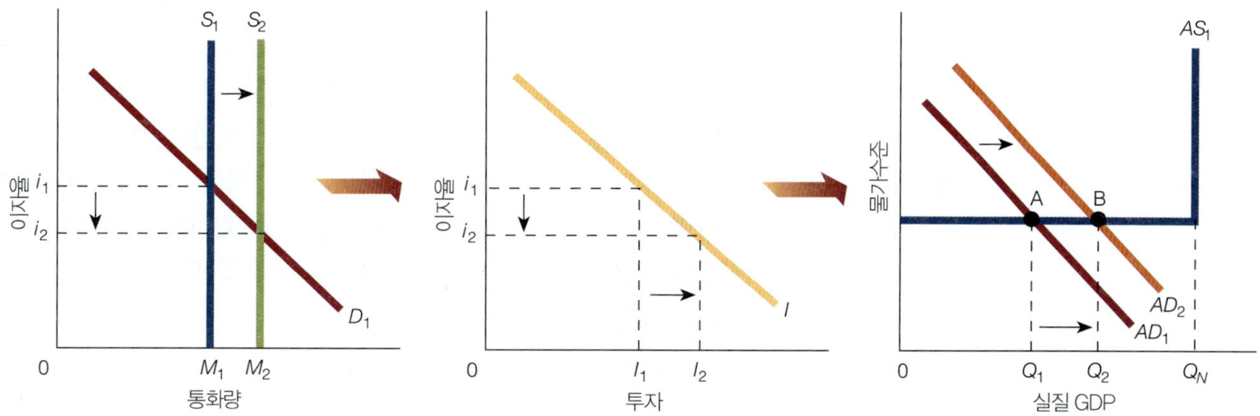

(a)
화폐시장

(b)
투자재 시장

(c)
재화 및 서비스 시장
(*AD*– *AS* 모형)

앙은행이 공개시장매입을 통해 은행제도의 지급준비금을 증대시켰다. 통화공급곡선은 오른쪽, 즉 S_1에서 S_2로 이동한다. 은행제도의 지급준비금이 증가하여 더 많은 대부가 이루어진다. 대부의 공급이 증가하자 이자율은 하락하며 이로 인해 i_1에서 i_2로 이동한다.

2. 투자재 시장. 이자율이 하락함에 따라 투자가 촉진된다. 그림 3(b)의 투자재 시장에서 투자 I_1에서 I_2로 증가한다.

3. 재화 및 서비스 시장(*AD–AS* 모형). 케인지언 모형에서는 완전고용 또는 자연 실질 GDP에 도달할 때까지 재화 및 서비스 시장에서 총공급곡선은 수평선이 된다. 그림 3(b)에서 보는 것처럼 이자율이 하락하면 투자가 증가한다. 그림 3(c)에서 보는 것처럼 투자가 증가하면 경제의 총지출이 증가하여 *AD* 곡선이 오른쪽으로 이동한다. 따라서 실질 GDP는 Q_1에서 Q_2로 증가하고 물가수준은 변화하지 않는다.

요약하면 통화공급이 증가할 경우 케인지언 전달구조는 다음과 같이 작동한다. 통화공급이 증가하면 이자율이 하락하고 이로인해 투자가 증가하여 *AD* 곡선이 오른쪽으로 이동한다. 따라서 실질 GDP가 증가한다. 통화공급이 감소할 경우 이 과정은 반대로 작동한다.

통화공급 $\uparrow \rightarrow i\downarrow \rightarrow I\uparrow \rightarrow AD\uparrow \rightarrow Q\uparrow, \bar{P}$

통화공급 $\downarrow \rightarrow i\uparrow \rightarrow I\downarrow \rightarrow AD\downarrow \rightarrow Q\downarrow, \bar{P}$

3 케인지언 전달구조는 차단될 수도 있다

케인지언 전달구조는 간접적이다. 화폐시장의 변화가 재화 및 서비스 시장(이에 따라 실질

GDP)에 직접적으로 영향을 미치지 못한다. 왜냐하면 이들 두 시장 사이에 투자재 시장이 존재하기 때문이다. 어쩌면 (그럴 가능성이 높지는 않지만) 화폐시장과 재화 및 서비스 시장 사이의 연계가 투자재 시장에서 중단될 수 있다.

이자에 반응하지 않는 투자 일부 케인지언 경제학자들은 투자가 반드시 이자율에 반응하지는 않는다고 믿고 있다. 예를 들면 기업들이 장래 경제활동에 대해 비관적인 경우 이자율이 감소하더라도 투자를 증대시키는 역할은 거의 하지 않는다. 투자가 이자율의 변화에 완벽하게 반응하지 않을 경우 투자수요곡선은 그림 4(a)에서 보는 것처럼 수직선이 된다.

이 조건은 그림 3에서 살펴본 케인지언 전달구조에 영향을 미친다. 투자수요곡선이 (기울기가 하향하지 않고) 수직선인 경우 이자율이 하락하더라도 투자를 증가시키지 않는다. 투자가 증가하지 않는다면 총수요나 실질 GDP도 증가하지 않는다. 따라서 케인지언 전달구조는 투자재 시장에서 멈추게 되며 그림 3(a)의 화폐시장과 그림 3(c)의 재화 및 서비스 사이의 연계를 절단하게 된다.

$$\text{통화공급} \uparrow \rightarrow i \downarrow$$
$$i\text{의 변화에 반응하지 않는 투자} \rightarrow \bar{I} \rightarrow \overline{AD} \rightarrow \bar{Q}, \bar{P}$$

유동성 함정 케인지언들은 이따금 화폐에 대한 수요곡선이 낮은 이자율 수준에서 수평성이 된다고 주장한다. 그림 4(b)에서 화폐에 대한 수요곡선은 i_1에서 수평선이 되며 이 수평 부분을 **유동성 함정**(liquidity trap)이라고 한다.

유동성 함정

화폐시장이 유동성 함정에 있을 때 통화공급이 (예를 들면 S_1에서 S_2로) 증가하면 화폐시

그림 4

화폐시장과 재화 및 서비스 시장 사이에 존재하는 연결고리의 분해: 이자율에 영향을 받지 않는 투자 및 유동성 함정

케인지언의 화폐전달 구조에 따르면 화폐시장과 재화 및 서비스 시장 사이의 연결고리는 두 군데로 나뉘어진다. (a) 투자가 이자율에 전적으로 민감하지 않은 경우 이자율이 변화하더라도 투자가 변화하지 않는다. 따라서 총수요와 실질 GDP도 변하지 않게 된다. (b) 화폐시장이 유동성 함정에 빠진 경우 통화공급이 증가하더라도 이자율이 낮아지지 않는다. 따라서 투자, 총수요, 실질 GDP가 변화하지 않게 된다.

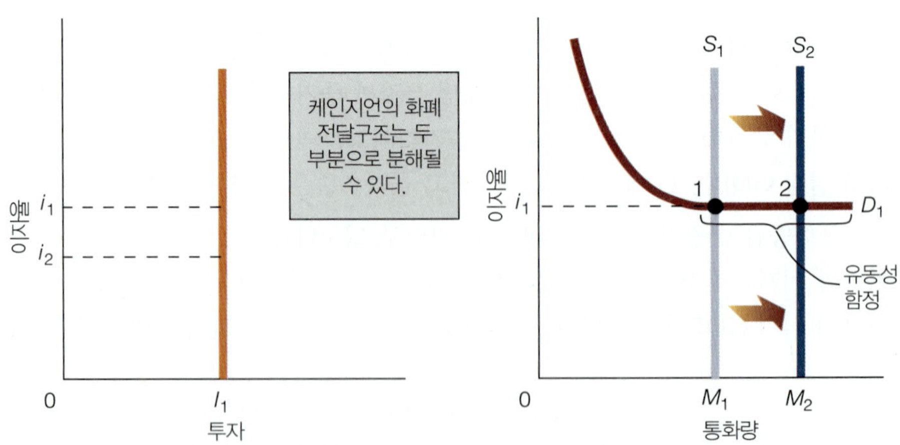

(a) 이자율에 영향을 받지 않는 투자

(b) 유동성 함정

장은 점 1에서 점 2로 이동하고 사람들은 주어진 이자율 수준에서 추가된 통화공급을 모두 보유하게 된다. 다시 한 번 이 조건은 그림 3에서 살펴본 케인지언의 전달구조를 절단하게 된다. 통화공급이 증가하더라도 이자율이 하락하지 않으면 투자, 총수요, 실질 GDP 어느 것도 변화하지 않는다. 이처럼 유동성 함정은 화폐시장과 재화 및 서비스 시장 사이의 연계를 차단하게 된다.

통화공급 ↑

유동성 함정 → $\bar{i}$ → $\bar{I}$ → $\overline{AD}$ → $\bar{Q}$, $\bar{P}$

케인지언 전달구조는 간접적이기 때문에 **이자율에 반응하지 않는 투자수요 및 유동성 함정**이 발생할 수 있다. 따라서 케인지언에 따르면 금융정책은 이따금 실질 GDP를 증가시킬 수 없고 실업을 감소시킬 수 없다고 본다. 통화공급을 연계시키는 줄로 보는 일부 경제학자들은 이 줄을 당길 수 없다고 본다. 다시 말해 통화공급을 증가시킴으로써(밀어 올림으로써) 반드시 실질 GDP를 증가시킬 수는 없다고 본다.

그림 5는 케인지언 전달구조를 요약해서 설명하면서 이것이 어떻게 차단될 수 있는지를 보여준다.

그림 5

금융정책에 대한 케인지언의 견해

케인지언의 화폐 전달구조에 따르면 중앙은행이 은행제도에 지급준비금을 증가시키고 이에 따라 통화공급이 증대할 경우 이자율이 하락하여 투자 및 총수요가 촉진된다. 따라서 실질 GDP가 증대된다. 하지만 유동성 함정에 빠지거나 투자가 이자율의 변화에 전혀 민감하지 않은 경우 이런 현상이 발생하지 않는다.

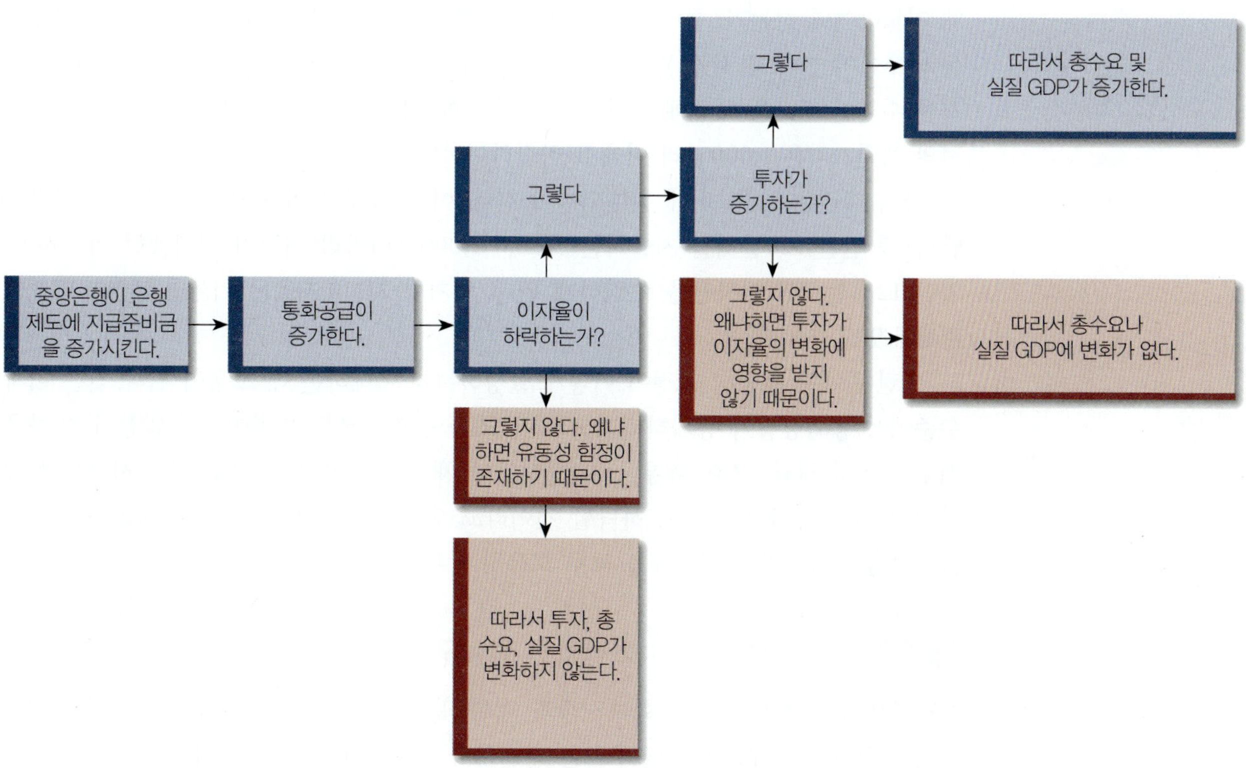

채권가격, 이자율, 유동성 함정 유동성 함정 또는 통화수요곡선의 수평적인 부분은 가상적인 것처럼 보일 수 있다. 어떤 낮은 이자율 수준에서 통화수요곡선이 수평적인 이유는 무엇 때문인가? 이에 대한 설명을 이해하려면 먼저 채권가격과 이자율 사이의 관계를 이해하여야 한다.

오늘 100달러를 지불하고 상품 X를 매입하여 이를 1년 후에 110달러를 받고 매도하는 제시카 하워드(Jessica Howard)를 생각해 보자. 그녀의 실제 수익률은 10퍼센트이다. 즉 매도가격과 매입가격의 차이(10달러)를 매입가격(100달러)으로 나누면 10퍼센트가 된다. 이제 상품 X가 채권이라고 가상하자. 제시카는 100달러를 지불하고 채권을 매입하여 1년 뒤에 110달러를 받고 매도하였다. 그녀의 실제 이자율 수익은 동일하게 10퍼센트이다. 제시카가 100달러가 아닌 90달러를 지불하고 채권을 매입히여 이를 110달러에 매도하였다면 이자율 수익은 22퍼센트(20달러 ÷ 90달러 = 22퍼센트)가 된다. 요점은 간단하다. **채권가격이 하락함에 따라 실제 이자율 수익 또는 이자율이 증가한다.**

이처럼 채권가격과 이자율은 역의 관계에 있다. 예를 들면 지난해에 롭(Rob)이 이자로 연간 100달러를 지불하겠다고 약정한 채권을 1,000달러를 주고 매입하였다고 하자. 연간 이자율 수익은 10퍼센트(100달러 ÷ 1,000달러 = 10퍼센트)가 된다. 하지만 시장이자율 또는 명목이자율이 롭이 채권을 매입하였던 지난해보다 지금 더 높아졌다고 가상하자. 이제 채권 공급자는 1,000달러를 주고 채권을 매입한 사람에게 연간 120달러를 지불하겠다고 약정하여야 한다.

수익률이 변화하면 롭이 지난해에 매입한 1,000달러짜리 채권을 시장에서 매도할 경우 받을 수 있는 가격에 영향을 미친다. 연간 120달러를 지불하는 새로운 1,000달러짜리 채권을 매입할 수 있다면 단지 100달러만을 지불하는 (이전의) 채권에 대해 1,000달러를 왜 지불하여야 하는가? 롭이 자신의 채권을 매도하려 한다면 1,000달러 아래로 채권가격을 낮추어야 한다. 하지만 문제는 얼마나 가격을 낮추어야 하는가? 이전의 채권에 대한 이자율 수익이 새로운 채권에 대한 이자율 수익에 대해 경쟁력을 갖도록(즉 동일해지도록) 이전의 채권가격은 1,000달러 아래로 하락하여야만 한다.

롭의 채권은 833달러에 판매되어야 한다. 이 가격에서 이 채권의 매수인은 연간 100달러, 즉 연간 120달러를 지불하는 새로운 1,000달러짜리 채권이 제시했던 이자율과 동일한 12퍼센트의 이자율을 수령하게 된다. 이처럼 **시장이자율은 기존의 채권가격과 역의 관계에 있다.**

이런 관계는 유동성 함정이 어떻게 발생하는지 이해하는 데 도움이 된다. 낮은 이자율 수준에서 통화공급이 증가하더라도 이는 초과 통화공급으로 이어지지 않는다. 이자율이 매우 낮아서 채권가격이 매우 높게 형성된다. 채권 매수인이 될 수도 있는 사람들은 채권가격이 너무 높아서 가격이 하락할 것이라고 믿는다. 따라서 사람들은 채권을 매입하려 하기보다 추가적인 화폐공급을 모두 보유하게 된다.

4 통화주의자 전달구조: 직접적인 전달구조

통화주의자 이론에 따르면 화폐시장과 재화 및 서비스 시장 사이에 직접적인 연계성이 있다고 한다. 통화주의자 전달구조는 단순하다. 그림 6에서 보는 것처럼 화폐시장이 변화

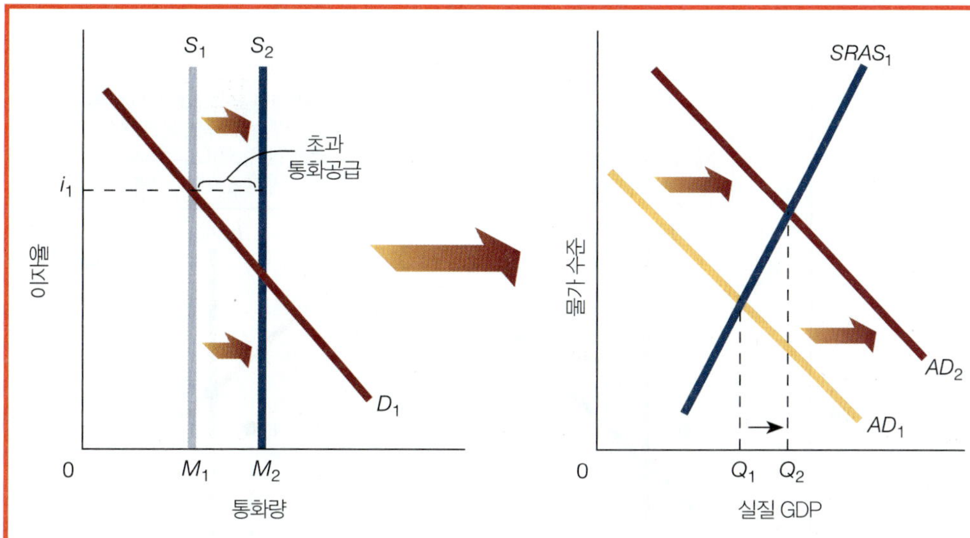

(a) 화폐시장

(b) 재화 및 서비스 시장 (*AD*–*AS* 모형)

그림 6

통화주의자의 화폐 전달절차

통화주의자의 화폐 전달절차는 단순하며 직접적이다. 화폐시장이 변화할 경우 재화 및 서비스 시장의 총수요에 직접적으로 영향을 미친다. 예를 들어 통화공급이 증가할 경우 개인들은 다양한 재화에 지출하게 될 화폐의 초과공급을 보유하게 된다.

하면 총수요에 직접적인 영향을 미친다. 그림 6(a)에서 통화공급이 S_1에서 S_2로 증가하면 사람들은 초과 통화공급을 경험하게 된다. 따라서 이들은 여러 가지 재화들에 대해 지출을 증대시킨다. 가계는 냉장고, 개인용 컴퓨터, 텔레비전, 의류, 여행 등을 더 많이 구입하거나 향유한다. 기업들은 추가적으로 기계를 구입한다. 그림 6(b)에서 총수요곡선은 직접적인 영향을 받는다. 단기적으로 실질 GDP는 Q_1에서 Q_2로 증가한다. 통화공급이 감소할 경우 이 과정은 정반대가 된다.

통화공급 ↑→ *AD* ↑→ *Q* ↑, *P* ↑
통화공급 ↓→ *AD* ↓→ *Q* ↓, *P* ↓

화폐시장으로부터 재화 및 서비스 시장으로의 케인지언 전달구조는 간접적인 반면에 통화주의자 전달구조는 직접적이다.

27.2 금융정책과 인플레이션 갭 및 디플레이션 갭 문제

앞에서는 확장적 및 수축적 재정정책을 사용하여 불황 갭 및 인플레이션 갭으로부터 경제가 어떻게 벗어날 수 있는지를 살펴보고 재정정책의 효과성에 대해 의문을 제기하였다. 여기서는 금융정책을 사용하여 불황 갭 및 인플레이션 갭을 어떻게 제거할 수 있는지 검토해 볼 것이다.

그림 7(a)를 보면 경제는 점 1에서 불황 갭을 경험하고 있다. 총수요가 너무 낮아서 경제는 자연 실질 GDP 수준에서 균형에 도달할 수 없다.

그림 7

금융정책 및 불황 갭

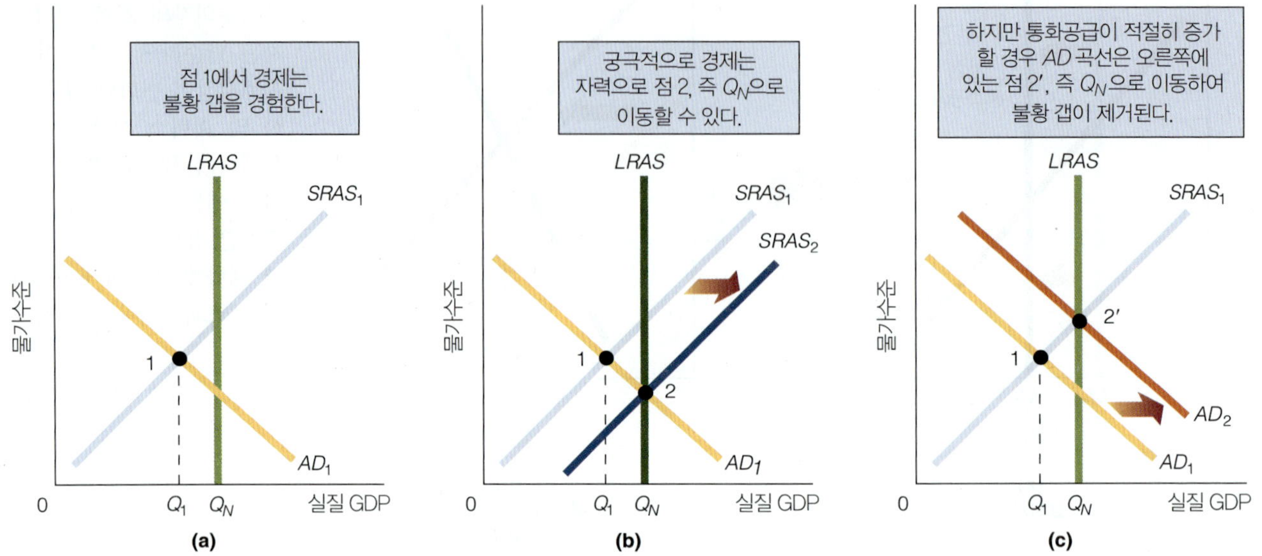

- 경제학자 A는 때가 되면 단기 총공급곡선이 그림 7(b)에서 보는 것처럼 오른쪽, 즉 점 2로 이동한다고 본다. 따라서 상황을 그냥 놔두는 것이 최선이라고 주장한다.
- 경제학자 B는 해당 경제가 자신의 힘으로 점 2에 도달하려면 너무 오랜 시간이 소요되고 그동안 경제는 높은 실업과 낮은 생산량이라는 비용을 지불하며 고통을 받는다고 주장한다.
- 경제학자 C는 해당 경제가 불황 갭에 고착된다고 주장한다.

확장적 금융정책

경제학자 B 및 C는 해당 경제를 자연 실질 GDP 수준으로 이동시키기 위해서 **확장적 금융정책**(expansionary monetary policy)을 제시한다. 통화공급이 적절히 증가하면 총수요곡선이 오른쪽, 즉 AD_2로 이동하고 그림 7(c)에서 보는 것처럼 경제는 점 2′에서 장기 균형상태에 있다. 확장적 금융정책을 사용하여 불황 갭을 제거하게 된다.[2)]

그림 8(a)를 보면 해당 경제는 점 1에서 인플레이션 갭을 경험하고 있다.

- 경제학자 A는 때가 되면 그림 8(b)에서 보는 것처럼 해당 경제가 점 2로 이동한다고 본다. 따라서 상황을 그냥 놔두는 것이 최선이라고 주장한다.
- 경제학자 B는 그림 8(c)에서 보는 것처럼 총수요가 왼쪽, 즉 AD_2로 이동하여 해당 경제가 점 2′로 이동하도록 통화공급을 감소시키는 **수축적 금융정책**(contractionary monetary policy)을 시행하는 것이 더 낫다고 주장한다.

수축적 금융정책

2) 정적인 모형에서 확장적 금융정책은 통화공급의 증가를 의미하고 수축적 금융정책은 통화공급의 감소를 의미한다. 동적인 모형에서 확장적 금융정책은 통화공급 증가율의 증대를 의미하고 있고 수축적 금융정책은 통화공급 증가율의 감소를 의미한다. 실제세계에서는 상황이 끊임없이 변화하기 때문에 통화공급 증가율이 금융정책의 방향을 보다 잘 제시한다고 볼 수 있다.

그림 8

금융정책 및 인플레이션 갭

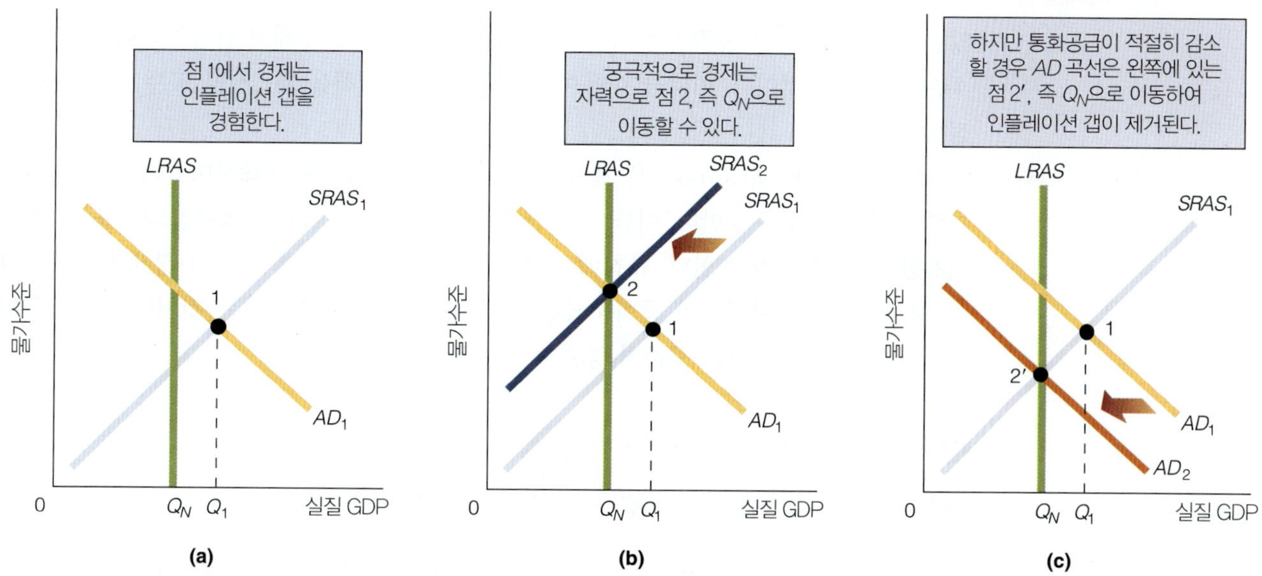

- 경제학자 C는 경제학자 B에 동의하며 물가수준이 점 2에서보다 점 2′에서 더 낮지만 실질 GDP는 두 점에서 동일하다고 본다.

대부분의 케인지언들은 불황 갭을 제거할 때보다 인플레이션 갭을 제거할 때 시장경제의 자연적인 힘이 훨씬 더 신속하고 확실하게 작용한다고 믿는다. 그림 7 및 8을 통해 보면 이들은 불황 갭을 제거하기 위해 그림 7(b)의 단기 총공급곡선이 오른쪽, 즉 점 2로 이동하는 것보다 그림 8(b)의 단기 총공급곡선이 왼쪽, 즉 점 2로 이동할 가능성이 훨씬 더 크다고 주장한다. 그 이유는 임금 및 물가가 하락할 때보다 더 신속하게 상승하기 때문이다(물론 많은 케인지언들은 임금이 하방 경직적이라고 생각한다). 따라서 케인지언들은 그렇게 완강하지 않은 인플레이션 갭을 제거하기 위해 수축적 금융정책을 사용하라고 하기보다는 완강한 불황 갭을 제거하기 위해서 확장적 금융정책을 사용하라고 더 주장한다.

27.3 금융정책과 개입주의자 및 비개입주의자 사이의 논쟁

일부 경제학자들은 재정정책이 (구축효과로 인해) 효과가 없거나 (시차로 인해) 의도하지 않고 바람직하지 않은 방법으로 작동한다고 주장하였던 점을 기억하자. 다른 경제학자들, 특히 케인지언들은 이런 경우가 아니라며 재정정책은 경기변동을 완화시키기 위해 사용될 수 있을 뿐만 아니라 사용되어야만 한다고 믿는다. 이 논쟁의 핵심은 재정정책 및 금융정책 둘다와 관련된 개입주의자와 비개입주의자 사이의 토론과 관련된다. 여기서는 금융정책에 관련된 개입주의자와 비개입주의자 사이의 논쟁에 대해 살펴볼 것이다.

개입주의자 미세조정

개입주의자(activist)들은 경기변동을 완화시키기 위해서 금융정책을 유효하게 사용하여야 한다고 주장한다. 이들은 경제적인 **미세조정**(fine-tuning)을 선호한다. 이는 바람직하지 않은 작은 경제적인 움직임에 대해서도 이를 중화시키기 위해서 금융정책을 (통상적으로 자주) 사용하는 것이다. 이따금 이들이 주장하는 금융정책을 **개입적인** 또는 **재량적인 금융정책**이라고 한다.

비개입주의자

비개입주의자(nonactivist)들은 재량적인 금융정책의 시행에 반대하며 대신에 규칙에 기초한 금융정책을 주장한다. 이들이 주장하는 금융정책을 이따금 **비개입적인** 또는 **규칙에 기초한 금융정책**이라고 한다. 규칙에 기초한 금융정책으로는 예를 들면 경제에 어떤 상황이 발생하는지에 관계없이 통화공급을 연간 3퍼센트씩 증가시키는 것처럼 미리 결정된 통화공급 증가율로 이를 꾸준히 증가시키는 것이다.

1 재량적인(또는 개입적인) 금융정책의 입장

재량적인 금융정책은 다음과 같은 세 가지 주장에 근거한다.

1. **경제는 반드시 신속하게 자연 실질 GDP에서 균형이 달성되지는 않는다.** 그림 7(a)의 점 1에 있는 경제를 생각하여 보자. 일부 경제학자들은 경제가 결국에는 자력으로 그림 7(b)의 점 2로 이동한다고 주장한다. 이에 대해 개입주의자들은 경제가 점 1에서 점 2로 이동하는 데 너무 오랜 시간이 소요되므로 그동안 생산량의 손실이 너무 크고 너무 높은 실업률을 견디어야 한다고 주장한다. 이들은 재량적인 금융정책으로 인해 경제상황이 신속하게 진행되어 생산량 증가 및 실업률 하락을 보다 신속하게 달성할 수 있다고 믿는다.
2. **재량적인 금융정책은 작동을 하며 경기변동을 완화시키는 데 효과가 있다.** 개입주의자들은 1970년대 중반에 실시된 미리 결정된 금융정책으로 인해 발생한 바람직하지 않은 결과를 지적한다. 1973년, 1974년, 1975년에 통화공급 증가율은 각각 5.5퍼센트, 4.3퍼센트, 4.7퍼센트이었으며 이는 통화공급 증가율이 거의 일정하였음을 보여준다. 하지만 경제는 이 기간 동안 경기후퇴를 경험하였다. 즉 1973년과 1974년 사이에 그리고 1974년과 1975년 사이에 실질 GDP가 하락하였다. 개입주의자들은 그 당시 유연한 재량적인 금융정책을 시행하였다면 생산량 감소와 높은 실업으로 경제가 지불해야 했던 높은 비용을 낮출 수 있었다고 주장한다.
3. **개입주의자의 금융정책은 유연한데 반해 비개입주의자의 (규칙에 기초한) 금융정책은 유연하지 않다.** 개입주의자들은 금융정책의 유연성은 바람직하며 경직성은 바람직하지 않다고 본다. 묵시적으로 개입주의자들은 특정한 경제상황에 적합하도록 금융정책이 보다 세심히 시행될수록 더 좋다고 주장한다. 개입주의자들은 또한 경제의 통화 필요성이 변화함에 따라 재량적인 금융정책은 변화할 수 있지만 비개입주의적이며 규칙에 기초하거나 또는 언제나 동일한 금융정책은 그렇게 할 수 없다고 주장한다.

2 규칙에 기초한 (또는 비개입적인) 금융정책의 입장

규칙에 기초한 금융정책은 다음과 같은 세 가지 주장에 근거한다.

1. **현대경제에서는 경제가 합리적인 속도로 자연 실질 GDP에서 균형에 도달할 수 있도록 임금 및 물가가 신축적이다.** 예를 들면 비개입주의자들은 높은 실업에 반응하여 1982년도에 발생한 노동조합 임금의 급격한 하락을 들고 있다. 이 밖에 이들은 정부정책이 주로 임금 및 물가의 신축성을 결정한다고 본다. 예를 들면 정부가 (실업수당을 통해) 실업을 완화시키려 할 경우 임금은 정부가 어떤 시책도 시행하지 않았을 때만큼 신속하게 하락하지 않는다. 비개입주의자들은 정부의 자유방임적 불간섭주의가 채택되면 임금 및 물가가 신속히 조정되어서 자연 실질 GDP로 빠르게 되돌아간다고 주장한다.

2. **재량적 금융정책은 작동하지 않을수 있다.** 일부 경제학자들은 두 가지 형태의 금융정책, 즉 (1) 일반인에 의해 기대된 금융정책 및 (2) 기대되지 않은 금융정책이 있다고 한다. 기대된 금융정책은 실질 GDP 또는 실업률을 변화시키는 데 효과적이지 못할 수 있다. 나중에 이에 대해서 보다 자세히 살펴 보겠지만 여기서 간단히 설명하면 다음과 같다. 중앙은행이 곧 통화공급을 10퍼센트 증가시킬 것이라고 일반인들이 정확하게 기대한다고 가상하자. 따라서 일반인들은 그림 9에서 보는 것처럼 총수요가 AD_1에서 AD_2로 증가하고 물가수준이 상승할 것이라고 추론한다.

   근로자들은 물가가 인상되면 자신들 임금의 구매력이 감소한다는 사실을 알고 있기 때문에 기대되는 더 높은 물가수준에 대해 특히 관심을 갖는다. 실질임금을 유지하기 위해서 근로자들은 더 높은 명목임금을 협상을 통해 받게 되며 이로 인해 그림 9의 단기 총공급곡선은 $SRAS_1$에서 $SRAS_2$로 이동한다.

   이제 *AD* 곡선이 (통화공급의 증가로 인해) 오른쪽으로 이동한 만큼 동일하게 *SRAS* 곡선이 (임금인상으로 인해) 왼쪽으로 이동한다면 실질 GDP는 변화하지 않고 Q_1에서 일정하다. 이처럼 **정확하게 기대된 통화공급의 증가는 실질 GDP를 증대시키는 데 효과가 없다.**

3. **개입주의적인 재량적 금융정책은 경제를 안정화 시키기보다 불안정화 시키기 쉽다.** 즉 상황을 개선하기보다 악화시킬 수 있다. 비개입주의자들은 개입주의자들의 재량적 금융정책이 경제를 불안정화 시키는 주된 요인으로 시차를 들고 있다(앞에서 살펴본 것처럼 전체 시차는 자료시차, 기다리는 태도시차, 입법시차, 전달시차, 효과시차로 구성된다). 비개입주의자들은 (예를 들면 12개월에서 20개월까지의) 긴 시차로 인해 재량적 금융정책을 효과적으로 시행하는 것은 거의 불가능하다고 주장한다. 중앙

그림 9

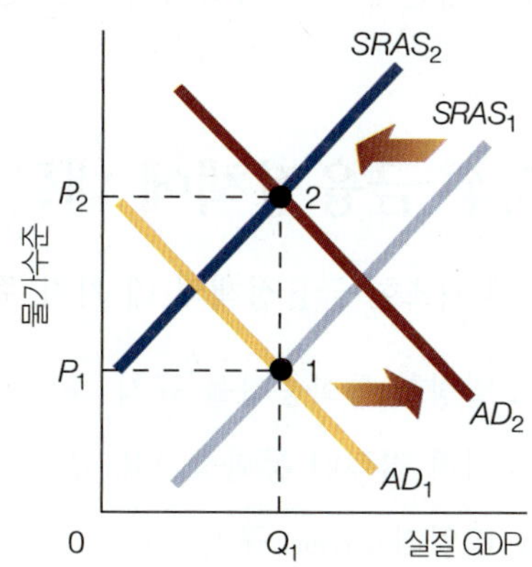

확장적 금융정책과 실질 GDP의 불변

확장적 금융정책이 기대되는 경우(따라서 더 높은 물가수준이 기대되는 경우) 근로자들은 협상을 통해 더 높은 임금을 받을 수 있다. 확장적 금융정책으로 인해 *AD* 곡선이 오른쪽으로 이동한 만큼 *SRAS* 곡선이 왼쪽으로 이동할 수 있다.

그림 10

금융정책이 경제를 불안정하게 할 수 있다

이 경우 *SRAS*곡선이 오른쪽으로 이동하지만(경제의 불황 갭이 제거되지만) 중앙은행은 이런 사실을 인지하지 못한다. 중앙은행이 확장적 금융정책을 시행하여서 점 1′에서 $SRAS_1$과 교차하는 대신에 점 2에서 중앙은행으로 인해 인플레이션 갭이 발생하여 경제가 불안정하게 된다.

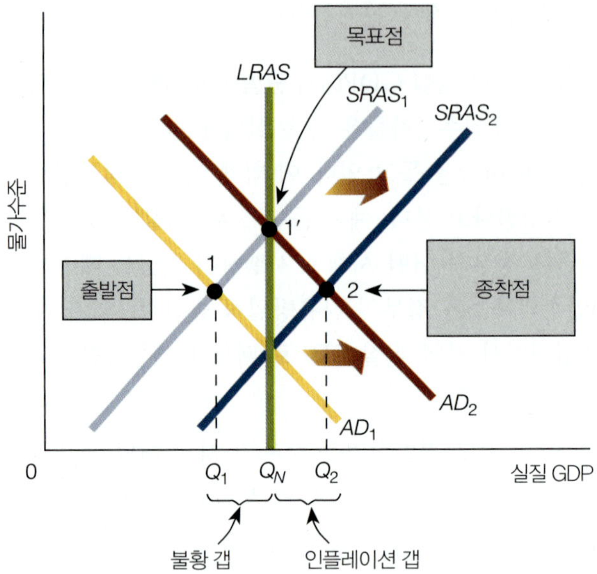

은행의 활성화 시책이 효력을 발휘할 때 쯤이면 해당 경제는 이런 시책이 필요하지 않을 수 있다. 따라서 이런 시책은 경제를 불안정화시킬 수 있으며 이렇게 되면 상황을 더 악화시킬 수 있다.

그림 10은 이런 상황을 보여주고 있다. 경제는 현재 점 1에서 불황 갭을 경험하고 있다고 가상하자. 중앙은행 관계자들이 불황을 인지하기 전에 이는 진행되고 있었다. 하지만 중앙은행 관계자가 불황을 인지하고 나서도 *AD* 곡선이 자연 실질 GDP, 즉 점 1′에서 *SRAS* 곡선과 교차하도록 AD_1에서 AD_2로 이동하길 바라면서 통화공급을 증가시킬지 생각하게 된다.

하지만 사람들이 인지하지 못하고 있는 동안 경제는 자동 조정이 이루어진다. 즉 *SRAS* 곡선이 오른쪽으로 이동한다. 중앙은행 관계자들은 해당 경제에 관한 자료를 수집하여 분석하는 데 시간이 소요되기 때문에 이런 이동이 발생했는지 알지 못한다. 경제는 자동 조정되지 않는다고 생각하거나 또는 신속하게 자동 조정되지 않는다고 생각하면서 중앙은행 관계자들은 확장적 금융정책을 시행하여 *AD* 곡선을 오른쪽으로 이동시킨다. 통화공급의 증가로 인한 영향이 재화 및 서비스 시장에서 효력을 발휘할 때쯤 *AD* 곡선은 점 2에서 *SRAS* 곡선과 교차한다. 간단히 말해 중앙은행은 처음에 바랬던 것처럼 해당 경제를 점 1에서 점 1′로 이동시키는 대신에 점 1에서 점 2로 이동시켰다. 중앙은행으로 인해 경제는 인플레이션 갭을 경험하게 되었다. 중앙은행은 경기변동을 완화시키고 안정화시키는 대신에 이를 악화시키게 되었다.

27.4 금융정책에 대한 비개입주의자의 제안

규칙에 기초한 금융정책의 네 가지 주요한 제안은 다음과 같다.

1. 일정한 통화증가율 규칙
2. 미리 결정된 통화증가율 규칙
3. 테일러(Taylor) 규칙
4. 인플레이션 목표치

1 일정한 통화증가율 규칙

많은 비개입주의자들은 금융정책의 유일한 목표는 물가수준을 안정시키는 것이라고 한다. 이 목표를 달성하기 위해서 이들은 **일정한 통화증가율 규칙**을 제안한다. 이를 다음과 같이 해석할 수 있다.

> 연간 통화공급 증가율은 실질 GDP의 연간 평균 성장률로 일정하여야 한다.

예를 들어 실질 GDP의 연간 평균 증가율이 약 3.3퍼센트라면 통화공급은 자동적인 지표에 따라 연간 3.3퍼센트의 율로 증가하여야 한다. 통화공급은 경제상황에 관계없이 이런 율로 증가하여야 한다.

일부 경제학자들은 일정한 통화증가율 규칙을 따를 경우 교환방정식($MV \equiv PQ$)으로 인해 물가수준이 안정된다고 예측한다. 실질 GDP(Q)의 연간 평균성장율이 3.3퍼센트이고 통화공급(M)이 3.3퍼센트로 증가할 경우 물가수준은 시간이 흐름에 따라 안정된다. 이 규칙을 주장하는 사람들은 실질 GDP의 성장률이 평균보다 낮은 연도에는 물가수준이 상승하고 실질 GDP의 성장률이 평균보다 높은 연도에는 물가수준이 하락하지만 시간이 흐름에 따라 물가수준은 안정된다고 본다.

2 미리 결정된 통화증가율 규칙

일정한 통화증가율 규칙에 대해 비판하는 사람들은 다음과 같은 두 가지 가정을 지적한다. (1) 화폐 유통속도는 일정하다. (2) 통화공급은 정확하게 정의된다. 이들 비판자들에 따르면 화폐 유통속도가 어느 기간에는 일정하지 않는다고 주장한다. 또한 통화공급에 대한 어떤 정의가 적절한지 분명하지 않으므로 M_1, M_2 또는 보다 광범위한 통화측정치 중 어느 것의 증가율을 고정시켜야 할지 명확하지 않다고 본다.

화폐 유통속도가 언제나 일정하지는 않다는 주장에 대응하여 일부 비개입주의자들은 다음과 같은 규칙을 선호한다.

> 연간 통화공급 증가율은 실질 GDP의 연간 성장률에서 화폐 유통속도 증가율을 뺀 것과 같다.

이를 다음과 같이 나타낼 수 있다.

$$\% \Delta M = \%\Delta Q - \%\Delta V$$

이 규칙에 따를 경우 통화공급 증가율은 고정되지 않는다. 이는 연도에 따라 변화할 수 있지만 실질 GDP 및 화폐 유통속도의 증가율에 의존해서 미리 결정된다. 이런 이유로 인해 이를 **미리 결정된 통화증가율 규칙**이라고 한다. 이 규칙을 적용해 보기 위해서 다음과 같이 교환방적식을 확장해서 해석해 보자.

$$\%\Delta M + \%\Delta V = \%\Delta P + \%\Delta Q$$

$\%\Delta Q$는 3퍼센트이고 $\%\Delta V$는 1퍼센트라고 가상하자. 이 규칙에 따르면 통화공급 증가율

은 2퍼센트가 되어야 한다. 이 통화공급 증가율 규칙은 물가수준을 안정적으로 유지시켜 준다. 즉 P의 백분율 변화는 0이 된다.

$$\%\Delta M + \%\Delta V = \%\Delta P + \%\Delta Q$$
$$2\% + 1\% = 0\% + 3\%$$

3 미국의 연방준비제도와 테일러 규칙

경제학자 존 테일러(John Taylor)는 금융정책에 대한 개입주의자와 비개입주의자의 중간에 위치하는 주장을 하였다. 그는 금융당국이 재량적인 결정을 내릴 때 지표가 될 어떤 규칙을 사용한다고 주장한다.

그의 규칙은 **테일러 규칙**이라고 알려져있으며 정책 입안자들이 연방자금 목표금리를 어떻게 설정해야 하는지를 제시한다(연방자금 금리는 앞에서 살펴본 것처럼 미국에서 어떤 은행이 다른 은행에게 단기간으로 제공한 자금에 대해 부과하는 이자율이다). 테일러 규칙 이면에 있는 묵시적인 경제적 논리는 (1) 낮은 인플레이션율 근처에서 안정화된 인플레이션 및 (2) 완전고용 수준 근처에서 안정화된 실질 GDP와 일치하는 연방자금 목표금리가 존재한다는 것이다. 목적은 이 목표금리를 구하고 이에 부합되는 중앙은행 시책을 시행하는 것이다.

존 테일러는 자신의 이름을 따서 명명된 테일러 규칙의 세부사항을 다음과 같이 정의하였다.

> 연방자금 목표금리는 인플레이션율에 1.5를 곱한것과 GDP갭에 0.5를 곱한 것을 합하고 여기에 1을 더한 것과 같아야만 한다.

이를 대수적으로 나타내면 다음과 같다.

연방자금 목표금리 = 1.5(인플레이션율) + 0.5(GDP 갭) + 1

위의 식에서 GDP 갭은 잠재적인 실질 GDP 수준으로부터 실질 GDP가 벗어난 백분율로 측정된다. 위의 규칙을 이용하여 존 테일러 교수가 미국의 연방준비제도에게 추천한 연방자금 목표금리를 계산하여 보자. 인플레이션율은 5퍼센트이고 GDP 갭은 3퍼센트라고 가상하자. 이 숫자들을 위의 방정식에 대입하면 다음과 같다.

연방자금 목표금리 = 1.5(5퍼센트) + 0.5(3퍼센트) + 1
= 7.5 + 1.5 + 1
= 10퍼센트

4 인플레이션 목표치

인플레이션 목표치

많은 경제학자들은 중앙은행이 미리 결정된 수준으로 인플레이션율을 유지하도록 요구하는 **인플레이션 목표치**(inflation targeting)를 추천한다. 이와 관련된 주요한 세 가지 문제는 다음과 같다. 첫째, 인플레이션율 목표치가 (예를 들면 2.5퍼센트처럼) 좁은 범위이어야 하는지에 관한 문제이다. 둘째, 특정수치의 백분율이든지 또는 범위이든지 간에 해당 백분율 또는 범위는 무엇이 되어야 하는가? 예를 들면 특정 백분율이라면 그것은 예를 들어 2.0퍼센트 또는 3.0퍼센트이어야 하는가? 셋째, 인플레이션율 목표치가 발표되어야 하는지 여부에 관한 것이다. 다시 말해 중앙은행이 인플레이션율 목표치로 예를 들면 2.5퍼센트를 채택한 경우 이 목표치를 일반인에게 공표하여야 하는가?

세계의 많은 중앙은행들이 인플레이션 목표치를 시행하고 이를 발표하고 있다. 예를 들면 뱅크 오브 캐나다는 인플레이션 목표치를 2퍼센트로 설정하고 1991년 이래로 이 인플레이션 목표치를 발표하고 있다. 인플레이션 목표치를 시행하는 다른 중앙은행으로는 뱅크 오브 잉글랜드, 센트럴 뱅크 오브 브라질, 뱅크 오브 이스라엘, 리저브 뱅크 오브 뉴질랜드 등이 있다.

인플레이션율 목표치를 시행하는 경우 중앙은행은 실제 인플레이션율을 목표치 근처에 유지하기 위한 금융정책을 시행한다. 예를 들어 목표치가 2퍼센트이고 실제 인플레이션율이 예를 들면 5퍼센트인 경우 중앙은행은 통화공급 증가율(또는 절대 통화공급 규모)을 낮추어서 실제 인플레이션율을 목표치에 근접시키고자 한다.

인플레이션 목표치 설정에 찬성하는 사람들은 이런 정책이 물가를 안정시키려는 중앙은행의 목표와 일치한다고 주장한다. 반면에 반대하는 사람들은 이런 정책은 예를 들면 금융위기를 극복하기 위해서 목표치를 무시할 필요가 있을 때처럼 이따금 중앙은행에게 제약을 가하게 된다고 한다.

요약 및 정리

141 케인지언 전달구조

- 화폐시장과 재화 및 서비스 시장 사이의 케인지언 전달경로는 간접적이다. 화폐시장이 변화할 경우 재화 및 서비스 시장이 영향을 받기 전에 투자재 시장에 영향을 미쳐야 한다. 유동성 함정이 존재하지 않고 투자가 이자율에 반응한다고 가정하면 통화공급 증가에 따른 전달구조는 다음과 같다. 통화공급이 증가하면 이자율이 하락하고 투자가 증가한다. 이로 인해 총수요가 증가하고 *AD* 곡선이 오른쪽으로 이동하여 실질 GDP가 증대한다. 동일한 가정 하에서 통화공급 감소에 따른 전달구조는 다음과 같다. 통화공급이 감소하면 이자율이 상승하고 투자가 감소한다. 이로 인해 총수요는 감소하고 *AD* 곡선이 왼쪽으로 이동하여 실질 GDP가 감소한다.

142 통화주의자 전달구조

- 화폐시장과 재화 및 서비스 시장 사이의 통화주의자 전달경로는 직접적이다. 통화공급의 변화는 총수요에 영향을 미친다. 통화공급이 증가하면 사람들은 다양한 재화에 대한 지출은 증가시킨다.

143 채권가격과 이자율

- 이자율과 기존 채권의 가격은 역의 관계가 성립한다.

144 개입주의자와 비개입주의자 사이의 논쟁

- 개입주의자들은 경기변동을 완화시키기 위해서 금융정책을 재량적으로 사용하여야 한다고 주장한다. 이들은 경제에 대한 미세조정을 하기 위해서 재량적인 금융정책을 선호한다. 비개입주의자들은 재량적인 금융정책의 시행에 반대하며 규칙에 기초한 금융정책을 제의한다.
- 재량적 금융정책은 다음과 같은 세 가지 주요한 주장에 근거한다.
  (1) 경제가 반드시 신속하게 자연 실질 GDP에서 균형을 이루는 것은 아니다.
  (2) 경제에 개입하는 적극적인 금융정책이 작동을 한다.
  (3) 경제에 개입하는 금융정책은 신축적이어야 하며 이런 신축성이 금융정책에서 필요하다.
- 비개입주의적인 금융정책은 다음과 같은 세 가지 주요한 주장에 근거한다.

(1) 경제가 합리적인 속도로 자연 실질 GDP에서 균형을 이룰 수 있을 만큼 임금 및 물가는 신축적이다.

(2) 경제에 개입하는 적극적인 금융정책이 작동하지 않을 수 있다.

(3) 재량적인 금융정책은 상황을 개선하기보다 악화시킬 수 있다.

145 금융정책에 대한 비개입주의자의 제안

- 일정한 통화증가율 규칙에 따르면 연간 통화공급 증가율은 실질 GDP의 연간 평균성장율로 일정하여야 한다고 본다.
- 미리 결정된 통화증가율 규칙에 따르면 연간 통화공급 증가율은 실질 GDP의 연간 평균성장률에서 화폐 유통속도 증가율을 뺀 것과 같다고 한다.
- 테일러 규칙은 다음과 같다: 연방자금 목표금리 = 1.5(인플레이션율) + 0.5(GDP 갭) + 1
- 인플레이션 목표치는 중앙은행으로 하여금 인플레이션율을 미리 결정된 수준으로 유지하도록 하는 것이다.

주요 용어 및 개념

전달구조
화폐(잔고)에 대한 수요
유동성 함정
확장적 금융정책
수축적 금융정책
개입주의자
미세조정
비개입주의자
인플레이션 목표치

연습문제

01. 비개입주의자들은 실질 GDP와 실업에 관심을 갖고 있지 않다고들 한다. 왜냐하면 (전부가 아니라면) 대부분의 비개입주의자들이 금융정책의 즉각적인 목표로 물가수준의 안정을 꼽고 있기 때문이다. 논의하시오.

02. 금융정책은 상대가격에 영향을 미칠 수 있다. 이에 동의하는가? 설명하시오.

03. 케인지언 전달구조는 어떻게 작동하는지 설명하시오.

04. 인플레이션 목표치는 어떻게 작동하는가?

05. 통화주의자의 전달구조는 어떻게 작동하는지 설명하시오.

06. 금융규칙을 지지하는 입장과 반대하는 입장에서 논의하시오.

07. 너무 많은 통화를 갖는 것이 어떻게 가능한지 설명하시오.

08. 개입주의자와 비개입주의자는 각각의 입장에 대해 적절한 주장을 하고 있다. 개입주의자는 비개입주의자에게 자신의 주장을 받아들이게 하는 말을 할 수 있다고 생각하는가? 만일 할 수 있다면 그것은 무엇인가? 할 수 없다면 그것은 무엇인가?

09. 통화수요곡선의 기울기가 하향하는 이유는 무엇 때문인가?

10. 앞에서 공급 및 수요에 대해 논의하면서 두 상품이 대체재인 경우 한 상품의 가격과 다른 상품에 대한 수요는 정의 관계가 있다고 하였다. 예를 들어 펩시콜라와 코카콜라가 대체재라면 펩시콜라 가격이 인상될 경우 코카콜라에 대한 수요가 증가한다. 채권과 주식이 대체재라고 가상하자. 이자율과 채권가격은 역의 관계가 있음을 알고 있다. 주식가격과 이자율 사이의 관계에 대해 무엇을 예측할 수 있는가? 설명하시오.

11. 채권가격이 하락할 경우 사람들은 어느 정도의 화폐를 보유하려 하는가? 설명하시오.

12. 유동성 함정은 존재하지 않으며 투자는 이자율에 반응한다는 사실을 입증하였다고 가상하자. 이는 확장적 금융정책이 실질 GDP를 변화시키는 데 반드시 효과가 있지는 않다는 케인지언의 주장을 반박하는 데 충분한가? 설명하시오.

13. 다음과 같은 경우를 생각해 보자. 두 명의 연구자 A 및 B는 기름진 음식의 섭취가 심장병으로 이어지는지 여부를 결정하고자 한다. 두 연구자는 서로 다르게 연구를 진행하였다. 연구자 A는 기름진 음식이 먼저 인체의 X에 영향을 미치고 X가 영향을 받으면 Y가 영향을 받으며 다시 Y가 영향을 받으면 Z가 영향을 받는다는 모형을 설정하였다. 최종적으로 Z가 영향을 받을 경우 심장이 영향을 받아서 심장병에 걸릴 확률이 증가한다. 연구자 B는 이런 단계별로 이루어지는 연구방법을 채택하지 않았다. 그녀는 기름

진 음식을 많이 섭취하는 사람이 거의 섭취하지 않는 사람보다 더 많이 심장병에 걸리는지 또는 더 적게 걸리는지 또는 동일한지 여부를 관찰하였다. 어떤 연구자의 연구방법이 케인지언 전달구조에 묵시적으로 함축된 연구방법과 더 공통점이 많은가? 어떤 연구자의 연구방법이 통화주의자의 전달구조에 묵시적으로 함축된 연구방법과 더 공통점이 많은가? 설명하시오.

14. 더 정확한 자료와 더 나은 예측기법을 혼합하여 사용할 경우 중앙은행은 10개월에서 16개월까지 앞서 경기후퇴를 예측하는 것이 용이해진다고 가상하자. 이는 개입주의자 또는 비개입주의자 중 누구의 입장을 강화시키게 되는가? 설명하시오.

숫자 및 그래프를 활용한 문제

01. 마누엘(Manuel)은 지난해에 연간 900달러를 지급하기로 약정한 채권을 10,000달러를 주고 매입하였다. 올해에는 연간 1,000달러를 지급하기로 약정한 채권을 10,000달러를 주고 매입하였다. 마누엘이 이전의 채권을 매도하려 한다면 가격은 얼마나 되겠는가?

02. 차루(Charu)는 지난해에 연간 1,000달러를 지급하기로 약정한 채권을 10,000달러를 주고 매입하였다. 올해 투자자들은 연간 800달러를 지급하기로 약정한 채권을 10,000달러를 주고 매입할 수 있다. 차루가 이전의 채권을 매도하려 한다면 가격은 얼마나 되겠는가?

03. 실질 GDP의 연간 평균 백분율 변화가 2.3퍼센트이고 화폐 유통속도의 연간 평균 백분율 변화는 1.1퍼센트이다. 이 장에서 논의한 통화공급 규칙을 이용하여 물가수준을 안정적으로 유지시키는 통화공급의 (평균) 백분율 변화는 무엇인지 말하시오.

04. 투자수요 곡선이 이자율에 대해 반응을 하지 않으면 않을수록 금융정책이 실질 GDP를 변화시킬 수 있는 효과는 더욱 작아진다는 사실을 그래프를 이용하여 보이시오.

05. 다음 그림 중 어느 것이 아래의 각 상황을 가장 잘 설명하는지 고르시오.

a. 경제를 불황 갭으로부터 효과적으로 벗어나게 하는 확장적 금융정책

b. 경제를 불안정하게 하는 확장적 금융정책

c. 경제를 인플레이션 갭으로부터 효과적으로 벗어나게 하는 수축적 금융정책

d. 실질 GDP를 변화시키는 데 효과가 없는 금융정책

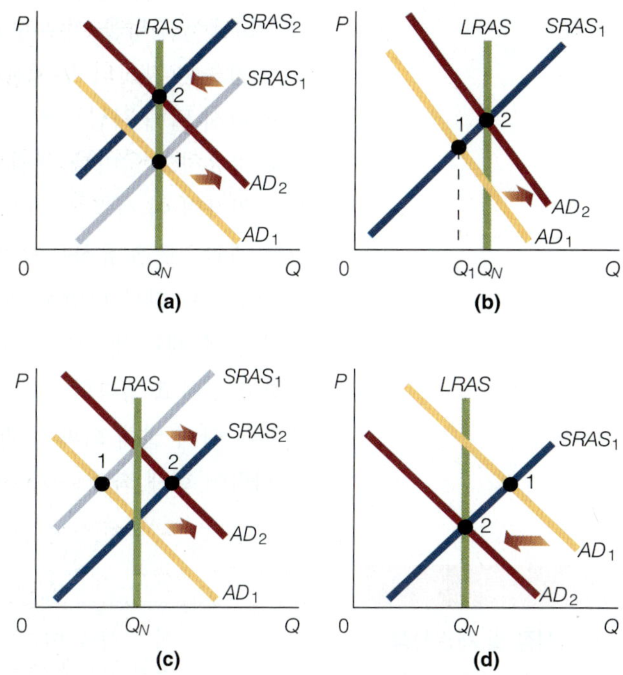

06. 다음과 같은 조건 하에서 케인지언 전달구조를 그래프를 이용하여 설명하시오.

a. 통화공급의 감소

b. 유동성 함정이 존재하지 않는다.

c. 기울기가 하향하는 투자수요곡선

07. 통화공급이 감소할 때 그래프를 이용하여 통화주의자의 전달구조를 설명하시오.

08. 인플레이션율은 8퍼센트이고 GDP 갭이 3퍼센트인 경우 테일러 규칙에 따르면 연방자금 목표금리는 얼마가 되어야 한다고 보는가?

부록 D

채권가격과 이자율

채권가격과 이자율 사이에는 역의 관계가 성립한다. 즉 채권가격이 상승하면 이자율이 하락하고 채권가격이 하락하면 이자율이 상승한다. 여기서는 화폐시장과 채권시장을 면밀히 검토함으로써 이런 관계를 설명하고자 한다.

화폐시장은 그림 1(a)에서 균형을 이루며 균형 이자율은 5퍼센트이다. 채권시장은 그림 1(b)에서 균형을 이루며 균형 채권가격은 P_{B1}이다.

사람들은 자신의 부(재산)을 두 가지 형태, 즉 화폐 또는 채권으로만 보유한다고 가상하자. 다시 말해 사람들은 언제나 다음과 같은 결정을 하여야 한다. "나의 부 중 얼마를 화폐로 보유하고 얼마를 채권으로 보유할 것인가?" 어떤 사람이 현재 100,000달러를 보유하고 있다면 이 사람은 (자신의 부 중에서) 50,000달러를 화폐로 보유하고 나머지 50,000달러는 채권으로 보유하든지 또는 화폐로 25,000달러 그리고 채권으로 75,000달러를 보유하든지 또는 다른 다양한 방법으로 보유하게 된다.

부는 화폐와 채권의 형태로만 보유할 수 있기 때문에 어떤 사람이 **너무 많은 화폐**를 보유하고 있다고 생각할 경우 이 사람은 또한 너무 적은 채권을 보유하고 있다고 생각하여야한다. 다시 말해 화폐의 과잉보유는 반드시 채권의 과소보유를 의미한다. 예를 들면 어떤 사람이 현재 화폐로 25,000달러, 채권으로 75,000달러를 보유하고 있다고 하자. 이 사

그림 1

화폐시장 및 채권시장

(a) 화폐시장은 이자율 5퍼센트 수준에서 균형을 이룬다. (b) 채권시장은 채권가격 P_{B1} 수준에서 균형을 이룬다. 이 시장들 중에서 한 개가 균형을 이룰 경우 다른 시장도 역시 균형을 이룬다.

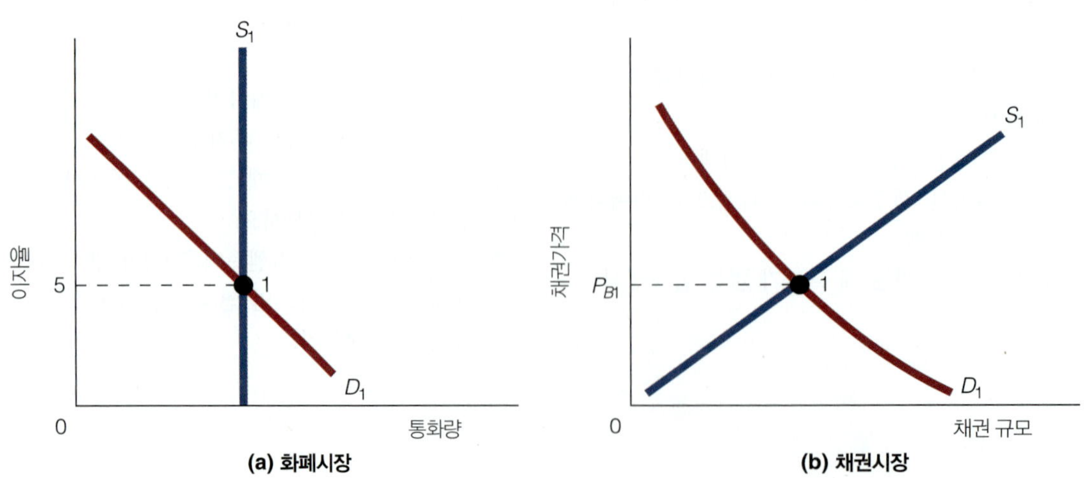

람은 자신이 너무 많은 화폐를 보유하고 있다고 생각한다. 그러면 이 사람은 또한 너무 적은 채권을 보유하고 있다고 생각하여야 한다. 이 사람은 화폐 중 5,000달러를 꺼내서 5,000달러 상당의 채권을 매입할 수 있으며 이렇게 되면 화폐로 20,000달러, 채권으로 80,000달러를 보유하게 된다.

이렇게 화폐의 과잉이 채권의 부족을 의미한다면 시장에서 볼 경우 화폐시장의 과잉은 채권시장의 부족을 의미한다.

어떤 사람은 자신이 너무 적은 화폐를 보유하고 있는 것으로 생각한다고 가상하자. 화폐로 25,000달러를 보유하는 대신에 화폐로 30,000달러는 보유하고자 한다. 물론 너무 적은 화폐를 보유한다는 것은 반드시 자신의 부 중에서 너무 많은 부분을 채권으로 보유한다는 것을 의미한다. 다시 말해 화폐의 부족은 채권의 과잉을 의미한다.

이처럼 화폐시장의 부족은 채권시장의 과잉을 의미한다 이를 요약하면 다음과 같다

자신의 부(재산) 중에서 너무 많은 부분을 화폐로 보유한다→
자신의 부 중에서 너무 적은 부분을 채권으로 보유한다.

또는 다음과 같다.

화폐시장의 과잉 → 채권시장의 부족

자신의 부(재산) 중에서 너무 적은 부분을 화폐로 보유한다→
자신의 부 중에서 너무 많은 부분을 채권으로 보유한다.

또는 다음과 같다.

화폐시장의 부족 → 채권시장의 과잉

이제는 그림 2를 살펴보도록 하자. 각 시장의 점 1에서 화폐시장과 채권시장은 둘 다 균형을 이룬다. 사람들은 적정한 규모의 화폐와 채권을 보유하고 있다. 중앙은행이 통화공급을 증가시키는 조치를 시행하였다고 가상하자. 그림 2(a)에서 통화공급곡선은 오른쪽, 즉 S_1에서 S_2를 이동하게 된다. 최초의 이자율 5퍼센트에서 화폐시장은 이제 통화 과잉이 발생한다. 하지만 화폐시장에서의 통화 과잉은 채권시장에서의 채권 부족을 의미하여야만 한다.

이런 부족현상은 어떻게 나타나는가? 화폐시장에서의 과잉현상으로 인해 사람들은 "과잉 통화"를 갖고 채권을 매입하기 시작한다. 채권시장에서 채권에 대한 수요곡선은 오른쪽, 즉 D_1에서 D_2로 이동한다. 이제 화폐시장에서는 5퍼센트 이자율 수준에서 통화 과잉이 발생하고 채권시장에서는 가격 P_{B1} 수준에서 채권 부족이 발생한다. 두 시장은 현재의 이자율과 채권가격에서 불균형상태에 있다.

시장은 균형을 이루기 시작한다. 채권시장에서 채권가격은 P_{B2}를 향해 상승하기 시작한다. 채권가격이 상승함에 따라 화폐시장에서 이자율은 하락하기 시작하여 균형수준인 4퍼센트를 향해 이동한다. 결국 두 시장은 균형을 이루게 된다. 즉 화폐시장은 4퍼센트에서 채권가격 P_{B2}에서 균형을 달성하게 된다.

그림 2

화폐시장의 변화는 채권시장에 영향을 미친다

(a) 화폐시장은 최초에 점 1에서 균형을 이루고 균형 이자율은 5퍼센트가 된다. (b) 채권시장은 최초에 점 1에서 균형을 이루고 균형 채권가격은 P_{B1}가 된다. (a)에서 보는 것처럼 중앙은행이 화폐시장에서 통화공급을 증대시키면 통화공급곡선은 오른쪽, 즉 S_1에서 S_2로 이동한다. 이제는 이자율 5퍼센트 수준에서 통화 과잉이 발생한다. 이로 인해 개인들은 보다 많은 채권을 매입하기 시작하고 그림 (b)에서 채권수요곡선은 오른쪽, 즉 D_1에서 D_2로 이동한다. 따라서 채권시장에서는 채권가격 P_{B1} 수준에서 채권 부족이 발생한다. 이제는 두 시장 모두가 불균형 상태에 있게 된다. 채권가격이 상승함에 따라 이자율은 하락하며 이런 현상이 화폐시장에서도 발생한다. 궁극적으로 두 시장 모두 균형이 회복된다. 이제 균형이자율은 4퍼센트이며 채권가격은 P_{B2}가 된다.

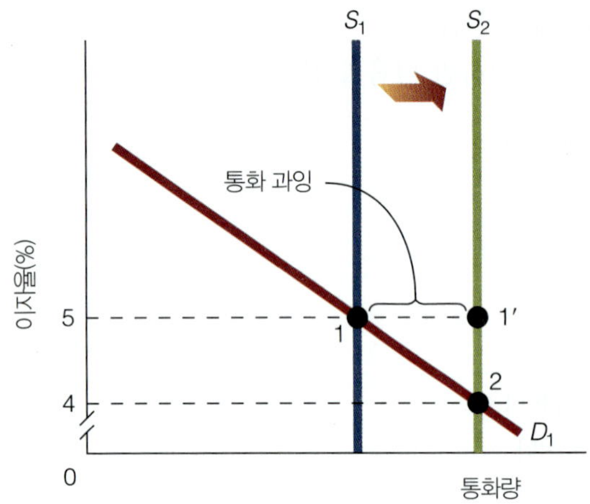

(a) 화폐시장

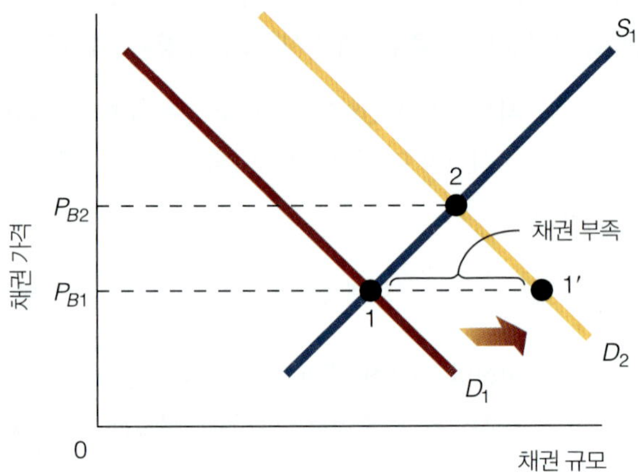

(b) 채권시장

요약 및 정리

- 사람들은 자신의 부(재산)를 화폐와 채권으로만 보유할 수 있다고 가상하자. 어떤 사람이 자신의 부 중에서 너무 많은 부분을 화폐로 보유한다고 믿는다면 그는 또한 너무 적은 부분을 채권으로 보유한다고 믿고 있다. 이와 유사하게 어떤 사람이 자신의 부 중에서 너무 적은 부분을 화폐로 보유한다고 믿는다면 그는 또한 너무 많은 부분을 채권으로 보유한다고 믿고 있다.
- 화폐시장에서의 과잉은 채권시장에서의 부족을 의미한다. 화폐시장에서의 부족은 채권시장에서의 과잉을 의미한다.

연습문제

01. 화폐시장과 채권시장이 모두 균형상태에 있는 그래프를 그리시오. 그리고 나서 중앙은행이 통화공급을 증가시킬 경우 이자율과 채권가격에 어떤 일이 발생하는지 그래프를 이용하여 설명하시오.

02. 화폐시장과 채권시장이 모두 균형상태에 있는 그래프를 그리시오. 그리고 나서 중앙은행이 통화공급을 감소시킬 경우 이자율과 채권가격에 어떤 일이 발생하는지 그래프를 이용하여 설명하시오.

03. 다음과 같은 경우에 채권시장의 상황(균형, 부족, 과잉)을 나타내시오.

a. 화폐시장에서의 부족

b. 화폐시장에서의 과잉

c. 화폐시장에서의 균형

04. 중앙은행의 시책은 화폐시장에는 영향을 미치지만 채권시장에는 영향을 미치지 못한다. 이 말에 동의하는가? 설명하시오.

제 28 장 기대이론 및 경제

28.1 필립스 곡선의 분석

인플레이션과 실업의 관계를 분석하기 위해서 **필립스 곡선**(Phillips curve)을 이용할 것이다. 세 명의 경제학자, 즉 필립스(A.W. Phillips) 교수, 사뮤엘슨(Paul Samuelson) 교수, 솔로우(Robert Solow) 교수의 연구에 초점을 맞추어 필립스 곡선을 논의할 것이다.

필립스 곡선

1 필립스 곡선

1958년 영국의 필립스 교수는 "영국에서 실업과 명목임금 변화율 사이의 관계, 1861~1957"이란 논문을 발표하였다. 제목이 시사하는 것처럼 필립스 교수는 거의 1세기에 걸쳐 영국에 관한 임금 인플레이션이라고 하는 **명목임금의 변화율**과 **실업률**에 관한 자료를 수집하였다. 그는 각 연도에 관해 실업률에 대한 명목임금 변화율을 도표로 나타내었다. 그림 1에서 보는 것처럼 그는 이 자료에 적합한 곡선을 도출하였다.

역의 관계 필립스 곡선이라고 알려진 이 곡선의 기울기는 하향하며 이는 명목임금 변화율(임금 인플레이션)과 실업율 사이에 **역의 관계**가 성립한다는 의미이다.[1] 이런 역의 관계는 다시 임금 인플레이션과 실업 사이에 상충관계가 있음을 나타낸다. 즉 임금 인플레이션이 높아지면 실업이 낮아지고 임금 인플레이션이 낮아지면 실업이 높아진다.

1) 임금 인플레이션과 실업 사이에 존재하는 역의 관계에 관한 초기 설명은 총수요가 주어진 상황하에서 노동시장의 상태에 초점을 맞추었다. 총수요가 증가할 때 기업들은 생산을 확대하고 고용을 증가시킨다. 실업률이 하락함에 따라 노동시장은 더욱 견고해져서 고용주들은 이전의 임금으로 근로자를 채용하기가 점점 더 어려워진다. 기업들은 노동자들을 추가적으로 구하기 위해서 더 높은 임금을 제안해야만 한다. 이처럼 실업과 명목임금은 정반대로 움직인다.

그림 1

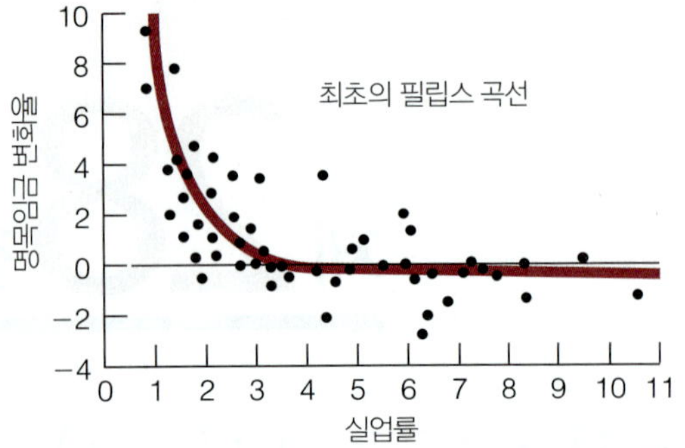

최초의 필립스 곡선

이 곡선은 1861년부터 1913년까지 영국의 자료를 이용하여 필립스(A. W. Phillips) 교수가 제시하였다(이 그림에서 제시된 관계는 1957년까지 영국의 경험을 나타낸다). 최초의 필립스 곡선에 따르면 임금 인플레이션과 실업 사이에 역의 관계가 있음을 보여준다. 즉 임금 인플레이션과 실업 사이에 상충관계가 있다. (주: 점들은 해당 연도를 나타낸다.)

필립스 곡선을 통해서 정책 입안자들은 임금 인플레이션과 실업을 둘 다 낮추기는 불가능하다고 결론을 내렸다. 단지 둘 중 하나만을 선택할 수 있었을 뿐이다. 따라서 낮은 임금 인플레이션과 낮은 실업의 결합은 발생하지 않을 것처럼 보였다. 이는 나쁜 뉴스이다.

좋은 뉴스는 높은 실업과 높은 임금 인플레이션도 역시 함께 발생하지 않는다는 것이다. 따라서 높은 실업과 높은 인플레이션의 결합은 이루어지지 않을 것처럼 보였다.

2 사뮤엘슨 교수와 솔로우 교수의 연구결과: 필립스 곡선의 미국화

1960년에 두 명의 미국 경제학자 즉, 사뮤엘슨 교수와 솔로우 교수는 필립스 곡선을 1935년부터 1959년까지의 **미국 경제자료**에 적용한 논문을 발표하였다. 이들은 영국 자료 대신에 미국 자료를 사용한 것 이외에 실업률에 대해서 (임금 인플레이션율 대신에) **가격 인플레이션율**을 측정하였다. 그림 2에서 보는 것처럼 이들은 (가격) 인플레이션과 실업 사이에 역의 관계에 있음을 발견하였다.

스태그플레이션

경제학자들은 필립스 곡선으로부터 **스태그플레이션**(stagflation) 또는 높은 실업과 동시에 높은 인플레이션이 발생하는 상황은 극히 드물다는 결론을 내리게 되었다. 경제에는 (1) 높은 실업과 낮은 인플레이션 또는 (2) 낮은 실업과 높은 인플레이션이 발생할 수 있다. 또한 경제학자들은 필립스 곡선이 **선택의 메뉴**를 정책 입안자들에게 제시한다는 사실도 깨닫게 되었다. 예를 들면 정책 입안자들은 경제를 그림 2에 있는 필립스 곡선 상의 어떤 점으로 이동시킬 수 있다. 높은 실업과 낮은 인플레이션을 나타내는 점 *A*가 낮은 실업과 높은 인플레이션을 나타내는 점 *D*보다 선호된다고 결정을 내리게 되면 그렇게 할 수 있다. 경제를 바람직한 점으로 이동시키는 일은 간단히 말해 총수요를 적절한 수준에 도달하게 하는 것이다. 경제에 대한 미세조정(즉 바람직하지 않은 경제추세에 대해 균형을 맞추기 위한 소규모 조치)을 주장하는 케인지언 경제학자들에게 이런 결론은 자신들의 이론 및 정책 제안과 일치하는 것처럼 보였다.

그림 2

필립스 곡선과 선택의 메뉴

미국의 자료를 이용한 사뮤엘슨(Samuelson) 교수와 솔로우(Solow) 교수의 연구에 따르면 필립스 곡선의 기울기는 하향한다. 스태그플레이션은 거의 발생하지 않으며 필립스 곡선은 점 *A*, *B*, *C*, *D* 중에서 고를 수 있는 선택의 메뉴를 정책 입안자들에게 제시할 수 있다고 경제학자들은 생각하였다.

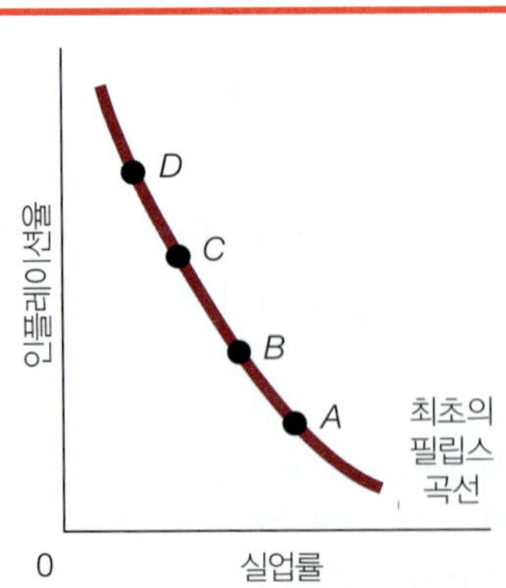

28.2 논쟁의 시작: 정말로 두 개의 필립스 곡선이 존재하는가?

여기서는 밀턴 프리드먼(Milton Friedman) 교수의 연구 및 하나가 아닌 두 개의 필립스 곡선이 존재한다는 가설에 대해 살펴볼 것이다.

1 상황이 언제나 생각하는 것과 같지는 않다

1970년대와 1980년대 초에 경제학자들은 필립스 곡선이 제시한 결론에 대해 의문을 갖게 되었으며 이런 의문점들은 1969년 이후 발생한 상황에서 유래되었다. 그림 3은 1961~2003년 사이 미국의 인플레이션율과 실업률을 보여주고 있다. 음영된 부분인 1961~1969년 기간은 인플레이션과 실업 사이에 상충관계가 있는 원래의 필립스 곡선을 보여준다. 예를 들

그림 3

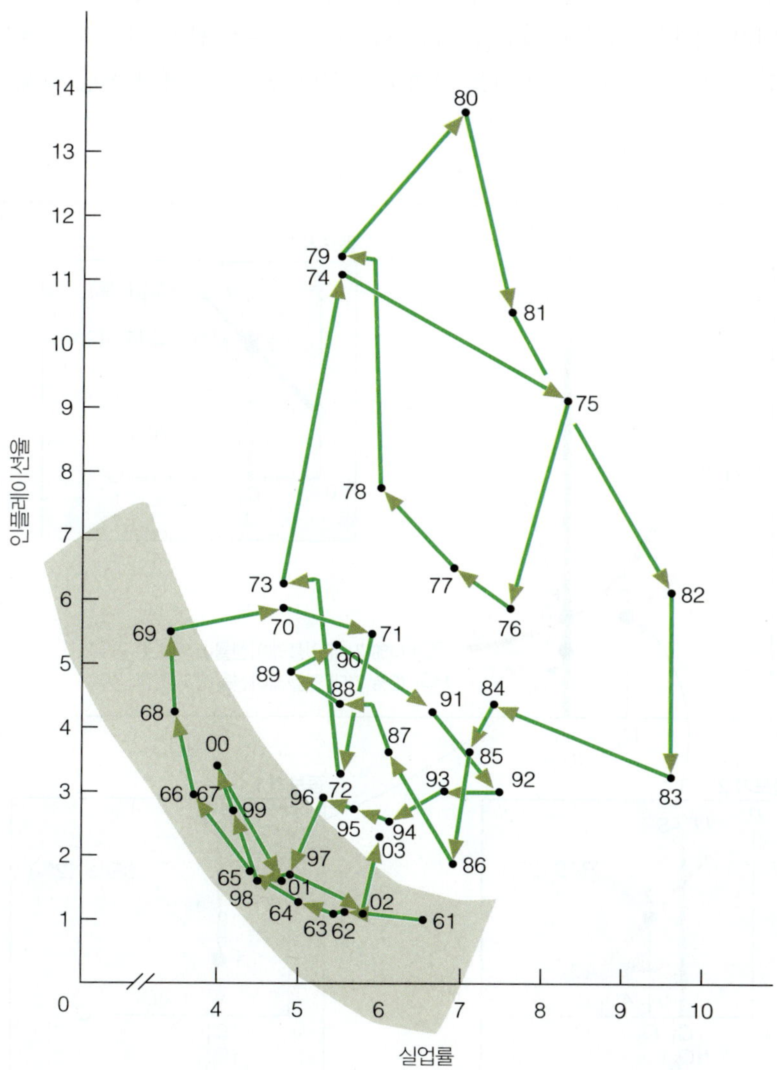

의문이 제기되는 도표: 인플레이션과 실업, 1961~2003

1961~1969년 동안은 인플레이션과 실업 사이에 상충관계를 보여주는 최초의 필립스 곡선이 존재한다. 1970~2003년 동안은 대체로 이런 관계가 존재하지 않는다. 하지만 예를 들면 1976~1979년 동안처럼 일부 기간에서는 이런 관계가 존재한다. 이 그림은 스태그플레이션이 존재할 수도 있고 인플레이션과 실업 사이에 상충관계가 존재하지 않을 수도 있다는 실증자료를 보여주고 있다.

면 1976~1979년과 같은 일부 기간은 상충관계가 있지만 1970~2003년 사이의 나머지 기간은 대체로 상충관계가 없다.

1970~2003년 사이의 기간에 높은 실업과 높은 인플레이션이 발생하는 스태그플레이션이 가능했다는 사실에 주목하자. 예를 들면 1975년, 1981년, 1982년은 분명히 스태그플레이션이 발생한 연도이다. 스태그플레이션이 존재한다는 사실은 인플레이션과 실업 사이에 상충관계가 반드시 존재하지 않을 수도 있다는 의미이다.

2 프리드먼 교수와 자연율 이론

밀턴 프리드먼 교수는 1967년에 필립스 곡선의 기울기가 영구적으로 하향한다는 주장에 반론을 제기하였다. 프리드먼 교수 주장의 핵심은 한 개가 아니라 두 개의 필립스 곡선, 즉 단기 필립스 곡선과 장기 필립스 곡선이 존재한다는 것이다. 프리드먼 교수에 따르면 다음과 같다. 인플레이션과 실업 사이에는 언제나 일시적인 상충관계가 존재하지만 영구적인 상충관계는 존재하지 않는다. 즉 단기적으로는 상충관계가 발생하지만 장기적으로는 발생하지 않는다. 프리드먼 교수는 두 가지 형태의 필립스 곡선뿐만 아니라 경제적 현상에 대한 사람들의 기대가 경제적 결과에 영향을 미친다는 기대이론에 관한 연구의 기틀을 다졌다. 그림 4는 단기 및 장기 필립스 곡선을 보여주고 있다. 돋보기 1에서 해당 경제는

그림 4

단기 및 장기 필립스 곡선

이 그림의 점 1에서부터 시작하여 보자. 총수요가 증가할 경우 기대 인플레이션율이 일정하다고 가정하면 경제는 점 2로 이동한다. 기대 인플레이션율이 변화하여 실제 인플레이션율과 동일해질 때 경제는 점 3으로 이동한다. 점 1 및 2는 단기 필립스 곡선 상에 있으며 점 1 및 3은 장기 필립스 곡선 상에 있다. (주: *SRAS* 곡선의 괄호 안에 있는 백분율은 기대 인플레이션율을 의미한다.)

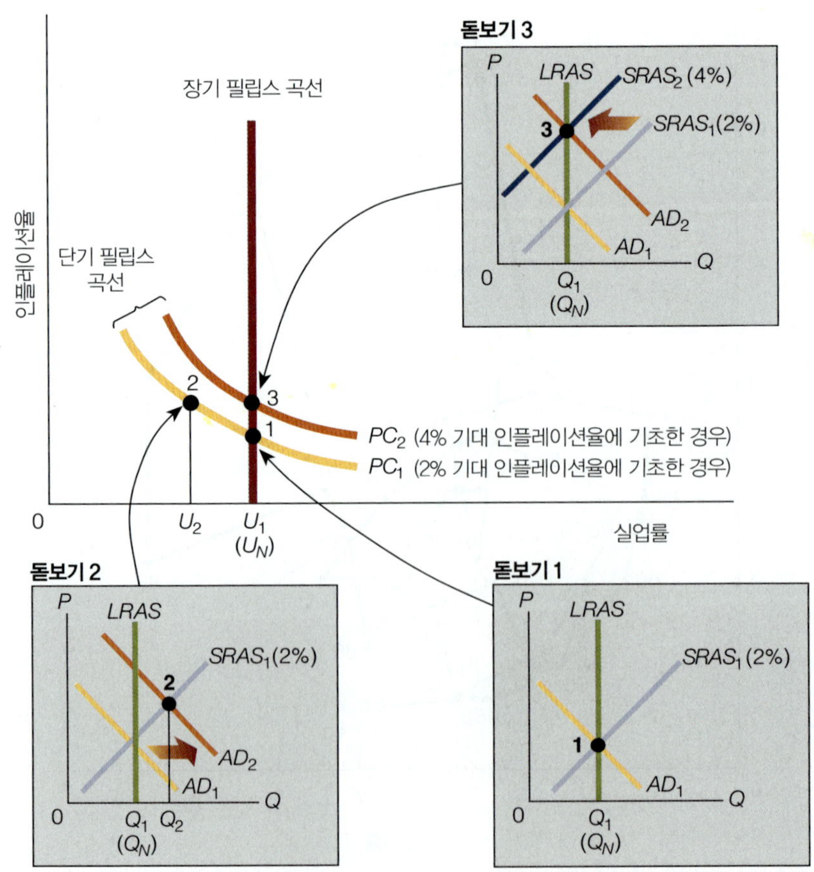

장기 균형상태에 있다. 즉 Q_N과 동일한 Q_1에서 운용되고 있다. 이 그림에서는 해당 경제가 점 1의 자연실업률 U_N에서 운용된다. 나아가 중요한 점은 **기대 인플레이션율과 실제 인플레이션율을 동일하게** 2퍼센트라고 가정한 사실이다.

이제 정부가 돋보기 2에서 보는 것처럼 **기대하지 않게** 총수요를 AD_1에서 AD_2로 증가시켰다고 가상하자. 이에 따라 **실제** 인플레이션율은 (예를 들면 4퍼센트로) 증가하였지만 (총수요가 증가한 직후인) 단기적으로 개별 의사결정자들은 이를 인지하지 못한다. 따라서 **기대** 인플레이션율은 계속 2퍼센트이다. 간단히 말해 총수요는 증가하지만 사람들의 기대 인플레이션율은 불변한다.

이런 상황 하에서 새로운 결과가 전개된다. 총수요가 증가함에 따라 일시적인 부족현상이 발생하고 물가가 상승한다. 기업들은 생산량이 증가함에 따라 인상된 물가와 증대하는 이윤에 대응하게 된다. 생산량이 증가하면 더 많은 근로자가 필요하며 이에 따라 기업들은 더 많은 근로자를 고용하기 시작한다. 고용이 증대됨에 따라 현재 실업상태에 있는 많은 사람들이 일자리를 구하게 된다. 나아가 신규로 고용된 근로자들은 해당 임금이 실제로 갖게 될 것보다 더 큰 구매력을 갖는다고 생각하기 때문에 (이들은 인플레이션율을 2퍼센트일 것으로 기대하기 때문에) 현재의 임금을 받아들인다.

지금까지 기대 인플레이션율이 변화하지 않는 상황에서 총수요가 증가할 경우 나타난 결과는 (1) (돋보기 2에서 보는 것처럼) 실질 GDP가 Q_1에서 Q_2로 증가하고 (2) 이에 상응하여 (이 그림에서 보는 것처럼) 실업률이 U_1에서 U_2로 감소한다. 따라서 이 그림에서 볼 때 해당 경제는 점 1에서 점 2로 이동한다.

문제는 점 2가 안정적인 균형인지 여부에 관한 것이다. 프리드먼 교수는 그렇지 않다고 대답한다. 그에 따르면 **기대 인플레이션율이 실제 인플레이션율과 동일하지 않는한 경제는 장기 균형상태에 있지 않다**고 한다. 오늘날 대부분의 경제학자들에게 그런 것처럼 프리드먼 교수에게 있어 PC_1상의 점 1에서 점 2로 이동하는 것은 단기적인 이동이다. 단기적인 이동이 이루어지는 PC_1을 **단기 필립스 곡선**이라고 한다.

때가 되면 인플레이션 기대가 변화하기 시작한다. 물가가 계속 상승함에 따라 임금생활자들은 자신들의 **실질**(즉 인플레이션이 조정된) **임금**이 생각했던 것보다 더 낮다는 사실을 깨닫게 된다. 이들은 너무 낮은 기대 인플레이션율(2퍼센트)에 기초하여 명목(화폐)임금을 받아들였다고 생각하게 된다. 따라서 근로자들은 자신들의 인플레이션 기대를 상향조정하게 된다.

동시에 일부 임금 근로자들은 낮은 실질임금 수준에서 계속 근무하지 않기로 선택하고 직장을 그만두게 된다. 결국에 직장을 그만둔 일부 근로자와 인플레이션 기대를 상향 조정한 (전부가 아니라면) 대부분의 근로자들로 인해 임금이 인상된다.

임금이 인상됨에 따라 단기 총공급곡선 (돋보기 3에서 보는 것처럼) $SRAS_1$에서 $SRAS_2$로 이동하며 궁극적으로는 해당 경제가 자연 실질 GDP 수준, 즉 (이 그림에서 보는) 점 3의 자연실업률로 돌아가게 된다. 경제가 이동을 시작한 점 1과 최종적으로 도착한 점 3을 연결한 곡선을 **장기 필립스 곡선**이라고 한다.

이처럼 단기 필립스 곡선은 인플레이션과 실업 사이에 상충관계를 보이지만 장기 필립스 곡선은 그렇지 않다. 이런 논리 이면에는 묵시적으로 프리드먼의 **자연율이론**(natural

자연율이론

그림 5

프리드먼의 자연율 이론

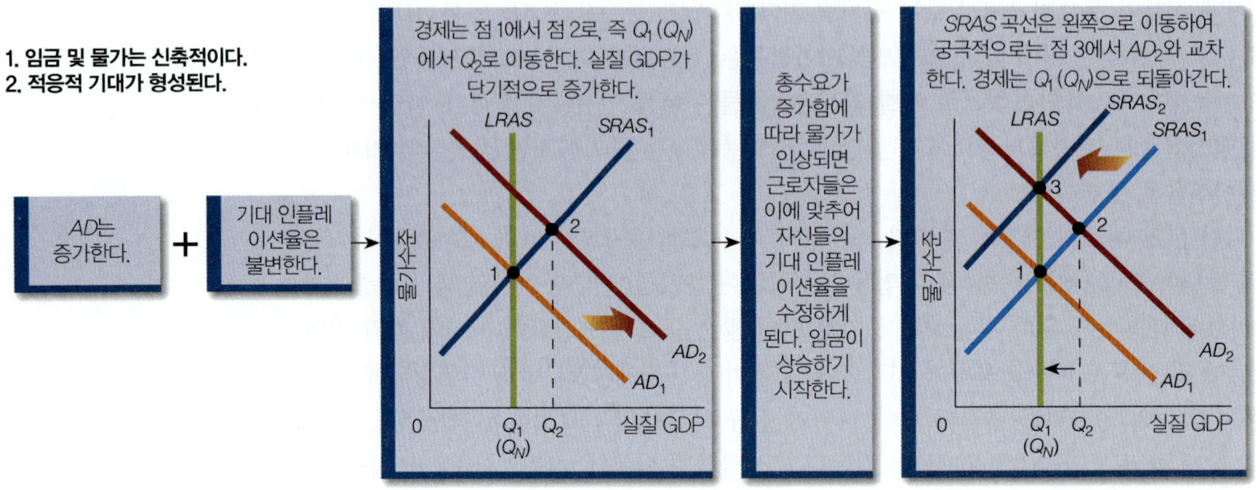

rate theory) <일명 **우매화 이론**>이 존재한다. (그림 5에서 보는 것처럼) 이 이론에 따르면 경제는 장기적으로 실업의 자연율 수준으로 돌아간다. 근로자들이 실제보다 인플레이션율을 더 낮게 생각하여 (단기적으로) 속을 경우에만 자연실업률로부터 우선 이동하게 된다.

사람들의 기대는 단기 및 장기 필립스 곡선의 논리와 어떻게 연계되는가? 그림 4에서 보면 해당 경제는 이 그림의 점 1에서 출발하고 총수요가 증가한다. 이런 총수요 증가로 인해 인플레이션율이 상승하지만 **근로자들은 한동안 인플레이션율의 변화를 깨닫지 못한다.** 한동안 이들의 기대 인플레이션율은 낮으며 이에 따라 인플레이션율을 현실적으로 인지했다면 근무하지 않았을 직장에서 일은 하게 된다(그리고 생산을 하게 된다).

때가 되면 근로자들은 인플레이션율을 현실적으로 깨닫게 된다. 이들의 기대 인플레이션율은 더 이상은 낮지 않으며 실제 인플레이션율과 같아지도록 상승한다. 예측한 것처럼 이에 반응하여 실업률이 상승하고 생산량이 감소한다.

근로자들의 (인플레이션에 대한) 기대가 단기적으로 현실과 일치하지 않기 때문에 근로자들은 자신들의 기대가 현실과 일치할 경우 생산했을 양보다 더 많은 생산량을 생산한다. 이것이 바로 사람들의 기대가 실질 GDP 및 실업률과 같은 실제 경제변수에 어떤 영향을 미치는지 보여주고 있다.

3 사람들은 자신들의 기대를 어떻게 형성하는가?

프리드먼의 자연율 이론에는 사람들이 자신들의 기대를 어떻게 형성하는지에 관한 가정이 함축되었다. 이 이론은 기본적으로 사람들이 **과거의 인플레이션율**을 살펴봄으로써 기대 인플레이션율을 형성한다고 본다. 어떤 사람이 여러분에게 내년의 기대 인플레이션에 대해 질문한다고 가상하자. 여러분은 50퍼센트라고 답할 수도 있고 2퍼센트라고 답할 수도 있다. 여러분이 **적응적 기대**(adaptive expectation)를 이용하여 기대 인플레이션을 추론한다면

적응적 기대

대답은 50퍼센트보다 2퍼센트에 더 근접할 것이다. 왜냐하면 최근 인플레이션율이 50퍼센트인 경우는 보지 못했기 때문이다. 하지만 과거의 인플레이션율이 2퍼센트 근처였음을 알고 있다.

적응적 기대 하에서 향후 어떤 일이 **발생할지**에 관해 추론을 잘하려면 사람들은 과거를 생각해봐야 한다. 즉 어떤 일이 **발생했는지** 알기 위해 어깨 뒤로 돌아다 보아야 한다. 이것이 바로 프리드먼의 자연율 이론에서 사람들이 하는 것이며 이 이론은 사람들이 **적응적 기대**를 한다고 가정한다.

일부 경제학자들은 이 점에 대해 다음과 같이 말한다. 즉 사람들은 적응적 기대를 이용하여 기대 인플레이션율을 형성하는 것이 아니라 **합리적 기대**에 기초하여 기대를 형성한다고 주장한다. 다음에는 이들의 견해에 대해 살펴볼 것이다.

28.3 합리적 기대 및 새로운 고전파 이론

합리적 기대는 필립스 곡선 논쟁에서 주요한 역할을 한다. 여기서는 합리적 기대와 새로운 고전파 이론에 대해 살펴볼 것이다.

1 합리적 기대

1970년대 초 (1995년 노벨경제학상 수상자인) 로버트 루카스(Robert Lucas)를 포함한 몇 명의 경제학자들은 인플레이션과 실업 사이의 단기적인 상충관계에 대해 의문을 제기하였다. 루카스는 자연율 이론과 합리적 기대를 결합시켰다.

합리적 기대(rational expectation)에 따르면 사람들은 인플레이션에 대한 과거 경험뿐만 아니라(뒤돌아 볼 뿐만 아니라) 현재 및 장래 정책이 미치는 영향(앞을 내다보는 판단)에 기초하여 기대 인플레이션을 형성한다고 본다. 간단히 말해 기대 인플레이션은 과거, 현재, 장래를 고찰하여 형성된다고 본다. 예를 들면 과거 7년 동안 인플레이션율이 2퍼센트이었다고 가상하자. 그런데 중앙은행장이 경제를 신속하게 활성화시킬 것이라고 말하였다. 합리적 기대에 따르면 기대 인플레이션율은 중앙은행장이 발표한 내용에 기초하여 즉각적으로 상승할 것이라고 본다.

합리적 기대

적응적 기대와 합리적 기대 사이의 주요한 차이점은 기대 인플레이션율이 변화하는 속도이다. 기대 인플레이션이 적응적으로 형성될 경우 변화가 서서히 이루어진다. 기대가 과거에만 기초하기 때문에 사람들은 자신들의 기대를 변화시키기 전에 현재가 과거가 될 때까지 기다리게 된다. 기대 인플레이션율이 합리적으로 형성될 경우 기대는 과거, 현재, 장래에 기초하여 형성되기 때문에 신속하게 변화가 이루어진다.

2 사람들은 정말로 정책을 기대하는가?

합리적 기대가 하는 한 가지 가정은 사람들이 정책을 예상한다는 것이다. 당신이 길거리에서 무작위적으로 사람을 골라서 다음과 같은 질문을 한다고 가상하자. "중앙은행이 향후 몇 달 내로 어떤 시책을 실시하리라고 생각하십니까?" 당신은 지적인 답변을 받을 것이라고 생각합니까? 또는 "중앙은행이 무엇하는 데 입니까?"라는 반응을 받을 것이라고 생각하십니까? 대부분의 독자들은 아마도 두 번째 답변을 기대할 것이다. 실제로 일반적으로 볼 때 거리에서 만난 사람들은 경제학이나 경제제도에 관해 거의 알지 못한다. 따라서 사람들이 실제로 정책을 예상하지 못한다. 하지만 뉴욕 맨하턴 월 스트리트에서 무작위적으로 사람을 골라 동일한 질문을 한다고 가상하자. 이 경우 훌륭한 대답이 나올 수도 있으며 최소한 이 사람들은 정책을 예상한다.

하지만 모든 사람들이 정책을 예상할 필요는 없다. 어떤 사람이 예상을 하는 한 모든 사람이 예상하는 것처럼 결과는 동일해진다. 예를 들면 주아니타 에스테베즈(Juanita Estevez)가 그녀의 가장 친한 친구인 타미 히긴즈(Tammy Higgins)가 그녀의 친구 케니 우리츠(Kenny Urich)로부터 그의 주식중개인인 로베르타 군터(Roberta Gunter)가 그에게 SKA사의 주식 가격이 상승할 것이라고 말했다는 것을 들었기 때문에 SKA사의 주식 100주를 매입하기로 결정했다면 정책을 예상하는 것이다. 주식중개인 로베르타 군터가 중앙은행의 정책을 분석하고 다음 시책을 예상하는 것을 업무로 하면 주식중개회사의 연구자로부터 정보를 얻었을 것이기 때문에 주아니타는 정책을 예상하게 된 것이다.

물론 주식을 매입하고 매도하기 위해서만 정책을 예상하지는 않는다. 노동조합은 임금계약 협상 기간에 중요한 정보가 될 장래의 인플레이션율을 예측하기 위해 예측전문가를 고용한다. 은행들은 자신들이 부과하는 이자율에 포함될 인플레이션율을 예측하기 위해서 예측전문가를 고용한다. 수출업체들은 장래 환율을 예측하기 위해서 예측전문가를 고용한다. 일반 투자자들은 이자율, 금값, 내년 인플레이션율을 보다 정확히 예측하기 위해서 정보를 제공하는 기업 또는 투자 해설지를 구독한다. 주택담보 대출을 변경하려고 하는 사람들은 최근의 정부시책과 이 것이 예를 들면 향후 3개월 내에 이자율에 미칠 영향을 알아보기 위해서 텔레비전에서 방영되는 많은 금융뉴스 프로그램을 시청한다.

3 물가수준에 대한 기대와 *SRAS* 곡선

임금, 비노동 생산요소의 가격, 공급충격 등과 같은 다양한 요인들이 *SRAS* 곡선을 이동시킬 수 있다는 사실을 알게 되었다. 여기서는 기대의 변화가 *SRAS* 곡선의 이동으로 어떻게 이어지는지 살펴볼 것이다.

실질임금 (인플레이션이 조정된) 실질임금은 명목임금을 물가수준으로 나눈 것이다.

$$\text{실질임금} = \frac{\text{명목임금}}{\text{물가수준}} \times 100$$

명목임금이 40달러이고 물가지수로 물가수준이 110이라고 가상하자. 따라서 실질임금은 36.36달러(40달러 ÷ 1.10)이다. 명목임금이 상승하거나 또는 물가수준이 하락하거나 또는 둘 다 발생할 경우 실질임금은 분명히 상승한다. 예를 들어 물가수준이 110에서 95로 하락하였다고 가상하자. 이런 경우 실질임금은 42.10달러로 상승한다. 어떤 조건 하에서 개인은 실질임금이 상승함에 따라 더 많이 근로하기를 선택하게 된다. 반대로 실질임금이 하락하면 더 적게 근로하기를 선택하게 된다.

물가수준 하락 → 실질임금 상승 → 더 많이 근로한다.
물가수준 상승 → 실질임금 하락 → 더 적게 근로한다.

근로의 증감과 *SRAS*곡선의 이동 노동은 생산과정에 투입되는 생산요소이다. (개인 또는 노동시간 측면에서 본) 근로의 증가는 생산량의 증가를 의미한다. 사람들이 근로를 증가시킬 때 더 많은 생산량이 생산되어 *SRAS* 곡선이 오른쪽으로 이동한다. 사람들이 근로를 감소시킬 경우 더 적은 생산량이 생산되어 *SRAS* 곡선이 왼쪽으로 이동한다.

이제 기대 물가수준을 *SRAS* 곡선에 연계시켜 보도록 하자.

- **사례 1.** 사람들이 물가수준이 하락할 것으로 기대한다고 가상하자. 따라서 사람들은 실질임금이 상승할 것으로 기대하여 더 많이 근로를 하게 된다. 근로가 증가하면 생산량이 증가하여 *SRAS* 곡선이 오른쪽으로 이동한다.

물가수준이 하락할 것으로 기대한다 → 실질임금이 상승할 것으로 기대한다 → 더 많이 근로한다 → 더 많은 생산량을 생산한다 → *SRAS* 곡선이 오른쪽으로 이동한다

- **사례 2.** 사람들이 물가수준이 상승할 것으로 기대한다고 가상하자. 따라서 사람들이 실질임금이 하락할 것으로 기대하여 더 적게 근로를 하게 된다. 근로가 감소하면 생산량이 감소하여 *SRAS* 곡선이 왼쪽으로 이동한다.

물가수준이 상승할 것으로 기대한다→ 실질임금이 하락할 것으로 기대한다 → 더 적게 근로한다 → 더 적은 생산량을 생산한다 → *SRAS* 곡선이 왼쪽으로 이동한다

그림 6은 세 개의 *SRAS*의 곡선을 보여주며 각 곡선의 괄호 안에 기대 물가수준이 표기되어 있다. 기대 물가수준이 높을수록 *SRAS* 곡선은 수직축 또는 원점에 가까이 위치한

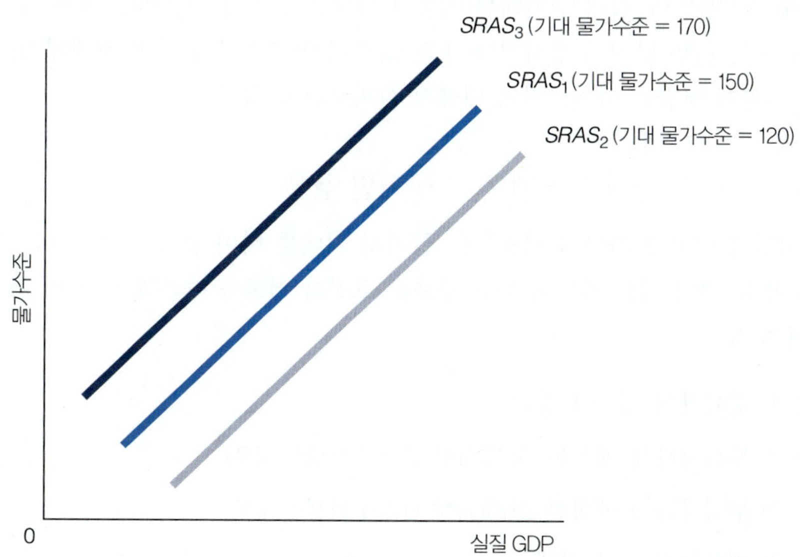

그림 6

기대 물가수준과 *SRAS* 곡선

각 *SRAS* 곡선은 서로 다른 기대 물가수준에 기초한다. 예를 들어 $SRAS_1$은 기대 물가수준 150에 기초하고 있다. 기대 물가수준이 상승함에 따라 *SRAS* 곡선은 왼쪽으로 이동하고 기대 물가수준이 하락함에 따라 *SRAS* 곡선은 오른쪽으로 이동한다.

다. 기대 물가수준이 낮을수록 *SRAS* 곡선은 수직축 또는 원점으로부터 멀리 위치한다. 이처럼 기대 물가수준이 상승하면 *SRAS* 곡선이 왼쪽으로 이동하고 기대 물가수준이 하락하면 *SRAS* 곡선이 오른쪽으로 이동한다.

4 기대 물가수준과 실제 물가수준

실제 물가수준은 말 그대로 실제로 존재하는 물가수준이다.

- 예를 들면 어떤 사람이 **오늘의 물가수준**은 140이라고 말할 수 있다. 그러면 이것이 바로 실제 물가수준이다. 실제 물가수준을 나타내기 위해서 P_A란 표기를 사용할 것이다.
- **기대 물가수준**은 장래에 물가수준이 무엇이 될 것이라고 기대하는 것이다. 예를 들면 1년 뒤 물가수준이 150이 될 것이라고 기대할 수 있다. 이것이 바로 기대 물가수준이다. 기대 물가수준을 나타내기 위해서 P_{EX}란 표기를 사용할 것이다.

개인의 기대 물가수준(P_{EX})은 실제 물가수준(P_A)과 다음과 같은 세 가지 관계 중 하나가 성립한다.

$$P_{EX} = P_A$$
$$P_{EX} > P_A$$
$$P_{EX} < P_A$$

예를 들면 중앙은행이 통화공급을 증가시키고 *AD* 곡선이 오른쪽으로 이동한다고 가상하자. *SRAS* 곡선의 기울이가 상향한다면 물가수준에 대해 단기 및 장기 효과가 발생한다. 경제가 장기 균형상태로 회복되었고 실제 물가수준(P_A)이 155라고 가상하자. 하지만 중앙은행이 통화공급을 증가시킬 때 장래 물가수준은 165가 될 것이라고 기대한다. 다시 말해 기대 물가수준이 실제 물가수준 보다 더 높다. 즉 다음과 같다: $P_{EX} > P_A$. 분명히 여러분은 실수를 하였으며 특히 물가수준이 무엇이 될 것이라고 과대추정하였다. 여러분은 너무 높게 추정하였다. 합리적 기대를 이용한 새로운 고전파 이론의 틀에서 너무 높게 추정하거나 또는 너무 낮게 추정하거나 또는 정확하게 추정하게 되면 경제에 영향을 미치게 된다. 어떻게 영향을 미치는지에 대해서 살펴보도록 하자.

5 새로운 고전파 경제학과 네 가지 상이한 경우

새로운 고전파 이론에 따르면 사람들은 합리적 기대를 하며 물가 및 임금이 신축적이라고 한다. 이 두 가지 점을 염두에 두고 새로운 고전파 이론을 다음과 같은 네 가지 경우에 적용하여 보자.

- 경우 1: 정확하게 예상한 정책
- 경우 2: 부정확하게 예상한 정책(상향 편의가 발생한 경우)
- 경우 3: 부정확하게 예상한 정책(하향 편의가 발생한 경우)
- 경우 4: 예상하지 못한 정책

위의 각 경우는 사람들이 경제정책에 관해 갖고 있는 상이한 전망과 관련된다. 우리는 금융정책에 관해 논의할 것이지만 향후 논의에서 금융정책에 관해 언급한 모든 것은 수요 측면의 재정정책에 대해서도 적용된다.

경우 1: 정확하게 예상한 정책 경제는 그림 7의 점 1에서 장기 균형상태에 있다. 실제 물가수준은 100이고 $SRAS_1$은 기대 물가수준 100에 기초하고 있다. 다시 말해 장기균형에서 실제 물가수준(P_A)과 기대 물가수준(P_{EX})은 동일하다.

$$\text{출발점: } P_A = P_{EX}$$

중앙은행이 통화공급을 증가시키고 중앙은행의 정책을 사람들이 **정확하게 기대한다.** 정확하게 기대한다는 것은 사람들이 중앙은행이 통화공급을 증대시킨다는 것을 인지할 뿐만 아니라 통화공급이 얼마나 증가하고 해당 경제가 새로운 장기균형에 도달할 때 실제 물가수준이 무엇이 될지 안다는 것이다. 그림은 해당 경제가 점 2에서 새로운 장기균형에 도달할 때 실제 물가수준이 110이 된다는 사실을 보여준다.

이제 사람들이 정책(그리고 해당 정책의 결과)을 정확하게 예상한다는 사실이 어떻게 **기대 물가수준**에 영향을 미치는지 살펴보도록 하자. 사람들이 실제 물가수준이 얼마나(즉 110

그림 7

정확하게 예상한 정책

여기서는 합리적 기대가 준수되고 임금 및 물가는 신축적이며 어떤 정책도 정확하게 예상된다고 가정한다. 또한 경제는 장기균형에 있다고 가정한다. 실제 물가수준은 100이고 ($SRAS_1$ 곡선이 기초한) 기대 물가수준도 또한 100이다. 중앙은행이 통화공급을 증대시켜 *AD* 곡선이 오른쪽으로 이동한다. 시행될 정책을 정확하게 예상하므로 사람들은 새로운 장기균형 물가수준이 110이 될 것이라는 사실을 알고 있다. 이에 따라 사람들은 기대 물가수준을 110으로 변화시킨다. 결과적으로 *SRAS* 곡선은 왼쪽, 즉 $SRAS_1$에서 $SRAS_2$로 이동한다. *AD* 곡선과 *SRAS* 곡선이 동시에 변화한다는 사실에 주목하자. 다시 말해 *AD* 곡선이 오른쪽으로 이동함과 동시에 *SRAS* 곡선이 왼쪽으로 이동한다. 따라서 중앙은행의 정책으로 인해 물가수준은 상승했지만 실질 GDP는 변화하지 않는다. 중앙은행의 정책은 실질 GDP를 변화시키는 데 효과가 없으므로 정책 무효과 명제가 호응을 얻게 된다.

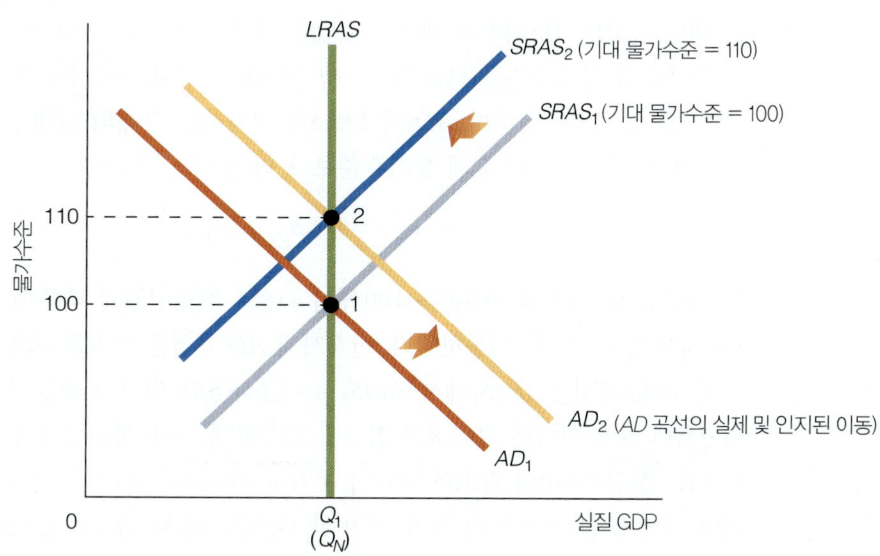

이) 될지 안다면 자신들의 기대 물가수준을 110으로 즉각 변화시키게 된다. 이를 이런 방법으로 생각해 보자. 경제현실이 변하여 중앙은행 시책으로 인해 물가수준이 100에서 110으로 상승한다. 새로운 물가수준을 정확하게 예상한다는 것은 점쟁이의 수정구슬을 갖고 어떤 일이 발생할지를 정확하게 아는 것이다. 따라서 사람들은 실제로 무엇이 발생할지에 관한 정확한 지각력에 기초하여 장래에 대한 기대를 즉각적으로 변화시키게 된다.

이제 기대 물가수준이 110으로 변화한다면 그림의 *SRAS* 곡선은 왼쪽, 즉 $SRAS_1$에서 $SRAS_2$로 이동한다. 하지만 *SRAS* 곡선은 *AD* 곡선이 오른쪽으로 이동하는 것과 동시에 왼쪽으로 이동한다. 따라서 경제는 (출발점인) 점 1에서 (종착점인) 점 2로 이동하게 된다.

그림 7은 중앙은행이 통화공급을 증가시키더라도 (그리고 *AD* 곡선을 오른쪽으로 이동시키더라도) 실질 GDP가 변화하지 않는다는 사실을 보여준다. 해당 경제는 Q_1(또는 Q_N)에서 출발하여 Q_1(또는 Q_N)에 도착하였다. 이처럼 정책을 정확하게 예상하고 합리적 기대가 준수된다면 통화공급의 증가로 인해 경제에서 나타나는 유일한 현상은 물가수준의 상승이다. 실질 GDP는 변화하지 않는다. 다시 말해 중앙은행의 정책 시행은 실질 GDP를 변화시키는 데 효과가 없다. 이를 **정책 무효과 명제**(policy ineffectiveness proposition)라고 한다.

정책 무효과 명제

경우 2: 부정확하게 예상한 정책(상향 편의가 발생한 경우) 경제는 그림 8의 점 1에서 보는 것처럼 장기균형에서 다시 시작한다. 두 개 곡선 AD_1에서 $SRAS_1$을 생각해 보자. $SRAS_1$는 실제 물가수준(P_A)과 동일한 기대 물가수준(P_{EX}) 100에 기초한다

$$\text{출발점: } P_A = P_{EX}$$

중앙은행이 통화공급을 증가시켜 *AD* 곡선이 오른쪽, 즉 AD_1에서 AD_2로 이동한다. 이번에 개인들은 *AD* 곡선이 실제로 이동한 것보다 더 많이 오른쪽으로 이동했다고 잘못 생각한다. 다시 말해 이들은 *AD* 곡선이 AD_1에서 AD_3로 이동했다고 잘못 생각한다. 이처럼 사람들은 **정책을 잘못 예상해서 상향하는 편의를 갖게 된다.** 다시 말해 사람들은 *AD* 곡선이 실제보다 더 많이 이동했다고 생각한다.

사람들은 분명히 실수를 했으며 이런 실수로 인해 경제에 영향을 미치게 된다. 사람들은 해당 경제의 *AD* 곡선이 AD_3라고 잘못 생각하기 때문에 (AD_3가 *LRAS*와 교차하는) 새로운 장기균형 물가수준은 118이라고 생각한다. 즉 기대 물가수준이 118이다. 하지만 실제 물가수준은 118이 아니다. AD_2가 *LRAS*와 교차하는 장래의 실제 물가수준은 110이다. 이처럼 기대 물가수준이 실제 물가수준보다 더 높다.

$$P_{EX} > P_A$$

사람들이 기대 물가수준을 100에서 118로 변화시켰기 때문에 *SRAS* 곡선은 왼쪽, 즉 $SRAS_1$에서 $SRAS_2$로 이동하였다. 현재까지 *AD* 곡선은 실제로 AD_1에서 AD_2로 이동하였으며 *SRAS* 곡선은 $SRAS_1$에서 $SRAS_2$로 이동하였다. 따라서 해당 경제는 단기적으로 AD_2와 $SRAS_2$가 교차하는 그림 8의 점 2에 도달하게 된다. 통화공급이 증가할 경우 단기적으로 이는 실질 GDP의 감소가 아니라 증가로 이어진다고 본다. 하지만 그림 8에서 보는 결과는 그렇지 않으므로, 즉 실질 GDP가 Q_1에서 Q_2로 감소하였으므로 예상하지 못한 결과이다. 다시 말해 확장적 금융정책이 실제로 실질 GDP의 감소로 이어졌다. 그 이유는

무엇인가? 사람들이 실수를 하였기 때문에, 즉 중앙은행 정책을 잘못 예상해서 상향하는 편의가 발생하였기 때문에 이런 결과가 나타났다.

자신들이 실수를 했음을 깨닫게 되는 시기가 온다. 때가 되면 사람들은 물가수준이 실제로 118로 증가하지 않았으며 그림 8의 AD_3는 실제로 존재하지 않는다는 사실을 깨닫게 된다. 사람들이 이런 사실을 인지하게 되면 해당 경제에서 운용되는 *AD* 곡선은 AD_2이며 이 총수요곡선과 일치하는 장기균형 물가수준이 110이라는 점을 알게 된다. 따라서 사람들은 자신들의 기대 물가수준을 아래로, 즉 118에서 110으로 조정하게 된다. 이렇게 되면 *SRAS* 곡선은 오른쪽, 즉 $SRAS_2$에서 $SRAS_3$로 이동하고 해당 경제는 점 3에서 장기균형에 도달하게 된다. 장기균형 조건인 $P_A = P_{EX}$는 점 3에서 준수된다.

이를 다시 정리하면 다음과 같다. (1) 해당 경제는 점 1의 장기균형에서 시작하며 이때 $P_A = P_{EX}$이다. (2) 중앙은행이 통화공급을 증대시켜서 *AD* 곡선은 실제로 오른쪽, 즉 AD_1에서 AD_2로 이동한다. (3) 사람들은 중앙은행의 시책을 잘못 예상한다. 이들은 중앙은행이 실제로 했던 것보다 더 많이 통화공급을 증가시켰다고 믿는다. 따라서 *AD* 곡선이 AD_1에서 AD_3로 이동했다고 생각한다. 이것은 잘못된 생각이다. (4) *AD* 곡선이 오른쪽, 즉

그림 8

부정확하게 예상한 정책(상향 편의가 발생한 경우)

(1) 경제는 점 1 그리고 $P_A = P_{EX}$의 장기균형에서 시작한다. (2) 중앙은행이 통화공급을 증대시켜 *AD* 곡선은 실제로 오른쪽, 즉 AD_1에서 AD_2로 이동한다. (3) 사람들이 중앙은행의 정책을 부정확하게 예상한다. 중앙은행이 실제로 통화공급을 증대시킨 것보다 더 많이 증대시켰다고 믿는다. 따라서 *AD* 곡선이 AD_1에서 AD_3로 이동했다고 생각한다. (4) 사람들은 *AD* 곡선이 오른쪽, 즉 AD_1에서 AD_3로 이동했다고 생각하여 새로운 실제 물가수준은 AD_3 곡선이 *LRAS* 곡선과 교차하는 118이 될 것이라고 믿는다. 따라서 사람들은 기대 물가수준을 118로 변화시키고 *SRAS* 곡선은 왼쪽, 즉 $SRAS_1$에서 $SRAS_2$로 이동한다. (5) 해당 경제의 단기균형은 점 2에서 달성된다. (6) 궁극적으로 사람들은 잘못 판단하였다는 사실, 즉 *AD* 곡선은 AD_3가 아니라 AD_2라는 사실을 깨닫게 되어 새로운 장기균형은 (사람들이 이전에 믿었던) 118이 아니라 110이 된다. 따라서 *SRAS* 곡선은 오른쪽, 즉 $SRAS_2$에서 $SRAS_3$으로 이동한다. 경제는 이제 점 3에서 장기균형상태에 있으며 기대 물가수준은 실제 물가수준과 동일해진다.

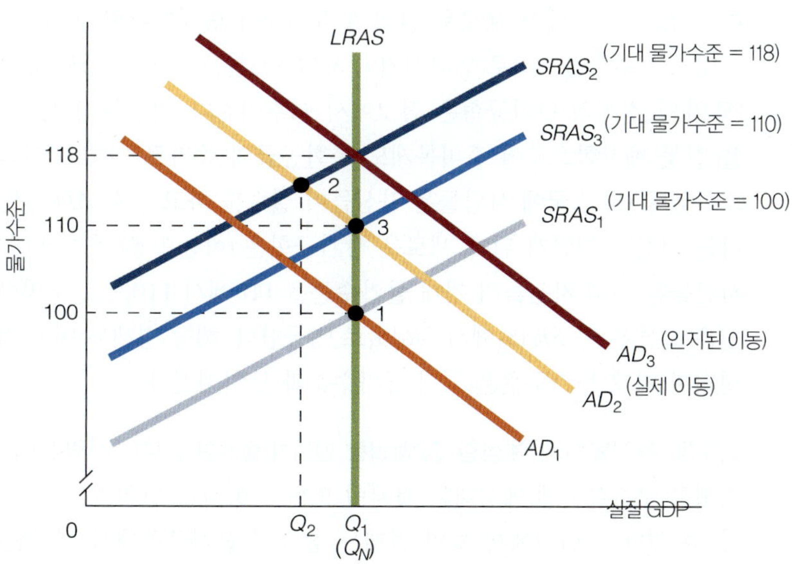

그림 9

부정확하게 예상한 정책 (하향 편의가 발생한 경우)

경제는 점 1의 장기균형에서 시작하며 기대 물가수준은 실제 물가수준과 동일하다. 중앙은행이 통화공급을 증가시켜 *AD* 곡선은 오른쪽, 즉 AD_1에서 AD_2로 이동한다. 하지만 사람들은 *AD* 곡선이 오른쪽으로 더 적게, 즉 AD_1에서 AD_3로 이동하였다고 잘못 생각한다. 이런 실수로 인해 사람들은 새로운 장기균형 물가수준을 110으로 변화시키고 *SRAS* 곡선은 왼쪽, 즉 $SRAS_1$에서 $SRAS_2$로 이동한다. 해당 경제의 단기균형은 점 2에서 달성된다. 하지만 사람들은 결국 자신들의 잘못을 깨닫게 되어 AD_2가 실제로 운용되는 *AD* 곡선이며 AD_2에 부합되는 장기균형 물가수준은 115라는 사실을 알게 된다. 사람들은 기대 물가수준을 110에서 115로 수정하며 *SRAS* 곡선은 왼쪽, 즉 $SRAS_2$에서 $SRAS_3$로 이동한다. 경제는 점 3에서 장기균형에 도달하게 된다.

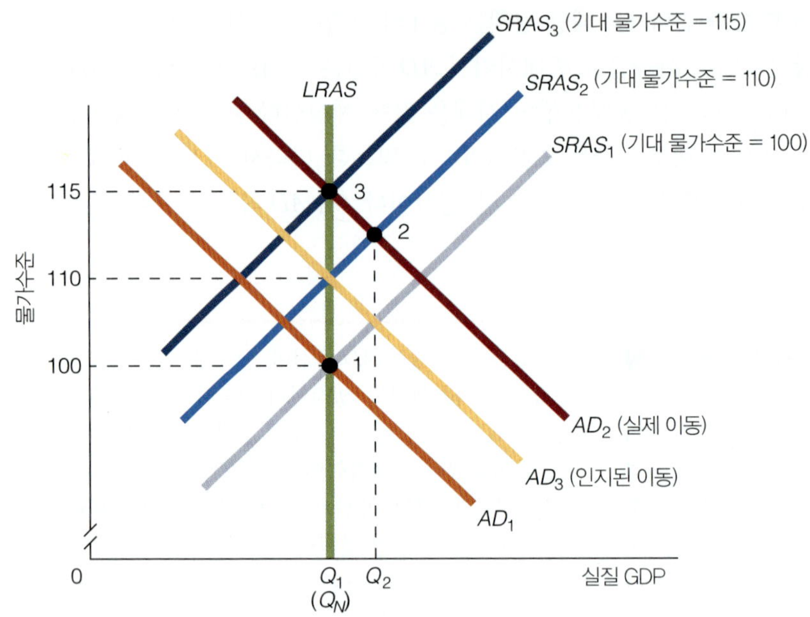

AD_1에서 AD_3로 이동했다고 잘못 가정함으로써 사람들은 AD_3 곡선이 *LRAS* 곡선과 교차하는 점, 즉 118에서 새로운 실제 물가수준이 형성된다고 본다. 따라서 이들은 자신들의 기대 물가수준을 118로 변화시키고 *SRAS* 곡선은 왼쪽, 즉 $SRAS_1$에서 $SRAS_2$로 이동한다. (5) 해당 경제의 단기균형은 점 2에서 이루어진다. 사람들이 상향하는 편의를 갖고 정책을 잘못 예상함으로써 흥미롭게도 통화공급의 증가로 인해 단기적으로 실질 GDP가 감소하였다. (6) 결국에 사람들은 자신들이 실수를 하고 실제 *AD* 곡선은 AD_3가 아니라 AD_2라는 사실을 깨닫게 된다. 새로운 장기균형은 (이전에 생각했던) 118이 아니라 110이 된다. 사람들은 이제 자신들의 기대 물가수준을 118에서 110으로 조정한다. 이에따라 *SRAS* 곡선은 오른쪽, 즉 $SRAS_2$에서 $SRAS_3$로 이동한다. 해당 경제는 이제 점 3에서 장기균형이 달성되며 기대 물가수준은 실제 물가수준과 동일해진다.

경우3: 부정확하게 예상한 정책(하향 편의가 발생한 경우) 사람들이 상향하는 편의를 갖고 정책을 부정확하게 예상하는 것처럼 또한 하향하는 편의를 갖고 정책을 부정확하게 예상할 수 있다. 그림 9에서 보면 경제는 점 1의 장기균형에서 시작한다. 중앙은행은 통화공급을 증가시키고 *AD* 곡선은 AD_1에서 AD_2로 이동한다. 사람들은 *AD* 곡선이 AD_1에서 AD_3로 이동했다고 잘못 생각한다. 다시 말해 사람들은 중앙은행이 실제로 증가시킨 것보다 더 적게 통화공급을 증가시켰다고 생각한다. 이들은 하향하는 편의를 갖고 정책을 부정확하게 예상한다.

사람들은 하향하는 편의를 갖고 정책을 부정확하게 예측하기 때문에 새로운 실제 장기균형 물가수준이 110이 될 것이라고 잘못 생각한다. 따라서 이들은 자신들의 기대 물가수준을 100에서 110으로 변화시키고 *SRAS* 곡선은 왼쪽, 즉 $SRAS_1$에서 $SRAS_2$로 이동한다. 해당 경제의 단기균형은 AD_2와 $SRAS_2$의 교차점, 즉 점 2에서 이루어진다. 단기적으로 통화공급이 증가하여 실질 GDP가 Q_1에서 Q_2로 증가한다.

사람들은 결국 실수를 했음을 알고 AD_3는 존재하지 않으며 AD_2가 해당 경제에서 작용하는 *AD* 곡선임을 깨닫게 된다. 따라서 새로운 장기균형 물가수준은 115가 된다. 장기균형 물가수준이 115가 될 것이라고 알게 되면 사람들은 자신들의 기대 물가수준 110에서 115로 수정하고 *SRAS* 곡선은 $SRAS_2$에서 $SRAS_3$로 이동한다. 이제 경제는 점 3에서 장기균형에 도달하며 기대 물가수준이 실제 물가수준과 동일해진다.

경우 4: 예상하지 못한 정책 새로운 물가수준을 정확하게 예상하거나 또는 상향하거나 하향하는 편의를 갖고 물가수준을 예상하는 것 이외에 이를 전혀 예상하지 못하는 경우를 생각해 볼 수 있다.

그림 10에서 경제는 점 1의 장기균형에서 시작한다. 이때 실제 물가수준은 기대 물가수준과 동일하다. 중앙은행이 통화공급을 증가시켜 *AD* 곡선이 왼쪽, 즉 AD_1에서 AD_2로 이동하게 된다. 이 경우 사람들은 중앙은행에 의한 이런 정책시행을 예상하지 못한다. 즉 예상하지 못한 정책이 된다. 이것이 의미하는 바는 사람들이 해당 경제의 *AD* 곡선이 이동했다는 사실을 인지하지 못한다는것이다. 이들은 (AD_2가 아니라) AD_1이 해당 경제의 작

그림 10

예상하지 못한 정책

경제는 점 1의 장기균형에서 시작한다. 중앙은행이 통화공급을 증가시켜서 *AD* 곡선은 오른쪽, 즉 AD_1에서 AD_2로 이동한다. 중앙은행이 취한 정책은 예상하지 못한 것이라서 사람들은 *AD* 곡선이 이동하지 않았다고 잘못 생각한다. 따라서 물가수준이 곧 변하고 자신들의 기대 물가수준도 수정하게 될 것이라고 믿을 이유가 존재하지 않는다. 결과적으로 *SRAS* 곡선은 이동하지 않고 경제는 단기적으로 점 2로 이동한다. 때가 되면 사람들은 자신들의 기대 물가수준을 상향 수정하여 *SRAS* 곡선이 왼쪽으로 이동한다. 경제는 점 3에서 장기균형을 회복하게 된다.

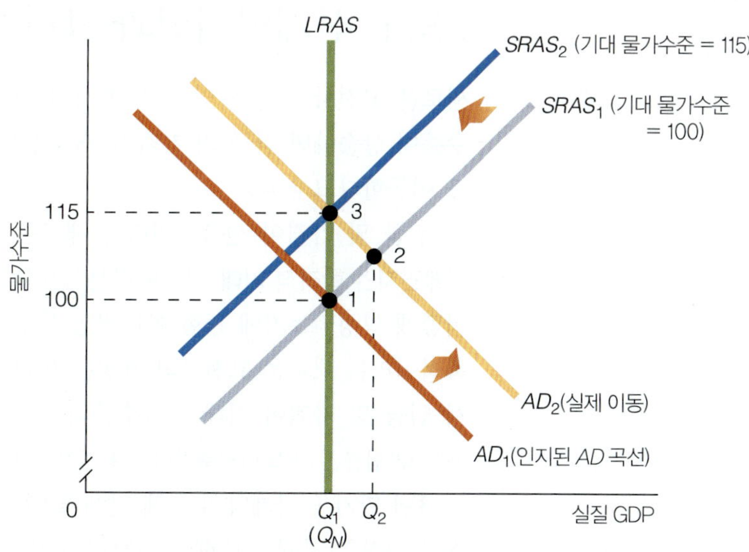

동하는 (즉 진짜) *AD* 곡선이라고 잘못 알고 있다. 이들은 *AD* 곡선이 이동했다는 사실을 알지 못하기 때문에 물가수준의 어떤 변화도 예상하지 못한다. 이들은 물가수준이 계속 100일 것으로 기대한다. 이처럼 사람들은 기대 물가수준을 수정해야 할 이유가 없으므로 계속 100인 상태가 유지된다.

해당 경제는 단기적으로 점 2로 이동한다. 통화공급이 증가하여 단기적으로 실질 GDP가 증가한다. 때가 되면 사람들은 상황이 변했다는 사실과 중앙은행의 정책으로 인해 해당 경제의 *AD* 곡선이 오른쪽으로 이동했음을 깨닫게 된다. 간단히 말해 이들은 해당 경제의 작동하는 *AD* 곡선이 AD_1이 아니라 AD_2라는 사실을 알게 된다. 그러면 사람들은 AD_2와 일치하는 장기균형 물가수준이 115임을 인지하게 된다. 따라서 이들은 기대 물가수준을 115로 수정하고 *SRAS* 곡선은 왼쪽, 즉 $SRAS_1$에서 $SRAS_2$로 이동한다. 경제는 점 3에서 장기균형상태에 도달하고 기대 물가수준은 실제 물가수준과 동일해진다.

6 그림 9와 그림 10의 비교

그림 9 및 10의 단기균형을 통해서 동일한 결론, 즉 통화공급이 증가하면 단기적으로 실질 GDP가 증가한다는 결론에 도달하였다. 그림 10에서는 정책을 예상하지 못했으며 그림 9에서는 하향하는 편의를 갖고 정책을 부정확하게 예상한다고 가정하였다. 그렇다면 두 개의 매우 상이한 가정을 통해서 어떻게 동일한 단기적인 결과를 얻을 수 있었는가? 이 물음에 대한 대답은 그림 10의 Q_2가 그림 9의 Q_2보다 더 높은 실질 GDP 수준을 나타낸다는데 있다. 예를 들면 그림 10의 Q_2가 12조 달러라면 그림 9의 Q_2는 더 적은, 예를 들면 11조 달러가 된다. 그림 9에서 정책을 예상하지 못했다고 가정할 경우 단기균형점은 점 2가 아니라 AD_2 곡선과 $SRAS_1$곡선의 교차점이 된다. 이 점을 그림 9에서 표시하지는 않았지만 점 2의 동남쪽에 위치한다. 이 점에 상응하는 실질 GDP는 그림 9의 Q_2보다 더 크다.

28.4 신케인지언과 합리적 기대

새로운 고전파 이론은 임금 및 가격이 신축적이라고 가정한다. 이 이론에서는 기대 물가수준이 상승하면 임금 및 가격이 즉시 동일하게 상승하고 총공급곡선은 즉시 장기균형으로 이동한다고 본다.

임금 및 가격이 신축적이라는 새로운 고전파의 가정에 대응해서 일부 경제학자들은 **신케인지언 합리적 기대** 이론이라는 논리를 제시하였다. 이 이론은 합리적 기대는 기대가 어떻게 형성되는지에 관한 합리적인 특성화라고 가정하지만 임금 및 가격이 완전하게 신축적이라는 새로운 고전파의 가정은 제외한다. 이 이론에 의하면 장기 노동계약으로 인해서 임금 및 가격이 기대 물가수준의 변화에 완벽하게 조정되지 못한다고 본다(다시 말해 가격 및 임금은 다소 비신축적이거나 경직적이다).

3년 만기 임금계약의 첫해 말에 일어날 수 있는 상황을 생각해 보자. 근로자들은 임금계약 협상 당시에 기대했던 것보다 실제 물가수준이 더 높다는 사실을 알게 된다. 하지만

그림 11

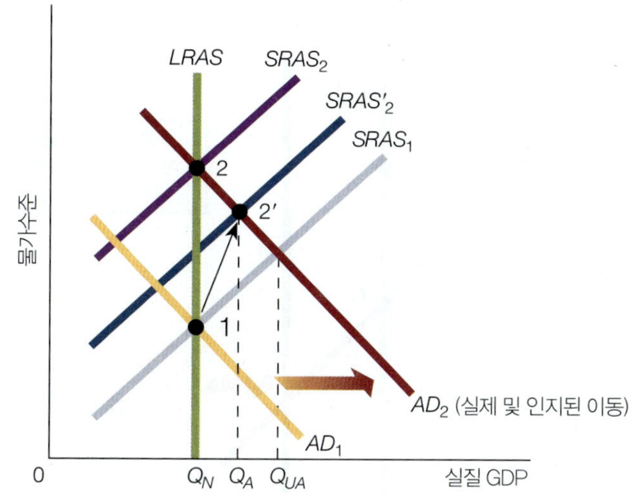

총수요 증대 정책에 대한 단기적인 반응 (신케인지언 이론)

점 1에서 출발하며 총수요의 증대를 정확하게 예측한다. 따라서 단기 총공급곡선이 왼쪽으로 이동은 하지만 (새로운 고전파 이론에서처럼) 단번에 $SRAS_2$로 이동하지는 않는다. 대신에 일부 임금 및 가격의 경직성으로 인해 단지 $SRAS'_2$로 이동하며 경제는 (단기적으로) 점 2′로 이동하게 된다. 실질 GDP는 Q_N에서 Q_A으로 증대된다. 정책을 예상하지 못한 경우 실질 GDP는 Q_N에서 Q_{UA}로 증대된다.

임금은 향후 2년 동안 더 유효하기 때문에 이들이 할 수 있는 것은 많지 않다. 기업들은 자주 공급업자들과 고정된 가격으로 계약을 체결하기 때문에 가격 경직성이 또한 문제가 된다. 앞에서 살펴본 것(예를 들면 효율성 임금 이론)처럼 오늘날 케인지언들은 미시경제학적인 이유에 근거하여 장기 노동계약과 시장에서 결정된 것보다 더 높은 임금이 이따금 고용주 및 피고용인들의 주요 관심사라고 주장한다.

이 이론이 예측하는 것을 알아보기 위해서 그림 11을 살펴보도록 하자. 경제는 최초에 점 1에서 장기 균형상태에 있다. 사람들은 총수요가 AD_1에서 AD_2로 증가할 것을 정확하게 예상하며 이에 따라 기대 물가수준이 변화한다. 하지만 일부 임금 및 가격의 경직성으로 인해 단기 총공급곡선이 $SRAS_1$에서 $SRAS_2$로 단번에 이동하지 않으며 경제는 (새로운 고전파 이론과 달리) 점 1에서 점 2로 이동하지 않는다. 경직성으로 인해 임금 및 가격이 완벽하게 조정되지 않기 때문에 단기 총공급곡선은 $SRAS'_2$로 이동하게 된다. 단기적으로 경제는 점 1에서 점 2′로, 즉 Q_N에서 Q_A로 이동한다. 정책을 예상하지 못하였다면 실질 GDP는 단기적으로 Q_N에서 Q_{UA}로 이동하게 된다.

28.5 공급측면에서의 관찰: 실질 경기순환 이론

이 장 전반에 걸쳐 실질 DGP의 변화는 경제의 수요측면에서 비롯되었다. 프리드먼 교수의 자연율 이론, 새로운 고전파 이론, 신케인지언 이론을 논의할 때 우리는 *AD* 곡선이 오른쪽으로 이동하였다고 보고 분석하였다. 그리고 나서 결과적으로 경제에 어떤 현상이 발생했는지를 설명하였다. 지금까지 살펴본 내용들은 실질 GDP의 모든 변화가 경제의 수요측면에서 비롯되었다고 가정하는 것처럼 보인다. 일부 경제학자들은 이것이 옳다고 본다.

하지만 다른 경제학자들은 그렇게 생각하지 않는다. 실질 경기순환 이론을 주장하는 일부 경제학자들은 경제의 공급측면 변화가 실질 GDP 및 실업의 변화로 이루어질 수 있

그림 12

실질 경기순환 이론

경제의 생산능력을 축소시킬 수 있는 공급측면의 변화에 대해 생각하여 보자. 이런 경우는 장기 총공급곡선이 왼쪽, 즉 $LRAS_1$에서 $LRAS_2$로 이동하여 자연 실질 GDP가 Q_{N1}에서 Q_{N2}로 하락함으로써 분명해진다. 생산능력이 축소될 경우 해당 경제의 총수요에 영향을 미쳐, 예를 들면 소비, 투자, 통화공급을 감소시키게 된다. 총수요곡선은 왼쪽, 즉 AD_1에서 AD_2로 이동한다.

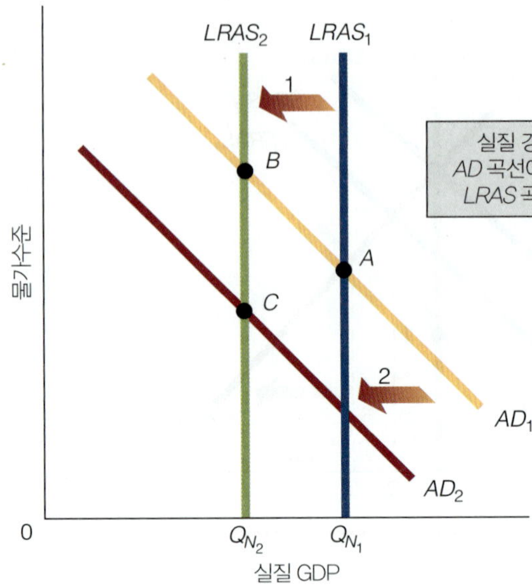

다고 본다. 실질 경기순환 이론에 따르면 (경기순환에서 후퇴기에 발생하는) 실질 GDP의 감소는 경제의 생산능력을 감축시키는 공급측면의 주요한 변화에서 비롯될 수 있다고 한다. 나아가 이 이론에 따르면 경제의 수요측면에서 비롯된 것처럼 보이는 실질 GDP의 감소도 기본적으로는 공급측면에서 비롯된 결과일 수 있다고 본다.

그림 12에서 보면 불리한 공급충격으로 인해서 경제의 생산능력이 감축되었다. 이런 영향은 생산가능곡선이 안쪽으로 이동하거나 또는 장기 총공급곡선이 왼쪽, 즉 $LRAS_1$에서 $LRAS_2$로 이동하는 것으로 나타낼 수 있다. 이렇게 되면 경제는 점 *A*에서 점 *B*로 이동한다. 그림에서 보는 것처럼 장기 총공급곡선이 왼쪽으로 이동할 경우 자연 실질 GDP가 감소한다.

LRAS 곡선이 왼쪽으로 이동하고 실질 GDP가 감소함에 따라 기업들은 노동에 대한 수요를 줄이고 고용을 축소시키게 된다. (명목임금의 하락에 영향을 미칠) 노동에 대한 수요 감소와 물가수준 상승으로 인해 실질임금이 하락한다. 실질임금이 하락함에 따라 노동자들은 더 적게 근로하는 선택을 하게 되고 실업자들은 실업기간을 늘이는 선택을 한다. 더 적은 노동과 더 낮은 실질임금으로 인해서 노동자들의 소득이 감소한다. 소득이 감소하면 이는 곧 소비 감소로 이어진다.

소비가 감소하거나 또는 (경제의 성장잠재력 하락으로 인해) 기업들이 장래에 대해 비관적이거나 또는 이들 두 가지 모두로 인해 기업들이 투자할 유인이 감소한다. 따라서 기업들은 은행으로부터 더 적게 차용하여 대부규모가 감소하고 통화공급이 감소한다. 통화공급이 감소하면 총수요가 왼쪽, 즉 그림 12의 AD_1에서 AD_2로 이동하며 경제는 점 *C*로 이동한다.

실질 경기순환 이론은 수요측면에서 유발된 실질 GDP의 감소와 공급측면에서 유발된 실질 GDP의 감소가 어떻게 혼돈될 수 있는지를 설명한다. 위의 예에서 경제의 총공급측면과 총수요측면이 둘 다 변화하였지만 총공급측면이 먼저 변화하였다. 총공급의 변화는 간과되고 총수요의 변화(또는 예를 들면 통화공급처럼 총수요를 변화시킬 수 있는 변수의 변화)만을 관찰하게 된다면 실질 GDP의 감소는 수요측면에서 유발된 것처럼 보이게 된다. 그림 12의 관점에서 보면 *LRAS* 곡선이 왼쪽으로 이동한 것은 간과되지만 *AD* 곡선이 왼쪽으로 이동한 것은 관찰된다. 이로 인해 경기후퇴가 수요측면에서 유발되었다는 인상을 주게된다.

실질 경기순환 이론이 옳다면 실질 GDP 감소에 대한 인과분석은 앞뒤가 뒤바뀔 수 있다. 한 예로 들었던 통화공급의 변화는 (경제의 공급측면에서 비롯된) 실질 GDP의 감축에 따른 결과이지 원인이 아니다.

요약 및 정리

146 필립스 곡선

- 필립스(A.W. Phillips) 교수는 임금 인플레이션과 실업 사이에 역의 관계를 보여주는 일련의 자료에 대해 곡선을 도출하였다. 이 곡선은 필립스 곡선이라 한다. 필립스 곡선의 관계로부터 경제학자들은 낮은 인플레이션과 낮은 실업의 결합이나 높은 인플레이션과 높은 실업의 결합이 나타날 가능성이 매우 낮다는 사실을 알게 되었다.
- 경제학자 사뮤엘슨(Paul Samuelson) 교수와 솔로우(Robert Solow) 교수는 필립스 곡선을 미국경제에 적용하였다. (필립스 교수가 했던 것처럼)실업률에 대해 임금 인플레이션을 비교하는 대신에 이들은 실업률에 대해 가격 인플레이션을 비교하였다. 이들은 인플레이션과 실업률 사이에 존재하는 역의 관계를 발견하였다.
- 필립스 교수, 사뮤엘슨 교수, 솔로우 교수가 발견한 사실에 기초하여 경제학자들은 다음과 같은 결론을 내렸다. (1) 높은 인플레이션과 높은 실업상태인 스태그플레이션은 발생할 가능성이 극히 낮다. (2) 필립스 곡선은 정책 입안자들에게 인플레이션과 실업률 사이의 상이한 결합메뉴를 제시하여 준다.

147 프리드먼 교수의 자연율 이론

- 밀턴 프리드먼은 두 가지 형태의 필립스 곡선, 즉 단기 및 장기 필립스 곡선이 존재한다는 사실을 지적하였다. 단기 필립스 곡선은 인플레이션과 실업 사이의 상충관계를 보여주지만 장기 필립스 곡선은 그렇지 않다. 단기 및 장기 필립스 곡선 둘 다를 고려함으로써 거시경제학에서 기대이론이 나오게 되었다.
- 프리드먼의 자연율 이론에 따르면 단기에서는 인플레이션의 감소(증가)가 실업의 증가(감소)로 연계되지만 장기에서는 경제가 자연실업율로 돌아가게 된다고 한다. 다시 말해 단기적으로는 인플레이션과 실업 사이에 상충관계가 존재하지만 장기적으로는 그렇지 않다.
- 프리드먼의 자연율 이론은 적응적 기대 측면에서 나타낼 수 있다. 사람들은 과거의 인플레이션율을 고려하여 인플레이션 기대를 형성한다. 나중에 일부 경제학자들은 이 이론을 합리적 기대 측면에서 나타내었다. 합리적 기대 이론에 따르면 사람들은 현재 및 과거 인플레이션율, 그리고 가용할 수 있는 모든 다른 관련정보, 특히 현재 및 장래 정책이 미치는 영향을 고려하여 기대 인플레이션율을 형성한다.

148 새로운 고전파 이론

- 새로운 고전파 이론에는 다음과 같은 두 가지 가정이 함축되었다. (1) 사람들은 합리적으로 기대를 형성한다. (2) 임금 및 물가는 완벽하게 신축적이다.
- 새로운 고전파 이론에서 정책은 다음의 각 경우에서 상이한 영향을 미친다: (1) 정책을 예상하지 못한 경우, (2) 상향하는 편의를 갖고 정책을 부정확하게 예상하는 경우, (3) 하향하는 편의를 갖고 정책을 부정확하게 예상하는 경우, (4) 정책을 정확하게 예상하는 경우. 예를 들면 다음의 두 경우를 생각하여 보자: (A) 상향하는 편의를 갖고 정책을 부정확하게 예상하는 경우, (B) 정책을 정확하게 예상하는 경우. 두 경우 모두 경제의 수요측면 정책으로 인해 총수요가 증가한다고 가정하자. (A)의 경우 *SRAS* 곡선이 처음에 왼쪽으로 이동한 것보다 적게 *AD* 곡선이 오른쪽으로 이동하여 단기적으로 실질 GDP가 감소한다. (B)의 경우 *AD* 곡선이 *SRAS* 곡선과 동일한 만큼 동시에 하지만 방향은 정반대인 오른쪽으로 이동한다. 이 경우 실질 GDP는 변화하지 않는다.

149 신케인지언 이론

- 신케인지언 이론에는 다음과 같은 두 가지 가정이 함축되 있다. (1) 사람들은 합리적으로 자신들의 기대를 형성한다. (2) 임금 및 가격은 단기적으로 완벽하게 신축적이지 않다.
- 정책이 정확하게 예상되는 경우 새로운 고전파 이론과 신케인지언 이론이 예측한 경제적 효과는 단기적으로 동일하지 않다. 신케인지언 이론은 총수요의 예상된 변화가 주어진 경우 임금 및 가격이 단기적으로 완벽하게 신축적이지 않기 때문에 단기 총공급곡선이 즉시 장기 균형상태로 이동하지 못한다고 본다. 신케인지언 이론은 (필립스 곡선의 틀에서) 인플레이션과 실업 사이에 단기적인 상충관계가 존재한다고 예측한다.

150 실질 경기순환 이론

- (실질 GDP 면에서 본) 실질 경기순환의 수축기는 경제의 공급측면에서 비롯된다. 실질 GDP 면에서 본 수축기는 다음과 같은 단계를 밟을 수 있다. (1) 불리한 공급충격으로 인해 경제의 생산능력을 감소시킨다. (2) *LRAS* 곡선이 왼쪽으로 이동한다. (3) 따라서 실질 GDP는 감소하고 물가수준은 상승한다. (4) 노동에 대한 수요감소(이에 따른 명목임금의 하락)와 물가수준 상승으로 인해 실질임금이 하락하게 되면 근로하고자 하는 사람들의 수가 감소한다. (5) 소득이 감소한다. (6) 소비 및 투자가 감소한다. (7) 대부규모가 감소한다. (8) 통화공급이 감소한다. (9) *AD* 곡선이 왼쪽으로 이동한다.

주요 용어 및 개념

필립스 곡선
스태그플레이션
자연율 이론
적응적 기대
합리적 기대
정책 무효과 명제

연습문제

01. 신케인지언 이론에 따르면 예를 들어 장기 근로계약 같은 것 때문에 임금이 완벽하게 신축적이지는 않다고 주장한다. 이에 대해 새로운 고전파 경제학자들은 다음과 같이 대응한다. 경험을 통해 노동조합 지도자들은 임금조정이 가능한 계약을 개발하여 협상을 한다. 새로운 고전파 경제학자들이 좋은 점을 지적했다고 생각하는가? 설명하시오.
02. "(새로운 고전파 이론과 관련된) 정책 무효과 명제는 총수요 증대 정책을 통해 실업을 낮추려는 정책 입안자들의 능력을 제거하지는 못한다. 왜냐하면 이들은 언제고 일반인들이 기대하는 것보다 더 많이 총수요를 증가시킬 수 있기 때문이다." 이 주장의 약점은 무엇인가?
03. 경제정책에 관한 뉴스가 널리 알려지도록 하는 기술의 변화뿐만 아니라 인플레이션과 실업 사이에 단기적인 상충관계가 존재한다고 가정하자. 이런 변화가 상충관계에 어떤 영향을 미치는가? 설명하시오.
04. 적응적 기대와 합리적 기대의 주요한 차이점은 무엇인가? 각각의 예를 드시오.
05. 영원히 기울기가 하향하는 필립스 곡선이 존재하고 정책 입안자에게 인플레이션과 실업률 사이의 상이한 결합을 선택할 수 있는 메뉴를 제시한다고 가상하자. 필립스 곡선 상의 어느 점에 위치하여야 하는지 결정하기 위해 사회는 어떻게 해야 된다고 생각하는가?
06. 프리드먼 교수에 따르면 경제가 장기균형에 있을 때를 어떻게 아는가?
07. 새로운 고전파 이론이 "고전파"라는 단어와 연계되어지는 이유는 무엇 때문인가? 고전파 이론은 경기변동(경제의 확장 및 수축)을 설명할 수 없었지만 새로운 고전파 이론은 이를 설명할 수 있었기 때문에 전자는 실패하고 후자는 왜 성공했다고 하는가?
08. 필립스 곡선이 정책 입안자들에게 선택의 메뉴를 제시한다고 말하는 의미는 무엇인가?
09. 적응적 기대라는 가정 하에서 프리드먼의 자연율 이론을 단기 및 장기의 관점에서 설명하시오.
10. 기대 인플레이션율은 5퍼센트이고 실제 인플레이션율은 7퍼센트이다. 프리드먼에 따르면 경제는 장기균형상태에 있는가? 설명하시오.
11. 기대는 합리적으로 형성되고 정책은 예상되지 않는다고 가정하면서 새로운 고전파 이론을 단기 및 장기의 관점

에서 설명하시오.

12. 실질 경기순환 이론에서 불리한 공급 충격으로 인해 발생한 일련의 사건에 의해 유발된 통화공급의 변화가 경기순환의 원인이 될 수 없는 이유는 무엇 때문인가?

13. 정부가 총수요를 증대시키는 확장적 재정정책을 시행하지만 사람들은 (상향하는 편의를 갖으면서) 이 정책을 부정확하게 예상한다고 가상하자. 물가수준 및 실질 GDP의 단기 및 장기 변화는 무엇인가?

14. "일부 사람들이 자신들의 기대를 합리적으로 형성하지 않더라도 새로운 고전파 이론이 반드시 가치가 없는 것은 아니다." 이 문구를 논의하시오.

15. 사람들이 적응적 기대를 한다는 것을 보여주는 어떤 증거를 제시할 수 있는가? 사람들이 합리적 기대를 한다는 것을 보여주는 어떤 증거를 제시할 수 있는가?

숫자 및 그래프를 활용한 문제

01. 사람들이 합리적 기대를 하고 가격 및 임금은 신축적이며 총수요 감소를 과소평가하였다면 단기 및 장기에서 어떤 현상이 발생하는지 그래프를 이용하여 설명하시오.

02. 아래의 각 그림에서 출발점은 1이다. 어느 그림이 다음의 각 경우를 설명하는가?

a. 프리드먼의 자연율 이론(단기)

b. 새로운 고전파 이론(예상하지 못한 정책, 단기)

c. 실질 경기순환 이론

d. 새로운 고전파 이론(부정확하게 예상된 정책, 총수요 증가를 과대평가, 단기)

e. 정책 무효과 명제

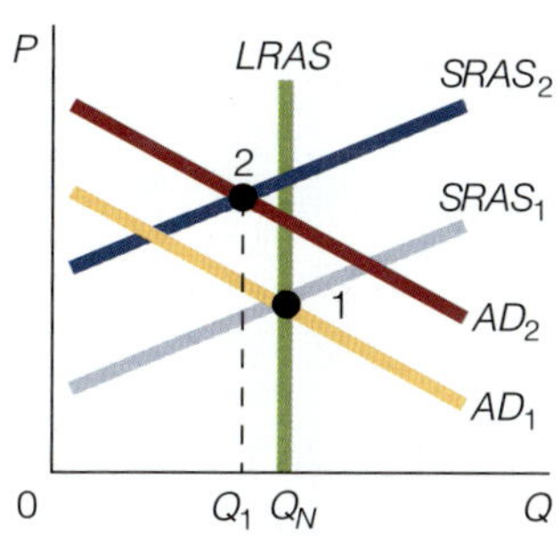

(a)

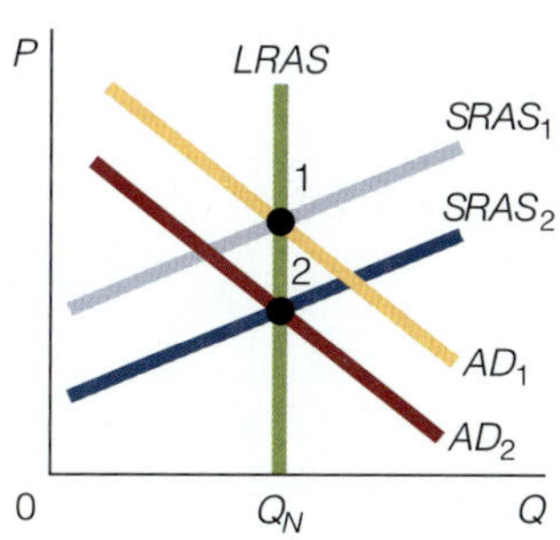

(b)

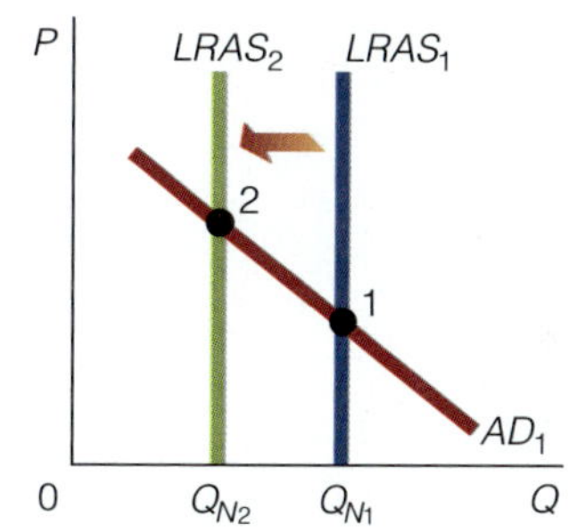

(c)

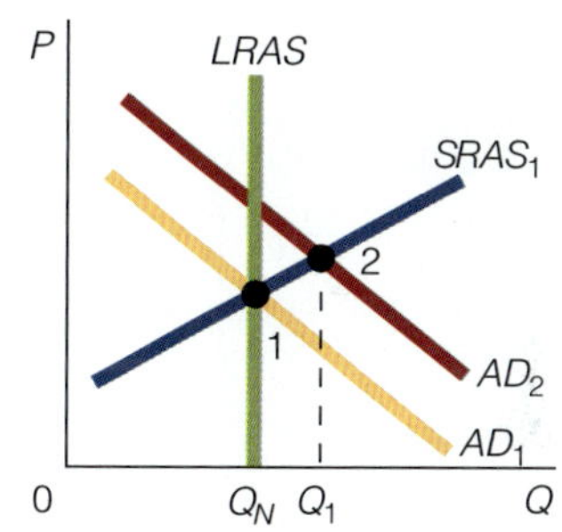

(d)

03. 사람들이 적응적 기대를 하고 가격 및 임금은 신축적이며 총수요가 감소한다면 단기 및 장기에서 어떤 현상이 발생하는지 그래프를 이용하여 설명하시오.

제 29 장

경제성장: 자원, 기술, 사고, 제도

29.1 경제성장에 관한 기초 개념

경제성장이란 용어는 절대적인 실질 경제성장 또는 1인당 실질 경제성장과 관련된다. **절대적 실질 경제성장**(absolute real economic growth)은 어떤 기간에서 다음 기간으로 변하면서 이루어지는 실질 GDP의 증가이다.

절대적 실질 경제성장

1인당 실질 경제성장(per-capita real economic growth)은 어떤 기간에서 다음 기간으로 변하면서 이루어지는 1인당 실질 GDP의 증가이다. 1인당 실질 GDP는 실질 GDP를 인구수로 나누어 구할 수 있다.

1인당 실질 경제성장

$$1\text{인당 실질 GDP} = \frac{\text{실질 GDP}}{\text{인구수}}$$

1 경제성장율은 중요한가?

어떤 나라의 (절대적) 실질 경제성장률이 4퍼센트이고 다른 나라의 경우 3퍼센트라고 가상하자. 성장률의 차이는 매우 중요하지는 않는 것처럼 보일 수 있다. 하지만 성장률이 오랜 기간 동안 지속된다면 각국에 사는 사람들은 생활수준에서 실질적인 차이를 알게 될 것이다. 어떤 나라의 경제성장률이 연간 5퍼센트인 경우 14년이 걸려 실질 GDP가 두 배가 된다. 어떤 나라의 연간 경제성장률이 2퍼센트인 경우 35년 걸려야 실질 GDP가 두배가 된다. 다시 말해 성장률이 5퍼센트인 국가는 실질 GDP가 두 배가 되는데 성장률이 2퍼센트인 국가보다 21년 더 적게 소요된다. (어떤 변수가 두 배가 되는 시간을 계산하려면 70을 백분율로 표시된 해당 성장률로 나누면 된다.)

29.2 생산함수와 경제성장

생산함수

생산함수(production function)는 생산량 또는 실질 GDP에 대한 기술과 생산 요소량 사이의 관계를 나타낸다. 예를 들면 다음과 같은 생산함수를 생각하여 보자.

$$\text{실질 GDP} = T(L, K)$$

여기서 L은 노동을 의미하며 K는 자본을 나타내고 T는 기술계수를 의미한다. 노동 4단위와 자본 2단위를 갖고 있다고 가상하자. 모두 합해서 두 가지 자원, 즉 노동 및 자본 6단위를 갖고 있다.

앞에서 기술진보는 예를 들면 노동 및 자본과 같은 자원이 일정하게 주어진 상황에서 더 많은 생산량(더 많은 실질 GDP)을 생산할 수 있게 하는 것이라고 정의하였다. T 또는 기술계수가 위의 생산함수에서 이를 나타낸다. T는 0.40이라고 가상하자. $L = 4$, $K = 2$라면 생산함수는 다음과 같다.

$$\text{실질 GDP} = 0.4(4 + 2)$$
$$\text{실질 GDP} = 0.4(6)$$
$$\text{실질 GDP} = \text{생산량 } 2.4\text{단위}$$

다시 말해 위에서 기술계수 0.4라고 나타낸 일정한 기술수준에서 노동 및 자본을 투입하여 생산량 또는 실질 GDP 2.4단위를 생산하였다.

세 가지 요소 T, L, K에 초점을 맞춘 생산함수 하에서 이 요소 중 어느 한 개가 증가할 경우 실질 GDP가 증가한다. 예를 들면 노동이 4단위에서 8단위로 증가할 경우 실질 GDP는 생산량 4단위로 증가한다. 이와 달리 노동 4단위와 자본 2단위는 일정한데 T가 0.4에서 0.5로 향상된다면 실질 GDP는 2.4단위에서 3.0단위로 증가한다.

1 그래프로 나타낸 생산함수

그림 1(a)는 생산함수를 그래프로 보여주고 있다. 수직축은 실질 GDP(Q)를 나타내며 수평축은 노동(L)을 나타낸다. 생산함수 그래프를 2차원 공간의 곡선으로 나타내었다. 노동 L_1에서 실질 GDP인 Q_1을 생산할 수 있다. 노동이 L_1에서 L_2로 변화할 경우 그림 1(b)에서 보는 것처럼 더 많은 실질 GDP를 생산할 수 있다.

K 또는 T가 변화할 경우 생산함수는 위쪽 또는 아래쪽으로 이동한다. 예를 들면 그림 1(c)는 K가 증가할 경우 생산함수에 어떤 현상이 나타나는지를 보여준다. 처음에 $K = 1$이고 이것은 L_1과 결합하여 주어진 기술계수 하에서 Q_1인 실질 GDP를 생산한다. K가 2로 증가하고 이 증가한 K가 동일한 양의 노동 및 동일한 기술계수와 결합할 경우 실질 GDP가 Q_2로 증가한다.

그림 1(d)는 기술계수가 증가할 경우 어떤 현상이 발생하는지를 보여준다. 처음 $T = 0.4$이었다. 이것과 일정한 노동량 및 자본량이 결합하여 Q_1인 실질 GDP를 생산한다. T는 0.5로 증가하고 다른 것들은 변화하지 않는다면 실질 GDP는 Q_2로 증가한다.

그림 1

생산함수

(a) 생산함수는 노동(L), 자본(K), 기술(기술계수, T)에 의존한다. (b) L이 변화하면 실질 GDP가 변화한다. (c) 자본이 증가하면 생산함수가 위쪽으로 이동하며 (주어진 L 및 기술계수에 대해) 실질 GDP가 증대한다. (d) 기술계수가 상승하면 생산함수가 위쪽으로 이동하며 (주어진 L 및 K에 대해) 실질 GDP가 증대한다.

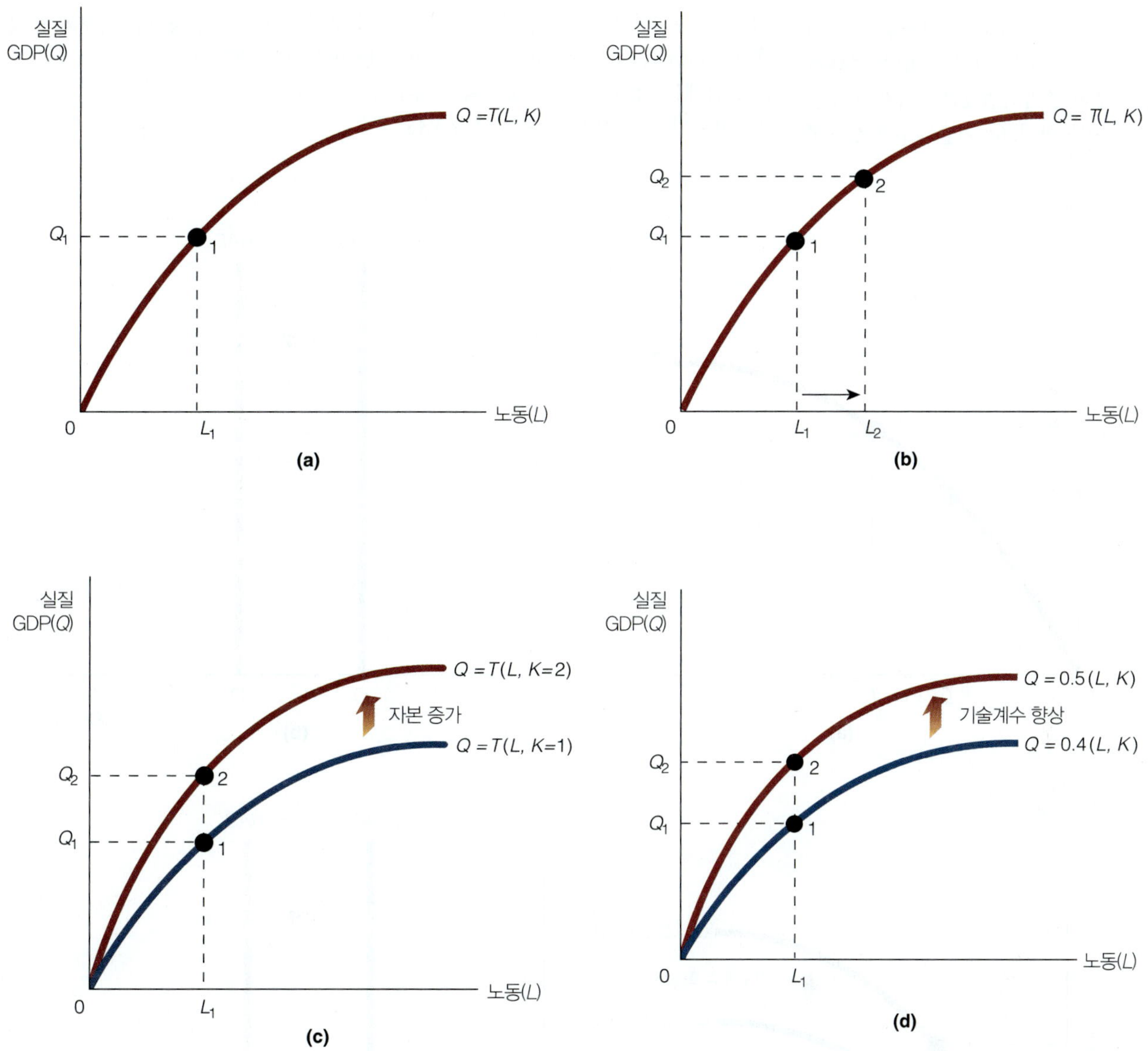

위의 생산함수에 따르면 생산량 또는 실질 GDP는 노동, 자본, (기술진보를 의미하는) 기술계수에 의존한다. 노동이 증가하면 동일한 생산함수 상의 한 점에서 다른 점으로 이동하여 실질 GDP가 증가한다. 자본이 증가하거나 또는 기술계수가 증가할 경우 생산함수가 위로 이동하여 실질 GDP가 증가한다.

2 생산함수에서 *LRAS* 곡선으로의 전환

생산함수의 변화 및 이동은 *LRAS*곡선의 이동과 연계될 수 있다. 그림 2(a)에서 Q_1인 실

그림 2

생산함수 및 *LRAS* 곡선

(a) 노동(L)이 증가하면 (생산함수 측면에서 보는 것처럼) 실질 GDP가 증대한다. (b) L이 증가하면 *LRAS* 곡선이 오른쪽으로 이동한다. (c) 기술계수가 상승하면 생산함수가 위쪽으로 이동하여 실질 GDP가 증대한다. (d) 기술계수가 상승하면 *LRAS* 곡선이 오른쪽으로 이동한다(그림에는 없지만 K가 증가할 경우 생산함수가 위쪽으로 이동하고 *LRAS* 곡선이 오른쪽으로 이동한다는 측면에서 보면 기술계수가 향상될 경우와 동일한 현상이 발생한다).

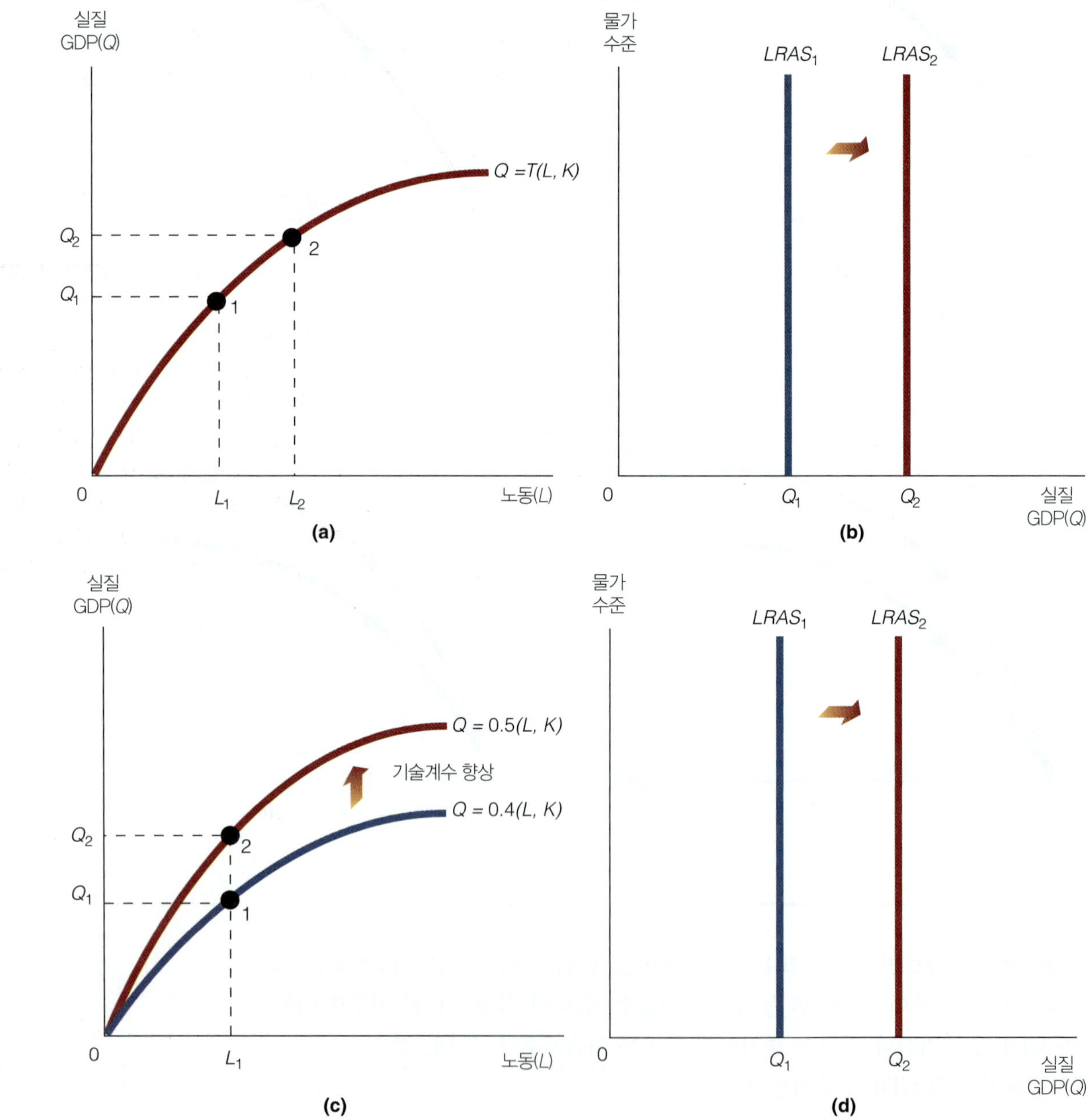

질 GDP를 생산하는 L_1에서 시작하여 보자. 그림 2(a)의 Q_1을 그림 2(b)로 이동시켜 보자. 이것이 자연실업률에서 경제가 생산하는 실질 GDP, 즉 자연 실질 GDP라고 하자. 이 수준의 실질 GDP는 그림에서 $LRAS_1$과 일치한다.

그림 2(a)에서 노동이 L_2로 증가하였다고 가상하자. 노동이 이렇게 변화하면 생산함수를 따라 점 1에서 점 2로 이동하여 증대된 실질 GDP인 Q_2를 생산하게 된다. 그림 2(b)에서 새로운 증대된 실질 GDP는 $LRAS_2$와 일치한다.

이처럼 노동이 증가하면 주어진 생산함수를 따라 이동하고 *LRAS* 곡선이 오른쪽으로 이동한다. 그림 2(b)에 *AD* 곡선을 추가시킨다면 *LRAS* 곡선이 오른쪽으로 이동할 경우 물가수준은 하락하고 실질 GDP는 증가한다. 실질 GDP가 증가함에 따라 경제성장이 달성된다.

그림 2(c)에서는 Q_1인 실질 GDP를 생산하는 L_1에서 다시 시작하여 보자. 기술계수가 0.4에서 0.5로 증가할 경우 생산함수는 위쪽으로 이동한다. 일정하게 주어진 노동 및 자본 하에서 더 많은 실질 GDP인 Q_2를 생산한다. 이런 실질 GDP의 변화를 그림 2(c)에서 그림 2(d)로 전환시키면 기술계수의 증가로 인해 *LRAS* 곡선이 오른쪽으로 이동한다는 사실을 알 수 있다. 이로 인해 경제성장이 달성된다.

3 노동에 대한 강조

그림 2는 노동이 증가할 경우 *LRAS* 곡선이 오른쪽으로 이동한다는 사실을 보여준다. 다시 말해 노동이 증가하면 경제성장이 이루어진다. 그렇다면 무엇이 노동을 증가시킬 수 있는가? 다시 말해 *X* 및 *Y*가 노동을 증가시킨다면 *X* 및 *Y*는 경제성장을 촉진하는 요소가 된다.

자주 언급되는 요소로 조세가 있다. 일부 경제학자들은 근로활동에 대한 조세를 삭감함으로써 경제성장을 촉진시킬 수 있다고 말한다. 이들의 논리는 다음과 같다. 한계 소득세율이 삭감되면 노동자들은 더 많이 노동을 하게 되고 이에 따라 생산량이 증가한다. 노동시장의 측면에서 이를 생각하여 보자. 그림 3(a)는 점 1에서 균형인 노동시장을 보여주고 있다. 이 시장에서 노동의 균형량은 L_1이 된다. L_1이 생산함수에 투입되면 그림 3(b)에서 보는 것처럼 Q_1인 실질 GDP가 생산된다. 그림 3(b)의 Q_1을 그림 3(c)로 이동시킬 경우 Q_1은 $LRAS_1$곡선과 일치한다.

소득에 대한 조세가 감소하였다고 가상하자. 이에 따라 그림 3(a)의 노동공급곡선은 오른쪽으로 이동한다. 다시 말해 소득세 인하로 인해서 노동에 대한 전반적인 보상이 증대하면 보다 많은 사람들이 노동을 하기로 결정하고 이미 근로상태에 있는 사람들은 더 많이 노동을 제공하고자 한다. 그림 3(a)에서 새로운 노동균형량은 L_2가 된다. 증대된 노동량을 생산함수를 나타내는 그림 3(b)로 이전시키면 더 많은 실질 GDP인 Q_2를 생산하게 된다. 그림 3(c)에서 증가된 실질 GDP는 새로운 *LRAS* 곡선, 즉 $LRAS_2$와 상응하게 된다.

이처럼 소득세가 하락하면 노동공급곡선이 오른쪽으로 이동하여 균형노동량이 증가하며 이로 인해 실질 GDP가 증가하거나 또는 *LRAS* 곡선이 오른쪽으로 이동한다. 이를 통해 경제성장이 달성된다.

그림 3

노동시장, 생산함수, *LRAS* 곡선

(a) 소득세가 낮아지면 노동공급곡선은 오른쪽, 즉 S_{L1}에서 S_{L2}로 이동한다. 소득세가 낮아지고 노동공급곡선이 오른쪽으로 이동하면 노동 균형량은 L_1에서 L_2로 증가한다. (b) 노동이 증가할 경우 생산함수 측면에서 보면 실질 GDP가 증대한다. (c) 실질 GDP가 증대하면 *LRAS* 곡선이 오른쪽으로 이동하게 된다.

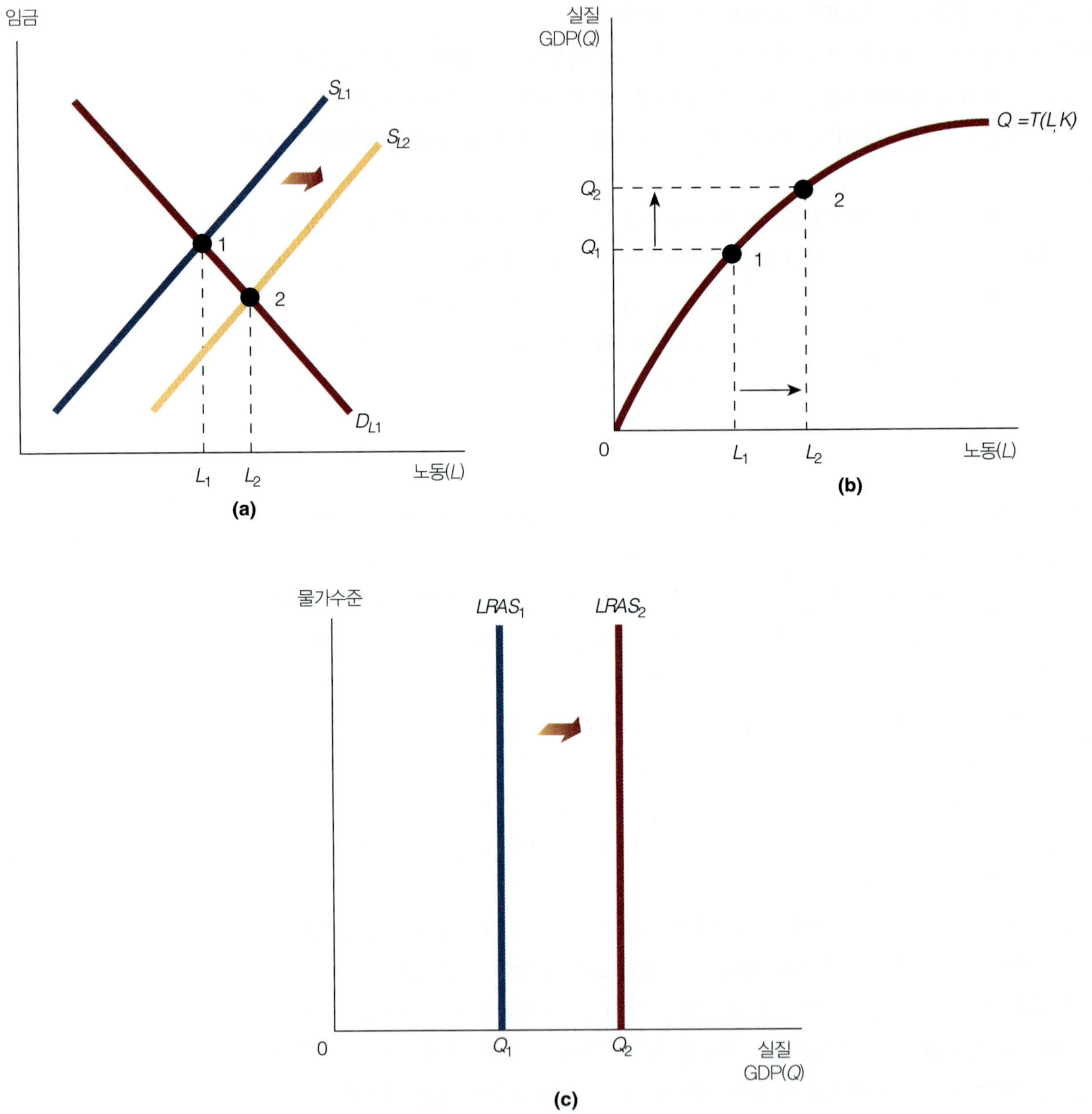

4 자본에 대한 강조

증가된 노동이 경제성장으로 이어지지만 자본이 증가하여도 그렇게 된다. 얼마나 많은 자본을 가용할 수 있느냐는 자본수익에 대한 조세와 이자율에 의존한다. 두 가지 상황을 생각해 보자. 첫 번째 상황에서는 자본수익에 대한 조세가 높으며 두 번째 상황에서는 자본수익에 대한 조세가 낮다. 어느 상황 하에서 생산과정에 자본을 투입하려는 동기가 더 강해지는가? 자본수익에 대한 조세가 낮은 경우 다음과 같이 예측할 수 있다. 자본수익에 대한 조세가 하락함에 따라 더 많은 자본이 생산과정에 투입되어 생산함수가 위쪽으로 이동하고 이에 따라 *LRAS* 곡선이 오른쪽으로 이동한다.

기업들은 자본재를 구입하기 위해서 자금을 차용하여야 하기 때문에 이자율도 또한 투입될 자본량에 영향을 미친다. 간단히 말해 그 과정은 다음과 같다. 이자율이 하락하면 기업들은 더 많은 차용을 하게 된다. 기업들은 자본재를 구입하기 위해서 차용한 자금을 사용한다. 기업들이 구입해서 (생산과정에) 더 많은 자본을 이용하게 되면 생산함수는 위쪽으로 이동하고 *LRAS* 곡선은 오른쪽으로 이동한다.

5 다른 자원에 대한 강조: 천연자원 및 인적자본

지금까지 생산함수는 두 개의 자원, 즉 노동 및 자본과 기술만을 포함하였다. 경제성장 모형을 설정할 때 경제학자들은 자주 이런 형태의 생산함수를 이용한다.

하지만 보다 완벽한 생산함수에는 천연자원(*NR*)과 인적자본(*H*)이 또한 포함된다. 예를 들면 의자, 책상, 종이를 생산하는 나무처럼 상품을 생산하는 데는 천연자원을 필요로 한다. 실제로 경제학자들은 네 가지 자원, 즉 토지, 노동, 자본, 기업가 정신에 대해 논의한다. 토지라는 자원은 간단히 천연자원의 다른 명칭이라고 할 수 있다.

상품을 생산하는 데는 인적자본이 필요하며 이는 *K*라고 나타낸 자본과는 다르다. 앞에서 논의한 자본은 예를 들면 기계, 컴퓨터, 공장과 같은 **물적자본**이다. **인적자본**(human capital)은 대학에 다니면서 얻은 것과 교육, 훈련, 경험을 통해서 취득하는 기술 및 지식을 말한다. 여러분들은 많은 과목에 등록하여 학습하고 사고력을 갖게 된다. 이런 것들이 모두 인적자본의 구성요소가 된다.

인적자본

앞에서 살펴 본 생산함수에 인적자본 및 천연자원을 추가시키면 다음과 같다.

$$\text{실질 GDP} = T(L, K, NR, H)$$

6 기술계수 및 사고에 대한 강조

1980년대부터 경제학자들은 이전의 몇 십년 전과 다르게 경제성장을 논의하기 시작하였다. 이들은 기술, 사고방식, 제도, 교육에 더 많은 주의를 기울였다. 이런 논의는 자주 **신성장이론**이라는 제목 하에서 이루어졌다.

신성장이론이란 이름이 의미하는 바는 경제성장 이론이 이전에 존재하였다는 것이며 실제로 신고전파 성장이론이 신성장이론 이전에 존재했다. 일부 경제학자들은 이전의 의학이론이 대답할 수 없는 문제에 답하기 위해 신의학이론이 나오는 것처럼 신고전파 성장이론이 답할 수 없는 문제에 답하기 위해서 신성장이론이 나왔다고 본다.

신고전파 성장이론은 두 가지 자원, 즉 노동 및 물적자본을 강조하였다. 기술에 대해서도 논의가 이루어졌지만 피상적으로만 하였다. 기술은 외생적이라고 보았다. 즉 경제체제 밖에서부터 온다고 생각하였다. 이것은 하늘에서 떨어져서 통제할 수 없으며 이런 가정은 주어진 것으로 받아들여졌다.

신성장이론에 따르면 기술은 내생적이며 경제체제의 중심부라고 한다. 보다 자세히 말하면 개발되는 기술의 규모 및 질은 개발에 투입된 자원의 양에 의존한다고 본다. 기술을 개발하기 위해 투입된 자원이 많을수록 개발되는 기술은 더 많고 더 좋아진다고 한다.

폴 로머(Paul Romer) 교수는 기술을 금을 찾아 답사하는 것으로 볼 수 있다고 한다. 한 개인이 금을 발견할 기회는 매우 작아서 금을 발견한다면 이를 행운이라고 본다. 하지만 10,000명이 일정지역에 걸쳐 금을 찾을 경우 이를 발견할 확률은 매우 커진다. 기술진보도 금을 찾아 답사하는 것과 같다. 한 사람이 기술을 진보시키려 한다면 성공할 기회는 수백 명 또는 수천 명이 시도할 때보다 훨씬 더 적어진다.

신성장이론은 또한 새로운 사고가 기술진보와 관련될 때 이를 발견하고 형성하는 과정을 강조한다. 이런 강조는 예를 들면 천연자원 및 자본재처럼 물질적인 유형재에 대한 것보다 사고에 더 주어진다. 일부 국가들은 (천연자원 및 자본재와 같은) 유형적인 물질이 부족하여 빈곤하다. 하지만 일부 국가들은 이런 유형적인 물질이 부족하지만 경제적으로 성장을 할 수 있었다. 예를 들면 1950년대에 일본은 천연자원 및 자본재가 부족하였으나 경제적인 성장을 이루었다. 일부 경제학자들은 일본이 사고 또는 지식에 접근할 수 있었기 때문에 성장을 할 수 있었다고 생각한다.

21세기에는 가장 많은 천연자원과 자본재를 갖는 국가가 가장 신속하게 성장하는 국가가 아닐 수 있다. 신성장이론이 옳다면 성공하는 국가는 가장 많고 가장 우수한 사고를 촉진하고 개발하는 방법을 발견한 국가일 것이다.

7 제도가 중요하다

곡물은 모든 토양에서 동일하게 성장하지 않는다. 일부 토양은 다른 토양보다 성장하는데 더 도움이 된다. 이와 유사하게 많은 경제학자들은 일부 환경이 다른 환경보다 경제성장에 더 도움이 된다고 본다.

경제학자들이 어떤 환경과 다른 환경을 구별하는 방법 중 하나는 제도 측면에서 보는 것이다. 그렇다면 이 경우에 제도란 무엇인가? 이 분야에서 연구업적을 쌓은 더글라스 노스(Douglas North) 교수는 **제도**(institution)를 "사회에 존재하는 게임규칙 또는 보다 형식적으로 말하면 인간의 상호작용을 구체화하는 인간이 할 수 있게 고안된 제약"이라고 보았다. 특히 제도는 일국의 규칙 및 규제, 법률, 관습, 기업관례로 구성된다. 제도가 상이한 두 개 국가 A 및 B를 생각해 보자. A국에서는 법의 지배가 준수되고(어느 누구도 법 위에 존재하지 않고) 계약은 이행되며 사유재산권이 보장될 뿐만 아니라 자유무역이 허용된다. 반면에 B국에서는 법의 지배가 준수되지 않고 계약이 반드시 이행되는 것은 아니며 사유재산이 보장되지 않을 뿐만 아니라(자주 몰수될 뿐만 아니라) 수입품에 대해 고율의 관세 및 할당이 부과된다. 즉 이 두 개 국가에서는 "게임의 규칙"이 상이하다.

제도

대부분의 경제학자들이 경제성장에 도움이 된다고 동의하는 몇 가지 제도를 들면 다음과 같다.

- 재산권 체계
- 법적 제도
- 성장을 촉진하는 정책 대 이전을 촉진하는 정책
- 기타 다른 제도

재산권 체계 두 가지 재산권 체계 X 및 Y에 대해 생각해 보자. X하에서 개인은 (토지, 기업, 상점, 발명품 등과 같은) 재산을 소유할 수 있다. Y하에서 개인은 재산을 소유할 수 없으며 사유재산이 허용되지 않는다. 이런 두 가지 재산권 체계에서 재화 및 서비스를 생산하려는 동기가 같을 수 없다. 생산하려는 동기는 분명히 Y에서보다 X에서 더 크다. 자신이 생산한 것이 자신에게 귀속되지 않는다면 Y하에서 왜 생산을 하려 하겠는가? 간단히 말해 상이한 재산권 체계는 상이한 생산동기를 갖게 된다. 모든 다른 사정이 동일하다면 사람들에게 재산 소유를 허용하는 재산권 체계가 그렇지 않은 체계보다 생산 및 경제성장에 더 도움이 된다.

이제는 두 개의 다른 재산권 체계 A 및 B를 생각해 보자. 두 체계 하에서 사람들은 재산을 소유할 수 있다. 하지만 A하에서 개인의 재산권은 B하에서만큼 잘 보장되지 않는다. 예를 들면 A하에서 정부는 이따금 개인의 사유재산을 몰수하지만 B하에서는 이런 일이 결코 발생하지 않는다. 다시 한 번 생산하려는 동기가 A 및 B하에서 동일하지 않다. 사유재산권이 안전하게 보장될수록 생산하려는 동기가 더 커진다. 생산한 것을 빼앗길 수 있는데 왜 생산하겠는가?

이처럼 사유재산권이 생산 및 경제성장에 중요할 뿐만 아니라 이런 사유재산권의 안전성도 또한 중요하다.

법적 제도 A국에서는 법적 제도가 신뢰할 수 있고 공정하며 합법적인 계약을 이행하고 사유재산을 보호하는 데 도움이 된다. 반면에 B국에서는 법적 제도가 정반대로 운용된다. 사람들이 사업을 시작하고 자금을 대부 및 차용하며 투자하고 상품을 생산하며 혁신하려는 동기를 A국 또는 B국 중 어느 국가에서 더 크게 갖게 되는가? 이것들은 모두 경제성장 과정에서 중요한 것들이다. 대부분의 경제학자들은 법적 제도가 신뢰할 수 있고 공정하며 건전한 A국이라고 대답한다. 사업을 시작하고 대부 및 차용을 하며 투자, 혁신, 생산을 하는 데 개입되는 것이 무엇인지에 대해 생각하면 결론은 분명해진다. 사업을 시작하려면 사업의 재원을 조달하고 근로자를 고용하며 공급업자로부터 구입을 하여야 하는 등 다른 사람들과 거래를 하여야 한다. 다른 사람들과 거래를 할 때 이들과 체결한 협정(또는 계약)이 준수되고 이행되며 이들이 절취하지 않도록 확신할 수 있어야 한다. 이것이 법적 제도가 경제성장에 중요한 이유이다. 신뢰할 수 있고 공정하며 합법적인 계약을 이행하고 사유재산권을 보호하는 데 도움이 되는 법적 제도는 다른 사람들과의 거래비용을 낮춘다. 이에 따라 사람들이 경제성장에 도움이 되는 행위를 하고자 하는 더 많은 동기를 갖게 된다.

성장 촉진정책 대 이전 촉진정책 두 가지 형태의 경제정책, 즉 성장 촉진정책과 이전 촉진정책을 생각해 보자. 성장 촉진정책은 실질 GDP를 증가시키고 경제 파이의 크기를 증대시키려한다. 이전 촉진정책은 경제 파이의 크기는 변화시키지 않고 다른 집단에 비해 한 집단이 차지하게 될 조각(부분)만을 증대시키려 한다.

예를 들면 특정 이익집단 A는 현재 경제 파이 중 1/1,000을 차지하고 있으며 경제 파이는 1,000달러에 상당한다. 이 집단은 1달러 상당의 조각을 차지한다. 집단 A는 1달러보다 더 큰 조각을 갖고자 하며 이는 다음과 같은 두 가지 방법 중 하나를 통해 그렇게 할 수 있다. 먼저 경제 파이 중 자신의 조각을 증대시킬 수 있는 정책이 시행되도록 로비를 하는 것이다. 다시 말해 집단 A는 다른 사람들이 더 작은 조각을 갖어야 하는 희생하에 더 큰조각(예를 들면 2달러 상당의 조각)을 차지한다. 다른 방법은 집단 A가 파이의 크기를 증대시키는 정책, 예를 들면 1,000달러에서 1,500달러로 증대시키는 정책이 시행되도록 로비를 할 수 있다. 이 경우 집단 A는 증가분 전부인 500달러를 차지하지 않고 증가분의 1/1,000인 50센트만을 차지하게 된다. 따라서 집단 A는 (실질 GDP 증가분의 1/1,000을 차지하는) 성장 촉진정책이 시행되도록 로비하는 것이 더 나은지 아니면 (이전된 금액을 100퍼센트 차지하는) 이전 촉진정책이 시행되도록 로비하는 것이 더 나은지를 결정하여야 한다.

맨커 올슨(Mancur Olson)에 따르면 특정 이익집단은 성장 촉진정책보다 이전 촉진정책을 옹호하는 경향이 있다고 한다. 일국에 특정 이익집단이 많을수록 성장 촉진정책 대신에 이전 촉진정책이 시행되도록 로비할 가능성이 높다는 점에서 이는 경제성장에 영향을 미치게 된다. 사람들은 경제 파이의 크기를 증대시키기보다 일정한 크기의 경제 파이 중에서 더 큰 조각을 차지하려 한다. 간단히 말해 수많은 정치적으로 강력한 이익집단들은 경제성장에 걸림돌이 된다.

기타 다른 제도 경제성장에 도움이 되는 기타 다른 제도들이 자주 언급된다. 예를 들면 개방적이며 경쟁적인 시장, 자유(국제)무역, 경제적 자유를 증진시키는 정책, 안정적인 금융제도, 부담이 되지 않는 조세 및 규제, 강력하고 효과적인 교육제도를 들 수 있다.

요약 및 정리

151 경제성장

- 절대적 실질 경제성장은 어떤 기간에서 다음 기간으로 변하면서 이루어지는 실질 GDP의 증가이다.
- 1인당 실질 경제성장은 어떤 기간에서 다음 기간으로 변하면서 이루어지는 1인당 실질 GDP의 증가이다. 1인당 실질 GDP는 실질 GDP를 인구수로 나누어 구할 수 있다.

152 생산함수

- 생산함수는 생산량 또는 실질 GDP에 대한 기술과 생산요소량 사이의 관계를 나타낸다.
- 실질 GDP = $T(L, K)$. 이 생산함수는 실질 GDP 또는 생산량이 기술계수 T로 나타낸 기술, 노동(L), (물적)자본(K)의 함수라는 사실을 보여준다. 또 다른 생산함수는 다음과 같이 나타낼 수 있다. 실질 GDP = $T(L, K, NR, H)$. 이 생산함수는 실질 GDP 또는 생산량이 기술계수 T로 나타낸 기술, 노동(L), (물적)자본(K), 천연자원(NR), 인적자본(H)의 함수라는 사실을 보여준다.

153 생산함수와 경제성장

- 생산함수로 실질 GDP = $T(L, K)$를 이용할 경우 T, L, K가 증가하면 실질 GDP가 증가하고 T, L, K가 감소하면 실질 GDP가 감소한다는 사실을 알 수 있다. 또한 T, L, K가 변화하여 실질 GDP가 변화하면 이는 *LRAS* 곡선의 이동으로 이어진다. 예를 들어 K가 증가하면 실질 GDP가 증가하여 *LRAS* 곡선이 오른쪽으로 이동한다.
- 조세가 변화하면 노동공급에 영향을 미쳐서 노동시장에서 고용되는 노동의 양을 변화시킨다. 고용되는 노동의 양이 변화하면 이는 다시 실질 GDP의 변화로 이어져서 *LRAS* 곡선이 이동한다.
- 생산과정에 얼마나 많은 자본이 투입되는지는 자본수익에

대한 조세 처리 및 이자율과 같은 것에 의존한다.

154 신성장이론

- 신성장이론에 따르면 기술은 내생적이지만 신고전파 성장이론에 따르면 기술은 외생적이다. 어느 것이 내생적인 경우 이는 경제체제의 일부가 되고 통제 또는 영향력 아래에 있게 된다. 어느 것이 외생적인 경우 이는 경제체제의 일부가 되지 않으며 이해하지 못하는 과정을 통해 자주 설명할 수 없게 우리에게 주어진다고 가정한다.
- 폴 로머 교수에 따르면 신사고를 발견하고 이행하는 것이 경제성장을 일으키는 것이라고 본다.
- 어떤 제도는 신사고의 발견을 촉진하고 이에 따라 경제성장을 촉진할 수 있다.

155 경제성장과 특정 이익집단

- 맨커 올슨 교수에 따르면 일국에 특정 이익집단이 많을수록 성장 촉진정책 대신에 이전 촉진정책이 시행되도록 로비가 이루어질 가능성이 높다고 한다. 사람들은 경제 파이의 크기를 증대시키려 하기보다 크기가 일정한 경제 파이 중에서 더 큰 조각을 차지하려 한다.

주요 용어 및 개념

절대적 실질 경제성장
1인당 실질 경제성장
생산함수
인적자본
제도

연습문제

01. 신성장이론에서 "신"이 의미하는 바는 무엇인가?
02. 특정 이익집단이 성장 촉진정책보다 이전 촉진정책을 선호하는 이유는 무엇 때문인가?
03. 이자율 및 자본수익에 대한 조세처리는 경제성장과 어떤 관계가 있는가?
04. 일부 재산권 체계는 다른 재산권 체계보다 재화 및 서비스를 생산하려는 더 많고 더 강한 동기를 제공한다. 이에 동의하는가? 설명하시오.
05. "노동이 변화하면 주어진 생산함수를 따라 이동한다."라고 말하는 의미는 무엇인가?
06. 제도란 무엇인가? 제도가 일국이 경제성장을 얼마나 달성하느냐에 중요한 이유는 무엇 때문인가?
07. L, K, T의 변화가 생산량 또는 실질 GDP의 변화로 어떻게 이어지는지 설명하시오.
08. 경기순환 거시경제학과 경제성장 거시경제학의 차이는 무엇인가?
09. 1인당 실질 경제성장이 절대적 실질 경제성장보다 더 유용한 측정값인 이유는 무엇 때문인가?
10. 신사고의 발견과 이행이 경제성장에 어떻게 도움이 되는가?

숫자 및 그래프를 활용한 문제

01. 국가 X의 경제는 현재 연간 2퍼센트씩 성장하고 있다. 국가 X의 실질 GDP가 두 배 되는 데는 얼마나 소요되는가?
02. 기술진보가 생산량 또는 실질 GDP의 증가로 어떻게 연계되는지 숫자를 이용하여 설명하시오.
03. 물적자본이 증가하면 실질 GDP가 증가하고 이로 인해 *LRAS* 곡선이 오른쪽으로 이동한다. 이를 그래프를 이용하여 설명하시오.
04. 노동시장이 변화하면 고용되는 노동의 균형량이 변화하며 이는 실질 GDP의 변화로 이어지고 *LRAS* 곡선이 이동한다. 이를 그래프를 이용하여 설명하시오.

제 30 장

정부의 역할 및 효과에 관한 거시경제학적인 논의

30.1 거시경제학과 정부: 논의

거시경제학자들은 일부 사항에 대해서는 의견의 일치를 본다. 예를 들어 10명의 경제학자들에게 중앙은행이 통화공 급을 변화시키기 위해서 자신의 뜻에 따라 활용할 수 있는 수단을 확인해 주도록 요청한다면 여러분은 10명의 경제학자 모두로부터 동일한 답변을 얻게 될 것이다. 또한 10명의 경제학자들에게 단순 화폐수량 이론의 가정을 확인해 주도록 요청한다면 여러분은 다시 10명 모두로부터 동일한 답변을 얻게 될 것이다.

하지만 거시경제학자들은 다른 일부 사항에 대해서는 의견의 일치를 보지 못한다. 예를 들어 10명의 경제학자들에게 현재 상황에서 투자가 이자율의 변화에 어떻게 반응하는지를 질문한다면 10명 모두가 동일한 답변을 하지는 않을 것이다. 일부 경제학자들은 이자율의 변화에 반응하여 투자가 크게 변화할 것이라고 말할 수 있다. 다시 말해 **투자 탄력성**(elasticity of investment)<이자율의 백분율 변화에 대한 투자의 백분율 변화>이 높다고 할 수 있다. 다른 경제학자들은 이에 동의하지 않고 이자율이 변하면 투자가 크게 변화하지 않는다고 (또는 전혀 변화하지 않는다고) 주장할 수도 있다.

투자 탄력성

이자율이 상승하면 투자가 얼마나 감소하는지와 같은 종류의 문제는 실증문제이다. 이자율이 상승하면 투자가 감소할 것이라는 데는 모든 경제학자가 동의하지만 얼마나 감소할지에 대해서는 의견이 모두 일치하지는 않는다. 경제학자들의 의견이 일치하지 않는 또 다른 실증적인 문제의 예는 다음과 같다. 정부가 지출을 증가할 경우 총수요가 얼마나 증가하는가? 현재의 경제상황에서 임금은 얼마나 신축적인가? 또는 얼마나 비신축적인가?

실증적인 문제에 대한 의견 불인치 이외에 경제학자들은 경제가 어떻게 운용되는지에 관한 자신들의 생각에 따라 정부가 경제에서 하여야 하는 역할에 대해서도 의견의 일치를 보지 못한다. 세 명의 경제학자가 실질 GDP는 감소하고 물가는 상승하며 경제성장에 대해 가까운 장래에 악화될 것이라는 데 동의하였다고 가상하자. 세 명의 경제학자 모두 동일한 진단을 하였더라도 반드시 동일한 정부시책을 제시하지는 않는다. 첫 번째 경제학자는 정부가 어떤 시책도 시행하지 않아야 한다고 주장하는 반면, 두 번째 경제학자는 시책 X가 필요하다고 주장하고 세 번째 경제학자는 시책 Z를 제시한다. 첫 번째 경제학자는 어떤 정책도 시행하지 않는 정부를 갖고 있으며 두 번째 경제학자는 정책 X를 시행하는 정부를 갖고 있고 세 번째 경제학자는 정책 Z를 시행하는 정부를 갖고 있다.

거시경제학을 공부하는 대부분의 학생들(특히 거시경제학을 처음 수강한 학생들)에게 이 과목에서 얻고자 하는 바가 무엇이냐고 묻는다면 다음과 같이 말할 것이다. "(경기후퇴, 인플레이션, 높은 실업과 같은) 다양한 거시경제 현상에 대해 설명을 듣고 싶으며 특정 거시경제 현상을 해결할 수 있는 올바른 방법이 무엇인지 알고 싶다." 이들의 생각은 의사의 생각과 같다. "환자는 어디가 문제이며 해당 환자가 치유되기 위한 최선의 약은 무엇인가?" 경제학적인 관점에서 보면 질문은 다음과 같아진다. "경제에 어떤 문제가 있으며 경제를 치유하기 위한 최선의 정책은 무엇인가?" 하지만 경제학에서의 답변은 명확하지가 않다. 미국 대통령 해리 트루먼(Harry S. Truman)은 다음과 같이 말했다는 일화가 있다. "나에게 손이 하나인 경제학자를 추천해 달라. 내 옆에 있는 모든 경제학자들은 '한편으로(on the one hand) 이러한데 다른 한편으론(on the other hand) 이러하다' 고 말한다." 거시경제학을 공부하는 학생들도 분명히 트루먼 대통령이 경제학자들에게서 경험했던 실망감을 갖게 될 것이다.

거시경제학을 처음 공부하는 여러분들은 아마도 "손이 하나인" 대답에 만족하고자 할 것이다. 하지만 그렇게 되면 여러분들은 경제이론과 정책 효과에 대해 정확한 이해 및 판단을 하지 못할 수 있다. 정확한 판단을 하려면 거시경제학에서의 논의, 특히 경제학에서 정부의 역할과 관련된 논의를 살펴볼 필요가 있다. 우리가 논의하게 될 사항 중 일부는 앞에서 이미 논의가 되었던 것이다. 이를 다음과 같이 살펴볼 것이다. 먼저 여러 가지 거시경제 논제를 확인하고 나서 이 논제에 관한 다양한 경제학자들의 논의 속에서 정부가 어떻게 해야 하는지를 설명할 것이다.

30.2 조세삭감, 조세수입, 재정적자

정부가 재정적자를 경험하고 있다고 가상하자. 즉 정부지출이 조세수입보다 크다고 가상하자. 적자규모를 줄이기 위해서 일부 경제학자들은 소득세 삭감을 제안한다. 반면에 다른 경제학자들은 소득세 삭감이 적자규모 축소로 이어지지 않는다고 주장한다. 이런 의견 불일치는 조세삭감이 조세수입을 증대시키는지 여부에서 비롯된다.

일부 경제학자들은 다음과 같이 주장한다. (1) 소득세율이 인하되면 사람들은 노동을 더 많이 하고 이에 따라 생산도 더 많이 하게 된다. (2) 따라서 사람들은 더 많은 소득을 창출하고 세기반이 증가한다. (3) 세율 인하보다 세기반이 더 많이 증가하면 조세수입이 증대된다. (4) 조세수입이 증대되면 재정적자 규모가 축소된다.

반면에 다른 경제학자들은 위의 (3)의 과정에 대해 반론을 제기한다. 이들의 주장에 따르면 세율 인하보다 세기반이 더 많이 증가하지 않으므로 (4)에서 조세수입이 감소하여 재정적자가 확대된다고 한다.

앞에서 살펴본 다음과 같은 식을 생각하여 보자.

$$세수(조세수입) = 세기반(조세기반) \times (평균)\ 세율$$

거의 모든 경제학자들은 세율이 인하되면 세기반이 증가된다는 데 동의한다. 하지만 세기반이 얼마나 증가할지에 대해서는 모든 경제학자들의 의견이 일치하지 않는다. 다시 말해 세율이 10퍼센트 인하되는 경우 세기반은 세율 인하보다 더 많이 증가할 것인가? 또는 더 적게 증가할 것인가? 또는 동일하게 증가할 것인가?

위에서 경제학자들의 의견을 갈라 놓은 것은 실증적인 문제이다. 특히 경제학자들은 어떤 조치가 시행될 경우 무슨 일이 발생할지에 관해 의견이 일치하지 않는다. 다시 말해 세율이 인하되면 무슨 일이 발생하는가? 조세수입이 증가하는가? 또는 감소하는가? 또는 변화하지 않는가?

상이한 경제적인 관점에서 이를 요약하면 다음과 같다.

- **경제학자 A:** 조세삭감은 조세수입을 증대시키고 증대된 조세수입은 재정적자의 규모를 축소시킨다.
- **경제학자 B:** 조세삭감은 조세수입을 감소시키고 감소한 조세수입은 재정적자의 규모를 증가시킨다.

30.3 경제: 자율 조정되는가? 또는 자율 조정되지 않는가?

거시경제학에서 이루어지는 주요 논의 중 하나는 경제가 자동 조정되느냐 여부에 관한 것이다. 특히 경제가 불황 갭을 경험하는 경우 자력으로 장기균형이 회복될 수 있는가? 이에 대한 대답은 어느 정도까지 임금이 하방 신축적인지 또는 경직적인지 여부에 달려 있다. 임금이 신축적이라면 경제는 자력으로 불황 갭으로부터 벗어날 수 있다. 따라서 경제를 관리하기 위해 정부는 개입할 필요가 없다. 하지만 임금이 하방 경직적이라면 경제는 자력으로 불황 갭으로부터 벗어날 수 없다. 경제는 불황 갭에 고착될 수 있다. 경제는 (재정정책 측면에서)의회 또는 대통령에 의한 경제정책이나 (금융정책 측면에서) 중앙은행에 의한 경제정책을 통해서만 불황 갭에서 벗어날 수 있다.

상이한 경제적인 관점에서 이를 요약하면 다음과 같다.

- **경제학자 A:** 임금이 신축적이므로 경제가 불황 갭을 경험할 경우 자력으로 불황 갭으로부터 벗어날 수 있다. 정부가 개입할 필요가 없다.
- **경제학자 B:** 임금이 하방 경직적이므로 경제가 불황 갭을 경험할 경우 불황 갭에 고착될 수 있다. 취할 수 있는 최선의 시책은 경제를 불황 갭으로부터 벗어나게 하기위해서 정부가 확장적 재정정책을 시행하거나 또는 중앙은행이 확장적 금융정책을 시행하는 것이다.

30.4 정부지출 증대 또는 조세삭감: 어느 시책이 더 큰 영향을 미치는가?

경제가 불황 갭을 경험할 경우 경제학자들은 수요측면에서의 확장적 재정정책의 시행을 제안한다. 여러분이 알고 있는 것처럼 확장적 재정정책은 (1) 정부구매의 증대 또는 (2) 조세삭감 또는 (3) 두 가지 모두의 시행으로 구성된다. 모든 경제학자들이 최선의 시책이 무엇인지에 대해서 의견의 일치를 보지는 못한다. 어떤 경제학자는 정부구매의 증대가 경제에 가장 큰 영향을 미친다고 한다. 정부구매가 1달러 증가할 경우 (총수요의 변화를 통해) 조세가 1달러 삭감될 경우보다 실질 GDP를 더 많이 증가시킨다. 다시 말해 **정부지출 승수**(government spending multiplier)[정부지출의 변화를 곱하면 총지출의 변화 (만일 물가수준이 불변한다면 실질 GDP의 변화)를 알려주는 숫자]는 **조세 승수**(tax multiplier)[조세의 변화를 곱하면 총지출의 변화(만일 물가수준이 불변한다면 실질 GDP의 변화)를 알려주는 숫자]보다 더 크다고 본다. 반면에 다른 경제학자들은 정반대의 주장을 한다. 즉 조세승수가 정부지출승수보다 더 커서 조세가 1달러 삭감될 경우에 정부구매가 1달러 증가할 경우보다 실질 GDP를 더 많이 증가시킨다.

정부지출 승수

조세 승수

일반적인 케인지언 분석에서는 정부지출 승수가 조세승수보다 더 크다고 본다. 논리는 다음과 같다. 정부가 1달러를 지출할 경우 1달러 전부가 지출 흐름에 유입된다. 하지만 정부가 조세를 1달러 삭감할 경우 사람들은 일부는 지출을 하고 일부는 저축을 한다. 예를들면 1달러 중에서 60센트는 지출하고 40센트는 저축을 하게 된다. 하지만 경제학자들 사이에 의견이 불일치하는 이유는 모든 경제학자들이 이런 일반적인 분석에 동의하지 않기 때문이다. 일부 경제학자들은 일반적인 분석이 조세삭감으로 인해 경제가 촉진할 것을 모두 고려하지 않았다고 주장한다.

상이한 경제적인 관점에 이를 요약하면 다음과 같다.

- 경제학자 A: 경제가 불황 갭에서 벗어나기 위해서 확장적 재정정책이 시행되어야 한다. 정부는 지출을 증가기키거나 또는 조세를 삭감하여야 한다. 정부지출 승수가 조세승수보다 더 크다고 생각하기 때문에 정부는 지출을 증가시켜야 한다.
- 경제학자 B: 경제가 불황 갭에서 벗어나기 위해서 확장적 재정정책이 시행되어야 한다. 정부는 지출을 증가시키거나 또는 조세를 삭감하여야 한다. 조세승수가 정부지출승수보다 더 크다고 생각하기 때문에 정부는 조세를 삭감하여야 한다.

30.5 정부지출 증대 또는 조세삭감: 정부의 규모 및 범위

정부의 규모는 정부가 관리하는 자원과 관련된다. 어떤 경제가 노동 100단위를 보유하고 있으며 이 중 30단위는 정부를 통해 배분되고 나머지 70단위는 민간부문을 통해 배분된다. 정부가 노동 30단위를 초과하여 배분하고 민간부문이 노동 70단위에 못 미치게 배분한다면 민간부문에 비해 정부가 규모면에서 커졌다.

정부의 범위는 정부가 하는 일과 관련된다. 정부는 국가방위를 제공하고 도로 및 교량을 건설하며 학교 교육을 제공하고 사회보장제도를 시행할 수 있다고 가상하자. 국가방위를 제공하고 도로 및 교량을 건설하기만 한다면 정부가 국가방위를 제공하고 도로 및 교량을 건설하며 사회보장제도를 실시하는 경우보다 범위가 제한된다.

정부구매의 증가와 조세삭감은 둘 다 확장적인 재정정책 수단이지만 정부의 규모 및 범위에 동일한 영향을 미치지는 않는다. 예를 들어 경제학자 A는 경제가 불황 갭에서 벗어나기 위해 정부지출을 증대하도록 제안한다고 가상하자. 이 주장의 논리는 일반적이다. 정부구매가 증가하면 총수요가 증가하여 경제가 불황 갭에서 벗어날 수 있다.

하지만 정부지출의 증가 대신에 조세삭감은 동일한 역할을 할 수 없는 것인가? 예를 들어 소득세 삭감이 이루어지면 세후(가처분) 소득이 증가한다. 세후 소득이 증가하면 사람들은 더 많은 재화 및 서비스를 매입하여 소비를 증대시킨다. 소비가 증가하면 총수요가 증대하여 경제를 불황 갭에서 벗어나게 할 수 있다.

정부지출과 조세삭감 중에서 어느 것을 선택하는냐는 부분적으로 이 두 시책이 정부 규모 및 범위에 미치는 영향에 달려 있다. 경제학자 A는 큰 정부(즉 보다 많은 결정을 내리는 정부)를 선호한다고 하자. 이렇게 되면 경제학자 A는 정부지출 증대를 옹호한다. 그는 정부지출 증대를 정부의 규모를 키우고 나아가 정부의 범위도 확대시키는 것으로 본다. 경제학자 B는 작은 정부(즉 보다 적은 결정을 내리는 정부)를 선호한다고 하자. 이렇게 되면 그는 조세삭감을 옹호한다. 조세삭감은 정부의 규모를 줄이고 나아가 정부의 범위도 축소시키는 것으로 본다.

상이한 경제적인 관점에서 이를 요약하면 다음과 같다.

- **경제학자 A:** 총수요를 증가시켜 경제를 불황 갭으로부터 벗어나게 하기 위해 확장적 재정정책이 필요하다. 재정정책 수단으로 정부지출 증대 또는 조세삭감 중에서 선택을 하여야 한다. 나는 큰 정부를 선호하기 때문에 정부지출 증대를 선택한다.
- **경제학자 B:** 총수요를 증가시켜 경제를 불황 갭으로부터 벗어나게 하기 위해 확장적 재정정책이 필요하다. 재정정책 수단으로 정부지출 증대 또는 조세삭감 중에서 선택을 하여야 한다. 나는 작은 정부를 선호하기 때문에 조세삭감을 선택한다.

30.6 구축효과의 정도

경제학자 10명 중 10명 모두가 경제가 불황 갭을 경험하고 있다는 데 동의한다고 가상하자. 이들 중 7명은 정부지출을 증가시키는 형태로 확장적 재정정책을 시행하여 경제가 불황 갭에서 벗어나도록 할 것을 주장한다. 이들의 주장은 다음과 같다. 정부구매가 증가하면 총수요가 증가하여 경제가 불황 갭에서 벗어나게 된다. 또한 정부구매가 증가하더라도 민간부문 지출(즉 가계 및 기업에 의한 지출)을 구축하지 않는다고 본다.

다른 세 명의 경제학자들은 상황을 약간 다르게 판단한다. 이들은 구축효과가 많이 발생하여 확장적 재정정책으로 인해 미치는 영향이 약화된다고 주장한다. 이들의 주장은 다음과 같다. 정부구매가 증가할 경우 경제가 불황 갭에서 벗어날 정도로 충분히 총수요가 증가하지 않는다. 왜냐하면 정부는 지출할 금액을 얻기 위해서 먼저 이를 차용하여야 한다. 차용한 금액이 민간부문으로부터 제공된 경우 민간부문은 재화 및 서비스에 대해 더 적은 지출을 하게 된다. 따라서 정부지출의 증가는 민간부문의 지출 감소를 의미한다. 정부지출 증대로 인한 총수요의 증가는 민간부문의 지출 감소를 의미한다. 정부지출 증대로 인한 총수요의 증가는 민간부문 지출 감소로 인한 총수요의 감소로 인해 크게 상쇄된다. 결국 총수요는 전혀 변하지 않거나 거의 변하지 않게 되어서 경제를 불황 갭으로부터 벗어나게 하려는 정부의 시도는 효과가 없다. 일자리 측면에서 보면 정부지출의 증가로 인해 창출되거나 보존될 일자리는 민간부문 지출의 감소로 인해 사라진 일자리로 상쇄된다.

상이한 경제적인 관점에서 이를 요약하면 다음과 같다.

- 경제학자 A: 정부구매의 증가는 총수요를 증가시키며 구축효과는 발생하지 않거나 거의 발생하지 않기 때문에 경제를 불황 갭에서 벗어나게 한다.
- 경제학자 B: 정부구매의 증가는 총수요를 증가시키지 않으며 완전한(또는 거의 완전한) 구축효과로 인해 경제를 불황 갭에서 벗어나게 하지 못한다.

30.7 정부지출의 정치

두 가지 상황을 생각해 보자. 상황 1에서는 재정정책이 정치적인 공백상태에서 출현하였다. 상황 2에서는 재정정책이 정치적 과정을 거쳤다. 정지적 공백상태에서 출현한 재정정책은 정치적 과정을 거친 재정정책과 동일하지 않을 것이다. 예를 들면 정부는 상황 1에서 상품 X에 100달러를 지출한다. 상황 2에서도 상품 X에 100달러를 지출하게 되는가? 아마도 아닐 것이다. 상황 2에서 정부는 상품 X에 다소간 지출을 할 수도 있다. 실제로 상황 2에서 정부는 상품 X에 어떤 지출도 하지 못할 수 있다.

예를 들면 2008~2009년 사이에 미국의 경제는 침체 국면에 있었다. 실질 GDP가 감소하고 실업률은 상승하며 일부 기업들은 해고하고 다른 기업들은 폐쇄되었다. 많은 경제학자들은 경제를 강화시키기 위해서(특히 실질 GDP의 감소를 전환시키고 실업률을 낮추기 위해서) 확장적 정책이 필요하다고 주장하였다. 일부 경제학자들은 정부지출의 증대를 요구하였다. 하지만 지출을 증가시키려는 정부의 필요성으로 인해 의견이 갈라지게 되었다. 일부 경제학자들은 다음과 같이 주장한다. 경제의 중요한 목표는 정부가 지출을 증대시키는 것이지 정부가 무엇에 지출을 하느냐는 덜 중요하다고 한다. 다시 말해 정부가 사람들로 하여금 개천을 팠다가 다시 메우는 데 지출하든지 아니면 교량 및 도로를 건설하는데 지출을 하든지 지출된 돈은 경제와 관련되어 지출된 돈이라고 본다.

다른 경제학자들은 이에 동의하지 않고 다음과 같이 주장한다. 돈이 어떻게 지출되느냐에 따라 경제에 미치는 영향이 상이하다. 사람들이 개천을 파고 다시 메우는 데 지출된 돈은 교량 및 도로를 건설하는 데 지출된 돈만큼 경제에 도움이 되지 않는다. 보다 중요한 점은 정부가 추가적으로 지출한 돈의 상당 부분이 경제적 논리가 아니라 정치적 논리에 따라 사용된다고 한다. 다시 말해 의회 구성원들은 대규모 지출 법안을 자신들의 정치

동료들에게 보상을 제공하기 위해 필요한 보증금 쯤으로 생각할 수도 있다. 물론 경제적 관점에서 볼 때 여기에다 지출한 돈과 저기에다 지출한 돈이 동일한 효과를 갖는다면 정치 동료들에게 보상으로 제공했더라도 경제 전반에 걸친 비용이 발생하지는 않는다. 하지만 이런 방법으로 이루어진 지출이 저런 방법으로 이루어진 지출보다 더 생산적이라면 돈을 어떻게 지출하느냐가 매우 중요하게 된다.

상이한 경제적인 관점에서 이를 요약하면 다음과 같다.

- **경제학자 A:** 실질 GDP를 증대시키고 실업률을 낮추기 위해서 확장적 재정정책이 시행되어야 한다. 정부지출은 1,000억 달러 증가시키도록 제의하며 이 1,000억 달러가 무엇에 지출될지는 중요하지 않고 중요한 점은 지출이 이루어진다는 사실이다.
- **경제학자 B:** 실질 GDP를 증대시키고 실업률을 낮추기 위해서 확장적 재정정책이 시행되어야 한다. 정부지출이 1,000억 달러 증대될 필요가 있다. 하지만 어떻게 지출되느냐는 의회에 의해 결정되며 의회는 정치적인 관점에서 결정하는 경향이 있다. 나아가 모든 지출이 동일한 효과를 갖지는 못한다. 일부 지출은 다른 지출보다 경제에 더 도움이 된다. 의회의 승인을 거친 대부분의 지출은 경제보다 정치적인 관점에서 이루어지며 이렇게 이루어진 지출은 경제상황을 전환시키는 데 거의 도움이 되지 않는다고 생각한다. 정부지출의 증가가 경제상황을 개선하는 데 얼마나 효과가 있는지 의심을 하게 만든다.

30.8 금융정책: 규칙 대 자유재량

금융정책 시행에 관해 일부 경제학자들은 테일러 규칙이나 또는 통화공급 증가율을 (예를 들면 3퍼센트처럼) 고정된 백분율로 설정하는 방식같은 규칙에 근거한 정책을 옹호한다. 반면에 다른 경제학자들은 주어진 상황에서 최선의 금융정책을 시행할 수 있도록 중앙은행이 신축성을 갖어야 한다고 말하면서 중앙은행에 의한 자유재량 정책을 주장한다.

이들 사이의 논의는 두 가지 점에 집중되어 이루어진다. 첫째, 상이한 형태의 금융정책, 즉 규칙에 기초한 금융정책과 재량적 금융정책의 시행에 따른 결과에 관한 것이다. 규칙에 기초한 금융정책을 옹호하는 사람들은 이 정책이 재량적 금융정책보다 안정적인 물가, 낮은 실업, 낮고 안정적인 이자율, 지속적인 경제성장을 위한 전반적인 조건을 더 잘 달성할 수 있다고 본다. 반면에 재량적 금융정책을 주장하는 사람들은 금융당국이 현재 상황에 가장 적합한 금융정책을 시행할 수 있는 신축성을 가질 수 있기 때문에 이 정책이 바람직한 경제적 성과를 더 잘 이룰 수 있다고 주장한다.

둘째, 규칙에 기초한 금융정책을 옹호하는 사람들은 재량적 금융정책이 너무 자주 경제적 관점이 아니라 정치적 관점에서 시행된다고 주장한다. 규칙에 기초한 금융정책이 시행되면 정치로부터 금융정책을 분리하여 더 나은 금융정책을 실시할 수 있다고 주장한다. 통화공급은 너무 중요한 경제변수이고 폭 넓은 영향을 미치므로 정치인들이 이를 자신들의 단기적인 차기 선거수단으로 이용하기 위해 좌지우지 못하도록 해야 한다.

상이한 경제적인 관점에서 이를 요약하면 다음과 같다.

- 경제학자 A: 규칙에 근거한 금융정책을 재량적인 중앙은행보다 더 선호한다. 이 밖에 금융 규칙에 따를 경우 정치로부터 금융정책을 떼어낼 수 있다.
- 경제학자 B: 재량적인 중앙은행을 금융규칙보다 더 선호한다. 중앙은행은 현재 상황에 적합한 금융정책을 시행할 수 있도록 신축성이 필요하다.

30.9 긴급 재정지원

모든 경제학자들이 재정적으로 곤란을 겪고 있는 기업들에게 긴급지원을 제공해야 하는지에 관해 의견이 일치하지는 않는다. 대기업이 수천 명의 근로자를 고용하고 있고 수백만 달러의 조세를 납부하며 물품을 조립하기 위해 협력업체로부터 수백 가지의 부품을 구입하고 수천 명이 해당 기업의 회사채 및 주식을 보유하고 있다고 가상하자. 그런데 해당 회사가 재정적으로 곤란한 상황에 빠졌다. 상황이 심각해서 해당 회사는 부채를 상환하기도 힘들고 대부를 얻기도 힘들다. 재정지원이 없다면 해당 회사는 파산될 것이다. 파산하게 되면 정부는 수백만 달러의 조세수입을 잃게 되고 피고용인들은 일자리를 잃게 되며 협력업체는 판매수입을 얻지 못하고(어쩌면 이로 인해 파산할지도 모르고) 근로자를 해고하게 된다. 이 밖에 수천 명의 투자자들은 자신들의 부가 줄어들게 된다. 정부는 이 기업에 긴급지원이 이루어지도록 역할을 수행하여야 하는가?

이 물음에 대답하는 한 가지 방법은 다음과 같은 질문을 하는 것이다. 해당 회사가 파산하면 누가 손실을 입는가? 물론 해당 기업의 소유주는 손실을 입지만 예를 들면 일자리를 잃게 되는 피고용인, 거래처를 잃게 될 해당 기업의 협력업체, 조세수입을 올리지 못하는 정부, 개인적인 부를 상실하게 되는 투자자와 같은 다른 사람들도 손실을 입게 된다. 총 손실액이 500억 달러이고 정부의 긴급지원액은 납세자가 부담하는 300억 달러라면 300억 달러를 사용하여 500억 달러 상당의 손실을 회피할 수 있다. 일부 사람들은 해당 회사(그리고 해당 회사의 파산으로 인해 불리한 영향을 받게될 사람들)에게 재정적인 긴급지원을 하는 것이 경제적으로 이익이 된다고 주장한다. 사실 이것이 미국 연방정부가 2000년대 중반부터 후반에 걸쳐 몇몇 금융기관과 제너럴 모터스 및 크라이슬러에게 재정적인 지원을 하면서 내세운 주장이었다. 약간의 재정지원을 하는 것이 대기업이 파산하고 이 과정에 관련된 다른 기업들이 파산하도록 방치하는 것보다 더 나을 수 있다.

AP PHOTO/MARK LENNIHAN, FILE

하지만 의견이 다른 사람들의 주장은 다음과 같다. (1) 궁극적으로 긴급 재정지원을 하는 사람, 즉 납세자들이 지원에 따른 비용을 부담하는 반면에 (예를 들면 기업 소유주, 피고용인, 다른 관련자들과 같은) 사람들이 이익을 보게 된다. 다른 사람들이 이익을 보게 되는데 납세자들이 비용을 지불해야 하는 이유는 무엇인가? 긴급 재정지원을 받는 사람들보다 납세자들 대부분의 소득이 더 낮은 경우 지원을 해야 하는 이유는 무엇인가? (2) 기업들이 재정지원을 받게 될 것이라는 점을 알게 되면 그렇지 않았을 경우보다 더 큰 위험을 택하게 된다. 긴급 재정지원의 가능성을 열어두면 점점 더 많은 기업들이 재정지원을 필요로 하는 환경을 조성하게 된다. 기업의 소유주와 경영인들은 훨씬 더 위험을 취하고자 할 것이다. 왜냐하면 성공하여 높은 수익이 발생하면 이들은 큰 이익을 벌게 되고 실패하더라도 납세자의 돈으로 정부가 이들에게 재정지원을 해주게 되기 때문이다. 훨씬 더 많은 기업파산이 발생할 수 있다.

상이한 경제적인 관점에서 이를 요약하면 다음과 같다.

- 경제학자 A: 기업들에게 긴급 재정지원을 제공하는 것은 기본적으로 좋은 생각이 아니다. 하지만 기업 X가 대기업이고 파산할 경우 수천 또는 수만 명의 사람들에게 불리한 영향을 미치게 된다. 기업들에게 재정지원을 하는 것이 파산하도록 놔두는 것보다 더 낫다. 기업을 회생시킬 때보다 파산하도록 놔둘 때 손실이 더 커진다. 일부 기업들은 단순히 규모가 너무 커서 파산하도록 놔둘 수가 없다. 파산할 경우 지진과 같아서 주위의 모든 사람들에게 심각한 영향을 미치게 된다. 순수한 기업을 보호하기 위해서 이따금 그렇지 않은 기업들도 회생시킬 수밖에 없다.
- 경제학자 B: "기업들을 회생시키지 않고 파산하도록 놔둘 경우 더 많은 손실이 발생한다."고 말할 때 우리는 누구인가? 기업에 재정지원을 하게 되면 일부 사람들은 이익을 보고 다른 사람들은 손실을 입게 된다. 나아가 실패할 경우 정부가 지원을 해줄 것이라는 말을 기업들에게 계속해서 하게 되면 이득은 사유화되고(즉 이득이 발생할 경우 기업들이 이를 차지하고) 비용은 사회화된다(즉 기업들에게 재정문제가 발생하면 수백만 명의 납세자들이 이에 따른 비용을 부담한다). 결국에는 더욱 많은 기업들이 재정지원이 필요하게 된다.

30.10 경제의 수요측면 및 공급측면 그리고 실질 GDP를 변화시키는 정부수단

거시경제학과 관련된 논의 중 많은 부분이 총수요 및 총공급 측면에서 이루어진다. *AD* 곡선의 기울기는 언제나 하향하는 것으로 나타내지만 *AS* 곡선은 거시경제 모형에 따라 여러 가지 방법으로 나타내게 된다. 예를 들면 단순 화폐수량 이론에서 *AS* 곡선은 수직선이 된다. 앞에서 살펴보았던 많은 다른 모형에서 *AS* 곡선의 기울기는 상향한다. 그림 1 (a)~(b)는 두 개의 총공급곡선을 보여주고 있다.

이 두 개의 총공급곡선은 총수요 변화 측면에서 볼 때 각각의 의미를 갖는다. 총공급곡선이 수직선이고 총수요가 증가하여 *AD* 곡선이 오른쪽으로 이동할 경우 물가수준은 상승하지만 실질 GDP는 변화하지 않는다. 이에 대해서는 그림 1(c)를 참조하여 보자. 하지만 총공급곡선의 기울기가 상향할 경우 총수요가 증가하면 물가수준과 실질 GDP 모두 증가하게 된다. 그림 1(d)를 참조하여 보자.

그림 1

총공급곡선과 정부가 할 수 있는 것 및 할 수 없는 것

두 가지 형태의 총공급곡선이 있다. 즉 (a) 수직선인 경우, (b) 기울기가 상향하는 경우가 있다. 우리는 자주 이런 두 가지 상이한 형태의 공급곡선에 대해 논의하였다. (c) 총공급곡선이 수직선인 경우 총수요가 변하더라도 실질 GDP는 변화하지 않는다. (d) 총공급곡선의 기울기가 상향하는 경우 총수요가 변하면 실질 GDP도 변화한다. 총공급곡선이 수직선이라고 생각하는 경제학자들은 경제의 공급측면이 변화할 경우에만 실질 GDP가 변화한다고 본다. 따라서 수요측면에 영향을 미치는 정부정책은 물가에만 영향을 미치지 실질 GDP에는 영향을 미치지 못한다. 총공급곡선의 기울기가 상향한다고 생각하는 경제학자들은 경제의 수요측면 또는 공급측면이 변화할 경우 실질 GDP가 변화한다고 본다. 경제의 수요측면 또는 공급측면에 영향을 미치는 정부정책은 물가뿐만 아니라 실질 GDP도 변화시킨다. 총공급곡선이 수직선이라고 생각하는 경제학자들은 기울기가 상향한다고 생각하는 경제학자들에 비해서 실질 GDP를 변화시키기 위해 정부가 갖고 있는 정책수단이 더 적다고 본다(수요측면의 재정 및 금융정책이 효과가 없다고 본다).

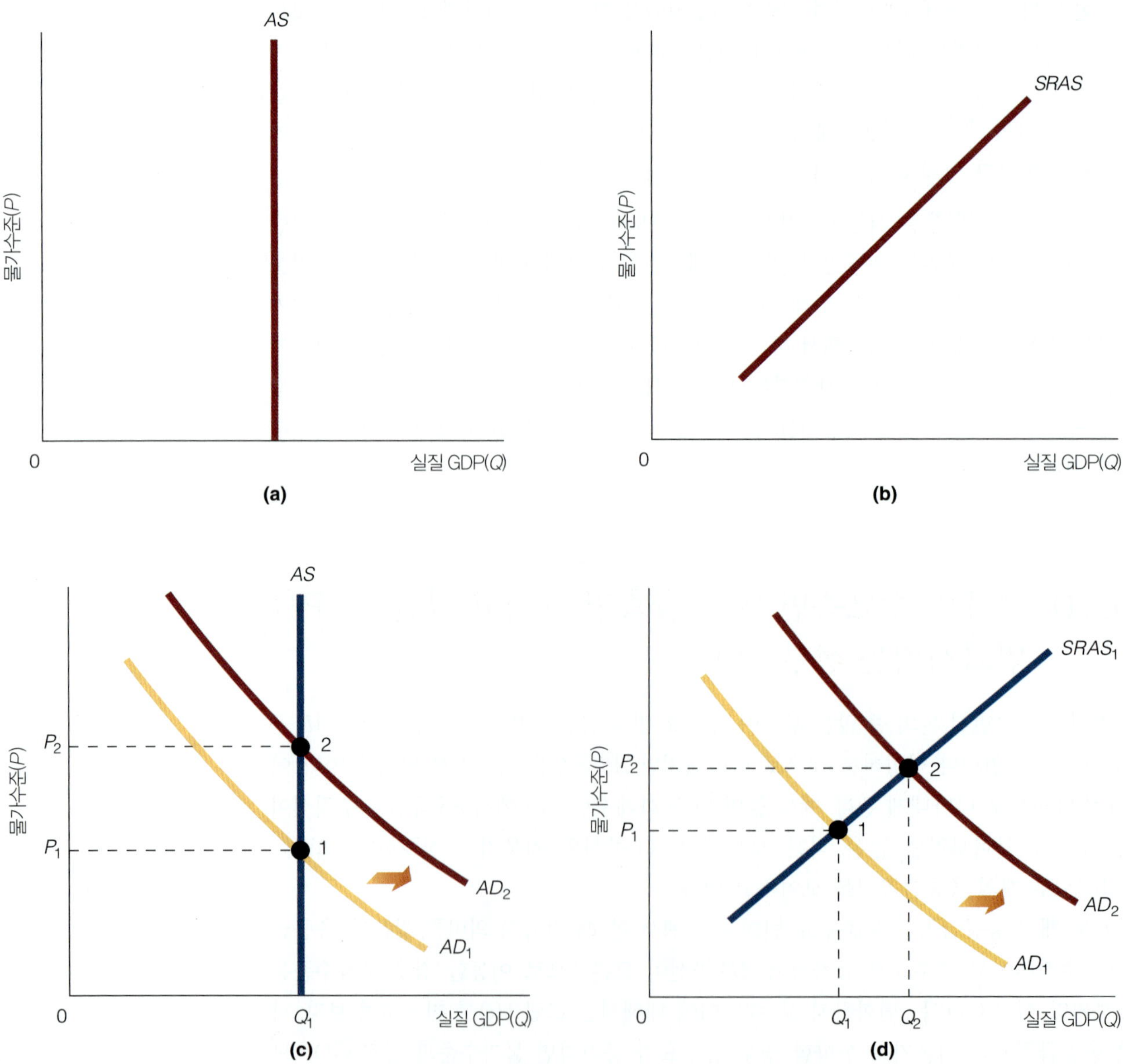

실제의 총공급곡선이 수직선인지 또는 기울기가 상향하는지에 따라 다음과 같은 질문에 어떻게 대응하는가? "목표가 실질 GDP를 증가시키는 것이라고 가정하면 정부는 총수요를 증가시키려 하겠는가 또는 총공급을 증가시키려 하겠는가?"

*AS*곡선이 수직선이라고 생각하는 경제학자들은 경제의 수요측면에서 실질 GDP를 증대시키기 위해 정부가 취할 수 있는 조치가 없다고 본다. 왜냐하면 *AS* 곡선이 수직선인 경우 총수요가 변화하더라도 실질 GDP를 변화시키지 않기 때문이다. 따라서 정부구매의 증대, 수요측면에서의 조세감축, 확장적 금융정책은 고려할 필요가 없다. 이런 조치들은 총수요를 변화시킬 수 있지만 *AS* 곡선이 수직선인 경우 총수요가 변화하더라도 실질 GDP는 변화시키지 않고 물가수준만을 변화시키게 된다. 실질 GDP를 증대시킬 수 있는 유일한 방법은 *AS* 곡선을 오른쪽으로 이동시키는 것이다.

물론 *AS* 곡선의 기울기가 상향한다고 생각하는 경제학자들은 이에 동의하지 않는다. 이들은 총수요의 변화와 총공급의 변화 둘 다 실질 GDP에 영향을 미친다고 본다. 경제의 수요측면 또는 공급측면에서 비롯된 변화로 인해 실질 GDP가 변화할 수 있다. 총공급곡선의 기울기가 상향하는 경우 총공급이 증가할 때와 마찬가지로 총수요가 증가하면 (최소한 단기에서 만이라도) 실질 GDP가 증가한다. 경제의 수요측면에서 상황을 파악하는 이들은 정부구매의 증가, 수요측면에서의 조세감축, 금융정책 모두가 실질 GDP를 변화시키는 데 효과가 있다고 본다.

위에서 살펴본 두 개의 견해를 비교해 보면 *AS* 곡선이 수직선이라고 보는 경제학자들은 *AS* 곡선의 기울기가 상향한다고 보는 경제학자들보다 실질 GDP를 증대시키기 위해 정부가 사용할 수 있는 수단이 더 적다고 생각한다(수요측면의 재정정책 및 금융정책이 효과 없다고 생각한다).

상이한 경제적인 관점에서 이를 요약하면 다음과 같다.

- **경제학자 A:** 총공급곡선이 수직선이라고 본다. 총수요를 변화시킬 수 있도록 마련된 정부시책을 통해 실질 GDP를 변화시키지 못한다. 실질 GDP의 변화는 경제의 수요측면이 아니라 공급측면에서 비롯된다. *AS* 곡선의 기울기가 상향한다고 생각하는 경제학자들보다 실질 GDP를 증대시킬 수 있는 정부수단이 더 적다고 본다(수요측면의 재정정책과 금융정책은 효과가 없다고 생각한다).
- **경제학자 B:** 총공급곡선의 기울기가 (단기적으로) 상향한다. 총수요를 변화시킬 수 있도록 마련된 정부시책을 통해 (최소한 단기적으로) 실질 GDP를 변화시킬 수 있다. 실질 GDP의 변화는 (단기적으로) 경제의 수요측면 또는 공급측면에서 비롯된다. *AS* 곡선이 수직선이라고 생각하는 경제학자들보다 실질 GDP를 증대시킬 수 있는 정부수단이 더 많다고 본다(수요측면의 재정정책과 금융정책이 효과가 있다고 생각한다).

요약 및 정리

이 장에서는 거시경제 문제에 관해 상반된 견해를 가진 경제학자들의 의견을 요약하였다.

156 조세삭감, 조세수입, 재정적자

- 의견 1: 조세를 삭감하면 조세수입이 증대하고 이로 인해 재정적자가 축소된다.
- 의견 2: 조세를 삭감하면 조세수입이 감소하고 이로 인해 재정적자가 확대된다.

157 경제: 자율 조정되는가? 또는 자율 조정되지 않는가?

- 의견 1: 임금이 신축적이므로 경제는 자력으로 불황 갭에서 벗어날 수 있다.
- 의견 2: 임금이 하방 경직적이므로 경제는 불황 갭에 고착될 수 있다.

158 정부지출 증대 또는 조세삭감: 어느 시책이 더 큰 영향을 미치는가?

- 의견 1: 정부지출 승수가 조세 승수보다 더 크다고 보기 때문에 정부지출을 증가시켜야 한다.
- 의견 2: 조세 승수가 정부지출 승수보다 더 크다고 보기 때문에 정부는 조세를 삭감하여야 한다.

159 정부지출 증대 또는 조세삭감: 정부의 규모 및 범위

- 의견 1: 큰 정부를 선호하기 때문에 정부지출 증대를 선택한다.
- 의견 2: 작은 정부를 선호하기 때문에 조세삭감을 선택한다.

160 구축효과의 정도

- 의견 1: 구축효과는 발생하지 않거나 거의 발생하지 않는다.
- 의견 2: 완전한(또는 거의 완전한) 구축효과가 발생한다.

161 정부지출의 정치

- 의견 1: 정부지출이 이루어진다는 사실이 중요하며 무엇에 지출되는지는 중요하지 않다.
- 의견 2: 무엇에 대해 정부지출이 이루어 지는지가 중요하다.

162 금융정책: 규칙 대 자유재량

- 의견 1: 규칙에 기초한 금융정책을 선호한다.
- 의견 2: 재량적인 금융정책을 선호한다.

163 긴급재정지원

- 의견 1: 기업을 회생시킬 때보다 파산하도록 놔둘 때 손실이 더 커진다. 따라서 기업들에게 재정지원을 하는 것이 파산하도록 놔두는 것보다 더 낫다.
- 의견 2: 이득이 발생하면 기업들이 차지하고 재정문제가 발생하면 납세자들이 그에 따른 비용을 부담하게 된다. 더 많은 기업들이 재정지원이 필요하게 될 것이다.

164 경제의 수요측면 및 공급측면 그리고 실질 GDP를 변화시키는 정부수단

- 의견 1: 총공급곡선이 수직선이기 때문에 수요측면의 재정정책 및 금융정책은 효과가 없다.
- 의견 2: 총수요곡선은 (단기적으로) 기울기가 상향하기 때문에 수요측면의 재정정책 및 금융정책이 효과가 있다.

주요 용어 및 개념

투자 탄력성 **정부지출 승수** **조세 승수**

연습문제

01. 세율이 삭감되면 재정적자 규모가 증대할 것이라는 데는 의심의 여지가 거의 없다. 동의하는가? 설명하시오.
02. 어떤 것이 유리한 결과 및 불리한 결과 둘 다를 갖는 경우 "양면성을 지닌 결정"이라고 한다. 파산한 기업 또는 금융기관에 대한 정부의 재정지원은 어떤 면에서 양면성을 지닌 결정이 되는가? 설명하시오.

03. 어떤 확장적 재정정책이 경제에 더 큰 영향을 미치는지에 대해 알아보려는 경우 정부지출 승수 및 조세 승수는 어떤역할을 하는가?
04. 규칙에 기초한 금융정책을 선호하는 경제학자와 재량적 금융정책을 선호하는 경제학자 사이의 논의 내용을 개관하시오.
05. 총공급곡선의 형태는 수요측면의 재정정책 및 금융정책을 통해 실질 GDP를 변화시키려는 정부의 능력에 대한 사람들의 견해에 중요한 역할을 한다. 동의하는가? 설명하시오.
06. 경제학자들이 정부지출의 증대(확장적 재정정책)를 옹호할지 여부는 이런 시책의 시행으로 인한 구축효과의 정도와 관련된다. 동의하는가? 설명하시오.
07. 확장적 재정정책을 시행하는데 경제학자들이 정부지출의 증대를 옹호할지 또는 조세삭감을 옹호할지 여부는 정부지출 승수가 조세 승수보다 더 큰지 또는 더 작은지 여부와 관련된다. 동의하는가? 설명하시오.
08. 불황 갭에서 벗어나기 위해 경제를 자극할 필요가 있는 경우 정부가 지출을 **어떻게** 하느냐는 정부가 지출을 한다는 사실보다 덜 중요하다고 일부 경제학자들이 주장한다. 모든경제학자들이 이에 동의하는가? 동의하지 않는다면 반응은 어떠한가?
09. 경제학자들은 경제가 어떻게 운용된다고 생각하는가? 자율조정되는가? 이는 경제를 안정화시키기 위해서 정부가 수행해야 하는 역할에 관한 의견에 영향을 미친다. 동의하는가? 설명하시오.
10. (확장적 재정정책으로) 경제학자들이 정부지출의 증대를 선호할지 또는 조세삭감을 선호할지 여부는 정부의 최적 규모 및 범위에 대해 현재의 규모 및 범위를 어떻게 평가하느냐와 관련된다. 이에 동의하는가? 설명하시오.
11. 소득세율 삭감으로 인해 조세수입이 증가하고 재정적자가 감소할 수 있는가? 설명하시오.

숫자 및 그래프를 활용한 문제

01. 조세를 40달러 삭감하면 실질 GDP가 100달러 증가하고 정부지출이 50달러 증가하면 실질 GDP가 120달러 증가한다. 조세 승수는 얼마인가? 정부지출 승수는 얼마인가?
02 총수요가 증가할 경우 실질 GDP가 증가하고 물가수준이 상승한다. 이 결과와 일치하는 총공급곡선을 그리시오. 총수요가 증가할 경우 물가수준은 상승하지만 실질 GDP는 불변한다. 이 결과와 일치하는 총공급곡선을 그리시오.

용어해설

1인당 실질 경제성장(per capita real economic growth) 어떤 기간에서 다른 기간으로 변하면서 달성되는 1인당 실질 GDP의 증가; 1인당 실질 GDP는 실질 GDP를 인구수로 나눈 것이다.

2급 가격차별(second degree price discrimination) 특정수량에 대해 단위당 동일한 가격을 부과하고 추가되는 수량에 대해 더 낮은 가격을 부과하는 가격구조

3급가격(third degree price discrimination) 매도인이 상이한 시장에 상이한 가격을 부과하거나 또는 매입인구의 상이한 분파에 대해 상이한 가격을 부과하는 가격체계

X-비효율성(X-inefficiency) 비용을 가능한 최저수준까지 낮추려는 경쟁이 결여된 독점 하에서의 비용증가 및 조직의 느슨함을 측정한 것

ㄱ

가격상한제(price ceiling) 그 이상에서는 합법적인 거래가 이루어질 수 없도록 정부가 설정한 최대가격

가격선도이론(price leadership theory) 어떤 산업의 지배적 기업이 가격을 결정하고 모든 다른 기업들은 이 가격을 주어진 것으로 받아들이는 과점이론

가격설정자(price searcher) 판매하는 상품의 가격을 통제할 수 있는 능력을 갖춘 매도인

가격순응자(price taker) 판매하는 상품의 가격을 통제할 수 있는 능력이 없는 매도인; 시장에서 결정된 가격에 순응하는 매도인

가격지수(price index) 가격수준을 측정한 값

가격지지(price support) 농산물에 대해 정부가 설정한 최소가격; 가격 하한제의 예

가격차별(price discrimination) 매도인이 판매하는 물품에 대해 상이한 가격을 부과하는 가격구조; 가격차이가 비용차이를 반영하지는 않는다.

가격하한제(price floor) 그 아래에서는 합법적인 거래가 이루어질 수 없도록 정부가 설정한 최소가격

가변비용(variable cost) 생산량에 따라 변화하는 비용; 가변요소와 관련된 비용

가변요소(variable input) 생상량의 변화에 따라 수량이 변화하는 생산요소

가처분 소득(disposable income) 소비 또는 저축으로 사용될 수 있는 개인소득 부분; 개인소득에서 개인세(특히 소득세)를 감한 부분

가치저장(store of value) 시간이 흐름에 따라 가치를 유지하는 화폐의 기능

간접금융(indirect finance) 금융중개기관을 통해 대부 및 차용이 이루어지는 경우

개방경제(open economy) 외국과 재화 및 서비스를 교역하는 경제

개인간 효용비교(interpersonal utility comparison) 어떤 사람이 재화, 서비스, 행위로부터 얻은 효용과 다른 사람이 동일한 재화, 서비스, 행위로부터 얻은 효용의 비교

개입주의자(activist) 경기 변동을 완화시키기 위해서 금융 및 재정정책을 사려깊게 시행하여야 한다는 사람

거래비용(transaction cost) 발견하고 협상하여 거래를 성사시키는 데 필요한 시간 및 노력과 관련된 비용

게임이론(game theory) 게임이나 전략적 행태를 통해 자신에게 최적인 위치에 도달하려는 의사결정자의 행태를 분석하기 위해 사용되는 수학적 기법

경기순환적 실업률(cyclical unemployment rate) 실업률과 자연실업률 사이의 차이

경기순환적 적자(cyclical deficit) 경제활

동의 침체로 인해 발생하는 재정적자

경제성장(economic growth) 실질 GDP의 증가

경제적 지대(economic rent) 기회비용을 초과하는 지급액

경제적 이윤(economic profit) 총수입과 명시 및 묵시비용이 포함된 총비용의 차이

경제학(economics) 욕망이 이를 충족시키는 데 필요한 자원보다 더 큰 경우 개인과 사회가 이를 어떻게 해결하여야 하는지를 분석하는 학문

경쟁할 수 있는 시장(contestable market) 진입이 용이하고 퇴출하는 데 비용이 발생하지 않으며 새로이 진입한 기업이 기존의 기업과 동일한 비용으로 생산할 수 있으며 퇴출기업이 고정자산을 판매하며 이를 쉽게 처분할 수 있는 시장

계산단위(unit of account) 상대적인 가치를 나타내는 공통 측정치로서의 화폐 기능

고정비용(fixed cost) 생산량에 따라 변화하지 않는 비용; 고정요소와 관련된 비용

고정요소(fixed input) 생산량이 변화함에 따라 수량이 변화하지 않는 요소

고정투자(fixed investment) 예를 들면 기계, 공장, 신규주택의 매입과 같은 자본재의 구입

공개시장 매도(open market sale) 중앙은행에 의한 정부채권의 매도

공개시장 매입(open market purchase) 중앙은행에 의한 정부채권의 매입

공개시장조작(open market operations) 중앙은행에 의한 정부채권의 매입 및 매도

공공부채(public debt) 정부가 채권자에게 빚진 총액

공공재(public good) 다른 사람에 의한 소비를 낮추지 않으면서 어떤 사람이 소비할 수 있는 재화; 소비에서 비경합적인 재화; 배제할 수 있는 공공재와 배재할 수 없는 공공재가 있다; 배제할 수 있는 공공재는 소비에서 비경합재이지만 대가를 지불하지 않은 사람에게 주지 않을 수 있다. 반면에 배제할 수 없는 공공재는 소비에서 비경합재이고 대가를 지불하지 않는 사람에게도 주지 않을 수 없다.

공급곡선(supply curve) 공급법칙을 그래프로 나타낸 곡선

공급법칙(law of supply) 다른 사정이 동일한 경우 어떤 상품의 가격이 상승하면 해당 상품의 공급량이 증가하고 가격이 하락하면 공급량이 감소한다는 법칙

공급스케줄(supply schedule) 상이한 가격에서 어떤 상품의 공급량을 숫자를 이용하여 표로 제시한 것; 공급법칙을 숫자를 이용하여 제시한 것

공급의 가격탄력성(price elasticity of supply) 가격변화에 대한 공급량의 반응을 측정한 값

과잉〈초과공급〉(surplus <excess supply>) 공급량이 수요량보다 많은 상황; 가격이 균형가격보다 높은 경우 초과공급이 발생한다.

과점(oligopoly) 다음과 같은 세 가지 가정에 기초한 시장구조 이론: 소수의 매도인 및 다수의 매수인, 동질적이거나 차별화된 물품을 생산하는 기업, 상당한 진입장벽

교환방정식(equation of exchange) 통화공급(M)에 화폐 유통속도를 곱한 것은 물가수준(P)에 실질 GDP(Q)를 곱한 것과 같다는 항등식: $MV = PQ$

교환의 매개수단(medium of exchange) 재화 및 서비스와 교환할 수 있도록 일반적으로 받아들여지는 화폐의 기능

구조적 실업(structural unemployment) 일부 일자리를 없애고 실업자들이 아직 자격을 갖추지 못한 다른 일자리를 창출하는 경제의 구조적 변화로 인한 실업

구조적 적자(structural deficit) 경제가 완전고용 수준에서 운용되더라도 존재하는 재정적자

구축효과(crowding out) 정부지출의 증가로 인해 발생하는 민간부문 지출의 감소

국내총생산(gross domestic product <GDP>) 국경 내에서 연간 생산되는 최종 재화 및 서비스의 총시장가치

국민소득(national income) 일국의 국민 및 기업이 거주하거나 위치하는 장소에 관계없이 벌은 총소득; 자원(토지, 노동, 자본, 기업가 정신)에 대해 지급된 금액의 합계

규모에 대한 수확불변(constant returns to scale) 생산요소가 어떤 백분율만큼 증가하고 생산량도 동일한 백분율만큼 증가하여 단위비용이 불변인 상황

규모의 경제(economies of scale) 생산요소가 어떤 백분율로 증가하고 생산량이 더 큰 백분율로 증가하여 단위비용이 감소하는 상황

규모의 비경제(diseconomies of scale) 생산요소가 어떤 백분율로 증가하고 생산량은 더 작은 백분율로 증가하여 단위비용이 증가하는 상황

규범적 경제학(normative economics) 경제 문제에서 무엇이 이루어져야만 하는지를 다루는 경제학

균형(equilibrium) 시장에서 매수인 또는 매도인이 이동하려는 경향이 없는 가격 – 수량의 결합; 그래프에서는 공급곡선과 수요곡선의 교차점

균형가격〈시장청산 가격〉(equilibrium price<market clearing price>) 수요량과 공급량이 일치하는 가격

균형량(equilibrium quantity) 균형가격에 상응하는 수량; 매수인이 매입하려는 수량과 매도인이 판매하려는 수량이 일치하는 양

균형예산(balanced budget) 정부지출과 조세수입이 동일할 때의 예산

금융정책(monetary policy) 특정 거시경제 목표를 달성하기 위한 통화공급의 변화 또는 통화공급률의 변화

기대효과(expectation effect) 기대 인플레이션율의 변화로 인한 이자율의 변화

기술(technology) 생산과 관련된 자원의 사용에 관한 기술 및 지식; 기술진보는 일반적으로 고정된 자원량을 갖고 더 많은 양을 생산할 수 있는 능력 또는 더 적은 자원을 갖고 동일한 생산량을 생산할 수 있는 능력을 의미한다.

기업가정신(entrepreneurship) 토지, 노동, 자본 등의 자원을 조직화하고 새로운 사업기회를 찾아내며 새로운 방식을 개발할 수 있는 일부 사람들의 능력

기울기(slope) 수평축을 나타내는 변수의 변화에 대한 수직축을 나타내는 변수의 변화 비율

기준연도(base yaer) 다른 연도의 물가수준을 비교하기 위해 기준으로 선택한 연도

기회비용(opportunity cost) 선택을 하면서 상실한 최고가치의 대안

기회비용 체증의 법칙(law of increasing opportunity cost) 어떤 상품의 생산이 증가함에 따라 해당 상품을 생산하는 기회비용이 증가한다는 주장

끼워팔기(tie-in sale) 다른 상품을 또한 구입할 경우에만 한 상품을 매입할 수 있는 판매방식

ㄴ

네트워크 재(network good) 기대 판매수가 증가함에 따라 가치가 증가하는 재화

노동(labor) 생산과정에 사람들이 투입하는 물적 및 정신적 재능

노동의 수요탄력성(elasticity of demand for labor) 노동 수요량의 백분율 변화를 임금률의 백분율 변화로 나눈 것

누진소득세(progressive income tax) 과세소득이 (어느 점까지) 증가함에 따라 세율이 상승하는 소득세 제도

ㄷ

다이아몬드-물 역설(diamond-water paradox) 사용가치가 큰 물품이 이따금 교환가치가 거의 없거나 사용가치가 거의 없는 물품이 이따금 교환가치가 크다는 관찰

단기 시장〈산업〉공급곡선(short run market <industry> supply curve) 해당 산업 내 모든 기업의 단기 공급곡선을 수평으로 합한 곡선

단기(short run) 생산과정에서 일부 요소가 고정되 있는 기간

단기 〈기업〉공급곡선(short run <firm> supply curve) 평균 가변비용곡선보다 위에 위치한 기업의 한계비용곡선 부분

단기균형(short run equilibrium) 실질 GDP의 수요량이 실질 GDP의 (단기)공급량과 동일해질 때의 경제상황; 총수요곡선이 단기 총공급곡선과 교차할 때 달성된다.

단발적인 인플레이션(one shot inflation) 지속되지 않는 물가수준의 상승

단순 화폐수량이론(simple quantity theory of money) 화폐 유통속도(V)와 실질 GDP(Q)가 일정하다고 가정하면 통화공급(M)이 변화할 경우 물가수준(P)이 비례적으로 변화한다는 이론

단위탄력적 수요(unit elastic demand) 수요량의 백분율 변화가 가격의 백분율 변화와 동일할 경우의 수요; 수요량이 가격 변화에 비례하여 변화하는 경우

단체교섭(collective bargaining) 임금 및 기타 사항이 전체 노동조합원을 대표해서 경영진과 협상하는 노동조합에 의해 결정되는 과정

대부자금(loanable funds) 어떤 사람은 차용하고 다른 사람은 대부를 해주는 자금; 차용자는 대부자에게 이자를 지급한다.

대차대조표(balance sheet) 은행의 자산 및 부채에 관한 기록

대체재(substitutes) 유사한 필요 또는 욕구를 충족시키는 두 개 재화; 두 개 재화가 대체재인 경우 어떤 재화의 가격이 상승하면 다른 재화에 대한 수요가 증가한다(또는 어떤 재화의 가격이 하락하면 다른 재화에 대한 수요가 감소한다).

도덕적 해이(moral hazard) 거래의 한 쪽 당사자가 다른 쪽 당사자에게 감춰지고 비용이 발생되게 하는 방법으로 자신의 행위를 변화시킬 때 존재하는 상황

독점(monopoly) 다음과 같은 세 가지 가정에 기초한 시장구조 이론: 오직 한 명의 매도인, 밀접한 대체재가 없는 상품의 판매, 극단적으로 높은 집입장벽

독점의 사장된 손실(deadweight loss of monopoly) 경쟁적인 생산량($P = MC$)과 독점생산량($P > MC$) 간 차이의 순가치; 경쟁적인 생산량을 생산하지 않는 데 따른 손실

독점적 경쟁(monopolistic competition) 다음과 같은 세 가지 가정에 기초한 시장구조 이론: 많은 매도인 및 매수인, 약간 차별화된 상품을 생산하고 매도하는 기업, 용이한 진입 및 퇴출

ㄹ

래퍼곡선(Laffer curve) 세율과 조세수입 사이의 관계를 보여주는 곡선; 세율이 영으로부터 상승함에 따라 조세수입이 증가하고 어떤 점에서 최고에 달했다가 세율이 그 이상으로 상승하면 조세수입이 감소한다고 보는 곡선

로렌츠 곡선(Lorenz curve) 가계의 누적 백분율과 소득의 누적 백분율 사이의 관계를 보여주는 소득분배곡선

ㅁ

마찰적 실업(frictional unemployment) 시장상황을 변화시키는 경제의 자연적인 마찰로 인해 발생하는 실업

매몰비용(sunk cost) 현재의 결정으로 변

화할 수 없어서 회복이 될 수 없는 과거에 발생한 비용

명목소득(nominal income) 현재의 화폐가치 금액으로 나타낸 소득

명목이자율(nominal interest rate) 대부자금 시장에서 공급 및 수요에 의해 결정된 이자율; 시장에서 실제로 부과된 이자율; 시장이자율; 명목이자율 = 실질이자율 + 기대 인플레이션율

명시비용(explicit cost) 실제적인 (금전적) 지급이 이루어질 경우 발생하는 비용

목표가격(target price) 보증가격; 시장가격이 목표가격보다 낮은 경우 농부는 목표가격과 시장가격 사이의 차액을 수령한다.

무임승차자(free rider) 대가를 지불하지 않고 편익을 취하는 사람

무차별곡선 지도(indifference curve map) 두 개 재화에 관해서 어떤 사람에 대한 수많은 무차별곡선의 지도

무차별곡선(indifference curve) 총효용이 동일한 두 개 재화의 모든 꾸러미를 보여주는 무차별 세트를 나타낸 곡선

무차별세트(indifference set) 동일한 총효용을 제공하는 두 개 재화 꾸러미의 집단

묵시비용(implicit cost) 실제 (화폐적)지급이 이루어지지는 않지만 생산에 사용되는 자원의 가치를 나타내는 비용

물가수준(price level) 모든 재화 및 서비스의 가격을 가중평균한 값

물가수준 효과(price level effect) 물가수준 변화로 인한 이자율의 변화

물물교환(barter) 화폐의 사용없이 재화 및 서비스의 교환이 이루어지는 행위

미국재무성 증권(U.S Treasury securities) 미국재무성이 차용을 할 때 발행하는 채권 및 증권

미세조정(fine tuning) 경제활동의 조그마한 바람직하지 않은 움직임에도 대응하는 금융 및 재정정책의 사용

ㅂ

배제재(excludable) 어떤 재화가 생산되고 나서 이 재화의 편익을 어떤 사람이 누리지 못하도록 배제할 수 있는 재화

법정 지급준비금(required reserves) 중앙은행의 규정에 따라 시중은행이 예금에 대해 보유하여야 하는 최소 준비금

법정 지급준비율(required reserve ratio) 지급준비금으로 보유하여야 하는 예치된 각 화폐단위당 비율

보완재(complement) 함께 소비가 이루어지는 재화로 한 재화의 가격이 하락함에 따라 다른 재화에 대한 수요가 증가한다 (또는 한 재화의 가격이 상승함에 따라 다른 재화에 대한 수요가 감소한다).

보조금(subsidy) 재화 또는 서비스의 생산자에게 정부가 제공하는 금전적인 지급금

부(wealth) 소유하고 있는 화폐적 및 비화폐적 자산의 가치

부가가치(value added) 생산의 각 단계에서 최종재에 부가된 가치

부분준비 은행제도(fractional reserve banking) 은행들이 예금부채의 일부에 대해서만 지급준비금을 보유하는 은행제도

부족〈초과수요〉(shortage <excess demand>) 수요량이 공급량보다 많은 상황; 가격이 균형가격보다 낮은 경우 초과수요가 발생한다.

부채(liability) 다른 사람에게 빚진 것

불균형(disequilibrium) 시장에 과잉 또는 부족상태가 존재하는 경우

불균형가격(disequilibrium price) 수요량과 공급량이 일치하지 않는 가격

불완전한 구축효과(incomplete crowding out) 정부지출의 증대를 부분적으로 상쇄하는 민간부문 지출의 감소

불황 갭(recessionary gap) 경제가 생산한 실질 GDP가 자연 실질 GDP보다 적은 상황; 실업률이 자연실업률보다 더 높은상황

비개입주의자(nonactivist) 사려 깊고 재량적인 금융 및 재정정책의 시행에 반대하는 사람; 이들은 항구적이고 안정적이며 규칙에 근거한 금융 및 재정적인 틀을 신뢰한다.

비대칭 정보(asymmetric information) 시장에서 이루어지는 교환거래에서 매수인 또는 매도인 중 한쪽은 갖고 있으나 다른 한쪽은 갖고 있지 못한 정보

비례소득세(proportional income tax) 과세소득에 관계없이 세율이 동일한 소득세 제도

비배제재(nonexcludable) 재화가 생산되고 나서 해당 재화의 편익을 어떤 사람이 받지 못하도록 하는 것이 불가능하거나 비용이 발생하는 특성을 가진 재화

비용감소 산업(decreasing cost industry) 기업들이 해당 산업에 진입하고 퇴출할 때 생산량이 증가함에 따라 평균 총비용이 감소하고 생산량이 감소함에 따라 평균 총비용이 증가하는 산업

비용불변 산업(constant cost industry) 기업들이 어떤 산업이 진입하거나 퇴출하여 (산업)생산량이 증가하거나 감소할 때 평균 총비용이 불변인 산업

비용증가 산업(increasing cost industry) 기업들이 해당 산업에 진입하고 퇴출할 때 생산량이 증가함에 따라 평균 총비용이 증가하고 생산량이 감소함에 따라 평균 총비용이 감소하는 산업

비탄력적 수요(inelastic demand) 수요량의 백분율 변화가 가격의 백분율 변화보다 더 작은 경우의 수요; 수요량이 가격변화보다 더 작은 비율로 변화하는 경우

ㅅ

사장된 손실(deadweight loss) 경쟁적이거나 또는 공급 및 수요에 의해 결정된 생산량을 생산하지 않는 경우 발생하는 손실

사회적 한계비용〈*MSC*〉(marginal social cost) 사적한계비용(*MPC*)과 외부한계비

용(MEC)을 합산한 것: $MSC = MPC + MEC$

사회적 한계편익〈*MSB*〉(marginal social benefit) 사적한계편익(MPB)과 외부한계편익(MEB)을 합산한 것: $MSB = MPB + MEB$

사회적으로 최적인 생산량(socially optimal amount<output>) (외적 및 사적) 편익 및 (외적 및 사적) 비용을 고려하여 조정한 생산량; $MSB = MSC$에서의 생산량; 이따금 효율적인 생산량이라고도 한다.

상대가격(relative price) 다른 상품 측면에서 본 한 상품의 가격

생산가능곡선〈*PPF*〉(production possibility frontier) 주어진 기술수준과 자원이 완전히 고용된 조건 하에서 일정한 기간에 생산될 수 있는 두 재화의 가능한 결합을 나타내는 곡선

생산 비효율성(productive inefficiency) 주어진 자원 및 기술을 가지고 생산할 수 있는 최대 생산량보다 더 적게 생산하는 상황

생산자잉여(producer surplus) 매도인이 어떤 물품에 대해 받은 가격과 해당 물품을 판매하려고 했던 최소가격의 차이; PS = 수령한 가격 – 최소 판매가격

생산함수(production function) 기술과 생산량에 대한 생산요소량 사이의 관계를 나타내는 함수

생산효율성(productive efficiency) 가능한 가장 낮은 단위당 비용에서 기업이 생산량을 생산할 때의 상황

세기반(tax base) 소득세 측면에서 볼 때 과세소득의 총액; 조세수입 = 세기반 × (평균) 세율

세이의 법칙(Say's law) 생산된 재화 및 서비스를 모두 구매할 수 있도록 생산이 수요를 창출한다는 법칙

세터리스 패리버스(ceteris paribus) 다른 사정은 동일하다라는 의미

소득 단위 탄력적(income unit elastic) 소득의 백분율 변화와 상품에 대한 수요량의 백분율 변화가 동일한 경우

소득 비탄력적(income inelastic) 소득의 백분율 변화보다 상품에 대한 수요량의 백분율 변화가 더 작은 경우

소득 탄력적(income elastic) 소득의 백분율변화보다 상품에 대한 수요량의 백분율 변화가 더 큰 경우

소비(consumption) 내구재, 비내구재, 서비스 등에 지출한 총액

소비 경합재(rivalrous in consumption) 어떤 사람이 하는 소비로 인해서 다른 사람의 소비가 감소하는 재화

소비 비경합재(nonrivalrous in consumption) 어떤 사람의 소비로 인해 다른 사람들의 소비를 감소시키지 않는 재화

소비자 균형(consumer equilibrium) 소비자가 모든 소득을 지출하여 구입한 각 재화에 지출된 화폐단위당 한계효용이 동일한 경우 달성되는 균형; $MU_A/P_A = MU_B/P_B = \cdots = MU_Z/P_Z$ 여기서 A–Z는 소비자가 구입한 모든 재화를 나타낸다.

소비자 잉여(consumer surplus, CS) 매수인이 재화 및 서비스에 대해 지불하려는 최대 가격과 실제로 지불한 가격 사이의 차이

소비자물가지수(consumer price index, CPI) 일반적인 가계가 구입한 특정 재화 및 서비스 세트의 가중평균 가격

소비함수(consumption function) 소비와 가처분 소득 사이의 관계; $C = C_0 + (MPC)(Y_d)$

수요(demand) 특정기간 동안 상이한 가격수준에서 상이한 수량을 매입하고자 하는 매수인의 의지

수요곡선(demand curve) 수요법칙을 나타낸 그래프

수요독점(monopsony) 요소시장에 단 한 명의 매수인이 존재하는 시장구조 이론

수요법칙(law of demand) 다른 사정이 동일할 경우 어떤 상품가격이 상승하면 해당 상품의 수요량은 감소하고 가격이 하락하면 수요량이 증가한다는 법칙

수요스케줄(demand schedule) 상이한 가격에서 어떤 상품에 대한 수요량을 숫자를 이용하여 표로 제시한 것; 수요법칙을 숫자로 이용하여 제시한 것

수요의 가격탄력성(price elasticity of demand) 가격 변화에 대한 수요량의 반응을 측정한 값

수요의 교차탄력성(cross elasticity of demand) 다른 상품의 가격 변화에 대한 어떤 상품의 수요량 변화를 측정한 값

수요의 소득탄력성(income elasticity of demand) 소득의 변화에 대한 수요량의 반응을 측정한 값

수익률(yield) 채권에 대한 연간 지급액을 채권구입을 위해 지불한 가격으로 나눈 것

수축적 금융정책(contractionary monetary policy) 중앙은행이 통화공급을 감소시키는 정책

수축적 재정정책(contractionary fiscal policy) 경제적 목표를 달성하기 위해서 정부지출 감소 및/또는 조세증대를 실시하는 재정정책

순가치 〈자본〉(net worth <capital>) 자산과 부채의 차이; 예를 들면 자산이 100달러이고 부채가 80달러인 경우 순가치 또는 자본은 20달러이다.

순수출(net export) 수출에서 수입을 뺀 것

스태그플레이션(stagflation) 높은 인플레이션과 실업이 동시에 발생하는 상황

승수(multiplier) 총지출의 전반적인 변화를 구하기 위해서 자율적 지출의 변화에 곱하는 숫자; 승수(m)는 $1/(1 - MPC)$이다.

시장실패(market failure) 시장이 어떤 상품의 최적량을 공급하지 못하는 상황

실증적 경제학(positive economics) 경제문제에서 검증할 수 있는 원인 및 결과를 분석하는 경제학

실질 GDP(real GDP) 물가 변화로 조정된 일국의 국경 내에서 연간 생산된 전체 생산량의 가치

실질소득(real income) 물가 변화로 조정된 국민소득

실질이자율(real interest rate) 기대 인플레이션으로 조정된 명목이자율; 명목이자율에서 기대 인플레이션율을 뺀 것; 기대 인플레이션율이 영인 경우 실질이자율은 명목이자율과 동일해진다.

실질잔고 효과(real balance effect) 물가수준의 변화로 인한 화폐가치로 표시된 자산의 구매력 변화

ㅇ

양의 외부효과(positive externality) 개인 또는 집단의 행위로 인해 다른 사람에게 편익(유리한 부차적 효과)이 발생할 때 존재하게 되는 상황

역선택(adverse selection) 다른 사람에게 알려지지 않은 정보를 갖고 있는 시장의 한 당사자가 시장의 다른 당사자에게 불리한 영향을 미치도록 자기를 선택할 때 발생하는 현상

역진 소득세(regressive income tax) 과세소득이 증가할수록 세율이 하락하는 소득세 제도

연방자금 목표금리(federal funds target rate) (미국) 연방준비제도가 연방자금 금리로 설정하고자 하는 이자율

연방자금 금리(federal funds rate) (미국) 연방자금 시장의 이자율; 은행들이 지급준비금을 차용하기 위해 서로에게 부과하는 이자율

연방자금 시장(federal funds market) (미국) 은행들이 통상 단기적으로 서로에게 지급준비금을 대부해 주는 시장

연방준비제도(federal reserve system <the Fed>) 미국의 중앙은행

열등재(inferior good) 소득이 증가(감소)함에 따라 수요가 감소(증가)하는 재화

예산제약(budget constraint) 화폐소득 및 두 개 상품에 대한 가격이 주어진 경우 한 사람이 구입할 수 있는 두 개 상품의 모든 결합

완전 비탄력적 수요(perfectly inelastic demand) 가격변화에 따라 수요량이 변화하지 않는 수요

완전 가격차별(perfect price discrimination) 매도인이 각 소비자가 해당 물품에 대해 지불하고자 하는 가장 높은 가격을 부과하는 가격구조

완전경쟁(perfect competition) 다음과 같은 네 가지 가정에 기초한 시장구조이론: (1) 많은 수의 매도인과 매수인이 존재한다. (2) 매도인은 동질적인 물품을 판매한다. (3) 매수인과 매도인은 모든 관련정보를 갖고 있다. (4) 시장으로의 진입 및 퇴출이 용이하다.

완전고용(full employment) 실업률이 자연실업률인 경우 존재하는 상황

완전탄력적 수요(perfectly elastic demand) 가격의 작은 백분율 변화에도 (모든 것을 구입하는 것에서 아무것도 구입하지 않는) 수요량의 극히 큰 백분율 변화가 발생하는 수요

완전한 구축효과(complete crowding out) 정부지출의 증가를 완전히 상쇄하는 민간부문 지출의 감소

외부효과(externality) 어떤 행위가 제3자의 후생에 영향을 미치는 부차적 효과

외부효과의 내부화(internalizing externality) 외부효과를 발생시킨 사람이나 집단이 외부편익(양의 외부효과가 발생한 경우) 또는 외부비용(음의 외부효과가 발생한 경우)을 사적 또는 내부 비용–편익 계산으로 통합하는 경우

요소가격 순응자(factor price taker) 균형가격에서 요소를 구입하는 기업; 이 기업은 수평적인 (완전탄력적인) 요소공급곡선에 직면한다.

유동성 함정(liquidity trap) 통화수요곡선의 수평적인 부분

유동성 효과(liquidity effect) 대부자금 공급의 변화로 인한 이자율의 변화

음의 외부효과(negative externality) 개인 또는 집단의 행위로 인해 다른 사람에게 비용(불리한 부차적 효과)이 발생할 때 존재하게 되는 상황

이론(theory) 보다 잘 이해하기 위해서 고안된 실제세계의 추상적인 제시

이윤(profit) 총수입과 총비용의 차이

이윤극대화 규칙(profit maximization rule) $MR = MC$에서 생산이 이루어질 경우 이윤이 극대화되는 규칙

이전지급(transfer payment) 현재 공급되는 재화 및 서비스에 대한 대가로 이루어지지 않는 지급

이중계산(double counting) GDP를 계산할 때 한 번을 초과하여 이루어지는 재화의 계산

이행성(transitivity) A가 B보다 선호되고 B가 C보다 선호되면 A가 C보다 선호된다는 원칙

인적자본(human capital) 교육, 기술, 개인과 관련되서 생산성을 증가시키는 것

인플레이션 갭(inflation gap) 경제가 생산하는 실질 GDP가 자연 실질 GDP보다 더 많고 실업률이 자연실업률보다 더 낮은 상황

인플레이션 목표치(inflation targeting) 중앙은행이 인플레이션율을 미리 결정된 수준으로 유지하도록 하기 위한 목표치

인플레이션(inflation) 물가수준이 상승하는 상황

임금차별(wage discrimination) 동등한 능력 및 생산성을 갖춘 사람에게 상이한 임금이 지급되는 상황

ㅈ

자동적 재정정책(automatic fiscal policy) (추가적인) 의회 행위 없이 자동적으로 이루어지는 정부지출 및/또는 조세의 변화

자산(asset) 어떤 사람이 소유하거나 권리를 주장하는 가치 있는 것

자연독점(natural monopoly) 규모의 경제가 매우 심해서 오직 한 개 기업만이 생존할 수 있는 상황

자연실업(natural unemployment) 경제의 마찰적 및 구조적 요인으로 인해 발생한 실업; 자연실업률 = 마찰적 실업률 + 구조적 실업률

자연 실질 GDP(natural real GDP) 자연실업률에서 생산되는 실질 GPD; 경제의 장기균형 하에서 생산되는 실질 GDP

자원분배 효율성(resource allocative efficiency) 가격과 한계비용이 동일해지는 점($P = MC$)에서 기업이 생산량을 생산하는 상황

자유방임(laissez-faire) 경제에서의 시장활동에 개입하지 않는 공공정책

자율적 소비(autonomous consumption) 가처분 소득과는 독립적으로 이루어지는 소비의 일부

장기 총공급〈*LRAS*〉곡선(long run aggregate supply<*LRAS*> curve) 자연 실질 GDP 수준에서 수직선이 되는 곡선; 임금 및 물가가 (최종) 균형수준으로 조정되고 이와 관련하여 생산자도 노동자도 오해가 없을 때 해당 경제가 생산하는 생산량을 나타내는 곡선

장기(long run) 생산과정의 모든 요소들이 가변적인(고정요소가 존재하지 않는) 시간의 기간

장기〈산업〉공급〈*LRS*〉곡선(long run <industry> supply <*LRS*> curve) 기업들의 진입 및 퇴출이 이루어진 후에 해당 산업이 상이한 가격수준에서 공급하려는 수량을 나타낸 곡선

장기 경쟁균형(long run competitive equilibrium) $P = MC = SRATC = LRATC$인 상황; 경제적 이윤은 영이 되며 기업들은 가격이 한계비용과 동일해지는 생산량을 생산하고 어떤 기업도 공장규모를 변화시키려는 동기를 갖지 않는다.

장기 균형(lon run equilibrium) 임금 및 물가가 (최종)균형 수준으로 조정되고 노동자들은 이와 관련해서 오해를 하고 있지 않은 경제상황; 그래프에서 장기균형은 *AD* 곡선과 *LRAS* 곡선의 교차점에서 달성된다.

장기 평균총비용(*LRATC*)곡선(long run average total cost <*LRATC*> curve) 기업이 주어진 생산량을 생산할 수 있는 (단위당) 최저비용을 나타내는 곡선

재고투자(inventory investment) 판매되지 않는 재화의 재고 변화

재량적 재정정책(discretionary fiscal policy) 경제적 목표를 달성하기 위해서 정부지출 및/또는 조세를 숙고하여 변화시키는 재정정책

재정거래(arbitrage) 낮은 가격에서 물품을 매입하여 높은 가격에서 이를 매도하는 행위

재정적자(budget deficit)정부지출이 조세수입보다 더 큰 경우 발생하는 적자

재정정책(fiscal policy) 예를 들면 낮은 실업, 안정적인 물가, 경제성장과 같은 거시경제 목표를 달성하기 위한 정부지출 및/또는 조세의 변화

재정흑자(budget surplus) 조세수입이 정부지출보다 더 큰 경우 발생하는 흑자

적응적 기대(adaptive expectation) 사람들이 과거의 경험에 기초하여 형성하고 서서히 수정해가는 기대

전달구조(transmission mechanism) 화폐시장이 만들어 내고 (*AD–AS* 틀에서 총수요 및 총공급으로 나타낸) 재화 및 서비스 시장에 영향을 미치는 전달경로

절대〈화폐〉가격(absolute <money> price) 화폐조건으로 나타낸 재화의 가격

절대적인 실질 경제성장(absolute real economic growth) 어떤 기간에서 다른 가기간으로 변하면서 달성한 실질 GDP의 증가

정부구매(government purchase) 재화 및 서비스의 정부구매 및 고속도로, 교량 등에 대한 총투자

정부 이전지급(government transfer payment) 현재 공급되는 재화 및 서비스에 대한 대가로 이루어지지 않는 지급

정부지출 승수(government spending multiplier) 정부지출의 변화를 곱하여 총지출의 변화(물가가 불변한다면 실질 GDP의 변화)를 구할 수 있는 숫자

정상이윤〈영의 경제적 이윤〉(normal profit<zero economic profit>) (명시비용에 묵시비용을 합한) 총비용과 동일한 수입을 얻은 기업이 벌은 이윤

정상재(normal good) 소득이 증가(감소)함에 따라 수요가 증가(감소)하는 재화

정책 무효과 명제(policy ineffectiveness proposition) 다음과 같은 경우 재정정책이나 금융정책은 거시경제 목표을 달성하는 데 효과가 없다는 명제: (1) 정책변화가 정확하게 기대된다. (2) 사람들은 합리적으로 기대를 한다. (3) 임금 및 가격은 신축적이다.

제도(institution) 사회에 존재하는 게임의 규칙; 인간의 상호작용을 구체화하도록 인간이 고안한 제약; 일국의 규정 및 규제, 법규, 관습, 상관례

조세승수(tax multiplier) 조세의 변화를 곱하여 총지출의 변화(물가가 불변한다면 실질 GDP의 변화)를 구할 수 있는 숫자

중간재(intermediate good) 최종재를 생산하는 데 생산요소가 되는 재화

중립재(neutral good) 소득이 증가하거나 감소함에 따라 수요가 변화하지 않는 재화

지급준비금(reserves) 시중은행의 중앙은행 예치금과 시재금을 합한 금액

지니계수(Gini coefficient) 소득분배 불평등의 정도를 측정한 값

지대추구(rent seeking) 다른 사람들로부터 자신에게 소득을 재분배하려고 (이전시키

려고) 공공정책에 영향을 미치기 위해서 자원을 사용하는 개인 또는 집단의 행위

지속적 인플레이션(continued inflation) 물가수준이 계속적으로 상승하는 인플레이션

직접금융(direct finance) 채권시장처럼 차용인과 대부인이 함께 시장에 있는 경우의 재원조달

집중율(concentration ratio) 어떤 산업에 속한 *x*개의 기업이 해당 산업 매출액(또는 재산, 생산량, 노동 등)에서 차지하는 백분율

ㅊ

초과시설 정리(excess capacity theorem) 독점적 경쟁기업이 균형에서 생산비를 극소화하는 생산량보다 더 적은 양을 생산한다는 주장

초과 지급준비금(excess reserves) 법정 지급준비금을 초과하는 지급준비금; (총) 지급준비금과 법정 지급준비금의 차이

총공급(aggregate supply) 다른 사정이 동일하다면 상이한 물가수준에서 이루어지는 모든 재화 및 서비스의 공급량

총수요곡선(aggregate demand <*AD*> curve) 다른 사정이 동일하다면 상이한 물가수준에서 이루어지는 모든 재화 및 서비스에 대한 수요량을 나타내는 곡선

총수요(aggregate demand) 다른 사정이 동일하다면 상이한 물가수준에서 이루어지는 모든 재화 및 서비스에 대한 수요량

총잉여(total surplus, TS) 소비자 잉여와 생산자 잉여를 합한것; $TS = CS + PS$

총효용(total utility) 특정상품을 소비하여 얻을 수 있는 총 만족

최소비용규칙(least cost rule) 비용을 극소화하는 요소의 결합을 보여주는 규칙; 다음과 같은 조건이 준수되어야 한다. $MPP_1/P_1 = MPP_2/P_2 = \cdots = MPP_N/P_N$

최소효율규모(minimum efficient scale) 평균 총비용이 극소화되는 최소 생산량수준

최종재(final good) 최종 사용자의 수중에 있는 재화

ㅋ

카르텔(cartel) 공동이윤을 증대시키기 위해 생산량을 줄이고 가격을 인상하는 기업들의 기구

카르텔 이론(cartel theory) 해당 산업에 한 개 기업만 존재하는 것처럼 과점기업들이 행동하는 과점이론

코우즈 정리(Coase theorem) 거래비용이 없는 경우 재산권 할당은 자원배분 결과에 문제가 되지 않는다는 주장

클로즈드 숍(closed shop) 고용이 이루어지기 전에 피고용인이 노동조합에 가입하여야만 하는 제도

ㅌ

탄력적인 수요(elastic demand) 수요량의 백분율 변화가 가격의 백분율 변화보다 더 큰 경우의 수요; 수요량이 가격변화보다 더 큰 비율로 변화하는 경우

토지(land) 예를 들면 광물, 산림, 수자원, 경작되지 않는 토지와 같은 모든 천연자원

투자 탄력성(elasticity of investment) 이자율변화에 대한 투자반응의 측정값

투자(investment) 새롭게 생산되는 자본재의 매입, 기업 재고의 변화, 신규 거주주택의 매입을 총합한 것

ㅍ

파산(insolvency) 부채가 자산보다 더 큰 상황

파업(strike) 어떤 임금수준 또는 어떤 조건 하에서 노동조합원들이 노동을 거부하는 상황

평균-한계규칙(average-marginal rule) 한계량이 평균량보다 큰 경우 평균량이 증가하고, 한계량이 평균량보다 작은 경우 평균량이 감소하는 규칙

평균 가변비용(average variable cost, AVC) 생산수량으로 나눈 총가변비용: $AVC = TVC/Q$

평균 고정비용(average fixed cost, AFC) 생산수량으로 나눈 총고정 비용: $AFC = TFC/Q$

평균 총비용(average total cost, ATC) 생산수량으로 나눈 총비용: $ATC = TC/Q$ 단위비용(unit cost)이라고도 한다.

폐쇄경제(closed ecoomy) 외국과 재화 및 서비스 교역을 하지 않는 경제

프리드먼의 자연률이론(Friedman natural rate theory) 장기적으로 실업이 자연률에 있다는 주장; 필립스 곡선의 틀 내에서 자연률이론에 따르면 자연실업률에서 수직선이 되는 장기 필립스 곡선이 존재한다고 본다.

필립스 곡선(Phillips curve) 처음에는 임금 인플레이션과 실업 사이의 관계를 보여주었고 현재는 가격 인플레이션과 실업 사이의 관계를 보다 자주 보여주는 곡선

필요의 이중일치(double coincidence of wants) 물물교환 경제에서 거래가 이루어지기 전에 부합되어야 하는 조건으로 한 거래자는 자신이 원하는 것을 거래하려 하고 동시에 자신이 갖고 있는 것을 원하는 다른 거래자를 구해야 한다는 조건

ㅎ

한계〈소득〉세율(marginal <income> tax rate) 한 사람의 조세납부금 변화를 당사자의 과세소득 변화로 나눈 것: Δ조세납부금/Δ과세소득

한계가치 생산물(value marginal product, VMP) 재화의 가격에 요소의 한계생산물을 곱한 것; $VMP = P \times MPP$

한계대체율(marginal rate of substitution) 동일한 총효용을 유지하면서 다른 재화를 한 단위 추가적으로 얻기 위해 개인이 포기하여야 하는 어떤 재화의 수량

한계비용(marginal cost, MC) 생산량의 변화에 따른 총비용의 변화; $MC = \Delta TC/\Delta Q$

한계생산물(marginal physical product, MPP) 모든 다른 요소는 일정하다고 보고 가변요소를 한 단위 변화시킴으로써 얻게 되는 생산량의 변화

한계소비성향(marginal propensity to save, MPS) 가처분 소득의 변화에 대한 저축의 변화비율: $MPS = \Delta S/\Delta Y_d$

한계수확 체감의 법칙(law of diminishing marginal returns) 가변요소의 양을 점점 더 증가시켜 고정요소와 결합시키면 가변요소의 한계생산물이 감소하게 된다는 주장

한계수입(marginal revenue, MR) 생산물을 한 단위 추가적으로 판매함으로써 얻게되는 총수입의 변화

한계수입 생산물(marginal revenue product, MRP) 생산요소를 한 단위 추가시킴으로써 얻게 되는 추가적인 수입

한계요소비용(marginal factor cost, MFC) 생산요소를 한 단위 추가시킴으로써 발생하는 추가비용

한계편익(marginal benefits) 추가적인 편익; 상품을 한 단위 추가적으로 소비하거나 행위를 한 단위 더 취하는 것과 관련된 편익

한계효용(marginal utility) 개인이 재화를 한 단위 추가적으로 소비함으로써 얻게 되는 추가적인 효용

한계효용 체감의 법칙(law of diminishing marginal utility) 일정기간 동안 어떤 재화의 동일한 양을 계속해서 소비하여 얻는 한계 (추가적인) 효용 또는 만족이 소비량이 증가함에 따라 감소한다는 주장

할인대부(discount loan) 중앙은행이 시중은행에 제공하는 대부

할인율(discount rate) 지급준비금을 차용한 예금기관에 대해 중앙은행이 부과하는 이자율

합리적 기대(rational expectation) 사람들이 과거 경험과 현재 및 장래 정책이 미치는 영향에 관한 예측에 기초하여 형성한 기대

허핀달 지수(Herfindahl index) 산업의 집중도를 측정한 지수로 어떤 산업에 속한 각 기업의 시장점유율을 제곱한 값의 총합

화폐(money) 교환하고 부채를 상환할 수 있도록 널리 받아들여지는 것

화폐〈잔고〉수요(demand for money <balance>) 화폐 수요량과 화폐 잔고 보유 가격 사이에 존재하는 역의 관계

화폐 유통속도(velocity) 최종재화 및 서비스를 구입하기 위해서 화폐(예를 들면, 1달러 화폐)가 지출되는 평균 횟수

화폐적 부(monetary wealth) 어떤 개인의 금융자산 가치; 개인의 부는 화폐적 부(예: 현금 1,000달러)와 비화폐적 부(예: 자동차, 주택)를 합한 것이다.

확장적 금융정책(expansionary monetary policy) 중앙은행이 통화공급을 증가시키는 정책

확장적 재정정책(expansionary fiscal policy) 특정 경제목표를 달성하기 위한 정부지출의 증대 및/또는 조세의 감축

회계적 이윤(accounting profit) 총수입과 명시비용 사이의 차이

효용(utility) 재화 소비에 따른 만족, 행복, 또는 편익의 측정값

효율성(efficiency) 한계편익이 한계비용과 동일할 경우 존재하는 상황

효율성 임금모형(efficiency wage model) 기업들이 피고용인들에게 균형임금보다 더 높은 임금을 지불하려는 경우 적용되는 모형

희소성(scarcity) 필요를 충족시키기 위해서 가용할 수 있는 제한된 자원보다 필요가 더 큰 상황

찾아보기

한글 찾아보기

ㄱ

영문 찾아보기